DROIT EUROPÉEN DES DROITS DE L'HOMME

DROITS ET LIBERTÉS FONDAMENTAUX GARANTIS PAR LA CEDH

Jean-François Renucci
Professeur des Facultés de Droit

DROIT EUROPÉEN DES DROITS DE L'HOMME

DROITS ET LIBERTÉS FONDAMENTAUX GARANTIS PAR LA CEDH

7e édition

LGDJ une marque de Lextenso

70, rue du Gouverneur Général Éboué • 92131 Issy-les-Moulineaux Cedex
ISBN : 978-2-275-04913-7 • ISSN 0990-3909

À mon père,
ancien Déporté de la Résistance,
In memoriam.

Sommaire

Abréviations

AJ Famille	Actualité juridique famille
AJ Pénal	Actualité juridique pénal
AJDA	Actualité juridique de droit administratif
AFDI	Annuaire français de droit international
Arch. pol. crim.	Archives de politique criminelle
Bull. dr. Homme	Bulletin des droits de l'Homme
Bull. inf. C. cass.	Bulletin d'information de la Cour de cassation
Bull. civ.	Bulletin des arrêts de la Cour de cassation (chambres civiles)
Bull. crim.	Bulletin des arrêts de la Cour de cassation (chambre criminelle)
Cass.	Cour de cassation
C. civ.	Code civil
C. déont.	Code de déontologie
CPC	Code de procédure civile
C. pr. pén.	Code de procédure pénale
c/	Contre
CDE	Cahiers de droit européen
Cass. civ.	Chambre civile de la Cour de cassation
Cass. crim.	Chambre criminelle de la Cour de cassation
CDDH	Comité directeur pour les droits de l'homme du Conseil de l'Europe
CEDH	Cour européenne des droits de l'homme
Cf.	Confer
Ch.	Chambre
Chap.	Chapitre
Chron.	Chronique
Comm. EDH	Commission européenne des droits de l'homme
concl.	Conclusions
Cons. État	Conseil d'État
Cons. Europe	Conseil de l'Europe
Const.	Constitution
Comm. EDH	Commission européenne des droits de l'homme (ancienne)
Conv. EDH	Convention de sauvegarde des droits de l'homme et des libertés fondamentales
D.	Dalloz (Recueil)
Dalloz Actu.	Dalloz Actualité
DR	Décisions et Rapports de la Commission européenne des droits de l'homme
déc.	Décision (sur la recevabilité)
Décr.	Décret
Doctr.	Doctrine
Dr. Administratif	Revue Droit administratif

Dr. Famille	Revue Droit de la famille
Dr. Pénal	Revue Droit pénal
Dr. Social	Droit Social
Europe	Revue Europe
fasc.	Fascicule
Gaz. Pal.	Gazette du Palais
Gr. Ch.	Grande chambre de la Cour européenne des droits de l'homme
HRLR	Human Rights Law Review
JCl.	Juris-Classeur
JCP	Juris-Classeur périodique (La Semaine Juridique)
JO	Journal officiel
JDI	Journal du droit international (Clunet)
Jur.	Jurisprudence
Justices	Revue Justices
L.	Loi
LPA	Les Petites Affiches
obs.	Observations
ONG	Organisation(s) non gouvernementale(s)
ONU	Organisation des Nations unies
Pacte int. dr. civ. pol.	Pacte international relatif aux droits civils et politiques
Pacte int. dr. éco. soc. cult.	Pacte international relatif aux droits économiques, sociaux et culturels
Pan.	Panorama de jurisprudence (Dalloz)
préc.	Précité
Procédures	Revue Procédures
Rec. CEDH ou *Rec.*	Recueil des arrêts et décisions (Cour européenne des droits de l'homme)
RDLF	Revue des droits et libertés fondamentaux
Règl. Cour	Règlement de la Cour européenne des droits de l'homme
req.	requête
Résol.	Résolution
Rev. arb.	Revue de l'arbitrage
Rev. crit. DIP	Revue critique de droit international privé
RDH	Revue des droits de l'homme
RD pén. crim.	Revue de droit pénal et de criminologie
RDP	Revue du droit public et de la science politique en France et à l'étranger
RED privé	Revue européenne de droit privé
RED public	Revue européenne de droit public
RDSS	Revue de droit sanitaire et social
RFDA	Revue française de droit administratif
RFD const.	Revue française de droit constitutionnel
RF fin. publ.	Revue française de finances publiques

RGDIP.	Revue générale de droit international public
RGDP	Revue générale des procédures
Rev. crit. DIP	Revue critique de droit international privé
Rev. crim. et pol. techn.	Revue internationale de criminologie et de police technique
Rép.	Répertoire (Dalloz)
RID comp.	Revue internationale de droit comparé
RJS	Revue de jurisprudence sociale
Rev. jur. env.	Revue juridique de l'environnement
RPDP	Revue pénitentiaire et de droit pénal
RSC	Revue de science criminelle et de droit pénal comparé
Rev. dr. trav.	Revue de droit du travail
Rev. proc. coll.	Revue des procédures collectives
Rev. Sociétés	Revue des sociétés
RTD Civ.	Revue trimestrielle de droit civil
RTD Eur.	Revue trimestrielle de droit européen
RTDH	Revue trimestrielle des droits de l'homme
RUDH	Revue universelle des droits de l'homme
RRJ	Revue de recherche juridique et de droit prospectif
Somm.	sommaires commentés (Dalloz)
UE	Union européenne

Introduction

1. La science des droits de l'homme. – La notion de « droits de l'homme » est nécessairement imprécise, d'autant plus que plusieurs niveaux d'analyse sont possibles, sur le plan juridique, mais aussi philosophique, religieux ou même politique. Notre approche, parce qu'elle se veut scientifique, nous conduira à centrer notre réflexion autour de la définition de René Cassin pour qui la « science des droits de l'homme » est une branche particulière des sciences humaines dont l'objet est d'étudier les rapports entre les hommes en fonction de la dignité humaine, en déterminant les droits et les facultés dont l'ensemble est nécessaire à l'épanouissement de la personnalité de chaque être humain »[1].

La notion de dignité est essentielle, même si d'autres concepts fondateurs comme la liberté sont particulièrement importants. Mais il n'en reste pas moins vrai que la dignité constitue par excellence le socle des droits fondamentaux. Elle est la source même de ces droits et c'est en raison de leur nature profonde que les droits de l'homme ne peuvent reposer sur la seule autorité de l'État : il s'agit de droits que possède tout homme tout simplement parce qu'il est un homme.

2. Le droit européen des droits de l'homme. – L'affirmation des droits de l'homme en Europe a été progressive, mais particulièrement forte : désormais leur influence est considérable, y compris au-delà des frontières européennes. Le fondement de ces droits remonte loin dans le temps et ses origines sont multiples tant il est vrai que la notion de dignité s'est forgée dans les traditions religieuses, philosophiques et politiques.

C'est à l'époque contemporaine, marquée et même traumatisée par deux guerres mondiales, que l'internationalisation et surtout l'européanisation des droits de l'homme sont rapidement devenues une réalité. La création du Conseil de l'Europe sera un signe fort, garantissant les droits de l'homme sur le plan international : le but de l'Organisation est, notamment, de sauvegarder et de développer les droits de l'homme et les libertés fondamentales. Une volonté de protection est ainsi nettement affirmée, tout en consacrant des principes adaptés avec la mise en place d'un système européen de garantie des droits fondamentaux avec, en particulier la Convention européenne des droits de l'homme.

1. R. Cassin, *Science des droits de l'homme : méthodologie et enseignement,* Colloque de Nice (1971), *RDH* 1972, vol. V.

Section 1
Une volonté de protection

3. Une volonté forte. – Les Européens ont souhaité ardemment une protection efficace des droits de l'homme à l'échelle de leur continent. L'idée, particulièrement généreuse et ambitieuse, s'est imposée d'évidence malgré d'inévitables difficultés. Il a fallu, dans un premier temps, affirmer avec force cette volonté de protection, car, si au lendemain de la Seconde Guerre mondiale l'idée de développer et de promouvoir les droits de l'homme était unanimement admise, des divergences sont apparues quant aux moyens à mettre en œuvre pour la réalisation de ces objectifs : l'opportunité d'un texte régional de protection des droits de l'homme a pu susciter des controverses en raison notamment de l'existence de textes internationaux et corrélativement d'un risque de dispersion pouvant éventuellement fragiliser la protection voulue. Il a fallu réitérer cette volonté avec pugnacité en raison des difficultés d'application de ce texte, découlant principalement de son succès : le système européen de protection a dû être affiné pour répondre efficacement aux attentes. La Convention européenne est donc bien une volonté affirmée à l'échelle d'un continent de respecter vigoureusement les droits fondamentaux : cette volonté est indéfectible même si elle peut être parfois contrariée.

§1. Une volonté affirmée

4. La diversité des textes. – Sur le plan européen, de nombreux textes garantissant les droits de l'homme ont vu le jour et bon nombre d'initiatives ont été prises afin de les renforcer. Ces initiatives sont d'ailleurs complémentaires et, en cas de concurrence, la clause la plus favorable aux droits de l'homme sera retenue. L'un de ces textes retiendra plus particulièrement notre attention en raison de l'orientation donnée au présent manuel, exclusivement centré sur les droits garantis par la Convention européenne des droits de l'homme[2]. C'est la raison pour laquelle cette Convention avec ses protocoles sera envisagée comme le texte majeur autour duquel s'articulera notre réflexion. Naturellement, les autres textes européens ne sauraient en aucun cas être minimisés, car leur importance est réelle, d'autant plus que leur complémentarité est évidente et que les juges peuvent s'y référer dans le cadre de leur pouvoir d'interprétation.

A. Le texte majeur

5. La Convention européenne des droits de l'homme. – La Convention de sauvegarde des droits de l'homme et des libertés fondamentales, signée le 4 novembre 1950 à Rome, est entrée en vigueur le

2. Cf. *infra*, n° 67.

3 septembre 1953. Conçue comme un « outil de l'unité européenne », la Convention européenne des droits de l'homme apparaît comme l'un des moyens d'atteindre les buts du Conseil de l'Europe en contribuant au maintien du caractère démocratique des États membres[3]. C'est dire l'importance de cette Convention qui n'est d'ailleurs jamais qu'un « standard minimum », les États étant libres d'aller plus loin pour assurer une protection encore plus forte des droits fondamentaux. Rappelant dans son préambule la nécessité de sauvegarder et de développer les droits fondamentaux, ainsi que le respect de la prééminence du droit, ce texte permet aux Européens de prendre les premières mesures propres à assurer la garantie collective des droits de l'homme. Le texte garantit plus précisément des droits essentiels comme le droit à la vie, l'interdiction des mauvais traitements, le droit à la liberté et à la sûreté, ou encore le droit à un procès équitable, le principe de la légalité, le droit au respect de la vie privée et familiale, les libertés de la pensée, la liberté d'expression, ainsi que la liberté de réunion et d'association et le droit au mariage, sans oublier le droit à un recours effectif et l'interdiction des discriminations. Ce texte est d'autant plus important qu'il prévoit, non seulement des droits garantis, mais aussi la garantie de ses droits avec l'institution d'un mécanisme contraignant pour les États. En outre, le système n'était guère figé, ce qui a permis de le faire évoluer progressivement dans le sens d'une plus grande effectivité par le jeu des clauses facultatives et des différents protocoles. À ce jour, la Convention européenne des droits de l'homme est signée et ratifiée par tous les États membres du Conseil de l'Europe : l'engagement est fort et très certainement définitif, même si une possibilité de dénonciation de la Convention existe sous certaines conditions[4]. Il est à noter que si la Convention a toujours une force supra-législative, elle a cependant une force infraconstitutionnelle dans la plupart des États, notamment en France ou à Monaco : la Constitution reste ainsi au sommet de la hiérarchie des normes.

Le caractère objectif des droits de l'homme s'est tout naturellement imposé. Ces droits, parce qu'ils sont précisément des droits de l'homme, sont attachés par principe à la seule qualité de personne humaine : ils ne sauraient donc être attribués aux individus par un statut juridique puisqu'alors ils seraient révocables. Le but de la Convention européenne des droits de l'homme est d'instaurer un ordre public des démocraties européennes pour sauvegarder leur patrimoine commun de traditions politiques, d'idéaux de liberté et de prééminence du droit[5]. Pour la Cour européenne des droits de l'homme et contrairement aux traités internationaux classiques, la Convention européenne crée des obligations objectives qui bénéficient d'une garantie collective, débordant par là même le cadre de la simple réciprocité entre États contractants[6]. Il est assurément légitime que, dans le cadre des droits

3. P.-H. Imbert, *Convention européenne des droits de l'homme de 1950 et ses protocoles, JCl.* Libertés, fasc. 80.

4. Art. 58, Conv. EDH.

5. Comm. EDH, 11 janv. 1961, *Autriche c/ Italie*, n° 788/60.

6. CEDH, 18 janv. 1978, *Irlande c/ Royaume-Uni*, n° 5310/71.

de l'homme, les États aient ainsi des obligations spécifiques qui se caractérisent par le fait que leur exécution n'est pas soumise au principe de réciprocité.

Outre ce caractère objectif, la Convention européenne a également un caractère évolutif. C'est en effet un « instrument vivant », ce qui signifie qu'en l'appliquant les juges européens tiennent compte de la dynamique politique, sociale, juridique et culturelle dans laquelle elle est insérée. Il convient en effet de « coller » de façon quasi permanente aux nouvelles réalités sociales : sur ce point, la jurisprudence de Strasbourg est ancienne et constante. Les juges européens rappellent très souvent que la Convention européenne des droits de l'homme « doit se lire à la lumière des conditions de vie d'aujourd'hui »[7], indiquant même qu'ils ne peuvent pas ne pas être influencés par l'évolution et les normes communément acceptées[8]. Par conséquent, les concepts doivent être entendus, non pas dans le sens qu'ils avaient lors de la rédaction des textes, mais dans celui qu'il leur est donné lorsque le problème se pose.

Enfin, concernant la « réception » de la Convention européenne des droits de l'homme dans les ordres internes, et au sein même des professionnels du droit[9], les controverses ont été particulièrement vives avec des réactions d'hostilité ou d'adhésion violentes et parfois même instinctives et irrationnelles. Les choses ont évolué et si des débats, parfois passionnés, sont encore d'actualité, ce dont ne peut que se réjouir, ils se déroulent dans un climat plus apaisé où l'argumentation prime. Certes, des tensions peuvent apparaître, certaines condamnations pouvant être mal ressenties par des États, mais c'est l'application de la Convention plus que la Convention elle-même qui est alors contestée.

6. Les protocoles d'amendement. – Dans un premier temps, le texte de la Convention européenne avait été amendé conformément aux dispositions du Protocole n° 3, entré en vigueur le 21 septembre 1970, et du Protocole n° 5, entré en vigueur le 1er janvier 1990[10]. Toutes ces dispositions qui avaient été ajoutées ou amendées par ses différents protocoles ont été remplacées par le Protocole n° 11. Ce protocole, entré en vigueur le 1er novembre 1998, apparaît comme la première réforme d'ampleur de la Convention en bouleversant profondément le mécanisme de contrôle. Le droit de recours individuel qui était facultatif devient obligatoire, tout comme la juridiction de la Cour. L'organe politique, à savoir le Comité des ministres du Conseil de l'Europe, ne peut plus intervenir pour constater une éventuelle violation de la Convention : son rôle se limite

7. CEDH, 9 oct. 1979, *Airey c/ Irlande*, n° 6289/73, § 36 ; 25 avr. 1978, *Tyrer c/ Royaume-Uni*, n° 5856/72, § 31 ; 28 mai 2002, *Stafford c/ Royaume-Uni*, n° 46295/99, §§ 68-69.

8. CEDH, 7 juill. 1989, *Soering c/ Royaume-Uni*, n° 14038/88, § 102.

9. J.-F. Renucci, *Le juge, l'avocat et le professeur de droit face à la Convention européenne des droits de l'homme*, Les Annonces de la Seine, 10 oct. 2013, n° 57, p. 4 et s. (discours de rentrée, Cour de révision de Monaco, oct. 2013).

10. Ce protocole comprenait, en outre, le texte du Protocole n° 2 qui, conformément à son art. 5 § 3, avait fait partie intégrante de la Convention depuis son entrée en vigueur le 21 septembre 1970.

désormais à la surveillance des arrêts rendus par la Cour européenne des droits de l'homme. Parallèlement disparaît la Commission européenne des droits de l'homme qui intervenait pour se prononcer sur la recevabilité des requêtes. C'est dire que le système européen de protection des droits de l'homme est complètement « juridictionnalisé ». La Cour européenne devient un organe unique et permanent, seul compétent pour juger du respect de la Convention européenne par les États. Mais le système a été finalement victime de son succès : les requérants sont de plus en plus nombreux[11] et le mouvement d'engorgement de la Cour s'est accentué avec, d'une part l'élargissement des droits protégés et, d'autre part, l'arrivée de nouveaux États au sein du Conseil de l'Europe. C'est dire qu'un besoin urgent s'est fait sentir d'ajuster cet instrument de protection, la garantie à long terme de l'efficacité de la Cour européenne étant une absolue nécessité[12].

Le Protocole n° 14, entré en vigueur le 1er juin 2010, était vital pour la Cour qui était au bord de l'asphyxie avec plus de 100 000 affaires pendantes et une augmentation de 10 % par an des requêtes ces dix dernières années. L'enjeu était donc d'importance et l'on ne peut que se réjouir de la signature de ce protocole. Toutefois, si ce protocole était nécessaire, il n'est pas pour autant suffisant : c'est une « bouffée d'oxygène », mais le problème n'est pas pour autant réglé à long terme[13].

7. Les protocoles additionnels. – Très rapidement, la Convention européenne des droits de l'homme a été complétée par des protocoles additionnels, certains droits importants n'ayant pas été consacrés dans le texte même de la Convention, soit pour des raisons politiques, soit pour des raisons plus techniques, soit encore parce que la difficulté n'était pas encore apparue. Contrairement aux protocoles d'amendement qui ne peuvent entrer en vigueur que si l'ensemble des États les ont ratifiés, les protocoles additionnels consacrent une sorte d'engagement à la carte : dès lors qu'un minimum requis de ratifications est atteint, minimum par ailleurs variable selon les protocoles, le texte s'appliquera aux États qui l'ont ratifié avec la même force que la Convention européenne des droits de l'homme avec laquelle il fait corps. Certains protocoles additionnels ont manifestement plus de succès que d'autres.

Le premier Protocole additionnel garantit la protection de la propriété, le droit à l'instruction et le droit à des élections libres. Le Protocole n° 4 interdit d'emprisonnement pour dettes ainsi que les expulsions ; il protège également la liberté de circulation. Le Protocole n° 6 interdit la peine de mort en temps de paix, tandis que le Protocole n° 13 interdit cette peine capitale en toutes circonstances. Auparavant, le Protocole n° 7 a précisé les garanties

11. D'autant plus que le droit de la CEDH s'applique à pratiquement toutes les branches du droit, droit privé et droit public, droit matériel et droit procédural.

12. J.-F. Renucci, *Le Protocole n° 14 amendant le système de contrôle de la Convention européenne des droits de l'homme, Gaz. Pal.* 11-13 juill. 2010, p. 15 et s.

13. Cf. *infra*, n° 11. *Adde* le Prot. n° 15 apportant divers changements pour maintenir l'efficacité de la CEDH, non encore en vigueur.

procédurales en cas d'expulsion des étrangers et consacre le droit à un double degré de juridiction en matière pénale, le droit d'indemnisation en cas d'erreur judiciaire, ainsi que le droit à ne pas être jugé ou puni deux fois tout comme l'égalité entre époux. Le Protocole n° 12, qui est celui qui a eu le moins de succès, interdit de façon générale la discrimination. Enfin, le Protocole n° 16 permet aux plus hautes juridictions d'un État d'adresser à la Cour des demandes d'avis consultatifs sur des questions de principe relatives à l'interprétation ou l'application des droits garantis par la Convention.

B. Les textes complémentaires

8. Dans le cadre du Conseil de l'Europe. – D'autres actions ont été menées au sein du Conseil de l'Europe pour compléter et renforcer les droits garantis par la Convention européenne des droits de l'homme. Il existe actuellement plus de 200 traités européens ouverts à la signature des États membres : leur force contraignante n'est certes pas comparable à celle de la Convention européenne puisqu'ils ne disposent pas d'un mécanisme de contrôle caractérisé par de vraies condamnations prononcées par une juridiction, mais leur importance est cependant loin d'être négligeable.

Parmi les traités européens les plus importants, on peut citer la Convention européenne pour la prévention de la torture et des peines ou traitements inhumains ou dégradants : ce texte complète opportunément l'article 3 de la Convention européenne des droits de l'homme en permettant une action préventive. Par ailleurs, le Conseil de l'Europe est très attentif à l'identification de nouvelles menaces pour les droits de l'homme, notamment au regard de la dignité humaine en relation avec les progrès de la médecine et de la biologie, ou encore en ce qui concerne la cybercriminalité : des conventions européennes spécifiques ont été élaborées. La Charte sociale européenne est également un texte important : ouverte à la signature le 18 octobre 1961, elle consacre des droits sociaux comme le droit au travail, le droit syndical ou encore le droit de négociation collective ainsi que le droit à la protection sociale. De plus, ce texte a été complété par des protocoles additionnels et surtout par la Charte sociale révisée qui a été ouverte à la signature le 3 mai 1996. Cette charte révisée réunit en un seul traité les droits consacrés auparavant, tout en apportant des modifications et en garantissant de nouveaux droits comme la protection contre la pauvreté et l'exclusion sociale. Sans doute le mécanisme de contrôle est-il moins contraignant que celui de la Convention européenne des droits de l'homme puisqu'il est essentiellement fondé sur des rapports, mais son importance est réelle.

9. Dans le cadre de l'Union européenne. – L'action des juges de « l'autre » Cour européenne, la Cour de justice de l'Union européenne (anciennement Cour de justice des Communautés européennes) ne saurait être négligée[14], d'autant plus que les liens avec la Convention européenne des droits de l'homme sont forts, aussi surprenant que cela puisse paraître. La Convention ne fait pas, *a priori*, partie du droit de l'Union européenne, mais cela n'empêche pas les juges de Luxembourg de l'utiliser, celle-ci étant même devenue au fil du temps une source d'inspiration privilégiée. Cette réalité s'impose également aux juges de Strasbourg par la force des choses : dans la mesure ou « leur » Convention est appliquée par d'autres juges européens, cela ne peut que créer des ponts entre les deux Europe. En outre, un certain nombre d'initiatives communes sont prises s'agissant de la protection des droits fondamentaux, ce qui crée un enchevêtrement entre les différents systèmes de protection. Par ailleurs, l'existence d'une Charte des droits fondamentaux de l'Union européenne, qui reprend d'ailleurs bon nombre de dispositions de textes du Conseil de l'Europe, qu'il s'agisse de la Convention européenne ou de la Charte sociale, est une donnée importante qui ne peut être ignorée. Enfin, l'adhésion de l'Union européenne à la Convention européenne des droits de l'homme est désormais à l'ordre du jour : elle sera le signe de l'interaction des protections européennes des droits de l'homme[15].

§2. Une volonté contrariée

10. Les défis du droit européen des droits de l'homme. – La volonté de protection des Européens est parfois contrariée, en particulier en raison de défis qui doivent être relevés et ce n'est pas toujours chose facile. La difficulté n'est d'ailleurs pas la même selon les situations, car si certains défis sont plutôt d'ordre technique, d'autres sont plus politiques.

A. Les défis techniques

11. La garantie à long terme du système européen de protection. – Le défi majeur est assurément celui d'assurer la garantie à long terme du mécanisme de contrôle de la Convention européenne des droits de l'homme. Certes, l'entrée en vigueur du Protocole n° 14 évite l'asphyxie de la Cour, du moins dans l'immédiat. Toutefois, il faut approfondir la réflexion de manière à assurer l'efficacité à long terme de ce système de protection : si de nouvelles solutions ne sont pas trouvées, la question de l'engorgement de la Cour se posera à nouveau et très rapidement.

C'est ainsi que, lors de la Conférence de haut niveau sur l'avenir de la Cour européenne des droits de l'homme[16], à l'occasion de laquelle le dernier État réticent a ratifié le Protocole n° 14, permettant ainsi son entrée en vigueur, a été établie une feuille de route pour le processus de réforme

14. Pour une étude plus approfondie des droits de l'homme dans le cadre de l'UE, cf. notre Traité : J.-F. Renucci, *Traité de Droit Européen des Droits de l'Homme*, Traités LGDJ, 2e éd. 2012, n° 682 s., n° 865 s., n° 882 s., et n° 1155 s.

15. Cf. *infra*, n° 12.

16. Conférence réunie à Interlaken à l'initiative de la présidence suisse du Comité des ministres du Conseil de l'Europe, 19 févr. 2010.

vers une efficacité à long terme du système de la Convention. Dans la « Déclaration d'Interlaken », il est clairement indiqué qu'au-delà des améliorations déjà réalisées ou envisagées, des mesures additionnelles sont indispensables et urgentes pour : parvenir à un équilibre entre les arrêts et décisions rendus par la Cour et les requêtes introduites ; permettre à la Cour de réduire l'arriéré d'affaires et de statuer sur les nouvelles affaires, en particulier quand il s'agit de violations graves des droits de l'homme, dans des délais raisonnables ; assurer l'exécution pleine et rapide des arrêts de la Cour ainsi que l'efficacité de la surveillance de l'exécution par le Comité des ministres. Un plan d'action a ainsi été adopté en tant qu'instrument politique pour le processus vers une efficacité à long terme du mécanisme conventionnel de protection des droits de l'homme. L'effort ne doit donc pas être relâché, bien au contraire[17].

12. L'adhésion de l'Union européenne à la Convention européenne des droits de l'homme. – Cette adhésion est une question qui se pose depuis très longtemps, mais qui est désormais d'actualité[18]. Cette adhésion s'impose d'évidence, tant pour des raisons juridiques que politiques et historiques : envisagée à plusieurs reprises dans le passé, cette adhésion s'impose en application de l'article 6 du Traité de Lisbonne et est prévue par l'article 59 de la Convention européenne telle que modifiée par le Protocole n° 14. Le processus d'adhésion a débuté, les pourparlers officiels ayant commencé le 7 juillet 2010[19].

Il reste que de nombreuses difficultés doivent être surmontées. La tâche est d'importance, car l'adhésion s'analyse comme un changement substantiel comportant l'insertion de l'Union européenne dans un système institutionnel international distinct, ainsi que l'intégration de l'ensemble des dispositions de la Convention européenne des droits de l'homme dans l'ordre juridique de l'Union européenne. Par ailleurs, nous sommes actuellement en présence de deux ordres juridiques protégés, l'un par la Cour de justice de l'Union européenne, et l'autre par la Cour européenne des droits de l'homme. Nul doute que l'adhésion peut mettre en cause l'autonomie de l'ordre juridique de l'Union et le monopole de la Cour. Il est évident que la question de l'éventuelle soumission

17. La Déclaration et le Plan d'action d'Interlaken ont eu un suivi important. D'autres Conférences de haut niveau sur l'avenir de la Cour ont été organisées par la suite : Izmir (2011), Brighton (2012) et Bruxelles (2015).

18. J.-F. Renucci, *L'adhésion de l'Union européenne à la Convention européenne des droits de l'homme : actualité d'une vieille idée*, Mél. P. Julien, Edilaix 2003, p. 382 et s. V° égal. O. De Schutter, *L'adhésion de l'Union européenne à la Convention européenne des droits de l'homme : feuille de route de la négociation, RTDH* 2010, p. 535 et s. ; J.-P. Jacqué, *L'adhésion de l'Union européenne à la Convention européenne des droits de l'homme, RTD Eur.* 2011, p. 7 et s. ; C. Ladenburger, *Vers l'adhésion de l'Union européenne à la Convention européenne des droits de l'homme, RTD Eur.* 2011, p. 20 et s.

19. Communiqué de presse 545 (2010), Strasbourg 7 juill. 2010 : désormais, les négociateurs de la Commission et les experts du CDDH se réunissent régulièrement pour élaborer l'accord d'adhésion. Le 4 juin, les ministres de la justice de l'UE avaient mandaté la Commission pour conduire les négociations en leur nom. Le 26 mai, le Comité des ministres du Conseil de l'Europe avait donné à son Comité Directeur pour les Droits de l'Homme (CDDH) un mandat occasionnel pour élaborer avec l'UE l'instrument juridique requis en vue de l'adhésion de l'UE à la CEDH.

de l'Union à la Convention et à son système de contrôle ne manquera pas de se poser. Lors de la première réunion du groupe de travail informel du Comité directeur pour les droits de l'homme sur l'adhésion de l'Union européenne à la Convention européenne des droits de l'homme[20], les participants ont rappelé un certain nombre de principes généraux qui devraient guider les travaux futurs, soulignant par là même la difficulté de la tâche : c'est ainsi qu'a été mise en évidence la nécessité de préserver le système de la Convention telle qu'il existe en limitant les modifications à ce qui est strictement nécessaire aux fins de l'adhésion de l'Union, en tant qu'entité non étatique avec un système juridique complexe. Il est tout aussi indispensable de respecter la répartition des compétences entre l'Union et ses États membres, ainsi qu'entre les institutions de l'Union. L'importance de certaines questions sous-jacentes, par exemple le principe de subsidiarité, a été soulignée. C'est dire que si la tâche est exaltante, elle ne sera certainement pas facile, d'autant plus qu'un nouvel obstacle est apparu : la Cour de justice de l'Union européenne, saisie d'une demande d'avis sur la compatibilité du projet d'accord d'adhésion à la Convention EDH avec les traités constitutifs de l'UE, a rendu un avis négatif qui a pour effet de retarder - sinon d'empêcher - l'entrée en vigueur de l'accord[21].

B. Les défis politiques

13. Les zones de non-droit. - Les zones de non-droit sur le territoire des États membres du Conseil de l'Europe sont une réalité même si cela est, fort heureusement, marginal[22]. La situation peut assurément sembler paradoxale : puisque la Convention européenne des droits de l'homme a été ratifiée par l'ensemble des États membres du Conseil de l'Europe, il ne devrait pas y avoir de vide juridique : néanmoins, il existe des zones où l'application de la Convention se heurte à des obstacles insurmontables, principalement en raison de conflits internes[23] ou de l'occupation d'une partie d'un État membre par un autre. Cette situation peut aussi découler de l'absence effective de contrôle d'un État sur une partie de son territoire, voire de difficultés trop importantes pour introduire des recours

20. CDDH-UE, Rapp. de réunion, Strasbourg 6-7 juill. 2010.

21. CJUE, 18 déc. 2014, avis 2/13, *Dalloz Actu.* 5 janv. 2015, obs. O. Tambou. Cf. F. Picod, *La Cour de justice a dit non à l'adhésion de l'Union européenne à la Convention EDH, JCP* 2015 Libres propos 145 : l'auteur insiste plus particulièrement sur les insuffisances affectant la coordination des deux systèmes européens et sur certaines anomalies pouvant porter atteinte à l'unité du droit de l'UE. *Adde* M. Gautier, *Ad kalendas graecas ? AJDA* 2015, p. 129 ; H. Labayle, *L'avis 2/13 de la CJUE : pavane pour une adhésion défunte ? RFDA* 2015, p. 3 ; D. Simon, *Deuxième (ou second et dernier) coup d'arrêt à l'adhésion de l'Union à la CEDH : étrange avis 2/13, Europe* 2015, ét. 2.

22. Assemblée parlementaire, *Zones où la Convention européenne des droits de l'homme ne peut être appliquée,* Doc. 9730 du 11 mars 2003 (Rapp. de la Commission des questions juridiques et des droits de l'homme), Conseil de l'Europe.

23. Cf. par exemple : A. Breillacq, *La Tchétchénie, zone de non-droit, Étude des facteurs de la Convention européenne des droits de l'homme,* L'Harmattan, 2005 ; H. Tigroudja, *La Cour européenne des droits de l'homme face au conflit tchétchène, Propos sur l'adaptation du mécanisme européen de protection des droits de l'homme à la situation tchétchène, RTDH,* 2006, p. 111 et s.

individuels, soit par méconnaissance de la Convention européenne, soit pour des raisons pratiques.

Dans ce genre de situation, il serait logique que des recours étatiques soient exercés. Mais les États sont cependant peu disposés à aller dans ce sens, alors qu'ils sont les gardiens de l'ordre public européen. D'autres solutions doivent donc être imaginées pour répondre à ce vide juridique. Il convient en particulier de faciliter les recours individuels, notamment en veillant à ce que la Convention européenne soit mieux connue et donc mieux utilisée. Il faudrait aussi permettre une action plus importante du Commissaire aux droits de l'homme du Conseil de l'Europe, l'idée d'un procureur général européen ayant été abandonnée.

14. La lutte contre le terrorisme. – Le défi actuel le plus important et aussi le plus délicat est certainement celui de la conciliation des exigences des droits de l'homme avec les impératifs de la sécurité[24]. La préoccupation est ancienne, mais elle revêt une intensité particulière dans le cadre de la lutte antiterroriste. Les démocraties sont face à une grande difficulté, car elles doivent trouver des ripostes appropriées sans pour autant renier leurs principes. Certes, la raison d'État n'est pas une notion nouvelle et la Convention européenne des droits de l'homme a prévu que des circonstances exceptionnelles peuvent conduire à une limitation des droits de l'homme[25]. Mais dans le contexte actuel, la difficulté majeure vient du fait que dans l'article 15 de la Convention européenne, les mesures limitatives des droits fondamentaux sont justement exceptionnelles et doivent par conséquent avoir un caractère temporaire, les autorités étatiques ayant l'obligation d'informer le Secrétaire général du Conseil de l'Europe de la date à laquelle lesdites mesures prendront fin. Or, la lutte contre le terrorisme international est une œuvre de longue haleine de sorte que si des mesures exceptionnelles sont prises, il est très difficile de prévoir une limite temporelle. Une telle lutte ne peut être efficace sans certaines limitations des droits fondamentaux : outre d'éventuelles actions militaires, un travail beaucoup plus long et discret s'impose et passe notamment par la recherche de renseignements, la surveillance des communications et des transactions financières, les transmissions de données personnelles pouvant être facilitées tout comme les interconnexions entre différents fichiers... Cela rend inévitables des atteintes à certains droits fondamentaux comme la liberté d'expression, le respect de la vie privée et de la correspondance...

Il faudra donc trouver des limites aux limites, ce qui n'est pas chose facile, car si nos démocraties ne peuvent sombrer dans un angélisme qui pourrait être un piège mortel, elles ne peuvent pour autant se renier dans leurs fondements mêmes sous peine d'y laisser leur âme. Nul doute que des

24. E. Bribosia et A. Weyembergh (dir.), *Lutte contre le terrorisme et droits fondamentaux*, Nemesis/Bruylant, 2002 ; O. de Schutter, *La Convention européenne à l'épreuve de la lutte contre le terrorisme*, *RUDH*, 2001, p. 185 et s. ; F. Bernard, *La Cour européenne des droits de l'homme et la lutte contre le terrorisme*, *RTDH* 2016, p. 43 et s.

25. Cf. *infra*, n° 31.

aménagements s'imposent au regard des droits fondamentaux, mais il faudra cependant veiller scrupuleusement à ce qu'il ne soit pas porté atteinte à la substance même de ces droits[26]. C'est là un défi majeur, mais des choix clairs doivent être faits. Même s'il faut se garder de dérives inacceptables, certaines mesures dérogeant aux droits fondamentaux doivent pouvoir être prises dès lors que ce qu'elles permettent d'éviter est préférable aux désagréments qu'elles suscitent. Sans doute serait-il judicieux de ne pas passionner un tel débat, d'autant plus qu'il est nécessaire : il est essentiel de ne pas tomber dans l'excès.

Malgré les difficultés, le Conseil de l'Europe estime qu'une lutte efficace contre le terrorisme reste possible dans le respect des droits de l'homme[27]. Il s'agit de « mettre les droits de l'homme au cœur de la lutte contre le terrorisme »[28] : c'est dire que tout arbitraire doit être exclu, ainsi que tout traitement discriminatoire ou raciste. Par conséquent, non seulement l'interdiction de la torture est absolue, mais les mesures antiterroristes doivent avoir une base juridique et les restrictions aux droits de l'homme doivent être définies de façon précise tout en étant nécessaires et proportionnées au but poursuivi. Le Conseil de l'Europe a eu l'occasion de mettre en pratique ses idées sur les droits de l'homme et le terrorisme lors de l'allégation de détentions secrètes et de transferts interétatiques illégaux dans les États membres du Conseil de l'Europe[29]. Selon l'Assemblée parlementaire du Conseil de l'Europe, le cadre juridique établi par la Convention européenne des droits de l'homme, qui permet un allégement temporaire et proportionné, voire même une suspension de certains droits, est suffisamment adaptable pour combattre les menaces terroristes, présentes ou futures. Tout en rappelant qu'il est très difficile de restaurer les mesures de protection des droits de l'homme lorsqu'elles ont été supprimées ou réduites, l'Assemblée exhorte les États membres à limiter les actions de lutte contre le terrorisme à des mesures nécessaires, raisonnables et proportionnées[30].

La lutte contre le terrorisme a conduit à poser la question de la hiérarchie entre les obligations des États parties à la Convention en vertu de cet instrument et celles qui découlent d'autres engagements internationaux, par exemple la Charte des Nations unies. Un arrêt de Grande chambre s'est d'ailleurs prononcé sur ce point, donnant la primauté à la Convention : c'est ainsi que la mise en œuvre par la Suisse des résolutions des Nations unies dans le cadre de la lutte contre le terrorisme a emporté violation des droits de

26. V° CEDH, Gr. Ch., 19 févr. 2009, *A. et autres c/ Royaume-Uni*, n° 3455/05, § 190, *RDP* 2010, p. 885, obs. H. Surrel, *JCP* 2009-I-143 n° 15, obs. F. Sudre. Cf. *infra*, n° 31.

27. Conseil de l'Europe, *Les droits de l'homme et la lutte contre le terrorisme, Les lignes directrices contre les droits de l'homme*, Éditions du Conseil de l'Europe 2005.

28. Actes du Séminaire de haut niveau, *La protection des droits de l'homme dans la lutte contre le terrorisme*, DGDH II, Conseil de l'Europe, 2006, p. 25 et s.

29. Cf. en dernier lieu : T. Davis (Rapp.), *Rapp. complémentaire du Secrétaire général, établi en vertu de l'article 52 de la CEDH, sur la question de la détention et du transport secrets de détenus soupçonnés d'actes terroristes, notamment par des agences relevant d'autres États ou à leur instigation*, Documents d'information, SG/Inf (2006) 13-14 juin 2006.

30. Assemblée parlementaire, *Droits de l'homme et lutte contre le terrorisme*, Proposition de Résolution présentée par M. Boswell et autres, Doc. 11973, 30 juin 2009.

l'homme conventionnellement garantis[31]. La notion de « protection équivalente » joue un rôle capital. Issu de la jurisprudence européenne[32], ce critère s'est imposé d'évidence. Pour un État, il n'est pas contraire à la Convention d'adhérer à une organisation internationale et de contracter d'autres obligations, dès lors que les droits de l'homme reçoivent dans cette organisation une protection équivalente à celle de la Convention : par « équivalente », la Cour entend « comparable », étant précisé, d'une part, que toute exigence de protection « identique » de la part de l'organisation concernée pourrait aller à l'encontre de l'intérêt de la coopération internationale poursuivi et, d'autre part, qu'un tel constat de « protection équivalente » ne saurait être définitif et doit pouvoir être réexaminé à la lumière de tout changement pertinent dans la protection des droits fondamentaux[33]. Par conséquent, si l'organisation internationale offre une protection équivalente, il y a lieu de présumer qu'un État respecte les exigences de la Convention lorsqu'il ne fait qu'exécuter des obligations juridiques résultant de son adhésion à l'organisation : cette présomption pourra cependant être renversée si, dans une affaire donnée, la protection des droits garantis par la Convention est entachée d'une « insuffisance manifeste », auquel cas la Convention en tant qu'« instrument constitutionnel de l'ordre public européen » dans le domaine des droits de l'homme l'emporterait sur l'intérêt de la coopération internationale[34]. Bien évidemment, l'État reste entièrement responsable au regard de la Convention de tous les actes ne relevant pas strictement de ses obligations juridiques internationales[35].

Section 2
Des principes de protection

15. La nécessité de principes directeurs. – La protection européenne des droits de l'homme passe nécessairement par le recours à un certain nombre de principes directeurs qui sont le signe d'une affirmation

31. CEDH, Gr. Ch., 12 sept. 2012, *Nada c/ Suisse*, n° 10593/08, *JCP* 2013, 64, p. 96, obs. F. Sudre, *AJDA* 2013, p. 165, obs. L. Burgorgue-Larsen, *RTDH* 2013, p. 457, note F. Finck, *RPDP* 2013, p. 169, obs. P. Beauvais, *RFDA* 2013, p. 576, obs. H. Labayle et F. Sudre, *RTD Eur.* 2013, p. 515, obs. R. Tinière (violation de l'art. 8 et de l'art. 8 combiné avec l'art. 13). Dans la ligne de cet arrêt, v° CEDH, 26 nov. 2013, *Al-Dulimi et Monyana management Inc. c/ Suisse*, n° 5809/08, *JCP* 2014, chron. 78, n° 1 et n° 8, obs. F. Sudre, *JDI* 2013, chron. 6, n° 4, obs. C. Boulu et CEDH, Gr. Ch., 21 juin 2016, *Al-Dulimi et Montana Management Inc c/Suisse*, n° 5809/08, *AJ Pénal* 2016. 488, obs. Gh. Poissonnier (pour le gel des avoirs des requérants en Suisse, en application d'une résolution du Conseil de sécurité de l'ONU relative aux sanctions contre l'ancien régime irakien).

32. Com. EDH, 9 févr. 1990, *M. & Co c/ RFA*, n° 13258/57, *DR* 94, p. 146 ; 10 janv. 1994, *Heinz c/ États contractants également Parties à la Convention sur le brevet européen*, n° 21090/92 ; CEDH, 30 juin 2005, *Bosphorus Hava Yollari Turizm Ve Ticaret Anonim Sirketi c/ Irlande*, n° 45036/98, §§ 108 et s.

33. Aff. *Bosphorus*, préc., § 155.

34. Aff. *Bosphorus*, préc., § 156. Cf. aussi : CEDH, 23 mars 1995, *Loizidou c/ Turquie* (exceptions préliminaires), n° 15318/89, § 75.

35. Aff. *Bosphorus*, préc., § 157.

forte des garanties. Ces principes jouent un rôle majeur dans l'interprétation et l'application de la Convention européenne. Leur importance est considérable dans le cadre conventionnel, mais cela n'empêche pas le pragmatisme. Tout cela permet en définitive d'assurer une protection effective et concrète des droits fondamentaux. C'est la raison pour laquelle il existe une réelle complémentarité entre, d'une part des principes forts qui témoignent d'une grande rigueur quant à l'affirmation des garanties et, d'autre part, des principes plus nuancés qui donnent davantage de souplesse en permettant la délimitation de ces mêmes droits garantis.

§1. Des principes forts

16. La force des principes. – La plupart des principes concernant les garanties essentielles sont contenus dans le texte même de la Convention, ce qui est bien légitime compte tenu de la nature des enjeux. Toutefois, la jurisprudence européenne a été amenée à préciser certains points, ce qui témoigne de sa vitalité et de son importance.

A. Les principes conventionnels

17. L'applicabilité directe de la Convention européenne des droits de l'homme. – Cette applicabilité directe découle de l'article 1er de la Convention. Aux termes de cet article, les États reconnaissent à toute personne relevant de leur juridiction les droits et libertés garantis par la Convention européenne des droits de l'homme. Ce sont bien les individus eux-mêmes qui sont les titulaires de ces droits[36]. Le fait que certaines dispositions soient moins précises que d'autres est indifférent dans la mesure où toutes les normes de la Convention sont techniquement aptes à être directement appliquées[37].

Ainsi donc, tout individu peut se prévaloir directement des dispositions de la Convention européenne des droits de l'homme devant les juridictions internes : le caractère *self executing* de ces dispositions ne fait aucun doute. La règle est d'autant plus importante que la Convention prime sur les actes internes et qu'elle a, la plupart du temps, une force supra-législative[38]. Par la suite, et sous certaines conditions bien précises, les dispositions conventionnelles pourront être invoquées devant le juge de Strasbourg.

18. La prééminence du droit. – Rappelé dans le Préambule de la Convention européenne de l'homme, ce principe de la prééminence du droit revêt une importance considérable, d'autant plus qu'il est une

36. CEDH, 6 nov. 1980, *Van Oosterwijck c/ Belgique*, n° 7654/76, § 33 ; 15 juill. 1982, *Eckle c/ Allemagne*, n° 8130/78, § 66.

37. CEDH, 29 nov. 1991, *Vermeire c/ Belgique*, n° 12849/87.

38. En France, cela résulte de l'art. 55 de la Constitution. La Convention à une force supra-législative mais infra-constitutionnelle, tout comme dans bon nombre d'autres États membres comme la Belgique, la Bulgarie, l'Espagne, la Grèce, Monaco ou encore la Suisse... Cf. *supra*, n° 5.

condition *sine qua non* à l'adhésion d'un État au Conseil de l'Europe. Touchant à ce qu'il y a d'essentiel dans la Convention, la prééminence du droit apparaît comme l'un des éléments du patrimoine spirituel commun aux États membres[39]. C'est l'un des fondements majeurs de toute société démocratique[40].

L'importance et la force de la prééminence du droit ont été souvent rappelées par les juges européens. Ces derniers ont souligné que ce principe ne doit pas être un simple rappel plus ou moins théorique, dépourvu d'intérêt pour l'interprète de la Convention[41].

B. Les principes jurisprudentiels

19. L'apport des juges. – La jurisprudence se limite à l'interprétation des textes, mais son rôle est plus important qu'il n'y paraît au premier abord : en effet, sous couvert d'interprétation, les juges peuvent, dans une certaine mesure, façonner le contenu des obligations étatiques. L'apport de la Cour européenne quant au développement du droit européen des droits de l'homme est considérable, car il a contribué à l'élaboration d'un ordre public européen.

Progressivement, les juges de Strasbourg ont consacré un certain nombre de principes. Certains peuvent être qualifiés d'européanistes dans la mesure où leur finalité est d'accroître la force du mécanisme européen de protection des droits de l'homme, tandis que d'autres sont plutôt étatistes puisque leur but est le maintien de certaines prérogatives de l'État.

20. Les principes européanistes. – Certains principes consacrés par la jurisprudence européenne participent d'une ferme volonté de donner au système européen de protection toute sa force. C'est ainsi que, dans une formule souvent reprise, les juges de Strasbourg rappellent que la Convention européenne des droits de l'homme a pour but de protéger des droits, non pas théoriques et illusoires, mais effectifs et concrets[42] : c'est le principe de l'effet utile de la Convention. Le principe de proportionnalité est intervenu plus tardivement dans la jurisprudence européenne[43], mais son importance est considérable, tant dans le cadre des circonstances exceptionnelles de l'article 15[44] que dans celui de l'ingérence de l'État[45]. Il est intéressant d'observer que la Cour a présenté la proportionnalité au but poursuivi comme un corollaire de la société

39. CEDH, 21 févr. 1975, *Golder c/ Royaume-Uni*, n° 4451/70, § 34.

40. CEDH, 29 nov. 1988, *Brogan et autres c/ Royaume-Uni*, n° 11209/84..., § 58.

41. Aff. *Golder*, préc., § 34.

42. CEDH, 9 oct. 1979, *Airey c/ Irlande*, n° 6289/73, § 24 ; 13 mai 1980, *Artico c/ Italie*, n° 6694/74, § 33 ; 17 juill. 2014, *Affaire Centre de Ressources Juridiques au nom de Valentin Câmpeanu*, n° 47848/08, § 104, *JDI* 2015, n° 4, chron. 7, n° 2, obs. T. Stavrinaki.

43. CEDH, 26 mai 1993, *Brannigan et Mc Bride c/ Royaume-Uni*, n° 14553/89..., § 32.

44. Cf. *infra*, n° 31 et s.

45. Cf. *infra*, n° 24 et s.

démocratique et non pas comme une condition autonome[46]. Par ailleurs, le principe de sécurité juridique, qui peut être mis en parallèle avec le principe de la légalité, signifie que la solution donnée de manière définitive par les tribunaux ne doit pas être remise en cause[47] : cela n'empêche pas d'éventuels revirements jurisprudentiels, mais ceux-ci doivent être, en quelque sorte, annoncés et à tout le moins prévisibles.

C'est ce même souci d'une protection efficace des droits de l'homme qui a conduit les juges européens à donner un sens autonome à certains concepts. Cela permet à ces juges de s'affranchir d'une éventuelle définition nationale trop restrictive à leurs yeux en donnant aux concepts le sens qui leur paraît le plus adapté dans le cadre d'une bonne protection : le sens « européen » va primer. Cette technique permet d'éviter que les États ne soient tentés de limiter leur engagement tout en permettant aux individus de bénéficier d'une protection uniforme, quelle que soit leur nationalité. Enfin, les obligations positives participent de cette même protection des droits garantis par la Convention. Un État ne peut pas se contenter de ne pas porter atteinte aux droits fondamentaux de l'individu : il doit en outre agir positivement afin d'assurer une protection effective de ce droit ; c'est dire qu'une attitude passive de sa part peut engager sa responsabilité internationale.

21. Les principes étatistes. – Le maintien de certaines prérogatives de l'État est une réalité que les juges européens ne pouvaient ignorer. C'est que le principe de subsidiarité est reconnu avec force et ne fait l'objet d'aucune contestation : il en découle que les autorités nationales sont en principe libres de choisir les mesures qu'elles estiment appropriées dans les domaines régis par la Convention ; ces mêmes autorités doivent de toute façon garantir prioritairement le respect des dispositions de la Convention européenne des droits de l'homme. Il est vrai que dans sa conception même le système européen de protection revêt un caractère subsidiaire par rapport aux systèmes nationaux garantissant les droits fondamentaux[48].

Les États disposent également d'une marge d'appréciation. Critiquée par les uns, mais défendue par d'autres au nom du réalisme, cette marge nationale d'appréciation est le résultat d'un compromis qui peut donner lieu à une certaine insécurité juridique. Il serait certainement difficile de gommer cette prérogative accordée aux États, mais il n'en reste pas moins vrai que cette marge d'appréciation s'accompagne d'un contrôle européen. La Cour vérifie en toute hypothèse que les moyens mis en œuvre par l'État ne sont pas allés au-delà de ce que commandaient les circonstances. Il est fait ici application du principe de proportionnalité.

46. CEDH, 7 déc. 1976, *Handyside c/ Royaume-Uni*, n° 5493/72, § 49.

47. CEDH, 13 juin 1979, *Marckx c/ Belgique*, n° 6833/74, § 58 ; Gr. Ch., 28 oct. 1999, *Brumarescu c/ Roumanie*, n° 28342/95.

48. Cf. *infra*, n° 57.

§2. Des principes nuancés

22. Les clauses dérogatoires. – La consécration de principes que l'on peut qualifier de nuancés est destinée à apporter davantage de souplesse dans le système européen de protection. Cette souplesse était absolument nécessaire, car une approche trop rigide et abstraite du droit européen des droits de l'homme serait finalement dangereuse, car potentiellement attentatoire aux droits fondamentaux. Les limitations des droits de l'homme font partie intégrante de ces droits et permettent, en définitive, une réelle protection : le réalisme peut aller de pair avec l'efficacité. Il existe donc des clauses dérogatoires. Certaines sont permanentes et se traduisent par une restriction des droits tout en les laissant subsister. D'autres sont temporaires et exceptionnelles : caractérisées par une suspension de la jouissance et de l'exercice des droits et libertés garantis, elles sont limitées dans le temps.

A. Les clauses dérogatoires permanentes

23. Les raisons des restrictions. – Les restrictions apportées aux droits de l'homme répondent à un double souci : il s'agit de protéger aussi bien les libertés que l'ordre public. À côté d'une dérogation permanente générale qui prévoit l'ingérence de l'État, il existe des dérogations permanentes exceptionnelles qui sont des clauses anti-détournement.

1. L'ingérence de l'État

24. Les raisons de l'ingérence. – L'ingérence de l'État s'explique par le souci d'assurer la protection de l'ordre public et des intérêts supérieurs de la Nation. Outre la restriction générale de l'article 16 permettant d'imposer des restrictions à l'activité politique des étrangers[49] et les privations de liberté autorisées de l'article 5[50], différents textes légalisent des atteintes aux droits de l'homme, dans un souci de réalisme et d'efficacité, voire de justice et d'équité. C'est ainsi que certaines dispositions des articles 8 à 11 prévoient une ingérence de l'État : ainsi, le droit au respect de la vie privée, familiale, du domicile et de la correspondance, la liberté de pensée, de conscience et de religion, la liberté d'expression ainsi que celle de réunion et d'association, sont susceptibles de limitations. Certains protocoles additionnels contiennent des dispositions similaires, en particulier dans le domaine des biens, de la liberté de circulation et de résidence, ou encore des droits procéduraux des étrangers en cas d'expulsion ainsi que de l'égalité des époux dans l'intérêt des enfants. En définitive, à

49. CEDH, 27 avr. 1995, *Piermont c/ France,* n° 15773/89, *JDI* 1996, p. 221, obs. E. Decaux et P. Tavernier, *RTDH* 1996, p. 364, obs. J.-F. Flauss, *RSC* 1996, p. 640, obs. L. E. Pettiti, *JCP* 1996-I-396, n° 8, obs. F. Sudre, *AJDA* 1996, p. 159, obs. J.-F. Flauss, *D.* 1996 Somm., p. 193, obs. J. Rideau. Cf. égal. : J.-F. Akandji-Kombe, *L'arrêt « Dorothée Piermont c/ France ». L'application de la CEDH dans les TOM à l'égard des ressortissants communautaires, Cah. CREDHO* n° 3, 1997, p. 77 s. ; J.-F. Flauss, *La liberté d'expression politique des étrangers et la protection des droits fondamentaux dans les TOM, RTDH* 1996, p. 364 s.

50. Cf. *infra*, n° 323 et s.

l'exception du « noyau dur » des droits de l'homme, tous les droits garantis par la Convention européenne sont des droits conditionnels, ce qui signifie qu'une ingérence de l'État est possible. L'ingérence de l'État est légitime et des précautions doivent être prises afin d'éviter tout risque d'arbitraire : c'est pourquoi elle est soumise à certaines conditions et fait l'objet d'un contrôle strict.

25. Les conditions de l'ingérence de l'État. – L'atteinte en cause doit être le fait de l'État[51] et sera généralement un acte positif même si un manquement à une obligation positive peut aussi la caractériser. Un État peut ainsi restreindre l'exercice des droits et libertés garantis par la Convention européenne des droits de l'homme, mais trois conditions doivent être réunies : d'abord, l'ingérence doit être prévue par la loi ; ensuite, elle doit poursuivre un but légitime ; enfin, elle doit être nécessaire dans une société démocratique.

L'ingérence doit donc en premier lieu être prévue par la loi. Cette condition fait l'objet d'une interprétation extensive, la « loi » devant être prise dans son sens matériel et non formel. En effet, la loi s'entend de l'ensemble du droit en vigueur, qu'il soit législatif, réglementaire ou jurisprudentiel, y compris les conventions internationales applicables dans l'ordre interne[52]. La loi doit être accessible aux citoyens et prévisible dans ses effets. Cette « qualité » de la loi est appréciée par les juges européens[53], lesquels sont attentifs au fait que la loi doit définir précisément les conditions et les modalités de toute limitation des garanties fondamentales afin d'éviter l'arbitraire[54].

L'ingérence doit ensuite viser un but légitime consistant, en particulier à protéger des intérêts généraux ou privés : dans le premier cas, sécurité, sûreté, ordre public, intégrité territoriale, défense, bien-être économique du pays, protection de la santé ou de la morale, prévention des infractions, divulgation d'informations confidentielles, garantie de l'autorité et de l'impartialité de la justice ; dans le second, protection de la réputation et des droits d'autrui, voire souci de protéger la santé ou la morale[55].

Enfin, l'ingérence doit être nécessaire dans une société démocratique. C'est la condition qui suscite le plus de difficultés, en raison du caractère flou des notions. Des précisions ont cependant été apportées. Les éléments caractéristiques de toute société démocratique sont le pluralisme, la tolérance

51. Elle doit être imputable aux organes de l'État ou à ses agents intervenant officiellement : CEDH, 23 nov. 1993, *A c/ France*, n° 14838/89, § 36. *Adde* CEDH, 28 août 1986, *Glasenapp c/ Allemagne*, n° 9228/80, § 50 et s. ; 26 mars 1987, *Leander c/ Suède*, n° 9248/81, § 72. L'intervention *inter partes* du juge sera assimilée à une ingérence : CEDH, 23 juin 1993, *Hoffmann c/ Autriche*, n° 12875/87, § 29. V° aussi : CEDH, 20 avr. 1993, *Sibson c/ Royaume-Uni*, n° 14327/88, § 27.

52. Comm. EDH, 12 oct. 1978, *X. c/ Royaume-Uni*, n° 7308/75, DR 16/32 ; CEDH, 24 avr. 1990, *Kruslin c/ France*, n° 11801/85, § 29 ; 28 mars 1990, *Groppera Radio AG et autres c/ Suisse*, n° 10890/84, § 68 ; 23 mars 1985, *Barthold c/ Allemagne*, n° 8734/79, § 40.

53. CEDH, 26 avr. 1979, *Sunday Times c/ Royaume-Uni*, n° 6538/74, § 49 s ; 13 juill. 1995, *Tolstoy Miloslavsky c/ Royaume-Uni*, n° 18139/91, § 37.

54. CEDH, 24 mars 1988, *Olsson c/ Suède (n° 1)*, n° 10465/83, § 61 ; 22 nov. 1995, *S.W. c/ Royaume-Uni*, n° 20166/92, § 36.

55. CEDH, 22 avr. 1992, *Rieme c/ Suède*, n° 12366/86.

et l'esprit d'ouverture[56]. Le fait que cette ingérence soit « nécessaire » dans une société démocratique signifie qu'elle doit répondre à un besoin social impérieux, tout en restant proportionnée au but légitime poursuivi[57] : elle doit reposer sur de justes motifs qui soient à la fois pertinents et suffisants[58]. La nécessité s'apprécie *in concreto*.

26. Le contrôle de l'ingérence de l'État. – L'ingérence de l'État est contrôlée par la Cour européenne des droits de l'homme. Ce contrôle est destiné à empêcher que les États ne dépassent les limites qu'assigne la Cour au pouvoir d'ingérence : il s'impose pour éviter tout risque d'arbitraire. Mais puisque ce contrôle ne vise que le seul dépassement desdites limites, cela revient à laisser aux États une marge de manœuvre assez importante : ceci s'explique par le fait que les autorités nationales, parce qu'elles sont en contact direct avec la réalité, sont les mieux placées pour se prononcer sur d'éventuelles restrictions des droits et libertés. Comme ont pu l'observer les juges européens, les États contractants jouissent d'une marge d'appréciation pour juger la nécessité d'une ingérence, mais elle va de pair avec un contrôle européen plus ou moins large selon les cas[59]. Le contrôle européen, purement formel à l'origine, a été progressivement étendu. Les juges de Strasbourg vont rechercher si les motifs invoqués par les autorités nationales sont « pertinents et suffisants »[60] tout en vérifiant si l'ingérence est proportionnée au but poursuivi.

2. Les clauses anti-détournement

27. Les articles 17 et 18 de la Convention européenne des droits de l'homme. – Ces articles, qui précisent les clauses anti-détournement, sont le signe du réalisme des rédacteurs de la Convention, ainsi que de leur volonté d'assurer une protection concrète et effective des droits et libertés. Sans cette précaution liée à un éventuel détournement des droits garantis, l'ensemble du système protecteur serait fragilisé et il est heureux que ces précisions aient été apportées.

28. La clause anti-détournement des droits garantis. – Aux termes de l'article 17, aucune des dispositions de la Convention européenne ne peut être interprétée comme impliquant pour un État, un groupement ou un individu, un droit quelconque de se livrer à une activité ou d'accomplir un acte visant à la destruction des droits et libertés reconnus dans la Convention ou à des limitations plus amples de ces droits et libertés que celles qu'elle prévoit. C'est l'application de la théorie de l'abus de droit dans le cadre de la Convention européenne. En définitive, personne ne doit pouvoir se prévaloir des dispositions de la Convention pour se

56. CEDH, 7 déc. 1976, *Handyside c/ Royaume-Uni*, n° 5493/72, § 50 et s.

57. Aff. *Sunday Times*, préc., § 63 et s. ; aff. *Gillow*, préc., § 55.

58. CEDH, 22 oct. 1981, *Dudgeon. c/ Royaume-Uni*, n° 7525/76, § 51 et s.

59. CEDH, 24 nov. 1993, *Informations Verein Lentia et autres c/ Autriche*, n° 13914/88..., § 5.

60. CEDH, 24 mars 1988, *Olsson c/ Suède*, préc., § 68.

livrer à des actes visant à la destruction des droits et libertés visés par ce texte[61].

L'article 17 a été invoqué pour empêcher toute promotion de doctrines totalitaires qui seraient incompatibles avec la démocratie et les droits de l'homme[62], ainsi que pour sanctionner des incitations à la haine et à la discrimination raciale[63]. Plus spécifiquement, les organes de la Convention ont fait référence à cet article s'agissant d'écrits mettant en cause l'existence de la Shoah et de l'Holocauste, mais pas seulement[64]. Toutefois, pour éviter toute dérive et après avoir rappelé que personne ne doit pouvoir se prévaloir des dispositions de la Convention pour se livrer à des actes visant à la destruction des droits et libertés qu'elle garantit, les juges européens ont apporté une importante précision : l'article 17, qui a une portée négative, ne peut être interprété *a contrario* comme privant une personne physique des droits fondamentaux[65]. Par la suite, les juges européens ont été encore plus précis : la limitation de l'article 17 doit être strictement proportionnée à la gravité et à la durée de la menace[66].

29. La clause anti-détournement des restrictions autorisées. – Aux termes de l'article 18 de la Convention européenne, les restrictions qui sont apportées aux droits et libertés qu'elle garantit ne peuvent être appliquées que dans le but pour lequel elles ont été prévues. Cet article, qui a une portée générale, est peu utilisé dans la mesure où la précaution qu'il met en exergue peut paraître inutile : la pratique judiciaire

---

61. CEDH, 14 nov. 1960, *Lawless c/ Irlande (n° 1)*, n° 332/57..., § 7. V° aussi aff. *Orban* qui, bien que ne retenant pas la violation de l'art. 17, rappelle le principe : CEDH, 15 janv. 2009, *Orban et autres c/ France*, n° 20985/05, § 33. *Adde* CEDH, 10 juill. 2008, *Soulas et autres c/ France*, n° 15948/03, § 48 (à propos d'un ouvrage intitulé « *La colonisation de l'Europe* » et sous-titré « *Discours vrai sur l'immigration et l'islam* »). Sur l'abus *de droit dans la jurisprudence de la Cour européenne des droits de l'homme*, cf. J. Andriantsimbazovina, *D.* 2015. 1854. Cf. not. : CEDH, déc., 20 oct. 2015, *M'Bala M'Bala c/France*, n° 25239/13, *JCP* 2015. 1405, note H. Surrel, *RPDP* 2015, p. 949, obs. F. Safi, *AJDA* 2015. 2118, obs. J.-M. Pastor, et 2016. 143, obs. L. Burgorgue-Larsen, *RSC* 2016. 140, obs. J.-P. Marguénaud, *RTDH* 2016. 759, note M. Afroukh, *JCP (A)* 2016. 2101, chron. V. Correia (dir.), n° 23, obs. L.-M. Le Rouzic, *JDI* 2016, n° 4, chron. 8, n° 34, obs. T. Stavrinaki.

62. Comm. EDH, 12 oct. 1989, *H, W, P et K c/ Autriche*, DR 62/216. V° pour la dissolution du parti communiste de RFA : Com. EDH, 20 juill. 1957, *Parti communiste c/ RFA*, n° 250/57.

63. Comm. EDH, 18 oct. 1995, *Honsik c/ Autriche*, DR 83 B/77.

64. Comm. EDH, 24 juin 1996, *Marais c/ France*, DR 86/184 ; CEDH (déc.), 24 juin 2003, *Garaudy c/ France*, n° 65831/01 : « La Cour estime qu'en vertu des dispositions de l'art. 17 de la Convention, le requérant ne peut pas se prévaloir des dispositions de l'art. 10 de la Convention en ce qui concerne les éléments relevant de la contestation de crimes contre l'humanité ». Cf. à propos d'une association qui se plaignait de ses activités sur le territoire allemand en raison de ses objectifs (dénégation de l'existence de l'État d'Israël, renversement des gouvernements des États musulmans et remplacement par un Califat) : CEDH, 12 juin 2012, *Hizb Ut-Tharir et autres c/ Allemagne*, n° 31098/08, *JCP* 2012, 835, p. 1391, obs. M. Levinet.

65. CEDH, 1er juill. 1961, *Lawless c/ Irlande (n° 3)*, n° 332/57.

66. CEDH, 23 juill. 1962, *De Becker c/ Belgique*, préc. Pour un exemple où l'art. 17 n'a pas été retenu : CEDH, 17 déc. 2013, *Perincek c/ Suisse*, n° 27510/08, *JCP* 2014, chron. 78, n° 23, obs. F. Sudre, *JCP* 2014, 37, p. 44, obs. G. Gonzalez, *AJDA* 2014, p. 147, obs. L. Burgorgue-Larsen, *D.* 2014, p. 144, obs. G. Poissonnier, *RSC* 2014, p. 179, obs. J.-P. Marguénaud, *RSC* 2014, p. 125, obs. J. Francillon. Cf. l'arrêt de Grande chambre rendue, dans le même sens : CEDH, Gr. Ch., 15 oct. 2015, *Perincek c/Suisse*, n° 27510/08, *Dalloz Actu.* 3 nov. 2015, obs. T. Soudain, *D.* 2015, act., p. 2183, obs. G. Poissonnier, *RPDP* 2015, p. 949, obs. F. Safi, *AJDA* 2016. 143, obs. L. Burgorgue-Larsen, *JCP* 2015. 1179, *RTDH* 2016. 1019, note G. Gonzalez, *Dr. Pénal* 2016, n° 4, chron. 4, n° 18, obs. E. Dreyer, *JDI* 2016, n° 4, chron. 8, n° 33, obs. T. Stavrinaki.

européenne tend d'ailleurs ainsi à neutraliser l'article 18[67] d'autant plus que sa mise en œuvre n'est pas aisée puisque, n'étant pas autonome, il doit être invoqué en combinaison avec un autre article de la Convention autorisant une restriction des droits[68]. De plus, l'objectif de cet article est de sanctionner le détournement volontaire du but de la restriction : c'est dire que les effets latéraux de la restriction n'entrent pas dans son champ d'application dès lors que l'État en cause ne les a pas cherchés[69] ; en revanche, si le détournement est caractérisé, il importe peu qu'il s'agisse d'une action ou d'une omission[70].

L'article 18 a été toutefois appliqué récemment, ce qui a permis de le faire sortir de l'oubli dans lequel il était plongé[71]. Il était judicieux de rappeler qu'il n'est pas possible de restreindre l'exercice des droits dans un but autre que celui pour lequel les restrictions ont été prévues. Les juges européens insistent aussi sur le fait que l'article 18 n'a pas d'existence indépendante et qu'il ne peut s'appliquer que combiné avec d'autres articles de la Convention. De plus, ils indiquent clairement que cet article ne peut entrer en jeu que si le droit ou la liberté protégés font l'objet de restrictions autorisées par la Convention.

B. Les clauses dérogatoires temporaires

30. Les articles 15 et 57 de la Convention européenne des droits de l'homme. – Ces deux articles prévoient des clauses dérogatoires temporaires. La théorie des circonstances exceptionnelles justifie une dérogation aux obligations prévues par la Convention. En revanche, les réserves obéissent à une logique différente, même si le résultat est similaire : les restrictions aux droits garantis sont temporairement admises à raison de la non-conformité d'une partie du droit national aux exigences européennes au moment de la signature ou de la ratification du traité, à charge pour l'État en cause de se mettre en conformité le plus rapidement possible.

1. Les circonstances exceptionnelles

31. La raison d'État. – Aux termes du 1er alinéa de l'article 15 de la Convention européenne des droits de l'homme, en cas de guerre ou en cas d'autres dangers publics menaçant la vie de la Nation, les États peuvent prendre des mesures dérogeant aux obligations prévues par la Convention, dans la stricte mesure où la situation l'exige et à la condition que ces mesures ne soient pas en contradiction avec les autres obligations découlant du droit international. Dans une démocratie, ce texte permet aux États de défendre les garanties fondamentales dans des périodes de

67. Cf. not. : CEDH, 18 déc. 1986, *Bozano c/ France*, n° 9990/82, § 61.
68. Comm. EDH, 14 juill. 1974, *Kamma c/ Pays-Bas*, DR 1/17.
69. Com. EDH, 18 mai 1977, *Sunday Times c/ Royaume-Uni*, préc.
70. CEDH, 28 mai 1985, *Ashingdane c/ Royaume-Uni*, n° 8225/78, § 48.
71. CEDH, 19 mai 2004, *Gusinskiy c/ Russie*, n° 70276/01.

crise grave en leur permettant de prendre des mesures exceptionnelles. Nous sommes bien dans le cadre de la raison d'État.

En raison de ses conséquences directes, la notion de raison d'État semble en contradiction avec l'idée même d'un État de droit, caractérisé notamment par la prééminence du droit. Mais la réalité est parfois très compliquée et fortement nuancée : dans certaines circonstances, certes très exceptionnelles, la raison d'État peut s'imposer avec ses règles restreignant les droits et libertés fondamentaux. Cela peut, *a priori*, paraître inquiétant, mais, en réalité, tout sera question de proportion. Dès lors le risque n'est pas si grand, surtout que les États ne disposent pas pour autant de pouvoirs arbitraires. Il est d'ailleurs significatif de remarquer que l'application de l'article 15, au demeurant très exceptionnelle, n'a pas donné lieu à d'importantes contestations[72]. Il est vrai cependant que la portée de cet article est très grande puisque, à l'exception des droits intangibles[73], la dérogation peut concerner toutes les obligations prévues par la Convention.

32. Les conditions de la dérogation. - Une dérogation aussi importante concernant les droits garantis par la Convention européenne des droits de l'homme ne pouvait pas ne pas être soumise à des conditions très strictes. Les rédacteurs de la Convention ont ainsi précisé les conditions de forme et de fond, lesquelles sont particulièrement contraignantes pour les États.

S'agissant des conditions de forme, les États exerçant leur droit de dérogation doivent informer le Secrétaire général du Conseil de l'Europe, non seulement des mesures prises, mais aussi des motifs qui les ont inspirées. Cela permet aux instances européennes de s'assurer que les mesures en cause sont conformes aux exigences conventionnelles. De plus, les autorités étatiques doivent informer le Secrétaire général du Conseil de l'Europe de la date à laquelle cette mesure a cessé d'être en vigueur, les dispositions conventionnelles recevant à nouveau leur pleine application : cette condition consacre implicitement le caractère temporaire de la mesure.

L'article 15 de la Convention prévoit trois conditions de fond destinées à éviter tout risque d'arbitraire et à sauvegarder le principe de la prééminence du droit. La première condition est l'existence d'un danger public menaçant la vie de la nation. Il s'agit du cas de guerre ou de tout autre danger. Si la notion de « guerre » est relativement précise, celle de « danger public (autre) menaçant la vie de la nation » est plus floue. Les juges européens ont apporté

72. Ce fut le cas pour la France à propos de l'état d'urgence en Nouvelle-Calédonie (12 janv. 1985-30 juin 1985). V° cependant CEDH, Gr. Ch., 19 févr. 2009, *A. et autres c/ Royaume-Uni*, préc., § 190, estimant que les mesures dérogatoires (dérogation de l'art. 15 en raison du danger public à la suite des attentats du 11 septembre), et *Anti-terrorism, Crime and Security Act* (2001), étaient disproportionnées en ce qu'elles opéraient une discrimination injustifiée entre étrangers et citoyens britanniques (§ 190). À noter qu'à la suite de la vague terroriste à Paris fin 2015, la France a informé les autorités du Conseil de l'Europe que, conformément aux dispositions de l'art. 15 et suite à l'état d'urgence décrété dans tout le pays pour répondre à la menace terroriste, elle risque de devoir déroger à certains droits et libertés garantis par la Convention (Déclaration au Secrétariat général du Conseil de l'Europe, 24 nov. 2015).

73. Il s'agit du droit à la vie (art. 2), de l'interdiction de la torture et des traitements inhumains ou dégradants (art. 3) ainsi que de l'esclavage et la servitude (art. 4 § 1) et de la non-rétroactivité de la loi pénale (art. 7).

une double précision : d'une part, l'article 15 vise une situation de crise ou de danger exceptionnel et imminent affectant l'ensemble de la population et constituant une menace pour la vie organisée de la communauté composant l'État[74] ; d'autre part, le danger peut ne concerner qu'une partie du territoire[75]. Le contrôle européen est tout de même assez souple, ce qui donne aux États une marge d'appréciation relativement importante. Toutefois, si les mesures dérogatoires sont maintenues alors que les circonstances exceptionnelles ont disparu, la violation de la Convention est caractérisée[76]. La deuxième condition est que les mesures dérogatoires doivent présenter un caractère de nécessité : elles doivent être strictement indispensables pour faire face au danger : les dérogations ne peuvent être prises que « dans la stricte mesure où la situation l'exige ». Les autorités nationales sont les meilleurs juges des mesures à prendre pour conjurer le danger[77], mais les juges européens apprécient l'existence matérielle des faits qui servent de fondement aux mesures prises tout en vérifiant la qualification juridique des faits. Cependant, la Cour estime qu'elle n'a pas à substituer son opinion à celle du Gouvernement quant à la nature des moyens les plus adéquats pour faire cesser le danger[78], ce qui affaiblit la force du contrôle européen lequel, sans être purement théorique, est assez limité. Il reste que malgré la mise en œuvre de ces mesures dérogatoires, et c'est la troisième condition, l'État en cause doit respecter ses autres obligations internationales, comme le Pacte sur les droits civils et politiques ou encore les conventions relatives au droit humanitaire et à celui des conflits armés.

2. Les réserves

33. Les réserves, un mal nécessaire. – Les réserves sont assurément un mal nécessaire, et c'est pourquoi leur admission s'est facilement imposée. Les réalités nationales ne pouvaient pas ne pas être prises en compte et il était donc indispensable de permettre aux États – sous certaines conditions – de faire en sorte que certaines parties de leur droit échappent aux exigences européennes. Il est cependant entendu implicitement que les réserves ne peuvent être que temporaires, le temps pour l'État d'apporter les solutions de mise en conformité avec la Convention qui n'ont pu l'être compte tenu de la réalité politique, économique ou sociale de l'État. Cette possibilité s'explique par le souci de ne pas décourager les ratifications tout en espérant progressivement une certaine harmonisation.

34. L'article 57 de la Convention européenne des droits de l'homme. – Aux termes de l'article 57 de la Convention européenne, tout État peut au moment de la signature de la Convention ou du dépôt de son instrument de ratification, formuler une réserve au sujet d'une

74. Aff. *Lawless*, préc., § 28.
75. CEDH, 18 janv. 1978, *Irlande c/ Royaume-Uni*, préc., § 205.
76. Comm. EDH, 9 juin 1958, *De Becker c/ Belgique*, req. n° 214/65.
77. Aff. *Irlande c/ Royaume-Uni*, préc., § 207.
78. Aff. *Brannigan et MacBride*, préc., § 59.

disposition particulière de la Convention, dans la mesure où une loi alors en vigueur sur son territoire n'est pas conforme à cette disposition. Les réserves de caractère général ne sont pas autorisées et toute réserve doit comporter un bref exposé de la loi en cause.

La Cour européenne des droits de l'homme apprécie la conformité de la réserve aux conditions de l'article 57 et, si elle estime qu'elle est illégale, le litige est étudié en faisant abstraction de ladite réserve, celle-ci étant inopérante pour toutes fins pratiques. Contrairement aux règles classiques du droit international telles que consacrées dans le Traité de Vienne sur les traités, les juges européens contrôlent les réserves depuis la célèbre affaire *Belilos*[79]. De plus, leur contrôle est très rigoureux, n'hésitant pas à écarter ce qui est présenté par un État comme une « réserve » en indiquant qu'il s'agit d'une simple déclaration unilatérale non opposable à la Cour, dès lors que les conditions ne sont pas, à leurs yeux, remplies. Tel sera le cas si la réserve ne se rapporte pas à une disposition spécifique de la Convention et si elle est trop générale[80].

Section 3
Un système de protection

35. La Cour européenne des droits de l'homme. – En Europe, il existe plusieurs systèmes de protection des droits fondamentaux, plus ou moins contraignants pour les États. Le système prévu par la Convention européenne des droits de l'homme est assurément le plus abouti et très certainement le plus efficace, car il consacre un contrôle juridictionnel effectif et direct des droits garantis : l'action de la Cour européenne des droits de l'homme est forte. Parce qu'il est facile à mettre en œuvre tout en étant contraignant pour les États, le système conventionnel apparaît comme le mécanisme principal de protection des droits de l'homme en Europe.

Ce système de protection est en même temps victime de son succès : le nombre de requêtes s'étant accru fortement, en particulier ces dernières années, des mesures efficaces s'imposent pour la survie même de cet instrument de protection. Déjà, en 1998, une première réforme d'ampleur du mécanisme de protection est intervenue avec le Protocole n° 11, mais celle-ci s'est finalement révélée insuffisante. Dès lors, la question d'un nouveau protocole d'amendement s'est posée, afin de garantir à long terme l'efficacité du système européen de protection des droits de l'homme : ce Protocole n° 14, désormais signé et ratifié par tous les États membres, est entré en vigueur le 1er juin 2010. Si la plupart de ses dispositions font l'unanimité, certaines sont critiquées, la critique la plus importante étant le risque d'une

79. CEDH, 29 avr. 1988, *Belilos c/ Suisse*, n° 10328/83.

80. Comm. EDH, 5 mai 1982, *Temeltasch c/ Suisse*, DR 31/130, § 84. *Adde* CEDH, Gr. Ch., 4 juill. 2001, *Ilascu et autres c/ Russie et Moldova*, n° 48787/99, *D.* 2002, Somm., p. 684, obs. J.-F. Renucci.

politisation du système de protection, notamment en raison du pouvoir d'intervention du Commissaire aux droits de l'homme du Conseil de l'Europe[81]. Il reste que la ratification de ce Protocole par l'ensemble des États membres permet d'envisager plus sereinement l'avenir, d'autant plus que plus rien ne s'oppose désormais à une réflexion sur un processus de réforme pour une efficacité à long terme du système européen de protection des droits de l'homme : la Déclaration d'Interlaken[82] établit une « feuille de route » pour un tel processus tout en adoptant un plan d'action qui en est l'instrument d'orientation politique. Sont ainsi posés les jalons des futurs travaux de réforme de la Cour et, actuellement, deux nouveaux protocoles sont à signaler : le protocole nº 15 met notamment l'accent sur le principe de subsidiarité et un délai de saisine de la Cour qui sera plus court ; le Protocole nº 16 tend à étendre la compétence consultative de la Cour en prévoyant la possibilité pour les plus hautes juridictions d'un État contractant de la saisir pour avis dans le cadre d'une affaire pendante devant elle.

Depuis 1998, le rouage principal du mécanisme conventionnel de protection des droits de l'homme est la Cour européenne des droits de l'homme, ce qui ne doit pas conduire à minimiser le rôle du Comité des ministres même s'il a perdu une large partie de ses prérogatives. Ce Comité surveille l'exécution des arrêts rendus par la Cour : cette complémentarité ne peut être qu'approuvée, tant sur le plan de la logique que sur celui de l'efficacité, l'organe judiciaire ayant le pouvoir de dire le droit tandis que l'organe politique contrôle l'exécution des décisions de justice. Les règles procédurales ont été également affinées afin de garantir l'efficacité du mécanisme de sorte que le système européen de protection se caractérise par une conception efficace et une procédure adaptée.

§1. Une conception efficace

36. La justice européenne. – La Cour européenne est une juridiction dont l'importance est considérable : outre sa raison d'être qui est la protection des droits les plus précieux, l'étendue de ses compétences et l'ampleur de sa portée géographique sont sans précédent dans l'histoire du droit international. Elle est assurément le centre nerveux d'un système de protection des droits de l'homme qui irradie tous les ordres juridiques internes des États européens. La Cour se présente comme un mécanisme de contrôle supranational tout à fait remarquable même si les critiques sont, parfois, très vives[83].

81. En ce sens : M. de Salvia, *Illustration et défense du système européen de protection judiciaire des droits de l'homme : des règles précises pour des obligations claires et partagées par les États, RTDH*, p. 135 et s.

82. Conférence de haut niveau sur l'avenir de la Cour européenne des droits de l'homme, Interlaken (2010). *Adde* les Conférences d'Izmir (2011), de Brighton (2012) et de Bruxelles (2015).

83. B. Edelman, *La Cour européenne des droits de l'homme : une juridiction tyrannique ? D.* 2008, chron., p. 1946 et s. *Contra* : S. Hennette-Vauchez, *Droits de l'homme et tyrannie : de l'importance de la distinction entre esprit critique et esprit de critique, D.* 2009, chron., p. 238 s.

A. L'organisation de la Cour européenne des droits de l'homme

37. Une Cour unique et permanente. - Depuis l'entrée en vigueur du Protocole n° 11, la Cour européenne des droits de l'homme est une juridiction unique et permanente. Les règles applicables sont significatives des ambitions affichées par les promoteurs de la réforme, à savoir la mise en place d'un système protégeant efficacement les droits de l'homme en Europe et une prise en compte des nouvelles réalités. Les résultats ne sont sans doute pas toujours à la hauteur de ces ambitions, mais l'effort est louable et cela est perceptible, en particulier sur le plan des règles relatives à la composition de la Cour. Les acteurs de la justice européenne ont ainsi les moyens de mettre en œuvre une action protectrice des droits fondamentaux, d'autant plus que l'originalité de cette justice est au service de cette ambition.

1. Les acteurs de la justice européenne

38. Une volonté d'efficacité. - Compte tenu des enjeux et des attentes, la Cour se doit d'être efficace dans son action : pour ce faire, elle dispose de moyens, humains et financiers, qui sont importants même s'ils s'avèrent parfois insuffisants. La composition de la Cour traduit bien ce souci d'efficacité qui est celui de ses promoteurs. Les acteurs de la justice européenne sont ainsi amenés à jouer un rôle majeur, qu'il s'agisse des acteurs qui sont physiquement présents en permanence à la Cour comme les juges et le greffe ou de ceux qui ne le sont pas comme les agents du Gouvernement.

39. Les juges de la Cour. - La Cour européenne est composée d'un nombre de juges égal à celui des États contractants[84] et présidée par l'un d'entre eux. Si, en général, les juges qui siègent à la Cour européenne des droits de l'homme sont des juges élus, il peut arriver que certains ne le soient pas : l'hypothèse est exceptionnelle, mais un juge *ad hoc* peut éventuellement siéger.

Les juges sont élus par l'Assemblée parlementaire du Conseil de l'Europe à la majorité des voix exprimées, sur une liste de trois candidats présentés par les États[85]. Ils doivent jouir de la plus haute considération morale et réunir les conditions requises pour l'exercice de hautes fonctions judiciaires ou être des jurisconsultes possédant une compétence notoire[86]. Le mandat des juges européens est limité dans le temps : depuis l'entrée en vigueur du Protocole n° 14, ils sont élus pour 9 ans, mais ils ne sont plus rééligibles[87]. Les juges

84. Art. 20, Conv.

85. Art. 22, Conv. EDH.

86. Art. 21, § 1, Conv. EDH. Statuant en Assemblée plénière, la Cour a adopté une résolution sur l'éthique (Rés. 23 juin 2008). V° J.-F. Flauss, *Les obligations déontologiques des juges de la Cour européenne des droits de l'homme*, Mél. Parapas, Bruylant, 2009, p. 195 et s.

87. Art. 23 § 1, Conv. EDH.

siègent à la Cour à titre individuel[88] et, pendant l'exercice de leurs fonctions, ils jouissent des privilèges et immunités prévus à l'article 40 du statut du Conseil de l'Europe et dans les accords conclus au titre de cet article[89]. La Cour plénière élit son président, ses deux vice-présidents et les présidents des sections pour une période de trois ans, sans que celle-ci puisse excéder la durée du mandat des juges intéressés[90].

Un juge *ad hoc* peut éventuellement siéger à la Cour européenne des droits de l'homme[91]. Cette possibilité a toujours existé, l'article 29 du règlement de la Cour précisant que, si le juge élu au titre d'une Partie contractante est empêché ou se déporte, le président de la Chambre demande à ladite Partie si elle entend désigner pour siéger, soit un autre juge élu, soit en qualité de juge *ad hoc* une autre personne remplissant les conditions d'exercice des fonctions exigées par la Convention ; il en est de même si la personne désignée se trouve empêchée ou se déporte. Les États doivent dresser une liste de réserve de juges *ad hoc,* au sein de laquelle le président de la Cour européenne choisira une personne lorsque la désignation d'un tel juge s'imposera[92], étant précisé que les noms des juges élus sont *ipso jure* considérés comme étant inclus dans la liste présentée par les États.

40. Le greffe de la Cour. – La Cour européenne dispose d'un greffe dont les tâches et l'organisation sont fixées par le règlement de la Cour[93]. Le greffier et les greffiers adjoints sont élus par la Cour plénière[94]. Les candidats doivent jouir de la plus haute considération morale et posséder les connaissances juridiques, administratives et linguistiques ainsi que l'expérience requise pour l'exercice des fonctions[95]. Le greffier, élu pour cinq ans, est rééligible[96].

D'une façon générale, le greffe a pour rôle de fournir à la Cour un soutien juridique et administratif dans l'exercice de ses fonctions judiciaires. Il a pour principale fonction de traiter et de préparer, en vue d'une décision, les requêtes soumises à la Cour. Le greffier assiste la Cour dans l'accomplissement de ses fonctions : c'est sous l'autorité du président de la Cour qu'il est responsable de l'organisation et des activités du greffe[97]. Il a la garde des archives de la Cour et sert d'intermédiaire pour les communications et notifications adressées à celle-ci, ou émanant d'elle, concernant les affaires dont elle sera saisie[98]. Le greffier peut aussi répondre aux demandes de renseignements sur

88. Art. 21 § 2, Conv. EDH.

89. Art. 51, Conv. EDH.

90. Art. 8, Règl. Cour.

91. P. Lambert, *Les juges* ad hoc *à la Cour européenne des droits de l'homme, RTDH* 1999, p. 479 et s.

92. Art. 26 § 4, Conv. EDH. ; Art. 29, Règl. Cour.

93. Art. 24 § 1, Conv. EDH.

94. Art. 15 et s., Règl. Cour.

95. Art. 15 § 1er, Règl. Cour.

96. Art. 15 § 2, Règl. Cour.

97. Art. 17 § 1er, Règl. Cour.

98. Art. 17 § 2, Règl. Cour.

l'activité de la Cour : il ne peut cependant le faire que sous réserve du devoir de discrétion attaché à ses fonctions[99].

41. L'agent du Gouvernement. – Les agents du Gouvernement, qui sont les représentants de l'État au sein de la Cour, ont en charge la défense de l'État mis en cause devant la Cour européenne. Ils n'ont pas un statut uniforme au sein des États membres et les États Parties sont libres de prendre pour agent la personne de leur choix (haut fonctionnaire, magistrat, professeur de droit ou juriste indépendant...). Des règles communes existent cependant : c'est ainsi qu'ils bénéficient des immunités accordées aux personnes qui participent à la procédure devant la Cour[100]. Par ailleurs, il a été précisé que, le mécanisme de la Convention étant complexe, les fonctions de l'agent du Gouvernement exigent un degré de compétence et de professionnalisme tout à fait spécifique[101].

Le rôle de l'agent du Gouvernement est double puisqu'il est, à la fois, défenseur de l'État et des droits de l'homme. Il est tout d'abord l'avocat de l'État mis en cause devant la Cour européenne. Il représente l'État et il peut se faire assister par des conseils et des conseillers[102] ; les communications et notifications qui lui sont adressées sont réputées adressées aux Parties contractantes[103]. Dès qu'une requête est officiellement communiquée au Gouvernement, elle l'est par son intermédiaire et c'est lui-même qui y répondra en rédigeant des observations qui seront versées au dossier. Auparavant, si des mesures provisoires ont été ordonnées, son rôle est très important puisqu'il est « l'interface essentielle » entre la Cour et les services nationaux compétents[104]. De plus, lors de la tentative de règlement amiable pilotée par le greffe de la Cour, c'est lui qui mène les négociations. Dans l'hypothèse d'un échec de ces négociations, la procédure ira jusqu'à son terme, à moins qu'il n'y soit mis un terme suite à une déclaration unilatérale de l'État où il sera amené à intervenir. Si cette procédure donne lieu à un arrêt de condamnation, l'agent du Gouvernement interviendra également pendant la phase d'exécution puisqu'il organise et surveille l'exécution de l'arrêt ou de la décision de la Cour. Mais le rôle de l'agent du Gouvernement ne saurait se limiter aux affaires qui mettent en cause l'État dont il assure la défense : son rôle est d'autant plus important que sa tâche n'est pas de gagner le procès à tout prix, mais de servir l'intérêt général, notamment en insérant sa démonstration dans l'acquis jurisprudentiel. De plus, s'il a un rôle de représentation devant la Cour, il doit aussi s'assurer de la mise en conformité des législations et des pratiques nationales avec les exigences européennes. Les agents du

99. Art. 17 § 3, Règl. Cour.

100. Art. 1er, 1, *Accord européen concernant les personnes participant aux procédures devant la Commission et la Cour européenne des droits de l'homme*, 1969.

101. P.-H. Imbert, *Allocution à la Réunion des Agents du Gouvernement*, Prague, 1995, *Les agents du Gouvernement devant les organes de la Convention européenne des droits de l'homme*, Conseil de l'Europe, Doc. H (96) 10. V° aussi les différentes interventions à la Réunion des agents des gouvernements de Vilnius (10/11 mai 1999), Conseil de l'Europe, Doc. H (99) 9 rev.

102. Art. 35, Règl. Cour.

103. Art. 37, Règl. Cour.

104. Ph. Boillat, *Remarques finales et conclusions au Séminaire de Bratislava*, préc., p. 489.

Gouvernement peuvent aussi jouer un rôle essentiel dans la diffusion des normes de la Convention auprès de tous les organes de l'État.

2. L'originalité de la justice européenne

42. Les formations de la Cour. - L'un des traits caractéristiques de la Cour européenne des droits de l'homme est que cette juridiction, pourtant unique, est en même temps multiple. L'originalité du système tient au fait que cette Cour est plurielle dans sa composition, avec une Assemblée plénière et différentes formations contentieuses qui sont les juges uniques, les comités de trois juges, les chambres et la Grande Chambre.

43. L'Assemblée plénière. - L'Assemblée plénière, qui réunit tous les juges, est la formation la plus solennelle de la Cour européenne des droits de l'homme. Elle n'exerce que des fonctions administratives et ne joue donc aucun rôle contentieux, ni même consultatif.

C'est ainsi qu'elle élit pour une durée de trois ans son président et un ou deux vice-présidents. L'Assemblée plénière procède également à l'élection des présidents des chambres de la Cour. Par ailleurs, elle élit le greffier ainsi qu'un ou plusieurs greffiers adjoints et constitue des chambres dénommées « sections ». Enfin, la Cour réunie en Assemblée plénière adopte le règlement intérieur de la Cour. Il s'agit là d'une prérogative importante, car ce règlement apporte des précisions, notamment procédurales, qui participent de l'effectivité du mécanisme européen de contrôle. Ce règlement fait l'objet d'une adaptation permanente, ce qui est légitime compte tenu de sa finalité.

44. Les juges uniques. - La formation de juge unique est l'une des solutions qui ont été imaginées pour garantir l'efficacité à long terme du système conventionnel de protection des droits de l'homme. L'abandon de la collégialité a pu susciter quelques inquiétudes, mais il est vrai que des précautions ont été prises : ainsi, pour préserver l'impartialité, il a été décidé qu'un juge siégeant en tant que juge unique n'examine aucune requête introduite contre l'État au titre duquel il a été élu[105]. Les juges uniques sont assistés de rapporteurs qui exercent leurs fonctions sous l'autorité du président de la Cour et font partie du greffe[106].

Le juge unique peut déclarer une requête individuelle irrecevable ou la rayer du rôle lorsqu'une telle décision peut être prise sans examen complémentaire[107] : il prendra de telles décisions dans le cadre d'affaires parfaitement claires, affaires où finalement l'irrecevabilité s'impose d'évidence et sa décision est définitive[108]. Si le juge unique ne déclare pas la requête

105. Art. 26 § 3, Conv. EDH.

106. Art. 24 § 2, Conv. EDH. Cf. *supra*, n° 40.

107. Art. 27 § 1, Conv. EDH.

108. Art. 27 § 2, Conv. EDH.

irrecevable ou s'il ne la raye pas du rôle, il la transmet à un Comité ou à une Chambre pour examen complémentaire[109].

45. Les Comités de trois juges. – Les Comités sont constitués en application de l'article 26 § 1 de la Convention. Chaque Comité est présidé par le membre qui a la préséance au sein de la Section. À noter que si le juge élu au titre de l'État partie au litige n'est pas membre de ce comité, ce dernier peut, à tout moment de la procédure, l'inviter à siéger en son sein en lieu et place de l'un de ses membres, en prenant en compte tous facteurs pertinents[110].

Le Comité de trois juges filtre les requêtes individuelles. Il peut, par vote unanime, déclarer irrecevable ou rayer du rôle une requête individuelle lorsqu'une telle décision peut être prise sans examen complémentaire[111]. Mais il peut aussi, par vote unanime, déclarer recevable une requête individuelle et rendre conjointement un arrêt sur le fond lorsque la question relative à l'interprétation ou à l'application de la Convention ou de ses protocoles qui est à l'origine de l'affaire fait l'objet d'une jurisprudence bien établie de la Cour[112]. Les décisions et arrêts rendus dans ces conditions sont définitifs[113].

46. Les Chambres de sept juges. – Les Chambres, qui comportent sept juges[114], sont constituées à partir des sections[115]. Pour chaque affaire, la Chambre comprend le président de la section et le juge élu au titre de toute Partie contractante concernée. Les autres membres sont désignés par le président de la section selon un système de rotation parmi les membres de la section. Enfin, ceux qui ne sont pas désignés de la sorte siègent en qualité de suppléants[116].

Ces Chambres sont l'instance normale de jugement : c'est l'élément central du mécanisme conventionnel de contrôle. Sous réserve de compétences spécifiquement attribuées aux autres formations, la Chambre a une compétence de principe pour examiner toutes les requêtes, individuelles ou étatiques, tant sur le plan de la recevabilité qu'au fond[117].

---

109. Art. 27 § 3, Conv. EDH.

110. Art. 28 § 3, Conv. EDH.

111. Art. 28 § 1 a, Conv. EDH.

112. Art. 28 § 1 b, Conv. EDH.

113. Art. 28 § 2, Conv. EDH.

114. Depuis l'entrée en vigueur du Protocole n° 14, le nombre peut être porté à cinq puisque, à la demande de l'Assemblée plénière de la Cour, le Comité des ministres peut, par une décision unanime et pour une durée déterminée, réduire ainsi le nombre de juges composant les Chambres (art. 26 § 2, Conv. EDH).

115. Sur la constitution de « Sections », v° Art. 25, Règl. Cour. Les Chambres prévues à l'art. 25 *b)* de la Convention, dénommées sections, sont constituées par la Cour plénière, sur proposition du président, pour une période de trois ans (5 sections actuellement). Chaque juge est membre d'une section. La composition des sections doit être équilibrée, tant sur le plan géographique que sur celui de la représentation des sexes, tout en tenant compte des différents systèmes juridiques existants dans les Parties contractantes. Le président de la Cour peut, exceptionnellement, procéder à des modifications dans la composition des sections si les circonstances le requièrent.

116. Art. 26 § 1, Règl. Cour. À noter que même après la fin de son mandat, le juge continue de connaître des affaires pour lesquelles il a pris part à l'examen au fond (art. 26 § 3, Règl. CEDH).

117. Cf. rapport explicatif du Protocole n° 11, § 42.

La Chambre de sept juges a aussi une fonction de conciliation. En cas d'échec de cette conciliation, elle se prononce sur la violation de la Convention. Elle rend un arrêt déclaratoire. S'il y a lieu, la Chambre se prononce sur la satisfaction équitable qui est une réparation imposée par les principes du droit international : toute violation d'un engagement doit entraîner l'obligation de réparation dans une forme adéquate[118]. Toutefois, on observera que l'arrêt rendu sur le fond par la Chambre de sept juges n'est pas définitif, la Grande Chambre pouvant éventuellement intervenir.

47. La Grande Chambre. - S'il peut y avoir plusieurs juges uniques, plusieurs comités de trois juges et plusieurs Chambres de sept juges, en revanche il n'y a qu'une seule Grande Chambre. Cela tient au fait qu'il convient d'assurer une certaine unité de la jurisprudence européenne.

La Grande Chambre se compose de dix-sept juges et d'au moins trois juges suppléants. Sa composition varie selon les cas : en cas de renvoi[119] ou de demande d'avis[120], les juges sont désignés par tirage au sort pour chaque affaire[121] ; en cas de dessaisissement[122], la Grande Chambre comprendra également les membres de la chambre qui s'est dessaisie[123]. Enfin, au sein de la Grande Chambre, il y a un collège de cinq juges qui examine les demandes de renvoi présentées en vertu de l'article 43 de la Convention.

Les rédacteurs du Protocole n° 11 ont voulu une « structure appropriée permettant un réexamen dans des cas exceptionnels ». Les attributions de la Grande Chambre sont précisées par l'article 31 de la Convention. Elle se prononce sur les requêtes introduites en vertu de l'article 33 (affaires interétatiques) ou de l'article 34 (requêtes individuelles) lorsque l'affaire lui a été déférée par la Chambre en vertu de l'article 30[124], ou lorsque l'affaire lui a été déférée en vertu de l'article 43[125]. Elle examine également les demandes d'avis consultatifs introduites en vertu de l'article 47. Depuis l'entrée en vigueur du Protocole n° 14, la Grande Chambre se prononce sur les questions dont la Cour est saisie par le Comité des ministres en vertu de l'article 46 § 4 de la Convention[126].

La particularité du système réside dans la saisine de la Grande Chambre, laquelle peut être saisie, soit par la Chambre elle-même (dessaisissement), soit par l'une des parties au litige (renvoi). Aux termes de l'article 30 de la Convention, si l'affaire pendante devant une Chambre soulève une question grave relative à l'interprétation de la Convention ou de ses protocoles, ou si la

118. Art. 41, Conv.

119. Art. 43, Conv. EDH. L'art. 26 § 5 de la Convention précise *in fine* que, dans ce cas du renvoi, aucun juge de la Chambre qui a rendu l'arrêt ne peut y siéger, à l'exception du président de la Chambre et du juge ayant siégé au titre de l'État partie intéressé.

120. Art. 47, Conv. EDH.

121. Art. 24 § 2 e), Règl. Cour.

122. Art. 30, Conv. EDH.

123. Art. 24 § 2 c), Règl. Cour.

124. Cet article prévoit le dessaisissement en faveur de la Grande Chambre.

125. Cet article prévoit le renvoi devant la Grande Chambre.

126. Il s'agit du recours en manquement qui est l'une des innovations du Prot. n° 14.

solution d'une question peut conduire à une contradiction avec un arrêt rendu antérieurement par la Cour, la Chambre peut, tant qu'elle n'a pas rendu son arrêt, se dessaisir au profit de la Grande Chambre, à moins que l'une des parties ne s'y oppose. L'article 43 de la Convention européenne indique que dans un délai de trois mois à compter de la date de l'arrêt d'une Chambre, toute partie à l'affaire peut demander le renvoi de l'affaire devant la Grande Chambre. Mais cela n'est possible qu'en cas de circonstances exceptionnelles qui doivent être précisées dans la demande de renvoi[127] : le collège de cinq juges examine la demande et ne la retient que s'il estime que l'affaire soulève bien une question grave[128] : si le collège retient la demande, la Grande Chambre statue par un arrêt ; s'il la rejette, sa décision n'a pas besoin d'être motivée[129].

B. La compétence de la Cour européenne des droits de l'homme

48. Les règles de compétence. – La compétence de la Cour européenne est précisée par la Convention et répond à un souci constant d'efficacité et de protection effective des droits de l'homme. La Cour a une compétence consultative qui est assez marginale, mais surtout une compétence contentieuse dont l'importance est désormais considérable.

1. La compétence consultative

49. Une compétence marginale. – La compétence consultative de la Cour est très marginale, à tel point qu'un auteur a pu se demander si ce n'était pas « une fonction totalement inutile, car conçue en des termes restrictifs jusqu'à l'absurde »[130]. Une telle compétence a cependant été prévue, mais il est très certainement regrettable qu'elle soit enfermée dans des conditions aussi restrictives. Sans doute aurait-il été opportun de faciliter la saisine de la Cour pour avis, peut-être même de donner cette possibilité aux présidents des tribunaux suprêmes des États membres, voire aux juridictions nationales de façon encore plus large : compte tenu de l'importance actuelle des questions liées à l'application des garanties de la Convention, et aussi de leur complexité, cela serait particulièrement judicieux. Il semble toutefois que l'on s'oriente dans cette direction avec le Protocole nº 16, même si l'approche est un peu plus restrictive.

En l'état actuel des choses, et aux termes de l'article 47 § 1er de la Convention, la Cour peut donner des avis consultatifs, à la demande du Comité des ministres, sur des questions juridiques concernant l'interprétation de la Convention européenne et de ses protocoles additionnels : c'est la Grande Chambre qui est compétente. La Cour décide si la demande d'avis consultatif

127. L'art. 73 § 1, Règl. Cour.

128. Art. 73 § 2, Règl. Cour.

129. Art. 73 §§ 2 et 3, Règl. Cour.

130. G. Cohen-Jonathan, *Le protocole nº 11 et la réforme du mécanisme international de contrôle de la Convention européenne des droits de l'homme*, *Europe*, nov. 1994, p. 1.

relève de sa compétence[131] et, dans l'affirmative, rend un avis motivé[132]. Enfin, l'avis est transmis au Comité des ministres[133].

50. Un succès limité. – Il est important qu'une telle possibilité soit prévue par la Convention, mais force est de constater que son succès est très limité. Cela tient au fait que ces avis ne peuvent porter ni sur des questions concernant le contenu et l'étendue des droits garantis par la Convention et ses protocoles ni sur les autres questions dont la Cour ou le Comité des ministres pourraient avoir à connaître par suite de l'introduction d'un recours prévu par la Convention[134] : c'est précisément parce que l'on se trouvait dans une telle hypothèse que, saisie pour la première fois pour rendre un avis consultatif, la Cour a estimé que la demande ne relevait pas de sa compétence[135]. En définitive, la condition prévue à l'article 47 § 2 est si restrictive que la compétence consultative de la Cour a pu sembler largement théorique.

Toutefois, une deuxième demande d'avis consultatif a été formulée et la Cour a pu ainsi rendre son premier avis consultatif : la question posée était de savoir si une liste de candidats aux fonctions de juge à la Cour remplissant les conditions d'exercice des fonctions pouvait être refusée sur la seule base de considérations tenant au sexe des candidats y figurant. Faisant preuve de pragmatisme et de réalisme, la Cour a estimé que « là où une partie contractante a pris toutes les mesures nécessaires et adéquates en vue d'assurer la présence du sexe sous-représenté sur la liste, mais sans succès, et à plus forte raison quand elle a suivi les recommandations de l'assemblée préconisant une procédure ouverte et transparente avec appel à candidatures, l'assemblée ne saurait rejeter la liste en question pour la seule raison que cette présence n'est pas réalisée »[136].

Par la suite, la Cour a été amenée à rendre un deuxième avis consultatif sur certaines questions juridiques relatives aux listes de candidats présentées en vue de l'élection des juges de la Cour européenne des droits de l'homme. Les juges européens ont précisé que les États peuvent retirer et remplacer une liste de candidats aux fonctions de juge à la Cour, mais à condition de le faire avant la date limite fixée en vue de la soumission d'une telle liste à l'Assemblée parlementaire ; après cette date, ils ne sont plus en droit de retirer leurs listes[137]. En cas de désistement d'un ou de plusieurs candidats inscrits sur une liste soumise par un État à l'Assemblée avant que celle-ci ne se prononce sur la liste en question par un vote final, la solution est la

131. Art. 48, Conv. EDH.

132. Art. 49, Conv. EDH. Tout juge en désaccord avec l'avis peut joindre son opinion dissidente.

133. Art. 49 § 3, Conv. EDH.

134. Art. 47 § 2, Conv. La décision du Comité des ministres de demander un avis à la Cour est prise à la majorité des représentants ayant le droit de siéger au Comité : art. 47 § 3, Conv. EDH.

135. CEDH, Gr. Ch., 2 juin 2004 (avis), *D.* 2004, Somm., p. 2532, obs. J.-F. Renucci.

136. CEDH, Gr. Ch., 12 févr. 2008 (avis), *D.* 2008. 1176, note J.-F. Renucci. V° aussi H. Surrel, *La présence des femmes au sein des hautes juridictions, À propos de l'avis consultatif de la Cour européenne des droits de l'homme sur certaines questions relatives aux listes des candidats présentés en vue de l'élection des juges à la Cour européenne des droits de l'homme (12 février 2008)*, *RFDA* 2008, p. 721 et s.

137. CEDH, Gr. Ch., 22 janv. 2010 (avis), § 49.

suivante : si le désistement en cause survient avant la date limite mentionnée au paragraphe 48, la Haute Partie contractante concernée peut soit remplacer le ou les candidat(s) défaillant(s), soit communiquer une nouvelle liste de trois candidats. Si, en revanche, le désistement survient après cette date, la Haute Partie contractante concernée doit se limiter à remplacer le ou les candidat(s) défaillant(s)[138].

Le Protocole n° 16 permet aux plus hautes juridictions de l'État d'adresser à la Cour européenne des droits de l'homme des demandes d'avis consultatifs sur des questions de principe relatives à l'interprétation et à l'application des droits et libertés définis par la Convention. Pour l'instant, ce Protocole n'est pas encore en vigueur[139], mais quand il le sera, il est probable que la compétence consultative de la Cour prenne de l'ampleur.

2. La compétence contentieuse

51. Une compétence élargie. – Les règles de compétence de la Cour font l'objet d'une approche extensive. D'abord, cette compétence s'étend à toutes les questions concernant l'interprétation et l'application de la Convention qui lui sont soumises, ce qui a conduit la jurisprudence européenne à affirmer sa plénitude de juridiction[140] : cette importance est d'autant plus grande que les juges privilégient une interprétation extensive et qu'en cas de contestation sur sa compétence, c'est la Cour elle-même qui décide[141]. Ensuite, depuis l'entrée en vigueur du protocole n° 11, la compétence de la Cour est obligatoire. Enfin, aux termes de l'article 1er de la Convention, les États reconnaissent à toute personne relevant de leur juridiction les droits et libertés garantis par la Convention : le fait de garantir ces droits aux « *seules personnes relevant de leur juridiction* » ne peut être considéré comme une limitation, et par là même comme une atteinte à l'universalisme du système de protection, car la notion de « juridiction » est largement entendue par les juges européens, ce qui participe d'une volonté d'assurer une défense efficace des droits de l'homme.

52. Le(s) requérant(s). – Le demandeur, qui dépose une requête devant la Cour européenne sera soit l'un des États signataires de la Convention, soit plus fréquemment, une personne physique, une organisation non gouvernementale ou un groupe de particuliers[142]. Dans le premier cas, c'est une « requête étatique » qui sera déposée, et dans le second une « requête individuelle ».

a) Les affaires interétatiques. Aux termes l'article 33 de la Convention, toute Haute Partie contractante peut saisir la Cour de tout manquement aux

138. CEDH, Gr. Ch., 22 janv. 2010, préc.

139. Protocole ouvert à la signature le 2 oct. 2013. Conditions d'entrée en vigueur : 10 ratifications. Au 25 avr. 2017 : 7 ratifications et 11 signatures non suivies de ratifications.

140. Art. 32 § 1er, Conv. EDH.

141. Art. 32 § 2, Conv. EDH.

142. Art. 34, Conv. EDH.

dispositions de la Convention et de ses protocoles qu'elle croira pouvoir être imputé à une autre Haute Partie contractante. Ainsi donc « tout » État peut intervenir pour « tout » manquement : c'est dire que l'État n'intervient pas pour faire respecter ses droits propres, mais plutôt comme soumettant à la Cour une question qui touche à l'ordre public européen[143]. De plus, il importe peu que l'État demandeur ou l'un de ses ressortissants soit victime d'une violation des droits garantis par la Convention. Un véritable droit d'ingérence est ainsi consacré, ce qui constitue une rupture par rapport aux règles classiques du droit international. Il reste que les requêtes interétatiques sont peu nombreuses[144].

b) Les requêtes individuelles. Beaucoup plus fréquentes que les requêtes étatiques, les requêtes individuelles sont si nombreuses qu'elles mettent désormais en péril le système conventionnel de protection des droits de l'homme. Leur nombre n'a pas cessé de s'accroître ce qui représente un défi majeur pour l'ensemble du système de protection, et pour la garantie de son efficacité à long terme. Aux termes de l'article 34 de la Convention, la Cour peut être saisie d'une requête par toute personne physique, toute organisation non gouvernementale ou tout groupe de particuliers qui se prétend victime d'une violation par l'une des Hautes Parties contractantes des droits reconnus dans la Convention ou ses protocoles[145]. Le droit de recours individuel représente un élément essentiel du système européen de protection, tout en étant une caractéristique fondamentale de la culture juridique européenne[146]. C'est la raison pour laquelle, non seulement l'État ne peut entraver l'exercice efficace de ce droit, mais il doit aussi coopérer[147].

Cependant, seule une personne « victime » d'une violation des droits garantis par la Convention peut exercer un recours individuel. Contrairement au requérant étatique, le requérant individuel doit avoir un intérêt personnel à agir[148] : seule une initiative interne lésant concrètement les droits

143. Comm. EDH, 11 janv. 1961, *Autriche c/ Italie*, Ann. 4, p. 139.

144. Moins d'une vingtaine à ce jour. V° toutefois CEDH, Gr. Ch., 3 juill. 2014, *Géorgie c/ Russie*, n° 13255/07, *Dalloz Actu.* 30 juill. 2014, obs. N. Nalepa, *JDI* 2015, n° 4, chron. 7, n° 39, obs. E. Decaux ; 20 oct. 2016, *Slovénie c/Croatie*, n° 54155/16, *Dalloz Actu.* 15 nov. 2016, obs. B. Herisset.

145. La notion de victime est parfois incertaine : cf. en dernier lieu, CEDH, 19 juill. 2012, *Koch c/ Allemagne*, n° 497/09 ; 6 déc. 2012, *Michaud c/ France*, n° 12323/11, *RFDA* 2013, p. 576, obs. H. Labayle et F. Sudre. Cf. J.-F. Renucci, *La notion de « victime » au sens de l'art. 34 de la CEDH*, *D.* 2014, Pan., p. 238 et s.

146. Les juges européens veillent scrupuleusement à ce que l'exercice de ce droit ne soit pas entravé : CEDH, 13 avr. 2006, *Fedotova c/ Russie*, n° 73225/01 (violation de l'art. 34 en raison d'une enquête policière sur le paiement d'impôts par la traductrice et le représentant du requérant devant la Cour, liée à sa demande de satisfaction équitable). V° aussi : CEDH, 13 juill. 2006, *Popov c/ Russie*, n° 26853/04, (intimidation d'un détenu au moyen de pressions illégalement exercées par des fonctionnaires d'État) ; 11 juill. 2006, *Boicenco c/ Moldova*, n° 41088/05 (impossibilité d'accès, pour un détenu, à son dossier médical). Cf. aussi CEDH, 11 oct. 2016, *Cano Moya c/Espagne*, n° 3142/11, *Dalloz Actu.* 26 oct. 2016, obs. J. Falxa, *AJ Pénal*, 2016, p. 547, obs. M.-H. Evans (droit de requête individuelle et refus de communication de dossier à un détenu).

147. Art. 34, *in fine*, Conv. EDH. Pour les entraves, cf. note précédente.

148. C'est pourquoi un requérant individuel ne peut demander à la Cour un examen *in abstracto* de la conformité d'un texte national à la Convention : CEDH, 27 mars 1962, *De Becker c/ Belgique*, n° 214/56 ; 18 juin 1971, *De Wilde et autres*, préc. ; 6 sept. 1978, *Klass*, préc. Parfois, cependant, on peut avoir quelques doutes : cf., entre autres, CEDH, Gr. Ch., 7 nov. 2013, *Vallianatos et autres c/ Grèce*, n° 29381/09, *D.* 2013. 2888, note F. Lafaille, *RTDH* 2014, p. 737, note A. Danis-Fatôme, *AJDA* 2014, p. 147, obs.

individuels du requérant peut justifier un tel recours. Il est donc indispensable qu'il existe un lien suffisamment direct entre lui en tant que tel et la violation alléguée[149] : même si la notion fait quelquefois l'objet d'interprétations extensives avec l'admission de victimes potentielles[150] ou indirectes[151], des limites subsistent[152].

Un abus du droit de recours individuel est toujours possible, même si l'hypothèse est peu fréquente. C'est ainsi que dans l'affaire *Gross* concernant le suicide assisté, la Grande chambre a indiqué que les conclusions de la Chambre dans cette même affaire[153] ont perdu toute validité juridique en raison du comportement de la requérante constitutif d'un abus de droit : celle-ci, décédée bien avant que la Chambre ne rende son arrêt, avait pris des précautions spécifiques pour éviter que la nouvelle de son décès ne fût révélée afin d'empêcher la Cour de mettre fin à la procédure[154].

53. Le défendeur. - Le défendeur est obligatoirement l'un (ou plusieurs) des États signataires de la Convention européenne des droits de l'homme, lequel est responsable de toute action ou inaction se traduisant par une violation de l'un des droits garantis. Par conséquent, toute requête dirigée contre un particulier est irrecevable[155], et il en va de même pour toute requête dirigée contre une organisation ou une institution[156]. Cela résulte clairement des articles 33 et 34 de la Convention, lesquels indiquent clairement que les requêtes étatiques, comme les requêtes individuelles, ne peuvent être dirigées que contre l'une des Hautes Parties contractantes.

Les juges de Strasbourg contrôlent uniquement le respect des engagements des États contractants. D'ailleurs, l'article 19 de la Convention précise bien que c'est pour assurer ce respect qu'une Cour européenne a été instituée. Cette approche s'est imposée lors de la rédaction de la Convention européenne des droits de l'homme et n'a jamais été véritablement mise en cause depuis lors.

L. Burgorgue-Larsen, *AJ Famille* 2014, p. 49, obs. C. Beaudoin, *RTD Civ.* 2014, p. 89, obs. J. Hauser, et p. 301, obs. J.-P. Marguénaud, *JDI* 2013, chron. 6, n° 18, obs. S. Aktypis.

149. Comm. EDH, 5 févr. 1990, *Mendes Godinho c/ Portugal*, DR 64/72.

150. Cf. not. dans le cadre de la « protection par ricochet » des étrangers, dans le cadre de l'art. 3 (*infra*, n° 138), mais aussi dans celui de l'art. 8 (*infra*, n° 268).

151. CEDH, Gr. Ch., 17 juill. 2014, *Centre de Ressources Juridiques au nom de Valentin Câmpeanu c/ Roumanie*, n° 47848/08, §§ 97 et s., *AJDA* 2014, p. 1763, obs. L. Burgorgue-Larsen, *RTDH* 2016. 227, note L. Van Den Eynde. ; CEDH, 6 déc. 2012, *Michaud c/ France*, préc., §§ 49 à 53.

152. Cf. not., CEDH (déc.), 21 mai 2013, *Ordre des avocats défenseurs et avocats près la cour d'appel de Monaco c/ Monaco*, n° 34118/11.

153. Cf. *infra*, n° 241.

154. CEDH, Gr. Ch., 30 sept. 2014, *Gross c/ Suisse*, n° 67810/10, *AJDA* 2015, p. 150, obs. L. Burgorgue-Larsen, *Procédures* 2015, n° 3, p. 22, obs. N. Fricero, *RTDH* 2015. 1053, note D. Appanah. La requérante a agi de la sorte parce qu'elle considérait que même si les griefs tenant à sa situation personnelle disparaissaient, la procédure dans son affaire devait continuer pour le bénéfice de toutes les personnes se trouvant dans une situation similaire à la sienne.

155. Comm. EDH, 12 janv. 1984, *Durini c/ Italie*, DR 76A/76.

156. Comm. EDH, 10 janv. 1994 (déc.), *Heinz c/ États contractants également parties à la Convention sur le brevet européen*, DR 76B/125.

§2. Une procédure adaptée

54. Le fonctionnement de la Cour. - Dès l'origine, le fonctionnement du système européen de protection des droits de l'homme s'est caractérisé par la recherche d'une réelle efficacité : ce système a été conçu de manière à permettre une protection effective et concrète des droits garantis. Progressivement, les garanties procédurales ont été renforcées grâce, notamment, à la judiciarisation du mécanisme de contrôle. Les juges européens n'ont d'ailleurs pas hésité à aller au-delà même de la Convention en faisant application de l'article 39 du Règlement qui permet à la chambre ou à son président, soit à la demande d'une partie ou de toute autre personne intéressée, soit d'office, d'indiquer aux parties toute mesure provisoire qu'il estime devoir être adoptée dans l'intérêt des parties ou du bon déroulement de la procédure : ils ont jugé, dans l'affaire *Mamatkulov*, que l'État qui ne se conforme pas aux indications données par la Cour en vertu de l'article 39 de son règlement ne respecte pas les obligations qui lui incombent au titre de l'article 34 de la Convention[157]. Désormais, la Cour européenne des droits de l'homme est un modèle de protection des droits individuels même si des difficultés subsistent.

A. La recevabilité de la requête

55. Une étape cruciale. - La phase procédurale de la recevabilité de la requête est une étape particulièrement importante, le requérant étant ainsi à la croisée des chemins : si la décision lui est défavorable, tout s'arrête, et dans le cas contraire toute la procédure est véritablement mise en marche. À noter que l'État défendeur peut soulever l'exception d'irrecevabilité : il doit cependant le faire, pour autant que la nature et les circonstances le permettent, dans les observations écrites ou orales sur la recevabilité de la requête[158]. Il est également important de préciser que si les deux phases procédurales de l'examen de recevabilité et du fond devraient être dissociées, il peut en être autrement pour des raisons pratiques d'efficacité : le cas, qui était jadis exceptionnel, l'est beaucoup moins depuis l'entrée en vigueur du Protocole n° 14[159]. En toute hypothèse, les décisions qui sont prises à ce stade de la procédure sont

157. CEDH, 6 févr. 2003, *Mamatkulov et Abdurasulovic c/ Turquie*, n° 46827/99 et 46951/99, § 112, *AFDI* 2003, p. 671, obs. G. Cohen-Jonathan et J.-F. Flauss ; *RGDIP* 2003, p. 601, obs. H. Tigroudja, *D.* 2003, Somm., p. 2277, obs. C. Bîrsan ; *JCP* 2003-I-160, n° 17, obs. F. Sudre ; CEDH, Gr. Ch., 4 févr. 2005, *Mamatkulov et Askarov*, n° 46827/99 et 46951/99, § 129, *RDP* 2006, p. 789, obs. G. Gonzalez, *AJDA* 2005, p. 1886, obs. J.-F. Flauss. La solution a souvent été reprise par la suite : v° not. : CEDH, 12 avr. 2005, *Chamaïev et 12 autres c/ Géorgie et Russie*, n° 36378/02, § 479 ; 17 janv. 2006, *Aoulmi c/ France*, n° 50278/99, § 112, *D.* 2006. 1151 et s., not. F. Lazaud.

158. Art. 55, Règl. Cour.

159. Art. 38 et 39, Conv. EDH, modif. Prot. n° 14, où l'exception semble bien avoir renversé le principe. La Cour peut toutefois toujours décider, au cas par cas, si elle préfère prendre une décision séparée sur la recevabilité.

capitales, car, si l'examen de recevabilité est une étape particulièrement importante, ses suites sont lourdes de conséquences.

1. L'examen de recevabilité

56. Les conditions de recevabilité. - L'article 35 de la Convention précise les conditions de recevabilité de la requête. C'est ainsi que la Cour ne retient aucune requête individuelle introduite en application de l'article 34, lorsqu'elle est anonyme, ou essentiellement la même qu'une requête précédemment examinée par la Cour ou déjà soumise à une autre instance internationale d'enquête ou de règlement et si elle ne contient pas de faits nouveaux. Elle déclare irrecevable toute requête individuelle introduite en application de l'article 34, lorsqu'elle estime que la requête est incompatible avec les dispositions de la Convention ou de ses Protocoles, manifestement mal fondée ou abusive, ou que le requérant n'a subi aucun préjudice important[160], sauf si le respect des droits de l'homme garantis par la Convention et ses protocoles exige un examen de la requête au fond et à condition de ne rejeter pour ce motif aucune affaire qui n'a pas été dûment examinée par un tribunal interne. La Cour rejette toute requête qu'elle considère comme irrecevable par application du présent article. Elle peut procéder ainsi à tout stade de la procédure.

Plus particulièrement, deux conditions prévues par le 1er paragraphe de l'article 35 méritent un examen plus approfondi : il s'agit de l'épuisement des voies de recours internes et du délai de six mois pour agir (quatre mois quand le Protocole n° 15 entrera en vigueur).

57. L'épuisement des voies de recours internes. - Le système européen de protection des droits de l'homme ayant un caractère subsidiaire[161], la saisine de la Cour de Strasbourg n'est possible qu'après avoir épuisé les voies de recours internes[162]. C'est en effet le juge national qui est à la fois le juge naturel et le premier juge de la Convention européenne des droits de l'homme, le juge européen n'intervenant que pour pallier les éventuelles insuffisances de la protection nationale. La règle de l'épuisement des recours internes a pour finalité de laisser aux instances nationales l'occasion de prévenir ou de redresser les violations des dispositions conventionnelles[163].

---

160. Sur l'absence de préjudice important, cf. CEDH, 7 janv. 2014, *Cusan et Fazzo c/ Italie*, n° 77/07 : requête qui, bien que ne comportant pas d'enjeu financier, soulève une question d'importance subjective pour les requérants. Pour le critère d'irrecevabilité tiré de l'absence de préjudice important, cf. CEDH, 6 mars 2012, *Gagliano Giorgi c/ Italie*, n° 25563/07.

161. CEDH, 7 déc. 1976, *Handyside c/ Royaume-Uni*, préc., § 48.

162. CEDH, 15 sept. 2015, *Benmouna c/France*, n° 51097/13. Cf. *infra*, n° 353.

163. Comm. EDH, 7 avr. 1997, *Scientology Kirche Deutschland c/ RFA*, DR 89/163 ; CEDH, 6 nov. 1980, *Guzzardi c/ Italie*, n° 7367/76, § 72 ; 19 mars 1991, *Cardot c/ France*, n° 11069/84, § 36 ; Gr. Ch., 28 avr. 2004, *Azinas c/ Chypre*, n° 56679/00, § 41. *Adde* CEDH (déc.), 22 juin 2004, *Thibaud c/ France*, n° 69603/01, p. 4.

Le requérant doit donc avoir utilisé les recours qu'offre le système juridique de l'État défendeur[164]. Il reste que la règle de l'épuisement des recours internes doit s'appliquer avec une certaine souplesse et sans formalisme excessif. Naturellement, l'épuisement des recours internes s'apprécie à la date d'introduction de la requête devant la Cour européenne. Un tel principe est de bon sens et s'impose avec force même si quelques exceptions sont admises dans des circonstances très particulières[165]. Il est donc essentiel que la violation du droit en cause ait été invoquée devant les juridictions nationales ; dans le cas contraire, il n'est guère possible de reprocher à l'État une quelconque violation puisque ses juges internes n'ont pas été saisis de la difficulté. Mais une simple invocation en substance suffit de sorte qu'il suffit de soulever un grief équivalent à celui de la Convention, de façon à ce que le juge national puisse éviter ou redresser la violation alléguée[166] : c'est dire que le juge national doit rechercher dans l'argumentation du requérant si la Convention européenne est implicitement visée[167].

La condition d'épuisement des voies de recours internes n'a pas un caractère absolu puisqu'il suffit de faire un usage normal des recours « utiles ». En principe, les juges européens font preuve d'un certain libéralisme, ce qui n'empêche pas une plus grande rigueur dans des cas particuliers qui restent exceptionnels. Il reste que la règle de l'épuisement des recours internes cesse d'être opposable si les recours prévus par le droit national sont illusoires[168] : le requérant est dispensé de tout recours aléatoire et inutile parce que probablement voué à l'échec[169] ; or, l'obligation d'épuiser les voies de recours internes n'exige pas l'exercice d'un recours dépourvu de toute chance de succès[170]. En revanche, même s'il existe des doutes sur les chances de succès du recours, il doit être tenté[171]. Une question est actuellement en suspens : la question

164. CEDH (déc.), 11 sept. 2002, *Mifsud c/ France*, n° 57220/00. V° aussi : CEDH, 21 oct. 2003, *Broca et Tixier-Micault c/ France*, n° 27928/02 et n° 31694/02, *RUDH* 2004, p. 417, note O. Guillaumont et F. Bien, *RTD Civ.* 2004, p. 417, obs. J.-P. Marguénaud. L'action indemnitaire est une voie de recours interne à épuiser : CEDH (déc.), 19 déc. 2013, *Chatzivasiliadis c/ Grèce*, n° 51618/12, tout comme, en principe, le pourvoi en cassation : CEDH (déc.), 11 avr. 2006, *Flavius c/ France*, n° 2067/02, p. 4 *in fine*. Cf. déjà en ce sens : CEDH, Gr. Ch., 28 sept. 1999, *Civet c/ France*, n° 29340/95, § 41. *Adde* CEDH (déc.), 13 janv. 2015, *NML Capital Ltd. c/ France*, n° 23242/12, *Dalloz Actu.* 24 févr. 2015, obs. M. Guillou. Cf. CEDH, 15 déc. 2016, *Bidik c/Turquie*, n° 45222/15, *Dalloz Actu*, 11 janv. 2017, obs. E. Autier.

165. CEDH (déc.), 6 sept. 2001, *Brusco c/ Italie*, n° 69789/01, *D.* 2002, Somm., p. 685 *in fine*, obs. J.-F. Renucci. Pour une application plus stricte du principe : CEDH (déc.), 26 sept. 2000, *Zannouti c/ France*, n° 42211/98, *JCP* 2001-II-10491, note L. Bore.

166. CEDH, 23 avr. 1992, *Castells c/ Espagne*, n° 11798/85, § 30 et s. ; 16 déc. 1992, *Geouffre de la Pradelle*, préc., § 26.

167. CEDH, 19 févr. 1996, *Botten c/ Norvège*, préc.

168. CEDH, 22 mai 1984, *De Jong, Baljet et Van den Brink c/ Pays-Bas*, n° 8805/79..., § 39 : les recours utiles sont relatifs aux violations alléguées, accessibles et adéquats.

169. Comm. EDH, 12 oct. 1978, *X. c/Royaume-Uni*, DR 16/32 ; 14 oct. 1986, *Stoutt c/ Irlande*, DR 49/144 ; CEDH, 29 oct. 1992, *Open Door et autres*, préc., § 48. *Adde* aff. *Gautrin*, préc.

170. Comm. EDH, 8 avr. 1994, *Wingrove c/ Royaume-Uni*, DR 76/26 ; 24 juin 1996, *Kuche c/ RFA*, DR 86/63 ; CEDH, 23 avr. 1996, *Remli c/ France*, n° 16839/90, § 42 (qui évoque précisément la probabilité d'échec dudit pourvoi).

171. Comm. EDH, 1er juill. 1996, *Koltsidas et al. c/ Grèce*, DR 86/83 ; 15 janv. 1996, *Botta c/ Italie*, DR 84/34 ; CEDH, 11 mars 2014, *Riina c/ Italie*, n° 43575/09.

prioritaire de constitutionnalité est-elle une voie de recours à épuiser avant de saisir la Cour européenne ? Le mécanisme européen de protection étant si profondément marqué par le principe de subsidiarité, une réponse affirmative pourrait s'imposer. Toutefois, la question est complexe, d'autant plus que des effets secondaires particulièrement fâcheux peuvent être redoutés.

58. Le délai de six mois pour agir. - Aux termes de l'article 35 § 1er de la Convention, la requête doit être présentée dans un délai de six mois à partir de la date de la décision interne définitive[172]. La détermination du point de départ du délai de six mois conduit à prendre en compte l'autre condition liée à l'épuisement des recours, l'articulation des deux règles étant nécessaire. Ainsi, le point de départ de ce délai est la date de la dernière décision nationale rendue sur le dernier recours qui a épuisé les voies de recours internes[173]. Toutefois, en l'absence de recours internes utiles, le délai court du jour où la décision (ou la mesure) litigieuse prend effet[174].

Les instances européennes ont toujours fait preuve de pragmatisme, tenant compte particulièrement des circonstances de l'affaire. C'est ainsi que le délai de six mois court du jour où le requérant a pris connaissance de la décision interne définitive, à condition que le contenu de celle-ci soit suffisamment explicite. Par conséquent, le délai peut courir au jour du prononcé de la décision si celle-ci a été rendue publiquement, en présence du requérant ou de son conseil, et à condition que celui-ci soit alors à même de bien se rendre compte de la situation eu égard à la violation alléguée[175]. Dans le cas contraire, c'est le jour de la notification qui sera le point de départ dudit délai[176]. Toutefois cette souplesse a ses limites[177].

2. Les suites de la recevabilité

59. La poursuite de la procédure. - Lorsqu'une requête étatique est déclarée recevable, le président de la Chambre, après avoir consulté les parties contractantes concernées, fixe le délai pour le dépôt des observations écrites sur le fond et pour la production de preuves supplémentaires éventuelles[178]. Une audience sur le fond est organisée, d'une part si une ou plusieurs parties contractantes concernées en font la demande, et d'autre part si la Chambre en décide ainsi d'office. Le président de la Chambre fixe la procédure orale[179].

172. Lorsque le Protocole n° 15 entrera en vigueur, ce délai sera de quatre mois.

173. Cf. aussi CEDH, 23 nov. 1993, *A c/ France*, n° 14838/89, § 30.

174. Comm. EDH, 6 juill. 1988, *Hilton c/ Royaume-Uni*, DR 57/108 ; 27 nov. 1995, *Worm c/ Autriche*, DR 83 B, p. 17. *Adde* Comm. EDH, 9 juin 1958, *De Becker c/ Belgique*, n° 214/56 ; 5 sept. 1994, *Cinar c/ Turquie*, DR 79-A/5.

175. Comm. EDH, 20 mai 1976, *X c/ Autriche*, DR 6/15.

176. Comm. EDH, 9 mars 1962, *A. et consorts c/ Allemagne*, n° 899/60.

177. CEDH (déc.), 12 mai 2000, *Massiera c/ France*, n° 41520/98 ; 14 sept. 2004, *Adam c/ France*, n° 56928/00 (déc.), p. 9. V° aussi CEDH, 13 janv. 2009, *Driss Gadi c/ France*, n° 45533/05, p. 5-6.

178. Art. 58 § 1, Règl. Cour.

179. Art. 58 § 2, Règl. Cour.

Si c'est une requête individuelle qui a été déclarée recevable, la Chambre ou son président peuvent inviter les parties à soumettre des éléments de preuve ou observations écrites complémentaires. Sauf décision contraire, le délai fixé pour la présentation des observations est le même pour chacune des parties. La Chambre peut décider de tenir une audience sur le fond : elle le fera à la demande des parties ou d'office si elle pense que cela s'impose au regard de l'accomplissement de ses fonctions au titre de la Convention. Le président de la Chambre fixe, le cas échéant, la procédure écrite et orale[180]. En toute hypothèse, l'affaire se poursuit avec les représentants des parties : son examen est contradictoire et chacun est invité à produire ses preuves[181]. Des mesures d'instruction peuvent être ordonnées par la Cour, soit à la demande d'une partie, soit d'office[182]. Il est à noter que, depuis l'entrée en vigueur du Protocole n° 14, le comité de trois juges peut également rendre un arrêt sur le fond. Mais cela n'est possible que lorsque la question relative à l'interprétation ou à l'application de la Convention ou de ses Protocoles qui est à l'origine de l'affaire fait l'objet d'une jurisprudence bien établie de la Cour[183].

À ce stade de la procédure, une demande de satisfaction équitable doit avoir été faite. Prévue par l'article 41 de la Convention, la satisfaction équitable est accordée au requérant en cas de violation de ses droits garantis par la Convention. Ce dernier doit en faire la demande conformément aux dispositions de l'article 60 § 1er du Règlement de la Cour.

60. L'interruption de la procédure. – S'il apparaît que les conditions de recevabilité de la requête ne sont pas remplies, l'interruption de la procédure s'impose, la requête étant alors déclarée irrecevable. Toutefois, même si ces conditions sont remplies, il peut arriver que la procédure ne puisse se poursuivre pour diverses raisons.

La première c'est la radiation de la requête du rôle. Cette radiation est possible à tout moment de la procédure, dès lors que les circonstances permettent de conclure que le requérant n'entend plus la maintenir[184], que le litige a été résolu ou encore pour tout autre motif dont la Cour constate l'existence[185], de sorte que l'examen de la requête ne se justifie plus[186]. Une radiation est également possible à la suite d'une déclaration unilatérale de l'État[187], mais soucieux d'éviter un contournement de l'opposition du requérant au

180. Art. 59, § 4, Règl. Cour.

181. Art. 38, Conv. EDH. Les États doivent alors fournir toutes facilités nécessaires : CEDH, 12 nov. 2013, *Benzer et autres c/ Turquie,* n° 23502/06, *Khodorkovskiy et Lebedev c/ Russie,* n° 11082/06..., *JDI* 2013, chron. 6, n° 7, obs. T.-H. Benbrahim. Pour une radiation suite à une délaration unilatérale, cf. not. CEDH, 5 juin 2014, *Mathurin c/ France,* n° 63648/12.

182. Art. A1, Annexe au Règlement de la Cour concernant les enquêtes.

183. Art. 28 § 1 b), Conv. EDH.

184. Art. 37 § 1 a, Conv. EDH : v° CEDH, 20 janv. 2009, *Dray c/ Monaco,* n° 30219/06.

185. Art. 37 § 1 c, Conv. EDH.

186. CEDH (déc.), 4 oct. 2006, *Association « SOS Attentats » et B. de Boëry c/ France,* n° 76642/01 (déc.), §§ 28 et s. ; 4 janv. 2007, *J. Benazet c/ France,* n° 49/03, p. 5. Cf. aussi : CEDH, Gr. Ch., 17 nov. 2016, *V.M. et autres c/Belgique,* n° 60125/11, *RTDH* 2017. 437 note F. Krenc.

187. La pratique a été institutionnalisée par le nouvel art. 62 A du Règlement de la Cour.

règlement amiable, les juges européens imposent certaines conditions, notamment un aveu de responsabilité de l'État ou, à tout le moins, une concession en ce sens[188]. Toutefois, la Cour poursuit cet examen si le respect des droits de l'homme garantis par la Convention et ses protocoles l'exige : c'est ainsi que, malgré l'accord entre l'État défendeur et le requérant, une affaire peut ne pas être radiée du rôle en raison de la gravité des griefs formulés[189]. Il peut y avoir « des circonstances particulières commandant un examen au fond de la requête ». La radiation n'est pas irrévocable, la Cour pouvant toujours décider la réinscription au rôle d'une requête quand cela lui paraît justifié par les circonstances[190].

La deuxième raison c'est la signature d'un règlement amiable qui est une procédure confidentielle[191]. Aux termes de l'article 30 de la Convention, à tout moment de la procédure, la Cour peut se mettre à la disposition des intéressés en vue de parvenir à un règlement amiable de l'affaire en s'inspirant du respect des droits de l'homme tels que les reconnaissent la Convention et ses protocoles. En cas de règlement amiable, la Cour raye l'affaire du rôle par une décision qui se limite à un bref exposé des faits et de la solution adoptée[192].

B. L'arrêt sur le fond

61. Une décision juridictionnelle. – La Cour rend une décision juridictionnelle, ce qui est le trait caractéristique du système européen de protection des droits de l'homme. L'arrêt qui sera rendu sur le fond revêt une importance considérable puisque c'est la réponse sur une violation alléguée qui est attendue. Fortement motivé, il est en principe rédigé dans les deux langues officielles du Conseil de l'Europe qui sont l'anglais et le français. La surveillance de l'exécution des arrêts de la Cour est une prérogative du Comité des ministres, d'autant plus importante que c'est la seule qu'il lui reste depuis l'entrée en vigueur du Protocole n° 11 qui a judiciarisé le système européen de protection. Il était assurément indispensable de renforcer les moyens mis à la disposition du Comité des ministres : cette préoccupation a été reprise dans le cadre du Protocole n° 14 qui prévoit une demande en interprétation et un recours en

188. CEDH, Gr. Ch., 6 mai 2003, *Tahsin Acar c/ Turquie*, n° 26307/95, §§ 76 à 82 ; CEDH, 16 juill. 2009, *Prencipe c/ Monaco*, n° 43376/06, §§ 55 à 64 ; CEDH, déc., 7 févr. 2012, *Mahiout c/ France*, n° 25907/10, *Dalloz Actu.* 7 févr. 2012, obs. C. Demunck. La position de la Cour s'est progressivement durcie et, prenant acte de cette évolution, le nouvel art. 62 A, Règl. Cour, précise que désormais la violation doit être reconnue « clairement » par les autorités étatiques.

189. V° CEDH, 29 mars 2005, *Ukrainian Media Group c/ Ukraine*, n° 72713/01, *RSC* 2006, p. 667, obs. Fl. Massias.

190. Art. 37 § 2, Conv. EDH.

191. Sur cette confidentialité, cf. not. CEDH (déc.), 13 déc. 2011, *Madil c/ France*, n° 67037/09, *Barreau et autres c/ France*, n° 24697/09 et *Deceuninck c/ France*, n° 47447/08. *Adde* J.-F. Renucci, *La violation de l'obligation de confidentialité des négociations sur un règlement amiable, D.* 2012 Point de vue, p. 618 et s.

192. Pour un règlement amiable implicite, cf. CEDH (déc.), 16 déc. 2014, *Tymoshenko c/ Ukraine (n° 2)*, n° 65656/12, *Dalloz Actu.* 3 févr. 2015, obs. N. Nalepa (acceptation par la requérante des termes de la déclaration faite par le gouvernement défendeur).

manquement. Désormais, une double action est possible : d'une part, si la surveillance de l'exécution d'un arrêt définitif est entravée par une difficulté d'interprétation, le Comité des ministres peut saisir la Cour afin qu'elle se prononce sur cette question d'interprétation[193] ; d'autre part, lorsque le Comité des ministres constate qu'un État refuse de se conformer à un arrêt définitif dans un litige auquel elle est partie, il pourra, après l'avoir mis en demeure, saisir la Cour de la question du respect par cette Partie de son obligation[194].

1. Le contenu de l'arrêt

62. La précision du contenu de l'arrêt. – Les juges européens vont se prononcer sur le point de savoir si, dans l'affaire qui leur est soumise, il y a ou non violation d'un ou plusieurs droits garantis par la Convention européenne des droits de l'homme et ses protocoles. Le cas échéant, la Cour peut également se prononcer sur la réparation, au titre de la satisfaction équitable de l'article 41 de la Convention.

63. La violation alléguée. – Le fait de statuer en droit sur la violation alléguée de la Convention européenne des droits de l'homme est assurément la fonction première des juges européens. Ces derniers indiquent si, dans le cas concret qui leur est soumis, les dispositions de la Convention européenne des droits de l'homme et de ses protocoles additionnels ont été respectées ou non.

L'action des juges de la Cour européenne se limite à cette déclaration de compatibilité ou d'incompatibilité de la loi nationale ou de la pratique judiciaire interne avec la Convention. La Cour ne peut ni annuler ni modifier la mesure ou la décision litigieuse. Il s'agit en effet de simples jugements déclaratoires, ce qui en principe interdit au juge européen d'ordonner des mesures coercitives à l'encontre de l'État condamné. Sur ce plan une importante évolution de la jurisprudence européenne semble vouloir bouleverser les choses, ce qui ne manque pas de donner lieu à quelques controverses[195].

64. La satisfaction équitable. – Si la Cour déclare qu'il y a eu violation de la Convention ou de ses protocoles, et si le droit interne de l'État en cause ne permet d'effacer qu'imparfaitement les conséquences de cette violation, la Cour accorde à la partie lésée, s'il y a lieu, une satisfaction équitable[196]. Si le règlement n'intervient pas dans le délai indiqué (généralement 3 mois), des intérêts moratoires seront dus sur les sommes

193. Art. 46 § 3, Conv. EDH.

194. Art. 46 §§ 4 et 5, Conv. EDH.

195. Les juges européens n'hésitent plus à ordonner des mesures individuelles et/ou générales.

196. Art. 41, Conv. EDH. La tardiveté de la demande ne la rend pas irrecevable : CEDH, Gr. Ch., 12 mai 2014, *Chypre c/ Turquie*, n° 25781/94, *JDI* 2015, n° 4, chron. 7, n° 41, obs. S. Aktypis. À noter qu'il peut arriver (mais c'est exceptionnel) que le montant de la satisfaction équitable soit particulièrement lourd : cf., par ex., CEDH, 31 juill. 2014, *Oao Neftyanaya Kompaniya Yukos c/ Russie*, n° 14902/04 (1 866 104 634 euros à verser aux actionnaires). Cf. aussi, autre cas très exceptionnel, l'octroi d'une satisfaction équitable dans une affaire interétatique (90 millions d'euros) : CEDH, Gr. Ch., 12 mai 2014, *Chypre c/Turquie*, préc.

allouées[197]. Si l'État refuse de payer, le requérant peut alerter le Comité des ministres qui est chargé de surveiller l'exécution de l'arrêt ; il pourrait aussi exercer un recours devant la Cour européenne en invoquant la violation de l'article 1er du Protocole additionnel puisque les sommes allouées au titre de la satisfaction équitable sont des biens au sens de cet article. Enfin, on peut penser depuis la jurisprudence *Hornsby*[198] qu'il pourrait invoquer également la violation de l'article 6 puisque l'exécution des décisions de justice fait désormais partie du droit au procès équitable.

Dans la mesure du possible, il convient de placer le requérant dans une situation équivalente à celle dans laquelle il se trouverait s'il n'y avait pas eu violation de la Convention[199]. Il s'agit d'effacer les conséquences de la violation constatée de manière à rétablir, autant que faire se peut, la situation antérieure à celle-ci[200]. Quelquefois, les juges européens peuvent estimer que la constatation par l'arrêt de la violation constitue en soi une satisfaction équitable[201]. Mais généralement, la satisfaction équitable prend la forme d'une réparation pécuniaire, l'évaluation du dommage se faisant « en équité »[202] : en effet, la Cour a précisé que les juges européens disposent d'un pouvoir d'appréciation dont ils usent en fonction de ce qu'ils estiment équitable[203].

La Grande Chambre vient d'apporter une précision particulièrement intéressante, jugeant que des violations graves de la Convention autorisent l'octroi d'une satisfaction équitable même en l'absence d'une demande formée de manière appropriée[204]. Aux termes de l'arrêt, lorsqu'une « demande » n'a pas été régulièrement formée, la Cour européenne reste compétente pour octroyer, de façon raisonnable et mesurée, une satisfaction équitable pour un préjudice moral découlant des circonstances exceptionnelles d'une affaire donnée[205]. L'octroi de cette satisfaction équitable apparaît aux yeux de certains juges comme « une solution acceptable plutôt qu'une bonne solution ».

---

197. Art. 75, § 3, Règl. Cour. Cf. CEDH, 8 févr. 1996, *A et autres c/ Danemark*, préc. ; 8 févr. 1996, *Murray*, préc. Il s'agit là d'un revirement jurisprudentiel : cf. auparavant CEDH, 9 févr. 1993, *Pine Valley Developments Ltd c/ Irlande*, préc.

198. Aff. *Hornsby*, préc.

199. CEDH, 26 oct. 1984, *Piersack c/ Belgique*, n° 8692/79, § 12 ; 26 janv. 2005, *Lugoni c/ Roumanie*, n° 62710/00, § 55.

200. CEDH, Gr. Ch., 19 oct. 2000, *Iatridis c/ Grèce* (satisfaction équitable), n° 31107/96, § 32.

201. Cf. par ex. : CEDH, 23 sept. 1998, *Mc Lood c/ Royaume-Uni*, n° 72/1997/856/1065 ; v° plus récemment CEDH, 5 avr. 2007, *Kavakci c/ Turquie*, n° 71907/01 ; 29 juin 2007, *Folgero et autres c/ Norvège*, n° 15472/02 ; 3 juill. 2007, *Della Vecchia c/ Italie*, n° 26570/04. V° les, obs. du prof. Flauss, *in AJDA* 2000, p. 530 (sur les critiques de cette pratique, y compris au sein même de la Cour) et *AJDA* 2007, p. 1918.

202. Sur les critères de la satisfaction équitable, v° : CEDH, Gr. Ch., 28 nov. 2002, *Ex-Roi de Grèce et autres c/ Grèce*, n° 25701/94, (satisfaction équitable), §§ 72 et s., *D.* 2003 Somm., p. 2279, obs. C. Bîrsan. V° aussi CEDH, 31 oct. 1995, *Papamichalopoulos et autres c/ Grèce*, n° 14556/89. Comp. : CEDH, 21 oct. 2008, *Guiso-Gallisay c/ Italie*, n° 58858/00, § 32, *RFDA* 2009, p. 285, obs. M. Van Brustem et E. Van Brustem, *RDP* 2009, p. 897, obs. F. Sudre.

203. CEDH, Gr. Ch., 12 mars 2014, *Kuric et a. c/Slovénie*, n° 26828/06, *JDI* 2015, n° 4, chron. 7, n° 40, obs. S. Milan.

204. CEDH, Gr. Ch., 30 mars 2017, *Nagmetov c/Russie*, n° 35589/08, § 64 s., *Dalloz Actu.* 24 avr. 2017, obs. N. Nalepa.

205. Aff. *Nagmetov*, préc., § 92, en l'espèce 50 000 euros.

Sans doute la décision de la Cour est-elle, sinon légitime du moins logique, mais il est vrai que, d'une part, le règlement de la Cour est fait pour être respecté, et d'autre part, si l'article 41 de la Convention ne prescrit pas une obligation de former une demande de satisfaction équitable, le principe général de droit *non ultra petita* interdit à un tribunal d'octroyer plus que ce qui a été demandé. Dès lors, il serait assurément souhaitable que la question des dérogations aux règles procédurales soit posée à la cour plénière, et que celle-ci définisse nettement les circonstances dans lesquelles la Cour peut attribuer une satisfaction équitable malgré l'omission de requérant de former une demande valable.

2. La portée de l'arrêt

65. Une influence forte sur l'évolution du droit positif. – La portée des arrêts de la Cour européenne des droits de l'homme est beaucoup plus grande que celle d'un simple « jugement déclaratoire », d'autant plus qu'au-delà de leur contenu classique, désormais ils précisent parfois les mesures individuelles et/ou générales que doivent prendre les États, sans compter avec la consécration de « l'arrêt pilote »[206] qui suspend le traitement des affaires semblables en attendant que l'État prenne les mesures suggérées pour mettre un terme à la violation de la Convention. Mais il est vrai que traditionnellement, l'influence des arrêts de la Cour est forte, tant en ce qui concerne l'État condamné que l'ensemble des États contractants.

66. La force obligatoire de l'arrêt. – Aux termes de l'article 46 § 1 de la Convention, les Hautes Parties contractantes s'engagent à se conformer aux arrêts définitifs de la Cour dans les litiges auxquels elles sont parties. Certes, l'autorité des arrêts de la Cour européenne des droits de l'homme pourrait sembler relative sur le plan strictement juridique : en effet, exception faite de la satisfaction équitable qui s'impose à l'État condamné, l'arrêt ne peut théoriquement avoir de conséquences directes sur les procédures internes[207] ; par ailleurs, l'autorité de la chose jugée est relative et ne vaut pas *erga omnes,* de sorte que seules les parties au litige sont obligées par l'arrêt et cela ne peut concerner que le seul cas tranché. Mais en réalité, cette autorité est beaucoup plus grande qu'il n'y paraît, la réalité n'étant pas toujours totalement conforme aux apparences.

L'autorité réelle des arrêts de la Cour est très grande. En premier lieu, il ne faudrait pas minimiser la portée de l'article 46 § 1 de la Convention qui

---

206. Art. 61, Règl. Cour. V° le premier arrêt pilote : CEDH, Gr. Ch., 22 juin 2004, *Broniowski c/ Pologne,* n° 31443/96, *D.* 2004 Somm., p. 2542, obs. C. Birsan, *RDP* 2005, p. 758, obs. F. Sudre, et p. 809, obs. H. Surrel, *RTDH* 2005, p. 203, obs. E. Lambert-Abdelgawad, *JDI* 2005, p. 544, obs. P. Tavernier, *Grands arrêts,* p. 819, note J. Andriantzimbazovina. Pour un exemple récent : CEDH, 27 janv. 2015, *Neshkov c/ Bulgarie,* n° 36925/10 (conditions de détention), *JCP (A)* 2015. 2154, chron. V. Correia (dir.), n° 21, obs. S. Platon. Cf. not. : J.-F. Renucci, N. Fricero et Y. Strickler, *L'arrêt pilote : le pragmatisme au service des droits de l'homme, D.* 2013 Pan., p. 201 (et les réf.). *Adde* : A. Di Marco, *L'État face aux arrêts pilotes de la Cour européenne des droits de l'homme,* RTDH, 2016, p. 887 s.

207. Cf. not. : Crim., 3 févr. 1993, *D.* 1993. 515, note J.-F. Renucci ; 4 mai 1994, *D.* 1995 J., p. 80, note J.-F. Renucci ; CE, 11 févr. 2004, Chevrol, *D.* 2004. 1414, concl. R. Schwartz.

consacre l'engagement des États à se conformer aux arrêts définitifs de la Cour : jusqu'à présent, toutes les conséquences de cet engagement n'ont pas été tirées, c'est le moins que l'on puisse dire. Mais il ne faudrait pas oublier que cet engagement figure dans le texte même de la Convention, texte qui a généralement une force supra-législative[208]. D'ailleurs, le refus d'exécution de l'État pourrait même constituer une violation de l'article 3 du Statut du Conseil de l'Europe, ce qui peut entraîner la suspension de son droit de représentation. En second lieu, et surtout, l'effet incitatif de la jurisprudence européenne est important. En effet, l'État condamné s'expose à de nouvelles requêtes similaires à celle qui a motivé la condamnation : dès lors, pour éviter trop de condamnations, il sera dans l'obligation, bon gré mal gré, de mettre davantage en harmonie son droit positif avec la Convention européenne dans l'interprétation qui en est faite par les juges de la Cour. Assurément, il n'est pas de bon ton d'être trop souvent condamné par la Cour européenne, d'autant plus que les décisions de cette juridiction sont assez largement médiatisées[209] : l'image de l'État en cause, sur le plan interne, mais surtout sur la scène internationale, risque fort de se ternir. Dès lors, les États réagissent et, ces dernières années, de nombreuses modifications législatives ou jurisprudentielles sont intervenues[210]. Sans doute existe-t-il des réticences, mais l'influence de la jurisprudence européenne sur les droits internes est réelle. La meilleure preuve en est que, malgré d'importantes réticences, de plus en plus de décisions internes pourtant définitives sont remises en cause, ce qui est significatif de la consécration d'un effet immédiat des arrêts européens.

67. Méthode d'analyse et plan du manuel. – Hors tout militantisme « pro » au « anti » droits de l'homme, l'objet de cette étude est le droit positif des droits de l'homme dans le cadre d'une démarche strictement scientifique. Plus précisément, et en complémentarité avec notre Traité de *Droit européen des droits de l'homme*[211] qui envisage plus globalement la matière tant en ce qui concerne les droits garantis que les mécanismes de protection, nous centrerons notre réflexion sur les seuls droits garantis par la Convention européenne des droits de l'homme.

Cette Convention garantit un certain nombre de droits fondamentaux, surtout des droits civils et politiques dits droits de l'homme de la première génération, mais aussi des droits économiques et sociaux, dits droits de la deuxième génération. Il est toujours très difficile de proposer une classification des droits fondamentaux sans susciter de controverses, d'autant plus que

208. Du moins dans certains pays : cf. *supra*, n° 5.

209. J.-F. Renucci, obs. sous Crim., 3 févr. 1993, préc., n° 3 *in fine*.

210. Pour le cas particulier de la France, il y a deux exemples significatifs : d'une part, sur le plan législatif, la loi du 10 juill. 1991 a été la conséquence de la condamnation européenne (CEDH, 24 avr. 1990, *Huvig et Kruslin c/ France*, préc.) ; d'autre part, sur le plan jurisprudentiel, la condamnation de la France en mars 1992 (CEDH, 25 mars 1992, *B c/ France*, préc.) a donné lieu à un revirement jurisprudentiel important (Ass. plén. 11 déc. 1992, *Bull. civ.* n° 13, *D.* 1993 IR, p. 1, *JCP* 1993-II-21991 concl. Jéol et note G. Mémeteau, Defrénois 1993, p. 431, note J. Massip, *RTD Civ.* 1993, p. 97, obs. J. Hauser). Cf. égal. la loi du 15 juin 2000 sur la présomption d'innocence, préc.

211. LGDJ, 2e éd., 2012.

ces droits étant par nature indivisibles, ils ne peuvent donc être hiérarchisés. Malgré tout, les droits garantis par la Convention européenne des droits de l'homme ne sauraient être placés sur un pied d'égalité et ne peuvent être tous dotés d'un même régime juridique. Certains peuvent être qualifiés d'intangibles, car aucune dérogation n'est possible : ces droits inconditionnels sont peu nombreux, mais particulièrement importants. D'autres droits, bien que fondamentaux, ne sont pas protégés avec autant de force puisque les États peuvent y porter atteinte sous certaines conditions : ces droits conditionnels sont d'ailleurs les plus nombreux. Nous analyserons cette protection européenne des droits fondamentaux en envisageant successivement les droits généraux de la personne puis les droits particuliers du justiciable tels que garantis par la Convention européenne des droits de l'homme.

68 à 81 Réservés.

82. ***Bibliographie sommaire*** **– Traités :** J.-F. Renucci, *Traité de droit européen des droits de l'homme,* Traités LGDJ, 2e éd. 2012 – **Manuels :** L.-E. Pettiti, E. Decaux et P.-H. Imbert (dir.), *La Convention européenne des droits de l'homme, Commentaire article par article,* Economica 2e éd. 1999 ; J.-L. Sauron et A. Chartier, *Les droits protégés par la Convention européenne des droits de l'homme,* Gualino 2014 ; F. Sudre, *Droit international et européen des droits de l'homme,* PUF « Droit fondamental », 13e éd. 2016 ; C. Gauthier, S. Platon et D. Szymczak, *Droit européen des droits de l'homme,* Sirey, 2017 – **Mémentos/Monographies :** L. Burgorgue-Larsen, *La Convention européenne des droits de l'homme,* LGDJ, « Systèmes Droit » 2e éd., 2015 ; G. Cohen-Jonathan, *Aspects européens des droits fondamentaux,* Montchrestien 3e éd. 2002 ; J.-P. Costa, *La Cour européenne des droits de l'homme, Des juges pour la liberté,* Dalloz « Les sens du droit » 2013 ; N. Fricero, *Droit européen des droits de l'homme,* Gualino 2007 ; Y. Lecuyer, *Mémento de la jurisprudence de la CEDH,* Hachette 2012 ; J.-P. Marguénaud, *La Cour européenne des droits de l'homme,* Dalloz « Connaissance du droit », 7e éd 2016 ; J.-F. Renucci, *Introduction à la Convention européenne des droits de l'homme,* Éditions du Conseil de l'Europe, 2005 ; C. Teitgen-Colly (dir.), *La Convention européenne des droits de l'homme, 60 ans après ?,* LGDJ, « Systèmes Droit », 2013 – **Recueils de jurisprudence :** V. Berger, *Jurisprudence de la Cour européenne des droits de l'homme,* Sirey 13e éd. 2014 ; F. Sudre, J.-P. Marguénaud, J. Andriantsimbazovina, A. Gouttenoire, M. Levinet et G. Gonzalez, *Les grands arrêts de la Cour européenne des droits de l'homme,* PUF « Thémis » 7e éd. 2015 – **Ouvrages plus généraux :** J. Andriantsimbazovina et *alii, Dictionnaire des droits de l'homme,* PUF 2008 ; L. Cadiet, J. Normand et S. A. Mekki, *Théorie générale du procès,* PUF « Thémis » 2e éd. 2013 ; R. Cabrillac (dir.), *Libertés et droits fondamentaux,* Dalloz, 22e éd., 2016 ; L. Favoreu, P. Gaia, R. Chevontian, F. Melin-Soucramanien, A. Pena, O. Pfersmann, J. Pini, A. Roux, G. Scoffoni et J. Tremeau, *Droit des libertés fondamentales,* Précis Dalloz, 7e éd., 2016 ; S. Guinchard, C. Chainais, C. S. et I. S. Delicostopoulos, M. Douchy-Oudot, F. Ferrand, X. Lagarde, V. Magnier, H. Ruiz Fabri, L. Sinopoli et J.-M. Sorel, *Droit processuel, Droits fondamentaux du procès,* Précis Dalloz, 9e éd., 2017 ; S. Guinchard et J. Buisson, *Procédure pénale,* LexisNexis, 10e éd., 2014 ; A. Huet et R. Koering-Joulin, *Droit pénal international,* PUF « Thémis », 3e éd., 2005 ; J. Pradel, G. Cortens et G. Vermeulen, *Droit pénal européen,* Précis Dalloz, 3e éd., 2009 ; T.-S. Renoux (dir.), *Protection des libertés et droits fondamentaux,* La Documentation française, 2011.

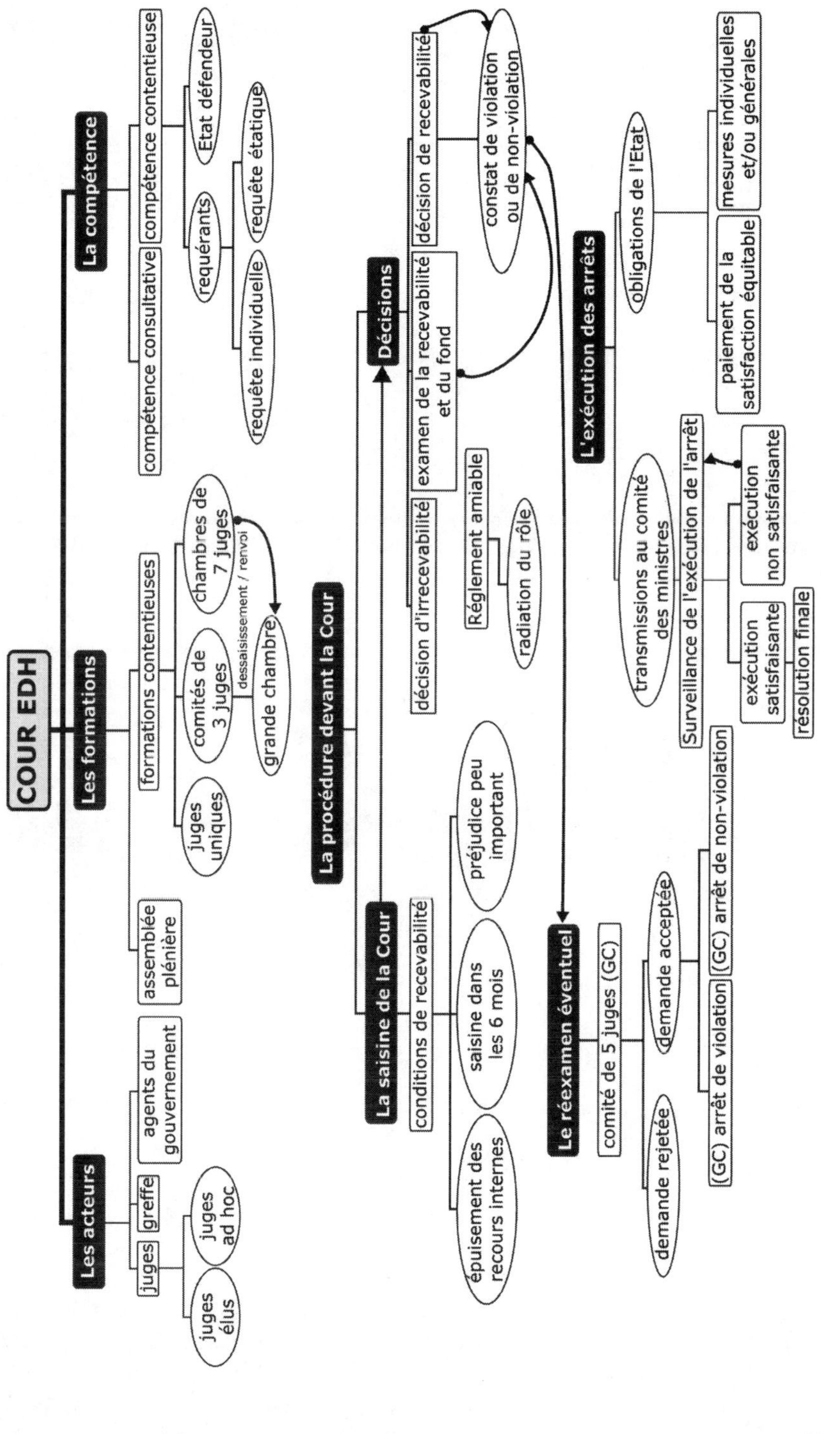
COUR EDH
Les acteurs
juges
greffe
agents du gouvernement
juges élus
juges ad hoc
Les formations
assemblée plénière
formations contentieuses
juges uniques
comités de 3 juges
chambres de 7 juges
dessaisissement / renvoi
grande chambre
La compétence
compétence consultative
compétence contentieuse
requérants
Etat défendeur
requête individuelle
requête étatique
La procédure devant la Cour
La saisine de la Cour
conditions de recevabilité
épuisement des recours internes
saisine dans les 6 mois
préjudice peu important
Décisions
décision d'irrecevabilité
examen de la recevabilité et du fond
décision de recevabilité
constat de violation ou de non-violation
Réglement amiable
radiation du rôle
Le réexamen éventuel
comité de 5 juges (GC)
demande rejetée
demande acceptée
(GC) arrêt de violation
(GC) arrêt de non-violation
L'exécution des arrêts
transmissions au comité des ministres
obligations de l'Etat
Surveillance de l'exécution de l'arrêt
exécution satisfaisante
exécution non satisfaisante
résolution finale
paiement de la satisfaction équitable
mesures individuelles et/ou générales

PREMIÈRE PARTIE

LES DROITS GÉNÉRAUX DE LA PERSONNE

83. Une garantie majeure. – La protection générale des personnes est particulièrement large dans le système européen de protection des droits de l'homme. La diversité des droits garantis traduit la volonté forte d'organiser un mécanisme de protection à la hauteur de l'ambition affichée par les rédacteurs de la Convention européenne.

Cette diversité, dont la richesse ne saurait être mise en cause pas plus que l'efficacité, conduit cependant, inévitablement, à se poser la question d'une éventuelle classification : les droits garantis sont si nombreux qu'il est légitime de s'interroger sur l'opportunité d'une hiérarchie, d'autant plus que certains d'entre eux peuvent être en conflit. Ici surgit une première difficulté liée au principe de l'indivisibilité des droits : ce principe, consacré avec force dans l'ordre international[1], est logique et légitime tant il est vrai que l'ensemble de ces droits concourt au respect de la dignité humaine, laquelle ne peut évidemment être divisible. Certes, des distinctions sont toujours possibles, mais encore faut-il qu'elles n'établissent pas *a priori* de hiérarchie : c'est ainsi que l'on distingue traditionnellement les droits civils et politiques d'une part, et les droits économiques et sociaux d'autre part, voire éventuellement des droits de solidarité. Il reste que malgré les précautions qui sont prises, une hiérarchie peut apparaître, parfois même de manière instinctive ou cachée puisque les droits civils et politiques peuvent se voir octroyer une primauté par rapport aux droits économiques et sociaux, les uns étant quelquefois qualifiés de droits de la première génération et les autres de seconde... ; de plus, suivent éventuellement des droits de l'homme dits de la troisième génération avec les droits de solidarité ou environnementaux. Quoi

1. Cf. not. : la Déclaration de Téhéran, du 13 mai 1968 ; la Conférence internationale des droits de l'homme de l'ONU, § 13 ; ou encore la présentation de R. Cassin, *in RDH* 1968, p. 326.

qu'il en soit, il existe assurément différentes catégories des droits de l'homme[2].

Parfois, la hiérarchie est plus apparente encore puisqu'est alors mis en exergue un « noyau dur » des droits de l'homme, faisant partie des droits intangibles, tandis que d'autres sont des droits conditionnels, dont l'importance peut donc *a priori* paraître moindre même si ce n'est pas réellement le cas. La réalité est donc complexe et nuancée. Dans le cadre de la présente étude, nous intégrerons par conséquent toute cette complexité et ces nuances autour de cette distinction qui nous amènera à étudier successivement les droits inconditionnels puis les droits conditionnels.

2. K. Vasak, *Les différentes catégories des droits de l'homme, in* « Les dimensions universelles des droits de l'homme », vol. I, Bruylant, 1990, p. 297 s.

Titre 1
Les droits inconditionnels

84. Le « noyau dur » des droits de l'homme. – Dans le cadre de la Convention européenne des droits de l'homme, et même si les frontières restent assez imprécises, on peut considérer que font partie du *« noyau dur »* des droits de l'homme le droit à la vie, l'interdiction des mauvais traitements, l'interdiction de l'esclavage et de la servitude, la non-rétroactivité de la loi pénale, ainsi que l'interdiction des discriminations. Il s'agit là de droits intangibles qui revêtent une importance toute particulière dans le dispositif européen de protection des droits fondamentaux.

Sans doute peut-on invoquer une « primauté de fait » de ces droits compte tenu de leur nature, mais cela ne doit en aucun cas conduire à minimiser la force des autres droits et libertés garantis par la Convention européenne des droits de l'homme. Ces nuances et ces apparentes contradictions permettent en réalité de saisir toute la subtilité du droit européen des droits de l'homme, ce qui participe d'une approche qui se veut pragmatique dans le respect des principes, tout en se voulant efficace et concrète et certainement pas théorique et donc illusoire.

Dans le cadre de cette étude, nous envisagerons successivement le droit à la vie, qui est le premier des droits de l'homme, puis les droits subséquents : considéré à juste titre comme le droit suprême, son respect est la condition nécessaire à l'exercice des autres droits. Cependant, même si les autres droits inconditionnels viennent après, et peuvent par conséquent être qualifiés de subséquents, leur importance est forte, d'autant plus que certains d'entre eux ont un caractère encore plus absolu que le droit à la vie lui-même puisqu'aucune limitation n'est possible.

Sous-titre 1

Le droit suprême (le droit à la vie)

85. Article 2. Droit à la vie.

> *1 Le droit de toute personne à la vie est protégé par la loi. La mort ne peut être infligée à quiconque intentionnellement, sauf en exécution d'une sentence capitale prononcée par un tribunal au cas où le délit est puni de cette peine par la loi.*
> *2 La mort n'est pas considérée comme infligée en violation de cet article dans les cas où elle résulterait d'un recours à la force rendu absolument nécessaire :*
> *a. pour assurer la défense de toute personne contre la violence illégale ;*
> *b. pour effectuer une arrestation régulière ou pour empêcher l'évasion d'une personne régulièrement détenue ;*
> *c. pour réprimer, conformément à la loi, une émeute ou une insurrection.*

86. L'article 2 de la Convention. – Il est inutile d'insister sur l'importance considérable du droit à la vie : c'est le premier des droits de l'homme et il est la condition même de la jouissance des autres droits garantis par la Convention européenne des droits de l'homme. C'est la raison pour laquelle le principe ne souffre pas réellement d'exceptions même s'il existe des règles qui, s'apparentant à des tempéraments, peuvent donner cette impression. En réalité, le droit à la vie revêt un caractère absolu et sacré. Les États ont « le devoir primordial d'assurer le droit à la vie »[1] : il s'agit là de l'une des « valeurs fondamentales de nos sociétés démocratiques », le droit à la vie étant présenté à juste titre comme la « valeur suprême dans l'échelle des droits de l'homme au plan international »[2].

1. CEDH, 28 mars 2000, *Kilic c/ Turquie*, n° 22492/93, § 62 ; Gr. Ch. 17 janv. 2002, *Calvelli et Ciglio c/ Italie*, n° 32967/96, § 51, *JCP* 2002-I-157 n° 1, obs. F. Sudre, *RSC* 2003. 412, obs. Fl. Massias. Cf. aussi : CEDH, 27 janv. 2015, *Asiye Genc c/Turquie*, n° 24109/07, *JCP* 2015. 845, n° 3, obs. F. Sudre.

2. CEDH, 22 mars 2001, *Streletz, Kessler et Krenz c/ Allemagne*, § 87 et 94.

Pour ce qui est du droit à la vie, les États ont une double obligation, négative et positive : d'une part, ils ne doivent pas porter atteinte directement à ce droit par l'intermédiaire de leurs autorités, et d'autre part, ils ne sauraient y porter atteinte indirectement, en ne réagissant pas pour que cessent d'éventuelles atteintes portées par d'autres. L'État doit donc s'abstenir de donner la mort, mais il doit aussi prendre toutes les mesures qui s'imposent pour protéger la vie.

CHAPITRE 1

L'obligation négative des États

87. Une obligation à la charge des États. – L'obligation négative, qui exige des États qu'ils s'abstiennent de toute ingérence dans l'exercice des droits fondamentaux, est inhérente au mécanisme européen de protection. Consacrée dans les divers droits garantis, elle occupe une place particulière dans le droit à la vie, compte tenu de la nature même de cette garantie essentielle. Par application des dispositions de la Convention européenne des droits de l'homme, les États ont depuis l'origine de ce texte une interdiction de donner la mort qui est quasi absolue. Puis, progressivement, une autre exigence s'est imposée à eux avec l'abolition de la peine de mort.

Section 1
L'interdiction quasi absolue de donner la mort

88. Une obligation évidente. – L'interdiction de principe pour un État de donner la mort est une évidence pour qui se préoccupe de protéger les droits fondamentaux. Mais il n'en reste pas moins vrai que pour assurer ses missions essentielles, l'État doit pouvoir prendre certaines mesures conduisant à admettre de façon tout à fait exceptionnelle la force meurtrière.

§1. L'interdiction de principe de la force meurtrière

89. Une interdiction extensive. – L'interdiction de donner la mort revêt un caractère très général de manière à assurer une protection aussi large que possible. C'est la raison pour laquelle sont visées toutes les atteintes étatiques au principe d'interdiction de donner la mort, que ces atteintes soient directes ou indirectes. Elles peuvent en effet être directes dès que la mort est donnée par les autorités de l'État, mais elles peuvent aussi être indirectes si le risque de mort émane d'un autre État à qui la personne en cause a été remise.

A. Les atteintes directes

90. L'abstention de l'État. – L'État doit s'abstenir de porter atteinte au droit à la vie. Le principe est affirmé avec force et, comme le précise l'article 2 de la Convention, la mort ne peut être infligée à quiconque intentionnellement. Cette précision contenue dans le texte pouvait donner lieu à des difficultés d'interprétation, un raisonnement *a contrario* pouvant conduire à penser qu'un homicide non intentionnel n'était pas contraire à l'article 2[1]. Cette approche étant difficilement justifiable même si, juridiquement, elle répond à une certaine logique, la Cour a très rapidement jugé que la responsabilité de l'État peut être engagée en cas d'homicide involontaire[2].

91. Cas particulier. – La question a pu se poser de savoir si un recours public à la force, potentiellement mortel mais n'ayant pas entraîné la mort, pouvait engager la responsabilité internationale de l'État en cause. Une réponse affirmative a été apportée à cette interrogation, étant cependant précisé que cela ne pouvait arriver que dans des circonstances exceptionnelles, compte tenu du degré et du type de force utilisé, ainsi que de l'intention des auteurs[3]. Cette interprétation est significative de la volonté de la Cour d'assurer une protection efficace du droit à la vie.

B. Les atteintes indirectes

92. L'interdiction de mettre en danger autrui. – L'expulsion ou l'extradition d'un étranger l'exposant à un risque d'exécution capitale dans le pays de destination est également un cas particulier. C'est en 2005 que, pour la première fois, la Cour européenne a retenu une violation de l'article 2 de la Convention dans le cadre de l'expulsion d'un

1. V° en ce sens : Comm. EDH, 21 mai 1969, *X. c/ Belgique*, An. Conv. V. 12. 193.
2. CEDH, Gr. Ch., 27 juin 2000, *Ilhan c/ Turquie*, n° 22277/93, § 74 ; 21 nov. 2000, *Demiray c/ Turquie*, n° 27308/95, § 41.
3. Aff. *Ilhan*, préc., § 76.

étranger risquant, dans l'État où il doit être renvoyé, un procès en négation totale de ses droits, avec pour issue possible la peine de mort[4].

La question avait déjà été abordée dans l'affaire *Öcalan* mais alors la Cour avait uniquement retenu la violation de l'article 3 : le fait de prononcer la peine de mort à l'issue d'un procès inéquitable est un traitement inhumain[5]. Sans doute aurait-il été plus légitime de poser la question par rapport au Protocole n° 13 additionnel à la Convention, mais la Cour a préféré suivre une démarche plus classique en se référant à l'article 2 de la Convention. Il est probable que le nombre encore limité de ratifications de ce Protocole ait été pris en compte par les juges européens[6].

93. Les solutions actuelles. – Quoi qu'il en soit, la solution est désormais certaine : il peut y avoir violation de l'article 2 de la Convention dès lors que l'expulsion intervient malgré un risque avéré de mort[7]. En revanche, il n'y aura pas violation de cet article en cas d'expulsion vers un pays qui n'a pas aboli la peine de mort dès lors que des assurances gouvernementales excluent la peine capitale[8].

Une autre question de même nature s'est posée à la suite d'une course-poursuite entre des policiers et une voiture volée en fuite qui s'est soldée par un mort et des blessés[9]. La Cour, constatant que l'accident était dû à plusieurs facteurs, à savoir une conduite dangereuse et une vitesse excessive, et que le conducteur, âgé de 15 ans, n'était pas titulaire du permis de conduire, souligne que c'est le comportement du conducteur du véhicule en fuite qui fut la cause du drame ayant conduit au décès accidentel des proches des requérants. Dès lors, on ne peut reprocher aux policiers, compte tenu de la confirmation du vol du véhicule repéré, lequel a pris la fuite après avoir remarqué leur présence, et du risque couru par autrui dans les circonstances de l'espèce, d'avoir décidé d'engager la poursuite, et ce au demeurant en évitant tout contact ou pression sur le véhicule poursuivi. Le grief, manifestement mal fondé, a par conséquent été rejeté[10].

4. CEDH, 8 nov. 2005, *Bader et autres c/ Suède*, n° 13284/03, § 48, *AJDA*, 2006. 471, obs. J.-F. Flauss. Dans cette affaire, la Cour a retenu, à la fois, la violation de l'art. 2 et de l'art. 3 de la Convention. En revanche, elle n'a pas examiné l'affaire sous l'angle du Protocole n° 13 abolissant la peine de mort en toutes circonstances, bien que la Suède l'ait ratifié (§ 49).

5. Cf. *infra*, n° 128.

6. J.-F. Flauss, obs. préc. L'auteur observe aussi que cette position permet à la Cour de ne pas prendre parti sur la question de l'abrogation de l'art. 2 § 1 *in fine* (prévoyant que l'exécution d'une sentence capitale est une exception au principe du droit à la vie), question qui, déjà posée, a été jugée prématurée (aff. *Öcalan*, préc.).

7. Cf. récemment : CEDH, 11 mai 2006, *Hussun et autres c/ Italie*, n° 10171/00... (expulsion vers la Libye). Recevabilité sur le terrain de l'art. 2.

8. CEDH, 9 mai 2006, *Salem c/ Portugal*, n° 26844/04 (requête irrecevable). À noter une décision dans le même sens, mais avec la précision que les assurances gouvernementales excluaient, à la fois, la peine capitale et la réclusion à perpétuité incompressible : CEDH (déc.), 18 sept. 2006, *Youb Saoudi c/ Espagne*, n° 22871/06, (extradition d'un terroriste vers l'Algérie).

9. CEDH (déc.), 8 juill. 2014, *Lamartine et autres c/ France*, et *Taïtaï et autres c/ France*, n° 25382/12 et n° 25368/12, *Dalloz Actu.* 9 sept. 2014 pbs. Cl. Demunck, *Dr. Pénal* 2015, chron. 4, n° 2, obs. E. Dreyer.

10. Aff. *Lamartine et autres c/ France*, et *Taïtaï et autres c/ France*, préc., §§ 34 à 37. À noter que les requérants invoquaient une violation de l'art. 2 découlant du fait que le droit français n'offrait pas un cadre juridique et administratif garantissant une protection adaptée à la vie humaine : sur ce point, cf. *infra*, n° 107.

§2. L'admission exceptionnelle de la force meurtrière

94. Les limitations de la Convention. - Outre la limitation de l'article 15[11], des limitations spéciales sont prévues par l'article 2. Si la première limitation est tout à fait exceptionnelle puisqu'elle est réservée aux situations de guerre ou d'autre danger public menaçant la vie de la nation, les secondes le sont sans doute un peu moins quoique peu fréquentes.

95. La limitation de l'article 15. - L'article 15 § 2 de la Convention autorise « le décès résultant d'actes licites de guerre ». Cette exception, expressément prévue par la Convention, est légitime : les rédacteurs de la Convention ne pouvaient pas ne pas prendre en compte cette réalité. Il peut assurément y avoir des circonstances exceptionnelles conduisant à des mesures dérogatoires. De telles mesures doivent parfois être prises mais leur encadrement est très strict[12].

96. Les limitations de l'article 2. - Le deuxième paragraphe de l'article 2 prévoit quatre hypothèses dans lesquelles l'État peut porter atteinte au droit à la vie : il est évident que la liste est limitative[13], des exceptions à un principe aussi important sont nécessairement d'interprétation restrictive et impliquent un contrôle européen renforcé[14]. L'une de ces hypothèses est contenue dans le premier paragraphe *in fine* de l'article 2, les autres dans le deuxième paragraphe de ce même article.

La première limitation de l'article 2 concerne l'exécution d'une sentence capitale prononcée par un tribunal au cas où le délit est puni de cette peine par la loi. C'est dire que le principe même de la peine de mort est admis par la Convention, à condition naturellement que soit respecté le principe de la légalité et que le condamné ne fasse pas l'objet de mauvais traitements. Toutefois, la suppression de la peine de mort est consacrée dans deux protocoles additionnels : le protocole n° 6 interdit cette peine en temps de paix, et le protocole n° 13 l'interdit en toutes circonstances, y compris par conséquent en temps de guerre ou de danger imminent de guerre. À noter que, depuis l'arrêt *Öcalan*, on a pu se demander si l'article 2 ne doit pas être interprété comme n'autorisant plus la peine de mort : sans se prononcer directement sur ce point, les juges européens ont cependant estimé que la peine de mort en temps de paix est une forme de sanction inacceptable, voire inhumaine[15].

Les autres limitations sont prévues par le deuxième paragraphe de l'article 2. La mort n'est pas considérée comme infligée en violation de la

11. Cf. *supra*, n° 31 et s.

12. Cf. *supra*, n° 32.

13. Com. EDH, 10 juill. 1984, *Stewart c/ Royaume-Uni*, DR 39/162.

14. Cette disposition ne donne pas « carte blanche aux policiers pour le recours à la force meurtrière » : CEDH, Gr. Ch., 20 déc. 2004, *Makaratzis c/ Grèce*, n° 50385/99, *AJDA* 2005. 541, obs. J.-F. Flauss.

15. Sur ce point précis qui revêt une grande importance, cf. *infra* n° 99, à propos de l'interprétation qui peut être faite de cette jurisprudence *Öcalan*. Cf. aussi, sur les protocoles abolissant partiellement (Protocole n° 6) ou totalement (Protocole n° 13) la peine de mort, *infra*, n° 100 et s.

Convention quand elle résulte d'un recours à la force rendu absolument nécessaire pour assurer la défense de toute personne contre la violence illégale[16]. Par ailleurs, l'article 2 n'est pas violé dès lors que le recours à la force est rendu nécessaire pour effectuer une arrestation régulière et empêcher l'évasion d'une personne régulièrement détenue[17]. Enfin, la même solution s'impose pour réprimer, conformément à la loi, une émeute ou une insurrection.

Section 2
L'abolition progressive de la peine de mort

97. Une évolution inéluctable. – L'abolition de la peine de mort dans les pays européens est une évolution inéluctable. À l'heure actuelle, la grande majorité des États membres ont aboli la peine capitale et dans les quelques États où elle subsiste, elle n'est plus réellement appliquée. Il est vrai que le droit européen des droits de l'homme se caractérise par une abolition, implicite et explicite de la peine capitale.

§1. Une abolition implicite

98. L'article 2 et la peine de mort. – Il est vrai que l'article 2 admet la peine capitale puisque tout en rappelant que la mort ne peut être infligée à quiconque intentionnellement, il réserve le cas d'une sentence capitale[18]. Il reste que la question de son abrogation implicite se pose tant il est vrai que l'on peut désormais se demander s'il ne convient pas d'interpréter l'article 2 de la Convention comme n'autorisant plus la peine de mort.

99. Les enseignements et les suites de l'affaire *Öcalan*. – En effet, même si les juges européens n'y ont pas répondu directement, la question s'est posée avec l'affaire *Öcalan*[19]. Dans cette affaire, les juges ont en effet été sensibles au fait que la Turquie avait, entre-temps, aboli la peine de mort et qu'il n'était plus possible d'exécuter la condamnation à mort du requérant. Quant au point de savoir si la condamnation à mort emporte, en soi, violation de la Convention, la Cour a estimé qu'aucune question distincte ne se posait à cet égard sur le terrain de l'article 2, préférant examiner ce point sous l'angle de l'article 3. Il n'en reste pas moins vrai que les juges européens estiment qu'en temps de paix, la peine de

16. CEDH, 28 mars 2006, *Perk et autres c/ Turquie*, n° 59739/99, ; 20 juin 2006, *Yasaroglu c/ Turquie*, n° 45900/99.

17. CEDH, 17 avr. 2014, *Guerdner et autres c/ France*, n° 68780/10, *Dalloz Actu.* 13 mai 2014, obs. A. Portmann, *RFDA* 2015. 512, obs. H. Labayle et F. Sudre, *Dr. Pénal* 2015, chron. 4, n° 1, obs. E. Dreyer, *AJ Pénal* 2014. 359, obs. G. Roussel, *JCP* 2014, chron. 832, n° 2, obs. F. Sudre (non-violation de l'art. 2).

18. Cf. *supra*, n° 96.

19. CEDH, 12 mars 2003, *Öcalan c/ Turquie*, n° 46221/99, § 171, *JCP* 2003-I-160, n° 1, obs. F. Sudre, *RGDIP*, 2003. 472, obs. Ph. Weckel, *D.* 2003 Somm. 2267, obs. J.-F. Renucci, *D.* 2004. 1101, obs. J.-P. Céré.

mort est une forme de sanction inacceptable, voire inhumaine, qui n'est plus autorisée par l'article 2[20].

À supposer que l'article 2 autorise aujourd'hui encore la peine de mort, il est interdit d'infliger la mort de façon arbitraire en vertu de la peine capitale : un acte arbitraire ne saurait être régulier au regard de la Convention[21]. Saisie de cette affaire, la Grande chambre souscrit à ce raisonnement et semble aller plus loin, estimant que la peine de la mort en temps de paix est une forme de sanction qui n'est plus autorisée par l'article 2[22] : il est toutefois certain que l'exécution d'un condamné à mort qui n'a pas bénéficié d'un procès équitable n'est pas autorisée et constitue une violation de cette disposition[23].

CEDH, Gr. Ch., 12 mai 2005,* Öcalan c/ Turquie, *n° 46221/99 :
En fait : *Le requérant, chef du PKK, est détenu dans une prison turque. Il soutient que le fait d'infliger la peine de mort emporte violation de l'art. 2 qu'il convient d'interpréter comme n'autorisant plus la peine capitale.*
En droit : *La Grande chambre reprend l'argumentation de la Chambre, l'art. 2 devant être interprété de façon étroite : « Quand bien même l'article 2 autoriserait-il encore aujourd'hui la peine de mort, la Cour estime qu'il est interdit d'infliger la mort de façon arbitraire en vertu de la peine capitale ». « L'exécution d'un condamné à mort qui n'a pas bénéficié d'un procès équitable n'est pas autorisée » (§ 166).*

Enfin, un arrêt a par la suite jugé que l'expulsion d'une personne soupçonnée de meurtre et l'exposant au risque d'être condamnée à mort serait une violation de l'article 2 de la Convention[24]. L'abolition implicite de la peine de mort est ainsi renforcée.

§2. Une abolition explicite

100. Une abolition progressive de la peine de mort. – L'interdiction de la peine capitale n'a pas été consacrée dans le texte originel de la Convention européenne des droits de l'homme[25], mais, progressivement, l'abolition s'est imposée. Il est évident qu'une telle mesure ne pouvait être que progressive, compte tenu de son importance, de ses enjeux,

20. Aff. *Ocalan*, préc., § 196.

21. Aff. *Ocalan*, préc., §§ 201 à 204.

22. CEDH, Gr. Ch., 12 mai 2005, *Öcalan c/ Turquie*, n° 46221/99, § 166, *JCP* 2005-I-159, n° 3, obs. F. Sudre. V° aussi H. Labayle, *L'abolition de la peine de mort, exigences constitutionnelles et mutations européennes (en marge de CEDH « Öcalan c/ Turquie »,* 12 mai 2005), *RFDA*, 2006. 308.

23. Aff. *Öcalan*, préc., § 166.

24. CEDH, 29 oct. 2015, *A.L. (X.W.) c/Russie*, n° 44095/14 (expulsion vers la Chine). Cf. aussi CEDH, 15 oct. 2015, *M.L. et autres c/Russie*, n° 40081/14 (renvois en Syrie), *Constitutions* 2015. 551, obs. N. Danelciuc-Colodrovschi.

25. L'art. 2 § 1er *in fine* de la Convention sur le droit à la vie réserve même expressément le cas où la mort serait donnée en exécution d'une sentence capitale prononcée par un tribunal au cas où le délit est puni de cette peine par la loi : cf. *supra*, n° 96.

mais aussi de l'histoire et de l'opinion publique européenne. Finalement, prenant en compte l'évolution des sociétés, les autorités européennes ont d'abord proposé une abolition partielle de la peine de mort en l'interdisant en temps de paix avec le Protocole n° 6[26], pour ensuite inviter les États à abolir la peine capitale en toutes circonstances avec le Protocole n° 13[27]. Mais il est vrai qu'indépendamment de ces deux protocoles, la question de la conventionnalité de la peine de mort se posait, en particulier depuis l'arrêt *Öcalan*[28].

101. L'abolition partielle de la peine de mort. – L'article 1er du Protocole n° 6 abolit la peine de mort et nul ne peut être condamné par un tribunal à une telle peine ni être exécuté. Le Protocole affirme le principe avec force puisqu'il interdit toutes dérogations ou réserves[29]. Les rédacteurs de ce protocole ont considéré que les développements intervenus dans plusieurs États membres du Conseil de l'Europe exprimaient une tendance générale en faveur de l'abolition de la peine de mort.

L'abolition n'est cependant que partielle, un État pouvant recourir à la peine de mort pour des actes commis en temps de guerre ou de danger imminent de guerre.

102. L'abolition totale de la peine de mort. – Le Protocole n° 13 abolit la peine de mort en toutes circonstances[30]. C'est dire que la peine capitale est supprimée en temps de paix comme en temps de guerre : l'abolition est totale. Le Protocole n° 13 constitue ainsi l'aboutissement des efforts constants qui ont été menés au sein des instances européennes pour éradiquer la peine de mort à l'échelle du continent européen.

Pour les rédacteurs de ce protocole, le droit de toute personne à la vie est une valeur fondamentale dans une société démocratique et l'abolition de la peine de mort est essentielle à la protection de ce droit comme à la pleine reconnaissance de la dignité inhérente à tous les êtres humains. Ils ont donc voulu faire « le pas ultime » afin d'abolir la peine de mort en toutes circonstances.

26. Protocole n° 6, ouvert à la signature le 28 avr. 1983 et entré en vigueur le 1er mars 1985.
27. Protocole n° 13, ouvert à la signature le 3 mai 2002 et entré en vigueur le 1er juill. 2003.
28. Cf. *supra*, n° 99.
29. Cf. *infra*, n° 446.
30. Cf. *infra*, n° 447.

CHAPITRE 2

Les obligations positives de l'État

103. L'importance des obligations positives. – Les obligations positives sont des « obligations de faire » à la charge des États. La plupart d'entre elles ont été consacrées progressivement, permettant ainsi de renforcer d'une manière significative la protection des droits garantis par la Convention et ses protocoles. Il s'agit dès lors de prendre toutes les mesures qui s'imposent pour atteindre ce but. La Convention étant conçue comme un « instrument vivant »[1], il était logique de faire ainsi évoluer le mécanisme de protection dans le sens de la meilleure efficacité possible.

Le recours aux obligations positives est particulièrement important car il permet une protection effective du droit à la vie. En outre, cela a permis à la Cour européenne d'élargir considérablement le champ d'application de l'article 2 de la Convention, tant aux relations interindividuelles qu'aux activités de l'État de nature à mettre en danger la vie des personnes, au-delà même du recours à la force par ses autorités. Dans l'arrêt *Osman* il est précisé que l'article 2 fait peser sur les États une double obligation positive : d'une part, celle d'assurer le droit à la vie par le biais d'une législation pénale suffisamment dissuasive ; d'autre part, celle de prendre préventivement des mesures concrètes pour prévenir la matérialisation d'un risque certain et immédiat pour la vie[2]. C'est dire que l'État doit prendre toutes les initiatives qui s'imposent mais encore faut-il distinguer selon que l'on se trouve ou non dans le domaine de protection de l'article 2 puisque si l'État doit agir dans le premier cas, son inaction peut être admise dans l'autre.

1. Cf. *supra*, n° 5.

2. CEDH, Gr. Ch., 28 oct. 1998, *Osman c/ Royaume-Uni*, n° 23452/94 *JCP* 1999-I-105 n° 8, obs. F. Sudre, *JDI* 1999. 269, obs. P. Tavernier, *RSC* 1999. 384, obs. R. Koering-Joulin, *RTD Civ.* 1999. 498, obs. J.-P. Marguénaud. Cf. aussi : CEDH, 14 juin 2011, *Ciechonska c/ Pologne*, n° 19776/04, *RFDA* 2012. 455, obs. H. Labayle et F. Sudre.

Section 1
L'action de l'État dans le domaine de protection de l'article 2

104. Une double obligation. - L'évolution du droit européen des droits de l'homme a conduit à imposer aux États, au titre des obligations positives, à la fois une obligation préventive déclenchée *a priori*, et une obligation procédurale intervenant *a posteriori*. Par hypothèse, la première intervient avant que l'atteinte au droit protégé par l'article 2 ne soit caractérisée, tandis que la seconde intervient dans le cas inverse.

§1. Une obligation préventive *a priori*

105. La protection générale de la vie des personnes. - D'une façon générale, l'État doit prendre les mesures nécessaires à la protection de la vie[3]. Cela concerne par hypothèse des personnes vivantes, mais une interrogation peut également apparaître pour les enfants à naître.

A. Les personnes vivantes

106. La diversité des mesures. - Qu'il s'agisse, notamment, des problèmes de santé publique[4] ou de questions de sécurité[5], les autorités

3. Comm. EDH, 10 oct. 1986, *Naddaf c/ RFA*, DR 50/259 ; CEDH, 9 juin 1998, *L. C.B. c/ Royaume-Uni*, n° 23413/94, § 36 ; Gr. Ch., 28 oct. 1998, *Osman c/ Royaume-Uni*, n° 23452/94, § 115, *JCP* 1999-I-105, n° 8, obs. F. Sudre, *JDI*, 1999. 269, obs. P. Tavernier ; 21 nov. 2000, *Demiray c/ Turquie*, préc., § 46 ; 3 avr. 2001, *Keenan c/ Royaume-Uni*, n° 27229/95, § 89. Pour des homicides à caractère raciste, v° CEDH, 26 juill. 2007, *Anguelova et Iliey c/ Bulgarie*, n° 38361/97, § 88, *Dr. pénal* 2008, p. 33, obs. E. Dreyer, 11 janv. 2011, *Berü c/ Turquie*, n° 47304/07 ; 17 janv. 2012, *Choreftakis et Choreftaki c/ Grèce*, n° 46846/08, *Dr. Pénal* 2013, n° 4, chron. 4, obs. E. Dreyer ; 10 avr. 2012, *Kemaloglu c/ Turquie*, n° 19986/06 ; 10 juill. 2012, *Kayak c/ Turquie*, n° 60444/08, *Dr. Pénal* 2013, n° 4, chron. 4, obs. E. Dreyer, *RFDA* 2013. 576, obs. H. Labayle et F. Sudre ; 18 juin 2013, *Nencheva et autres c/ Bulgarie*, n° 48609/06, *RFDA* 2014. 538, obs. H. Labayle et F. Sudre (décès de 15 enfants et jeunes adultes handicapés dans un foyer faute de nourriture, de chauffage et de soins de première nécessité).

4. Cf. les vaccinations : CEDH, 9 juill. 2002, *Salvetti c/Italie*, n° 42197/98 (une vaccination obligatoire, en tant que traitement médical non volontaire, est une ingérence dans le droit au respect de la vie privée : cf. *infra*). Pour la santé et les soins médicaux : CEDH, Gr. Ch., 10 mai 2001, *Chypre c/ Turquie*, n° 25781/94, § 219, *RTDH*, 2002. 807 et s., obs. P. Tavernier. *Adde* CEDH (déc.), 21 mars 2002, *Nitecki c/ Pologne*, n° 65653/01 ; Gr. Ch., 17 janv. 2002, *Calvelli et Ciglio c/ Italie*, préc., § 49. V° aussi CEDH, 29 avr. 2003, *Khokhlich c/ Ukraine*, n° 41707/98, (soins adaptés à une maladie contractée en prison) ; 3 juin 2003, *Pantéa c/ Roumanie*, n° 33343/96, et 29 avr. 2003, *McGlinchey et autres c/ Royaume-Uni*, n° 50390/99 (défaillances dans le suivi médical), *RSC*, 2004. 450, obs. Fl. Massias. Pour les conditions d'accès aux soins, v° CEDH, 27 nov. 2003, *Hénaf c/ France*, n° 65436/01. V° aussi : CEDH, 14 déc. 2006, *Tarariyeva c/ Russie*, n° 4353/03 (insuffisance des soins médicaux dispensés à un détenu ayant entraîné son décès par hémorragie). *Adde* CEDH, 10 avr. 2012, *Panaitescu c/ Roumanie*, n° 30909/06 ; 24 juill. 2014, *Brincat et autres c/ Malte*, n° 60908/11... (ouvriers d'un chantier naval exposés à l'amiante).

5. Com. EDH, 28 févr. 1983, *W c/ Royaume-Uni*, DR 32/190. La Cour a ainsi jugé que « les défaillances en matière de sécurité ont été telles qu'elles dépassent la simple négligence de la part de militaires » : CEDH, Gr. Ch., 4 févr. 2014, *Oruk c/ Turquie*, n° 33647/04, § 65, *JCP* 2014, 248, 385, obs. G. Gonzalez (explosion d'un obus perdu lors d'un exercice militaire provoquant la mort de cinq enfants qui jouaient avec).

étatiques doivent prendre toutes les précautions et intervenir de façon active afin de garantir l'effectivité du droit à la vie[6]. Des mesures préventives appropriées doivent être prises. C'est ainsi que les États doivent se doter d'une législation efficace qualifiant de crimes les homicides volontaires commis par des agents étatiques (mais aussi des particuliers) agissant en dehors de leurs pouvoirs légaux : c'est notamment le cas en matière d'environnement quand le risque d'atteinte à la vie est avéré[7]. Ils doivent mettre en place un cadre réglementaire applicable aux hôpitaux ou instaurer un système efficace permettant d'établir la cause du décès des personnes placées sous la responsabilité de professionnels de santé[8].

Il est cependant évident que l'on ne peut mettre à la charge des États un fardeau excessif et insupportable : cela serait irréaliste et dangereux, d'autant plus que l'imprévisibilité du comportement humain ne peut être niée[9]. Les États ne peuvent être dans l'obligation d'empêcher toute violence potentielle[10], de sorte que toute menace alléguée contre la vie n'oblige pas les autorités étatiques à prendre des mesures concrètes pour en prévenir la

6. Mais cela ne peut aller jusqu'à exiger un accès aux médicaments non autorisés, même quand les thérapies classiques sont insuffisantes : CEDH, 13 nov. 2012, *Hristozov et autres c/ Bulgarie*, n° 47039/11, *JCP* 2012 act. 1342, obs. K. Blay-Grabarczyk, *RTDH* 2013. 945, note J.-P. Marguénaud. Cf. cependant une violation de l'art. 2, les autorités n'ayant pas protégé la vie d'un jeune homme victime du bizutage pendant son service militaire : CEDH, 24 avr. 2014, *Perevedentsevy c/ Russie*, n° 39583/05. V° aussi CEDH, 23 févr. 2016, *Civek c/Turquie*, n° 55354/11, *Dalloz Actu.* 8 mars 2016, obs. E. Autier, *D.* 2016. 1124, note L. Pelletier, *JCP* 2016. 327, obs. F. Rousseau : violation de l'art. 2, les autorités ayant failli à leur obligation de protéger la vie d'une femme menacée par son époux. Dans le même ordre d'idée : CEDH, 28 juin 2016, *Halime Lilic c/Turquie*, n° 63034/11, *Dr. Famille* 2016, n° 9, chron. 2, n° 6, obs. A. Gouttenoire. Sur la nécessité d'assurer la protection de la vie des malades contre les négligences médicales : CEDH, 15 déc. 2015, *Lopes de Sousa Fernandes c/Portugal*, n° 56080/13, *JCP* 2016. 65, n° 2, obs. F. Sudre. Cf. aussi l'obligation de protection de la vie en cas de dangers naturels « imminents et clairement identifiables » : CEDH, 17 nov. 2015, *Özel et a. c/Turquie*, n° 14350/05, *JCP* 2016. 65, n° 3, obs. F. Sudre, *JDI* 2016, n° 4, chron. 8, n° 14, obs. Ph. Ch.-A. Guillot.

7. CEDH, 18 juin 2002, *Öneryildiz c/ Turquie*, n° 48939/99, (v. aussi, dans cette même affaire, l'arrêt de la Gr. Ch. rendu le 30 nov. 2004), *AJDA* 2005. 1133, obs. S. Rabiller, et 541, obs. J.-F. Flauss, *RTD Civ.* 2005. 422, obs. Th. Revet, *RDI* 2005. 98, obs. F.G. Trebulle. Cf. déjà : CEDH, 9 juin 1998, *LCB c/ Royaume-Uni*, n° 23413/94 ; 14 mars 2002, *P. et A. Edwards c/ Royaume-Uni*, n° 46477/99. Cf. plus récemment : CEDH, 22 nov. 2011, *Zeynettin Oto c/ Turquie*, n° 26774/07.

8. CEDH, 17 janv. 2002, *Calvelli et Ciglio c/ Italie*, préc. ; 9 avr. 2013, *Mehmet Sentürk et Bekir Sentürk c/ Turquie*, n° 13423/09, *JCP* 2013, 516, 880, obs. G. Gonzalez.

9. CEDH (déc.), 19 nov. 2013, *Sipal c/ Turquie*, n° 1774/10, § 62 (« Au vu de l'ensemble des éléments du dossier et eu égard à l'imprévisibilité du comportement humain, la Cour considère que dans les circonstances de la présente cause, aussi regrettables soient-elles, reprocher aux autorités de n'avoir pas fait davantage pour prévenir cette tragédie reviendrait à leur imposer un fardeau excessif au regard de leurs obligations découlant de l'article 2 de la Convention »). Cf. aussi : CEDH, 2 févr. 2016, *Cavit Tinarlioglu c/Turquie*, n° 3648/04.

10. CEDH, 16 nov. 2000, *Tanribilir c/ Turquie*, n° 21422/93, § 71. Cf. aussi en ce sens : Comm. EDH, 28 févr. 1983, *X. c/ Royaume-Uni*, DR 32/190 ; 28 févr. 1983, *X. c/ Irlande*, DR 32/22 ; 7 mars 1985, *X. c/ Irlande et Royame-Uni*, DR 42/53 ; 4 mars 1986, *X. c/ Royaume-Uni*, DR 47/27. V° aussi une constatation de non-violation suite à la mort d'un détenu en grève de la faim : CEDH, 31 mars 2009, *Horoz c/ Turquie*, n° 1639/03, § 31, *RSC* 2009, p. 651, obs. J.-P. Marguénaud, *RDP* 2010. 862, obs. M. Levinet. De même, le décès par overdose d'un détenu toxicomane n'implique pas automatiquement la responsabilité internationale de l'État : CEDH (déc.), 8 avr. 2014, *Marro et autres c/ Italie*, n° 29100/07 (irrecevabilité de la requête).

réalisation. Toutefois, les États ont un devoir de vigilance[11] : dès lors que les autorités connaissaient – ou auraient dû connaître – l'existence d'une menace réelle et immédiate pour la vie d'autrui, des mesures doivent être prises pour pallier ce risque[12]. Certes, les États ont une obligation de moyens et non une obligation de résultat, mais ils doivent prendre des précautions, en particulier dans les situations à risque[13]. Même si la Cour semble se montrer de plus en plus exigeante à cet égard[14], le principe demeure. Les États doivent donc protéger la vie des personnes privées de leur liberté, y compris le cas échéant contre leur propre volonté. Mais la responsabilité internationale de l'État ne peut être engagée que si ses autorités avaient connu l'existence d'un tel risque, lequel doit être réel et certain[15]. S'agissant d'une obligation de moyens à la charge de l'État, il faut qu'une faute puisse être reprochée, par exemple un défaut de surveillance ou encore un « aveuglement coupable face à des risques annonciateurs »[16].

C'est ainsi qu'en cas de suicide d'un détenu, une violation de l'article 2 ne peut être retenue que si les autorités n'ont pas pris les mesures qui s'imposaient, dès lors qu'elles connaissaient le risque (ou qu'elles devaient le connaître)[17], mais pas dans le cas contraire puisqu'alors aucun manquement ne peut être reproché à l'État[18]. À noter que, dans l'affaire *Renolde*, la Cour

11. Le décès d'une personne dans une cellule de dégrisement fait peser une présomption de responsabilité à l'encontre de l'État : CEDH, 1er juin 2006, *Taïs c/ France*, n° 39922/03, § 97, *JDI* 2007. 715, obs. E. Delaplace.

12. Aff. *Osman*, préc., § 116. Cf. aussi CEDH, 14 mars 2002, *Paul et Audrey Edwards c/ Royaume-Uni*, n° 46477/99, §§ 55 et 64 (détenu tué par un codétenu, compagnon de cellule souffrant de schizophrénie).

13. CEDH, 20 mars 2008, *Boudaïeva et autres c/ Russie*, 15339/02 (risques naturels). Cf. une non-violation de l'art. 2 dans une affaire concernant le décès d'un patient à la suite d'une faute professionnelle commise par un médecin, le requérant invoquant les défaillances du système de santé concernant plus particulièrement le recrutement : CEDH, 22 mai 2014, *Gray c/ Allemagne*, n° 49278/09. Cf. aussi : CEDH, 1er déc. 2016, *Gerasimenko et a. c/Russie*, n° 5821/10 et n° 65553/12 (accès de folie meurtrière d'un policier dans un centre commercial et constat de violation de l'art. 2, les juges européens estimant que les manquements des autorités nationales, quant à la sélection et la surveillance attentive des agents autorisés à porter une arme, ont contribué au drame) : cf. *infra*, n° 107.

14. CEDH, 10 juill. 2012, *Kayak c/ Turquie*, n° 60444/08, où les juges européens vont tout de même très loin dans le devoir de surveillance des autorités scolaires.

15. Aff. *Osman*, préc.

16. F. Tulkens, *Le droit à la vie et le champ des obligations des États dans la jurisprudence récente de la Cour européenne des droits de l'homme*, Mél. Cohen-Jonathan, Bruylant, 2005, p. 1605 et s., spéc., p. 1620.

17. CEDH, 16 oct. 2008, *Renolde c/ France*, n° 5608/05 (violation), *D.* 2008 act. 2723, obs. M. Léna, *D.* 2009 Pan. 123, obs. G. Roujou de Boubée, Th. Gare et S. Mirabail, *D.* 2009 Pan. 1382, obs. J.-P. Céré, *AJ pénal* 2009, p. 42, obs. J.-P. Céré, *RSC* 2009. 173, obs. J.-P. Marguénaud, *JCP* 2008-II-10, 196, note B. Belda, *RDP* 2009. 899, obs. M. Levinet, *RSC* 2009. 439, obs. P. Poncella, *RDSS* 2009. 363, obs. P. Hennion-Jacquet. *Adde* CEDH, 1er juin 2010, *Jasinska c/ Pologne*, n° 28326/05 (violation) ; 19 juill. 2012, *Ketreb c/ France*, n° 38447/09 (violation), *Dalloz Actu.* 19 sept. 2012, obs. M. Léna, *AJ Pénal* 2012. 609, obs. J.-P. Céré, *RPDP* 2013. 247, obs. J. Pradel et F. Ludwiczak (dir.) ; 4 févr. 2016, *Isenc c/France*, n° 58828/13, *Dalloz Actu.* 17 févr. 2016, obs. N. Devoueze, *AJ Pénal* 2016. 158, obs. J.-P. Cere, *D.* 2016. 1220, obs. J.-P. Cere, M.-H. Evans et E. Pechillon, *RPDP* 2016. 667, obs. J.-F. Renucci, *RSC* 2016. 577, obs. D. Roets (violation) : manque de vigilance et insuffisance des mesures prises, surtout au moment de l'arrivée en détention qui est la période critique où le risque suicidaire est le plus élevé.

18. CEDH, 3 avr. 2001, *Keenan c/ Royaume-Uni*, n° 27229/95 (non-violation), *D.* 2002, chron. 110, obs. J.-P. Céré, *RSC* 2001. 881, obs. F. Tulkens ; 5 juill. 2005, *Troubnikov c/ Russie*, n° 49790/99 (non-violation), *D.* 2006 Pan. 1081, obs. J.-P. Céré ; CEDH (déc.), 26 sept. 2013, *Robineau c/ France*, n° 58497/11 (irrecevabilité) ; CEDH, 8 oct. 2015, *Sellal c/France*, n° 32432/13 (non-violation), *JCP (A)* 2016. 2101, chron. V. Correia (dir.), n° 29, obs. S. Platon, *Dalloz Actu.* 25 oct. 2015, obs. J. Gate (concernant la lutte contre le suicide en

relie la question du suicide à la notion d'autonomie personnelle, ce qui est intéressant puisque cela signifie que les autorités étatiques doivent prendre les mesures de précaution qui s'imposent sans pour autant empiéter sur cette autonomie[19]. Dans cette affaire, la Cour rappelle que la vulnérabilité des malades mentaux impose une protection particulière, ce qui donne plus de force encore à l'obligation positive mise à la charge de l'État[20].

La grève de la faim est une question préoccupante, d'autant plus qu'elle pose de multiples problèmes, en particulier sur le terrain de l'article 2, mais aussi sur celui de l'article 3[21]. Comme l'a observé l'ancienne Commission, si « une personne détenue poursuit une grève de la faim, cela peut inévitablement conduire à un conflit, que la Convention ne résout pas, entre le droit à l'intégrité physique de l'individu et l'obligation positive que l'article 2 de la Convention fait peser sur les Hautes Parties contractantes »[22]. Nul doute que l'alimentation forcée est obligatoire s'il existe un danger manifeste pour la vie de l'intéressé[23]. Mais il est important de préciser que le décès d'un détenu à la suite d'une grève de la faim ne constitue pas nécessairement une violation de l'article 2. Pour qu'une violation puisse être retenue, encore faut-il établir un lien de causalité entre le refus de libération et le décès[24]. De plus, les autorités ne peuvent être critiquées pour avoir accepté le refus clair du détenu de toute intervention[25]. De même, il n'y aura pas violation de l'article 2, même en cas de heurts violents avec mort d'homme pour assurer une prise en charge médicale des grévistes de la faim, si le recours à la force était absolument nécessaire[26].

107. L'encadrement du recours à la force meurtrière. – Le recours à la force n'est légitime que s'il est « absolument nécessaire », ce qui signifie que tous les autres moyens disponibles ont été épuisés[27]. Le critère de

prison, l'obligation positive ne vaut qu'en cas de risque réel et immédiat). Comp. pour le suicide d'un patient échappé d'un hôpital psychiatrique : CEDH, 22 nov. 2016, *Hiller c/Autriche*, n° 1967/14, *Dalloz Actu.* 9 déc. 2016, obs. T. Soudain (les autorités n'ont pas manqué à leurs obligations positives de protection du droit à la vie).

19. V° J.-P. Marguénaud, obs. préc.

20. Aff. *Renolde*, préc., §§ 109 et s.

21. Cf. *infra*, n° 133 *in fine*.

22. *X c/ Allemagne* (1984), European Human Rights Reports 7, p. 152, repris dans l'aff. *Nevmerjitski*, § 93.

23. CEDH (déc.), 26 mars 2013, *Rappaz c/ Suisse*, n° 73175/10 (irrecevabilité de la requête). C'est le médecin compétent qui apprécie les conditions, étant précisé que la décision d'une alimentation forcée ne peut être mise en œuvre qu'après obtention d'une autorisation judiciaire : *X. c/ Allemagne*, préc.

24. CEDH, 31 mars 2009, *Horoz c/ Turquie*, n° 1639/03, § 29. Dans cette affaire, la Cour a estimé que les autorités avaient largement satisfait à leur obligation positive de protéger l'intégrité physique du détenu et que ce dernier avait bénéficié de soins médicaux appropriés.

25. Aff. *Horoz*, préc., § 30.

26. CEDH, 10 déc. 2013, *Leyla Alp et autres c/ Turquie*, n° 29675/02, § 85 et 86. Lors de l'opération « retour à la vie », l'usage de la force était une réponse adéquate à la situation, et n'était donc pas disproportionné.

27. CEDH, Gr. Ch., 27 sept. 1995, *Mc Cann et autres c/ Royaume-Uni*, n° 18984/91, § 213, *AFDI* 1995. 485, obs. V. Coussirat-Coustère, *JDI* 1996. 245, obs. E. Decaux et P. Tavernier, *RSC* 1996. 462, obs. R. Koering-Joulin, *RSC*, 1996, p. 184, obs. L.-E. Pettiti, *RTDH*, 1996, p. 283, obs. A. Reiter-Kormaz, *JCP* 1996-I-3910, n° 8, obs. F. Sudre. Cf. aussi : CEDH, 27 oct. 2009, *Andreou c/ Turquie*, n° 45653/99 ; 20 mai 2010, *Perisan et autres c/ Turquie*, n° 12336/03, *RFDA* 2011. 987, obs. H. Labayle et F. Sudre ; 10 mai 2012, *Putintseva c/ Russie*, n° 33498/04.

nécessité est encore plus strict et impérieux que dans le cadre habituel d'une « ingérence de l'État »[28] : la force employée doit être strictement proportionnée à la réalisation du but légitime poursuivi[29]. Les mêmes principes s'appliquent en matière de lutte contre le terrorisme. Cette plus grande rigueur est logique dans la mesure où le droit à la vie est considéré comme un droit « intangible » : les juges européens doivent donc prendre en compte, non seulement les actes des agents de l'État ayant utilisé la force pour apprécier un éventuel abus, mais aussi l'ensemble des circonstances de l'affaire et notamment les précautions prises dans l'organisation et le contrôle de l'opération[30]. Il reste que le contrôle de proportionnalité est particulièrement délicat en ce qui concerne le recours à la force meurtrière : en définitive, l'utilisation des armes par la force publique ne doit jamais procéder d'une intention de tuer[31]. En toute hypothèse, l'usage de la force par les autorités de l'État ne doit pas être excessif : le principe de précaution doit s'appliquer en ce sens que tout doit être fait pour épargner des vies humaines. On remarquera une certaine souplesse de la Cour dans le sens où elle admet que puissent être justifiées des infractions non intentionnelles : à propos d'un coup de feu tiré par un carabinier dans la panique et tuant un manifestant, il a été jugé que ce recours à la force meurtrière n'a pas outrepassé les limites de ce qui était absolument nécessaire pour éviter un danger réel et imminent[32].

Les États doivent instaurer un cadre juridique et administratif précisant les conditions limitées dans lesquelles les policiers peuvent faire usage de leurs armes[33]. De même, la Cour considère que l'inertie des policiers et l'absence de surveillance policière effective enfreignent l'obligation qu'a l'État de

---

28. CEDH, Gr. Ch., 20 mai 1999, *Ogur c/ Turquie,* n° 21594/93, § 78. D'où la nécessité d'un cadre juridique et administratif : cf. *supra,* n° 106.

29. Comm. EDH, 10 juill. 1984, *Stewart c/ Royaume-Uni,* préc.

30. CEDH, Gr. Ch., 27 juin 2000, *Salman c/ Turquie,* n° 21986/93, § 99, *JCP* 2001-I-291 n° 4, obs. F. Sudre, *RTDH* 2001, p. 845, obs. E. van Nuffel. Cf. CEDH, 14 juin 2011, *Trévalec c/ Belgique,* n° 30812/07, *RSC* 2011, p. 702, obs. J.-P. Marguénaud (journaliste blessé par balle par une unité de police en opération spéciale, non informé de sa présence autorisée par le chef de la police locale : violation de l'art. 2, volet matériel). À noter que dans cette même affaire, la Cour a jugé que la réparation présentée comme intégrale ne suffit pas nécessairement à constituer une satisfaction équitable, et que la somme accordée à ce titre ne peut être réclamée par l'État dans le cadre d'un recours en remboursement : CEDH, 25 juin 2013, *Trévalec c/ Belgique,* n° 30812/07, *D.* 2013. 2139, obs. L. Sadoun-Jarin et note O. Sabard, Pt de vue 2106 P.-Y. Gautier, *RSC* 2014. 139, obs. A. Giudicelli, et les réf., *RTD Civ.* 2013. 807, obs. J.-P. Marguénaud.

31. CEDH, 9 oct. 1997, *Andronicou et Constantinou c/ Chypre,* n° 25052/94, *JCP* 1998-I-107, n° 5, obs. F. Sudre, *RSC* 1998. 379, obs. R. Koering-Joulin, *D.* 1998, Somm. 205, obs. J.-F. Renucci, *RTDH* 1999. 541, obs. A. Reiter-Kormaz.

32. Sur l'admission de cette légitime défense réflexe (habituellement non admise dans les législations nationales), v° CEDH, 25 août 2009, *Giuliani et Gaggio c/ Italie,* n° 23458/02, § 225, *Dr. pénal* 2010, n° 4, chron. n° 3, obs. E. Dreyer. Comp. avec l'arrêt de Gr. Ch. rendu dans cette même affaire le 24 mars 2011, §§ 157 s., *Dr. Pénal* 2012, n° 4, chron. 3, obs. E. Dreyer, *JDI* 2012, chron. 6, obs. A. Decaux, P. Tavernier, M. Boumghar et autres.

33. CEDH, 4 nov. 2008, *Evrim Öktem c/ Turquie,* n° 9207/03, § 45, *Dr. pénal* 2009. 16, obs. E. Dreyer ; 21 oct. 2008, *Nehyet Günay et autres c/ Turquie,* n° 51210/99, § 61 ; 22 févr. 2011, *Soare et autres c/ Roumanie,* n° 24329/02, § 128, *Dr. Pénal* 2012, n° 4, chron. 3, com. 2, obs. E. Dreyer. Cf. *infra,* n° 109. La Cour a ainsi demandé à un État de réglementer l'utilisation de grenades lacrymogènes suite au décès du requérant par un tir des forces de l'ordre lors d'une manifestation illicite : CEDH, 22 juill. 2014, *Ataykaya c/ Turquie,* n° 50275/08, § 57.

protéger la vie des personnes gardées à vue[34]. De plus, la Cour n'a pas hésité à condamner un État qui n'a pas veillé à une surveillance attentive de ses agents autorisés à porter des armes à feu, en l'espèce un policier[35]. Enfin, toute technique d'immobilisation d'un individu doit faire l'objet d'un encadrement très précis afin de protéger le droit à la vie de façon effective[36].

CEDH, 9 oct. 2007,* Saoud c/ France, *nº 9375/02 :
En fait : *Un jeune homme présentant de graves troubles du comportement exerçait des violences sur des membres de sa famille. Les policiers arrivent finalement à le maîtriser, non sans difficultés en raison de son état d'excitation, en le maintenant au sol après l'avoir menotté. Victime d'un arrêt cardio-respiratoire, ce dernier décède quelques instants plus tard.*
En droit : *(violation de l'art. 2) « La Cour déplore qu'aucune directive précise n'ait été prise par les autorités françaises à l'égard de ce type de technique d'immobilisation et que, malgré la présence sur place de professionnels formés aux secours, aucun soin n'ait été prodigué à Mohamed Saoud avant son arrêt cardiaque. Dès lors, il y a eu, en l'espèce, manquement à l'obligation positive incombant aux autorités de protéger la vie de Mohamed Saoud » (§§ 103 et 104).*

Il est à noter que le refus des autorités d'engager des poursuites ne constitue pas forcément une violation de l'article 2 de la Convention, dès lors que ces autorités n'ont pas manqué à leur obligation découlant de ce même article de mener une enquête effective propre à conduire à l'identification et éventuellement à la condamnation des responsables. La règle a été rappelée par la Grande chambre dans l'affaire *Armani Da Silva*, ce ressortissant brésilien abattu par erreur pendant une opération de police suite aux attentats à la bombe dans le métro londonien[37].

CEDH, Gr. Ch., 27 sept. 1995,* McCann et autres c/ Royaume-Uni, *nº 18984/91 :
En fait : *Informées de la préparation d'un attentat de l'IRA, les autorités ont pris des dispositions, prévoyant notamment le déroulement de l'opération et les circonstances dans lesquelles les membres du SAS pouvaient recourir à la force meurtrière. Ladite opération ayant entraîné mort d'homme, les requérants font état d'une violation de l'art. 2.*

34. Aff. *Taïs*, préc., § 103. Pour le manquement de soins, cf. : CEDH, 21 déc. 2011, *Jasinskis c/ Lettonie*, nº 45744/08. Cf. plus généralement le manquement des autorités à protéger la vie d'un jeune homme arrêté (CEDH, 20 juin 2013, *Turluyeva c/ Russie*, nº 63638/09) ou à protéger celle d'une avocate tuée par un déséquilibré (CEDH, 18 sept. 2014, *Bljakaj et autres c/ Croatie*, nº 74448/12, *Dalloz Actu.* 23 sept. 2014, obs. A. Portmann). Comp. CEDH, 2 mars 2017, *Talpis c/Italie*, nº 41237/14 : violences conjugales et inertie des autorités (violation de l'art. 3, mais aussi de l'art. 2), *JCP* 2017. 317, obs. F. Sudre.

35. CEDH, 1er déc. 2016, *Gerasimenko et a. c/Russie*, nº 5821/10 et nº 65553/12.

36. CEDH, 9 oct. 2007, *Saoud c/ France*, nº 9375/02, §§ 103 et s., *JCP* 2008-II-10012, note J.-B. Thierry, *JCP* 2008-1-110, nº 2, obs. F. Sudre, *RTD Civ.* 2008. 140, obs. J.-P. Marguénaud, *Dr. pénal* 2008. 32, obs. E. Dreyer. Vº aussi CEDH, 5 juill. 2007, *Celniku c/ Grèce*, nº 21449/04, § 46.

37. CEDH, Gr. Ch., 30 mars 2016, *Armani Da Silva c/Royaume-Uni*, nº 5878/08, *Dalloz Actu.* 22 avr. 2016, obs. N. Devoueze, *JCP* 2016. 834, nº 2, obs. F. Sudre. Sur l'obligation de mener une enquête, cf. *infra*, nº 112.

En droit : *(violation de l'art. 2) « eu égard à la décision de ne pas empêcher les suspects d'entrer à Gibraltar, à la prise en compte insuffisante par les autorités d'une possibilité d'erreur dans leurs appréciations en matière de renseignements, au moins sur certains aspects, et au recours automatique à la force meurtrière lorsque les militaires ont ouvert le feu, la Cour n'est pas convaincue que la mort des trois terroristes ait résulté d'un recours à la force rendu absolument nécessaire pour assurer la défense d'autrui contre la violence illégale, au sens de l'article 2 par. 2 a) de la Convention. » (§ 213).*

B. L'enfant à naître

108. Le début du droit à la vie. – Comme il n'existe aucune définition scientifiquement incontestable du début du droit à la vie, la difficulté est quasiment insurmontable : si d'aucuns estiment que la vie commence le jour de la naissance, d'autres sont tout aussi convaincus qu'elle commence le jour de la conception. Ces deux points de vue étant inconciliables et se fondant sur une approche philosophique et/ou religieuse de la vie, la question est insoluble. Il n'est donc guère surprenant, dans ces conditions, que la Convention européenne des droits de l'homme, tout comme les différents textes internationaux, soit silencieuse sur ce point et que les juges européens soient extrêmement prudents. Dès lors, le champ d'application du droit garanti par l'article 2 de la Convention suscitera toujours de vives controverses.

109. Le silence des textes. – À l'image des différents textes internationaux de protection des droits de l'homme, la Convention européenne des droits de l'homme est muette sur ce point pourtant très important. Par conséquent, s'agissant du droit à la vie de l'article 2, nous ne savons pas s'il convient de se référer à la naissance ou à la conception. Cela est certainement regrettable car, au-delà de la question théorique dont l'intérêt est réel, il y a des enjeux très sensibles en raison des éventuelles conséquences liées aux manipulations génétiques, aux expérimentations sur l'embryon humain ou encore aux procréations médicalement assistées.

Une Recommandation européenne incite à la reconnaissance du droit à la vie dès la conception[38], et sans doute la solution proposée est-elle assez sage compte tenu des risques actuellement connus et de ceux que nous découvrirons au fur et à mesure des progrès scientifiques à venir. La question est cependant d'une très grande complexité et les débats souvent passionnels, d'autant plus que d'aucuns pourraient être tentés de revenir sur l'interruption volontaire de grossesse.

110. La prudence des juges européens. – La Cour n'est pas très précise sur la question du commencement du droit à la vie. Après avoir « botté en touche » en déplaçant le débat sur un autre terrain, notamment

38. Recom. n° 874-1979 des 3 et 4 oct. 1979.

sur celui de la liberté d'expression[39], la Cour a finalement jugé que le point de départ du droit à la vie relève de la marge d'appréciation des États contractants[40]. C'est dire qu'en l'état actuel de la jurisprudence européenne, l'enfant à naître n'est pas une « personne » directement bénéficiaire de l'article 2 de la Convention et son « droit » à la vie, s'il existe, se trouve implicitement limité par les droits et intérêts de sa mère[41]. Aujourd'hui, la Cour estime qu'il n'est ni souhaitable, ni même possible, de répondre dans l'abstrait à la question de savoir si l'enfant à naître est une « personne » au sens de l'article 2 de la Convention[42]. Cette non-réponse est assurément fâcheuse et ne semble guère à la hauteur des enjeux.

CEDH, Gr. Ch., 8 juill. 2004,* Vo c/ France, *nº 53924/00 :

En fait : *La requérante s'est présentée à l'Hôtel-Dieu de Lyon pour la visite médicale du 6e mois de grossesse, en même temps qu'une autre patiente qui devait se faire retirer un stérilet. À la suite d'une confusion résultant de l'homonymie entre les deux patientes, le médecin a procédé à un examen, provoquant une rupture de la poche des eaux et rendant nécessaire un avortement thérapeutique.*

En droit : *(non-violation de l'art. 2) « La Cour est convaincue qu'il n'est ni souhaitable ni même possible actuellement de répondre dans l'abstrait à la question de savoir si l'enfant à naître est une "personne" au sens de l'article 2 de la Convention. Quant au cas d'espèce, elle considère qu'il n'est pas nécessaire d'examiner le point de savoir si la fin brutale de la grossesse de Mme Vo entre ou non dans le champ d'application de l'article 2, dans la mesure où, à supposer même que celui-ci s'appliquerait, les exigences liées à la préservation de la vie dans le domaine de la santé publique n'ont pas été méconnues par l'État défendeur. La Cour s'est en effet demandé si la protection juridique offerte par la France à la requérante, par rapport à la perte de l'enfant à naître qu'elle portait, satisfaisait aux exigences procédurales inhérentes à l'article 2 de la Convention ». « À cet égard, elle observe qu'en l'absence de statut juridique clair de l'enfant à naître, celui-ci n'est pas pour autant privé de toute protection en droit français. Toutefois, dans les circonstances de l'espèce, la vie du fœtus était intimement liée à celle de sa mère et sa protection pouvait se faire au travers d'elle. Il en allait particulièrement ainsi dès lors qu'aucun conflit de droit n'existait entre la mère et le père, pas plus qu'entre l'enfant à naître et ses parents, mais que la perte du fœtus résultait de la négligence involontaire d'un tiers » (§§ 85 et 86).*

39. CEDH, 29 oct. 1992, *Open Door et autres c/ Irlande*, nº 14234/88..., § 66, *AFDI* 1992. 629, obs. V. Coussirat-Coustère, *JDI* 1993. 751, obs. E. Decaux et P. Tavernier, *RUDH* 1993. 1, obs. F. Sudre.

40. CEDH, Gr. Ch., 8 juill. 2004, *Vo c/ France*, nº 53924/00, § 82, *D.* 2004, Somm., p. 2535, obs. I. Berro-Lefèvre, *D.* 2004. 2456, note J. Pradel, *JCP* 2004-II-10158, note M. Levinet, *Dr. Famille*, 2004, com. nº 194, obs. P. Murat, *RSC* 2005. 135, obs. Fl. Massias, *RTD Civ.* 2004. 799, obs. J.-P. Marguénaud, et 714, obs. J. Hauser.

41. Aff. *Vo*, préc., § 80. Vº aussi : CEDH, Gr. Ch., 10 avr. 2007, *Evans c/ Royaume-Uni*, nº 6339/05, § 56, *D.* 2007. 1202, obs. C. Delaporte-Carre, *RTD Civ.* 2007. 295, obs. J.-P. Marguénaud et 545, obs. J. Hauser. Cf. aussi : CEDH, 16 déc. 2010, *A., B. et C. c/Irlande*, nº 25579/05, § 237 ; 11 oct. 2016, *Sayan c/Turquie*, §§ 123 à 125, nº 81277/12, *Dr. Famille* 2016, al. 97 par J. Couard.

42. *Ibid.*, § 85.

La question de l'interruption volontaire de la grossesse se pose aussi même si elle n'est pas centrale. L'ancienne commission a estimé que l'avortement est compatible avec l'article 2 de la Convention, au nom de la protection de la vie et de la santé de la mère[43] et la Cour n'a jamais remis en cause cette orientation. Il n'est pas possible de penser que la Cour reconnaît un « droit à l'avortement » par une lecture extensive de l'article 2 : l'arrêt *Tysiac*[44] ne saurait être interprété aussi largement, d'autant plus que les juges eux-mêmes ont bien précisé dans l'arrêt qu'ils n'avaient pas, en l'espèce, à rechercher si la Convention garantit un droit à l'avortement[45]. De plus, dans son opinion concordante, le juge Bonello l'a clairement indiqué. En revanche, si l'État permet le recours à l'interruption volontaire de grossesse, il doit en garantir l'accès[46].

§2. Une obligation procédurale *a posteriori*

111. La négligence des autorités publiques. – En cas de négligence des autorités de l'État, l'instauration d'un « système judiciaire efficace » s'impose afin d'établir les responsabilités et, éventuellement, engager des poursuites pénales[47]. La Cour européenne des droits de l'homme a cependant précisé que si l'atteinte au droit à la vie ou à l'intégrité physique n'était pas intentionnelle, l'obligation positive de mettre en place un système judiciaire efficace n'exige pas nécessairement, dans tous les cas, des poursuites pénales : pareille obligation peut être parfaitement remplie si des voies de droit civiles, administratives ou même judiciaires étaient ouvertes aux intéressés[48]. Il n'en reste pas moins vrai que, dès lors qu'il y a mort d'homme, une enquête s'impose, sous peine d'un constat de violation de l'article 2 dans son volet procédural[49].

CEDH, 10 janv. 2017,* Ionita c/Roumanie, *nº 81270/12 :
En fait : *Le fils des requérants est décédé à la suite d'une intervention chirurgicale. Ces derniers estimaient que les autorités n'avaient pas mené d'enquête effective sur les faits alors pourtant qu'ils avaient allégué à plusieurs reprises qu'une négligence du personnel médical en était la cause.*

43. Comm. EDH, 13 mai 1980, *X c/ Royaume-Uni*, DR 19/244.

44. CEDH, 20 mars 2007, *Tysiac c/ Pologne*, nº 5410/03, *D.* 2007. 2648, note P. Hennion-Jacquet, *JCP* 2007-I-182 nº 6, obs. F. Sudre, *JCP* 2007-II-10071, note B. Mathieu, *RTDH* 2007. 855, obs. J.-M. Barralde.

45. Aff. *Tysiac*, préc., § 104. D'ailleurs, la question est envisagée sous l'angle de l'art. 8.

46. CEDH, Gr. Ch., 16 déc. 2010, *A., B. et C. c/ Irlande*, nº 25579/05, *D.* 2011. 1360, note S. Hennette-Vauchez, *RDSS* 2011. 293, note D. Roman, *Constitutions* 2011. 213, obs. E. Dubout, *RTD Civ.* 2011. 303, obs. J.-P. Marguénaud, *D.* 2012. 316, obs. J.-Ch. Galloux et H. Gaumont-Prat, *JCP* 2011 act. 58, obs. M. Levinet, *JCP* 2011, 94, p. 185 nº 11, obs. F. Sudre, *JDI* 2011, nº 4, chron. 12, com. 21, obs. E. Birden, *Dr. Famille* 2011, nº 3, com. 36, obs. S. Paricard, *JDI* 2011, chron. 12, obs. A. Decaux, P. Tavernier, M. Boumghar et autres. Cf. aussi : CEDH, 30 oct. 2012, *P. et S. c/ Pologne*, nº 57375/08.

47. CEDH, 15 déc. 2009, *Kalender c/ Turquie*, nº 4314/02, § 52.

48. CEDH, Gr. Ch., 30 nov. 2004, *Öneryildiz c/ Turquie*, préc., § 92.

49. CEDH, 10 janv. 2017, *Ionita c/Roumanie*, nº 81270/12. Cf. aussi : CEDH, Gr. Ch., 14 avr. 2015, *Mustafa Tunc et Fecire Tunc c/Turquie*, nº 24014/05, *RPDP* 2015, p. 381, obs. C.-L. Popescu, *JCP* 2015. 538, obs. F. Sudre, *Dr. Pénal* 2016, nº 4, chron. 4, nº 1, obs. E. Dreyer, *JDI* 2016, nº 4, chron. 8, nº 12, obs. E. Decaux.

En droit : *(violation de l'art. 2). Pour la Cour, le décès n'avait pas fait l'objet d'une enquête adéquate, pour diverses raisons : les autorités médicales n'avaient produit aucune expertise complémentaire sur le décès, alors que cette mesure s'imposait ; les autorités n'avaient jamais établi si l'infirmière responsable s'était dûment acquittée de ses fonctions, alors que cette question était éminemment importante s'agissant de la cause du décès alléguée ; les juridictions internes avaient également conclu à l'absence de négligence médicale de la part des médecins, alors que les instances disciplinaires avaient conclu qu'ils n'avaient pas recueilli le consentement avisé des requérants à la procédure, et que ce consentement était obligatoire en droit roumain ; la durée de la procédure était indûment excessive, six ans et six mois s'étant écoulés entre le décès du fils des requérants et la décision définitive en l'espèce.*

112. La violence des autorités publiques et la nécessité d'une enquête. – Tout recours à la force meurtrière par les agents de l'État doit donner lieu à une enquête. Cette enquête doit pouvoir clarifier la situation et permettre d'identifier les éventuels responsables[50]. La nécessité d'une telle enquête découle de l'obligation de protéger la vie consacrée par l'article 2, combinée avec le devoir général pour les États de reconnaître à toute personne relevant de leur juridiction les droits et libertés définis dans la Convention (art. 1er)[51]. À noter que cette enquête s'impose en toutes hypothèses, aussi bien en cas d'abstention de l'État dans le cadre de ses obligations positives[52] que dans le cadre de son obligation négative.

Les critères de cette enquête ont été précisés. Elle doit être efficace, complète et impartiale. Les enquêteurs doivent être indépendants par rapport aux agents de l'État impliqués dans les événements[53] et toute enquête doit permettre de déterminer si la force employée était ou non justifiée[54]. En outre, l'enquête doit être rapide[55] et son contrôle public doit être satisfaisant[56]. La

50. CEDH, 27 sept. 1995, *McCann c/ Royaume-Uni*, préc. Cf. aussi CEDH, Gr. Ch., 10 mai 2001, *Chypre c/ Turquie*, préc., § 131 ; 27 févr. 2001, *Cicek c/ Turqie*, n° 25704/94, § 148 ; 4 mai 2001 (4 arrêts), *High Jordan c/ Royaume-Uni*, n° 24746/94, *JDI*, 2002. 253, obs. E. Decaux ; 26 févr. 2004, *Natchova et autres c/ Bulgarie*, n° 43577/98 et n° 43579/98, §§ 21 et s. ; 30 nov. 2004, *A. K. et V. K. c/ Turquie*, n° 38418/97, §§ 30 et s. ; 24 mars 2005, *Akkum et autres c/ Turquie*, préc. ; 12 oct. 2006, *Estamirov et autres c/ Fédération de Russie*, n° 60272/00. Cf. aussi : CEDH, 27 mars 2012, *Iderbiyeva c/ Russie*, n° 56765/08 ; 17 janv. 2013, *Mosendz c/ Ukraine*, n° 52013/08.

51. CEDH, 27 juill.2004, *Slimani c/ France*, n° 57671/00, § 29, *JCP* 2005-I-103 n° 2, obs. F. Sudre.

52. C'est notamment le cas en cas de suicide d'un détenu, la Cour exige que toute la lumière soit faite sur les circonstances du décès : aff. *Troubnikov*, préc., § 95.

53. CEDH, 27 juill. 1998, *Gülec c/ Turquie*, n° 21593/93 ; 28 juill. 1998, *Ergi c/ Turquie*, n° 23818/94 ; 28 mai 2002, *McShane c/ Royaume-Uni*, n° 43290/98 ; CEDH, 27 juill. 2004, *Slimani c/ France*, préc., § 32 ; 1er avr. 2004, *Rivas c/ France*, n° 59584/00, § 38 ; Gr. Ch., 15 mai 2007, *Ramsahai c/ Pays-Bas*, n° 52391/99, § 333 et s., *Dr. pénal* 2008, p. 32, obs. E. Dreyer ; 11 sept. 2007, *Teren Aksakal c/ Turquie*, n° 51967/99, § 88.

54. CEDH, 10 juill. 2001, *Avsar c/ Turquie*, n° 25657/94 ; 14 déc. 2000, *Gül c/ Turquie*, n° 22676/93. *Adde* aff. *McShane*, préc. ; 14 déc. 2000, *Gül c/ Turquie*, n° 22676/93.

55. CEDH, 28 mars 2000, *Kilic c/ Turquie*, n° 22492/93. Cf. aussi CEDH, 8 juill. 1999, *Cakici c/ Turquie*, n° 23657/94, *JDI*, 2000, p. 117, obs. Delaplace ; 9 mai 2000, *Ertak c/ Turquie*, n° 20764/92 ; 4 mai 2001, *Jordan c/ Royaume-Uni, JDI*, 2001, p. 253, obs. Delaplace ; 28 mars 2000, *Mahmut Kaya c/ Turquie*, n° 22535/93, §§ 108 et 109 ; 24 févr. 2005, *Khachiev et autres c/ Russie*, n° 57942/00 et 57945/00.

56. Aff. *Slimani*, préc. *Adde* CEDH, 12 févr. 2013, *Popa c/ Moldova*, n° 17008/07 (lacunes dans l'enquête).

jurisprudence a précisé que les proches de la victime doivent avoir la possibilité de participer au processus d'investigation afin de pouvoir protéger efficacement leurs intérêts légitimes[57] : dans le cas contraire, l'enquête ne peut être qualifiée d'effective[58]. Par ailleurs, les autorités de l'État doivent agir d'office dès que l'affaire est portée à leur attention : elles ne sauraient laisser aux proches de la victime l'initiative de déposer une plainte formelle ou d'assumer la responsabilité d'une procédure d'enquête. Enfin, les critères de la compétence temporelle de la Cour ont été fixés : il a été jugé que le volet procédural de l'article 2 est détachable de l'acte matériel[59].

La consécration de cette obligation procédurale par les juges de la Cour européenne, laquelle concerne d'autres droits substantiels[60], apparaît comme l'une des principales constructions jurisprudentielles du système européen de protection. Sa force est d'autant plus grande que le fait de ne pas mener une telle enquête constitue, en soi, une violation de l'article 2[61]. La Cour n'a d'ailleurs pas hésité à consacrer une présomption de causalité, comme en matière de mauvais traitements[62] : le décès d'une personne arrêtée ou détenue est une violation de l'article 2 de la Convention dès lors que l'État n'est pas en mesure de fournir une explication plausible[63]. L'effectivité de l'enquête est assurément au centre des préoccupations des juges européens[64], lesquels n'hésitent pas à en étendre le champ d'application dans des situations de simples risques virtuels comme pour les disparitions[65].

57. CEDH, 4 mai 2001, *Shanagan c/ Royaume-Uni*, n° 37715/97 ; 4 mai 2001, *Kelly et autres c/ Royaume-Uni*, n° 30054/96.

58. CEDH, 4 mai 2001, *McKerr c/ Royaume-Uni*, n° 28883/95, § 111 ; 27 juill. 2004, *Slimani c/ France*, préc., § 29.

59. CEDH, Gr. Ch., 9 avr. 2009, *Silih c/ Slovénie*, n° 71463/01 ; 16 févr. 2010, *Lazar c/ Roumanie*, n° 32146/05.

60. V° not. l'art. 3 (mauvais traitements) ou encore l'art. 8 de la Convention (vie privée et familiale).

61. CEDH, 19 févr. 1998, *Kaya c/ Turquie*, n° 22729/93, § 92 ; 23 févr. 2006, *Ognyanova et Tchoban c/ Bulgarie*, n° 46317/99, ; 7 févr. 2006, *Scavuzzo-Hager c/ Suisse*, n° 41773/98, ; 27 avr. 2006, *Ataman c/ Turquie*, n° 46252/99, ; 27 juin 2006, *Byrzykowski c/ Pologne*, n° 11562/05, ; 27 févr. 2006, *Bazorkina c/ Russie*, n° 69481/01, ; 12 oct. 2006, *Estamirov c/ Russie*, préc. ; 9 nov. 2006, *Luluyev c/ Russie*, n° 69480/01 ; 19 déc. 2006, *Anter et autres c/ Turquie*, n° 55983/00, *Adde* CEDH, 9 mai 2006, *Pereira Henriques c/ Luxembourg*, n° 60255/00, § 63 (violation sous l'angle procédural), *JCP* (social), 2006. 38, note J. Cavallini ; 1er juin 2006, *Tais c/ France*, préc, §§ 105 et s.

62. Cf. *infra*, n° 141.

63. CEDH, Gr. Ch., 27 juin 2000, *Salman c/ Turquie*, n° 21986/93, *JCP* 2001-I-291 n° 4, obs. F. Sudre, *RTDH* 2001. 845, obs. E. Van Nuffel. *Adde* dans le même sens : CEDH, 18 mai 2000, *Velikova c/ Bulgarie*, n° 41488/98 ; 1er juin 2006, *Taïs c/ France*, n° 39922/03, §§ 87 et s. (décès dans une cellule de dégrisement), *AJ pénal*, 2006, p. 403, obs. Cl. Saas.

64. CEDH, 1er déc. 2009, *Velcea et Mazare c/ Roumanie*, n° 64301/01, § 102 (enquête tardive) ; aff. *Maiorano*, préc. (enquête incomplète) ; 3 oct. 2013, *Yuriy Illarionovich Shchokin c/ Ukraine*, n° 4299/03. À noter que le défaut d'une enquête effective par les autorités est une violation de l'art. 2 même si un policier haut gradé a finalement été condamné : CEDH, 12 juin 2014, *Jelic c/ Croatie*, n° 57856/11, *JDI* 2015, n° 4, chron. 7, n° 16, obs. P. Tavernier. Cf. aussi : CEDH, Gr. Ch., 17 sept. 2014, *Mocanu et autres c/ Roumanie*, n° 10865/09... (enquête lacunaire et déficiente). *Adde* CEDH, 14 févr. 2017, *Maslova c/Russie*, n° 15980/12.

65. CEDH, 17 janv. 2008, *Dodov c/ Bulgarie*, n° 59548/00 ; 30 juin 2011, *Girard c/ France*, n° 22590/04, *JDI* 2012, chron. 6, obs. A. Decaux, P. Tavernier, M. Boumghar et autres (disparition signalée à la police de la fille de la requérante, laquelle a été retrouvée assassinée quelques jours plus tard et où l'inertie des autorités a été considérée comme un manquement à l'obligation d'enquête).

> ***CEDH, 14 févr. 2017,* Maslova c/Russie, *n° 15980/12 :***
> En fait : *Le frère de la requérante est décédé dans un commissariat de police.*
> En droit : *(violation de l'art. 2). La Cour estime que l'enquête n'a pas été effective au sens de l'article 2 de la Convention et conclut à la violation du volet procédural de cet article.*

Section 2
L'inaction de l'État aux frontières de la protection de l'article 2

113. L'ambiguïté. – Une certaine ambiguïté persiste car, si l'inaction de l'État peut être justifiée dans la mesure où nous sommes hors du champ d'application de l'article 2, ou du moins à ses frontières, des interrogations apparaissent. La matière est délicate et parfois sensible, ce qui donne lieu à des hésitations. S'il y a quelques certitudes, des incertitudes apparaissent aussi, ce qui pourrait donner lieu à de futures évolutions du droit positif.

§1. Les incertitudes

114. Des solutions parfois contestées. – La détermination des frontières de l'article 2 de la Convention suscite, parfois, bien des controverses. Il est vrai que les avis sont la plupart du temps très partagés, mais pouvait-il en être différemment dans un domaine aussi sensible ? En particulier, l'imprudence de l'État et les disparitions forcées donnent lieu à des interrogations spécifiques.

115. L'imprudence de l'État. – Pour ce qui est de l'imprudence de l'État, la question qui pourrait se poser est de savoir si l'État a failli à son obligation positive de protéger la vie des personnes dès lors que son administration a accordé une permission de sortir à de dangereux malfaiteurs, sortie au cours de laquelle il y aurait eu mort d'homme. Saisie de la question dans une affaire italienne, la Cour a répondu par la négative car l'éventuel danger n'était pas individualisé, les mesures nationales de réinsertion étaient de nature à assurer correctement la protection des citoyens et, malgré leur passé, rien ne pouvait laisser penser que la sortie de ces détenus pouvait présenter un danger pour autrui[66] ; dans le cas contraire, il y aurait manquement au devoir de diligence de l'État qui découle de l'obligation de

66. CEDH, Gr. Ch., 24 oct. 2002, *Mastromatteo c/ Italie,* n° 37703/97, *JCP* 2003-I-109, n° 1, obs. F. Sudre. Cf. aussi CEDH, 23 nov. 1999, *Bromiley c/ Royaume-Uni,* n° 33747/96 (irrecevabilité).

protéger la vie imposée par l'article 2 de la Convention[67]. L'obligation positive de prendre préventivement des mesures d'ordre pratique pour protéger l'individu dont la vie est menacée par les agissements criminels d'autrui suppose que les autorités aient eu connaissance des dangers et n'aient pas pris les mesures de prudence qui s'imposaient[68]. L'État doit naturellement prendre des mesures préventives afin de protéger la vie des personnes contre le risque découlant d'actes de particuliers[69]. Il reste qu'un régime de libération conditionnelle, dès lors qu'il prévoit des mesures suffisantes pour assurer la protection de la société, ne peut apparaître comme une violation de l'article 2 du seul fait que le meurtre a été commis par la personne qui en a bénéficié[70].

CEDH, 17 janv. 2012,* Choreftakis et Choreftaki c/ Grèce, *n° 46846/08 :
En fait : *Un jeune homme a été poignardé dans la rue par un homme en liberté conditionnelle qui avait été condamné pour homicide volontaire (dont une condamnation à perpétuité) et dont le comportement et la personnalité traduisaient une indifférence face aux normes sociales. Invoquant l'art. 2, les parents de la victime reprochent aux autorités d'avoir contribué à créer les conditions du meurtre de leur fils.*
En droit : *(non-violation de l'art. 2) Pour la Cour, si l'État doit prendre des mesures pour protéger la vie des personnes, on ne peut en déduire une obligation positive d'empêcher toute violence potentielle. « La Cour ne peut pas ignorer le meurtre du fils des requérants après l'octroi de la liberté conditionnelle, cependant il n'y a pas de lien de causalité directe et solide entre les modalités d'application du système grec et le meurtre. Le système grec de libération conditionnelle n'a donc pas perturbé le juste équilibre qui devait exister entre l'objectif de la réinsertion sociale et le but d'empêcher la récidive. Le régime de libération conditionnelle mis en place prévoit des mesures suffisantes pour assurer la protection de la société des agissements de personnes ayant été condamnées au pénal pour des crimes violents. L'octroi de la liberté conditionnelle à Z.L. ne peut pas s'analyser en un manquement des autorités au devoir de protéger la vie du fils des requérants. Elle conclut par quatre voix contre trois qu'il n'y a pas eu violation de l'article 2 ».*

116. Les disparitions forcées. – Les disparitions forcées sont d'autant plus préoccupantes que, pour les juges européens, ces disparitions apparaissent davantage comme une atteinte au droit à la liberté et à la sûreté ou encore un mauvais traitement que comme une violation du droit à la vie : c'est regrettable, d'autant plus que cela révèle la carence

67. Pour un exemple de violation, v° : CEDH, 15 déc. 2009, *Maiorano c/ Italie*, n° 28634/06, § 121, *Dr. pénal* 2010, n° 4, chron. n° 3, obs. E. Dreyer, *RSC* 2010. 219, obs. J.-P. Marguénaud.

68. CEDH, 7 juin 2005, *Kilinc et autres c/ Turquie*, n° 40145/98, § 41, *JCP* 2005-I-159, n° 2, obs. F. Sudre ; 9 juin 2009, *Opuz c/ Turquie*, n° 33401/02, *RSC* 2010, p. 219, obs. J.-P. Marguénaud, *RDP* 2010. 862, obs. H. Surrel, *JCP* 2009-I-143 n° 2, obs. F. Sudre, *RFDA* 2010. 587, obs. H. Labayle, F. Sudre, J. Andriantsimbazovina et L. Sermet. Cf. aussi : CEDH, 30 oct. 2012, *E.M. c/ Roumanie*, n° 43994/05, *AJDA* 2013. 165, obs. L. Burgorgue-Larsen.

69. CEDH, 15 janv. 2009, *Branko Tomasic et autres c/ Croatie*, n° 46598/06.

70. CEDH, 17 janv. 2012, *Choreftakis et Choreftaki c/ Grèce*, n° 46846/88, *AJ Pénal* 2021. 174, obs. F. Sudre, *AJ Pénal* 2012. 174, obs. J.-P. Céré, *RSC* 2012. 681, obs. J.-P. Marguénaud. Sur les restrictions apportées dans le cadre d'une libération conditionnelle, cf. *infra*, n° 181.

de l'État qui doit prendre des mesures positives de protection. Malgré un arrêt semblant vouloir opérer un très timide revirement puisqu'il a condamné un État pour violation de la Convention[71], la Cour a du mal à reconnaître que les disparitions forcées sont, *per se*, une violation de l'article 2. Elle l'a fait cependant dans une affaire où l'on était sans nouvelles des intéressés depuis de nombreuses années, ces derniers ayant fait l'objet d'une détention qui permettait de penser que leur vie était en danger[72].

> ***CEDH, 9 janv. 2014,* Pitsayeva et autres c/ Russie, *n° 53036/08 :***
> En fait : *L'affaire concernait la disparition de 36 hommes entre 2000 et 2006, après qu'ils eurent été enlevés en Tchétchénie par des groupes d'hommes armés dans des conditions similaires à celles d'une opération de sécurité. D'après les requérants, les auteurs des enlèvements étaient des militaires des forces fédérales russes, considérant qu'ils portaient des tenues de camouflage et parlaient russe sans accent. Les requérants sont tous sans nouvelles des intéressés depuis lors.*
> En droit : *(violation de l'art. 2) Eu égard au constat que les 36 proches des requérants devaient être présumés décédés à la suite de leur détention non reconnue par des militaires et étant donné que le gouvernement russe n'avait fourni aucune explication quant à cette situation, la Cour a estimé que les décès des proches des requérants devaient être imputés à l'État.*

Il reste que si la disparition forcée est plutôt une violation de l'article 5, elle peut aussi caractériser une violation de l'article 2, en particulier en cas d'absence d'enquête de la part des autorités[73]. Quoi qu'il en soit, la jurisprudence européenne fait preuve d'une attention particulière puisqu'elle a consacré une obligation de coopération de l'État, en particulier dans les situations de disparitions forcées, le défaut de coopération de l'État défendeur constituant un manquement distinct à la Convention[74].

§2. Les certitudes

117. La non-violation de l'article 2. – Dans certaines circonstances et malgré des controverses parfois vives qui ont pu naître, les juges européens ont estimé que des situations ne pouvaient donner lieu à un constat de violation du droit à la vie. Malgré le fait que cela pouvait donner lieu à des situations particulièrement préoccupantes, voire dramatiques, la position de la Cour est très ferme, qu'il s'agisse du droit à une vie décente ou du délicat problème de la fin de vie.

---

71. CEDH, 8 juill. 1999, *Cakici c/ Turquie*, n° 23657/94, § 87, *JDI* 2000. 117, obs. Delaplace ; 9 mai 2000, *Ertak c/ Turquie*, n° 20764/92, §§ 131 et s.

72. CEDH, 9 janv. 2014, *Pitsayeva et autres c/ Russie*, n° 53036/08, § 470 : violation de l'art. 2 dans son volet matériel. Cf. aussi : CEDH, 24 juill. 2014, *Al Nashiri c/ Pologne*, n° 28761/11, *RFDA* 2015. 512, obs. H. Labayle et F. Sudre, *JDI* 2015, n° 4, chron. 7, n° 4, obs. E. Decaux.

73. V° CEDH, Gr. Ch., 10 mai 2001, *Chypre c/ Turquie*, n° 25781/94, § 136 ; 21 févr. 2006, *Aydin Eren c/ Turquie*, n° 57778/00 ; 17 oct. 2006, *Bazorkina c/ Russie*, n° 69481/01.

74. CEDH, 13 juin 2000, *Timurtas c/ Turquie*, n° 23531/94, §§ 66 et 72. Cf. aussi : aff. *Pitsayeva et autres*, préc., § 471.

A. Le droit à une vie décente

118. Le droit à un certain niveau de vie. – Il est certain que le droit à la vie, au sens de l'article 2 de la Convention, ne peut être que strictement entendu. C'est la raison pour laquelle il ne peut être confondu avec le droit à un certain niveau de vie, lequel est un droit économique et social non garanti par la Convention.

D'une manière générale, et nonobstant le caractère dramatique des situations individuelles, l'extrême pauvreté n'est pas, en soi, une violation des droits de l'homme au sens de la Convention. La question n'a pas été posée directement aux instances européennes, mais elle l'a été sur le terrain de l'article 3 et de l'interdiction des mauvais traitements : l'ancienne Commission européenne des droits de l'homme a en effet refusé d'étendre le champ d'application des traitements inhumains et dégradants à des situations d'extrême pauvreté, celles-ci n'atteignant pas le seuil de gravité nécessaire pour que l'article 3 trouve à s'appliquer[75]. *A fortiori,* cette solution s'impose sur le terrain de l'article 2 mais il est certain qu'une telle approche ne saurait faire l'unanimité.

119. Les stérilisations thérapeutiques. – La question de l'applicabilité de l'article 2 de la Convention a été abordée mais non tranchée à propos des stérilisations thérapeutiques[76]. L'idée a pu être avancée qu'une telle stérilisation pouvait, dans certains cas, être contraire à l'article 2[77]. Mais en vérité, il ne semble guère possible de valider une telle approche tant il est vrai qu'elle consacre une confusion entre le droit à la vie et le droit de donner la vie[78].

B. La fin de vie

120. L'affaire *Pretty*. – Cette affaire a été l'occasion, pour les juges européens, de prendre position sur une question aussi ancienne que délicate. Pour la Cour, il n'est pas possible de déduire de l'article 2 un droit à mourir, que ce soit de la main d'un tiers ou avec l'assistance d'une autorité publique[79]. L'article 2 consacrant le droit à la vie ne saurait, sans distorsion de langage, être interprété comme conférant le droit opposé, à savoir le droit de mourir.

75. Comm. EDH, 9 mai 1990, *Van Volsem c/ Belgique, RUDH* 1990. 384, obs. F. Sudre ; 10 oct. 1994, *FN c/ France,* n° 18725/91.

76. Cf. Comm. EDH, 4 oct. 1962, n° 1287/61. En revanche, l'applicabilité de l'art. 3 ne fait aucun doute, la stérilisation forcée à l'encontre de femmes roms ayant été considérée comme un traitement inhumain et dégradant : CEDH, 8 nov. 2011, *V.C. c/ Slovaquie,* n° 18968/07 ; 12 juin 2012, *N.B. c/ Slovaquie,* n° 29518/10, *D.* 2013, p. 666, obs. J.-C. Galloux, *D.* 2013, p. 1246, obs. M. Möschel ; sur ce point cf. Étude K. Garcia, *in Dr. Famille* 2012, n° 2 et 4. *Adde* CEDH, 13 nov. 2012, *I.G. c/ Slovaquie,* n° 15966/04.

77. G. Guillaume, *Article 2, in* L.-E. Pettiti, E. Decaux et P.-H. Imbert (dir.), *La Convention européenne des droits de l'homme, op. cit.,* p. 148.

78. En ce sens : P. Van Dijk et G. Van Hoof, *Theory and practice of the European convention on human rights,* Deventer, Kluwer 1990, p. 220, note 37.

79. CEDH, 29 avr. 2002, *Pretty c/ Royaume-Uni,* n° 2346/02, *JDI,* 2003. 535, obs. E. Decaux et P. Tavernier, *Gaz. Pal.,* 14-15 août 2002, p. 1, note A. Garay, *JCP* 2003-II-10062, note C. Girault, *Gaz. Pal.,* 4-5 oct. 2002, p. 55, note Ch. Pettiti, *RSC* 2002. 645, obs. Fl. Massias.

Le droit à la vie n'implique donc pas le droit de mourir. Moralement, la position est difficilement contestable, d'autant plus que traditionnellement toute interprétation extensive des droits garantis par la Convention ne se justifie que par une protection accrue des droits fondamentaux : l'admission d'un droit à la mort, découlant du droit à la vie de l'article 2, apparaîtrait comme un amenuisement de cette garantie.

Mais s'agit-il vraiment d'un droit à la mort dont il est question dans le présent débat ? Rien n'est moins certain dans la mesure où le principe même du droit à la vie n'a guère été mis en cause dans les législations européennes qui reconnaissent l'euthanasie. En réalité, la question centrale est peut-être celle de la dépénalisation de l'euthanasie : mais sans doute faut-il aussi se garder de trop jouer avec les mots, surtout dans un tel domaine, d'autant plus qu'il sera en toute hypothèse très difficile de faire admettre qu'un État qui ne dépénaliserait pas de tels comportements violerait l'article 2 de la Convention. Quoi qu'il en soit, la position de la Cour est très claire : le droit à la vie garanti par l'article 2 ne peut s'interpréter comme comportant un aspect négatif. Il ne saurait davantage créer un droit à l'autodétermination en ce sens qu'il donnerait à tout individu le droit de choisir la mort plutôt que la vie. En conséquence, l'arrêt *Pretty* indique nettement qu'on ne peut déduire de l'article 2 un droit à mourir, que ce soit de la main d'un tiers ou avec l'assistance de l'autorité publique.

CEDH, 29 avr. 2002,* Pretty c/ Royaume-Uni, *n° 2346/02 :

En fait : *La requérante souffre d'une sclérose latérale amyotrophique, maladie neurodégénérative incurable entraînant une paralysie des muscles. L'état d'avancement de la maladie est tel, qu'il ne lui reste que très peu de temps à vivre et comme la phase terminale de la maladie entraîne souffrances et perte de dignité, elle souhaite pouvoir choisir le moment de sa mort afin de ne pas avoir à endurer ces épreuves. La requérante ne pouvant se donner elle-même la mort en raison de sa maladie, elle souhaite obtenir l'assistance de son mari mais, invité par elle à prendre l'engagement que ce dernier ne sera pas poursuivi, le Director of Public Prosecutions refusa d'accueillir sa demande. Estimant que le droit de mourir, corollaire du droit à la vie, est également garanti par l'art. 2, elle invoque une violation de cet article.*

En droit : *(non-violation de l'art. 2) Pour la Cour, il n'est pas possible de déduire de l'article 2 de la Convention un droit à mourir, que ce soit de la main d'un tiers ou avec l'assistance de l'autorité publique. Elle se sent confortée dans son avis par la récente Recommandation 1418 (1999) de l'Assemblée parlementaire du Conseil de l'Europe.*

Il reste qu'en ce qui concerne le droit de mourir dignement, le débat n'est sans doute pas définitivement clos. C'est ainsi que tout en refusant de constater la méconnaissance d'un supposé droit de mourir dans la dignité, la Cour a tout de même considéré que le refus de se prononcer sur ce point constitue une violation de l'article 8 de la Convention[80].

80. CEDH, 19 juill. 2012, *Koch c/ Allemagne*, n° 497/09, *Dalloz Actu.* 4 sept. 2012, obs. O. Bachelet, *JCP* 2013, 64, n° 12, obs. F. Sudre, *JCP* 2012, 915. 1516, obs. M. Afroukh, *RTD Civ.* 2012. 700, obs. J.-P. Marguénaud.

121. L'affaire *Lambert*. – La Cour a été saisie à propos de la décision du Conseil d'État autorisant l'arrêt de l'alimentation et de l'hydratation artificielles de V. Lambert. Ce dernier, victime d'un accident de la route en 2008 qui a provoqué des lésions cérébrales irréversibles, est hospitalisé dans une unité de soins palliatifs.

Les juges européens constatent qu'il n'existe pas de consensus en Europe pour permettre l'arrêt d'un traitement maintenant artificiellement la vie, de sorte qu'il convient d'accorder une marge d'appréciation aux États, mais tout en exigeant un cadre législatif suffisamment clair pour encadrer de façon précise la décision du médecin. Ils rappellent que c'est en premier lieu aux autorités nationales qu'il appartient de vérifier la conformité d'une telle décision au droit interne et à la Convention, le rôle de la Cour se limitant à examiner si l'État a respecté ses obligations positives. En l'espèce, la réponse est affirmative car le cadre législatif prévu par le droit interne est suffisamment clair, le processus décisionnel a été mené d'une façon méticuleuse et enfin, les requérants ont bénéficié de recours juridictionnels permettant un examen approfondi de la situation où tous les points de vue ont pu s'exprimer et où tous les aspects ont pu être mûrement pesés. Il n'y aurait donc pas violation de l'article 2 en cas de mise en œuvre de la décision du Conseil d'État[81].

CEDH, Gr. Ch., 5 juin 2015,* Lambert et autres c/ France, *n° 46043/14 :
En fait : *Victime d'un accident de la route qui a provoqué des lésions cérébrales irréversibles, V. Lambert est hospitalisé dans une unité de soins palliatifs où il est nourri et hydraté artificiellement. Le Conseil d'État a autorisé l'arrêt de l'alimentation et de l'hydratation artificielles.*
En droit : *La Cour a considéré conformes aux exigences de cet article le cadre législatif prévu par le droit interne, tel qu'interprété par le Conseil d'État, ainsi que le processus décisionnel, mené en l'espèce d'une façon méticuleuse. La Cour est arrivée à la conclusion que la présente affaire avait fait l'objet d'un examen approfondi où tous les points de vue avaient pu s'exprimer et tous les aspects avaient été mûrement pesés, au vu tant d'une expertise médicale détaillée que d'observations générales des plus hautes instances médicales et éthiques. Les autorités internes se sont conformées à leurs obligations positives découlant de l'art. 2, compte tenu de la marge d'appréciation dont elles disposaient en l'espèce. Il s'ensuit qu'il n'y aurait pas violation de l'art. 2 en cas de mise en œuvre de la décision du Conseil d'État.*

Il ne faut pas pour autant donner à l'arrêt *Lambert* une portée qu'il n'a pas : la Cour ne se prononce pas sur le fond du débat et ne donne aucune indication sur la manière dont il faudrait légiférer dans les différents pays européens, ce qui est légitime puisque cela relève des législations nationales. Un

81. CEDH, Gr. Ch., 5 juin 2015, *Lambert et a. c/France*, n° 46043/14, *Dalloz actu.*, 8 juin 2015, et *AJDA* 2015. 1124 obs. D. Poupeau, *D.* 2015. 1625, note F. Vialla, *AJDA* 2015. 1732, obs. L. Burgorgue-Larsen, *AJ Famille* 2015. 364, obs. A. Dionisi-Peyruse, *JCP* 2015. 805, obs. F. Sudre, *D.* 2016. 755, obs. J.-Ch. Galloux et H. Gaumont-Prat, *RTDH* 2015. 1097, note J.-M. Larralde, *Dr. Famille* 2015, com. 180 par J.-R. Binet, *JDI* 2016, n° 4, chron. 8, n° 13, obs. E. Birden. Sur la question de l'aide à mourir au regard des droits de l'homme, cf. CEDH, 16 juill. 2015, *Nicklinson et Lamb c/Royaume-Uni*, n° 2478/15..., *Dalloz Actu.* 27 juill. 2015, obs. Th. Coustet.

point mérite cependant une attention particulière car il pourrait revêtir une grande importance à l'avenir en matière de fin de vie. En effet, les juges européens soulignent qu'il existe un consensus sur le rôle primordial de la volonté du patient dans la prise de décision, quel qu'en soit le mode d'expression. La précision est d'autant plus importante que la Cour fait également référence au droit à la vie privée et à l'autonomie personnelle.

122. Bibliographie : Afroukh (M.), *L'article 2 de la CEDH dans la jurisprudence administrative, RFDA* 2012, p. 1153 et s. ; Benzimmra-Hazan (J.), *En marge de l'arrêt Timurtas contre Turquie : vers l'homogénéisation des approches du phénomène des disparitions forcées de personnes, RTDH* 2001, p. 983 et s. ; Gölcüklü (F.), *Le droit à la vie dans la jurisprudence de la Cour européenne des droits de l'homme*, Mél. Pettiti, Bruylant, 1995, p. 415 et s. ; Dubout (E.), *La procéduralisation des obligations relatives aux droits fondamentaux substantiels par la Cour européenne des droits de l'homme, RTDH* 2007, p. 397 et s. ; Frison-Roche (M.-A.), *La procédure et l'effectivité des droits substantiels, in* D'Ambra (D.), Benoît-Rohmer (F.) et Grewe (C.) (dir.), *Procédure(s) et effectivité des droits*, Nemesis/Bruylant, 2003, p. 1 et s. ; Galloux (J.-C.), *Droits et libertés corporelles, D.* 2015, p. 755 et s. ; Gonzalez (G), *Les situations de fin de vie devant la Cour européenne des droits de l'homme, RDP* 2016, p. 1014 et s. ; Guillaume (G.), *Article 2, in* Pettiti (L.-E.), Decaux (E.) et Imbert (P.-H.) (dir.), *La Convention européenne des droits de l'homme*, Economica, 2e éd., 1999, p. 143 et s. ; Labayle (H), *L'abolition de la peine de mort, exigences conventionnelles et mutations européennes, RFDA* 2006, p. 308 et s. ; Levinet (M.), *Le droit au respect de la vie au sens de la Convention européenne des droits de l'homme*, Bruylant, 2010 ; Parizot (R.), *Prévention de meurtre : la Cour européenne des droits de l'homme va-t-elle trop loin ? D.* 2013 chron. p. 188 ; Przetacznik (F.), *The Right of Life as a Basic Human Right, RDH*, 1976, p. 585 et s. ; Russo (C.), *Le droit à la vie dans les décisions de la Commission européenne des droits de l'homme et dans la jurisprudence de la Cour européenne des droits de l'homme*, Mél. Valticos, Pédone (Paris), 1999, p. 459 et s. ; Renucci (J.-F.), *Suicide en prison et Convention européenne des droits de l'homme, RPDP* 2009, p. 469 et s. ; Ruet (C.), *L'autonomie personnelle dans la jurisprudence de la Cour européenne confrontée à la philosophie des droits de l'homme*, Mél. Darcy, Bruylant, 2012, p. 699 et s. ; Sermet (L.), *Le droit à la vie, valeur fondamentale des sociétés démocratiques, et le réalisme jurisprudentiel, RFDA*, 1999, p. 988 et s. ; Sudre (F.), *Les incertitudes du juge européen face au droit à la vie*, Mél. Mouly, Litec, 1998, p. 375 et s. ; Tulkens (F.), *Le droit à la vie et le champ des obligations des États dans la jurisprudence récente de la Cour européenne des droits de l'homme*, Mél. Cohen-Jonathan, Bruylant, 2004, p. 1605 et s.

L'ESSENTIEL

FICHE MÉMO :

– L'article 2 de la Convention

○ L'art. 2 garantit le droit à la vie

▪ *Le droit à la vie est le « droit suprême », son respect étant la condition nécessaire à l'exercice des autres droits.*

– L'obligation négative de l'État

○ L'État doit s'abstenir de porter atteinte à la vie.

▪ *L'interdiction de principe de donner la mort n'empêche pas un éventuel recours de l'État à la force meurtrière pour assurer ses missions essentielles (ordre public).*

– Les obligations positives

○ L'État doit prendre toutes les mesures qui s'imposent pour protéger la vie

▪ *Avant toute atteinte à la vie, l'État doit prendre des initiatives pour la préserver, notamment en encadrant tout recours à la force meurtrière.*

▪ *En cas d'atteinte à la vie, une enquête doit être menée.*

FICHE GRANDS ARRÊTS :

- *McCann* (1995)
  - *Les autorités doivent prendre des directives précises à l'égard des techniques d'immobilisation d'individus violents afin de préserver leurs vies.*
- *Osman* (1998)
  - *Vu la nature du droit protégé par l'art. 2, il suffit au requérant de montrer que les autorités n'ont pas fait tout ce que l'on pouvait raisonnablement attendre d'elles pour empêcher la matérialisation d'un risque certain et immédiat pour la vie, dont elles avaient ou auraient dû avoir connaissance.*
- *Pretty* (2002)
  - *Il n'est pas possible de déduire de l'art. 2 un droit à mourir.*
- *Lambert* (2002)
  - *Il n'y aurait pas violation de l'art. 2 car la présente affaire a fait l'objet d'un examen approfondi où tous les points de vue ont pu s'exprimer et où tous les aspects ont été mûrement pesés tant au vu d'une expertise médicale détaillée que d'observations générales des plus hautes instances médicales et éthiques.*

FICHE ACTU/DÉBATS :

*** Thème(s) de réflexion :**

- Le suicide du détenu (v° *Traité DEDH*, p. 94)
  - *Jurisp. : L.C.B.* (1998) ; *Tanribilir* (2000) ; *Keenan* (2001) ; *Troubnikov* (2005) ; *Tais* (2006) ; *Renolde* (2008) ; *Jasinska* (2010) ; *De Donder et De Clippel* (2011) ; *Ketreb* (2012) ; *Robineau* (2013) ; *Sipal* (2013) ; *Sellal* (2015) ; *Isenc* (2016)
  - *Doctr.* : CERE, *D.* 2002. 110 ; TULKENS, *RSC* 2001. 881 ; RENUCCI, *RPDP* 2009. 469, et *Mél. Bernardini* 2017, p. 243 s., n° 11 ; CERE, *RPDP* 2009. 369 ; HENRY, *AJ Pénal* 2010. 437 ; TULKENS, *Mél. Cohen-Jonathan*, 1605 ; RUET, *Mél. Darcy*, 699 ; CERE, *AJ Pénal* 2016. 158 et *D.* 2016. 1220 ; RENUCCI, *RPDP* 2016. 667 ; ROETS, *RSC* 2016. 577.
- La grève de la faim
  - *Jurisp.* : *Nevmerjitski* (2005) ; *Horoz* (2009) ; *Rappaz* (2013) ; *Leyla Alp* (2013).
  - *Doctr.* : RENUCCI, *Mél. Bernardini*, 2017, p. 243 s., n° 12.
- L'encadrement du recours à la force meurtrière
  - *Jurisp.* : *McCann* (1995) ; *Andronicou et Constankinou* (1997) ; *Ogur* (1999) ; *Salman* (2000) ; *Saoud* (2007) ; *Evrim Oktan* (2008) ; *Nehyet Günay* (2008) ; *Andréou* (2009) ; *Giuliani et Gaggio* (2011) ; *Soare* (2011) ; *Trévalec* (2011 et 2013) ; *Ataykaya* (2014) ; *Armani de Silva* (2016).
  - *Doctr.* : COUSSIRAT-Coustère, *AFDI* 1995. 485 ; KOERING-JOULIN, *RSC* 1996. 462 ; SUDRE, *JCP* 2016. 834, n° 2.
- L'enfant à naître et l'article 2 de la Convention (v° *Traité DEDH*, p. 102)
  - *Jurisp. : Vo* (2004) ; *Evans* (2006 et 2007) ; *A., B. et C.* (2010) ; *Sayan* (2016).
  - *Doctr.* : BIOY, *RDP* 2005. 1417 ; CLERCKX, *RDP* 2006. 737 ; COHEN-JONATHAN, *Mél. Colliard*, 405 ; NEIRINCK, *D.* 2003. 841 ; SAINTE-ROSE, *JCP* 2004-I-194 ; SERMET, *in* D'ONORIO (dir.), Tequi 1997. 169 ; SERVERIN, *D.* 2004. 2801 ; SUDRE, *Mél. Mouly*, 375.
- La fin de vie et l'art. 2. (v° *Traité DEDH*, p. 111)
  - *Jurisp. : Pretty* (2002) ; *Lambert* (2015).
  - *Doctr. :* DE SCHUTTER, *RTDH* 2003. 71 ; PEDROT, *RDSS* 2002. 465 ; BAILLEUL, *JCP* 2005-I-142 ; GARAY, *Gaz. Pal.* 14/15 août 2002. 1 ; KLEBES-PELISSIER, *RUDH*

1998. 393 ; Pettiti, *Mél. Eissen*, 319 ; Galloux, *D. 2015.* 755 ; Massias, *RSC* 2002. 645 ; ; Pastre-Belda, *RDS* 2015, n° 68. 766 ; Vialla, *D.* 2015. 1625 ; Burgorgue-Larsen, *AJDA* 2015. 1732 ; Dionisi-Peyruse, *AJ Famille* 2015. 364 ; Sudre, *JCP* 2015. 805 ; Galloux et Gaumont-Prat, *D.* 2016. 755 ; Larralde, *RTDH* 2015. 1097 ; Binet, *Dr. Famille* 2015 com. 180 ; Poupeau, *AJDA* 2015. 1124 ; Birden, *JDI* 2016, n° 4, chron. 8, n° 13 ; Gonzalez, *RDP* 2016. 1014.

– Imprudence / Inaction de l'État et mise en cause de sa responsabilité internationale

○ *Jurisp.* : *Mastromatteo* (2002) ; *Maiorano* (2009) ; *Kilinc et a.* (2005) ; *Opuz* (2009) ; *Branco Tomasic* (2009) ; *Choreftakis et Choreftaki* (2012) ; *Kayak* (2012) ; *Lopez de Souza* (2015) ; *Özel et a.* (2015) ; *Civek* (2016) ; *Halime Lilic* (2016) ; *Gerasimenko* (2016) ; *Talpis* (2017).

○ *Doctr.* : Parizot, *D.* 2013, chron. p. 188 ; Pelletier, *D.* 2016. 1124 ; Gouttenoire, *Dr. Famille* 2016. n° 9, chr. 2, n° 6 ; Sudre, *JCP* 2016. 65, n° 2 et n° 3, *JCP* 2017. 317 ; Guillot, *JDI* 2016, n° 4, chr. 8, n° 14.

*** Commentaire d'arrêt(s) :**

○ Aff. *Kilic* (2000) : les États ont « *le devoir primordial d'assurer le droit à la vie en mettant en place une législation pénale concrète dissuadant de commettre des atteintes contre la personne et s'appuyant sur un mécanisme d'application conçu pour prévenir, réprimer et sanctionner les violations* » (§ 62).

○ Aff. *Makaratzis* (2004) : « *L'article 2 qui garantit le droit à la vie et définit les circonstances dans lesquelles il peut être justifié d'infliger la mort, se place parmi les articles primordiaux de la Convention et ne souffre aucune dérogation (...). Avec l'article 3, il consacre aussi l'une des valeurs fondamentales des sociétés démocratiques qui forment le Conseil de l'Europe* » (§ 56).

○ Aff. *Natchova* (2005) : *Les représentants de la loi doivent être formés pour être à même d'apprécier s'il est ou non absolument nécessaire d'utiliser les armes à feu, non seulement en suivant la lettre des règlements pertinents mais aussi en tenant dûment compte de la prééminence du respect de la vie humaine en tant que valeur fondamentale.*

○ Aff. *Lambert et a.* (2015) : *La Cour est pleinement consciente de l'importance des problèmes soulevés par la présente affaire, qui touche à des questions médicales, juridiques et éthiques de la plus grande complexité. Dans les circonstances de l'espèce, la Cour rappelle que c'est en premier lieu aux autorités internes qu'il appartenait de vérifier la conformité de la décision d'arrêt des traitements au droit interne et à la Convention, ainsi que d'établir les souhaits du patient conformément à la loi nationale. Le rôle de la Cour a consisté à examiner le respect par l'État de ses obligations positives découlant de l'art. 2 de la Convention. Selon cette approche, la Cour a considéré conformes aux exigences de cet article le cadre législatif prévu par le droit interne, tel qu'interprété par le Conseil d'État, ainsi que le processus décisionnel, mené en l'espèce d'une façon méticuleuse. Par ailleurs, quant aux recours juridictionnels dont ont bénéficié les requérants, la Cour est arrivée à la conclusion que la présente affaire avait fait l'objet d'un examen approfondi où tous les points de vue avaient pu s'exprimer et tous les aspects avaient été mûrement pesés, au vu tant d'une expertise médicale détaillée que d'observations générales des plus hautes instances médicales et éthiques. En conséquence, la Cour arrive à la conclusion que les autorités internes se sont conformées à leurs obligations positives découlant de l'art. 2 de la Convention, compte tenu de la marge d'appréciation dont elles disposaient en l'espèce.*

Sous-titre 2

Les droits subséquents

123. Des prohibitions fortes. – La Convention européenne des droits de l'homme consacre de nombreuses interdictions. Compte tenu de l'objet et de la finalité du texte, il est assurément difficile de les hiérarchiser, les valeurs protégées étant d'importance équivalente[1].

Il est vrai que ces droits sont subséquents dans la mesure où ils viennent nécessairement à la suite du droit à la vie : cette approche est logique et même naturelle puisque, comme cela a pu être remarqué en doctrine, si le terme « fondamental » doit avoir un sens, « comment éviter de penser que l'existence même du sujet titulaire des droits fondamentaux conditionne absolument la reconnaissance et la réalisation de ses droits ? »[2]. C'est dire que le caractère forcément subséquent de ces droits ne constitue nullement une atteinte à leur importance qui est par hypothèse considérable. Ces interdictions sont, en effet, absolues puisqu'elles ne souffrent d'aucune dérogation : un respect scrupuleux de ces interdictions s'impose assurément en toute hypothèse. Cela est particulièrement significatif de leur force, car, pour être subséquents, leur importance n'en est pas moins immense. Il est vrai que nous sommes toujours dans le cadre des droits inconditionnels et qu'il s'agit là du « noyau dur » des droits de l'homme : même si quelques nuances peuvent apparaître, la force est la même puisque tous ces droits sont de même nature. À cet égard, la notion d'indivisibilité des droits fondamentaux prend tout son sens même si la complexité de la situation peut parfois fausser la réalité, du moins la lecture que nous pouvons en faire. Mais nul doute quant à la force incontestable de ces droits subséquents, qu'il s'agisse des mauvais traitements, des discriminations ou encore des pratiques esclavagistes.

1. Cf. *supra*, n° 67.
2. X. Bioy, *Droits fondamentaux et libertés publiques*, Montchrestien 2013, n° 681.

CHAPITRE 1

L'interdiction des mauvais traitements

124. Article 3. Interdiction de la torture.

> *Nul ne peut être soumis à la torture ni à des peines ou traitements inhumains ou dégradants.*

125. L'article 3 de la Convention européenne des droits de l'homme. - Attribut inaliénable de la personne humaine, l'interdiction de la torture et des peines ou traitements inhumains ou dégradants est un droit intangible. Considéré comme l'une des valeurs fondamentales de toute société démocratique, le droit à ne pas subir un traitement contraire à la dignité de l'homme est un attribut inaliénable de la personne humaine : cette prohibition est absolue, y compris dans les circonstances les plus difficiles, par exemple la lutte contre le terrorisme et le crime organisé[1]. Ce principe est maintenu avec force par la Grande chambre dans l'affaire *Saadi* qui rappelle que, quels que soient les agissements de la personne concernée, la nature de l'infraction qui était reprochée au requérant est dépourvue de pertinence pour l'examen sous l'angle de l'article 3[2] ; refusant de mettre en balance le risque de mauvais traitement et les motifs invoqués pour

1. CEDH, 18 janv. 1978, *Irlande c/ Royaume-Uni*, n° 5310/71, § 163 ; 7 juill. 1989, *Soering c/ Royaume-Uni*, préc., § 88 ; 15 nov. 1996, *Chahal c/ Royaume-Uni*, n° 22414/93, § 79 ; Gr. Ch., 6 avr. 2000, *Labita c/ Italie*, n° 26772/95, § 119, *JCP* 2001-I-291, n° 7, obs. F. Sudre, *RSC*, 2000. 667, obs. Fl. Massias, *RTDH* 2001. 117, obs. M.-A. Beernaert, *RFDA* 2001. 1250, obs. H. Labayle et F. Sudre ; Gr. Ch., 28 juill. 1999, *Selmouni c/ France*, n° 25803/94, § 95 ; 18 oct. 2001, *Indelicato c/ Italie*, n° 31143/96, § 30.

2. CEDH, Gr. Ch., 28 févr. 2008, *Saadi c/ Italie*, n° 37201/06, § 127, *JCP* 2008-I-167 n° 6, obs. F. Sudre, *RSC* 2008. 692, obs. J.-P. Marguénaud, *RFDA* 2009. 705, obs. H. Labayle. Cf. déjà : CEDH, Gr. Ch., 6 avr. 2000, *Labita c/ Italie*, préc., § 120 ; CEDH, Gr. Ch., 1er juin 2010, *Gäfgen c/ Allemagne*, n° 22978/05, *RSC* 2010. 678, obs. J.-P. Marguénaud, *JCP* 2010, n° 25 act. 701, p. 1300, obs. G. Gonzalez, *RTDH* 2011. 359, note M.-A. Beernaert, *RPDP* 2010. 685, obs. C.-L. Popescu, *RIDP* 2010, p. 752, obs. F. Fourment et autres, *RD Pén. Crim.* 2011. 290, obs. O. Michiels et A. Jacobs, *HRLR* 2011. 67, obs. S. Vendenginste, *JDI* 2011, n° 4, chron. 12, com. 14, obs. P. von Muhlendahl, *Dr. Pénal* 2011, n° 4, chron. 3, com. 5, obs. E. Dreyer, *RFDA* 2009. 705, obs. H. Labayle.

l'expulsion afin de déterminer la responsabilité de l'État, la Cour précise clairement que la perspective que la personne constitue une menace pour la collectivité si elle n'est pas expulsée ne diminue en rien le risque qu'elle subisse des mauvais traitements si elle est refoulée[3]. L'importance de cette garantie est telle que les États ont une double obligation, négative et positive : ils ne doivent pas infliger de mauvais traitements et doivent protéger toute personne relevant de leur juridiction, car en toute hypothèse l'État doit protéger l'intégrité physique des personnes privées de liberté. Il convient ici de distinguer le cas général des personnes en situation de danger du cas particulier de celles qui sont en situation de vulnérabilité.

Section 1
Le domaine des mauvais traitements

126. Une extension constante du domaine de l'article 3. – Le champ d'application de l'interdiction des mauvais traitements s'étend de manière constante. Il s'agit là d'une tendance lourde de la jurisprudence européenne qui apparaît très nettement et qui n'est nullement remise en cause : compte tenu des intérêts en présence, cela n'est guère surprenant. Qu'il s'agisse en général des personnes en situation de danger, ou plus particulièrement de celles qui sont en situation de vulnérabilité, l'extension du domaine de l'article 3 est une réalité.

§1. Le cas général des personnes en situation de danger

127. Les raisons de l'extension. – L'extension croissante du domaine de l'article 3 de la Convention tient, d'une manière générale, à ce que les États doivent non seulement s'abstenir d'infliger de tels traitements, mais également prendre toutes les mesures qui s'imposent afin d'empêcher que les personnes placées sous leur juridiction n'en subissent. Plus particulièrement, cette extension s'explique par une définition large des mauvais traitements, mais aussi par une approche particulière du danger.

A. Une définition large des mauvais traitements

128. La définition des mauvais traitements. – L'imprécision de la notion de mauvais traitements a conduit les juges européens à affiner les notions de torture et de traitements inhumains ou dégradants. La tâche n'est pas facile, car il n'y a pas de cloisonnement étanche entre ces divers comportements, les distinctions étant fondées sur une différence

3. Aff. *Saadi*, préc., § 138 et 139.

d'intensité et non pas de nature : d'une part, toute torture constitue en même temps un traitement inhumain et dégradant ; d'autre part, tout traitement inhumain est nécessairement dégradant et il n'est dès lors guère surprenant que la Cour ne distingue pas toujours ces deux comportements.

Les traitements dégradants sont une humiliation grossière, voire un avilissement pour un individu qui peut être poussé à agir contre sa volonté ou sa conscience[4]. La plupart du temps cela consiste en des brimades diverses et variées, en particulier dans des situations de privation de liberté[5]. C'est ainsi que les punitions corporelles à l'école ont donné lieu à un contentieux abondant[6], lequel semble désormais se tarir ; de même, un traitement médical expérimental peut être considéré comme un traitement dégradant s'il a été effectué sans le contentement du sujet, dès lors que ledit traitement est à la fois innovant et risqué[7]. En réalité, un traitement est considéré comme dégradant dès lors qu'il est de nature à inspirer à ses victimes des sentiments de peur, d'angoisse et d'infériorité, propres à les humilier ou à les avilir[8].

CEDH, 4 oct. 2016,* Yaroslav Belousov c/Russie, *n° 2653/13 :

En fait : *Arrêté lors de la dispersion d'un rassemblement politique, le requérant a été inculpé de troubles à l'ordre public. Pendant les deux premiers mois d'audience*

4. CEDH, 25 avr. 1978, *Tyrer c/ Royaume-Uni*, n° 5856/72, §§ 30 et s., *CDE*, 1979, p. 471, obs. G. Cohen-Jonathan, *RID comp.*, 1978. 411, obs. S. Marcus-Helmons, *AFDI*, 1978. 400, obs. R. Pelloux, *JDI*, 1980. 457, obs. P. Rolland (jeune de 15 ans condamné à trois coups de verge et dépouillé de ses vêtements). Cf. aussi : CEDH, 12 mars 2015, *Laylyakin c/ Russie*, n° 31305/09, où il a été jugé que la nécessité de maintenir la discipline militaire ne justifie pas l'humiliation publique d'un soldat contraint de se présenter nu devant ses camarades après une tentative de désertion.

5. Mesures vexatoires ou à caractère raciste : Comm. EDH, 8 juill. 1993, *Hutardo c/ Suisse*, Rapp. § 68 (obligation de porter des vêtements souillés) ; CEDH, 24 juill. 2001, *Valasinas c/ Lituanie*, n° 44558/98, *JCP* 2002-I-105, n° 3, obs. F. Sudre (fouille à corps d'un détenu contraint de se déshabiller en présence d'une gardienne) ; 24 mars 2016, *Sakir c/Grèce*, n° 48475/09 (agressions racistes et conditions de détention dans un commissariat). Cf. aussi : CEDH, 4 oct. 2016, *Jaroslav Belousov c/Russie*, n° 2653/13... indiquant que le fait d'être maintenu dans un box vitré pendant une partie du procès est un traitement dégradant, du moins lorsque le box est surpeuplé.

6. CEDH, 25 févr. 1982, *Campbell et Cosans c/ Royaume-Uni*, n° 7511/76..., § 48, *CDE*, 1986. 230, obs. G. Cohen-Jonathan, *JDI* 1985. 191, obs. P. Rolland et P. Tavernier ; 25 mars 1993, *Costello-Roberts c/ Royaume-Uni*, n° 13134/87, *JCP* 1994-II-22262, note P. Mazière, *JDI* 1994. 775, obs. E. Decaux et P. Tavernier, *RSC* 1994. 362, obs. R. Koering-Joulin, *JCP* 1994-II-22262, note P. Mazière, *RUDH*, 1993. 217, obs. F. Sudre et autres.

7. Comm. EDH, 2 mars 1983, *X c/ Danemark*, DR 32/283. CEDH, 23 juill. 2015, *Bataliny c/Russie*, n° 10060/07, *JDI* 2016, n° 4, chron. 8, n° 16, obs. X. Aurey : la Cour condamne un essai de médicament sans le consentement de l'intéressé, mais elle ne définit pas pour autant clairement les critères de conventionnalité de tels essais cliniques.

8. CEDH, Gr. Ch., 26 oct. 2000, *Kudla c/ Pologne*, n° 30210/96, § 92, *JCP* 2001-I-291, n° 6 et Grands arrêts, p. 167, obs. F. Sudre, *RTD Civ.* 2001. 442, obs. J.-P. Marguénaud, *AJDA* 2000. 1006 et *RTDH*, 2002. 169, obs. J.-F. Flauss, *RFDA* 2001. 1250, obs. H. Labayle et F. Sudre. V° CEDH, 20 avr. 2010, *Slyusarev c/ Russie*, n° 60333/00 (retrait des lunettes à un détenu myope ne pouvant ni lire ni écrire normalement sans elles et créant un sentiment d'insécurité et d'impuissance). V° aussi pour un examen gynécologique pratiqué sur une mineure seule et en garde à vue : CEDH, 1er févr. 2011, *Yazgül Yilmaz c/ Turquie*, n° 36369/06, § 46, *AJDA* 2011. 1993, obs. L. Burgorgue-Larsen, *Dr. Pénal* 2012, n° 4, chron. 3, com. 9, obs. E. Dreyer. *Adde* à propos de conditions de dénuement extrême auxquelles a été exposée une famille de demandeurs d'asile après leur éviction d'un centre d'hébergement : CEDH, 7 juill. 2015, *V. M. et a. c/Belgique*, n° 60125/11, *JCP* 2016. 65, n° 7, obs. F. Sudre, et dans cette même affaire Gr. Ch., 17 nov. 2016, *AJDA* 2017. 157, obs. L. Burgorgue-Larsen (radiation du rôle en raison de l'absence de contacts des requérants avec leur avocat).

lors du procès, le requérant et neuf autres accusés furent confinés dans un box vitré où ils étaient très à l'étroit. Par la suite, les audiences eurent lieu dans un autre prétoire contenant deux box vitrés, ce qui permit au requérant et aux autres accusés d'avoir plus d'espace. Dans sa requête auprès de la Cour européenne, le requérant se plaignait notamment que le fait d'avoir été ainsi enfermé s'analysait en un traitement dégradant et avait empêché sa participation effective au procès.

En droit : *Le fait d'enfermer une personne dans une cage de métal est contraire à l'article 3 de la Convention, eu égard au caractère objectivement dégradant d'une telle mesure. Bien que des box vitrés n'aient pas la même apparence de dureté que des cages de métal et que le fait de placer un accusé derrière une paroi vitrée ou dans un box vitré ne soit pas en soi un élément suffisamment humiliant pour atteindre le seuil minimum de gravité (ce qui est le cas avec les cages de métal), ce niveau peut toutefois être atteint si les circonstances du confinement, considérées globalement, sont de nature à soumettre l'accusé à une détresse ou à une épreuve d'une intensité qui excède le niveau inévitable de souffrance inhérent à la détention.*

Les traitements inhumains provoquent volontairement de vives souffrances mentales ou physiques, voire des troubles psychiques[9]. Il s'agit principalement des « interrogatoires approfondis »[10], pratiques donnant lieu à un usage organisé de la violence traduisant une « pratique administrative » et se caractérisant d'une part, par une répétition d'actes contraires à la Convention, et d'autre part par une tolérance officielle découlant du fait que les autorités ne mettent pas immédiatement un terme à la situation. Sont également considérées comme des traitements inhumains les brutalités policières lors d'une arrestation[11] ou pendant une garde à vue[12], voire une vérification d'identité[13]. Dans le même ordre d'idée, la notion de traitement inhumain sera retenue dans le fait d'administrer

9. CEDH, 25 avr. 1978, *Tyrer c/ Royaume-Uni*, préc., § 29.

10. CEDH, 18 janv. 1978, *Irlande c/ Royaume-Uni*, n° 5310/71, § 67 et 159, *CDE*, 1979. 121, obs. G. Cohen-Jonathan, *AFDI*, 1978. 379, obs. R. Pelloux, *JDI* 1980. 449, obs. P. Rolland (condamnation du recours aux « cinq techniques » contre un membre de l'IRA : station debout pendant des heures, encapuchonnement, bruit persistant, privation de sommeil et de nourriture).

11. CEDH, 22 sept. 1993, *Klaas et autres c/ Allemagne*, n° 15473/89. V° aussi CEDH, 16 déc. 2008, *Rupa c/ Roumanie*, n° 58478/00, § 116, *Dr. pénal* 2009. 18, obs. E. Dreyer ; 17 mai 2011, *Gazioglu et autres c/ Turquie*, n° 29835/05 (usage disproportionné de la force par la police). Comp. le recours à une force policière excessive lors d'une perquisition : CEDH, 30 sept. 2014, *Anzhelo Georgiev et autres c/ Bulgarie*, n° 51284/09, *JDI* 2015, n° 4, chron. 7, n° 22, obs. P. von Muhlendahl (usage d'armes à électrochocs). V° aussi une arrestation effectuée par des agents de surveillance de la SNCF : CEDH, 16 juill. 2015, *Ghedir et autres c/France*, n° 20579/12, *JCP* 2015. 928, obs. F. Sudre., *AJ Pénal* 2015. 596, note L. Grégoire, *JCP (A)* 2016. 2000, chron. V. Correia (dir.), n° 22, obs. C. Benelbaz, *Dr. Pénal* 2016, n° 4, chron. 4, n° 3, obs. E. Dreyer.

12. CEDH, 27 août 1992, *Tomasi c/ France*, n° 12850/87, *AFDI* 1992. 629, obs. V. Coussirat-Coustère, *JDI* 1993. 740, obs. E. Decaux et P. Tavernier, *RSC* 1993. 142, obs. L.-E. Pettiti, et p. 33, obs. F. Sudre, *RUDH* 1993. 1, obs. F. Sudre et autres, *Gaz. Pal.*, 4/6 oct. 1992. 28, note D. Vorms, *D.* 1993, Somm. 383, obs. J.-F. Renucci, *AJDA* 1993. 105, obs. J.-F. Flauss. V° aussi : CEDH, 1er avr. 2004, *Rivas c/ France*, n° 59584/00, *AJ pénal*, 2004. 206, obs. J. Coste ; 20 déc. 2011, *Teslenko c/ Ukraine*, n° 55528/08 ; 17 janv. 2012, *Alchagin c/ Russie*, n° 20212/05 (coups de pied, utilisation d'un masque à gaz pour gêner la respiration, décharges électriques) ; 24 janv. 2012, *Iordan Petrov c/ Bulgarie*, n° 22926/04.

13. CEDH, 4 nov. 2010, *Darraj c/ France*, n° 34588/07. À noter que l'usage de la force lors d'un contrôle d'identité n'est pas forcément disproportionné : CEDH, 20 nov. 2014, *Perrillat-Bottonet c/ Suisse*, n° 66773/13 (clé de bras justifiée par la résistance du requérant).

de force un émétique à un individu[14], tout comme dans l'hypothèse d'une disparition forcée, tant à l'égard de la personne disparue elle-même qu'à celle de ses proches[15]. Il en va de même pour des menaces de mauvais traitements en vue d'obtenir des informations, quelle qu'en soit la raison[16], ainsi que de la peine de mort dès lors qu'elle est prononcée à l'issue d'un procès inéquitable[17], ou qu'elle s'accompagne d'une période de détention dans des conditions très pénibles[18]. La même solution s'impose lorsque les proches des victimes ne sont pas traités avec humanité[19]. C'est bien une « lecture actualisée » de l'article 3 qui est ainsi consacrée, d'autant plus qu'il a été jugé qu'un éventuel défaut d'assistance humanitaire lors d'opérations militaires constitue un traitement inhumain[20].

CEDH, 27 août 1992,* Tomasi c/France, *nº 12850/87 :

En fait : *D'après le requérant, le constat du juge d'instruction et les rapports des médecins, le corps du requérant portait des marques qui avaient une seule origine, les sévices infligés pendant une quarantaine d'heures par certains des policiers chargés des interrogatoires : gifles, coups de pied, de poing et de manchette, station debout prolongée et sans appui, les menottes dans le dos, crachats, déshabillage total devant une fenêtre ouverte, absence de nourriture, menaces avec une arme, etc.*

En droit : *La Cour n'estime pas devoir examiner le système et les modalités de la garde à vue en France, ni en l'occurrence la durée et la fréquence des*

14. CEDH, Gr. Ch., 11 juill. 2006, *Jalloh c/ Allemagne*, nº 54810/00, *AJDA*, 2006. 1710, obs. J.-F. Flauss, *JCP* 2007-I-106, nº 1, obs. F. Sudre, *JDI* 2007. 718, obs. E. Delaplace.

15. CEDH, Gr. Ch., 10 mai 2001, *Chypre c/ Turquie*, préc., § 157 ; CEDH, 27 juill. 2006, *Bazorkina c/ Russie*, nº 69481/01 ; 24 janv. 2008, *Osmanoglu c/ Turquie*, nº 48804/99. Vº aussi : CEDH, 25 mai 1998, *Kurt c/ Turquie*, nº 12101/03 ; 13 juin 2000, *Timurtas c/ Turquie*, préc. Pour des cas plus récents de disparitions forcées, cf. CEDH, Gr. Ch., 13 déc. 2012, *El-Masri c/ Ex-République yougoslave de Macédoine*, nº 39630/09, § 203, *JCP* 2013. 85, obs. G. Gonzalez, *Dr. Pénal* 2013, nº 4, chron. 4, obs. E. Dreyer, *JCP* 2013, 64, nº 6, obs. F. Sudre, *AJDA* 2013. 165, obs. L. Burgorgue-Larsen, *RFDA* 2013. 576, obs. H. Labayle et F. Sudre, *RPDA* 2013. 164, obs. P. Beauvais (collaboration à une opération de « remise » extrajudiciaire au profit de la CIA), l'épreuve étant aggravée par le secret qui recouvrait l'opération et par une détention en isolement pendant plusieurs jours dans un lieu se situant en dehors de tout cadre judiciaire. Cf. aussi CEDH, 9 janv. 2014, *Pitsayeva et autres c/ Russie*, nº 53036/08..., § 479 (détresse causé aux requérants par l'impossibilité de découvrir ce qu'il était advenu de leurs proches). *Adde* CEDH, 24 juill. 2014, *Al Nashiri c/ Pologne*, nº 28761/11 ; 24 juill. 2014, *Husayn c/ Pologne*, nº 7511/13, *RFDA* 2015. 512, obs. H. Labayle et F. Sudre (à propos des « sites noirs » de la CIA).

16. CEDH, 30 juin 2008, *Gäfgen c/ Allemagne*, nº 22978/05, § 69, *JCP* 2008-I-167 nº 3, obs. F. Sudre, *Dr. pénal* 2009. 17, obs. E. Dreyer ; cf. arrêt de Gr. Ch., du 1er juin 2010, préc. Plus récemment, la Cour a constaté une violation de l'art. 6 à propos d'une condamnation pénale fondée sur des déclarations tenues par un tiers à propos desquelles il existe un « risque sérieux » qu'elles aient été obtenues au moyen de mauvais traitements : CEDH, 25 sept. 2012, *El Haski c/ Belgique*, nº 649/08, *Dalloz Actu.* 16 oct. 2012, obs. O. Bachelet, *JCP* 2013, 64, nº 9, obs. F. Sudre.

17. CEDH, 12 mars 2003, *Öcalan c/ Turquie*, nº 46221/99, § 207, *D.* 2004. 1101, obs. J.-P. Céré, *JCP* 2003-I-160, nº 1, obs. F. Sudre, *RGDIP* 2003. 472, obs. Ph. Weckel, *D.* 2003, Somm. 2267, obs. J.-F. Renucci. Confirmation par la Grande Chambre : CEDH, Gr. Ch., 12 mai 2005, *Öcalan c/ Turquie*, nº 46221/99, § 175.

18. CEDH, Gr. Ch., 8 juill. 2004, *Ilascu et autres c/ Moldova et Russie*, nº 48787/99, § 430.

19. CEDH, Gr. Ch., 21 oct. 2013, *Janowiec et autres c/ Russie*, nº 55508/07..., *RFDA* 2014. 538, obs. H. Labayle et F. Sudre (affaire concernant le massacre de Katyn).

20. CEDH, 12 nov. 2013, *Benzer c/ Turquie*, nº 23502/06, *JCP* 2014, 78, nº 3, obs. F. Sudre évoquant à juste titre cette « lecture actualisée » de la Convention. Dans cette affaire, la violation de l'art. 3 découle du sentiment d'angoisse et de détresse des civils lors du bombardement de leurs villages. Cf., dans le même ordre d'idées, CEDH, 24 avr. 1998, *Selcuk et Asker c/ Turquie*, nº 23184/94 et nº 23185/94.

interrogatoires du requérant. Il lui suffit de noter que les certificats et rapports médicaux, établis en toute indépendance par des praticiens, attestent de l'intensité et de la multiplicité des coups portés au requérant ; il y a là deux éléments assez sérieux pour conférer à ce traitement un caractère inhumain et dégradant. Les nécessités de l'enquête et les indéniables difficultés de la lutte contre la criminalité, notamment en matière de terrorisme, ne sauraient conduire à limiter la protection due à l'intégrité.

Si le traitement inhumain délibéré provoque de fort graves et cruelles souffrances, la qualification de torture s'impose, d'autant plus que nous sommes alors en présence d'une « spéciale infamie »[21]. Sans doute la frontière entre ces deux comportements est-elle très ténue, mais la Cour a actualisé la notion de torture en baissant le seuil de tolérance : dans l'arrêt *Selmouni*, les juges européens ont, en effet, qualifié de torture des comportements qui, jadis, auraient certainement été considérés comme des traitements inhumains[22]. Le niveau d'exigence croissant en matière de protection des droits de l'homme implique parallèlement et inéluctablement une plus grande fermeté dans l'appréciation des atteintes aux valeurs fondamentales des sociétés démocratiques[23]. Actuellement, le fait d'infliger des souffrances intentionnellement pour forcer une personne à avouer est une torture[24].

CEDH, Gr. Ch., 28 juill. 1999,* Selmouni c/ France, *n° 25803/94 :
En fait : *Arrêté dans le cadre d'un trafic de stupéfiants, le requérant a reçu une multitude de coups : « le requérant a été tiré par les cheveux ; qu'il a dû courir dans un couloir le long duquel des policiers se plaçaient pour le faire trébucher ; qu'il a été mis à genoux devant une jeune femme à qui il fut déclaré « Tiens, tu vas entendre quelqu'un chanter » ; qu'un policier lui a ultérieurement présenté son sexe en lui disant « Tiens, suce-le » avant de lui uriner dessus ; qu'il a été menacé avec un chalumeau puis avec une seringue. Outre la violence des faits décrits, la Cour ne peut que constater leur caractère odieux et humiliant pour toute personne, quel que soit son état » (§ 102).*
En droit : *« Dans ces conditions, la Cour est convaincue que les actes de violence physique et mentale commis sur la personne du requérant, pris dans leur ensemble, ont provoqué des douleurs et des souffrances « aiguës » et revêtent un caractère particulièrement grave et cruel. De tels agissements doivent être regardés comme des actes de torture au sens de l'article 3 de la Convention » (§ 105).*

21. CEDH, 18 janv. 1978, *Irlande c/ Royaume-Uni*, préc. § 167 ; 18 déc. 1996, *Aksoy c/ Turquie*, n° 21987/93, *Justices*, 1997, p. 183 et s., obs. G. Cohen-Jonathan et J.-F. Flauss ; *AFDI*, 1996. 749 et s., obs. V. Coussirat-Coustère ; *JDI* 1997. 268 et s., obs. E. Decaux et P. Tavernier ; *RSC*, 1997. 453, obs. R. Koering-Joulin, *JCP* 1997-4000 n° 6-7, obs. F. Sudre, *RUDH*, 1997. 4, obs. F. Sudre.

22. CEDH, Gr. Ch., 28 juill. 1999, *Selmouni c/ France*, n° 25803/94, § 96, *JCP* 1999-II-10193, note F. Sudre, *RTD Civ.* 1999. 911, obs. J.-P. Marguénaud, *RSC*, 1999. 891, obs. Fl. Massias, *D.* 2000, « Point de vue », p. V, obs. J. Thierry, *D.* 2000, Somm. 31, obs. Y. Mayaud, *RTDH*, 2000, n° 41. 123, obs. P. Lambert, *D.* 2000, Somm. 179, obs. J.-F. Renucci, *JDI*, 2000. 118, obs. J. Benzimra-Hazan, *RGDIP* 2000. 181, obs. G. Cohen-Jonathan, *Grands arrêts*, p. 154, obs. F. Sudre.

23. L'interdiction de la torture consacre une telle valeur : CEDH, Gr. Ch., 21 nov. 2001, *Al-Adsani c/ Royaume-Uni*, n° 35763/97, § 61, *RTDH* 2003. 139, obs. J.-F. Flauss.

24. Cf., not., CEDH, 16 févr. 2012, *Savin c/ Ukraine*, n° 34725/08.

B. Une approche particulière du danger

129. Le seuil de gravité. – Les juges européens ont très tôt dégagé un critère spécifique d'interprétation de l'article 3 : le seuil de gravité. Pour tomber sous le coup de cet article, un mauvais traitement doit atteindre un minimum de gravité, lequel dépend des circonstances de l'espèce. Les juges prennent donc en considération l'intensité des souffrances infligées aux victimes.

Ce seuil minimum de gravité est relatif et les juges européens apprécient *in concreto* les différentes situations : c'est donc bien en fonction de « l'ensemble des données de la cause » qu'ils se prononceront[25], notamment de la durée du traitement, de ses effets physiques et mentaux ainsi que, parfois, du sexe, de l'âge et de l'état de santé de la victime[26]. Toutefois, sans remettre en cause ce « seuil de gravité », dans certaines circonstances exceptionnelles, les juges européens ont consacré une « présomption de gravité » : il en va particulièrement ainsi lorsque des personnes se trouvent dans une situation de vulnérabilité, ce qui est le cas pour toutes celles qui sont privées de leur liberté[27], mais pas seulement[28] ; c'est ainsi que lorsqu'un individu se trouve privé de sa liberté, l'utilisation à son égard de la force physique alors qu'elle n'est pas rendue strictement nécessaire par son comportement porte atteinte à la dignité humaine et constitue, en principe, une violation du droit garanti par l'article 3[29]. Pour être conforme aux exigences de l'article 3, le recours à la force doit être à la fois proportionné et nécessaire[30].

130. L'origine du danger. – Le caractère absolu du droit garanti par l'article 3 de la Convention a conduit les juges à étendre son applicabilité : dans l'affaire *HLR c/ France*[31], la Cour estime que l'absolutisme de cette protection implique que l'article 3 peut s'appliquer même si le danger émane de personnes ou de groupes de personnes qui ne relèvent pas de la fonction publique.

---

25. CEDH, 18 oct. 2001, *Indelicato c/ Italie*, n° 31143/96, § 31. C'est ainsi qu'il a été jugé, dans un premier temps, que la gifle assénée par des policiers dans un commissariat n'a pas atteint de seuil de gravité (non-violation de l'art. 3) : CEDH, 21 nov. 2013, *Bouyid c/ Belgique*, n° 23380/09, *Dalloz Actu.* 16 déc. 2013, obs. A. Portmann, *JCP* 2013, Actu. 2385, obs. cr. F. Sudre, *RFDA* 2014. 538, obs. H. Labayle et F. Sudre. Mais, saisie de la difficulté, la Grande chambre a jugé le contraire, constatant une violation de l'art. 3 pour « traitement dégradant » : CEDH, Gr. Ch., 28 sept. 2015, *Bouyid c/Belgique*, n° 23380/09, *JCP* 2015. 1182, obs. F. Sudre, *RTDH* 2016. 541, note F. Sudre, *RSC* 2016. 117, obs. D. Roets, *AJ Pénal* 2016. 223, obs. S. Lavric, *JCP (A)* 2016. 2000, chron. V. Correia (dir.), n° 33, obs. D. Fallon, *Dr. Pénal* 2016, n° 4, chron. 4, n° 2, obs. E. Dreyer.

26. Aff. *Labita*, préc., § 120.

27. CEDH, 9 juin 1998, *Tekin c/ Turquie*, n° 22496/93, §§ 52 et 53 ; aff. *Labita*, préc., § 120.

28. Pour une application hors le cas de privation de liberté (dispersion d'un rassemblement illégal devant une maison d'arrêt) cf. : CEDH, 10 janv. 2006, *Güler c/ Turquie*, n° 49391/99, 66 38 s.

29. CEDH, 24 janv. 2008, *Milan c/ France*, n° 7549/03, § 43, *Dr. pénal* 2008, p. 33, obs. E. Dreyer ; aff. *Labita*, préc., § 120

30. CEDH, 3 oct. 2014, *Douet c/ France*, n° 16705/10, § 38, *Dalloz Actu.* 9 oct. 2013, obs. S. Fucini (intensité de la force physique et violation de l'art. 3). Comp. avec l'encadrement lacunaire des opérations policières de maintien de l'ordre (s'agissant de l'emploi de gaz lacrimogène) : CEDH, 23 juill. 2013, *Izci c/ Turquie*, n° 42606/05, *Dalloz Actu.* 15 sept. 2013, obs. O. Bachelet. Cf. *infra*, n° 141 *in fine*.

31. CEDH, 29 avr. 1997, *HLR c/ France*, n° 24573/94, *RUDH*, 1997, p. 60, *D.* 1997, Somm. 358, obs. J.-F. Renucci, *JCP* 1998-I-107, n° 9, obs. F. Sudre, *RSC*, 1998. 380, obs. R. Koering-Joulin.

Cette extension de l'applicabilité de l'article 3 est remarquable. Désormais, il importe peu que le danger émane des autorités publiques (ce qui est l'hypothèse « classique » et traditionnelle), de particuliers ou encore de groupes de particuliers. Certes, le requérant devra prouver que le risque existe réellement et que les autorités publiques ne peuvent le protéger de façon satisfaisante, mais le principe est affirmé. La solution n'est pas vraiment nouvelle[32], mais elle est affirmée avec force.

C'est dire que cet article s'applique également aux relations interindividuelles, qu'il s'agisse de maltraitance dans le cadre familial[33] ou non[34], ou encore de mauvais traitements entre codétenus[35]. La règle est désormais claire : les États doivent prendre toutes les mesures qui s'imposent afin d'empêcher des personnes placées sous leur juridiction de subir des mauvais traitements, même si ces mauvais traitements sont administrés par les particuliers. Les juges européens confèrent ainsi directement un « effet horizontal » à l'article 3 dont la portée pourrait être considérable.

§2. Le cas particulier des personnes en situation de vulnérabilité

131. Des situations de particulière vulnérabilité. – Les détenus tout comme les étrangers sont assurément dans une situation de particulière vulnérabilité dans la mesure où ils se trouvent exposés à un danger dans des conditions qui les fragilisent[36]. Le fait d'être privé de sa liberté, d'être sous le coup d'une mesure d'éloignement, sont des circonstances particulières qui ne pouvaient pas ne pas être prises en considération par les juges de la Cour européenne des droits de

32. Cf. égal. CEDH, 17 déc. 1996, *Amhed c/ Autriche*, n° 25964/94, *RUDH*, 1997, p. 386.

33. CEDH, 23 sept. 1998, *A c/ Royaume-Uni*, n° 25599/94, *JCP* 1999-I-105, n° 11, obs. F. Sudre (châtiments corporels infligés à un enfant par son beau-père) ; CEDH, Gr. Ch., 10 mai 2001, *Z et autres c/ Royaume-Uni*, n° 29392/95, *JCP* 2001-I-342, n° 3, obs. F. Sudre (services sociaux négligents au regard de la protection de l'enfant). Cf. pour les violences domestiques : CEDH, 26 mars 2013, *Valiuliene c/ Lituanie*, n° 33234/07, *D.* 2014 Pan., p. 960, obs. M. Möschel, *JDI* 2013, chron. 6, n° 11, obs. D. Lachal et V. Manuello (cf. aussi CEDH, 28 mai 2013, *Eremia c/ Moldavie*, n° 3564/11). CEDH, 7 mars 2017, *V.K. c/Russie*, n° 68059/13.

34. CEDH, 4 déc. 2003, *M. C. c/ Bulgarie*, n° 39272/98, § 153, *JCP* 2004-I-107, n° 1, obs. F. Sudre, *RSC* 2004. 462, obs. Fl. Massias (absence de mesures pénales pour assurer une protection effective contre le viol). Cf. aussi : CEDH (Gr. Ch.), 28 janv. 2014, *O'Keeffe c/ Irlande*, n° 35810/09, *Dalloz Actu.* 17 mars 2014, obs. J. Gate, *JCP* 2014 Actu. 268, obs. C. Picheral, *JCP* 2014, chron. 832, n° 3, obs. F. Sudre, *RSC* 2014. 166, obs. J.-P. Marguénaud, *AJDA* 2014. 1763, obs. L. Burgorgue-Larsen, *JDI* 2015, n° 4, chron. 7, n° 18, obs. A. Glazewski : violation de l'art. 3 parce que la structure même du système irlandais d'enseignement primaire durant les années 1970 n'a pas permis de protéger une élève contre les abus sexuels commis sur elle par un enseignant.

35. CEDH, 3 juin 2003, *Pantea c/ Roumanie*, n° 33343/96, *D.* 2003 Somm. 2268, obs. J.-F. Renucci, *D.* 2004. 1101, obs. J.-P. Céré ; 29 oct. 2013, *D.F. c/ Lettonie*, n° 11160/07, *JCP* 2013 Actu. 1219, obs. B. Pastre-Belda, *JCP* 2014, 78, n° 5, obs. F. Sudre. Cf. déjà : CEDH, 3 avr. 2001, *Keenan c/ Royaume-Uni*, n° 27229/95, *D.* 2002. 118, obs. J.-P. Céré. À noter que la protection des détenus est une obligation de moyens, non de résultat : CEDH, 20 oct. 2011, *Stasi c/ France*, n° 25001/07, *AJDA* 2012. 143, obs. L. Burgorgue-Larsen, *RSC* 2012. 238, obs. D. Roets.

36. Ce ne sont évidemment pas les seules personnes en situation de vulnérabilité : cf., par exemple, certains malades (cf. CEDH, 6 nov. 2014, *Dvoracek c/ Rép. Tchèque*, n° 12927/13 et l'administration d'un traitement sexologique protectif en hôpital psychiatrique : non-violation).

l'homme. Bien que les impératifs de sécurité publique soient importants et ne puissent être oubliés, il était indispensable de tenir compte du particularisme de ces situations dans le cadre des droits fondamentaux.

A. Les détenus

132. La dignité des détenus. – L'article 3 de la Convention impose à l'État de s'assurer que toute personne privée de sa liberté soit détenue dans le respect de la dignité humaine[37] : les modalités d'exécution de la mesure ne doivent pas la soumettre à une détresse ou à une épreuve d'une intensité excédant le niveau inévitable de souffrance inhérent à la détention. Ces précisions sont légitimes dans la mesure où la détention ne saurait avoir pour but, ou pour effet, d'humilier le prisonnier et de le rabaisser dans sa personnalité[38].

Il est cependant important d'observer que si l'intention d'humilier ou de rabaisser le détenu constitue une violation de l'article 3[39], l'absence d'un tel but ne saurait pour autant exclure un tel constat de violation[40]. C'est dire que les conditions de détention doivent être en permanence conformes à la dignité humaine, ce qui n'est pas le cas si elles sont objectivement inacceptables, en raison notamment du délabrement des cellules ou encore du manque d'espace[41] : à cet égard, la surpopulation carcérale, même si elle n'enfreint pas nécessairement les droits fondamentaux[42], reste tout de

37. Cf. aussi le cas particulier de la prise en compte objective des personnes décédées (en l'espèce, le sort des corps de terroristes décédés pendant la procédure d'identification) : CEDH, 6 juin 2013, *Sabanchiyeva et autres c/ Russie,* n° 38450/05, *JDI* 2013, chron. 6, n° 8, obs. E. Decaux.

38. CEDH, 7 juill. 2011, *Hellig c/ Allemagne,* n° 20999/95 (privation de vêtements pendant la détention).

39. Comm. EDH, 15 mai 1980, *Thomas Mac Feelay c/ Royaume-Uni,* DR 20/44, § 54.

40. CEDH, 19 avr. 2001, *Peers c/ Grèce,* n° 28524/95, § 74, *JCP* 2001-I-342, n° 5, obs. F. Sudre ; Gr. Ch., 16 déc. 1999, *V. c/ Royaume-Uni,* n° 24888/94, § 71. V° aussi : CEDH, 24 oct. 2006, *Vincent c/ France,* n° 6253/03, §§ 100 à 103 (détenu handicapé et inadaptation de la maison d'arrêt) ; 19 févr. 2015, *Helhal c/ France,* n° 10401/12, *D.* 2015. 569, obs. M. Lena, *AJ Pénal* 2015. 219, obs. J.-P. Céré, *JCP (A)* 2015. 2154, chron. V. Correia (dir.), n° 17, obs. C. Benelbaz, *Dr. Pénal* 2016, n° 4, chron. 4, n° 4, obs. E. Dreyer, *JDI* 2016, n° 4, chron. 8, n° 17, obs. H. Apchain (handicap lourd suite à une tentative d'évasion, insuffisance des soins et inadaptation des locaux : violation de l'art. 3) ; 7 avr. 2009, *Branduse c/ Roumanie,* n° 6586/03, §§ 49 à 51, *RFDA* 2010. 587, obs. H. Labayle, F. Sudre, J. Andriantsimbazovina et L. Sermet.

41. Délabrement des cellules : CEDH, 19 avr. 2001, *Peers c/ Grèce,* n° 28524/95. Pour des cas de torture à raison de traitements infligés à des détenus, v° CEDH, 11 janv. 2007, *Mammodov c/ Azerbaïdjan,* n° 34445/04 ; 18 janv. 2007, *Chitayev c/ Russie,* n° 59334/00. De même, le fait de détenir un mineur avec des adultes, avec une absence de traitement adéquat est une violation de l'art. 3 : CEDH, 20 janv. 2009, *Güvec c/ Turquie,* n° 70337/01, § 98. V° aussi pour des toilettes « partiellement séparées » du reste de la cellule et n'offrant pas une intimité réelle au détenu : CEDH, 13 janv. 2009, *Aliev c/ Géorgie,* n° 522/04, § 79, *Dr. pénal* 2009. 18, obs. E. Dreyer. *Adde* la question du tabagisme passif dans les celles : cf. *infra,* n° 133 l'aff. *Florea.* Cf. aussi : CEDH, 13 févr. 2014, *Tali c/ Estonie,* n° 66393/10, § 82, *JDI* 2015, n° 4, chron. 7, n° 23, obs. A. Glazewski. : usage de gaz poivre contre un détenu et immobilisation sur un lit de contention ; 2 oct. 2014, *Fakailo (Safoka) et autres c/ France,* n° 2871/11, *D.* 2014. 2050, obs. J. Falxa, *Dr. Pénal* 2015, chron. 4, n° 4, obs. E. Dreyer. : conditions d'une garde à vue portant atteinte à la dignité (manque d'espace, de lumière et d'aération). Sur l'importance des rapports du CPT sur le plan de la preuve : CEDH, 25 nov. 2014, *Vasilescu c/ Suisse,* n° 64682/12, *AJDA* 2015. 150, obs. L. Burgorgue-Larsen.

42. CEDH, 10 mars 2015, *Varga et autres c/ Hongrie,* n° 14097/12..., *RSC* 2016. 143, obs. J.-P. Marguénaud. Dans cette affaire, la Cour a cependant constaté une violation de l'art. 3, ayant même recours à la procédure de l'arrêt pilote.

même un problème particulièrement préoccupant[43]. Nul doute que certaines pratiques peuvent caractériser un mauvais traitement[44]. De plus, même si une mesure est *a priori* conforme aux exigences de l'article 3, elle cesse de l'être si cela est fait dans des conditions non conformes à la dignité humaine[45]. La Cour étend d'ailleurs par analogie le droit d'être détenu dans des conditions conformes à la dignité aux étrangers détenus en zone de transit[46], la question de ces zones faisant l'objet d'une attention toute particulière, surtout pour les enfants[47]. C'est précisément au nom de la dignité humaine que certaines mesures d'humanité s'imposent dans l'univers carcéral, ce qui n'empêche pas que d'éventuelles mesures de sécurité puissent être prises.

1. Les mesures d'humanité

133. Les détenus âgés et/ou malades. – L'obligation générale de protéger la santé des détenus prend un relief particulier lorsque le détenu est âgé et/ou malade : dès lors que cette obligation est inconciliable avec son âge et son état de santé, le maintien en détention devient impossible[48].

43. CEDH, 6 mars 2001, *Dougoz c/ Grèce*, n° 40907/98 ; 15 juill. 2002, *Kalashnikov c/ Russie*, n° 47095/99 ; 20 janv. 2005, *Mayzit c/ Russie*, n° 63378/00, *AJ Pénal* 2005, p. 165, obs. M. Herzog-Evans, 9 mars 2006, *Cenbauer c/ Croatie*, n° 73786/01 ; 4 mai 2006, *Kadikis c/ Lettonie (n° 2)*, n° 62393/00 ; 1er juin 2006, *Mamedova c/ Russie*, n° 7064/05 ; 29 mars 2007, *Frolov c/ Russie*, n° 205/02, § 51 ; 25 avr. 2013, *Canali c/ France*, n° 40119/09, *Dalloz Actu.* 3 mai 2013, obs. M. Léna, *AJ Pénal* 2013, p. 403, obs. J.-P. Céré, *RPDP* 2013. 711, obs. J.-F. Renucci. Cf. aussi l'arrêt pilote demandant aux autorités italiennes de résoudre le problème structurel du surpeuplement carcéral : CEDH, 8 janv. 2013, *Torreggiani c/ Italie*, n° 43517/09, *Dalloz Actu.* 24 janv. 2013, obs. M. Léna, *JCP* 2013, 117. 194, obs. B. Pastre-Belda, *JCP* 2013. 553, note F. Laffaille, *D.* 2013 Pan., p. 1313, obs. J.-P. Céré, *AJ Pénal* 2013. 361, obs. E. Pechillon, *AJDA* 2013. 1794, obs. L. Burgorgue-Larsen (à noter que l'Italie a optempéré : CEDH, déc., 16 sept. 2014, *Stella et a. c/Italie*, n° 49169/09, *AJDA* 2015. 150, obs. L. Burgorgue-Larsen). *Adde* CEDH, 10 mars 2015, *Varga et autres c/ Hongrie*, préc., où la Cour a également recours à la procédure de l'arrêt pilote en raison du problème structurel, dans ce pays, de la surpopulation carcérale. Cf. aussi : CEDH, Gr. Ch., 20 oct. 2016, *Mursic c/Croatie*, n° 7334/13, *AJ Pénal* 2017, 47, obs. A.-G. Robert, *AJDA* 2017. 157, obs. L. Burgorgue-Larsen, *D.* 2015. 866, obs. J. Falxa, étant précisé que le fait pour un détenu de bénéficier de moins de 3 m² d'espace personnel en cellule collective n'emporte qu'une présomption, forte mais réfragable, de violation de l'art. 3, Conv. EDH.

44. Ainsi, le fait de placer des détenus provisoires dans une cage de métal, dans le prétoire, est un traitement dégradant : CEDH, Gr. Ch., 17 juill. 2014, *Svinarenko et Slyadnev c/ Russie*, n° 32541/08 et n° 43441/08, *RSC* 2014. 623, obs. J.-P. Marguénaud, *Dr. Pénal* 2015, chron. 4, n° 5, obs. E. Dreyer.

45. Cf. *infra*, n° 133, *in fine*.

46. CEDH 24 janv. 2008, *Riad et Idiab c/ Belgique*, n° 29787/03..., § 107, *JCP* 2008-I-167 n° 5, obs. F. Sudre. Cf. aussi, concernant les conditions de détention dans les centres pour migrants : CEDH, 12 déc. 2013, *Khuroshvili c/ Grèce*, n° 58165/10, *AJDA* 2014. 147, obs. L. Burgorgue-Larsen. *Adde* CEDH, 21 mars 2017, *Z.A. et autres c/Russie*, n° 61411/15...

47. CEDH, 19 janv. 2012, *Popov c/ France*, n° 39472/07 et n° 39474/07, *AJDA* 2012. 127, obs. R. Grand et p. 1726, obs. L. Burgorgue-Larsen, *D.* 2012. 363, obs. C. Fleuriot, et 864 entr. S. Slama, et 2267, note P. Bonfils et A. Gouttenoire, *AJ Pénal* 2012. 281, obs. S. Slama, *Rev. crit. DIP* 2013. 826, obs. K. Parrot, *RTDH* 2013. 681, note C.-A. Chassin. *Adde* J.-F. Renucci et S. Sammour, *Les précisions de la Cour de Strasbourg quant à la rétention administrative des enfants retenus avec leurs parents* (l'affaire *Popov c/ France*), *RPDP* 2012, p. 673 et s. Cf. égal. : CEDH, 31 juill. 2012, *Mahmundi et autres c/ Grèce*, n° 14902/10, *Dr. Famille* 2012, n° 10, com. 140, obs. M. Bruggeman. Pour une nouvelle condamnation de la France en raison de la rétention de jeunes enfants : CEDH, 12 juill. 2016, *A. M. et a. c/France*, n° 24587/12, *AJDA* 2016. 1423, obs. D. Poupeau. Cf. aussi : CEDH, 12 juill. 2016, *A.B. et a. c/France*, n° 11593/12, *JCP* 2017, n° 1-2, Doctr. 32, n° 2, obs. F. Sudre.

48. CEDH, 11 févr. 2014, *Contrada (n° 2) c/ Italie*, n° 7509/08, § 85 ; 31 mars 2015, *Davtyan c/ Arménie*, n° 29736/06.

Mais, en soi, la détention d'une personne âgée et malade ne constitue pas un traitement inhumain ou dégradant, à moins que la détention ne provoque une aggravation de l'état de santé ou crée des sentiments constants d'angoisse, d'infériorité et d'humiliation suffisamment forts[49]. La règle a été rappelée dans l'affaire *Papon*, la Cour estimant que si sa libération immédiate n'était pas opportune au regard de l'article 3, une détention trop longue le serait tout autant[50]. Par la suite, la Cour a affirmé explicitement la nécessité de prendre en compte la capacité de l'individu malade de faire face à sa détention, fondée sur son tableau clinique : consacrant par là même le droit pour tout détenu malade en stade terminal à « vivre ses derniers jours dans la dignité », la Cour affine les obligations positives à la charge de l'État[51].

En toute hypothèse, la santé du détenu, quel que soit son âge, doit être préservée, notamment par l'administration de soins médicaux appropriés[52] : les juges européens contrôlent non seulement l'existence même de ces soins, mais aussi la nature du traitement médical[53]. L'article 3 est violé dès que le maintien en détention peut compromettre gravement la santé du détenu[54], soit en raison de l'évolution inéluctable de la maladie, soit en raison des difficultés d'y apporter des soins adaptés. Mais le traitement en cause doit cependant atteindre un niveau de gravité suffisant pour entrer dans le champ d'application de l'article 3, la simple certitude du requérant que c'est le cas ne

49. CEDH, 2 déc. 2004, *Farbtuhs c/ Lettonie,* n° 4672/02 § 61, *D.* 2005 Pan. 1002, obs. J.-P. Céré, *JCP* 2005-I-103, n° 4, obs. F. Sudre. Cf. cependant CEDH, 14 déc. 2004, *Gelfmann c/ France,* n° 25875/03 §§ 59 et 60, *JCP* 2005-I-103, n° 5, obs. F. Sudre, *RDP,* 2005. 755, obs. F. Sudre et G. Gonzalez ; 11 juill. 2006, *Rivière c/ France,* n° 33384/03, § 76,

50. CEDH (déc.), 7 juin 2001, *Papon c/ France,* n° 64666/01, *D.* 2001. 2335, note J.-P. Céré, *LPA,* 20 sept. 2001, p. 14, obs. E. Boitard, *D.* 2002, Somm. 683, obs. J.-F. Renucci.

51. CEDH, 5 mars 2013, *Gülay Cetin c/ Turquie,* n° 44084/10, *JDI* 2013, chron. 6, n° 9, obs. A. Glazewski.

52. CEDH, Gr. Ch., 26 oct. 2000, *Kudla c/ Pologne,* n° 30210/96, § 94, *JCP* 2001-I-291, n° 6, obs. F. Sudre, *RTD Civ.,* 2001. 442, obs. J.-P. Marguénaud, *RTDH,* 2002, p. 169, obs. J.-F. Flauss ; 10 juill. 2001, *Price c/ Royaume-Uni,* n° 33394/96 ; 3 avr. 2001, *Keenan c/ Royaume-Uni,* préc., § 112. *Adde* CEDH, 29 avr. 2003, *McGlinchey et autres c/ Royaume-Uni,* n° 50390/99, *D.* 2004, Pan. 1102, obs. J.-P. Céré ; 28 mars 2006, *Melnik c/ Ukraine,* n° 72286/01 ; 13 juill. 2006, *Popov c/ Russie,* n° 26853/04, ; 26 oct. 2006, *Khudobin c/ Russie,* n° 59696/00, ; 7 févr. 2008, *Metchenkov c/ Russie,* n° 35421/05, *JCP* 2008-I-167 n° 4, obs. F. Sudre ; 16 déc. 2008, *Levinta c/ Moldova,* n° 17332/03, *JCP* 2009-I-104 n° 1, obs. F. Sudre, *RDP* 2009. 901, obs. F. Sudre ; CEDH, 9 sept. 2010, *Xiros c/ Grèce,* n° 1033/07, *RIDP* 2010. 662, obs. F. Fourment et autres, *JCP* 2011, chron. 94, p. 182 n° 3, obs. F. Sudre, *Dr. Pénal* 2011, n° 4, chron. 7, com. 2, obs. E. Dreyer ; 14 sept. 2010, *Florea c/ Roumanie,* n° 37186/03, *D.* 2011. 1311, note J.-P. Céré, *JCP* 2010 act. 952, obs. B. Pastre-Belda, *Dr. Pénal* 2011, n° 4, chron. 3, com. 7, obs. E. Dreyer. V° aussi : CEDH, 20 avr. 2010, *Sliousarev c/ Russie,* n° 60333/00, § 36, *Dr. Pénal* 2011, n° 4, chron. 3, com. 7, obs. E. Dreyer ; 27 mai 2010, *Ogica c/ Roumanie,* n° 24708/03, § 45, *Dr. Pénal* 2011, n° 4, chron. 3, com. 7 et 11, obs. E. Dreyer. V° aussi CEDH, 21 déc. 2010, *Raffray Taddei c/ France,* n° 36435/07, *D.* 2011. 793, note J.-F. Renucci, *AJ Pénal* 2011. 129, note J.-P. Céré (pas de soins adéquats pour une détenue anorexique, les juges ayant été frappés par la discordance entre les soins préconisés par les médecins et les réponses apportées par les autorités nationales).

53. CEDH, 10 févr. 2004, *Gennadi Naoumenko c/ Ukraine,* n° 42023/98, §§ 112 à 116. Pour une violation de l'art. 3, les autorités nationales n'ayant pas étudié avec soin quelle thérapie convenait à un détenu héroïnomane de longue date : CEDH, 1er sept. 2016, *Wenner c/Allemagne,* n° 62303/13.

54. Comm. EDH, 17 déc. 1981, *Chartier c/ Italie,* DR 33/41 ; 12 janv. 1995, *Lukanov c/ Bulgarie,* DR 80B/108 ; CEDH, Gr. Ch., 27 juin 2000, *Ilhan c/ Turquie,* n° 22277/93, *JCP* 2000-I-291, n° 11, obs. F. Sudre ; 3 avr. 2001, *Keenan c/ Royaume-Uni,* n° 27229/95, *JCP* 2001-I-342, n° 4, obs. F. Sudre.

pouvant suffire[55]. En revanche, si la maladie progresse alors que le cadre carcéral et les conditions de soins ne permettent pas de faire face à la situation, tant sur le plan strictement médical que sur celui du respect de la dignité, il y a violation de l'article 3[56]. Il n'en reste pas moins vrai qu'une maladie, même grave, ne constitue pas par nature une cause de libération obligatoire pour les États : le maintien en détention d'un homme malade ne constitue pas forcément une violation de la Convention, pas plus de l'article 3 que d'ailleurs de l'article 2[57].

Il est important de préciser que le port de menottes est une mesure qui, en soi, n'est pas contraire à l'article 3 de la Convention, y compris pour les détenus malades[58], mais encore faut-il ne pas aller au-delà de ce qui est raisonnablement considéré comme nécessaire, notamment eu égard au risque de fuite et de blessure ou de dommage[59]. Il reste que, d'une façon plus générale, le port de menottes n'est pas un traitement dégradant dès lors que son but n'est pas d'humilier ou d'avilir[60]. Enfin, les mauvaises conditions de détention d'une personne malade constituent une violation de l'article 3 dès lors que celle-ci est exposée à une souffrance physique et mentale allant au-delà de la souffrance inhérente à toute détention[61].

Toutefois, il est une question particulière qui est très délicate : celle des malades mentaux : outre les exigences générales tenant à la dignité ou à la santé de tout détenu, la Cour a précisé que pour apprécier si le traitement et la sanction étaient compatibles ou non avec l'article 3 de la Convention, il faut tenir compte de la vulnérabilité particulière de ces personnes, ainsi que

55. En ce sens, cf. CEDH, 15 janv. 2004, *Matencio c/ France*, nº 58749/00, § 89, *D.* 2005, Pan., p. 1001, obs. J.-P. Céré. Cf. aussi CEDH, 14 déc. 2004, *Gelfmann c/ France*, nº 25875/03, *AJ pénal*, 2005, p. 33, obs. M. Herzog-Evans, *D.* 2005, Pan. 1002, obs. J.-P. Céré, *AJ pénal*, 2005. 33, obs. M. Herzog-Evans.

56. CEDH, 14 nov. 2002, *Mouisel c/ France*, nº 67263/01 *RTDH*, 2003. 999, obs. J.-P. Céré, *JDI*, 2003. 548, obs. E. Decaux et P. Tavernier, *D.* 2003. 303, note H. Moutouh, *LPA*, 16 juill. 2003. 17, note D. Roets, *JCP* 2003-I-109, nº 2, obs. F. Sudre, *D.* 2003, Somm. 524, obs. J.-F. Renucci, *RSC* 2003. 144, obs. Fl. Massias, *LPA*, 19 juin 2003, p. 15, obs. H. Tigroudja ; 27 nov. 2003, *Henaf c/ France*, nº 65436/01 § 48, *AJ pénal*, 2004. 78, obs. J.-P. Céré, *D.* 2004, Pan. 1102, obs. E. Pechillon, *D.* 2004. 1196, note D. Roets, *JCP* 2004-II-10093, note L. Di Raimondi, *JCP* 2004-I-107, nº 2, obs. F. Sudre, *JDI*, 2004. 691, obs. I. Moulier. Vº égal. CEDH, 11 juill. 2006, *Rivière c/ France*, préc.

57. CEDH, 17 janv. 2017, *Gengoux c/Belgique*, nº 76512/11.

58. CEDH, 24 sept. 1992, *Herczegfalvy c/ Autriche*, nº 10533/83, § 83 (non-violation de l'art. 3 en cas d'entraves pendant le transport à l'hôpital) ; 16 déc. 1997, *Raninen c/ Finlande*, nº 20972/92, § 58, *D.* 1998, Somm. 207, obs. J.-F. Renucci, *JCP* 1998-I-107, obs. F. Sudre, *RSC* 1998. 382, obs. R. Koering-Joulin, *AJDA* 1998. 39, obs. J.-F. Flauss, *RTDH* 1999. 277, obs. J.-M. Larralde ; 29 oct. 2009, *Paradysz c/ France*, nº 17020/05, *RPDP* 2009. 885, obs. J.-F. Renucci, *Dr. Pénal* 2012, nº 4, chron. 3, obs. E. Dreyer (non-violation en cas d'entraves pendant le transport à l'hôpital).

59. CEDH, 27 nov. 2003, *Hénaf c/ France*, nº 65436/01, §§ 51 et s., *AJ pénal*, 2004, p. 78, obs. J.-P. Céré, *D.* 2004, Pan. 1102, obs. E. Pechillon, *D.* 2004. 1196, note D. Roets, *JCP* 2004-II-10093, note L. Di Raimondi ; 14 nov. 2002, *Mouisel c/ France*, préc., § 47. Cf. égal. : CEDH, 26 mai 2011, *Duval c/ France*, nº 19868/08 (extractions médicales d'un requérant menotté et entravé, avec une présence constante des surveillants pendant un examen urologique).

60. Aff. *Raninen*, préc., § 58 ; cf. aussi : CEDH, 11 oct. 2011, *Portmann c/ Suisse*, nº 38455/06, § 41, *Dr. Pénal* 2012, nº 4, chron. 3, com. 11, obs. E. Dreyer, *JDI* 2012, chron. 6, obs. A. Decaux, P. Tavernier, M. Boumghar et autres (port des menottes aux mains et aux pieds justifié par la dangerosité de l'individu).

61. C'est le cas pour une personne séropositive détenue dans de mauvaises conditions matérielles et sanitaires à l'hôpital de la prison (chambres surpeuplées, espace individuel de moins de 2 m^2, salles d'eau ne remplissant pas le standard minimum d'hygiène, nourriture pauvre en valeur nutritionnelle, distribution de médicaments aléatoire...) : CEDH, 9 juill. 2015, *Martzaklis et autres c/Grèce*, nº 20378/13.

de leur incapacité, dans certains cas, à se plaindre de manière cohérente des effets d'un traitement donné sur elles-mêmes[62]. En définitive, il semble bien que, désormais, lorsque les conditions de détention ne sont pas adaptées à la pathologie d'un détenu souffrant d'une grave maladie, l'État doit, soit le transférer dans un établissement mieux équipé, soit suspendre l'exécution de la peine[63]. Enfin, la question s'est posée à propos des interventions médicales contraires à la volonté des détenus : pour la Cour, une mesure dictée par une nécessité thérapeutique du point de vue des conceptions médicales établies ne saurait, en principe, passer pour inhumaine ou dégradante[64].

CEDH, 16 oct. 2008,* Renolde c/ France, *n° 5608/05 :
En fait : *Le frère de la requérante, qui présentait des troubles psychiatriques, a été placé en détention provisoire. Après avoir agressé une surveillante, il est sanctionné par quarante-cinq jours de mise en cellule disciplinaire.*
En droit : *(violation de l'art. 3) Dans l'affaire* Keenan, *la Cour a considéré que le fait d'infliger au requérant, troublé mentalement, une sanction disciplinaire qualifiée de lourde, sept jours d'isolement en cellule disciplinaire et vingt-huit jours de détention supplémentaire, constituait un traitement contraire à l'art. 3 de la Convention. Or, ici, le détenu s'est vu infliger une sanction nettement plus lourde, susceptible d'ébranler sa résistance physique et morale. À cet égard, l'intéressé a éprouvé angoisse et détresse pendant cette période ; son état a inspiré suffisamment d'inquiétude à son avocate, huit jours avant son décès, pour qu'elle demande immédiatement au juge d'instruction une expertise en vue d'évaluer la compatibilité de son état avec la détention en cellule disciplinaire. Une telle sanction n'est donc pas compatible avec le niveau de traitement exigé à l'égard d'un malade mental et constitue un traitement et une peine inhumains et dégradants.*

La question de la santé du détenu se pose également à l'occasion d'une grève de la faim[65]. La problématique de l'alimentation forcée des détenus dans de telles circonstances est ancienne, l'ancienne Commission ayant estimé il y a plus de trente ans que « le fait de nourrir de force une personne comporte des aspects dégradants qui, dans certaines circonstances, peuvent être considérés comme interdits par l'article 3 de la Convention »[66]. Selon la jurisprudence européenne, si d'une façon générale, une mesure dictée par une nécessité thérapeutique selon les conceptions médicales établies ne

62. CEDH, 16 oct. 2008, *Renolde c/ France*, n° 5608/05, § 120, *D.* 2008 act. 2723, obs. L. Léna, *D.* 2009 Pan. 123, obs. G. Roujou de Boubée, Th. Garé et S. Mirabail, *D.* 2009 Pan. 1382, obs. J.-P. Céré, *AJ pénal* 2009. 42, obs. J.-P. Céré, *RSC* 2009. 173, obs. J.-P. Marguénaud, *RSC* 2009. 439, obs. P. Poncella, *Dr. pénal* 2009. 17, obs. E. Dreyer. Cf. aff. *Rivière*, préc. ; CEDH, 23 févr. 2012, *G. c/ France*, n° 27244/09, *D.* 2012. 742, obs. O. Bachelet, et 1294, obs. J.-P. Céré, M. Herzog-Evans et E. Pechillon, *AJ Pénal* 2012. 357, obs. J.-P. Céré, *RDSS* 2012. 678, obs. P. Hennion-Jacquet, *RSC* 2012, p. 683, obs. D. Roets. *Adde* CEDH, 17 nov. 2015, *Bamouhammad c/Belgique*, n° 47687/13, *Dalloz Actu.* 8 nov. 2015, obs. C. Fleuriot (traitement dégradant pour un détenu souffrant de « psychose de prison ») ; 6 sept. 2016, *W.D. c/Belgique*, n° 73548/13 (arrêt pilote), *AJ Pénal* 2017. 48, obs. Cl. Saas, *JCP* 2017, n° 1-2, Doctr. 32, n° 4, obs. F. Sudre.

63. CEDH, 10 juin 2008, *Scoppola c/ Italie*, n° 50550/06, § 50, *JCP* 2008-I-167 n° 4 *in fine*, obs. F. Sudre, *Dr. pénal* 2009. 18, obs. E. Dreyer.

64. CEDH, 7 oct. 2008, *Bogumil c/ Portugal*, n° 35228/03, § 69, *Dr. pénal* 2009. 18, obs. E. Dreyer.

65. Cf. *supra*, n° 107 pour l'art. 2.

66. *X c/ Allemagne* (1984), European Human Rights Reports 7, p. 152, repris dans l'aff. *Nevmerjitski*, § 93.

saurait en principe passer pour inhumaine ou dégradante[67], il en va de même de l'alimentation de force destinée à sauver la vie d'un détenu qui refuse en toute conscience de se nourrir[68]. Les juges de Strasbourg doivent cependant s'assurer, d'une part, de la nécessité médicale de la mesure[69] et, d'autre part, du respect de la dignité dans sa mise en œuvre[70], tout en vérifiant que les garanties procédurales devant accompagner la décision d'alimentation de force sont respectées. Naturellement, la manière dont un requérant est alimenté de force pendant sa grève de la faim ne doit pas représenter un traitement dépassant le seuil minimum de gravité envisagé par la jurisprudence de la Cour sur l'article 3 de la Convention. Tous ces points sont scrupuleusement vérifiés par la Cour, ce qui lui permettra de se prononcer sur la violation alléguée[71]. Si le maintien en détention d'un gréviste de la faim ne constitue pas nécessairement une violation de la Convention[72], les mesures prises doivent être proportionnées. Il y aura violation de l'article 3 si les mesures sont aussi brutales qu'inattendues, entraînant d'importantes souffrances, même si elles ne sont pas de nature à détériorer à long terme la santé des intéressés, dès lors que le seul but est d'écraser le mouvement de protestation ainsi que toute velléité de porter plainte[73]. Mais il n'y aura pas violation de ce même article si les blessures occasionnées sont le résultat d'un recours légitime à la force[74].

134. La peine perpétuelle. - Une condamnation à perpétuité pourrait-elle être considérée comme une peine inhumaine et donc contraire à l'article 3 ? La question s'est posée en tout premier lieu pour les mineurs, mais, l'âge étant un point déterminant, *a priori*, toute généralisation est impossible. Dans l'affaire *Weeks*, les juges européens ont affirmé que la « peine indéterminée » pouvait inspirer des doutes sérieux quant à sa compatibilité avec l'article 3[75]. Une peine de durée indéterminée n'est cependant pas nécessairement contraire à l'article 3[76].

Concernant les majeurs, la situation est comparable malgré des spécificités évidentes. Dans l'affaire *Nivette*, le requérant soutenait que son extradition

67. Cf. *supra*, n° 7 *in fine*.

68. CEDH, 5 avr. 2005, *Nevmerjitski c/ Ukraine*, n° 54825/00, § 94, *JCP* 2005-I-159, note F. Sudre, *RSC* 2006. 438, obs. Fl. Massias.

69. CEDH, 24 sept. 1992, *Herczegfalvy c/ Autriche*, n° 10533/83, § 82.

70. CEDH, 5 avr. 2005, *Nevmerjitski c/ Ukraine*, préc., § 97 : alimentation avec des menottes, un écarteur buccal et un tube en caoutchouc spécial inséré dans l'œsophage. V° aussi CEDH, 19 juin 2007, *Ciorap c/ Moldova*, n° 12066/02, *RTD Civ.* 2008. 144, obs. J.-P. Marguénaud.

71. Aff. *Nevmerjitski*, préc. (violation) ; CEDH, déc. 20 juin 2006, *Pandjikidze et six autres c/ Moldova*, n° 30323/02 (non-violation). Cf. aussi : CEDH, déc. 6 mars 2007, *Özgül c/ Turquie*, n° 7715/02.

72. CEDH (déc.), 26 mars 2013, *Rappaz c/ Suisse*, n° 73175/10.

73. CEDH, 17 janv. 2013, *Karabet et autres c/ Ukraine*, n° 38906/07 et 52025/07, § 333.

74. CEDH, 10 déc. 2013, *Leyla Alp et autres c/ Turquie*, n° 29675/02, § 103.

75. CEDH, 2 mars 1987, *Weeks c/ Royaume-Uni*, n° 9787/82, § 47. Cf. aussi CEDH, 21 févr. 1996, *Singh c/ Royaume-Uni*, n° 23389/94, § 61.

76. CEDH, 21 févr. 1996, *Hussain c/ Royaume-Uni*, n° 21928/93, § 53 ; Gr. Ch., 16 déc. 1999, *T. c/ Royaume-Uni*, n° 24724/94 § 97, *RTDH*, 2002. 111 s., obs. Fl. Massias.

était incompatible avec l'article 3 parce qu'il risquait une peine de réclusion à perpétuité sans possibilité de libération conditionnelle. La Cour a cependant jugé qu'il n'y avait pas violation de cet article, car les autorités françaises avaient obtenu des assurances de nature à écarter le danger d'une condamnation à une peine d'emprisonnement à vie et incompressible[77].

Dans l'affaire *Léger*, tout en reconnaissant qu'une condamnation à perpétuité telle que celle infligée et subie par le requérant entraînait nécessairement angoisses et incertitudes liées à la vie carcérale, la Cour n'a pas considéré que la peine atteignait le seuil de gravité requis par l'article 3 : cet article n'a donc pas été violé. Il est intéressant de noter que dans la présente affaire le requérant avait la possibilité de demander une libération conditionnelle, et qu'il a finalement été libéré même si c'est après 41 années de détention, de sorte qu'il ne pouvait prétendre avoir été privé de tout espoir d'obtenir un aménagement de sa peine[78]. Saisie de la difficulté, la Grande chambre a décidé de rayer l'affaire du rôle en raison du décès du requérant[79] : il est tout à fait regrettable que la Cour n'ait pas saisi l'occasion pour se prononcer sur cette importante question de principe, à savoir si une peine perpétuelle, voire une très longue peine, est ou non conforme à la Convention ; la Cour aurait pu ne pas radier l'affaire du rôle et trancher la question, ne serait-ce que par application de l'art. 37 § 1 de la Convention aux termes duquel « la Cour poursuit l'examen de la requête si le respect des droits de l'homme garantis par la Convention et ses protocoles l'exige ». Malgré tout, il est certain qu'une peine perpétuelle n'est compatible avec l'article 3 que si elle n'est pas incompressible *de lege* et *de facto*[80]. La Cour a d'ailleurs précisé qu'« infliger à un adulte une peine perpétuelle et incompressible d'emprisonnement excluant tout espoir d'élargissement peut soulever une question sous l'angle de l'article 3, mais lorsque le droit national offre la possibilité de revoir la peine perpétuelle dans le but de la commuer, de la suspendre ou d'y mettre fin ou encore de libérer le détenu sous condition, il est satisfait aux exigences de cette disposition »[81]. Toutefois, un arrêt assez surprenant a pu sembler vouloir abandonner ces nuances, la Cour ayant admis que l'extradition de requérants vers des pays où ils risquaient un emprisonnement à vie sans possibilité

77. CEDH, 3 juill. 2001 (déc.), *Nivette c/ France*, n° 44190/98.

78. CEDH, 11 avr. 2006, *Léger c/ France*, n° 19324/02, § 93, *JCP* 2006-I-164, n° 2, obs. F. Sudre, *D.* 2006. 1800, note J.-P. Céré, *RSC* 2007. 134, obs. Fl. Massias, et 350, obs. P. Poncella, *JDI* 2007. 716, obs. E. Delaplace, *AJ Pénal* 2006. 258, obs. S. Enderlin.

79. CEDH (Gr. Ch.), 30 mars 2009, *Léger c/ France*, n° 19324/02, *D.* 2009. 1453, note J.-F. Renucci, *RSC* 2009. 436, obs. P. Poncella et 654, obs. D. Roets.

80. F. Sudre, obs. *RDP* 2009, p. 901, se référant à l'aff. *Nivette*, préc. CEDH, Gr. Ch. 12 févr. 2008, *Kafkaris c/ Chypre*, n° 21906/04, §§ 97 à 99, *RDP* 2009. 901, obs. F. Sudre, *RSC* 2008. 692, obs. J.-P. Marguénaud et D. Roets, *RSC* 2009. 434, obs. P. Poncella, *Dr. Pénal* 2009. 19, obs. E. Dreyer : seule la prévision textuelle de la possibilité d'une libération anticipée suffit à garantir la compatibilité d'une peine de détention à perpétuité avec l'art. 3.

81. CEDH, 9 févr. 2009, *A. et autres c/ Royaume-Uni*, n° 3455/05, *AJDA* 2009. 872, obs. J.-F. Flauss, *RSC* 2009. 672, obs. J.-P. Marguénaud et D. Roets, *Dr. Pénal* 2010, n° 4, chron. n° 3, obs. E. Dreyer. Il est important de préciser que la Cour écarte du champ de son examen la grâce présidentielle qui n'est qu'une faveur accordée de manière discrétionnaire par le chef de l'État, ainsi que la suspension de peine pour raisons médicales qui ne correspond pas à une perspective d'élargissement : aff. *Vinter*, § 129, et aff. *Bodein*, § 59.

de libération ne violait pas l'article 3[82]. Mais après cette courte hésitation, la Cour est revenue à sa position traditionnelle, rappelant que les peines de perpétuité réelles qui ne prévoient pas une possibilité de réexamen constituent une violation de l'article 3 de la Convention[83] : dans cet arrêt *Vinter* qui est particulièrement important, les juges de Strasbourg fixent leur jurisprudence, mais ravivent également des tensions, non seulement sur le plan juridique, mais aussi sur le plan politique...[84].

CEDH (Gr. Ch.), 9 juill. 2013*, Vinter et autres c/ Royaume-Uni, *nº 66069/09, nº 130/10 et nº 3896/10 :

En fait : *Dans leurs requêtes devant la Cour, les requérants estiment que la perpétuité réelle infligée dans leurs cas s'analyse concrètement en une peine incompressible contraire à l'article 3 de la Convention. Il s'agissait en l'espèce d'un emprisonnement à vie avec possibilité de libération uniquement en cas de maladie au stade terminal ou d'incapacité grave.*

En droit : (violation de l'art. 3) : *L'article 3 doit être interprété comme exigeant que les peines perpétuelles soient compressibles, c'est-à-dire soumises à un réexamen permettant aux autorités nationales de rechercher si, au cours de l'exécution de sa peine, le détenu a tellement évolué et progressé sur le chemin de l'amendement qu'aucun motif légitime d'ordre pénologique ne permet plus de justifier son maintien en détention. Dans la présente affaire, la Cour considère que le droit régissant les perspectives d'élargissement pour les détenus manque de clarté. Les conditions sont si restrictives que pareille mise en liberté pour motifs d'humanité ne peut correspondre à ce que recouvre l'expression « perspective d'élargissement » employée dans l'arrêt* Kafkaris.

La règle est très claire : une peine perpétuelle n'est pas contraire à l'article 3 de la Convention dès lors qu'elle est susceptible d'être révisée et peu importe si cette possibilité ne peut intervenir que longtemps après la

82. CEDH, 17 janv. 2012, *Harkins et Edwards c/ Royaume-Uni*, nº 9146/07, *Dalloz Actu.* 6 févr. 2012, obs. O. Bachelet. Cf. cependant un arrêt postérieur qui prend la position inverse : CEDH, 4 sept. 2014, *Trabelsi c/ Belgique*, nº 140/10, *Dalloz Actu.* 11 sept. 2014, obs. J.-M. Pastor, *Dr. Pénal* 2014 com. 144, obs. V. Peltier, *JDI* 2015, nº 4, chron. 7, nº 21, obs. S. Jamal : l'extradition vers un État où l'intéressé encourt une peine perpétuelle incompressible viole l'art. 3 (mais aussi d'ailleurs, le droit au recours individuel de l'art. 34).

83. CEDH (Gr. Ch.), 9 juill. 2013, *Vinter et autres c/ Royaume-Uni*, nº 66069/09, nº 130/10 et nº 3896/10, *D.* 2013. 2081, note J.-F. Renucci, *D.* 2013. 1748, obs. M. Léna, *JCP* 2013, Actu. 918 et 1583, obs. F. Sudre, *RTDH* 2014. 667, note M. De Rue, *AJ Pénal* 2013. 494, obs. D. van Zyl Smit, *RSC* 2013. 625, obs. P. Poncela, et 649, obs. J.-P. Marguénaud, *RFDA* 2014. 538, obs. H. Labayle et F. Sudre. Cf. aussi dans le même sens : CEDH, 18 mars 2014, *Öcalan c/ Turquie*, nº 24069/03 : la condamnation à une peine perpétuelle sans possibilité de libération conditionnelle viole l'art. 3. Dans le même sens : CEDH, 20 mai 2014, *Laszlo Magyar c/ Hongrie*, nº 75593/10 ; 8 juill. 2014, *Harakchiev et Tolumov c/ Bulgarie*, nº 15018/11 et nº 61199/12, *JDI* 2015, nº 4, chron. 7, nº 20, obs. V. Manuelo et D. Lacha. Cf. pour une non-violation : CEDH, 3 févr. 2015, *Hutchinson c/ Royaume-Uni*, nº 57592/08, *Dalloz Actu.* 17 févr. 2015, obs. M. Léna, *RPDP* 2016, p. 136, obs. F. Habouzit, *Dr. Pénal* 2015, com. 61 par E. Bonis-Garcon, *JCP* 2015. 195, obs. G. Gonzalez ; 15 sept. 2015, *Kaytan c/Turquie*, nº 27422/05. La Grande chambre a jugé que la procédure de réexamen des peines de perpétuité réelle au Royaume-Uni est conforme à la Convention : CEDH, Gr. Ch., 17 janv. 2017, *Hutchinson c/Royaume-*Uni, nº 57592/08, *Dalloz Actu.* 1er févr. 2017, obs. N. Devoueze, *Dr. Pénal* 2017, nº 3, com. 51, obs. E. Bonis-Garçon.

84. Cf. notre note, préc.

condamnation[85]. À cet égard, l'arrêt *Murray* semble vouloir apporter une importante précision[86]. En effet, tout en restant fidèle à la jurisprudence traditionnelle désormais bien établie, l'arrêt s'éloigne de la démarche habituellement suivie par les juges de Strasbourg pour déterminer si une peine perpétuelle est compressible ou non. L'approche est nouvelle dans la mesure où la Grande chambre n'a pas souhaité apprécier la compressibilité *de jure* et *de facto* d'une peine perpétuelle à l'aune tant des caractéristiques du processus décisionnel concernant les demandes de libération que de l'existence ou non d'exemples prouvant la possibilité pour le détenu d'obtenir un aménagement de sa peine selon les circonstances : les juges européens estiment que l'État a l'obligation d'offrir un dispositif de réinsertion sérieux permettant à toute personne condamnée à perpétuité de répondre aux critères conditionnant l'octroi d'une libération. C'est dire que, même s'il existe une possibilité de libération conditionnelle créée de jure, il y aura violation de l'article 3 si le condamné à perpétuité n'a, *de facto*, aucun espoir réel de libération[87]. C'est une clarification importante des obligations positives à la charge de l'État.

CEDH, 24 avr. 2016,* Murray c/Pays-Bas, *n° 10511/10 :

En fait : *Le requérant, qui souffrait d'une maladie mentale, a été déclaré coupable de meurtre et condamné à une peine d'emprisonnement à vie. Ses demandes de grâce ont été rejetées en raison du risque de récidive. Invoquant l'article 3 de la Convention, le requérant se plaignait de s'être vu imposer une peine perpétuelle sans possibilité de réexamen.*

En droit : *(violation de l'art. 3). Le fait que la sanction infligée à M. Murray n'était pas assortie d'une mesure stipulant qu'il devait être soigné et que celui-ci ne sollicita jamais de thérapie n'exonérait pas le Gouvernement de toute obligation à cet égard pour la durée de l'incarcération de l'intéressé ni de l'obligation de dispenser au requérant les soins médicaux appropriés pour favoriser son amendement. Si le principe de réinsertion des détenus est consacré explicitement, au moins depuis 1999, par le droit interne applicable, le risque de voir le requérant récidiver fut jugé trop élevé pour qu'il pût prétendre à l'octroi d'une grâce ou d'une libération conditionnelle. Le traitement formait en pratique une condition préalable à son progrès sur la voie de l'amendement. Eu égard au fait que le requérant n'a bénéficié d'aucun traitement et que ses besoins en la matière n'ont jamais été évalués, au moment de l'introduction par lui de sa requête devant la Cour, aucun de ses recours en grâce n'était en pratique apte à mener à la conclusion qu'il avait fait des progrès tels sur la voie de l'amendement qu'aucun motif d'ordre pénologique ne*

85. Cf. la conformité de la perpétuité française à la Convention (révision possible en l'espèce vingt-six ans après la condamnation pour un détenu qui sera alors âgé de 87 ans) : CEDH, 13 nov. 2014, *Bodein c/ France*, n° 40014/10, *JCP* 2014 act. 1223, obs. L. Milano, *JCP* 2015, chron. 70, n° 2, obs. F. Sudre, *RPDP* 2014. 907, obs. N. Hoffschir, *AJ Pénal* 2015. 105, obs. J.-P. Céré, *AJDA* 2015. 150, obs. L. Burgorgue-Larsen, *RSC* 2015. 158, obs. D. Roets. Cf. cependant CEDH, 4 oct. 2016, *T.P. et A.T. c/Hongrie*, n° 37871/14, *Dalloz Actu.* 21 oct. 2016, obs. E. Autier, *Dr. Pénal* 2016, com. 182 par E. Bonis-Garcon : l'arrêt conclut à l'incompatibilité de la législation hongroise sur le réexamen des peines de réclusion à perpétuité, la période d'attente – qui est de 40 ans – étant jugée trop longue.

86. CEDH, Gr. Ch., 26 avr. 2016, *Murray c/Pays-Bas*, n° 10511/10, *D.* 2016. 1542, note J.-F. Renucci, *JCP* 2016. 569, obs. F. Sudre, *AJ Pénal* 2016. 322, obs. V. Vouleli et D. van Zyl Smit, *RSC* 2016. 582, obs. D. Roets, *Dr. Pénal* 2016, com. 120 par V. Peltier, *Dr. Pénal* 2017, n° 3, chron. 3, obs. E. Bonis-Garçon.

87. J.-F. Renucci, note. préc.

justifiait plus son maintien en détention. Aussi, la peine n'était-elle pas de facto compressible et il y a donc eu violation de l'article 3 de la Convention.

2. Les mesures de sécurité

135. Les fouilles corporelles. – La « fouille intégrale », nécessaire dans certaines circonstances pour assurer la sécurité et la protection de l'ordre public, doit être conduite en respectant la personne du détenu, sans amoindrir sa dignité[88]. Il n'en reste pas moins que les fouilles corporelles doivent, en sus d'être « nécessaires », être menées selon des « modalités adéquates », de manière à ce que le degré de souffrance ou d'humiliation subi par les détenus ne dépasse pas celui que comporte inévitablement cette forme de traitement légitime. À défaut, elles enfreignent l'article 3 de la Convention. Il va en outre de soi que « plus importante est l'intrusion dans l'intimité du détenu fouillé à corps, plus grande est la vigilance qui s'impose »[89].

CEDH, 12 juin 2007,* Frérot c/ France, *n° 70204/01 :
En fait : *Le requérant, ancien membre d'Action Directe, a été condamné à la réclusion criminelle à perpétuité. Enregistré comme « détenu particulièrement signalé » (DPS), il soutient que les modalités de la fouille intégrale telles que prévues par la notice technique annexée à la circulaire du 14 mars 1986 sont inhumaines et dégradantes.*
En droit : *La fouille corporelle des détenus n'est pas, en soi, illégitime : ces fouilles, intégrales, peuvent parfois se révéler nécessaires pour assurer la sécurité dans une prison (y compris à l'égard du détenu lui-même), défendre ou prévenir les infractions pénales. Mais ces fouilles doivent être non seulement « nécessaires », mais aussi être menées selon des « modalités adéquates » de manière à ce que le degré de souffrance ou d'humiliation subi par le détenu ne dépasse pas celui que comporte inévitablement cette forme de traitement légitime. À défaut, elles enfreignent l'article 3 (§ 38). C'est le cas en l'espèce, la Cour analysant les fouilles litigieuses en un traitement dégradant (mais pas inhumain), notamment en raison de leur fréquence et du fait que d'un lieu de détention à un autre, les modalités les plus intrusives dans l'intimité corporelle ont été appliquées de manière variable (§§ 45 s.).*

En toute hypothèse, la mesure doit être respectueuse de la dignité humaine et ne pas être pratiquée de manière humiliante et injustifiée[90]. Le

88. CEDH, 24 juill. 2001, *Valasinas c/ Lituanie*, préc., § 117 ; 15 nov. 2001, *Iwanczuk c/ Pologne*, n° 49350/99 ; 12 juin 2007, *Frérot c/ France*, n° 70204/01, *JCP* 2007-I-182 n° 3, obs. F. Sudre, *RFDA* 2008, p. 737, obs. H. Labayle et F. Sudre, *Dr. Pénal* 2008. 33, obs. E. Dreyer, *AJ Pénal* 2007. 336, obs. M. Herzog-Evans, *RSC* 2008. 148, obs. D. Roets, et 404, obs. P. Poncella, *D.* 2007. 2632, obs. G. Roujou de Boubée, Th. Gare, M.-H. Gozzi et S. Mirabal, *D.* 2008. 1015, note J.-P. Céré, M. Herzog-Evans et E. Pechillon.

89. Aff. *Frérot*, préc., § 38.

90. CEDH, 20 janv. 2011, *El Shennawy c/ France*, n° 51246/08, *JCP* 2011. 914. 1507, n° 7, obs. F. Sudre, *AJ Pénal* 2011. 88, obs. M. Herzog-Evans, *D.* 2011. 1036, obs. J.-P. Céré, M. Herzog-Evans et E. Pechillon, *RSC* 2011. 704, obs. D. Roets, *Dr. Pénal* 2012, n° 4, chron. 3, com. n° 8, obs. E. Dreyer, *AJDA* 2012. 133, obs. M.-Ch. de Monecler, et 1993, obs. L. Burgorgue-Larsen, *RFDA* 2012. 455, obs. H. Labayle et F. Sudre.

principe de nécessité et de proportionnalité doit s'appliquer, car si en soi la mesure n'est pas contraire à l'article 3 elle doit toutefois s'avérer indispensable. S'il est vrai qu'une fouille isolée peut être contraire à l'interdiction des mauvais traitements[91], la plupart du temps c'est la fréquence de la mesure qui posera problème et qui sera le signe d'une atteinte au droit garanti[92]. Ainsi que l'ont précisé les juges européens, il est porté atteinte à la Convention lorsque la mesure provoque « un sentiment d'arbitraire, d'infériorité et d'angoisse caractérisant un degré d'humiliation dépassant celui, tolérable parce qu'inéluctable, que comporte inévitablement la fouille corporelle des détenus »[93]. Il est évident que ces fouilles doivent être motivées de façon précise[94].

136. L'isolement cellulaire. - La gravité de la mesure est réelle, mais pour autant l'isolement cellulaire n'est pas, en soi, contraire à l'article 3 de la Convention[95] : il ne peut en être autrement que si ses conditions sont telles qu'elles peuvent aboutir à une destruction de la personnalité[96]. Comme cela a été rappelé dans l'affaire *Ramirez-Sanchez*, le maintien à l'isolement du requérant et sa durée doivent atteindre le seuil de gravité nécessaire pour constituer un traitement inhumain au sens de l'article 3[97]. Il est cependant évident que l'isolement sensoriel complet, combiné à un isolement social total, peut détruire la personnalité et constitue une forme de traitement inhumain que les exigences de la sécurité ou toute autre raison ne peuvent justifier[98]. En revanche, l'interdiction de contacts avec d'autres détenus pour des raisons de sécurité, de discipline et de protection ne constitue pas en elle-même une forme de peine ou de traitements inhumains[99].

91. CEDH, 24 juill. 2001, *Valasinas c/ Lituanie*, n° 44558/98 ; 15 nov. 2001, *Iwanczuk c/ Pologne*, n° 25196/95 ; 11 déc. 2003, *Yankov c/ Bulgarie*, n° 39084/97, § 110.

92. CEDH, 9 juill. 2009, *Khider c/ France*, n° 39364/05, *Gaz. Pal.* 28-29 oct. 2009, p. 20, note J.-F. Renucci. *D.* 2009. 2462, note M. Herzog-Evans, *D.* 2009 Pan. 2825, obs. G. Roujou de Boubée, *D.* 2010 Pan. 1378, obs. J.-P. Céré, *RSC* 2010. 225, obs. J.-P. Marguénaud, et 645, obs. P. Poncella, *RDP* 2010. 864, obs. M. Levinet, *Dr. Pénal* 2010, n° 4, chron. n° 3, obs. E. Dreyer, *RFDA* 2010. 587, obs. H. Labayle, F. Sudre, J. Andriantsimbazovina et L. Sermet, *AJDA* 2010. 944, obs. M. Moliner-Dubost.

93. Aff. *El Shennavy*, préc., § 46.

94. CEDH, 15 sept. 2015, *Milka c/Pologne*, n° 14322/12, *D.* 2015. 2010, obs. J. Falxa.

95. CEDH, 25 juill. 2000 (déc.), *Legret c/ France*, n° 42553/98 *D.* 2002. 118, note J.-P. Céré. V° pour les établissements pénitentiaires de haute sécurité : CEDH, 4 févr. 2003, *Van der Ven c/ Pays-Bas*, n° 52750/99, § 49 et s., *RSC* 2004. 448, obs. Fl. Massias, *D.* 2004. 1101, obs. J.-P. Céré ; 4 févr. 2003, *Lorsé et autres c/ Pays-Bas*, n° 50901/00, *D.* 2004. 1101, obs. J.-P. Céré, *RSC* 2004. 448, obs. Fl. Massias, *JCP* 2003-I-160, n° 2, obs. F. Sudre.

96. Comm. EDH, 8 juill. 1976, *Ensslin, Baader et Raspe c/ RFA*, DR 14/64 ; 16 déc. 1982, *Kricher et Miller*, DR 34/25 ; 9 juill. 1991, *Treholt c/ Norvège*, DR 71/168. Cf. CEDH, 9 oct. 2012, *X c/ Turquie*, n° 24626/09, *Dr. Pénal* 2013, n° 4, chron. 4, obs. E. Dreyer (placement en isolement d'un prisonnier en raison de son orientation sexuelle dans des conditions ne respectant pas la dignité humaine).

97. CEDH, 27 janv. 2005, *Ramirez Sanchez c/ France*, n° 59450/00, §§ 102 à 120, *D.* 2005, Pan. 1272, obs. J.-P. Céré, *JCP* 2005-I-159, n° 4, obs. F. Sudre, *AJDA*, 2005. 1388, obs. D. Costa ; CEDH, Gr. Ch., 4 juill. 2006, *Ramirez Sanchez c/ France*, n° 59450/00, *RPDP* 2006. 881, obs. J.-F. Renucci et C. Bîrsan, *JCP* 2007-I-106, n° 2, obs. F. Sudre, *JDI* 2007. 717, obs. E. Delaplace.

98. Aff. *Van der Ven c/ Pays-Bas*, préc., § 49 et s.

99. CEDH, (déc.), 8 juin 1999, *Messina c/ Italie*, n° 25498/94 ; 4 févr. 2003, *Lorsé et autres c/ Pays-Bas*, préc. ; 27 janv. 2005, *Ramirez Sanchez c/ France*, n° 59450/00, § 100 (confirmation par Gr. Ch. : v° *supra*, note 92) ;

L'évaluation des conditions de détention implique de prendre en considération leurs effets cumulatifs, ainsi que les allégations spécifiques du requérant[100]. Dès lors que les différentes mesures finissent par provoquer des sentiments d'angoisse et d'infériorité de nature à humilier et à abaisser le détenu, le mauvais traitement au sens de l'article 3 est caractérisé[101]. Il reste que, s'agissant de l'isolement cellulaire, la Cour européenne a tendance à durcir sa position : comparé à l'arrêt *Ramirez-Sanchez*, l'arrêt *Khider* témoigne d'une plus grande sévérité à l'égard des États[102]. En particulier, les détenus qualifiés de dangereux ne doivent plus être systématiquement soumis à un régime spécial pendant des années[103].

CEDH, 9 juill. 2009,* Khider c/ France, *n° 39364/05 :

En fait : *Inscrit au registre des « détenus particulièrement signalés » (DPS), le requérant a passé plusieurs phases de sa détention dans les quartiers d'isolement de différents établissements. Il se plaint des prolongations injustifiées et répétées de son maintien à l'isolement en dépit des constats des médecins selon lesquels sa santé était gravement endommagée de ce fait.*

En droit : *La Cour constate que si les motifs énoncés pour justifier l'isolement (tentative d'évasion, comportement agressif...) étaient pertinents au début de la mesure, ils ont cessé de l'être par la suite (§ 118). La Cour constate surtout que plusieurs prolongations ont été ordonnées en dépit des diagnostics des médecins qui suivaient l'état de santé du requérant. « À la lumière de ces considérations, la Cour estime qu'alors qu'il faisait déjà l'objet de mesures de transferts réitérés, la mise à l'isolement pour une si longue période, combinée avec la dégradation de l'état de santé psychologique et somatique du requérant, qui d'après les certificats médicaux serait imputable aux prolongations répétées de celle-ci, entre en ligne de compte pour apprécier si le seuil de gravité requis par l'article 3 a été atteint » (§ 122).*

Toutefois, le fait de placer à l'isolement un détenu atteint de graves troubles mentaux ne constitue pas forcément une violation de l'article 3, d'autant plus que la Cour a jugé qu'il est logique de recourir à une telle mesure au vu des troubles mentaux du requérant et des risques potentiels pour lui-même et pour les autres. Le maintien à l'isolement n'enfreint pas l'article 3 s'il est accompagné d'une prise en charge médicale appropriée et s'il ne constitue

Gr. Ch., 8 juill. 2004, *Ilascu et autres c/ Moldova et Russie*, préc., § 432. Cf. aussi Comm. EDH, 9 juill. 1991, *Treholt c/ Norvège*, préc.

100. CEDH, 6 mars 2001, *Dougoz c/ Grèce*, n° 40907/98, § 46.

101. Aff. *Van der Ven*, préc., § 62 ; aff. *Lorsé*, préc., § 79 (isolement cellulaire et fouilles à corps, rasage des cheveux) ; cf. aussi CEDH, 24 avr. 2003, *Poltoratskiy c/ Ukraine*, n° 38812/97, § 149 ; 11 déc. 2003, *Yankov c/ Bulgarie*, n° 39084/97, § 114, *RSC* 2004. 449, obs. Fl. Massias. (rasage de force du crâne d'un détenu).

102. CEDH, 9 juill. 2009, *Khider c/ France*, préc.

103. Aff. *Khider*, *ibid.* Cf. aussi : CEDH, 17 avr. 2012, *Piechovicz c/ Pologne*, n° 20071/07 ; 17 avr. 2012, *Horych c/ Pologne*, n° 13621/08.

pas une épreuve d'une intensité particulière excédant le niveau inévitable de souffrance inhérent à la détention[104].

137. Les rotations (ou transfèrements) de sécurité. – Les transfèrements ou rotations de sécurité peuvent légitimement s'imposer, notamment en cas de risques d'évasion. Ces mesures peuvent être relativement fréquentes si elles sont nécessaires, mais encore faut-il qu'un juste équilibre soit ménagé entre les impératifs de sécurité et l'exigence d'assurer au détenu des conditions humaines de détention[105]. Il est absolument indispensable que le risque soit réel et encore actuel sous peine d'une violation de l'article 3 de la Convention[106]. Ainsi que l'a précisé le Comité de prévention de la torture, « le transfert continu d'un détenu d'un établissement vers un autre peut avoir des conséquences néfastes sur son bien-être, sur ses possibilités de réinsertion, ainsi que de compliquer le maintien de contacts appropriés avec son avocat et sa famille »[107].

B. Les étrangers

138. L'article 3 et l'éloignement des étrangers. – Toute mesure d'éloignement du territoire pouvant exposer l'étranger en cause à des mauvais traitements dans le pays de destination, est contraire à l'article 3 de la Convention : la solution a été retenue pour la première fois dans l'arrêt *Soering* à propos d'une extradition[108]. Il faut naturellement que des raisons sérieuses permettent de croire à l'existence d'un risque réel, mais il est intéressant d'observer que, dans ce cas de figure, nous sommes en présence, non pas d'une violation alléguée, mais d'une violation virtuelle : les juges européens anticipent sur une possible, mais hypothétique, violation des droits de l'homme. Ils consacrent ainsi la notion de « victime potentielle », n'hésitant pas à condamner l'État en

104. CEDH, 3 nov. 2011, *Cocaign c/ France*, n° 32010/07, § 74, *RPDP* 2012. 182, obs. P. Beauvais. Violation si des violences sont exercées : CEDH, 20 oct. 2011, *Alboreo c/ France*, n° 51019/08, *AJ Pénal* 2012. 175, obs. M. Herzog-Evans, *AJDA* 2011. 889, obs. L. Burgorgue-Larsen, *RSC* 2012. 263, obs. J.-P. Marguénaud.

105. CEDH, 20 janv. 2011, *Payet c/ France*, n° 19606/08, *D. Actu.*, p. 380, obs. S. Lavric, *AJ Pénal* 2011. 88 M. Herzog-Evans, *D.* 2011. 643, note J.-P. Céré, *JCP* 2011, 914. 1510 n° 17, obs. F. Sudre, *RSC* 2011. 718, obs. J.-P. Marguénaud, *RSC* 2012. 211, obs. P. Poncela, *JCP* 2011 act. 184, obs. B. Pastre-Belda, *Gaz. Pal.* 2011 2, 891, note E. Senna, *Procédures* 2011 com. 94, obs. N. Fricero, *Dr. Pénal* 2012, n° 4, chron. 3, com. 8, obs. E. Dreyer, *AJDA* 2011. 139, obs. R. Grand et 1993, obs. L. Burgorgue-Larsen. Comp. CEDH, 10 nov. 2011, *Plathey c/ France*, n° 48337/09, § 57, *Dr. Pénal* 2012, n° 4, chron. 3, com. 8, obs. E. Dreyer, *RPDP* 2012. 182, obs. P. Beauvais.

106. Aff. *Khider*, préc., § 110. Cf. aussi : CEDH (déc.), 1er oct. 2013, *Khider c/ France*, n° 56054/12, *Dalloz Actu.* 13 nov. 2013, obs. L. Sadoun-Jarin (irrecevabilité).

107. CPT, Rapport concernant la France, 2007.

108. CEDH, 7 juill. 1989, *Soering c/ Royaume-Uni*, n° 14038/88, *JCP* 1990-II-3452, note H. Labayle, *RGDIP* 1990. 103, obs. F. Sudre, *RUDH* 1990. 5, obs. J. Ganshof Van Der Meersch, § 91. Cf. égal. Comm. EDH, 3 mai 1983, *Altun c/ Pays-Bas*, DR 36/209 (dès lors naturellement que le droit de recours individuel, à l'époque facultatif, est reconnu) ; CEDH (déc.), 16 oct. 2001, *Einhorn c/ France*, n° 71555/01, § 25, *RTDH*, 2002. 709, obs. M. Puéchavy ; 8 nov. 2005, *Bader et autres c/ Suède*, n° 13284/04, § 48. V° aussi CEDH, 7 juin 2007, *Garabaïev c/ Russie*, n° 38411/02 ; 11 juill. 2000, *Jabari c/ Turquie*, *JCP* 2001-I-291, n° 5, obs. F. Sudre ; 22 juin 2006, *D. et autres c/ Turquie*, n° 24245/03, § 52 ; 15 mai 2012, *Labsi c/ Slovaquie*, n° 33809/08 ; 5 févr. 2013, *Zokhidov c/ Russie*, n° 67286/10.

cause, au titre de la satisfaction équitable, alors qu'il n'y a ni infraction ni dommage.

***CEDH, 7 juill. 1989*, Soering c/ Royaume-Uni, *nº 14038/88* :**
En fait : *Le requérant, de nationalité allemande, est détenu en Angleterre en attendant son extradition vers les États-Unis où il doit répondre d'accusations d'assassinat dans l'État de Virginie, État qui n'a pas aboli la peine de mort. Selon le requérant, si la décision du Gouvernement britannique de le livrer aux États-Unis était exécutée, le Royaume-Uni violerait l'article 3 de la Convention puisqu'il serait alors exposé au « syndrome du couloir de la mort ».*
En droit : *Aucun détenu condamné à mort ne saurait éviter l'écoulement d'un certain délai entre le prononcé et l'exécution de la peine, ni les fortes tensions inhérentes au régime rigoureux d'incarcération nécessaire. La Cour reconnaît que le système judiciaire auquel le requérant se verrait assujetti aux États-Unis n'est en soi ni arbitraire ni déraisonnable. Eu égard, cependant, à la très longue période à passer dans le "couloir de la mort" dans des conditions aussi extrêmes, avec l'angoisse omniprésente et croissante de l'exécution de la peine capitale, et à la situation personnelle du requérant, en particulier son âge et son état mental à l'époque de l'infraction, une extradition vers les États-Unis exposerait l'intéressé à un risque réel de traitement dépassant le seuil fixé par l'article 3 (art. 3). En conclusion, la décision ministérielle de livrer le requérant aux États-Unis violerait l'article 3 si elle recevait exécution (§ 111).*

Par la suite, cette solution consacrée pour les étrangers faisant l'objet d'une extradition a été étendue à toute mesure d'éloignement, mais encore faut-il qu'il y ait des raisons sérieuses de croire qu'il sera soumis, dans l'État de destination, à des mauvais traitements[109] : les juges européens se montrent rigoureux à cet égard[110]. Mais il est certain que la simple éventualité de mauvais

109. Comm. EDH, 30 sept. 1974, *X c/ RFA*, DR 1, p. 73 ; CEDH, 23 mai 2001, *Denizci et autres c/ Chypre*, nº 25316/94..., § 386. Vº des hypothèses où cela n'a pas été le cas : CEDH, 20 mars 1991, *Cruz Varas et autres c/ Suède*, nº 15576/89, § 82, *AFDI* 1991, p. 582, obs. V. Coussirat-Coustère, *JDI* 1992, p. 783, obs. E. Decaux et P. Tavernier, *D.* 1992 Somm. 327, obs. J.-F. Renucci, 24 juill. 2014, *Calovskis c/ Lettonie*, nº 22205/13 (extradition aux États-Unis pour une affaire de cybercriminalité). Vº Hypothèses où le risque de violation n'est pas sérieux : CEDH, 20 sept. 2007, *Sultani c/ France*, nº 45223/05, §§ 67 et 68 ; 4 déc. 2008, *Y. c/ Russie*, nº 20113/07, *AJDA* 2009. 872, obs. J.-F. Flauss. *Adde* CEDH, 20 janv. 2009, *F. H. c/ Suède*, nº 32621/06. Pour l'éloignement des étrangers en application du Règlement de Dublin, cf. : CEDH, Gr. Ch., 21 janv. 2011, *M.S.S. c/ Belgique et Grèce*, nº 30696/09, *JDI* 2012, chron. 6, obs. A. Decaux, P. Tavernier, M. Boumghar et autres, Constitutions 2011. 334, obs. A. Levade, *RFDA* 2012. 455, obs. H. Labayle et F. Sudre ; CEDH, Gr. Ch., 4 nov. 2014, *Tarakhel c/ Suisse*, nº 29217/12, *JCP* 2014, act. 1222, obs. C. Picheral, *JCP* 2015, chron. 70, nº 4, obs. F. Sudre, *AJDA* 2015. 150, obs. L. Burgorgue-Larsen, *RTDH* 2016. 245, note C. Lageot, *JDI* 2015, nº 4, chron. 7, nº 19, obs. M. Fernandez. Cf. cependant : CEDH (déc.), 13 janv. 2015, *A.M.E. c/ Pays-Bas*, nº 51428/10, *Dalloz Actu.* 26 févr. 2015, obs. C. Fleuriot. *Adde* le cas particulier des demandeurs d'asile déboutés, dont le renvoi suscite désormais quelques difficultés : CEDH, 10 oct. 2013, *K.K. c/ France*, nº 18913/11, *Dalloz Actu.* 18 nov. 2013, obs. C. Fleuriot, *JCP* 2013, 1145, p. 2023, obs. B. Pastre-Belda, *JDI* 2013, chron. 6, nº 13, obs. M. Fernandez ; 14 nov. 2013, *Z.M. c/ France*, nº 40042/11, *Dalloz Actu.* 5 déc. 2013, obs. C. Fleuriot ; 19 déc. 2013, *N.K. c/ France*, nº 7974/11, *Dalloz Actu.* 17 janv. 2014, obs. C. Fleuriot. Cf. aussi : CEDH, 23 mars 2016, *F.G. c/Suède*, nº 43611/11, *Dalloz Actu.* 7 avr. 2016, obs. C. Fleuriot, *JCP* 2016. 439, obs. G. Gonzalez, *RTDH* 2017. 351 note A. Schahmaneche et M. Afroukh : l'expulsion d'un iranien converti au christianisme peut constituer une violation de l'art. 3 de la Convention (et aussi de l'art. 2).

110. Cf. récemment : CEDH, 28 juin 2011, *Sufi et Elmi c/ Royaume-Uni*, nº 8319/07, *JCP* 2011, 914, 1508, nº 8, obs. F. Sudre, *RFDA* 2012. 455, obs. H. Labayle et F. Sudre. Cf., l'hypothèse d'une demande d'asile et d'un risque d'excision où la Cour a estimé que compte tenu de son âge (28 ans) et de son éducation

traitements n'entraîne pas en soi une infraction à l'article 3, les répercussions étant trop lointaines[111]. En revanche, la détérioration d'un état de santé interdit toute mesure d'éloignement qui en serait la cause, mais encore faut-il que le risque soit certain[112]. Il en est de même si la mesure concerne un étranger mineur, en raison de sa grande vulnérabilité, dès lors que des précautions particulières ne sont pas prises sur le territoire d'accueil[113]. La même solution s'impose en cas, soit de risque avéré de subir la peine capitale dans le pays de destination[114], soit d'une dégradation générale de la sécurité dans ledit pays[115].

Les principes de l'arrêt *Soering* sont toujours d'actualité[116]. L'arrêt *Saadi* semble même vouloir aller plus loin, précisant que dans les affaires où un requérant allègue faire partie d'un groupe systématiquement exposé à une pratique de mauvais traitements, la protection de l'article 3 de la Convention entre en jeu lorsque l'intéressé démontre qu'il y a des motifs sérieux et avérés

---

progressiste, la requérante ne peut pas être considérée comme une jeune femme particulièrement vulnérable, concluant ainsi à l'absence de violation de l'art. 3 : CEDH, 19 janv. 2016, *Sow c/Belgique*, n° 27081/13.

111. CEDH, 30 oct. 1991, *Vilvarajah et autres c/ Royaume-Uni*, n° 13163/87..., § 115, *AFDI* 1991. 589, obs. V. Coussirat-Coustère, *JDI* 1992. 801, obs. E. Decaux et P. Tavernier, *RUDH* 1992. 1, obs. F. Sudre et autres, *RTDH* 1993. 417, obs. M. Bossuyt et I. Lammerant. Cf. égal. CEDH, 29 avr. 1997, *HLR c/ France*, *D.* 1997 Somm. 358, obs. J.-F. Renucci. Cf. aussi : CEDH, 26 avr. 2005, *Müslim c/ Turquie*, n° 53566/99, § 69 ; 28 juill. 2005, *N. c/ Finlande*, n° 38885/02 ; 17 janv. 2006, *Aoulmi c/ France*, n° 50278/00, § 66 ; 15 nov. 2011, *Al Hanchi c/ Bosnie-Herzégovine*, n° 48205/09, *RPDP* 2012, p. 186, obs. P. Beauvais cf. aussi, CEDH, 22 sept. 2011, *H. R. c/ France*, n° 64780/09 ; CEDH, déc., 1er sept. 2015, *M.K. c/France*, n° 76100/13.

112. CEDH, 2 mai 1997, *D. c/ Royaume-Uni*, n° 30240/96, *RSC* 1998. 380, obs. R. Koering-Joulin, *JCP* 1998-I-107, n° 10, obs. F. Sudre ; CEDH, 6 févr. 2001, *Bensaid c/ Royaume-Uni*, *JCP* 2001-I-342, n° 6, obs. F. Sudre (non-violation de l'art. 3 en raison du caractère hypothétique du risque). CEDH, 27 mai 2008, *N. c/ Royaume-Uni*, n° 26565/05, *JCP* 2008-I-167 n° 7, obs. F. Sudre, *RTDH* 2009. 261, obs. F. Julien-Laferrière, *RTD Civ.* 2008. 643, obs. J.-P. Marguénaud. Dans le prolongement de cet arrêt, cf. : CEDH, 27 févr. 2014, *S.J. c/ Belgique*, n° 70055/10, *RTDH* 2014. 977, note J.-P. Marguénaud. *Adde* CEDH (déc.), 8 mars 2007, *Collins et A. Akaziebie c/ Suède*, n° 23944/05, *AJDA* 2007. 1925, obs. J.-F. Flauss. Cf. aussi les précisions (critiquées) sur la notion de « cas très exceptionnels » : CEDH, 13 déc. 2016, *Paposhvili c/Belgique*, n° 41738/10, *Dalloz Actu.* 16 déc. 2016, obs. D. Poupeau, *JCP* 2017, n° 1-2, Doctr. 32, n° 6, obs. F. Sudre, *AJDA* 2017. 157, obs. L. Burgorgue-Larsen. L'art. 3 n'oblige pas pour autant l'État à offrir aux immigrés en situation irrégulière des soins de santé gratuits et illimités : non-violation pour un demandeur d'asile handicapé ne démontrant pas que son expulsion l'exposerait à de mauvais traitements (CEDH, 29 janv. 2013, *S.H.H. c/ Royaume-Uni*, n° 60367/10). Comp. CJUE, 16 févr. 2017, aff. C-578/16 (le transfert d'un étranger gravement malade peut constituer un traitement inhumain).

113. CEDH, 12 oct. 2006, *Mubilanzila Mayeka et Kaniki Mitunga c/ Belgique*, n° 13178/03, § 71, *D.* 2007. 771, note P. Muzny. Cf. aussi : CEDH, 16 avr. 2013, *Aswat c/ Royaume-Uni*, n° 17299/12, *RFDA* 2014, p. 538, obs. H. Labayle et F. Sudre.

114. CEDH, 2 mars 2010, *Al-Saadoon et Mufdhi c/ Royaume-Uni*, n° 61498/08, *RFDA* 2011. 987, obs. H. Labayle et F. Sudre. Cf. aussi CEDH, 29 oct. 2015, *A.L. (X.W.) c/Russie*, n° 44095/14, *AJDA* 2017. 157, obs. L. Burgorgue-Larsen (expulsion vers la Chine) sur le terrain de l'art. 3, mais aussi sur celui de l'art. 2. *Adde* dans le même sens : CEDH, 15 oct. 2015, *M. L. et autres c/Russie*, n° 40081/14 (renvois en Syrie)

115. CEDH, Gr. Ch., 23 août 2016, *J.K. et a. c/Suède*, n° 59166/12, *Dalloz Actu.* 5 oct. 2016, obs. B. Herisset, *JCP* 2016. 1011, obs. F. Sudre, où la Cour a pris en compte les effets cumulés de la situation personnelle des requérants et la capacité amoindrie des autorités irakiennes à les protéger.

116. V° CEDH, 3 déc. 2009, *Daoudi c/ France*, n° 19576/08 ; 18 avr. 2013, *Mo. M. c/ France*, n° 18372/10, *Dalloz Actu.* 23 mai 2013, obs. N. Devouèze, *RPDP* 2013. 710, obs. J.-F. Renucci ; 6 juin 2013, *M.E. c/ France*, n° 50094/10, *JCP* 2013 Actu., p. 1228, obs. L. Milano, *RPDP* 2013, p. 711, obs. J.-F. Renucci (renvoi d'un chrétien copte vers l'Égypte). *Adde* CEDH, 15 janv. 2015, *A.A. c/ France*, n° 18039/11, et *A.F. c/ France*, n° 80086/13, *Dalloz Actu.* 27 janv. 2015, obs. C. Fleuriot, *JCP* 2015. 845, n° 6, obs. F. Sudre ; 9 juill. 2015, *R. K. c/France*, n° 61264/11, *Dalloz Actu.* 22 juill. 2015, obs. C. Fleuriot. Inversement, il n'y a pas violation de l'art. 3 si les garanties obtenues de la part de l'État de destination sont suffisantes : CEDH, 10 août 2006, *Olaechea Cahuas c/ Espagne*, n° 24668/03. V° pour les zones de transit : CEDH, 24 janv. 2008, *Riad et Idiab c/ Belgique*, n° 29787/03, *JCP* 2008-I-167 n° 5, obs. F. Sudre.

de croire à l'existence de la pratique en question et à son appartenance au groupe visé[117]. Il reste que l'appréciation du « risque réel » ne peut se faire qu'au cas par cas[118]. En l'état actuel des choses et comme cela a été observé[119], le risque de soumission à un traitement contraire à l'article 3 n'est présumé que dans deux hypothèses : la première est constituée par la situation d'extrême violence régnant dans le pays de destination, la seconde concernant l'individu appartenant à un groupe systématiquement exposé à des mauvais traitements dans le pays d'accueil. Il est intéressant d'observer que la Cour s'interroge aussi sur l'intérêt spécial que présente la personne expulsée pour les forces de sécurité de l'État de destination[120].

Il est important de préciser que c'est en principe au requérant de produire des éléments de preuve propres à démontrer qu'il existe des motifs sérieux de croire que si la mesure d'éloignement était mise à exécution, il serait exposé à un risque réel de subir des mauvais traitements au sens de l'article 3 de la Convention. Lorsque de tels éléments sont produits, il incombe aux autorités étatiques de dissiper les doutes éventuels à ce sujet[121]. Il est certain que le défaut d'examen par les autorités nationales du risque de mauvais traitements avant une mesure d'éloignement constitue une violation de l'article 3 de la Convention[122].

139. L'éloignement des étrangers vers un pays membre du Conseil de l'Europe. – La question est délicate dès lors que la mesure d'éloignement envisagée concerne un pays membre du Conseil de l'Europe, un pays qui a donc, par hypothèse, signé et ratifié la Convention européenne des droits de l'homme. Si depuis l'arrêt *Soering*, il est admis que toute mesure d'éloignement d'un étranger vers un État où existe un risque de violation des droits fondamentaux constitue une violation de la Convention, une solution différente était traditionnellement retenue si le pays de destination était un État membre de l'Organisation. Il allait de soi que, dans cette hypothèse, la mesure d'éloignement ne pouvait être contraire à l'article 3 : la règle était logique dans la mesure où les mêmes droits sont garantis, tant dans le pays de départ que dans celui de destination.

À cet égard, un revirement jurisprudentiel est intervenu, ce qui peut susciter de légitimes inquiétudes quant au degré de protection des droits fondamentaux dans la « maison commune ». Depuis l'arrêt *Chamaïev*, la règle est identique, qu'il s'agisse d'un État membre de l'Organisation ou d'un État tiers : toute mesure d'éloignement est contraire à la Convention si, sur

117. Aff. *Saadi*, préc., § 132. Comp. CEDH, 11 janv. 2007, *Salah Sheekh c/ Pays-Bas*, nº 1948/04, *AJDA* 2007. 905, obs. J.-F. Flauss, *RFDA* 2008. 737, obs. H. Labayle et F. Sudre.

118. Aff. *Saadi*, préc., §§ 132 et 143.

119. J.-F. Flauss, obs. *in AJDA* 2008. 1929.

120. CEDH, 8 avr. 2008, *Nnyanzi c/ Royaume-Uni*, nº 21878/06 ; aff. *NA*, *préc.*

121. CEDH, 17 juill. 2008, *N.A. c/ Royaume-Uni*, nº 25904/07, *AJDA* 2008, p. 1929, obs. J.-F. Flauss ; 19 sept. 2013, *R.J. c/ France*, nº 10466/11, *Dalloz Actu.* 26 sept. 2013, obs. C. Fleuriot, *AJDA* 2014, p. 147, obs. L. Burgorgue-Larsen.

122. CEDH, 26 janv. 2017, *X. c/Suisse*, nº 16744/14.

place, il existe un risque d'atteinte aux droits garantis[123]. Cet arrêt doit être approuvé, car il est réaliste et protecteur des droits fondamentaux, la présomption de respect des droits de l'homme par les États membres étant parfois bien théorique. Il reste que si cette réalité doit être prise en compte, elle est inquiétante tant il est vrai qu'elle apparaît, dans une certaine mesure, comme un constat d'échec du système européen de protection.

CEDH, 12 avr. 2005,* Chamaïev et autres c/ Géorgie et Russie, *nº 36378/02 :

En fait : *Les requérants sont des ressortissants géorgiens et russes, d'origine tchétchène et kist. Ils ont saisi la Cour européenne, soutenant que leur extradition vers la Russie par la Géorgie serait (notamment) contraire à l'article 3 de la Convention*

En droit : *La Cour observe que pour l'un des requérants il y aurait violation de l'article 3 si la décision de l'extrader était mise à exécution. Pour en arriver à cette solution, la Cour a tout d'abord observé avec inquiétude que les autorités russes entravent sérieusement le « suivi » international des droits des détenus dans le cadre du conflit tchétchène. Elle insiste ensuite sur un phénomène nouveau et extrêmement alarmant : des personnes d'origine tchétchène ayant introduit une requête devant la Cour sont victimes de persécution et de meurtre. À la lumière de tous ces éléments postérieurs au 28 novembre 2002, la Cour estime que les appréciations ayant conduit à une décision favorable à l'extradition de M. Guélogaïev il y a deux ans ne suffisent plus pour exclure à l'égard de celui-ci tout risque de mauvais traitements prohibés par la Convention (§§ 364 à 367).*

Section 2
La preuve des mauvais traitements

140. Les difficultés probatoires. – Les mauvais traitements sont très difficiles à prouver même si les juges européens peuvent procéder à une mission d'enquête sur place[124] ou encore se référer aux données rassemblées par le Comité européen de prévention de la torture ou des traitements inhumains ou dégradants. Face à ces difficultés, les juges européens ont été amenés à se référer au critère traditionnel de la « preuve au-delà de tout doute raisonnable » tout en consacrant une obligation procédurale.

123. CEDH, 12 avr. 2005, *Chamaïev et 12 autres c/ Géorgie et Russie,* nº 36378/02, §§ 385 et 386 (extradition contraire à l'art. 3). Cf. plus récemment : CEDH, 28 mars 2013, *I.K. c/ Autriche,* nº 2964/12 (refoulement d'un Tchétchène de l'Autriche vers la Russie). Vº aussi CEDH, 5 sept. 2013, *I. c/ Suède,* nº 61204/09, *JDI* 2013, chron. 6, nº 12, obs. P. von Mühlendahl ; 4 sept. 2014, *M.V. et M.T. c/ France,* nº 17897/10, *AJDA* 2015. 150, obs. L. Burgorgue-Larsen, *JCP (A)* 2015. 2022, chron. V. Correia (dir.), nº 14, obs. L.-M. Le Rouzic ; 4 nov. 2014, *Tarakhel c/ Suisse,* préc. (expulsion d'une famille afghane de la Suisse vers l'Italie en vertu du Règlement Dublin II) ; 20 déc. 2016, *Shioshvili et a. c/Russie,* nº 19356/07 (expulsion de personnes vulnérables).

124. Art. 19 et 42, Règl. Cour.

141. Le critère de la « preuve au-delà de tout doute raisonnable ». – C'est le critère habituel utilisé par les instances européennes : il est certainement imprécis, mais cette imprécision s'impose compte tenu des circonstances de l'espèce et de la nécessité d'apporter une solution qui soit la plus juste possible. Dans ce type d'affaires, il est pratiquement impossible d'avoir des certitudes, tant il est vrai que les seuls témoins sont les protagonistes eux-mêmes. D'où l'intérêt d'une notion floue comme la preuve au-delà de tout doute raisonnable qui se fondera tout de même sur des éléments objectifs : cette preuve peut résulter d'un faisceau d'indices, ou de présomptions non réfutées, suffisamment graves, précises et concordantes[125].

Le pragmatisme des juges européens les a même conduits à aller plus loin afin d'assurer un respect effectif du droit à ne pas subir de mauvais traitements. À l'occasion de l'affaire *Tomasi*[126], la Cour a consacré une présomption de causalité dès lors que la victime est vulnérable et dans un état d'infériorité (ce qui est le cas pour toute personne privée de sa liberté). Pour les juges, les allégations de l'intéressé sont considérées comme établies tant que l'État en cause n'apporte pas la preuve contraire. C'est une véritable présomption de causalité, voire de culpabilité, qui pèse sur les autorités étatiques : cela est confirmé par l'arrêt *Ribitsch*[127]. Cette présomption est simple et non irréfragable, puisque l'État peut toujours apporter la preuve contraire. Craignant peut-être certains effets pervers, la Cour a quelque peu tempéré sa jurisprudence dans l'affaire *Aydin,* mais sans la remettre en cause[128]. L'arrêt *Selmouni* est d'ailleurs très clair, les juges estimant que, sauf preuve contraire apportée par les autorités étatiques, les lésions constatées médicalement sur la victime sont le résultat de la garde à vue : lorsqu'un individu est en garde à vue alors qu'il se trouve en bonne santé et que l'on constate qu'il est blessé au moment de sa libération, il incombe à l'État de fournir une explication plausible sur l'origine de ses blessures, à défaut de quoi l'article 3 de la Convention trouve manifestement à s'appliquer[129]. Un arrêt postérieur a ainsi rappelé que lorsqu'un individu se trouve privé de sa liberté, l'utilisation à son égard de la

125. CEDH, 18 janv. 1978, *Irlande c/ Royaume-Uni,* préc., § 161 *in fine ;* 6 avr. 2000, *Labita c/ Italie,* préc., § 121. Sur la preuve résultant d'un faisceau d'indices ou de présomptions, v° CEDH, 19 mai 2004, *R. L. et M.-J. D. c/ France,* n° 44568/98, §§ 61 à 73. *Adde* CEDH, 5 avr. 2005, *Nevmerjitski c/ Ukraine,* n° 54825/00.

126. Aff. *Tomasi,* préc, §§ 108 à 111.

127. Cf. égal. CEDH, 4 déc. 1995, *Ribitsch c/ Autriche,* n° 18896/91, §§ 34 et 38, *D.* 1997 Somm. 202, obs. J.-F. Renucci, *JCP* 1996-I-3910 n° 12, obs. F. Sudre, *RSC* 1996. 465, obs. R. Koering-Joulin.

128. CEDH, 25 sept. 1997, *Aydin c/ Turquie,* n° 23178/94, *D.* 1998, Somm. 205, obs. J.-F. Renucci, *JCP* 1998-I-107, p. 177, obs. F. Sudre, *RSC* 1998. 381, obs. R. Koering-Joulin. Cf. égal. : CEDH, 18 déc. 1996, *Aksoy c/ Turquie,* n° 21987/93, *JCP* 1997-I-4000, n° 6-7, obs. F. Sudre, *RSC* 1997. 453, obs. R. Koering-Joulin, *AJDA* 1998. 38, obs. J.-F. Flauss, *Justices* 1997. 183, obs. G. Cohen-Jonathan et J.-F. Flauss, *AFDI* 1996. 749, obs. V. Coussirat-Coustère ; *JDI* 1997. 268, obs. E. Decaux et P. Tavernier. Cf. : CEDH, 22 oct. 1997, *Erdagöz c/ Turquie,* n° 21890/93, *D.* 1998, Somm. 205, obs. J.-F. Renucci, *RSC* 1998. 381, obs. R. Koering-Joulin.

129. Aff. *Selmouni,* préc., § 87. Dans le même sens : CEDH, 11 juill. 2000, *Dikme c/ Turquie,* n° 20869/92 ; 27 juin 2000, *Salman c/ Turquie,* n° 21986/93, *JCP* 2001-I-291, n° 9, obs. F. Sudre, *RTDH* 2001. 845, obs. E. Van Nuffel ; 30 nov. 2004, *A. K. et V. K. c/ Turquie,* n° 38118/97, §§ 58 et s. – Sur le défaut d'explication plausible entraînant un constat de violation, v° plus récemment : CEDH, 19 déc. 2006, *Türkmen c/ Turquie,* n° 43124/98 ; 24 juin 2008, *Imabor c/ Roumanie (n° 1),* n° 64536/01, § 167, *Dr. pénal* 2009, p. 18, obs. E. Dreyer.

force physique, alors qu'elle n'est pas rendue strictement nécessaire par son comportement, porte atteinte à la dignité humaine et constitue, en principe, une violation du droit garanti par l'article 3[130]. Concernant l'absence de soins médicaux adéquats pour les détenus, la Cour a renversé également la charge de la preuve : si l'État ne fournit pas de documents médicaux pertinents attestant de la réalité d'un diagnostic rapide et d'un traitement efficace, il y a violation de l'article 3 pour traitement inhumain et dégradant[131].

> ***CEDH, 1er avr. 2004,* Rivas c/ France, *n° 59584/01 :***
> En fait : *Le requérant, mineur au moment des faits et connu des services de police, se plaint d'avoir subi, au cours de sa garde à vue, des traitements contraires à l'article 3 de la Convention, en particulier un coup de poing dans le dos puis un coup dans les parties génitales, ce qui a entraîné une hospitalisation de l'intéressé. Un certificat médical constate « un traumatisme testiculaire gauche avec fracture du testicule », avec une ITT de 7 jours.*
> En droit : *La Cour a souligné que les personnes en garde à vue sont en situation de vulnérabilité et que les autorités ont le devoir de les protéger. Un État est responsable de toute personne placée en garde à vue, car cette dernière est entièrement aux mains des fonctionnaires de police. Lorsque les événements en cause, dans leur totalité ou pour une large part, sont connus exclusivement des autorités, comme dans le cas des personnes soumises à leur contrôle en garde à vue, toute blessure survenue pendant cette période donne lieu à de fortes présomptions de fait. Il incombe au Gouvernement de produire des preuves établissant des faits qui font peser un doute sur le récit de la victime. Quelle que soit l'issue de la procédure engagée au plan interne, un constat de culpabilité ou non ne saurait dégager l'État défendeur de sa responsabilité au regard de la Convention ; c'est à lui qu'il appartient de fournir une explication plausible sur l'origine des blessures, à défaut de quoi l'article 3 trouve à s'appliquer (§ 38).*

L'usage de la force par les policiers, notamment lors d'une arrestation, est toujours possible, mais encore faut-il qu'il soit proportionné et nécessaire. La Cour prendra alors en compte les blessures occasionnées et les circonstances dans lesquelles elles l'ont été, mais c'est au Gouvernement de prouver que la force physique dont il a été fait usage était rendue « strictement nécessaire » par le comportement du requérant[132]. La précision est importante.

142. La consécration jurisprudentielle d'une obligation procédurale : l'enquête. – Les juges européens, soucieux d'une meilleure effectivité des droits garantis, ont imposé une obligation procédurale aux États, inhérente à l'interdiction de la torture[133]. Cette obligation est d'autant plus

130. CEDH, 24 févr. 2009, *Toma c/ Roumanie,* n° 47716/02, § 47, *Dr. pénal* 2010, n° 4, chron. n° 3, obs. E. Dreyer.

131. CEDH, 7 févr. 2008, *Metchenkov c/ Russie,* préc., § 111. V° aussi CEDH, 12 juin 2008, *Kotsaftis c/ Grèce,* n° 39780/06.

132. CEDH, 3 oct. 2013, *Douet c/ France,* préc. Cf. *supra,* n° 129.

133. Aff. *Assenov et autres,* préc. § 102 ; *Selmouni,* préc., § 79. V° aussi CEDH, 11 juill. 2006, *Boicenco c/ Moldova,* n° 41088/05 ; 11 avr. 2006, *Jasar c/ L'ex-République yougoslave de Macédoine,* déc. n° 69908/01 ; 9 mars 2006, *Menesheva c/ Russie,* n° 59261/00. Cette même obligation a été consacrée pour les art. 2 et 8.

forte que son non-respect est en soi une violation de l'article 3, que l'obligation substantielle soit violée ou non[134].

C'est ainsi que l'État, dont l'un des agents est soupçonné d'une violation de l'article 3, doit immédiatement procéder à une enquête officielle visant, d'une part à identifier et punir les responsables, et d'autre part à permettre un accès effectif du plaignant à la procédure d'enquête. Cette obligation s'impose chaque fois que le grief avancé est défendable : mise en évidence dans des arrêts[135], la nécessité d'une telle enquête a été nettement affirmée dans l'arrêt *Selmouni*, ce qui renforce par voie de conséquence la portée de l'article 13 sur le droit à un recours effectif. On peut donc penser que cet article finira par absorber l'obligation procédurale ainsi consacrée et qui serait subsidiaire. La jurisprudence de la Cour, en particulier avec l'arrêt *Ilhan*[136], a pu donner lieu à quelques interrogations : on s'est en effet demandé s'il ne limitait pas la portée de l'obligation procédurale dans le cadre de l'article 3, faisant une distinction avec cette même obligation dans celui de l'article 2[137]. L'interrogation est légitime, mais, en toute hypothèse, l'importance de cette obligation est considérable, tant sur le plan des principes et du message ainsi adressé aux États, que sur celui des résultats pratiques[138]. Il reste que l'enquête, qui doit être effective[139] et rapide[140], doit pouvoir mener à l'identification et à la punition des responsables.

---

134. CEDH, 28 oct. 1998, *Assenov et autres c/ Bulgarie*, n° 24760/94, § 160, *JCP* 1999-I-105 n° 12, obs. F. Sudre, *D.* 1999 Somm., p. 266, obs. P. Hennion, *RTDH* 1999, p. 383, obs. D. Rosenberg ; aff. *Dikme*, préc. ; *Adde* CEDH, 18 janv. 2007, *Chitayev c/ Russie*, n° 59334/00, § 166 ; 24 nov. 2016, *Mustafa Hajili c/Azerbaïdjan*, n° 42119/12.

135. Arrêts *Aksoy*, préc. et *Assenov*, préc. Pour la nécessité d'une enquête face à des allégations crédibles, cf. CEDH, 24 juill. 2014, *Lyapin c/ Russie*, n° 46956/09.

136. CEDH, Gr. Ch., 27 juin 2000, *Ilhan c/ Turquie*, n° 22277/93.

137. F. Sudre, *Droit international et européen des droits de l'homme*, *op. cit.*, n° 191 *in fine*.

138. V° en particulier l'aff. *Okkali* où la Cour rappelle sa jurisprudence constante selon laquelle lorsqu'un individu affirme de manière défendable avoir subi de la part des agents de l'État des mauvais traitements, les autorités nationales se doivent de mener une enquête officielle et effective : CEDH, 17 oct. 2006, *Okkali c/ Turquie*, n° 52067/99, § 65 ; CEDH, 4 mars 2008, *Stoica c/ Roumanie*, n° 42722/02, *RDP* 2009, p. 898, obs. H. Surrel, laquelle observe que si la Cour se réfère toujours au standard de la preuve au-delà de tout doute raisonnable, elle peut dans certains cas faire peser la charge de la preuve de l'absence d'attitude raciste des intéressés sur l'État (v° aussi CEDH, Gr. Ch., 6 juill. 2005, *Natchova et autres c/ Bulgarie*, n° 43577/98, § 157). Sur la nécessité d'une « enquête pénale » et non de simples « investigations préliminaires » : CEDH, 24 juill. 2014, *Lyapin c/ Russie*, préc.

139. CEDH, 8 janv. 2009, *Iribarren Pinillos c/ Espagne*, n° 36777/03, § 51, *Dr. pénal* 2009. 19, obs. E. Dreyer ; *Adde* CEDH, 25 nov. 2008, *Dagdelen c/ Turquie*, n° 1767/03, § 82 ; 27 sept. 2011, *M. et C. c/ Roumanie*, n° 29032/04 (insuffisance de l'enquête des autorités étatiques dans une affaire de violences sexuelles sur un enfant de 3 ans) ; CEDH, 17 janv. 2012, *Alchagin c/ Russie*, n° 20212/05 ; 17 janv. 2012, *A.A. c/ Russie*, n° 49097/08 (caractère ineffectif des enquêtes au sujet des plaintes des requérants et absence d'explications convaincantes des autorités) ; 20 mars 2012, *C.A.S. et C.S. c/ Roumanie*, n° 26692/05 (absence d'enquête effective des autorités sur les viols répétés infligés à un garçon de 7 ans) ; 7 oct. 2014, *Etxebarria Caballero c/ Espagne*, n° 74016/12 ; 7 oct. 2014, *Ataun Rojo c/ Espagne*, n° 3344/13 ; 23 oct. 2014, *Mamazhonov c/ Russie*, n° 17239/13 ; CEDH (Gr. Ch.), 17 sept. 2014, *Mocanu et autres c/ Roumanie*, n° 10865/09... (enquête lacunaire et déficiente). Cf. le problème systémique d'inefficacité des enquêtes en Bulgarie : CEDH, 3 mars 2015, *S.Z. c/ Bulgarie*, n° 29263/12. Cf. égal. : CEDH, 16 juill. 2015, *Ghedir et autres c/France*, préc. ; 21 janv. 2016, *Alpar c/Turquie*, n° 22643/07 ; 24 mai 2016, *I.C. c/Roumanie*, n° 36934/08 ; 5 juill. 2016, *Jeronovics c/ Lettonie*, n° 44898/10.

140. CEDH, 24 janv. 2012, *P.M. c/ Bulgarie*, n° 49669/07 (lenteur excessive de l'enquête menée par les autorités bulgares sur le viol d'une jeune fille de 13 ans, l'inaction des autorités confinant à l'arbitraire). *Adde* CEDH, 20 oct. 2011, *Alboreo c/ France*, n° 51019/08, *AJ Pénal* 2012. 175, obs. M. Herzog-Evans, *RSC*

CEDH, 28 oct. 1998,* Assenov et autres c/ Bulgarie, *n° 27760/94 :
En fait : *Les requérants sont une famille de ressortissants bulgares d'origine tsigane dont le fils, alors âgé de 15 ans, avait été appréhendé par la police alors qu'il se livrait à des jeux d'argent sur la place du marché. Ce dernier soutient avoir été sévèrement battu par les policiers, ce qu'attesteraient les preuves médicales et les déclarations de témoins.*
En droit : *« Lorsqu'un individu affirme de manière défendable avoir subi, aux mains de la police ou d'autres services comparables de l'État, de graves sévices illicites et contraires à l'article 3, cette disposition (...) requiert, par implication, qu'il y ait une enquête officielle effective » laquelle doit pouvoir mener à l'identification et à la punition des responsables.*

143. Bibliographie : Ailincai (M.), *Le Conseil de l'Europe et la lutte contre l'impunité, RTDH* 2014, p. 395 et s. ; Burgorgue-Larsen (L.), *La vulnérabilité saisie par les juges en Europe*, Pedone 2014 ; Callewaert (J.), *L'article 3 de la Convention européenne des droits de l'homme : une norme relativement absolue ou absolument relative*, Mél. Eissen, Bruylant/ LGDJ, 1995, p. 13 et s. ; Céré (J.-P.), *Détention, maladie et traitement inhumain ou dégradant, RTDH*, 2007, p. 261 et s. ; *La Cour européenne des droits de l'homme et la protection des droits des détenus, RPDP* 2009, n° 2, p. 369 et s., spéc. p. 372 et s. ; *Le détenu malade : le traitement du droit européen, AJ pénal* 2010, p. 325 et s. ; Chauvin (N.), *L'interprétation de l'article 3 de la Convention européenne des droits de l'homme : réelle avancée ou restriction déguisée ?, RUDH*, 1997, p. 347 ; Cohen-Jonathan (G.), *Un arrêt de principe de la nouvelle Cour européenne des droits de l'homme, Selmouni c/ France, RGD int. publ.*, 2000, p. 181 et s. ; Dourneau-Josette (P.), *Les conditions de détention et la CEDH : les droits fondamentaux à l'assaut des prisons, Gaz. Pal.* 8-9 févr. 2013, p. 4 et s. ; Ecochard (B.), *L'émergence d'un droit à des conditions de détention décentes garanti par l'article 3 de la CEDH, RFDA*, 2003, p. 99 et s. ; Fornerod (A.), *L'article 3 de la Convention européenne des droits de l'homme et l'éloignement forcé des étrangers, RTDH* 2010, p. 315 et s. ; Ganshof van der Meersche, *L'extradition et la Convention européenne des droits de l'homme, L'affaire Soering, RTDH*, 1990, p. 5 et s. ; Gourdou (J.), *Les évolutions récentes relatives à la mise à l'isolement du détenu, in* « Le droit de l'exécution des peines », *RPDP* 2007 (n° spécial), p. 23 et s. ; Hennion-Jacquet (P.), *Dignité et détention des personnes souffrant de troubles mentaux : et si la justice s'arrêtait aux portes des prisons ? RDSS* 2009, p. 509 et s. ; Herzog-Evans (M.) et autres, *Les châtiments corporels à l'école, AJ Fam.*, 2005, Dossier, p. 298 et s. ; Jennequin (A), *La dignité de la personne détenue, RFDA* 2015, p. 1082 s. ; Koering-Joulin, *Les affaires « Birou » et « Tomasi » et la détention avant jugement, in* Sudre (F.) (dir.), *Le droit français et la Convention européenne des droits de l'homme*, Engel, 1994, p. 185 et s. ; Kovler (A.), *L'application des peines à la lumière de l'article 3 de la Convention européenne des droits de l'homme, in* « Le droit de l'exécution des peines, Une jurisprudence en mouvement », *RPDP* 2007 (n° spécial), p. 165 et s. ; Labayle, *Droits de l'homme, traitement inhumain et peine capitale : réflexions sur l'édification d'un ordre public européen en matière d'extradition par la Cour européenne des droits de l'homme, JCP* 1990-I-3452 ; Martin, *À propos de l'article 3 de la Convention européenne des droits de l'homme : l'arrêt de la Cour européenne des droits de l'homme Irlande contre Royaume-Uni, RGD int. publ.* 1979, p. 104 et s. ; Massias (Fl.), *Légalité, dangerosité, perpétuité. Le contrôle de la Cour européenne sur les peines perpétuelles du droit anglais, obligatoires et indéterminées, in* Mél. Couvrat, PUF, 2001, p. 279 et s. ; *Bilan de la jurisprudence relative à*

2012. 263, obs. J.-P. Marguénaud, *AJDA* 2012. 149, obs. L. Burgorgue-Larsen, *D.* 2012. 1294, note J.-P. Céré, M. Herzog-Evans et E. Pechillon ; 15 nov. 2012, *Grinenko c/ Ukraine*, n° 33627/06, *Dalloz Actu.* 7 déc. 2012, obs. O. Bachelet ; 22 janv. 2013, *Suleymanov c/ Russie*, n° 35501/11 ; 12 févr. 2013, *Eduard Popa c/ Moldoca*, n° 1708/07 ; 12 févr. 2013, *Necati Yilmaz c/ Turquie*, n° 15380/09. Cf. aussi : CEDH, 11 févr. 2014, *Gramada c/ Roumanie*, n° 14974/09 (le dépassement de légitime défense ne peut justifier une exonération de responsabilité pénale en l'absence d'enquête effective). Cf. aussi le constat de violation des obligations procédurales de l'État au titre de l'art. 3 en cas de retards dans le déroulement d'une procédure pénale : CEDH, 28 mai 2015, *Y. c/Slovénie*, n° 41107/10.

la protection offerte par l'article 3 en matière de privation de liberté, RSC, 2003, p. 144 et s. ; Moliner-Dubost (M.), *La détention de personnes atteintes de troubles mentaux : condamnation ferme de la « prison-asile », RTDH* 2007, p. 541 et s. ; *La dignité des détenus, Le juge et le contrôle de la nécessité des mesures de sécurité pénitentiaire, RTDH* 2008, p. 77 et s. ; *Le point sur la compatibilité du placement à l'isolement cellulaire des détenus avec l'article 3 de la Convention européenne des droits de l'homme, AJ pénal* 2007, p. 160 et s. ; *La condition des détenus particulièrement signalés sous les feux de l'actualité, AJDA* 2010, p. 994 ; Nihiul (P.), *Les quartiers de sécurité renforcée et l'article 3 de la Convention européenne des droits de l'homme, RTDH*, 1994, p. 587 et s. ; Pastre-Belda (B.), *L'innovante protection des droits des détenus élaborée par le juge européen des droits de l'homme, AJDA* 2009, p. 406 et s. ; *La protection à géométrie variable de l'article 3 de la Conv. EDH*, RTDH 2016, p. 591 et s. ; Pelloux (R.), *L'affaire irlandaise et l'affaire Tyrer devant la Cour européenne des droits de l'homme, AFDI*, 1978, p. 379 et s. ; Poncela (P.), *L'isolement carcéral sous le contrôle des juridictions administratives et de la Cour européenne des droits de l'homme, RSC*, 2005, p. 390 et s. ; *Le placement à l'isolement des détenus, En marge de l'arrêt de Grande Chambre « Ramirez Sanchez c/ France » du 4 juillet 2006 de la Cour européenne des droits de l'homme, RTDH*, 2007, p. 247 et s. ; Renucci (J.-F.) et Bîrsan (C.), *L'affaire Ramirez Sanchez et la question de l'isolement cellulaire, RPDP*, 2007, p. 881 et s. ; Renucci (J.-F.), *La santé des détenus et la Convention européenne des droits de l'homme*, Mél. Bernardini 2017, p. 243 s. ; Ruet (C), *La vulnérabilité dans la jurisprudence de la Cour européenne des droits de l'homme*, RTDH 2015, p. 317 et s. ; Spielmann (A. et D.), *Des peines et leur exécution, Les exigences de la Convention européenne des droits de l'homme, in* Mél. Bolle, 2006, p. 598 et s. ; Sudre (F.), *Extradition et peine de mort : arrêt Soering de la Cour européenne des droits de l'homme du 7 juillet 1989, RGD int. publ.*, 1990, p. 103 et s. ; *L'arrêt de la Cour européenne des droits de l'homme du 27 août 1992, Tomasi contre France : mauvais traitements et délai raisonnable, RSC* 1993, p. 33 et s. ; *L'article 3 bis de la Convention européenne des droits de l'homme : le droit à des conditions de détention conformes au respect de la dignité humaine*, Mél. Cohen-Jonathan, Bruylant, 2004, p. 1499 et s. ; Tulkens (F.), *L'interdiction de la torture et des peines ou traitements inhumains ou dégradants, Les développements récents de la Cour européenne des droits de l'homme, in* Mél. Couvrat, *La sanction du droit*, PUF, 2001, p. 313 et s. ; *Les droits de l'homme en détention, RSC*, 2001, p. 881 et s., spéc. (pour l'art. 3, CEDH), p. 882 et s. ; *Droits de l'homme et prison, Jurisprudence de la nouvelle Cour européenne des droits de l'homme, in* De Schutter (O.) et Kaminski (D.) (dir.), *L'institution du droit pénitentiaire*, Bruylant/LGDJ, 2002, p. 249 et s.

L'ESSENTIEL

FICHE MÉMO :

– L'article 3 de la Convention

○ Nul ne peut être soumis à la torture ni à des peines ou traitements inhumains ou dégradants.

– Le seuil de gravité

○ Critère jurisprudentiel d'interprétation de l'art. 3

▪ *Pour tomber sous le coup de l'art. 3, un mauvais traitement doit atteindre un minimum de gravité, lequel dépend des circonstances de l'espèce.*

▪ *Cas particulier : l'utilisation de la force physique à l'égard d'une personne privée de sa liberté, non rendue strictement nécessaire par son comportement, constitue en principe une violation de l'art. 3 de la Convention.*

– La situation du détenu

○ Toute détention doit être effectuée dans le respect de la dignité humaine

▪ *La détention de personnes âgées et/ou malades n'est pas contraire à l'art. 3 sauf si cette détention provoque une aggravation de l'état de santé (physique et/ou psychique).*

▪ *Une attention particulière doit être portée à la détention des malades mentaux.*

○ Des mesures de sécurité peuvent être prises : elles ne sont pas, en soi, contraires à l'art. 3.

▪ *Les fouilles corporelles sont parfois nécessaires, mais elles doivent être conduites en respectant la personne du détenu, sans amoindrir sa dignité.*

▪ *L'isolement cellulaire ne viole pas, en soi, l'art. 3 sauf si ses conditions sont telles qu'elles peuvent aboutir à une destruction de la personnalité.*

▪ *Les rotations de sécurité peuvent s'imposer, mais un juste équilibre doit être ménagé entre les impératifs de sécurité et l'exigence de dignité.*

FICHE GRANDS ARRÊTS :

– *Tomasi* (1992)

○ *Présomption de causalité : dès lors qu'une personne est en situation de vulnérabilité (c'est le cas pour toute personne privée de sa liberté), ses allégations sont considérées comme établies tant que l'État ne prouve pas le contraire.*

– *Selmouni* (1999)

○ *Actualisation de la notion de torture en baissant le seuil de tolérance : des comportements qui, jadis, auraient été considérés comme des traitements inhumains sont désormais qualifiés de « torture ».*

– *Valiuliene* (2013)

○ *Violences domestiques : violation de l'article 3, les pratiques et la manière dont les mécanismes du droit pénal ont été mis en œuvre n'étant pas de nature à fournir à la personne en cause une protection adéquate.*

– *Douet* (2013)

○ *Lorsqu'un individu est privé de sa liberté ou, plus généralement, se trouve confronté à des agents des forces de l'ordre, l'utilisation à son égard de la force physique alors qu'elle n'est pas rendue strictement nécessaire par son comportement porte atteinte à la dignité humaine et constitue, en principe, une violation de l'art. 3.*

– *Bouyid* (2015)

○ *La gifle assenée aux requérants par des agents de police alors qu'ils se trouvaient sous leur contrôle dans le commissariat, laquelle ne correspondait pas à une utilisation de la force physique rendue strictement nécessaire par leur comportement, a porté atteinte à leur dignité.*

FICHE ACTU/DÉBATS :

*** Thème(s) de réflexion :**

– Surpopulation carcérale et droits de l'homme

○ *Jurisp.* : *Dougoz* (2001) ; *Kalashnikov* (2002) ; *Mayzit* (2005) ; *Cenbauer* (2006) ; *Kadikis* (2006) ; *Mamedova* (2006) ; *Frolov* (2007) ; *Mandic et Jovic* (2011) ; *Canali* (2013) ; *Torreggiani* (2013) ; *Varga* (2015) ; *Mursic* (2016).

○ *Doctr.* : Rapport Conseil de l'Europe (2013) ; Rapport Assemblée nationale (2013) ; Recommandation R (99) 22 Conseil de l'Europe ; de Suremain, Lettre « Actualités Droits-libertés », CREDOF, CREDF, 7 févr. 2013 ; Falxa, *D.* 2015. 866 ; Marguénaud, *RSC* 2016. 143. Robert, *AJ Pénal* 2017. 47 ; Burgorgue-Larsen, *AJDA* 2017.157.

– La santé des détenus et l'art. 3 de la Convention

○ *Jurisp.* : *Raninen* (1997) ; *Kudla* (2000) ; *Papon* (2001) ; *Mouisel* (2002) ; *Henaf* (2003) ; *Farbtuhs* (2004) ; *Gelfmann* (2004) ; *Rivière* (2006) ; *Renolde*

(2008) ; *Raffray Taddei* (2010) ; *Xiros* (2010) ; *Florea* (2010) ; *Duval* (2011) ; *G. c/ France* (2012) ; *Gülay Cetin* (2013) ; *Rappaz* (2013) ; *Contrada n° 2* (2014) ; *Helhal* (2015) ; *Martzaklis* (2015) ; *Wenner* (2016) ; *W. D.* (2016) ; *Gengoux* (2017).

○ *Doctr.* : Céré, *RTDH* 2007. 261 et *AJ pénal* 2010. 325 ; Moliner-Dubost, *RTDH* 2007. 541 ; Hennion-Jacquet, *RDSS* 2009. 509 ; Renucci, *Mél. Bernardini*, 2017, p. 243 s.

– La question de la conventionnalité de la peine perpétuelle (v° *Traité DEDH*, p. 126)

○ *Jurisp.* : *Nivette* (2001) ; *Léger* (2006 et 2009) ; *Iorgov (II)* (2010) ; *Kafkaris* (2008) ; *A. et a.* (2009) ; *Einhorm* (2001) ; *Harkins et Edwards* (2012) ; *Vinter et a.* (2012) ; *Bodein* (2014) ; *Murray* (2016) ; *Hutchinson* (2017).

○ *Doctr.* : Lecuyer, *RPDP* 2010. 563 ; Massias, *Mél. Couvrat*, 279 ; Roets, *RSC* 2009. 654 ; Renucci, *D.* 2013. 2081, et D. 2016. 1542 ; Roets, *RSC* 2016. 582 ; Bonis-Garçon, *Dr. Pénal* 2017 n° 3 com. 51.

*** Commentaire d'arrêt(s) :**

○ Aff. *Cocaign* (2011) : « *Concernant (...) les détenus atteints de maladie mentale, la Cour rappelle que, pour apprécier si le traitement ou la sanction concernés étaient incompatibles avec les exigences de l'article 3, il faut tenir compte de leur vulnérabilité et de leur incapacité, dans certains cas à se plaindre de manière cohérente ou à se plaindre tout court des effets d'un traitement donné sur leur personne. Le traitement infligé à un malade mental peut se trouver incompatible avec les normes imposées par l'article 3 s'agissant de la protection de la dignité humaine, même si cette personne n'est pas en mesure, ou pas capable, d'indiquer des effets néfastes précis* ».

○ Aff. *X... c/Suisse* (2017) : *Les autorités suisses auraient dû savoir qu'en cas d'expulsion (vers le Sri Lanka) M. X... risquait d'être exposé à des mauvais traitements, car à l'époque de nombreuses preuves attestaient un tel risque. Il s'ensuit qu'elles n'ont pas convenablement évalué la demande d'asile de M. X..., en violation de l'art. 3. M. X... a continué à être victime de la violation car, bien que le gouvernement suisse ait présenté ses excuses et lui ait par la suite accordé l'asile, il ne l'a pas indemnisé.*

CHAPITRE 2

L'interdiction des discriminations

144. Une double interdiction. – Dans le cadre du droit européen des droits de l'homme, le principe de l'interdiction des discriminations est consacré à la fois par la Convention européenne des droits de l'homme et par l'un de ses protocoles additionnels. Cette dualité s'explique par le fait que la Convention européenne, dans son article 14, ne consacre qu'une interdiction limitée : d'où l'idée d'une interdiction générale de toute discrimination avec le Protocole n° 12, qui est un protocole additionnel à la Convention, de sorte que toutes les dispositions de la Convention s'appliquent en conséquence. En réalité, le Protocole englobe la protection offerte par l'article 14 de la Convention, mais sa portée est plus large : il y a donc recoupement entre les deux dispositions et toute question d'interprétation concernant les relations entre ces deux textes relève de la compétence de la Cour.

Section 1
L'interdiction limitée de l'article 14 de la Convention

145. Article 14. Interdiction de la discrimination.

La jouissance des droits et libertés reconnus dans la présente Convention doit être assurée, sans distinction aucune, fondée notamment sur le sexe, la race, la couleur, la langue, la religion, les opinions politiques ou toutes autres opinions, l'origine nationale ou sociale, l'appartenance à une minorité nationale, la fortune, la naissance ou toute autre situation.

146. Le domaine de l'interdiction. – Aux termes de l'article 14 de la Convention, la jouissance des droits et libertés qu'elle reconnaît doit être assurée sans distinction aucune, fondée notamment sur le sexe, la race, la couleur, la langue, la religion, les opinions politiques ou toutes autres opinions, l'origine nationale ou sociale, l'appartenance à une minorité nationale, la fortune, la naissance ou toute autre situation. Cela peut sembler paradoxal, mais si l'interdiction est bien limitée, elle fait cependant l'objet d'une interprétation extensive, ce qui est bien légitime s'agissant d'un droit que l'on peut qualifier d'intangible[1].

L'interdiction des discriminations consacrée par l'article 14 de la Convention est en effet limitée dans la mesure où elle concerne uniquement les droits et libertés protégés par la Convention européenne des droits de l'homme. Mais cette interdiction, bien que limitée, est interprétée extensivement. D'abord, la liste des motifs de discrimination n'est pas limitative, mais simplement énumérative[2] : cela découle du texte lui-même avec l'adverbe « notamment », ce qui a permis d'appliquer ce texte à des différences de traitement fondées, par exemple, sur l'orientation sexuelle[3]. Ensuite, les règles de preuve participent de cette même logique : fidèle, dans un premier temps, au critère classique de la preuve au-delà de tout doute raisonnable[4], la Cour a ensuite renversé la charge de la preuve, abandonnant le critère de l'intentionnalité de la discrimination indirecte au profit des données statistiques pour prouver la différence de traitement[5] et consacrant finalement une présomption de discrimination de l'État dès lors que le requérant fait état d'un commencement de preuve d'une discrimination[6], étant précisé que les autorités étatiques ont toujours la possibilité d'apporter la preuve contraire ; une évolution similaire s'est imposée pour les discriminations directes[7]. Enfin, la Cour sanctionne toute discrimination, même lorsque celle-ci résulte

1. La notion est parfois relative car, bien que considéré comme un droit intangible, le régime de l'art. 14 semble se rapprocher des droits conditionnels dans la mesure où il est fait référence, dans certaines circonstances, au « but légitime » ou encore au « rapport de proportionnalité » qui caractérise « l'ingérence de l'État ». Mais il n'en reste pas moins vrai que la force de l'interdiction est considérable.

2. CEDH, 8 juin 1976, *Engel et autres c/ Pays-Bas,* n° 5100/71..., § 72, *CDE* 1978. 364, obs. G. Cohen-Jonathan, *JDI* 1978. 695, obs. P. Rolland, *AFDI* 1977. 481, obs. R. Pelloux.

3. Cf. *infra*, n° 151.

4. Aff. *Natchova et autres*, préc., § 157.

5. CEDH, Gr. Ch., 13 nov. 2007, *D. H. c/ République tchèque*, n° 57325/00, *RFDA* 2008. 737, obs. H. Labayle et F. Sudre, *AJDA* 2008. 1929, obs. J.-F. Flauss, *RTDH* 2008. 821, note E. Debout, *JCP* 2008-I-110 n° 14, obs. F. Sudre. § 188. Cf. déjà : CEDH, 20 juin 2006, *Zarb Adami c/ Malte*, n° 17209/02, §§ 77 et 78 ; Aff. *Hugh Jordan et autres*, préc., § 154.

6. À noter que des statistiques fiables et significatives suffisent à constituer un commencement de preuve : aff. *D.H. c/ République tchèque*, préc., *ibid.* Cela ne veut toutefois pas dire que la production des statistiques soit indispensable pour prouver les discriminations indirectes.

7. Aff. *Natchova et autres*, préc., § 157. *Adde* CEDH, Gr. Ch., 27 juin 2000, *Salman c/ Turquie*, n° 21986/93, § 100 ; aff. *E.B. c/ France*, préc., §§ 73 et 74.

d'une situation de fait ou d'une pratique bien établie[8]. En outre et de façon plus générale, les juges européens font une lecture *pro victima* de l'article 14, en particulier lorsqu'ils précisent les critères du principe de non-discrimination, ce qui a renforcé la portée de ce principe.

§1. Les critères du principe de non-discrimination

147. Le cas général : les discriminations directes. – L'article 14 de la Convention interdit les discriminations directes, fondées sur l'un des motifs visés par le texte. Mais il est important de préciser que si les discriminations sont interdites, les distinctions ne le sont pas, du moins si certaines conditions sont remplies[9]. Les distinctions ne sont interdites que si elles sont arbitraires puisque, dès lors, elles s'analysent en une discrimination. C'est dire que si des distinctions sont à certaines conditions possibles, toute discrimination est interdite, quel que soit le critère qui la fonde[10]. À cet égard, les États disposent d'une certaine marge d'appréciation, laquelle varie selon les circonstances de l'espèce[11]. Mais si les États jouissent d'une certaine marge d'appréciation, la décision ultime sur ce point relève des juges de Strasbourg[12].

L'égalité de traitement est violée si la distinction manque de justification objective et raisonnable : les buts mais aussi les effets de la mesure doivent permettre d'apprécier la justification. Une distinction admissible de traitement doit non seulement poursuivre un but légitime, mais aussi se caractériser par un rapport raisonnable de proportionnalité entre les moyens employés et le but visé : le caractère raisonnable de la différence de traitement est apprécié en fonction des circonstances, des domaines et du contexte[13]. Deux critères cumulatifs caractérisent donc la discrimination :

8. CEDH, 20 juin 2006, *Zarb Adami c/ Malte*, préc., § 76.

9. Une hésitation a pu apparaître, la version anglaise utilisant la formule *without discrimination*, alors que le texte français emploie l'expression *sans aucune distinction*, mais l'interprétation extensive fondée sur la version française n'a pas été retenue car elle aurait conduit à des résultats absurdes : CEDH, 23 juill. 1968, aff. *« linguistique belge »*, n° 1474/62..., § 10.

10. CEDH, 28 nov. 1984, *Rasmussen c/ Danemark*, n° 8777/79, § 34, *AFDI* 1985. 403, obs. V. Coussirat-Coustère, *JDI* 1986. 1074, obs. P. Rolland et P. Tavernier : la différence de traitement entre les femmes qui pouvaient contester à tout moment la paternité, et les hommes qui n'avaient pas cette possibilité, a été jugée non discriminatoire. Les Français de l'étranger ne peuvent être considérés comme formant une catégorie uniforme dont les membres se trouveraient dans une situation analogue : l'imposition des Français de Monaco, contrairement aux Français installés dans d'autres pays étrangers, se fait dans les mêmes conditions que s'ils avaient leur domicile en France et n'est pas discriminatoire : CEDH, 15 janv. 2015, *Arnaud et autres c/ France*, n° 36918/11...

11. CEDH, 28 nov. 1984, *Rasmussen c/ Danemark*, préc., § 40. Pour un exemple significatif, cf. CEDH, 23 oct. 1997, aff. *National and Provincial Building Society et autres c/ Royaume-Uni*, n° 21319/93..., § 80. *Adde* CEDH, 23 juill. 1968, *Aff. linguistique belge*, préc., § 10.

12. Jurisprudence constante : v° not. CEDH, 28 mai 1985, *Abdulaziz, Cabales et Balkandali c/ Royaume-Uni*, n° 9214/80 et n° 9474/81, § 71, *CDE* 1988. 476, obs. G. Cohen-Jonathan, *RSC*, 1986, p. 157, obs. L.-E. Pettiti, *JDI* 1986. 1084, obs. P. Rolland et P. Tavernier.

13. CEDH, 23 juill. 1968, *Affaire « relative à certains aspects du régime linguistique de l'enseignement en Belgique » c/ Belgique (dite « Affaire linguistique belge »)*, n° 1474/62..., § 10, *AFDI* 1968. 201, obs. R. Pelloux,

d'une part, une différence de traitement dans l'exercice des droits ; d'autre part, un manque de justification objective et raisonnable.

CEDH, 23 juill. 1968,* Affaire linguistique belge c/ Belgique, *n° 1474/62 :
En fait : *Les requérants, francophones, mais habitant une région considérée comme « de langue néerlandaise », veulent que leurs enfants soient instruits dans la langue française.*
En droit : *L'article 14 n'empêche pas une distinction de traitement si elle repose sur une appréciation objective de circonstances de fait essentiellement différentes et si, s'inspirant de l'intérêt public, elle ménage un juste équilibre entre la sauvegarde des intérêts de la communauté et le respect des droits et libertés garantis par la Convention. En l'espèce, la Cour relève qu'elles ont pour but de réaliser l'unité linguistique à l'intérieur des deux grandes régions de la Belgique, dans lesquelles une large majorité de la population ne parle que l'une des deux langues nationales. Cette législation rend difficilement viables des établissements scolaires où l'on enseignerait uniquement dans la langue nationale qui n'est pas celle de la plupart des habitants de la région. En d'autres termes, elle tend, dans la région unilingue néerlandaise, à décourager la création ou le maintien d'écoles où l'enseignement se dispenserait exclusivement en français. On ne saurait considérer une telle mesure comme arbitraire. Elle repose, tout d'abord, sur cet élément objectif que constitue la région. Elle s'inspire en outre d'un intérêt public, celui d'assurer que tous les établissements scolaires dépendant de l'État et existant dans une région unilingue dispensent leur enseignement dans la langue qui est, au premier chef, celle de la région.*

Toute distinction dans des situations analogues constitue une différence de traitement discriminatoire. Il est interdit de traiter de manière différente des personnes placées dans des situations comparables[14]. La règle s'impose même si cette similitude des situations n'est pas toujours facile à caractériser[15]. Inversement, le fait de ne pas faire de différence de traitement alors que les situations ne sont pas identiques constitue également une discrimination[16] : cela semble ouvrir la voie aux « discriminations

---

Grands arrêts..., n° 9, p. 97, note F. Sudre (violation de l'art. 14 combiné avec l'art. 2, Prot. n° 1) ; *Adde* : CEDH, 13 juin 1979, *Marckx c/ Belgique*, n° 6833/74, *CDE* 1980. 473, obs. G. Cohen-Jonathan, *AFDI* 1980. 317, obs. R. Pelloux, *JDI* 1982. 183, obs. P. Rolland ; 28 mai 1985, *Abdulaziz, Cabales et Balkandali c/ Royaume-Uni*, préc. ; 28 oct. 1987, *Inze c/ Autriche*, n° 8695/79 ; 23 oct. 1990, *Darby c/ Suède*, n° 11581/85, *RTDH*, 1992, p. 181, obs. J.-F. Flauss ; 29 nov. 1991, *Vermeire c/ Belgique*, n° 12849/87, *AFDI* 1991. 588, obs. V. Coussirat-Coustère, *JDI* 1992. 799, obs. E. Decaux et P. Tavernier, *RTDH* 1994. 241, obs. P. Lambert, *RUDH* 1993. 377, obs. F. Sudre, *RTDH* 1992. 215, obs. F. Rigaux.

14. CEDH, 18 févr. 1991, *Fredin c/ Suède (n° 1)*, n° 12033/86, § 60. *Adde* : CEDH, 23 nov. 1983, *Van der Mussele c/ Belgique*, n° 8919/80, § 10 ; 28 nov. 1984, *Rasmussen c/ Danemark*, préc., § 34.

15. CEDH, 22 févr. 1994, *Burghartz c/ Suisse*, n° 16213/90, §§ 25 et s., *AFDI* 1994. 658, obs. V. Coussirat-Coustère, *JDI* 1995. 746, obs. E. Decaux et P. Tavernier, *D.* 1995. 7, note J.-P. Marguénaud, *JCP* 1995-I-3823, n° 31, obs. F. Sudre, *AJDA* 1994. 511, obs. J.-F. Flauss. Cf. cependant : CEDH, 27 mars 1998, *Petrovic c/ Autriche*, n° 20458/92, § 22, *JCP* 1999-I-105, n° 56, obs. F. Sudre, *AJDA* 1998. 984, obs. J.-F. Flauss, *D.* 1999. 141, note J. Mouly et J.-P. Marguénaud, *RDSS* 1999. 599, obs. F. Moneger. Sur le cas particulier des ressortissants de l'Union européenne, v° : Comm. EDH, 27 juin 1994, *Chorfi c/ Belgique*, n° 2/794/93 ; CEDH, 7 août 1996, *C. c/ Belgique*, n° 21794/93.

16. Cf. not. : CEDH, Gr. Ch., 6 avr. 2000, *Thlimmenos c/ Grèce*, n° 34369/97, § 44, *JCP* 2001-I-291, n° 42, obs. F. Sudre ; 26 févr. 2004, *Natchova et autres c/ Bulgarie*, n° 43577/98 et n° 43579/98, § 158.

positives »[17], même s'il est vrai que les juges européens se montrent très prudents à cet égard : ils n'ont pas réellement déduit de l'article 14 une obligation pour les États d'adopter des mesures « d'action positive » destinées à garantir l'exercice effectif de l'égalité de traitement, mais nul doute que cet article n'interdit pas à un État de traiter des groupes de manière différenciée pour corriger des « inégalités factuelles » entre eux[18]. Des mesures inégalitaires compensatoires sont donc tout à fait envisageables.

***CEDH, Gr. Ch., 6 avr. 2000*, Thlimmenos c/ Grèce, *nº 34369/94* :**
En fait : *Le requérant, témoin de Jéhovah, est déclaré coupable d'insubordination en raison de son refus, pour des motifs religieux, de s'enrôler dans l'armée. Par la suite, le bureau directeur de la Chambre des experts-comptables de Grèce a refusé de le nommer à un poste d'expert-comptable alors qu'il avait réussi l'examen requis.*
En droit : *(violation de l'art. 14 combiné avec l'art. 9). La Cour a conclu jusqu'à présent à la violation du droit garanti par l'article 14 de ne pas subir de discrimination dans la jouissance des droits reconnus par la Convention lorsque les États font subir sans justification objective et raisonnable un traitement différent à des personnes se trouvant dans des situations analogues. Toutefois, elle estime que ce n'est pas la seule facette de l'interdiction de toute discrimination énoncée par l'article 14. Le droit de jouir des droits garantis par la Convention sans être soumis à discrimination est également transgressé lorsque, sans justification objective et raisonnable, les États n'appliquent pas un traitement différent à des personnes dont les situations sont sensiblement différentes (§ 44).*

Par conséquent, la différence de traitement dans des situations similaires tout comme la similitude de traitement dans des situations différentes seront considérées comme des discriminations, sauf justification objective et raisonnable. Dire que la distinction est objective signifie que celle-ci ne doit pas être subjective et arbitraire : il est donc possible « d'isoler » une catégorie sociale ou un groupe d'individus, mais de façon objective, avec des critères qui ne varient pas en fonction des personnes, mais qui tiennent à l'ensemble du groupe[19]. Pour ce qui est des discriminations fondées sur le sexe, la Cour a

17. Le terme est finalement inopportun (tout comme le concept) puisqu'il s'agit là de distinctions non discriminatoires puisque fondées sur une justification objective et raisonnable : en réalité, la rupture d'égalité découle d'une situation inégalitaire avec le but de rétablir ladite égalité.

18. CEDH, Gr. Ch., 12 avr. 2006, *Stec et autres c/ Royaume-Uni*, nº 65731/01..., § 51, *JDI* 2007. 729, obs. E. Decaux et P. Tavernier, *RFDA* 2007. 24, obs. H. Labayle et F. Sudre, *JCP* 2006. 1587, obs. F. Sudre ; 16 mars 2010, *Orsus et autres c/ Croatie*, nº 15766/03, § 165.

19. *Justification rejetée :* CEDH, 23 juill. 1968, *Aff. linguistique belge*, préc. ; 23 oct. 1990, *Darby c/ Suède*, préc., §§ 33 et 34 ; 16 sept. 1996, *Gaygusuz c/ Autriche*, nº 17371/90, § 50, *JCP* 1997-I-4000, nº 46, obs. F. Sudre, *Justices* 1997. 183, obs. G. Cohen-Jonathan, *AFDI* 1996. 740, obs. V. Coussirat-Coustère, *JDI* 1997. 238, obs. E. Decaux et P. Tavernier, *D.* 1998. 439, note J.-P. Marguénaud et J. Mouly, *AJDA* 1998. 37, obs. J.-F. Flauss ; 30 sept. 2003, *Koua Poirrez c/ France*, nº 40892/98, § 49, *JCP* 2004-I-107, nº 20, obs. F. Sudre, *Dr. Famille*, 2004. 33, obs. S. Le Meur ; 23 juin 1993, *Hoffmann c/ Autriche*, nº 12875/87, § 36 ; 16 déc. 2003, *Palau-Martinez c/ France*, nº 64927/01, §§ 42 et 43, *D.* 2004, Somm. 1058, obs. L. Burgorgue-Larsen, *Dr. Famille*, 2004. 37, obs. B. de Lamy, *JCP*, 2004. 1386, note A. Gouttenoire ; 26 nov. 2002, *Buchen c/ République tchèque*, nº 36541/97 ; 16 nov. 2004, *Unal Tekeli c/ Turquie*, nº 29865/96, *AJDA* 2005. 541, obs. J.-F. Flauss, *RTD Civ.* 2005. 343, obs. J.-P. Marguénaud, *JCP* 2005-I-103, nº 14, obs. F. Sudre ; 27 juill. 2004, *Sidabras et Dziautas c/ Lituanie*, nº 55480/00 et nº 59330/00, *JCP* 2005-I-103, nº 13, obs. F. Sudre ; 7 avr. 2005, *Rainys et Gasparavicius c/ Lituanie*, nº 70665/01 et nº 74345/01 ; 20 juin 2006, *Zarb Adami c/ Malte*, nº 17902/02. *Justification*

une conception protectrice puisqu'elle estime que seules des raisons impérieuses peuvent justifier une différence de traitement entre les hommes et les femmes[20].

148. Le cas particulier : les discriminations « indirectes ». – Cette notion de discrimination indirecte est assez récente dans la jurisprudence européenne : dans l'arrêt *Hugh Jordan*, bien que ne concluant pas à une violation de la Convention, les juges européens admettent cependant que peut être considérée comme discriminatoire une politique avec des effets préjudiciables disproportionnés sur un groupe de personnes, même si cette politique, présentée de manière neutre, ne visait pas spécifiquement ce groupe[21]. Citant expressément le droit de l'Union européenne[22], la Cour vise les discriminations indirectes[23]. Il est certain que la sanction de ces discriminations indirectes ne peut qu'accentuer la dimension collective du droit de ne pas subir de discriminations, l'appartenance à un groupe étant à la source de ce droit.

Le défaut de protection adéquate des femmes victimes de violences a déjà donné lieu à plusieurs condamnations européennes[24]. Selon l'arrêt *Opuz*, en ne protégeant pas les femmes contre les violences domestiques, un État viole leur droit à une protection égale devant la loi[25]. Ce principe, qui s'était alors inscrit dans la dénonciation quasi *in abstracto* d'une discrimination indirecte collective où la nature discriminatoire des violences mêmes était attestée par des rapports d'ONG et des statistiques[26], est repris par l'arrêt *Eremia* qui insiste sur la nature discriminatoire d'un défaut de protection diligente contre

admise : CEDH, 29 févr. 1988, *Bouamar c/ Belgique*, n° 9106/80, § 67 ; 27 oct. 1975, *Syndicat national de la police belge c/ Belgique*, n° 4464/70, § 49, *AFDI* 1976, p. 121, obs. R. Pelloux, *JDI* 1978. 685, obs. P. Rolland ; 21 févr. 1998, *Botta c/ Italie*, n° 21439/93, § 39, *RTDH* 1999, p. 595, obs. B. Maurer ; 22 oct. 1996, *Stubbings et autres c/ Royaume-Uni*, n° 22083/93..., § 74 ; 6 juin 2000, *Magee c/ Royaume-Uni*, n° 28135/95, § 50 ; Gr. Ch., 12 avr. 2006, *Stec et autres c/ Royaume-Uni*, n° 65731/01..., § 66, *JCP* 2006-I-164, n° 12, obs. F. Sudre, *AJDA* 2006. 1715, obs. J.-F. Flauss, *JDI* 2007. 729, obs. M. Eudes. ; 7 févr. 2006, *D. H. et autres c/ République tchèque*, préc., mais solution contraire avec la Grande chambre, 13 nov. 2007, *RFDA* 2008. 737, obs. H. Labayle et F. Sudre, *AJDA* 2008. 1929, obs. J.-F. Flauss, *RTDH* 2008. 821, note E. Dubout, *JCP* 2008-I-110 n° 14, obs. F. Sudre ; Comp. CEDH, 17 juill. 2008, *Orsus c/ Croatie*, n° 15766/03, § 69.

20. CEDH, 21 févr. 1997, *Van Raalte c/ Pays-Bas*, n° 20060/92, § 42 (obligation imposée aux seuls hommes célibataires et non aux femmes de cotiser pour les caisses d'allocations familiales).

21. CEDH, 4 mai 2001, *Hugh Jordan c/ Royaume-Uni*, n° 24746/94, § 154. Cf. aussi : CEDH, 20 juin 2006, *Zarb Adami c/ Malte*, n° 17209/02 ; CEDH, Gr. Ch., 13 nov. 2007, *D. H. c/République tchèque*, préc.

22. Art. 2 § 2, Direct. 97/80/CE : « *une discrimination indirecte existe lorsqu'une disposition, un critère ou une pratique apparemment neutre affecte une proportion nettement plus élevée de personnes d'un sexe, à moins que cette disposition, ce critère ou cette pratique ne soit approprié(e) et nécessaire et ne puisse être justifié(e) par des facteurs objectifs indépendants du sexe des intéressés* ». Art. 2, Direct. 2000/43/CE « *une discrimination indirecte se produit lorsqu'une disposition, un critère ou une pratique apparemment neutre est susceptible d'entraîner un désavantage particulier pour des personnes d'une race ou d'une origine ethnique donnée par rapport à d'autres personnes, à moins que cette disposition, ce critère ou cette pratique ne soit objectivement justifié par un objectif légitime et que les moyens de réaliser cet objectif ne soient appropriés et nécessaires* ».

23. Aff. *Hugh Jordan*, préc.

24. Cf. not. : CEDH, 12 juin 2008, *Bevacqua c/ Bulgarie*, n° 71127/11 ; 30 nov. 2010, *Hajduova c/ Slovaquie*, n° 2660/03 ; 24 avr. 2012, *Kalucza c/ Hongrie*, n° 57693/10 ; 26 mars 2013, *Valiuliene c/ Lituanie*, n° 33234/07.

25. CEDH, 9 juin 2009, *Opuz c/ Turquie*, n° 33401/02, § 191, *JCP* 2009, 143, n° 27, obs. F. Sudre.

26. En ce sens : C. Picheral, obs. *in JCP* 2013 Actu. 1228.

les violences domestiques[27]. Mais il est intéressant de noter que dans cette affaire, les juges européens privilégient une approche *in concreto*, observant l'attitude fort critiquable des autorités qui n'ont absolument pas pris en compte la réalité de la situation : pour la Cour, les actions des autorités ne s'analysent pas simplement comme un manquement ou un retard à traiter les actes de violence dirigés contre la requérante, puisqu'elles ont eu pour effet de les cautionner à plusieurs reprises, ce qui traduit une attitude discriminatoire à l'égard de la première requérante en tant que femme[28].

CEDH, 28 mai 2013,* Eremia c/ Moldova, *n° 3564/11 :

En fait : *La première requérante était mariée à un policier qui rentrait régulièrement à son domicile en état d'ébriété et la battait en présence de leurs deux filles adolescentes, les deuxième et troisième requérantes. Tous ces incidents ont été signalés à la police, le mari devenant de plus en plus violent. Une ordonnance de protection a été rendue, enjoignant l'intéressé de quitter le domicile familial et de ne contacter aucune des requérantes. L'ouverture d'une enquête pénale a été demandée, puis de nouveaux incidents sont intervenus, avec menaces de mort à l'égard de l'épouse. Toutefois, l'enquête pénale a été suspendue pendant un an, sous réserve que le mari de la première requérante ne récidive pas, le procureur ayant estimé, malgré l'existence d'importants éléments établissant la culpabilité de l'intéressé, que celui-ci avait commis une « infraction de moindre gravité », n'avait pas d'antécédents d'usage de stupéfiants ou d'alcoolisme et « ne représentait pas un danger pour la société ».*

En droit : *(violation de l'art. 14 combiné avec l'art. 3). La Cour rappelle qu'un État qui ne protège pas les femmes contre les violences domestiques viole leur droit à une protection égale devant la loi. La requérante a été plusieurs fois victime de violences commises par son époux alors que les autorités étaient au courant de la situation. Les autorités ont toutefois refusé de traiter son divorce en urgence, et la police l'aurait même poussée à retirer sa plainte. Les services sociaux n'ont pas immédiatement exécuté l'ordonnance de protection et ont même suggéré une réconciliation en disant à la requérante qu'elle « n'était pas la première ni la dernière femme à être battue par son mari ». Enfin, bien qu'il ait avoué avoir battu sa femme, le mari de la première requérante a été concrètement exonéré de toute responsabilité à la suite de la décision du procureur de suspendre sous conditions la procédure dirigée contre lui. La combinaison de ces facteurs démontre clairement que les actions des autorités ne s'analysent pas simplement en un manquement ou un retard à traiter les actes de violence dirigés contre la première requérante, mais qu'elles ont eu pour effet de les cautionner à plusieurs reprises, ce qui traduit une attitude discriminatoire à l'égard de la première requérante en tant que femme.*

La Cour européenne sanctionne les discriminations indirectes et n'hésite pas à renverser la charge de la preuve, instituant une véritable présomption de discrimination indirecte. Pour la Cour, « si une présomption réfragable de discrimination relativement à l'effet d'une mesure ou d'une pratique est ainsi

27. CEDH, 28 mai 2013, *Eremia c/ Moldova*, n° 3564/11, *JCP* 2013 Actu. 1228, obs. C. Picheral, §§ 82 à 90 : manquement du système judiciaire à réagir de manière adéquate aux violences domestiques graves contre les femmes.

28. Aff. *Eremia*, préc., § 89.

établie par le requérant alléguant une discrimination indirecte, il incombe ensuite à l'État défendeur de réfuter cette présomption en démontrant que la différence en question n'est pas discriminatoire. En effet, vu notamment la spécificité des faits et la nature des allégations formulées dans ce type d'affaires, il serait en pratique extrêmement difficile pour les intéressés de prouver la discrimination indirecte sans un tel renversement de la charge de la preuve »[29]. La jurisprudence la plus récente va toujours dans ce sens[30].

§2. La portée du principe de non-discrimination

149. Apparences et réalité. – L'appréciation de la portée du principe de non-discrimination n'est pas aisée, car les apparences ne sont pas forcément conformes à la réalité. En effet, cette portée est apparemment restreinte compte tenu d'un certain nombre de contraintes découlant du texte lui-même. Toutefois, la réalité est bien différente dans la mesure où cette portée est beaucoup plus forte qu'on ne pourrait le penser au premier abord.

150. Une portée apparemment restreinte. – L'article 14 n'a pas d'existence indépendante, la discrimination n'étant interdite qu'autant qu'elle se pratique dans un droit ou une liberté consacrés par la Convention européenne[31]. *A priori*, cette contrainte est de nature à freiner la portée du principe de non-discrimination, d'autant plus que si le droit garanti par la Convention est violé, les juges européens pourront estimer qu'il est inutile de se prononcer sur la violation de l'article 14, à moins naturellement que l'inégalité de traitement concernant le droit garanti ne soit l'aspect fondamental du litige[32].

CEDH, 22 oct. 1981,* Dudgeon c/ Royaume-Uni, *n° 7225/76 :

En fait : *Le requérant, âgé de 35 ans, réside à Belfast. Homosexuel, il se plaint principalement de l'existence, dans cette province, de lois qui ont pour effet d'ériger en infractions certains actes homosexuels entre hommes adultes et consentants (âge du consentement fixé à 21 ans). Il estime que l'existence, en droit pénal nord-irlandais, de diverses infractions pouvant s'appliquer au comportement homosexuel masculin et l'enquête de police qui a été diligentée constituaient une atteinte injustifiée à son droit au respect de sa vie privée, violant ainsi l'article 8 de la Convention, ajoutant qu'il subissait ainsi une discrimination contraire à l'article 14 et fondée sur le sexe, la sexualité et la résidence.*

En droit : *(violation de l'art. 8 et non-examen de l'affaire sous l'angle de l'art. 14). Quand la Cour constate une violation séparée d'une clause normative de la Convention, invoquée devant elle à la fois comme telle et conjointement avec*

29. CEDH, 13 nov. 2007, *D.H. et a. c/République tchèque*, préc., § 189.

30. CEDH, 2 févr. 2016, *Di Trizio c/Suisse*, n° 7186/09, *JCP* 2016. 834, n° 20, obs. F. SUDRE.

31. CEDH, 27 oct. 1975, *Syndicat national de la police belge c/ Belgique*, préc.

32. CEDH, 22 oct. 1981, *Dudgeon c/ Royaume-Uni*, n° 7525/76, § 67 ; 9 oct. 1979, *Airey c/ Irlande*, n° 6289/73, § 30.

l'article 14, elle n'a en général pas besoin d'examiner aussi l'affaire sous l'angle de celui-ci, mais il en va autrement si une nette inégalité de traitement dans la jouissance du droit en cause constitue un aspect fondamental du litige. Cette dernière condition ne se trouve pas remplie pour la discrimination qui résulterait de la diversité des législations en vigueur au Royaume-Uni dans le domaine des actes homosexuels masculins. Le requérant déclare se plaindre pour l'essentiel, au titre de l'article 14, de ce que les actes homosexuels masculins, contrairement aux rapports homosexuels féminins ou hétérosexuels, exposent en Irlande du Nord à des sanctions pénales même quand ils sont commis en privé, entre adultes et d'un commun accord. De fait, le problème central de l'espèce réside dans l'existence, en Irlande du Nord, d'une législation qui érige certains actes homosexuels en infractions pénales en toutes circonstances. Une fois jugé que la restriction au droit du requérant au respect de sa vie privée méconnaît l'article 8 en raison de son ampleur et de son caractère absolu, il apparaît sans intérêt juridique de rechercher s'il a subi de surcroît une discrimination par comparaison avec d'autres personnes sujettes à de moindres limitations au même droit. Dès lors, on ne saurait dire qu'une nette inégalité de traitement demeure un aspect fondamental du litige. La Cour n'estime donc pas nécessaire de se placer aussi sur le terrain de l'article 14 (§§ 67 à 70).

Il n'empêche que l'article 14 fait l'objet d'une application de plus en plus autonome à tel point qu'il n'est plus nécessaire que le droit avec lequel il est combiné soit lui-même violé[33] : c'est dire qu'à défaut de pouvoir être invoqué isolément, l'article 14 peut par conséquent être violé seul, mais en toute hypothèse les faits du litige doivent tomber sous l'emprise de l'un des droits garantis[34]. L'article 14 se caractérise donc par une autonomie croissante, ce qui ne peut que renforcer la protection des droits fondamentaux[35]. Il est vrai que logiquement la violation de l'article 14 ne devrait pouvoir être retenue que si le lien avec le droit substantiel garanti par la Convention est réellement établi, mais des libertés ont été prises, ce qui a mécaniquement accru l'autonomie de l'article 14[36]. C'est dire que si l'applicabilité de l'article 14 est entravée, l'entrave n'est pas particulièrement gênante compte tenu de l'autonomie désormais acquise, ce qui renforce considérablement la portée du principe de non-discrimination.

151. Une portée réellement forte. - Ainsi, malgré les contraintes inhérentes au texte lui-même et grâce à une interprétation dynamique

33. CEDH, 23 juill. 1968, *Aff. linguistique belge*, préc., § 9 ; 28 mai 1985, *Abdulaziz, Cabales et Balkandoli*, préc., §§ 69 et 83.

34. CEDH, 21 févr. 1998, *Botta c/ Italie*, préc., § 39. *Adde* aff. *Abdulaziz, Cabales et Balkandoli*, préc., § 71 ; aff. *Inze*, préc., § 36.

35. Ainsi que cela a pu être observé, l'examen du grief de discrimination, à l'origine simplement complémentaire, tend à devenir principal et même à être examiné en priorité : F. Sudre, *Grands arrêts...*, obs. préc., p. 97.

36. CEDH, 18 juill. 1994, *Karlheinz Schmidt c/ Allemagne*, n° 13580/88, § 22, *AFDI* 1994. 658, obs. V. Coussirat-Coustère, *JDI* 1995. 768, obs. E. Decaux et P. Tavernier, *RTDH* 1995. 87, obs. C. Pettiti, *JCP* 1995-I-3823, n° 6, obs. F. Sudre ; 21 févr. 1986, *James et autres c/ Royaume-Uni*, n° 8793/7, § 76 ; 8 juill. 1986, *Lithgow et autres c/ Royaume-Uni*, n° 9006/80..., §§ 176 et s. ; 24 juin 1993, *Schuler-Zgraggen c/ Suisse*, n° 14518/89, § 67. *Adde* aff. *Abdulaziz, Cabales et Balkandali*, préc., § 69 et 83.

des juges de Strasbourg, la portée du principe de non-discrimination est en réalité beaucoup plus forte qu'on ne pourrait le croire *a priori*. Progressivement, d'ailleurs, la Cour européenne a transformé l'obligation négative des États de ne pas discriminer en une obligation positive tendant à assurer l'égalité de traitement[37]. L'égalité de traitement est assurément une préoccupation majeure.

Si l'article 14 n'a pas d'existence indépendante, son autonomie est donc de plus en plus large, de sorte que, combiné avec d'autres articles de la Convention garantissant des droits et libertés, il est d'une grande efficacité. La plupart du temps, l'article 14 est combiné avec l'article 8 qui protège la vie privée et familiale : si cette combinaison peut être qualifiée de majeure parce qu'elle est quantitativement la plus importante dans le contentieux européen, d'autres combinaisons sont possibles et leur importance, sur le plan qualitatif, n'est pas moindre. Même si ces combinaisons peuvent être qualifiées de subséquentes parce que moins nombreuses, leur intérêt est considérable, d'autant plus que des garanties fortes comme le droit à la vie ou l'interdiction des mauvais traitements peuvent être en jeu.

a) La combinaison majeure. En effet, la combinaison la plus fréquente est celle de l'article 14 avec le droit au respect de la vie privée et familiale. À cet égard, le principe de non-discrimination est souvent invoqué en matière d'égalité des sexes. C'est ainsi que le nom de famille donne lieu à de vives controverses, tant il est vrai que les enjeux et les logiques peuvent se heurter[38]. Il reste que, pour la Cour, la tradition de manifester l'unité de la famille à travers l'attribution du nom de l'époux à tous les membres ne peut justifier une discrimination envers les femmes[39]. La question est sensible, surtout dans les États du sud de l'Europe, mais, au-delà de la sévérité apparente, la position de la Cour reste nuancée. Cette dernière reconnaît en effet que la tradition qui consiste à donner aux enfants légitimes le nom de leur père peut s'avérer nécessaire en pratique et n'est pas forcément contraire à la Convention : c'est l'impossibilité absolue de déroger à cette règle qui est discriminatoire[40], ce qui n'est pas tout à fait la même chose.

37. *Aff. linguistique belge*, préc., § 9 ; aff. *Marckx*, préc. § 32 ; aff. *Inze*, préc., § 36.

38. À noter que la loi française relative à la dévolution du nom de famille et ses dispositions transitoires ne sont pas discriminatoires : CEDH, 28 août 2013, *De Ram c/ France*, n° 38275/10, *AJ Famille* 2013. 645, obs. C. Doublein, *RTD Civ.* 2013. 812, obs. J.-P. Marguénaud, et 817, obs. J. Hauser.

39. CEDH, 7 janv. 2014, *Cusan et Fazzo c/ Italie*, n° 77/07, § 66, *Dalloz Actu.* 31 janv. 2014, obs. C. Le Douaron, *JCP* 2014, 832, n° 17, obs. F. Sudre, *JCP* 2014 Actu. 153, obs. H. Surrel, *D.* 2014. 1171, obs. F. Granet-Lambrechts, *AJ Famille* 2014. 126, obs. C. Doublein, *RTD Civ.* 2014. 305, obs. J.-P. Marguénaud, et 332, obs. J. Hauser, *RTDH* 2015. 701, note J. Fierens, *JDI* 2015, n° 4, chron. 7, n° 27, obs. E. Birden. Cf. déjà : CEDH, 22 févr. 1994, *Burghartz c/ Suisse*, préc.

40. Aff. *Cusan et Fazzo*, préc., § 67.

CEDH, 7 janv. 2014,* Cusan et Fazzo c/ Italie, *n° 77/07 :

En fait : *Les requérants sont un couple marié. Leur demande tendant à ce que leur premier enfant soit inscrit dans les registres de l'état civil avec comme nom de famille celui de sa mère a été rejetée et l'enfant a été inscrit avec le nom de son père. Par la suite, les parents ont été autorisés à compléter le nom de l'enfant par l'adjonction du nom de la mère.*

En droit : *(violation de l'art. 14 combiné avec l'art. 8). Selon le droit interne, les « enfants légitimes » se voient attribuer à la naissance le nom du père et il n'existe aucune exception à cette règle, même si un changement de nom est ultérieurement possible. Mais il faut distinguer la détermination du nom à la naissance de la possibilité de changer de nom au cours de la vie. Des personnes se trouvant dans des situations similaires, à savoir l'un et l'autre des requérants, respectivement père et mère de l'enfant, ont donc été traités de manière différente puisque, à la différence du père, la mère n'a pas pu obtenir l'attribution de son nom de famille au nouveau-né, et ce en dépit de l'accord de son époux. (...). En outre, la tradition de manifester l'unité de la famille à travers l'attribution à tous ses membres du nom de l'époux ne peut justifier une discrimination envers les femmes. (...). Selon le droit national, le nom attribué doit être, sans exception, celui du père, nonobstant toute volonté différente commune aux époux. Si la règle voulant que le nom du mari soit attribué aux « enfants légitimes » peut s'avérer nécessaire en pratique et n'est pas forcément en contradiction avec la Convention, l'impossibilité d'y déroger lors de l'inscription des nouveau-nés dans les registres d'état civil est excessivement rigide et discriminatoire envers les femmes.*

Toutefois, l'impossibilité pour une femme mariée de porter exclusivement son nom de jeune fille sur les documents officiels est une violation de l'article 14 combiné avec l'article 8 de la Convention[41]. L'égalité des sexes est bien une préoccupation forte pour les juges européens, étant précisé que ces derniers entendent bilatéraliser les règles[42]. Il est vrai cependant que, généralement, c'est la situation des femmes qui donne lieu à des discriminations. C'est ainsi que le licenciement d'une femme agent de sécurité a été jugé discriminatoire parce que motivé par le fait qu'elle est précisément une femme : pour la Cour, le simple fait que les agents de sécurité doivent travailler de nuit dans des zones rurales et utiliser des armes à feu et la force physique en cas d'agression ne peut justifier en soi une différence de traitement entre les hommes et les femmes[43].

41. CEDH, 16 nov. 2004, *Unal Tekeli c/ Turquie*, n° 29865/96, § 68, *AJDA* 2005. 541, obs. J.-F. Flauss, *RTD Civ.* 2005. 343, obs. J.-P. Marguénaud, *JCP* 2005-I-103, n° 14, obs. F. Sudre.

42. Cf. une évolution fort intéressante à l'occasion du congé parental : CEDH, Gr. Ch., 22 mars 2012, *Konstantin Markin c/ Russie*, n° 30078/06, *Dr. Famille* 2012, n° 5 com. 80, obs. M. Bruggeman, *AJDA* 2012. 1726, obs. L. Burgorgue-Larsen, *RDSS* 2012. 1041, obs. D. Tharaud, *JCP* 2012, 456, obs. H. Surrel, et 924 n° 22, obs. F. Sudre, *D.* 2013. 1245, obs. M. Pichard, *Dr. Famille* 2013, n° 3, ét. 3, obs. A. Gouttenoire (constat de violation). Comparer avec aff. *Petrovic*, préc. (constat de non-violation).

43. CEDH, 2 déc. 2014, *Emel Boyraz c/ Turquie*, n° 61960/08, *JCP* 2015, chron. 70, n° 14, obs. F. Sudre, *JCP (A)* 2015. 2154, chron. V. Correia (dir.), n° 15, obs. C. Froger.

Les juges européens sont également très attentifs aux différences de traitement fondées sur l'orientation sexuelle[44]. À cet égard, la question de l'adoption par des couples vivant une relation homosexuelle est particulièrement sensible et délicate : cela a même donné lieu à une importante évolution jurisprudentielle. Ainsi, dans l'affaire *Fretté*, la Cour avait conclu à la non-violation de la Convention, car le droit de pouvoir adopter trouvait sa limite dans l'intérêt des enfants susceptibles d'être adoptés, nonobstant les aspirations légitimes du requérant et sans que soient mis en cause ses choix personnels[45]. Mais par la suite et dans une situation similaire, avec l'affaire *E. B. c/ France*, la Cour a jugé qu'il y avait violation de ces mêmes dispositions : tout refus d'agrément en raison de l'homosexualité du demandeur constitue une violation de la Convention, que la référence à l'homosexualité soit explicite ou implicite[46]. L'affaire *Gas et Dubois* est à la fois intéressante et significative des difficultés rencontrées puisque, après avoir déclaré recevable la requête de deux femmes concernant l'adoption simple de l'enfant de l'une par l'autre[47], la Cour a ensuite jugé que le refus d'accorder à une femme le droit d'adopter l'enfant de sa compagne ne constitue pas une violation de la Convention[48] : il est vrai qu'en

44. CEDH, 21 déc. 1999, *Salgueiro Da Silva Mouta c/ Protugal*, n° 33985/96, § 28 (autorité parentale), *JCP* 2000-I-203, n° 37, obs. F. Sudre. *Adde* CEDH, 9 janv. 2003, *L. et V. c/ Autriche*, n° 39392/98..., § 50 ; 24 juill. 2003, *Karner c/ Autriche*, n° 40016/98, § 37, *RTDH* 2004. 663, obs. Ph. Frumer, *JCP* 2004-I-107, n° 18, obs. F. Sudre (refus de reconnaître à un homosexuel le droit au bail après le décès de son compagnon). V° aussi pour la même raison : 2 mars 2010, *Kozak c/ Pologne*, n° 13102/02. *Adde* : CEDH, Gr. Ch., 22 janv. 2008, *E. B. c/ France*, n° 43546/02, § 50 (adoption) ; 22 oct. 2002, *Perkins et R. c/ Royaume-Uni*, n° 43208/98 (requérants exclus de l'armée en raison de leur homosexualité) ; 22 juill. 2010, *P.B. et J.S. c/ Autriche*, n° 18984/02 (refus d'étendre la couverture d'une assurance maladie au compagnon homosexuel de l'assuré). Pour ce qui est de la pénalisation des relations homosexuelles entre adultes et adolescents, cf. not. : CEDH, 9 janv. 2003, *L. et V. c/ Autriche*, n° 39392/98 et n° 39829/98 ; 9 janv. 2003, *S.L. c/ Autriche*, n° 45330/99 ; 10 févr. 2004, *B.B. c/ Royaume-Uni*, n° 53760/00 ; 21 sept. 2010, *Santos Couto c/ Portugal*, n° 31874/07. *Adde* : CEDH, Gr. Ch., 7 nov. 2013, *Vallianatos et autres c/ Grèce*, n° 29381/09..., *JCP* 2013, 1281, 2219, obs. F. Sudre, *D.* 2013. 2888, note F. Lafaille (exclusion des couples de même sexe du « pacte de vie commune »). *Adde* : CEDH, 30 juin 2016, *Taddeucci et McCall c/Italie*, n° 51362/09, *Dalloz Actu.* 11 juill. 2016, obs. T. Coustet, *D.* 2016. 2100, note H. Fulchiron, *RTD Civ.* 2016. 799, obs. J.-P. Marguenaud, *Dr. Famille* 2016, rep. 9 par J.-R. Binet, *Dr. Famille* 2016, n° 9, chron. 2, n° 5, obs. A. Gouttenoire (impossibilité pour un couple homosexuel d'obtenir un permis de séjour pour raison familiale) ; CEDH, 23 févr. 2016, *Pajic c/Croatie*, n° 68453/13, *Dalloz Actu.* 11 mars 2016, obs. Th. Coustet, *JCP* 2016. 834, n° 21, obs. F. Sudre, *Dr. Famille* 2016, n° 9, chron. 2, n° 4, obs. A. Gouttenoire (refus d'octroyer un permis de séjour pour regroupement familial à une personne en couple homosexuel).

45. CEDH, 26 févr. 2002, *Fretté c/ France*, n° 36515/97, § 43, *D.* 2002 Somm. 2024, obs. F. Granet et Somm. 2569, obs. Ch. Courtin, *AJDA* 2002. 500, obs. J.-F. Flauss, *JDI* 2003. 551, obs. E. Decaux et P. Tavernier, *JCP* 2002-II-10074, note A. Gouttenoire-Cornut et F. Sudre, *RDSS* 2002. 377, obs. F. Moneger, *AJ Famille* 2002. 142, *RTD Civ.* 2002. 280, obs. J. Hauser, et 389, obs. J.-P. Marguénaud, *AJDA* 2002. 401, obs. I. Poirot-Mazères.

46. CEDH, Gr. Ch., 22 janv. 2008, *E. B. c/ France*, n° 43546/02, § 89, *JCP* 2008-II-10071, note A. Gouttenoire et F. Sudre, *D.* 2008. 351, obs. E. Royer, 1795, obs. J.-J. Lemouland et D. Vigneau, et 2038, note P. Hennion-Jacquet, *AJDA* 2008. 978, obs. J.-F. Flauss, *AJ Famille* 2008. 118, obs. Chénedé, *Dr. Famille* 2008 Alertes 14, obs. M. Bruggeman, *RTD Civ.* 2008. 349, obs. J.-P. Marguénaud, et 287, obs. J. Hauser, *RDSS* 2008. 380, obs. Cl. Neirinck.

47. CEDH (déc.), 31 août 2010, *Gas et Dubois c/ France*, n° 25951/07, *D.* 2011. 1585, note F. Granet-Lambrechts, et 1713, obs. V. Bernaud et L. Gay, *AJ Famille* 2010. 433, obs. C. Siffrein-Blanc, *Constitutions* 2011. 75, obs. P. Chevalier, *RTD Civ.* 2011. 114, obs. J. Hauser, *AJDA* 2012. 1726, obs. L. Burgorgue-Larsen.

48. CEDH, 15 mars 2012, *Gas et Dubois c/ France*, n° 25951/07, *Dalloz Actu.* 28 mars 2012, obs. I. Gallmeister, *D.* 2012. 1241, note A. Dionisi-Peyrusse, *AJ Famille* 2012. 163, obs. F. Chénedé, *JCP* 2012, 589, note A. Gouttenoire

examinant la situation des requérantes par rapport à celle des couples hétérosexuels ayant conclu un PACS, la Cour a constaté que ces derniers se voient opposer les mêmes effets, à savoir le refus de l'adoption simple ; c'est dire que les requérantes n'ont donc pas subi un traitement discriminatoire fondé sur leur orientation sexuelle[49]. Ce type de contentieux est néanmoins très sensible, d'autant plus que les enjeux sont importants et les décisions lourdes de conséquences. C'est la raison pour laquelle les juges de Strasbourg se montrent particulièrement vigilants, concluant la plupart du temps à une violation de la Convention[50].

CEDH, Gr. Ch., 19 févr. 2013,* X. et autres c/ Autriche, *nº 19010/07 :
En fait : *Deux femmes vivant ensemble une relation homosexuelle stable se plaignaient du refus des juridictions autrichiennes de faire droit à la demande de l'une d'elles d'adopter le fils de l'autre sans que les liens juridiques entre la mère et l'enfant ne s'en trouvent rompus (adoption coparentale).*
En droit : *(violation de l'art. 14 combiné avec l'art. 8). L'impossibilité d'accès à l'adoption coparentale pour les couples homosexuels en Autriche est discriminatoire en comparaison avec la situation des couples hétérosexuels non mariés.*

La combinaison de l'article 14 avec l'article 8 est également possible dans d'autres situations, y compris dans le domaine de l'activité professionnelle, alors même que l'applicabilité de l'article 8 est loin d'être évidente[51]. Pour ce qui est de la filiation, où l'égalité est un impératif majeur[52], il a été jugé que le fait qu'un enfant adopté ne puisse prétendre à la succession de sa mère est discriminatoire[53]. Dans le même ordre d'idées, cette solution a été retenue

et F. Sudre, *Dr. Famille* 2012, nº 5 com. 82, obs. Cl. Neirinck, *Dr. Famille* 2013, nº 3, ét. 3, obs. A. Gouttenoire, *Constitutions* 2011. 75, obs. P. Chevallier.

49. Aff. *Gas et Dubois*, préc., § 69.

50. CEDH, 19 févr. 2013, *X. et autres c/ Autriche*, nº 19010/07, *Dr. Famille* 2013, nº 4 com. 53, obs. Cl. Neirinck, *AJ Famille* 2013. 227, obs. F. Chénedé, *JCP* 2013, 246. 427, obs. Ch. Byk, *AJDA* 2013. 1794, obs. L. Burgorgue-Larsen, *D.* 2013. 502, note I. Gallmeister, et 1436, obs. F. Granet-Lambrechts, *RTD Civ.* 2013. 329, obs. J.-P. Marguénaud, et 363, obs. J. Hauser. *Adde* l'impossibilité d'épouser une personne du même sexe, la Cour ayant admis l'applicabilité de l'art. 14 combiné avec l'art. 8, mais conclut finalement à la non-violation : CEDH, 24 juin 2010, *Schalk et Kopf c/ Autriche*, nº 30141/04, *D.* 2011. 1040, obs. J.-J. Lemouland et D. Vigneau, *RTD Civ.* 2010. 738, obs. J.-P. Marguénaud et p. 765 J. Hauser, *JCP* 2010, 839, nº 30, obs. F. Sudre, p. 1187, note C. Picheral, p. 1013, note H. Fulchiron, *Dr. Famille* 2010 com. 143, obs. E. Lagarde, *Dr. Famille* 2011, nº 4 ét. 10, obs. A. Gouttenoire, *JDI* 2011, nº 4, chron. 12, com. 29, obs. Cl. de la Hougue, *Constitutions* 2010. 557, obs. L. Burgorgue-Larsen.

51. CEDH, 27 juill. 2004, *Sidabras et Dziantas c/ Lituanie*, nº 55480/00..., § 25 (renvoi de l'administration publique de deux fonctionnaires en raison de leur appartenance passée au KGB).

52. Aff. *Marckx*, préc., § 54 ; aff. *Inze*, préc., § 41 ; aff. *Vermeire*, préc., § 25. À noter qu'après avoir admis qu'il n'est pas interdit de mettre en balance les droits acquis de longue date par les enfants légitimes et les intérêts pécuniaires de l'enfant naturel (CEDH, 21 juill. 2011, *Fabris c/ France*, nº 16574/08, *AJ Famille* 2011. 556, obs. Ch. Vernières, *D.* 2011. 2036, note I. Gallmeister, *RTD Civ.* 2011. 732, obs. J.-P. Marguénaud, *Dr. Famille* 2012, nº 3 ét. 6, obs. A. Gouttenoire), la Cour dans sa formation de Grande chambre est allée en sens contraire, retenant une violation de l'art. 14 combiné avec l'art. 8 (CEDH, Gr. Ch., 7 févr. 2013, *Fabris c/ France*, nº 16574/08, *AJDA* 2013. 1794, obs. L. Burgorgue-Larsen, *D.* 2013. 434, obs. J. Gallmeister, et 1436, obs. F. Granet-Lambrechts, *AJ Famille* 2013. 189, obs. N. Levillain, *RTD Civ.* 2013. 333, obs. J.-P. Marguénaud, et 358, obs. J. Hauser, *JDI* 2013, chron. 6, nº 17, obs. H. Apchain).

53. CEDH, 13 juill. 2004, *Pla et Puncerneau c/ Andorre*, nº 69498/01, § 61, *JCP* 2005-I-103, nº 15, obs. F. Sudre. Il peut sembler curieux que l'on se soit en l'espèce placé sur le terrain de l'art. 14 combiné avec

pour la déchéance d'un père de son droit de visite en raison d'idées irréalistes en matière d'éducation, marquées par un fanatisme religieux, le rendant inapte selon les juges nationaux à offrir une éducation normale à son fils[54]. Constitue également un traitement discriminatoire le licenciement d'un employé séropositif en raison de pressions exercées par ses collègues[55], ainsi que le fait de refuser des visites conjugales à des personnes en détention provisoire alors que les détenus condamnés y ont droit[56]. Enfin, est considérée comme discriminatoire une différence de traitement fondée sur la nationalité[57].

CEDH, 17 janv. 2017,* A.H. et a. c/Russie, *n° 6033/13... :

En fait : *Des requérants américains ont engagé des procédures d'adoption d'enfants russes. La plupart d'entre eux ont reçu une décision des autorités russes confirmant leur aptitude à devenir parents adoptifs d'un enfant déterminé et l'impossibilité de placer l'enfant dans une famille russe. Dans le cadre de la procédure d'adoption, ils ont été invités à rendre visite à l'enfant concerné. Par la suite, alors que la plupart des requérants avaient achevé toutes les démarches en vue de l'adoption, la Douma a adopté une loi, posant notamment interdiction pour les ressortissants américains d'adopter des enfants russes.*

l'art. 8 puisque, auparavant, dans la célèbre aff. *Mazurek*, qui concernait aussi une part successorale (de l'enfant adultérin), l'art. 14 était combiné avec l'art. 1er du Prot. n° 1 : cf. *infra*, b) de ce même numéro. Il est vrai que le choix dans l'aff. *Pla et Puncerneau* paraissait plus logique au regard de la situation, mais peut-être a-t-on voulu préserver la « paix des familles », laquelle n'était nullement menacée à notre sens. Pour un autre exemple où en matière successorale la question s'est posée sur le terrain de l'art. 14 comb. avec l'art. 8 : CEDH, 9 févr. 2017, *Mitzinger c/Allemagne*, n° 29762/10 (exclusion des droits successoraux des enfants nés hors mariage avant une date donnée : violation), *AJ Famille* 2017. 204, obs. E. Viganotti.

54. CEDH, 12 févr. 2013, *Vojnity c/ Hongrie*, n° 29617/07, *Dalloz Actu.* 4 mars 2013, obs. T. Soudain, *AJ Famille* 2013. 179, obs. I. Gallmeister, *Dr. Famille* 2013, com. 70, obs. K. Garcia.

55. CEDH, 3 oct. 2013, *I.B. c/ Grèce*, n° 552/10, *JCP* 2013 act. 1081, obs. B. Pastre-Belda, et 1288, note J. Colonna, *JCP* 2014, chron. 78, n° 20, obs. F. Sudre, *AJDA* 2014. 147, obs. L. Burgorgue-Larsen. Cf. aussi une législation nationale à l'égard des séropositifs en matière d'entrée et de séjour et de résidence jugée discriminatoire, même si la Convention ne garantit pas le droit d'entrée ou de s'établir dans un pays donné car les États doivent appliquer leurs politiques migratoires de manière compatible avec les droits de l'homme : CEDH, 15 mars 2016, *Novruk et a. c/Russie*, n° 31039/11..., *D.* 2016. 1357, note H. Fulchiron, *JCP* 2016. 375, obs. B. Pastre-Belda.

56. CEDH, 9 juill. 2013, *Varnas c/ Lituanie*, n° 42615/06.

57. CEDH, 8 avr. 2014, *Dhahbi c/ Italie*, n° 17120/09, *Dalloz Actu.* 20 mai 2014, obs. N. Devoueze, *Europe* 2014 rep. 7, obs. D. Simon, *JDI* 2015, n° 4, chron. 7, n° 8, obs. A. Lebret. Là aussi, la combinaison avec l'art. 8 est curieuse, les prestations sociales étant considérées comme des biens au sens de l'art. 1er du Prot. n° 1 : cf. *infra*, n° 294 *in fine*. V° aussi le refus d'accorder une allocation en raison du statut parental et de la nationalité, considéré comme ne répondant pas à une justification objective et raisonnable : CEDH, 31 mars 2009, *Weller c/ Hongrie*, n° 44399/05, *JCP* 2009-I-143 n° 28, obs. F. Sudre. Mais le fait de priver des parents étrangers d'allocations familiales pour leurs enfants n'est pas forcément contraire à la Convention : CEDH, déc., 8 sept. 2015, *Okitaloshima Okonda Osungu et Selpa Lokongo c/France*, n° 76860/11..., *AJ Famille* 2015. 689, obs. C. Siffrein-Blanc, *RDSS* 2016. 555, obs. L. Isidro, *JCP* 2015. 1179, obs. G. Gonzalez, *JCP (A)* 2016. 7101, chron. V. Correia (dir.), n° 19, obs. C. Benelbaz, *JCP* 2015. 1180, obs. F. Sudre, *AJDA* 2015. 1833, obs. J.-M. Pastor, *Dr. Famille* 2016, n° 23, chron. 2, n° 1, obs. A. Gouttenoire (refus fondé, non pas sur la nationalité ou tout autre critère couvert par l'art. 14, mais sur le non-respect des règles applicables au regroupement familial). *Adde* la violation de l'art. 14 comb. art. 8 pour l'interdiction aux ressortissants américains d'adopter des enfants russes : CEDH, 17 janv. 2017, *A.H. et a. c/Russie*, n° 6033/13..., *Dalloz Actu.* 1er févr. 2017, obs. B. Herisset, *AJ Famille* 2017. 198, obs. P. Salvage-Gerest., *Dr. Famille* 2017, n° 2, al. 18, obs. M. Lemarche.

En droit : *(violation de l'art. 14 combiné avec l'art. 8). Pour la Cour, l'interdiction d'adopter a opéré une discrimination illicite à l'égard des requérants américains, notamment parce qu'elle les a empêchés sur le seul fondement de leur nationalité d'adopter des enfants russes et que, étant rétroactive, systématique et appliquée quels que soient l'état de la procédure et les circonstances de chaque cas, elle était disproportionnée par rapport aux objectifs avancés par le Gouvernement.*

b) Les combinaisons subséquentes. L'article 14 est également invoqué en lien avec d'autres droits et libertés garantis par la Convention ou ses protocoles. Certaines combinaisons sont assez fréquentes, notamment avec l'article 1er du Protocole n° 1 qui garantit le droit de propriété et les biens. À cet égard, l'une des premières violations constatées concernait le refus des autorités nationales d'attribuer l'allocation d'urgence à un chômeur arrivé en fin de droits au motif qu'il n'avait pas la nationalité autrichienne[58], ou encore des exemptions de cotisations pour la Sécurité sociale au profit de certaines femmes, mais refusées aux hommes dans la même situation[59]. La part successorale de l'enfant naturel de la femme mariée a donné lieu à un important contentieux : dans une affaire française, cet enfant, n'ayant (au moment des faits) que la moitié de la part qu'il aurait eue s'il avait été légitime, la Cour a conclu à la violation de la Convention[60]. Il est à noter que dans cette affaire *Mazurek*, l'article 14 a été combiné avec l'article 1er du Protocole n° 1 sur le droit au respect des biens, et non pas avec l'article 8 protégeant la vie privée et familiale. Aussi curieux que cela puisse paraître[61], la Cour a examiné l'affaire sous l'angle patrimonial de l'atteinte aux biens, sans examiner les arguments tirés de l'article 8. Quoi qu'il en soit, et quel que soit l'angle d'attaque choisi, le constat de violation était inévitable, l'égalité des filiations s'imposant avec force[62]. S'agissant d'une façon plus générale des successions, on notera avec intérêt le constat de non-violation à propos de l'impossibilité pour deux sœurs vivant ensemble de bénéficier d'une exonération de l'impôt sur les successions au même titre que le

58. CEDH, 16 sept. 1996, *Gaygusuz c/ Autriche*, préc., §§ 46 à 52.

59. CEDH, 21 févr. 1997, *Van Raalte c/ Pays-Bas*, préc., §§ 39 à 45.

60. CEDH, 1er févr. 2000, *Mazurek c/ France*, n° 34406/97, *JCP* 2000-II-10286, note A. Gouttenoire-Cornut et F. Sudre, *RTD Civ.* 2000. 429, obs. J.-P. Marguénaud, *JCP* 2001-I-293, p. 249, obs. J. Rubellin-Devichi, *Droit & Patrimoine* mai 2000. 56, obs. Ph. Stoffel-Munch, *Defrénois* 2000, art. 37179, obs. J. Massip, *D.* 2000, J., p. 332, note J. Thierry, *LPA*, 21 juill. 2000, p. 20, note M. Canaple. Cf. aussi : CEDH, 3 oct. 2000, *Camp et Bourimi c/ Pays-Bas*, n° 28369/95, §§ 37 et 38.

61. Cf. pourtant *supra*, not. l'arrêt *Pla et Puncerneau*, préc., où l'art. 14 a été combiné avec l'art. 8, ce qui pouvait somme toute sembler logique.

62. Après l'arrêt *Mazurek*, la loi n° 2001-1135 du 3 déc. 2001 a supprimé toutes les discriminations subies par les enfants adultérins : si la France a été à nouveau condamnée par la suite, c'est parce que la loi nouvelle n'était pas applicable à la succession en cause : CEDH, 22 déc. 2004, *Merger et Cros c/ France*, n° 68864/01, *Dr. Famille* 2005, n° 7. 16, obs. S. Le Chuiton, *RTD Civ.* 2005. 335, obs. J.-P. Marguénaud, *JCP* 2005-I-103, n° 16, obs. F. Sudre.

membre survivant d'un couple marié ou d'un partenariat civil[63]. Précisons enfin que toute distinction n'est pas nécessairement discriminatoire[64].

Il est des combinaisons qui, si elles sont rares – fort heureusement –, n'en sont pas moins très préoccupantes dans la mesure où les droits en cause traduisent une extrême gravité de la situation. En effet, l'article 14 est parfois combiné avec l'article 2 garantissant le droit à la vie ou l'article 3 interdisant les mauvais traitements, en particulier dans des affaires de discrimination raciale. Cette hypothèse, stigmatisée par la Cour qui évoque une forme de discrimination particulièrement odieuse et dangereuse[65], impose une vigilance accrue des autorités et une réaction vigoureuse. Les juges de Strasbourg font preuve, à cet égard, d'une attention toute particulière et d'une grande sévérité, s'agissant notamment de règles ou de pratiques applicables en matière d'immigration ou d'enquêtes policières entachées de préjugés raciaux[66]. Les juges ont la même attitude lorsque ces préjugés raciaux concernent d'autres types de contentieux[67]. Enfin, la passivité des autorités face à des violences conjugales peut constituer une violation de la Convention[68].

CEDH, 22 mars 2016,* M.G. c/Turquie, *n° 646/10 :

En fait : *Victime de violences conjugales chroniques lui ayant causé des blessures multiples, la requérante a déposé une plainte pénale contre son mari, après avoir quitté le domicile conjugal pour un refuge associatif, puis elle a engagé une action en divorce.*

En droit : *(violation de l'art. 3). Il convient d'avoir à l'esprit que la violence à l'égard des femmes est, comme l'énonce le Préambule de la Convention d'Istanbul, un des mécanismes sociaux cruciaux par lesquels celles-ci sont maintenues dans*

63. CEDH, 12 déc. 2006, *Burden et Burden c/ Royaume-Uni*, n° 13378/05, *JCP* 2007-I-106, n° 15, obs. F. Sudre, *JDI* 2007 n° 2 com. n° 3, obs. D. Lemetayer, *AJDA* 2007. 902, obs. J.-F. Flauss, *JCP* 2007-I-106 n° 15, obs. F. Sudre ; Gr. Ch., 29 avr. 2008, *Burden c/ Royaume-Uni*, n° 13378/05, § 65, *RTDH* 2009. 513, obs. J.-P. Marguénaud, *AJDA* 2008. 1929, obs. J.-F. Flauss, *JCP* 2008-I-167 n° 20, obs. F. Sudre.

64. Cf. aussi CEDH, 23 janv. 2014, *Montoya c/ France*, n° 62170/10, *JCP* 2014 actu. 268, obs. A. Schahmaneche, *JDI* 2015, n° 4, chron. 7, n° 37, obs. P. Tavernier : le refus d'accorder l'*allocation de reconnaissance* à un rapatrié de souche européenne n'est pas discriminatoire par rapport aux anciens supplétifs d'origine arabe ou berbère. Cf. aussi pour l'indemnisation des maladies professionnelles : CEDH, 12 janv. 2017, *Saumier c/France*, n° 74734/14, *Dalloz Actu.* 30 janv. 2017, obs. M. Peyronnet, *JCP (social)* 2017. 1054, note D. Asquinazi-Bailleux. *Adde* CEDH, 15 sept. 2016, *British Gurkha Welfare Society et a. c/Royaume-Uni*, n° 44818/11, *Dalloz Actu.* 4 oct. 2016, obs. B. Herisset (différence de montant de pensions de retraite fondée sur la nationalité objectivement justifiée) ; 14 juin 2016, *Aldeguer Tomas c/Espagne*, n° 35214/09, *AJ Famille* 2016. 384, obs. Fl. Berdeaux-Gacogne (pour un couple gay non marié, l'absence de droit à perception d'une pension de reversion n'est pas discriminatoire).

65. CEDH, 13 déc. 2005, *Timishev c/ Russie*, n° 55762/00, § 56.

66. CEDH, Gr. Ch., 6 juill. 2005, *Natchova et autres c/ Bulgarie*, n° 43577/98. *Adde* : CEDH, 13 déc. 2005, *Bekos et Koutropoulos c/ Grèce*, n° 15250/02 ; 31 mai 2007, *Secic c/ Croatie*, n° 40116/02 ; 26 juill. 2007, *Cobzaru c/ Roumanie*, n° 48254/99 ; 26 juill. 2007, *Angelova et Iliev c/ Bulgarie*, n° 55523/00 ; 6 déc. 2007, *Petropoulou-Tsakiris c/ Grèce*, n° 44803/04 ; 4 mars 2008, *Stoica c/ Roumanie*, n° 42722/02 ; 14 déc. 2010, *Mizigarova c/ Slovaquie*, n° 74832/01 ; 20 sept. 2012, *Fedorchenko et Lorenko c/ Ukraine*, n° 387/03.

67. Liberté de circulation (art. 2, Prot. n° 4) : CEDH, 13 déc. 2005, *Timishev c/ Russie*, préc. (refus opposé au requérant d'entrer sur le territoire de Kabardino-Balkarie en raison de son origine tchétchène). Droit à des élections libres (art. 3, Prot. n° 1) : CEDH, Gr. Ch., 22 déc. 2009, *Sejdic et Finci c/ Bosnie-Herzégovine*, n° 27996/06 et n° 34836/06.

68. CEDH, 22 mars 2016, *M.G. c/Turquie*, n° 646/10, *Dalloz Actu.* 6 avr. 2016, obs. E. Autier, *JCP* 2016. 834, n° 3, obs. F. Sudre (à l'époque des faits, le cadre législatif ne garantissait pas à la requérante des mesures de protection, l'obligeant à vivre dans la crainte des agissements de son ex-mari).

une position de subordination par rapport aux hommes. Il est inacceptable que la requérante ait dû, de nombreuses années après avoir saisi les instances nationales des violences dont elle fut victime, vivre dans la crainte des agissements de son ex-mari. L'État défendeur a failli à ses obligations positives.

Des combinaisons sont également possibles avec d'autres droits garantis par la Convention, notamment le droit à un procès équitable dans le cadre des relations de travail[69] ou encore l'interdiction du travail forcé et obligatoire[70], voire la liberté de religion[71]. L'article 14 de la Convention est quelquefois combiné avec l'article 11 garantissant la liberté d'association et de réunion, le contentieux portant principalement sur l'interdiction de certaines manifestations[72]. Le droit à l'instruction, garanti par l'article 2 du Protocole n° 1, fait parfois l'objet d'un traitement discriminatoire : si, dans certains cas, cela concerne uniquement des questions financières[73], il arrive que le souci porte sur des situations de ségrégation à l'école. C'est ainsi que le placement d'enfants roms dans des écoles spéciales a donné lieu à un constat de violation[74]. Par ailleurs, la Cour a jugé que viole l'article 14 combiné avec l'article 2 du Protocole n° 1 le refus d'inscrire une élève non-voyante dans un conservatoire[75]. Enfin, l'article 14 peut aussi être combiné avec l'article 5 de la Convention, la question s'étant posée par rapport à la peine perpétuelle[76].

69. CEDH, 19 févr. 2013, *Garcia Mateos c/ Espagne*, n° 38285/09 (violation pour inexécution d'un jugement reconnaissant une discrimination fondée sur le sexe au détriment d'une mère salariée).

70. Aff. *Karlheinz Schmidt*, préc. Obligation uniquement imposée aux hommes d'effectuer un service de sapeur-pompier (obligation devenue théorique en raison du nombre toujours suffisant de volontaires) ou, le cas échéant, de verser une contribution financière : cette contribution étant devenue la seule obligation réelle, la Cour a jugé qu'une différence de traitement fondée sur le sexe ne peut se justifier pour son paiement.

71. CEDH, 15 janv. 2013, *Eweida et autres c/ Royaume-Uni*, n° 48420/10..., *Dalloz Actu.* 22 janv. 2013, obs. A. Astaix, *AJDA* 2013. 81, obs. D. Poupeau, et 1794, obs. L. Burgorgue-Larsen, *JCP* 2013, 180, 312, obs. K. Blay-Grabarczyk, *Dr. Social* 2014. 641, obs. J.-P. Marguénaud et J. Mouly, *RTDH* 2013. 975, note G. Gonzalez, *JDI* 2013, chron. 6, n° 26, obs. Cl. de la Hougue.

72. CEDH, 21 oct. 2010, *Alekseyev c/ Russie*, n° 4916/07, *RFDA* 2011. 987, obs. H. Labayle et F. Sudre (interdictions répétées et injustifiées d'organiser à Moscou des marches pour les droits des homosexuels : la principale raison était la désapprobation des autorités à l'égard de manifestations, qu'elles considéraient comme promouvant l'homosexualité) ; 12 juin 2012, *Genderdoc-M c/ Moldova*, n° 9106/06 (interdiction d'une manifestation défendant les intérêts de la communauté gay).

73. CEDH, 21 juin 2011, *Ponomaryovi c/ Bulgarie*, n° 5335/05, *RTDH* 2012. 945, obs. S. Grosbon : dans les circonstances particulières de l'espèce, l'obligation faite aux requérants de verser des frais de scolarité pour leur enseignement secondaire du fait de leur nationalité et de leur statut en matière d'immigration n'était pas justifiée.

74. CEDH, Gr. Ch., 13 nov. 2007, *D.H. et autres c/ République tchèque*, préc. ; 16 mars 2010, *Orsus et autres c/ Croatie*, n° 15766/03 ; CEDH, 5 juin 2008, *Sampanis et autres c/ Grèce*, n° 32526/05 ; 11 déc. 2012, *Sampani et autres c/ Grèce*, n° 59608/09, *RTDH* 2014. 195, note X.-B. Ruedin ; 20 janv. 2013, *Horvath et Kiss c/ Hongrie*, n° 11146/11 ; 30 mai 2013, *Lavida et autres c/ Grèce*, n° 7973/10.

75. CEDH, 23 févr. 2016, *Cam c/Turquie*, n° 51500/08, *JCP* 2016. 834, n° 21, obs. F. Sudre, et 374, obs. L. Audouy.

76. CEDH, Gr. Ch., 24 janv. 2017, *Khamtokhu et Aksenchik c/Russie*, n° 60367/08, *JCP* 2017. 177, obs. H. Surrel (non-violation) : les requérants se prétendaient victimes, en tant qu'hommes adultes condamnés à la réclusion à perpétuité, d'une discrimination par rapport à d'autres catégories de condamnés (les femmes, les mineurs et les personnes âgées de plus de 65 ans).

Section 2
L'interdiction générale du Protocole n° 12

152. Article 1er Prot. n° 12. Interdiction générale de la discrimination.

1. La jouissance de tout droit prévu par la loi doit être assurée, sans discrimination aucune, fondée notamment sur le sexe, la race, la couleur, la langue, la religion, les opinions politiques ou toutes autres opinions, l'origine nationale ou sociale, l'appartenance à une minorité nationale, la fortune, la naissance ou toute autre situation.
2. Nul ne peut faire l'objet d'une discrimination de la part d'une autorité publique quelle qu'elle soit fondée notamment sur les motifs mentionnés au paragraphe 1.

153. Les limites d'une interdiction générale. – La Convention européenne ne contenant pas d'interdiction générale de la discrimination, l'idée d'un protocole additionnel le permettant s'est imposée. Toutefois, malgré la générosité et le caractère louable du but recherché, lequel est d'ailleurs partagé par les États, ce protocole n'a pas eu le succès espéré : près de quinze ans après l'ouverture à la signature de ce texte, seuls 18 États sur 47 l'ont ratifié, et certains ont même été quelque peu forcés de le faire puisque cette ratification faisait en quelque sorte partie du « package » lors de leur adhésion au Conseil de l'Europe. Les États membres sont donc très majoritairement réticents à l'égard de ce protocole, même s'ils partagent l'objectif recherché. Seulement, le caractère vague et imprécis de l'engagement qui serait pris suscite des inquiétudes qui sont, d'ailleurs, tout à fait légitimes. Bon nombre d'États connaissent des situations préférentielles, notamment pour leurs nationaux, et une interprétation extensive de ce protocole (d'autant plus facile que l'engagement est vague) pourrait porter atteinte à leurs grands équilibres : ces craintes sont d'autant plus légitimes qu'il a été dit lors d'un Séminaire organisé par le Conseil de l'Europe qu'il est « fort probable » que la Cour limitera l'extension du champ d'application de ce texte[77], ce qui signifie *a contrario* que cela n'est pas du tout certain. Certes, les premiers arrêts rendus par la Cour sont plutôt raisonnables[78], mais cela ne suffit pas à apaiser les craintes de la plupart des États membres, ne serait-ce que parce que cette jurisprudence est trop

77. Conseil de l'Europe, *La non-discrimination : un droit fondamental,* Editions du Conseil de l'Europe 2006, p. 79.

78. CEDH, Gr. Ch., 22 déc. 2009, *Sedjic et Finci c/ Bosnie-Herzégovine,* n° 27996/06, *AJDA* 2010. 997, obs. J.-F. Flauss, *RDP* 2010. 860, obs. H. Surrel (impossibilité pour un Rom et un Juif de se porter candidats aux plus hautes fonctions politiques du pays) ; CEDH, 15 juill. 2014, *Zornic c/ Bosnie-Herzégovine,* n° 3681/06 (appartenance aux « peuples constituants » pour pouvoir participer aux élections) ; 9 déc. 2010, *Savez crkava « Rijec zivota » et autres c/ Croatie,* n° 7798/08 (impossibilité pour les Églises réformistes d'assurer un enseignement religieux dans les écoles et de célébrer des mariages religieux).

embryonnaire pour être considérée comme suffisamment significative d'une tendance lourde.

CEDH, Gr. Ch., 22 déc. 2009,* Sejdic et Finci c/ Bosnie-Herzégovine, *n° 27996/06 et n° 34836/06 :

En fait : *Les requérants, deux ressortissants de Bosnie-Herzégovine, sont respectivement d'origine rom et d'origine juive, et occupent des fonctions publiques importantes. En vertu de la Constitution de Bosnie-Herzégovine de 1995, qui constituait une annexe à l'Accord de paix de Dayton de 1995, seuls les Bosniaques, les Croates et les Serbes, qualifiés de « peuples constituants », pouvaient se porter candidats aux élections à la présidence tripartite de l'État et à la Chambre haute du Parlement de l'État, la Chambre des peuples. Les requérants se plaignaient devant la Cour que, bien qu'ils puissent se prévaloir d'une expérience comparable à celle que possédaient les titulaires des plus hautes fonctions électives du pays, ils étaient privés par la Constitution, à raison simplement de leur origine ethnique, du droit de se porter candidats à de telles fonctions.*

En droit : *(violation de l'art. 1er, Prot. n° 12). L'impossibilité pour un Rom et un Juif de se porter candidats aux élections législatives est une violation du Protocole n° 12. Si l'article 14 de la Convention prohibe la discrimination dans l'assurance de la jouissance des droits et libertés reconnus dans la Convention, l'article 1er du Protocole n° 12 étend le champ de la protection à « tout droit prévu par la loi ». Il introduit donc une interdiction générale de la discrimination. Par conséquent, que les élections à la présidence relèvent ou non du champ d'application de l'article 3 du Protocole n° 1, ce grief concerne un « droit prévu par la loi », ce qui rend l'article 1er du Protocole n° 12 applicable. En l'espèce, la non-déclaration par les requérants d'une appartenance à l'un des « peuples constituants » les rend également juridiquement inaptes à se présenter aux élections à la présidence. Dès lors que la notion de discrimination doit être interprétée de la même manière dans le cadre de l'article 14 et dans celui de l'article 1er du Protocole n° 12, les dispositions constitutionnelles en vertu desquelles les requérants ne peuvent se porter candidats aux élections à la présidence doivent elles aussi être considérées comme discriminatoires.*

§1. Le contenu du Protocole n° 12

154. L'interdiction générale de toute discrimination. – Avec le Protocole n° 12, le principe de non-discrimination peut être invoqué même à propos de droits non consacrés par la Convention européenne des droits de l'homme. Le but recherché est de sanctionner toutes les formes de discrimination. Aux termes de l'article 1er de ce Protocole, la jouissance des différents droits prévus par la loi doit être assurée, sans discrimination aucune, fondée notamment sur le sexe, la race, la couleur, la langue, la religion, les opinions politiques ou toutes autres opinions, l'origine nationale ou sociale, l'appartenance à une minorité nationale, la fortune, la naissance ou toute autre situation. En outre, il est précisé que nul ne peut faire l'objet d'une discrimination de la part d'une autorité publique, quelle qu'elle soit. Cette liste, tout comme celle de l'article 14 de la Convention, n'est pas limitative, mais énumérative.

CEDH, *15 juill. 2014*, Zornic c/ Bosnie-Herzégovine, *n° 3681/06* :
En fait : *En vertu de la Constitution bosnienne, seules les personnes déclarant une appartenance à l'un des « peuples constituants » – définis par la Constitution comme étant les Bosniaques, les Croates et les Serbes – peuvent se présenter aux élections à la Chambre des peuples et à la présidence de la Bosnie-Herzégovine. La requérante, qui participe activement à la vie politique de son pays, ne souhaite pas déclarer une appartenance à un « peuple constituant » puisqu'elle se considère comme une citoyenne de la Bosnie-Herzégovine. Elle est donc inéligible.*
En droit : *(violation de l'art. 14 combiné avec l'art. 3, Prot. n° 1, et violation de l'art. 1, Prot. n° 12). L'impossibilité de se présenter à des élections sans déclarer son affiliation à l'un des « peuples constituants » définis par la Constitution est une violation de la Convention et de ses protocoles.*

155. L'admission de traitements préférentiels. – Conformément aux solutions traditionnellement consacrées dans le cadre de l'article 14 de la Convention, les traitements préférentiels ne sont pas interdits. *In fine*, le Préambule du Protocole n° 12 réaffirme que le principe de non-discrimination n'empêche pas les États parties de prendre des mesures afin de promouvoir une égalité pleine et effective, à condition qu'elles répondent à une justification objective et raisonnable. Comme le précise le rapport explicatif, le fait que certains groupes ou catégories de personnes soient défavorisés ou l'existence de certaines inégalités de fait, peut constituer une justification pour l'adoption de mesures octroyant des avantages spécifiques afin de promouvoir l'égalité, sous réserve naturellement que le principe de proportionnalité soit respecté[79]. C'est dire que le principe des « mesures positives » est consacré sans pour autant apaiser toutes les craintes.

§2. L'interprétation du Protocole n° 12

156. La notion de discrimination. – La Cour européenne n'a pas très souvent l'occasion d'appliquer le Protocole n° 12[80], mais le rapport explicatif renvoie à la notion de discrimination telle que celle-ci a toujours été interprétée dans la jurisprudence de la Cour à propos de l'article 14 de la Convention[81]. La Cour elle-même a pris acte de ce renvoi[82] et a statué en ce sens lorsque, pour la première fois, elle a constaté une

79. Rapp. explic., § 16.

80. Cf. aff. *Sedjic et Finci*, préc. ; aff. *Zornic*, préc. ; aff. *Savez crkava « Rijec zivota » et autres*, préc. *Adde* des affaires pendantes dont la solution est attendue : l'aff. *M.C. et C.A. c/ Roumanie*, n° 12060/12 ; *Identoba et autres c/ Géorgie*, du 12 mai 2015, n° 73235/12, *JCP* 2015. 845, n° 21, obs. F. Sudre, *JCP* 2015. 597, note B. Pastre-Belda (contre-manifestation homophobe) ; *Aghdgomelashvili et Japadridze c/ Géorgie*, n° 7224/11. Cf. aussi : CEDH (déc.), 23 oct. 2012, *Ramaer et van Willigen c/ Pays-Bas*, n° 34880/12, *RTD Eur.* 2013. 664, obs. Fl. Benoît-Rohmer (irrecevabilité, la Cour de Strasbourg se référant à l'interprétation du droit de l'UE donnée par la Cour de Luxembourg).

81. Rapp. explic., § 18.

82. CEDH, Ass. plén., Avis de la Cour EDH sur le projet de Protocole n° 12, 6 nov. 1999, § 5.

violation de l'article 1er du Protocole[83]. Il reste que toutes les distinctions ou différences de traitement ne constituent pas nécessairement des discriminations : une distinction n'est discriminatoire que si elle manque de justification objective et raisonnable[84].

157. La portée de la protection additionnelle. – Le premier paragraphe de l'article 1er du Protocole vise, d'une façon générale, l'interdiction de toute discrimination dans la jouissance d'un droit prévu par la loi, tandis que le deuxième paragraphe concerne un cas particulier qui est l'éventuelle discrimination de la part d'une autorité publique[85]. Il reste que les deux paragraphes sont parfaitement complémentaires, leur portée devant être combinée. La protection additionnelle vise le cas où une personne fait l'objet d'une discrimination : dans la jouissance de tout droit spécifiquement accordé à l'individu par le droit de l'État ; dans la jouissance de tout droit découlant d'obligations claires des autorités étatiques, c'est-à-dire lorsque ces autorités sont tenues par la loi nationale de se conduire d'une certaine manière ; de la part des autorités publiques du fait de l'exercice d'un pouvoir discrétionnaire[86] ; du fait d'autres actes ou omissions de la part de ces autorités[87].

L'article 1er du Protocole fait référence à « tout droit prévu par la loi ». Cette référence est importante dans la mesure où elle permet de définir la portée de l'interdiction : c'est donc une interdiction générale, contrairement à celle consacrée par l'article 14 de la Convention qui concerne uniquement les droits qu'elle protège[88]. Mais cette référence présente un autre intérêt qui concerne la portée des obligations positives. On peut en effet se demander si l'article 1er du Protocole n° 12 contraint ou non les États parties à prendre des mesures destinées, soit à prévenir toute discrimination, y compris dans les relations entre particuliers, soit à remédier à des cas de discrimination. Il est évident que de telles obligations positives ne peuvent être globalement exclues même s'il est vrai que l'objectif principal du Protocole n° 12 est d'imposer aux États une obligation négative, celle de s'abstenir de toute discrimination envers les individus[89]. C'est ainsi que l'arrêt *Zornic*, se référant au fait que les autorités nationales n'ont pas adopté de mesures pour se conformer à un précédent arrêt (l'arrêt *Sejdic et Finci*) demande à l'État de mettre en place un système électoral non discriminatoire[90].

158. Bibliographie : *Ouvrages* : Conseil de l'Europe, *La non-discrimination : un droit fondamental*, Éditions du Conseil de l'Europe, 2006 ; Sudre (F) et Surrel (H) (dir.), *Le droit à la non-discrimination au sens de la Convention européenne des droits de l'homme*, Bruylant, Coll. « Droit et Justice », 2008. ***Articles* :** Benoît-Tohmer (F.), *La Cour européenne des droits*

83. Aff. *Sejdic et Finci*, préc. ; aff. *Zornic*, préc.

84. V° *supra*, n° 148.

85. La formule « autorité publique » englobe les autorités administratives, mais aussi les tribunaux et les organes législatifs : Rapp. explic., § 30.

86. Ce peut être, par exemple, l'octroi de certaines subventions.

87. Il peut s'agir du comportement des responsables de l'application des lois pour venir à bout d'une émeute.

88. Cf. *supra*, n° 147 et s.

89. Rapp. explic., § 24.

90. Aff. *Zornic*, préc., §§ 38 à 43, en application de l'art. 46 de la Convention (sur ce point, cf. *supra*, n° 66).

de l'homme et la défense des droits des minorités nationales, RTDH, 2002, p. 569 et s. ; Brun-Wauthier (A.-S.), *Le nom de famille sous les fourches caudines de la Cour EDH, RDLF* 2013 Chron. 21 ; Buffet-Tchakaloff (M.-F.), *Égalité et action positive en droit européen*, Pouvoirs, 1997, n° 82, p. 101 et s. ; Callewaert (J), *Paris, Luxembourg, Strasbourg : trois juges, une discrimination, RTDH* 2005, p. 159 et s. ; Chevallier (J.), *Réflexions sur la notion de discrimination positive*, Mél. Cohen-Jonathan, Bruylant, 2004, p. 415 et s. ; Cohen-Jonathan (G.), *Le droit de l'homme à la non-discrimination raciale, RTDH*, 2001, p. 665 et s. ; Commissaire aux droits de l'homme, *La discrimination fondée sur l'orientation sexuelle et l'identité de genre en Europe*, Éd. Conseil de l'Europe, 2011 ; De Beco, *Le Protocole n° 12 à la Convention européenne des droits de l'homme, RTDH* 2010, p. 591 et s. ; de Schutter (O.), *Le droit au mode de vie tsigane devant la Cour européenne des droits de l'homme : droits culturels, droits des minorités, discriminations positives, RTDH*, 1997, p. 77 et s. ; Decaux (E.), *La jurisprudence européenne et internationale en matière de non-discrimination raciale, in* Decaux (E.) (dir.), *Le droit face au racisme*, Pédone, 1999, p. 101 et s. ; Dubout (E.), *Vers une protection de l'égalité « collective » par la Cour européenne des droits de l'homme, RTDH*, 2006, p. 851 et s. ; Eissen (M.-A.), *L'autonomie de l'article 14 de la Convention européenne des droits de l'homme dans la jurisprudence de la Commission*, Mél. Modinos, Pédone, 1968, p. 122 et s. ; Favreau (B), *Les droits de la personne handicapée et la Cour européenne des droits de l'homme, in* IDHAE, *Handicap et protection du droit européen et communautaire*, Bruylant, 2006, p. 3 et s. ; FIDH, *Les droits des LGBTI devant la Cour européenne des droits de l'homme*, Note 2013, n° 624f ; Flauss (J.-F.), *Discrimination positive et Convention européenne des droits de l'homme*, Études Mourgeon, « Pouvoir et liberté », Bruylant, 1998, p. 415 et s. ; Frumer (Ph.), *La discrimination fondée sur l'orientation sexuelle dans les relations de partenariat ou de cohabitation, RTDH*, 2004, p. 653 et s. ; Gemieux (F), *Le droit à la non-discrimination, Un droit autonome, in* Doumbe-Bille (S.), *Nouveaux droits de l'homme et internationalisation du droit*, Bruylant, 2012, p. 81 et s. ; Gonzalez (G.), *Le Protocole additionnel n° 12 à la Convention européenne des droits de l'homme portant interdiction générale de discriminer, RFDA*, 2002, p. 113 et s. ; Josselin-Gall (M.), *Le notaire entre l'article 760 du Code civil et la Cour européenne des droits de l'homme, JCP* 2001, 834 ; Lambert (P.), *Vers une évolution de l'interprétation de l'article 14 de la Convention européenne des droits de l'homme, RTDH*. 1998, p. 721 et s. ; *La portée de l'article 14 de la Convention européenne des droits de l'homme, Rev. (hellénique) Dr. Homme*, 17/2003, p. 59 et s. ; Lochak (D.), *Réflexions sur la notion de discrimination, Dr. Social*, 1987, p. 778 et s. ; Merca-Bruns (M.), *La personne au prisme des discriminations indirectes, D.* 2013 Chron. p. 2475 ; Mbongo (P.), *L'incrimination des opinions « sexistes » et la liberté d'expression, D.* 2002, Chron., p. 427 et s. ; Melin-Soucramanien (F.), *La parité n'est pas l'égalité... (brèves remarques sur les limites aux discriminations positives), D.* 2006, T., p. 873 et s. ; Meulders-Klein (M.-T.), *Égalité et non-discrimination en droit de la famille, RTDH*, 2003, p. 1185 et s. ; Picheral (C.), *Discrimination raciale et Convention européenne des droits de l'homme, RTDH*, 2001, p. 517 et s. ; Prisio Essawe (S.-J.), *Les droits sociaux et l'égalité de traitement dans la jurisprudence de la Cour européenne des droits de l'homme, RTDH*, 1998, p. 720 et s. ; Renauld (B.), *Les discriminations positives, RTDH*, 1997, p. 407 et s. ; Ringelheim (J), *La discrimination dans l'accès à l'éducation : les leçons de la jurisprudence de la Cour européenne des droits de l'homme, RTDH* 2016, p. 77 et s. ; Rosenberg (D.), *Enfin... le juge européen sanctionne les violations du principe de non-discrimination sociale en relation avec le droit à la vie (arrêt Natchova et autres c/ Bulgarie du 26 février 2004), RTDH*, 2005, p. 171 et s. ; *Quand la Grande Chambre affirme sa prééminence jurisprudentielle en matière de non-discrimination, l'épilogue de l'affaire Natchova, RTDH*, 2006, p. 655 et s. ; Sicilianos (L.), *Les potentialités de la Convention pour l'élimination de la discrimination raciale*, Mél. Cohen-Jonathan, Bruylant, 2004, p. 1385 et s. ; Sudre (F.), *La portée du droit à la non-discrimination, RFDA*, 1997, p. 974 et s. ; Surrel (H.), *Les juges européens confrontés à l'interprétation des différences de traitement fondées sur le sexe, RTDH*, 2004, p. 141 et s. ; Tharaud (D.), *Les discriminations positives ou la figure triangulaire de la proportionnalité, RTDH* 2008, p. 743 et s. ; *Contribution à une théorie générale des discriminations positives*, PU Aix-Marseille 2013 ; Thierry (J.), *Doit-on accorder aux enfants adultérins les mêmes droits successoraux qu'aux enfants légitimes ?, D.* 2000, Chron., p. 157 et s. ; Vareille (B.), *Étude critique de l'article 760 du Code civil, RTD civ.*, 1991, p. 475 et s. ; *L'enfant de l'adultère et le juge des droits de l'homme, D.* 2000, Chron., p. 626 et s

L'ESSENTIEL

FICHE MÉMO :

– L'article 14 de la Convention

○ L'art. 14 interdit les discriminations, mais l'interdiction est limitée

▪ *L'interdiction concerne uniquement les droits et libertés protégés par la Convention.*

– Le Protocole n° 12

○ Le Prot. n° 12 interdit véritablement toute discrimination

▪ *La discrimination est interdite de façon générale, de sorte qu'elle peut être invoquée même pour des droits non garantis par la Convention européenne des droits de l'homme (par exemple le droit à l'emploi ou le droit au logement).*

– Le critère de la discrimination

○ Aucune discrimination fondée notamment sur le sexe, la race, la couleur, la langue, la religion, les opinions politiques ou toutes autres opinions, l'origine nationale ou sociale, l'appartenance à une minorité nationale, la fortune, la naissance ou toute autre situation

▪ *Les discriminations sont interdites, mais pas les distinctions.*

▪ *Toute distinction dans des situations analogues peut être discriminatoire, ainsi que toute absence de distinction dans des situations différentes.*

FICHE GRANDS ARRÊTS :

– *Mazurek* (2000)

○ *Concernant la succession d'une mère par ses deux enfants, l'un naturel, l'autre adultérin, la Cour a jugé qu'il n'y a aucun motif de nature à justifier une discrimination fondée sur la naissance hors mariage et qu'en tout état de cause, l'enfant adultérin ne saurait se voir reprocher des faits qui ne lui sont pas imputables : elle constate que le requérant, de par son statut d'enfant adultérin, s'est trouvé pénalisé dans le partage de la masse successorale, il y a violation de l'art. 1er Prot. n° 1 combiné avec l'art. 14 de la Convention.*

– *Gas et Dubois* (2012)

○ *Non-violation de l'art. 14 combiné avec l'art. 8 pour le refus de l'adoption simple d'un enfant de la femme vivant avec la mère biologique dans le cadre d'un couple homosexuel.*

– *Arnaud* (2015)

○ *Les Français de l'étranger ne peuvent être considérés comme formant une catégorie uniforme dont les membres se trouveraient dans une situation analogue : l'imposition des Français de Monaco, contrairement aux Français installés dans d'autres pays étrangers, se fait dans les mêmes conditions que s'ils avaient leur domicile en France et n'est pas discriminatoire.*

FICHE ACTU/DÉBATS :

*** Thème(s) de réflexion :**

– Les discriminations positives : vrai ou faux débat ? (v° *Traité DEDH*, p. 174)

○ *Jurisp.* : *Affaire linguistique belge* (1968) ; *Buckley* (1996) ; *Chapman* (2001) ; *Thlimmenos* (2000)

○ *Doctr.* : BUFFET-TCHAKALOFF, *Pouvoirs* 1997. 101 ; LE POURHIET, *RFDA* 1998. 519 ; CHEVALLIER, *Mél. Cohen-Jonathan*, 415 ; DE SCHUTTER, *RTDH* 1997. 77 ; FLAUSS, *Et. Mourgeon*, 415 ; STASSE, *Pouvoirs* 2004. 119 ; CALVES, *Pouvoirs* 2004, n° 111 ; REA, *La Nouvelle Revue (B)* 2005. 24 ; MELIN-SOUCRAMANIEN, *D.* 2006. 873 ; RENAULD, *RTDH* 1997. 407 ; THARAUD, *RTDH* 2008. 743 ; MAURIN,

Alternatives économiques 2009 HS n° 80 ; Tharaud, *RTDH* 2008. 743 et PU Aix-Marseille 2013.

– Les discriminations indirectes

○ *Jurisp.* : *Hugh Jordan* (2001) ; *Zarb Adami* (2006) ; Opuz (2009) ; *Eremia* (2013) ; *D.H. et a.* (2007) ; Di *Trizio* (2016).

○ *Doctr.* : Doyle, *Oxford Journal of Legal Studies* 2007. 537 ; Merca-Bruns, *D.* 2013. 2475.

– Nom de famille et interdiction des discriminations

○ *Jurisp.* : *Burghartz* (1994) ; *Unal Tekeli* (2004) ; *De Ram* (2013) ; *Cusan et Fazzo* (2014).

○ *Doctr.* : Brun-Wauthier, *RDLF* 2013. 21.

– L'orientation sexuelle, motif de discrimination au sens de l'article 14 de la Convention

○ *Jurisp.* : *Dudgeon* (1981) ; *Mouta* (1999) ; *Christine Goodwin* (2002) ; *Karner* (2003) ; *E. B.* (2003) ; *Schalk et Kopf* (2010) ; *Santos Couto* (2010) ; *Kozak* (2010) ; *Alekseyev* (2010) ; *X. c/ Turquie* (2012) ; *Vallianatos* (2013) ; *Boeckel et Gessner* (2013) ; *Hämäläinen* (2014) ; *Pajic* (2016) ; *Taddeucci* (2016).

○ *Doctr.* : Commisssaire aux droits de l'homme, Rapport 2011, p. 39 ; FIDH, 2013, Note n° 624 f. ; Fulchiron, *D.* 2016. 2100 ; Marguénaud, *RTD Civ.* 2016. 799 ; Gouttenoire, *Dr. Famille* 2016, n° 9, chron. 2, n° 4 et n° 5.

*** Commentaire d'arrêt(s) :**

○ Aff. *X. et autres c/ Autriche* (2013) : *L'impossibilité d'accès à l'adoption coparentale pour les couples homosexuels en Autriche est discriminatoire en comparaison avec des couples hétérosexuels non mariés (violation art. 14 combiné avec l'art. 8).*

○ Aff. *A.H. et a.* (2017) : *L'interdiction faite aux ressortissants américains d'adopter des enfants russes constitue une discrimination illicite, parce qu'elle les a empêchés sur le seul fondement de leur nationalité d'adopter et que, étant rétroactive, systématique et appliquée quels que soient l'état de la procédure et les circonstances de chaque cas, elle était disproportionnée par rapport aux objectifs avancés par le Gouvernement.*

CHAPITRE 3

L'interdiction de l'esclavage et du travail forcé

159. Article 4. Interdiction de l'esclavage et du travail forcé.

> *1. Nul ne peut être tenu en esclavage ni en servitude.*
> *2. Nul ne peut être astreint à accomplir un travail forcé ou obligatoire.*
> *3. N'est pas considéré comme « travail forcé ou obligatoire » au sens du présent article :*
> *a) tout travail requis normalement d'une personne soumise à la détention dans les conditions prévues par l'article 5 de la présente Convention, ou durant sa mise en liberté conditionnelle ;*
> *b) tout service de caractère militaire ou, dans le cas d'objecteurs de conscience dans les pays où l'objection de conscience est reconnue comme légitime, un autre service à la place du service militaire obligatoire ;*
> *c) tout service requis dans le cas de crises ou de calamités qui menacent la vie ou le bien-être de la communauté ;*
> *d) tout travail au service formant partie des obligations civiques normales.*

160. Une interdiction absolue. – L'article 4 de la Convention interdit l'esclavage et la servitude d'une part, ainsi que le travail forcé d'autre part. En toute hypothèse, ces interdictions prévues respectivement par les paragraphes 1 et 2 de l'article 4 sont absolues. Cet absolutisme est évident en ce qui concerne le premier paragraphe : s'agissant d'une forme d'exploitation et d'avilissement de l'homme particulièrement inacceptable, l'interdiction ne pouvait pas ne pas être aussi forte.

L'interdiction contenue dans le deuxième paragraphe de ce même article pourrait *a priori* sembler plus relative compte tenu des indications du troisième paragraphe justifiant certaines pratiques. Mais en réalité, l'interdiction est également absolue dans le sens ou nul ne peut être astreint à accomplir un travail forcé ou obligatoire, et aucune dérogation n'est possible. Certes, certaines pratiques expressément visées par le troisième paragraphe ne constituent pas une violation de l'article 4, mais elles ont ceci de particulier que, selon le texte même de la Convention, elles ne sont pas considérées comme un travail forcé ou obligatoire : nous sommes donc en dehors du champ d'application de l'interdiction de l'article 4 et il n'est donc pas possible de les envisager comme une exception au principe d'interdiction. En définitive, l'article 4 de la Convention précise les pratiques qui sont interdites parce qu'elles sont dans son champ d'application, tout en admettant d'autres pratiques qui sont admissibles parce que précisément elles sont en dehors de son champ d'application.

Section 1
Des pratiques interdites parce que dans le champ d'application de l'article 4

161. Les §§ 1 et 2 de l'article 4 de la Convention. – Les deux premiers paragraphes de l'article 4 précisent les pratiques interdites par l'article 4 : il s'agit, d'une part de l'esclavage et de la servitude, et d'autre part, du travail forcé et obligatoire. Nous avons vu qu'il est difficile de dissocier ces pratiques quant à leur régime puisque l'interdiction est absolue dans tous les cas[1]. Nous verrons maintenant qu'il est tout aussi difficile de les définir tant il est vrai que les différents comportements peuvent se confondre dans certaines circonstances. Cette confusion, déjà latente dans les formes classiques des pratiques interdites, l'est plus fortement dans ses formes modernes.

§1. Les formes classiques des pratiques interdites

162. Les notions d'esclavage et de servitude. – Les rédacteurs de la Convention européenne des droits de l'homme n'ont pas défini les notions d'esclavage et de servitude : malgré leur proximité et d'évidentes similitudes, ces notions ne sauraient être assimilées totalement.

L'esclavage peut se définir comme l'état ou la condition d'un individu sur lequel s'exercent les attributs du droit de propriété ou certains d'entre eux[2] : le fait de réduire quelqu'un en esclavage implique la non-reconnaissance de sa personnalité juridique[3].

La servitude est un état de dépendance complète de quelqu'un envers quelqu'un d'autre : la Commission européenne des droits de l'homme a précisé cette notion, en indiquant qu'il s'agit de l'obligation de vivre et de

1. Cf. *supra*, n° 160.
2. Conv. Genève, 7 sept. 1956, sur l'abolition de l'esclavage.
3. G. Cohen-Jonathan, *La Convention européenne des droits de l'homme*, Economica, 1989, p. 310.

travailler sur la propriété d'autrui, tout en lui fournissant certains services, rémunérés ou pas, étant entendu que le changement de condition est impossible[4]. En définitive, la servitude apparaît comme une forme particulière d'esclavage puisqu'il s'agit plus d'une différence de degré que de nature[5]. Toutefois, bien que la servitude implique une négation de la liberté particulièrement grave, elle ne comprend pas cependant les attributs du droit de propriété qui est le trait caractéristique de l'esclavage[6].

163. Le travail forcé et obligatoire. - Le travail forcé et obligatoire est un travail imposé à une personne contre son gré, présentant un caractère injuste ou oppressif et constituant une épreuve inévitable[7]. La question qui peut alors se poser est de savoir si ces conditions ont un caractère cumulatif ou non : une réponse affirmative serait assurément en contradiction avec l'esprit de l'article 4, car un travail auquel on a consenti peut parfaitement être un travail forcé et obligatoire s'il est injuste ou oppressif. La Commission semble d'ailleurs s'être ralliée à la thèse du caractère alternatif des conditions de l'article 4 § 2[8]. En toute hypothèse, le travail forcé ou obligatoire se caractérise par une certaine forme de contrainte, physique ou morale ainsi que par le fait qu'il est contraire à la volonté de l'intéressé[9].

Le travail forcé et obligatoire est une forme d'exploitation et d'avilissement de l'homme : son interdiction s'imposait sur le plan des droits fondamentaux. Traditionnellement, cette pratique était certes inacceptable, mais sans toutefois atteindre l'intensité d'une situation d'esclavage ou de servitude. À cet égard, une évolution est intervenue, les formes modernes de travail forcé et obligatoire se rapprochant de ces situations, ce qui traduit aussi l'état de nos sociétés modernes.

---

4. Cf. rapp. Comm. EDH, 9 juill. 1980 *Van Droogenbroeck*, Série B, vol. 44, p. 30 § 78.

5. G. Malinverni, *Article 4, in* L.-E. Pettiti, E. Decaux et P.-H. Imbert (dir.), *La Convention européenne des droits de l'homme, op. cit.*, p. 177 s., spéc., p. 179 ; J. Velu et R. Ergec, *La Convention européenne des droits de l'homme*, Bruxelles, 1990, p. 225.

6. G. Malinverni, *Article 4, in* L.-E. Pettiti, E. Decaux et P.-H. Imbert (dir.), *La Convention européenne des droits de l'homme, op. cit.*, p. 918.

7. Cette définition, consacrée par l'art. 2 § 2 de la Convention n° 20 de l'OIT est reprise par les instances européennes.

8. Comm. EDH, 3 mars 1982, *Van der Mussele c/ Belgique*, n° 8919/80, § 101, *AFDI* 1984, p. 457, obs. R. Pelloux, *JDI* 1985, p. 222, obs. P. Rolland et P. Tavernier.

9. CEDH, 23 nov. 1983, *Van der Mussele c/ Belgique*, n° 8919/80, § 34. Tel n'est pas le cas pour l'obligation de travailler faite à un détenu ayant atteint l'âge de la retraite, la Cour ayant jugé que ce n'est pas un travail forcé ou obligatoire : CEDH, 9 févr. 2016, *Meier c/Suisse*, n° 10109/14, *Dalloz Actu.* 22 févr. 2016, obs. J. Gate, *JCP* 2016. 232, obs. F. Sudre, *D.* 2016. 481, *JCP* 2016. 443, note Ch. Blanc-Fily. *Idem* pour des modalités de rachat des années de service militaire assez brutales (pas de possibilité d'échelonnement) : CEDH, 4 juin 2015, *Chitos c/Grèce*, n° 51637/12, *Dalloz Actu.* 26 juin 2015, obs. N. Nalepa, *AJFP* 2015. 356, obs. Ch. Froger.

§2. Les formes modernes des pratiques interdites

164. L'esclavage domestique. – L'affaire *Siliadin*[10] a mis en exergue les nouvelles formes du travail forcé et obligatoire qui apparaissent comme un véritable esclavage domestique. Dans cette affaire, la requérante avait été amenée en France, pour être une domestique non rémunérée (pour ne pas dire une « bonne à tout faire »), travaillant sans cesse et vivant dans des conditions très difficiles chez un couple qui, en outre, lui avait confisqué son passeport et la séquestrait. Plongée ainsi dans un isolement total, elle a estimé que l'exploitation dont elle avait été victime alors qu'elle était mineure, est une méconnaissance de l'obligation positive qui incombe à l'État, en vertu des articles 1 et 4 combinés de la Convention, de mettre en place une législation pénale suffisante pour prévenir et réprimer effectivement les auteurs de ces méfaits. Compte tenu de l'importance de l'article 4 qui, tout comme les articles 2 et 3 de la Convention, consacre l'une des valeurs fondamentales des sociétés démocratiques, la Cour se prononce en faveur d'une telle obligation positive : les États doivent adopter des dispositions en matière pénale sanctionnant les pratiques visées par l'article 4 et les appliquer en pratique[11]. Pour les juges européens, la requérante a « au moins » été soumise à un travail forcé : ce qu'il est intéressant d'observer c'est que si la Cour n'a pas retenu le cas extrême d'esclavage, elle s'est cependant référée à la notion de servitude, laquelle est à mettre en lien avec la notion d'esclavage[12]. La démarche est logique et mérite l'approbation. S'agissant des pratiques interdites par l'article 4, elle traduit aussi l'évolution des notions ainsi que l'impossibilité de tout cloisonnement étanche.

CEDH, 26 juill. 2005,* Siliadin c/ France, *n° 73316/01 :
En fait : *Une jeune togolaise, amenée en France par un couple ami de sa famille, est obligée de travailler comme domestique non rémunérée. En situation irrégulière sur le territoire, son passeport confisqué, et sans ressources, elle est contrainte de s'occuper contre son gré et sans relâche des tâches ménagères et des enfants du couple, tous les jours de 7 h à 22 h, sans être logée ailleurs que dans la chambre des enfants. Relaxé au pénal, le couple est condamné au civil à verser une indemnité au titre du préjudice moral subi par la requérante, pour avoir abusé de sa vulnérabilité et de sa situation de dépendance en vue d'obtenir de sa part des prestations non rétribuées.*
En droit : *(violation de l'art. 4) Cet article fait naître à la charge des États des obligations positives consistant en l'adoption et en l'application effective de dispositions pénales sanctionnant les pratiques visées par l'article 4. Conformément aux*

10. CEDH, 26 juill. 2005, *Siliadin c/ France,* n° 73316/01, § 149, *D.* 2006. 346, note D. Roets, *RSC,* 2006. 139, obs. Fl. Massias, *JCP* 2005-II-10142, note F. Sudre, *RTD Civ.*, 2005. 740, obs. J.-P. Marguénaud, *RDP,* 2006. 795, obs. M. Levinet, *AJDA,* 2005. 1890, obs. J.-F. Flauss.

11. Aff. *Siliadin,* préc., § 89 : dans cette affaire, la Cour conclu à la violation, par la France, des obligations positives qui lui incombent en vertu de l'art. 4. Cf. aussi CEDH, 4 déc. 2003, *M. C. c/ Bulgarie,* n° 39272/98.

12. Aff. *Siliadin,* préc., §§ 124 et 129.

normes et tendances contemporaines en matière de protection des êtres humains contre l'esclavage, la servitude et le travail forcé ou obligatoire, les États ont l'obligation de criminaliser et réprimer tout acte tendant à maintenir une personne dans une situation contraire à l'article 4.

L'imprécision des critères de l'esclavage domestique était l'une des causes rendant difficile une répression efficace. L'affaire *Siliadin* a permis de préciser ces critères : il s'agit plus particulièrement de la confiscation du passeport, du défaut de rémunération ou d'une rémunération sans rapport avec le service fourni, mais aussi la séquestration ou l'auto séquestration, ainsi que l'isolement culturel, physique ou affectif[13]. C'est dire l'importance de cet arrêt qui n'est malheureusement pas isolé puisque, quelque temps plus tard, la France a été à nouveau condamnée pour « esclavage domestique », la Cour ayant jugé que les autorités n'ont pas lutté efficacement contre le travail forcé et le maintien en servitude d'une mineure par son oncle et sa tante[14]. Ainsi, les juges européens ont été sensibles, d'une part, à l'absence d'un cadre législatif et administratif permettant une action efficace contre la servitude et le travail forcé, et d'autre part, à l'ineffectivité des enquêtes dans les plaintes de servitude domestique en raison de l'absence de législation spécifique pénalisant un tel traitement[15].

165. Le trafic des êtres humains. - L'arrêt *Rantsev* est particulièrement important dans la mesure où il a donné lieu à une lecture actualisée et extensive de l'article 4 à propos du trafic d'êtres humains[16]. Fort heureusement, ces hypothèses sont rares,[17] mais il n'en reste pas moins vrai qu'elles sont particulièrement préoccupantes. Nous sommes bien dans le cadre de pratiques esclavagistes et il est heureux que la Cour consacre des obligations positives à la charge des États, les autorités étatiques se devant d'intervenir efficacement pour lutter contre ces nouvelles pratiques.

C'est ainsi que dans l'affaire *Rantsev* la Cour a jugé que constitue une violation de l'article 4 l'absence de mise en place, par les autorités, d'un dispositif adapté à la lutte contre le trafic d'êtres humains et de mesures concrètes en vue de la protection des victimes. En outre, des enquêtes effectives sur

13. Aff. *Siliadin*, préc. § 93.

14. CEDH, 11 oct. 2012, *C.N. et V. c/ France*, n° 67724/09, *AJ Pénal* 2013. 162, obs. S. Lavric, *Dr. Pénal* 2013, n° 4, chron. 4, obs. E. Dreyer, *AJDA* 2013. 165, obs. L. Burgorgue-Larsen, *RSC* 2013. 149, obs. D. Roets. Cf. aussi : CEDH, 13 nov. 2012, *C.N. c/ Royaume-Uni*, n° 4239/08. Après cette double condamnation, la France a modifié sa législation, prenant ainsi en compte les exigences européennes : L. n° 2013-711 du 5 août 2013.

15. Aff. *C.V. et N.*, préc.

16. CEDH, 7 janv. 2010, *Rantsev c/ Chypre et Russie*, n° 25965/04, *AJDA* 2010. 997, obs. J.-F. Flauss, *RFDA* 2011. 987, obs. H. Labayle et F. Sudre.

17. Cf. aussi l'irrecevabilité d'une requête parce que le trafic d'une jeune bulgare en Italie était insuffisamment prouvé : CEDH, 31 juill. 2012, *M. et autres c/ Italie*, n° 40020/03. *Adde* la violation de l'art. 4 pour manque de célérité et pour des déficiences à l'égard des obligations procédurales de l'État, à propos de la plainte d'une victime de la traite des êtres humains : CEDH, 21 janv. 2016, *L.E. c/Grèce*, n° 71545/12, *JCP* 2016. 834, n° 7, obs. F. Sudre. Pour un exemple de non-violation : CEDH, 17 janv. 2017, *J. et a. c/Autriche*, n° 58216/12.

d'éventuels recrutements de jeunes femmes sur leurs territoires s'imposent aux États.

> ***CEDH, 7 janv. 2010,* Rantsev c/ Chypre et Russie, *n° 25965/04 :***
> En fait : *Décédée dans des circonstances non élucidées après avoir chuté d'une fenêtre, la fille du requérant, arrivée à Chypre quelques jours auparavant en tant « qu'artiste de cabaret », a très vite quitté son travail et son logement, laissant une note indiquant qu'elle voulait repartir en Russie, son pays d'origine.*
> *En droit : Violation de l'art. 4 pour absence de mise en place, par les autorités chypriotes, d'un dispositif adapté à la lutte contre le trafic d'êtres humains et de mesures concrètes en vue de la protection des victimes. Violation pour manquement de la Russie à son obligation de mener une enquête effective sur le recrutement d'une jeune femme par des trafiquants sur son territoire.*

Ces dernières années, des milliers de migrants fuyant la guerre ou la misère sont venus frapper aux portes de l'Europe. Certaines affaires portées devant la Cour de Strasbourg ont mis en évidence des pratiques contraires à la Convention, plus particulièrement sur le terrain de l'article 4. C'est ainsi que des migrants, sans permis de travail, ont été soumis à du travail forcé, leur employeur ne leur versant pas leurs salaires et les faisant travailler dans des conditions physiques extrêmes, sous le contrôle de gardes armés. Pour la Cour, cela relève de la traite des êtres humains et du travail forcé : l'exploitation par le travail constitue bien un aspect de la traite des êtres humains. La Cour a également jugé que l'État a manqué à ses obligations de prévenir une telle situation[18].

Section 2
Des pratiques admissibles parce que hors du champ de l'article 4

166. Des pratiques ne constituant pas un travail forcé et obligatoire. – Certaines pratiques, malgré des apparences en l'occurrence trompeuses, ne constituent pas pour autant un « travail forcé ou obligatoire » au sens de l'article 4 de la Convention. Se situant hors du champ de cet article, l'admissibilité de ces pratiques ne saurait apparaître comme une dérogation à l'interdiction qu'il consacre[19].

Les rédacteurs de l'article 4 de la Convention européenne des droits de l'homme ont tout de même prévu des cas où un travail ne peut être considéré comme un travail forcé et obligatoire interdit par la Convention. Une telle précaution s'imposait à l'évidence, d'autant plus que dans le cas contraire

18. CEDH, 30 mars 2017, *Chowdury et autres c/Grèce*, n° 21884/15, *JCP* 2017, n° 16, 445 par H. Surrel.
19. Cf. *supra*, n° 160.

des difficultés d'interprétation de l'article 4 seraient apparues, avec le risque d'une banalisation possible des atteintes.

167. L'énumération du paragraphe 3 de l'article 4. - C'est ainsi que n'est pas considéré comme « travail forcé ou obligatoire » au sens de l'article 4 : tout travail requis normalement d'une personne soumise à la détention dans les conditions prévues par l'article 5 de la présente Convention, ou durant sa mise en liberté conditionnelle[20] ; tout service de caractère militaire ou, dans le cas d'objecteurs de conscience dans les pays où l'objection de conscience est reconnue comme légitime, un autre service à la place du service militaire obligatoire ; tout service requis dans le cas de crises ou de calamités qui menacent la vie ou le bien-être de la communauté et, enfin, tout travail ou service formant partie des obligations civiques normales.

D'abord donc, tout travail requis normalement d'une personne soumise à la détention dans les conditions prévues par l'article 5 de la Convention, ou durant sa mise en liberté conditionnelle[21], n'est pas un travail forcé ou obligatoire. Le travail requis d'une personne détenue dépend de la conformité de la détention à l'article 5 et deux questions se posent. D'une part, on peut se demander si le travail des personnes placées en détention provisoire est possible : les instances européennes n'ont pas encore eu l'occasion de se prononcer, mais une réponse négative semble devoir s'imposer tant il est vrai qu'il ne s'agirait plus d'un travail requis normalement au sens de la Convention. D'autre part, *quid* du travail imposé à un détenu dans le cadre d'une commande passée à l'administration par une entreprise privée ? À défaut d'interdiction expresse par la Convention alors que la pratique était courante au moment de sa rédaction, on pourrait en déduire que cette forme de travail est possible, mais il est vrai qu'une telle pratique est interdite par l'article 2 § 2 de la Convention de l'OIT. La Cour a également jugé que le travail obligatoire imposé aux détenus sans couverture sociale et sous peine de sanctions était « couvert par les termes de l'article 3 § 3 a », ce qui a pu susciter de vives controverses[22].

CEDH, Gr. Ch., 7 juill. 2011,* Stummer c/ Autriche, *n° 37452/02 :
En fait : *Le requérant a travaillé pendant de longues périodes dans l'établissement où il était incarcéré, mais sans être affilié au régime des pensions de retraite relevant du régime général de la sécurité sociale. Sa demande de pension de retraite anticipée a été rejetée au motif qu'il n'avait pas accompli le minimum requis de 240 mois d'assurance.*

20. CEDH, 12 mars 2013, *Floroiu c/ Roumanie*, n° 15303/10, *JDI* 2013, chron. 6, n° 14, obs. A. Glazewski (le travail facultatif en détention, non rémunéré pécuniairement mais par un équivalent en réduction de peine, est un « travail requis normalement d'une personne soumise à la détention » au sens de l'art. 4 -3a) de la Convention.

21. Art. 4 § 3 a, Conv. V° pour les vagabonds : CEDH, 18 juin 1971, *De Wilde, Ooms et Versyp c/ Belgique*, n° 2832/66..., § 89 et s. (travail imposé pendant l'internement forcé considéré comme tendant à leur « reclassement »). *Adde* CEDH, 24 juin 1982, *Van Droogenbroeck c/ Belgique*, n° 7906/77 ; 9 oct. 2012, *Zhelyazkov c/ Bulgarie*, n° 11332/04 ; 12 mars 2013, *Floroiu c/ Roumanie*, n° 15303/10.

22. CEDH, Gr. Ch., 7 juill. 2011, *Stummer c/ Autriche*, n° 37452/02, *JDI* 2012, chron. 6, obs. A. Decaux, P. Tavernier, M. Boumghar et autres, *RFDA* 2012. 455, obs. H. Labayle et F. Sudre.

En droit : *(non-violation de l'art. 4) Pour la Cour, le travail obligatoire accompli par l'intéressé pendant sa détention sans être affilié au régime des pensions de retraite doit être considéré comme un « travail requis normalement d'une personne soumise à la détention », au sens de l'article 4 § 3 a) de la Convention, et ne constituait dès lors pas un « travail forcé ou obligatoire ».*

Ensuite, n'est pas considéré comme un travail forcé et obligatoire interdit tout service de caractère militaire ou tout service de remplacement dans le cas d'objecteurs de conscience dans les pays où l'objection de conscience est reconnue comme légitime[23].

Enfin, n'est pas interdit tout service requis dans le cas de crises ou de calamités qui menacent la vie ou le bien-être de la communauté, ainsi que tout travail ou service faisant partie des obligations civiques normales[24]. Ce dernier point a pu susciter quelques difficultés, sur le plan d'une discrimination fondée sur le sexe[25].

168. Le cas particulier des professions libérales. - La jurisprudence a apporté des précisions particulièrement intéressantes et sans doute opportunes. C'est ainsi que l'obligation faite à certaines professions libérales d'exercer leur activité dans des conditions imposées notamment pour les avocats dans le cadre de la commission d'office, n'est pas un travail forcé et obligatoire au sens de l'article 4 de la Convention : ce travail doit cependant être raisonnablement rémunéré afin que l'avocat commis d'office ne subisse pas de pertes financières[26] ; mais l'accord de ce dernier importe peu dans la mesure où devenant avocat, il ne pouvait ignorer l'existence d'une telle contrainte[27]. Il en est de même pour les médecins[28] ou les huissiers[29]. D'une façon plus générale, les juges européens ne considèrent jamais comme un travail forcé et obligatoire des tâches qui découlent implicitement de l'exercice d'une profession librement choisie, si elles ne sont pas excessives.

---

23. Art. 4 § 3 *b*, Conv. Sur l'objection de conscience, cf. *supra*, n° 201.

24. Art. 4 § 3 c, d, Conv. L'obligation d'accomplir un service de sapeur-pompier est une obligation civique normale : CEDH, 18 juill. 1994, *Karlheinz Schmidt c/ Allemagne*, n° 13580/88, § 23.

25. CEDH, 20 juin 2006, *Zarb Adami c/ Malte*, n° 17209/02, §§ 82 et 83.

26. Pour les avocats stagiaires, l'absence de rémunération n'est pas en soi contraire à l'art. 4 car elle n'est pas hors de proportion avec les avantages qu'ils peuvent retirer de cette activité : CEDH, 23 nov. 1983, *Van der Mussele c/ Belgique*, préc., § 37. Cf. aussi la non-violation pour l'avocat obligé de faire fonction de curateur légal (non rémunéré) d'une personne handicapée mentale : CEDH, 18 oct. 2011, *Graziani-Weiss c/ Autriche*, n° 31950/06. *Adde* CEDH (déc.), 20 sept. 2011, *Bucha c/ Slovéquie*, n° 43259/07.

27. *Idem* pour l'obligation faite aux notaires de percevoir des honoraires réduits quand ils passent des actes pour des organisations à but non lucratif : Comm. EDH, 13 déc. 1979, *X c/ RFA*, n° 8410/78. Cf. aussi l'irrecevabilité d'une requête d'un avocat se plaignant que le pouvoir du Bâtonnier de l'astreindre à résidence pendant la permanence de garde à vue est un travail forcé au sens de l'art. 4 § 2 de la Convention : CEDH, 9 sept. 1998, *Doyen c/ France*, n° 39109/97.

28. Cf. irrecevabilité d'une requête à propos de l'obligation faite à un médecin de participer à un dispositif de services d'urgence : CEDH (déc.), 14 sept. 2010, *Steindel c/ Allemagne*, n° 29878/07.

29. CEDH, 28 juin 2011, *Mihal c/ Slovaquie*, n° 31303/08.

CEDH, 23 nov. 1983*, Van der Mussele c/ Belgique, *n° 8919/80 :
En fait : *Avocat stagiaire, le requérant est désigné d'office dans une affaire pénale. Déchargé par la suite de son dossier, le Bureau de consultation et de défense l'informe que, compte tenu de l'impécuniosité de l'intéressé, toute taxation d'honoraires et de frais est impossible.*
En droit : (non-violation de l'art. 4) La Cour rappelle que l'intéressé avait volontairement embrassé la profession d'avocat en connaissant la pratique en cause. Dans ces conditions, seul un déséquilibre considérable et déraisonnable entre le but poursuivi – accéder au barreau – et les obligations assumées pour l'atteindre pourrait justifier la conclusion que les services exigés au titre de l'assistance judiciaire revêtaient un caractère obligatoire malgré son consentement. Pareil déséquilibre ne ressort pas des éléments du dossier, nonobstant l'absence – bien peu satisfaisante en soi – de rétribution et de remboursement des frais. Il ne s'agissait donc pas d'un travail obligatoire au sens de l'article 4 § 2 de la Convention.

169. Bibliographie : Crinon (A), *La servitude domestique en France et au Royaume-Uni au regard de la Convention européenne des droits de l'homme,* RTDH 2016, p. 461 et s. ; Dal (G. A.), *L'indemnisation des avocats stagiaires chargés de l'assistance judiciaire*, Journ. trib. (Bruxelles) 1987, p. 153 et s. ; Fabre-Magnan (M.), *Les nouvelles formes d'esclavage et de traite, ou le syndrome de la ligne Maginot, D.* 2014 Point de vue, p. 491 et s ; Massias (Fl.), *L'arrêt Siliadin. L'esclavage domestique demande une incrimination spécifique, RSC* 2006, p. 139 et s. ; Pluen (O), *Le crime de réduction en esclavage, Ou l'incrimination du « cœur de l'esclavage moderne » en droit pénal interne par la loi du 5 août 2013, RSC* 2015, p. 29 et s. ; Sudre (F), *L'esclavage domestique et la Convention européenne des droits de l'homme, À propos de l'arrêt Siliadin contre France, Bull. Info. Dr. Homme* 2005, n° 66, p. 23 et s. ; Viriot-Barrial (D.), *La protection pénale de la dignité du travailleur au sein du Code pénal sous influence et pression européennes, RPDP* 2014, p. 9 et s.

L'ESSENTIEL

FICHE MÉMO :

- L'article 4 de la Convention
  - L'art. 4 interdit l'esclavage et le travail forcé
    - *Nul ne peut être tenu en esclavage ni en servitude.*
    - *Nul ne peut être astreint à accomplir un travail forcé ou obligatoire, étant précisé que certains « travaux » ne sont pas considérés comme un « travail forcé ou obligatoire » au sens de l'art. 4.*
- Formes classiques des pratiques interdites
  - L'esclavage et la servitude
    - *État d'un individu sur lequel s'exercent les attributs du droit de propriété (esclavage) ; état de dépendance complète envers quelqu'un d'autre (servitude).*
  - Le travail forcé ou obligatoire
    - *Travail imposé à une personne contre son gré, présentant un caractère injuste ou oppressif et constituant une épreuve inévitable.*
- Formes modernes des pratiques interdites
  - L'esclavage domestique
    - *Nouvelle forme de travail forcé, d'une particulière gravité et apparaissant à certains égards comme une servitude, laquelle doit être mise en lien avec l'esclavage.*

○ Le trafic des êtres humains

▪ *L'art. 4 est applicable au trafic d'êtres humains et les États doivent prendre toutes les mesures qui s'imposent pour lutter efficacement contre de telles pratiques.*

FICHE GRANDS ARRÊTS :

- *Siliadin* (2005)

○ *Violation de l'art. 4 pour une étrangère mineure en situation irrégulière placée contre son gré dans une situation de servitude et de dépendance la contraignant à travailler sans relâche et sans rémunération.*

- *Rantsev* (2010)

○ *Violation de l'art. 4 parce que les autorités chypriotes et russes n'ont pas protégé une artiste de cabaret russe âgée de 20 ans d'un trafic d'être humains.*

- *Van der Mussele* (1983)

○ *La commission d'office d'un avocat pour assurer la défense d'une personne indigente n'est pas un travail forcé ou obligatoire contraire à l'art. 4.*

FICHE ACTU/DÉBATS :

*** Thème(s) de réflexion :**

- L'esclavage domestique : actualité de la question (v° *Traité DEDH*, p. 157)

○ *Jurisp. : Siliadin* (2005) ; *C.N. et V.* (2012), *C.N.* (2012) ; *Kawogo* (2013).

○ *Doctr.* : MASSIAS, *RSC* 2006. 139 ; SUDRE, Coll. Dr. Homme 2005. 23 ; ROETS, *D.* 2013. 149 ; FABRE-MAGNAN, *D.* 2014. 491, VIRIOT-BARRIAL, *RPDP* 2014. 9 ; PLUEN, *RSC* 2015. 29 ; CRINON, *RTDH* 2016. 461.

- Le trafic des êtres humains : les limites de la protection européenne ?

○ *Jurisp.* : *Kaya* (2007) ; *Tas* (2009) ; *Rantsev* (2010) ; *V.F.* (2011) ; *M. et autres* (2012) ; *Idemugia* (2012) ; *F.A.* (2013) ; *L.E.* (2016).

○ *Doctr.* : LAVAUD-LEGENDRE, *RTDH* 2011. 875 ; DECAUX, Nijhoff 2009 ; FABRE-MAGNAN, *D.* 2014. 491.

- Les professions libérales et l'interdiction du travail forcé et obligatoire

○ *Jurisp. : Van der Mussele* (1983) ; *Doyen* (1998) ; *Steindel* (2010) ; *Mihal* (2011) ; *Bucha* (2011) ; *Graziani-Weiss* (2011).

○ *Doctr.* : DAL, *Journ. Trib.* 1987. 153.

*** Commentaire d'arrêt(s)** :

○ Aff. *C. N. et V.* (2012) : *« Les États ont l'obligation positive de criminaliser et de réprimer effectivement tout acte visé à l'article 4. Pour s'acquitter de cette obligation, ils doivent mettre en place un cadre législatif et administratif interdisant et réprimant le travail forcé ou obligatoire, la servitude et l'esclavage. Ainsi, pour déterminer s'il y a eu violation de l'article 4, il faut prendre en compte le cadre juridique et réglementaire en vigueur » (§ 106). « Les États ont également l'obligation procédurale d'enquêter sur les situations d'exploitation potentielle. Pour être effective, l'enquête doit être indépendante des personnes impliquées dans les faits. Elle doit permettre d'identifier et de sanctionner les responsables. Il s'agit là, cependant, d'une obligation de moyens et non de résultat. Une exigence de célérité et de diligence raisonnable est implicite dans tous les cas, mais lorsqu'il est possible de soustraire l'individu à une situation dommageable, l'enquête doit être menée d'urgence » (§ 109).*

○ Aff. *Stummer* (2011) : *« En somme, il apparaît qu'il n'existe pas un consensus suffisant sur la question de l'affiliation des détenus exerçant un travail au régime des pensions de retraite. (...). En conséquence, le travail obligatoire accompli par le requérant pendant sa détention sans être affilié au régime des pensions de retraite doit être considéré comme un « travail requis normalement d'une personne soumise à la détention », au sens de l'article 4 § 3 a) de la Convention »* (§ 132). *« C'est pourquoi la Cour conclut que le travail accompli par le requérant était couvert par les termes de l'article 4 § 3 a) de la Convention et qu'il ne constituait dès lors pas un « travail forcé ou obligatoire » au sens de l'article 4 § 2 de la Convention »* (§ 133).

Titre 2
Les droits conditionnels

170. Une possible ingérence de l'État. – La plupart des droits et libertés garantis par la Convention européenne des droits de l'homme sont des droits conditionnels. Sous certaines conditions, en effet, un État peut y porter atteinte : c'est l'ingérence de l'État[1]. Cette approche n'est pas antinomique avec la notion de droits de l'homme malgré les apparences : le pragmatisme et le réalisme, conduisant à refuser globalement un absolutisme des droits, ne sont pas contraires à une protection efficace, bien au contraire.

En réalité, ces dérogations font partie intégrante des droits de l'homme tant il est vrai que la protection de l'ordre public doit impérativement être prise en considération pour qui se préoccupe du respect effectif des droits fondamentaux. C'est une même réalité qui est indissociable sous peine de porter irrémédiablement atteinte aux droits inhérents à toute personne humaine. Les dérogations font donc bien partie des droits de l'homme même s'il est vrai qu'un contrôle rigoureux doit pouvoir être exercé afin que les droits et libertés garantis ne soient pas vidés de leur substance.

Pour ce qui est des droits conditionnels, il est possible de distinguer, d'une part les droits civils et politiques qui sont quantitativement, et peut être même qualitativement, les plus importants, et d'autre part, les droits économiques et sociaux dont l'importance, *a priori* moindre, ne cesse cependant de s'accroître ces dernières années[2]. Toutefois, s'agissant des droits garantis par la Convention et ses protocoles, si les droits non optionnels sont exclusivement des droits civils et politiques, il en va autrement des droits optionnels où apparaissent également des droits économiques et sociaux dont l'importance ne saurait être négligée.

1. Cf. *supra*, n° 24 et s.

2. Pour une étude particulièrement significative de cette tendance, v° J.-P. Costa, *La Cour européenne des droits de l'homme et la protection des droits sociaux*, *RTDH* 2010, p. 207 et s.

Sous-titre 1
Les droits non optionnels

171. Des droits civils et politiques. – L'importance de ces droits, dits de la première génération, n'est plus à démontrer dans la mesure où ils constituent l'ossature, voire dans une certaine mesure la raison d'être, de la Convention européenne des droits de l'homme. Il s'agit assurément de droits dont la force est considérable, compte tenu de la nature même des enjeux. Ces droits, compte tenu de leur importance, ne pouvaient être optionnels. C'est la raison pour laquelle tout État membre du Conseil de l'Europe et signataire de la Convention européenne des droits de l'homme s'engage impérativement à les respecter. Il n'était pas envisageable de prévoir des « engagements à la carte » à cet égard à l'échelle du continent européen.

Bien qu'il faille se garder de toute hiérarchisation des droits de l'homme[1], nul ne contestera réellement le fait que, comme l'ont souligné d'éminents auteurs, les droits civils et politiques correspondent « aux droits et libertés les plus fondamentaux »[2], apparaissant même comme des « droits-résistance » qui supposent « une liberté de choix et d'action des individus, ainsi qu'une abstention de l'État »[3].

Certes, la distinction peut, à certains égards, apparaître comme étant artificielle, tant il est vrai que les imbrications avec d'autres types de droits protégés sont réelles. Mais il n'en reste pas moins vrai que la dimension historique des droits civils et politiques joue un rôle majeur qui ne peut être ignoré, même si de nouvelles préoccupations sont apparues par la suite. C'est assurément la nécessité d'assurer une protection efficace de ces droits qui a conduit à la mise en place des principaux instruments internationaux de protection. C'est dire leur importance, qu'il s'agisse des libertés fondamentales ou de l'intimité personnelle.

1. Cf. *supra*, n° 67.

2. L. Favoreu, P. Gaïa, R. Ghevontian, F. Mélin-Soucramanien, A. Pena, O. Pfersmann, J. Pini, A. Roux, G. Scoffoni et J. Tremeau, *Droit des libertés fondamentales*, , *op. cit.*, n° 40.

3. F. Sudre, *Droit international et européen des droits de l'homme*, PUF « Droit fondamental », *op. cit.*, n° 21.

CHAPITRE 1

Les libertés fondamentales

172. Des libertés majeures. – L'importance des libertés est considérable, ce qui conduit les juges de la Cour européenne des droits de l'homme à faire preuve d'une grande rigueur dans l'application des dispositions correspondantes dans la Convention européenne. La liberté d'expression, mais aussi la liberté de pensée, de conscience et de religion, sans oublier le droit de réunion et d'association, font l'objet, à juste titre, d'une attention toute particulière.

Section 1
La liberté d'expression

173. Article 10. Liberté d'expression.

> *1. Toute personne a droit à la liberté d'expression. Ce droit comprend la liberté d'opinion et la liberté de recevoir ou de communiquer des informations ou des idées sans qu'il puisse y avoir ingérence d'autorités publiques et sans considération de frontière. Le présent article n'empêche pas les États de soumettre les entreprises de radiodiffusion, de cinéma ou de télévision à un régime d'autorisations.*
>
> *2. L'exercice de ces libertés comportant des devoirs et des responsabilités peut être soumis à certaines formalités, conditions, restrictions ou sanctions prévues par la loi, qui constituent des mesures nécessaires, dans une société démocratique, à la sécurité nationale, à l'intégrité territoriale ou à la sûreté publique, à la défense de l'ordre et à la prévention du crime, à la protection de la santé ou de la morale, à la protection de la réputation ou des droits d'autrui, pour empêcher la divulgation d'informations confidentielles ou pour garantir l'autorité et l'impartialité du pouvoir judiciaire.*

174. L'article 10 de la Convention. - La liberté d'expression est consacrée par l'article 10 de la Convention européenne des droits de l'homme. Le premier paragraphe de cet article garantit cette liberté tandis que le second précise les conditions d'une éventuelle ingérence de l'État : l'exercice de cette liberté peut être soumis à certaines formalités, conditions, restrictions ou sanctions, prévues par la loi et constituant des mesures nécessaires, dans une société démocratique, à la sécurité nationale, à l'intégrité territoriale ou à la sûreté publique, à la défense de l'ordre ou à la prévention du crime, à la prévention de la santé ou de la morale, à la protection de la réputation des droits d'autrui, pour empêcher la divulgation d'informations confidentielles ou pour garantir l'autorité et l'impartialité du pouvoir judiciaire ; une « ingérence de l'État » est donc tout à fait possible, mais encore faut-il qu'elle ne soit pas disproportionnée[1]. À noter que le 1er alinéa *in fine* prévoit une limitation d'une autre nature à travers la clause d'autorisation : les États peuvent en effet soumettre à un régime d'autorisation les entreprises de radiodiffusion, de cinéma ou de télévision.

La liberté d'expression est une liberté essentielle. Fondement essentiel d'une société démocratique, cette liberté est l'une des conditions primordiales de son progrès et de l'épanouissement de chacun[2]. L'obligation de l'État est double : négativement, il ne doit pas entraver la liberté d'expression ; positivement il doit en assurer l'exercice effectif et concret. Il est d'ailleurs significatif de remarquer que le domaine de l'article 10 est large, malgré certaines limites[3], puisqu'il concerne également les relations interindividuelles[4],

1. V° pour un exemple récent à propos d'un roman érotique de Guillaume Apollinaire et de la lourde condamnation d'un éditeur turc : CEDH, 16 févr. 2010, *Akdas c/ Turquie*, n° 41056/04, *D.* 2010. 1051 note J.-P. Marguénaud et B. Dauchez, *RTDH* 2010. 769, note A. Latil. V° aussi CEDH, 16 juill. 2009, *Féret c/ Belgique*, n° 15615/07, *RTDH* 2010. 445, note Haarscher, *RDP* 2010. 879, obs. M. Levinet, *Dr. pénal* 2010, n° 4, chron. n° 3, obs. E. Dreyer (non-violation de l'art. 10 pour la condamnation du président du Front National pour incitation publique à la discrimination et à la haine). Cf. aussi CEDH, 21 juin 2012, *Schweizerische Radio und Fernsehgesellschaft SRG c/ Suisse*, n° 34124/06 (condamnation de la Suisse pour avoir refusé l'interview d'une détenue incarcérée pour meurtre). La Cour a également jugé qu'une peine de treize ans d'emprisonnement pour avoir déversé de la peinture sur les statues d'Ataturk était manifestement disproportionnée : CEDH, 21 oct. 2014, *Murat Vural c/ Turquie*, n° 9540/07 (violation de l'art. 10). *Idem* pour dix jours de détention pour un acte de protestation politique dirigé contre le président ukrainien : CEDH, 30 oct. 2014, *Shvydka c/ Ukraine*, n° 17888/12 (peine excessive et violation de l'art. 10). Cf. aussi les amendes infligées à des parlementaires pour avoir protesté contre des projets de lois controversés : CEDH, 16 sept. 2014, *Karacsony et autres c/ Hongrie*, n° 42461/13 (sanctions disproportionnées et violation de l'art. 10) et dans le même sens Gr. Ch., 17 mai 2016, ou encore la révocation du président d'une Cour suprême pour avoir critiqué des réformes législatives : CEDH, 27 mai 2014, *Baka c/ Hongrie*, n° 20261/12. Cf. dans le même sens, l'arrêt de Grande chambre dans cette même affaire : CEDH, Gr. Ch., 23 juin 2016, *Baka c/Hongrie*, n° 20261/12, *JCP* 2016. 896, obs. L. Milano, *RTDH* 2017. 221, note Ch. Matray.

2. CEDH, 7 déc. 1976, *Handyside c/ Royaume-Uni*, n° 5493/72, § 49, *CDE* 1978. 350, obs. G. Cohen-Jonathan, *AFDI* 1977. 494, obs. R. Pelloux, *JDI* 1978, p. 706, obs. P. Rolland.

3. Cf. not. le « volet linguistique » de la liberté d'expression qui a du mal à être reconnu par la Cour EDH : cf. Guset, *RTDH* 2013, p. 811 et s.

4. Comm. EDH, 6 sept. 1989, *Rommelfanger c/ RFA*, DR 62/151. V° aussi : CEDH, 16 déc 2008, *Khurshid Mistafa et Tarzibachi c/ Suède*, n° 23883/06, *JCP* 2009-I-104 n° 13, obs. F. Sudre, *RTD Civ.* 2009. 281, obs. J.-P. Marguénaud. V° not. le licenciement d'un journaliste considéré comme attentatoire à la liberté d'expression : CEDH, 29 févr. 2000, *Fuentes Bobo c/ Espagne*, n° 39923/98, §§ 44 à 50, *D.* 2001. 574, note J.-P. Marguénaud et J. Mouly, *JCP* 2001-I-291, n° 38, obs. F. Sudre ; v° aussi une

certaines manifestations[5], les différentes formes de liberté artistique[6] ou encore la liberté universitaire[7] et, d'une façon générale, tout débat d'intérêt général[8]. C'est dire qu'à Strasbourg, la liberté d'expression fait l'objet d'une attention particulière, qu'il s'agisse de la liberté d'opinion ou de la liberté d'information. Nous reprendrons cette distinction même si elle peut être relative, notamment concernant les romans, dans lesquels ces deux aspects de la liberté d'expression peuvent se confondre[9].

175. Bibliographie : Conseil de l'Europe, *Jurisprudence relative à l'article 10 de la Convention européenne des droits de l'homme, Dossier sur les droits de l'homme n° 18,* 2006 ; Docquir (P.-F), *Variables et variations de la liberté d'expression en Europe et aux États-Unis,* Nemesis/Buylant, Coll. « Droit et Justice », 2007 ; Muhlmann (G), Decaux (E) et Zoller (E), *La liberté d'expression,* Dalloz, 2016 – ***Articles* :** Errera (R.), *La Cour européenne des droits de l'homme et les limites de la liberté d'expression, Gaz. Pal.*, 22 janvier 1995, p. 37 et s. ; Dreyer (E), *Observations sur quelques applications récentes de l'article 10 de la Convention européenne des droits de l'homme, RTDH* 2007, p. 615 et s. ; Leclerc (H.), *La liberté d'expression, in* Teitgen-Colly (éd.), *Cinquantième anniversaire de la CEDH,* Bruylant et Nemesis, 2002, p. 191 et s. ; Levinet (M.), *L'incertaine détermination des limites de la liberté d'expression, RFDA*, 1997, p. 999 et s. ; Rigaux (F.), *La liberté d'expression et ses limites, RTDH,* 1995, p. 23 et s. ; Wachsmann (P), *La liberté d'expression, in* Cabrillac (R.) (dir.), *Libertés et droits fondamentaux,* Dalloz, 22e éd., 2016, p. 502 s.

Sous-section 1
La liberté d'opinion

176. Une liberté essentielle. – La liberté d'opinion est la forme la plus classique de la liberté d'expression. Elle revêt une importance considérable, tant il est vrai que toute personne doit pouvoir s'exprimer sans être inquiétée de quelque manière que ce soit.

§1. Les règles générales

177. Une exigence forte. – Toute personne doit pouvoir exprimer ses opinions en totale liberté. L'importance de cette liberté est

condamnation pour signalement de maltraitance jugée contraire à l'art. 10 : CEDH, 2 déc. 2008, *Juppala c/ Finlande,* n° 18620/03, § 42, *JCP* 2009-I-104 n° 14, obs. F. Sudre.

5. CEDH, 26 avr. 2016, *Nivikova et a. c/Russie,* n° 25501/07... : l'arrestation et la poursuite de militants brandissant des pancartes avec des messages précis pour infraction aux règles sur les réunions publiques suite à des manifestations individuelles sont une violation de l'art. 10.

6. CEDH, 11 mars 2014, *Jelsevar et autres c/ Slovaquie,* n° 47318/07, précisant que le roman est une forme de liberté artistique protégée par l'art. 10 qui peut comporter une part d'exagération ou recourir à des images colorées et expressives.

7. Cf. *infra,* n° 180.

8. Cf., à propos du refus de divulguer des informations par un service de renseignement : CEDH, 25 juin 2013, *Youth Inititive for Human Rights c/ Serbie,* n° 48135/06, *JDI* 2013, chron. 6, n° 28, obs. P. von Mühlendahl.

9. À cet égard et conformément aux solutions générales, si la liberté d'expression est forte (aff. *Akdas,* préc.), elle n'est pas pour autant sans limites (CEDH, 12 mars 2015, *Almeida Leitao Bento Fernandez c/ Portugal,* n° 25790/11 ; son auteur, condamné pour diffamation, ayant dépassé les limites de sa liberté de création artistique en méconnaissant le droit au respect de la vie privée de ses proches).

considérable, ce qui a tout naturellement conduit les juges de la Cour européenne à se montrer particulièrement vigilants quant à son respect. Sans doute est-il toujours possible d'invoquer l'abus de droit tant il est vrai que la liberté d'expression ne saurait être utilisée pour porter atteinte à d'autres libertés[10] : mais à l'exception de ces cas extrêmes, la garantie de la liberté d'expression est particulièrement forte. Il reste que quand la Cour traite, au regard de la liberté d'expression, les affaires concernant l'incitation à la haine, deux voies s'offrent à elle : d'une part, la voie des limitations de la protection prévues par l'alinéa 2 de l'article 10 dès lors que le discours, bien que haineux, n'est pas pour autant destructeur des valeurs fondamentales de la Convention[11] ; d'autre part, la voie de l'exclusion de la protection de la Convention prévue par l'article 17 de la Convention, interdisant l'abus de droit quand le discours de haine constitue une négation des valeurs fondamentales de la Convention[12].

178. Le contenu de la liberté d'expression. – Le pluralisme, la tolérance et l'esprit d'ouverture sont les traits caractéristiques de toute société démocratique. Par conséquent, l'article 10 de la Convention garantit à toute personne la possibilité d'exprimer une opinion, fut-elle minoritaire ou même choquante. Pour les juges européens, la liberté d'expression vaut, non seulement pour les idées accueillies avec faveur ou indifférence, mais aussi pour celles qui pourraient heurter et même inquiéter les autorités de l'État ou une fraction quelconque de la population[13].

L'affaire *Lehideux et Isorni* s'inscrit dans cette logique[14]. Après avoir publié dans le quotidien *Le Monde* un encart publicitaire intitulé « Français, vous avez la mémoire courte » et relatant les principales étapes de la vie publique du Maréchal Pétain, les requérants sont condamnés par les juridictions nationales pour apologie de crimes de guerre ou de crimes et délits de collaboration. Saisie de cette affaire, la Cour européenne a estimé qu'il y avait violation du droit à la liberté d'expression. Les juges européens ont estimé que même si ces propos ont pu choquer une partie de la population, il n'en reste pas moins vrai que les requérants s'étaient exprimés au nom d'associations légalement constituées dont l'objet est précisément la révision du procès de Philippe Pétain ; dès lors il est logique de leur permettre de poursuivre cet objectif par voie de presse ou tout autre moyen de communication. Ainsi la Cour

10. Art. 17, Conv. EDH, v° *supra*, n° 28.

11. Cf. *supra*, n° 174. Cf. not. : CEDH, Gr. Ch., 8 juill. 1999, *Sürek (n° 1) c/ Turquie*, n° 26682/95 ; CEDH, 4 déc. 2003, *Gündüz c/ Turquie*, n° 4611/05 ; 2 oct. 2008, *Leroy c/ France*, n° 36109/03 ; 9 févr. 2012, *Vejdeland et autres c/ Suède*, n° 1813/07.

12. Cf. *supra*, n° 28. Cf. not. sur la haine raciale : CEDH (déc.), 18 mai 2004, *Seurot c/ France*, n° 57383/00 ; 20 févr. 2007, *Pavel Ivanov c/ Russie*, n° 35222/04 ; 11 oct. 1979, *Glimmerveen et Hagenbeek c/ Pays-Bas*, n° 8348/78... ; sur la haine religieuse : CEDH (déc.), 16 nov. 2004, *Norwood c/ Royaume-Uni*, n° 23131/03 ; sur le négationisme et le révisionnisme : CEDH (déc.), 24 juin 2003, *Garaudy c/ France*, n° 65831/01.

13. Cf. aff. *Handyside*, préc.

14. CEDH, 23 sept. 1998, *Lehideux et Isorni c/ France*, n° 24662/94, *AJDA* 1998. 998, obs. J.-F. Flauss, *JCP* 1999-I-105, n° 51, obs. F. Sudre, *RTDH* 1999. 351, obs. G. Cohen-Jonathan, *JCP* 1999-II-10110, note H. Moutouh, *RSC* 1999. 151, obs. Fl. Massias, et 384, obs. R. Koering-Joulin, *AFDI* 1999. 747, obs. V. Coussirat-Coustère, *JDI* 1999. 266, obs. E. Decaux et P. Tavernier, *RFDA* 1999. 792, obs. H. Labayle et F. Sudre, *D.* 1999. 223, note P. Rolland.

est restée fidèle à sa jurisprudence traditionnellement libérale par rapport à la liberté d'expression. Cette jurisprudence a pu ainsi se traduire par la condamnation de grandes démocraties qui tentaient justement de protéger des « victimes » d'agissements[15] antidémocratiques. C'est la raison pour laquelle la Cour a conclu à une violation de l'article 10 à propos d'une condamnation en interne suite à la publication de l'ouvrage *Services Spéciaux Algérie 1955-1957* par le Général Aussaresses[16].

CEDH, 15 janv. 2009,* Orban et autres c/ France, *n° 20985/05 :
En fait : *Les requérants dénoncent une violation de leur droit à la liberté d'expression résultant de leur condamnation en raison de la publication du livre intitulé Services Spéciaux Algérie 1955-1957.*
En droit : *L'ingérence, prévue par la loi, poursuivait un but légitime (défense de l'ordre et prévention du crime). Mais, compte tenu tout particulièrement de la singulière importance du débat d'intérêt général dans lequel s'inscrivait la publication de Services Spéciaux Algérie 1955-1957, les motifs retenus par le juge interne ne suffisent pas pour convaincre la Cour que la condamnation des requérants à raison de celle-ci était « nécessaire dans une société démocratique » (§ 54).*

La contestation publique de l'existence du génocide arménien a donné lieu à un constat de violation de l'article 10. Pour la Cour, le requérant qui, lors d'une conférence, a qualifié de « mensonge international » le génocide ne commet pas un abus de droit au sens de l'article 17 et sa condamnation pénale par les juridictions nationales ne répond pas à un « besoin social impérieux » : rappelant le souci d'éviter qu'une espèce de censure ne conduise à s'abstenir d'exprimer des critiques, la Cour estime que, dans un débat d'intérêt général, une sanction de cette nature pourrait dissuader toute contribution à la discussion publique de questions intéressant la vie de la collectivité[17].

15. CEDH, 23 sept. 1994, *Jersild c/ Danemark*, n° 15890/89, *RUDH* 1995. 1, obs. G. Cohen-Jonathan, *AFDI* 1994. 658, obs. V. Coussirat-Coustère, *JDI* 1995. 780, obs. E. Decaux et P. Tavernier, *RSC* 1995. 395, obs. Fl. Massias, *JCP* 1995-I-3823 n° 6, obs. F. Sudre. V° aussi CEDH, 10 juill. 2008, *Soulas et autres c/ France*, n° 15948/03, § 48 (à propos d'un ouvrage intitulé « *La colonisation de l'Europe* » et sous-titrée « *Discours vrai sur l'immigration et l'islam* »), *JCP* 2009-I-104 n° 16, obs. F. Sudre, *AJDA* 2008. 1929, obs. J.-F. Flauss, *Dr. pénal* 2009. 25, obs. E. Dreyer ; 2 oct. 2008, *Leroy c/ France*, n° 36109/03, *JCP* 2008 act. 616, obs. E. Derieux, *JCP* 2008-I-209, obs. B. de Lamy, *JCP* 2009-I-104 com. n° 15, obs. F. Sudre, *RTDH* 2009. 1109, obs. B. Nicaud, *RSC* 2009. 124, obs. J. Francillon, *Dr. pénal* 2009. 25, obs. E. Dreyer, *RDP* 2009. 919, obs. M. Levinet (non-violation de l'art. 10 suite à la condamnation du directeur de la publication d'un hebdomadaire et du dessinateur, à propos d'une caricature relative à l'attentat contre le *World Trade Center* avec la légende « *Nous en avions rêvé... le Hamas l'a fait* »). *Adde* CEDH, 4 déc. 2003, *Günduz c/ Turquie, AJDA* 2004, p. 534, obs. J.-F. Flauss, et 6 juill. 2006, *Erbakan c/ Turquie*, n° 59405/00, le prof. Flauss remarquant que la jurisprudence de la Cour semble à géométrie variable selon les interlocuteurs en présence (obs. *in AJDA* 2008. 1929).

16. CEDH, 15 janv. 2009, *Orban et autres c/ France*, n° 20985/05, § 52, *JCP* 2009-II-10040, note E. Derieux, *JCP* 2009-I-143 n° 24, obs. F. Sudre, *RSC* 2009. 124, obs. J. Francillon, et 663, obs. D. Roets, *AJDA* 2009. 872, obs. J.-F. Flauss, *Dr. pénal* 2009. 25, obs. E. Dreyer, *RDP* 2010. 881, obs. M. Levinet, *RFDA* 2010. 587, obs. H. Labayle, F. Sudre, J. Andriantsimbazovina et L. Sermet : pour la Cour, la publication d'un tel témoignage s'inscrit dans un débat d'intérêt général très important pour la mémoire collective tout en participant des efforts que tout un pays est appelé à fournir pour débattre ouvertement et sereinement de sa propre histoire (§§ 49 et 52).

17. CEDH, 17 déc. 2013, *Perincek c/ Suisse*, n° 27510/08, §§ 111 à 130, *JCP* 2014, 78, n° 23, obs. F. Sudre, *JCP* 2014, 37, 44, obs. G. Gonzalez, *AJDA* 2014. 147, obs. L. Burgorgue-Larsen, *D.* 2014. 144, obs. G. Poissonnier, *RSC* 2014. 170, obs. J.-P. Marguénaud. La Grande chambre est allée dans le même sens : CEDH, Gr. Ch.,

D'une façon plus générale, la question du débat historique face à la liberté d'expression est sensible. Le principe est que la Cour doit s'abstenir, dans toute la mesure du possible, de se prononcer sur des questions d'ordre historique qui ne relèvent pas de sa compétence. Elle peut cependant accepter certaines vérités historiques notoires et se fonder sur elles dans son raisonnement[18]. Elle peut aussi s'immiscer dans la gestion du débat historique par les États. Mais s'agissant de faits historiques non établis, la recherche de la vérité historique fait partie de la liberté d'expression[19]. Plusieurs arrêts rappellent la volonté de garantir le plus largement possible cette garantie fondamentale[20].

§2. Les cas particuliers

179. Le révisionnisme et le négationnisme. – L'ancienne commission a eu l'occasion de se prononcer sur les « recours révisionnistes » : ces requêtes ont été jugées irrecevables, essentiellement pour défaut manifeste de fondement[21]. Il s'agissait avant tout de préserver la paix et les droits moraux de groupes ayant historiquement souffert de discriminations.

L'affaire *Garaudy* est particulièrement significative de cette approche, les organes de Strasbourg estimant que certains écrits peuvent aller à l'encontre des valeurs fondamentales de la Convention : tel est le cas pour le livre de ce philosophe sur « Les mythes fondateurs de la politique israélienne » qui a un caractère négationniste marqué et qui ne respecte donc pas ces valeurs fondamentales[22]. Pour les juges européens, nous sommes bien dans le cadre de l'abus de droit visé par l'article 17 de la Convention : le requérant tente de détourner l'article 10 de sa vocation en utilisant son droit à la liberté d'expression à des fins contraires à la Convention, lesquelles pourraient contribuer à la destruction des droits et libertés garantis par la Convention. Dès lors, il ne peut pas se prévaloir des dispositions de l'article 10[23].

---

15 oct. 2015, *Perincek c/Suisse*, n° 27510/08, *D.* 2015. 2183, obs. G. Poissonnier, *RSC* 2015. 877, obs. J. Francillon, *RSC* 2016. 132, obs. J.-P. Marguénaud, *AJDA* 2016. 143, obs. L. Burgorgue-Larsen, *Dr. Pénal* 2015, com. 139 par F. Safi. *Adde* une affaire en marge de la question du génocide arménien qui a conduit la Cour à juger qu'une condamnation pour constitution abusive de partie civile n'est pas une ingérence dans la liberté d'expression : CEDH, déc., 10 mai 2016, *Oran-Martz c/France*, n° 24466/12, *Dalloz Actu.* 22 juin 2016, obs. T. Soudain.

18. CEDH, 17 juin 2004, *Zdanoka c/ Lettonie,* n° 58278/00, *AJDA* 2004. 1819 n° 33, obs. J.-F. Flauss.

19. V° à propos du comportement des époux Aubrac et de l'arrestation de Jean Moulin : CEDH, 29 juin 2004, *Chauvy et autres c/ France,* n° 64915/01, *AJDA* 2004. 1809, obs. J.-F. Flauss.

20. CEDH, 23 sept. 21 sept. 2006, *Monnot c/ Suisse,* n° 73604/01, *AJDA* 2007. 902, obs. J.-F. Flauss.

21. Comm. EDH, 16 juill. 1982, *X. c/ Allemagne,* DR 29/194 ; 14 juill. 1983, *T. c/ Belgique,* DR 34/158 ; 12 mai 1988, *Kuhnen c/ RFA,* DR 56/210 ; 6 sept. 1995, *Remer c/ Allemagne,* DR 82-A/117 ; 29 nov. 1995, *Nationaldemokratische Partei Deutschlands c/ Allemagne,* DR 84-A/149 ; 24 juin 1996, *Marais c/ France,* DR 86-A/184 ; 26 juin 1996, *D. I. c/ Allemagne,* n° 26551/95.

22. CEDH, 24 mars 2003 (déc.), *Garaudy c/ France,* n° 65831/01, p. 29, *D.* 2004, Somm. 987, obs. J.-F. Renucci, *D.* 2004. 239, note D. Roets, Légipresse, 2003. 181, obs. M. Ghnassia.

23. Aff. *Garaudy, ibid.*

180. La situation des fonctionnaires. - Les fonctionnaires ont une obligation de loyauté. La Cour a toujours fait preuve d'une certaine réserve au regard des limitations imposées à la liberté d'expression des fonctionnaires[24] : sauf cas exceptionnel, une telle mesure n'est pas « *nécessaire dans une société démocratique* » au sens de l'article 10[25]. Il est vrai cependant que la Cour européenne paraît de plus en plus sensible à l'argument de la neutralité politique des fonctionnaires[26].

Les fonctionnaires nationaux sont assurément soumis à une obligation de réserve, laquelle peut être plus ou moins importante selon les fonctions exercées : certaines imposent assurément une obligation de neutralité politique plus importante[27]. C'est dire qu'un juste équilibre doit être trouvé, mais d'une façon générale, un État démocratique est en droit d'exiger de ses fonctionnaires qu'ils soient loyaux envers les principes constitutionnels sur lesquels il s'appuie[28] : ces derniers doivent respecter les principes qui sont d'ailleurs au cœur du patrimoine du Conseil de l'Europe, principes de démocratie et de l'État de droit ; toutefois, le devoir de réserve d'un fonctionnaire ne saurait l'empêcher d'exprimer ses convictions, tant il est vrai qu'on peut être critique, mais qu'il faut rester loyal[29]. Les mêmes règles s'appliquent aux fonctionnaires municipaux : la Cour européenne l'a rappelé, tout en clarifiant ainsi l'étendue de la protection accordée aux lanceurs d'alerte[30]. Cela est vrai

24. J.-F. Flauss, obs. *AJDA* 1994. 519 ; *Convention européenne des droits de l'homme et droit disciplinaire dans la fonction publique, RTDH*, 1995, p. 220 et s.

25. CEDH, 26 sept. 1995, *Vogt c/ Allemagne,* n° 17851/91, *RTDH* 1996. 405, obs. F. Sudre, *AFDI* 1995. 498, obs. V. Coussirat-Coustère, *JDI* 1996. 242, obs. E. Decaux, *RUDH* 1996. 24, obs. M. Levinet.

26. CEDH, 2 sept. 1998, *Ahmed et autres c/ Royaume-Uni,* n° 22954/93, § 63, *JCP* 1999-I-105, n° 48, obs. F. Sudre. Cf. Comm. EDH, 13 mai 1992, *Haseldine c/ Royaume-Uni,* DR 73/225 ; CEDH, 16 déc. 1992, *Hadjianastassiou c/ Grèce,* n° 12945/87, § 46 ; 22 nov. 2001 (déc.), *Volkmer c/ Allemagne,* n° 39799/98. Si les fonctionnaires ont droit à la liberté d'expression, les autorités nationales peuvent parfaitement restreindre leur liberté de s'engager dans des activités politiques au nom de la neutralité de la fonction publique : CEDH, 17 nov. 2016, *Karapetyan et a. c/Arménie,* n° 59001/08.

27. V° par exemple pour un officier de gendarmerie : CEDH, 15 sept. 2009, *Mattely c/ France,* (déc.), n° 30330/04, *AJDA* 2009. 2484 et 2010. 997, obs. J.-F. Flauss.

28. Aff. *Vogt,* préc., § 59. *Idem* pour les fonctionnaires européens : CJCE, 6 mars 2001, *Connolly c/ Commission,* aff. C-274/99, pt 43.

29. Un fonctionnaire a le droit de divulguer des informations internes à son service mais sous certaines conditions (divulgation préalable auprès de son supérieur ou d'une autorité compétente, impossibilité manifeste d'agir autrement, information présentant un intérêt public...) : CEDH, Gr. Ch., 12 févr. 2008, *Guja c/ Moldova,* n° 14277/04, § 52, *JCP* 2008-I-167 n° 18, obs. F. Sudre, *RTDH* 2009. 227, obs. V. Junod, *AJDA* 2008. 978, obs. J.-F. Flauss. Sur cette protection des *whistleblowers*, autrement dit les lanceurs d'alerte et tous dénonciateurs d'irrégularités, cf. aussi : CEDH, 8 janv. 2013, *Bucur et Toma c/ Roumanie,* n° 40238/02, *RTDH* 2014. 459, note V. Junod, *Dr. Social* 2014. 641, obs. J.-P. Marguénaud et J. Mouly.

30. CEDH, 17 sept. 2015, *Langner c/Allemagne,* n° 14464/11, *Rev. dr. trav.* 2016. 268, obs. K. Le Borgne. La protection des lanceurs d'alerte (qui dépasse le cadre des fonctionnaires) s'impose mais ne peut être absolue. En général, l'existence d'une échelle de protection est fondée sur la distinction entre les salariés de bonne foi et les salariés de mauvaise foi, mais de nouvelles approches sont possibles, notamment la prise en compte du contexte conflictuel et militant dans lequel s'exerce la divulgation litigieuse. Rappelons que le lanceur d'alerte, qui selon le Comité des ministres du Conseil de l'Europe est « toute personne qui fait des signalements ou révèle des informations concernant des menaces ou un préjudice pour l'intérêt général dans le contexte de sa relation de travail, qu'elle soit dans le secteur public ou dans le secteur privé » (recomm. (2014)7 du 30 avr. 2014), bénéficie d'une protection spéciale sous l'angle de l'art. 10. Cf. aussi CEDH, Gr. Ch., 12 févr. 2008, *Guja c/Moldova,* n° 14277/04 ; CEDH, 19 févr. 2009, *Martchenko c/Ukraine,* n° 4063/04 ; 21 juill. 2011, *Heinisch c/Allemagne,* n° 28274/08 ; CEDH, Gr. Ch., 19 févr. 2011, *Palomo Sanchez c/Espagne,* n° 28955/06...

également pour les magistrats qui ont une obligation de réserve,[31] mais qui disposent aussi de leur liberté d'expression : ils doivent cependant user de cette liberté avec retenue chaque fois que l'autorité ou l'impartialité de la justice sont susceptibles d'être mises en cause[32] ; ils peuvent toutefois, dans une certaine mesure, critiquer publiquement le fonctionnement du système judiciaire[33]. D'une façon générale, les fonctionnaires doivent, pour s'acquitter de leurs fonctions, bénéficier de la confiance du public sans être indûment perturbés et il peut dès lors s'avérer nécessaire de les protéger contre des attaques verbales offensantes lorsqu'ils sont en service[34].

Les professeurs des universités sont des fonctionnaires particuliers compte tenu de leurs missions et statut : leur obligation de réserve en tant que fonctionnaire doit se concilier avec leur liberté de parole en tant qu'universitaire. Dans une affaire italienne, la Cour a éludé la question,[35] mais, dans une affaire turque la liberté académique a été consacrée avec force : les juges européens ont mis en exergue « la liberté des universitaires d'exprimer librement leur avis au sujet de l'institution ou du système au sein duquel ils travaillent et de répandre des connaissances et la vérité sans restriction »[36]. La solution retenue n'est guère surprenante dans la mesure où la Cour avait déjà précisé que toute restriction à la liberté des universitaires lui dictait « l'examen le plus minutieux »[37], n'hésitant pas par ailleurs à juger que la condamnation d'un professeur de droit ayant critiqué des juges est une violation de sa liberté d'expression[38]. Dans le même ordre d'idées, la Cour a précisé que l'accès aux sources de documentation originale aux fins d'une recherche historique légitime est un élément essentiel de la liberté d'expression[39]. Enfin, la Cour a jugé que la condamnation civile d'une association pour avoir qualifié les propos d'un professeur d'université d'antisémite ne porte pas atteinte à la liberté d'expression, faisant ainsi une « distinction entre constatations

31. CEDH, 26 avr. 1995, *Prager et Oberschlick c/ Autriche,* n° 15974/90, § 34, *JCP* 1996-I-3910, n° 35, obs. F. Sudre. Sur la nécessité de cette confiance, cf. aussi : CEDH, 26 avr. 1979, *The Sunday Times c/ Royaume-Uni (n° 1),* n° 6538/74, § 55.

32. CEDH, 13 nov. 2008, *Kayasu c/ Turquie (n° 1),* n° 64119/00..., § 92, *RDP* 2009, p. 917, obs. F. Sudre, *AJDA* 2009, p. 872, obs. J.-F. Flauss.

33. CEDH, 26 févr. 2009, *Kudeshkina c/ Russie,* n° 29492/05, *RTDH* 2010. 179, note J.-P. Jean. *Adde* le contentieux italien entre classe politique et magistrature : CEDH, 8 déc. 2009, *Previti c/ Italie,* n° 45291/06, *AJDA* 2010, p. 997, obs. J.-F. Flauss.

34. CEDH, 21 mars 2002, *Nikula c/ Finlande,* n° 31611/96, § 48 ; cf. aussi CEDH, Gr. Ch., 21 janv. 1999, *Janowski c/ Pologne,* n° 25716/94, § 33.

35. CEDH, 20 oct. 2009, *Lombardi Vallauri c/ Italie,* n° 39128/05, *AJDA* 2010. 215, obs. F. Lafaille, et 997, obs. J.-F. Flauss.

36. CEDH, 23 juin 2009, *Sorjuc c/ Turquie,* n° 17089/03, *RDP* 2010. 880, obs. M. Levinet.

37. CEDH (déc.), 13 févr. 2001, *Lunde c/ Norvège,* n° 38318/97. V° aussi : CEDH, 8 juin 2010, *Sapan c/ Turquie,* n° 44102/04, § 34 ; Gr. Ch., 15 mars 2012, *Aksu c/ Turquie,* n° 4149/04, § 71, *Dr. Pénal* 2013, n° 4, chron. 4, obs. E. Dreyer, *RTDH* 2013. 179, obs. Th. Hochmann.

38. CEDH, 27 mai 2014, *Mustafa Erdogan et autres c/ Turquie,* n° 346/04 et n° 39779/04, *JCP* 2014 act. 691, obs. H. Surrel, *RTDH* 2015. 1021, note C. Romainville.

39. CEDH, 26 mai 2009, *Kenedi c/ Hongrie,* n° 31475/05 (documents sur les services secrets). V° aussi la difficile conciliation entre transparence et confidentialité, la Cour semblant privilégier la transparence, ce qui peut gêner la recherche : CEDH, Gr. Ch., 3 avr. 2012, *Gillberg c/ Suède,* n° 41723/06, *RTDH* 2013, p. 405, note V. Junod.

subjectives fondées sur des faits objectifs et remarques discriminatoires »[40]. À noter enfin que la conciliation de la liberté d'expression d'un professeur d'une part, et du droit d'une université à sa réputation d'autre part, peut donner lieu à une interrogation, même si l'hypothèse est forcément rare : dans ce cas, fidèle à sa tradition protectrice de la liberté d'expression universitaire, la Cour rappelle que le droit de l'université à sa réputation est plus limité que celui du professeur à s'exprimer librement[41].

181. La situation des hommes politiques. - La liberté d'expression est une garantie forte qui concerne toutes les personnes, quelles que soient leurs fonctions. Par conséquent, les hommes politiques en bénéficient même s'il est admis que les limites de la critique admissible sont plus larges pour eux que pour un simple particulier : cela s'explique par le fait qu'à la différence des simples particuliers, ils s'exposent fatalement à un contrôle attentif de la part des journalistes et des citoyens[42]. C'est d'ailleurs la raison pour laquelle le délit d'offense à un chef d'État a été jugé contraire à la liberté d'expression, la mesure ayant été jugée excessive au regard de la protection de la réputation ou des droits d'une personne[43]. Le fait que les limites de la critique admissible soient plus larges pour un homme politique est également admis au-delà de la liberté de la presse : ainsi une condamnation (au franc symbolique) pour diffamation d'un opposant qui s'en était pris à une personnalité politique dans un tract, dénonçant «*fraudes, vols et magouilles*», a été considérée comme une ingérence disproportionnée dans le droit de la liberté d'expression du requérant[44]. Enfin, dans une affaire très médiatisée, la Cour

40. CEDH, 7 juin 2016, *CICAD c/Suisse*, n° 17676/09, *Dalloz Actu.* 17 juin 2016, obs. S. Lavric.

41. CEDH, 8 oct. 2015, *Kharlamov c/Russie*, n° 27447/07, *JDI* 2016, n° 4, chron. 8, n° 36, obs. J. Levivier.

42. CEDH, 8 juill. 1986, *Lingens c/ Autriche*, n° 9815/82, § 42, *CDE* 1988. 470, obs. G. Cohen-Jonathan, *AFDI* 1987. 239, obs. V. Coussirat-Coustère, *JDI* 1987. 790, obs. P. Rolland et P. Tavernier, *RSC* 1987. 269, obs. L.-E. Pettiti et F. Teitgen ; 1er juill. 1997, *Oberschlick c/ Autriche (n° 2)*, n° 20834/92, § 29, *JCP* 1998-I-107, n° 38, obs. F. Sudre, *AJDA* 1998. 37, obs. J.-F. Flauss, *RSC* 1998. 389, obs. R. Koering Joulin (propos injurieux) ; 7 juin 2007, *Dupuis c/ France*, n° 1914/02, *JCP* 2007-II-10127, note E. Derieux, *D.* 2007. 2506, note J.-P. Marguénaud. *Adde* CEDH, 22 avr. 2010, *Haguenauer c/ France*, n° 34050/05, *Dr. Pénal* n° 4, chron. 3, com. 37, obs. E. Dreyer. *Adde* le cas particulier de militants politiques bénéficiant d'une libération conditionnelle : CEDH, 12 nov. 2015, *Bidart c/France*, n° 52363/11, *AJDA* 2016. 143, obs. L. Burgorgue-Larsen, *Dr. Pénal* 2016, n° 4, chron. 4, n° 21, obs. E. Dreyer.

43. Il est vrai qu'à la différence de la diffamation, ce délit ne permet pas au requérant de rapporter la preuve des allégations qu'il avance pour s'exonérer de sa responsabilité pénale. CEDH, 25 juin 2002, *Colombani c/ France*, n° 51279/99, *D.* 2002, Somm. 2571, obs. J.-F. Renucci, *JCP* 2003-II-10136, note L. Pech, *D.* 2003. 715, note B. Beignier et B. de Lamy, *RTDH* 2003. 975, obs. P. Wachsmann, *Gaz. Pal.*, 2002, p. 13, note P. Auvret, *JDI*, 2003. 506, obs. E. Decaux et P. Tavernier, *LPA*, 7 nov. 2002, p. 13, obs. E. Derieux, *AJDA*, 2002. 1277, obs. J.-F. Flauss, *Gaz. Pal.*, 2002, p. 159, note P. Guerder, *RDP* 2003. 689, obs. M. Levinet, *AJDA* 2002. 1277, obs. J.-F. Flauss.

44. CEDH, 11 avr. 2006, *Brasilier c/ France*, préc., § 44. *Adde* CEDH, 23 avr. 1992, *Castells c/ Espagne*, n° 11798/85, § 42 ; 27 avr. 1995, *Piermont c/ France*, n° 15773/89..., § 76. *Idem* en matière commerciale (requérants ayant rédigé un tract visant McDonald's) : CEDH, 15 févr. 2005, *Steel et Morris c/ Royaume-Uni*, n° 68416/01, § 95. *Adde* Fl. Massias, Chronique « Droits de l'homme », *RSC* 2006. 665 et s., et les réf., not. : CEDH, 22 févr. 2005, *Pakdemirli c/ Turquie*, n° 35839/97 ; 19 mai 2005, *Turhan c/ Turquie*, n° 48176/99 ; 1er mars 2005, *Birol c/ Turquie*, n° 44104/98 ; 6 sept. 2005, *Salov c/ Ukraine*, n° 65518/01. V° aussi : CEDH, 29 mars 2005, *Ukrainian Media Group c/ Ukraine*, n° 72713/01. V° aussi : CEDH, 6 avr. 2006, *Malisiewicz-Gasior c/ Pologne*, n° 43797/98, (condamnation pour diffamation relativement aux allégations d'une candidate à la fonction de député suggérant un abus de pouvoir du président adjoint du Parlement et violation de l'art. 10). Par ailleurs, une condamnation pour diffamation à la suite d'échanges

a réaffirmé le droit à la satire dans le domaine du discours portant sur des questions d'intérêt général. C'est ainsi que la condamnation d'un militant politique pour délit d'offense au chef de l'État a été jugée contraire à l'article 10 : le fait de brandir un écriteau portant la formule « casse-toi pov'-con » était une critique politique aux yeux des juges européens. En effet, cette formule, bien qu'abrupte, avait pourtant été utilisée par le président lui-même dans d'autres circonstances, et n'apparaissait donc pas comme une simple attaque personnelle gratuite contre lui[45].

Compte tenu de leur rôle dans une démocratie, on peut penser qu'en sens inverse, dans le cadre de critiques émises et non subies par les hommes politiques, leur protection doit certainement être plus forte comparée à un citoyen ordinaire. L'affaire *Mamère* paraît répondre à cette préoccupation : une condamnation pour diffamation d'un homme politique ayant tenu des propos très durs lors d'une information télévisée à l'encontre d'un haut fonctionnaire, a été considérée comme disproportionnée est donc attentatoire à la liberté d'expression[46]. La solution aurait-elle été la même si ces propos avaient été tenus par un simple particulier dans le même contexte ? Il est difficile de répondre à cette question, mais l'on peut s'interroger. Ce qui est sûr en tout cas, c'est que la marge d'appréciation des États est très réduite, ce qui témoigne de l'importance accordée à la liberté d'expression des hommes politiques, ce qui sera confirmé par la suite dans l'affaire *Vajnai*[47].

CEDH, 7 nov. 2006,* Mamère c/ France, *n° 12697/03 :
En fait : *Lors d'une émission télévisée, le requérant, responsable politique connu, s'en est pris au directeur du Service central de protection contre les rayons ionisants en lui imputant des informations erronées, voire mensongères, à propos du « nuage de Tchernobyl ». Condamné pour diffamation, le requérant invoque une violation de l'article 10.*

houleux lors d'un conseil municipal est contraire à l'art. 10 : CEDH, 12 avr. 2012, *de Lesquen du Plessis-Casso c/ France*, n° 54216/09, *Dalloz Actu.* 2 mai 2012, obs. S. Lavric, *Constitutions* 2013, p. 645, obs. D. de Bellescize ; *RFDA* 2012. 941, note S. Manson ; 30 janv. 2014, *De Lesquen du Plessis-Casso c/ France (n° 2)*, n° 34400/10. *Idem* pour une condamnation concernant des invectives politiques (à l'encontre d'un maire) dans le cadre d'un mandat syndical (policiers municipaux syndicalistes) : CEDH, 6 oct. 2011, *Vellutini et Michel c/ France*, n° 32820/09, *Dr. Pénal* 2012, n° 4, chron. 3, obs. E. Dreyer ; 10 oct. 2013, *Morel c/ France*, n° 25689/10, *JDI* 2013, chron. 6, n° 30, obs. S. Jamal ; 17 oct. 2014, *Brosa c/ Allemagne*, n° 5709/09. Cf. aussi pour injure grave au Roi : CEDH, 15 mars 2011, *Otegi Mondragon c/ Espagne*, n° 2034/07, *Dalloz Actu.* 1er avr. 2011, obs. S. Lavric, *JDI* 2012, chron. 6, obs. A. Decaux, P. Tavernier, M. Boumghar et autres, *RSC* 2011. 716, obs. J.-P. Marguénaud, *RFDA* 2012. 455, obs. H. Labayle et F. Sudre.

45. CEDH, 14 mars 2013, *Eon c/ France*, n° 26118/10, *D.* 2013. 771, obs. S. Lavric, *D.* 2013. 968, note O. Beaud, *JCP* 2013, 391, p. 670, obs. B. Pastre-Belda, *JCP* 2013, 656, p. 1118, note C. Picheral, *Dr. Pénal* 2013 n° 4, obs. Ph. Conte, *AJDA* 2013. 1794, obs. L. Burgorgue-Larsen, *AJ Pénal* 2013. 477, obs. C. Porteron, *RFDA* 2013. 576, obs. H. Labayle et F. Sudre, et 594, obs. N. Droin, *Constitutions* 2013. 257, obs. D. de Bellescize, *RSC* 2013. 670, obs. D. Roets, *JDI* 2013, chron. 6, n° 29, obs. S. Jamal, *Communication Commerce électronique* 2013 com. 72, obs. A. Lepage. À noter que le délit d'offense au président de la République est désormais abrogé : L. n° 2013-711 du 5 août 2013, art. 21.

46. CEDH, 7 nov. 2006, *Mamère c/ France*, n° 12697/03, § 30 ; *D.* 2007. 1704, note J.-P. Marguénaud, *RTD Civ.* 2008. 165, obs. D. Roets

47. CEDH, 8 juill. 2008, *Vajnai c/ Hongrie*, n° 33629/06, *RDP* 2009. 919, obs. M. Levinet, *AJDA* 2008. 1929, obs. J.-F. Flauss. (condamnation pour « *port d'un symbole du totalitarisme* », à savoir l'étoile rouge à cinq branches et violation de l'art. 10, lequel ne laisse guère de place pour des restrictions à la liberté d'expression dans le domaine du discours politique ou de questions d'intérêt général).

> En droit : *Eu égard à ce qui précède, et tout particulièrement à l'extrême importance du débat d'intérêt général dans lequel les propos litigieux s'inscrivaient, la condamnation du requérant pour diffamation ne saurait passer pour proportionnée, et donc pour « nécessaire » « dans une société démocratique » au sens de l'article 10 de la Convention. Partant, il y a eu violation de cette disposition (§ 30).*

182. La situation des avocats. - Pour la Cour européenne, la liberté d'expression des avocats doit demeurer compatible avec la contribution que doivent apporter ces derniers à la confiance du service public de la justice[48]. Comme cela a été remarqué, les impératifs d'une bonne administration de la justice l'emportent sur l'intérêt général d'un débat public[49], la Cour européenne semblant vouloir inciter les avocats à ne pas utiliser la liberté d'expression comme une stratégie procédurale en dehors du prétoire, ou le cas échéant à l'utiliser avec délicatesse[50]. Dans l'enceinte judiciaire, leur liberté d'expression est totale et, lorsqu'ils défendent leurs clients, des propos, même discourtois, ne peuvent être trop lourdement condamnés sous peine de violation de l'article 10 de la Convention : une peine excessive appliquée à un « outrage à la Cour » serait disproportionnée[51].

Il est certain qu'une restriction de la parole de l'avocat, même en dehors de l'enceinte judiciaire, est toujours préoccupante sur le plan du respect des droits fondamentaux. Certes, les avocats, en tant qu'auxiliaires de justice, doivent tout naturellement contribuer au bon fonctionnement de l'institution judiciaire et à la confiance qu'elle doit inspirer. Mais leur liberté d'expression doit cependant être préservée, même si elle ne peut être illimitée. Il convient par conséquent de tenir compte du juste équilibre à ménager entre les divers intérêts en jeu, parmi lesquels figure le droit du public d'être informé sur les questions qui touchent au fonctionnement du pouvoir judiciaire, les impératifs d'une bonne administration de la justice et la dignité de la profession d'homme de loi. Un arrêt semble trouver un équilibre intéressant en constatant une violation de l'article 10 à la suite de la condamnation d'un avocat pour diffamation au motif qu'il avait critiqué, en tant que défenseur, les décisions du procureur d'inculper une certaine personne (ce qui avait empêché son client de l'interroger comme témoin) et de ne pas en inculper une autre (qui avait ainsi pu témoigner contre son client)[52].

Ce n'est donc qu'exceptionnellement qu'une limite touchant la liberté d'expression de l'avocat de la défense - même au moyen d'une sanction pénale

48. CEDH, 20 mai 1998, *Schöpfer c/ Suisse*, n° 25405/94, *JCP* 1999-I-105, n° 49, obs. F. Sudre, *D.* 1999, Somm. 273, obs. N. Fricéro.

49. F. Sudre, *ibid.*

50. N. Fricéro, *ibid.*

51. CEDH, Gr. Ch., 15 déc. 2005, *Kyprianou c/ Chypre*, n° 73797/01, § 183.

52. CEDH, 21 mars 2002, *Nikula c/ Finlande*, préc. Pour une condamnation pénale jugée disproportionnée d'un avocat en raison de ses propos critiquant un juge : CEDH, 12 janv. 2016, *Rodriguez Ravelo c/Portugal*, n° 48074/10, *Procédures* 2016, n° 3, com. 97 par N. Fricero.

légère – peut passer pour nécessaire dans une société démocratique[53]. Il n'en reste pas moins vrai que la Cour a pu avoir la tentation de limiter davantage encore la liberté d'expression de l'avocat[54] : sans doute le contexte général de l'affaire a-t-il eu son importance puisque nous étions dans le cadre de la lutte antiterroriste[55], mais ces limitations suscitent malgré tout de légitimes inquiétudes même si l'on sait que ces éventuels assouplissements sont désormais interdits pour les droits intangibles[56]. Des limitations apparaissent aussi en dehors des affaires de terrorisme, pour des propos tenus aussi bien dans la presse[57] que dans le prétoire. À cet égard, un avocat s'en est pris violemment à un expert cité par le ministère public, déclarant que ce dernier avait manipulé les dossiers pour obtenir le résultat recherché par le parquet, précisant même que la société pour laquelle il travaillait avait « un intérêt personnel à obtenir des résultats concluants et peu importe si les conclusions [étaient] correctes ou non » : la Cour européenne a jugé que la condamnation de cet avocat pour propos diffamatoires tenus dans le cadre d'une procédure pénale à l'égard de l'expert n'a pas porté atteinte à son droit à la liberté d'expression car, d'une part, la sanction était relativement légère (140 jours, amende à 30 euros) et, d'autre part, les experts assermentés doivent pouvoir accomplir leurs tâches sans subir de perturbations indues ; il est par conséquent légitime de les protéger contre des attaques verbales agressives et abusives dans l'exercice de leurs fonctions[58].

183. Bibliographie : Beaud (O.), *Le délit d'offense au président de la République*, Ann. Institut M. Villey, 2013, p. 79 et s. ; Clement (C.), *L'abrogation du délit d'offense au président de la*

53. Aff. *Nikula*, préc., § 55. V° CEDH, 15 déc. 2011, *Mor c/ France*, n° 28198/09, § 53, *AJ Pénal* 2012. 337, obs. C. Porteron, *RSC* 2012. 260, obs. J.-P. Marguénaud, *Procédures* 2012, n° 2 com. 40, obs. N. Fricero, *AJDA* 2012. 143, obs. L. Burgorgue-Larsen, *RTDH* 2013. 167, obs. Th. Bontinck, *Dr. Pénal* 2012, n° 4, chron. 3, obs. E. Dreyer, *JDI* 2012, chron. 6, obs. A. Decaux, P. Tavernier, M. Boumghar et autres. Cf. la condamnation d'un avocat pour diffamation d'un juge (non-violation de l'art. 10) : CEDH, 30 juin 2015, *Peruzzi c/Italie*, n° 39294/09, D. 2016, Pan. 231, obs. J.-F. Renucci, *AJ Pénal* 2016. 81, obs. S. Lavric, *JCP (A)* 2016. 2000, chron. V. Correia (dir.), n° 21, obs. D. Fallon. *Adde* la condamnation d'un avocat pour diffamation après la publication d'un livre sur l'une de ses affaires (affaire dite du « petit Grégory ») : CEDH, 3 déc. 2015, *Prompt c/France*, n° 30936/12, *Dalloz Actu.* 24 déc. 2015, obs. N. Devouèze, *D.* 2016, Pan. 232, obs. J.-F. Renucci., *RPDP* 2015. 942, obs. P. Beauvais.

54. CEDH, déc. 24 janv. 2008, *Coutant c/ France*, n° 17155/03, p. 11, *RSC* 2009. 706, obs. J.-P. Marguénaud.

55. La Cour se réfère d'ailleurs à l'arrêt *Doganer* (CEDH, 21 oct. 2004, *Doganer c/ Turquie*, n° 49283/99, § 22) où les difficultés de la lutte antiterroriste avaient été prises en considération pour apprécier la violation alléguée de l'art. 10.

56. CEDH, Gr. Ch., 28 févr. 2001, *Saadi c/ Italie*, préc.

57. CEDH, 11 juill. 2013, *Morice c/ France*, n° 29369/10, *RPDP* 2013. 710, obs. J.-F. Renucci, *D. Avocats* 2013. 375, obs. D. Piaul, *RSC* 2013. 673, obs. J.-P. Marguénaud, où la Cour a jugé que la condamnation de l'avocat de la veuve du juge Borrel pour ses propos dans le quotidien *Le Monde* n'emportait pas violation de l'art. 10. La Grande chambre a cependant jugé le contraire, analysant cette condamnation comme une ingérence disproportionnée dans le droit à la liberté d'expression de l'avocat : CEDH, Gr. Ch., 23 avr. 2015, *Morice c/ France*, n° 29369/10, *Dalloz Actu.* 13 mai 2015, obs. O. Bachelet, *JCP* 2015. 845, n° 17, obs. F. Sudre, *JCP* 2015. 537, note B. Blay-Grabarczyk, *RSC* 2015. 740, obs. D. Roets, *D.* 2016, Pan. 230, obs. J.-F. Renucci, *AJ Pénal* 2016. 428, obs. C. Porteron, *Dr. Pénal* 2015 et. 14 par J.-Y. Marechal, *Constitutions* 2016. 312, obs. D. de Bellescize, *Dr. Pénal* 2016, n° 4, chron. 4, n° 9, obs. E. Dreyer, *RTDH* 2017. 169, note M. Cadelli et J. Englebert. Il reste que la liberté d'expression des avocats, si elle est importante, n'est pas pour autant absolue et a des limites. Cf. aussi : CEDH, 15 déc. 2015, *Bono c/France*, n° 29024/11, *Constitutions* 2016. 312, obs. D. de Bellescize, *JCP* 2016, 238, note J.-P. Marguenaud.

58. CEDH (déc.), 27 janv. 2015, *Fuchs c/ Allemagne*, n° 29222/11 et n° 64345/11, *D.* 2016, Pan. 232, obs. J.-F. Renucci, *JDI* 2016, n° 4, chron. 8, n° 30, obs. A. Schill.

République au regard des exigences de la Cour EDH, Dr. Pénal 2013 ét. 19 ; Cohen-Jonathan (G.), *Négationnisme et droits de l'homme, RTDH,* 1997, p. 571 et s. ; *L'apologie de Pétain devant la Cour européenne des droits de l'homme, RTDH,* 1999, p. 38 et s. ; de Benalcazar (S.), *La liberté d'expression, la démocratie et la CEDH, Dr. fam.*, 2006, Études, n° 30 ; Droin (N.), *État des lieux de la répression du négationnisme en France et en droit comparé, RTDH* 2014, p. 363 et s. ; Krenc (F), *La liberté d'expression vaut pour les propos qui « heurtent, choquent ou inquiètent ». Mais encore ?, RTDH* 2016, p. 311 et s. ; Kuri (D) et Marguenaud (J.-P), *Le droit à la liberté d'expression des universitaires, D.* 2010 Chron. 2921 ; Levinet (M.), *La fermeté bienvenue de la Cour européenne des droits de l'homme face au négationnisme, RTDH* 2004, p. 653 et s. ; Larralde (J-M), *La liberté d'expression des fonctionnaires européens, RTDH,* 2002, p. 385 et s. ; Manson (S), *La liberté d'expression des élus locaux devant la Cour européenne des droits de l'homme, RFDA* 2012, p. 941 et s. ; Massias (F.), *La liberté d'expression et le discours raciste ou révisionniste, RTDH* 1993, p. 13 et s. ; Pettiti (L.-E.), *La liberté d'expression, la Convention européenne des droits de l'homme et la vie politique*, Mél. Valticos, Pédone, 1999, p. 459 et s. ; Renucci (JF), *DEDH, Les avocats dans la jurisprudence de la Cour européenne des droits de l'homme,* D. 2016, Pan. p. 225 et s. ; Wachsmann (P.), *La Cour européenne des droits de l'homme et la liberté d'expression*, Mél. Apollis, Pédone, 1992, p. 161 ; *La jurisprudence récente de la Commission en matière de négationnisme, in* Flauss (J.-F.) et de Salvia (M.) (dir.), *La CEDH : développements récents et nouveaux défis*, Bruylant, 1997, p. 101 et s. ; *Participation, communication, pluralisme, AJDA*, 1998, n° spéc. « Les droits fondamentaux », p. 165 ; *Une certaine marge d'appréciation, Considérations sur les variations du contrôle européen en matière de liberté d'expression,* Mél. Lambert, Bruylant, 2000, p. 1017 et s.

Sous-section 2
La liberté d'information

184. Les médias et la liberté d'information. - La notion d'information est très largement entendue et celle-ci doit pouvoir être assurée par tous les moyens techniques existants. Plus particulièrement, la liberté de la presse revêt une importance considérable dans toute société démocratique : son rôle de « *chien de garde de la démocratie* » est unanimement reconnu[59]. C'est en outre l'un des traits caractéristiques de la bonne santé démocratique d'un État[60]. L'importance de la liberté de la presse est telle que la Cour reconnaît que la liberté journalistique comprend également le recours possible à une certaine dose d'exagération, voire même de provocation[61] : un ton polémique, voire agressif, des journalistes est admis même dans le domaine judiciaire sans que cela ne soit considéré comme de nature à mettre en cause l'autorité et l'impartialité de la justice[62] ; de même,

59. CEDH, Gr. Ch., 26 nov. 1991, *Observer et Guardian c/ Royaume-Uni*, préc., § 59 ; 25 juin 1992, *Thorgeir Thorgeirson,* n° 13778/88, § 63. C'est ainsi que les coups portés par des policiers à un journaliste couvrant une manifestation pourtant non autorisée est une violation de sa liberté d'expression : CEDH, 2 oct. 2012, *Najafi c/ Azerbaïdjan,* n° 2594/07.

60. CEDH, 8 juill. 1986, *Lingens c/ Autriche*, n° 9815/82, § 42, *CDE* 1988. 470, obs. G. Cohen-Jonathan, *AFDI* 1987. 239, obs. V. Coussirat-Coustère, *JDI* 1987. 790, obs. P. Rolland et P. Tavernier, *RSC* 1987. 269, obs. L.-E. Pettiti et F. Teitgen.

61. CEDH, 26 avr. 1995, *Prager et Oberschlick c/ Autriche*, n° 15974/90, § 38.

62. CEDH, 24 févr. 1997, *De Haes et Gijsels c/ Belgique*, n° 19983/92, §§ 37 et s., *JCP* 1998-I-107, n° 38, obs. F. Sudre, *RSC* 1998. 389, obs. R. Koering-Joulin. Cependant, CEDH, 26 avr. 1995, *Prager et Oberschlick*, préc., § 38, où la Cour estime que la liberté journalistique comprend aussi le recours possible à une certaine dose d'exagération, voire même de provocation. Le juge doit accepter la critique des journalistes dès

l'utilisation de caméras cachées est tout à fait possible, une condamnation de journalistes pour l'avoir fait ayant été jugée comme une atteinte à leur liberté d'expression[63]. La liberté de la presse est un principe essentiel des sociétés démocratiques : à ce titre, elle doit faire l'objet d'une attention toute particulière même si certaines dérives doivent être évitées. La tâche n'est pas toujours facile, mais les enjeux sur le plan des libertés individuelles sont particulièrement importants, de sorte que des solutions équilibrées et justes doivent être imaginées, qu'il s'agisse de la diffusion de l'information ou de sa réception.

§1. La diffusion de l'information

185. Le principe de la liberté. – Sauf exceptions, tenant aux conditions classiques d'une « *ingérence de l'État* » ou découlant d'une clause d'autorisation, situations prévues par l'article 10 de la Convention[64], le principe est bien celui de la liberté[65]. L'affirmation d'un tel principe est tout à fait légitime et ne fait l'objet d'aucune remise en cause même s'il peut connaître quelques exceptions[66]. Il reste que dans son application

lors que celle-ci, fût-elle sévère, ne recèle aucune accusation précise mettant en cause son honnêteté intellectuelle, son intégrité professionnelle ou son dévouement au service public : CEDH, 14 févr. 2008, *July et SARL Libération c/ France*, n° 20893/03, §§ 74 s., *JCP* 2008-II-10118, note E. Derieux, *Dr. pénal* 2009. 26, obs. E. Dreyer. Cf. aussi : CEDH, 19 janv. 2017, *Kapsis et Danikas c/Grèce*, n° 52137/12 : violation de l'art. 10 pour une condamnation au civil de journalistes ayant qualifié une actrice de « totalement inconnue ». Mais un journaliste ne peut être protégé par l'art. 10 dès lors qu'il est susceptible d'exercer une influence décisive sur l'issue d'une procédure pénale : CEDH, 29 août 1997, *Worm c/ Autriche*, n° 22714/93, § 53, *JCP* 1998-I-107, obs. F. Sudre, *RSC* 1998. 389, obs. R. Koering-Joulin.

63. CEDH, 24 févr. 2015, *Haldimann et autres c/ Suisse*, n° 21830/09, *Dalloz Actu.* 17 mars 2015, obs. S. Lavric, *JCP* 2015. 337, obs. H. Surrel, et 845, n° 16, obs. F. Sudre, *RTDH* 2016. 915, note M. Hertig Rabdall et D. Hanni, *JDI* 2016, n° 4, chron. 8, n° 35, obs. N. Colin. En revanche, la diffusion à la télévision de l'image non floutée d'un particulier obtenue en caméra cachée porte atteinte à sa vie privée : CEDH, 13 oct. 2015, *Bremmer c/Turquie*, n° 37428/06. Cf. *infra*, n° 243.

64. Cf. *supra*, n° 174.

65. Sur la délivrance de licences de radio ou télédiffusion, cf. : CEDH, 11 oct. 2007, *Glas Nadezhda EOOD et Anatoliy Elenkov c/ Bulgarie*, n° 14134/02 ; 17 juin 2008, *Meltext Ltd et Mesrop Movsesyan c/ Arménie*, n° 32283/04 ; 7 juin 2012, *Centro Europa 7 srl et Di Stefano c/ Italie*, n° 38433/09. Au nom de ce principe de liberté, la saisie de tous les exemplaires d'un magazine est une atteinte à la liberté d'expression : CEDH, 22 nov. 2016, *Kaos GL c/Turquie*, n° 4982/07, *JCP* 2016. 1362, obs. F. Sudre. *Idem* pour la restriction de l'accès de détenus à des publications de presse : CEDH, 20 janv. 2015, *Mesurt Yurtsever c/Turquie*, n° 14946/08, *D.* 2015. 266, obs. J. Falxa

66. Outre les exemples cités *infra*, un arrêt est particulièrement significatif du caractère non absolu de la liberté d'expression, la Cour jugeant non contraire à l'art. 10 le licenciement de syndicalistes qui avaient publié, dans un bulletin syndical d'information, des dessins et articles constituant des attaques offensantes et outrancières à l'égard du personnel de direction de l'entreprise : CEDH, 8 déc. 2009, *Aguilera Jimenez c/ Espagne*, n° 28389/06, *RTDH* 2010. 733, obs. D. Voorhoof, *D.* 2010. 1456, note J.-P. Marguénaud et J. Mouly. V° aussi : CEDH, Gr. Ch., 12 sept. 2011, *Palomo Sanchez et autres c/ Espagne*, n° 28955/06, *AJDA* 2011. 889, obs. L. Burgorgue-Larsen, *JDI* 2012, chron. 6, obs. A. Decaux, P. Tavernier, M. Boumghar et autres ; CEDH, 6 oct. 2011, *Vellutini et Michel c/ France*, n° 32820/09, § 39, *Dr. Pénal* 2012, n° 4, chron. 3, com. 4, obs. E. Dreyer, *AJDA* 2011. 889, obs. L. Burgorgue-Larsen, *JDI* 2012, chron. 6, obs. A. Decaux, P. Tavernier, M. Boumghar et autres, *RTDH* 2013. 351, note F. Lambinet et S. Gilson. Par ailleurs, la divulgation par la presse de l'adresse d'une personnalité connue viole son droit au respect de sa vie privée et familiale : CEDH, 9 oct. 2012, *Alkaya c/ Turquie*, n° 42811/06. Cf. aussi CEDH, 8 nov. 2012, *PETA Deutschland c/ Allemagne*, n° 43481/09 : l'injonction des juridictions nationales interdisant une campagne d'affichage évoquant l'Holocauste lancée par une organisation de défense des droits des animaux était légitime et ne viole donc pas l'art. 10. *Adde* CEDH, 9 oct. 2012, *Szima c/ Hongrie*, n° 29723/11, *AJDA* 2013. 165, obs.

pratique, un certain nombre de difficultés peuvent surgir avec d'éventuels conflits de droits, sans oublier la délicate question des sources d'information ainsi que celle des messages publicitaires.

A. Les conflits de droits

186. La réalité des conflits de droits. - Les conflits de droits garantis par la Convention européenne des droits de l'homme ne sont pas une hypothèse d'école. Compte tenu du fait qu'il ne saurait en principe y avoir de hiérarchie entre les droits fondamentaux en raison du principe de leur indivisibilité, le règlement de tels conflits est très difficile. Il n'en reste pas moins vrai que la liberté d'expression doit s'incliner face à la protection de la réputation[67] et des droits d'autrui : la jurisprudence européenne a pendant longtemps privilégié la liberté d'expression[68], mais les solutions actuelles se montrent plus nuancées et se caractérisent par la recherche d'un juste équilibre[69] : c'est ainsi que la Cour a rappelé que les mesures judiciaires préventives en matière de presse ne peuvent être admises, sur le fondement de l'article 10 § 2, que s'il existe un cadre légal spécifique, précisant le principe et les modalités desdites mesures[70]. Un arrêt plus récent consacre toutefois, et avec force, la liberté journalistique, mais il est vrai que la dimension politique de l'affaire était particulièrement forte[71]. Il reste que la liberté d'expression des journalistes est

---

L. Burgorgue-Larsen. Cf. aussi CEDH, 4 févr. 2014, *Pentikäinen c/ Finlande*, n° 11882/10 (la condamnation d'un photographe de presse pour désobéissance à la police - qui lui demandait de quitter les lieux - pendant une manifestation n'a pas violé sa liberté d'expression) ; la Grande chambre a jugé dans le même sens : CEDH, Gr. Ch., 20 oct. 2015, *Pentikäinen c/Finlande*, n° 11882/10, *JCP* 2016. 65, n° 23, obs. F. Sudre, *AJDA* 2016. 143, obs. L. Burgorgue-Larsen, *Dr. Pénal* 2016, n° 4, chron. 4, n° 19, obs. E. Dreyer.

67. Sur la distinction à faire entre la réputation des personnes physiques et des personnes morales, la réputation commerciale n'ayant pas une dimension morale : cf. CEDH, 9 juill. 2011, *Uj c/ Hongrie*, n° 23954/10. V° aussi : R. Pierre, *La protection européenne du droit à la réputation : de la nécessaire distinction entre personne physique et personne morale*, *Communic., Comm. Électr.* 2012, n° 5, Et. 10. Cf. le cas particulier de la violation de l'art. 10 dans l'hypothèse d'une condamnation pour diffamation d'une mère ayant exprimé sa crainte d'un possible abus sexuel sur sa fille par son père : CEDH, 15 déc. 2016, *M.P. c/Finlande*, n° 36487/12.

68. CEDH, 22 oct. 2007, *Lindon, Otchakovsky-Laurens et July c/ France*, *JCP* 2007-II-10193, note E. Derieux, *AJDA* 2008. 978, obs. J.-F. Flauss, *RFDA* 2008. 737, obs. H. Labayle et F. Sudre, *JCP* 2008-I-110 n° 10, obs. F. Sudre, *RTDH* 2009. 491, obs. P. Wachsmann.

69. V. not. CEDH, 14 févr. 2006, *Katamadze c/ Géorgie*, n° 69587/01 (condamnation d'un journaliste pour avoir émis des informations inexactes et opinions inacceptables envers d'autres journalistes : recevable). V° pour un « droit à l'insulte » : CEDH, 31 oct. 2006, *Klein c/ Slovaquie*, n° 72208/01, *AJDA* 2007, p. 902. Les sanctions pénales à l'encontre de journalistes sont toujours difficiles à justifier (CEDH, 22 nov. 2007, *Desjardin c/ France*, n° 22567/03, *Dr pénal* 2008, p. 37, obs. E. Dreyer) mais des limites existent : CEDH, 23 janv. 2007, *Falakaoglu et Sayggili c/ Turquie*, n° 22147/02, § 32, *Dr. pénal* 2008. 37, obs. E. Dreyer (provocation au terrorisme). Cf. aussi : CEDH, 8 oct. 2013, *Ricci c/ Italie*, n° 30210/06 à propos de la condamnation d'un animateur de télévision pour avoir diffusé des informations confidentielles : en soi, la condamnation n'a pas entraîné une violation de l'art. 10 mais la nature et la lourdeur de la sanction sont disproportionnées.

70. CEDH, 29 mars 2011, *RTBF c/ Belgique*, n° 50084/06, *RTDH* 2013. 331, note B. Frydman et C. Bricteux : condamnation d'une interdiction préventive de diffuser un documentaire télévisé pouvant porter atteinte à la réputation professionnelle d'un médecin, et mettant par là même un coup d'arrêt à une jurisprudence de référé très contestée en Belgique.

71. CEDH, 10 juill. 2014, *Axel Springer AG c/ Allemagne (n° 2)*, n° 48311/10 : violation de l'art. 10 en raison de l'interdiction de la publication de soupçons visant l'ex-chancelier Schröder. Cf. égal. le constat de

assurément très forte, et il est heureux qu'il en soit ainsi, mais elle n'est pas pour autant sans limites[72]. À l'évidence, lorsque surgissent des conflits entre différents droits protégés par la Convention, l'État doit tenter de trouver un juste équilibre pour assurer, autant que faire se peut, que des droits concurrents soient garantis : la tentative est louable, mais le résultat est parfois bien décevant.

C'est donc dans le respect de leurs devoirs et de leurs responsabilités que les médias doivent communiquer des informations et des idées sur toutes les questions d'intérêt général[73] : la presse n'est évidemment pas exonérée de ces devoirs et responsabilités, d'autant plus qu'ils prennent un relief particulier lorsque les droits d'autrui sont en jeu[74] : un journaliste peut donc être condamné pour diffamation sans qu'il soit porté atteinte à l'article 10 de la Convention[75], mais encore faut-il que les sanctions encourues ne soient pas trop sévères (notion au demeurant bien relative[76]) car elles pourraient alors avoir un effet dissuasif contraire à la liberté d'expression[77]. De plus, il est

violation de l'art. 10 suite à la condamnation d'un journaliste et d'une chaîne de télévision pour diffamation d'un prince saoudien (émission intitulée : « *le 11 septembre 2001 : le dossier d'accusation* ») : CEDH, 21 janv. 2016, *de Carolis et France Télévisions c/France*, n° 29313/10, *JCP* 2016. 166, obs. H. Surrel, *Constitutions* 2016. 476, obs. D. de Bellescize.

72. Cf. récemment : CEDH, 23 juin 2016, *Brailla et a. c/Italie*, n° 22567/09, où la Cour a jugé que la condamnation de journalistes ayant intercepté illégalement des radiocommunications des forces de l'ordre n'a pas porté atteinte à leur liberté d'expression.

73. Cf. entre autres : CEDH, Gr. Ch., 26 nov. 1991, *Observer et Guardian c/ Royaume-Uni*, préc., § 59 ; Gr. Ch., 20 mai 1999, *Bladet Tromso et Stensaas c/ Norvège*, n° 21980/93, § 59 ; 2 mai 2000, *Bergens Tidende c/ Norvège*, n° 26132/95. Ne constitue pas une violation de l'art. 10 la condamnation d'un directeur de publication à la suite de la diffusion d'une information inexacte : CEDH, 30 mars 2004, *Radio France c/ France*, n° 53984/00, § 41, *D.* 2004, Somm. 1058, obs. C. Bîrsan, *RTD Civ.* 2004. 801 et s., obs. J.-P. Marguénaud.

74. Cf. aussi : CEDH, 19 juin 2003, *Pedersen et Baadsgaard c/ Danemark*, n° 49017/99, §§ 67 et s. L'étendue de ces « devoirs et responsabilités » dépend de la situation et du procédé technique utilisé : CEDH, 7 déc. 1976, *Handyside c/ Royaume-Uni*, n° 5493/72, § 49.

75. Les juges européens exercent un contrôle rigoureux afin d'assurer le respect effectif de la liberté d'expression : CEDH, 14 déc. 2006, *Karman c/ Russie*, n° 29372/02 ; 19 déc. 2006, *Dabrowski c/ Pologne*, n° 18235/02. V. not. : CEDH, 6 févr. 2001, *Tammer c/ Estonie*, n° 41205/98, §§ 32 et s. Un journaliste, comme tout justiciable, doit répondre de ses fautes : CEDH, 29 mars 2001, *Thoma c/ Luxembourg*, n° 38432/97, *RTDH* 2002. 203 obs. D. Spielmann (ce principe est toutefois soumis au contrôle de proportionnalité). Pour la diffamation d'un confrère, v° CEDH, 29 nov. 2005, *Urbino Rodriguez c/ Portugal*, n° 75088/01, *RSC* 2006. 670, obs. Fl. Massias. Pour une violation de l'art. 10 en cas de condamnation pour diffamation, v° CEDH, 18 sep. 2008, *Chalabi c/ France*, n° 35916/04, *D.* 2008. 2434, obs. S. Lavric, *JCP* 2008-II-10172, note E. Derieux, *AJ pénal* 2008. 463, obs. C. Girault, *RSC* 2009. 129, obs. J. Francillon, *Dr. pénal* 2009. 25, obs. E. Dreyer. V° aussi CEDH, 20 nov. 2008, *Brunet-Lecomte et SARL Lyon Mag'c/ France*, n° 13327/04, *RDP* 2009. 917, obs. G. Gonzalez. *Adde* CEDH, 6 mai 2010, *Brunet-Lecompte et Lyon Mag'c/ France*, n° 17265/05, *JDI* 2011 com. 27, obs. D. Sinou, *Dr. Pénal* 2011, n° 4, chron. 3, com. 35, obs. E. Dreyer, *JDI* 2011, chron. 12, obs. A. Decaux, P. Tavernier, M. Boumghar et autres ; 21 févr. 2012, *Tusalp c/ Turquie*, n° 32131/08 ; 10 janv. 2012, *Floquet et Esménard c/ France*, n° 29064/08. Il peut aussi être condamné pour contrefaçon : CEDH, 10 janv. 2013, *Ashby Donald c/ France*, n° 36769/08.

76. Ainsi, une sanction de quatre jours-amendes, pourtant bien légère *a priori*, a été considérée de nature à inciter la presse à exprimer des critiques et donc contraire à l'art. 10 : aff. *Haldimann et autres*, préc.

77. CEDH, 17 déc. 2004, *Cumpana et Mazare c/ Roumanie*, n° 33348/96 ; §§ 111 et s. ; 10 oct. 2006, *Falakaoglu c/ Turquie*, n° 11840/0 ; 8 juill. 1999, *Okçuoglu c/ Turquie*, n° 24246/94, § 49 ; Gr. Ch., 8 juill. 1999, *Sürek c/ Turquie [n° 1]*, n° 26682/95, § 64 ; 25 avr. 2006, *Dammann c/ Suisse*, n° 77551/01, §§ 57 et s. 11 avr. 2006, *Brasilier c/ France*, n° 71343/01, § 43. *Adde* CEDH, 30 mars 2006, *Saday c/ Turquie*, n° 32458/96, §§ 36 et 37 ; 12 oct. 2010, *Saaristo c/ Finlande*, n° 184/06. Cf. aussi : CEDH, 18 janv. 2011, *Mgn Limited c/ Royaume-Uni*, n° 39401/04 pour un constat de violation de l'art. 10 en raison de la condamnation d'une société d'édition à verser des honoraires de résultats à un mannequin célèbre suite à la publication d'articles et de photographies attentatoires à sa vie privée (cure de désintoxication). Cf. aussi : CEDH, 12 juill. 2016, *Reichman*

essentiel que les constats de diffamation ne soient pas arbitraires et exclusivement préoccupés par la protection de la vie privée des demandeurs au détriment de la liberté d'expression qui, selon la Cour, doit alors primer[78]. De même, les journalistes doivent faire preuve de prudence et de précaution[79].

187. Liberté d'expression et respect de la vie privée. – La force de la liberté d'expression est traditionnellement forte, y compris face au droit au respect de la vie privée consacrée par l'article 8 de la Convention. L'affaire *Fressoz et Roire* en est une parfaite illustration : en l'espèce, deux journalistes avaient été condamnés par les juridictions nationales à la suite de la diffusion des revenus et de l'avis d'imposition du patron d'une grande entreprise ; pour la Cour il y a là une violation de l'article 10 de la Convention dans la mesure où la bonne foi des requérants et la matérialité des faits relatés ne faisaient aucun doute[80]. Mais la divulgation d'une information patrimoniale n'est pas totalement libre et il serait erroné de penser que, de façon systématique, la protection de la vie privée ne peut être opposée aux médias : encore faut-il que la légitimité de la diffusion litigieuse soit certaine. Mais il est vrai que l'article 10 protège la liberté d'expression des journalistes dès lors qu'ils s'expriment de bonne foi, sur la base de faits exacts et fournissent des informations fiables et précises dans le respect de l'éthique journalistique[81].

La liberté d'expression n'est certes pas sans limites, surtout lorsqu'elle est en conflit avec le droit au respect de la vie privée. À plusieurs reprises, la Cour a eu l'occasion de rappeler toute l'importance qu'elle entend donner aux « devoirs et responsabilités » des journalistes : à cet égard, l'affaire *Stoll* est significative de certaines hésitations puisque, après avoir estimé que la condamnation d'un journaliste qui avait publié des débats officiels est une violation de l'article 10 de la Convention[82], la Cour, dans sa formation de Grande chambre, a jugé qu'il n'avait pas été porté atteinte à la liberté d'expression[83] ; mais il est vrai que ce n'est point une condamnation du

---

c/France, n° 50147/11 où la Cour a conclu à la violation de l'art. 10 parce que le choix de la voie pénale peut avoir un effet dissuasif sur la liberté d'expression et que d'autres voies, notamment civiles, doivent être préférées.

78. CEDH, 7 janv. 2014, *Ringier Axel Springer Slovakia AS c/ Slovaquie (n° 2) et (n° 3)*, n° 21666/09 et n° 37986/09.

79. CEDH, 21 févr. 2017, *Rubio Dosamantes c/Espagne*, n° 20996/10, *JCP* 2017. 250, obs. F. Sudre.

80. L'information avait été divulguée par *Le Canard Enchaîné* : CEDH, Gr. Ch., 21 janv. 1999, *Fressoz et Roire c/ France*, n° 29183/95, §§ 32 et s., §§ 55 et 56, *JCP* 1999-II-10120, note E. Derieux, *JCP* 1999-I-149, n° 5, obs. B. Teyssié, *RTD Civ.* 1999. 359, obs. J. Hauser, et 910, obs. J.-P. Marguénaud, *RTD com.* 1999. 783, obs. F. Deboissy, *RSC* 1999. 630, obs. Fl. Massias, *D.* 1999, Somm. 272, obs. N. Fricéro, *JCP* 2000-I-203, n° 26, obs. F. Sudre, *RTDH* 2000. 217, obs. Ch. Bigot, *Dr. pén.*, 2001, com. n° 91, obs. J.-H. Robert.

81. Aff. *Fressoz et Roire*, préc., § 54. V° aussi CEDH, 27 mars 1996, *Goodwin c/ Royaume-Uni*, n° 17488/90, § 39.

82. Ces débats concernaient des négociations menées, notamment, entre le Congrès juif mondial et les banques suisses concernant l'indemnisation due aux victimes de l'holocauste pour les avoirs en déshérence sur les comptes bancaires suisses : CEDH, 25 avr. 2006, *Stoll c/ Suisse*, n° 69698/01, §§ 58 et 59, *AJDA*, 2006. 1714, obs. J.-F. Flauss.

83. CEDH, Gr. Ch., 10 déc. 2007, *Stoll c/ Suisse*, n° 69698/01, § 162, *JCP* 2008-I-110 n° 11, obs. F. Sudre, *RTDH* 2008, p. 801, obs. D. Hottelier, *AJDA* 2008. 978, obs. J. -. Flauss, *Grands arrêts*, p. 640, obs. M. Levinet.

principe selon lequel les journalistes ont certaines obligations. Par ailleurs, dans une première affaire concernant la Princesse de Hanovre, les juges européens ont insisté sur l'importance fondamentale que revêt la protection de la vie privée pour l'épanouissement de la personnalité de chacun. La Cour affirme que toute personne, même connue du grand public, doit pouvoir bénéficier d'une espérance légitime de protection de sa vie privée : c'est dire que la primauté de la liberté d'expression ne se justifie que si l'information contribue au débat d'intérêt général. De plus, s'il peut exister un droit du public d'être informé sur la vie privée de personnes publiques, le public n'a pas pour autant un intérêt légitime à savoir comment celles-ci se comportent dans leur vie privée[84]. La position de la Cour européenne ne peut être qu'approuvée tant elle est conforme à l'équité, et l'on ne peut dès lors que déplorer les solutions retenues dans une seconde affaire *Von Hannover*, puis dans une troisième, qui se caractérisent par une protection moindre de la vie privée face à la liberté de la presse[85]. La vie privée doit être protégée, même dans des lieux publics[86]. Par ailleurs, la Cour s'est prononcée sur l'insertion d'un communiqué judiciaire dans le magazine ayant publié la photographie du corps d'un préfet assassiné : ce communiqué indiquait que la photographie litigieuse avait causé un trouble grave à la famille du préfet Erignac. Pour les juges européens, cette insertion constitue bien une atteinte à la liberté d'expression, mais cette atteinte est légitime, car elle est nécessaire à la protection de la vie privée[87]. De même, le fait d'ordonner l'occultation de photographies d'un jeune homme séquestré et torturé ne constitue pas une violation de l'article 10 de la Convention[88]. Dans certaines circonstances, le respect de la vie privée prime donc sur la liberté d'expression. À noter également que si généralement la Cour européenne est saisie de requêtes concernant une restriction à la liberté d'expression, la question du refus d'une limitation de cette liberté a pu cependant se poser : s'agissant de protéger la réputation

---

84. CEDH, 24 juin 2004, *Von Hannover c/ Allemagne*, n° 59320/00, § 64, *D.* 2004, Somm. 2538, obs. J.-F. Renucci, *D.* 2005. 340, note J.-L. Halpérin, *JCP* 2004-I-161, n° 8, obs. F. Sudre. *Adde*, obs. J.-F. Flauss, *AJDA* 2007. 902 sur la notion de débat public. À noter que, dans cette affaire, le débat s'est porté sur l'art. 8. Les principes consacrés dans l'arrêt *Von Hannover* ont été repris par la suite : v° not. CEDH, 19 avr. 2009, *Egeland et Hanseid c/ Norvège*, n° 34438/04, *RSC* 2009. 670, obs. J.-P. Marguénaud.

85. CEDH, Gr. Ch., 7 févr. 2012, *Von Hannover c/ Allemagne (n° 2)*, n° 40660/08, *D.* 2012. 1040, note J.-F. Renucci, *JCP* 2012, 650, p. 1062, note M. Afroukh, *AJDA* 2012. 1726, obs. L. Burgorgue-Larsen, *RTD Civ.* 2012. 279, obs. J.-P. Marguénaud, *D.* 2013. 457, obs. E. Dreyer, *Constitutions* 2013. 645, obs. D. de Bellescize ; CEDH, 19 sept. 2013, *Von Hannover c/ Allemagne (n° 3)*, n° 8772/10, §§ 57 et 58, *Dalloz Actu.* 15 oct. 2013, obs. S. Lavric, *JCP* 2013, 1026, p. 1799, obs. M. Afroukh, *Communication Commerce électronique* 2013 com. 119, obs. A. Lepage. La Cour va vraiment très loin : cf., à propos de la vie sexuelle d'un homme politique révélée dans un ouvrage par une ex-petite amie, CEDH, 14 janv. 2014, *Ruusunen c/ Finlande*, n° 73579/10 ; 14 janv. 2014, *Ojala et Etukeno Oy c/ Finlande*, n° 69939/10, *Dalloz Actu.* 22 janv. 2014. Cf. cependant, une décision plus rassurante : CEDH (déc.), 24 janv. 2012, *Seckerson c/ Royaume-Uni*, n° 34844/10.

86. Cf. *infra*, n° 238 et s., n° 243.

87. CEDH, 14 juin 2007, *Hachette Filipacchi Associés c/ France*, n° 71111/01, §§ 63 et 64, *JCP* 2007-I-182 n° 10, obs. F. Sudre.

88. CEDH, 25 févr. 2016, *Société de Conception de Presse et d'Édition c/France*, n° 4683/11, *Dalloz Actu.* 2 mars 2016, obs. S. Lavric.

d'une personne mise à mal par des articles de presse, la Cour a conclu à la violation de l'article 8 de la Convention[89].

> ***CEDH, 14 juin 2007,* Hachette Filipacchi Associés c/ France, *n° 71111/01 :***
> En fait : *L'hebdomadaire « Paris Match » a publié un article sur l'assassinat du préfet Erignac à Ajaccio. L'article était illustré d'une photographie des lieux et représentant le corps du préfet gisant sur la chaussée, le visage partiellement tourné vers l'objectif. Condamnée à publier un communiqué indiquant que la photographie avait été publiée sans l'assentiment de la famille, la société requérante invoque une violation de l'article 10.*
> En droit : *L'ingérence est prévue par la loi (jurisprudence constante) et poursuit un but légitime (protection des droits d'autrui). À la lumière de ce qui précède, la Cour estime que la mesure examinée dans la présente affaire, que les juridictions nationales ont justifiée par des motifs à la fois « pertinents et suffisants », était proportionnée au but légitime qu'elle poursuivait et, partant, « nécessaire dans une société démocratique » (§ 63). La Cour en conclut que les droits garantis à la société requérante par les dispositions de l'article 10 de la Convention n'ont pas été violés en l'espèce (§ 64).*

Dans les conflits entre la liberté d'expression et le droit au respect de la vie privée, les juges européens prennent en compte la contribution apportée (ou non) à l'intérêt général par la parution de photographies ou d'articles dans la presse[90] : il est évident que la simple curiosité d'un certain public pour la vie intime de personnalités connues n'est pas de nature à contribuer à un tel débat[91]. Bien qu'imprécise, la notion d'information légitime du public est particulièrement importante[92]. En définitive, un élément de vie privée sera licitement diffusé par voie de presse, malgré l'absence de consentement de la personne concernée, voire même contre son consentement, s'il est en rapport suffisamment étroit avec l'intérêt général, d'actualité ou culturel[93].

---

89. CEDH, 15 nov. 2007, *Pfeifer c/ Autriche*, n° 12556/03, § 49, *RTDH* 2008. 1171, note Th. Hochmann. V° aussi CEDH, 14 oct. 2008, *Petrina c/ Roumanie*, n° 78060/01, *JCP* 2009-I-104 n° 9, obs. F. Sudre. Dans cette affaire *Petrina*, la Cour précise que la réputation d'une personne, même dans le contexte d'un débat public, représente une partie de son identité qui relève de sa vie privée (§ 29). L'arrêt est important dans la mesure où il rattache le droit à la réputation au droit au développement de la personnalité de chaque individu.

90. CEDH, 6 févr. 2001, *Tammer c/ Estonie*, préc., §§ 59 et s. ; 11 janv. 2000, *News Verlags GmbH & CoKG c/ Autriche*, n° 31457/96, §§ 52 et s. ; 26 févr. 2002, *Krone Verlags GmbH & CoKG c/ Autriche*, n° 34315/96, §§ 33 et s.),

91. CEDH, 1er juill. 2003, *Société Prisma Presse c/ France*, n° 71612/01, p. 10. V° aussi : CEDH, 23 juill. 2009, *Hachette Filipacchi Associés (« Ici Paris ») c/ France*, n° 12268/03, *AJDA* 2009. 1936, obs. J.-F. Flauss, *RTD Civ.* 2010. 789, obs. J. Hauser.

92. CEDH, 18 mai 2004, *Plon (Société) c/ France*, n° 58148/00, § 53, *D.* 2004. 1838, note A. Guedj, *D.* 2004, Somm. 2539, obs. N. Fricéro, *RTD Civ.* 2004. 483, obs. J. Hauser, *JCP* 2004-I-161, n° 12, obs. F. Sudre, Legipresse, 2004. 173, obs. E. Derieux, et 176, obs. E. Chevrieux (révélations sur l'état de santé du Président Mitterrand par son médecin personnel) ; CEDH, 7 juin 2007, *Dupuis et autres c/ France*, n° 1914/02, §§ 33 et s., *JCP* 2007-II-10127, note E. Derieux, *D.* 2007. 2506, note J.-P. Marguénaud, *RSC* 2007. 563, obs. J. Francillon, *Dr. pénal* 2998, p. 36, obs. E. Dreyer, *AJDA* 2008. 978, obs. J.-F. Flauss (affaire dite des « écoutes de l'Elysée » où l'on parle même d'un « débat d'intérêt public considérable »).

93. C'est ainsi que viole l'art. 10 une ordonnance de référé interdisant à un hebdomadaire de publier la photographie d'un magnat des affaires autrichien dans le cadre d'articles sur les accusations de fraude

Il reste que le point d'équilibre est assurément difficile à trouver et l'affaire dite *Paris Match*[94] en est une parfaite illustration. En effet, pour les juges, la condamnation de l'hebdomadaire qui avait publié des informations sur la vie privée de SAS le Prince Albert II viole l'article 10 de la Convention. La solution est critiquable, et il n'est guère surprenant que l'arrêt ait été rendu à une très courte majorité. Dans une opinion dissidente, trois juges estiment que la publication de l'interview litigieuse n'a pas contribué à un débat d'intérêt général, rappelant que ce n'est pas parce qu'une publication porte sur un chef d'État ou de gouvernement qu'elle contribue nécessairement à un tel débat : ils rappellent la jurisprudence européenne selon laquelle « on ne saurait dénier à un président de la République ou à un monarque héréditaire une certaine vie privée même si elle est par la force des choses plus réduite que quand il s'agit d'un particulier ». Or, des informations touchant à la vie privée ne relèvent en principe pas d'un débat d'intérêt général et, en l'espèce, l'interview portait uniquement sur la vie privée. Reprenant l'analyse de la Cour de cassation, ces juges mettent en évidence « l'absence de tout fait d'actualité comme de tout débat d'intérêt général dont l'information légitime du public aurait justifié qu'il fût rendu compte ». De plus, les photos accompagnant le texte ont été « manifestement réalisées dans le cadre de l'intimité de la vie privée des intéressés ». Enfin, la forme même de la publication conduit les juges minoritaires à penser que l'objet principal sinon exclusif de la publication était de satisfaire la curiosité d'un certain public sur des détails relevant de la vie privée. Saisie de cette affaire, la Grande chambre s'est prononcée dans le même sens que la Chambre et nous ne pouvons que le déplorer[95] : en vidant ainsi de sa substance la notion de débat d'intérêt général, l'espérance légitime des personnalités publiques de bénéficier d'une protection de leur vie privée est devenue chimérique. Dès lors on peut se demander si ces personnalités publiques ont encore droit au respect de leur vie privée dans la mesure où il semble bien que désormais, et par principe, toute information les concernant tombe nécessairement et mécaniquement dans le débat public[96].

La question peut également se poser dans les mêmes termes en matière fiscale, la divulgation d'informations personnelles dans le cadre d'un débat d'intérêt général pouvant entrer en conflit avec le droit au respect de la vie privée des contribuables. C'est ainsi que la Cour a pu juger que l'interdiction faite à des maisons d'édition de divulguer des informations fiscales ne

fiscale de grande ampleur portées contre lui : CEDH, 14 févr. 2006, *Verlagsgruppe News GmdH c/ Autriche (n° 2)*, n° 10520/02. V° aussi : CEDH, 1er mars 2007, *Tonsbergs Blad AS et Haukom c/ Norvège*, n° 510/04. Cf. aussi : CEDH, 16 juill. 2013, *Smolczewski c/ Pologne*, n° 33846/07.

94. CEDH, 12 juin 2014, *Couderc, Hachette Filipacchi Associés c/ France*, n° 40454/07, *Dalloz Actu.* 24 juin 2014, obs. S. Lavric, *AJDA* 2014, p. 1763, obs. L. Burgorgue-Larsen, *Communication Commerce électronique* 2014 com. 67, obs. A. Lepage.

95. CEDH, Gr. Ch., 10 nov. 2015, *Couderc et Hachette Filipacchi Associés c/France*, n° 40454/07, *D.* 2016. 116, note J.-F. Renucci, *Communication Commerce électronique* 2016, com. 5, obs. A. Lepage, *AJDA* 2016. 143, obs. L. Burgorgue-Larsen, *JCP* 2015. 1332, note H. Surrel, *RTD Civ.* 2016. 81, obs. J. Hauser, et 297, obs. J.-P. Marguénaud, *JCP* 2015. 1332, obs. H. Surrel, *Constitutions* 2016. 476, obs. D. de Bellescize.

96. J.-F. Renucci, note préc., n° 6.

constitue pas une violation de l'article 10 dès lors que les autorités étatiques ont ménagé un juste équilibre entre les différents intérêts en présence[97].

188. Liberté d'expression et liberté de religion. – La liberté d'expression peut également entrer en conflit avec les croyances religieuses de sorte que la question de son éventuelle limitation peut se poser. Il s'agit là d'un point particulièrement sensible où il faut impérativement rechercher un point d'équilibre. Si l'importance de la liberté d'expression est considérable, elle ne peut pour autant être un droit à blesser les autres dans leur foi. Il est vrai que la liberté, quand elle se veut humaniste et respectueuse, doit comprendre que pour un croyant la foi est un absolu et que l'on peut ressentir une véritable souffrance lorsque cet absolu est nié ou caricaturé[98]. Il est certain qu'un discours de haine, notamment dans le domaine des croyances religieuses, ne peut être toléré au nom de la liberté d'expression[99]. Il reste que si la liberté d'expression ne peut être sans limites, les croyants doivent cependant admettre le rejet par autrui de leurs croyances religieuses et même la propagation par autrui de doctrines hostiles à leur foi[100].

L'Assemblée parlementaire du Conseil de l'Europe a d'ailleurs rappelé que la liberté d'expression ne doit pas être davantage restreinte pour répondre à la sensibilité croissante de certains groupes religieux. Mais dans le même temps, l'Assemblée rappelle fermement que les discours de haine à l'encontre de groupes religieux sont incompatibles avec les droits garantis par la Convention[101].

189. Liberté d'information et présomption d'innocence. – Lorsque la liberté d'expression est en conflit avec la présomption d'innocence, les juges de la Cour européenne ont tendance à lui accorder la primauté : la liberté d'information est renforcée au détriment de la présomption d'innocence. C'est ainsi que l'interdiction légale faite aux journalistes de faire état des plaintes avec constitution de partie civile a été jugée

97. CEDH, 21 juill. 2015, *Satakunnan Markkinaporssi Oy et Satamedia Oy c/Finlande*, n° 931/13, *D.* 2017, Pan. *DEDH « Fiscalité et Convention EDH », p.* 128 s., spéc., p. 133, n° 6, obs. J.-F. Renucci et A. Renucci.

98. J. Legendre, *ibid.*

99. CEDH, 25 nov. 1996, *Wingrove c/ Royaume-Uni*, n° 17419/90, §§ 58 et s. (interdiction de diffuser un film comportant des scènes blasphématoires à l'égard de la religion chrétienne non contraire à l'art. 10). Il reste que les croyants doivent admettre les opinions contraires à leurs croyances même si elles sont fortement déplaisantes et/ou virulentes. Pour un conflit entre la liberté d'expression (mais aussi de réunion) et la liberté de religion, cf. : CEDH, 25 févr. 2015, *Karaahmed c/Bulgarie*, n° 30587/13, *JDI* 2016, n° 4, chron. 8, n° 28, obs. Cl. de La Hougue.

100. Cf. *infra*, n° 188. À noter que la Cour fait une large place à la liberté d'expression s'agissant d'attaques contre les convictions religieuses : CEDH, 31 janv. 2006, *Giniewski c/ France*, n° 64016/00, *D.* 2006 IR, 468, *AJDA* 2006. 473, obs. J.-F. Flauss, *RTDH* 2006. 839, obs. P.-F. Docquir, *RGDIP* 2006. 494, obs. Ph. Weckel, *JDI* 2007. 724, obs. E. Deleplace, *D.* 2006, Pan. 1717, obs. J.-F. Renucci (critique virulente du Pape Jean-Paul II et thèse traitant de la portée d'un dogme et de ses liens possibles avec les origines de l'holocauste). Cf. cependant : CEDH, 13 sept. 2005, *I. A. c/ Turquie*, n° 42571/98, *AJDA* 2006. 466, note J.-F. Flauss, *RSC* 2006. 672, obs. Fl. Massias (non-violation de l'art. 10 pour la condamnation d'un éditeur motivée par la publication d'un roman considéré par les tribunaux comme insultant envers l'Islam). V° aussi : CEDH, 22 déc. 2005, *Paturel c/ France*, n° 54968/00, *AJDA* 2006. 473, obs. J.-F. Flauss.

101. APCE (Assemblée parlementaire du Conseil de l'Europe), *Liberté d'expression et respect des croyances religieuses*, Résolution 1510 (2006).

contraire à l'article 10[102]. De même, la condamnation d'un journaliste pour divulgation d'informations couvertes par le secret de l'instruction a pu être considérée comme une atteinte à sa liberté d'expression[103], avant que la Grande chambre ne dise le contraire dans cette même affaire[104].

Toutefois, cette orientation extensive n'empêche pas des limites, même si celles-ci peuvent paraître assez souples : c'est ainsi qu'une condamnation pour recel de violation du secret de l'instruction[105], tout comme la mise en œuvre de la responsabilité d'un journaliste qui, comme tout justiciable, doit répondre de ses fautes, ne constituent pas en soi une violation de l'article 10 de la Convention[106]. La même solution a été retenue pour des journalistes n'ayant pas respecté l'interdiction de publier des actes d'une procédure pénale avant leur lecture en audience publique[107]. Il s'agit là d'une interdiction qui vise aussi bien à préserver l'indépendance de la justice qu'à protéger les personnes poursuivies en sauvegardant leur présomption d'innocence : cette interdiction est-elle nécessaire dans une société démocratique ? La Cour a répondu par l'affirmative[108]. Cette solution a pu être critiquée dans la mesure où le public a un intérêt légitime à être informé, l'importance du rôle des médias dans le domaine de la justice pénale étant incontestable. Sans doute une certaine prudence s'impose-t-elle pour éviter d'éventuelles dérives, mais point trop n'en faut. En l'espèce, il apparaît tout de même que les informations publiées ne pouvaient guère exercer une influence abusive sur la procédure : c'est dire que les révélations des journalistes n'ont pas perturbé l'enquête judiciaire et n'ont pas davantage porté atteinte à la présomption d'innocence. Il paraît donc difficile dans ces conditions de penser que l'ingérence de l'État puisse être considérée comme « nécessaire dans une société démocratique »[109].

B. Les sources d'information

190. Les solutions de la jurisprudence européenne. – Il ne peut y avoir liberté d'information s'il n'y a pas une protection des sources

102. CEDH, 3 oct. 2000, *Du Roy et Malaurie c/ France*, n° 34000/96, § 35, *D.* 2001, Somm. 1064, obs. J.-F. Renucci, *JCP* 2001-I-291, n° 39, obs. F. Sudre, *RTDH* 2001. 107, obs. G. Tillement.

103. CEDH, 1er juill. 2014, *A.B. c/ Suisse*, n° 56925/08.

104. CEDH, Gr. Ch., 29 mars 2016, *Bédat c/Suisse*, n° 56925/08, *Dalloz Actu.* 15 avr. 2016, obs. E. Autier, *JCP* 2016. 507, obs. H. Surrel, *RSC* 2016. 592, obs. J.-P. Marguénaud, *Procédures* 2016, com. 160 par N. Fricero, *RTDH* 2017. 369, note A. Chopplet : le secret de l'instruction et la vie privée priment sur la liberté d'expression du journaliste, du moins dans cette affaire.

105. Une condamnation pour recel de violation du secret de l'instruction peut être compatible avec l'art. 10, Conv. EDH : Crim., 19 juin 2001, *D.* 2001. 2538, note B. Beignier. On peut cependant se demander si cela encore possible depuis l'arrêt *A.B. c/ Suisse*, préc.

106. Pour un exemple récent sur la primauté de la présomption d'innocence sur la liberté d'expression : CEDH, 6 avr. 2010, *Ruokanen et autres c/ Finlande*, n° 45130/06.

107. Art. 38, L. 29 juill. 1881.

108. CEDH, 24 nov. 2005, *Tourancheau et July c/ France*, n° 53886/00, § 79, *JCP* 2006-I-109, n° 10, obs. F. Sudre, *JCP* 2006-II-10076, note E. Derieux, *RSC* 2006. 670, obs. Fl. Massias, observant que la Cour aurait bien pu avoir une appréciation différente si l'on se réfère à l'arrêt *du Roy et Malaurie* (préc.).

109. Cf. en ce sens l'opinion dissidente commune aux juges Tulkens, Costa et Lorenzen. *Contra* : F. Sudre, obs. préc., *in fine*.

d'information : la question est délicate et se pose pour les journalistes d'investigation. Dans l'affaire *Goodwin*, la Cour rappelle que la protection de ces sources est l'une des pierres angulaires de la liberté de la presse, car l'absence d'une telle protection pourrait dissuader les « informateurs » d'aider la presse à informer le public sur des questions d'intérêt général[110] : dès lors, une ordonnance enjoignant la divulgation ne saurait se concilier avec l'article 10 de la Convention que si elle se justifie par un impératif prépondérant d'intérêt public. Un droit au silence est donc consacré, mais il n'est pas sans limites.

> ***CEDH, Gr. Ch., 27 mars 1996,* Goodwin c/ Royaume-Uni, *n° 17488/90 :***
> En fait : *Un informateur fournit à un journaliste des renseignements confidentiels sur une société qui était à la recherche d'un emprunt et qui se trouvait confrontée à des difficultés financières. Ces renseignements lui sont fournis contre promesse de ne pas en révéler la source. À la demande de la société, un juge rend une ordonnance de divulgation, sommant le journaliste de révéler le nom de son informateur.*
> En droit : *La Cour estime que l'ordonnance de divulgation ne représentait pas un moyen raisonnablement proportionné à la poursuite du but légitime visé. Les restrictions que l'ordonnance de divulgation a fait peser sur la liberté d'expression du journaliste qu'est le requérant ne peuvent donc passer pour nécessaires dans une société démocratique, au sens du paragraphe 2 de l'article 10, afin de défendre les droits de la société Tetra en vertu de la législation anglaise, même en tenant compte de la marge d'appréciation laissée aux autorités nationales. Partant, la Cour conclut que tant l'ordonnance sommant le requérant de divulguer sa source que l'amende qui lui a été infligée pour refus d'obtempérer ont violé en son chef le droit à la liberté d'expression reconnu par l'article 10 (§ 46).*

L'arrêt *Tillack* rappelle, à nouveau, ces principes[111], insistant sur le fait que, sans la protection des sources d'information, la presse pourrait être moins à même de jouer son rôle indispensable de « chien de garde de la démocratie » et son aptitude à fournir des informations précises et fiables s'en trouverait amoindrie.

191. La portée de la jurisprudence européenne. - La portée de cette jurisprudence est particulièrement grande. L'enseignement majeur est que la protection des sources d'information revêt une importance considérable pour la liberté de la presse : dès lors, seul un impératif prépondérant d'intérêt public peut justifier une atteinte à leur confidentialité : tel sera le cas en matière de terrorisme, la protection des sources

110. CEDH, 27 mars 1996, *Goodwin c/ Royaume-Uni*, n° 17488/90, § 40, *LPA* 30 juill. 1997, p. 27, note P. Auvret, *AFDI* 1996. 749, obs. V. Coussirat-Coustère, *JDI* 1997. 212, obs. E. Decaux et P. Tavernier, *Gaz. Pal.*, 11-12 juill. 1997, p. 29, note P. de Fontbressin, *JCP* 1997-I-4000, n° 39, obs. F. Sudre, *D.* 1997, Somm. 211, obs. N. Fricéro, *AJDA* 1996. 1005, obs. J.-F. Flauss, *RTD Civ.* 1996. 1026, obs. J.-P. Marguénaud. V° égal. : Crim. 30 oct. 2006, *D.* 2008. 1240s, note A. Guedj. *Adde* CEDH, 27 nov. 2007, *Tillack c/ Belgique*, n° 20477/05, *JCP* 2008-II-10008, note E. Derieux, *Dr. pénal* 2008. 37, obs. E. Dreyer.

111. Aff. *Tillack*, préc., § 53. E. Dreyer (obs. préc.) observe que la Cour a rendu là un « second grand arrêt ».

journalistiques ne s'étendant pas à l'auteur d'attentats à la bombe[112]. Il est évident que, compte tenu des enjeux, les éventuelles limitations apportées à cette confidentialité appellent l'examen le plus scrupuleux[113]. En vérité, la protection des sources journalistes est quasi absolue dans l'esprit des juges européens[114].

C'est ainsi que la Cour européenne a implicitement censuré le délit de recel provenant de la violation du secret professionnel[115]. Plus tard, les juges européens ont pu constater une violation de l'article 10 à propos d'un journaliste condamné pour « instigation à la violation du secret de fonction »[116] : une telle condamnation constitue une espèce de censure tendant à inciter les journalistes à ne pas se livrer à des activités de recherche inhérentes à leur métier, ce qui risque de les dissuader de contribuer à la discussion publique de questions intéressant la collectivité. Cela peut, aux yeux des juges de Strasbourg, entraver la presse dans l'accomplissement de sa tâche d'information et de contrôle[117]. La France a d'ailleurs été condamnée pour non-respect de l'article 10 en raison de perquisitions et de saisies effectuées dans les locaux de certains journaux, ainsi qu'au domicile de certains journalistes accusés de violation du secret de l'instruction et de recel[118]. Bon nombre d'arrêts sont venus confirmer cette jurisprudence[119], tant il est vrai qu'il n'y a pas de liberté de la presse sans protection des sources. La Cour souligne toujours avec force la nécessité de protéger les sources d'information[120].

---

112. CEDH (déc.), 27 mai 2014, *Stichting Ostade Blade c/ Pays-Bas*, n° 8406/06 (perquisition menée dans les locaux d'un magazine qui avait publié un communiqué de presse indiquant qu'il avait reçu une lettre d'une organisation revendiquant une série d'attentats à la bombe). Cf. aussi : CEDH, 28 juin 2012, *Ressiot et autres c/ France*, n° 15054/07 ; 16 juill. 2013, *Nagla c/ Lettonie*, n° 73469/10.

113. Aff. *Goodwin*, préc., § 40. Pour une confirmation de la jurisprudence « Goodwin », cf. CEDH, 25 févr. 2003, *Roemen et Schmit c/ Luxembourg*, n° 51772/99, *JCP* 2003-I-160, n° 13, obs. F. Sudre, *D.* 2003, Somm. 2271, obs. N. Fricéro ; 15 juill. 2003, *Ernst et autres c/ Belgique*, n° 33400/96. V° aussi : CEDH, 12 avr. 2012, *Martin et autres c/ France*, n° 30002/08, *RSC* 2012. 1726, obs. J. Francillon, *Constitutions* 2013. 645, obs. D. de Bellescize ; 28 juin 2012, *Ressiot et autres c/ France*, n° 15066/07, *Rev. Com. Comm. Électr.* 2013, n° 11 com. 126, obs. A. Lepage, *AJDA* 2012. 1726, obs. L. Burgorgue-Larsen, *D.* 2012. 2282, obs. E. Dreyer, *RSC* 2012. 603, obs. J. Francillon, *Constitutions* 2013. 645, obs. D. de Bellescize.

114. Elle n'est cependant pas absolue : cf. CEDH (déc.), 8 déc. 2005, *Nordisk Film & TV A/S c/ Danemark*, n° 40485/02.

115. Aff. *Fressoz et Roire*, préc.

116. CEDH, 25 avr. 2006, *Dammann c/ Suisse*, n° 77551/01, §§ 50 et s. En l'espèce, le journaliste avait recueilli des informations relatives à une affaire en cours auprès d'une standardiste du parquet de Zurich.

117. Aff. *Dammann*, préc., § 57.

118. CEDH, 28 juin 2012, *Ressiot et autres c/ France*, préc. D'autres pays l'ont été aussi : CEDH, 18 avr. 2013, *Saint-Paul Luxembourg SA c/ Luxembourg*, n° 26419/10.

119. Cf. not. : CEDH, Gr. Ch., 14 sept. 2010, *Sanoma Uigevers B.V. c/ Pays-Bas*, n° 38224/03, *JCP* 2011, chron. 94 n° 10, obs. F. Sudre, *RSC* 2011. 223, obs. J.-P. Marguénaud, *RIDP* 2009. 369, obs. F. Fourment, *JDI* 2011, n° 4, chron. 12, com. 26, obs. X. Souvignet, *Dr. Pénal* 2011, n° 4, chron. 3, com. 34, obs. E. Dreyer ; CEDH, 22 nov. 2012, *Telegraaf Media Nederland Landelijke Media B.V. et autres c/ Pays-Bas*, n° 39315/06 (ordre de restitution de documents adressé à une société d'édition), *RTDH* 2013. 725, note L. Francois ; 15 nov. 2009, *Financial Times Ltd et autres c/ Royaume-Uni*, n° 821/03 (ordonnance enjoignant de communiquer des documents pouvant permettre l'identification des sources) ; 22 nov. 2007, *Voskuil c/ Pays-Bas*, n° 64752/01.

120. CEDH, 19 janv. 2016, *Görmus et autres c/Turquie*, n° 49085/07. À noter que cette affaire concernait trois domaines de la liberté d'expression, à savoir la protection des sources journalistiques, la diffusion d'informations confidentielles et la protection des donneurs d'alerte.

C. Les messages publicitaires

192. La liberté d'information et la publicité. - Le message publicitaire a pris une importance considérable dans les sociétés modernes, de sorte qu'une confrontation avec l'article 10 de la Convention devenait inévitable. Cela est vrai pour la publicité commerciale, mais aussi, même si c'est dans une moindre mesure, pour la publicité politique. Parfois, il y a même confusion entre les deux discours et la Cour n'hésite pas à y mettre bon ordre[121].

193. La liberté d'information et la publicité commerciale. - La publicité commerciale a pu susciter certaines interrogations même si la jurisprudence européenne a très vite admis l'applicabilité de l'article 10 à une publication défendant des intérêts particuliers, notamment économiques[122]. Mais il est vrai que le message publicitaire a toujours donné lieu à des hésitations[123]. Il reste que, compte tenu de la généralité des formules retenues par les juges européens, l'applicabilité de l'article 10 à la publicité commerciale ne fait aucun doute[124], ce qui est bien légitime dans la mesure où l'article 10 concerne tous les modes et toutes les formes d'expression[125]. Certes, l'idée d'une hiérarchie a été avancée, le discours commercial devant être protégé, mais avec peut-être moins de force que l'expression d'idées politiques[126]. C'est ainsi que, s'agissant d'un discours commercial, une conception plus souple des restrictions s'impose dans le cadre d'une « ingérence de l'État »[127] : la marge d'appréciation des États est plus large qu'en présence d'un débat de société ou de caractère politique[128] : en revanche, si le message publicitaire concourt à un débat d'idées ou présente un intérêt pour le public, cette nuance

121. Le mouvement raëlien entendait diffuser ses idées par le biais de campagnes d'affichage, les affiches mentionnant aussi le numéro de téléphone et l'adresse Internet de l'organisation. Pour la Cour, le discours en cause n'est pas politique mais commercial puisque le but principal est d'attirer de nouveaux adeptes et non d'aborder des questions relevant du débat politique. L'interdiction de cette campagne était donc « nécessaire dans une société démocratique » et n'a donc pas violé l'art. 10 : CEDH, Gr. Ch., 13 juill. 2012, *Mouvement raëlien suisse c/ Suisse*, n° 16354/06, *JCP* 2012, 971, 1635, obs. C. Picheral, *AJDA* 2013. 165, obs. L. Burgorgue-Larsen, *RTDH* 2013. 697, note P. Muzny, *RFDA* 2013. 576, obs. H. Labayle et F. Sudre.

122. CEDH, 28 mars 1990, *Groppera Radio AG et autres c/ Suisse*, n° 10890/84, §§ 52 et s. V° plus récemment CEDH, 5 mars 2009, *Hachette Filipacchi Presse Automobile et Dupuy c/ France*, n° 13353/05, §§ 26 à 33, *JCP* 2009-I-143 n° 23, obs. F. Sudre, *RSC* 2009. 668, obs. D. Roets.

123. CEDH, 25 mars 1985, *Barthold c/ Allemagne*, n° 8734/79 § 42, *CDE* 1988. 466, obs. G. Cohen-Jonathan, *AFDI* 1987. 239, obs. V. Coussirat-Coustère, *RSC* 1985. 630, obs. L.-E. Pettiti, *JDI* 1986. 1080, obs. P. Rolland et P. Tavernier.

124. CEDH, 20 nov. 1989, *Markt Intern Verlag GMBH et autres c/ Allemagne*, n° 10572/83, § 26 (annonces commerciales) ; 24 mai 1988, *Müller autres c/ Suisse*, n° 10737/84 § 26 (liberté d'expression artistique), *JDI*, 1989, p. 812, obs. P. Rolland et P. Tavernier ; CEDH, 25 janv. 2007, *Vereiniqonq Bildender Künstler c/ Autriche*, n° 68354/01, § 39 (exposition de tableaux) ; 24 févr. 1994, *Casado Coca c/ Espagne*, n° 15450/89, § 36, (annonces publicitaires), *RTDH*, 1995, p. 69, obs. M.-A. Halperin. Pour une publicité électorale, cf. CEDH, 17 janv. 1997, *De Angelis c/ Italie*, n° 28079/95.

125. Comm. EDH, 5 mai 1979, *Church of Scientology c/ Suède*, DR 16/68. *Adde* Comm. EDH, 1er mars 1983, *Liljenberg c/ Suède*, n° 9664/82.

126. Comm. EDH, 5 mai 1979, *Church of Scientology c/ Suède*, préc.

127. CEDH, 20 nov. 1989 *Markt Intern Verlag GMBH c/ Allemagne*, préc.

128. Cf. not. CEDH, 2 juill. 1990, *K. c/ RFA*, n° 17006/90 ; 8 nov. 1990, *R. c/ RFA*, n° 16555/90.

disparaît[129]. Toutefois, si les droits de caractère commercial ou économique ne font l'objet que d'un contrôle minimum de la part des juges européens, ce contrôle n'est pas pour autant inexistant : le refus d'une société privée responsable de la publicité télévisée de diffuser un message publicitaire, en se référant à un texte de loi interdisant toute propagande politique, a été jugé contraire à l'article 10[130].

Les restrictions étatiques sont inconcevables dès lors que les informations diffusées portent sur une question d'intérêt général, qu'elles ne constituent pas une publicité trompeuse et que le but premier n'est pas de faire de la publicité[131]. Toutefois, ces restrictions sont possibles en raison de circonstances particulières comme le défaut de principes communs aux États en la matière, ou encore la nécessité de prendre en compte la diversité des conceptions morales, voire même des impératifs politiques spécifiques[132]. Il reste que l'État a des obligations positives, y compris dans le domaine du discours publicitaire : les autorités étatiques doivent assurer le plein exercice de la liberté d'expression, y compris dans les rapports interindividuels.

Pour ce qui est de l'image de la femme dans la publicité en particulier, une difficulté pourrait surgir au regard de la liberté d'expression. Désormais, l'incrimination de l'expression publique d'opinions (ou d'images) sexistes, notamment dans le domaine publicitaire, est à l'ordre du jour. Dès lors, la question qui se pose est de savoir si une telle incrimination serait compatible avec la liberté d'expression. Certes, la force de la garantie de l'article 10 de la Convention est telle que le fait que l'opinion ou l'image diffusée heurte ou choque une partie de la population est en soi indifférent[133]. Toutefois, le principe de la liberté d'expression n'est pas absolu et une ingérence de l'État est possible : on peut penser qu'un texte incriminant des comportements portant atteinte à l'image de la femme répondrait aux conditions de l'ingérence de l'État puisqu'il poursuit un but légitime et est nécessaire dans une société démocratique, car répondant à un besoin social impérieux. Dès lors, le principe de proportionnalité est respecté, un tel texte n'étant pas contraire à l'article 10 de la Convention. Il est évident que des images incitant à la violence contre les femmes ou à la discrimination en raison du sexe constituent une atteinte à la dignité de la personne humaine ; or, tel est trop souvent le cas dans certaines publicités.

194. La liberté d'information et la publicité politique. – La publicité politique est une question sensible, de sorte que selon une jurisprudence européenne classique, l'État dispose d'une « large » marge

---

129. G. Cohen-Jonathan, *Liberté d'expression et message publicitaire*, *RTDH* 1963. 69s., spéc., 93.

130. CEDH, 28 juin 2001, *VgT Verein Gegen Tierfabriken c/ Suisse*, n° 24699/94. V° égal. les impératifs de santé publique permettant l'interdiction de la publicité pour le tabac : CEDH, 5 mars 2009, *Hachette Filipacchi Presse Automobile et Dupuy c/ France*, préc., §§ 26 à 33, *JCP* 2009-I-143 n° 23, obs. F. Sudre.

131. CEDH, 17 oct. 2002, *Stambuk c/ Allemagne*, n° 37928/97.

132. CEDH, 5 nov. 2002, *Demuth c/ Suisse*, n° 38743/97, § 44 (critères politiques sensibles, notamment le pluralisme culturel et linguistique).

133. Cf. *supra*, n° 178.

d'appréciation pour d'éventuelles restrictions en période électorale[134]. La solution retenue par la Cour s'est en réalité imposée en raison de l'absence de consensus européen en matière de publicité politique, notamment à la télévision : cela plaide, effectivement, en faveur d'une marge d'appréciation de l'État plus large que celle qui lui est généralement accordée lorsqu'il impose des restrictions au débat politique[135].

Pourtant, la Cour a rompu avec cette jurisprudence, traditionnelle et somme toute pragmatique, dans une affaire norvégienne[136]. En effet, en l'espèce, elle a conclu à la violation de l'article 10 alors que la condamnation en interne d'une société de télévision était justifiée par le fait qu'elle avait diffusé une publicité politique alors que la loi nationale l'interdit : nous étions pourtant véritablement dans le cadre de la marge nationale d'appréciation, d'autant plus que celle-ci était largement admise dans ces cas de figure. La Cour a donc choisi une orientation différente, estimant que l'interdiction litigieuse désavantageait trop le parti politique en cause par rapport aux « grands » partis et que cette publicité était pour lui le seul moyen de s'adresser au public.

§2. La réception de l'information

195. Le principe de la liberté. – La réception de l'information doit être aussi libre que sa diffusion. Toute personne doit avoir la possibilité de recevoir une information pluraliste, sans quoi la libre diffusion n'aurait aucun sens. Le droit de radiodiffusion de l'article 10 comporte le droit à ce que la réception des émissions ne soit pas entravée. Un véritable droit à l'information est ainsi affirmé même s'il connaît des limites[137]. L'État a l'obligation d'assurer au public un service de radiotélévision équilibré, informatif et pluraliste[138].

L'article 10 ne garantit pas pour autant la possibilité de rechercher des informations. Ce qui est interdit à un Gouvernement, c'est d'empêcher quelqu'un de recevoir des informations que d'autres aspirent ou peuvent consentir à lui fournir. C'est ainsi que même si la liberté de la presse est consacrée avec force, cette liberté ne saurait se comprendre comme imposant à un État une obligation positive de collecte et de diffusion des informations[139]. On observera cependant que la liberté de recevoir des informations n'est pas

134. CEDH, 19 févr. 1998, *Bowman c/ Royaume-Uni*, n° 24839/94.

135. CEDH, 10 juill. 2003, *Murphy c/ Irlande*, n° 44179/98.

136. CEDH, 11 déc. 2008, *TV Vest as et Rogaland Pensjonisparti c/ Norvège*, n° 21132/05, *RDP* 2009. 918, obs. F. Sudre. Cf. cependant, une interdiction justifiée de la publicité politique payante : CEDH, 22 avr. 2013, *Animal Defenders c/ Royaume-Uni*, n° 48876/08, *JDI* 2013, chron. 6, n° 27, obs. H. Tabbal.

137. Cf. aff. *Sunday Times*, préc. § 65 ; CEDH, 8 juill. 1986, *Lingens c/ Autriche*, n° 9815/82 § 42, *CDE* 1988. 470, obs. G. Cohen-Jonathan, *AFDI* 1987. 239, obs. V. Coussirat-Coustère, *RSC* 1987. 269, obs. L.-E. Pettiti et F. Teitgen, *JDI* 1987. 790, obs. P. Rolland et P. Tavernier.

138. CEDH, 17 sept. 2009, *Manole et autres c/ Moldova*, n° 13396/02.

139. CEDH, 19 févr. 1998, *Guerra et autres c/ Italie*, n° 14967/89, § 53, *D.* 1998, Somm. 370, obs. J.-F. Renucci et N. Fricéro. Cf. cependant CEDH, 24 juin 2014, *Rosiianu c/ Roumanie*, n° 27329/06, où le refus par les autorités nationales d'optempérer à des décisions de justice les obligeant à communiquer des informations publiques à des journalistes a été considéré comme une violation de l'art. 10.

soumise au régime de l'autorisation prévu à l'article 10, alinéa 1er *in fine* : cette réglementation ne concerne que la diffusion des programmes[140], de sorte qu'il apparaît que la réception de l'information est plus libre que la diffusion. Toutefois, des limites existent quant à la réception de l'information. Il reste que sans remettre en cause ces principes classiques, une clarification s'est imposée progressivement, ce qui a conduit à des solutions plus nuancées. C'est ainsi que si la Cour considère toujours que l'article 10 n'accorde pas à l'individu un droit d'accès aux informations détenues par une autorité publique, ni n'oblige l'État à les lui communiquer, nul ne peut nier une évolution perceptible en faveur de la reconnaissance, sous certaines conditions, d'un droit à la liberté d'information en tant qu'élément inhérent à la liberté de recevoir et de communiquer des informations protégée par l'article 10 : en effet un tel droit peut naître, « lorsque la divulgation des informations a été imposée par une décision judiciaire devenue exécutoire » et « lorsque l'accès à l'information est déterminant pour l'exercice par l'individu de son droit à la liberté d'expression, en particulier "la liberté de recevoir et de communiquer des informations", et que refuser cet accès constitue une ingérence dans l'exercice de ce droit »[141].

196. L'idée de transparence. – Même si le Conseil de l'Europe fait d'importants efforts pour encourager une plus grande transparence, avec notamment la reconnaissance pour les particuliers d'un droit d'accès à l'information détenue par les pouvoirs publics, les organes de Strasbourg refusent – du moins pour l'instant – une telle extension. Ainsi l'arrêt *Leander* précise que l'article 10 n'accorde pas à l'individu le droit d'accéder à un registre où figurent des renseignements sur sa situation ni n'oblige le Gouvernement à les lui communiquer[142]. Cela a pu être critiqué pour une double raison. D'une part, même si l'affaire *Leander* était particulière puisqu'il s'agissait de données secrètes contenues dans un fichier de police et concernant l'occupation d'emplois sensibles relevant de la Défense nationale, il reste que le juge européen ne consacre guère un droit général d'accès aux données personnelles, de sorte qu'il est en retrait par rapport à certains droits internes et à la Convention de 1981. D'autre part, l'article 10 contient implicitement le droit de rechercher des informations. Une telle controverse est de nature à faire naître de légitimes inquiétudes.

Malgré tout, une plus grande transparence est souhaitable au nom de la liberté d'information. En l'état actuel des choses, la timidité des juges européens quant au champ d'application de l'article 10 de la Convention européenne est critiquée. Certes, il est toujours possible d'invoquer l'article 8 de

140. Comm. EDH, 5 mars 1985, *A c/ Suisse*, DR 41/141 ; CEDH, 22 mai 1990, *Autronic AG c/ Suisse*, préc.

141. CEDH, Gr. Ch., 8 nov. 2016, *Magyar Helsinki Bizottsag c/Hongrie*, n° 18030/11, § 156, *Dalloz Actu.* 16 nov. 2016, obs. S. Lavric, *JCP* 2017, n° 1-2, Doctr. 32, n° 15, obs. F. Sudre, *AJDA* 2017. 157, obs. L. Burgorgue-Larsen.

142. CEDH, 26 mars 1987, *Leander c/ Suède*, n° 9248/81 § 74, *CDE*, 1988, p. 463, obs. G. Cohen-Jonathan, *RSC* 1987. 749, obs. L.-E. Pettiti et F. Teitgen, *JDI* 1988. 858, obs. P. Rolland et P. Tavernier.

cette même Convention[143], mais cette protection, parce qu'elle est indirecte, est insuffisante. Un droit général d'accès aux informations de caractère personnel devrait être consacré.

197. Internet et la liberté d'expression. – En ce qui concerne la réception de l'information, mais aussi sa diffusion, Internet joue désormais un rôle majeur. La Cour a étendu le domaine de l'article 10 au Web, ce qui est bien légitime dans la mesure où c'est aujourd'hui « l'un des principaux moyens d'exercice par les individus de leur droit à la liberté d'expression et d'information »[144]. Dans une première confrontation directe entre Internet et la liberté d'expression avec l'arrêt *Ahmet Yildirim*[145], la Cour confirme cette évidence et juge qu'une mesure de restriction à Internet qui ne s'inscrit pas dans un cadre légal strict délimitant l'interdiction et offrant la garantie d'un contrôle juridictionnel contre d'éventuels abus constitue une violation de l'article 10.

CEDH, 18 déc. 2012,* Ahmet Yildirim c/Turquie, *n° 3111/10 :
En fait : *Une mesure judiciaire préventive de blocage d'un site Internet a eu pour effet collatéral de bloquer l'accès à l'intégralité d'un domaine et à tous les sites y étant hébergés.*
En droit : *(violation de l'art. 10). La mesure litigieuse s'analyse en une restriction constitutive d'une ingérence dans le droit de l'intéressé à la liberté d'expression. La mesure en cause a eu des effets arbitraires et ne saurait être considérée comme visant uniquement à bloquer l'accès au site litigieux. En outre, le contrôle juridictionnel du blocage de l'accès aux sites internet ne réunit pas les conditions suffisantes pour éviter les abus.*

Par la suite, les juges européens ont rappelé avec force que l'article 10 a vocation à s'appliquer à la communication au moyen de l'Internet[146], lequel facilite le partage et la diffusion de l'information[147]. Cette extension est légitime dans la mesure où, comme le précise la Cour, cet article s'applique non seulement au contenu de l'information, mais aussi aux moyens de

143. CEDH, 7 juill. 1989, *Gaskin c/ Royaume-Uni*, n° 10454/83, § 52, *AFDI* 1991. 604, obs. V. Coussirat-Coustère, *JDI* 1990. 715, obs. P. Rolland et P. Tavernier.

144. CEDH, 18 déc. 2012, *Ahmet Yildirim c/ Turquie*, n° 3111/10, *JCP* 2013, 64, 97, obs. F. Sudre, *AJDA* 2013. 165, obs. L. Burgorgue-Larsen. *Adde* CEDH, 10 janv. 2013, *Ashby Donald et autres c/ France*, n° 36769/08, *Communication Commerce électronique* 2013 ét. 8 A. Zollinger ; 19 févr. 2013, *Neij et Sunde Kolmisoppi c/ Suède*, n° 40397/12, *AJDA* 2013. 1794, obs. L. Burgorgue-Larsen, *JDI* 2013, chron. 6, n° 31, obs. X. Aurey.

145. Bien évidemment, les juges européens avaient déjà été confrontés à ce nouveau média, mais pas de façon aussi directe. Cf. not. : CEDH, 18 oct. 2005, *Perrin c/ Royaume-Uni*, n° 5446/03 ; 10 mars 2009, *Times newspapers Ltd c/ Royaume-Uni*, n° 3002/03 ; 16 juill. 2009, *Willem c/ France*, n° 10883/05 ; 25 févr. 2010, *Renaud c/ France*, n° 13290/07 ; 5 mai 2011, *Editorial Board of Pravoye Delo and Shtekel c/ Ukraine*, n° 33014/05. Cf. pour le cas particulier d'Internet en prison : CEDH, 19 janv. 2016, *Kalda c/Estonie*, n° 17429/10, *Dalloz Actu.* 3 févr. 2016, obs. L. Priou-Alibert, *D.* 2016. 1220, obs. M. Herzog-Evans, *AJ Pénal* 2016. 224, obs. V. Chovgan, *Dalloz IP/IT* 2016. 266, note L. Saenko.

146. CEDH, 10 janv. 2013, *Ashby Donald et autres c/ France*, n° 36769/08, § 34.

147. CEDH (déc.), 19 févr. 2013, *Neij et Sunde Kolmisoppi c/ Suède*, n° 40397/12. Cf. aussi : CEDH (déc.), 11 mars 2014, *Akdeniz c/ Turquie*, n° 25165/94.

transmission et de réception[148]. Enfin, la condamnation d'un portail d'actualités sur Internet est une mesure *a priori* disproportionnée et donc contraire à l'article 10 de la Convention[149], sauf si les commentaires litigieux prennent la forme d'un discours de haine avec des menaces directes à l'intégrité physique des individus[150]. Il en va de même en cas de refus des autorités pénitentiaires d'autoriser l'accès d'un détenu à un site Internet contenant des informations sur la possibilité d'effectuer des études supérieures à distance[151]. En revanche, les propriétaires d'un blog ont pu être jugés non responsables de propos diffamatoires publiés en ligne sans que cela ne constitue une violation de l'article 8[152]. La Cour a également précisé que le blocage d'une plate-forme comme YouTube constitue pour les usagers actifs de ce site Internet une violation de leur droit à recevoir et à communiquer des informations garanti par l'article 10 de la Convention[153].

198. Bibliographie. Auvret (P.), *L'équilibre entre la liberté de la presse et le respect de la vie privée selon la Convention EDH, Gaz. Pal.* 10-12 avril 2005, p. 2 et s. ; Auvret (J. et P.), *Concrétisation et aménagement de la liberté d'expression sur Internet en droit européen,* Mél. Cohen-Jonathan, Bruylant, 2004, p. 99 et s. ; Berger (V.), *Publicité professionnelle et liberté d'expression,* Mél. Ryssdal, Carl Heymanns Verlag KG, 2000, p. 103 et s. ; Blay-Grabarczyk (C.), *Conciliation de la protection des droits d'autrui et de la liberté de la presse : un équilibre introuvable, RTDH* 2014, p. 237 et s. ; Boutet (M.), *La liberté d'expression publicitaire selon l'interprétation de la Convention EDH, D.* 2000, Chron., p. 26 et s. ; Burgaud (F.), *Liberté d'expression et respect de la vie privée : quel équilibre au regard de la CEDH ?, D.* 2015, p. 939 et s. ; Chavagnon (A), *La protection des sources des journalistes, D.* 2010 Chron. p. 275 et s. ; Cohen-Jonathan (G.), *Discrimination raciale et liberté d'expression, RUDH,* 1995, p. 1 et s. ; *Liberté d'expression et message publicitaire, RTDH,* 1993, p. 69 et s. ; de Bellescize (D.), *Protection de la vie privée : que reste-t-il de la vie privée des personnages publics ? Constitutions* 2014, p. 496 et s. ; de Fonbressin (P.), *La liberté d'expression et la protection de la santé et de la morale, RTDH,* 1993, n° spéc., p. 129 ; *L'arrêt Goodwin : le devoir de se taire, corollaire du droit d'informer ?, RTDH,* 1996, p. 444 et s. ; *Vers un principe de dignité de l'information, RTDH* 2005, p. 385 et s. ; Conte (J), *Les limites de la liberté d'expression face aux convictions religieuses dans la jurisprudence de la CEDH, RPDP* 2012, p. 879 s. ; de Gouttes (R.), *À propos du conflit entre le droit à la liberté d'expression et le droit à la protection contre le racisme,* Mél. L.-E. Pettiti, Bruylant, 1999, p. 251 et s. ; Deboissy (D.) et Saint-Pau (J.-Ch), *La divulgation d'une information patrimoniale, D.* 2000, Chron., p. 267 et s. ; Droin (N.), *Diffamation et débat d'intérêt général : la bonne foi plie mais ne rompt pas, D.* 2015, p. 931 et s. ; Fourment (F.), *La protection des sources du journaliste, AJ pénal* 2007, p. 15 et s. ; François (L.), *Preuve de la vérité des faits diffamatoires et Convention EDH, D.* 2005, Chron., p. 1388 et s. ; *La promotion des garanties procédurales au sens de l'article 10 de la CEDH, Communic. Comm. Électr.* 2011, n° 5 Et. 11 ; *Liberté de la presse. : évolution de la jurisprudence de la Cour EDH de 1950 à nos jours, Communic. Comm. Électr.* 2012, n° 5 Et. 11 ; Fricero (N), *Sources journalistiques : un secret bien gardé, Gaz. Pal.* 20-21 janvier. 2010, p. 15 et s. ; Galland (Y.), *Les obligations des journalistes dans la jurisprudence de la Cour RDH, RTDH,* 2002, p. 853 et s. ; Gridel (J.-P.), *Retour sur l'image du préfet assassiné : dignité de la personne humaine et liberté de l'information d'actualité, D.* 2001, Chron., p. 872 et s. ; Haarscher (G.), *Le*

148. Aff. *Neij et Sunde Kolmisoppi*, préc.

149. CEDH, 2 févr. 2016, *M.T.E. et Index c/Hongrie,* n° 22947/13, *JCP* 2016. 834, n° 18, obs. F. Sudre, *Dalloz IP/IT* 2016. 216, note E. Derieux.

150. CEDH, Gr. Ch., 16 juin 2015, *Delfi AS c/ Turquie,* n° 64569/09, *JCP* 2015. 845, n° 18, obs. F. Sudre, et 798, note K. Blay-Grabarczyk, *RTDH* 2016. 953, note E. Montero et Q. Van Enis, *Communication Commerce électronique* 2015, com. 68 par G. Loiseau, *JDI* 2016, n° 4, chron. 8, n° 32, obs. S. Millan.

151. CEDH, 17 janv. 2017, *Jankovskis c/Lituanie,* n° 21575/08, *AJ Pénal* 2017. 146, obs. J. Falxa.

152. CEDH, 7 mars 2017, *Pihl c/Suède,* n° 74742/14.

153. CEDH, 1er déc. 2015, *Cengiz et a. c/Turquie,* n° 48226/10..., *Dalloz Actu.* 17 déc. 2015, obs. O. Tambou.

blasphémateur et le raciste, RTDH, 1995, p. 417 et s. ; Hottelier (M), *La loi de la presse entre confidentialité et provocation : mode d'emploi pour faire chuter une liberté de son piédestal, RTDH* 2008, p. 801 et s. ; Lacabarats (A.) et Calvez (F.), *Liberté d'expression et protection de la réputation et de la vie privée des personnes exerçant des activités publiques, Gaz. Pal.* 6 octobre 2007, p. 8 ; Lageot (C.), *La protection des sources journalistiques, RTDH* 2011, p. 913 s ; Lambert (P.), *La liberté de la presse, la protection de la réputation d'autrui et la Convention EDH,* Mél. Eissen, Bruylant/LGDJ, 1995, p. 271 et s. ; *Racisme et liberté d'expression dans la Convention EDH,* Mél. Ryssdal, Carl Heymanns Verlag KG, 2000, p. 785 et s. ; Larralde (J.-M.), *L'article 10 de la Convention EDH et la liberté de la presse, RTDH,* 2007, p. 39 et s. ; Lolivier, *Liberté d'expression dans le champ de l'audiovisuel et Convention EDH : les nouvelles technologies,* Mél. Robert, Montchrestien, 1998, p. 391 et s. ; Lyn (F.), *Le conflit entre la liberté d'expression et la protection de la réputation ou des droits d'autrui : la recherche d'un « juste équilibre » par le juge européen, D.* 2006, Chron., p. 2953 et s. ; Marchadier (F.), *Le juge européen, La liberté d'expression dans la jurisprudence récente de la Cour EDH, RPDP* 2016, p. 29 et s. ; Marguenaud (J.-P.), *La liberté d'expression et la CEDH, JCl. Communication,* fasc. 12, 2015 ; Mbongo (P.), *Secret des sources journalistiques et vérité judiciaire, D.* 2005, Point de vue, p. 732 et s. ; *L'incrimination des opinions « sexistes » et la liberté d'expression, D.* 2002, Chron., p. 427 et s. ; Michalski (C.), *La mise en cause d'autrui, AJ pénal* 2007, p. 10 et s. ; *Liberté d'expression et débat d'intérêt général, AJ Pénal* 2013, p. 19 et s. ; Morange (J.), *La protection de la réputation ou des droits d'autrui et la liberté d'expression,* Mél. Cohen-Jonathan, Bruylant, 2004, p. 1247 et s. ; Perrier (J.-B.), *Le négationnisme face aux droits et libertés garantis par la Convention, D.* 2016, p. 521 s. ; Pettiti (L. E.), *Liberté d'expression et nouvelles technologies de l'audiovisuel, Liber amicorum* M.-A. Eissen, Bruylant/LGDJ, 1995, p. 319 et s. ; Piot (Ph.), *Protection des sources journalistiques : le mieux est parfois l'ennemi du bien, D.* 2013 Point de vue, p. 1754 et s. ; Ravenas (J.), *Liberté d'expression et protection des droits de la personnalité, D.* 2000, Chron., p. 459 et s. ; Renucci (J.-F.), *Liberté d'expression versus vie privée (CEDH), RPDP* 2012, p. 899 et s. ; Safi (S), *Le rôle du juge dans la sanction des abus de la liberté d'expression, Dr. Pénal* 2017, n° 2 et 3 ; Surrel (H), *Le « journalisme responsable » dans la jurisprudence récente de la Cour de Strasbourg, RDP* 2016, p. 1030 et s. ; Strowel (A.), *Pondération entre liberté d'expression et droit d'auteur sur Internet, RTDH* 2014, p. 888 et s. ; Turgis (S.), *La coexistence d'internet et des médias traditionnels sous l'angle de la Convention EDH, RTDH* 2013, p. 17 et s. ; *L'accès au droit par Internet, AJDA* 2015, p. 142 et s. ; Viney (G.), *La sanction des abus de la liberté d'expression, D.* 2014 Chron., p. 787 et s.

L'ESSENTIEL

FICHE MÉMO :

– L'article 10 de la Convention

○ L'art. 10 garantit la liberté d'expression

▪ *Toute personne a droit à la liberté d'expression (§ 1) même si des limitations sont toujours possibles (§ 2).*

– La liberté d'opinion

○ Forme la plus classique de la liberté d'expression

▪ *Toute personne doit pouvoir exprimer ses opinions en totale liberté.*

▪ *Peu importe si ces opinions peuvent inquiéter, heurter ou choquer.*

– La liberté d'information

○ La liberté de la presse, « chien de garde de la démocratie », est un principe essentiel, mais ce n'est pas pour autant un droit absolu

▪ *Conflits de droits possibles avec le droit au respect de la vie privée, la liberté de religion ou encore la présomption d'innocence et plus généralement les droits d'autrui*

▪ *Les sources d'information doivent être protégées, sans quoi il n'y a pas véritablement de liberté d'information*

FICHE GRANDS ARRÊTS :

- *Fressoz et Roire* (1999)
  - *Violation de l'art. 10 en raison de la condamnation de deux journalistes ayant diffusé les revenus et l'avis d'imposition du patron d'une grande entreprise.*
- *Stoll* (2007)
  - *Non-violation de l'art. 10 du fait de la condamnation du requérant pour avoir publié des « débats officiels secrets » concernant l'indemnisation des victimes de l'holocauste pour les avoirs en déshérence.*
- *A. B.* (2014)
  - *La condamnation d'un journaliste pour divulgation d'informations couvertes par le secret de l'instruction est une atteinte à sa liberté d'expression.*

FICHE ACTU/DÉBATS :

*** Thème(s) de réflexion :**

– Le critère du débat d'intérêt général (v° *Traité DEDH*, p. 209)

○ *Jurisp. : Tammer* (2001) ; *News Verlags GmbH & CoKG* (2002) ; *Société Prisma-Presse* (2003) ; *Plon* (2004) ; *Dupuis et a.* (2007) ; *Hachette Filipacchi Associés* (2006 et 2007) ; *Leempoel & SA ED Ciné Revue* (2006) ; *Von Hannover* (2004, 2012 et 2013) ; *Bucur et Toma* (2013) ; *Perincek* (2015) ; *Couderc et Hachette Filipacchi Associés* (2015) ; *de Carolis et France TV* (2016).

○ *Doctr.* : Gridel, *D.* 2001. 872 et *D.* 2005. 391 ; Hassler, *D.* 2004. 1611 ; Renucci, *RPDP* 2012. 899, et *D.* 2016. 116 ; Michaleski, *AJ Pénal* 2013. 19 ; de Bellescize, *Constitutions* 2014, p. 496 et s. ; Droin, *D.* 2015. 931 ; Surrel, *JCP* 2015. 1332, et *RDP* 2016. 1030 ; Burgorgue-Larsen, *AJDA* 2016. 143 ; Hauser, *RTD Civ.* 2016. 81 ; Marguénaud, *RTD Civ.* 2016. 297 ; de Bellescize, *Constitutions* 2016. 476.

– Internet et la liberté d'expression (v° *Traité DEDH*, p. 217)

○ *Jurisp. : Ahmet Yildirim* (2012) ; *Smolczewski* (2013) ; *Delfi AS* (2015) ; *Neij et Sunde Kolmisoppi* (2013) ; *Ashby Donald* (2013) ; *Akdeniz* (2014) ; *Cengiz* (2015) ; *Kalda* (2016).

○ *Doctr. :* Auvret, *Mél. Cohen-Jonathan*, 99 ; Lepage, Litec, 2012 ; Auvret, *Mél. Cohen-Jonathan*, 99 ; Cohen-Tanugi, *Pouvoirs* 2001. 85 ; Coustos, *RDP* 1997. 1637 ; Klebes-Pelissier, *RUDH* 1998. 393 ; Pettiti, *Mél. Eissen*, 319 ; Strowel, *RTDH* 2014. 889 ; Turgis, *RTDH* 2013. 17, et *AJDA* 2015. 142 ; Herzog-Evans, *D.* 2016. 1220 ; Chovgan, *AJ Pénal* 2016. 224.

– Lanceurs d'alerte et liberté d'expression

○ *Jurisp. : Langner* (2015) ; *Guja* (2008) ; *Martchenko* (2009) ; Heinisch (2011) ; *Palomo Sanchez* (2011).

○ *Doctr.* : Le Borgne, *Rev. dr. trav.* 2016. 268 ; Flauss, *AJDA* 2008. 978 ; Junod, *RTDH* 2009. 227 ; *RJS* 2/2006. 75 ; Antonmattei et Vivien, *Doc. Fr.* 2007 ; Rémy, *Rev. dr. trav.* 2009. 124 ; Bouton, *Rev. dr. trav.* 2014. 471 ; Slama, *AJDA* 2014. 2229 ; Lochak, *AJDA* 2014. 2236 ; Meyer, *AJDA* 2014. 2242 ; Sauve, *AJDA* 2014. 2249 ; Foegel et Pringault, *AJDA* 2014. 2256 ; Adam, *Sem. Soc. Lamy* 2015. 1670.

*** Commentaire d'arrêt(s) :**

○ Aff. *Couderc et Hachette Filipacchi Associés* (2014) : « *En conclusion, la Cour retient que la condamnation des requérantes porte indistinctement sur les informations relevant d'un débat d'intérêt général et sur celles qui concernent exclusivement des détails de la vie privée du Prince. En conséquence, malgré la marge d'appréciation dont disposent les États contractants en la matière, la Cour estime qu'il n'existe pas de rapport raisonnable de proportionnalité entre, d'une part, les restrictions au droit des requérantes à la liberté d'expression imposées par les juridictions nationales et, d'autre part, le but légitime poursuivi». «Partant, il y a eu violation de l'art. 10 de la Convention» (§§ 74 et 75)* (Gr. Ch. 2015, dans le même sens).

○ Aff. *Morice* (2015) : *«La Cour estime que les propos reprochés au requérant ne constituaient pas des attaques gravement préjudiciables à l'action des tribunaux dénuées de fondement sérieux, mais des critiques à l'égard des juges M. et L. L., exprimées dans le cadre d'un débat d'intérêt général relatif au fonctionnement de la justice et dans le contexte d'une affaire au retentissement médiatique important depuis l'origine. S'ils pouvaient certes passer pour virulents, ils n'en constituaient pas moins des jugements de valeur reposant sur une "base factuelle" suffisante» (§ 174). «La Cour estime que la condamnation du requérant pour complicité de diffamation s'analyse en une ingérence disproportionnée dans le droit à la liberté d'expression de l'intéressé, qui n'était donc pas "nécessaire dans une société démocratique" au sens de l'art. 10 de la Convention» (§ 177).*

Section 2
La liberté de pensée, de conscience et de religion

199. Article 9. Liberté de pensée, de conscience et de religion.

1. Toute personne a droit à la liberté de pensée, de conscience et de religion ; ce droit implique la liberté de changer de religion ou de conviction, ainsi que la liberté de manifester sa religion ou sa conviction individuellement ou collectivement, en public ou en privé, par le culte, l'enseignement, les pratiques et l'accomplissement des rites.

2. La liberté de manifester sa religion ou ses convictions ne peut faire l'objet d'autres restrictions que celles qui, prévues par la loi, constituent des mesures nécessaires, dans une société démocratique, à la sécurité publique, à la protection de l'ordre, de la santé ou de la morale publiques, ou à la protection des droits et libertés d'autrui.

200. L'article 9 de la Convention. – La liberté de pensée, de conscience et de religion est une garantie forte consacrée par l'article 9 de la Convention : c'est une liberté essentielle. Le premier alinéa de cet article pose le principe tandis que le deuxième prévoit certaines dérogations. Considérée comme l'une des assises de la société démocratique[154], la liberté religieuse est un élément vital contribuant à former l'identité des croyants

154. CEDH, 25 mai 1993, *Kokkinakis c/ Grèce*, n° 14307/88, § 31, *AFDI* 1994. 658, obs. V. Coussirat-Coustère, *JDI* 1994. 790, obs. E. Decaux et P. Tavernier, *RSC* 1994. 362, obs. R. Koering-Joulin, *RTDH* 1994. 144, obs. F. Rigaux, *RUDH* 1993. 1, obs. F. Sudre et autres.

et leur conception de la vie[155]. Tout naturellement, la Cour de Strasbourg a élevé la liberté de religion au rang de droit substantiel de la Convention[156], d'abord indirectement[157] puis de façon plus directe[158]. Il reste que si la liberté d'avoir des convictions et des croyances ne peut être qu'absolue, celle de manifester ces mêmes convictions et croyances est relative.

§1. La liberté absolue d'avoir des convictions et des croyances

201. Le principe de liberté. – La liberté d'avoir des convictions et des croyances ne peut être qu'absolue : s'agissant d'idées et de convictions profondes, se forgeant dans le for intérieur de la personne, et ne pouvant donc en soi porter atteinte à l'ordre public, toute restriction de la part des autorités de l'État est interdite.

La liberté de pensée, de conscience et de religion « c'est la liberté de croire ce que l'on veut, de s'attacher éventuellement à la religion de son choix incarnée dans un groupement religieux organisé et de manifester ce choix et cette croyance en parole et/ou en actes »[159]. L'article 9 de la Convention s'applique à l'ensemble des convictions personnelles, politiques, philosophiques[160], morales ou, bien sûr, religieuses. Les convictions personnelles ne sont pas de simples opinions, mais des idées ayant atteint un certain degré de force, de sérieux, de cohérence et d'importance[161] : les convictions protégées sont celles qui méritent le respect[162] et dont le contenu formel est identifiable[163]. Une conviction se distingue d'une motivation personnelle, même forte, dans la mesure où la demande doit pouvoir être interprétée comme l'expression d'une vision cohérente des libertés garanties par

155. CEDH, 20 sept. 1994, *Otto Preminger Institut c/ Autriche*, n° 13470/87, *JDI* 1995. 772, obs. P. Tavernier (conflit art. 9 et art. 10 de la Convention).

156. G. Gonzalez, *La Convention européenne des droits de l'homme et la liberté des religions*, Economica, 1997, p. 42.

157. Aff. *Kokkinakis*, préc. ; CEDH, 23 juin 1993, *Hoffmann c/ Autriche*, n° 12875/87, *JDI* 1994. 778, obs. E. Decaux et P. Tavernier, *RSC* 1994. 362, obs. R. Koering-Joulin.

158. Aff. *Otto Preminger Institut*, préc. ; CEDH, 26 sept. 1996, *Manoussakis et autres c/ Grèce*, n° 18748/91, *AFDI* 1996. 749, obs. V. Coussirat-Coustère, *JDI* 1997. 248, obs. E. Decaux et P. Tavernier, *RSC* 1997. 466, obs. R. Koering-Joulin, *JCP* 197-I-4000, n° 6-7, obs. F. Sudre.

159. G. Gonzales, *in* J. Andriantsimbazovina et autres (dir.), *Dictionnaire des droits de l'homme*, *op. cit.*, p. 636.

160. Comm. EDH, 12 oct. 1978, *Arrowsmith c/ Royaume-Uni*, R 7050/75, 19/5 (le pacifisme est une conviction au sens de l'art. 9).

161. CEDH, 25 févr. 1982, *Campbell et Cosans c/ Royaume-Uni*, n° 7511/76..., § 34, *CDE* 1986. 230, obs. G. Cohen-Jonathan, *JDI* 1985. 191, obs. P. Rolland et P. Tavernier.

162. C'est dire qu'elles ne doivent pas être incompatibles avec la dignité de la personne : aff. *Campbell et Cosans*, préc., § 36.

163. Comm. EDH, 15 mai 1980, *T. Mac Feeley c/ Royaume-Uni*, DR 20/44. Des hésitations peuvent apparaître et si l'art. 9 couvre des idées touchant à l'intégrité des personnes (Com. EDH, 12 oct. 1978, *Pat Arrowsmith c/ Royaume-Uni*, préc.), mais tel n'est pas le cas pour les préférences linguistiques ou culturelles : CEDH, 23 juill. 1968, *Affaire « relative à certains aspects du régime linguistique de l'enseignement en Belgique » (« affaire linguistique belge »*, n° 7511/76...)/

l'article 9 et toute discrimination est interdite[164]. Il est important de préciser que le droit d'avoir des croyances ne concerne pas uniquement les croyants, mais aussi les athées, les agnostiques et les personnes totalement indifférentes[165]. De plus, l'extension de la protection conventionnelle à des groupes de particuliers s'est imposée en raison de la dimension collective de certains droits ainsi consacrés[166] : toutefois, cette admission n'est pas totale, les groupements ne pouvant pas invoquer l'ensemble des libertés de l'article 9, mais uniquement celle de religion ; ainsi, la liberté de conscience ne peut être exercée par une personne morale[167] et, de même, une personne morale à but lucratif ne peut jouir ni se prévaloir des droits définis à l'article 9 § 1er de la Convention[168].

La définition des libertés de l'article 9 suscite cependant certaines difficultés et les précisions apportées par la jurisprudence européenne sont fort intéressantes. C'est ainsi que la requête d'une personne soutenant que sa condamnation pour adhésion au parti communiste turc était une violation de sa liberté de pensée a été déclarée recevable[169] ; le choix du prénom des enfants par les parents entre également dans le champ de la liberté de pensée[170]. En revanche, ne constitue pas une atteinte à la liberté de pensée le fait d'être dans l'obligation de s'affilier à un ordre professionnel[171]. Dans le cadre de la liberté de conscience, la question s'est surtout posée pour l'objection de conscience : celle-ci n'est pas expressément consacrée par la Convention européenne des droits de l'homme, mais la jurisprudence européenne évolue prudemment en ce sens, estimant qu'une opposition au service militaire motivée par des convictions sincères et profondes peut entraîner l'application des garanties de l'article 9[172]. Il reste que la Cour a toujours jugé que si

164. C'est ainsi qu'un délai d'attente de 10 ans destiné à mieux encadrer l'accès des religions non traditionnelles au statut de culte reconnu a été jugé discriminatoire : CEDH, 31 juill. 2008, *Religionsgemeinschaft der Zeugen Jehovas et autres c/ Autriche*, n° 40825/98 ; 26 févr. 2009, *Verein der Freunde der Christengemeinschaft et autres c/ Autriche*, n° 76581/01, *AJDA* 2009. 872, obs. J.-F. Flauss.

165. Aff. *Kokkinakis*, préc., § 31.

166. Il est à noter que la taxation des dons peut, dans certaines circonstances, violer l'art. 9 de la Convention : CEDH, 30 juin 2011, *Association Les Témoins de Jéhovah c/ France*, n° 8916/05, *Dr. Fiscal* 2011, n° 44 com. 577, obs. F. Drieu, *Dr. Fiscal* 2012, n° 51 com. 570, obs. Fl. Deboissy et G. Wicker, *AJDA* 2011. 1993, obs. L. Burgorgue-Larsen, *RTDH* 2012. 702, obs. J.-P. Marguénaud. Cf. aussi : CEDH, 31 janv. 2013, *Association culturelle du Temple Pyramide c/ France*, n° 50471/07 ; 31 janv. 2013, *Association des Chevalliers du Lotus d'Or c/ France*, n° 50615/07 ; 31 janv. 2013, *Eglise Evangélique Missionnaire et Salaün c/ France*, n° 25502/07, *AJDA* 2013. 1794, obs. L. Burgorgue-Larsen.

167. Comm. EDH, 12 oct. 1998, *Kontakt-Information Thérapie Hagen c/ Autriche*, DR 57/81.

168. CEDH, 27 févr. 1979, *X c/ Suisse*, D 16/85. La Commission a précisé qu'une personne morale à but lucratif ne peut, ni bénéficier des droits garantis par l'art. 9, ni s'en prévaloir : Comm. EDH, 15 avr. 1996, *Kustannus Oy Vapaa Ajattelija AB et Sundström c/ Finlande*, préc.

169. Comm. EDH, 11 oct. 1991, *Hazar et autres c/ Turquie*, DR 72/200.

170. Comm. EDH, 2 juill. 1997, *Salonen c/ Finlande*, DR 90/60.

171. Comm. EDH, 8 sept. 1989, *Revert et Legallais c/ France*, DR 62/309.

172. CEDH, Gr. Ch., 7 juill. 2011, *Bayatyan c/ Arménie*, n° 23459/03, *JCP* 2011 act. 938, obs. H. Surrel, *JCP* 2012 chron. 87 com. 16, obs. F. Sudre, *RTDH* 2012. 671, obs. W. Jean-Baptiste, *JDI* 2012, chron. 6, obs. A. Decaux, P. Tavernier, M. Boumghar et autres, *RFDA* 2012. 455, obs. H. Labayle et F. Sudre. Cf. aussi : CEDH, 22 nov. 2011, *Ercep c/ Turquie*, n° 43975/04. Cf. aussi : CEDH, 16 juin 2012, *Savda c/ Turquie*, n° 42730/05. Mais si l'opposition au service militaire n'est pas motivée par des convictions religieuses sincères, le grief tiré de l'art. 9 sera rejeté : CEDH, 7 juin 2016, *Enver Aydemir c/Turquie*, n° 26012/11. *Adde*, à propos d'un objecteur de conscience qui n'a pas bénéficié des garanties procédurales nécessaires à

les États prévoient un service civil de remplacement il ne sera pas possible d'invoquer une violation de l'article 4 de la Convention qui interdit le travail forcé et obligatoire[173] ; de même, il a été jugé que la condamnation d'un objecteur de conscience refusant d'accomplir ses obligations militaires ne constitue pas une violation de l'article 9[174]. Enfin, la liberté de religion donne lieu également à quelques difficultés en raison de l'imprécision du concept. S'il est évident que les croyances religieuses ne peuvent se limiter aux « grandes » religions, il reste que la religion alléguée doit être identifiable[175]. Mais, la notion de religion n'étant pas clairement définie, le problème des sectes se pose inévitablement[176], ce qui suscite de légitimes inquiétudes, en particulier pour les enfants[177]. Toutefois, les États ont une obligation positive d'information des citoyens, de sorte qu'ils peuvent être amenés à porter des appréciations de valeur susceptibles d'empiéter sur la sphère religieuse[178]. Par ailleurs, il apparaît que la protection des sentiments religieux est une composante de la liberté religieuse même s'il est vrai que les croyants doivent tolérer et accepter le rejet d'autrui de leurs croyances : les juges européens estiment qu'il y a violation de l'article 9 de la Convention en cas de représentations provocatrices d'objet de vénération religieuse ; de telles représentations peuvent passer pour une violation malveillante de l'esprit de tolérance qui doit aussi caractériser une société démocratique[179].

202. L'affirmation du libre choix. – Le libre choix, c'est la possibilité pour tout un chacun d'avoir la faculté de choisir et de changer d'avis s'il le souhaite. C'est la raison pour laquelle tout endoctrinement, notamment à l'école, est interdit,[180] car c'est une atteinte intolérable à la liberté du consentement : il est cependant possible d'essayer de convaincre son prochain[181] sans pour autant faire de prosélytisme.

CEDH, 7 déc. 1976,* Kjeldsen et autres c/ Danemark, *n° 5095/71 :
En fait : *Les requérants, trois couples ayant des enfants d'âge scolaire, s'opposent, au nom de leurs convictions, à l'éducation sexuelle intégrée et donc obligatoire, prévue par la loi danoise. Ils invoquent, entre autres, une violation de l'art. 9.*

l'examen de sa demande de service civil de remplacement : CEDH, 15 sept. 2016, *Papavasilakis c/Grèce*, n° 66899/14, *Dalloz Actu.* 6 oct. 2016, obs. V. Lefebvre, *JCP* 2016. 1080, obs. G. Gonzalez.

173. Mais l'absence d'un service de remplacement au service militaire porte atteinte au respect de l'objection de conscience : CEDH, 22 nov. 2011, *Erçep c/ Turquie*, n° 43965/04.

174. CEDH, 27 oct. 2009, *Bayatyan c/ Arménie*, n° 23459/03.

175. Comm. EDH, 4 oct. 1977, *X c/ Royaume-Uni*, D 11/55.

176. La loi française sur les sectes (L. n° 2001-504 du 12 juin 2001 tendant à renforcer la prévention et la répression des mouvements sectaires portant atteinte aux droits de l'homme et aux libertés fondamentales) a donné lieu au dépôt d'une requête à Strasbourg mais celle-ci a été déclarée irrecevable par la Cour : CEDH, 6 nov. 2001, *Fédération chrétienne des témoins de Jéhovah de France c/ France*, n° 53430/99.

177. M. Huyette, *Les sectes et la protection judiciaire des mineurs*, *D.* 1996, chron., p. 271 et s.

178. CEDH, 6 nov. 2008, *Leela Förderkreis E. V. et autres c/ Allemagne*, n° 58911/00, § 92, *RDP* 2009. 914 et *RTDH* 2009. 553, obs. G. Gonzalez, *AJDA* 2009. 872, obs. J.-F. Flauss.

179. CEDH, 20 sept. 1994, *Otto Preminger Institute c/ Autriche*, préc., § 47.

180. CEDH, 7 déc. 1976, *Kjeldsen et autres c/ Danemark*, n° 5095/71, *CDE* 1978. 359, obs. G. Cohen-Jonathan, *AFDI* 1977. 489, obs. R. Pelloux, *JDI* 1978. 702, obs. P. Rolland.

181. Aff. *Kokkinakis*, préc.

En droit : *(non-violation de l'art. 9) L'État, en s'acquittant des fonctions assumées par lui en matière d'éducation et d'enseignement, veille à ce que les informations ou connaissances figurant au programme soient diffusées de manière objective, critique et pluraliste. Il lui est interdit de poursuivre un but d'endoctrinement qui puisse être considéré comme ne respectant pas les convictions religieuses et philosophiques des parents. Là se place la limite à ne pas dépasser (§ 53).*

La liberté consiste, non seulement à avoir des convictions, mais aussi à ne pas en avoir ou ne pas en faire état[182]. La révélation publique par autrui d'une pratique religieuse est certainement contraire à la Convention européenne et ne saurait être justifiée par une quelconque liberté de conscience ou de religion ; elle est une violation de l'article 9, mais pourrait également constituer une atteinte à l'article 8 qui protège la vie privée[183]. De plus, au nom de ce principe de libre choix, il n'est pas possible d'obliger une personne à participer contre son gré à des activités d'une communauté religieuse dès lors qu'elle n'en fait pas partie[184].

Le principe du libre choix implique également la neutralité de l'État[185]. Le droit à la liberté de religion exclut toute appréciation de la part de l'État sur la légitimité des croyances religieuses ou sur les modalités d'expression de celles-ci[186]. De même, l'État ne peut s'ingérer dans la direction de la communauté religieuse[187]. Toutefois, le principe de neutralité de l'État n'est pas absolu : c'est pourquoi il n'est pas possible de se soustraire à certaines obligations liées à la vie en société, par exemple celle de payer les taxes ou de s'acquitter de l'impôt, au nom de la liberté des convictions et des croyances : la raison est que cette obligation, d'ordre général, n'a en elle-même aucune incidence précise sur le plan de la conscience[188] et de plus, l'article 1er du Protocole n° 1 permet à l'État de lever l'impôt. L'article 9 de la Convention protège ce qui relève du for intérieur de l'individu, mais pas nécessairement tout comportement public dicté par une conviction[189] : c'est la raison pour laquelle il n'autorise pas à se soustraire à une législation générale. De même, s'agissant des rapports entre croyances religieuses et activités professionnelles, si lors de l'accès aux fonctions toute distinction dictée pour l'essentiel par des considérations de religion est intolérable[190], il en va autrement pour les

182. CEDH, 2 févr. 2010, *Sinan Isik c/ Turquie*, n° 21924/05, *AJDA* 2010. 997, obs. J.-F. Flauss, *RFDA* 2011. 987, obs. H. Labayle et F. Sudre ; 15 juin 2010, *Grzelak c/ Pologne*, n° 7710/02, *JCP* 2010, n° 21, p. 768, note K. Brabarczyk, *AJDA* 2010. 2362, obs. J.-F. Flauss.

183. Cf. la jurisprudence française : Cass. 1re civ., 6 mars 2001, *D.* 2002. 248, note C. Dauvert.

184. Comm. EDH, rapp. 9 mai 1989, *Darby c/ Suède*, 51. *Adde* CEDH, 23 oct. 1990, *Darby c/ Suède*, n° 11581/85, *RTDH* 1992. 181, obs. J.-F. Flauss (obligation faite d'acquitter un impôt spécial à une Église d'État).

185. CEDH, 6 oct. 2009, *Appel-Irrgang et autres c/ Allemagne*, (déc.), n° 45216/07.

186. CEDH, 26 sept. 1996, *Manoussakis et autres c/ Grèce*, préc., § 47.

187. CEDH, Gr. Ch., 26 oct. 2000, *Hassan et Tchaouch c/ Bulgarie*, n° 30985/96.

188. J. A. Frowein, *Article 9 § 1*, préc., p. 355, et les réf.

189. Cf. *supra*, l'objection de conscience et les convictions pacifistes, n° 201.

190. CEDH, 23 juin 1993, *Hoffmann c/ Autriche*, n° 12875/87, § 36 ; Gr. Ch., 6 avr. 2000, *Thlimmenos c/ Grèce*, n° 34369/97.

« emplois à tendance » : l'exercice de ces emplois postule une adhésion du travailleur aux finalités idéologiques ou religieuses de l'employeur ou de l'institution, de sorte que l'appartenance à une religion peut être une condition de recrutement. La Cour a d'ailleurs précisé les droits de l'homme salarié de « l'entreprise identitaire », ledit salarié ayant des droits[191], mais aussi des devoirs imposés par le particularisme d'une telle entreprise[192].

CEDH, 3 févr. 2011,* Siebenhaar c/ Allemagne, *nº 18136/03 :
En fait : *La requérante était employée dans une halte-garderie gérée par une paroisse protestante. Selon son contrat de travail, elle était tenue d'être loyale et n'était pas autorisée à être membre d'une autre organisation dont les idées ou activités ne se conciliaient pas avec le mandat de l'Église. Elle a été licenciée parce que précisément c'était le cas, puisqu'elle était membre d'une communauté religieuse dénommée « Église universelle/ Fraternité de l'humanité », où elle donnait des cours de catéchisme.*
En droit : *(non-violation de l'art. 9) Le licenciement d'une assistante maternelle par l'Église protestante en raison de son engagement actif au sein d'une autre communauté religieuse était justifié.*

De même, les autorités de l'État peuvent demander à une personne d'apporter la preuve de son appartenance à une religion, sans violer l'article 9, si cette personne revendique un avantage préférentiel réservé aux adhérents d'une religion particulière[193]. En revanche, il y a violation de cet article si un État impose un serment à des élus pouvant être analysé comme une allégeance à une religion donnée[194]. Mais tel n'est pas le cas si les autorités refusent de déplacer une audience fixée le jour d'une fête religieuse[195].

203. Bibliographie. ***Ouvrages :*** Gonzalez (G.), *La Convention européenne des droits de l'homme et la liberté des religions*, Economica, 1997 ; *Laïcité, liberté religieuse et Convention européenne des droits de l'homme*, Bruylant, 2006 ; Massis (Th.) et Pettiti (Ch.) [éd.], *La liberté religieuse et la Convention européenne des droits de l'homme,* Bruylant, 2004 ; Renucci (J.-F.), *L'article 9 de la Convention européenne des droits de l'homme,* Dossier des droits de l'homme, nº 20, Conseil de l'Europe, 2005 ; Schouppe (J.-P.), *La dimension institutionnelle de la liberté de religion dans la jurisprudence de la Cour européenne des droits de l'homme,* Pédone, 2015 – ***Articles*** : Bîrsan (C.), *Le juge européen, la liberté de pensée et de conscience,* Droit & Justice, 2004, p. 45 et s. ; Costa (J.-P.), *La Convention européenne des droits de l'homme et la liberté religieuse, Cah. CREDHO,* 1998, nº 4, p. 13 et s. ; Frowein (J. A.), *Article 9 § 1, in* Pettiti (L.-E), Decaux (E.) et Imbert (P.-H), (dir.), *La Convention européenne des droits de l'homme,* Economica, 2e éd., 1999, p. 353 et s. ; Gonzalez (G), *La liberté religieuse devant la CEDH, in* Doube-Bille (S.) (dir.), *Justice et solidarité,* Bruylant, 2012, p. 69 et s ; Goy (R.), *La garantie européenne de la liberté de religion,*

191. CEDH, 23 sept. 2010, *Schüth c/ Allemagne,* nº 1620/03.

192. CEDH, 23 sept. 2010, *Obst c/ Allemagne,* nº 425/03, *RTDH* 2011, p. 375, obs. G. de Beco, *JDI* 2011, nº 4, chron. 12, com. 23, obs. A. Schill ; 3 févr. 2011, *Siebenhaar c/ Allemagne,* nº 18136/03.

193. CEDH, 13 avr. 2006, *Kosteski c/ ex-République yougoslave de Macédoine,* nº 55170/00, *AJDA,* 2006, p. 1713, obs. J.-F. Flauss.

194. Vº l'exemple de députés devant prêter serment devant les évangiles : CEDH, 18 févr. 1999, *Buscarini et autres c/ Saint-Marin,* préc., § 39. Sur l'obligation de prêter un serment religieux dans d'autres hypothèses : CEDH, 21 févr. 2008, *Alexandrisdis c/ Grèce,* nº 19516/06 (avocat) ; 8 janv. 2013, *Dimitras et autres c/ Grèce,* nº 42837/06 (instances judiciaires).

195. CEDH, 3 avr. 2012, *Sessa c/ Italie,* nº 28790/08.

l'article 9 de la Convention de Rome, RDP, 1991, p. 339 et s. ; MALAURIE (Ph.), *Droit, sectes et religion, in* « Droit et religion », *Arch. philo. droit* 1993, p. 211 et s. ; NEFUSSY-VENTA, *Convictions religieuses et ruptures familiales, AJ Famille* 2011, p. 39 et s. ; SACE (J.), *La liberté de conscience et l'article 9 de la Convention européenne de sauvegarde des droits de l'homme et des libertés fondamentales,* Mél. Lambert, Bruylant, 2000, p. 723 et s. ; SCHOUPPE (J.-P.), *La dimension collective et institutionnelle de la liberté religieuse à la lumière de quelques arrêts récents de la Cour européenne des droits de l'homme, RTDH,* 2005, p. 611 et s. ; SURREL (H.), *La liberté religieuse devant la Cour européenne des droits de l'homme, RFDA,* 1995, p. 573 et s.

§2. La liberté relative de manifester des convictions et des croyances

204. Une liberté relative. – La liberté d'avoir des convictions et des croyances implique naturellement celle de manifester ses convictions ou ses croyances, en particulier sa religion : le principe est nettement affirmé, mais il n'en reste pas moins vrai que certaines limitations sont possibles pour concilier les intérêts des divers groupes et le respect des convictions de chacun[196]. Une « ingérence de l'État » est bien évidemment possible, le 2e paragraphe de l'article 9 en précise d'ailleurs les modalités : la liberté de manifester sa religion ou ses convictions ne peut faire l'objet d'autres restrictions que celles qui, prévues par la loi, constituent des mesures nécessaires, dans une société démocratique, à la sécurité publique, à la protection de l'ordre, de la santé ou de la morale publiques, ou à la protection des droits et libertés d'autrui. Sous ces réserves, il est possible de manifester ses croyances et ses convictions, individuellement ou collectivement, en public ou en privé, par le culte, l'enseignement, les pratiques et l'accomplissement des rites[197]. Il est également possible de diffuser ses convictions et de tenter de convaincre les autres, ce qui est le corollaire de la liberté de religion[198], le témoignage, en paroles et en actes, se trouvant lié à l'existence de convictions religieuses[199].Toutefois, cette liberté ne peut légitimer n'importe quel acte motivé par une croyance et les abus ne peuvent être tolérés : le respect des droits d'autrui et de l'ordre public s'impose. Il convient donc de distinguer le témoignage religieux du prosélytisme abusif : pour la Cour, si le témoignage religieux est une « mission essentielle », le prosélytisme, qui en est la déformation,

196. CEDH, 25 mai 1993, *Kokkinakis c/ Grèce,* préc., § 33 ; 13 déc. 2001, *Église métropolitaine de Bessarabie et autres c/ Moldova,* préc., § 114 et s.

197. Cela doit être possible en toutes circonstances, y compris en prison (Comm. EDH, 5 mars 1976, *X c/ Royaume-Uni,* DR 5/ 8) ou dans le cadre du travail (Comm. EDH, 12 mars 1981, *X c/ Royaume-Uni,* DR 22/ 27). Mais nul doute que si le droit de manifester sa religion sur le lieu de travail est protégé, il doit cependant être mis en balance avec les droits d'autrui : CEDH, 15 janv. 2013, *Eweida et autres c/ Royaume-Uni,* n° 48420/10, *Dalloz Actu.* 22 janv. 2013, obs. A. ASTAIX, *AJDA* 2013. 81, obs. D. POUPEAU, et 1794, obs. L. BURGORGUE-LARSEN, *JCP* 2013, 180, 312, obs. K. BLAY-GRABARCZYK, *Dr. Social* 2014. 641, obs. J.-P. MARGUÉNAUD et J. MOULY, *RTDH* 2013. 975, note G. GONZALEZ, *JDI* 2013, chron. 6, n° 26, obs. Cl. DE LA HOUGUE. Cf. aussi CEDH, 2 déc. 2014, *Güler et Ugur c/ Turquie,* n° 31706/10 et n° 33088/10 (violation de l'art. 9 pour la condamnation pénale des participants à une cérémonie religieuse organisée en mémoire de membres décédés du PKK), *Dalloz Actu.* 16 déc. 2014, obs. N. NALEPA.

198. Aff. *Kokkinakis,* préc., § 31.

199. CEDH, 13 déc. 2001, *Église métropolitaine de Bessarabie et autres c/ Moldova,* préc., § 114. Cf. aussi : arrêts *Kokkinakis c/ Grèce,* 25 mai 1993, préc., § 31, *Buscarini et autres c/ Saint-Marin,* préc., § 34.

peut revêtir la forme d'activités offrant des avantages matériels ou sociaux en vue d'obtenir des rattachements à une Église ou exerçant une pression abusive sur des personnes en situation de détresse ou de besoin, éventuellement par le recours à la violence ou au « lavage de cerveau ». Cela ne peut s'accorder avec le respect de la liberté de pensée, de conscience et de religion[200].

Face à certaines difficultés, la Cour a précisé que la participation à la vie de la communauté est une manifestation de la religion protégée par l'article 9, ajoutant que si l'organisation de la vie de la communauté n'était pas protégée par cet article, tous les autres aspects de la liberté de religion de l'individu s'en trouveraient fragilisés[201]. L'affaire *Pichon et Sajous* a été l'occasion de rappeler les principes applicables[202]. Ainsi, l'article 9 protège avant tout le domaine des convictions personnelles et des croyances religieuses, c'est-à-dire le for intérieur. De plus, il protège les actes intimement liés à ces comportements, tels les actes de culte ou de dévotion qui sont des aspects de la pratique d'une religion ou d'une conviction sous une forme généralement reconnue : l'article 9 énumère, d'ailleurs, diverses formes que peut prendre la manifestation d'une religion ou d'une conviction, à savoir le culte, l'enseignement, les pratiques et l'accomplissement des rites[203].

CEDH, 7 déc. 2010,* Jakobski c/ Pologne, *nº 18429/06 :
En fait : *Le requérant (un bouddhiste) purge une peine d'emprisonnement de huit ans pour viol et les autorités refusent de lui permettre de suivre un régime sans viande, au mépris des règles diététiques prescrites par sa religion.*
En droit : *(violation de l'art. 9) Le refus opposé à un détenu de suivre le régime végétarien prescrit par sa religion est injustifié.*

Toutefois, pour protéger le domaine personnel, l'article 9 de la Convention ne garantit pas toujours le droit de se comporter dans le domaine public d'une manière dictée par une conviction : le terme « pratiques » au sens de cet article ne désigne pas n'importe quel acte ou comportement public

200. Aff. *Kokkinakis,* préc., § 48 ; CEDH, 24 févr. 1998, *Larissis et autres c/ Grèce,* nº 23372/94..., § 45.

201. CEDH, Gr. Ch., 26 oct. 2000, ; *Hassan et Tchaouch c/ Bulgarie,* nº 30985/96, § 62, *JDI* 2001. 211, obs. E. Decaux et P. Tavernier, *JCP* 2001-I-191, nº 37, obs. F. Sudre, *RTDH* 2001. 185 s, obs. J.-F. Flauss.

202. CEDH, 2 oct. 2001, *Pichon et Sajous c/ France,* nº 49853/99 (irrecevabilité de la requête de pharmaciens qui avaient refusé de vendre des pilules contraceptives en raison de leurs convictions religieuses).

203. CEDH, 1er juill. 1997, *Kalaç c/ Turquie,* nº 20704/92, § 27, *JDI* 1998. 204, obs. E. Decaux et P. Tavernier, *RUDH* 1998. 81, obs. F. Sudre, *Journ. trib. dr. eur.* 1998. 36, obs. P. Lambert. – Cf. aussi : CEDH, 27 juin 2000, *Cha'are Shalom Ve Tsedek c/ France,* préc., § 73 ; 7 déc. 2010, *Jakobski c/ Pologne,* nº 18429/06, *Dalloz Actu.* 11 janv. 2011, obs. C. Schurrer, *RSC* 2011, p. 221, obs. J.-P. Marguénaud, *AJ Pénal* 2011. 258, obs. M. Herzog-Evans, *JDI* 2011, nº 4, chron. 12, com. 24, obs. S. Marmin.

motivé ou inspiré par une religion ou une conviction[204], même s'il s'agit de convictions profondes[205]. Par ailleurs, il est certain que les États disposent du pouvoir de contrôler si un mouvement ou une association poursuit, à des fins prétendument religieuses, des activités nuisibles à la population ou à la sécurité publique[206]. En revanche, le refus abusif de renouveler l'enregistrement de l'association de la requérante et ayant entraîné la perte, par celle-ci, de son statut juridique, porte atteinte à l'article 9 (ainsi qu'à l'art. 11)[207].

La Cour recherchera en permanence si les mesures prises au niveau national se justifient dans leur principe et sont proportionnées, notamment en tenant compte de l'enjeu, à savoir la nécessité de maintenir un véritable pluralisme religieux, inhérent à la notion de société démocratique[208] tout en étant très attentive à ce que la restriction soit proportionnée au but légitime poursuivi[209]. Les limitations apportées à la liberté de manifester sa religion appellent de la part de la Cour l'examen le plus scrupuleux[210] et, dans l'exercice de son pouvoir de contrôle, la Cour doit considérer l'ingérence litigieuse sur la base de l'ensemble du dossier[211].

205. Les lieux de culte. – Une difficulté peut surgir dès lors qu'une autorisation préalable est prévue. Sans doute faudra-t-il être particulièrement attentif à ce que cette « ingérence » n'apparaisse pas comme étant disproportionnée par rapport au « but légitime » poursuivi[212], mais une telle autorisation est possible sans être nécessairement contraire à l'article 9 de la Convention.

En particulier, les États disposent d'une marge d'appréciation en matière de planification et d'aménagement du territoire[213]. D'ailleurs, la Cour a jugé que ne constitue pas une violation de l'article 9 le refus, par

---

204. Aff. *Pichon et Sajous c/ France,* préc. (en l'espèce, la condamnation des pharmaciens par les juridictions nationales ne constitue donc pas une ingérence dans l'exercice des droits garantis par l'art. 9, d'autant plus que la manifestation desdites convictions pouvait s'exercer de multiples manières, hors la sphère professionnelle).

205. Cas particuliers : CEDH, 1er juill. 1997, *Kalaç c/ Turquie,* n° 20704/92 (mise à la retraite d'office d'un magistrat militaire au comportement révélant des opinions intégristes illégales) ; CEDH, Gr. Ch., 27 juin 2000, *Cha'are Shalom Ve Tsedek c/ France,* n° 27417/95 (abattage rituel).

206. CEDH, 13 déc. 2001, *Église métropolitaine de Bessarabie et autres c/ Moldova,* préc., § 113. Cf. égal. : CEDH, 26 sept. 1996, *Manoussakis et autres c/ Grèce,* préc., § 40 ; 2 oct. 2001, *Stankov et Organisation macédonienne unie Ilinden c/ Bulgarie,* n° 29221/95..., § 84.

207. CEDH, 5 oct. 2006, *Moscow Branch of the Salvation Army c/ Russie,* n° 72881/01.

208. CEDH, 25 mai 1993, *Kokkinakis c/ Grèce,* préc., § 31 ; 13 déc. 2001, *Église métropolitaine de Bessarabie et autres c/ Moldova,* préc., § 119.

209. V. *mutatis mutandis,* parmi d'autres, l'arrêt *Wingrove c/ Royaume-Uni,* 25 nov. 1996, *Recueil* 1996-V, p. 1956, § 53.

210. CEDH, 26 sept. 1996, *Manoussakis c/ Grèce,* préc., § 44.

211. Arrêt *Kokkinakis,* préc., § 47.

212. CEDH, 26 sept. 1996, *Manoussakis et autres c/ Grèce,* préc., §§ 51 à 53.

213. Cf. CEDH, 25 sept. 1996, *Buckley c/ Royaume-Uni,* n° 20348/92, §§ 74 et 75, *RTDH* 1997. 47, obs. O. de Schutter. Sur la question des minarets, avant qu'elle ne se soit posée à la Cour, v° : J.-F. Flauss, *L'interdiction des minarets devant la Cour européenne des droits de l'homme, Petit exercice de simulation contentieuse, D.* 2010, chron., p. 452 et s. Lorsque la question s'est finalement posée, la requête a été déclarée irrecevable, les requérants n'ayant pas la qualité de « victime » : CEDH, déc., 28 juin 2011, *Ligue des musulmans de Suisse c/ Suisse,* n° 66274/09. Cf. aussi : CEDH, déc., 28 juin 2011, *Ouardiri c/ Suisse,* n° 65840/09, *JDI* 2012, chron. 6, obs. A. Decaux, P. Tavernier, M. Boumghar et autres.

les autorités, de l'autorisation de construire une maison de prière, la construction de tout bâtiment public étant interdite sur le site litigieux par le plan d'aménagement du territoire[214]. En revanche, caractérise une telle violation le fait que les plans locaux d'urbanisme n'aient rien prévu, de sorte que les congrégations concernées se trouvent dans l'impossibilité de disposer d'un lieu de culte approprié : dans une telle hypothèse, le refus d'octroyer un lieu de culte approprié n'est ni proportionné ni nécessaire dans une société démocratique[215].

CEDH, déc., 28 juin 2011,* Ligue des musulmans de Suisse c/ Suisse, *n° 62274/09 :

En fait : *Une initiative populaire « Contre la construction de minarets » a donné lieu à une votation, recueillant 53,4 % de votes favorables, ce qui a donné lieu à une modification de la Constitution interdisant la construction de minarets. Les requérants soutenaient que cette interdiction est une restriction de la pratique religieuse frappant l'ensemble des musulmans constitutive d'une discrimination.*

En droit : *(irrecevabilité de la requête) La requête ayant pour seul but de contester une disposition constitutionnelle applicable de manière générale en Suisse, la Cour considère que le requérant n'a pas apporté la preuve de circonstances tout à fait exceptionnelles susceptibles de lui conférer la qualité de victime. Bien au contraire, sa requête s'apparente à une action populaire au travers de laquelle il cherche à faire contrôler in abstracto, au regard de la Convention, la disposition constitutionnelle litigieuse.*

206. Les signes d'appartenance religieuse. – La question est sensible, surtout dans les établissements d'enseignement : elle concerne principalement les élèves, mais aussi les enseignants, même si c'est dans une moindre mesure[216]. La Cour justifie l'éventuelle interdiction de signes religieux en faisant appel à la marge d'appréciation des États et en se référant au principe de laïcité[217], voire aux impératifs de l'ordre public[218]. En France, une loi de 2004 précise que « dans les écoles, les collèges et les lycées publics, le port de signes ou tenues par lesquels les élèves manifestent ostensiblement une appartenance religieuse est interdit »[219]. Les juges européens ont été saisis de la difficulté concernant

214. CEDH, 24 juin 2004, *Vergos c/ Grèce,* n° 65501/01, §§ 37 à 41.

215. CEDH, 24 mai 2016, *Association de solidarité avec les Témoins de Jéhovah et a. c/Bulgarie,* n° 36915/10 et n° 8606/13, *Dalloz Actu.* 8 juin 2016, obs. N. Nalepa.

216. CEDH, 15 févr. 2001, *Dahlab c/ Suisse,* n° 42393/98, *AJDA* 2001. 480, obs. J.-F. Flauss, *RFDA* 2003. 536, note N. Chauvain ; 24 janv. 2006, *Kurtulmus c/ Turquie,* n° 65500/01, *AJDA* 2006. 1713, obs. J.-F. Flauss.

217. Aff. *Dahlab,* préc. ; aff. *Kurtulmus,* préc.

218. Dans l'affaire *El Morsli,* la requérante se vit refuser un visa d'entrée en France parce qu'elle n'avait pas accepté de retirer son voile afin de se soumettre à un contrôle d'identité par un agent masculin au Consulat général de France à Marrakech, alléguant une violation (entre autres) de l'art. 9 de la Convention. La Cour a déclaré la requête irrecevable, estimant notamment que les contrôles d'identité étaient effectués dans le cadre de mesures de sécurité : le but était donc légitime et aucune disproportion n'apparaissait, d'autant plus que le retrait du voile était limité dans le temps. CEDH, 4 mars 2008, *El Porsli c/ France,* n° 15585/06.

219. Loi n° 2004-228 du 15 mars 2004 encadrant, en application du principe de laïcité, le port de signes ou de tenues manifestant une appartenance religieuse dans les écoles, collèges et lycées publics.

la situation en Turquie où, au nom du principe de laïcité, le port du voile est interdit, même à l'Université : cela a donné lieu à l'arrêt *Leyla Sahin*[220] dont la solution revêt une importance considérable même si le Gouvernement turc a, par la suite assoupli sa position. Pour la Cour, la réglementation du port de symboles religieux dans l'espace public n'est pas, en soi, contraire à l'article 9 de la Convention : après avoir affirmé ce principe, les juges de Strasbourg l'ont confirmé dans d'autres affaires turques, observant que l'interdiction du foulard islamique se fondait, à la fois, sur le principe de laïcité énoncé dans la Constitution et sur l'atteinte au principe de neutralité de l'école[221]. Selon la jurisprudence européenne, un État peut donc limiter la liberté de manifester une religion, par exemple le port du foulard islamique[222]. Les principes dégagés par la jurisprudence européenne concernent, bien évidemment, l'ensemble des religions et visent tous signes d'appartenance religieuse[223]. Mais cela concerne le port de signes religieux dans des espaces publics ou par des personnes qui sont détentrices de l'autorité de l'État : si tel n'est pas le cas, et s'il s'agit de simples citoyens dans des lieux publics ouverts à tous, la question est différente ; la liberté de porter des vêtements religieux dans les lieux publics ouverts à tous est consacrée par les juges européens dans l'affaire *Ahmet Arslan*[224].

---

220. CEDH, 29 juin 2004, *Leyla Sahin c/ Turquie,* n° 44774/98, *JCP* 2004-I-161, n° 11, obs. F. Sudre, *JCP* 2005-II-10016, note B. Bonnet, *D.* 2005. 204, note G. Yildirim, *RDP* 2005. 789, obs. G. Gonzalez. La Grande Chambre ira ensuite dans le même sens : CEDH, Gr. Ch., 10 nov. 2005, *Leyla Sahin c/ Turquie,* n° 44774/98, *D.* 2006, Pan., p. 1719, obs. J.-F. Renucci, *RDP* 2006. 806, obs. M. Levinet, *AJDA* 2006. 474, obs. J.-F. Flauss. À noter qu'une affaire similaire (interdiction du port du foulard islamique au cours de travaux pratiques dans une école d'infirmière) a été déclarée recevable : CEDH, 2 juill. 2002, *Tekin c/ Turquie,* n° 41556/98. Cf. aussi : Comm. EDH, 3 mai 1973, *Karaduman c/ Turquie,* DR 74/93 ; CEDH, 15 févr. 2001, *Dahlab c/ Suisse,* préc. Comp. dans le cadre de l'Union Européenne : CJUE, Gr. Ch., 14 mars 2017, aff. C-157/15 et aff. C-188/15.

221. Cour, 24 janv. 2006, *Köse et 93 autres requérants c/ Turquie,* déc. n° 26625/02, *D.* 2006, Pan. 1720, obs. J.-F. Renucci (à propos des lycées « Iman-Hatip » qui sont des établissements d'enseignement secondaire à vocation religieuse mais faisant partie du système éducatif public de Turquie). Cf. aussi : CEDH, 24 janv. 2006, *Kurtulmus c/ Turquie,* déc. n° 65500/01, *D.* 2006, Pan. 1720, obs. J.-F. Renucci (professeur s'obstinant à porter le foulard islamique pendant l'exercice de ses fonctions, contrairement à la réglementation des fonctionnaires sur la tenue vestimentaire).

222. Aff. *Leyla Sahin,* préc., § 111. V° aussi CEDH, 30 juin 2009, *Aktas c/ France,* n° 43563/08, p. 8, *RFDA* 2010. 587, obs. H. Labayle, F. Sudre, J. Andriantsimbazovina et L. Sermet (décision d'irrecevabilité, dans la continuité des aff. *Drogu et Kervanci* du 4 déc. 2008, *RDP* 2010. 876, obs. M. Levinet) ; 26 nov. 2015, *Ebrahimian c/France,* n° 64846/11, *D.* 2015. 2506, obs. M.-C. de Montecler, *D.* 2016 Entretien, p. 192, obs. F. Dieu, *JCP* 2015. 1399 et *JCP* 2016. 97, obs. G. Gonzalez, *JCP* 2016. 65, n° 22, obs. F. Sudre, *AJ Collectivités Territoriales* 2016. 227, obs. F. de la Morena, *RDT* 2016. 345, obs. L. Willocx, *Dr. Administratif* 2016, chron. n° 8 par S. Platon, *JCP (A)* 2016. 2101, chron. V. Correia (dir.), n° 24, obs. C. Benelbaz, *AJFP* 2016. 32, note A. Zarca, *Dr. Social* 2016. 697, obs. J.-P. Marguénaud et J. Mouly, *JDI* 2016, n° 4, chron. 8, n° 29, obs. Cl. de La Hougue (non-renouvellement du contrat de travail d'une assistante sociale dans un centre hospitalier pour avoir refusé de s'abstenir de porter le voile et non-violation de l'art. 9).

223. V° cependant concernant l'obligation de retirer le turban (pour les Sikhs) ou le voile (pour les musulmanes) lors de contrôles de sécurité : CEDH, 11 janv. 2005, *Phull c/ France,* n° 35753/03 ; 4 mars 2008, *Morsli c/ France,* n° 15585/06, *AJDA* 2009. 872, obs. J.-F. Flauss. V° aussi CEDH, 4 déc. 2008, *Kervanci c/ France,* n° 31645/04 ; 4 déc. 2008, *Dogru c/ France,* n° 27058/05, *AJDA* 2008. 2311, obs. J.-F. Flauss, Constitutions 2010. 74, obs. L. Burgorgue-Larsen. Aff. *El Morsli,* préc ; CEDH, 15 janv. 2013, *Eweida et autres c/ Royaume-Uni,* préc. (port de la croix).

224. CEDH, 23 févr. 2010, *Ahmet Arslan et autres c/ Turquie,* n° 41135/98, *D.* 2010. 682, note J.-P. Marguénaud, *AJDA* 2010. 362, obs. J.-F. Flauss, *RFDA* 2011. 987, obs. H. Labayle et F. Sudre.

CEDH, Gr. Ch., 10 nov. 2005,* Leyla Sahin c/ Turquie, *nº 44774/98 :
En fait : *Étudiante en médecine au moment des faits, la requérante s'est vue refuser l'accès aux épreuves écrites de l'examen au motif qu'elle portait le foulard islamique alors qu'une circulaire disposait que les étudiantes portant le foulard ne pouvaient être admises ni aux cours, ni aux stages, ni aux TD. Pour le même motif, on lui refusera par la suite son inscription ou son admission à plusieurs cours.*
En droit : *(non-violation de l'art. 9) Il y a bien « ingérence », mais cette ingérence a une base légale, poursuit pour l'essentiel les buts légitimes que sont la protection des droits et libertés d'autrui et sa nécessité est fondée notamment sur les principes de laïcité et d'égalité. L'art. 9 ne garantit pas toujours le droit de se comporter d'une manière dictée par une conviction religieuse et ne confère pas aux individus agissant de la sorte le droit de se soustraire à des règles qui se sont révélées. L'ingérence litigieuse est justifiée dans son principe et proportionnée à l'objectif visé.*

La dissimulation totale du visage dans l'espace public est une situation différente, ce qui a pu conduire des parlementaires à voter une loi d'interdiction[225]. Saisie de la difficulté, la Grande chambre a conclu à la non-violation de l'article 9 de la Convention[226]. L'ingérence de l'État étant certaine[227], la question qui se pose est de savoir si les conditions de cette « ingérence » sont réunies. La première condition ne suscite pas de difficultés puisque l'ingérence est bien « prévue par loi »[228]. La deuxième condition, plus délicate, n'est autre que le « but légitime » de ladite ingérence : si le premier objectif invoqué par le Gouvernement, à savoir la « sécurité publique » fait partie des buts de l'article 9, le second, tenant au « respect du socle minimal des valeurs d'une société démocratique et ouverte » renvoie à des valeurs d'égalité, de dignité et de respect des exigences minimales de la vie en société qui, si elles sont importantes, ne correspondent pas explicitement aux « buts légitimes » de la Convention. Mais les juges européens estiment que, dans certaines conditions, le « respect des exigences minimales de la vie en société » – le « vivre ensemble » mentionné dans l'exposé des motifs du projet de loi – peut parfaitement se rattacher au « but légitime » que constitue la « protection des droits et libertés

225. Cf. la loi française nº 2010-1192 du 11 oct. 2010 interdisant la dissimulation du visage dans l'espace public.

226. CEDH, Gr. Ch., 1er juill. 2014, *S.A.S. c/ France*, nº 43835/11, *Dalloz Actu.* 3 juill. 2014, obs. M.-Ch. de Montecler, *RPDP* 2014. 691, obs. J.-F. Renucci, *RSC* 2014. 626, obs. J.-P. Marguénaud, *RTDH* 2015. 219, note G. Gonzalez et G. Haarscher, *JCP* 2015, chron. 70, nº 12, obs. F. Sudre, *AJDA* 2014. 1763, obs. L. Burgorgue-Larsen, *D.* 2014. 1451, chron. C. Chassang, *Constitutions* 2014. 483, chron. M. Afroukh, *RTD Civ.* 2014. 620, obs. J. Hauser, *D.* 2015. 1018, obs. O. Bui-Xuan, *RFDA* 2015. 512, obs. H. Labayle et F. Sudre, *RTD Eur.* 2015. 95, obs. P. Ducoulombier, *JCP (A)* 2015. 2056, note F. Dieu, *Dr. Pénal* 2015, chron. 4, nº 16, obs. E. Dreyer, *JDI* 2015, nº 4, chron. 7, nº 32, obs. E. Birden.

227. Il y a « ingérence » car la loi de 2010 met la requérante devant un dilemme : soit elle se plie à l'interdiction et renonce ainsi à se vêtir conformément au choix que lui dicte son approche de sa religion, soit elle ne s'y plie pas et s'expose à des sanctions pénales.

228. Art. 1, 2 et 3, loi 2010.

d'autrui »[229]. La troisième condition de l'ingérence de l'État, le rapport de proportionnalité, revêt une force particulière, car, compte tenu de la flexibilité de la notion de « vivre ensemble », la Cour se doit de procéder à un examen attentif de la « nécessité » de la restriction contestée. Le point important est le souci de répondre aux exigences minimales de la vie en société comme élément de la « protection des droits et libertés *d'autrui* ». Pour les autorités nationales, « si la dissimulation volontaire et systématique du visage pose problème, c'est parce qu'elle est tout simplement contraire aux exigences fondamentales du "vivre ensemble dans la société française" et que la dissimulation systématique du visage dans l'espace public, contraire à l'idéal de fraternité, ne satisfait pas (...) à l'exigence minimale de civilité nécessaire à la relation sociale ». La Cour a été sensible à cet argument, notant qu'il entre dans les fonctions de l'État de garantir les conditions permettant aux individus de vivre ensemble dans leur diversité. Elle admet qu'un État juge essentiel d'accorder dans ce cadre une importance particulière à l'interaction entre les individus et qu'il considère que cette interaction se trouve altérée par le fait que certains dissimulent leur visage dans l'espace public. C'est dire que l'interdiction litigieuse peut être considérée comme justifiée dans son principe dans la seule mesure où elle vise à garantir les conditions du « vivre ensemble ». Les juges européens estiment que cette interdiction est proportionnée par rapport à ce but pour trois raisons : d'abord, même si l'interdiction pèse essentiellement sur une partie des femmes musulmanes, elle n'affecte pas la liberté de porter dans l'espace public des habits ou éléments vestimentaires qui n'ont pas pour effet de dissimuler le visage et n'est pas explicitement fondée sur la connotation religieuse des vêtements, mais sur le seul fait qu'ils dissimulent le visage ; ensuite, les sanctions prévues par la loi sont légères[230] ; enfin, l'acceptation ou non du port du voile intégral dans l'espace public relève d'un choix de société, de sorte que l'État dispose d'une ample marge d'appréciation, ce qui est conforté par l'absence de communauté de vues entre les États membres du Conseil de l'Europe[231].

CEDH, Gr. Ch., 1er juill. 2014*, S.A.S. c/ France, *n° 43835/11 :

En fait : *La requérante, musulmane pratiquante, porte la burqa et le niqab qui couvrent entièrement son corps à l'exception des yeux afin d'être en accord avec sa foi, sa culture et ses convictions personnelles.*

En droit : *(non-violation de l'art. 9) L'interdiction de porter dans l'espace public une tenue destinée à dissimuler peut passer pour proportionnée au but poursuivi, à savoir la préservation des conditions du « vivre ensemble » en tant qu'élément de*

229. Compte tenu de l'importance du rôle que joue le visage dans l'interaction sociale et du souhait légitime que dans l'espace public puissent se développer des relations interpersonnelles ouvertes, élément indispensable à la vie collective, la Cour admet que « la clôture qu'oppose aux autres le voile cachant le visage puisse être perçue par l'État défendeur comme portant atteinte au droit d'autrui d'évoluer dans un espace de sociabilité facilitant la vie ensemble » ; Aff. *S.A.S. c/ France*, préc., § 122.

230. 150 euros d'amende et l'éventuelle obligation d'accomplir un stage de citoyenneté.

231. Aff. *S.A.S. c/ France*, préc., §§ 137 à 159.

la « protection des droits et libertés d'autrui ». La restriction litigieuse peut donc passer pour « nécessaire dans une société démocratique ».

207. Les symboles et les interdits religieux. – La présence de symboles religieux dans les écoles a donné lieu à un important contentieux. Dans l'affaire *Lautsi*[232], l'Italie a d'abord été condamnée pour violation des articles 2 du Protocole n° 1 (droit à l'instruction) et 9 (liberté de pensée, de conscience et de religion) en raison de la présence de crucifix dans les salles de classe des écoles publiques. Les réactions ont été particulièrement vives, non seulement en Italie, mais dans bon nombre d'États : la Grande chambre, saisie de cette affaire, a finalement décidé que l'article 2 du Protocole n° 1[233] n'avait pas été violé et qu'aucune question distincte ne se posait plus sur le terrain de l'article 9[234]. Il est regrettable que la Grande chambre ne se soit pas prononcée explicitement sur le terrain de l'article 9, car d'importantes questions de principe se posent. Il reste que la condamnation italienne était assurément critiquable dans la mesure où le crucifix dans les écoles constitue en lui-même un symbole passif, à l'instar de la Croix-Rouge ou de tous autres symboles religieux, chrétiens ou non, figurant sur les armoiries ou sur les drapeaux de nombreux États. Les symboles religieux ne sont pas mécaniquement attentatoires aux libertés garanties par l'article 9 dès lors que, comme dans le cas d'espèce, ils témoignent d'une identité nationale enracinée dans l'histoire : cela relève davantage du domaine culturel et historique que religieux. De plus, le principe de neutralité de l'État, qui est une exigence conventionnelle imposant à l'État de ne pas intervenir dans la sphère religieuse, est par nature indivisible : c'est dire que le principe de neutralité signifie que les autorités étatiques ne peuvent, ni imposer un symbole religieux quand il n'y en a jamais eu, ni le retirer quand il y en a toujours été. Dans un cas comme dans l'autre, une éventuelle action de l'État serait attentatoire à la liberté de pensée, de conscience et de religion.

Enfin, la question s'est posée de savoir si les cours de natation dispensés dans les établissements scolaires doivent ou non tenir compte des interdits religieux. La Cour a jugé que le refus d'exemption de deux élèves de confession musulmane des cours de natation mixtes obligatoires ne constitue pas une violation de l'article 9 de la Convention, relevant que les autorités nationales ont fait prévaloir l'obligation pour les enfants de suivre intégralement leur scolarité sans porter atteinte à la liberté de religion. Mettant en exergue l'intérêt des enfants à une scolarisation complète, condition d'une intégration

232. CEDH, 3 nov. 2009, *Lautsi et a. c/ Italie,* n° 30814/06, *RTDH* 2010. 467, obs. G. Gonzalez, *RDP* 2010. 877, obs. F. Sudre, *D.* 2009. 2810, obs. E. Royer, et 2872, obs. P. Muzny, *AJDA* 2010. 997, obs. J.-F. Flauss.

233. Cf. *infra*, n° 287.

234. CEDH, Gr. Ch., 18 mars 2011, *Lautsi et a. c/ Italie,* n° 30814/06, *D.* 2011. 949, obs. O. Bachelet et 809 édito. F. Rome, *AJDA* 2011. 594, obs. M.-Ch. de Montecler, *RTD Civ.* 2011. 2870, obs. J.-P. Marguénaud, *JCP* 2011, 601. 988, note G. Gonzalez, *JCP* A 2011. 2251, note F. Dieu, *JCP* 2011, 914, 1511, obs. F. Sudre, *Dr. Administratif* 2011, n° 6 com. 60, obs. Cl. Benelbaz, *JDI* 2012, chron. 6, obs. A. Decaux, P. Tavernier, M. Boumghar et autres, *RFDA* 2012. 455, obs. H. Labayle et F. Sudre.

sociale réussie, la Cour estime que cela prime sur le souhait des parents de voir leurs filles exemptées des cours de natation mixte, surtout que l'intérêt de l'enseignement de la natation ne se limite pas à apprendre à nager, mais réside aussi dans le fait de pratiquer une activité en commun avec tous les autres élèves sans aucune distinction[235].

CEDH, 10 janv. 2017,* Osmanoglu et Kocabas c/Suisse, *n° 29086/12 :
En fait : *Une amende a été infligée à des parents en raison de leur refus, pour des motifs religieux, de permettre à leurs filles de suivre des cours de natation mixtes, obligatoires à l'école primaire.*
En droit : (non-violation de l'art. 9). En faisant primer l'obligation pour les enfants de suivre intégralement la scolarité et la réussite de leur intégration sur l'intérêt privé des requérants de voir leurs filles dispensées des cours de natation mixtes pour des raisons religieuses, les autorités internes n'ont pas outrepassé leur marge d'appréciation.

208. Bibliographie : Anseur (Z.), *Le couple laïcité – liberté religieuse : de l'union à la rupture ? Réflexions à partir de l'affaire « Ait Ahmad », RTDH*, 2001, p. 77 et s. ; Bribosia (E.) et Rorive (I.), *Le voile à l'école, Une Europe divisée, RTDH*, 2004, p. 951 et s. ; Burgorgue-Larsen (L.) et Dubout (E.), *Le port du voile à l'Université, Libres propos sur l'arrêt « Leyla Sahin c/ Turquie » du 10 novembre 2005, RTDH*, 2006, p. 183 et s. ; Bussy (Fl.), *Le débat sur la laïcité et la loi, D.* 2004, Chron., p. 2666 et s. ; Decaux (E), *Chronique d'une jurisprudence annoncée : laïcité à la française et liberté religieuse devant la Cour EDH, RTDH* 2010, p. 251 s. ; Cohen-Jonathan (G.), *Les dispositifs spécifiques de protection contre les dérives sectaires,* Mél. Cohen-Jonathan, Bruylant, 2004, p. 865 et s. ; Costa (J.-P.), *La Convention EDH et les sectes,* Mél. Ryssdall, Carl Heymanns Verlag, 2000, p. 273 et s. ; Decaux (E), *Chronique d'une jurisprudence annoncée : laïcité française et liberté religieuse devant la Cour EDH, RTDH* 2010, p. 251 et s. ; de Salvia (M.), *Liberté de religion, esprit de tolérance et laïcité dans la jurisprudence de la Cour EDH,* Mél. Cohen-Jonahan, Bruylant, 2004, p. 591 et s. ; Docquir (P.-F), *La Cour EDH sacrifie-t-elle la liberté d'expression pour protéger les sensibilités religieuses ? RTDH* 2006, p. 839 et s. ; Flauss (J.-F.), *La Cour EDH et le port du foulard islamique, AJDA*, 2001, p. 482 et s. ; *Les signes religieux, in* Massis (Th.) et Pettiti (Ch.) [éd.], *La liberté de religion et la Convention EDH,* Nemesis-Bruylant, 2004, p. 103 et s. ; *Les serments d'allégeance à l'épreuve de la Convention EDH, RTDH*, 2000, p. 266 et s. ; *Laïcité et CEDH, in* Massis (T.) et Pettiti (Ch.) (éd.), *La liberté religieuse et la Convention EDH,* Bruylant, 2004, p. 317 et s. ; *Les signes religieux distinctifs à l'école, in* Gonzalez (G.), *Laïcité, libertés de religion et Convention EDH,* « Droit et Justice », Nemesis/Bruylant, 2006, p. 115 et s. ; *L'interdiction des minarets devant la Cour EDH, Petit exercice de simulation contentieuse, D.* 2010 chron. p. 452 et s. ; Foucher (A.-V.), *L'observance de prescriptions alimentaires issues de convictions religieuses et philosophiques dans l'espace public en France, RTDH* 2016, p. 639 et s. ; Garay (A.), *La liberté religieuse et le prosélytisme : l'expérience européenne, RTDH*, 1994, p. 7 et s. ; *La laïcité, principe érigé en valeur de la Convention EDH, D.* 2006, Chron., p. 103 ; *L'exercice collectif de la liberté de conscience religieuse en droit international, RTDH*, 2006, p. 597 et s. ; *L'Islam et l'ordre public vus par la Cour EDH, RD pén. crim.* 2005/2, p. 117 et s. ; Gonzalez (G.), *L'objection à certains soins ou actes médicaux dictés par la conscience religieuse et la Convention EDH,* Mél. Dubouis, Dalloz, 2002, p. 795 et s. ; *Les entraves à l'ouverture de « maisons de prières » en Grèce, RTDH.* 1997, p. 536 et s. ; *L'autonomie ecclésiale au risque relatif des droits de l'homme, RTDH* 2014, p. 803 et s. ; Haarscher (G.), *Le blasphémateur et le raciste, RTDH*, 1995, p. 417 et s. ; Hennette-Vauchez (S), *Dissimulation du visage, service public et liberté religieuse : encore un rebondissement dans l'affaire du voile, AJDA* 2012, p. 163 et s. ;

235. CEDH, 10 janv. 2017, *Osmanoglu et Kocabas c/Suisse,* n° 29086/12, *Dalloz Actu.* 3 févr. 2017, obs. J. Gate, *JCP* 2017. 117, obs. G. Gonzalez, *Dr. Famille* 2017, n° 4, com. 80 par Cl. Delmas.

Lafaille (F), *L'identité catholique de l'Italie est-elle soluble dans l'État de droit constitutionnel (national et européen) ?, RDP* 2010, p. 771 et s. ; Laray (A.), *La laïcité, principe érigé en valeur de la Convention EDH, D.* 2006, Chron., p. 103 et s. ; Lebreton (G.), *L'Islam devant la Cour EDH, RDP,* 2002, p. 1493 et s. ; Lecuyer (Y.), *L'Islam, la Turquie et la Cour EDH, RTDH* 2006, p. 735 et s. ; Levinet (M.), *Croyances religieuses et travail dans la jurisprudence des organes de la Convention EDH, Cah. IDEDH* 1993, nº 9, p. 179 et s. ; Monot-Fouletier (M), *De la régulation du port des signes religieux dans les établissements et l'espace publics, L'exemple français ? RTDH* 2016, p. 97 et s. ; Morange (J.), *Liberté religieuse et garde d'enfants, RTDH,* 1994, p. 414 et s. ; Muzny (P.), Quand la Cour EDH fait une croix sur la croix, *D.* 2009 Et. p. 2872 ; Plana (S.), *La prévention de la Cour EDH à l'encontre de certaines prescriptions religieuses, Dr. Famille,* 2006, Étude nº 19 ; Putman (E.), *L'Université turque et le foulard islamique, ou la laïcité au sens de la Convention EDH,* Personnes & Famille, mars 2003, nº 3, p. 10 et s. ; Rigaux (F.), *L'incrimination du prosélytisme face à la liberté d'expression, RTDH,* 1994, p. 144 et s. ; Rivéro (J.), *Laïcité scolaire et signe d'appartenance religieuse, RFDA* 1990, p. 1 et s. ; Ruet (C.), *Les droits individuels face au phénomène religieux dans la jurisprudence récente de la CEDH, RTDH* 2012, p. 507 et s. ; Toulemonde (B.), *Le port de signes d'appartenance religieuse à l'école : la fin des interrogations, AJDA,* 2005, p. 2044 et s. ; Valticos (N.), *Le premier arrêt de la Cour EDH en matière de liberté de religion, L'affaire « Kokkinakis c/ Grèce »,* Mél. Vlachos, Bruylant/Sakkoulas, 1995, p. 551 et s. ; Viguier (J.), *Faut-il interdire le voile islamique à l'Université ? AJDA* 2015, p. 545 et s. ; Wachsmann (P.), *La religion contre la liberté d'expression, RTDH,* 1994, p. 441 et s.

L'ESSENTIEL

FICHE MÉMO :

- La liberté de pensée, de conscience et de religion
  - Liberté essentielle, garantie par l'art. 9 de la Convention (art. 9 § 1)
- La liberté d'avoir des convictions et des croyances est absolue
  - L'art. 9 s'applique à l'ensemble des convictions personnelles, politiques, philosophiques, morales ou religieuses
    - *Mais encore faut-il que ces convictions méritent le respect et que leur contenu formel soit identifiable.*
    - *La liberté consiste à avoir des convictions, mais aussi à ne pas en avoir ou à ne pas en faire état.*
- La liberté de manifester ses convictions ou ses croyances est relative
  - Une ingérence de l'État est possible (art. 9 § 2)
    - *Des limitations sont possibles pour concilier les intérêts des divers groupes et le respect des convictions de chacun.*
    - *Les signes d'appartenance religieuse peuvent faire l'objet d'une réglementation.*

FICHE GRANDS ARRÊTS :

- *Kokkinakis* (1993)
  - *La condamnation des Témoins de Jéhovah pour prosélytisme envers l'épouse d'un chantre de l'Église orthodoxe ne répond pas à un besoin social impérieux et viole l'art. 9.*
- *Sinan Isik* (2010)
  - *L'indication de la religion sur les cartes d'identité constitue une violation de l'art. 9.*
- *Siebenhaar* (2011)
  - *Le licenciement d'une assistante maternelle par l'Église protestante en raison de son engagement actif au sein d'une autre communauté religieuse est justifié.*

- *Leyla Sahin* (2005)
  - *L'interdiction du foulard islamique ne constitue pas une violation de l'art. 9.*
- *S.A.S. c/ France* (2014)
  - *L'interdiction du port du voile intégral dans l'espace public ne viole pas l'art. 9 de la Convention. Si la prohibition n'est pas nécessaire pour assurer la sécurité publique, elle est cependant proportionnée à un autre but légitime qui est la préservation du « vivre ensemble ».*

FICHE ACTU/DÉBATS :

*** Thème(s) de réflexion :**

- Le principe de neutralité de l'État à l'épreuve de la liberté de religion (v° *Traité DEDH*, p. 238)
  - *Jurisp. : Hoffmann* (1993) ; *Baudler* (2011) ; *Reuter* (2011) ; *Manoussakis* (1996) ; *Saint-Synode de l'Eglise orthodoxe bulgare* (2009) ; *Schüth* (2010) ; *Obst* (2010) ; *Siebenhaar* (2011) ; *Francesco Sessa* (2012) ; *Buscarini* (1999) ; *Alexandridis* (2008) ; *Kosteski* (2006) ; *Dimitras* (2010 et 2011).
  - *Doctr.* : Duffar, *RDP* 1993. 698 ; Waquet, *Gaz. Pal.* 1996. 1427 ; Marguénaud et Mouly, *D.* 2011. 1637, Gonzalez, *RTDH* 2014. 803.
- Les lieux de culte, l'État et la CEDH (v° *Traité DEDH*, p. 248)
  - *Jurisp. : Manoussakis* (1996) ; *Buckley* (1996) ; *Vergos* (2004) ; *Ligue des musulmans de Suisse* (2011) ; *Ouardiri* (2011) ; *Association de solidarité avec les Témoins de Jéhovah* (2016).
  - *Doctr.* : Flauss, D. 2010. 452.
- Les signes d'appartenance religieuse (v° *Traité DEDH*, p. 248)
  - *Jurisp. : Cha'are Shalom Ve Tsedek* (2000) ; *Dahlab* (2001) ; *Tekin* (2002) ; *Kurtulmus* (2006) ; *Phull* (2005) ; *Kervanci* (2008) ; *Drogu* (2008) ; *Leyla Sahin* (2004 et 2005) ; *Eweida* (2013) ; *S.A.S. c/ France* (2014) ; Ebrahimian (2015).
  - *Doctr. :* Deffains, *RTDH* 1998. 203 ; Rivero, *RFDA* 1990. 1 ; Durand-Princeborgne, *RFDA* 1997. 151 ; Anseur, *RTDH* 2001. 77 ; Chauvin, *RFDA* 2003. 536 ; Decaux, *RTDH* 2010. 251 ; Lecuyer, *RTDH* 2006. 375 ; Burgorgue-Larsen et Dubout, *RTDH* 2006. 183 ; Garay, *RD pén. Crim.* 2005. 117 ; Plana, *Dr. Famille* 2006. 19 ; Putman, *Personne et Famille* 2003. 10 ; Chassang, *D.* 2014. 1701, Viguier, *AJDA* 2015. 545 ; Foucher, *RTDH* 2016. 639 ; Marguénaud, *Dr. Social* 2016.697 ; Gonzalez, *JCP* 2016. 97 ; Monot-Fouletier, *RTDH* 2016. 97.

*** Commentaire d'arrêt(s) :**

- Aff. *Francesco Sessa* (2012) : « *La Cour n'est pas convaincue que la fixation de l'audience litigieuse à une date correspondant à une fête juive et le refus de la reporter à une autre date puissent s'analyser en une restriction au droit du requérant d'exercer librement son culte. En effet, il n'est pas contesté que l'intéressé a pu s'acquitter de ses devoirs religieux. En outre, celui-ci devait s'attendre à ce que sa demande de renvoi soit rejetée conformément aux dispositions de la loi en vigueur et aurait pu se faire remplacer à l'audience litigieuse afin de satisfaire à ses obligations professionnelles* » (§ 37).
- Aff. *Osmanoglu et Kocabas* (2017) : « *La Cour estime que, en faisant primer l'obligation pour les enfants de suivre intégralement la scolarité et la réussite de leur intégration sur l'intérêt privé des requérants de voir leurs filles dispensées des cours de natation mixtes pour des raisons religieuses, les autorités internes n'ont pas outrepassé la marge d'appréciation considérable dont elles jouissaient dans la présente affaire, qui porte sur l'instruction obligatoire. Partant, il n'y a pas eu violation de l'art. 9 de la Convention* ».

Section 3
La liberté de réunion et d'association

209. Article 11. Liberté de réunion et d'association.

1. Toute personne a droit à la liberté de réunion pacifique et à la liberté d'association, y compris le droit de fonder avec d'autres des syndicats et de s'affilier à des syndicats pour la défense de ses intérêts.
2. L'exercice de ces droits ne peut faire l'objet d'autres restrictions que celles qui, prévues par la loi, constituent des mesures nécessaires, dans une société démocratique, à la sécurité nationale, à la sûreté publique, à la défense de l'ordre et à la prévention du crime, à la protection de la santé ou de la morale, ou à la protection des droits et libertés d'autrui. Le présent article n'interdit pas que des restrictions légitimes soient imposées à l'exercice de ces droits pas les membres des forces armées, de la police ou de l'administration de l'État.

210. Une liberté essentielle. – Dans une démocratie, l'importance de la liberté de réunion et d'association est évidente et toute démonstration à cet égard est inutile. Comme le remarque la Cour, l'état de la démocratie dans le pays peut se mesurer à la manière dont la législation nationale consacre cette liberté et dont les autorités l'appliquent[236]. Il n'en reste pas moins vrai que si le principe de la liberté est affirmé, des tempéraments existent, tant en ce qui concerne les règles générales que le cas particulier de la liberté syndicale.

§1. Les règles générales

211. Un droit civil et politique. – L'importance de la liberté de réunion et d'association, qui est un droit civil et politique, mais pas seulement[237], est certaine et nul ne peut en douter. C'est la raison pour laquelle le principe de liberté est affirmé avec une très grande force et ne se trouve nullement affaibli par les tempéraments qui se sont imposés.

A. L'affirmation du principe de liberté

212. L'article 11 § 1er de la Convention. – L'activité politique et sociale est libre, sous certaines réserves qui tiennent à la prise en considération d'intérêts supérieurs. Le principe est contenu dans le premier paragraphe de l'article 11 : toute personne a droit à la liberté de réunion pacifique et à la liberté d'association.

213. La liberté de réunion. – Cette liberté concerne aussi bien les réunions privées que publiques, mais encore faut-il qu'il s'agisse de

236. CEDH, Gr. Ch., 17 févr. 2004, *Gorzelik et autres c/ Pologne,* n° 44158/98, § 88, *JCP* 2004-I-161 n° 13, obs. F. SUDRE.

237. Cf. *infra*, n° 219 et s.

réunions « pacifiques »[238]. Les organisateurs et participants à une manifestation ne peuvent invoquer le bénéfice des garanties de l'article 11 dès lors qu'ils ont des intentions violentes[239]. Il convient cependant de préciser que le seul fait de mener une action *a priori* illégale et de nature à troubler l'ordre public ne constitue pas nécessairement une réunion non pacifique[240].

En définitive, le principe de liberté s'applique même si les manifestations en cause peuvent heurter, choquer ou inquiéter une partie de la population[241] : il ne peut en être autrement qu'en cas de violences, d'incitation à la violence ou de risques réels et prévisibles de violences[242] ; alors, les États jouissent d'une marge d'appréciation pour limiter ledit principe. En revanche, le fait de participer à une manifestation autorisée qui dégénère ne peut justifier une telle limitation dès lors que la personne en cause n'a rien à se reprocher[243], pas plus que le risque d'un éventuel trouble à l'ordre public. À noter que des restrictions sévères à des projets de rassemblements pacifiques constituent une violation de l'article 11 de la Convention[244].

CEDH, 21 oct. 2010,* Alekseyev c/ Russie, *n° 4916/07 :
En fait : *Le requérant faisait partie des organisateurs de marches visant à appeler l'attention du public sur la discrimination envers la communauté gay et lesbienne de Russie et à promouvoir la tolérance et les droits de l'homme. Les autorités russes ont interdit, de façon systématique, ces marches.*
En droit : *(violation de l'art. 11) Les interdictions répétées d'organiser à Moscou des marches pour les droits des homosexuels sont injustifiées, la Cour rappelant que le simple risque qu'une manifestation occasionne des troubles ne suffit pas à justifier son interdiction.*

214. La liberté d'association. – Cette liberté suppose en principe une absence totale d'autorisation des autorités de l'État[245] et implique la liberté

238. CEDH, 29 juin 2006, *Öllinger c/ Autriche*, n° 76900/01.

239. CEDH, 2 oct. 2001, *Stankov et Organisation macédonienne Unie Ilinden c/ Bulgarie*, n° 29221/95..., § 77. La jurisprudence de la Commission était constante : Comm. EDH, 6 mars 1989, *G. c/ RFA*, DR 60/256 ; 16 juill. 1990, *Chrétiens contre le racisme et le fascisme c/ Royaume-Uni*, DR 21/138.

240. Cf. l'exemple significatif de l'occupation d'une église par des sans-papiers : CEDH, 9 avr. 2002, *Cissé c/ France*, n° 51346/99, §§ 34 et s. À noter que l'arrestation et la condamnation des requérants pour le seul motif que les autorités ont eu l'impression que leur manifestation n'était pas autorisée est une violation de l'art. 11 : CEDH, 3 oct. 2013, *Kasparov et autres c/ Russie*, n° 21613/07.

241. CEDH, 21 juin 1998, *Plattform « Artze für das Leben »*, préc., § 32. En toute hypothèse, l'interdiction illégale de manifestations viole l'art. 11 : CEDH, 17 déc. 2012, *Pati c/ Hongrie (n° 2)*, n° 35127/08.

242. CEDH, Gr. Ch., 15 oct. 2015, *Kudrevicius et a. c/Lituanie*, n° 37553/05, *JCP* 2015. 1251, obs. K. Blay-Grabarczyk, *JCP* 2016. 65, n° 25, obs. F. Sudre, *AJDA* 2016. 143, obs. L. Burgorgue-Larsen, *Dr. Pénal* 2016, n° 4, chron. 4, n° 22, obs. E. Dreyer.

243. CEDH, 26 avr. 1991, *Ezelin c/ France*, n° 11800/85, *AFDI* 1991. 604, obs. V. Coussirat-Coustère, *JDI* 1992. 785, obs. E. Decaux et P. Tavernier, *D.* 1992 Somm. 335, obs. J.-F. Renucci.

244. CEDH, 7 févr. 2017, *Lashmankin et a. c/Russie*, n° 57818/09...

245. Il ne saurait donc y avoir d'autorisation de l'État pour s'associer, mais il ne peut y avoir non plus d'autorisation de sortie du territoire : la condamnation d'une association pour avoir participé à des réunions à l'étranger sans autorisation de sortie du territoire est une violation de l'art. 11 : CEDH, 2 mars 2006, *Izmir Savas Karsitlari Dernegi et autres c/ Turquie*, n° 46257/99, §§ 37 et 38.

de ne pas s'associer[246]. Ce dernier point doit, cependant, être nuancé, car, même si la Cour admet depuis longtemps cette approche négative[247], elle a cependant estimé que l'obligation de s'affilier à un Ordre professionnel n'est pas contraire à l'article 11 § 1er[248] ; mais il est vrai qu'un Ordre n'est pas *stricto sensu* une association et qu'en toute hypothèse son but est d'assurer un contrôle public de l'exercice d'une profession. En revanche, l'adhésion forcée à une association a été condamnée par les juges européens[249]. Par ailleurs, l'enregistrement des associations religieuses d'origine étrangère a pu susciter certaines difficultés ; mais la jurisprudence européenne a cependant rappelé les principes, les autorités étatiques étant tenues de traiter à l'identique les nationaux et les étrangers à cet égard[250]. De même l'expulsion d'un membre de l'association a pu poser problème, mais la Cour a jugé que l'article 11 de la Convention n'impose pas aux associations l'obligation d'admettre dans leurs rangs toute personne souhaitant adhérer[251] : la règle est logique tant il est vrai que lorsque des associations sont formées par des personnes partageant les mêmes valeurs ou les mêmes idéaux, dans le but de les défendre, il serait contraire à l'essence même de la liberté en jeu de les empêcher de choisir leurs membres[252]. Enfin, il peut y avoir enchevêtrement entre la liberté d'association et la liberté de religion : la Cour a jugé que la perte par des communautés religieuses du statut d'Église à part entière emporte violation de l'article 11 lu à la lumière de l'article 9 de la Convention[253].

Les partis politiques, parce qu'ils représentent une forme d'association essentielle au bon fonctionnement de la démocratie, sont concernés par les dispositions de l'article 11[254]. D'ailleurs, non seulement le droit de fonder un parti est reconnu, mais ce parti doit pouvoir mener librement ses activités politiques[255] sans quoi le droit garanti par l'article 11 serait purement

246. Comm. EDH, 1er mars 1983, *X c/ Pays-Bas*, DR 32/274.

247. CEDH, 30 juin 1993, *Sigürjonsson*, *D.* 1994 J., p. 181, note J.-P. Marguénaud, *RTD com.* 1994. 317.

248. CEDH, 23 juin 1981, *Le Compte, Van Leuven et De Meyere c/ Belgique*, préc. § 65 ; 10 févr. 1983, *Albert et Le Compte c/ Belgique*, préc.

249. Il s'agissait d'une association de chasse : CEDH, 29 avr. 1999, *Chassagnou c/ France*, *JCP* 1999-II-10172, note J. Malafosse, *Droit & Patrimoine* 1999. 123, obs. L.-E. Pettiti, *AJDA* 1999. 928, obs. F. Priet, *RFDA* 1999. 451 et 11, obs. J. Andriantsimbazovina, *JCP* 2000-I-203 n° 28, obs. F. Sudre, *RTDH* 2000. 901, obs. M. Florès et Ph. Flores. *Adde* CEDH, 13 févr. 2007, *Evaldsson et autres c/ Suède*, n° 75252/01 (syndicat) ; 3 déc. 2015, *Mytilinaios et Kostakis c/Grèce*, n° 29389/11 (obligation faite aux viticulteurs de Samos d'être membres d'une Union vinicole : violation de l'art. 11).

250. CEDH, 5 oct. 2005, *Branche de l'Armée du Salut c/ Russie*, n° 72881/01, *AJDA* 2007. 902, obs. J.-F. Flauss. V° aussi : CEDH, 5 avr. 2007, *Église de scientologie de Moscou c/ Russie*, n° 18147/02, *RTDH* 2007. 1137, obs. G. Gonzalez.

251. CEDH, 27 févr. 2007, *Associated Society of Locomotive Enginneers and Firemen (A. S.L. E.F.) c/ Royaume-Uni*, n° 11002/05, § 39, *RTDH* 2008. 549, obs. F. Dorssemont. Cette affaire concernait un syndicat.

252. Aff. *Associated Society of Locomotive Enginneers and Firemen (A. S.L. E.F.)*, préc., § 39.

253. CEDH, 8 avr. 2014, *Magyar Keresztény Mennonita Egyhaz et a. c/Hongrie*, n° 70945/11..., *JDI* 2015, n° 4, chron. 7, n° 33, obs. J. Levivier.

254. CEDH, 30 janv. 1998, *Parti communiste unifié de Turquie c/ Turquie*, n° 19392/92, § 27, *D.* 1998 Somm. 372, obs. S. Perez, *JCP* 1999-I-105 n° 53, obs. F. Sudre.

255. Aff. *Parti communiste de Turquie*, préc., § 33.

illusoire : la liberté d'association doit être effective et donc non entravée[256]. Mais, naturellement, encore faut-il que les partis restent dans la légalité et respectent les principes démocratiques, garantis d'ailleurs par la Convention européenne elle-même[257].

B. Les tempéraments au principe de liberté

215. L'article 11 § 2 de la Convention. – Le deuxième paragraphe de l'article 11 précise que l'exercice des droits de réunion et d'association ne peut faire l'objet d'autres restrictions que celles qui, prévues par la loi, constituent des mesures nécessaires, dans une société démocratique, à la sécurité nationale, à la sûreté publique, à la défense de l'ordre et à la prévention du crime, à la protection de la santé ou de la morale, ou à la protection des droits et libertés d'autrui. Ces restrictions peuvent être imposées par les membres des forces armées, de la police ou de l'administration de l'État[258]. Nous sommes là dans le cadre classique de « l'ingérence de l'État » même si l'on peut remarquer une plus grande précision quant aux circonstances de la cause ainsi que certains cas particuliers[259].

CEDH, 2 oct. 2014,* Matelly c/ France, *n° 10609/10 :

En fait : *Le requérant, officier de gendarmerie, a créé une association dont les statuts prévoyaient notamment « la défense de la situation matérielle et morale des gendarmes ». Le directeur général de la gendarmerie nationale a donné l'ordre au requérant et aux autres gendarmes en activité membres de l'association d'en démissionner sans délai, estimant que l'association présentait les caractéristiques d'un groupement professionnel à caractère syndical. Avant même d'avoir reçu l'ordre en question, le requérant a indiqué que l'association était prête à modifier dans ses statuts les mentions ambiguës au regard des obligations militaires. Il a*

256. CEDH, 5 oct. 2006, *Parti nationaliste basque, Organisation régionale d'Iparralde c/ France*, (déc.) n° 71251/01. Toutefois, la Cour a jugé que l'interdiction faite à un agent de garde municipale de s'affilier à un parti politique n'est pas contraire à l'art. 11 : CEDH, 10 avr. 2012, *Strzelecki c/ Pologne*, n° 26648/03. Par ailleurs, une loi permettant de licencier un salarié uniquement en raison de son appartenance politique est potentiellement génératrice d'abus et viole l'art. 11 : CEDH, 6 nov. 2012, *Redfeam c/ Royaume-Uni*, n° 47335/06. De même la dissolution d'une association de supporters violents peut se révéler nécessaire et proportionnée au but légitime poursuivi : CEDH, 27 oct. 2016, *Les Authentiks et Supras Auteuil 91 c/France*, n° 4696/11, *Dalloz Actu.* 9 nov. 2016, obs. J.-M. Pastor, *AJDA* 2016. 2071, obs. J.-M. Pastor, *Jurisport* 2016, n° 170, p. 8, obs. F. Lagarde.

257. CEDH, Gr. Ch., 13 févr. 2003, *Refah Partisi (parti de la prosprité) et autres c/ Turquie*, n° 41340/98..., § 103, *JCP* 2003-I-160 n° 15, obs. F. Sudre. Sur les tempéraments au principe de liberté concernant les partis politiques, cf. *infra*, n° 216.

258. Cela est expressément prévu par le § 2 de l'art. 11 de la Convention. Cf. cependant CEDH, 2 oct. 2014, *Matelly c/ France*, n° 10609/10, *Dalloz Actu.* 7 oct. 2014, obs. M.-Ch. de Montcler, *JCP* 2014 act. 1083, obs. G. Gonzalez, *JCP* 2015, chron. 70, n° 13, obs. F. Sudre, *RPDP* 2014. 910, obs. C. Binard, *AJDA* 2015. 150, obs. L. Burgorgue-Larsen, *RFDA* 2015. 512, obs. H. Labayle et F. Sudre, *RTDH* 2015. 719, note M. Guimezanes, *JCP (A)* 2015. 2070, com. B. Thomas-Tual, *JCP (A)* 2015. 2022, chron. V. Correia (dir.), n° 18, obs. L.-M. Le Rouzic, *JDI* 2015, n° 4, chron. 7, n° 34, obs. Ph. Ch.-A. Guillot ; 2 oct. 2014, *ADEFROMIL c/ France*, n° 32191/09, *AJDA* 2014. 1919, obs. M.-Ch. de Montecler, *Dr. Administratif* 2015 com. 8, obs. J.-Ch. Videlin, où la Cour a jugé que l'interdiction absolue des syndicats au sein de l'armée française est une violation de l'art. 11.

259. Par application de l'art. 11 § 2, les États peuvent imposer des « restrictions légitimes » à l'exercice du droit à la liberté d'association des policiers : CEDH, 20 mai 2005, *Rekvényi c/ Hongrie*, n° 25390/94, § 59 ; 10 juill. 2012, *Berladir et autres c/ Russie*, n° 34202/06.

démissionné de l'association quelques jours plus tard. Tous les recours du requérant ont été rejetés.
En droit : *(violation de l'article 11) Les mesures contestées s'analysent comme des ingérences des droits à fonder et s'affilier à des syndicats. Elles étaient prévues par le Code de la défense et avaient pour but légitime la préservation de l'ordre et de la discipline nécessaire aux forces armées dont la gendarmerie fait également partie. La spécificité des missions incombant aux forces armées exige une adaptation de l'activité syndicale qui, par son objet, peut révéler l'existence de points de vue critiques sur certaines décisions affectant la situation morale et matérielle des militaires. À ce titre, des restrictions, même significatives, peuvent être apportées aux modes d'action et d'expression d'une association professionnelle et des militaires qui y adhèrent. De telles restrictions ne doivent cependant pas priver les militaires et leurs syndicats du droit général d'association pour la défense de leurs intérêts professionnels et moraux.*

Compte tenu de l'importance qui est attachée à la liberté de réunion et d'association, il est certain que les éventuelles limitations sont d'interprétation étroite[260]. La définition des exceptions au principe de liberté est nécessairement restrictive[261]. Mais cela n'empêche pas les juges européens de prendre en compte des circonstances particulières pouvant justifier des mesures énergiques de la part des autorités de l'État[262]. Toutefois, les juges européens restent très attentifs au respect du rapport de proportionnalité qui s'impose entre l'atteinte au droit et le but légitime poursuivi : c'est ainsi qu'ils ont jugé qu'une loi obligeant les candidats à une charge publique à déclarer qu'ils n'appartenaient pas à la franc-maçonnerie est contraire à l'article 11 § 2 de la Convention parce que l'ingérence n'était pas « nécessaire dans une société démocratique »[263] ; de surcroît, une telle déclaration d'appartenance à la franc-maçonnerie ou d'autres associations secrètes constitue une

260. V° CEDH, 10 juill. 1998, *Sidiropoulos c/ Grèce*, n° 26695/95, § 47, où la Cour a conclu à la violation de l'art. 11 en raison du refus d'enregistrement d'une association fondé sur une simple suspicion quant aux véritables intentions de ses fondateurs, concernant la remise en cause de l'intégrité territoriale du pays. V° aussi la violation de l'art. 11 en cas d'arrestation de militants politiques lors d'une manifestation : CEDH, 13 déc. 2016, *Kasparov et a. c/Russie (n° 2)*, n° 51988/07.

261. CEDH, 10 juill. 1998, *Simiropoulos et autres c/ Grèce*, n° 26695/95, §§ 37-49 ; 20 sept. 2005, *Yesilgoz c/ Turquie*, n° 45454/99, § 31 (atteinte à la liberté de réunion et d'association par l'interdiction d'accéder à une région pourtant soumise à l'état d'urgence) ; 20 oct. 2001, *Stankov et Organisation Macédonienne Unie Ilinden c/ Bulgarie*, n° 29221/95..., § 112 (interdiction de tenir des réunions commémoratives non nécessaires dans une société démocratique). Cf. cependant CEDH, 20 déc. 2001, *Gorzelik et autres c/ Pologne*, n° 44158/98, et Gr. Ch., 17 févr. 2004, n° 44158/98, § 106 (non-violation).

262. C'est ainsi que la Cour a considéré que l'occupation de l'Église Saint-Bernard par des sans-papiers s'analyse en une réunion pacifique, reconnaissant par là même l'ingérence. Toutefois, relevant le caractère « brusque et indifférencié » de l'intervention de l'État pour déloger les occupants, elle ne la considère pas pourtant comme « déraisonnable » et conclut à une non-violation de l'art. 11, eu égard à la situation où l'état de santé des grévistes de la faim s'était dégradé et où les circonstances sanitaires étaient gravement insuffisantes : CEDH, 9 avr. 2002, *Cisse c/ France*, n° 51346/99, *JDI* 2003. 506, obs. E. Decaux et P. Tavernier, *RDP* 2003. 689, obs. M. Levinet. V° aussi pour l'interdiction de distribuer une « soupe au cochon » à des personnes défavorisées : CEDH, 16 juin 2009, *Solidarité des français (Assoc.) c/ France*, n° 26787/07, *D.* 2010. 65, note J. Raynaud (décision d'irrecevabilité).

263. CEDH, 2 août 2001, *Grande Oriente d'Italia di palazzo Giustiniani c/ Italie*, n° 35972/97, § 15, *Europe* 2001 n° 345, obs. N. Deffains, *JCP* 2002-I-105 n° 17, obs. F. Sudre, *JDI* 2002. 305, obs. J. Benzimra-Hazan. V° aussi : CEDH, 17 févr. 2004, *Maestri c/ Italie*, n° 39748/98, §§ 30 et s. À propos d'une sanction à

forme de discrimination contraire à l'article 14 de la Convention[264]. De même, lorsque des défilés sur la voie publique sont prévus, il est légitime de les soumettre à une autorisation des pouvoirs publics[265] : d'une part, ceux-ci ont en charge la protection de l'ordre public ; d'autre part, ils doivent prendre toutes les mesures qui s'imposent afin que la liberté de réunion soit assurée[266]. Il est en effet essentiel que des réunions autorisées se déroulent dans les meilleures conditions de sécurité : si le droit de contre-manifester est tout aussi légitime, il ne peut pour autant entraîner une paralysie du droit de manifester[267] ; mais cette obligation positive mise à la charge de l'État est une obligation de moyens et non de résultat.

216. Le cas particulier des partis politiques. – La situation des partis politiques est spécifique en raison du rôle éminent qu'ils sont amenés à jouer dans les sociétés démocratiques : apportant une contribution irremplaçable au débat politique, une protection particulière s'impose[268].

En soi, la dissolution d'un parti politique n'est pas forcément contraire à la Convention européenne. Mais la Cour a jugé qu'une dissolution pouvait être disproportionnée par rapport au but visé, à savoir la sûreté publique et l'intégrité territoriale : dès lors que la mesure litigieuse n'est pas « nécessaire dans une société démocratique », il y a violation de l'article 11 de la Convention[269]. Une disproportion peut également apparaître dans le fait de dissoudre définitivement un parti au regard de son seul programme et avant même qu'il n'entame ses activités, en particulier si le projet politique dudit parti n'était pas de nature à compromettre le régime démocratique du pays[270]. Mais une dissolution est possible si le parti en cause poursuit un projet politique incompatible avec l'idéal démocratique sous-jacent à l'ensemble de la Convention : l'État doit pouvoir empêcher la réalisation d'un tel projet avant qu'il ne soit mis en pratique par des actes concrets risquant de compromettre la paix

---

l'encontre d'un magistrat pour appartenance à la franc-maçonnerie : CEDH, 2 août 2001, *N. F. c/ Italie,* n° 37119/97, § 33 (exigence de prévisibilité non remplie : l'ingérence n'était donc pas prévue par la loi).

264. CEDH, 31 mai 2007, *Grande Oriente d'Italia di Palazzo Giustiniani c/ Italie (n° 2),* n° 26740/02, *AJDA* 2007. 1922, obs. J.-F. Flauss.

265. Comm. EDH, 10 oct. 1979, *Rassemblement jurassien c/ Suisse,* DR 17/93.

266. Comm. EDH, 17 oct. 1985, *Plattform « Arzte für das Leben »,* DR 44, p. 81 ; CEDH, 21 juin 1998, *Plattform « Artze für das Leben »,* n° 10126/82. V° aussi : CEDH, 5 mars 2009, *Barraco c/ France,* n° 31684/05, *RDP* 2010. 881, obs. F. Sudre : la condamnation pour délit d'entrave à la circulation publique suite à une opération escargot ne viole pas l'art. 11.

267. N. Valticos, *Article 11, in* L.-E. Pettiti, E. Decaux et P.-H. Imbert (dir.), *La Convention européenne des droits de l'homme, op. cit.,* p. 419 et s., spéc., p. 422. Cf. aussi : CEDH, 21 juin 1998, *Plattform « Artze für das Leben »,* préc., § 32.

268. Cf. *supra,* n° 214 *in fine.*

269. Aff. *Parti communiste de Turquie,* préc. V° aussi : CEDH, 14 févr. 2006, *Christian Democratic People's Party c/ Molodova,* n° 28793/02, *JDI* 2007, p. 727, obs. C. Callejon (interdiction temporaire d'un parti politique ayant organisé des rassemblements sans autorisation : violation) ; *Adde* CEDH, 12 janv. 2016, *Parti pour une société démocratique (DTP) et autres c/Turquie,* n° 37272/10 (violation de l'art. 11 suite à la dissolution de ce parti).

270. CEDH, 9 avr. 2002, *Yasar et autres c/ Turquie,* n° 22723/93, § 60. V° pour un constat de violation en raison du refus d'enregistrer un parti politique dont l'un de ses buts serait anticonstitutionnel : CEDH, 7 déc. 2006, *Linkov c/ République tchèque,* n° 10504/03.

civile et le régime démocratique dans le pays[271]. La Grande Chambre a bien précisé que les libertés garanties par la Convention ne sauraient priver les autorités de l'État dont une association, par ses activités, met en danger les institutions, du droit de protéger celles-ci[272]. Même si une telle mesure ne peut être qu'exceptionnelle, ce n'est point une hypothèse d'école. Les juges européens se montrent très pragmatiques, en particulier dans le cas de dissolutions de partis politiques liés à une organisation terroriste : la Cour a même validé la position des juridictions internes considérant le refus de condamner la violence comme une attitude de soutien tacite au terrorisme[273].

Une ingérence de l'État est donc possible[274], mais il faut être prudent et mesuré[275]. Il en est de même pour le refus d'enregistrement d'un parti politique : un tel refus ne peut être fondé que sur un besoin social impérieux[276]. Il reste que l'admission de la conventionnalité d'un refus d'enregistrement, s'agissant plus particulièrement d'un parti politique « ethnique »[277], suscite quelques interrogations même si elle peut sembler légitime compte tenu du contexte national : on a pu à juste titre se demander, d'une part si les États ne sont pas désormais en droit de refuser la constitution de partis politiques ayant pour objet la représentation de minorités nationales, et d'autre part si compte tenu de la sensibilité particulière du Conseil de l'Europe vis-à-vis des minorités nationales, le refus d'enregistrement ne saurait concerner qu'un parti politique représentant un groupe ethnique majoritaire[278]. Une clarification de la jurisprudence européenne, concernant un domaine aussi sensible, est très certainement souhaitable.

217. Bibliographie. ***Ouvrages :*** Lambert (P.) (dir.), *Les partis liberticides et la Convention européenne des droits de l'homme*, Bruylant, 2005 ; Lewis-Anthony (S.), *Les droits à la liberté de réunion pacifique et à la liberté d'association garantis par l'article 11 de la CEDH*, Doc. H (92) 11, Conseil de l'Europe 1993. ***Articles :*** Alfandari (E.), *La liberté d'association, in* Cabrillac (R.) (dir.), *Libertés et droits fondamentaux*, Dalloz, 22e éd., 2016, p. 545 et s. ; *L'adhésion forcée à une association de chasse est condamnée par la Cour européenne des droits de l'homme, D.* 2000 Chron. p. 141 et s. ; Andrieux (J.) et Sherlock (A.), *Language, Politics and Electoral Law in Belgium, Eur. Law Rev.* 1987, p. 398 et s. ; Burgogue-Larsen (L.), *L'autonomie constitutionnelle aux prises avec la Convention européenne des*

271. CEDH, 31 juill. 2001, *Refah Partisi (parti de la prospérité) et autres c/ Turquie*, n° 41340/98..., § 81, *Europe* 2001 n° 344, obs. I. Kitsou-Milonas, *JCP* 2002-I-105 n° 16, obs. F. Sudre, *JDI* 2002. 308, obs. R. Adjovi.

272. CEDH, Gr. Ch., 12 févr. 2003, *Refah Partisi (Parti de la prospérité) et autres c/ Turquie*, n° 41340/98, § 96.

273. CEDH, 30 juin 2009, *Herri Batasuna et Batasuna c/ Espagne*, n° 25803/04.

274. Par exemple, l'impossibilité pour un parti politique de percevoir des fonds de partis étrangers n'est pas incompatible avec l'art. 11 de la Convention : CEDH, 7 juin 2007, *Parti nationaliste basque – Organisation régionale d'Iparralde c/ France*, n° 71251/01, *D.* 2007. 3048 et s., note Y. Lecuyer. Cf. aussi : CEDH, 15 janv. 2013, *Eusko Abertzale Ekinta – Accion Nacionalista Vasca c/ Espagne (EAE-ANV)*, n° 40959/09, *AJDA* 2013. 1794, obs. L. Burgorgue-Larsen : selon la Cour, les projets politiques du parti requérant étant en contradiction avec le concept de société démocratique et représentant un grand danger pour la démocratie espagnole, la sanction infligée était proportionnée au but légitime poursuivi (§ 81).

275. Une interdiction, même temporaire, peut être considérée comme une violation de l'art. 11 : CEDH, 14 févr. 2006, *Parti populaire démocrate-chrétien c/ Moldova*, n° 28793/02 (interdiction temporaire d'un parti politique ayant organisé des rassemblements sans autorisation).

276. CEDH, 7 déc. 2007, *Linkov c/ République tchèque*, n° 10504/03, *AJDA* 2007. 902, obs. J.-F. Flauss.

277. CEDH, 7 déc. 2006, *Artyomov c/ Russie*, n° 17582/05, *AJDA* 2007. 902, obs. J.-F. Flauss.

278. J.-F. Flauss, obs. préc.

droits de l'homme, Rev. dr. const. belge 2001/1, p. 31 et s. ; De Meyer (J.), *Electoral Rights in the European Convention on Human Rights,* Yearbook Europe Law 1987, p. 371 et s. ; Douarte (B.), *Les partis politiques, la démocratie et la Convention européenne des droits de l'homme, RTDH* 1999, p. 314 et s. ; Levinet (M.), *L'incompatibilité entre l'État théocratique et la Convention européenne des droits de l'homme, RFD const.* 2004, p. 207 et s. ; Raymond (J.), *La liberté de manifester selon la Convention européenne des droits de l'homme, RTDH* 1990, p. 331 et s. ; Valticos (N.), *Article 11, in* Pettiti (L.-E.), Decaux (E.) et Imbert (P.-H.) (dir.), *Convention européenne des droits de l'homme,* Economica, 2e éd., 1999, p. 419 et s.

§2. Le cas particulier de la liberté syndicale

218. Une liberté fondamentale. - L'importance de la liberté syndicale est forte, car ses enjeux et ses conséquences sont considérables, tant sur le plan individuel que collectif. Le domaine reste cependant sensible. C'est la raison pour laquelle si l'affirmation de la liberté syndicale s'est très vite imposée, des difficultés spécifiques ont pu surgir sur le plan de ses éventuelles limites.

A. Le principe de la liberté syndicale

219. La dimension sociale de l'article 11. - L'article 11 est relatif à la liberté de réunion et d'association qui est un droit civil et politique, mais il garantit également la liberté syndicale. La Cour a précisé que cette dernière est une forme ou un aspect spécial de la liberté d'association[279].

Traditionnellement, les juges européens excluent du champ d'application de l'article 11 les modalités d'exercice du droit syndical[280], la Convention garantissant uniquement le droit de fonder un syndicat et d'adhérer à un syndicat de son choix. Mais les choses ont progressivement changé, un lien organique entre la liberté syndicale et le droit de conclure des négociations collectives ayant été reconnu[281]. Il est certain que cette garantie de fonder un syndicat comprend le droit, pour les organisations syndicales, d'établir leurs propres règlements et d'administrer leurs propres affaires[282], ou encore d'adhérer à des fédérations de syndicats, voire de les créer[283]. De plus, l'évolution récente de la jurisprudence européenne tend à consacrer une interprétation plus hardie de l'article 11 de la Convention européenne. Les juges européens n'ont d'ailleurs pas hésité à constater une violation de l'article 11 dès lors que,

279. CEDH, 27 oct. 1975, *Syndicat national de la police belge c/ Belgique,* n° 4464/70, § 38, *AFDI* 1976. 121, obs. R. Pelloux, *JDI* 1978. 685, obs. P. Rolland ; 6 févr. 1976, *Syndicat suédois des conducteurs de locomotives c/ Suède,* n° 4464/70, § 39 ; 2 juill. 2002, *Wilson, National union of journalists et autres c/ Royaume-Uni,* n° 30668/96, § 42, *JCP* 2003-I-109 n° 21, obs. F. Sudre. V° plus récemment : CEDH, 14 nov. 2006, *Metin Turan c/ Turquie,* n° 20868/02 ; 21 févr. 2006, *Tüm Haber Sen et Cinar c/ Turquie,* n° 28602/95, § 39.

280. CEDH, 27 oct. 1975, *Syndicat national de la police belge,* préc. (exclusion du droit à la consultation syndicale, de tout traitement précis de la part de l'État vis-à-vis d'un syndicat) ; CEDH, 6 févr. 1976, *Schmidt et Dahlström c/ Suède,* n° 5589/72 ; 6 févr. 1976, *Syndicat suédois des conducteurs de locomotives,* préc. (exclusion du droit à la négociation et à la conclusion de conventions collectives de travailleurs, du droit de grève...).

281. V° aff. *Demir et Baykara,* préc. V° *infra,* n° 223.

282. Comm. EDH, 7 mai 1990, *Johansson c/ Suède,* DR 65/202.

283. Cf. Comm. EDH, 13 mai 1985, *Cheall c/ Royaume-Uni,* DR 42/178.

par des incitations financières, les employeurs peuvent amener les salariés à renoncer à des droits syndicaux importants : dans ce cas, l'État manque à son obligation positive de garantir la jouissance des droits consacrés par l'article 11[284]. Plus récemment, la Cour européenne, en englobant dans l'article 11 de la Convention le droit de conclure des négociations collectives, n'a pas hésité pour ce faire à utiliser une disposition de la Charte sociale européenne, disposition non ratifiée par l'État en cause ce qui a pu susciter une intéressante controverse[285]. En revanche, un syndicat reste libre de choisir ses membres puisqu'il n'est pas obligé d'accueillir toute personne qui souhaite adhérer[286].

220. Le cas particulier du droit de grève. – La position des organes de Strasbourg par rapport au droit de grève est intéressante : ce droit n'est pas expressément garanti par l'article 11 de la Convention, mais, compte tenu de l'importance du droit de grève pour les syndicats qui disposent ainsi d'un moyen efficace de remplir leur rôle, à savoir la protection des intérêts professionnels de leurs adhérents, une interdiction de faire grève apparaîtra comme une ingérence dans l'exercice des droits garantis par l'article 11[287]. Le droit de grève représente l'un des moyens les plus importants au travers desquels l'État peut assurer la liberté pour un syndicat de protéger les intérêts professionnels de ses membres[288]. Bien que non consacré expressément par l'article 11, ce droit constitue l'une des composantes les plus importantes de la liberté syndicale : avec l'arrêt *Saltimis*[289], la Cour fait preuve de plus de hardiesse encore s'agissant de la liberté syndicale des agents de l'État puisque jusqu'alors ce droit était certes une garantie incluse dans la liberté syndicale, mais uniquement s'agissant des salariés du secteur privé[290]. Les juges européens ont d'ailleurs précisé que des fonctionnaires n'exerçant pas une activité de puissance publique, qui quittent leur poste pour quelques heures à l'appel de leur syndicat, exercent leur liberté syndicale au sens de l'art. 11 de la Convention[291]. Toutefois, la Cour a bien précisé que le principe de la liberté syndicale peut être compatible avec l'interdiction du droit de grève des fonctionnaires exerçant des fonctions d'autorité au nom de l'État, à condition cependant que la loi nationale définisse clairement les

284. Aff. *Wilson, National union of journalists et autres*, § 48.

285. Cf. *infra*, n° 223.

286. CEDH, 27 févr. 2007, *Associated Society of Locomotive Enginneers and Firemen (A. S.L. E.F.) c/ Royaume-Uni*, n° 11002/05, § 39, *RTDH* 2008. 549, obs. F. Dorssemont.

287. CEDH, 10 janv. 2002, *UNISON c/ Royaume-Uni* (déc.), n° 53574/99, *D.* 2003. 939, note J.-P. Marguénaud et J. Mouly ; 27 juin 2002, *Fédération des syndicats de travailleurs offshore et autres c/ Norvège*, n° 38190/97.

288. CEDH, 6 févr. 1976, *Schmidt et Dahlström c/ Suède*, préc., § 36.

289. CEDH, 17 juill. 2007, *Satilmis et autres c/ Turquie*, n° 74611/01..., § 74, *JCP* (social) 2007, n° 38, 1702, note J. Cavallini, *AJDA* 2007. 1922, obs. J.-F. Flauss. *Adde* CEDH, 27 nov. 2014, *Hrvatski Lijecnicki Sindikat c/ Croatie*, n° 36701/09, *AJDA* 2015. 150, obs. L. Burgorgue-Larsen.

290. J.-F. Flauss, art. préc. V° aussi : CEDH, 21 avr. 2009, *Enerji Yapi-Yol Sen c/ Turquie*, n° 68959/01, *JCP* 2009-I-143 n° 25, obs. F. Sudre.

291. Aff. *Saltimis*, préc.

catégories de fonctionnaires concernés[292]. Des limites existent d'une façon plus générale, la Cour ayant jugé que l'interdiction des grèves de solidarité ne viole pas forcément l'article 11 de la Convention[293]. De même, les juges européens ont estimé que l'interdiction faite à un syndicat de police de faire grève ne viole pas la liberté de réunion et d'association[294].

B. Les limites de la liberté syndicale

221. La marge d'appréciation des États. - Si l'article 11 protège la liberté de défendre les intérêts professionnels des adhérents d'un syndicat par l'action collective de celui-ci, l'État reste libre des moyens à utiliser pour rendre possible l'exercice de cette action[295]. La marge d'appréciation des États reste importante et d'éventuelles mutations de salariés, dès lors qu'elles sont possibles dans leurs statuts, ne constituent pas, en elles-mêmes, une violation de l'article 11 et de la liberté syndicale. Dans un tel contexte, il n'incombe pas à la Cour d'apprécier, au regard de la Convention, l'opportunité d'une décision de mutation : son rôle se limite à étudier les incidences d'une telle décision sur le droit des requérants de mener des activités syndicales au regard de l'article 11 de la Convention[296]. De telles mesures peuvent assurément s'inscrire dans le cadre de la gestion et de l'exercice d'une bonne administration du service public de l'État.

La liberté syndicale, comme d'une façon plus générale la liberté d'association, peut être limitée : les restrictions du § 2 de l'article 11 s'appliquent, même si certaines précautions s'imposent. Ainsi, dans une affaire abordant au fond la question de ces restrictions à la liberté syndicale des fonctionnaires, la Cour a rappelé cette possibilité tout en l'enfermant dans des limites très étroites. Pour les juges européens, l'exception visée au deuxième paragraphe de l'article 11 doit être interprétée de façon stricte, seules des raisons « convaincantes et impératives » pouvant justifier de telles restrictions[297]. Par ailleurs, un fonctionnaire, dirigeant syndical, n'est pas autorisé à appeler ses collègues à une grève interdite par la loi et s'il est sanctionné disciplinairement, cela n'est en aucun cas contraire à la Convention[298]. En outre, le fait de refuser d'accorder rétroactivement des majorations de traitement à des

292. Aff. *Enerji Yapi-Yol Sen*, préc.

293. La Cour a pris en compte les faits particuliers de l'espèce : CEDH, 8 avr. 2014, *R.M.T. c/ Royaume-Uni*, n° 31045/10, *JCP* 2014 actu. 515, obs. G. Gonzalez, *JCP* 2014, chron. 832, n° 16, obs. F. Sudre.

294. CEDH, 21 avr. 2015, *Junta Rectora Del Ertzainen Nazional Elkartasuna (ER.N.E) c/Espagne*, n° 45892/09, *JCP* 2015. 845, n° 11, obs. F. Sudre, *JCP (A)* 2015. 2282, chron. V. Correia (dir.), n° 14, obs. C. Benelbaz, *JDI* 2016, n° 4, chron. 8, n° 37, obs. S. Jamal.

295. CEDH, 27 oct. 1975, *Syndicat national de la police belge c/ Belgique*, préc., §§ 38 et 39 ; aff. *Wilson, National union of journalists et autres*, préc., § 42 ; aff. *Syndicat suédois des conducteurs de locomotives*, préc., §§ 39 et 40.

296. CEDH, 20 sept. 2005, *Bulga c/ Turquie*, n° 43974/98, § 70 ; 20 sept. 2005, *Ertas Aydin et autres c/ Turquie*, n° 43672/98, § 53.

297. CEDH, 21 févr. 2006, *Tüm Haber Sen et Cinar c/ Turquie*, n° 28602/95, § 35, *JCP* 2006-I-164 n° 11, obs. F. Sudre.

298. Comm. EDH, 5 juill. 1984, *S c/ RFA*, DR 39/237.

fonctionnaires non grévistes, mais membres de syndicats ayant appelé à la grève n'est pas contraire à l'article 11 de la Convention[299]. La Cour a pu également considérer que le licenciement collectif et sur le champ des travailleurs s'étant exprimés de façon caricaturale constitue une mesure justifiable d'ingérence dans leur liberté d'expression[300]. Enfin, il a été jugé que le refus d'enregistrer un syndicat de prêtres au nom du respect de l'autonomie des cultes n'est pas déraisonnable eu égard au rôle de l'État dans la préservation de cette autonomie[301].

222. Le monopole syndical d'emploi. – Ce système se caractérise par un accord passé entre un ou plusieurs syndicats et un ou plusieurs employeurs, afin que les salariés appartiennent exclusivement à un syndicat déterminé. Nous sommes là dans le cadre d'une affiliation forcée à un syndicat[302]. Cela peut être considéré comme une violation de la Convention[303], laquelle protège l'individu contre l'État, mais impose aussi cette même protection contre les agissements d'autrui[304].

La Cour européenne ne s'est pas prononcée sur le système lui-même, mais sur les incidences du système sur les requérants : elle estime que le risque de perte d'un emploi est une contrainte qui touche à la substance même de l'article 11[305]. Par conséquent, le principe de la liberté de ne pas s'associer se pose et l'arrêt *Sigurdur A. Sirgurjonsson* affirme que l'article 11 consacre le droit d'association « négatif » en jugeant que l'affiliation syndicale obligatoire atteint la substance même du droit protégé par ledit article[306]. Par la suite, dans l'affaire *Sorensen et Rasmussen*, la Cour a précisé certains points : même si elle refuse de décréter de manière générale et abstraite que le « droit négatif » d'association doit être protégé à l'égal du « droit positif », elle n'exclut pas, en principe, que les aspects négatifs et les aspects positifs du droit consacré par l'article 11 doivent bénéficier du même niveau de

299. CEDH, 6 févr. 1975, *Schmidt et Dahlström c/ Suède*, préc.

300. CEDH, 8 déc. 2009, *Aguilera Jimenez et autres c/ Espagne*, n° 28398/06, *RTDH* 2010. 733, note D. Voorhoof (s'agissant de liberté d'expression syndicale, nous sommes sur le terrain de l'art. 10).

301. CEDH, Gr. Ch., 9 juill. 2013, *Sindicatul Pastorul cel Bun c/ Roumanie*, n° 2330/09, *JCP* 2013 Actu. 919, obs. G. Gonzalez, *JDI* 2013, chron. 6, n° 32, obs. E. Deleage.

302. Sur le terrain de l'affiliation forcée à un syndicat, il est arrivé que la Cour ne réponde pas à la question posée et se place sur un autre terrain, au nom de l'interchangeabilité des dispositions normatives de la Convention. C'est ainsi que dans une affaire suédoise, alors que les requérants se plaignaient d'une affiliation forcée parce qu'ils étaient dans l'obligation de contribuer au financement d'un syndicat contre leur gré, la Cour a jugé qu'il y avait là une violation de l'art. 1er du Port. n° 1, la privation de propriété en cause ne répondant pas à l'exigence de proportionnalité : CEDH, 13 févr. 2007, *Evaldsson et autres c/ Suède*, n° 75252/01, § 64, *JCP* 2007-I-182 n° 14, obs. F. Sudre, *AJDA* 2007. 902, obs. J.-F. Flauss.

303. Le monopole syndical d'emploi pose problème par rapport au respect, non seulement de l'art. 11, mais aussi des art. 9 et 10 : CEDH, 20 avr. 1993, *Sibson c/ Royaume-Uni*, n° 14327/88.

304. Comm. EDH, 14 déc. 1979, *Young, James et Webster c/ Royaume-Uni*, B vol. 39, p. 47.

305. CEDH, 13 août 1981, *Young, James et Webster c/ Royaume-Uni*, n° 7601/76..., *CDE* 1982. 226, obs. G. Cohen-Jonathan, *AFDI* 1982. 499, obs. R. Pelloux, *JDI* 1982. 220, obs. P. Rolland.

306. CEDH, 30 juin 1993, *Sigurdur A. Sirgurjonsson c/ Irlande*, n° 16130/90, § 36, *JCP* 1994-I-3742 n° 34, obs. F. Sudre. V° aussi CEDH, 25 avr. 1996, *Gustafsson c/ Suède*, n° 15573/89, § 45, *JCP* 1997-I-4000 n° 40, obs. F. Sudre.

protection : tout dépend des circonstances de l'espèce[307]. Toutefois, pour les juges européens, si contraindre quelqu'un à s'inscrire à un syndicat déterminé peut ne pas toujours heurter la Convention, une forme de contrainte qui dans une situation donnée touche à la substance même de la liberté d'association porte atteinte à ladite liberté[308]. La Cour a également précisé qu'il importe peu que l'accord de monopole syndical intervienne avant ou après l'embauche : le fait que cela intervienne après l'embauche n'est pas une renonciation du requérant à sa liberté d'association[309].

223. Le droit de négociation collective. - La Convention européenne ne reconnaît pas expressément le droit de négociation collective. Pourtant, depuis l'arrêt *Gustafsson*[310], le contenu de la liberté syndicale a été progressivement élargi. Finalement, les juges européens ont consacré explicitement le droit de négociation collective : dans l'arrêt *Demir et Baykara*[311], la Cour a interprété l'article 11 de la Convention, en y englobant le droit de négociation collective qui n'y figure pas, à la lumière de l'article 6 de la Charte qui prévoit ce droit, tout en se référant aux décisions du Comité européen des droits sociaux[312] qui a mis en évidence un lien organique entre la liberté syndicale et la liberté de conclure des négociations collectives. L'interprétation est audacieuse dans la mesure où, dans cette affaire, l'État défendeur a été condamné alors pourtant que, bien que signataire de la Charte, il n'avait pas choisi d'appliquer ledit article 6 au titre de ses engagements.

CEDH, 12 nov. 2008,* Demir et Baykara c/ Turquie, *n° 34503/97 :
En fait : *Les requérants se plaignent d'une violation de leur liberté d'association. Leur syndicat avait conclu une convention collective avec l'administration communale, mais la Cour de cassation, qui ne leur a pas reconnu le droit de fonder un syndicat en tant que fonctionnaires, a annulé ladite convention collective.*
En droit : *(violation de l'art. 11). Le Gouvernement n'a pas rempli son obligation d'assurer aux requérants leurs droits syndicaux. L'annulation de la convention collective par les autorités n'était pas « nécessaire dans une société démocratique », d'autant plus que le droit pour les fonctionnaires de pouvoir mener des négociations collectives est reconnu par différents textes internationaux et européens, dont la Charte sociale européenne.*

224. Bibliographie : Bernhardt (R.), *L'embauche et le licenciement des travailleurs vus sous l'angle de la Convention européenne, RTDH* 1991, p. 1630 et s. ; Costa (J.-P.), *La Cour EDH et la protection des droits sociaux, RTDH* 2010, p. 207 et s. ; Daugareilh (I.), *La Convention EDH et la*

307. CEDH, Gr. Ch., 11 janv. 2006, *Sorensen et Rasmussen c/ Danemark,* n° 52562/99 et n° 52620/99, *JCP* 2006-I-164 n° 10, obs. F. Sudre, *La Semaine Juridique*, éd. Sociale, 2006, p. 24, note J. Cavallini, *AJDA* 2006. 474, obs. J.-F. Flauss, *Dr. Social* 2006. 1022, obs. L.-P. Marguénaud et J. Mouly.

308. Aff. *Sorensen et Rasmussen,* préc. § 54.

309. Aff. *Sorensen et Rasmussen,* préc. § 56.

310. CEDH, 25 avr. 1996, *Gustafsson c/ Suède*, préc.

311. CEDH, 21 nov. 2006, *Demir et Baykara*, n° 34503/97, *D.* 2007. 410, note J.-F. Renucci et C. Bîrsan, *JCP* 2007-II-10038, note J.-P. Marguénaud et J. Mouly. Dans le même sens la Gr. Ch., le 12 nov. 2008, *AJDA* 2009. 872, obs. J.-F. Flauss, *D.* 2009. 739, note J.-P. Marguénaud et J. Mouly.

312. À l'époque des faits, il s'agissait du Comité d'experts indépendants.

protection sociale, RTD eur. 2001, p. 123 et s. ; De Salas (A.), *Les droits sociaux et la Convention EDH,* Mél. Cohen-Jonathan, Bruylant, 2004, p. 579 et s. ; Hervieu (N), *La Cour EDH, alchimiste de la liberté syndicale, Rev. Dr. Trav.* 2009, p. 288 et s. ; Krenc (F.), *Liberté « négative » d'association, accords de monopole syndical et appartenance obligatoire au barrreau, RTDH* 2006, p. 787 et s. ; Gonzalez (G), *Du bon usage de la synergie des sources dans la construction, par la Cour EDH, du droit à la liberté syndicale, RTDH* 2015, p. 589 ; Lyon-Caen (G.), *Négociation et convention collective au niveau européen, RTD eur.* 1973, p. 583, et 1974, p. 1 et s. ; Marguénaud (J.-P) et Mouly (J), *L'avènement d'une Cour européenne des droits sociaux, D.* 2009 Chron. p. 739 et s. ; Merino (M.), *Le renforcement de la liberté syndicale par la Cour EDH, RTDH* 2007, p. 463 et s. ; Mouly (J.), *Les droits sociaux à l'épreuve des droits de l'homme, Dr. Social* 2002, p. 799 et s. ; Pettiti (Ch.), *La protection des droits sociaux fondamentaux, in* Mél. P. Lambert, Bruylant, 2000, p. 613 et s. ; *Le droit de ne pas s'affilier à un syndicat en droit européen, Dr. Social* 1993, p. 999 et s. ; Priso Essawe (S.-J.), *Les droits sociaux et l'égalité de traitement dans la jurisprudence de la Cour EDH, RTDH* 1998, p. 721 et s. ; Sperduti (G.), *Le principe de non-discrimination dans la jouissance des droits de l'homme (à propos de l'affaire « Syndicat national de la police belge »), RDH* 1976, p. 71 et s. ; Sudre (F.), *La « perméabilité » de la Convention EDH aux droits sociaux,* Mél. Mourgeon, Bruylant, 1998, p. 467 et s. ; *La protection des droits sociaux par la Convention européenne des droits de l'homme, in* « Les nouveaux droits de l'homme en Europe », Bruylant, 1999, p. 103 et s. ; *La protection des droits sociaux par la Cour EDH : un exercice de « jurisprudence fiction », RTDH* 2003, p. 755 et s. ; Tulkens (F.), *Les droits sociaux dans la jurisprudence de la nouvelle Cour EDH, in* Grewe (C.) et Benoît-Rohmer (Fl.), *Les droits sociaux ou la démolition de quelques poncifs,* Presses Univers. Strasbourg 2003, p. 117 et s. ; Zarka (A), *L'Europe des droits de l'homme et la liberté syndicale des militaires, AJ FP* 2015, p. 42 s.

L'ESSENTIEL

FICHE MÉMO :

- La liberté de réunion et d'association
  - Un droit affirmé (art. 11 § 1)
    - *La liberté de réunion concerne aussi bien les réunions publiques que privées, mais il doit s'agir de réunions « pacifiques ».*
    - *La liberté d'association suppose en principe une absence d'autorisation préalable des États et implique la liberté de ne pas s'associer.*
  - Un droit limité (art. 11 § 2)
    - *L'exercice des droits de réunion et d'association ne peut faire l'objet d'autres restrictions que celles qui, prévues par la loi, constituent des mesures nécessaires à la sécurité nationale, à la sûreté publique, à la défense de l'ordre et à la prévention du crime, à la protection de la santé ou de la morale, ou à la protection des droits et libertés d'autrui.*
    - *Les éventuelles limitations sont d'interprétation étroite.*
- La liberté syndicale
  - La liberté syndicale est une forme particulière de la liberté d'association
    - *Le principe est celui de la liberté. Des limitations sont possibles, mais c'est une exception au principe de liberté.*
  - La marge d'appréciation des États
    - *Si l'art. 11 protège la liberté de défendre les intérêts professionnels des syndicalistes par l'action collective, l'État reste libre des moyens à utiliser pour rendre possible l'exercice de cette action.*

FICHE GRANDS ARRÊTS :

- *Ezelin* (1991)

  ○ *Violation de l'art. 11 en raison d'une sanction disciplinaire (pourtant minime) infligée au requérant en tant qu'avocat pour ne pas s'être désolidarisé d'une manifestation publique de protestation contre des décisions judiciaires.*

- *Grande Oriente d'Italia di Palazzo Giustiniani* (2001)

  ○ *Violation de l'art. 11 en raison d'une loi obligeant les candidats à une charge publique à déclarer qu'ils n'appartenaient pas à la franc-maçonnerie.*

- *Refah partisi* (2003)

  ○ *S'il existe des raisons convaincantes et impératives pouvant justifier la dissolution du Refah, cette dissolution peut être considérée comme « nécessaire dans une société démocratique ».*

- *Demir et Baykara* (2008)

  ○ *Le refus de reconnaître aux requérants le droit de mener des négociations collectives ne correspond pas à un « besoin social impérieux ».*

- *Lashmankin* (2017)

  ○ *Les obstructions répétées des autorités à la tenue de protestations publiques contre des cas allégués de corruption, de gouvernance inefficace et de répression des libertés civiles sont une violation de l'art. 11.*

FICHE ACTU/DÉBATS :

*** Thème(s) de réflexion :**

- La question des partis politiques au regard de l'art. 11 (v° *Traité DEDH*, p. 335 et 606).

  ○ *Jurisp.* : *Parti communiste de Turquie* (1998) ; *Parti socialiste unifié de Turquie* (1998) ; *Linkov* (2006) ; *Parti républicain de Russie* (2011) ; *Refah partisi* (2003) ; *Parti populaire démocrate-chrétien* (2006) ; *Artyomov* (2006) ; *Strzelecki* (2012) ; *Parti nationaliste basque, Organisation régionale d'Iparralde* (2007) ; *Herri Batasuna* (2009) ; *Eusko Abertzale Ekinta – Accion Nacionalista Vasca c/ Espagne (EAE-ANV)* (2013) ; *Parti pour une société démocratique (DTP)* (2016).

  ○ *Doctr.* : LEVINET, *RDF Const.* 2004. 207 ; GIAKOUMOPOULOS et KITSOU-MILONAS, *L'Europe des libertés* 2/2000. 6 ; LECUYER, *D.* 2007. 3048 ; FLAUSS, *AJDA* 2007. 902 ; LAMBERT (dir), Bruylant, 2005.

- Art. 11 et droit de négociation collective : reconnaissance et controverses (v° *Traité DEDH*, p. 418)

  ○ *Jurisp.* : *Gustafsson* (1996) ; *Wilson, National Union of Journalist* (2002) ; *Demir et Baykara* (2006 et 2008).

  ○ *Doctr.* : LYON-CAEN, *RTD Eur.* 1973. 583 ; MARGUÉNAUD et MOULY, *D.* 1999. 739 ; HERVIEU, *Rev. Dr. Trav.* 2009. 288 ; RENUCCI, *JCP* 2007 « libres propos » 120. 3 et *Traité DEDH* p. 594.

*** Commentaire d'arrêt(s) :**

○ Aff. *Sindicatul « Pastorul Cel Bun »* (2013) : *« En refusant d'enregistrer le syndicat requérant, l'État s'est simplement abstenu de s'impliquer dans l'organisation et le fonctionnement de l'Église orthodoxe roumaine, respectant ainsi l'obligation de neutralité que lui impose l'art. 9 de la Convention (§ 166) (...). Enfin, la Cour prend note de la grande variété des modèles constitutionnels qui régissent en Europe les relations entre les États et les cultes. Compte tenu de l'absence de consensus européen sur la question, elle estime que la marge d'appréciation de l'État est plus large dans ce domaine et englobe le droit de reconnaître ou non, au sein des communautés religieuses, des organisations syndicales poursuivant des buts susceptibles d'entraver l'exercice de l'autonomie des cultes » (§ 171). « En conclusion, eu égard aux motifs qu'il a exposés, le refus du tribunal départemental d'enregistrer le syndicat requérant n'a pas outrepassé la marge d'appréciation dont bénéficient les autorités nationales en la matière et, dès lors, il n'est pas disproportionné » (§ 172).*

CHAPITRE 2

L'intimité personnelle

225. La protection européenne de l'intimité. – L'intimité est protégée, principalement, par le 1er alinéa de l'article 8 de la Convention européenne qui garantit la vie privée et familiale, ainsi que le domicile et la correspondance. Mais dans le cadre de l'intimité familiale, la protection du mariage est tout aussi importante.

Malgré l'importance des droits qui sont ainsi garantis, une « ingérence de l'État » reste possible sous certaines conditions, précisées par le 2e alinéa de l'article 8. L'ingérence doit être prévue par la loi et constituer une mesure qui, dans une société démocratique, est nécessaire à la sécurité nationale, à la sûreté publique, au bien-être économique du pays, à la défense de l'ordre et à la prévention des infractions pénales, à la protection de la santé ou de la morale, ou à la protection des droits et libertés d'autrui. Il convient d'éviter toute immixtion arbitraire, de sorte que si la Convention prévoit la possibilité d'une ingérence de l'État, cela n'altère pas pour autant la protection de l'intimité et son effectivité.

Section 1
Le mariage

226. Une double protection. – Le mariage est protégé, à la fois par la Convention européenne dans son article 12, et par le Protocole n° 7 dans son article 5. Cette double protection est particulièrement efficace dans la mesure où le protocole complète opportunément la Convention, le droit au mariage qu'elle consacre étant insuffisant, car les droits des époux ne sont pas visés : c'est chose faite avec le protocole qui garantit l'égalité dans le mariage. Certes, l'égalité entre époux ne devrait pas être intégrée dans une partie relative aux droits non optionnels puisqu'elle est consacrée par un protocole additionnel : toutefois, compte tenu de l'étroite imbrication qui existe désormais entre le droit au mariage de l'article 12 de la Convention et l'égalité entre époux garantie par le Protocole n° 7, il nous est apparu opportun de ne pas les dissocier.

§1. Le droit au mariage

227. Article 12. Droit au mariage.

> *À partir de l'âge nubile, l'homme et la femme ont le droit de se marier et de fonder une famille selon les lois nationales régissant l'exercice de ce droit.*

228. Le mariage en général. – Aux termes de l'article 12 de la Convention, à partir de l'âge nubile, l'homme et la femme ont le droit de se marier et de fonder une famille selon les lois nationales qui régissent l'exercice de ce droit. Il est important de remarquer que la Convention vise bien le mariage d'un « homme » et d'une « femme ». En outre, le droit au mariage est intégré dans le cadre des législations nationales de sorte que son exercice peut être limité : mais encore faut-il que les limitations ne portent pas atteinte à sa substance même[1]. Le principe de l'ingérence de l'État est donc confirmé, mais il n'en reste pas moins vrai que la marge d'appréciation des autorités étatiques a été considérablement restreinte.

Pour la Cour, le législateur est en droit d'accorder un statut spécial au mariage ou au partenariat enregistré et de le refuser à d'autres formes de vie commune de fait[2]. Ainsi que cela a pu être observé, les juges européens se contentent désormais d'une analyse abstraite de la différence de situation dans laquelle sont placés les couples, considérant que celle-ci résulte du seul statut, sans rechercher si concrètement, au regard de la mesure en cause, les couples se trouvent dans une situation distincte[3].

Le droit au mariage ne contient pas implicitement un « droit au démariage ». Les juges européens ont toujours refusé d'interpréter extensivement l'article 12 pour l'envisager dans son aspect négatif. En réalité, cet article garantit la formation de relations conjugales et non leur dissolution[4]. C'est dire que le droit au divorce n'est pas un droit fondamental garanti par la Convention européenne des droits de l'homme[5]. En revanche, les personnes qui ont divorcé ne peuvent pour autant, même si elles sont fautives, se voir infliger des restrictions quant à la possibilité de se remarier qui seraient

1. CEDH, 17 oct. 1986, *Rees c/ Royaume-Uni,* n° 9532/81, § 50. Cf., pour une atteinte à la substance du droit, l'empêchement à mariage entre des beaux-parents et leurs beaux-enfants : CEDH, 13 sept. 2005, *B. et L. c/ Royaume-Uni,* n° 36536/02.

2. CEDH, Gr. Ch., 29 avr. 1998, *Burden c/ Royaume-Uni,* n° 13378/05, RTDH 2009, p. 513, note J.-P. Marguénaud, *AJDA* 2008, p. 1929, obs. J.-F. Flauss, *JCP* 2008-I-167 n° 20, obs. F. Sudre ; CEDH, 15 mars 2012, *Gas et Dubois c/ France,* n° 25951/07.

3. A. Gouttenoire, *in* J. Rubellin-Devichi (dir.), *Droit de la famille, JCP* 2012, 878 n° 3, p. 1467.

4. CEDH, 18 déc. 1986, *Johnston et autres c/ Irlande,* n° 9697/82, § 52 et s., *CDE* 1988. 464, obs. G. Cohen-Jonathan, *AFDI* 1987. 239, obs. V. Coussirat-Coustère, *JDI* 1987. 812, obs. P. Rolland et P. Tavernier ; CEDH, 10 janv. 2017, *Babiarz c/Pologne,* n° 1955/10, *AJ Famille* 2017. 149, obs. E. Viganotti, *Dr. Famille* 2017, n° 3, com. 58, obs. J.-R. Binet.

5. CEDH, 18 déc. 1986, *Johnston et autres c/ Royaume-Uni,* préc., §§ 52 et s. : le droit de se marier vise « la formation des relations conjugales et non leur dissolution ».

déraisonnables[6] : une interdiction, même temporaire, n'est pas admissible,[7] mais alors, c'est en réalité le droit au mariage qui est protégé.

229. Le mariage des détenus. – L'article 12 a donné lieu à un contentieux délicat concernant les détenus. Dans un premier temps, la Commission européenne a considéré que le refus d'autoriser un prisonnier à se marier n'était pas contraire à l'article 12[8]. Mais par la suite, cette même Commission a infléchi sa position dans l'affaire *Draper*, faisant valoir que le droit au mariage constitue un droit fondamental et que le rôle des lois nationales est de régir l'exercice de ce droit sans porter atteinte à sa substance[9].

Le droit au mariage est clairement affirmé et la liberté de la personne n'est donc pas un préalable : l'essence de ce droit consiste à former une association juridique solidaire entre un homme et une femme[10]. Cela est sans doute une bonne chose, car non seulement l'exercice de ce droit dans les prisons ne pose pas d'importants problèmes sur le plan des impératifs de sécurité, mais de plus il peut être un facteur de resocialisation. La Cour ne paraît guère s'opposer à une telle approche même si, pour elle, le droit de l'article 12 ne peut se concevoir sans celui de vivre ensemble[11] : l'affirmation est nette, mais nuancée par le fait que les juges précisent que la vie familiale implique « normalement » la cohabitation. Il reste que, même si des exceptions sont toujours possibles en particulier au nom de l'ordre public, le principe est désormais consacré avec force[12].

230. Le mariage des transsexuels. – La jurisprudence de la Cour a évolué dans un sens très libéral. Dans un premier temps, les juges de Strasbourg ont affirmé que l'article 12 ne garantit pas le droit au mariage d'un transsexuel, cet article visant le mariage traditionnel entre deux personnes de sexe biologiquement différent[13]. Mais, par la suite, la Cour européenne a jugé que les États contractants ont l'obligation positive

6. Un arrêt semble en effet consacrer ce droit au remariage : CEDH, 27 nov. 2012, *V.K. c/ Croatie*, n° 38380/08, *Dr. Famille* 2013, n° 3 Et. 3, obs. A. Gouttenoire

7. CEDH, 18 déc. 1987, *F. c/ Suisse*, n° 11329/85, § 38.

8. Comm. EDH, *X c/ RFA*, Ann. IV, p. 240.

9. Comm. EDH, 10 juill. 1980, *Draper c/ Royaume-Uni*, n° 8186/78 : dès lors, constitue une atteinte substantielle au droit de se marier l'obligation faite à un condamné à la détention à vie d'attendre, pour se marier, une éventuelle libération conditionnelle.

10. Comm. EDH, 13 déc. 1979, *Hamer c/ Royaume-Uni*, DR 24/5. Pour la Commission, le fait d'imposer un important délai pour se marier est une atteinte substantielle au droit de l'art. 12.

11. CEDH, 28 mai 1985, *Abdulaziz, Cabales et Balkandali c/ Royaume-Uni*, n° 9214/80, § 62, *CDE* 1988. 476, obs. G. Cohen-Jonathan, *RSC* 1986. 157, obs. L.-E. Pettiti, *JDI* 1986. 1084, obs. P. Rolland et P. Tavernier.

12. CEDH, 5 janv. 2010, *Jaremowicz c/ Pologne*, n° 24023/03, et *Frasik c/ Pologne*, n° 22933/02, *Dr. Famille* 2010 com. n° 37, obs. V. Larribeau-Terneyre. Cf. aussi CEDH, 8 déc. 2016, *Chernetskiy c/Ukraine*, n° 44316/07 (à propos de l'impossibilité pour un détenu d'obtenir son certificat de divorce lui permettant de se remarier avec sa compagne parce qu'il n'a pu se rendre en personne au bureau de l'état civil), *JCP* 2017, Doctr. 186, n° 3, obs. A. Gouttenoire.

13. CEDH, 17 oct. 1986, *Rees c/ Royaume-Uni*, n° 9532/81, § 49, *JDI* 1987. 796, obs. P. Tavernier ; 27 sept. 1990, *Cossey c/ Royaume-Uni*, n° 10843/84, § 46 ; 30 juill. 1998, *Sheffield et Horsham c/ Royaume-Uni*, n° 22985/93, § 66, *D.* 1998, Somm. 370, obs. J.-F. Renucci, *JCP* 1999-I-165 n° 24, obs. C. Byk, *RTD Civ.* 1998. 1001, obs. J.-P. Marguénaud, *RTD Civ.* 1999. 59, obs. J. Hauser.

d'assurer l'exercice du droit au mariage aux transsexuels : même si l'article 12 vise expressément le droit pour un « homme » et « une femme » de se marier, depuis l'arrêt *Goodwin* la Cour estime que, compte tenu de l'évolution de la société et des progrès de la médecine, il n'est plus possible de continuer à penser que ces termes impliquent que le sexe doive être déterminé selon des critères purement biologiques[14]. Pour la Cour, les transsexuels ne doivent pas être privés du droit de se marier, sous peine de violation de l'article 12[15]. La portée de cette décision est d'autant plus grande qu'elle a été rendue par la Grande Chambre et à l'unanimité, mais les critiques restent vives. Certes, l'arrêt *Goodwin* entend tout de même limiter sa portée « aux transsexuels opérés ayant réalisé pleinement leur conversion »[16] : cette précaution sera-t-elle suffisante pour éviter d'éventuelles dérives ? On peut l'espérer, mais le doute est permis. De nombreuses questions, délicates et difficiles, se posent ou se poseront, qu'il s'agisse des droits parentaux[17] ou d'un éventuel recours aux techniques de la procréation médicalement assistée[18], sans oublier le sort de l'éventuel mariage antérieur qui devrait logiquement cesser[19]. La Cour a d'ailleurs jugé que n'est pas contraire aux articles 8 et 14 le fait de subordonner la pleine reconnaissance du changement de sexe d'un transsexuel à la transformation de son mariage antérieur en un partenariat civil[20].

Quoi qu'il en soit, si les conditions d'exercice du droit au mariage restent dans le champ des législations nationales, il n'en reste pas moins vrai que la marge d'appréciation des États est désormais plus réduite : la Cour a bien précisé, en effet, que celle-ci ne peut aller jusqu'à interdire en pratique l'exercice du droit de se marier[21]. Les États ont-ils donc désormais l'obligation positive

14. CEDH, Gr. Ch., 11 juill. 2002, *Christine Goodwin c/ Royaume-Uni*, n° 28957/95, § 100, *D.* 2003, Somm. 525, obs. C. Bîrsan, *AJ Famille* 2002. 413, n° 12, obs. F. Granet, *JCP* 2003-I-109 n° 22, obs. F. Sudre, *RTD Civ.* 2002. 782, obs. J. Hauser, *RTD Civ.* 2002. 862, obs. J.-P. Marguénaud et J. Raynard, *D.* 2003. 2032, note A.-S. Chavent-Leclère, *JDI* 2003. 556, obs. E. Decaux et P. Tavernier, *D.* 2003 Somm. 1935, obs. J.-J. Lemouland, *D.* 2003. 2032, note A. S. Chavent-Leclère, *JCP* 2003-I-101, obs. J. Rubellin-Devichi, *Gaz. Pal.*, 15-16 oct. 2003, p. 31, note J. Massip. Cf. égal. l'arrêt *I c/ Royaume-Uni*, rendu le même jour, n° 25680/94. Cf. spéc. *supra*, n° 230 pour le mariage des transsexuels.

15. Aff. *Goodwin*, préc., § 103.

16. Arrêt *Goodwin*, préc., § 101.

17. Le juge Bîrsan (note préc. sous l'arrêt *Goodwin*, n° 4 *in fine*) pense que même si le nouveau couple ne peut, biologiquement, procréer, il n'y a pas d'obstacle juridique pour qu'on lui reconnaisse le droit à l'adoption. Cela est d'autant plus vrai que la jurisprudence européenne, via l'*exequatur*, ouvre la porte à la reconnaissance de jugements étrangers d'adoption plénière prononcés au profit de personnes homosexuelles, célibataires ou non.

18. E. Cadou, note sous Aix 12 mars 2002, *D.* 2003. 1528.

19. Sans doute à la date à laquelle il est fait mention dans les registres de l'état civil : en ce sens, C. Birsan, obs. sous aff. *Goodwin*, préc. Cf. CEDH (déc.), 28 nov. 2006, *Parry c/ Royaume-Uni* et *F. c/ Royaume-Uni*, n° 35748/05 où les requérants, mariés avant leur conversion sexuelle, invoquaient une violation de l'art. 12 (et aussi de l'art. 8) parce qu'ils étaient obligés de divorcer pour obtenir la reconnaissance juridique de leur nouveau sexe.

20. CEDH, 13 nov. 2012, *H. c/ Finlande*, n° 37359/09, *D.* 2013. 152, note F. Marchadier, *JCP* 2013, 64, n° 14, obs. F. Sudre, *AJ Famille* 2012. 621, obs. B. de Boysson. La Grande chambre, dans son arrêt du 16 juill. 2014, va dans le même sens : 16 juill. 2014, *Hämäläinen c/ Finlande*, n° 37359/09, *AJDA* 2014. 1763, obs. L. Burgorgue-Larsen, *RTD Civ.* 2014. 831, obs. J.-P. Marguénaud, et 855, obs. J. Hauser, *Dr. Famille* 2015 com. 1, obs. J.-R. Binet, *RTDH* 2015. 463, note C.-A. Chassin, *JDI* 2015, n° 4, chron. 7, n° 28, obs. H. Apchain.

21. Aff. *Goodwin*, préc., § 103.

de modifier leur législation pour autoriser le mariage des transsexuels ? Cela n'est pas dit expressément, mais, assurément, la question se pose. Il reste que la Cour confirme ainsi la jurisprudence de la Commission en dissociant le droit de se marier et de fonder une famille[22] : l'incapacité pour un couple de concevoir ou d'élever un enfant ne saurait, en soi, passer pour le priver du droit de se marier[23]. Le mariage des transsexuels est désormais consacré par la jurisprudence européenne et avec force.

231. Le mariage homosexuel. - On a pu se demander si l'arrêt *Goodwin* n'ouvrait pas la voie au mariage homosexuel. On pouvait le penser, encore que l'arrêt semble conforter la différence de sexe comme condition du mariage (ce qui a changé étant l'abandon du sexe chromosomique en tant que critère de l'identité sexuelle au profit du sexe anatomique). Toutefois, une décision d'irrecevabilité semblait bien repousser la perspective d'un mariage homosexuel[24] : sans doute certains États membres du Conseil de l'Europe admettent-ils un tel mariage[25], mais l'article 12 de la Convention précise bien que « l'homme » et la « femme » ont le droit de se marier ; c'est dire qu'en l'état de la jurisprudence européenne, la Convention ne paraît pas pouvoir fonder la revendication d'un droit au mariage homosexuel, la marge d'appréciation reconnue aux États dans ce domaine restant tout de même importante[26]. Il n'empêche que l'arrêt *Wagner et J. M. W. L.* en consacrant un droit à l'adoption plénière au profit des célibataires dans le cadre d'une adoption internationale[27] a entrouvert « la porte à la reconnaissance des mariages homosexuels contractés à l'étranger »[28].

La Cour a eu cependant l'occasion de préciser sa position : constatant qu'aucun consensus ne se dégage parmi les États membres du Conseil de l'Europe sur la question du mariage homosexuel, elle souligne que les autorités nationales sont mieux placées pour apprécier les besoins sociaux en la matière et pour y répondre, « le mariage ayant des connotations sociales et culturelles profondément ancrées qui diffèrent largement d'une société à l'autre ». Dès lors, l'article 12 ne donne pas obligation à un État d'ouvrir l'accès au mariage à un couple homosexuel[29], mais il n'interdit pas de le faire : les États

22. Comm. EDH, 1er mars 1979, *Van Oosterwijck c/ Belgique*, Série B vol. 36, § 59.

23. Aff. *Goodwin*, préc., § 98.

24. CEDH, 28 nov. 2006, *Parry c/ Royaume-Uni*, n° 42971/05, *RTD Civ.* 2007. 287, obs. J.-P. Marguénaud.

25. Cf. par ex. la loi hollandaise du 21 déc. 2000 et la loi belge du 13 févr. 2003. *Adde* la loi française n° 2013-404 du 17 mai 2013.

26. CEDH, 10 mai 2001, *Mata Estevez c/ Espagne*, déc. n° 56501/00.

27. CEDH, 28 juin 2007, *Wagner et J. M. W. L. c/ Luxembourg*, n° 76240/01, *Gaz. Pal.* 21-22 mars 2008, p. 31, note M.-L. Niboyet, *AJDA* 2007. 1920, obs. J.-F. Flauss, *D.* 2007. 2700, note F. Marchadier, *D.* 2008. 1507, obs. F. Jault-Seseke, *Rev. crit. DIP* 2007. 807, obs. P. Kinsch, *RTD Civ.* 2007. 738, obs. J.-P. Marguénaud, *JDI* 2008. 183, obs. L. d'Avout.

28. J.-F. Flauss, obs. préc.

29. CEDH, 24 juin 2010, *Schalk et Kopf c/ Autriche*, n° 30141/04, *D.* 2011. 1040, obs. J.-J. Lemouland et Vigneau, *RTD Civ.* 2010. 738, obs. J.-P. Marguénaud et 765 J. Hauser, *JCP* 2010, 839, n° 30, obs. F. Sudre, 1187, note C. Picheral, 1013, note H. Fulchiron, *Dr. Famille* 2010 com. 143, obs. E. Lagarde, *Dr. Famille* 2011, n° 4 Et. 10, obs. A. Gouttenoire, *JDI* 2011, n° 4, chron. 12, com. 29, obs. Cl. de la Hougue, *Constitutions* 2010. 557, obs. L. Burgorgue-Larsen.

font donc comme bon leur semble dans le cadre de la marge nationale d'appréciation.

CEDH, 24 juin 2010,* Schalk et Kopf c/ Autriche, *n° 30141/04 :
En fait : *Les requérants, qui forment un couple homosexuel, ont souhaité se marier, mais leur demande a été rejetée par la mairie. Leurs recours en interne contre cette décision de rejet ont été vains.*
En droit : *(non-violation de l'art. 12). La Cour ne considère plus que le droit de se marier consacré par l'article 12 de la Convention doive en toutes circonstances se limiter au mariage entre deux personnes de sexe opposé. C'est pourquoi on ne saurait dire que l'article 12 ne s'applique pas au grief des requérants. Néanmoins, en l'état actuel des choses, l'autorisation ou l'interdiction du mariage homosexuel est régie par les lois nationales des États contractants. À cet égard, la Cour observe que le mariage possède des connotations sociales et culturelles profondément enracinées susceptibles de différer notablement d'une société à une autre. Elle rappelle qu'elle ne doit pas se hâter de substituer sa propre appréciation à celle des autorités nationales, qui sont les mieux placées pour apprécier les besoins de la société et y répondre (§§ 61 et 62).*

La Cour a réitéré cette conclusion[30], jugeant notamment que l'interdiction en France du mariage entre personnes de même sexe avant la loi du 17 mai 2013 n'était pas contraire à la Convention[31]. C'est dire, comme cela a pu être remarqué en doctrine, que « l'article 12 de la Convention ne confère toujours pas le droit de se marier aux couples de personnes de même sexe »[32].

CEDH, 9 juin 2016,* Chapin et Charpentier c/France, *n° 40183/07 :
En fait : *Le maire de Bègles a célébré le mariage des deux requérants, de même sexe, malgré l'opposition du procureur de la République (à l'époque des faits, le mariage homosexuel était interdit en France).*
En droit : *(non-violation de l'art. 12). L'interdiction en France du mariage entre personnes de même sexe avant la loi du 17 mai 2013 n'était pas contraire à la Convention, l'article 12 ne pouvant s'interpréter comme imposant aux États l'obligation d'ouvrir le mariage aux couples homosexuels.*

232. Bibliographie : ANDREWS (J.) et SHERLOCK (A.), *Family Life and the Constitutional Ban on Divorce in Ireland, Eur. Law Rev.* 1987 ; BOUCAUD (P.), *Le droit de se marier, RTDH* 1992, p. 3 et s. ; CARILLON (A), L'influence des arrêts *Christine Goodwin* et *I c/ Royaume-Uni*

30. CEDH, Gr. Ch., 16 juill. 2014, *Hämäläinen c/Finlande*, préc., § 96 ; CEDH, 21 juill. 2015, *Oliari et a. c/Italie*, n° 18766/11 et n° 36030/11, § 191, *Dalloz Actu.* 30 juill. 2015, obs. T. COUSTET, *JCP* 2015. 927, obs. F. SUDRE, *D.* 2015. 2160, note H. FULCHIRON, *JCP* 2015. 927, note F. SUDRE, *AJ Famille* 2015. 615, obs. M. ROUILLARD, *JDI* 2016, n° 4, chron. 8, n° 22, obs. E. BIRDEN (la question s'est cependant posée sur le terrain de l'art. 8, ce qui était logique puisque c'était une union entre partenaires de même sexe, et non *expressis verbis* de mariage).

31. CEDH, 9 juin 2016, *Chapin et Charpentier c/France*, n° 40183/07, §§ 38 à 40, *Dalloz Actu.* 14 juin 2016, obs. Th. COUSTET, *AJ Famille* 2016. 391, obs. F. BERDEAUX-GACOGNE, *RTD Civ.* 2016. 590, obs. J. HAUSER, et p. 797, obs. J.-P. MARGUÉNAUD, *JCP* 2016. 760, note F. SUDRE, *Dr. Famille* 2016, n° 9, chron. 2, n° 2, obs. A. GOUTTENOIRE.

32. J.-P. MARGUÉNAUD, préc.

sur le consentement au mariage en droit français, *RTDH* 2005, p. 349 et s. ; DEFFAINS (N.), *Reconnaissance juridique de la conversion sexuelle et droit au mariage du transsexuel, Europe* 2002, com. n° 95 ; ENRICH MAS (M.), *Article 12, in* PETTITI (L.-E.), DECAUX (E.) et IMBERT (P.-H.) (dir.), *La Convention européenne des droits de l'homme,* Economica, 2e éd., 1999, p. 437 et s. ; EVAIN (S.), *Le juge européen, le transsexuel et les droits de l'homme, JCP* 1997-I-4071 ; FERRERO (J.), *L'homoparentalité devant la CEDH : éventuelles répercussions de la loi française ouvrant le mariage aux couples de même sexe, D.* 2013 Point de vue, p. 1286 et s. ; FULCHIRON (H.), *Le mariage homosexuel et le droit français, D.* 2001 Point de vue p. 1628 et s. ; *Le droit français et les mariages homosexuels étrangers, D.* 2006 Chron., p. 1253 et s. ; *Un homme, une femme : la Cour de cassation rejette le mariage homosexuel, D.* 2007 Point de vue, p. 1375 et s. ; LEMOULAND (J.-J.), *Le droit au mariage du transsexuel, D.* 2003 Chron., p. 1935 et s. ; *Nullité du mariage homosexuel, D.* 2004 Chron., p. 2965 et s. ; WACHSMANN (P.) et MARIENBURG-WACHSMANN (A.), *La folie dans la loi. Considérations critiques sur la nouvelle jurisprudence de la Cour EDH en matière de transsexualisme, RTDH* 2003, p. 1157 et s.

§2. L'égalité entre époux

233. Protocole n° 7, Article 5. Égalité entre époux.

Les époux jouissent de l'égalité de droits et de responsabilités de caractère civil entre eux et dans leurs relations avec leurs enfants au regard du mariage, durant le mariage et lors de sa dissolution. Le présent article n'empêche pas les États de prendre les mesures nécessaires dans l'intérêt des enfants.

234. Le principe d'égalité pendant le mariage. – L'article 12 énonce le droit de l'homme et de la femme de se marier, mais il ne vise pas les droits des époux. Cette lacune a été (partiellement) comblée par l'article 5 du Protocole n° 7 : aux termes de cet article, les époux jouissent de l'égalité de droits et de responsabilités de caractère civil entre eux et dans leurs relations avec leurs enfants au regard du mariage, durant le mariage et lors de sa dissolution ; *in fine*, l'article précise que cela n'empêche pas les États de prendre les mesures nécessaires dans l'intérêt des enfants. Cette disposition impose aux États l'obligation d'offrir un cadre juridique adéquat pour garantir l'égalité des droits et des obligations entre époux[33].

On remarquera tout de même que seuls sont visés les époux et que la protection concerne uniquement les droits et responsabilités de caractère civil. Le texte est cependant important, car il traduit le souci européen du principe d'égalité des sexes. De plus, la place laissée éventuellement à d'éventuelles limitations ou restrictions est très limitée, le seul cas visé étant la protection de l'intérêt des enfants qui justifie une ingérence de l'État.

235. Le principe d'égalité et la séparation des parents. – Comme l'article 5 du Protocole n° 7 consacre le principe d'égalité dans toutes les hypothèses, d'union et de désunion, on pourrait penser qu'il implique une coresponsabilité parentale en cas de séparation, l'exercice unilatéral éventuel ne pouvant se comprendre que si l'intérêt de l'enfant l'exige[34].

33. Comm. EDH, 9 sept. 1998, *Purtonen c/ Finlande,* DR 94-B/93.

34. S. GRATELOUP, *L'enfant et sa famille dans les normes européennes,* LGDJ, « Bibliothèque de droit privé », Tome 290, n° 508 et s.

Pour l'ancienne Commission, l'article 5 ne reconnaît pas à l'un ou l'autre des parents un droit préférentiel à la garde de l'un des enfants : en réalité, il appartient au premier chef aux autorités nationales de déterminer quelles mesures répondent à l'intérêt de l'enfant en cas de dissolution du mariage de ses parents, étant précisé qu'à cet égard ces autorités jouissent d'une marge d'appréciation[35].

Il reste que si les difficultés ne sont pas très importantes dans le cadre de la famille légitime, il en va tout autrement dans celui de la famille naturelle, l'exercice conjoint de l'autorité parentale étant particulièrement compliqué en cas de séparation[36]. Mais seules de très fortes raisons pourraient amener à estimer compatible avec la Convention européenne une distinction fondée sur la naissance hors mariage[37]. L'égalité de principe des parents légitimes ou naturels, même après séparation, s'impose.

Enfin, on observera que la Cour n'a pas eu l'occasion de se prononcer nettement sur la question des répudiations, l'affaire qui lui a été soumise ayant été radiée du rôle à la suite du désistement de la requérante[38] : il semble toutefois que l'*exequatur* d'un jugement de répudiation unilatérale prononcé sans le consentement de l'autre conjoint soit contraire à l'article 5 du Protocole n° 7[39].

236. Bibliographie : Courbe (P.), *Le rejet des répudiations musulmanes, D.* 2004, Chron., p. 815 et s. ; Hauser (J.), *L'égalité des parents en cas de séparation, in* Sudre (F.) (dir.), *Le droit au respect de la vie familiale au sens de la Convention EDH,* Bruylant, 2002, p. 315 et s., spéc. p. 326. S. ; Lagarde (P.), *La théorie de l'ordre public international face à la polygamie et à la répudiation, L'expérience française, Mél. Rigaux* 1993, p. 272 et s. ; Lyn (F.), *La Convention EDH est-elle supérieure aux conventions bilatérales reconnaissant les répudiations musulmanes ?, D.* 2002, Chron. p. 2958 et s. ; Meyzeaud-Garaud (M.-Ch.), *Un principe de la CEDH peut neutraliser les répudiations marocaines (l'égalité entre époux), Dr. Famille* 1998, n° 13.

L'ESSENTIEL

FICHE MÉMO :

– La protection européenne du mariage

○ Le droit au mariage (art. 12)

▪ *L'art. 12 garantit à l'homme et à la femme le droit de se marier et de fonder une famille selon les lois nationales régissant l'exercice de ce droit.*

35. Comm. EDH, 9 sept. 1998, *Purtonen c/ Finlande,* DR 94/94. La Cour a cependant pris soin de préciser la notion d'intérêt de l'enfant, cette notion devant être constamment interprétée de manière cohérente, quelle que soit la convention internationale invoquée ; de plus, en matière de garde d'enfant, l'intérêt de l'enfant peut avoir un double objet : d'une part, lui garantir une évolution dans un environnement sain et un parent ne saurait être autorisé à prendre des mesures préjudiciables à sa santé et à son développement ; d'autre part, maintenir ses liens avec sa famille, sauf dans les cas où celle-ci s'est montrée particulièrement indigne, car briser ce lien revient à couper l'enfant de ses racines. CEDH, 6 déc. 2007, *Maumousseau et Washington c/ France,* n° 39388/05, §§ 67 s, *D.* 2008 Pan. 1855, obs. A. Gouttenoire et Ph. Bonfils, *AJ Famille* 2008. 83, obs. A. Boiche

36. Comm. EDH, 15 mars 1984, *B. B. et J. c/ RFA,* DR 36/130 ; 9 oct. 1989, *N. c/ Danemark,* DR 63/167.

37. CEDH, 11 oct. 2001, *Sahin c/ Allemagne,* n° 30943/96, § 57 ; Gr. Ch., 8 juill. 2003, *Sahin c/ Allemagne,* n° 30943/96, § 94.

38. CEDH, 8 nov. 2005, *D. D. c/ France,* n° 3/02, *Gaz. Pal.* 24-25 janv. 2006, p. 16, *AJDA* 2006. 468, obs. J.-F. Flauss.

39. En ce sens : J.-F. Flauss, obs. préc.

▪ *Le droit au mariage des détenus est garanti, tout comme celui des transsexuels.*

▪ *Pour ce qui est du mariage homosexuel, les États restent libres de le consacrer ou non.*

○ L'égalité entre époux (art. 5, Prot. n° 7)

▪ L'art. 5 du Prot. n° 7 vise les droits des époux. Ces derniers jouissent de l'égalité de droits et de responsabilité entre eux et dans leurs relations avec leurs enfants.

▪ *Les États ont l'obligation d'offrir un cadre juridique adéquat pour garantir l'égalité des droits entre époux.*

FICHE GRANDS ARRÊTS :

- *B. et L.* (2005)

○ *L'interdiction du mariage entre beau-père et belle-fille est une violation de l'art. 12 de la Convention.*

- *Johnston* (1986)

○ *On ne saurait englober dans l'art. 12 une garantie quelconque du droit à la dissolution du mariage par le divorce.*

- *Goodwin* (2002)

○ *La Cour ne voit aucune raison justifiant que les transsexuels soient privés en toutes circonstances du droit de se marier (violation de l'art. 12).*

- *Schalk et Kopf* (2010)

○ *L'art. 12 ne donne pas obligation à un État d'ouvrir l'accès au mariage à un couple homosexuel, mais il n'interdit pas de le faire.*

- *Chapin et Charpentier* (2016)

○ *L'interdiction en France du mariage entre personnes de même sexe avant la loi du 17 mai 2013 n'était pas contraire à la Convention. L'art. 12, ne peut s'interpréter comme imposant aux États contractants l'obligation d'ouvrir le mariage aux couples homosexuels.*

FICHE ACTU/DÉBATS :

*** Thème(s) de réflexion :**

- Transsexualisme et respect des droits de l'homme

○ *Jurisp. : Rees* (1986) ; *Cossey* (1990) ; *Sheffield et Horsham* (1998) ; *Goodwin* (2002) ; *I.* (2002) ; *Parry* (2006) ; *H.* (2014) ; *Hämäläinen* (2014).

○ *Doctr.* : Carillon, *RTDH* 2005. 349 ; Deffains, *Europe* 2002 n° 95 ; Wachsmann et Marienburg-Wachsmann, *RTDH* 2003. 1157.

- Répudiation et respect des droits de l'homme

○ *Jurisp. : D.D.* (2005).

○ *Doctr.* : Courbe, *D.* 2004. 815 ; Lagarde, *Mél. Rigaux* 1993. 272 ; Lyn, *D.* 2002. 2958 ; Meyzeaud-Garaud, *Dr. Famille* 1998 n° 13 et *Personnes et Famille* 2004. 6 ; Farge, *Dr. Famille* 2002. 13.

- Les conséquences du « mariage pour tous » à la française sur l'adoption et la PMA

○ *Législ. :* Loi n° 2013-404 du 17 mai 2013.

○ *Doctr. :* Ferrero, *D.* 2013 Point de vue, p. 1286.

*** Commentaire d'arrêt(s) :**

○ Aff. *B. et L.* (2005) : *« Les limitations imposées au droit d'un homme et d'une femme de se marier et de fonder une famille ne doivent pas être d'une sévérité telle que ce droit s'en trouverait atteint dans sa substance même. L'empêchement au mariage entre des beaux-parents et leurs beaux-enfants signifie que B. et L. ne peuvent pas faire reconnaître juridiquement et socialement leur relation. Le fait que le mariage pourrait hypothétiquement être contracté si les deux ex-conjoints étaient décédés ne supprime pas l'atteinte à la substance du droit (...). L'obstacle au mariage, bien qu'il ait pour but légitime de protéger l'intégrité de la famille et d'éviter de porter préjudice aux enfants qui risquent de pâtir des changements dans les relations entre les adultes qui les entourent, n'empêche pas de telles relations de se nouer. (...). La Cour estime que l'incohérence entre les buts déclarés de l'empêchement et la dérogation appliquée dans certains cas compromet la rationalité et la logique de la loi en question. Dans ces conditions, il y a eu violation de l'art. 12 de la Convention »*.

○ Aff. *Schalk et Kopf* (2010) : *Le droit de se marier consacré par l'article 12 de la Convention ne peut plus se limiter au mariage entre deux personnes de sexe opposé (...). Néanmoins, en l'état actuel des choses, l'autorisation ou l'interdiction du mariage homosexuel est régie par les lois nationales des États contractants.*

○ Aff. *Hämäläinen* (2014) : « *La Cour rappelle que l'art. 12 de la Convention constitue la lex specialis pour le droit au mariage. Il garantit le droit fondamental pour un homme et une femme de se marier et de fonder une famille. Il prévoit expressément que le mariage est réglementé par le droit national. Il consacre le concept traditionnel du mariage, à savoir l'union d'un homme et d'une femme. S'il est vrai qu'un certain nombre d'États membres ont ouvert le mariage aux partenaires de même sexe, l'art. 12 ne saurait être compris comme imposant pareille obligation aux États contractants* ».

Section 2
La vie privée et familiale, le domicile et la correspondance

237. Article 8. Droit au respect de la vie privée et familiale.

1. Toute personne a droit au respect de sa vie privée et familiale, de son domicile et de sa correspondance.
2. Il ne peut y avoir ingérence d'une autorité publique dans l'exercice de ce droit que pour autant que cette ingérence est prévue par la loi et qu'elle constitue une mesure qui, dans une société démocratique, est nécessaire à la sécurité nationale, à la sûreté publique, au bien-être économique du pays, à la défense de l'ordre et à la prévention des infractions pénales, à la protection de la santé ou de la morale, ou à la protection des droits et libertés d'autrui.

238. L'article 8 de la Convention. – Les juges européens entendent assurer une protection efficace de la vie privée et familiale, ainsi que du domicile et de la correspondance. Le but de l'article 8 de la Convention est donc de prémunir les individus contre toute ingérence arbitraire des pouvoirs publics. Mais les États ont également des obligations positives puisqu'ils doivent prendre toutes les mesures qui s'imposent afin de protéger efficacement le droit garanti, une simple abstention de leur part pouvant constituer une violation de cet article[40]. Les États doivent, par conséquent, se doter d'un arsenal juridique adéquat et suffisant pour assurer le respect des obligations positives leur incombant en vertu de l'article 8 de la Convention[41]. Sans doute ces obligations ne doivent-elles pas être interprétées de manière à imposer aux autorités un fardeau insupportable ou excessif[42], mais leur importance est forte et ne fait que s'accroître[43]. Tout cela est significatif d'une volonté forte afin de garantir efficacement les droits de l'article 8, la protection ainsi assurée pouvant être directe ou indirecte.

Sous-section 1
La protection directe

239. Une volonté ferme. – Qu'il s'agisse des rédacteurs de la Convention ou des juges chargés de l'appliquer, le trait commun est assurément cette volonté farouche de garantir avec force les droits de l'article 8 et, en particulier, le respect de la vie privée et familiale.

40. CEDH, 5 mars 2009, *Sandra Jankovic c/ Croatie,* n° 38478/05 (passivité des autorités publiques saisies d'une plainte relative à des agressions physiques et verbales commises par des particuliers) ; 26 juill. 2011, *Georgel et Georgeta Stoisescu c/ Roumanie,* n° 9718/03 (non-protection d'une femme âgée, devenue handicapée après avoir été mordue par des chiens errants). Pour une obligation positive en matière de violences domestiques : CEDH, 30 nov. 2010, *Hajduova c/ Slovaquie,* n° 2660/03 ; 28 mai 2013, *Eremia et autres c/ Moldova,* n° 3564/11, §§ 76 à 79 ; CEDH, Gr. Ch., 12 nov. 2013, *Söderman c/ Suède,* n° 5786/08, *JCP* 2013 Actu. 1232, obs. C. Picheral, *JDI* 2013, chron. 6, n° 19, obs. F. Issa, *JCP* 2014, chron. 78, n° 13, obs. F. Sudre : violation de l'art. 8, l'ordre juridique suédois n'ayant pas assuré une protection efficace de la requérante âgée de 14 ans et filmée à son insu par son beau-père dans la salle de bains, les juridictions nationales ne pouvant retenir l'infraction d'agression sexuelle. À noter que l'État doit aussi faire en sorte que les personnes concernées soient informées des risques éventuels, par exemple au regard d'une activité professionnelle : CEDH, 5 déc. 2013, *Vilnes et autres c/ Norvège,* n° 52806/09 (plongeurs professionnels non informés des risques des tables de décompression). Sur ce dernier point, cf. *infra,* n° 246. Cf. aussi CEDH, 12 juin 2014, *Maric c/ Croatie,* n° 50132/12, *AJ Famille* 2014. 438, obs. M. Rouillard : application à un enfant mort-né de la procédure d'élimination des déchets hospitaliers et violation de l'art. 8.

41. CEDH, 25 janv. 2000, *Ignaccolo-Zenide c/ Roumanie,* n° 31679/96, § 108. Sur cet « engagement négatif » de l'État, cf. aussi : CEDH, 13 juin 1979, *Marckx c/ Belgique,* n° 6833/74, § 31 ; 9 oct. 1979, *Airey c/ Irlande,* n° 6289/73, § 32 ; 26 mars 1985, *X. et Y. c/ Pays-Bas,* préc., §§ 23 ; 22 juin 1989, *Eriksson c/ Suède,* n° 11373/85, § 71 ; 13 juill. 2004, *Pla et Puncernau c/ Andorre,* n° 69498/01, § 43.

42. CEDH, 22 févr. 2005, *Novoseletskiy c/ Ukraine,* n° 47148/99, § 70 ; 23 oct. 2012, *Irene Wilson c/ Royaume-Uni,* n° 10601/09.

43. V° un exemple significatif, la Cour énonçant le principe que les obligations positives pesant sur les États par application de l'art. 8 doivent s'interpréter à la lumière de la Convention relative aux droits de l'enfant du 20 nov. 1989 : CEDH, 28 juin 2007, *Wagner et J. M.W. L. c/ Luxembourg,* n° 76240/01, § 120 : cette incorporation de la Convention internationale des droits de l'enfant dans les sources de la CEDH est tout à fait remarquable, même si ce n'est pas une première.

§1. Le droit au respect de la vie privée

240. Une notion floue. – Malgré certaines précisions jurisprudentielles[44], la notion de vie privée reste fluctuante et imprécise. Elle l'est d'autant plus qu'aux questions classiques qui se posent s'ajoutent des questions nouvelles qui sont autant de défis à l'efficacité et à l'efficience de la protection voulue par l'article 8 de la Convention.

A. Les questions classiques

241. La sphère intime des relations personnelles. – L'intimité des relations personnelles constitue le cadre classique de la protection de la vie privée. Il reste que, même dans sa dimension personnelle, la notion de vie privée a toujours été entendue largement et ne s'est jamais prêtée à une définition exhaustive : les juges européens consacrent ainsi, de façon extensive, le droit au développement personnel dans le cadre de la vie privée. Il est d'ailleurs significatif de remarquer que, pour la Cour, une législation qui réglemente l'interruption de grossesse touche à la sphère de la vie privée : cela s'explique par le fait que, lorsqu'une femme est enceinte, sa vie privée devient étroitement associée au fœtus qui se développe[45]. La Cour prône une vision large de la vie privée, estimant que celle-ci recouvre également le droit au respect de la décision d'avoir un enfant ou de ne pas en avoir[46]. Mais il reste que l'État ne peut pas consacrer un droit à l'avortement pour tout motif afin de protéger les droits de l'enfant à naître[47].

La protection de la vie privée, dans le cadre de l'intimité personnelle, peut aussi concerner l'intégrité physique et morale de la personne[48], dont, sous

44. V° par exemple la clarification de la relation entre « vie privée » et « réputation » : CEDH, 28 avr. 2009, *Karako c/ Hongrie*, n° 39311/05. *Adde*, à propos du « randonneur nu » : CEDH, 28 oct. 2014, *Gough c/ Royaume-Uni*, n° 49327/11, estimant que la condamnation de la nudité en public ne viole pas l'art. 8 de la Convention (pas plus, d'ailleurs que l'art. 10).

45. CEDH, 20 mars 2007, *Tysiac c/ Pologne*, n° 5410/03, *D.* 2007. 2648, note P. Hennion-Jacquet, *JCP* 2007-II-10071, note B. Mathieu.

46. C'est le principe d'autonomie personnelle qui a conduit la Cour à englober dans le domaine de l'art. 8 les décisions de devenir ou non parents : CEDH, 7 mars 2006, *Evans c/ Royaume-Uni*, n° 6339/05, § 57, et Gr. Ch., 10 avr. 2007, § 56. *Adde* CEDH, 14 déc. 2010, *Ternovsky c/ Hongrie*, n° 67545/09, § 22, *AJ Famille* 2011, p. 104, obs. M. Herzog-Evans, *RDSS* 2011. 441, obs. D. Roman, *RTD Civ.* 2011. 309, obs. J.-P. Marguénaud. Pour l'accouchement à domicile, cf. : CEDH, 11 déc. 2014, *Dubska et Krejzova c/Rép. Tchèque*, n° 28859/11, *D.* 2015. 1014, obs. D. Roman.

47. CEDH, Gr. Ch., 16 déc. 2010, *A., B. et C. c/ Irlande*, n° 25579/05, *D.* 2011, p. 1360, note S. Hennette-Vauchez, *RDSS* 2011, p. 293, note D. Roman, *Constitutions* 2011, p. 213, obs. E. Dubout, *RTD Civ.* 2011, p. 303, obs. J.-P. Marguénaud, *D.* 2012, p. 316, obs. J.-Ch. Galloux et H. Gaumont-Prat, *JCP* 2011 act. 58, obs. M. Levinet, *JCP* 2011, 94, p. 185 n° 11, obs. F. Sudre, *JDI* 2011, n° 4, chron. 12, com. 21, obs. E. Birden, *Dr. Famille* 2011, n° 3 com. 36, obs. S. Paricard, *JDI* 2011, chron. 12, obs. A. Decaux, P. Tavernier, M. Boumghar et autres.

48. CEDH, 26 mars 1985, *X. et Y. c/ Pays-Bas*, n° 8978/80, §§ 21 et s., *JDI* 1986. 1086, obs. P. Rolland ; 22 juill. 2003, *Y. F. c/ Turquie*, n° 24209/94, § 43 (examen gynécologique imposé pendant une garde à vue) ; 16 juin 2005, *Storck c/ Allemagne*, n° 61603/01, § 152, *JCP* 2005-I-159 n° 15, obs. F. Sudre. (traitement médical forcé). À noter qu'une atteinte de cette nature peut tomber sous le coup de l'art. 8 dès lors qu'elle n'atteint pas le seuil de gravité de l'art. 3 : CEDH, 26 sept. 2006, *Wainwright c/ Royaume-Uni*, n° 12350/04, *JCP* 2007-I-106 n° 11, obs. F. Sudre. L'État a également l'obligation positive de reconnaître à ses ressortissants

certaines conditions, le droit à la santé[49] : pour la Cour, un traitement ne présentant pas un degré de gravité relevant de l'article 3 de la Convention peut nuire à l'intégrité physique et morale au point d'enfreindre l'article 8[50]. Malgré une dimension par nature familiale, le nom de famille est principalement rattaché à la vie privée, car c'est essentiellement un moyen d'individualisation d'une personne. La question de l'attribution du nom entre désormais dans le champ d'application de la Convention européenne des droits de l'homme[51] même si une importante marge d'appréciation est reconnue aux États qui, *a priori*, sont les mieux placés pour apprécier la situation[52] : il est vrai que l'article 8 ne contient pas de disposition explicite sur le nom mais,

le droit au respect effectif de cette intégrité : aff. *Tysiac*, préc. §§ 107 et s. À noter un constat de violation de l'art. 8 pour ne pas avoir vérifié la véracité de prétendues allégations de maltraitance de la part d'enfants à l'encontre de leurs parents : CEDH, 14 mars 2013, *B.B. c/ Allemagne*, n° 18734/09, *AJ Famille* 2013. 233, obs. M. Rouillard.

49. CEDH, 9 juin 1998, *McGinley et Egan c/ Royaume-Uni, JCP* 1999-I-105 n° 40, obs. F. Sudre (soldats exposés à des radiations nucléaires) ; 9 mars 2004, *Glass c/ Royaume-Uni*, n° 61827/00, § 70 (traitement lourd infligé à un enfant). V° aussi : CEDH, Gr. Ch., 29 oct. 2005, *Roche c/ Royaume-Uni*, n° 32555/96, §§ 139 et s. (refus de divulgation de renseignements officiels de nature à prouver un lien de causalité entre les problèmes de santé d'un ancien militaire et sa participation à des tests sur certains gaz) ; CEDH, 28 avr. 2009, *K. H. et autres c/ Slovaquie*, n° 32881/04, § 13, *JCP* 2009-I-143 n° 20, obs. F. Sudre. L'aggravation d'un état de santé peut être prise en considération sous l'angle de l'art. 8 : CEDH, 7 févr. 2006, *Tysiac c/ Pologne*, (refus d'interrompre la grossesse d'une personne souffrant d'une forte myopie, qui a entraîné une détérioration considérable de sa vue : requête recevable). V° aussi CEDH, 5 oct. 2006, *Trocellier c/ France, RFDA* 2008, p. 737, obs. H. Labayle et F. Sudre, lesquels remarquent que cette décision d'irrecevabilité « paraît bien inclure le droit à la protection de la santé dans l'ensemble « vie privée » relevant de l'article 8 ». Solution confirmée par CEDH, 2 juin 2009, *Codarcea c/ Roumanie*, n° 31675/04, § 105, *JCP* 2009-I-143 n° 17, obs. F. Sudre, *RDP* 2010. 874, obs. M. Levinet. Cf. CEDH, 20 mai 2014, *McDonald c/ Royaume-Uni*, n° 4241/12, *JCP* 2014 Actu. 690, obs. F. Sudre : les autorités peuvent décider de réduire les soins de nuit offerts à une dame âgée, mais encore faut-il respecter les conditions de l'ingérence de l'État. Cf. aussi l'illégalité d'une transplantation d'organes sans consentement dans un hôpital et la violation de l'art. 8 (CEDH, 24 juin 2014, *Petrova c/ Lettonie*, n° 4605/05, *RTD Civ.* 2014. 840, obs. J.-P. Marguénaud), ou le prélèvement de tissus sur le corps du défunt sans le consentement des proches (CEDH, 13 janv. 2015, *Elberte c/ Lettonie*, n° 61243/08, *AJ Famille* 2015. 77, obs. A. Dionisi-Peyrusse, *D.* 2015. 761, obs. J.-Ch. Galloux et H. Gaumont-Prat, *JCP* 2015. 845, n° 10, obs. F. Sudre, *D.* 2015. 755, obs. J.-Ch. Galloux et H. Gaumon-Prat, *JCP* 2015, Doctr. 1113, n° 3, obs. Ch. Byk, *JDI* 2016, n° 4, chron. 8, n° 15, obs. X. Aurey). *Adde* CEDH, 9 oct. 2014, *Konovalova c/ Russie*, n° 37873/04 sur le droit à la vie privée des patients. Enfin, à propos d'un refus d'accès à une thérapie expérimentale, cf. CEDH (déc.), 6 mai 2014, *Durisotto c/ Italie*, n° 62804/13 (irrecevabilité). Pour les mesures de précaution (qui doivent être proportionnées) quant à la santé d'un nouveau-né : CEDH, 11 déc. 2014, *Hanzelkovi c/ Rép. tchèque*, n° 43643/10, *JCP* 2015, chron. 70, n° 10, obs. F. Sudre, *Dr. Famille* 2015, n° 7-8, chron. 2, n° 19, obs. A. Gouttenoire.

50. CEDH, 6 févr. 2001, *Bensaid c/ Royaume-Uni*, n° 44599/98, *JCP* 2001-I-342, n° 17, obs. F. Sudre.

51. CEDH, 22 févr. 1994, *Burghartz c/ Suisse*, n° 16213/90, § 24, *AFDI* 1994. 658, obs. V. Coussirat-Coustère, *JDI* 1995. 744, obs. E. Decaux et P. Tavernier, *JCP* 1995-II-3823, n° 31, obs. F. Sudre, *D.* 1995. 7, note J.-P. Marguénaud, *RTDH* 1995. 57, obs. P. Georgin. Cf. aussi : CEDH, 9 nov. 2010, *Losonci Rose c/ Suisse*, n° 664/06. Cf. not. CEDH, 5 déc. 2013, *Henry Kismoun c/ France*, n° 32265/11, *Dalloz Actu.* 17 déc. 2013, obs. R. Mesa, *JCP* 2014, chron. 78, n° 14, obs. F. Sudre, *AJDA* 2014. 147, obs. L. Burgorgue-Larsen, *AJ Famille* 2014. 194, obs. C. Doublein, *RTD Civ.* 2014. 332, obs. J. Hauser, *JDI* 2013, chron. 6, n° 20, obs. V. Manuello et D. Lachal (refus d'accorder à une personne ayant la double nationalité le droit de changer de nom alors que le nom revendiqué est à la fois le nom de son père algérien et son nom d'usage : violation de l'art. 8). L'aspect identitaire de la demande n'a pas été suffisamment pris en compte.

52. CEDH, 25 nov. 1994, *Stjerna c/ Finlande*, n° 18131/91, § 39, *AFDI* 1994. 658, obs. V. Coussirat-Coustère, *JDI*, 1995. 791, obs. E. Decaux et P. Tavernier, *JCP* 1995-I-3823 n° 6, obs. F. Sudre ; 17 juin 2003, *Mustafa c/ France*, n° 63056/00, *RTD Civ.* 2004. 61, obs. J. Hauser, *Procédures* 2003 com. n° 194, obs. N. Fricéro. Cf. aussi, pour un constat de violation : CEDH, 16 mai 2013, *Garnaga c/ Ukraine*, n° 20390/07, *AJ Famille* 2013. 386, obs. M. Rouillard, *RTD Civ.* 2013. 812, obs. J.-P. Marguénaud, *JDI* 2013, chron. 6, n° 20, obs. V. Manuello et D. Lachal.

en tant que moyen déterminant d'identification personnelle, nul doute qu'il concerne la vie privée de l'intéressé[53]. Il en va de même pour les prénoms, tant pour leur choix[54] que pour l'utilisation qui peut en être faite[55]. La Cour s'est également intéressée aux conséquences du mariage sur le nom de famille, rappelant que toute discrimination est interdite : l'obligation faite à la femme mariée, au nom de l'unité de la famille, de porter le patronyme de son mari, même si elle peut le faire précéder par son nom de famille, manque de justification objective et raisonnable et constitue une discrimination[56]. À noter, enfin, que l'identité ethnique est un élément important de la vie privée[57]. Par ailleurs, l'interdiction légale de faire don d'embryons à la recherche scientifique n'est pas une violation de l'article 8 de la Convention[58], tout comme l'utilisation par un juge d'instruction de données téléphoniques personnelles[59]. En revanche, une surveillance illicite particulièrement intrusive peut constituer une atteinte à la vie privée[60].

La notion de vie privée est largement entendue. C'est ainsi qu'au nom du principe de l'autonomie personnelle, toute personne peut décider de quelle manière et à quel moment sa vie doit prendre fin, à condition naturellement qu'elle soit en mesure de forger librement sa propre volonté : c'est incontestablement l'un des aspects du droit au respect de la vie privée, mais cela ne signifie pas pour autant qu'un État puisse être tenu de garantir un libre accès à des substances mortifères[61] : cependant, à propos du refus d'autoriser

53. À noter que le nom concerne aussi la vie familiale puisqu'il est aussi un moyen déterminant de rattachement à une famille : CEDH, 7 janv. 2014, *Cusan et Fazzo c/ Italie*, n° 77/07, § 55.

54. CEDH, 24 oct. 1996, *Guillot c/ France*, n° 22500/93, § 22, *JCP* 1997-I-4000, n° 32, obs. F. SUDRE ; *AFDI*, 1996. 749, obs. V. COUSSIRAT-COUSTÈRE ; *RUDH* 1997. 4, obs. F. SUDRE et autres. *Adde* CEDH, 25 nov. 1994, *Stjerna c/ Finlande*, préc., § 39. Concernant les adoptions monoparentales, cf. CEDH, 20 janv. 2015, *Gözüm c/ Turquie*, n° 4789/10, *JCP* 2015. 845, n° 11, obs. F. SUDRE, *AJ Famille* 2015. 226, obs. E. VIGANOTTI.

55. Pour une utilisation non consentie des prénoms de personnalités publiques dans le cadre d'une publicité humoristique pour des cigarettes : CEDH, 19 févr. 2015, *Bohlen c/ Allemagne*, n° 53495/09, et *Ernst August von Hannover c/ Allemagne*, n° 53649/09 (non-violation de l'art. 8), *JCP* 2015. 267, obs. M. AFROUKH.

56. Cf. *supra*, n° 148 et n° 151.

57. CEDH, 27 avr. 2010, *Ciubotaru c/ Moldova*, n° 27138/04, § 49 ; Gr. Ch., 15 mars 2012, *Aksu c/ Turquie*, n° 4149/04, § 58, *Dr. Pénal* 2013, n° 4, chron. 4, obs. E. DREYER, *RTDH* 2013. 179, obs. Th. HOCHMANN.

58. CEDH, Gr. Ch., 27 août 2015, *Parrillo c/Italie*, n° 46470/11, *Dalloz Actu.* 22 sept. 2015, obs. N. NALEPA, *AJ Famille* 2015. 433, obs. A. DIONISI-PEYRUSSE, *RTD Civ.* 2015. 830, obs. J.-P. MARGUÉNAUD, et 973, obs. A. SCHAHMANECH, *JCP* 2015. 1187, obs. G. LOISEAU, *D.* 2016. 753, obs. J.-Ch. GALLOUX et H. GAUMONT-PRAT, *JCP* 2016. 65, n° 16, obs. F. SUDRE, *AJDA* 2016. 143, obs. L. BURGORGUE-LARSEN, *RTDH* 2016. 733, note A.-B. CAIRE, *RTD Civ.* 2016. 76, obs. J. HAUSER, *JCP* 2015. Doctr. 1113, n° 7, obs. Ch. BYK, *JDI* 2016, n° 4, chron. 8, n° 23, obs. Cl. DE LA HOUGUE.

59. CEDH, 8 nov. 2016, *Figueiredo Teixeira c/Andorre*, n° 72384/14.

60. CEDH, 18 oct. 2016, *Vukota-Bojic c/Suisse*, n° 61838/10, *Dalloz Actu.* 3 nov. 2016, obs. T. SOUDAIN : violation de l'art. 8 pour une surveillance illicite d'une victime d'accident de la route par une compagnie d'assurance (en Suisse, l'assureur est regardé comme une entité publique, de sorte que son action peut engager la responsabilité de l'État sur le terrain de la Convention).

61. CEDH, 20 janv. 2011, *Haas c/ Suisse*, n° 31322/07, *Dalloz Actu.* 3 févr. 2011, obs. O. BACHELET, *D.* 2011, p. 925, note E. MARTINENT, M. REYNIER et F. VIALLA, *RTD Civ.* 2011. 311, obs. J.-P. MARGUÉNAUD, *D.* 2012. 316, obs. J.-Ch. GALLOUX et H. GAUMONT-PRAT, *JCP* 2011, 914, p. 1505 n° 13, obs. F. SUDRE, *JDI* 2012, chron. 6, obs. A. DECAUX, P. TAVERNIER, M. BOUMGHAR et autres. V° aussi CEDH (déc.), 10 juin 2011, *Koch c/ Allemagne*, n° 497/09 où les autorités de l'État ont refusé d'accorder à une femme paralysée l'autorisation de se procurer une dose létale de médicaments (recevabilité du grief tiré de l'art. 8). Cf. aussi CEDH, 14 mai 2013, *Gross c/ Suisse*, n° 67810/10, *D.* 2013 Actu. 1277, obs. G. PUPPINCK, *JCP* 2013, p. 1115, obs. G. GONZALEZ, *JCP* 2013 n° 23, 650, obs. H. SURREL, condamnant la Suisse pour ne pas avoir assez clairement indiqué dans

une femme paralysée à se procurer une dose létale de médicaments, la Cour constate une violation de l'article 8 parce que l'action engagée par le veuf n'a pas été examinée par les juridictions allemandes ; certes, le constat de violation porte sur le seul volet procédural, mais l'arrêt est important bien qu'en demi-teinte[62]. La Cour souligne la force de la notion d'autonomie personnelle, même si elle n'en tire pas toujours toutes les conséquences. C'est ainsi qu'elle a précisé dans l'arrêt *Pretty* que cette autonomie, au sens du droit d'opérer des choix concernant son propre corps, est une notion qui « reflète un principe important qui sous-tend l'interprétation des garanties de l'article 8 »[63]. Pourtant, dans cette même affaire, la Cour n'a pas considéré que l'obstacle légal qui empêchait la requérante d'exercer son choix de ne pas continuer à vivre de manière indigne et inhumaine violait son droit au respect de la vie privée[64].

242. La sexualité. – La vie sexuelle fait partie de la vie privée au sens de l'article 8 de la Convention[65]. Le principe de liberté de la vie sexuelle est affirmé avec force même s'il existe des limites tenant, notamment, à la publicité de certains comportements sexuels, à l'exercice de la contrainte ou à la réalité d'un danger pour les personnes[66]. Sous ces réserves de bon sens, chacun a le droit de mener la vie sexuelle de son choix en conformité avec son identité profonde[67].

Les minorités sexuelles sont également protégées. C'est ainsi que toute répression pénale contre des comportements homosexuels en privé entre adultes consentants est contraire à l'article 8 et il importe peu que cela puisse éventuellement choquer une partie de la population[68]. Les relations

quels cas le suicide assisté est autorisé. Mais les conclusions de la Chambre dans cet arrêt, qui n'est jamais devenu définitif, perdent toute validité juridique en raison du comportement de la requérante qui est un abus du droit de recours individuel : cf. *infra*, n° 52.

62. CEDH, 19 juill. 2012, *Koch c/ Allemagne*, n° 497/09, *Dalloz Actu.* 4 sept. 2012, obs. O. Bachelet, *JCP* 2013, 64, n° 12, obs. F. Sudre, *JCP* 2012, 915, p. 1516, obs. M. Afroukh, *RTD Civ.* 2012. 700, obs. J.-P. Marguénaud, *RTD Civ.* 2013. 354, obs. J. Hauser.

63. CEDH, 29 avr. 2002, *Pretty c/ Royaume-Uni*, n° 2346/02, § 61, *JDI* 2003. 535, obs. E. Decaux et P. Tavernier, *Gaz. Pal.*, 14-15 août 2002, p. 1, note A. Garay, *JCP* 2003-II-10062, note C. Girault, *Gaz. Pal.* 4-5 oct. 2002, p. 55, note Ch. Pettiti, *RSC* 2002. 645, obs. Fl. Massias.

64. Aff. *Pretty*, préc., § 78.

65. CEDH, 26 mars 1985, *X et Y c/ Pays-Bas*, préc., § 22, *RSC* 1985, p. 629, obs. L.-E. Pettiti, *CDE* 1988, p. 462, obs. G. Cohen-Jonathan.

66. V° pour les pratiques sadomasochistes : CEDH, 19 févr. 1997, *Laskey, Jaggard et Brown c/ Royaume-Uni*, n° 21627/93..., §§ 35 et s., *RTDH* 1997. 738, obs. M. Levinet, *D.* 1998. 97, note J.-M. Larralde ; 17 févr. 2005, *K. A. et A. D. c/ Belgique*, n° 42758/98 et 45558/99, § 87, *D.* 2005. 2973 et s., note M. Fabre-Magnan, *JCP* 2005-I-159 n° 12, obs. F. Sudre, *RTD Civ.* 2005. 341, obs. J.-P. Marguénaud, *RDP* 2006. 805, obs. M. Levinet, *RSC* 2006. 662, obs. Fl. Massias ; *Adde* CEDH, 16 sept. 2008, *Pay c/ Royaume-Uni*, n° 32792/05, *D.* 2009. 1861, note J.-P. Marguénaud. Pour des violences sexuelles sur mineurs, V° CEDH, 22 oct. 1996, *Stubbings et autres c/ Royaume-Uni*, n° 22083/93..., §§ 66, *RTDH* 1998. 781 et s., obs. J. Sace. Cf. aussi CEDH, 4 déc. 2003, *M. C. c/ Bulgarie*, n° 39272/99, *RDP* 2004. 803, obs. H. Surrel, *JCP* 2004-I-107 n° 1, obs. F. Sudre.

67. Cf. not. CEDH, 27 sept. 1999, *Smith et Grady c/ Royaume-Uni*, n° 33985/96..., § 111, *JCP* 2000-I-203 n° 21, obs. F. Sudre.

68. CEDH, 22 oct. 1981, *Dudgeon c/ Royaume-Uni*, n° 7525/76, § 30, *CDE* 1982. 221, obs. G. Cohen-Jonathan, *AFDI* 1982. 504, obs. R. Pelloux, *JDI* 1985. 185, obs. P. Rolland et P. Tavernier ; 26 oct. 1988, *Norris c/ Irlande*, n° 8225/78 ; 22 avr. 1993, *Modinos c/ Chypre*, n° 15070/89 ; 31 mai 2000, *A.D.T. c/ Royaume-Uni*, n° 35765/97. La violation de l'art. 8 est parfois combinée avec l'art. 14 interdisant toute discrimination :

homosexuelles durables relèvent de la vie privée[69] : la solution est désormais certaine et la non-reconnaissance juridique des couples de même sexe porte atteinte à l'article 8[70]. D'une façon plus générale, toute exclusion fondée sur l'orientation sexuelle est une violation du droit à la vie privée[71]. Toute discrimination fondée sur l'orientation sexuelle est contraire à la Convention en raison d'une violation des articles 14 et 8 combinés[72]. Plus généralement, seules des raisons particulièrement sérieuses et graves peuvent justifier une différence de traitement, en particulier s'agissant de l'orientation sexuelle : dès lors, la marge d'appréciation des États est particulièrement étroite[73]. Enfin, si le changement d'identité sexuelle a pu, jadis, susciter des difficultés, désormais la Cour l'admet clairement : après avoir estimé que les États n'avaient pas l'obligation positive d'établir un document prouvant la nouvelle identité sexuelle[74], les juges européens ont condamné la France, estimant qu'un transsexuel qui ne peut obtenir la rectification de son état civil se trouve quotidiennement dans une situation incompatible avec le respect dû à sa vie privée[75].

L'arrêt *Goodwin*, rendu par la Grande Chambre et à l'unanimité, marque clairement un changement notable de la jurisprudence de la Cour concernant le statut juridique des transsexuels[76]. Désormais, les États ont l'obligation positive de reconnaître juridiquement la conversion sexuelle : leur marge

---

CEDH, 9 janv. 2003, *L. et V. c/ Autriche,* n° 39392/98 ; 10 févr. 2004, *B. B. c/ Royaume-Uni,* n° 53760/00 ; 21 sept. 2010, *Fernando dos Santos Canto c/ Portugal,* n° 31874/07.

69. Comm. EDH, 10 févr. 1990, *B. c/ Royaume-Uni,* DR 64/278 ; CEDH, 27 sept. 1999, *Lustig-Prean et Beckett c/ Royaume-Uni,* n° 31417/96 et 32377/96, § 108, *RTD Civ.* 1999, p. 917, obs. J.-P. Marguénaud.

70. CEDH, 21 juill. 2015, *Oliari et autres c/Italie,* n° 18766/11..., *JCP* 2015. 927, obs. F. Sudre, *D.* 2015. 2160, note H. Fulchiron, *JCP* 2015. 927, note F. Sudre, *AJ Famille* 2015. 615, obs. M. Rouillard, *Dr. Famille* 2016, n° 9, chron. 2, n° 3, obs. A. Gouttenoire.

71. CEDH, 27 sept. 1999, *Smith et Grady c/ Royaume-Uni,* préc. ; 27 sept. 1999, *Lustig-Prean et Beckett c/ Royaume-Uni,* n° 31417/96 et 32377/96, *RTD Civ.* 1999. 917, obs. J.-P. Marguénaud.

72. CEDH, 21 déc. 1999, *Salgueiro Da Silva Monta c/ Portugal,* n° 33290/96, § 29, *AJDA* 2000. 526, obs. J.-F. Flauss, *RTD Civ.* 2000. 313, obs. J. Hauser, et 433, obs. J.-P. Marguénaud ; 9 janv. 2003, *L. et V. c/ Autriche,* n° 39392/98, § 47 ; 10 févr. 2004, *B. B. c/ Royaume-Uni,* n° 53760/00 (absence de justification objective et raisonnable pour le maintien d'un âge de consentement plus élevé pour les actes homosexuels que pour les actes hétérosexuels) ; 2 mars 2010, *Kosak c/ Pologne,* n° 13102/02 (refus de reconnaître à un homosexuel le droit à la transmission d'un bail après le décès de son compagnon).

73. Aff. *Smith et Grady,* préc., § 37.

74. CEDH, 17 oct. 1986, *Rees c/ Royaume-Uni,* préc., § 47 ; 27 sept. 1990, *Cossey c/ Royaume-Uni,* préc., § 42 ; 30 juill. 1998, *Sheffield et Horsham c/ Royaume-Uni,* n° 22985/93..., § 66, *D.* 1998 Somm. 370, obs. J.-F. Renucci, *JCP* 1999-I-165 n° 24, obs. C. Byk, *RTD Civ.* 1998. 1001, obs. J.-P. Marguénaud, *RTD Civ.* 1999. 59, obs. J. Hauser, *RTDH* 1999. 646, obs. M. Levinet.

75. CEDH, 25 mars 1992, *B. c/ France,* n° 13343/87, § 63, *AFDI* 1992. 629, obs. V. Coussirat-Coustère, *JDI* 1993. 720, obs. E. Decaux et P. Tavernier, *JCP* 1992-II-21955, note Th. Garé, *RTD Civ.* 1992. 540, obs. J. Hauser, *D.* 1992 Somm. 325, obs. J.-F. Renucci, *RUDH* 1993. 1, obs. F. Sudre et autres, *D.* 1993. 101, note J.-P. Marguénaud.

76. CEDH, Gr. Ch., 11 juill. 2002, *Goodwin c/ Royaume-Uni,* n° 28957/95, § 100, *D.* 2003 Somm. 525, obs. C. Bîrsan, *AJ Famille* 2002. 413, n° 12, obs. F. Granet, *RTD Civ.* 2002. 782, obs. J. Hauser, *RTD Civ.* 2002. 862, obs. J.-P. Marguénaud et J. Raynard, *D.* 2003. 2032, note A.-S. Chavent-Leclère, *JDI* 2003. 556, obs. E. Decaux et P. Tavernier, *D.* 2003 Somm. 1935, obs. J.-J. Lemouland, *JCP* 2003-I-101, obs. J. Rubellin-Devichi, *JCP* 2003-I-109 n° 16, obs. F. Sudre, *RDSS* 2003. 137, obs. F. Moneger, *AJDA* 2002. 1277, obs. J.-F. Flauss. Cf. égal. l'arrêt *I c/ Royaume-Uni,* rendu le même jour, n° 25680/94. *Adde* dans le même sens : CEDH, 23 mai 2006, *Grant c/ Royaume-Uni,* n° 32570/03, § 44, *RTD Civ.* 2006. 725, obs. J.-P. Marguénaud et P. Remy-Corlay (violation de l'art. 8 en raison de l'impossibilité pour une transsexuelle de faire reconnaître juridiquement son changement de sexe et d'obtenir une pension de retraite à l'âge minimum requis pour les autres femmes).

d'appréciation se limite donc aux moyens à mettre en œuvre pour assurer la reconnaissance du droit protégé par la Convention[77]. Il s'agit là d'une illustration significative du caractère évolutif de la jurisprudence européenne qui prend en compte les évolutions de la société : c'est bien un « instrument vivant ». Désormais, il est clairement affirmé que les transsexuels, comme tout un chacun, doivent jouir pleinement du droit au développement personnel[78]. Concernant la situation des transsexuels, la jurisprudence européenne est particulièrement protectrice, y compris dans le domaine de la prise en charge des soins[79].

243. Le droit à l'image. – L'image de la personne entre dans le champ d'application de l'article 8 de la Convention[80] et l'affaire *Van Hannover* en est un exemple particulièrement significatif[81] : les juges européens ont estimé que la publication par la presse de photos représentant la Princesse de Hanovre seule ou avec d'autres personnes dans sa vie quotidienne – donc dans des activités purement privées – relève de sa vie privée[82]. Tout en précisant ainsi les limites avec un autre droit garanti par la Convention, la liberté d'expression[83], la Cour indique avec raison que la vie privée doit être protégée même dans des lieux publics : il existe bien une zone d'interaction entre l'individu et les tiers qui, même dans un contexte public, peut relever de la vie privée[84] ; toute personne, même célèbre, doit pouvoir bénéficier d'une « espérance légitime » de protection et de respect de sa vie privée[85]. On ne peut dès lors que regretter qu'à l'occasion de nouvelles affaires *Von Hannover*, la Cour, bien que

77. Aff. *Goodwin*, préc., § 93.

78. Aff. *Goodwin*, préc., § 90. V° aussi : CEDH, 12 juin 2003, *Van Kück c/ Allemagne*, n° 35968/97 ; 10 mars 2015, *Y.Y. c/ Turquie*, n° 14793/08, *Dalloz Actu.* 19 mars 2015, obs. Th. Coustet, *D.* 2015. 1875, note P. Reigné, *AJ Famille* 2015. 542, obs. P. Reigné, *RDSS* 2015. 643, obs. S. Paricard, *RTD Civ.* 2015. 331, obs. J.-P. Marguénaud, et 349, obs. J. Hauser, *D.* 2016. 755, obs. J.-Ch. Galloux et H. Gaumont-Prat, *JCP* 2015. 845, n° 12, obs. F. Sudre, *JCP* 2015. 336, obs. A. Schahmaneche, *Dr. Famille* 2015, com. 113 par F. Marchadier, *JCP* 2015, Doctr. 1113, n° 9, obs. Ch. Byk, *JDI* 2016, n° 4, chron. 8, n° 24, obs. S. Jamal : le refus d'accorder à une personne transsexuelle la possibilité d'accéder à une opération chirurgicale de changement de sexe est une atteinte à son droit au respect de la vie privée. *Idem* pour l'obligation de subir une opération ou un traitement stérilisant (ou risqué) pour changer la mention du sexe à l'état civil : CEDH, 6 avr. 2017, *A.P., Garçon et Nicot c/France*, n° 79885/12..., D. 2017. 1027 note J.-Ph. Vauthier et F. Vialla, et 994 par B. Moron-Puech.

79. CEDH, 9 janv. 2009, *Schlumpf c/ Suisse*, n° 29002/06, § 115.

80. CEDH, 21 févr. 2002 (déc.), *Schüssel c/ Autriche*, n° 42409/98 ; 28 janv. 2003, *Peck c/ Royaume-Uni*, n° 44647/98 ; 11 janv. 2005, *Sciacca c/ Italie*, n° 50774/99 ; 17 oct. 2006, *Gourguenidze c/ Géorgie*, n° 71678/01.

81. CEDH, 24 juin 2004, *Von Hannover c/ Allemagne*, n° 59320/00, § 64, *D.* 2004, Somm. 2538, obs. J.-F. Renucci, *D.* 2005. 340, note J.-L. Halpérin, *JCP* 2004-I-161 n° 8, obs. F. Sudre, *RTD Civ.* 2004. 802, obs. J.-P. Marguénaud. V° aussi : CEDH, 11 janv. 2005, *Sciaccia c/ Italie*, n° 50774/99, § 29, *JCP* 2005-I-159 n° 13, obs. F. Sudre, qui confirme que le droit protégé par l'art. 8 inclut le droit à l'image.

82. Aff. *Von Hannover*, préc., § 53.

83. Cf. *supra*, n° 187.

84. Aff. *Von Hannover*, préc., § 50. Cf. *mutatis mutandis* CEDH, 25 sept. 2001, *P. G. et J. H. c/ Royaume-Uni*, n° 44787/98, § 56 ; 28 janv. 2003, *Peck c/ Royaume-Uni*, préc., § 57.

85. Aff. *Von Hannover*, préc., §§ 51 et 69. Cf. aussi CEDH, 25 juin 1997, *Halford c/ Royaume-Uni*, n° 20605/92, § 45.

reprenant en apparence les mêmes critères, semble traduire un recul net de la protection de la vie privée[86].

> ***CEDH, 7 févr. 2012, Gr. Ch.,* Von Hannover c/ Allemagne *(nº 2), nº 40660/08 et nº 60641/08 :***
>
> En fait : *Se prévalant du premier arrêt Von Hannover, LL. AA. RR. la princesse Caroline von Hannover et le prince Ernst August von Hannover engagèrent des procédures devant les juridictions internes en vue de faire interdire la publication de photographies prises à leur insu pendant leurs vacances et publiées dans des magazines, au motif qu'elles ne contribuaient à aucun débat d'intérêt général. Les juridictions allemandes accueillirent la demande sauf pour l'une des photographies parce qu'elle était accompagnée d'un article faisant état, entre autres, de la dégradation de l'état de santé de SAS le Prince Rainier.*
>
> En droit : *(non-violation de l'art. 8) Pour la Cour, les juridictions nationales ont procédé à une mise en balance circonstanciée du droit des sociétés d'édition à la liberté d'expression avec le droit des requérants au respect de leur vie privée. Ce faisant, elles ont attaché une importance primordiale à la question de savoir si les photos, considérées à la lumière des articles les accompagnant, avaient apporté une contribution à un débat d'intérêt général. Elles se sont en outre penchées sur les circonstances dans lesquelles les photos avaient été prises. Dans ces conditions, et eu égard à la marge d'appréciation dont les juridictions nationales disposent en la matière lorsqu'elles mettent en balance des intérêts divergents, la Cour conclut que celles-ci n'ont pas manqué à leurs obligations positives au titre de l'art. 8 de la Convention.*

En toute hypothèse, les États ont une obligation positive de protection de la vie privée et du droit à l'image à l'égard de la Convention[87]. D'une façon plus générale, l'image d'un individu est l'une des composantes essentielles de son épanouissement personnel et l'un des attributs principaux de sa personnalité : la Cour a opportunément rappelé que « le droit de la personne à la protection de son image présuppose principalement la maîtrise de celle-ci par l'individu »[88]. C'est dire que le droit à l'image comporte, à la fois, le droit de refuser sa diffusion, ainsi que celui de s'opposer à sa captation, sa conservation et sa reproduction[89].

---

86. CEDH, Gr. Ch., 7 févr. 2012, *Von Hannover c/ Allemagne (nº 2),* nº 40660/08, *D.* 2012. 1040, note J.-F. Renucci, *JCP* 2012, 650, 1062, note M. Afroukh, *AJDA* 2012. 1726, obs. L. Burgorgue-Larsen, *RTD Civ.* 2012. 279, obs. J.-P. Marguénaud, *D.* 2013. 457, obs. E. Dreyer, *Constitutions* 2013. 645, obs. D. de Bellescize ; CEDH, 19 sept. 2013, *Von Hannover c/ Allemagne (nº 3),* nº 8772/10, *Dalloz Actu.* 15 oct. 2013, obs. S. Lavric, *JCP* 2013, 1026, 1799, obs. M. Afroukh. Sur l'équilibre entre le droit à la liberté d'expression et le droit au respect de la vie privée. Cf. *supra*, nº 187.

87. Aff. *Von Hannover,* préc., § 72.

88. CEDH, 15 janv. 2009, *Reklos et Davourlis c/ Grèce,* nº 1234/05, § 40, *JCP* 2009-I-143 nº 18, obs. F. Sudre ; 27 mai 2014, *De La Flor Cabrera c/ Espagne,* nº 10764/09, § 31.

89. La diffusion à la télévision de l'image non floutée d'un particulier obtenue en caméra cachée porte atteinte à sa vie privée : CEDH, 13 oct. 2015, *Bremmer c/Turquie,* nº 37428/06. En revanche, la publication des photos des enfants d'un footballeur célèbre ne constitue pas une violation de l'art. 8 malgré une interdiction de publication générale ordonnée par un tribunal, dès lors que les actions engagées par les requérants obligeaient l'éditeur à payer des astreintes importantes et que le visage des enfants n'étaient identifiables sur les photos que par la présence de leurs parents et par les textes joints : CEDH, 17 mars 2016, *Kahn*

244. Les données personnelles. – La mémorisation de données personnelles par une autorité publique est une ingérence dans le droit au respect de la vie privée : une telle pratique n'est donc admissible que si les conditions de l'ingérence de l'État sont remplies, avec notamment l'existence de garanties adéquates[90]. Les juges européens entendent à cet égard assurer une protection particulièrement efficace : c'est la raison pour laquelle ils n'ont pas hésité à étendre le champ d'application de l'article 8 en englobant dans la vie privée des données de nature publique fichées par les pouvoirs publics[91]. L'arrêt *S. et Marper* rappelle que la protection des données à caractère personnel joue un rôle fondamental pour l'exercice du droit au respect de la vie privée et familiale consacré par l'article 8 de la Convention. La législation interne doit donc ménager des garanties appropriées pour empêcher toute utilisation de données à caractère personnel qui ne serait pas conforme aux garanties prévues dans cet article. Elle doit en particulier assurer que ces données sont pertinentes et non excessives par rapport aux finalités pour lesquelles elles sont enregistrées, et qu'elles sont conservées sous une forme permettant l'identification des personnes concernées pendant une durée n'excédant pas celle nécessaire aux finalités pour lesquelles elles sont enregistrées[92]. Enfin, l'arrêt *S. et Marper* précise que le droit interne doit également contenir des garanties protégeant efficacement les données à caractère personnel enregistrées contre les usages impropres et abusifs[93].

---

c/Allemagne, n° 16313/10, *Dalloz Actu.* 7 avr. 2016, obs. V. Lefebvre, *AJDA* 2017. 157, obs. L. Burgorgue-Larsen.

90. CEDH, 26 mars 1987, *Leander c/ Suède*, n° 9248/81, § 67 : ces garanties étaient en l'espèce le contrôle du Gouvernement mais aussi celui du Parlement et d'institutions indépendantes comme le médiateur. Cf. aussi : CEDH, 25 mars 1998, *Kopp c/ Suisse*, n° 23224/94 ; Gr. Ch., 16 févr. 2000, *Amann c/ Suisse*, n° 27798/95. *Adde* la possibilité pour l'administration fiscale d'exiger d'une société la remise d'une copie de sauvegarde de l'intégralité des données d'un serveur informatique qu'elle partage avec d'autres sociétés : CEDH, 14 mars 2013, *Bernh Larsen Holding AS et autres c/ Norvège*, n° 24117/08, *JDI* 2013, chron. 6, n° 25, obs. D. Gnamou.

91. CEDH, Gr. Ch., 5 mai 2000, *Rotaru c/ Roumanie*, n° 28341/95, *JCP* 2001-I-291 n° 30, obs. F. Sudre, *RTDH* 2001. 137, obs. O. de Schutter, *AJDA* 2000. 1006, obs. J.-F. Flauss, *D.* 2001. 1988, obs. A. Lepage. Cf. aussi : CEDH, 24 mai 2011, *Association « 21 décembre 1989 » et autres c/ Roumanie*, n° 33810/07 ; 21 juin 2011, *Shimovolos c/ Russie*, n° 30194/09 ; 8 janv. 2013, *Bucur et Toma c/ Roumanie*, n° 40238/02.

92. Pour une durée excessive, v° le régime français de conservation dans le fichier STIC à propos d'une personne ayant bénéficié d'un classement sans suite : CEDH, 18 sept. 2014, *Brunet c/ France*, n° 21010/10, *Dr. Pénal* 2015, chron. 4, n° 15, obs. E. Dreyer, *JDI* 2015, n° 4, chron. 7, n° 29, obs. M. Rausch, *Dalloz Actu.* 29 sept. 2014, obs. J. Gaté (remarquant que ces leçons éclaireront le contentieux relatif à d'autres fichiers contenant des données personnelles), *JCP* 2014 act. 1023, obs. K. Blay-Grabarczyk, *JCP* 2015, chron. 70, n° 8, obs. F. Sudre, *RPDP* 2014. 915, obs. A. Barthuel, *AJ Pénal* 2014. 539, obs. G. Roussel, *AJDA* 2014. 1796, obs. M.-Ch. de Montecler, *RSC* 2015. 165, obs. D. Roets, *RFDA* 2015. 512, obs. H. Labayle et F. Sudre, *JCP (A)* 2015. 2022, chron. V. Correia (dir.), n° 1, obs. C. Gauthier.

93. CEDH, Gr. Ch., 4 déc. 2008, *S. et Marper c/ Royaume-Uni*, n° 30562/04 et 30566/05, § 103, *RSC* 2009. 182, obs. J.-P. Marguénaud, *RDP* 2009. 910, obs. G. Gonzalez, *JCP* 2009-I-104 n° 10, obs. F. Sudre, *AJ pénal* 2009. 81, obs. G. Roussel, *Dr. pénal* 2009. 24, obs. E. Dreyer, *RTDH* 2010. 141, obs. D. De Beer, P. De Hert, G. Gonzalez Fuster et S. Gutwirth, *RFDA* 2009. 741, note S. Peyrou-Pistouley, *AJDA* 2009. 872, obs. J.-F. Flauss, *RFDA* 2009. 741 ét. S. Peyrou-Pistouley, *D.* 2010. 604, obs. J.-C. Galloux et H. Gaumont-Prat (conservation pour une durée indéterminée d'empreintes digitales, d'échantillons cellulaires et de profils ADN après un acquittement un classement sans suite). Sur la nécessité, pour les autorités étatiques, de protéger les enfants face aux pédophiles sur Internet, v° : CEDH, 2 déc. 2008, *K. U. c/ Finlande*, n° 2872/02, *RDP* 2009. 909, obs. M. Levinet, *JCP* 2009-I-104 n° 8, obs. F. Sudre. L'inscription au fichier judiciaire national automatisé des auteurs d'infractions sexuelles ou violentes ne constitue pas, en soi, une

CEDH, Gr. Ch., 4 déc. 2008,* S. et Marper c/ Royaume-Uni, *n° 30562/04 :
En fait : *En vertu de la loi de 1984, les empreintes digitales et échantillons d'ADN prélevés sur une personne soupçonnée d'avoir commis une infraction pénale peuvent être conservés sans limites de temps, même lorsque la procédure pénale ultérieure se conclut par l'acquittement de l'accusé ou par un non-lieu. Dans l'affaire en cause, les deux requérants avaient été accusés d'infractions pénales, mais n'avaient pas été condamnés : ils demandèrent donc que les empreintes digitales et échantillons cellulaires les concernant soient détruits, ce que la police refusa.*
En droit : *(violation de l'art. 8) La conservation de ces éléments sans le consentement de l'intéressé ne saurait passer pour une mesure neutre ou banale et constitue une ingérence dans le droit au respect de la vie privée. La Cour note cependant que la loi de 1984 n'est pas très précise, mais que le but visé est légitime puisqu'il s'agit de prévenir des infractions pénales, grâce à l'aide apportée à l'identification des futurs délinquants. Toutefois, le caractère général et indifférencié du pouvoir de conservation, tel qu'il a été appliqué aux requérants en l'espèce, ne traduit pas un juste équilibre entre les intérêts publics et privés concurrents en jeu, et l'État défendeur a outrepassé toute marge d'appréciation acceptable en la matière. Dès lors, la conservation en cause s'analyse en une atteinte disproportionnée au droit des requérants au respect de leur vie privée et ne peut passer pour nécessaire dans une société démocratique.*

La question de la confidentialité des données à caractère personnel est particulièrement délicate dans le domaine de la santé : la communication de dossiers médicaux dans le cadre d'une procédure peut porter atteinte à la garantie de l'article 8 si toutefois l'ingérence est disproportionnée[94]. C'est pourquoi le principe est celui de la confidentialité des informations sur la santé : cette confidentialité s'impose à la fois pour protéger la vie privée des malades et pour qu'ils ne perdent pas confiance dans les services de santé. Par conséquent, la communication ou la divulgation d'un dossier médical doit s'accompagner de garanties adéquates contre d'éventuels abus et tendre à défendre un aspect primordial d'intérêt public, c'est-à-dire en fait, pour permettre la poursuite d'auteurs d'infractions pénales ou protéger la publicité des procédures judiciaires[95]. Il reste que les États disposent d'une marge d'appréciation relativement importante, mais il y a violation de l'article 8 dès lors que la législation interne n'assortit pas de garanties suffisantes l'utilisation de telles

violation de l'art. 8 : CEDH, 17 déc. 2009, *Bouchacourt c/ France,* n° 5335/06, *RSC* 2010. 240, obs. D. Roets. Cf. autre exemple de fichage judiciaire : CEDH 18 oct. 2011 ; *Khelili c/ Suisse,* n° 16188/07, *Dr. Pénal* 2012, n° 4, chron. 3, obs. E. Dreyer. *Adde* pour la conservation d'empreintes digitales après une relaxe et entraînant violation de l'art. 8 : CEDH, 18 avr. 2013, *M. K. c/ France,* n° 19522/09, *JCP* 2013, n° 21, 576, obs. B. Pastre-Belda, *Dalloz Actu.* 14 mai 2013, obs. M. Léna, *RSC* 2013. 666, obs. D. Roets, *D.* 2014. 843, obs. J.-C. Galloux et H. Gaumont-Prat, *RFDA* 2014. 538, obs. H. Labayle et F. Sudre, *RPDP* 2013. 712, obs. J.-F. Renucci. Cf. aussi : CEDH, 4 juin 2013, *Peruzzo et Martens c/ Allemagne,* n° 7841/08..., *JDI* 2013, chron. 6, n° 22, obs. S. Millan (irrecevabilité).

94. CEDH, 25 févr. 1997, *Z c/ Finlande,* n° 22009/93, § 114, *JCP* 1998-I-107 n° 35, obs. F. Sudre. *Adde* CEDH, 27 août 1997, *M. S. c/ Suède,* n° 20837/92, § 44, *D.* 2000. 521, note I. Laurent-Merle. V° aussi, pour une violation de l'art. 8 en raison de la divulgation d'informations psychiatriques : CEDH, 29 juin 2006, *Panteleyenko c/ Ukraine,* n° 11901/02.

95. Cf. aff. *Z c/ Finlande,* préc., § 96 et s. Cf. CEDH, 6 juin 2013, *Avilkina et autres c/ Russie,* n° 1585/09, *JDI* 2013, chron. 6, n° 23, obs. S. Millan.

données qui relèvent de la vie privée[96]. La Cour a, de plus, renforcé la protection du principe de la confidentialité des informations sur la santé dans la mesure où elle lui a conféré un effet horizontal : au titre des obligations positives, un État doit assurer une protection réelle contre l'accès non autorisé à ce type de données[97].

Les informations relatives aux comptes bancaires étant des données personnelles, l'applicabilité de l'article 8 de la Convention ne fait aucun doute[98]. Il reste que la lutte contre l'évasion fiscale est une préoccupation forte, ce qui a conduit des États à conclure des accords dont la mise en œuvre peut susciter des interrogations quant au respect de certains droits garantis par la Convention européenne, en particulier le droit au respect de la vie privée. Mais la Cour européenne a estimé que la transmission de données bancaires aux autorités fiscales d'un autre État en application d'un accord bilatéral ne viole pas la Convention, les conditions de l'ingérence étant en l'espèce remplies : prévue par un texte et poursuivant le but légitime du « bien-être économique du pays » compte tenu de l'importance économique du secteur bancaire, cette ingérence n'était guère disproportionnée puisqu'il n'était pas déraisonnable pour la Suisse de faire prévaloir l'intérêt général d'un règlement efficace satisfaisant avec les États-Unis sur l'intérêt privé du requérant[99]. La solution s'imposait d'autant plus qu'il était question en l'espèce des seules données bancaires du requérant, lesquelles ne pouvaient donc, aux yeux de la Cour, être assimilées à des données intimes ou liées étroitement à son identité et qui auraient mérité une protection accrue. Les juges européens ont été sensibles au fait que le but de la transmission de ces données était simplement de vérifier si le requérant s'était acquitté de ses obligations fiscales et d'en tirer les conséquences juridiques si ce n'était pas le cas.

245. La vidéosurveillance (vidéoprotection). – S'agissant de la vidéosurveillance dans les lieux publics, la question capitale est de savoir s'il y a simple surveillance ou s'il y a enregistrement et divulgation au public. L'arrêt *Peck* a précisé que le fait de surveiller les actes d'un individu dans un lieu public en utilisant un système de prise de vues sans enregistrer de données visuelles n'entraîne pas en soi une ingérence dans la vie privée de l'individu[100]. Mais il en va tout autrement en cas d'enregistrement des données, surtout si celui-ci a un caractère systématique ou permanent : il a été jugé qu'un enregistrement vidéo effectué par la police à des fins

96. Reproduction dans un jugement de divorce d'un extrait d'une pièce médicale personnelle (violation de l'art. 8) : CEDH, 10 oct. 2006, *L. L. c/ France*, n° 7508/02, §§ 47 et 48.

97. CEDH, 17 juill. 2008, *I. c/ Finlande*, n° 20511/03, *JCP* 2009-I-104 n° 10, obs. F. Sudre, §§ 48 et 49 ; 25 nov. 2008, *Biriuk c/ Lituanie*, n° 23373/03, §§ 41 et s.

98. CEDH, 7 juill. 2015, *M.N. et a. c/Saint-Marin*, n° 28005/12, § 51 ; 27 avr. 2017, *Sommer c/Allemagne*, n° 73607/13.

99. CEDH, 22 déc. 2015, *GSB c/Suisse*, n° 28601/11, *AJDA* 2016. 143, chron. L. Burgorgue-Larsen, *Dr. Fiscal*, 2016, 206, n° 14, obs. L. Ayrault, *D.* 2017, Pan. *DEDH « Fiscalité et Convention EDH »*, p. 128 s., spéc., p. 129, n° 2, obs. J.-F. Renucci et A. Renucci.

100. CEDH, 28 janv. 2003, *Peck c/ Royaume-Uni*, n° 44647/98, § 59 ; cf. aussi : Comm. EDH, 14 janv. 1998, *Herbecq et Association « Ligue des droits de l'homme » c/ Belgique*, n°s 32200/96 et 32201/96, DR 92-A/92.

d'identification puis de poursuites peut constituer une violation de l'article 8 dès lors que la personne en cause a été filmée en secret ; l'arrêt *Perry* a précisé qu'un tel stratagème adopté par la police outrepasse l'utilisation normale de ce type de caméra et constitue une ingérence non prévue par la loi[101]. D'ailleurs, la Cour a déjà jugé dans l'affaire *Rotaru* que la compilation de données par les services de sécurité sur des individus particuliers, même sans recours aux méthodes de surveillance secrète, constitue une ingérence dans la vie privée des requérants[102].

Il est certain qu'en cas de recours à des méthodes de surveillance secrète, la violation de l'article 8 sera facilement caractérisée, en particulier s'il n'existe pas de régulation de l'usage fait par la police de dispositifs d'enregistrements secrets[103]. En définitive, la Cour considérera l'affaire dans son ensemble et examinera si les motifs invoqués pour justifier l'ingérence sont pertinents et suffisants et si les mesures sont proportionnées aux buts légitimes poursuivis.

La Cour s'est également prononcée sur la délicate question de l'utilisation d'enregistrements vidéo en justice, lesdits enregistrements ayant été effectués sans le consentement de l'intéressé[104]. Celui-ci s'est plaint à Strasbourg d'une atteinte à ses « droits à l'honneur, à l'intimité personnelle et familiale, et à sa propre image ». Mais pour les juges européens, s'il y a bien ingérence, cette ingérence n'est pas disproportionnée dès lors que les images n'ont pas été diffusées, qu'elles ont été prises sur la voie publique et que l'enregistrement vidéo a été utilisé à seule fin d'un procès civil : il n'y a donc pas eu violation de l'article 8 de la Convention[105].

B. Les questions nouvelles

246. L'activité professionnelle. –Le champ d'application de l'article 8 de la Convention est très large puisqu'il englobe aussi le droit à l'identité et au développement personnel, ainsi que le droit pour tout individu de nouer et de développer des relations avec ses semblables et le monde extérieur : or, dans une certaine mesure, le lieu d'exercice des activités professionnelles joue un rôle majeur et il est dès lors légitime d'étendre l'applicabilité de

101. CEDH, 17 juill. 2003, *Perry c/ Royaume-Uni*, n° 63737/00, § 49. Cf. aussi : CEDH, déc., 5 oct. 2010, *Köpke c/ Allemagne*, n° 420/07, *RTDH* 2011. 671, obs. N. Hervieu.

102. CEDH, Gr. Ch., 5 mai 2000, *Rotaru c/ Roumanie*, préc., §§ 43 et 44 ; 16 févr. 2000 Gr. Ch., *Amann c/ Suisse*, préc., §§ 65 à 67. *Adde* CEDH, 25 sept. 2001, *P. G. et J. H. c/ Royaume-Uni*, n° 44787/98, § 56.

103. CEDH, 5 nov. 2002, *Allan c/ Royaume-Uni*, n° 48539/99.

104. CEDH, 27 mai 2014, *De La Flor Cabrera c/ Espagne*, n° 10764/09. En l'espèce, le requérant, après avoir été renversé par une voiture alors qu'il se promenait à vélo, a engagé une action civile en dommages-intérêts contre le conducteur et la compagnie d'assurances en raison de séquelles prétendument subies, à savoir une névrose post-traumatique entraînant, selon ses dires, une peur intense de conduire des véhicules. Mais pendant l'instance, la compagnie d'assurances a fourni comme éléments de preuve des vidéos de scènes de la vie quotidienne du requérant dans des espaces publics afin de démentir l'existence de la peur invoquée. Ces images, qui montraient le requérant conduisant une moto, avaient été enregistrées par un détective privé, engagé par l'assureur, à l'insu du requérant.

105. Aff. *De La Flor Cabrera*, préc., §§ 37 et s., spéc. § 42.

l'article 8 à ces activités[106]. Ainsi, il a été jugé qu'une large interdiction d'exercer un emploi dans un secteur donné porte atteinte à la vie privée en raison de ses conséquences[107]. Les conséquences de l'exercice d'une activité professionnelle peuvent intéresser l'article 8[108]. Récemment, la Cour a d'ailleurs confirmé nettement que le droit d'exercer une activité professionnelle relève bien de la « vie privée » au sens de l'article 8, à partir du moment où, comme en l'espèce, les restrictions apportées à la vie professionnelle ont des répercussions dans la façon dont l'individu forge son identité sociale par le développement des relations avec ses semblables[109].

Les juges européens rejettent toute vision étriquée de la vie privée au bénéfice d'une conception qui intègre la dimension communautaire et sociale. Par ailleurs, le respect de la vie privée dans les relations interindividuelles du travail s'impose avec la même force[110] : toutefois, une ingérence dans la vie privée d'un salarié peut parfaitement ne pas être considérée comme disproportionnée, en particulier s'il s'agit de répondre à un impératif de sécurité ou pour protéger les droits d'autrui au sein d'une entreprise : tel est le cas pour des tests imposés aux salariés afin de détecter l'usage d'alcool ou de drogue[111]. En revanche, les employés doivent être informés des risques éventuels de leur activité professionnelle : si l'État ne s'assure pas que ces derniers ont bien été informés par leurs employeurs, il y aura violation de l'article 8 de la Convention[112]. Enfin, si toute personne doit avoir une espérance raisonnable de respect de sa vie privée au regard de ses affaires privées depuis son bureau, la surveillance de l'utilisation du compte Internet par un employé et son licenciement subséquent n'est pas une violation de l'article 8 de la Convention lorsque le règlement intérieur interdit aux salariés d'utiliser les ordinateurs de l'entreprise à des fins privées[113].

---

106. CEDH, 16 déc. 1992, *Niemietz c/ Allemagne*, n° 13710/88, § 29, *JDI* 1993. 755, obs. E. Decaux et P. Tavernier, *D.* 1993 Somm. 386, obs. J.-F. Renucci.

107. CEDH, 27 juill. 2004, *Sidabras et Dziautas c/ Lituanie*, n° 55480/00 et 59330/00, § 13, *JCP* 2005-I-103 n° 10, obs. F. Sudre. *Adde* CEDH, 24 juill. 2003, *Smirnova c/ Russie*, n° 46133/99..., §§ 89 et s. V° aussi CEDH, Gr. Ch., 9 oct. 2003, *Slivenko c/ Lettonie*, n° 48321/99, § 47 ; 29 juin 2004, *Dogan et autres c/ Turquie*, n° 8803/02..., *JCP* 2004-I-161 n° 17, obs. F. Sudre.

108. CEDH, 23 mars 2006, *Albanese c/ Italie*, n° 77924/01, § 66 (incapacités personnelles frappant le failli et découlant automatiquement de la déclaration de faillite).

109. CEDH, 28 mai 2009, *Bigaeva c/ Grèce*, n° 26713/05, § 23, *JCP* 2009-I-143 n° 16, obs. F. Sudre, *RDP* 2010. 874, obs. M. Levinet. V° aussi CEDH, 7 avr. 2005, *Rainys et Gasparavicus c/ Lituanie*, n° 70665/01 ; CEDH, Gr. Ch., 12 juin 2014, *Fernandez Martinez c/ Espagne*, n° 56030/07, *JCP* 2014, chron. 832, n° 13, obs. F. Sudre, *Dr. Social* 2015. 719, obs. J.-P. Marguénaud, *RFDA* 2015. 512, obs. H. Labayle et F. Sudre, *JDI* 2015, n° 4, chron. 7, n° 31, obs. Cl. de La Hougue, *AJDA* 2014. 1763, obs. L. Burgorgue-Larsen : le droit d'exercer une activité professionnelle relève bien de la « vie privée » au sens de l'art. 8.

110. CEDH, 26 mars 1985, *X. et Y. c/ Pays-Bas*, préc., § 23 ; 16 déc. 1992, *Niemietz c/ Allemagne*, préc., §§ 26 et s. ; 12 juin 2003, *Van Kück c/ Allemagne*, n° 35968/97, § 84, *RTD Civ.* 2004. 361, obs. J.-P. Marguénaud.

111. CEDH, 7 nov. 2002, *Madsen c/ Danemark*, déc. n° 58341/00 ; 9 mars 2004, *Wretlund c/ Suède*, déc. n° 46210/99, *D.* 2005. 36 et s., note J. Mouly et J.-P. Marguénaud.

112. CEDH, 5 déc. 2013, *Vilnes et autres c/ Norvège*, n° 52806/09..., *JCP* 2014, chron. 78, n° 15, obs. F. Sudre, *Dr. Social* 2014. 641, obs. J.-P. Marguénaud et J. Mouly, *JDI* 2013, chron. 6, n° 24, obs. P. Tavernier. Cf. aussi : CEDH, 28 avr. 2009, *K.H. et autres c/ Slovaquie*, n° 32881/04.

113. CEDH, 12 janv. 2016, *Barbulescu c/Roumanie*, n° 61496/08, *JCP* 2016. 834, n° 14, obs. F. Sudre, et 124, obs. D. Corrignan-Carsin, *RTDH* 2016. 1037, note L.-P. Marguenaud et J. Mouly, *Communication Commerce électronique* 2016, com. 37 par A. Caprioli. L'affaire *Copland* était différente puisqu'une telle interdiction n'existait pas, d'où le constat de violation car la surveillance de l'utilisation du téléphone, des courriers

***CEDH, 12 janv. 2016,* Barbulescu c/Roumanie, *nº 61496/08* :**
En fait : *Le requérant a été renvoyé par son employeur, une société privée, pour avoir utilisé le réseau internet de la société pendant les heures de travail, en violation du règlement intérieur qui interdisait d'utiliser les ordinateurs de la société à des fins personnelles.*
En droit : (non-violation de l'art. 8). Pour la Cour, bien qu'il n'ait pas été prétendu que le requérant avait causé un préjudice réel à son employeur, il n'est pas abusif qu'un employeur souhaite vérifier que ses employés accomplissent leurs tâches professionnelles pendant les heures de travail. En l'espèce, la portée de la surveillance de l'employeur a été limitée et était proportionnée puisque, à part les communications sur le compte Yahoo Messenger, aucune donnée ni aucun document stockés sur l'ordinateur du requérant n'ont été examinés. Enfin, le requérant n'a pas donné d'explication convaincante pour justifier son utilisation de ce compte à des fins personnelles. En somme, rien n'indique que les autorités internes ont failli à ménager un juste équilibre, dans les limites de leur marge d'appréciation, entre le droit du requérant au respect de sa vie privée au titre de l'article 8 et les intérêts de son employeur.

Une question délicate s'est posée concernant la déclaration de soupçon imposée aux avocats dans le cadre de la lutte contre le blanchiment. Cette obligation est incontestablement une ingérence de l'État, mais, pour la Cour européenne, les conditions de l'ingérence sont remplies[114]. D'une part, elle est prévue par la loi[115] et poursuit un but légitime, à savoir la défense de l'ordre et la prévention des infractions pénales. D'autre part, la Cour a jugé que cette obligation ne porte pas une atteinte disproportionnée au secret professionnel de l'avocat, pour deux raisons : en premier lieu, elle ne touche pas à l'essence même de la défense puisque les avocats n'y sont soumis que lorsqu'ils participent au nom et pour le compte de leur client à des transactions financières ou immobilières, ou lorsqu'ils l'assistent dans la préparation ou la réalisation de transactions particulières[116] ; en second lieu, la loi met en place un filtre protecteur du secret professionnel puisque les avocats ne

électroniques et du compte Internet était exercée sans base légale : CEDH, 3 avr. 2007, *Copland c/Royaume-Uni*, nº 62617/00.

114. CEDH, 6 déc. 2012, *Michaud c/ France*, nº 12323/11, *Dalloz Actu.* 12 déc. 2012, obs. O. Bachelet, *JCP* 2013, 64, nº 16, obs. F. Sudre, 187, note H. Robert, et 188, note C. Picheral, *AJ Pénal* 2013. 160, obs. J. Lasserre Capdeville, *Procédures* 2013 com. 43, obs. N. Fricero, *AJDA* 2013. 165, obs. [illegible]Burgorgue-Larsen, *RSC* 2013. 160, obs. J.-P. Marguénaud, *D.* 2013. 160, note F. Defferrard, et 1647, obs. C. Mascala, *D.* 2014. 169, obs. T. Wickers, *D. Avocats* 2013. 8, obs. L. Dargent, et 96, note W. Feugère, *RFDA* 2013. 576, obs. H. Labayle, F. Sudre, X. Dupré de Boulois et L. Milano, *RTD Eur.* 2013. 664, obs. F. Benoît-Rohmer, *RTDH* 2013. 959, note J. van Compernolle, *RTD Eur.* 2014. 664, obs. Fl. Benoît-Rhomer, *Rev. UE* 2015. 353, ét. M. Mezaguer.

115. Directives européennes transposées par la loi nº 2004-130 du 11 févr. 2004. À noter à cet égard l'application rigoureuse de la présomption non irréfragable de protection équivalente des droits fondamentaux assurée par le droit de l'Union européenne.

116. Achat et vente de biens immeubles ou de fonds de commerce ; gestion de fonds, titres ou autres actifs appartenant à leur client ; ouverture de comptes bancaires, d'épargne ou de titres ou de contrats d'assurance ; organisation des apports nécessaires à la création des sociétés ; constitution, gestion ou direction de sociétés ; constitution, gestion ou direction de fiducies ou de toute autre structure similaire ; constitution ou gestion de fonds de dotation.

communiquent pas directement les informations à Tracfin, mais au Bâtonnier de leur Ordre.

> ***CEDH, 6 déc. 2012,* Michaud c/ France, *n° 12323/11 :***
> En fait : *Le Conseil national des barreaux a pris une décision portant adoption d'un règlement professionnel destiné notamment à assurer la mise en œuvre d'obligations incombant à la profession d'avocat en matière de lutte contre le blanchiment d'argent, conformément à la directive européenne 2005/60/CE. Par conséquent et dans certaines hypothèses, les avocats sont obligés de déclarer à Tracfin les sommes d'argent de leurs clients dont ils soupçonnent qu'elles proviennent d'une infraction pénale telle que le blanchiment d'argent. En octobre 2007, le requérant, avocat, saisit le Conseil d'État dans le but de faire annuler cette décision. Le 23 juillet 2010, le recours fut rejeté.*
> En droit : *(non-violation de l'art. 8). L'obligation de déclaration de soupçon à la charge des avocats est prévue par la loi au sein du code monétaire et financier, loi qui est accessible et claire dans la description des activités auxquelles elle s'applique. L'ingérence litigieuse vise à lutter contre le blanchiment de capitaux et les infractions pénales associées, poursuivant le but légitime de la défense de l'ordre et la prévention des infractions pénales. Enfin, l'obligation de déclaration de soupçon ne porte pas une atteinte disproportionnée au secret professionnel des avocats, car ces derniers ne sont astreints à l'obligation de déclaration de soupçon que dans deux cas : d'une part, lorsque, dans le cadre de leur activité professionnelle, ils participent au nom et pour le compte de leur client à des transactions financières ou immobilières ou agissent en qualité de fiduciaires ; d'autre part, lorsque, toujours dans le cadre de leur activité professionnelle, ils assistent leur client dans la préparation ou la réalisation de transactions concernant six types d'opérations définies. L'obligation de déclaration de soupçon ne concerne donc que des activités éloignées de la mission de défense confiée aux avocats, qui constitue le fondement du secret professionnel attaché à cette profession, similaires à celles exercées par les autres professionnels soumis à cette obligation. En outre, la loi met en place un filtre protecteur du secret professionnel puisque les avocats ne communiquent pas les déclarations directement à Tracfin, mais, selon le cas, au président de l'ordre des avocats au Conseil d'État et à la Cour de cassation ou au bâtonnier de l'ordre auprès duquel ils sont inscrits.*

En revanche, la Cour européenne a jugé que l'inspection du compte bancaire d'un avocat par les autorités étatiques a violé son droit au secret professionnel : cette inspection avait été ordonnée à la suite d'une enquête ouverte pour des faits d'escroquerie impliquant un ancien client parce que les magistrats soupçonnaient que l'argent viré par la fiancée de l'accusé à l'avocat pour régler ses honoraires provenait d'activités illégales[117].

247. Le droit à la connaissance de ses origines. – Concernant le droit d'accès aux origines personnelles, la jurisprudence européenne a donné lieu à quelques incertitudes et à une évolution intéressante quoique sans doute inachevée. L'arrêt *Gaskin* semblait vouloir admettre le droit à la connaissance de ses origines, mais, en réalité, il s'agissait

117. CEDH, 27 avr. 2017, *Sommer c/Allemagne*, n° 73607/13.

moins en l'espèce des origines de la filiation que de celles des maltraitances subies par l'enfant[118]. La question s'est posée plus nettement dans l'affaire *X c/ Royaume-Uni*, mais les juges européens se sont alors retranchés derrière la marge d'appréciation des États, rappelant ainsi la règle de l'anonymat du donneur de sperme en cas d'insémination artificielle[119]. Sans affirmer clairement que le droit à la connaissance de ses origines est un droit fondamental, l'arrêt *Mikulic* précise que chacun doit pouvoir recueillir des éléments sur son identité, car ce droit est d'une grande importance[120]. L'incertitude est réelle, mais une évolution dans le sens d'une reconnaissance du droit à la connaissance de ses origines se dessine.

L'arrêt *Odièvre* est très important dans la mesure où la Cour reconnaît l'applicabilité de l'article 8 à une situation où la requérante, désireuse de connaître son histoire personnelle au nom de la vérité biologique, se trouve dans l'impossibilité d'avoir accès à ses origines et à des données identifiantes sur celles-ci[121]. Cette reconnaissance est logique. Il est en effet de jurisprudence constante que l'article 8 protège un droit à l'identité et à l'épanouissement personnel : précisément, à cet épanouissement contribuent l'établissement des détails de son identité d'être humain et l'intérêt vital, protégé par la Convention, à obtenir des informations nécessaires à la découverte de la vérité concernant un aspect important de son identité personnelle, par exemple l'identité de ses géniteurs[122] ; les circonstances de la naissance relèvent de la vie privée de l'enfant, puis de l'adulte, garantie par l'article 8 de la Convention[123]. Toutefois, l'arrêt *Odièvre* traduit un certain embarras, car, après avoir admis l'applicabilité de l'article 8, les juges européens ont conclu à sa non-violation par la législation française qui pourtant, et de manière absolue, fait obstacle à l'action en recherche de maternité lorsque la mère biologique a demandé le secret et ne permet pas la communication de données identifiantes : l'impossibilité de voir lever le secret d'une naissance du fait d'un accouchement sous X n'est donc pas une atteinte à la vie privée. La question est assurément difficile, car deux droits antagonistes sont en présence : d'une part, le droit de l'enfant (devenu adulte) à la connaissance de ses origines et d'autre part le droit de la mère au secret de cette naissance ; c'est dire qu'il y a là deux intérêts privés *a priori* inconciliables concernant

118. CEDH, 7 juill. 1989, *Gaskin c/ Royaume-Uni*, n° 10454/83, *AFDI* 1991. 604, obs. V. Coussirat-Coustère, *JDI* 1990. 715, obs. P. Rolland et P. Tavernier. Cf. aussi : CEDH, 24 sept. 2002, *M. G. c/ Royaume-Uni*, n° 39393/98. Sur la question de savoir si la vérité biologique peut être invoquée à tout moment, cf. : CEDH, 16 juin 2011, *Pascaud c/ France*, n° 19535/08, *D.* 2011. 1758, *AJ Famille* 2011. 429, obs. F. Chénedé, *RTD Civ.* 2011. 526 ovs. J. Hauser.

119. CEDH, 22 avr. 1997, *X., Y. et Z. c/ Royaume-Uni*, n° 21830/93, § 44.

120. CEDH, 7 févr. 2002, *Mikulic c/ Croatie*, n° 53176/99, *JCP* 2002-I-157 n° 13, obs. F. Sudre.

121. CEDH, Gr. Ch., 13 févr. 2003, *Odièvre c/ France*, n° 42326/98, §§ 28 et 29, *JCP* 2003-II-10049, note A. Gouttenoire-Cornut et F. Sudre, *RTDH* 2003. 375, obs. J.-P. Marguénaud ; *Dr. Fam.* 2003, n° 58, obs. P. Murat.

122. CEDH, 7 févr. 2002, *Mikulic c/ Croatie*, préc., §§ 54 et 64. Cf. aussi : CEDH, 14 févr. 2012, *A.M.M. c/ Roumanie*, n° 2151/10, *AJ Famille* 2012. 228, obs. E. Viganotti.

123. Aff. *Odièvre*, préc., § 29.

deux personnes adultes jouissant chacune de l'autonomie personnelle. On observera d'ailleurs que d'autres intérêts peuvent être en jeu, privés (les parents adoptifs, le père, voire le restant de la famille biologique), mais aussi plus généraux (la loi française permettant l'accouchement sous X répond à un souci de protection de la mère et de l'enfant, en évitant notamment des avortements clandestins ou des abandons sauvages)[124]. À noter que saisie de la difficulté, la Cour a fait prévaloir l'intérêt de l'enfant à être adopté sur celui de retrouver son ou ses parent(s) biologique(s)[125].

Il reste qu'en incluant le droit de connaître ses origines dans le champ d'application de l'article 8, la Cour a rendu un arrêt très important, tout en donnant une dimension particulière à la notion de vie privée. Par la suite, cette construction prétorienne a été affinée, les juges européens précisant que cela fait partie d'un droit à l'identité : dans l'affaire *Jäggi*, la Cour a conclu à la violation de l'article 8 du fait de l'impossibilité pour le requérant d'obtenir une analyse ADN de la dépouille de son père biologique présumé[126]. Par ailleurs, il a été jugé qu'une déclaration judiciaire de paternité fondée en particulier sur le refus de se soumettre à un test génétique n'est pas contraire à la Convention[127]. Dans le même ordre d'idées, la question du droit de connaître son ascendance s'est posée dans le cadre d'une demande de « grand-paternité » : en l'espèce, la conventionnalité de la législation nationale était mise en cause parce qu'elle empêchait une personne de découvrir l'identité de son grand-père présumé, compte tenu de l'impossibilité de faire procéder à des prélèvements ADN sur son cadavre ; mais dans ce cas, la Cour a conclu à la non-violation de l'article 8 en raison du fait que le lien de filiation à établir n'était pas direct[128]. Pour la Cour, l'intérêt de la connaissance de l'identité varie en fonction du degré de proximité des ascendants[129].

L'arrêt *Godelli* est particulièrement intéressant. Dans cette affaire, qui concernait le secret de la naissance et l'impossibilité pour une personne abandonnée par sa mère de connaître ses origines, la Cour a conclu à la violation de l'article 8. En particulier, elle a estimé qu'un juste équilibre

124. À noter que la législation française (L. n° 2002-93 du 22 janv. 2002) conserve le principe de l'admission de l'accouchement sous X mais renforce la possibilité de lever le secret de l'identité de la mère si celle-ci ne s'y oppose pas.

125. CEDH, 10 janv. 2008, *Kearns c/ France*, n° 35991/04, *JCP* 2008-I-167 n° 15, obs. F. Sudre, *AJ Famille* 2008. 78, obs. F. Chénedé, *RDSS* 2008. 353, obs. Cl. Neirinck, *RTD Civ.* 2008. 252, obs. J.-P. Marguénaud, et p. 285, obs. J. Hauser.

126. CEDH, 13 juill. 2006, *Jäggi c/ Suisse*, n° 58757/00, § 37, *RTD Civ.* 2006. 727, obs. J.-P. Marguénaud et P. Remy-Corlay, *JDI* 2007. 719, obs. E. Delaplace.

127. CEDH, déc., 25 juin 2015, *Canonne c/France*, n° 22037/13, § 34, *JCP* 2015. 799, obs. F. Sudre, *AJ Famille* 2015. 499, obs. S. Le Gac-Pech, *RTD Civ.* 2015. 596, obs. J. Hauser, *D.* 2016. 761, obs. J.-Ch. Galloux et H. Gaumont-Prat, *Procédures* 2015, com. 263 par N. Fricero, *JCP* 2015 Doctr. 1113, n° 3, obs. Ch. Byk, *JDI* 2016, n° 4, chron. 8, n° 25, obs. A. Dionisi-Peyrusse, *Dr. Famille* 2016, n° 9, chron. 2, n° 8, obs. A. Gouttenoire : *« En prenant en compte le refus du requérant de se soumettre à l'expertise génétique qu'elles avaient ordonnée pour le déclarer père d'Éléonore P. et faire ainsi prévaloir le droit au respect de la vie privée de cette dernière sur le sien, les juridictions internes n'ont pas excédé l'importante marge d'appréciation dont elles disposaient ».*

128. CEDH, 5 mai 2009, *Menendez Garcia c/ Espagne*, n° 21046/07, *Constitutions* 2010. 77, obs. L. Burgorgue-Larsen, *RTD Civ.* 2009. 743, obs. J.-P. Marguénaud, *RTD Civ.* 2013. 743, obs. J. Hauser.

129. Aff. *Menendez Garcia*, préc., § 82.

n'était pas ménagé entre les différents intérêts en présence, la législation ne permettant pas à l'enfant adopté et non reconnu à la naissance, une fois que la mère a décidé de garder l'anonymat, de demander soit des informations non identifiantes, soit la réversibilité du secret de la naissance avec accord de la mère biologique[130].

CEDH, 25 sept. 2012,* Godelli c/ Italie, *n° 33783/09 :
En fait : *Abandonnée à la naissance par une femme n'ayant pas consenti à être nommée dans l'acte de naissance, la requérante demande par la suite la rectification de celui-ci. La demande est rejetée par les juridictions nationales au motif que, conformément à la loi n° 184/983, l'accès aux informations sur ses origines était interdit, car la mère, au moment de la naissance de la requérante, n'avait pas consenti à la divulgation de son identité.*
En droit : *(violation de l'art. 8) À la différence du système français examiné dans l'arrêt Odièvre c/ France, la législation italienne ne tente de ménager aucun équilibre entre les droits et les intérêts concurrents en cause (celui de la requérante à connaître ses origines et celui de la mère à garder l'anonymat). En effet, la requérante, sans aucune possibilité de recours, s'est vue opposer un refus absolu et définitif d'accéder à quelque information que ce soit sur sa mère et sa famille biologiques lui permettant d'établir quelques racines de son histoire dans le respect de la préservation des intérêts des tiers. Si la mère biologique a décidé de garder l'anonymat, la législation italienne ne donne aucune possibilité à l'enfant adopté et non reconnu à la naissance de demander soit l'accès à des informations non identifiantes sur ses origines, soit la réversibilité du secret.*

248. Le droit au respect d'un mode de vie. – Le droit d'avoir un mode de vie traditionnel, pour une minorité nationale, peut-il être garanti par l'article 8 de la Convention ? La question a été posée à la Cour européenne en raison d'un contentieux opposant des Tsiganes à des autorités locales qui leur avaient interdit le stationnement en caravane[131].

Consacrant une extension du champ d'application de l'article 8, les juges de Strasbourg ont considéré que la vie en caravane fait partie intégrante de l'identité tsigane, car cela s'inscrit dans la longue tradition du voyage : c'est dire que des mesures portant sur le stationnement de ces caravanes ont non seulement des conséquences sur le droit au respect du domicile, mais influent également sur la faculté de conserver cette identité et de mener une vie privée, mais aussi familiale, conforme à cette tradition[132].

130. CEDH, 25 sept. 2012, *Godelli c/ Italie*, n° 33783/09, *D.* 2012. 2309 et *D.* 2013. 798, obs. M. Douchy-Oudot, *JCP* 2012, act. 1083, obs. C. Blay-Grabarczyk, *Dr. Famille* 2013, n° 3 Et. 3, obs. A. Gouttenoire, *AJ Famille* 2012. 554, obs. F. Chénedé, *RTD Civ.* 2013. 104, obs. J. Hauser, *D.* 2013 Pan. 1437, obs. F. Granet-Lambrechts, *RTDH* 2014. 153, note V. Bonnet.

131. CEDH, Gr. Ch., 18 janv. 2001, *Chapman c/ Royaume-Uni*, n° 27238/95, *D.* 2002. 2758, note D. Fiorina, *JCP* 2001-I-342 n° 16, obs. F. Sudre, *RTDH* 2001. 887 et s., obs. F. Sudre, *RTD Civ.* 2001. 448, obs. J.-P. Marguénaud, *JDI* 2002. 292, obs. D. Leclercq-Delapierre. Comp. CEDH, 25 sept. 1996, *Buckley c/ Royaume-Uni*, n° 20348/92, *RTDH* 1997. 47 et s., obs. O. de Schutter.

132. Aff. *Chapman*, préc., § 73. Le droit au respect de la vie privée n'est donc pas seul en cause mais il nous paraît être prééminent. Cf. la position du Conseil constitutionnel, excluant notamment la recours à la géolocalisation pour les enquêtes ou instructions relatives à des faits sans gravité : Cons. Const., 25 mars 2014, n° 2014-693 DC (v° L. n° 2014-372 du 28 mars 2014).

L'interdiction de stationnement constitue donc bien une « ingérence de l'État » : en l'espèce, cette ingérence était justifiée aux yeux de la Cour, mais le point important c'est qu'elle admet que l'article 8 impose aux États contractants l'obligation positive de permettre à ces minorités de suivre leur mode de vie[133]. Tout est donc question de proportionnalité, mais il est bien certain que la Cour ne peut protéger les personnes bravant sciemment les interdits légaux sous peine d'encourager implicitement des actions illégales. Il n'en reste pas moins vrai que le respect d'un mode de vie est bien considéré comme un droit fondamental.

Dans le même ordre d'idées, même si la situation n'est pas totalement comparable, il a été jugé que l'expulsion de gens du voyage des terrains sur lesquels ils étaient établis de longue date viole leur droit au respect de leur vie privée et familiale et de leur domicile[134]. La Cour conclut à la violation de l'article 8 parce que les requérants n'ont pas bénéficié dans le cadre de la procédure d'expulsion d'un examen convenable de la proportionnalité de l'ingérence dans leurs droits.

249. Les nouveaux systèmes de surveillance. – La Cour a été amenée à se prononcer sur la surveillance par géolocalisation via un satellite (surveillance par GPS), en particulier dans le cadre de la lutte antiterroriste. Pour les juges européens, les conditions de l'ingérence de l'État étaient remplies : d'abord, l'ingérence est prévue par un texte, l'article 100c du Code allemand de procédure pénale ; ensuite, elle poursuit un but légitime de défense de l'ordre public et des droits d'autrui ; enfin l'ingérence est proportionnée au but légitime poursuivi et donc justifiée, dans la mesure où l'enquête pénale concernait des faits particulièrement graves[135]. Nul doute que cette forme de surveillance présente de nombreux avantages, car elle est efficace sans pour autant mobiliser de trop importants moyens en personnels. Mais il est heureux que la Cour ait tout de même insisté sur son caractère subsidiaire, car il convient de se montrer prudent.

CEDH, 2 sept. 2010,* Uzun c/ Allemagne, *n° 35623/05 :

En fait : *Une personne soupçonnée de terrorisme a fait l'objet d'une surveillance par GPS (système de géolocalisation par satellite). Les juridictions allemandes ont estimé que l'atteinte causée au droit de l'intéressé au respect de sa vie privée par la surveillance par GPS était proportionnée, eu égard à la gravité des infractions et au fait qu'il s'était dérobé à d'autres mesures de surveillance.*

133. Aff. *Chapman*, préc., § 96.

134. CEDH, 17 oct. 2013, *Winterstein et autres c/ France*, n° 27013/07, *Dalloz Actu.* 12 nov. 2013, obs. A. Portmann, *JCP* 2013, 1144, p. 2023, obs. C. Picheral, *D.* 2013. 2678, note J.-P. Marguénaud et J. Mouly, *AJDA* 2014. 147, obs. L. Burgorgue-Larsen, *JDI* 2013, chron. 6, n° 21, obs. P. Tavernier. Cf. aussi : CEDH, 11 oct. 2016, *Bagdonavicius et a. c/Russie,* n° 19841/06 jugeant que la démolition et l'éviction forcée de résidants d'origine Rom est une violation de l'art. 8.

135. CEDH, 2 sept. 2011, *Uzun c/ Allemagne,* n° 35623/05, §§ 43 s., *D.* 2010 Actu. 2161, obs. S. Lavric, *D.* 2011. 724, note H. Matsopoulou *JCP* 2011, 94, p. 185, n° 12, obs. F. Sudre, *RSC* 2011. 217, obs. D. Roets, *RPDP* 2011. 187, obs. P. Beauvais, *RTDH* 2011. 653, note H. Alcaraz, *JDI* 2011, n° 4, chron. 12, com. 18, obs. O. Bachelet, *Dr. Pénal* 2011, n° 4, chron. 3 com. 29, obs. E. Dreyer. Cf. aussi l'aff. *Ben Faiza c/France,* n° 31446/12 (affaire communiquée au Gouvernement).

En droit : *(non-violation de l'art. 8) Cette ingérence, qui était prévue par la loi, poursuivait des buts légitimes, à savoir la protection de la sécurité nationale, de la sûreté publique et des droits des victimes, ainsi que la prévention des infractions pénales. Elle était également proportionnée : la surveillance par GPS a seulement été ordonnée après que d'autres mesures d'investigation, moins attentatoires à la vie privée, se furent révélées moins efficaces, et cette mesure a été mise en œuvre pendant une période relativement courte et n'a touché l'intéressé que lorsqu'il se déplaçait dans la voiture de son complice. Dès lors, on ne saurait dire que le requérant a été soumis à une surveillance totale et exhaustive. L'enquête ayant porté sur des infractions très graves, la Cour estime que la surveillance de l'intéressé par GPS était nécessaire dans une société démocratique.*

Dans l'affaire *Uzun*, la surveillance n'était cependant pas totale et il convient maintenant d'envisager cette éventualité, des mesures de ce type étant prises désormais dans le cadre de la lutte antiterroriste, ce qui peut poser problème au regard de l'article 8. La Cour ne s'est pas encore prononcée sur la loi française sur le renseignement[136], mais elle a jugé contraire à la Convention la législation hongroise sur les opérations secrètes de surveillance antiterroriste parce qu'elle ne prévoyait pas de garanties suffisantes contre les abus[137]. Certes, la Cour admet que les formes prises actuellement par le terrorisme ont pour conséquence naturelle un recours par les autorités étatiques à des technologies de pointe, en particulier à des techniques de surveillance massive des communications, afin d'éviter des incidents imminents. Tout n'est pas permis pour autant, aux yeux des juges européens. C'est ainsi que dans la présente affaire, ils ont estimé que la législation en question ne fournissait pas les garanties nécessaires contre les abus, relevant notamment que pratiquement n'importe qui peut être soumis à une surveillance secrète puisque les nouvelles technologies permettent d'intercepter facilement des masses de données concernant des personnes se trouvant même en dehors de la catégorie initialement visée par l'opération. En outre, la Cour a été sensible au fait qu'une telle mesure puisse être ordonnée par le pouvoir exécutif sans aucun contrôle, sans faire l'objet d'une appréciation quant à sa « nécessité » et en l'absence de tout recours effectif. Les juges européens restent particulièrement vigilants quant au respect des garanties contenues dans l'article 8 de la Convention[138].

250. Bibliographie : ***Ouvrages :*** Sudre (F.) (dir.), *Le droit au respect de la vie privée au sens de la Convention européenne des droits de l'homme*, Bruylant/Nemesis 2005, coll. Droit et Justice, n° 63 ; ***Articles :*** de Bellescize (D.), *Protection de la vie privée : que reste-t-il de la vie privée des personnages publics ? Constitutions* 2014, p. 496 et s. ; Dubuisson (F), *La Cour européenne des droits de l'homme et la surveillance de masse, RTDH* 2016, p. 855 et s. ; Bonnet (V.), *L'accouchement sous X et la Cour européenne des droits de l'homme, À propos de l'arrêt Odièvre c/ France du*

136. L'affaire est actuellement pendante devant la Cour.

137. CEDH, 12 janv. 2016, *Szabo et Vissy c/Hongrie*, n° 37138/14, *RPDP* 2016. 669, obs. J.-F. Renucci.

138. Cf. not. à propos des « écoutes secrètes » en Russie, les opérateurs de réseaux mobiles étant tenus en vertu de la loi d'installer un dispositif permettant aux organes d'application des lois de mener à bien des mesures opérationnelles d'investigation : CEDH, Gr. Ch., 4 déc. 2015, *Roman Zakharov c/Russie*, n° 47143/06, *AJDA* 2016. 143, obs. L. Burgorgue-Larsen.

13 février 2003, RTDH 2004,p. 405 et s. ; de Schutter (O.), *La vie privée entre droit de la personnalité et liberté, RTDH* 1999, p. 827 et s. ; Depre (S.), *L'exercice d'une activité professionnelle au regard de la Convention européenne des droits de l'homme et de la liberté du commerce et de l'industrie, RTDH* 2002, p. 369 et s. ; Evain (S.), *Le juge européen, le transsexualisme et les droits de l'homme, JCP* 1997-I-4071 ; Fabre-Magnan, *Le sadisme n'est pas un droit de l'homme, D.* 2005 Chron. p. 2973 et s. ; Favreau (B.), *Les droits de la personne handicapée et la Cour européenne des droits de l'homme, in* IDHAE, *Handicap et protection du droit européen et communautaire,* Bruylant, 2006, p. 3 et s. ; Gambardella (S), *Une lecture de la jurisprudence de la Cour européenne des droits de l'homme relative aux données de santé, RDSS* 2016, p. 271 et s. ; Garcia-Jourdan (S.), *De la transition démocratique en Lituanie à la consécration du droit d'exercer une activité professionnelle dans le secteur privé, À propos de l'arrêt de la CEDH Sidabras et Dziautas c/ Lituanie du 27 juillet 2004, RTDH* 2005, p. 363 et s. ; Gaumont-Prat, *La réforme du 22 janvier 2002 relative à l'accès aux origines des personnes adoptées et l'arrêt de la Cour EDH du 12 février 2003,* Dr. fam. 2003, n° 14. ; Gonzalez (G.), *Une nouvelle dimension du droit à la vie privée dans le cadre de la CEDH, in* Doume-Bille (S.) (dir.), *Nouveaux droits de l'homme et internationalisation du droit,* Bruylant, 2012, p. 103 et s. ; Gouttenoire (A.), *La famille dans la jurisprudence de la CEDH, Dr. Famille* 2013, ét. n° 3 ; Granet (F.), *L'application en matière d'état civil des principes posés par la Convention européenne des droits de l'homme,* RDE 1997, p. 643 et s. ; Jakhian (E.), *La Cour européenne des droits de l'homme et le secret médical ou l'impossible équilibre,* Mél. L.-E. Pettiti, Bruylant, 1998, p. 465 et s. ; Levinet (M.), *L'embarras du juge européen des droits de l'homme face à l'homosexualité, in* Guillaume (F.) et Arn (R.) (dir.), *Cohabitation non maritale : évolution récente en droit suisse et étranger,* Droz 2000, p. 60 et s. ; *La légitimité de la répression par l'État des pratiques sadomasochistes, RTDH* 1997, p. 738 et s. ; *La juridicité problématique du droit au développement de la personne humaine dans la jurisprudence récente des organes de la Convention européenne des droits de l'homme, in* « Les défis des droits fondamentaux », Bruylant, 2000, p. 95 et s. ; *La revendication transsexuelle et la Convention européenne des droits de l'homme, RTDH* 1999, p. 646 et s. ; *La Cour EDH aux prises avec la pénalisation du sadomasochisme, Réflexions critiques sur les dérives de l'autonomie personnelle, in* « L'identité sexuelle, Contumace et défaut criminel », *D.* 2008, p. 187 et s. ; Lombois (C.), *La position française sur le transsexualisme devant la Cour européenne des droits de l'homme, D.* 1992 Chron., p. 323 et s. ; Malaurie (Ph.), *La Cour européenne des droits de l'homme et le « droit » de connaître ses origines, L'affaire Odièvre, JCP* 2003-I-120, p. 545 et s. ; Mallet-Bricout (B.), *Droit d'accès aux origines personnelles : l'embarras de la Cour européenne des droits de l'homme, D.* 2003 Chron. p. 1240 et s. ; Marguénaud (J.-P.), *Sadomasochisme et droit au respect de la vie privée, RTD civ.* 1997, p. 1013 et s. ; Marguénaud (J.-P.) et Mouly (J.), *Le droit de gagner sa vie par le travail devant la Cour européenne des droits de l'homme, D.* 2006 Chron. p. 477 et s. ; Massot (J), *La protection des données personnelles à l'heure de l'« e-santé », Mél. Costa,* p. 431 et s. ; Martial-Braz (N.), Rochfeld (J.) et Gattone (E.), *Quel avenir pour la protection des données à caractère personnel en Europe ? D.* 2013 Chron. p. 2788 et s. ; Maurer (B.), *De quelques questions posées par la situation des handicapés physiques à la Cour européenne des droits de l' homme, RTDH* 1999, p. 600 et s. ; Meyer (A.), *L'homosexualité dans la jurisprudence de la Commission et de la Cour européenne des droits de l'homme, in* Borillo (D.) (dir.), *Homosexualité et droit,* PUF 1998, p. 153 et s. ; Moneger (F.), *L'accouchement sous X devant la Cour européenne des droits de l'homme, L'affaire Odièvre c/ France, RDSS* 2003, p. 219 et s. ; Paricard (S.), *Le transsexualisme, à quand la loi ? Dr. Famille* 2012, n° 13 : Rigaux (F.), *Les transsexuels à la Cour européenne des droits de l'homme : une suite d'occasions manquées, RTDH* 1998, p. 130 et s. ; *Libre circulation des données et protection de la vie privée dans l'espace européen, in* Tabatoni (P.) (dir.), *La protection de la vie privée dans la société d'information,* PUF « Cahiers des sciences sociales et politiques », 2000, p. 25 et s. ; Ringel (F.), *Vie privée ? Vie familiale ? Les difficultés d'application de l'article 8 de la Convention européenne des droits de l'homme à l'homosexualité et au transsexualisme, RRJ* 1999, p. 1049 et s. ; Saint-Pau (J.-C.), *Droit à la preuve versus droit au respect de la vie privée, D.* 2016, p. 884 et s. ; Soyer (J.-C.), *L'avenir de la vie privée face aux effets pervers du progrès et de la vertu, in* Tabatoni (P.) (dir.), *La protection de la vie privée dans la société d'information,* PUF « Cahiers des sciences sociales et politiques » 2000, p. 9 et s. ; Spinosi (P.), *Le secret des affaires et le secret du patrimoine face aux libertés individuelles, Droit et Patrimoine* févr. 2014, n° 26 ; Spiry (S.), *Homosexualité et droit international des droits de l'homme, Vers une nouvelle donne en Europe, RTDH* 1996, p. 45 et s. ; Sudre (F.), *Les aléas de la notion de vie privée dans la jurisprudence de la Cour européenne des droits de l'homme*, Mél. L.-E. Pettiti, Bruylant, 1999, p. 687 et s.

§2. Le droit au respect de la vie familiale

251. La protection de la vie familiale. – Le souci d'effectivité du droit au respect de la vie familiale a conduit les juges européens à mettre en œuvre une protection qui soit la plus large possible. C'est la raison pour laquelle l'État ne saurait se contenter de s'abstenir de toute ingérence arbitraire : au titre de ses obligations positives, il doit agir de façon à permettre aux intéressés de mener une vie familiale normale tout en développant des relations affectives[139]. Cette volonté protectrice est très nette dans le cadre de la vie familiale et a même tendance à se renforcer[140].

252. La pluralité des modèles familiaux. – Il est assurément difficile, voire impossible, de définir la famille et il n'est guère surprenant que les juges européens ne s'y soient pas essayés. Les sociétés actuelles se caractérisent par une pluralité des modèles familiaux et les juges de Strasbourg, parce que la Convention européenne des droits de l'homme est un « instrument vivant », ne pouvaient pas ne pas prendre en considération cette réalité[141].

Le lien de parenté est assurément le critère traditionnel de la vie familiale. Toutefois, un deuxième critère semble être actuellement consacré, à savoir la relation effective. Certes le caractère effectif d'une relation a toujours été pris en considération, mais toujours en liaison avec le lien de parenté. Mais, depuis l'arrêt *X., Y. et Z c/ Royaume-Uni*, ce deuxième critère revêt un caractère autonome puisqu'il peut être pris en considération, de façon isolée, indépendamment de tout lien de parenté : en l'espèce, s'est imposée la réalité de « liens familiaux *de facto* » entre un transsexuel, sa compagne et l'enfant de celle-ci née par insémination artificielle par tiers donneur[142]. Les juges européens avaient déjà estimé que l'effectivité de la

139. CEDH, 13 juin 1979, *Marckx c/ Belgique*, préc., §§ 31 et 45. Cf. aussi : CEDH, 24 avr. 2012, *Kalucza c/ Hongrie*, n° 57693/10 ; Gr. Ch., 3 avr. 2012, *Van der Heijden c/ Pays-Bas*, n° 42857/05, *Dr. Famille* 2013, n° 3 Et. 3, obs. A. Gouttenoire, *AJDA* 2012. 1726, obs. L. Burgorgue-Larsen.

140. Cette logique a conduit les juges européens à insister sur le droit de l'enfant à être entendu dans toutes les procédures le concernant : CEDH, 3 sept. 2015, *M. et M. c/Croatie*, n° 10161/13 ; 2 févr. 2016, *N. TS. c/Géorgie*, n° 71776/12, *JCP* 2016. 834, n° 2, obs. F. Sudre, *Dr. Famille* 2016, n° 9, chron. 2, n° 21 et n° 22, obs. A. Gouttenoire.

141. Malgré tout, un arrêt récent consacre la primauté du mariage traditionnel puisque le fait de réserver certains droits sociaux à ce type d'union n'a pas été jugé contraire à l'art. 8 (CEDH, 20 janv. 2009, *Serife Yigit c/ Turquie*, n° 3976/05, § 31) : l'arrêt a été cependant rendu à une très courte majorité mais la Grande chambre a également jugé que la Convention n'oblige pas un État à considérer une requérante comme l'ayant-droit d'un homme avec lequel elle était uniquement mariée religieusement : CEDH, Gr. Ch., 2 nov. 2010, *Serife Yigit c/ Turquie*, n° 3976/05, § 94, *RTDH* 2011. 317, note F. Rigaux, *AJ Famille* 2010. 544, obs. W. Jean-Baptiste, *RTD Civ.* 2009. 285, obs. J.-P. Marguénaud, *JDI* 2011, chron. 12, obs. A. Decaux, P. Tavernier, M. Boumghar et autres.

142. CEDH, 22 avr. 1997, *X., Y. et Z. c/ Royaume-Uni*, n° 21830/93, § 37, *JCP* 1998-I-107 n° 36, obs. F. Sudre, *D.* 1997 Somm. 362, obs. N. Fricéro, *D.* 1997. 584, note S. Grataloup, *JDI* 1998. 188, obs. E. Decaux et P. Tavernier, *RTD Civ.* 1997. 1011, obs. J.-P. Marguénaud, et 1998. 92, obs. J. Hauser. *Adde* CEDH, 27 oct. 1994, *Kroon et autres c/ Pays-Bas*, n° 18535/91, § 30 ; 28 oct. 1998, *Söderbäck c/ Suède*, n° 24484/94.

vie familiale devait l'emporter sur le lien de filiation[143] : l'arrêt *X., Y. et Z* va plus loin en conférant une importante autonomie à ce deuxième critère, sans pour autant abandonner toute limitation des droits parentaux, notamment pour les transsexuels[144]. Il reste que l'autonomie de ce critère n'est pas absolue et la Cour a même pu juger que les liens homosexuels n'étaient pas constitutifs d'une vie familiale au sens de l'article 8 de la Convention[145] ; le fait que la relation soit durable et donc effective ne suffit donc pas.

Il est à noter que la notion de « famille d'accueil » est une réalité qui est désormais prise en compte, même si l'enfant n'y a été accueilli que provisoirement. L'applicabilité de l'article 8 est certaine, même si la Cour se montre plutôt restrictive quant aux droits à accorder à ces familles d'accueil[146].

253. La primauté du lien de parenté. - Même si ce critère n'est plus le seul, il est particulièrement important et cela est tout à fait logique. Il est intéressant de remarquer que, même dans ce cadre précis et *a priori* bien déterminé du lien de parenté, les juges européens privilégient une approche plutôt extensive, que ce lien familial soit en construction, qu'il existe ou qu'il soit en train de s'altérer.

a) La construction du lien familial est une phase pendant laquelle l'article 8 de la Convention peut s'appliquer[147]. L'État ayant l'obligation positive de permettre à chacun de mener une vie familiale normale, lorsque le lien de parenté n'existe pas encore, il doit exister dans les législations nationales une protection juridique rendant possible, dès la naissance, l'intégration de l'enfant dans sa famille[148] : la possibilité d'établir sa filiation doit être garantie[149], la vérité biologique devant avoir la primauté sur la présomption

143. CEDH, 28 oct. 1998, *Söderbäck c/ Suède*, n° 24484/94, §§ 22 et s. (lien d'un père avec un enfant ayant vécu avec sa mère depuis la naissance).

144. Aff. *X., Y. et Z.*, préc.

145. Comm. EDH, 14 mai 1986, *S. c/ Royaume-Uni*, DR 47/274 ; 10 févr. 1990, *B. c/ Belgique*, DR 64/278 ; 9 nov. 1989, *A. Ericksson et autres c/ Suède*, DR 63/213 ; 15 mai 1996, *Röösli c/ Allemagne*, DR 85-B/149 ; CEDH, 10 mai 2001, *Mata Estevez c/ Espagne*, n° 56501/00. Les choses changent.

146. CEDH, 17 janv. 2012, *Kopf et Liberda c/ Autriche*, n° 1598/06, *RTDH* 2012. 987, obs. J.-P. Marguénaud, *Dr. Famille* 2013, n° 3 Et. 3, obs. A. Gouttenoire, *AJ Famille* 2012. 144, obs. M. Rouillard.

147. Pour le cas particulier de la procréation médicalement assistée, cf. : CEDH, Gr. Ch., 3 nov. 2011, *S.H. et autres c/ Royaume-Uni*, n° 57813/00, *Dr. Famille* 2012, n° 3 Et. 6, obs. A. Gouttenoire. Cf. aussi : CEDH, 28 août 2012, *Costa et Pavan c/ Italie*, n° 54270/10, *JCP* 2012 act. 1017, obs. F. Sudre, et 1148, obs. C. Picheral, *Dr. Famille* 2013, n° 3 Et. 3, obs. A. Gouttenoire, *RTD Civ.* 2012. 697, obs. J.-P. Marguénaud, *AJDA* 2013. 165, obs. L. Burgorgue-Larsen, *AJ Famille* 2012. 552, obs. F. Dionisi-Peyrusse : l'interdiction faite à un couple porteur d'une maladie génétique de recourir au diagnostic préimplantatoire dans le cadre d'une FIV est contraire à l'art. 8. À noter que si la construction du lien familial sous l'angle de l'art. 8 concerne surtout le ou les enfants, les parents peuvent aussi être concernés nonobstant l'art. 12 de la Convention : CEDH, 8 déc. 2015, *Z.H. et R.H. c/Suisse*, n° 60119/12, *Dalloz Actu.* 24 déc. 2015, obs. V. Lefebvre, *Dr. Famille* 2016, n° 2, al. 10 par M. Lamarche, *Dr. Famille* 2016, n° 9, chron. 2, n° 1, obs. A. Gouttenoire, *JDI* 2016, n° 4, chron. 8, n° 27, obs. M. Fernandez : confirmation européenne de la position des autorités nationales qui n'avaient pas l'obligation de reconnaître le mariage d'une mineure de 14 ans en Iran.

148. Aff. *Marckx*, préc., § 33.

149. Aff. *Marckx*, préc., § 31. V° aussi : CEDH, 18 mai 2006, *Rozanski c/ Pologne*, n° 55339/00 (impossibilité pour le père putatif de faire établir sa paternité pour des raisons procédurales) ; 13 juill. 2006, *Jäggi c/ Suisse*, préc. (refus d'autoriser une expertise ADN sur un défunt demandée par son fils présumé). V° *supra*, n° 247 à propos du droit de connaître ses origines. Plus récemment, il a été jugé que l'impossibilité pour deux pères biologiques présumés de chercher à établir leur paternité est une atteinte à l'art. 8 : CEDH, 8 déc. 2016, *L. D. et P.K. c/Bulgarie*, n° 7949/11 et 45552/13. Sur la prescription des actions relatives à la filiation

légale de paternité. De plus, l'impossibilité de contester la présomption légale de paternité est une violation de l'article 8[150].

Les autorités étatiques ont l'obligation positive d'autoriser, aussi rapidement que possible, la formation de liens familiaux. Cette affirmation est particulièrement forte, en particulier dans l'affaire *Wagner et J. M.W. L.*[151] : la Cour s'est en définitive prononcée pour l'adoption plénière par les célibataires, invoquant l'existence d'un « consensus européen » ainsi que les réalités sociales qui doivent l'emporter dans le domaine du droit de la famille sur les règles du droit national en matière de conflits de lois[152]. L'applicabilité de l'article 8 en matière d'adoption a été reconnue alors même que la vie familiale n'est pas encore établie[153] et le manque de diligence des autorités nationales peut donner lieu à un constat de violation de l'article 8 de la Convention[154], tout comme l'excès de zèle[155]. Le cas particulier du refus d'agrément a donné lieu à un contentieux délicat devant la Cour européenne, les requérants invoquant également une discrimination découlant de leur homosexualité[156]. Dans l'affaire *Fretté*, l'applicabilité de l'article 8 était contestée par le Gouvernement qui estimait qu'un tel refus n'est pas une décision qui interfère dans la sphère de la vie privée : cette argumentation n'a guère convaincu la Cour qui a estimé que les faits du litige si situent bien dans le champ d'application de l'article 8 même si la Convention ne garantit pas en

---

et le droit au respect de la vie privée, cf. CEDH, 19 juill. 2016, *Calin et a. c/Roumanie*, n° 25057/11..., *Dr. Famille* 2016, n° 10, com. 199, obs. H. Fulchiron. *Adde* CEDH, 3 avr. 2014, *Konstantinidis c/Grèce*, n° 58809/09, *JDI* 2015, n° 4, chron. 7, n° 25, obs. A. Dionisi-Peyrusse.

150. CEDH, 12 janv. 2006, *Mizzi c/ Malte*, n° 26111/02. V° aussi : CEDH, 10 oct. 2006, *Paulik c/ Slovaquie*, n° 10699/05 ; 9 nov. 2006, *Tavli c/ Turquie*, n° 11449/02 ; 25 févr. 2014, *Ostace c/ Roumanie*, n° 12547/06, *JCP* 2014, chron. 832, n° 9, obs. F. Sudre, *AJ Famille* 2014. 186, obs. M. Rouillard.

151. CEDH, Gr. Ch., 28 juin 2007, *Wagner et L. M.W. L. c/ Luxembourg*, n° 76240/01, *D.* 2007. 2700, note F. Marchadier, D. 2008. 1507, note P. Courbe et F. Jault-Seseke, *Rev. crit. DIP* 2007. 807, obs. P. Kinsch, *RTD Civ.* 2007. 738, obs. J.-P. Marguénaud, *JCP* 2007-I-182 n° 9, obs. F. Sudre, *AJDA* 2007. 1920, obs. J.-F. Flauss (violation de l'art. 14 combiné avec l'art. 8 suite à un refus d'accorder l'*exequatur* d'un jugement étranger prononçant l'adoption plénière d'une mineure en faveur d'une femme célibataire).

152. En ce sens : J.-F. Flauss, obs. préc. Cf. égal. : CEDH, 3 mai 2011, *Negrepontis-Giannisis c/ Grèce*, n° 56759/08, *JCP* 2012, 839, n° 7, obs. A. Gouttenoire, *JDI* 2012, n° 1, 7 com. A. Dionisi-Peyruse, *Rev. crit. DIP* 2012. 817, obs. P. Kinsh, *D.* 2012. 1228, note H. Gaudemet-Tallon, *Dr. Famille* 2012, n° 3 Et. 6, obs. A. Gouttenoire, *JDI* 2012, chron. 7, note A. Dionisi-Peyruse.

153. CEDH, 25 nov. 2003, *Pini et Bertani c/ Roumanie* (déc.), n° 78028/01 et 78030/01, *D.* 2004 Somm. 1059, obs. I. Berro-Lefevre ; (sur le fond) 22 juin 2004, *Pini et Bertani c/ Roumanie*, § 140, *D.* 2004. 3026, note J.-F. Renucci et I. Berro-Lefèvre, *JCP* 2005-I-116 n° 4, obs. J. Rubellin-Devichi, *JCP* 2004-I-161, obs. F. Sudre.

154. CEDH, 10 avr. 2012, *K.A.B. c/ Royaume-Uni*, n° 59819/08 ; 10 avr. 2012, *Pontes c/ Royaume-Uni*, n° 19554/09. Toutefois, des limites existent et la Cour a jugé que le refus d'adoption d'une enfant recueillie au titre de la *Kafala* n'est pas contraire à l'art. 8 : CEDH, 4 oct. 2012, *Harroudj c/ France*, n° 43631/09, *Rev. crit. DIP* 2013. 161, obs. S. Corneloup, *D.* 2012. 2947, note P. Hammje, *Dalloz Actu.* 17 oct. 2012, obs. M. Kebir, *JCP* 2013, 64, n° 17, obs. F. Sudre, *Dr. Famille* 2013, n° 3 ét. 3, obs. A. Gouttenoire, *Dr. Famille* 2012, n° 12 com. 187, obs. M. Farge, *AJ Famille* 2012. 546, obs. A. Boiche, *RTD Civ.* 2012. 705, obs. J.-P. Marguénaud, *AJDA* 2013. 165, obs. L. Burgorgue-Larsen, *RTD Civ.* 2013. 105, obs. J. Hauser, *RTDH* 2013. 716, note S. Bollée. Cf. aussi CEDH, 16 déc. 2014, *Chbihi Loudoudi et autres c/ Belgique*, n° 52265/10, *AJ Famille* 2015. 47, obs. E. Viganotti, *Rev. cr. DIP* 2015. 432, obs. F. Marchadier, *Dr. Famille* 2015, n° 7-8, chron. 2, n° 7, obs. A. Gouttenoire.

155. CEDH, 18 avr. 2013, *Ageyevy c/ Russie*, n° 7075/10, *JDI* 2013, chron. 6, n° 16, obs. V. Durand : annulation injustifiée d'une adoption sur la base de soupçons non prouvés de sévices sur enfant et violation de l'art. 8 de la Convention.

156. Sur la discrimination, cf. *infra*, n° 151.

tant que tel le droit d'adopter[157]. Mais la vie privée au sens européen du terme est un concept large[158]. Il reste que, comme cela a été remarqué en doctrine, si l'homosexualité ne doit pas conditionner le refus d'agrément, d'autres critères doivent cependant être pris en compte, à l'instar de l'adoption par une personne hétérosexuelle, tels que l'environnement, les capacités affectives et éducatives des prétendants...[159]. Dans l'affaire *Gas et Dubois*, la demande d'adoption d'un enfant par la femme vivant avec la mère biologique dans le cadre d'un couple homosexuel a été déclarée recevable[160] : pour la Cour, l'examen *in concreto* de la situation des requérantes permet de conclure à une « vie familiale » au sens de l'article 8, et de plus, l'orientation sexuelle relève de la sphère personnelle protégée par ce même article[161]. Enfin, la Cour a eu l'occasion de préciser les conséquences du consentement à l'adoption, la primauté alors accordée par les autorités aux intérêts privés et familiaux de la famille d'adoption légitimant le refus d'un droit de visite et d'information à la mère biologique[162].

La gestation pour autrui est une question très sensible et préoccupante. La Cour européenne des droits de l'homme a jugé que le fait d'interdire totalement l'établissement du lien de filiation entre un père et ses enfants biologiques nés d'une gestation pour autrui régulièrement réalisée à l'étranger est contraire à la Convention européenne des droits de l'homme, et plus particulièrement à son article 8 s'agissant du droit des enfants au respect de leur vie privée ; en revanche, il a été jugé que ce même article n'a pas été violé s'agissant du droit des requérants au respect de leur vie familiale[163]. Le fait que l'un

157. CEDH, 26 févr. 2002, *Fretté c/ France*, n° 36515/97, § 32, *D.* 2002 Somm. 2024, obs. F. Granet et Somm. 2569, obs. Ch. Courtin, *AJDA* 2002. 500, obs. J.-F. Flauss, *JDI* 2003. 551, obs. E. Decaux et P. Tavernier, *JCP* 2002-II-10074, note A. Gouttenoire-Cornut et F. Sudre, *RDSS* 2002. 377, obs. F. Moneger, *AJ Famille* 2002. 142, *RTD Civ.* 2002. 280, obs. J. Hauser, et 389, obs. J.-P. Marguénaud, *AJDA* 2002. 401, obs. I. Poirot-Mazères. Cf. aussi pour l'annulation d'une adoption 31 ans après son prononcé : CEDH, 24 mars 2015, *Zaiet c/Roumanie*, n° 44958/05, *AJ Famille* 2015. 281, obs. E. Viganotti.

158. CEDH, Gr. Ch., 22 janv. 2008, *E. B. c/ France*, n° 43546/02, § 43 et les réf., *JCP* 2008-II-10071, note A. Gouttenoire et F. Sudre, *D.* 2008. 351, obs. E. Royer, 1795, obs. J.-J. Lemouland et D. Vigneau, et 2038, note P. Hennion-Jacquet, *AJDA* 2008. 978, obs. J.-F. Flauss, *AJ Famille* 2008. 118, obs. Chénedé, *Dr. Famille* 2008 Alertes 14, obs. M. Bruggeman, *RTD Civ.* 2008. 349, obs. J.-P. Marguénaud, et 287, obs. J. Hauser, *RDSS* 2008. 380, obs. C. Neirinck.

159. P. Hennion-Jacquet, note préc., n° 8.

160. CEDH, déc., 31 août 2010, *Gas et Dubois c/ France*, n° 25951/07, *D.* 2011. 1585, note F. Granet-Lambrechts, et 1713, obs. V. Bernaud et L. Gay, *AJ Famille* 2010. 433, obs. C. Siffrein-Blanc, *Constitutions* 2011. 75, obs. P. Chevalier, *RTD Civ.* 2011. 114, obs. J. Hauser, *AJDA* 2012. 1726, obs. L. Burgorgue-Larsen.

161. CEDH, 15 mars 2012, *Gas et Dubois c/ France*, n° 25951/07, § 37, *Dalloz Actu.* 28 mars 2012, obs. I. Gallmeister, et *D.* 2012. 1241, note A. Dionisi-Peyrusse, *AJ Famille* 2012. 163, obs. F. Chénedé, *JCP* 2012, 589, note A. Gouttenoire et F. Sudre, *Dr. Famille* 2012, n° 5 com. 82, obs. Cl. Neirinck, *Dr. Famille* 2013, n° 3 Et. 3, obs. A. Gouttenoire, *Constitutions* 2011. 75, obs. P. Chevallier.

162. Cette primauté ne viole nullement les droits de la famille biologique garantis par l'art. 8 : CEDH, 5 juin 2014, *I.S. c/ Allemagne*, n° 31021/08, *AJ Famille* 2014. 426, obs. E. Viganotti, *RTD Civ.* 2014. 869, obs. J. Hauser (refus d'accorder un droit de visite et d'information à la mère biologique d'enfants donnés en adoption : non-violation). Il en va aussi de l'intérêt supérieur de l'enfant (souci d'une situation personnelle stabilisée et sécurisée) : CEDH, 26 sept. 2013, *Zambotto Perrin c/ France*, n° 4962/11, *Dalloz Actu.* 13 nov. 2013, obs. C. Fleuriot, *JCP* 2013, 1080, 1909, obs. K. Blay-Grabarczyk, *JCP* 2014, 43, n° 5, obs. A. Gouttenoire.

163. CEDH, 26 juin 2014, *Mennesson c/ France*, n° 65192/11 ; 26 juin 2014, *Labassée c/ France*, n° 65941/11, *Dalloz Actu.* 30 juin 2014, obs. Th. Coustet, *D.* 2014. 1797, note F. Chénedé, 1773, chron. H. Fulchiron et C. Bidaud-Garon, 1787, obs. Ph. Bonfils et A. Gouttenoire, 1806, note L. d'Avout, *AJ Famille* 2014. 499, obs.

des parents soit également géniteur de l'enfant est l'un des points pris en considération les plus notables, et l'importance de la filiation biologique en tant qu'élément de l'identité de chacun n'est plus à démontrer. Dès lors, pour les juges européens, on ne saurait prétendre qu'il est conforme à l'intérêt supérieur de l'enfant de le priver d'un lien juridique de cette nature alors que la réalité biologique de ce lien est établie et que l'enfant et le parent concerné revendiquent sa pleine reconnaissance. Il apparaît ainsi que l'interdiction d'établir ce lien de filiation va au-delà de ce que permet l'ample marge d'appréciation reconnue aux États dans leurs décisions relatives à la gestation pour autrui. Toutefois, les États peuvent procéder à des vérifications avant d'autoriser l'entrée sur leur territoire d'un enfant né d'une mère porteuse à l'étranger : même si cela provoque des retards, il n'y a pas violation de la Convention[164]. Il est bien évident que cette jurisprudence ne peut être considérée comme une condamnation implicite de toute politique nationale prohibant la gestation pour autrui dans l'intérêt de l'enfant, comme dans celui des femmes concernées, au nom précisément de la marge nationale d'appréciation. C'est dire son importance, tant sur le plan pratique que sur celui des grands principes : il n'est dès lors pas surprenant qu'elle fasse l'objet d'une attention toute particulière.

CEDH, 26 juin 2014,* Mennesson c/ France, *n° 65192/11,* et Labassée c/ France, *n° 65941/11 :

En fait : *En l'espèce, les parents requérants ont eu recours à la gestation pour autrui aux États-Unis avec l'implantation d'embryons dans l'utérus d'une autre femme, issus des gamètes de M. Mennesson dans un cas, et de M. Labassee dans l'autre. Ainsi naquirent les jumelles Mennesson et Juliette Labassee. Des jugements, prononcés en Californie et dans le Minnesota, indiquent que les époux Mennesson sont les parents des jumelles, et que les époux Labassee sont les parents de Juliette. Suspectant des cas de GPA, les autorités françaises refusent de retranscrire les actes de naissance sur les registres de l'état civil français.*

B. Haftel, 396, obs. A. Dionisi-Peyrusse, *RDSS* 2014. 887, note C. Bergoignan Esper, *RTD Civ.* 835, obs. J.-P. Marguénaud, et 616, obs. J. Hauser, *RPDP* 2014. 694, obs. J.-F. Renucci, *AJDA* 2014. 1763, obs. L. Burgorgue-Larsen, *D.* 2016. 756, obs. J.-Ch. Galloux et H. Gaumont-Prat, *Rev. cr. DIP* 1015. 144, obs. S. Bollee, *JDI* 2015, n° 4, chron. 7, n° 26, obs. A. Dionisi-Peyrusse, *JCP* 2014, chron. 832, n° 10, obs. F. Sudre, saluant un « arrêt très balancé » qui, sur le fondement distinct de la vie familiale et de la vie privée, dissocie le sort du contrat illicite de celui des enfants. La Cour de cassation a autorisé la transcription sur les registres français des actes de naissance de deux enfants nés à l'étranger par gestation pour autrui : Cass. Ass. plén., 3 juill. 2015, n° 14-21323. *Adde* CEDH, 21 juill. 2016, *Foulon et Bouvet c/ France*, n° 9063/14..., *Dalloz Actu.* 25 juill. 2016, obs. T. Coustet, *D.* 2016. 2152, note A.-B. Caire, *AJ Famille* 2016. 407, obs. A. Dionisi-Peyrusse, *Dr. Famille* 2016, com. 201 par H. Fulchiron, *JCP* 2016. 1012, obs. F. Sudre ; 19 janv. 2017, *Laborie c/France*, n° 44024/13, *Dr. Famille* 2017, n° 2, com. 34, obs. H. Fulchiron. À noter que dans ces deux affaires, la Cour EDH prend bonne, note du revirement de l'Assemblée plénière opéré postérieurement à l'introduction des requêtes.

164. CEDH (déc.), 8 juill. 2014, *D. et autres c/ Belgique*, n° 29176/13. Cf. aussi pour l'intérêt supérieur de l'enfant né d'une gestation pour autrui à l'étranger : CEDH, 27 janv. 2015, *Paradiso et Campanelli c/ Italie*, n° 25358/12, *Dalloz Actu.* 20 févr. 2015, obs. V. Lefebvre, *D.* 2015. 702, obs. F. Granet-Lambrechts et p. 755, obs. J.-C. Galloux et H. Gaumont-Prat, *AJ Famille* 2015. 77, obs. A. Dionisi-Peyrusse et 165, obs. E. Viganotti, *RTD Civ.* 2015. 325, obs. J.-P. Marguenaud, *Dr. Famille* 2015, n° 5, ét. 11 par J.-B. Walter, *Procédures* 2015, com. 127 par M. Douchy-Oudot, *JCP* 2015. 194, obs. F. Sudre. Cf. cependant l'arrêt de Grande chambre dans cette affaire qui pourrait bien changer la donne : *infra.* p. suiv.

En droit : *(non-violation de l'art. 8 concernant le droit des requérants au respect de leur vie familiale) Le défaut de reconnaissance en droit français du lien de filiation entre les requérants affecte leur vie familiale à différents niveaux. Cependant, au vu, d'une part, des effets concrets du défaut de reconnaissance en droit français du lien de filiation entre les requérants sur leur vie familiale, et, d'autre part, de la marge d'appréciation dont dispose l'État défendeur, la situation à laquelle conduit la conclusion de la Cour de cassation en l'espèce ménage un juste équilibre entre les intérêts des requérants et ceux de l'État, pour autant que cela concerne leur droit au respect de leur vie familiale.*

(violation de l'art. 8 concernant le droit des enfants requérantes au respect de leur vie privée) Les effets de la non-reconnaissance en droit français du lien de filiation entre les enfants ainsi conçus et les parents d'intention ne se limitent pas à la situation de ces derniers, qui seuls ont fait le choix des modalités de procréation que leur reprochent les autorités françaises : ils portent aussi sur celle des enfants eux-mêmes, dont le droit au respect de la vie privée, qui implique que chacun puisse établir la substance de son identité, y compris sa filiation, se trouve significativement affecté. Se pose donc une question grave de compatibilité de cette situation avec l'intérêt supérieur des enfants, dont le respect doit guider toute décision les concernant. Cette analyse prend un relief particulier lorsque, comme en l'espèce, l'un des parents d'intention est également géniteur de l'enfant. Au regard de l'importance de la filiation biologique en tant qu'élément de l'identité de chacun, on ne saurait prétendre qu'il est conforme à l'intérêt d'un enfant de le priver d'un lien juridique de cette nature alors que la réalité biologique de ce lien est établie et que l'enfant et le parent concerné revendiquent sa pleine reconnaissance.

Cette jurisprudence *Mennesson et Labassee* pourrait cependant être contestée en raison d'une mise au point de la Grande chambre de la Cour européenne dans l'affaire *Paradiso et Campanelli*, laquelle pourrait être lourde de conséquences[165]. Certes, les affaires *Mennesson* et *Labassee* étaient sensiblement différentes[166], mais tout de même. Pour les juges européens, l'éloignement par les autorités étatiques d'un enfant né de la gestation pour autrui et sans lien biologique avec les parents d'intention n'emporte pas violation de la Convention. La précision est forte, d'autant plus que la Cour rappelle que la Convention ne consacre aucun droit de devenir parent et pose que l'intérêt général prime le désir de parentalité, indiquant qu'une solution

165. CEDH, Gr. Ch., 24 janv. 2017, *Paradiso et Campanelli c/Italie*, n° 52137/12, *Dalloz Actu.* 10 févr. 2017, obs. V. Lefebvre, *D.* 2017. 215, obs. P. Le Maigat, *JCP* 2017, Doctr. 186, n° 13, obs. A. Gouttenoire, *JCP* 2017. 176, obs. F. Sudre, *JCP* 2017. 323 et *JDI* 2017, n° 2, 9, obs. H. Fulchiron, *D.* 2017. 897, note L. de Saint-Pern, *Dr. Famille* 2017, n° 4, ét. 4 par A. Dionisi-Peyrusse. À noter le choix de la Grande chambre d'analyser cette affaire sous l'angle de la protection de la vie privée des requérants et non sous celui de leur vie familiale malgré certains doutes.

166. La Cour EDH, note que, dans les affaires *Mennesson* et *Labassee*, l'existence d'un lien biologique entre le père et les enfants était avérée, et les autorités françaises n'avaient à aucun moment envisagé de séparer les enfants des parents. La question au cœur de ces affaires était le refus de transcrire l'acte de naissance établi à l'étranger, dont la conformité au droit du pays d'origine n'était pas contestée, ainsi que le droit des enfants à la reconnaissance de leur filiation. Contrairement à ces affaires, la présente affaire *Paradiso* ne porte pas sur la transcription du certificat de naissance étranger et sur la reconnaissance de la filiation d'un enfant issu d'une gestation pour autrui. La question qui se pose en l'espèce porte sur les mesures adoptées par les autorités italiennes ayant entraîné la séparation définitive de l'enfant et des requérants.

revenant à légaliser une situation créée en violation du droit national est inacceptable[167].

CEDH, Gr. ch., 27 janv. 2017, Paradiso et Campanelli c/Italie, _n° 25358/12 :_

En fait : *Les requérants, un couple marié, ont décidé de recourir à la gestation pour autrui pour devenir parents. Après avoir contacté une clinique à Moscou, spécialisée dans les techniques de reproduction assistée, ils ont conclu une convention de gestation pour autrui avec une société russe. Après une fécondation* in vitro *réussie – supposément réalisée avec le sperme du requérant – deux embryons « leur appartenant » ont été implantés dans l'utérus d'une mère porteuse. Après la naissance du bébé, la mère porteuse a donné son consentement écrit pour que l'enfant soit enregistré comme fils des requérants. Conformément au droit russe, les requérants ont été enregistrés comme parents du nouveau-né. Ayant demandé l'enregistrement du certificat de naissance par les autorités italiennes, les requérants ont été mis en examen pour « altération d'état civil » et infraction à la loi sur l'adoption. Un test ADN pratiqué à la demande du tribunal a montré que, contrairement à ce qu'avaient déclaré les requérants, il n'existait aucun lien génétique entre le requérant et l'enfant. Le tribunal pour mineurs a donc décidé d'éloigner l'enfant des requérants. Par la suite, le tribunal a estimé légitime de refuser la transcription du certificat de naissance russe et a ordonné la délivrance d'un nouvel acte de naissance indiquant que l'enfant était fils de parents inconnus un nouveau. Depuis l'enfant a été adopté par une autre famille. Par un arrêt du 27 janvier 2015, une chambre de la Cour a conclu que l'éloignement de l'enfant a constitué une violation de l'article 8 de la Convention en raison. L'affaire a été renvoyée devant la Grande chambre à la demande du Gouvernement.*

En droit (non-violation de l'art. 8) : *La Cour ne sous-estime pas l'impact que la séparation immédiate et irréversible d'avec l'enfant doit avoir eu sur la vie privée des requérants. Si la Convention ne consacre aucun droit de devenir parent, la Cour ne saurait ignorer la douleur morale ressentie par ceux dont le désir de parentalité n'a pas été ou ne peut être satisfait. Toutefois, l'intérêt général en jeu pèse lourdement dans la balance, alors que, comparativement, il convient d'accorder une moindre importance à l'intérêt des requérants à assurer leur développement personnel par la poursuite de leurs relations avec l'enfant. Accepter de laisser l'enfant avec les requérants, peut-être dans l'optique que ceux-ci deviennent ses parents adoptifs, serait revenu à légaliser la situation créée par eux en violation de règles importantes du droit italien. La Cour admet donc que les juridictions italiennes, ayant conclu que l'enfant ne subirait pas un préjudice grave ou irréparable en conséquence de la séparation, ont ménagé un juste équilibre entre les différents intérêts en jeu en demeurant dans les limites de l'ample marge d'appréciation dont elles disposaient en l'espèce.*

b) Lorsque le lien familial existe déjà, les réalités actuelles, en particulier la pluralité des modèles familiaux, sont prises en considération : c'est dire que, notamment, aucune différence ne doit être faite entre les familles légitimes et les familles naturelles. En règle générale, la vie familiale s'entend des rapports entre parents et enfants, mais les rapports entre proches parents peuvent être aussi pris en compte dès lors qu'ils peuvent jouer un rôle important

167. Aff. *Paradiso et Campanelli*, préc., § 215.

dans le cadre familial[168]. En toute hypothèse, la vie familiale doit être préexistante et effective, ce qui se caractérise par des relations réelles et étroites parmi ses membres sans pouvoir se limiter aux seules relations fondées sur le mariage[169]. Dans le même ordre d'idées, la Cour estime depuis longtemps que la vie familiale n'est pas liée au mariage et continue à la suite d'un divorce[170]. Enfin, les liens familiaux existant *de facto* sont pris en considération, l'absence de lien juridique ne faisant pas obstacle à la « vie familiale » de l'article 8 de la Convention[171]. Enfin, il est intéressant d'observer que la Cour a jugé que la décision de faire prévaloir la relation familiale existante entre l'enfant et ses parents légaux par rapport à la relation entre l'enfant et son père biologique relève de la marge d'appréciation des États pour ce qui est de son statut juridique[172].

c) La séparation des parents entraîne une altération du lien familial, mais, si la cohabitation est généralement une condition essentielle de la vie familiale, elle n'en est pas pour autant une condition *sine qua non* : l'absence de cohabitation n'empêche pas la vie familiale. En toute hypothèse, les organes de la Convention affirment nettement le principe du maintien des relations personnelles de l'enfant avec chacun de ses parents[173], l'État devant d'ailleurs prendre les mesures nécessaires pour le maintien de ces liens[174]. Le lien

168. CEDH, 9 juin 1998, *Bronda c/ Italie*, n° 22430/93 (grands-parents et petits-enfants) ; Comm. EDH, 9 févr. 1993, *T. Boyle c/ Royaume-Uni*, n° 16580/90, (oncle et neveu). Cf. à propos de la suspension du droit de visite des grands-parents en raison de poursuites pénales à l'encontre du père (violation de l'art. 8) : CEDH, 20 janv. 2015, *Manuello et Novi c/ Italie*, n° 107/10. Cf. aussi : CEDH, 20 janv. 2015, *Manuello et Nevi c/Italie*, n° 107/10, *AJ Famille* 2015. 101, obs. E. Viganotti, *Dr. Famille* 2015, n° 7-8, chron. 2, n° 23 obs. A. Gouttenoire ; 16 avr. 2015, *Mitovi c/Ex-République yougoslave de Macédoine*, n° 53565/13, *AJ Famille* 2015. 340, obs. E. Viganotti.

169. CEDH, Gr. Ch., 13 juill. 2000, *Elsholz c/ Allemagne*, *JCP* 2001-I-291 n° 31, obs. F. Sudre. Cf. aussi : CEDH, 13 juin 1979, *Marckx c/ Belgique*, n° 6833/74, *CDE* 1980. 473, obs. G. Cohen-Jonathan, *AFDI* 1980. 317, obs. R. Pelloux, *JDI* 1982. 183, obs. P. Rolland, *Les grands arrêts de la CEDH*, *op. cit.*, n° 42, obs. A. Gouttenoire.

170. Comm. EDH, 2 mai 1978, *X. c/ RFA*, DR 14/175. Cf. aussi : Cour 21 juin 1988, *Berrehab c/ Pays-Bas*, n° 10730/84.

171. CEDH, 28 juin 2007, *Wagner et J. M. W. L. c/ Luxembourg*, préc., § 117.

172. CEDH, 22 mars 2012, *Arhens c/ Allemagne*, n° 45071/09, *Dr. Famille* 2013, n° 3 Et. 3, obs. A. Gouttenoire. À noter que la découverte du défaut de filiation biologique ne doit pas priver l'enfant de celui qui l'a élevé comme un père : CEDH, 16 juill. 2015, *Nazarenko c/Russie*, n° 39438/13. Cf. cependant le constat de non-violation pour l'annulation d'une reconnaissance de paternité accomplie par l'époux de la mère à la demande du père biologique de l'enfant : CEDH, 14 janv. 2016, *Mandet c/France*, n° 30955/12, *Dalloz Actu.* 8 févr. 2016, obs. V. Lefebvre, *AJ Famille* 2016. 213, obs. F. Chenede, *RTD* Civ. 2016. 331, obs. J. Hauser, *JCP* 2016. 305, note Th. Gare, *Dr. Famille* 2016, com. 47 par H. Fulchiron, *Dr. Famille* 2016, n° 9, chron. 2, n° 7, obs. A. Gouttenoire.

173. Comm. EDH, 14 mars 1985, *Florentino Garcia c/ Suisse*, DR 42/92 ; CEDH, 23 sept. 1994, *Hokkanen c/ Finlande*, n° 19823/92 ; Gr. Ch., 8 juill. 2003, *Sahin c/ Allemagne*, n° 30943/96 ; 8 juill. 2003, *Sommerfeld c/ Allemagne*, n° 31871/96, *RTD Civ.* 2003. 760, obs. J.-P. Marguénaud, *JCP* 2004-I-107 n° 15, obs. F. Sudre. Le lien familial doit être maintenu, y compris dans le cas particulier où les parents, atteints de troubles psychologiques, ont été internés : CEDH, 19 févr. 2013, *B. c/ Roumanie*, n° 1285/03, *Dalloz Actu.* 11 mars 2013, obs. J. Gate. De même, le conflit parental ne doit pas faire obstable à la préservation du lien familial (obligation positive de l'État) : CEDH, 16 juin 2016, *Fourkiotis c/Grèce*, n° 74758/11, *Dr. Famille* 2016, n° 9, com. 175, obs. Cl. Delmas.

174. CEDH, 18 oct. 2011, *Lyubenova c/ Bulgarie*, n° 13786/04, *AJ Famille* 2011. 547, obs. M. Rouillard, *Dr. Famille* 2012, n° 3 Et. 6, obs. A. Gouttenoire. Il a même été jugé que l'intérêt supérieur de l'enfant peut justifier le maintien du lien de filiation paternelle malgré des preuves génétiques : CEDH, 18 févr. 2014, *A.L. c/ Pologne*, n° 28609/08, *AJ Famille* 2014. 186, obs. M. Rouillard. Sur l'obligation positive de l'État, cf. not. : CEDH, 30 juill. 2013, *Polidario c/ Suisse*, n° 33169/10, *AJ Famille* 2013. 575, obs. E. Viganotti.

familial peut également être altéré lorsque l'enfant est en danger et qu'il doit faire l'objet d'un placement : une telle mesure constitue une ingérence de l'État[175] et il est important de rappeler que la procédure d'assistance éducative doit être équitable et respectueuse des intérêts des parents[176]. La Cour européenne a précisé que l'obligation positive qui pèse sur les États de protéger les intérêts de la famille exige que les éléments d'information invoqués par les autorités pour prendre l'enfant à charge soient mis à la disposition du parent concerné, même s'il n'en fait pas la demande[177]. Enfin, si parents et enfants sont séparés, les autorités étatiques doivent tout faire pour les réunir dès que les circonstances le permettent[178]. Sur ce dernier point, les juges européens reconnaissent aux États une large marge d'appréciation,[179] mais restent vigilants sur les conditions de l'ingérence, notamment sur sa nécessité[180]. Mais le placement d'un enfant ne constitue pas une violation de l'article 8 dès lors que cette ingérence est prévue par la loi, poursuit un but légitime et est nécessaire dans une société démocratique[181], tout comme la mise en détention de la mère qui ne respecte pas le droit de visite et d'hébergement du père[182]. À noter aussi que la Cour a jugé que les juridictions nationales disposent d'une certaine latitude pour prendre en compte ou pas le refus d'un enfant au retour d'une fratrie auprès de leur père[183].

Cf. aussi le cas d'un père sourd-muet dont la demande pour étendre son droit de visite a été rejetée par les juridictions nationales, la Cour européenne concluant à la violation de l'art. 8 malgré de réelles difficultés de communication entre le père et son fils, lui aussi atteint de problèmes auditifs : CEDH, 10 janv. 2017, *K. Nowakowski c/Pologne,* n° 32407/13. *Adde,* à propos d'un père privé de tout contact avec son enfant : CEDH, 15 janv. 2015, *Kuppinger c/Allemagne,* n° 62198/11, *AJ Famille* 2015. 101, obs. E. Viganotti.

175. CEDH, 24 mars 1988, *Olsson c/ Suède (n° 1),* n° 10465/83, § 59.

176. CEDH, 16 sept. 1999, *Buscemi c/ Italie,* n° 29569/95, *JCP* 2000-I-203 n° 22, obs. F. Sudre ; 26 févr. 2002, *Kutzner c/ Allemagne,* n° 46544/99 ; 17 déc. 2002, *Venema c/ Pays-Bas,* n° 35731/97 ; 9 mai 2003, *Covezzi et Morselli c/ Italie,* n° 52763/99, §§ 77 et s. ; Gr. Ch., 8 juill. 2003, *Sahin c/ Allemagne,* n° 30943/96, § 48. Cf. aussi le constat de non-violation pour des juridictions nationales ayant refusé de mettre un terme au placement de l'enfant : CEDH, 22 oct. 2015, *J. c/Suède,* n° 10592/12, *AJ Famille* 2015. 689, obs. Z. Viganotti.

177. CEDH, Gr. Ch., 10 mai 2001, *T. P. et K. M. c/ Royaume-Uni,* n° 28945/95, *JCP* 2001-I-342 n° 18, obs. F. Sudre.

178. La mesure a un caractère temporaire : CEDH, 25 févr. 1992, *Andersson c/ Suède,* n° 12963/87, *RTDH* 1993, p. 549, note F. Tulkens ; Gr. Ch., 13 juill. 2000, *Scozzari et Giunta c/ Italie,* n° 39221/98..., *JCP* 2001-I-291 n° 33, obs. F. Sudre, la seule réserve étant naturellement l'intérêt de l'enfant (CEDH, 19 sept. 2000, *Gnahore c/ France,* n° 40031/98, *RDP* 2001. 682, note A. Gouttenoire-Cornut. Il a été jugé que l'impossibilité faite à un père d'obtenir la pleine réalisation de son droit de visite parental viole son droit au respect de la vie familiale : CEDH, 15 sept. 2016, *Giorgioni c/Italie,* n° 43299/12, *Dr. Famille* 2016, com. 251 par G. Millerioux, *Dr. Famille* 2017, n° 4, com. 79 par H. Fulchiron. *Adde* CEDH, 14 mars 2017, *K.B. et a. c/Croatie,* n° 36216/13.

179. CEDH, 7 août 1996, *Johansen c/ Norvège,* n° 17383/90 ; 14 janv. 2003, *K. A. c/ Finlande,* n° 27751/95. À noter que la Cour a jugé qu'une interdiction de séjour après 24 ans dans un pays ne viole pas l'art. 8 de la Convention : CEDH, 2 juin 2015, *K.M. c/Suisse,* n° 6009/10.

180. CEDH, Gr. Ch., 12 juill. 2001, *K. et T. c/ Finlande,* n° 25702/94, § 58.

181. CEDH, 26 juill. 2007, *Schmidt c/ France,* n° 35109/02, § 96, *JCP* 2008-I-110 n° 12, obs. F. Sudre. Pour une violation de l'art. 8 : CEDH, 16 févr. 2016, *Soares de Melo c/Portugal,* n° 72850/14, *Dr. Famille* 2016, com. 109 par Y. Bernand, *Dr. Famille* 2016, al. 37 par J. Couard, *Dr. Famille* 2016, n° 9, chron. 2 n° 16, obs. A. Gouttenoire (placement en vue de l'adoption des enfants d'une mère dans une situation de précarité).

182. CEDH, 11 févr. 2016, *Mitrova et Savik c/« L'ex-République de Macédoine »,* n° 42534/09, *AJ Famille* 2016. 205, obs. E. Viganotti, *Dr. Famille* 2016, n° 4, com. 78 par H. Fulchiron, *Dr. Pénal* 2016, n° 7-8, com. 107 par Ph. Conte.

183. CEDH, 9 sept. 2014, *Gajtani c/Suisse,* n° 43730/07, *JDI* 2015, n° 4, chron. 7, n° 14, obs. H. Apchain.

Il peut arriver, lors de la séparation des parents, que l'on soit confronté à des déplacements illicites d'enfants, ce qui est une question particulièrement préoccupante[184] : l'insuffisance des mesures prises suite à l'enlèvement international d'un enfant constitue une violation de l'article 8[185], la Cour ayant même précisé qu'il était de l'intérêt de l'enfant, envisagé de manière abstraite, de faire respecter la Convention de La Haye du 26 octobre 1980 dont l'objectif est de lutter contre les enlèvements d'enfants en assurant un retour immédiat[186]. Mais la Cour européenne a tempéré sa jurisprudence, prenant en compte l'intérêt de l'enfant, ce qui a pu l'amener à constater, soit une violation de l'article 8 lorsque l'exécution de l'ordre de retour (pourtant conforme à la Convention de la Haye) n'a pas pris suffisamment en compte cet intérêt[187], soit une non-violation en cas de refus d'ordonner ledit retour[188]. Il est vrai que l'intérêt supérieur de l'enfant est le critère traditionnel et même naturel qui a toujours été pris en considération, notamment en matière de séparation des parents et d'attribution de la garde[189] : son application y compris dans une situation pourtant réglée par une convention internationale peut donc sembler logique. En définitive, le but des juges européens est d'assurer une protection effective et concrète de l'enfant. À noter que l'avis de ce dernier peut, bien évidemment, être un obstacle au retour, mais à condition que cet avis soit exprimé dans un contexte serein excluant

184. CEDH, 25 janv. 2000, *Ignaccolo-Zenide c/ Roumanie,* n° 31679/96, § 113. Cf. aussi : CEDH, 24 avr. 2003, *Sylvester c/ Autriche,* n° 36812/97, § 72, *JCP* 2003-I-160 n° 12, obs. F. Sudre, *Dr. Famille* 2003, chron., p. 26, obs. H. Fulchiron et A. Gouttenoire. V° aussi : CEDH, 29 avr. 2003, *Iglesias Gild et A. U.I. c/ Espagne,* n° 56673/00 ; 26 juin 2003, *Maire c/ Portugal,* n° 48206/99. V° égal. : CEDH, 23 sept. 2003, *Sophia Gudrun Hansen c/ Turquie,* n° 36141/97 ; 9 mai 2006, *C. c/ Finlande,* n° 18249/02 ; 29 nov. 2007, *Ismailova c/ Russie,* n° 37614/02, *D.* 2008. 2843, note P. Muzny (non-violation de l'art. 8 combiné avec l'art. 14). *Adde* : CEDH, 6 déc. 2005, *Eskinazi et Chelouche c/ Turquie,* déc. n° 14600/05, *Dr. Famille,* févr. 2006, p. 40, obs. F. Sudre ; 4 déc. 2012, *Özmen c/ Turquie,* n° 28110/08, *Dr. Famille* 2013, n° 3 Et. 3, obs. A. Gouttenoire

185. CEDH, 22 juin 2006, *Bianchi c/ Suisse,* n° 7548/04 ; Gr. Ch., 23 juill. 2011, *Saw c/ Hongrie,* n° 6457/09, AJ Famille 2011, p. 505, obs. M. Rouillard ; CEDH, 11 déc. 2014, *Hromadka et Hromadkova c/Russie,* n° 22909/10, *AJ Famille* 2015. 59, obs. E. Viganotti. *Adde* CEDH, 28 avr. 2015, *Ferrari c/Roumanie,* n° 1714/10, *AJ Famille* 2015. 347, obs. E. Viganotti. (cf. égal. jurispr. citée n° précédent).

186. CEDH, 6 déc. 2007, *Maumousseau et Washington c/ France,* n° 39388/05, §§ 67s, *D.* 2008 Pan. 1855, obs. A. Gouttenoire et Ph. Bonfils, *AJ Famille* 2008. 83, obs. A. Boiche, *Procédures* 2008 comm. n° 78, obs. N. Fricero, *AJDA* 2008. 978, obs. J.-F. Flauss. V° aussi : CEDH, 6 nov. 2008, *Carlson c/ Suisse,* n° 49492/06, §§ 68 et s., *JCP* 2009-I-104 n° 12, obs. F. Sudre. V° les intéressantes précisions : CEDH, 1er juill. 2014, *Blaga c/Roumanie,* n° 54443/10, *Rev. cr. DIP* 2015. 420, obs. C. Avasilencei.

187. CEDH, Gr. Ch., 6 juill. 2010, *Neulinger et Shuruk c/ Suisse,* n° 41615/07, *D.* 2010. 2062, obs. I. Gallmeister, *RTD Civ.* 2010. 735, obs. J.- P. Marguénaud, *RTDH* 2012. 377, note D. Rietiker, *JDI* 2011, n° 4, chron. 12, com. 20, obs. V. Durand, *JCP* 2011, 94, p. 185 n° 14, obs. F. Sudre et 1520, note B. Belda, *AJ Famille* 2012. 97, obs. A. Boiche ; 12 juill. 2011, *Sneersone et Kampanella c/ Italie,* n° 14737/09, *AJ Famille* 2011. 504, obs. M. Rouillard, *Dr. Famille* 2012, n° 3 Et. 6, obs. A. Gouttenoire. *Adde* CEDH, 3 mai 2012, *Ilker Ensar Uyanik c/ Turquie,* n° 60328/09 ; 21 févr. 2012, *Karrer c/ Roumanie,* n° 19965/10. Cf. cependant : CEDH, 7 mars 2013, *Raw et autres c/ France,* n° 10131/11, *JCP* 2013, 391, 670, obs. F. Sudre.

188. CEDH, 1er mars 2016, *K.J. c/Pologne,* n° 30813/14, *AJ Famille* 2016. 272, obs. A. Boiche, *Dr. Famille* 2016, n° 9, chron. 2, n° 13, obs. A. Gouttenoire.

189. CEDH, 1er déc. 2011, *Schneider c/ Allemagne,* n° 17080/07, *D.* 2011. 2908, note F. Boulanger, *JCP* 2012, 87, p. 166 n° 12, obs. F. Sudre, *Dr. Famille* 2012, n° 3 Et. 6, obs. A. Gouttenoire ; 6 avr. 2010, *Mustafa et Armagan Akin c/ Turquie,* n° 4694/03. V° aussi : CEDH, 24 mai 2011, *Saleck Bardi c/ Espagne,* n° 66167/09, *Dr. Famille* 2012, n° 3 Et. 6, obs. A. Gouttenoire ; 3 nov. 2011, *Kuscuoglu c/ Turquie,* n° 12358/06, *AJ Famille* 2011. 606, obs. M. Rouillard, *Dr. Famille* 2012, n° 3 Et. 6, obs. A. Gouttenoire ; 10 juill. 2012, *B. c/ Belgique,* n° 4320/11, *Dr. Famille* 2013, n° 3 Et. 3, obs. A. Gouttenoire, *AJ Famille* 2012. 562, obs. E. Viganotti.

toute pression[190] : en toute hypothèse, la Convention de La Haye ne confère pas à l'enfant la liberté de choisir l'endroit où il veut vivre[191]. Il reste que le processus décisionnel ordonnant la restitution de l'enfant doit satisfaire aux exigences procédurales inhérentes à l'article 8, tout en ménageant les intérêts en présence[192]. Dans une affaire lettone, les juges européens ont entendu clarifier l'arrêt *Neulinger et Schurik* qui ne pose en soi aucun principe pour l'application de la Convention de La Haye pour les juges nationaux[193]. La Cour estime que l'article 8 de la Convention fait peser sur les autorités internes une obligation procédurale particulière à ce titre : dans le cadre de l'examen de la demande de retour de l'enfant, les juges doivent non seulement examiner des allégations défendables de « risque grave » pour l'enfant en cas de retour, mais également se prononcer à ce sujet par une décision spécialement motivée au vu des circonstances de l'espèce[194]. Comme cela a été remarqué, ce contrôle procédural, excluant une appréciation au fond de la situation familiale et se bornant à l'examen des motifs justifiant une des exceptions au principe de retour prévues par la Convention de La Haye, est plus respectueux de l'esprit de cette Convention[195].

Il est essentiel de rappeler que les obligations positives que l'article 8 fait peser sur les États sont des obligations, non pas de résultat mais de moyen. La précision est particulièrement importante dans les hypothèses de séparation des parents, sur le plan notamment du droit de visite et d'hébergement[196].

254. Bibliographie. ***Ouvrages :*** Fulchiron (H.) (dir.), *Les étrangers et la Convention européenne des droits de l'homme,* LGDJ, 1999 ; Hilt (P.), *Le couple et la Convention européenne des droits de l'homme,* PU Aix-Marseille, 2004 ; Lambert (P.), *La situation des étrangers*

190. Aff. *Sophia Gudrun Hansen,* préc. ; cf. aussi CEDH, 9 mai 2006, *C. c/ Finlande,* n° 18249/02. V° aussi CEDH, 2 févr. 2016, *N. Ts. c/Géorgie,* n° 71776/12, jugeant que le fait d'ordonner en justice le retour contre leur volonté de trois enfants auprès de leur père est une violation de l'art. 8). À noter que d'une façon plus générale, l'audition de l'enfant s'impose quand il est capable de discernement : mais la question s'est posée, non pas sur le terrain de l'art. 8 mais sur celui de l'art. 6 § 1, Conv. EDH. Cf. *infra,* n° 414.

191. CEDH, 22 juill. 2014, *Rouiller c/ Suisse,* n° 3592/08, *Dr. Famille* 2015, n° 7-8, chron. 2, n° 13, obs. A. Gouttenoire : les motifs exprimés par l'enfant de rester en Suisse ne suffisaient pas pour faire entrer en jeu l'une de ces exceptions au retour prévues par la Convention de La Haye, qui doivent être d'interprétation stricte.

192. Pour une absence de « protection procédurale » entraînant une violation de l'art. 8 : CEDH, 3 juin 2014, *Lopez Guio c/ Slovaquie,* n° 10280/12, *JCP* 2014, chron. 832, n° 14, obs. F. Sudre, *Dr. Famille* 2015, n° 7-8, chron. 2, n° 12, obs. A. Gouttenoire. Sur la compatibilité du système résultant de l'abolition de l'exequatur instauré par le réglement de Bruxelles II, cf. CEDH, déc., 18 juin 2013, *Povse c/Autriche,* n° 3890/11, *Rev. cr. DIP* 2014. 303, note G. Cuniberti.

193. CEDH, Gr. Ch., 26 nov. 2013, *X. c/ Lettonie,* n° 27853/09, § 105, *JCP* 2013, 1351, 2339, obs. G. Gonzalez, *JCP* 2014, chron. 78, n° 17, obs. F. Sudre, *JDI* 2013, chron. 6, n° 15, obs. V. Durand, *AJ Famille* 2014. 58, obs. A. Boiche, l'auteur se demandant même si la Cour ne revient pas sur sa jurisprudence *Neulinger.*

194. Aff. *X. c/ Lettonie,* préc., § 107.

195. F. Sudre, obs. préc.

196. CEDH, 7 févr. 2017, *Wdowiak c/Pologne,* n° 28768/12, *AJ Famille* 2017. 198, obs. E. Viganotti. Cf. aussi : CEDH, 7 févr. 2017, *Cvetkovic c/Serbie,* n° 42707/10 ; 9 févr. 2017, *Solarino c/Italie,* n° 76171/13. *Adde* concernant le transfert de la résidence de l'enfant dans un autre État de l'UE : CEDH, 19 janv. 2017, *Dimova et Peeva c/Bulgarie,* n° 20440/11, *AJ Famille* 2017. 139, obs. E. Viganotti. Sur le droit de visite et la portée du contrôle conventionnel par la Cour EDH : CEDH, 6 oct. 2016, *Moog c/Allemagne,* n° 2334/10, *Dr. Famille* 2017, n° 2, com. 37, obs. G. Millerioux. Cf. aussi : CEDH, 17 nov. 2015, *Bondavalli c/Italie,* n° 35532/12 et 23 juin 2016, *Strulia c/Italie,* n° 53377/13, *Dr. Famille* 2016, n° 9, chron. 2, n° 10 et n° 11, obs. A. Gouttenoire.

au regard de la Convention européenne des droits de l'homme, Éd. Conseil de l'Europe, 3e éd. 2007 ; Lambert (P.) et Pettiti (Ch.) (dir.), *Les mesures relatives aux étrangers à l'épreuve de la Convention européenne des droits de l'homme*, Bruylant, 2003 ; Sudre (F.) (dir.), *Le droit au respect de la vie familiale au sens de la Convention européenne des droits de l'homme*, Bruylant, 2002 ; Vasseur-Lambry (F.), *La famille et la Convention européenne des droits de l'homme*, L'Harmattan, 2000. ***Articles :*** Anatrella (T.), Beauquier (A.) et Eoche-Duval (Ch.), *Adoption et « homoparentalité » : l'éclairage des droits de l'homme, Dr. fam.* 2003, Étude n° 27 ; Bernard (F.) et Berthe (A.), *Les garanties procédurales en matière de reconduite à la frontière au regard de la Convention européenne des droits de l'homme, RTDH* 1997, p. 17 et s. ; Berro-Lefevre (I), *Adoption et filiation, Droit à l'enfant, droits de l'enfant*, Mél. Costa, p. 25 et s. ; Boiche (A.), *La juridiction européenne a-t-elle décidé d'annihiler la Convention de La Haye, AJ Famille* 2012, p. 97 et s. ; Bollee (S), *Gestation pour autrui : la voie du compromis, D.* 2015, chron. p. 1481 ; Cére (J.-P.), *Le droit à une vie familiale pour les détenus, in* Lemouland (J.-J.) et Lubu (M.) (dir.), *Le droit à une vie familiale*, Dalloz « Thèmes et commentaires » 2007, p. 17 et s. ; Chénedé (F.), *Les arrêts « Mennesson » et « Labassée » ou l'instrumentalisation des droits de l'homme, D.* 2014, p. 1797 ; Corpart (I), *La gestation pour autrui de l'ombre à la lumière, Entre droit français et réalités étrangères, Dr. Famille* 2015, n° 11, ét. 14 ; Coussirat-Coustère (V.), *Famille et Convention européenne des droits de l'homme*, Mél. Ryssdal, Carl Heymanns Verlag KG 2000, p. 281 et s. ; D'Haem (R.), *Violation de l'article 8 de la CEDH et refus de titre de séjour, Moyen opérant ou inopérant, AJDA* 2011, p. 542 et s. ; d'Avout (L.), *La « reconnaissance » de la filiation issue d'une gestation pour autrui à l'étranger, après les arrêts « Mennesson » et « Labassée », D.* 2014, p. 1806 ; Darbeda (P.), *Le maintien des relations familiales des détenus en Europe, RSC* 1998, p. 590 et s. ; de Lamy (B.), *Une frontière du droit au respect de la vie familiale : l'éloignement des délinquants étrangers du territoire français, Dr. Famille*, juin 1998, Chron. n° 8 ; Debet (H), *La Cour européenne des droits de l'homme : les homosexuels et l'adoption, Dr. Famille* 2002, Chron. 19 ; Docquir (P.-F.), *Droit à la vie privée et familiale des ressortissants étrangers : vers la mise au point d'une protection floue du droit de séjour ? RTDH* 2004, p. 921 et s. ; Evain (S), *Le juge européen, le transsexualisme et les droits de l'homme, JCP* 1998-I-188 ; Evain (S.), *Le juge européen, le transsexualisme et les droits de l'homme, JCP* 1998-I-188 ; Fabre-Magnan (M.), *Les trois niveaux d'appréciation de l'intérêt de l'enfant, À propos de la gestation pour autrui, D.* 2015 Chron. p. 224 et s. ; Frison-Roche (M-A), *Sophistique juridique et GPA, D.* 2016, p. 85 s. ; Fulchiron (H) et Bidaud-Garon (Ch), *Reconnaissance ou reconstruction ? À propos de la filiation des enfants nés par GPA au lendemain des arrêts Labassée, Mennesson et Campanelli-Paradiso, Rev. cr. DIP* 2015, p. 1 s. ; Gouttenoire-Cornut (A.), *La vie familiale à l'épreuve de l'assistance éducative, in* Sudre F. (dir.), *Le droit au respect de la vie familiale au sens de la Convention européenne des droits de l'homme*, Bruylant, 2002, p. 287 et s. ; Gouttenoire (A.) et Salvage-Gerest (P.), *Droit au respect de la vie familiale et adoption internationale, une première déconcertante : l'arrêt de la Cour européenne des droits de l'homme du 22 juin 2004, Dr. Famille* 2004, ét. 30 ; *La famille dans la jurisprudence de la Cour européenne des droits de l'homme, AJ Fam.* 2004, p. 380 et s., et *Dr. Famille* 2012, n° 3, ét. 6 ; *Dr. Famille* 2014, ét. 12 ; Gouttenoire (A), *Les enlèvements internationaux d'enfants devant la Cour EDH : entre obligation positive et ingérence, RTDH* 2016, p. 62 et s. ; Krief-Semitko (C.), *L'adoption simple des majeurs protégés à l'épreuve de la CEDH, JCP* 2012 Doctr. 1353 ; Labayle (H.), *L'éloignement des étrangers devant la Cour européenne des droits de l'homme, RFDA* 1997, p. 977 et s. ; Lambert (P.), *Extradition et expulsion d'étrangers dans la jurisprudence de la Cour européenne des droits de l'homme, in* « Les nouveaux droits de l'homme en Europe », Bruylant, 1999, p. 63 et s. ; Levinet (M.), *L'éloignement des étrangers délinquants et l'article 8 de la Convention européenne des droits de l'homme, RTDH* 1999, p. 89 et s. ; *La liberté matrimoniale au sens de la Convention européenne des droits de l'homme, RTDH* 2004, p. 889 et s. ; *Droit au respect de la vie familiale des étrangers et Convention européenne des droits de l'homme, AJ Fam.* 2004, p. 380 et s. ; Malabat (V), *Les droits familiaux des détenus, in* « Le droit de l'exécution des peines, Une jurisprudence en mouvement », *RPDP* 2007 (n° spécial), p. 61 et s. ; Mathieu (N), *Séparation des parents et garde des enfants, Le point sur la jurisprudence de la CEDH, RTDH* 2013, p. 39 s. ; Massias (F.), *Police des étrangers et droits de l'homme, RSC* 1988, p. 223 et s. ; Meulders-Klein (M.-T.), *Vie privée, vie familiale et droits de l'homme, RID comp.* 1992, p. 767 et s. ; *Égalité et non-discrimination en droit de la famille, RTDH* 2003, p. 1185 et s. ; Meyer (A.), *L'homosexualité dans la jurisprudence de la Commission et de la Cour européenne des droits de l'homme, in* Borillo (D.) (dir.),

Homosexualité et droit, PUF 1998, p. 153 et s. ; NEIRINCK (Cl.), *L'adoption et les couples homosexuels devant la CEDH, RDSS* 2011, p. 142 et s. ; PETTITI (Ch.), *La jurisprudence de la Cour européenne des droits de l'homme et la Convention de La Haye sur les enlèvements d'enfants, in* Dossier « Enlèvements internationaux d'enfants », *AJ Fam.*, mai 2006, p. 176 et s. ; PORCHERON (D), *La jurisprudence des deux Cours européennes (CEDH et CJUE) sur le déplacement illicite d'enfants : vers une relation de complémentarité ?, JDI* 2015, n° 3, Doctr. 8 ; SLAMA (S.), *Délit d'aide à l'entrée, à la circulation et au séjour irréguliers : controverses sur la légitimité d'un « délit d'humanité », AJ Pénal* 2011, p. 496 s. ; SPIRY (S.), *Homosexualité et droit international des droits de l'homme, Vers une nouvelle donne en Europe, RTDH* 1996, p. 45 et s. ; SUPIOT (E), *Empreintes génétiques et droit pénal,* RSC 2015, p. 827 s. ; VAN MUYLDER (C.), *Le droit au respect de la vie familiale des étrangers, Une application novatrice de l'article 8 de la Convention européenne des droits de l'homme dans le contentieux des étrangers, RFDA* 2001, p. 797 et s. ; WILLEMS (G.), *La vie familiale des homosexuels au prisme des articles 8, 12 et 14 de la CEDH, RTDH* 2013, p. 65 s.

§3. Le domicile et la correspondance

255. La protection conventionnelle. – L'article 8 de la Convention protège le domicile et la correspondance avec la même force que pour la vie privée et la vie familiale. Cela est tout à fait logique en raison de l'importance de l'intimité des lieux où s'exerce la vie privée tout comme l'impérative nécessité de préserver le secret de la parole. Le domicile et la correspondance méritent une telle protection, car ils sont des espaces de liberté dont la préservation est absolument indispensable dans une société démocratique.

A. La protection du domicile

256. Une double protection. – Au sens de l'article 8 de la Convention, la protection du domicile concerne traditionnellement les lieux privés. Cette approche classique a prévalu pendant longtemps puis, compte tenu du fait que la Convention est un « instrument vivant » destiné à prendre en considération les nouvelles réalités de la société, les juges européens ont été amenés à protéger également le domicile professionnel. Cette double protection renforce l'effectivité de l'article 8, d'autant plus que les juges européens n'ont pas hésité à mettre des obligations positives à la charge de l'État, notamment celle de prendre toutes mesures nécessaires pour permettre à un propriétaire de faire valoir ses droits[197], sans oublier les garanties procédurales requises par l'article 8[198]. C'est dire la force de cette double protection du domicile privé et du domicile professionnel.

257. La protection du domicile privé. – La protection de l'intimité des lieux où s'exerce la vie privée est absolument nécessaire de sorte que la notion de domicile ne saurait faire l'objet d'une interprétation trop

197. CEDH, 26 févr. 2004, *Cvijetic c/ Croatie*, n° 71549/01, § 53 ; 4 mars 2004, *Pibernik c/ Croatie*, n° 75139/01, § 70). V° aussi : CEDH, 20 avr. 2004, *Surugiu c/ Roumanie*, n° 48995/99, § 68.

198. S'agissant de ces garanties, toute personne risquant de perdre son logement doit pouvoir faire examiner par un tribunal indépendant la proportionnalité de la mesure d'éviction : CEDH, 13 mai 2008, *McCann c/ Royaume-Uni*, n° 19009/04.

restrictive : dès lors le domicile ne peut pas se limiter à celui qui est légalement occupé ou acquis ; il vise également tout lieu d'habitation dès lors qu'il existe des liens suffisants et continus[199]. C'est dire que les juges européens vont être sensibles à la force des liens émotionnels avec le bien, ce qui leur permet de rattacher une résidence secondaire à la notion plus large de domicile[200]. En définitive, la protection de l'article 8 est un droit qui relève aussi bien de la sécurité que du bien-être personnel[201], ce qui implique une certaine souplesse[202].

Il n'en reste pas moins vrai que les limites existent. C'est ainsi que le droit au logement n'entre pas dans le champ d'application de l'article 8 et, même si certains arrêts ont pu susciter quelques doutes[203], la solution est désormais certaine[204]. La question s'est cependant posée, à nouveau, avec l'affaire *Wallova et Walla*, l'indécence du logement étant reprochée, non pas aux propriétaires, mais à l'État à propos du placement d'un enfant : il semblerait que la Cour entende consacrer une obligation positive à la charge des États, afin qu'ils assistent les individus à surmonter leurs difficultés matérielles et trouver un logement décent[205]. Cet arrêt consacre-t-il, *via* l'art. 8 de la Convention, un droit au logement décent ? La question a pu se poser, mais l'affirmation paraît cependant excessive, du moins en l'état actuel des choses. Il est cependant certain que l'article 8 ne conduit pas à ce que des préférences individuelles en matière de résidence puissent l'emporter sur l'intérêt général[206]. De même, si dans des circonstances particulières, une caravane a pu être considérée comme un domicile[207], tel n'est pas le cas pour une voiture automobile en stationnement sur la voie publique[208]. En toute hypothèse, si la Cour se montre attentive au fait que l'éventuelle obligation imposée à une personne de quitter son domicile doit être proportionnée au but légitime poursuivi[209],

199. CEDH, 18 nov. 2004, *Prokopovich c/ Russie*, n° 58255/00, § 36, *JCP* 2005-I-103 n° 11, obs. F. Sudre.

200. CEDH, 31 août 2004, *Demades c/ Turquie*, n° 16219/90, § 32.

201. CEDH, 24 nov. 1986, *Gillow c/ Royaume-Uni*, n° 9063/80, § 55, *CDE* 1988. 466, obs. G. Cohen-Jonathan ; *AFDI* 1987. 239, obs. V. Coussirat-Coustère, *JDI* 1987. 803, obs. P. Rolland et P. Tavernier. Concernant l'inviolabilité du domicile, cf. CEDH, 30 mars 1989, *Chappel c/ Royaume-Uni*, n° 10461/83. Cf. égal. : CEDH, 9 déc. 1994, *Lopez Ostra c/ Espagne*, n° 16798/90, § 51 ; 26 févr. 2004, *Cvijetic c/ Croatie*, n° 71549/01 ; 4 mars 2004, *Pibernik c/ Croatie*, n° 75545/01.

202. Dans les affaires concernant les Tsiganes, il a été jugé qu'une caravane est un domicile au sens de l'art. 8 : CEDH, 25 sept. 1996, *Buckley c/ Royaume-Uni*, n° 20348/92, § 54, *RTDH* 1997. 47, obs. O. de Schutter ; Gr. Ch., 18 janv. 2001, *Chapman c/ Royaume Uni*, n° 27238/95, *RTDH* 2001. 887, obs. F. Sudre, *RTD Civ.* 2001. 448, obs. J.-P. Marguénaud.

203. CEDH, 21 nov. 1995, *Velosa Barreto c/ Portugal*, n° 18072/91, *RUDH* 1996. 17, obs. M. Levinet ; Gr. Ch., 18 févr. 1999, *Larkos c/ Chypre*, n° 29515/95, *JCP* 2000-I-203 n° 20, obs. F. Sudre.

204. CEDH, 18 janv. 2001, *Chapman c/ Royaume-Uni*, n° 29515/95, § 99.

205. CEDH, 26 octobre 2006, *Wallova et Walla c/ République Tchèque*, n° 23848/04, *RTDH* 2007. 1121 et s., obs. K. Garcia.

206. Aff. *Buckley*, préc., aff. *Chapman*, préc., § 99.

207. Aff. *Buckley*, préc.

208. Comm. EDH, 30 mai 1974, *X. c/ Belgique*, n° 5488/72.

209. Cf. CEDH, 3 oct. 2013, *Zrilic c/ Croatie*, n° 46726/11, *RTD Civ.* 2013. 810, obs. J.-P. Marguénaud : cas particulier d'une femme divorcée, contrainte de quitter la maison familiale suite au partage par vente par adjudication de ladite maison, finalement vendue à son ex-mari : la Cour a jugé que l'art. 8 n'a pas été violé (*idem* pour l'art. 1 du Prot. n° 1). L'intérêt de l'arrêt réside dans le fait qu'il laisse entendre que la Cour, au regard du droit au respect du domicile, pourrait contrôler le prix de vente pour voir s'il permet

elle se montrera toujours réticente à accorder une protection à ceux qui, bravant une interdiction légale, établissent illégalement leur domicile : si elle agissait autrement, elle ne ferait qu'encourager des actions illégales au détriment des droits d'autrui[210]. Enfin, il est important de préciser que le respect du domicile suppose aussi de pouvoir y accéder afin d'y habiter : toute restriction à cet égard constitue une violation de l'article 8[211].

Les perquisitions ne sont pas, en soi, contraires à l'article 8 de la Convention[212], mais il en va tout autrement si l'une des conditions de l'ingérence de l'État fait défaut, qu'il s'agisse de l'existence d'un texte, du but légitime ou de la nécessité dans une société démocratique[213]. Des précautions doivent toujours être prises : l'exercice du pouvoir d'ingérence dans le domicile doit être circonscrit dans des limites raisonnables, ce qui permet de réduire autant que possible son impact sur la vie personnelle de l'intéressé. C'est ainsi que dans une situation où l'on a négligé de prendre les mesures élémentaires pour éviter tout désagrément inutile, l'action consécutive de la police ne saurait passer pour proportionnée[214]. Mais il est certain que cela ne signifie pas que le critère de la proportionnalité soit battu en brèche par toute perquisition qui s'est avérée infructueuse[215].

258. Les locaux professionnels. – Dans un souci d'effectivité des droits fondamentaux, les juges européens ont étendu la protection de l'article 8 de la Convention aux locaux professionnels. La question s'est tout d'abord posée pour le cabinet d'un avocat : la Cour s'est prononcée en faveur de l'applicabilité de l'article 8[216]. Une perquisition dans un cabinet d'avocats est possible, mais encore faut-il que les conditions de

à chacun des ex-époux d'acquérir un logement décent. *Quid* d'un éventuel partage en nature de la maison compte tenu des liens émotionnels, au regard du principe de proportionnalité ? Faudrait-il privilégier cette solution ?

210. Aff. *Chapman*, préc., § 102.

211. Aff. *Gillow*, préc., § 58 ; CEDH, 16 sept. 1996, *Akdivar et autres c/ Turquie*, n° 21893/93, § 88 ; 24 avr. 1998, *Selcuk et Asker c/ Turquie*, n° 23184/94..., § 86.

212. C'est le cas même dans l'hypothèse d'une perquisition sur le fondement d'informations achetées par les services secrets : CEDH, 6 oct. 2016, *K.S. et M.S. c/Allemagne*, n° 33696/11 (l'affaire concernant une évasion fiscale), *Dalloz Actu.* 7 nov. 2016, obs. N. Devouèze, *D.* 2017, Pan. *DEDH « Fiscalité et Convention EDH », p.* 128 s., spéc., p. 130, n° 3, obs. J.-F. Renucci et A. Renucci.

213. CEDH, 31 janv. 2017, *Kalneniene c/Belgique*, n° 40233/07. À noter que pour autant la procédure ne méconnaît pas les exigences du procès équitable.

214. CEDH, 18 juill. 2006, *Keegan c/ Royaume-Uni*, n° 28867/03, § 34.

215. Aff. *Keegan*, préc., § 35.

216. CEDH, 16 déc. 1992 *Niemietz c/ Allemagne*, n° 13710/88 (perquisition d'un cabinet d'avocat dans le cadre de poursuites pénales contre un tiers), *AFDI* 1992. 629, obs. V. Coussirat-Coustère, *JDI* 1993. 755, obs. E. Decaux et P. Tavernier, *RTDH* 1993. 470, obs. P. Lambert et F. Rigaux, *D.* 1993 Somm. 386, obs. J.-F. Renucci, *RUDH* 1993. 1, obs. F. Sudre et autres. Pour des locaux professionnels autres que les cabinets d'avocats : CEDH, 25 févr. 1993, *Funke c/ France*, n° 10828/84, *D.* 1993. 457, note J. Pannier, Somm. 387, obs. J.-F. Renucci (visite domiciliaire des agents des douanes) ; CEDH, 9 déc. 2004, *Van Rossem c/ Belgique*, n° 41872/98 (visites domiciliaires constituant une ingérence disproportionnée au but légitime poursuivi) ; Comm. EDH, 2 juill. 1997, *Miliani c/ France*, DR 90-A/16 (locaux d'une clinique privée) ; CEDH, 2 avr. 2015, *Vinci Construction et GTM Génie Civil et Services c/France*, n° 63629/10... (visites domiciliaires et saisies visant des sociétés commerciales), *JCP* 2015. 479, obs. L. Milano, *JCP (E)* 2015. 371, note M. Hindre-Gueguen, *RTDH* 2016. 261, note Th. Bontinck, *Procédures* 2015, com. 213 par L. Ayrault, *AJ Contrats d'affaires* 2015. 265, note R. Maulin, *JDI* 2016, n° 4, chron. 8, n° 20, obs. P. Van Muhlendahl.

« l'ingérence de l'État » soient réunies, en particulier le rapport de proportionnalité entre l'atteinte au droit et le but légitime poursuivi. La mesure, licite en soi, ne peut pour autant empiéter sur le secret professionnel à un degré révélant une disproportion incompatible avec la Convention : la présence d'un observateur indépendant, en l'occurrence le bâtonnier de l'Ordre des avocats, s'impose, mais son rôle effectif quant au point de savoir ce qui relève ou non du secret professionnel suscite des controverses. La question est d'autant plus sensible que sont en jeu, à la fois, le respect du secret professionnel et la bonne administration de la justice : c'est pourquoi les garanties de procédure destinées à prévenir les abus ou l'arbitraire et protéger le secret professionnel de l'avocat doivent être respectées, sans quoi l'article 8 de la Convention est violé[217]. Il reste que si lors d'une perquisition des documents peuvent être saisis[218], l'illégalité de la saisie est susceptible d'entraîner une violation de l'article 8[219] : cela est significatif de la volonté de mettre en œuvre une protection particulière de la correspondance reçue par l'avocat en sa qualité de défenseur[220].

CEDH, 16 déc. 1992,* Niemietz c/ Allemagne, *n° 13710/88 :
En fait : *Le cabinet d'un avocat a été perquisitionné dans le cadre de poursuites pénales contre un tiers.*
En droit : *(violation de l'art. 8) Le droit au respect de la vie privée englobe celui de développer des relations avec ses semblables. L'exclusion des activités professionnelles ou commerciales de la notion de « vie privée » ne se justifie par aucune raison de principe et risquerait d'aboutir à une inégalité de traitement sur le terrain de l'article 8. Le texte français permet d'englober les locaux professionnels dans le mot « domicile », dont une interprétation étroite pourrait créer le même danger d'inégalité. Interpréter les mots « vie privée » et « domicile » comme incluant certains locaux ou activités professionnels ou commerciaux répond à l'objet et au but de l'article 8, et les États contractants ne s'en trouveraient pas indûment bridés. En outre, les opérations de perquisition doivent en l'espèce avoir porté sur de la « correspondance » au sens de cette disposition. « Prévue par la loi » et poursuivant des buts légitimes, l'ingérence n'était pas pour autant « nécessaire dans une société démocratique ».*

Avec l'arrêt *Sociétés Colas Est et autres*, l'applicabilité de l'article 8 au domicile des personnes morales est désormais certaine[221]. Cette évolution, qui

217. CEDH, 16 oct. 2007, *Wieser et Bicos Beteiligungen GmbH c/ Autriche*, n° 74336/01, §§ 65 et 66, *Dr. pénal* 2008, p. 37, obs. E. Dreyer. V° aussi CEDH, 24 juill. 2008, *André et autres c/ France*, n° 18603/03, *RDP* 2009, p. 911, obs. H. Surrel, *JCP* 2008-II-10182, note Ch. Louit. Cf. aussi : CEDH, 21 janv. 2010, *Da Silveira c/ France*, n° 43757/05, *JDI* 2011, chron. 12, obs. A. Decaux, P. Tavernier, M. Boumghar et autres.

218. Comm. EDH, 1er oct. 1983, *G. S. et M. c/ Autriche*, DR 34/119.

219. Comm. EDH, 12 oct. 199, *Naviflora Sweden Aktiebolag*, Req. n° 14369/88, inédit.

220. Sur ce point, cf. *infra*, n° 260 *in fine*.

221. CEDH, 16 avr. 2002, *Sociétés Colas Est c/ France*, n° 37971/97, § 41, *D.* 2003 Somm. 527, obs. C. Bîrsan, *RDP* 2003-3, obs. M. Levinet, *Europe* août/sept. 2002, p. 31, obs. N. Deffains, *JDI* 2003. 506, obs. E. Decaux et P. Tavernier, *AJDA* 2002. 500, obs. J.-F. Flauss, *RDP* 2003. 689, obs. M. Levinet. Cf. aussi : CEDH, 2 oct. 2014, *Delta Pekarni AS c/République tchèque*, n° 97/11, *JDI* 2015, n° 4, chron. 7, n° 30, obs. V. Durand.

traduit la montée en puissance de l'applicabilité de l'article 8 aux locaux des professionnels alors qu'*a priori* on pouvait penser que seul le domicile privé était concerné, est tout à fait remarquable. Certes, ces dernières années la notion de domicile était déjà entendue plus largement[222], mais il y avait une limite importante : l'interprétation extensive n'intervenait que dans les cas où les locaux professionnels étaient exploités par des personnes physiques dont la vie privée et la vie professionnelle étaient étroitement liées[223] ; les locaux en cause étaient donc toujours ceux d'une personne physique qui y exerce son activité. L'arrêt *Société Colas* va plus loin et franchit cette limite : il n'est plus question des prolongements sociaux et professionnels des individus puisque, désormais, le domicile d'une personne morale fait l'objet d'une protection autonome sur le plan de l'article 8 de la Convention. La Cour a cependant rappelé certaines limites, jugeant qu'une exploitation agricole spécialisée dans l'élevage porcin ne peut être qualifiée de domicile professionnel : l'article 8 de la Convention ne peut donc s'appliquer[224].

La situation des journalistes mérite une attention particulière compte tenu de leur rôle éminent dans toute démocratie. Dans l'affaire *Ernst et autres*, la question s'est posée de savoir si les perquisitions effectuées chez des journalistes et dans leurs rédactions étaient admissibles au regard des conditions actuelles de l'ingérence de l'État[225]. En l'espèce, l'ingérence était prévue par la loi et poursuivait un but légitime puisqu'il s'agissait de rechercher les indices et les preuves d'une violation du secret de l'instruction, ce qui entre dans le cadre de la défense de l'ordre public, de la prévention des infractions pénales et de la protection des droits et libertés d'autrui. En revanche, la troisième condition n'était pas remplie : la mesure n'était pas « nécessaire dans une société démocratique », par manque de garanties adéquates et suffisantes contre les abus[226]. Dès lors, le constat de violation de l'article 8 était inévitable et les juges de la Cour européenne des droits de l'homme se sont prononcés en ce sens et à l'unanimité.

B. La protection de la correspondance

259. Une protection large. – Le pouvoir de surveiller en secret les citoyens n'est tolérable que dans la mesure strictement nécessaire à la sauvegarde des institutions démocratiques, en s'accompagnant de garanties adéquates et suffisantes : il faut assurément se montrer d'une très grande prudence sous peine de saper, voire de détruire, la démocratie au motif de la défendre[227]. Une extrême vigilance s'impose donc, qu'il s'agisse de correspondance écrite ou de correspondance par voie de

222. Cf., timidement, l'arrêt *Chappel* (CEDH, 30 mars 1989, *Chappel c/ Royaume-Uni*, préc.) et plus nettement l'arrêt *Niemietz*, préc.

223. N. Deffains, obs. préc.

224. CEDH, 6 sept. 2005, *Leveau et Fillon c/ France*, n° 63512/00 et 63513/00, *AJDA* 2006. 226, obs. J. Raynaud.

225. CEDH, 15 sept. 2003, *Ernst et autres c/ Belgique*, n° 33400/96, §§ 106 et s.

226. Aff. *Ernst et autres*, préc., § 114. Cf. *mutatis mutandis* aff. *Funke*, préc., § 56.

227. CEDH, 6 sept. 1978, *Klass et autres c/ Allemagne*, n° 5029/71, §§ 42 et s.

télécommunications. C'est la raison pour laquelle l'État a, non seulement l'obligation négative classique de ne pas porter atteinte au droit garanti par l'article 8, mais également des obligations positives lui imposant de prendre les mesures qui s'imposent pour éviter une telle atteinte[228]. En outre, il est important de préciser que toute « communication » est visée, quelle que soit la forme[229].

260. La correspondance écrite. - Le contentieux de la correspondance écrite par rapport à l'article 8 de la Convention concerne principalement les détenus[230]. Bien évidemment, le droit de correspondance des détenus connaît des limites, un juste équilibre devant être maintenu entre les différents intérêts en cause.

La situation des avocats est particulière, compte tenu de leur rôle dans toute démocratie : leur correspondance doit faire l'objet d'une protection toute particulière[231]. C'est aussi la raison pour laquelle la Cour entend assurer une protection globale en ne faisant aucune distinction entre les différentes catégories de correspondance de l'avocat[232] : cela est logique puisque ces correspondances, quelle que soit leur finalité, portent sur des sujets de nature confidentielle et privée[233] ; il importe peu que l'échange de lettres ne concerne qu'un justiciable avec son avocat potentiel[234]. Cette protection concerne non seulement les lettres missives qui sont couvertes par le secret professionnel, mais aussi les correspondances effectuées par les moyens modernes de communication. S'agissant plus particulièrement des communications téléphoniques, il a été précisé que la loi doit également protéger le secret de l'instruction et le secret professionnel de la défense lorsque l'écoute intercepte l'entretien entre l'avocat et son client[235]. Mais il n'en reste pas moins vrai que la saisie de documents et de données informatiques dans un cabinet d'avocats ne porte pas atteinte à l'article 8 dès lors que des garanties procédurales permettent, d'une part de prévenir les abus et l'arbitraire et, d'autre part, de protéger le secret professionnel[236].

---

228. CEDH, 17 juill. 2003, *Craxi c/ Italie (n° 2)*, n° 25337/94, *D.* 2004 Somm., p. 2536, obs. G. Montovani.

229. CEDH, 22 oct. 2002, *Taylor-Sabori c/ Royaume-Uni*, n° 47114/99 (à propos d'un bipeur). La surveillance « globale » des communications pose des probèmes de même nature mais concerne l'ensemble des droits garantis par l'article 8 et pas seulement le secret de la correspondance : cf. *supra*, n° 249 *in fine*.

230. Cf. *infra*, n° 269.

231. Cf. par exemple CEDH, 12 févr. 2015, *Yuditskaya et autres c/ Russie*, n° 5678/06 : perquisitions menées d'une façon telle que la Cour a conclu à la violation de l'art. 8 (perquisitions sans discernement, y compris dans les bureaux d'avocats non concernés par l'affaire qui motivait la mesure). Comp. l'accès aux comptes bancaires d'un avocat avec le secret professionnel et le secret bancaire : CEDH, 1er déc. 2015, *Brito Ferrinho Bexiga Villa-Nova c/Portugal*, n° 69436/10, D. 2016, Pan. 230, obs. J.-F. Renucci.

232. CEDH, 25 mars 1992, *Campbell c/ Royaume-Uni*, n° 13590/88, § 48, *AFDI* 1992, p. 629, obs. V. Coussirat-Coustère.

233. CEDH, 28 nov. 1991, *S. c/ Suisse*, préc., § 48.

234. CEDH, 20 juin 1998, *Schönenberger et Durmaz*, préc., § 29.

235. Opinion concordante du juge Pettiti dans l'aff. *Malone* (CEDH, 2 août 1984, *Malone c/ Royaume-Uni*, n° 8691/79). *Adde* CEDH, 25 mars 1998, *Kopp c/ Suisse*, n° 23224/94, § 75. Sur les écoutes téléphoniques de façon plus générale, cf. *infra*, n° 261.

236. CEDH, 3 sept. 2015, *Servulo & Associados - Sociedade de Advogados c/Portugal*, n° 27013/10, *D.* 2016, Pan. 228, obs. J.-F. Renucci, *Dalloz Actu.* 4 sept. 2015, obs. A. Portmann.

CEDH, 3 sept. 2015,* Servulo & Associados/Sociedade de Advogados, RL, et a. c/Portugal, *n° 27013/10 :
En fait : *Une saisie de grande ampleur de documents informatiques a eu lieu dans un cabinet d'avocats. Devant la Cour européenne, les requérants se plaignent des recherches effectuées dans leur système informatique et de la saisie de fichiers informatiques et de messages électroniques.*
En droit : (non-violation de l'art. 8). En dépit de l'étendue des mandats de perquisition et saisie, les garanties offertes aux requérants pour prévenir les abus, l'arbitraire et les atteintes au secret professionnel des avocats, en particulier le contrôle du juge d'instruction complété par l'intervention du président de la cour d'appel, ont été adéquates et suffisantes. La perquisition et la saisie des documents informatiques et messages électroniques dénoncées en l'espèce n'a donc pas porté une atteinte disproportionnée au but légitime poursuivi.

261. Les écoutes téléphoniques. – Le principe des écoutes téléphoniques est admis par la Cour européenne dès lors que l'ingérence est nécessaire dans une société démocratique à la sécurité nationale, la défense de l'ordre et la prévention des infractions pénales[237]. Mais encore faut-il que l'étendue et les modalités d'exercice du pouvoir des autorités dans le domaine considéré soient claires et précises : ainsi que cela a été précisé avec force par les arrêts *Huvig* et *Kruslin*, le manque de prévisibilité constitue une violation de l'article 8 de la Convention[238] ; si les interceptions téléphoniques sont légitimes pour défendre les États démocratiques contre la menace terroriste ou la délinquance, il n'en reste pas moins vrai que des garanties s'imposent afin d'éviter toute dérive vers l'arbitraire. À la suite de cet arrêt, la jurisprudence européenne a apporté d'utiles précisions[239].

CEDH, 24 avr. 1990,* Huvig c/ France, *n° 11105/84 :
En fait : *À la suite d'une plainte déposée par le directeur des Services fiscaux, le requérant fait l'objet de poursuites et est placé sous écoutes téléphoniques. Il demande en vain la nullité de ces écoutes, le tribunal relevant que cette mesure rentre dans les pouvoirs du juge d'instruction et qu'il n'est justifié aucune atteinte aux droits de la défense, d'autant plus qu'en l'espèce le résultat a été inexploitable et n'a pas servi de fondement à la poursuite.*
En droit : *(violation de l'art. 8) Le droit français, écrit et non écrit, n'indique pas avec assez de clarté l'étendue et les modalités d'exercice du pouvoir d'appréciation des autorités dans le domaine considéré. Il en allait encore davantage ainsi à*

237. CEDH, 6 sept. 1978, *Klass c/ RFA*, n° 5029/71, *CDE* 1979. 474, obs. G. Cohen-Jonathan, *AFDI* 1979. 338, obs. R. Pelloux, *JDI* 1980. 463, obs. P. Rolland.

238. CEDH, 24 avr. 1990, *Huvig c/ France*, n° 11105/84, et *Kruslin c/ France*, n° 11801/85, *AFDI* 1991. 606, obs. V. Coussirat-Coustère, *D.* 1990. 357, note J. Pradel. Cf. aussi : CEDH, 15 janv. 2015, *Dragojevic c/ Croatie*, n° 68955/11.

239. CEDH, 23 nov. 1993, *A c/ France*, n° 14838/89, § 39 ; 17 juill. 2003, *Craxi c/ Italie*, n° 25337/94, *D.* 2004 Somm. 2537, obs. G. Mantovani, *JCP* 2004-I-107 n° 12, obs. F. Sudre ; CEDH, 22 oct. 2002, *Taylor-Sabori c/ Royaume-Uni*, préc. ; 18 févr. 2003, *Prado Bugallo c/ Espagne*, n° 58496/00 ; 8 avr. 2003, *M. M. c/ Pays-Bas*, n° 39339/98 ; 17 juill. 2003, *Perry c/ Royaume-Uni*, n° 63737/00, *RSC* 2004. 455, obs. Fl. Massias ; 31 juill. 2012, *Draksas c/ Lituanie*, n° 36662/04.

l'époque des faits de la cause, de sorte que les requérants n'ont pas joui du degré minimal de protection voulu par la prééminence du droit dans une société démocratique. Sans doute n'en ont-ils pas ou guère souffert, le résultat des écoutes incriminées n'ayant « pas servi de fondement aux poursuites », mais selon la jurisprudence constante de la Cour, l'existence d'une violation se conçoit même en l'absence de préjudice.

La loi doit donc prévoir de façon précise les modalités de ces interceptions : elle doit en particulier définir quels types d'infraction permettent une ingérence de l'État. De plus, non seulement l'écoute doit être déterminante dans le processus de recherche des preuves et des indices, mais en outre la surveillance téléphonique ne peut être générale : il faut qu'une personne déterminée soit suspectée d'une infraction particulière. Enfin, les droits de la défense doivent être respectés et l'ordre de mise sur écoute doit indiquer les conditions de temps et de lieu de la surveillance, ainsi que les procédés de transcription[240]. Il faut aussi que le droit interne permette à l'individu en cause d'exercer un contrôle efficace pour limiter l'ingérence litigieuse à ce qui est nécessaire dans une société démocratique. C'est parce que la France n'offrait pas une telle garantie qu'elle a été à nouveau condamnée dans l'affaire *Lambert* : la Cour de cassation avait en effet estimé que le requérant était sans qualité pour critiquer les conditions dans lesquelles a été ordonnée la prolongation d'écoutes téléphoniques sur une ligne attribuée à un tiers ; or dans ces conditions, la personne en cause ne disposait pas d'un contrôle efficace comme voulu par la prééminence du droit[241]. La question des écoutes est particulièrement délicate, compte tenu de la diversité et de l'importance des intérêts en présence. C'est la raison pour laquelle les juges européens se montrent aussi vigilants, n'hésitant pas par ailleurs à condamner des « écoutes par ricochet »[242].

Par ailleurs, l'emploi d'un appareil de radio-transmission pour enregistrer à distance une conversation s'apparente à des écoutes téléphoniques : c'est dire que sa mise en œuvre est susceptible d'arbitraire et peut être incompatible avec la condition de légalité[243]. Dans le même ordre d'idées, il est intéressant d'observer que l'enregistrement des conversations tenues au parloir d'une prison constitue une ingérence contraire à l'article 8 : la Cour a jugé que le droit français n'indique pas avec assez de clarté la possibilité d'ingérence par les autorités, ainsi que l'étendue et les modalités d'exercice de leur pouvoir d'appréciation[244]. Enfin, l'utilisation irrégulière de

240. CEDH, 25 juin 1997, *Halford c/ Royaume-Uni*, *AJDA* 1998. 42, obs. J.-F. Flauss.

241. CEDH, 24 août 1998, *Lambert c/ France*, n° 23618/94, *JCP* 1999-I-105 n° 45, obs. F. Sudre, *D.* 1999 Somm. 271, obs. J.-F. Renucci, *RSC* 1998. 820, obs. L.-E. Pettiti, *RSC* 1999. 393, obs. R. Koering-Joulin.

242. CEDH, 3 févr. 2015, *Pruteanu c/ Roumanie*, n° 30181/05, *Dalloz Actu.* 4 févr. 2015, obs. A. Portmann, RTDH 2015. 1071, note B. Favreau (écoutes d'un avocat et de sa sœur motivées par le fait que deux personnes que fréquentait cette dernière faisaient l'objet de plaintes pénales).

243. CEDH, Gr. Ch., 1er oct. 2009, *Bykov c/ Russie*, n° 4378/02.

244. CEDH, 20 déc. 2005, *Wisse c/ France*, n° 19324/02, §§ 24 et s., *D.* 2006. 764, note D. Roets, *JCP* 2005-I-109 n° 8, obs. F. Sudre, *Procédures* 2006 com. 141, obs. J. Buisson, *AJ pénal* 2006. 128, obs. J.-P. Céré, *RSC* 2006. 429, obs. P. Poncela et 664, obs. Fl. Massias.

renseignements obtenus régulièrement par écoutes téléphoniques constitue une violation de l'article 8 de la Convention[245]. En revanche, la Cour a jugé que ne constitue pas une violation de ce même article la transcription d'un échange téléphonique entre un avocat et son client laissant présumer la participation de l'avocat à des faits constitutifs d'une infraction[246].

262. Les sonorisations. – Les sonorisations concernent à la fois la protection des correspondances *lato sensu*, et donc de la parole, et celle du domicile. C'est parce qu'il est essentiel de protéger ces espaces de liberté que les juges européens se montrent particulièrement vigilants : la Cour a d'ailleurs jugé que la condamnation pour la fourniture de drogue sur des preuves obtenues lors d'une opération de surveillance secrète ayant consisté à observer et à enregistrer des conversations au domicile est une violation de l'article 8[247].

Comme les interceptions d'entretiens téléphoniques, les écoutes de conversations par le biais de la pose de micros représentent une atteinte à l'art. 8 : elles doivent donc se fonder sur une loi particulière, les règles devant être claires et détaillées, tout en respectant l'ensemble des conditions classiques de « l'ingérence de l'État » : les juges européens l'ont rappelé avec force, notamment dans l'arrêt *Vetter*[248] qui est à la sonorisation ce que l'arrêt *Kruslin* est aux écoutes téléphoniques[249].

CEDH, 31 mai 2005,* Vetter c/ France, *n° 59842/00 :
En fait : *Dénoncé par des témoins anonymes comme étant l'auteur d'un homicide, le requérant se rendait régulièrement au domicile d'un ami. Ce domicile fut placé sous écoute par la police avec l'autorisation du juge d'instruction et, sur la base de l'enregistrement des conversations, le requérant a été arrêté et poursuivi.*
En droit : *(violation de l'art. 8) La mise sous écoute d'un lieu privé ne tombe manifestement pas sous le coup des art. 100 et suiv. C. pr. pén., ces articles concernant les interceptions opérées sur des lignes de télécommunications. Quant à l'art. 81 du même code, il n'indique pas avec assez de clarté l'étendue et les modalités d'exercice du pouvoir d'appréciation des autorités pouvant autoriser les écoutes des conversations privées (cf. Kruslin et Huvig c/France, 24 avr. 1990) et le Gouvernement défendeur ne prétend pas que cette lacune se trouve adéquatement comblée par la jurisprudence. Partant, le requérant n'a pas joui du degré minimal de protection voulu par la prééminence du droit dans une société démocratique.*

245. CEDH, 7 juin 2016, *Karabeyoglu c/Turquie*, n° 30083/10 (données recueillies régulièrement par le biais d'écoutes téléphoniques, mais utilisées dans le cadre d'une autre enquête).

246. CEDH, 16 juin 2016, *Versini-Campinchi et Crasnianski c/France*, n° 49176/11, *D.* 2016. 1852, note E. Raschel, *AJ Pénal* 2016. 427, obs. C. Ambroise-Castérot, *JCP* 2016. 834, n° 15, obs. F. Sudre, *JCP* 2016. 762, note D. Rebut, *D.* 2017, Pan. 83, obs. Th. Wickers.

247. CEDH, 16 juill. 2002, *Armstrong c/ Royaume-Uni*, n° 48521/99.

248. CEDH, 31 mai 2005, *Vetter c/ France*, n° 59842/00, §§ 26 et 27, *D.* 2005. 2575 et s., note P. Hennion-Jacquet, *JCP* 2005-I-159 n° 16, obs. F. Sudre, *RSC* 2006. 663, obs. Fl. Massias. Cf. déjà : CEDH, 25 sept. 2001, *P. G. et J. H. c/ Royaume-Uni*, n° 44787/98.

249. V° CEDH, 29 mars 2005, *Matheron c/ France*, n° 57752/00, *D.* 2005. 1755, note J. Pradel, *JCP* 2005-II, p. 1295, note L. Di Raimondo, *RSC* 2006. 663, obs. Fl. Massias.

263. Bibliographie : ALCARAZ (H.), *Sonorisation et écoutes téléphoniques : la France se fait « tirer l'oreille »..., À propos des arrêts « Vetter » et « Matheron » de la Cour EDH, RTDH* 2006, p. 217 et s. ; BURGORGUE-LARSEN (L.), *La protection du domicile des personnes morales (arrêts Stés Colas Est et autres du 16 avril 2002)°, in* TAVERNIER (P.) (dir.), *La France et la Cour EDH, La jurisprudence en 2002, Cah. CREDHO* n° 9/2003, Bruylant, 2003, p. 179 et s. ; COHEN-JONATHAN (G.), *La Cour EDH et les écoutes téléphoniques, Les arrêts Kruslin et Huvig, RUDH* 1990, p. 185 ; CZERNIK (Y), *Le secret professionnel de l'avocat : verts une ambiguïté entretenue ?, Dalloz Actu.*, 17 sept. 2015 ; DUGRIP (O.), *La conformité du droit des visites domiciliaires en matière de concurrence douanière et fiscale avec l'article 8 de la Convention EDH, in* SUDRE (F.) (dir.), *Le droit français et la Convention EDH,* Engel 1994, p. 143 et s. ; DURANT (D.), *Les garanties apportées par la Convention EDH dans le procès pénal, in* PETTITI (L.-E.) et autres, *La Convention européenne des droits de l'homme,* Nemesis « Droit et Justice », 1992, p. 53 et s. ; ERRERA (E.), *Les origines de la loi française du 10 juillet 1991 sur les écoutes téléphoniques, RTDH* 2003, p. 851 et s. ; GALLOIX (A.), *Protection du secret professionnel des avocats : les limites du droit français, D.* 2015 Chron. p. 977 s. ; HENNION-JACQUET (P.), *Que reste-t-il du secret des correspondances entre l'avocat et son client ? D.* 2013 Chron. p. 1429 et s. ; JAKHIAN (E.) et LAMBERT (P.), *Les perquisitions dans les cabinets d'avocats, Journ. tribunaux (belge)* 1994, p. 65 et s. ; KOERING-JOULIN (R.), *De l'art de faire l'économie d'une loi, D.* 1990 Chron. p. 187 et s. ; MARON (A.), *Rien n'est perdu fors l'honneur, Dr. pén.* juin 1990, Chron. p. 1 et s. ; MIEN (D.) et LUCIANI (J.-F.), *Nouvelle entaille dans les droits de la défense : la liberté de communication entre l'avocat et son client remise en cause, AJ pénal* 2003, p. 64 et s. ; MOUROU-VIKSTRÖM (S.), *La difficile conciliation entre surveillance secrète et protection des libertés individuelles : un défi réussi pour la CEDH, RPDP* 2014, p. 301 et s. ; NATAF (Ph.), *Droit de perquisition et droit d'enquête du fisc, Les Échos*, 4 décembre 1997, p. 53 et s. ; PRADEL (J.), *Écoutes téléphoniques et Convention EDH, D.* 1990 Chron. p. 15 et s. ; *Les écoutes téléphoniques judiciaires : un statut en voie de formation, RFDA* 1991, p. 83 et s. ; RASCHEL (E) *Avocats : des écoutes téléphoniques incidentes qui font grand bruit, D.* 2016, p. 1852 s. ; REMILLIEUX (P), *Perquisition d'un cabinet d'avocat : respect du secret professionnel ou efficacité de la justice, AJ pénal* 2006, p. 304 et s. ; REYNAUD (A.), *Les droits de l'homme dans les prisons,* Conseil de l'Europe 1986, p. 107 et s. ; RUDLOFF (S.), *Droits et libertés de l'avocat dans la Convention EDH,* Bruylant, 1995 ; SPIELMANN (D), *Le secret professionnel de l'avocat dans la jurisprudence européenne,* Larcier, 2011, p. 27 et s. ; TULKENS (F.), *Les droits de l'homme en détention, RSC* 2001, p. 881 et s. ; VIENNE (R.), *Les écoutes téléphoniques au regard de la Cour européenne des droits de l'homme,* Mél. Levasseur, Litec, 1992, p. 263 et s.

L'ESSENTIEL

FICHE MÉMO :

– La protection directe de l'art. 8

○ Le droit au respect de la vie privée et familiale (art. 8 § 1)

▪ *La vie privée, notion floue, vise la sphère intime des relations personnelles, la sexualité, le droit à l'image, les données personnelles, la vidéosurveillance, certains aspects de la vie professionnelle, le droit à la connaissance de ses origines et le droit au respect d'un mode de vie, sans oublier les nouveaux moyens de surveillance (GPS...).*

▪ *La vie familiale, notion floue également, englobe la pluralité des modèles familiaux et protège le lien familial, tant au moment de sa construction qu'à celui de son épanouissement, mais aussi de sa destruction.*

▪ *La vie familiale est aussi protégée indirectement, qu'il s'agisse des détenus, des étrangers faisant l'objet de mesures d'éloignement ou des préoccupations environnementalistes.*

○ Le droit au respect du domicile et de la correspondance (art. 8 § 1)

▪ *Le domicile privé est protégé, mais aussi désormais les locaux professionnels.*

▪ *La correspondance est protégée sous toutes ses formes.*

FICHE GRANDS ARRÊTS :

- *S. et Marper* (2008)
  - *Le droit interne doit ménager des garanties appropriées pour empêcher toute utilisation de données à caractère personnel non conforme à l'art. 8.*
- *Michaud* (2012)
  - *La déclaration de soupçon imposée aux avocats dans le cadre de la lutte contre le blanchiment ne porte pas une atteinte disproportionnée au secret professionnel.*
- *Gas et Dubois* (2012)
  - *Le refus d'accorder à une femme le droit d'adopter l'enfant de sa compagne ne constitue pas une violation de l'art. 8.*
- *Von Hannover* (2013)
  - *La notion de « vie privée » est une notion large, non susceptible d'une définition exhaustive, qui recouvre l'intégrité physique et morale de la personne et peut donc englober de multiples aspects de l'identité d'un individu, tels le nom ou des éléments se rapportant au droit à l'image.*
- *Brunet* (2014)
  - *Le régime français de conservation dans le fichier des infractions de données sur une personne ayant bénéficié d'un classement sans suite était contraire à l'art. 8 de la Convention.*
- *Versini-Campinchi et Crasnianski* (2016)
  - *L'utilisation de la transcription d'une conversation avec un client sur écoute téléphonique dans une procédure disciplinaire contre un avocat ne viole pas l'art. 8.*

FICHE ACTU/DÉBATS :

*** Thème(s) de réflexion :**

- Pratiques sadomasochistes et droits de l'homme (v° *Traité DEDH*, p. 275)
  - *Jurisp. : Laskey, Jaggard et Brown* (1997) ; *Pay* (2008).
  - *Doctr.* : Fabre-Magnan, *D.* 2005. 2973 ; Levinet, *RTDH* 1997. 738 et *D.* 2008. 187 ; Cere, *D.* 2011. 643 et *AJ Pénal* 2011. 605 ; Marguénaud, *RTD Civ.* 1997. 1013.
- Respect de la vie privée dans les relations interindividuelles de travail (v° *Traité DEDH*, p. 287)
  - *Jurisp. : Van Kück* (2003) ; *Madsen* (2002).
  - *Doctr.* : Barege et Bossu, *JCP* 2007. 1451 ; Carillon, Th. Limoges 2004 ; De Schutter, *RTDH* 2003. 627 ; Gautier, *D.* 2001. 3148.
- Droit au respect de la vie familiale et séparation des parents (v° *Traité DEDH*, p. 298)
  - *Jurisp. : Hokkanen* (1994) ; *Ignaccolo-Zenide* (2000) ; *Sylvester* (2003) ; *Gild et AUJ* (2003) ; *Shaw* (2003) ; *Sahin* (2003) ; *Sommerfeld* (2003) ; *Neulinger et Shuruk* (2010) ; *Sneersone et Kampanella* (2011) ; *Lyubenova* (2011) ; *Ilker* (2012) ; *Karrer* (2012) ; *Fourkiotis* (2016) ; *Wdowiak* (2017) ; *Cvetkovic* (2017) ; *Solarino* (2017).
  - *Doctr. :* Boiche, *AJ Famille* 2010. 482 et 2012. 97 ; Boucaud, *RTDH* 2007. 509 ; Gouttenoire, *D. Famille* 2011. 4. 1 ; Marchadier, *Rev. crit. DIP* 2007. 677 ; Delmas, *Dr. Famille* 2016, n° 9 com. 755 ; Viganotti, *AJ Famille* 2017. 198.
- Les conséquences juridiques d'une gestation pour autrui à l'étranger
  - *Jurisp. : Mennesson* (2014) ; *Labassée* (2014) ; *D. et autres* (2014) ; *Paradiso et Campanelli* (2017).
  - *Doctr. :* Chénedé, *D.* 2014, p. 1797 ; d'Avout, *D.* 2014, p. 1806 ; Fabre-Magnan, *D.* 2015, p. 224 ; Bollee, *D.* 2015. 1481 ; Corpart, *Dr. Famille* 2015,

n° 11, ét. 14 ; Fulchiron et Bidaud-Garon, *Rev. cr. DIP* 2015. 1 ; Le Maigat, *D.* 2017. 215 ; Gouttenoire, *JCP* 2017. 186 ; Fulchiron, *JCP* 2017. 323.

– Le droit à la connaissance de ses origines (v° *Traité*, p. 287)

○ *Jurisp.* : *Gaskin* (1989) ; *Mikulic* (2002) ; *Odièvre* (2003) ; *Godelli* (2012) ; *Canonne* (2016).

○ *Doctr.* : Bonnet, *RTDH* 2004. 405 ; Malaurie, *JCP* 2003-I-120 ; Mallet-Bricout, *D.* 2003. 1240 ; Moneger, *RDSS* 2003. 219 ; Sudre, *JCP* 2015. 799 ; Hauser, *RTD Civ.* 2015. 596 ; Fricero, *Procédures* 2015. 263.

* **Commentaire d'arrêt(s) :** ○ Aff. *Von Hannover* (2004) : « *La Cour considère que l'élément déterminant, lors de la mise en balance de la protection de la vie privée et de la liberté d'expression, doit résider dans la contribution que les photos et articles publiés apportent au débat d'intérêt général. Or force est de constater qu'en l'espèce cette contribution fait défaut, la requérante ne remplissant pas de fonctions officielles et les photos et articles litigieux se rapportant exclusivement à des détails de sa vie privée. De plus, la Cour estime que le public n'a pas un intérêt légitime de savoir où la requérante se trouve et comment elle se comporte d'une manière générale dans sa vie privée, même si elle apparaît dans des lieux qu'on ne saurait toujours qualifier d'isolés, et ce malgré sa notoriété. Et même si cet intérêt du public existe, parallèlement d'ailleurs à un intérêt commercial des magazines, ces intérêts doivent, aux yeux de la Cour, l'un et l'autre s'effacer en l'espèce devant le droit de la requérante à la protection effective de sa vie privée* » (§§ 76 et 77).

○ Aff. *Parrillo* (2015) : « *Par la présente affaire, la Cour est appelée pour la première fois à se prononcer sur la question de savoir si le « droit au respect de la vie privée » garanti par l'art. 8 de la Convention peut englober le droit que la requérante invoque devant elle, celui de disposer d'embryons issus d'une fécondation* in vitro *dans le but d'en faire don à la recherche scientifique. (...). La Cour en conclut que la possibilité pour la requérante d'exercer un choix conscient et réfléchi quant au sort à réserver à ses embryons touche un aspect intime de sa vie personnelle et relève à ce titre de son droit à l'autodétermination. L'art. 8 de la Convention, sous l'angle du droit au respect de la vie privée, trouve donc à s'appliquer en l'espèce. (...) L'interdiction du don d'embryons issus d'une FIV à des fins scientifiques ne constitue pas une violation de l'art. 8 » (§§ 120 à 198).*

○ Aff. *Paradiso et Campanelli* (2017) : *La Cour ne sous-estime pas l'impact que la séparation immédiate et irréversible d'avec l'enfant doit avoir eu sur la vie privée des requérants. Si la Convention ne consacre aucun droit de devenir parent, la Cour ne saurait ignorer la douleur morale ressentie par ceux dont le désir de parentalité n'a pas été ou ne peut être satisfait. Toutefois, l'intérêt général en jeu pèse lourdement dans la balance, alors que, comparativement, il convient d'accorder une moindre importance à l'intérêt des requérants à assurer leur développement personnel par la poursuite de leurs relations avec l'enfant. Accepter de laisser l'enfant avec les requérants, peut-être dans l'optique que ceux-ci deviennent ses parents adoptifs, serait revenu à légaliser la situation créée par eux en violation de règles importantes du droit italien. La Cour admet donc que les juridictions italiennes, ayant conclu que l'enfant ne subirait pas un préjudice grave ou irréparable en conséquence de la séparation, ont ménagé un juste équilibre entre les différents intérêts en jeu en demeurant dans les limites de l'ample marge d'appréciation dont elles disposaient en l'espèce. Dès lors, il n'y a pas eu violation de l'art. 8 de la Convention européenne des droits de l'homme (§ 216).*

Sous-section 2
La protection indirecte

264. La protection « par ricochet ». – Les juges européens ont étendu la protection de certains droits garantis par la Convention à des domaines non expressément prévus par elle[250]. À cet égard, la jurisprudence européenne relative à l'article 8 de la Convention est particulièrement significative de cette importante évolution vers une protection indirecte, prenant ainsi en compte des préoccupations humanitaires, ce qui est logique, mais aussi environnementales, ce qui est *a priori* plus surprenant, mais tout aussi légitime.

§1. Les préoccupations humanitaires

265. Les étrangers et les détenus. – Si quelques dispositions de la Convention et de ses Protocoles additionnels concernent spécifiquement les étrangers et les détenus, ces deux catégories de personnes ne font pas l'objet d'une protection générale et directe. Dès lors, l'idée d'un protocole additionnel n'ayant pas été retenue, une protection dite « par ricochet » s'est finalement imposée.

A. Les étrangers

266. Les règles générales. – Le droit au respect de la vie privée et familiale est souvent invoqué par des étrangers faisant l'objet d'une mesure d'éloignement ou de refoulement[251]. Cela est facilité par le fait que la notion de famille est en général entendue largement[252], bien que la jurisprudence européenne semble désormais plus restrictive : en effet, les juges ont précisé qu'en matière de droit des étrangers, la notion de vie familiale se limite normalement au noyau familial[253]. En outre, la vie familiale dans son sens européen exclut la famille polygamique[254] et, si la pluralité des modèles familiaux est prise en compte avec des nuances[255], il en va de même lorsque l'un des partenaires est étranger[256].

250. F. Sudre, *Droit international et européen des droits de l'homme, op. cit.*, n° 265. V° par ex. Comm. EDH, 17 déc. 1976, *Agee c/ Royaume-Uni*, DR7/184.

251. Ou en cas d'aide apportée à des étrangers en situation irrégulière : CEDH, 10 nov. 2011, *Mallah c/ France,* n° 29681/08, § 41, *Dr. Pénal* 2012, n° 4, chron. 3, com. 23, obs. E. Dreyer, *RPDP* 2012. 179, obs. P. Beauvais, *D.* 2011. 2872, obs. R. Grand, *D.* 2012. 390, obs. O. Boskovic et autres, *RSC* 2012. 256, obs. D. Roets. V° S. Slama, *Délit d'aide à l'entrée, à la circulation et au séjour irréguliers : controverses sur la légitimité d'un « délit d'humanité »*, *AJ Pénal* 2011. 496 s.

252. Cf. CEDH, 18 févr. 1991, *Moustaquim c/ Belgique,* n° 12313/86, *AFDI* 1991. 586, obs. V. Coussirat-Coustère, *JDI* 1992. 777, obs. E. Decaux et P. Tavernier, *D.* 1992 Somm. 325, obs. J.-F. Renucci, *RUDH* 1992. 1, obs. F. Sudre.

253. Aff. *Slivenko,* préc., § 94.

254. CEDH, 29 juin 1992, *Rabia Bibi c/ Royaume-Uni,* n° 19628/92.

255. Cf. *supra,* n° 252.

256. Comm. EDH, 10 févr. 1990, *B. c/ Royaume-Uni,* DR 64/278.

De plus, le lien familial doit être réel et effectif[257] : la préexistence de la réalité de la vie familiale aux faits incriminés est un élément déterminant pour le constat de violation de l'article 8. Dès lors, si une mesure d'éloignement peut, dans certains cas, porter atteinte à sa vie privée et familiale, c'est uniquement l'exercice du droit au respect d'une vie familiale existante qui est garanti par l'article 8 : cela entraîne d'importantes conséquences. C'est ainsi que le droit de choisir l'implantation géographique de ladite vie familiale n'est pas consacré : par conséquent, le fait d'empêcher l'entrée d'un étranger sur le territoire pour qu'il crée une famille, ou de l'éloigner dudit territoire alors qu'il peut reconstituer ailleurs sa vie familiale, n'est pas contraire à l'article 8[258]. De même, parce qu'il protège la vie familiale « existante », l'article 8 ne peut donc être entendu de façon trop extensive[259]. Il est vrai cependant que la Cour a jugé que les États ont l'obligation positive d'autoriser l'enfant à résider avec ses parents de façon à ce que les intéressés puissent maintenir et développer une vie familiale[260]. Un droit au regroupement familial semble donc se dessiner au profit de descendants mineurs, mais, d'une façon générale, il n'est pas reconnu par la Cour : la règle est que l'article 8 n'implique pas le droit au regroupement familial[261]. Un assouplissement de cette jurisprudence a pu cependant être observé : d'une part, avec la consécration de cette obligation positive pour les États d'autoriser les enfants à résider avec leurs parents dans le but de maintenir et même de développer leur vie familiale[262] ; d'autre part, avec l'arrêt *Hode et Abdi*[263] qui semble vouloir nuancer les choses en sanctionnant une discrimination en matière de regroupement familial[264]. Mais un arrêt postérieur a jugé que le refus des autorités nationales d'accorder un permis de séjour à trois enfants étrangers résidant illégalement sur le territoire ne violait pas le droit des parents au respect de leur vie familiale[265]. De même, la Cour a jugé

257. Plusieurs indices peuvent être pris en compte, notamment la cohabitation, l'existence d'un rapport de dépendance pécuniaire, ou encore l'exercice effectif d'un droit de visite d'un parent participant en outre à l'éducation de l'enfant : CEDH, 21 juin 1988, *Berrehab c/ Pays-Bas*, n° 10730/84. Cf. CEDH, 26 sept. 1997, *Mehemi c/ France*, n° 25017/94, *JCP* 1998-I-107 n° 37, *RSC* 1998. 385, obs. R. Koering-Joulin (prenant en compte la préexistence de la vie familiale par rapport aux faits incriminés). V° aussi : CEDH, 10 avr. 2006, *Cömert c/ Danemark*, (déc.), n° 14474/03 (absence de lien familial en raison d'un divorce).

258. CEDH, 20 mars 1991, *Cruz Varas et autres*, préc. § 68.

259. CEDH, 19 févr. 1996, *Gül c/ Suisse*, n° 23218/94, § 38, *JCP* 1997-I-4000 n° 36, obs. F. Sudre, *AJDA* 1996. 386, obs. J.-F. Flauss ; 28 nov. 1996, *Ahmut c/ Pays-Bas*, n° 21702/93, *RUDH* 1997. 26, obs. M. Levinet.

260. CEDH, 21 déc. 2001, *Sen c/ Pays-Bas*, n° 31465/96, *JCP* 2002-I-105 n° 14, obs. F. Sudre, *JDI* 2002. 316, obs. J. Benzimra-Hazan ; 12 oct. 2006, *Mubilanzila Mayeka et Kaniki Mitunga c/ Belgique*, n° 13178/03, § 85, *D.* 2007. 771, note P. Muzny ; 1er déc. 2005, *Taquabo-Tekele et autres c/ Pays-Bas*, n° 60665/00 ; 14 juin 2011, *Osman c/ Danemark*, n° 38058/09, *RFDA* 2012. 455, obs. H. Labayle et F. Sudre.

261. CEDH, 28 mai 1985, *Abdulaziz, Cabales et Balkandali c/ Royaume-Uni*, n° 9214/80..., § 85 ; 1er févr. 1996, *Gül c/ Suisse*, n° 23218/94, § 38, *JCP* 1997-I-4000 n° 36, obs. F. Sudre, *AJDA* 1996. 386, obs. J.-F. Flauss ; 26 nov. 1986, *Ahmut c/ Pays-Bas*, n° 21702/93, *RUDH* 1997. 26, note M. Levinet, 25 mars 2014, *Biao c/ Danemark*, n° 38590/10.

262. Cf. *supra*, ce même numéro.

263. CEDH, 6 nov. 2012, *Hode et Abdi c/ Royaume-Uni*, n° 22341/09, *JCP* 2012. 2153, obs. C. Picheral.

264. Cf. *supra*, n° 151.

265. CEDH, 30 juill. 2013, *Berisha c/ Suisse*, n° 948/12. D'une façon plus générale, s'agissant d'une vie familiale créée au cours d'un séjour irrégulier dans l'État d'accueil, les autorités étatiques prennent en

justifié le refus opposé par les autorités britanniques à la demande de regroupement de cinq ressortissants somaliens avec leur mère, le juge national ayant ménagé un juste équilibre entre l'intérêt des requérants à mener une vie familiale au Royaume-Uni et l'intérêt de l'État à contrôler les flux migratoires[266]. Toutefois, lorsqu'une procédure de regroupement familial existe en interne, celle-ci doit se caractériser par de la souplesse, de la célérité et de l'effectivité : la Cour a rappelé qu'une telle procédure doit comporter un certain nombre de qualités, eu égard au statut de réfugié des requérants d'une part, et à l'intérêt supérieur des enfants d'autre part[267].

Les nécessités de l'ordre public peuvent donc conduire un État à prendre une mesure d'éloignement à l'encontre d'un étranger sans que l'on puisse lui reprocher une violation de la Convention européenne, d'autant plus qu'en vertu des principes du droit international, les États, qui doivent protéger l'ordre public, ont parfaitement le droit de contrôler l'entrée, le séjour et l'éloignement des non-nationaux[268]. L'article 8 ne crée pas pour les étrangers un droit général et abstrait d'entrée et de séjour sur le territoire national[269]. Mais la vie familiale des étrangers est protégée et toute ingérence de l'État ne peut être justifiée que si les conditions sont remplies : les impératifs de l'ordre public ne sont pas en soi suffisants et la « nécessité » de la mesure doit être caractérisée[270]. La nécessité de l'ingérence s'apprécie selon des critères précisés par l'arrêt *Boultif*[271]. Les juges européens prennent en

considération la situation particulière des personnes et l'intérêt général. Mais le principe est que ce n'est que dans des circonstances exceptionnelles que l'éloignement du membre de la famille ressortissant d'un pays tiers emporte violation de l'art. 8 (CEDH, 31 janv. 2006, *Rodrigues Da Silva et Hoogkamer c/ Pays-Bas*, n° 50435/99). Pour un exemple de circonstances exceptionnelles : CEDH, Gr. Ch., 3 oct. 2014, *Jeunese c/ Pays-Bas*, n° 12738/10, *JCP* 2014 act. 1084, obs. C. Picheral, *JCP* 2015, chron. 70, n° 11, obs. F. Sudre, *AJDA* 2015. 150, obs. L. Burgorgue-Larsen, *JDI* 2015, n° 4, chron. 7, n° 24, obs. S. Marmin (insuffisante prise en compte de l'intérêt supérieur de l'enfant).

266. CEDH, déc., 31 mars 2016, *I.A.A. et a. c/Royaume-Uni*, n° 25960/13 : irrecevabilité de la requête.

267. CEDH, 10 juill. 2014, *Mugenzi c/ France*, n° 52701/09 ; 10 juill. 2014, *Tanda-Muzinga c/ France*, n° 2260/10, *JCP* 2014, act. 872, obs. C. Picheral, *JCP* 2015, chron. 70, n° 11, obs. F. Sudre, *RFDA* 2015. 512, obs. H. Labayle et F. Sudre, *Rev. cr. DIP* 2015. 373, obs. S. Corneloup ; 10 juill. 2014, *Senigo Longue et autres c/ France*, n° 19113/09, *Dalloz Actu.* 22 juill. 2014, obs. D. Poupeau. Dans ces trois affaires, la Cour constate une violation de l'art. 8. Cf. *contra*, une affaire où la procédure de regroupement familial répondait aux exigences requises : CEDH (déc.), 17 juin 2014, *Ly c/ France*, n° 23851/10 (irrecevabilité).

268. CEDH, 28 mai 1985, *Abdulaziz, Cabales et Balkandali c/ Royaume-Uni*, n° 9214/80..., § 67 ; 21 juin 1988, *Berrehab c/ Pays-Bas*, préc., §§ 28 et 29 ; 26 mars 1992, *Beldjoudi c/ France*, n° 12083/86, § 74, *AFDI* 1992. 629, obs. V. Coussirat-Coustère, *JDI* 1993. 723, obs. E. Decaux et P. Tavernier, *RSC* 1992. 635, obs. L.-E. Pettiti, *D.* 1993 Somm. 388, obs. J.-F. Renucci.

269. J.-F. Flauss, obs. sous Comm. EDH, 12 sept. 1997, *Mc Cullough c/Royaume-Uni*, n° 24889/94, *AJDA* 1998. 44. La Cour l'a rappelé à maintes reprises : voir, parmi beaucoup d'autres : CEDH, 28 mai 1985, *Abdulaziz et autres c/ Royaume-Uni*, préc., § 67 ; 21 oct. 1997, *Boujlifa c/ France*, n° 25404/94, § 42 ; CEDH, Gr. Ch., 18 oct. 2006, *Üner c/ Pays-Bas*, § 54, n° 46410/99, § 54, *JCP* 2007-I-106, n° 12, obs. F. Sudre, *JDI* 2007. 722, obs. L. Benoiton, *RTDH* 2007. 837, obs. C. Raux, *AJDA* 2007. 1925, obs. J.-F. Flauss.

270. CEDH, 2 août 2001, *Boultif c/ Suisse*, n° 54273/00, § 46, *RTDH* 2002. 483, obs. H. Mock ; 11 juill. 2002, *Amrollahi c/ Danemark*, n° 56811/00, *JCP* 2003-I-109 n° 19, obs. F. Sudre ; 6 févr. 2003, *Jakupovic c/ Autriche*, n° 36757/97. V° aussi : CEDH, Gr. Ch., 9 oct. 2003, *Slivenko c/ Lettonie*, n° 48321/99, § 113 ; 12 oct. 2006, *Kaya c/ Roumanie*, n° 33970/05, § 41, *JCP* 2007-I-106, n° 13, obs. F. Sudre.

271. Aff. *Boultif*, préc., § 48, précisant les principes directeurs pour examiner si la mesure est nécessaire dans une société démocratique (on parle également des « critères Boultif »). Cf. aussi, reprenant ces critères : CEDH, 15 juill. 2003, *Mokrani c/ France*, n° 52206/99, § 30 ; 18 oct. 2006, *Üner c/ Pays-Bas*, préc., § 57.

considération la nature et la gravité de l'infraction commise par le requérant, une importance particulière étant attachée au trafic de stupéfiants[272] et aux violences sexuelles[273]. Ils prennent aussi en compte la durée de son séjour dans le pays d'où il va être expulsé ainsi que la période qui s'est écoulée entre la perpétration de l'infraction et la mesure litigieuse, tout comme la conduite de l'intéressé durant cette période. Les juges européens sont attentifs à la nationalité des diverses personnes concernées, à la naissance d'enfants et, le cas échéant, à leur âge. Le point de savoir si le conjoint était au courant de l'infraction au début de la relation familiale est un élément important. Par ailleurs, les juges apprécient l'effectivité de la vie familiale[274] et sont sensibles à la gravité des difficultés que risque de connaître le conjoint dans le pays d'origine du requérant[275]. D'une façon plus générale, les conséquences concrètes d'une mesure d'éloignement sur la vie de famille du requérant sont prises en compte, surtout lorsqu'un enfant est en jeu puisqu'alors l'intérêt supérieur de ce dernier peut rendre l'expulsion de son parent contraire à l'article 8 de la Convention[276]. L'arrêt *Üner* a explicité deux critères qui étaient sans doute déjà implicitement contenus dans ceux identifiés dans l'arrêt *Boultif* : d'une part, l'intérêt et le bien-être des enfants, en particulier la gravité des difficultés que les enfants du requérant sont susceptibles de rencontrer dans le pays vers lequel l'intéressé doit être expulsé ; d'autre part, la solidité des liens sociaux, culturels et familiaux avec le pays hôte et avec le pays de destination[277]. Ces critères sont désormais repris de manière systématique[278].

CEDH, 2 août 2001*, Boultif c/ Suisse, *n° 54273/00 :

En fait : *Le requérant se plaint de ce que les autorités suisses n'ont pas renouvelé son autorisation de séjour. En conséquence, il a été séparé de son épouse, une ressortissante suisse, dont on ne saurait attendre qu'elle le suive en Algérie.*

En droit : *La Cour doit déterminer si le refus de renouveler l'autorisation de séjour du requérant en l'espèce a respecté un juste équilibre entre les intérêts en présence, à savoir, d'une part, le droit de l'intéressé au respect de sa vie familiale, et, d'autre part, la protection de l'ordre public et la prévention des infractions pénales. La*

272. CEDH, 30 nov. 1999, *Baghli c/ France*, n° 34374/97, *JCP* 2000-I-203 n° 23, obs. F. Sudre, *D.* 2000 Somm. 189, obs. J.-F. Renucci, *RTDH* 2000. 293, obs. M. Levinet. Le principe ne s'applique pas sans nuances : CEDH, 13 févr. 2001, *Ezzouhdi c/ France*, n° 47160/99, § 35, *JCP* 2001-I-342 n° 21, obs. F. Sudre, *RDP* 2002. 699, obs. M. Levinet. *Adde* aff. *Mokrani*, préc., § 36.

273. CEDH, 29 janv. 1997, *Bouchelkia c/ France*, n° 23078/93, *JCP* 1998-I-107 n° 37, obs. F. Sudre, *RSC* 1998. 385, obs. R. Koering-Joulin, *JCP* 1997-II-22924, note M. Levinet.

274. Divers éléments sont pris en compte, not. la durée du mariage, ou encore la connaissance par le conjoint du caractère irrégulier de la situation et donc de sa précarité (CEDH, 19 févr. 1998, *Dalia c/ France*, n° 26102/95, § 54, *JCP* 1999-I-105 n° 44, obs. F. Sudre ; 30 nov. 1999, *Baghli c/ France*, préc., § 48). Le fait que la réalité de la vie familiale préexiste aux faits incriminés est un élément capital pour le constat de violation de l'art. 8 : aff. *Mehemi*, préc.

275. Aff. *Boultif*, préc., § 48 ; CEDH, 11 juill. 2002, *Amrollahi c/ Danemark*, n° 56811/00, §§ 41 et s., *JCP* 2003-I-109 n° 19, obs. F. Sudre.

276. V° not. CEDH, 31 janv. 2006, *Rodrigues da Silva et Hooglamer c/ Pays-Bas*, n° 50435/99, § 44.

277. Aff. *Üner*, préc., § 58.

278. CEDH, 23 sept. 2010, *Bousara c/France*, n° 25672/07, *AJ Pénal* 2010. 507, obs. G. Royer, *AJDA* 2010. 1797, obs. R. Grand, *Rev. crit. DIP* 2011. 353, obs. K. Parrot.

Cour n'a connu que d'un nombre restreint d'affaires dans lesquelles le principal obstacle à l'expulsion résidait dans les difficultés pour les époux de demeurer ensemble et, en particulier, pour un conjoint et/ou des enfants de vivre dans le pays d'origine de l'autre conjoint. Elle est donc appelée à définir des principes directeurs pour examiner si la mesure était nécessaire dans une société démocratique. Pour apprécier les critères pertinents en pareil cas, la Cour prendra en compte la nature et la gravité de l'infraction commise par le requérant, la durée de son séjour dans le pays d'où il va être expulsé, la période qui s'est écoulée depuis la perpétration de l'infraction ainsi que la conduite de l'intéressé durant cette période, la nationalité des diverses personnes concernées, la situation familiale du requérant, par exemple la durée de son mariage, et d'autres éléments dénotant le caractère effectif de la vie familiale d'un couple, le point de savoir si le conjoint était au courant de l'infraction au début de la relation familiale, la naissance d'enfants légitimes et, le cas échéant, leur âge. En outre, la Cour examinera tout autant la gravité des difficultés que risque de connaître le conjoint dans le pays d'origine de son époux ou épouse, bien que le simple fait qu'une personne risque de se heurter à des difficultés en accompagnant son conjoint ne saurait en soi exclure une expulsion.

267. Les cas particuliers. – Certaines situations présentent des spécificités[279], qu'il s'agisse des « immigrés de longue date » qui n'ont pas opté pour la nationalité française, ou des ressortissants de l'Union européenne.

La situation des « immigrés de longue date » est particulière, tout comme celle des étrangers arrivés très jeunes et ayant rompu toute attache autre que juridique avec le pays d'origine. Ce particularisme tient aux liens particuliers de ces étrangers avec le pays d'accueil où ils sont nés la plupart du temps, où, à tout le moins, ils ont passé l'essentiel de leur existence et dans lequel ils ont leurs principales attaches familiales. Il reste que les « critères Boultif »[280], élaborés pour les étrangers en général, s'appliquent également à eux[281]. Jusqu'à une époque récente, les organes de Strasbourg faisaient preuve d'une certaine bienveillance à leur égard, à tel point que toute mesure d'éloignement était pratiquement impossible, ces derniers étant assimilés à des quasi nationaux et faisant l'objet d'une protection renforcée : le respect de la vie familiale s'imposait face aux exigences de l'ordre public[282]. Par la suite, et notamment depuis les arrêts *Boughanemi* et *Chorfi*[283], les juges européens se sont montrés plus sévères et davantage sensibles aux arguments tirés de la nécessité de protéger l'ordre public : cette orientation jurisprudentielle, malgré

279. Sur le cas particulier des apatrides, v° : CEDH, 22 juin 2006, *Kaftailova c/ Lettonie*, n° 59643/00, §§ 69 et 70.

280. V° *supra*, n° précédent.

281. Aff. *Üner*, préc., § 58. V° aussi aff. *Moktrani*, préc., § 31.

282. CEDH, 18 févr. 1991, *Moustaquim c/ Belgique*, préc. ; 26 mars 1992, *Beldjoudi c/ France*, préc., § 74. *Adde* CEDH, 13 juill. 1995, *Nasri c/ France*, n° 19465/92, *D.* 1996 Somm. 194, obs. S. Pérez.

283. CEDH, 24 avr. 1996, *Boughanemi c/ France*, n° 22070/93, *JCP* 1997-I-4000 n° 37, obs. F. Sudre, *RSC* 1997. 464, obs. R. Koering-Joulin ; 7 août 1996, *C. c/ Belgique*, n° 21794/93, *D.* 1997 Somm. 210, obs. S. Perez.

quelques hésitations[284], a été par la suite confirmée[285]. Il n'en reste pas moins vrai que les juges européens font application du principe de la proportionnalité, l'idée étant de ménager un juste équilibre entre les intérêts des requérants et celui de l'État : il semble ainsi que l'évolution jurisprudentielle se soit stabilisée dans le sens d'un certain infléchissement d'une trop grande sévérité, sans pour autant revenir au laxisme ancien[286]. C'est dire que la Cour prend en compte les impératifs de l'ordre public, en particulier au regard de la gravité de l'infraction, sans pour autant oublier ceux de la vie familiale de la personne en cause[287]. En définitive, l'appréciation de l'ingérence s'apprécie selon les critères communs à tous les étrangers tels que dégagés par la jurisprudence[288] avec un critère supplémentaire découlant du particularisme de la situation : il s'agit des liens particuliers que ces immigrés ont tissés avec le pays d'accueil où ils ont passé l'essentiel de leur existence et, corrélativement, l'absence de liens ou presque (hormis celui de la nationalité) avec le pays d'origine. Cette réalité ne pouvait pas ne pas être prise en compte par le juge de Strasbourg, mais cela ne conduit pas nécessairement à des solutions bienveillantes pour les personnes en cause.

La situation des ressortissants de l'Union européenne est très particulière et ce particularisme a été également pris en considération par la Cour européenne. Ainsi, les juges de Strasbourg ont apprécié la compatibilité de la délivrance par les autorités françaises des cartes de séjour avec l'article 8 de la Convention. Dans l'affaire *Aristimuno Mendizabal*, les juges ont estimé que la requérante, de nationalité espagnole, tirait directement du droit de l'Union européenne le droit de séjourner en France et d'obtenir une carte de séjour ; de plus, ils ont précisé que l'article 8 doit être interprété à la lumière du droit de l'Union et notamment des obligations particulières imposées aux États membres quant aux droits d'entrée et de séjour des ressortissants de l'Union[289].

La question de la déchéance de nationalité a pu se poser, du moins pour les binationaux, notamment dans le cadre de la lutte antiterroriste. La Cour s'est prononcée sur ce point, mais dans un autre cadre, s'agissant d'une

284. CEDH, 26 sept. 1997, *X c/ France*, *D.* 1998 Somm. 210, obs. J.-F. Renucci.

285. CEDH, 21 oct. 1997, *X c/ France*, préc. ; 29 janv. 1997, *Bouchelkia c/ France*, préc. ; 21 oct. 1997, *Boughfa c/ France*, *AJDA* 1998. 44, *D.* 1998 Somm. 210, obs. J.-F. Renucci ; 26 sept. 1997, *El Boujaïdi c/ France*, et 26 sept. 1997, *Mehemi c/ France*, préc. ; 19 févr. 1998, *Dalia c/ France*, préc. ; 30 nov. 1999, *Baghli c/ France*, préc. *Adde*, obs. J.-P. Marguénaud, *in RTD Civ.* 1996. 1025, et obs. M. Levinet, *in JCP* 2001-II-10503 et *RTDH* 2000. 301 et s.

286. CEDH, 13 févr. 2001, *Ezzouhdi c/ France*, préc. ; 2 août 2001, *Boultif c/ Suisse*, préc. ; 21 déc. 2001, *Sen c/ Pays-Bas*, n° 31465/96, *JCP* 2002-I-105 n° 12 à 14, obs. F. Sudre.

287. CEDH, 10 juill. 2003, *Benhebba c/ France*, n° 53441/99, § 37, *LPA*, 2004, n° 146, p. 19, obs. M.-F. Valette (interdiction du territoire justifiée malgré l'intensité des liens familiaux, en raison de la gravité de l'infraction). CEDH, 15 juill. 2003, *Mokrani c/ France*, préc., § 35 (épouse française et aucun lien avec le pays d'origine si ce n'est la nationalité : ingérence de l'État disproportionnée). CEDH, 17 janv. 2006, *Aoulmi c/ France*, n° 50278/99, § 90 (prise en compte de la gravité de l'infraction).

288. Cf. *supra*, même numéro.

289. CEDH, 17 janv. 2006, *Aristimuno Mendizabal c/ France*, n° 51431/99, § 69, *JCP* 2006-I-164 n° 9, obs. F. Sudre.

nationalité acquise frauduleusement[290]. Elle avait déjà insisté sur l'importance de l'impact du droit d'acquérir une nationalité sur l'identité sociale d'une personne, jugeant ainsi que ce droit relève du champ d'application de l'article 8[291]. Très logiquement, les juges européens ont également fait tomber la déchéance de nationalité dans le champ d'application de l'article 8, indiquant qu'une telle mesure, prononcée arbitrairement, peut soulever des questions sous l'angle du droit au respect de la vie privée et familiale. Mais la Cour a jugé que la déchéance de nationalité d'une personne soupçonnée de terrorisme a été conforme à la Convention[292].

Enfin, certaines situations de précarité sont parfois prises en considération. C'est ainsi qu'une attente trop longue pour une réponse à une demande d'asile porte atteinte au droit garanti par l'article 8. La Cour de Strasbourg a conclu au caractère injustifié de l'omission des autorités compétentes de statuer sur une telle demande, le requérant attendant une réponse depuis plus de douze ans : lesdites autorités ont manqué à leur obligation positive consistant « à mettre en place une procédure effective et accessible en vue de protéger le droit à la vie privée, au moyen d'une réglementation appropriée tendant à faire examiner la demande d'asile du requérant dans des délais raisonnables afin de raccourcir autant que possible sa situation de précarité »[293].

B. Les détenus

268. Le respect des liens familiaux. – L'article 8 de la Convention protège également la vie privée[294] et surtout familiale du détenu[295]. Si toute détention restreint forcément la vie privée et familiale, l'administration pénitentiaire doit cependant aider le détenu à maintenir un contact avec ses proches[296]. Le maintien des liens personnels et affectifs avec la famille est particulièrement important, non seulement pour le détenu lui-même, mais aussi pour la société dans son ensemble puisque cela peut favoriser une éventuelle réinsertion : la Cour est très sensible à la nécessité de maintenir de tels liens[297] et c'est pourquoi elle n'admet d'interdictions absolues

---

290. CEDH, 21 juin 2016, *Ramadan c/Malte,* n° 76136/12, *Dalloz Actu.* 4 juill. 2016, obs. B. Herisset, *JCP* 2016. 834, n° 13, obs. F. Sudre

291. CEDH, 11 oct. 2011, *Genovese c/Malte,* n° 53124/09, § 33.

292. CEDH, 7 mars 2017, *K2 c/Royaume-Uni,* n° 42387/13 (art. 8, Conv. EDH, irrecevabilité).

293. CEDH, 13 oct. 2016, *B.A.C. c/Grèce,* n° 11981/15, *Dalloz Actu.* 28 oct. 2016, obs. C. Fleuriot.

294. CEDH, 14 juin 2016, *Birzietis c/Lituanie,* n° 49304/09, *Dalloz Actu.* 23 juin 2016, obs. B. Herisset : l'interdiction absolue de laisser pousser la barbe en prison est une atteinte au droit au respect de la vie privée.

295. CEDH, 28 sept. 2000, *Messina c/ Italie,* n° 25498/94, §§ 61 et s., *JCP* 2000-I-291 n° 34, obs. F. Sudre ; 28 nov. 2002, *Lavents c/ Lettonie,* n° 58442/00, §§ 129 et s., *JCP* 2003-I-109 n° 18, obs. F. Sudre. Cf. égal. P. Poncela, chron. *RSC* 2013. 137 et s.

296. Comm. EDH, 12 mars 1990, *Ouinas c/ France,* DR 65/265.

297. CEDH, 28 juin 2001, *Selmani c/ Suisse,* n° 70258/01 ; CEDH, Gr. Ch., 30 juin 2015, *Khoroshenko c/Russie,* n° 41418/04, *JCP* 2015. 870, obs. B. Paste-Belda, *JCP* 2016. 65 n° 19, obs. F. Sudre, *AJ Famille* 2015. 496, obs. M. Saulier, *Dr. Pénal* 2016, n° 4, chron. 4, n° 17, obs. E. Dreyer, *JDI* 2016, n° 4, chron. 8, n° 21, obs. A. Dionisi-Peyruse (régime pénitentiaire n'autorisant que deux visites familiales annuelles jugé disproportionné).

de visites que dans des circonstances exceptionnelles[298]. De même, l'incarcération des détenus loin de leurs proches peut porter atteinte à l'article 8[299]. C'est la raison pour laquelle, d'une façon plus générale, le cumul de sanctions disciplinaires aboutissant à priver un détenu de visites familiales constitue une ingérence dans sa vie privée[300]. Par ailleurs, ce qui est vrai dans le cadre d'une détention punitive l'est aussi dans celui d'une détention préventive : c'est ainsi que la Cour a eu l'occasion de préciser que le fait, pour une personne placée en garde à vue, de ne pas pouvoir entrer en contact avec ses proches est une violation de l'article 8 de la Convention[301]. En revanche, la Cour est plus réservée en ce qui concerne les visites conjugales : même si elle note avec approbation le mouvement de réformes dans divers États membres du Conseil de l'Europe visant à favoriser ces visites, elle estime cependant que le refus d'autoriser un détenu à avoir des relations intimes avec son conjoint n'est pas contraire à l'article 8 de la Convention[302]. Toutefois, une différence de régime entre détenus condamnés et personnes en détention provisoire, avec des visites conjugales accordées aux premiers et pas aux secondes, serait discriminatoire[303].

L'interdiction d'exercice des droits parentaux, suite à une privation de liberté, peut constituer une violation de l'article 8 de la Convention européenne des droits de l'homme. D'une façon générale, la Cour de Strasbourg accorde traditionnellement une importance capitale à l'intérêt de l'enfant dans le cadre de la procédure de retrait de droits parentaux. Dès lors, le fait de prononcer une interdiction automatique de ces droits, sans donc prendre en compte l'intérêt de l'enfant, ne poursuit pas un but légitime et viole l'article 8 de la Convention[304]. Selon les juges européens, dans une société démocratique, le seul fait d'être détenu à la suite d'une condamnation ne saurait entraîner la déchéance des droits individuels[305]. Par conséquent, une interdiction générale pour les détenus d'accéder à l'insémination artificielle serait contraire à l'article 8 de la Convention : en revanche, on peut se demander si un éventuel refus fondé sur des raisons particulières à la suite d'un examen individuel ne constitue pas, en soi, une violation de cet article ; dans un premier temps, la Cour européenne a répondu par la négative dans l'affaire *Dickson*[306] puis, saisie de la difficulté, la Grande chambre a jugé le

298. CEDH, 28 nov. 2002, *Lavents c/ Lettonie*, préc., § 141. V° aussi : CEDH, 3 déc. 2002, *Nowicka c/ Pologne*, n° 30218/96 ; 3 avr. 2003, *Klamecki c/ Pologne*, n° 31583/96 ; 28 sept. 2000, *Messina c/ Italie*, préc.

299. CEDH, 7 mars 2017, *Polyakova et a. c/Russie*, n° 35090/09... Mais ce n'est pas toujours le cas : cf. CEDH, déc., 7 mars 2017, *Labaca Larrea et a. c/France*, n° 56710/13, *Dalloz Actu.* 27 mars 2017, obs. N. Devoueze.

300. CEDH, 20 mai 2008, *Gülmez c/ Turquie*, n° 16330/02, § 50.

301. CEDH, 4 avr. 2006, *Sari et Colak c/ Turquie*, n° 42596/98 et n° 42603/98.

302. CEDH, 29 avr. 2003, *Aliev c/ Ukraine*, n° 41220/98, §§ 188 et s.

303. CEDH, 9 juill. 2013, *Varnas c/ Lituanie*, n° 42614/06. Sur la discrimination, cf. *supra*, n° 144 et s.

304. CEDH, 28 sept. 2004, *Sabou et Pircalab c/ Roumanie*, n° 46572/99, § 47, *D.* 2005 Pan. 1002, obs. J.-P. Céré.

305. La règle est générale et ne concerne pas uniquement l'art. 8 : cf. *infra*, n° 278 pour le droit de vote qui a d'ailleurs suscité bien des controverses.

306. CEDH, 18 avr. 2006, *Dickson c/ Royaume-Uni*, n° 44362/04, *JCP* 2006-I-164 n° 8, obs. F. Sudre, *AJ pénal* 2006. 318, obs. E. Péchillon.

contraire[307]. L'arrêt de la Grande chambre marque une nouvelle étape dans l'évolution du droit au respect de la vie privée et familiale des personnes privées de liberté, semblant même préfigurer un véritable droit de devenir parents pour les détenus[308]. C'est dire l'importance de cet arrêt de Grande chambre qui est significatif d'une évolution forte de la jurisprudence européenne.

CEDH, Gr. Ch., 4 déc. 2007,* Dickson c/ Royaume-Uni, *n° 44362/04 :
En fait : *Les requérants, un couple marié, se sont rencontrés par l'intermédiaire d'un réseau de correspondance entre détenus alors qu'ils se trouvaient tous deux en prison. Le couple souhaitant avoir un enfant ensemble, les requérants sollicitent la possibilité de recourir à l'insémination artificielle, faisant valoir que cela ne leur serait pas possible autrement. Leur demande est rejetée, car la relation des intéressés n'a jamais été à l'épreuve de l'environnement normal de la vie quotidienne, l'environnement dans lequel se trouverait tout enfant à naître est insuffisant pour que ses besoins matériels puissent être satisfaits, la mère et tout enfant éventuel bénéficieraient seulement d'un réseau de soutien limité et, enfin, l'enfant éventuellement conçu se retrouverait sans père pendant une partie importante de ses années d'enfance. De plus, cela pourrait heurter l'opinion publique.*
En droit : *(violation de l'art. 8) L'art. 8 est applicable aux griefs des requérants, car le refus de l'insémination artificielle concerne leur vie privée et familiale, ces notions incluant le droit au respect de leur décision de devenir parents génétiques : les personnes en détention conservant leurs droits garantis par la Convention, toute restriction à ces droits doit être justifiée. En l'espèce, un juste équilibre n'a pas été ménagé entre les intérêts publics et les intérêts privés concurrents, car la politique des autorités, telle qu'elle est structurée, exclut concrètement toute mise en balance réelle de ces intérêts et empêche l'appréciation requise par la Convention de la proportionnalité d'une restriction dans une affaire donnée. En outre, rien ne montre qu'un tel exercice de mise en balance des intérêts ou d'appréciation de la proportionnalité de la restriction ait été conduit lors de la définition de la politique. Partant, il y a lieu de considérer que l'absence d'une telle évaluation outrepasse toute marge d'appréciation acceptable, de sorte qu'un juste équilibre n'a pas été ménagé entre les intérêts publics et privés en présence.*

Dans le cadre du maintien du lien familial, et donc dans l'intérêt bien compris du détenu, mais aussi de la société de façon plus générale, les permissions de sortir sont très importantes. Certes, les impératifs de l'ordre public ne sauraient être négligés et c'est la raison pour laquelle les juges européens, fort pragmatiques, se sont toujours abstenus de se prononcer sur le principe

307. CEDH, Gr. Ch., 4 déc. 2007, *Dickson c/ Royaume-Uni*, n° 44362/04, §§ 74 et s., *RTDH* 2008. 879, note N. Gallus, *RTD Civ.* 2008. 272, obs. J. Hauser, *AJDA* 2008. 978, obs. J.-F. Flauss, *D.* 2008. 1435, obs. J.-C. Galloux et H. Gaumont-Prat, *RSC* 2008. 140, obs. J.-P. Marguénaud et D. Roets, *Dr. pénal* 2008. 37, obs. E. Dreyer, *AJ pénal* 2008. 47, obs. M. Herzog-Evans, *JCP* 2008-I-110 n° 8, obs. F. Sudre, remarquant que cet arrêt doit être lu à la lumière de la « norme de tolérance » rappelée par la Cour : un détenu continue de jouir de tous les droits garantis par la Convention, à l'exception du droit à la liberté (§ 67), et c'est pourquoi la détention après condamnation ne peut emporter automatiquement la perte du droit au respect de la décision de devenir parents génétiques (§ 66).

308. J.-R. Demarchi, *Vers la reconnaissance d'un droit de devenir parents pour les détenus (à propos de CEDH, Gr. Ch., 4 déc. 2007, Dickson c/ Royaume-Uni*, n° 44362/04), *RPDP* 2008, n° 2.

même de la mesure par rapport à l'article 8 de la Convention[309]. Tout dépendra des circonstances, mais il est évident que le refus d'une permission de sortir ne saurait, en soi, être considéré comme une atteinte à l'article 8 de la Convention[310].

269. La correspondance du détenu. – La correspondance des détenus peut donner lieu à un important contentieux, particulièrement quand elle interceptée de façon illégitime ou censurée[311]. Les contestations portent essentiellement sur les retards occasionnés par les contrôles des autorités pénitentiaires ou judiciaires[312] et, plus généralement, sur diverses restrictions. L'ingérence de l'État est naturellement possible, mais celle-ci doit être prévue par un texte, poursuivre un but légitime et être « nécessaire dans une société démocratique »[313]. L'État a l'obligation positive de fournir au requérant le nécessaire pour sa correspondance[314]. D'une façon générale, la Cour reste très attentive lorsque des contrôles sont exercés, surtout s'il s'agit de la correspondance avec les organes de la Convention[315]. De plus, et depuis longtemps, les juges européens ont consacré une véritable présomption de causalité, l'article 8 étant violé dès lors que les autorités étatiques en cause n'apportent pas la preuve que les lettres sont bien arrivées au destinataire[316].

Au regard de la Convention européenne des droits de l'homme, la question de la protection de la correspondance de l'avocat avec son client a pu

309. CEDH, 12 nov. 2002, *Ploski c/ Pologne*, n° 26761/95.

310. CEDH, 18 oct. 2005, *Schemkamper c/ France*, n° 75833/01, § 36, *RSC* 2006. 430, obs. P. Poncela. Pour un constat de violation, v° CEDH, 6 déc. 2016, *Kanals c/Roumanie*, n° 20323/14 (refus d'autoriser un détenu à assister aux obsèques de sa mère).

311. CEDH, 27 avr. 1988, *Boyle et Rice c/ Royaume-Uni*, n° 9659/82 ; 20 juin 1988, *Schönenberger et Dumaz c/ Suisse*, préc. ; 30 août 1990, *McCallum c/ Royaume-Uni*, n° 9511/81, *JDI* 1991. 805, obs. E. Decaux ; 25 févr. 1992, *Pfeifer et autres c/ Autriche*, n° 10802/84, *D.* 1992, Somm. 331, obs. J.-F. Renucci ; 24 oct. 2002, *Messina c/ Italie (n° 3)*, n° 33993/96.

312. Sauf cas particulier (CEDH, 25 mars 1983, *Silver c/ Royaume-Uni*, n° 5947/72, § 104), tout retard dans l'acheminement du courrier est en principe contraire à l'art. 8, surtout s'il s'agit de la correspondance du détenu avec la Cour, ce qui constitue en outre une entrave au droit de recours individuel : CEDH, 3 juin 2003, *Cotlet c/ Roumanie*, n° 38565/97, *D.* 2004, Pan., p. 1102, obs. J.-P. Céré. *Adde* CEDH, 24 avr. 2003, *Poltoratskiy c/ Ukraine*, n° 38812/97.

313. Violation de l'art. 8 dès lors qu'une loi nationale ne réglemente ni la durée des mesures de contrôle de la correspondance des détenus, ni les motifs pouvant les justifier, et n'indique pas assez clairement l'étendue et les modalités d'exercice du pouvoir d'appréciation des autorités compétentes dans le domaine considéré : CEDH, 15 nov. 1996, *Calogero Diana c/ Italie*, n° 15943/90, §§ 29 et s. ; 15 nov. 1996, *Domenichini c/ Italie*, n° 15211/89, §§ 29 et s. V° égal. CEDH, 12 juin 2007, *Frérot c/ France*, n° 70204/01, § 59, *JCP* 2007-I-182 n° 8, obs. F. Sudre, *RFDA* 2008. 737, obs. H. Labayle et F. Sudre, *Dr. pénal* 2008. 33, obs. E. Dreyer, *RTD Civ.* 2008. 162, obs. D. Roets (ingérence non prévue par la « loi », une circulaire édictée en dehors de l'exercice d'un pouvoir normatif n'ayant pas cette qualité ; il s'agissait de la circ. du 29 déc. 1986 relative aux correspondances écrites et télégraphiques des détenus). Dans ses, obs. préc., le prof. Sudre observe que l'on a connu la Cour *« plus souple »* lorsqu'elle admettait qu'un acte administratif *« innomé »* (en l'espèce le rapport d'un travailleur social relatif au placement d'un enfant dans un foyer d'accueil) était une *« loi »* au sens de l'art. 8 § 2.

314. Aff. *Cotlet*, préc., § 65.

315. CEDH, 25 mars 1992, *Campbell c/ Royaume-Uni*, n° 12244/86... ; 21 mai 2003, *Messina c/ Italie*, n° 33993/96, § 29 ; 3 juin 2003, *Cotlet c/ Roumanie*, n° 38565/97 ; 5 oct. 2004, *Blondet c/ France*, n° 49451/99, §§ 55 et 56.

316. CEDH, 26 févr. 1993, *Messina c/ Italie*, n° 13803/88, § 31.

se poser plus particulièrement lorsque ce dernier est détenu : en effet, la correspondance des détenus peut être contrôlée par les autorités pénitentiaires[317]. Si la confidentialité de la relation avocat-client est protégée, il reste que l'importance de cette protection varie selon son incidence sur le respect des droits de la défense. Toutefois, la jurisprudence européenne récente tend à renforcer la protection de la confidentialité[318] : la Cour a notamment précisé que l'intérêt public commande qu'une personne désireuse de consulter un avocat puisse le faire dans des conditions permettant une pleine et libre discussion, d'où le régime privilégié dont bénéficie en principe la relation avocat/client[319]. Il est certain que des abus sont toujours possibles, mais la marge d'appréciation des autorités reste très réduite : en effet, le besoin de respecter la confidentialité d'une relation aussi particulière prévaut sur la simple éventualité d'un abus[320]. La Cour européenne a d'ailleurs jugé que la surveillance systématique de la correspondance d'un détenu avec son avocat, sans garanties suffisantes prévues par le droit interne contre les abus, est disproportionnée au regard du but légitime poursuivi[321]. Mais le fait de ne pas faire suivre un courriel, compte tenu de l'existence d'autres moyens de communication, ne viole pas l'article 8 de la Convention[322].

CEDH (déc.), 19 sept. 2013*, Helander c/ Finlande, *n° 10410/10 :
En fait : *Un avocat adresse à son client détenu un courriel à l'adresse électronique de la prison. Le directeur de l'établissement refuse de transmettre ledit courriel au requérant et conseille à l'avocat de contacter son client par courrier postal ou par téléphone.*
En droit : *(irrecevabilité) Si le courriel relève de la « correspondance » au sens de l'art. 8 de la Convention, il reste que le droit interne repose sur le principe que les contacts entre les détenus et leurs avocats doivent se faire au moyen du courrier postal, du téléphone ou des visites. Il existe des raisons légitimes au fait de ne pas autoriser l'envoi de courriels, la législation actuelle ne pouvant garantir la confidentialité des échanges entre un avocat et son client lorsque la communication se fait par ce moyen. Le refus des autorités internes de transmettre le courriel au requérant ne saurait passer pour disproportionné. L'expéditeur a été immédiatement informé de la non-délivrance du message et s'est vu conseiller l'emploi de moyens de communication appropriés. Il avait à sa disposition divers moyens tout aussi efficaces et rapides que le courriel et le fait qu'il n'ait pas eu recours à ces moyens n'est pas imputable à l'État. Dès lors, compte tenu de la marge d'appréciation laissée à l'État, le refus des autorités nationales de transmettre au*

317. Cf. *supra*, ce même n° (nous sommes dans le cadre de l'ingérence de l'État).

318. CEDH, 25 avr. 1983, *Silver et autres*, préc., § 99 ; 28 juin 1984, *Campbell et Fell*, préc., § 110 ; 20 juin 1988, *Schönenberger et Durmaz*, préc., § 28 : le fait que l'avocat informait le détenu de son droit à garder le silence ne créait aucun danger de connivence entre expéditeur et destinataire, et ne risquait pas de menacer le déroulement normal des poursuites.

319. CEDH, 25 mars 1992, *Campbell*, préc., § 46. Cf. aussi CEDH, 28 nov. 1991, *S. c/ Suisse*, préc., § 48 (la conversation n'a pas à être entendue par un tiers). V° aussi : CEDH, 27 oct. 2015, *R.E. c/Royaume-Uni*, n° 62498/11, D. 2016, Pan. 228, obs. J.-F. Renucci (insuffisance des garanties juridiques concernant la surveillance secrète des consultations d'un détenu avec son avocat pendant une garde à vue).

320. CEDH, 28 nov. 1991, *S. c/ Suisse*, préc., § 52.

321. CEDH, 13 déc. 2016, *Eylem Kaya c/Turquie*, n° 26623/07.

322. CEDH (déc.), 19 sept. 2013, *Helander c/ Finlande*, n° 10410/10, *AJ Pénal* 2013. 558, obs. E. A.

requérant le courriel en question ne saurait passer pour injustifié. Un juste équilibre a été ménagé entre les divers intérêts.

270. Bibliographie. ***Ouvrages :*** Lambert (H), *La situation des étrangers au regard de la Convention européenne des droits de l'homme,* Éditions du Conseil de l'Europe, 2007. ***Articles :*** Alvarez (J), *Les unités de vie familiale, RSC* 2006, p. 653 et s. ; Andriantsimbazovina (J), *Le maintien du lien familial des étrangers, in* Sudre (F.) (dir.), *Le droit au respect de la vie familiale au sens de la Convention européenne des droits de l'homme,* Bruylant, 2002, p. 211 et s. ; Carlier (J.-Y.), *Vers l'interdiction d'expulsion des étrangers intégrés ? RTDH* 1993, p. 449 et s. ; Cere (J.-P.), *Le droit à une vie familiale pour les détenus, in* Lemouland (J.-J.) et Lubu (M.) (dir.), *Le droit à une vie familiale,* Dalloz « Thèmes et commentaires » 2007, p. 17 et s. ; Corouge (E), *Expulsion des étrangers et article 8 de la Convention européenne des droits de l'homme, RFDA* 1997, p. 320 ; Darbeda (P), *Le maintien des relations familiales des détenus en Europe, RSC* 1998, p. 590 et s. ; Demarchi (J.-R.), *Vers la reconnaissance d'un droit de devenir parents pour les détenus (à propos de CEDH (Gr. Ch.), 4 décembre 2007, Dickson c/ Royaume-Uni, RPDP* 2008, n° 2 ; D'Haem (R), *Violation de l'article 8 de la CEDH et refus de titre de séjour, Moyen opérant ou inopérant, AJDA* 2011, p. 542 et s. ; Duffar (J), *La protection du droit au respect de la vie familiale des étrangers, LPA,* 24 mai 1991, n° 62, p. 32 et s. ; Grataloup (S), *L'étranger né ou résidant en France depuis sa naissance en France, in* Fulchiron (H.) (dir.), *Les étrangers et la Convention européenne de sauvegarde des droits de l'homme et des libertés fondamentales, op. cit.*, p. 109 et s. ; Guerrive (J.-L.), *« Double peine » et police des étrangers, D.* 2002 Chron. p. 829 et s. ; Herzog-Evans (M), *Les visites conjugales dans les prisons de trente pays d'Europe et les États-Unis,* Conseil de l'Europe, *Bull. info. pénologiques,* décembre 2000, p. 10. ; Huet (I), *La double peine et la Convention européenne des droits de l'homme, in* Lambert (P.) et Pettiti (Ch.) (dir.), *Les mesures relatives aux étrangers à l'épreuve de la Convention européenne des droits de l'homme,* Bruylant, 2003, p. 59 et s. ; Julien-Laferrière (F.), *Les étrangers ont-ils droit au respect de leur vie familiale ?, D.* 1992, p. 291 et s. ; Labayle (H), *L'éloignement des étrangers devant la Cour européenne des droits de l'homme, RFDA* 1997, p. 977 et s. ; Levinet (M), *L'éloignement des étrangers et l'article 8 de la Convention européenne des droits de l'homme, RTDH* 1999, p. 89 et s. ; Liebermann (P), *Double peine pour double faute, En finir avec le bannissement des immigrés, Rev. Dr. étr.* 2000, p. 355 et s. ; Liger (D), *La réforme de la double peine, AJ pénal* 2004, p. 102 et s. ; Malabat (V), *Les droits familiaux des détenus, in* « Le droit de l'exécution des peines, Une jurisprudence en mouvement », *RPDP* 2007 (n° spécial), p. 61 et s. ; Mutelet (V), *La dignité et le droit des étrangers, RFDA* 2015, p. 1088 ; Slama (S.), *Délit d'aide à l'entrée, à la circulation et au séjour irréguliers : controverses sur la légitimité d'un « délit d'humanité », AJ Pénal* 2011, p. 496 s. ; Van Muylder (C) *Le droit au respect de la vie privée des étrangers, RFDA* 2001, p. 797 et s.

§2. Les préoccupations environnementales

271. L'article 8, article central. – Bien que la Convention européenne des droits de l'homme ne consacre pas en tant que tel un droit à l'environnement, les juges de Strasbourg ont été amenés à prendre en compte ce type de préoccupations et à développer ainsi une jurisprudence dans le domaine environnemental. L'exercice de certains des droits garantis par la Convention pouvant être compromis par la dégradation de l'environnement et l'exposition à des risques environnementaux, une telle évolution était inévitable.

Plusieurs articles de la Convention peuvent être utilisés pour assurer la protection indirecte de l'environnement, qu'il s'agisse de l'article 2 même si c'est très exceptionnel[323], ou de l'article 3 ce qui est peu fréquent[324], voire de l'article 5[325] ou de l'article 1er du Protocole n° 1[326] et même quelquefois de l'article 10[327], sans compter les droits procéduraux qui sont toutefois peu utilisés[328]. Mais c'est l'article 8 qui joue un rôle central dans la protection de l'environnement.

272. La nécessité d'une protection de l'environnement. - Les organes de Strasbourg ne pouvaient pas ne pas prendre en considération les préoccupations environnementales. L'ancienne Commission européenne a été rapidement confrontée à la difficulté, n'hésitant pas à déclarer certaines requêtes recevables[329] et la Cour y est attentive[330] : le droit contenu dans l'article 8 implique le respect de la qualité de la vie privée et de la jouissance du domicile[331]. Ainsi pour la Cour, bien que la Convention ne reconnaisse pas expressément le droit à un environnement sain et calme quand une personne pâtit gravement et directement du bruit ou d'autres formes de pollution, une question peut se poser sous l'angle de l'article 8[332]. Il est certes indispensable que les facteurs liés à l'environnement affectent directement et gravement la sphère privée du requérant[333], mais le contrôle européen reste efficace[334].

---

323. V° not. CEDH, 9 juin 1998, *L. C.B. c/ Royaume-Uni,* n° 23413/94 ; Gr. Ch., 30 nov. 2004, *Öneryildiz c/ Turquie,* n° 48939/99. *Adde* CEDH, 20 mars 2008, *Budayeva et autres c/ Russie,* n° 15339/02... ; 24 juill. 2014, *Brincat et autres c/ Malte,* n° 60908/11..., *JDI* 2015, n° 4, chron. 7, n° 17, obs. P. Tavernier ; CEDH (déc.), 24 mars 2015, *Viviani et autres c/ Italie,* n° 9713/13 ; 24 mars 2015, *Smaltini c/ Italie,* n° 60908/11..., *Dalloz Actu.* 12 mai 2015, obs. N. Nalepa.

324. Sur l'applicabilité de l'article 3, v° : CEDH, 9 déc. 1994, *Lopez Ostra c/ Espagne,* n° 16798/90 ; 9 nov. 2004, *Ward c/ Royaume-Uni,* n° 31888/03 ; 14 sept. 2010, *Florea c/ Roumanie,* n° 37186/03 ; 25 janv. 2011, *Elefteriadis c/ Roumanie,* n° 38427/05, *RFDA* 2012. 455, obs. H. Labayle et F. Sudre, *D.* 2011. 1306, note J.-P. Céré, M. Herzog-Evans et E. Pechillon, *RSC* 2011. 705, obs. J.-P. Marguénaud.

325. CEDH, Gr. Ch., 28 sept. 2010, *Mangouras c/ Espagne,* n° 12050/04.

326. V° récem. : CEDH, 29 mars 2010, *Depalle c/ France,* n° 34044/02, *AJDA* 2010. 1311, obs. M. Canedot-Paris ; 29 mars 2010, *Brosset-Tribouret c/ France,* n° 34078/02, *JDI* 2011, chron. 12, obs. A. Decaux, P. Tavernier, M. Boumghar et autres. Cf. aussi CEDH, 23 sept. 2014, *Valle Pierimpiè agricolà SPA c/ Italie,* n° 46154/11, *AJDA* 2015. 150, obs. L. Burgorgue-Larsen, jugeant l'ingérence disproportionnée par rapport au but poursuivi, à savoir la protection de l'environnement.

327. CEDH, 15 févr. 2005, *Steel et Morris c/ Royaume-Uni,* n° 68416/01 ; 27 mai 2004, *Vides Aizsardzibas Klubs c/ Lettonie,* n° 57829/00.

328. Cf. not. : CEDH, 10 nov. 2004, *Taskin c/ Turquie,* n° 46117/99 ; 28 févr. 2012, *Kolyadenko et autres c/ Russie,* n° 17423/05...

329. Comm. EDH, 15 juill. 1980, *Arrondelle c/ Royaume-Uni,* DR 19/186 ; 15 mars 1984, *Federation of Heathrow Antinoise Goup c/ Royaume-Uni,* n° 9310/83.

330. CEDH, 9 juin 2005, *Fadeyeva c/ Russie,* n° 55723/00.

331. CEDH, 21 févr. 1990.

332. CEDH, 10 févr. 2001, *Hatton et autres c/ Royaume-Uni,* n° 36022/97, *Europe* 2002 com. n° 77, obs. N. Deffains, *JDI* 2002. 303, obs. P. Tavernier ; 29 janv. 2009, *Tatar c/ Roumanie,* n° 67021/01, *RTD Eur.* 2010. 333, obs. A. Pomade. V° aussi CEDH, 26 févr. 2008, *Fägerskiöld c/ Suède,* n° 37664/04, *AJDA* 2008. 1929, obs. J.-F. Flauss ; 7 avr. 2009, *Branduse c/ Roumanie,* n° 6586/03, *JCP* 2009-I-143 n° 19, obs. F. Sudre, *RSC* 2009. 661, obs. D. Roets ; 10 févr. 2011, *Dubetska c/ Ukraine,* n° 30499/03.

333. CEDH, Gr. Ch., 8 juill. 2003, *Hatton et autres c/ Royaume-Uni,* n° 36022/97, § 96, *RTD Civ.* 2003. 750, obs. J.-P. Marguénaud, *D.* 2003 Somm. 2273, obs. F. Haumont, *JCP* 2004-I-107 n° 14, obs. F. Sudre, *RDP* 2004. 832, obs. C. Picheral.

334. CEDH, 16 nov. 2004, *Moreno Gomez c/ Espagne,* n° 4143/02, *JCP* 2005-I-103 n° 12, obs. F. Sudre. V° aussi : CEDH, 26 févr. 2008, *Fägerskiöld c/ Suède,* préc. ; 10 janv. 2012, *Di Sarno et autres c/ Italie,* n° 30765/08, *RTDH* 2012, p. 969, obs. F. Haumont.

CEDH, 10 janv. 2012, Di Sarno et autres c/ Italie, n° 30765/08 :
En fait : *La commune dans la province de Naples où les requérants habitent ou travaillent a été frappée par la « crise des déchets », ces derniers ayant été contraints de vivre dans un environnement pollué par les déchets abandonnés sur la voie publique au moins à compter de la fin de l'année 2007 jusqu'au mois de mai 2008.*
En droit : *(violation de l'art. 8). Même si on considère, comme l'affirme le Gouvernement, que la phase aiguë de la crise n'a duré que cinq mois, et malgré la marge d'appréciation reconnue à l'État défendeur, force est de constater que l'incapacité prolongée des autorités italiennes à assurer le fonctionnement régulier du service de collecte, de traitement et d'élimination des déchets a porté atteinte au droit des requérants au respect de leur vie privée et de leur domicile.*

Les juges européens sont traditionnellement sensibles à l'effectivité des droits protégés, et il en va particulièrement ainsi dans le cadre de la protection de l'environnement. Cela a d'ailleurs conduit, dans ce domaine comme dans d'autres, au développement des obligations positives. En effet, les autorités publiques doivent s'assurer de la mise en œuvre des mesures prises pour garantir les droits protégés par l'article 8[335]. Cette obligation s'impose, non seulement lorsque l'atteinte à l'environnement découle des activités de l'État, mais aussi lorsqu'elle est la conséquence d'activités du secteur privé[336]. De plus, la Cour impose aux autorités de l'État d'informer le public sur les risques environnementaux, établissant ainsi un lien direct entre l'article 8 et la notion d'informations pertinentes, tout en semblant écarter tout lien avec l'article 10[337].

Il reste que si la réalité et l'effectivité de la protection de l'environnement par l'article 8 de la Convention sont incontestables, la Cour peut être amenée à faire une constatation de non-violation dans certaines circonstances. Cela ne peut en aucun cas être considéré comme un affaiblissement de la protection européenne, bien au contraire[338], d'autant plus que les exemples de violation sont nombreux[339].

CEDH, 4 sept. 2014, Dzemyuk c/ Ukraine, n° 42488/02 :
En fait : *Le requérant vivait dans un village sans distribution centralisée d'eau et utilisait pour ses besoins ménagers l'eau de puits alimentés par la nappe*

335. CEDH, 16 nov. 2004, *Moreno Gomez c/Espagne*, préc., § 61. Les autorités publiques doivent également veiller à ce que d'éventuelles indemnités soient suffisantes : CEDH, 25 oct. 2016, *Otgon c/Moldova*, n° 22743/07.

336. Aff. *Hatton*, préc., § 98.

337. CEDH, 19 févr. 1998, *Guerra c/ Italie*, n° 14967/89, § 60, *D.* 1998 Somm. 370, obs. J.-F. Renucci, et 371, obs. N. Fricéro, *RTD Civ.* 1998. 515, obs. J.-P. Marguénaud, *JCP* 1999-I-105 n° 43, obs. F. Sudre, *JDI* 1999. 218, obs. P. Tavernier. V° aussi aff. *Taskin*, préc., § 166.

338. CEDH, 3 juill. 2012, *Martinez Martinez et Pino Manzano c/ Espagne*, n° 61654/08 ; 13déc. 2012, *Flamenbaum et autres c/ France*, n° 3675/04 et n° 23264/04.

339. Outre les arrêts cités *supra*, cf. aussi : CEDH, 9 nov. 2010, *Dees c/ Hongrie*, n° 2345/06 ; 21 juill. 2011, *Grimkovskaya c/ Ukraine*, n° 38182/03 ; 10 févr. 2011, *Dubetska et autres c/ Ukraine*, n° 30499/03 ; 22 nov. 2011, *Zammit Maempel et autres c/ Malte*, n° 24202/10 ; 18 juin 2013, *Bor c/ Hongrie*, n° 50474/08 ; 4 sept. 2014, *Dzemyuk c/ Ukraine*, n° 42488/02 ; 24 juill. 2014, *Brincat et autres c/ Malte*, préc.

phréatique. En 2000, l'autorité locale a décidé de construire un cimetière sur un terrain voisin de sa maison et il a engagé une procédure en vue de l'annulation de cette décision et de la fermeture du cimetière. Finalement, le juge national a fait droit à la demande du requérant après avoir constaté que le cimetière avait été construit trop près d'une zone résidentielle et d'une source d'eau, en violation des règlements relatifs à la sécurité et à la santé environnementales. Il a ordonné la fermeture du cimetière, mais sa décision n'a pas été exécutée.

En droit : *(violation de l'art. 8) L'applicabilité de l'article 8 ne fait aucun doute, l'atteinte alléguée ayant des répercussions directes sur le droit au respect du domicile et de la vie privée et familiale du requérant. Le taux élevé de bactéries relevé dans l'eau du puits du requérant, associé à la violation flagrante des règlements nationaux relatifs à la sécurité et à la santé environnementales, confirme l'existence de risques environnementaux, notamment une grave pollution de l'eau, qui a des répercussions sur la « qualité de vie » du requérant et atteint un degré suffisant de gravité pour mettre en jeu l'application de l'article 8. L'illégalité de l'emplacement du cimetière a été reconnue en justice et les autorités locales compétentes ne se sont pas conformées à une décision judiciaire définitive ordonnant la fermeture du cimetière. Dès lors, l'ingérence dans l'exercice par le requérant de son droit au respect de son domicile et de sa vie privée et familiale n'était pas « prévue par la loi ».*

C'est dire que la protection de l'environnement est assurée, d'une manière certes indirecte, mais avec force dans le cadre de la Convention européenne des droits de l'homme, en particulier par le recours à l'article 8 de cette Convention. Malgré les limites de cette protection, il apparaît que l'idée des « droits de l'homme à l'environnement » s'impose de plus en plus, en particulier dans le cadre du respect de la vie privée et familiale, ainsi que du domicile[340]. Cette protection est d'autant plus forte que la notion même d'environnement fait l'objet d'une interprétation large, couvrant « une grande variété d'éléments allant de l'air, l'eau, la terre, la flore et la faune à la santé humaine et la sécurité », étant précisé que cet ensemble « doit être protégé dans le cadre du développement durable »[341]. Sans doute serait-il opportun de s'orienter vers une protection conventionnelle « directe » de l'environnement et, à cet égard, l'idée d'un protocole additionnel à la Convention européenne des droits de l'homme serait assurément souhaitable pour davantage d'efficacité. Mais encore faudrait-il qu'une volonté politique ferme se dégage en ce sens.

L'ESSENTIEL

FICHE MÉMO :

– La protection indirecte de l'article 8

○ L'art. 8 joue un rôle central dans la protection de l'environnement. Bien que la Convention ne reconnaisse pas expressément le droit à un

340. J.-F. Renucci, *Convention européenne des droits de l'homme (CEDH) et Environnement, J.-Cl.* Environnement et Développement durable, fasc. 2080, 2013, n° 32.

341. Conseil de l'Europe, *Manuel sur les droits de l'homme et l'environnement, Principes tirés de la jurisprudence de la Cour européenne des droits de l'homme*, Éd. Conseil de l'Europe, 2006, p. 78.

environnement sain, l'art. 8 prend plus particulièrement en compte cette préoccupation.

○ L'art. 8 protège également la vie familiale des détenus, le maintien de liens personnels et affectifs avec la famille étant un facteur important de réinsertion.

○ Le droit au respect de la vie privée et familiale est souvent invoqué par les étrangers faisant l'objet d'une mesure d'éloignement du territoire.

▪ *L'art. 8 ne crée pas pour les étrangers un droit général et abstrait d'entrée et de séjour sur le territoire national, mais leur vie familiale est protégée et toute ingérence de l'État ne peut être justifiée que si les conditions sont remplies.*

FICHE GRANDS ARRÊTS :

- *Boultif* (2001)

○ *Les critères de la nécessité d'une « ingérence de l'État » sont, notamment, la nature et la gravité de l'infraction, la durée du séjour dans le pays d'accueil, l'effectivité de la vie familiale, la présence d'enfants, les conséquences pratiques de la mesure d'éloignement.*

- *Moreno Gomez* (2004)

○ *Si les bruits et incidents de tapage nocturne provoqués par une boîte de nuit installée à proximité d'un domicile dépassent le seuil minimum de gravité, il y a violation de l'art. 8, l'État ayant failli à son obligation positive de garantir le droit de la requérante au respect de son domicile et de sa vie privée.*

- *Taskin* (2004)

○ *L'art. 8 s'applique aux atteintes graves à l'environnement pouvant affecter le bien-être d'une personne et la priver de la jouissance de son domicile de manière à nuire à sa vie privée et familiale, sans pour autant mettre en grave danger la santé de l'intéressé.*

FICHE ACTU/DÉBATS :

*** Thème(s) de réflexion :**

- L'aide apportée aux étrangers en situation irrégulière

○ *Jurisp.* : *Mallah* (2011) ; *Pay* (2008).

○ *Doctr.* : SLAMA, *AJ Pénal* 2011. 496.

- Droit au respect de la vie familiale des étrangers et impératifs de l'ordre public (v° *Traité*, p. 307)

○ *Jurisp.* : *Berrehab* (1988) ; *Moustaquim* (1991) ; *Mehemi* (1997) ; *Sen (2001)* ; *Boultif* (2001) ; *Osman* (2011) ; *Hode et Abdi* (2012) ; *Berisha* (2013) ; *Mugenzi* (2014) ; *I.A.A.* (2016) ; *K2* (2017).

○ *Doctr.* : LAMBERT, Éd. Cons. Europe 2007 ; CARLIER, *RTDH* 1993. 449 ; CÉRÉ, Dalloz, coll. Thèmes et Commentaires, 2007. 17 ; COROUGE, *RFDA* 1997. 320 ; DARBEDA, *RSC* 1998. 590 ; JULIEN-LAFERRIÈRE, *D.* 1992. 291 ; LABAYLE, *RFDA* 1997. 977 ; LEVINET, *RTDH* 1999. 89 ; VAN MUYLDER, *RFDA* 2001. 797.

- Le regroupement familial est-il implicitement consacré par l'art. 8 ? (v° *Traité*, p. 307)

○ *Jurisp.* : *Abdulaziz et a.* (1985) ; *Gül* (1986) ; *Sen* (2001) ; *Taquabo-Tekele* (2005) ; *Mubilanzila Mayeka et Kaniki Mitunga* (2006) ; *Osman* (2011) ; *Hode et Abdi* (2012) ; *Berisha* (2013) ; *Jeunesse* (2014) ; *Mugenzi* (2014) ; *Tanda-Muzinga* (2014) ; *Senigo Longue* (2014).

○ *Doctr.* : DE SCHUTTER, *RD Étr.* 1996. 531 ; DOLLAT, *RFDA* 2009. 689 ; JAULT-SESEKE, *LGDJ*, 1996 ; LABAYLE, *RFDA* 2007. 101 ; FERRA, *AJ Famille* 2009. 280.

– La reconnaissance européenne d'un droit à l'environnement (v° *Traité*, p. 905)

○ *Jurisp.* : *Powell et Rayner* (1990) ; *Lopez Ostra* (1994) ; *Buckley* (1996) ; *McGinley et Egan* (1998) ; *Guerra* (1998) ; *Kyrtatos* (2003) ; *Hatton* (2003) ; *Moreno Gomez* (2004) ; *Taskin* (2004) ; *Fadeyeva* (2005) ; *Dees* (2010) ; *Dubetska* (2011) ; *Di Sarno* (2012) ; *Flamenbaum* (2012) ; *Dzemuyk* (2014) ; *Brincat* (2014) ; *Otgon* (2017).

○ *Doctr.* : Garcia San Jose, Éd. Cons. Europe 2005 ; Conseil de l'Europe (Manuel), Éd. Cons. Europe 2012 ; Bodart, *Aménagement-Environnement* 2003. 211 ; Tulkens, *RTDH* 2005. 279 ; Costa et Titien, *Mél. Jégouzo*, 31 ; Dejeant-Pons, *RTDH* 2004. 861 ; de Fontbressin, *RTDH* 2006. 87 ; Laurent, *RTDH* 2003. 279 ; Molinier-Dubost, *RDP* 2014. 1145 ; Renucci, *J.-Cl.* Environnement, fasc. 2080.

*** Commentaire d'arrêt(s) :**

○ Aff. *Guerra* (1998) : « *Des atteintes graves à l'environnement peuvent toucher le bien-être des personnes et les priver de la jouissance de leur domicile de manière à nuire à leur vie privée et familiale. En l'espèce, les requérantes sont restées, jusqu'à l'arrêt de la production de fertilisants en 1994, dans l'attente d'informations essentielles qui leur auraient permis d'évaluer les risques pouvant résulter pour elles et leurs proches du fait de continuer à résider sur (...) une commune aussi exposée au danger en cas d'accident dans l'enceinte de l'usine. La Cour constate donc que l'État défendeur a failli à son obligation de garantir le droit des requérantes au respect de leur vie privée et familiale, au mépris de l'art. 8 de la Convention* » (§ 60).

○ Aff. *Brincat* (2014) : « *Le gouvernement maltais avait ou aurait dû avoir connaissance des risques liés à l'exposition à l'amiante au moins depuis le début des années 1970, étant donné le contexte au niveau national et les données scientifiques et médicales dont il disposait à l'époque. Or, les requérants n'ont pas bénéficié d'une garantie adéquate contre ces risques (...) avant le début des années 2000, moment où ils ont quitté leur emploi au chantier naval. Le cadre législatif adopté en 1987 n'encadrait pas de manière adéquate les activités liées à l'amiante et ne prévoyait pas de mesures pratiques de protection des employés, alors que leur vie était peut-être en danger. Enfin, il n'a concrètement pas été communiqué ou mis à la disposition des requérants d'informations adéquates pendant toute la période correspondante de leur carrière au chantier naval. La Cour conclut que (...) l'État défendeur a manqué aux obligations positives que lui imposent les art. 2 et 8, en ce qu'il n'a pas légiféré ni pris de mesures pratiques* ».

Sous-titre 2
Les droits optionnels

273. Les protocoles additionnels. – Les droits garantis par les protocoles additionnels peuvent être qualifiés d'optionnels dans la mesure où ils ne s'imposent aux États que s'ils le souhaitent. Bien que signataires de la Convention européenne des droits de l'homme, les États restent, en effet, libres de signer et de ratifier les protocoles additionnels, une attitude de refus de leur part ne mettant pas en cause leur appartenance au système européen de protection.

La règle s'applique traditionnellement même si cela permet un engagement à la carte aboutissant à ce que tous les États européens ne soient pas engagés de la même manière au regard des droits fondamentaux. Cela peut *a priori* sembler surprenant, mais c'est significatif du réalisme et du pragmatisme des rédacteurs de la Convention européenne des droits de l'homme : plutôt que d'imposer des engagements à « marche forcée » qui auraient inévitablement abouti à des situations de blocage de la part des États, et finalement à un échec de l'ensemble du système européen de protection des droits de l'homme, l'on a préféré la « politique des petits pas », bien plus efficace. La règle s'applique d'ailleurs de la même manière, qu'il s'agisse de droits civils et politiques, ou de droits économiques et sociaux, ce qui est significatif d'une approche réaliste et constructive.

CHAPITRE 1

Les droits optionnels civils et politiques

274. Des droits importants. – Malgré leur caractère optionnel, l'importance les droits garantis par les protocoles ne saurait être négligée. Les libertés ainsi consacrées sont fondamentales compte tenu des enjeux en présence et des conséquences qui en découlent. Il en va plus particulièrement ainsi pour les libertés d'action et le droit à l'instruction, car, même si le contentieux devant la Cour de Strasbourg est faible, il s'agit là de questions majeures pour toute société qui se veut démocratique.

Section 1
Les libertés d'action

275. Des libertés fortes. – Un certain nombre de libertés que l'on peut qualifier « d'action » sont garanties par des protocoles additionnels. Ces libertés sont importantes dans le cadre d'un État de droit et d'une démocratie dans la mesure où elles concernent principalement l'action politique, à laquelle il est possible d'associer la liberté de circulation qui procède d'une même logique.

§1. L'action politique

276. Protocole n° 1, Article 3. Droit à des élections libres.

Les Hautes Parties contractantes s'engagent à organiser, à des intervalles raisonnables, des élections libres au scrutin secret, dans les conditions qui assurent la libre expression de l'opinion du peuple sur le choix du corps législatif.

277. La clause politique de la Convention. – L'article 3 du Protocole n° 1 précise que les États contractants s'engagent à organiser, à intervalles raisonnables, des élections libres au scrutin secret, dans des conditions qui assurent la libre expression du peuple sur le choix du corps législatif. La formulation est restrictive, mais la Cour européenne a élargi la portée de la « clause politique » de la Convention en mettant un terme à certaines hésitations : les juges européens ont précisé que ce droit est directement applicable[1]. La Commission avait déjà élargi la portée de l'article 3 du premier Protocole, en admettant un droit de recours individuel pour invoquer une violation de cette disposition : l'article 3 énonce un droit de caractère individuel, ce caractère étant à la base de l'ensemble de la Convention[2]. Il est intéressant de remarquer que la Cour européenne n'a pas hésité à interpréter l'article 3 du Protocole n° 1 à la lumière de la Convention européenne sur la nationalité et des prises de position de la Commission de Venise[3], ce qui est significatif d'une pratique désormais habituelle qui consiste à « utiliser » d'autres normes pour l'interprétation de la Convention et de ses protocoles[4]. La Cour fait également preuve de pragmatisme dans la mesure où elle estime que toute loi électorale doit toujours s'apprécier à la lumière de l'évolution politique du pays, de sorte que des détails inacceptables dans le cadre d'un système déterminé peuvent se justifier dans celui d'un autre[5] : c'est dire que les considérations politiques font partie intégrante du contrôle européen et, en toute hypothèse, l'introduction tardive de modifications substantielles emporte violation du droit à des élections libres[6].

Le droit à des élections libres est un droit politique d'une importance considérable. Concernant la nature de ce droit, les instances européennes ont évolué : après y avoir vu un droit institutionnel à l'organisation de consultations électorales[7], la Commission, dans le silence du texte, a jugé que le droit de l'article 3 impliquait la reconnaissance du suffrage universel[8]. Par la suite, d'autres précisions ont été apportées quant à son contenu. D'abord, l'ancienne Commission et la Cour ont indiqué que la garantie de l'article 3 comprend non seulement le droit de voter, mais aussi celui de se porter

1. CEDH, 2 mars 1987, *Mathieu-Mohin et Clerfayt c Belgique*, n° 9267/81, *CDE* 1988. 487, obs. G. Cohen-Jonathan, *JDI* 1988. 849, obs. P. Rolland et P. Tavernier ; 1er juill. 1997, *Gitonas et autres c/ Grèce*, n° 18747/91..., *JDI* 1998. 202, obs. E. Decaux et P. Tavernier, *JCP* 1998-I-107 n° 43, obs. F. Sudre, *AJDA* 1998. 53, obs. J.-F. Flauss, *RFDA* 1998. 1007, obs. M. Levinet.

2. Comm. EDH, 30 mai 1975, *X. c/ Belgique*, DR 2/112.

3. CEDH, 18 nov. 2008, *Tanase et Chirtoaca c/ Moldova*, n° 7/08, *RTDH* 2009. 851 et s., obs. J.-F. Flauss. Cf. arrêt de Gr. Ch., 27 avr. 2010, *Tanase c/ Moldova*, n° 7/08, *JDI* 2011, chron. 12, obs. A. Decaux, P. Tavernier, M. Boumghar et autres.

4. V° not. l'aff. *Demir et Baykara, infra*, n° 223.

5. CEDH, 8 juill. 2008, *Parti travailliste géorgien c/ Géorgie*, n° 9103/04, *AJDA* 2008. 1929, obs. J.-F. Flauss. Cf. l'élection de députés européens supplémentaire selon un mode de désignation contesté par le requérant mais jugé conforme à la Conv. EDH : CEDH, 26 mai 2016, *Dupré c/France*, n° 77032/12, *Dalloz Actu.* 7 juin 2016, obs. C. Biget, *AJDA* 2016. 2327, obs. L. Guilloud-Colliat.

6. CEDH, 6 nov. 2012, *Ekoglasnost c/ Bulgarie*, n° 30386/05, *RFDA* 2013. 576, obs. H. Labayle et F. Sudre.

7. Comm. EDH, 18 sept. 1961, *X c/ Belgique*, Ann. 4, p. 339.

8. Comm. EDH, 6 oct. 1967, *X c/ RFA*, Ann. 10, p. 339. M. Kaiser, *Le droit à des élections libres... L'application timide d'une disposition ambitieuse*, Mél. Lambert, Bruylant, 2000, p. 444 et s.

candidat[9]. De plus, une interdiction de voter découlant automatiquement d'une condamnation constitue une violation de l'article 3 du 1er Protocole : le caractère automatique de la sanction empêche les magistrats d'apprécier le but légitime poursuivi ainsi que le rapport de proportionnalité[10]. Enfin, il a été jugé que le vote obligatoire n'est pas contraire à l'article 3[11] et que cet article ne garantit aucun droit général de consultation populaire notamment par voie de référendum[12]. De plus, il est possible de déduire d'un arrêt que les États ont l'obligation positive de garantir en période électorale à tout parti politique, même si cela peut intervenir dans des conditions non similaires, de pouvoir s'exprimer au travers des médias audiovisuels[13] : les juges insistent ainsi sur l'importance du pluralisme politique.

Le déroulement du vote doit assurer la confidentialité du choix de l'électeur. Les consultations doivent se dérouler à intervalles raisonnables tout en assurant la libre expression du peuple sur le choix du corps législatif. Ce dernier point ne saurait faire l'objet d'une interprétation trop restrictive qui le limiterait aux seuls parlements nationaux : la structure constitutionnelle de l'État en cause doit être prise en considération, et s'il s'agit d'un État fédéral le droit garanti par l'article 3 s'applique aux deux niveaux législatifs. Toutefois, le critère étant l'exercice d'un véritable pouvoir législatif, l'article 3 ne concerne pas l'exécutif et en particulier le chef de l'État[14]. Mais la question était plus délicate pour le Parlement européen : la Commission avait décidé qu'il ne pouvait être considéré comme un « corps législatif » en raison de la nature de ses pouvoirs[15], mais la Cour en a jugé autrement dans l'affaire *Matthews*[16] : constatant l'évolution du droit de l'Union européenne, elle a jugé que le Parlement européen est désormais un « corps législatif ». Les juges de Strasbourg ont estimé que le Parlement se trouvait suffisamment associé au pouvoir législatif ainsi qu'au contrôle démocratique général des activités de la Communauté pour que l'on puisse considérer qu'il constitue une partie du corps législatif[17]. L'interprétation est certainement audacieuse, probablement fragile sur le plan juridique, mais nul doute qu'en valorisant la

9. CEDH, Gr. Ch., 16 mars 2006, *Zdanoka c/ Lettonie (n° 2)*, n° 58278/00, *JDI* 2007. 733, obs. C. Callejon, *RTDH* 2008. 195, obs. Fl. Jacquemot, *AJDA* 2007. 1923, obs. J.-F. Flauss.

10. La Cour a justement constaté une violation de l'art. 3 Prot. 1 en se fondant sur le terrain de la proportionnalité : CEDH, 1er juill. 2008, *Calmanovici c/ Roumanie,* n° 42250/02, § 150, *Dr. pénal* 2009. 26, obs. E. Dreyer. Cf. *infra*, ce même n°, sur la limitation du droit.

11. Comm. EDH, 18 déc. 1980, *c/ Autriche*, Ann. 8, p. 168.

12. Comm. EDH, 10 juill. 1975, *X c/ RFA*, DR 3, p. 98 ; 10 juill. 1975, *X c/ Royaume-Uni*, DR 3/165.

13. CEDH, 11 déc. 2008, *TV Vest AS & Rogaland Pensjonistparti c/ Norvège*, n° 21132/05, *RTDH* 2010. 163, note A. Vandeburie. Cf. plus récemment à propos d'une couverture médiatique des élections très déséquilibrée : CEDH, 19 juin 2012, *Parti communiste de Russie c/ Russie*, n° 29400/05.

14. Comm. EDH, 14 déc. 1989, *Habsbourg-Lothringen*, DR 64/210.

15. Comm. EDH, 9 déc. 1987, *Tete c/ France*, DR 54, p. 52 ; 10 mars 1988, *Fournier c/ France*, DR 54/130.

16. CEDH, 18 févr. 1999, *Matthews c/ Royaume-Uni*, n° 24833/94, *JCP* 2000-I-203 n° 34, obs. F. Sudre, *RTD eur.* 1999. 793, *RDP* 2000/4, p. 1090, obs. L. Burgorgue-Larsen, *RTDH* 2000. 865, obs. A. Poteau (exclusion des citoyens de Gibraltar de l'élection des députés britanniques au Parlement européen).

17. Aff. *Matthews*, préc. § 54.

liberté d'expression politique, la Cour a établi des conditions plus propices à l'exercice des droits politiques des citoyens[18].

278. Les limitations du droit. – Le droit à des élections libres n'est pas absolu et les États peuvent soumettre les droits de vote et d'éligibilité à certaines conditions[19]. Même une privation du droit de vote a pu être jugée légitime : il en a été ainsi pour les condamnés purgeant une peine, ce qui n'est pas contraire à l'article 3[20]. Mais par la suite, dans l'arrêt *Hirst*, les juges européens ont estimé que le seul fait d'être détenu à la suite d'une condamnation ne saurait entraîner la déchéance des droits individuels, en particulier le droit de vote[21] : cette approche maximaliste, renforcée par l'arrêt *Greens*[22] a suscité de vives controverses, les autorités britanniques ayant même envisagé un retrait du système de la Convention ; fort heureusement l'arrêt *Scoppola* a par la suite apaisé les choses, jugeant qu'il appartient aux États membres de décider de la manière de réglementer l'interdiction du droit de vote des détenus[23]. Sans doute les autorités nationales ne doivent-elles pas faire preuve d'arbitraire, mais le principe d'une possible limitation est légitime. Il reste qu'une interdiction de voter imposée à tous les détenus de manière automatique et générale revêt un caractère disproportionné[24].

---

18. En ce sens : G. Cohen-Jonathan et J.-F. Flauss, *À propos de l'arrêt Matthews c/ Royaume-Uni*, *RTD eur.* 1999, p. 637 et s., spéc., p. 654.

19. Aff. *Mathieu-Mohin et Clerfayt*, préc., § 52. Aff. *Gitonas et autres c/ Grèce*, préc. Ainsi, le fait de subordonner la possibilité de s'inscrire sur les listes électorales à une condition de durée de résidence de 10 ans (Accords de Nouméa du 5 mai 1998 permettant l'apaisement du conflit meurtrier en Nouvelle-Calédonie) ne constitue pas une violation de l'art. 3 du Prot. n° 1 : CEDH, 11 janv. 2005, *Py c/ France*, n° 66289/01, § 65, *JCP* 2005-I-159 n° 20, obs. F. Sudre, *RFDA* 2006. 139, note A. Roblot-Troizier. Par ailleurs, les expatriés de longue durée ne peuvent se fonder sur l'art. 3 du Prot. n° 1 pour revendiquer le droit de vote pour les élections nationales dans leur pays d'origine : CEDH, 6 févr. 2007, *Doyle c/ Royaume-Uni*, (déc.), n° 30158/06, *AJDA* 2007. 1924, obs. J.-F. Flauss. V° déjà CEDH, 7 sept. 1999, *Hilbe c/ Liechetenstein*, n° 31981/96). De même, le refus d'enregistrer une candidature aux élections législatives pour défaut de consignation de la somme requise, surtout si ladite somme n'est pas excessive, n'est pas une violation de l'art. 3 du Prot. n° 1 : CEDH, 28 mars 2006, *Sukhovetsky c/ Ukraine*, n° 13716/02. *Idem* pour le découpage des circonscriptions électorales pour l'élection des députés : CEDH, 4 avr. 2006, *Bompard c/ France*, n° 44081/02, déc. Cf. égal. le cas particulier de candidats indépendants : CEDH, 15 avr. 2014, *Oran c/ Turquie*, n° 28881/07.

20. Comm. EDH, 5 oct. 1972, *X. c/ RFA*, DR 43/28.

21. CEDH, Gr. Ch., 6 oct. 2005, *Hirst c/ Royaume-Uni (n° 2)*, n° 75025/01, *RDP* 2006. 811, obs. H. Surrel, *AJDA* 2006. 475, obs. J.-F. Flauss, *RSC* 2006. 662, obs. Fl. Massias.

22. CEDH, 23 nov. 2010, *Greens et M.T. c/ Royaume-Uni*, n° 60041/08 et n° 60054/08, *JDI* 2011, chron. 12, obs. A. Decaux, P. Tavernier, M. Boumghar et autres, *D.* 2011. 193, obs. J.-F. Renucci, *RSC* 2011. 226, obs. J.-P. Marguénaud.

23. CEDH, Gr. Ch., 22 mai 2012, *Scoppola c/ Italie (n° 3)*, n° 126/05, *RPDP* 2012. 419, note C.-L. Popescu, *Dr. Pénal* 2013, n° 4, chron. 4, obs. E. Dreyer, *AJDA* 2012. 1726, obs. L. Burgorgue-Larsen, *RTDH* 2013. 433, note N. Hervieu, qui parle à juste titre d'une histoire sans fin pour un contentieux décisif. D'ailleurs, le bras de fer entre Londres et Strasbourg se poursuit : CEDH, 10 févr. 2015, *McHugh et autres c/ Royaume-Uni*, n° 51987/08 et 1 014 autres requêtes, *JCP (A)* 2015. 2154, chron. V. Correia (dir.), n° 20, obs. C. Benalbaz.

24. CEDH, 4 juill. 2013, *Anchugov et Gladkov c/ Russie*, n° 11157/04, *D.* 2013, p. 1898, obs. O. Bachelet ; 17 sept. 2013, *Söyler c/ Turquie*, n° 29411/07 ; 12 août 2014, *Firth et autres c/ Royaume-Uni*, n° 47784/09..., *Dalloz Actu.* 5 sept. 2014, obs. M. Léna : violation de l'art. 3, Prot. n° 1 car la présente espèce est identique à l'aff. *Greens* (préc.) dans laquelle la Cour a constaté une violation du droit de vote et puisque la législation pertinente n'a pas encore été modifiée. Cf. plus récemment : CEDH, 21 juill. 2016, *Kulinski et Sabev c/Bulgarie*, n° 63849/09.

La jurisprudence européenne a d'ailleurs été toujours tolérante quant aux limitations étatiques apportées au droit à des élections libres : cela se conçoit aisément lorsque les limitations relèvent du bon sens[25], mais il en est de même dans d'autres circonstances, plus discutables, admettant des limitations implicites dès lors que la réglementation litigieuse ne porte pas atteinte à la substance même du droit[26]. Enfin, les États disposent d'une large marge d'appréciation en matière d'aménagement des seuils électoraux[27]. Il reste que malgré ces inévitables limitations, le droit à des élections libres fait désormais l'objet d'une protection plus importante de la part des organes de Strasbourg[28]. Cela est logique, car des élections libres et la liberté d'expression, notamment la liberté du débat politique, constituent l'assise de tout régime démocratique[29].

Toutefois, la Cour n'assure qu'un contrôle minimum des élections parlementaires, qu'il s'agisse des modes de scrutin ou des conditions de l'éligibilité. D'une part, s'agissant des modes de scrutin, l'article 3 du Protocole n° 1 n'impose pas l'introduction d'un système électoral précis comme la proportionnelle ou le vote majoritaire[30]. D'autre part, les juges européens reconnaissent aux États une large marge d'appréciation quant aux conditions de l'éligibilité, car il faut prendre en considération les particularités historiques et politiques de chaque État : en réalité, ce qui importe, c'est qu'au bout du compte l'expression de la volonté du peuple soit garantie à travers des élections

25. Comm. EDH, 7 mars 1984, *X. c/ Royaume-Uni*, DR 37/129 ; 12 déc. 1985, *Fryske Nasjonale Parteij c/ Pays-Bas*, DR 45/240.

26. CEDH, 1er juill. 1997, *Gitonas et autres c/ Grèce*, préc. La solution est acquise depuis l'arrêt *Mathieu-Mohin et Clerfayt*, considéré comme un arrêt majeur : CEDH, 2 mars 1987, *Mathieu-Mohin et Clerfayt c/ Belgique*, préc.

27. CEDH, 7 juin 2001, *Federacion nacionalista Canaria c/ Espagne*, n° 58618/00. Confirmation éclatante avec l'arrêt de la CEDH, 30 janv. 2007, *Yumak et Sadak c/ Turquie*, n° 10226/03, *AJDA* 2007. 902, obs. J.-F. Flauss, puisque la Cour a admis la compatibilité à l'art. 3 du Prot. n° 1 d'un seuil électoral national de 10 %, aboutissant à ce que 45 % des suffrages exprimés n'aient aucune représentation au Parlement. Saisie de cette affaire, la Grande chambre est allée dans le même sens : CEDH, Gr. Ch., 8 juill. 2008, *Yumak et Sadak c/ Turquie*, n° 10226/03, *JCP* 2009-I-104 n° 20, obs. F. Sudre qui critique ce qui est à ses yeux une abdiquation, en pratique, de tout contrôle, tout en conférant une immunité juridictionnelle aux restrictions au droit à des élections libres.

28. Cf. par exemple : CEDH, 9 avr. 2002, *Podkolzina c/ Lettonie*, n° 46726/99, § 38 (la Cour estimant en l'espèce que la radiation était une mesure disproportionnée) ; 1er juill. 2004, *Vito Sante Santoro c/ Italie*, n° 36681/97, §§ 58 et 59 (privation des droits civiques pour une période plus longue que la loi ne le prévoyait) ; aff. *Hirst c/ Royaume-Uni*, préc. (interdiction absolue du droit de vote des détenus). *Adde* CEDH, 23 mars 2006, *Albanese c/ Italie*, n° 77924/01, § 49 (incapacités personnelles dont privation du droit de vote frappant le failli et découlant automatiquement de la déclaration de faillite) ; 5 avr. 2004, *Silay c/ Turquie*, n° 8691/02, et *Ilıçak c/ Turquie*, n° 15394/02 (déchéance du mandat parlementaire) ; 30 mai 2006, *Matyjek c/ Pologne*, n° 38184/03 ; 5 avr. 2007, *Kavakci c/ Turquie*, n° 71907/01 (inéligibilité temporaire), *AJDA* 2007. 1923, obs. J.-F. Flauss.

29. CEDH, Gr. Ch., 19 févr. 1998, *Bowman c/ Royaume-Uni*, n° 24839/94, §§ 42 et s. V°, obs. de M. Levinet sous cet arrêt, *in RTDH* 2000. 62 (vers un infléchissement de l'autolimitation du juge européen des droits de l'homme en matière d'exercice des droits politiques). Pour autant, la Cour n'a pas estimé que les États avaient l'obligation d'organiser l'exercice du droit de vote de leurs ressortissants à l'étranger : CEDH, Gr. Ch., 15 mars 2012, *Sitaropoulos et Giakoumopoulos c/ Grèce*, n° 42202/07, *AJDA* 2012. 1726, obs. L. Burgorgue-Larsen, *RTDH* 2014. 937, note S. Besson et A.-L. Graf-Brugere.

30. Aff. *Mathieu-Mohin et Clerfayt*, préc. Cf. égal. : CEDH, 15 avr. 1996, *Magnago et Südtirola c/ Italie*, et 7 mars 1996, *Ahmet Safik c/ Grèce*, préc.

libres[31]. Mais la volonté européenne d'assurer l'effectivité du droit garanti par l'article 3 du Protocole n° 1 est certaine.

279. Bibliographie : COHEN-JONATHAN (G.) et FLAUSS (J.-F.), *À propos de l'arrêt Matthews c/ Royaume-Uni, RTD eur.* 1999, p. 637 et s. ; DE CACQUERAY (S), *La Convention européenne des droits de l'homme et le droit des élections : entre patrimoine européen et suprématie étatique, Constitutions* 2016. 557 et s. ; EUDES (M.), *Vers l'abolition des dernières restrictions au droit de vote, Étude des frontières du corps électoral, RTDH* 2006, p. 575 et s. ; FLAUSS (J.-F.), *Droit constitutionnel et Convention européenne des droits de l'homme*, RDF const. 2000, p. 843 et s. ; GIAKOUMOPOULOS (C.) et KITSOU-MILONAS (I.), *La Cour européenne et l'indépendance des partis politiques*, L'Europe des libertés 2/2000, p. 6 et s. ; GORI (G.) et KAFF-GAZIN (F.), *L'arrêt Matthews : une protection globale des droits de l'homme par une vision réductrice de l'ordre juridique communautaire*, Europe 1999 ; GOY (R.), *La garantie européenne du droit à de libres élections législatives, L'article 3 du premier protocole additionnel à la Convention européenne des droits de l'homme, RDP* 1986, p. 1277 et s. ; HUET (V.), *Vers l'émergence d'un principe de légitimité démocratique en droit international, RTDH* 2006, p. 547 et s. ; KAISER (M.), *Le droit à des élections libres... L'application timide d'une disposition ambitieuse*, Mél. Lambert, Bruylant, 2000, p. 444 et s. ; LECUYER (Y), *Les droits politiques dans la jurisprudence de la Cour suprême*, Th. La Rochelle 2007 ; LEVINET (M.), *Les inéligibilités aux élections législatives devant la Cour européenne des droits de l'homme*, RDF const. 2003, p. 425 et s. ; MARCUS-HELMONS (S.), *Article 3 (Prot. 1), in* PETTITI (L.-E.), DECAUX (E.) et IMBERT (P.-H.) (dir.), *La Convention européenne des droits de l'homme*, Economica, 2e éd., 1999, p. 1011 et s. ; SOHIER (J.), *L'interdiction des partis antidémocratiques, Strasbourg change la donne*, Journ. Juristes 20 octobre 2001, p. 7 et s. ; TITIUN (P.), *Inéligibilité et Convention européenne des droits de l'homme*, Mél. L.-E. Pettiti, Bruylant, 1998, p. 721 et s.

§2. La liberté de circulation

280. Protocole n° 4, Article 2 : Liberté de circulation.

1. Quiconque se trouve régulièrement sur le territoire d'un État a le droit d'y circuler librement et d'y choisir librement sa résidence.

2. Toute personne est libre de quitter n'importe quel pays, y compris le sien.

3. L'exercice de ces droits ne peut faire l'objet d'autres restrictions que celles qui, prévues par la loi, constituent des mesures nécessaires, dans une société démocratique, à la sécurité nationale, à la sûreté publique, au maintien de l'ordre public, à la prévention des infractions pénales, à la protection de la santé ou de la morale, ou à la protection des droits et libertés d'autrui.

4. Les droits reconnus au paragraphe 1 peuvent également, dans certaines zones déterminées, faire l'objet de restrictions qui, prévues par la loi, sont justifiées par l'intérêt public dans une société démocratique.

281. Une liberté garantie. – L'article 2 § 1er du Protocole n° 4 précise que quiconque se trouve régulièrement sur le territoire d'un État a le droit d'y circuler librement et d'y choisir librement sa résidence. Le texte concerne principalement l'étranger[32] : sa liberté de circulation est

31. Cette jurisprudence, fixée par l'arrêt *Mathieu-Mohin et Clerfayt* (préc.), a été confirmée par la suite : CEDH, 1er juill. 1997, *Gitonas c/ Grèce*, préc. ; 2 sept. 1998, *Ahmed et autres c/ Royaume-Uni*, préc. ; 9 juin 2000, *Sandra Brike c/ Lettonie*, préc.

32. ... mais pas uniquement. V° l'aff. *Timichev* où le requérant se plaignait d'avoir été empêché de traverser la frontière administrative entre deux régions de Russie : l'art. 2 § 1 du Prot. 4 a été violé, l'interdit

affirmée, mais encore faut-il qu'il se trouve régulièrement sur le territoire de l'État en cause. Il est significatif d'observer le pouvoir des autorités étatiques : c'est en effet au droit interne qu'il appartient de définir les conditions du caractère régulier de la situation[33]. Il apparaît que la liberté de circulation est finalement soumise au bon vouloir de l'État puisque cette liberté consacrée par le droit européen dépend d'une condition préalable (la régularité de la situation), qui est du domaine exclusif de l'État. Consciente de ce risque, la Cour vérifie scrupuleusement la condition de régularité : dans l'affaire *Piermont*, les juges européens ont remarqué que la personne en cause ne s'est pas trouvée régulièrement sur le territoire français, soulignant qu'il s'agit là d'une condition d'application de l'article 2 du Protocole n° 2 : la Cour a par conséquent conclu à la non-violation de cet article[34] ; il n'en reste pas moins vrai que, d'une façon générale, les juges européens sont très attentifs aux conditions d'une éventuelle ingérence, laquelle doit être exceptionnelle[35].

D'une façon générale, les principes qui se dégagent de l'article 2 du Protocole n° 4 ont été précisés par la jurisprudence européenne. Puisque cet article garantit à toute personne le droit de circuler à l'intérieur du territoire dans lequel elle se trouve, ainsi que celui de le quitter, cela implique le droit de se rendre dans un pays de son choix dans lequel elle pourrait être autorisée à rentrer[36]. Il en résulte que la liberté de circulation commande l'interdiction de toute mesure pouvant porter atteinte à ce droit ou en restreindre l'exercice, dès lors que ladite interdiction n'est pas nécessaire dans une société démocratique à la poursuite d'un but légitime[37]. Afin d'assurer l'effectivité

reposant sur un « ordre verbal » interdisant l'entrée de la région concernée aux Tchétchènes (CEDH, 13 déc. 2005, *Timichev c/ Russie*, n° 55762/00). *Adde* CEDH, 22 févr. 2007, *Tatishvchi c/ Russie*, n° 1509/02. V° aussi le cas des binationaux : CEDH, 23 mai 2006, *Riener c/ Bulgarie*, n° 46343/99 (violation de l'art. 2 du Prot. n° 4 à la suite de l'interdiction faite à une personne – possédant la double nationalité autrichienne et bulgare – de quitter la Bulgarie pour cause d'impôts impayés).

33. CEDH, 27 avr. 1995, *Piermont c/ France*, n° 15773/89, *JDI* 1996. 221, obs. E. Decaux et P. Tavernier, *RSC* 1995. 640, obs. L.-E. Pettiti, *D.* 1996, Somm. 640, obs. J. Rideau, *RUDH* 1996. 1 et s., obs. F. Sudre et autres, *JCP* 1996-I-3910, n° 8, obs. F. Sudre, *RTD Eur.* 1005. 735, obs. G. Cohen-Jonathan, *AJDA* 1996. 159, obs. J.-F. Flauss, *AFDI*, 1995. 485, obs. V. Coussirat-Coustère.

34. CEDH, 27 avr. 1995, *Piermont c/ France*, préc., §§ 45 et 49. À noter que la requérante, une citoyenne allemande domiciliée à Remagen, est une militante écologiste et pacifiste de longue date, et siégeait au Parlement européen à l'époque des faits.

35. Cf. pour un exemple significatif où la Cour a conclu à la violation de l'art. 2 du Prot. n° 2, notamment pour défaut de « nécessité » : CEDH, 22 févr. 1994, *Raimondo c/ Italie*, n° 12954/87, §§ 39 et 40, *AFDI* 1994. 658, obs. V. Coussirat-Coustère, *JDI* 1995. 748, obs. E. Decaux et P. Tavernier, *RSC* 1995. 388, obs. Fl. Massias, *RSC* 1994. 614, obs. L.-E. Pettiti, *JCP* 1995-I-3823, n° 6, obs. F. Sudre. V° aussi : CEDH, 17 juill. 2003, *Luordo c/ Italie*, n° 32190/96 ; 17 juill. 2003, *Bottaro c/ Italie*, 56298/00.

36. Cf. *mutatis mutandis* : Comm. EDH, 20 févr. 1995, *Peltonen c/ Finlande*, DR 80-A/43, § 1.

37. C'est le cas pour la saisie d'un passeport et sa mise sous scellés jusqu'au jugement du tribunal correctionnel : CEDH, 22 mai 2001, *Baumann c/ France*, n° 33592/96, § 67, *JCP* 2001-I-342, n° 22, obs. F. Sudre. *Idem* pour le retrait du passeport d'un suspect pendant plus de 10 ans dans l'attente de l'issue d'une procédure pénale : CEDH, 31 oct. 2006, *Földes et Földesné Hajlik c/ Hongrie*, n° 41463/02. *Adde* CEDH, 5 oct. 2006, *Bolat c/ Russie*, n° 14139/03 (amende illégalement infligée à un étranger n'ayant pas fait enregistrer sa nouvelle adresse : violation) ; 21 déc. 2006, *Bartik c/ Russie*, n° 55565/00 (refus excessif de délivrer un passeport). V° aussi : CEDH, 26 nov. 2009, *Gochev c/ Bulgarie*, n° 34383/03, § 35, *RDP* 2010. 884, obs. F. Sudre.

de cette liberté, toute atteinte est sanctionnée, qu'elle soit directe ou indirecte[38].

282. Une liberté tempérée. – Les troisième et quatrième paragraphes de l'article 2 du Protocole n° 4 prévoient une double limitation. En premier lieu, l'exercice de la liberté de circulation ne peut faire l'objet d'autres restrictions que celles qui, prévues par la loi, constituent des mesures nécessaires, dans une société démocratique, à la sécurité nationale, à la sûreté publique, au maintien de l'ordre public, à la prévention des infractions pénales, à la protection de la santé ou de la morale, ou à la protection des droits et libertés d'autrui : la règle est classique. Plus surprenante est la deuxième règle selon laquelle la liberté de circulation peut aussi, dans certaines zones déterminées, faire l'objet de restrictions qui, prévues par la loi, sont justifiées par l'intérêt public dans une société démocratique. La précision semble inutile puisque nous sommes toujours dans le cadre d'un intérêt qui peut être qualifié de général et qui, dès lors, peut justifier une ingérence de l'État. C'est ainsi que des restrictions résidentielles dans un quartier défavorisé ne sont pas forcément une violation des droits d'une prestataire d'aide sociale. Il a été jugé qu'une loi relative à la prise de mesures spéciales afin de répondre aux problèmes des quartiers urbains défavorisés et précisant les lieux où il n'est possible d'emménager que sous réserve de l'obtention d'une autorisation, ne viole pas les dispositions européennes[39].

283. Bibliographie : Akandji-Kombe (J.-F.), *L'arrêt Dorothée Piermont c/ France. L'application de la CEDH dans les TOM et à l'égard des ressortissants communautaires, Cah. CREDHO*, 1997, n° 3, p. 77 et s. ; Flauss (J.-F.), *Droit communautaire, Convention européenne des droits de l'homme et droit administratif, AJDA*, 1996, p. 159 et s. ; *Liberté d'expression politique des étrangers et protection des droits fondamentaux dans les territoires d'outre-mer, RTDH*, 1996, p. 364 ; Flory (F.) et autres, *La liberté de circulation des personnes en droit international*, Economica, 1988 ; Jean (P.), *Le contenu de la liberté de circulation, in* Flory (M.) et autres, *La liberté de circulation des personnes en droit international*, Economica, 1988, p. 21 et s. ; Leben (C.), *La liberté de circulation des personnes et le droit international,* LGDJ, 1978 ; Mourgeon (J.), *Article 2 (Protocole n° 4), in* Pettiti (L.-E.), Decaux (E.) et Imbert (P.-H.) (dir.), *La Convention européenne des droits de l'homme*, Economica, 2e éd., 1999, p. 1043 et s. ; Levinet (M), *L'incertaine détermination des limites de la liberté d'expression, RFDA*, 1997, p. 999 et s.

38. L'impossibilité d'obtenir un document d'identité en raison du non-paiement d'une pension alimentaire, et l'impossibilité corrélative d'obtenir un passeport ou une carte d'identité, est une atteinte à la liberté de circulation : CEDH, 2 déc. 2014, *Battista c/ Italie*, n° 43978/09, *Dalloz Actu.* 19 déc. 2014, obs. V. Lefebvre, *AJ Famille* 2015. 48, obs. V. A.-R., *JDI* 2015, n° 4, chron. 7, n° 38, obs. S. Jamal. Cf. aussi : CEDH, 23 févr. 2017, *de Tommaso c/Italie*, n° 43395/09, *Dalloz Actu.* 14 mars 2017, obs. T. Soudain, *JCP* 2017. 249, obs. K. Blay-Grabarczyk (mesures préventives d'assignation à résidence).

39. CEDH, 23 févr. 2016, *Garib c/Pays-Bas*, n° 4394/09, *JCP* 2016. 834, n° 24, obs. F. Sudre.

Section 2
Le droit à l'instruction

284. Protocole n° 1, Article 2. Droit à l'instruction.

> *Nul ne peut se voir refuser le droit à l'instruction. L'État, dans l'exercice de ses fonctions qu'il assumera dans le domaine de l'éducation et de l'enseignement, respectera le droit des parents d'assurer cette éducation et cet enseignement conformément à leurs convictions religieuses et philosophiques.*

285. L'article 2 du Protocole n° 1. – Aux termes de cet article, nul ne peut se voir refuser le droit à l'instruction. Cette formulation négative peut sembler curieuse dans la mesure où elle peut donner l'impression de réduire la protection voulue par les rédacteurs du texte. Sans doute aurait-il été souhaitable d'affirmer sans ambiguïté que toute personne à droit à l'éducation, mais il n'en reste pas moins vrai que ce droit est fondamental. Ce droit fait d'ailleurs l'objet d'une interprétation large[40] : si l'éducation doit s'entendre comme la somme des procédés par lesquels l'on tente d'inculquer aux plus jeunes certaines valeurs, l'enseignement et l'instruction visent plus particulièrement la transmission des connaissances et la formation intellectuelle[41].

286. Le contenu du droit à l'instruction. – Même si la question ne s'est pas posée puisque les États membres disposaient tous d'un système d'enseignement général et officiel, il est évident que l'établissement d'un tel système est une condition préalable à la réalisation du droit à l'instruction, faute de quoi son effectivité même serait en cause. Il est vrai cependant que l'État n'est pas dans l'obligation d'organiser un enseignement particulier, nécessitant la mise en œuvre de structures spécifiques[42]. Enfin, l'ancienne Commission[43] a rappelé que l'État a parfaitement le droit de réglementer la matière, à condition cependant de ne pas porter atteinte à la substance même du droit à l'instruction.

Positivement, le droit à l'instruction est le droit de toute personne de bénéficier des moyens d'instruction existants à un moment donné[44] : l'article 2 garantit le droit d'accès aux établissements scolaires qui existent, mais encore faut-il que ce droit d'accès ait un « effet utile », ce qui signifie que les études et

40. Une interprétation restrictive serait inacceptable, et d'ailleurs contraire au but et à l'objet de l'art. 2 du Prot. n° 1 : en ce sens : CEDH, Gr. Ch., 10 nov. 2005, *Leyla Sahin c/ Turquie*, n° 44774/98, § 137, *JCP* 2006-I-109 n° 17, obs. F. Sudre, *AJDA* 2006. 474, obs. J.-F. Flauss, *RDP* 2006. 807 M. Levinet.

41. CEDH, 25 févr. 1982, *Campbell et Cosans*, n° 7511/76..., § 33.

42. Comm. EDH, n° 5962/72, DR 16/50. *Adde* Comm. EDH, 4 déc. 1989, *Simpson c/ Royaume-Uni*, DR 64/188 (la question s'est posée pour les détenus ne bénéficiant pas des moyens matériels pour mener à bien leur formation).

43. Comm. EDH, 6 mars 1984, *Famille H. c/ Royaume-Uni*, n° 10233/83.

44. F. Sudre, *Droit international et européen des droits de l'homme*, *op. cit.*, n° 240.

les diplômes doivent faire l'objet d'une reconnaissance officielle afin d'être utilisés dans un but professionnel[45]. Naturellement, il ne saurait y avoir de discrimination dans le droit à l'instruction[46], en particulier en raison de l'origine des enfants[47]. Enfin, les juges européens ont précisé que le droit à l'instruction serait vide de sens si ses titulaires n'avaient pas le droit de recevoir un enseignement dans la langue nationale ou dans l'une des langues nationales selon les cas[48]. On remarquera que la gratuité du système d'enseignement est un point sensible : la Cour semble estimer qu'il n'y a pas d'obligation particulière pour l'État[49], mais il nous semble qu'une telle obligation s'impose, du moins pendant le temps où la scolarité est obligatoire. Il apparaît ainsi que le souci de donner toute son effectivité au droit à l'instruction est très net : cette effectivité est d'autant plus forte que les juges de la Cour donnent à l'article 2 du Protocole n° 1 un effet horizontal[50] tout en consacrant le principe du pluralisme éducatif[51]. Par ailleurs, la marge d'appréciation des États est importante : la Cour a précisé que, dans le domaine de l'instruction, on ne saurait interdire à ceux-ci d'instaurer des classes séparées ou des types d'écoles différents pour les élèves en difficulté, ou de mettre en œuvre des programmes

---

45. CEDH, 23 juill. 1968, aff. *Linguistique belge*, préc. n° 6, § 42. Depuis cette affaire, la Cour a transformé la formulation négative en une obligation positive, l'État devant garantir à tous un droit d'accès aux établissements scolaires existants.

46. Un État peut certes imposer des quotas d'accès, à condition qu'ils ne soient pas discriminatoires (Comm. EDH, 9 déc. 1980, *X c/ Royaume-Uni*, DR 23/230), tout comme il peut fixer des normes d'entrée ainsi que la durée des études (Comm. EDH, 16 juill. 1973, *X c/ Autriche*, DR 44/64). V° égal. le recours à l'art. 14, combiné avec l'art. 2 du Prot. n° 1 et les art. 8 et 9 de la Convention (mais aussi sous l'angle de l'art. 2 du Prot. n° 1 et de l'art. 9 de la Convention) : CEDH, 14 févr. 2006, *Folgero c/ Norvège*, n° 15472/02 (déc.) (recevabilité d'une requête portant sur le refus de dispenser les enfants de parents non chrétiens d'une matière obligatoire axée sur l'enseignement du christianisme) ; dans cette affaire, la Grande chambre, le 29 juin 2007, a jugé que l'État défendeur n'avait pas assez veillé à ce que les informations et connaissances figurant au programme du cours soient diffusées de manière suffisamment objective, critique et pluraliste : CEDH, 29 juin 2007, *Folgero et autres c/ Norvège*, n° 15472/02, *RTDH* 2008. 251, obs. G. Gonzalez qui insiste sur les difficultés de combattre objectivement l'inculture religieuse. V° aussi CEDH, 2 avr. 2013, *Tarantino et autres c/ Italie*, n° 25851/09..., *JCP* 2013, 449, 781, obs. K. Blay-Grabarczyk, sur la limitation d'accès à la Faculté de médecine (non-violation de l'art. 2, Prot. 1).

47. La question se pose en Europe centrale pour les Roms et elle est préoccupante. La Grande chambre a jugé discriminatoire et contraire à l'art. 14 le placement d'enfants Roms dans les écoles spéciales destinées aux enfants souffrant d'un handicap mental, considérant que les Roms, en tant que minorité défavorisée et vulnérable, ont besoin d'une protection spéciale qui s'étend également au domaine de l'éducation (CEDH, Gr. Ch., 13 nov. 2007, *D. H. et autres c/ République tchèque*, n° 57325/00, *RFDA* 2008. 737, obs. H. Labayle et F. Sudre, *AJDA* 2008. 1929, obs. J.-F. Flauss, *RTDH* 2008. 821, note E. Debout, *JCP* 2008-I-110 n° 14, obs. F. Sudre). Sur cette question de la discrimination, v° *supra*, n° 147 et s. Sur le contentieux scolaire rom, la Cour a souligné l'importance particulière, lorsque la scolarité est obligatoire, de l'inscription à l'école de tous les enfants en âge scolaire, surtout si ces enfants appartiennent à des minorités : CEDH, 5 juin 2008, *Sampanis et autres c/ Grèce*, n° 35526/05, § 66.

48. Aff. *Linguistique belge*, préc. V° Gr. Ch., 19 oct. 2012, *Catan et 27 autres c/ Moldova et Russie*, n° 43370/04 (fermeture de l'école des requérants sise en « République moldave de Transnistrie » en raison du refus de celle-ci d'abandonner l'alphabet latin) : violation art. 2 par la Russie.

49. Aff. *Linguistique belge*, préc.

50. CEDH, 25 mars 1993, *Costello-Roberts c/ Royaume-Uni*, n° 13134/87, § 27, *RUDH* 1993. 219, obs. Ph. Weckel.

51. CEDH, 7 déc. 1996, *Kjeldsen et autres c/ Danemark*, n° 5095/71, § 50, précisant que l'art. 2 du Prot. n° 1 vise à sauvegarder la possibilité d'un pluralisme éducatif, lequel est essentiel à la préservation de la société démocratique.

éducatifs spécialisés pour répondre à des besoins particuliers[52]. Enfin, si une scolarité à domicile contrôlée est possible[53], les parents ne peuvent pas pour autant revendiquer une scolarité à domicile totalement supervisée par eux-mêmes, pour des raisons religieuses ou philosophiques[54] : la règle s'explique par le fait qu'une « société démocratique » ne saurait tolérer la création de sociétés séparées ou parallèles.

287. Convictions des parents et droit à l'instruction. - L'article 2 ne garantit pas aux parents le droit absolu d'assurer l'éducation de leurs enfants conformément à leurs convictions, mais le droit au respect de ces convictions[55]. Il est évident que si des aménagements doivent être possibles face à des situations particulières, l'État doit pouvoir assurer sa mission. Quoi qu'il en soit, la liberté de choix des parents n'est pas sans limites : si un conflit surgit entre les convictions des parents et l'intérêt des enfants, en particulier quant à leur droit fondamental à l'instruction, ce dernier doit primer[56] : cela est bien légitime quoique parfois délicat, car la détermination des intérêts en présence n'est pas toujours chose facile ; il reste que le refus d'accorder des dispenses de cours ou de certaines manifestations n'est pas anticonventionnel même si cela peut heurter les convictions des parents[57]. Il est certain que les parents doivent pouvoir choisir l'école de leurs enfants, publique ou privée[58]. Le respect du pluralisme éducatif interdit tout endoctrinement[59], les connaissances devant être diffusées de façon objective, critique et pluraliste[60].

La présence de crucifix dans les salles de classe italiennes a suscité un important contentieux. La question s'était posée à la fois au regard de l'article 9 de la Convention[61], et de l'article 2 du Protocole n° 1, la Cour ayant retenu dans un premier temps une double violation dans l'affaire

52. CEDH, 17 juill. 2008, *Orsus c/ Croatie,* n° 15766/03, § 68, *JCP* 2009-I-104 n° 18, obs. F. Sudre.

53. Aff. *Famille H.*, préc.

54. CEDH, 11 sept. 2006, *Konrad et autres c/ Allemagne,* n° 35504/03.

55. Aff. *Kjelsen et autres,* préc. V° égal. aff. *Lautsi*, préc. Cf. aussi CEDH, 16 sept. 2014, *Mansur Ylacin et autres c/ Turquie,* n° 21163/11.

56. Comm. EDH, 8 sept. 1993, *Bernard c/ Luxembourg,* DR 75/ 57. De même, une requête relative à un refus de dispenser des enfants de la scolarité obligatoire à l'école primaire, comme le demandaient leurs parents pour des motifs religieux, a été déclarée irrecevable : CEDH, 11 sept. 2006, *Konrad c/ Allemagne,* n° 35504/03 (déc.).

57. CEDH, 27 avr. 1999, *Martins Casimiro et Cerveira Ferreira c/ Luxembourg,* n° 44888/98 (refus d'accorder une dispense de fréquenter l'école le samedi, demandée par les parents membres de l'Église adventiste du 7e jour). CEDH, 18 déc. 1996, *Valsamis c/ Grèce,* n° 21787/93, § 37 (renvoi de l'école pour une journée en raison du refus de participer à un défilé pour la fête nationale d'une élève dont les parents faisaient état de convictions pacifistes). Cf. aussi CEDH, 18 déc. 1986, *Johnston et autres c/ Irlande*, n° 9697/82, § 63 ; 18 déc. 1996, *Efstratiou c/ Grèce,* n° 24095/94.

58. Les États n'ont pas pour autant l'obligation de financer intégralement les écoles privées ou de créer des structures particulières afin de respecter les convictions des parents : Comm. EDH, 5 déc. 1990, *Graeme c/ Royaume-Uni,* DR 64/158. Ils peuvent cependant imposer certaines conditions tenant, notamment, à la qualification des professeurs, l'enseignement de certaines matières ou encore l'organisation interne de l'établissement.

59. Cf. *supra,* n° 202.

60. Aff. *Kjeldsen et autres,* préc., § 53.

61. Cf. *supra,* n° 206.

Lautsi[62]. Saisie de la difficulté, la Grande chambre s'est placée uniquement sur le terrain de l'article 2 du Protocole n° 1, jugeant qu'aucune question distincte ne se posait désormais sur celui de l'article 9. Constatant une non-violation des dispositions du Protocole, la Grande chambre s'est démarquée de la Chambre, ce qui a apaisé les choses tant en Italie que dans bon nombre d'États européens[63].

CEDH, Gr. Ch., 18 mars 2011,* Lautsi c/ Italie, *n° 30814/06 :
En fait : *La requérante a soulevé, lors d'une réunion dans l'école publique dans laquelle étaient scolarisés ses enfants, que la présence de crucifix dans les salles de classe portait atteinte au principe de laïcité selon lequel elle souhaitait les éduquer.*
En droit : *(non-violation de l'art. 2, Prot. n° 1) La Grande chambre ne partage pas l'approche de la chambre, selon laquelle l'exposition de crucifix dans les salles de classe aurait eu un impact notable sur les deuxième et troisième requérants, âgés de 11 et 13 ans à l'époque des faits. Les effets de la visibilité accrue que la présence de crucifix donne au christianisme dans l'espace scolaire méritent d'être relativisés. D'une part, cette présence n'est pas associée à un enseignement obligatoire du christianisme. D'autre part, l'Italie ouvre parallèlement l'espace scolaire à d'autres religions. De plus, les requérants ne prétendent pas que la présence de crucifix dans les salles de classe ait incité au développement de pratiques d'enseignement présentant une connotation prosélyte, ni ne soutiennent que les deuxième et troisième d'entre eux se soient trouvés confrontés à un enseignant qui, dans l'exercice de ses fonctions, se serait appuyé tendancieusement sur cette présence. Enfin, la requérante a conservé entier son droit, en sa qualité de parent, d'éclairer et de conseiller ses enfants, d'exercer envers eux ses fonctions naturelles d'éducateur, et de les orienter dans une direction conforme à ses propres convictions philosophiques. Ainsi, en décidant de maintenir les crucifix dans les salles de classe de l'école publique fréquentée par les enfants de la requérante, les autorités ont agi dans les limites de la marge d'appréciation dont dispose l'État défendeur dans le cadre de son obligation de respecter, dans l'exercice des fonctions qu'il assume dans le domaine de l'éducation et de l'enseignement, le droit des parents d'assurer cette éducation et cet enseignement conformément à leurs convictions religieuses et philosophiques.*

288. Le cas particulier des établissements d'enseignement supérieur. – On a pu se demander si les établissements d'enseignement supérieur devaient être englobés dans le champ d'application de l'article 2 du Protocole n° 1. Fort opportunément, la Cour européenne a jugé que si cet article énonce pour l'essentiel l'accès aux établissements de l'enseignement du primaire et du secondaire, nulle cloison étanche ne sépare l'enseignement supérieur du droit de l'instruction[64]. Désormais, il est

62. CEDH, 3 nov. 2009, *Lautsi c/ Italie*, n° 30814/06, *D.* 2009. 2810, obs. E. Royer et 2872, obs. P. Muzny, *AJDA* 2010. 997, obs. J.- F. Flauss, *RTDH* 2010. 467, obs. G. Gonzalez, *RDP* 2010. 877, obs. F. Sudre.

63. CEDH, Gr. Ch., 18 mars 2011, *Lautsi c/ Italie*, n° 30814/06, *D.* 2011. 949, obs. O. Bachelet et 809 édito. F. Rome, *AJDA* 2011,. 594, obs. M.-Ch. de Montecler, *RTD Civ.* 2011. 2870, obs. J.-P. Marguénaud, *JCP* 2011, 601. 988, note G. Gonzalez, *JCP* (A.) 2011. 2251, note F. Dieu, *JCP* 2011, 914, p. 1511, obs. F. Sudre, *Dr. Administratif* 2011, n° 6 com. 60, obs. Cl. Benelbaz.

64. Aff. *Leyla-Sahin c/ Turquie*, préc., § 136.

certain que les garanties de cet article s'appliquent aux établissements d'enseignement supérieur existant dans les États membres et que le droit d'accès à ces établissements s'impose dans la mesure où « nul ne peut se voir refuser le droit à l'instruction »[65].

Il est heureux que le domaine de l'article 2 du Protocole n° 1 soit ainsi élargi aux établissements d'enseignement supérieur : c'est ainsi que la Cour a considéré que l'annulation des résultats positifs d'un candidat aux examens d'entrée à l'Université, au vu des résultats médiocres qu'il avait obtenus les années précédentes, constituait une violation de l'art. 2 du Prot. n° 1[66]. Il a été jugé dans l'affaire *Tarantino* que la législation italienne limitant l'accès à la Faculté de médecine et à l'École dentaire par un concours d'entrée et un *numerus clausus* est raisonnable : d'abord, les restrictions imposées étaient prévisibles puisque contenues dans un texte ; ensuite, elles répondent à un but légitime d'intérêt général consistant à assurer un haut niveau de compétence professionnelle des praticiens ; enfin, la proportionnalité de ces restrictions est certaine puisqu'il s'agit, d'une part, de repérer les candidats les plus méritoires tout en assurant un niveau minimal suffisant d'enseignement, et, d'autre part, de prendre en compte les besoins de la société pour une profession particulière avec le souci légitime d'éviter des dépenses publiques excessives[67]. C'est dire qu'en appliquant ces restrictions qui ne sont donc pas disproportionnées, l'État italien n'a pas outrepassé sa marge d'appréciation : il n'y a donc pas violation de l'article 2 du Protocole n° 1[68].

289. Bibliographie : Dupuy (P.-M) et Boisson de Charzounes (L), Article 2, *in* Pettiti (L.-E.), Decaux (E.) et Imbert (P.-H.), *La Convention européenne des droits de l'homme*, Economica 2e éd. 1999, p. 1002 et s. ; Gonzalez (G), *Le droit à l'instruction au sens de la Convention européenne des droits de l'homme, RFDA* 2010, p. 1003 et s. ; Wildhaber (L), *Dans quelle mesure le droit à l'éducation a-t-il subi une évolution ?* Actes IVe colloque sur la CEDH, Conseil de l'Europe, 1976, p. 143 et s.

65. CEDH, 2 avr. 2013, *Tarantino et autres c/ Italie*, n° 25851/09..., § 43, *JCP* 2013 Actu. 781, obs. K. Blay-Grabarczyk.

66. CEDH, 7 févr. 2006, *Mürsel Eren c/ Turquie*, n° 60856/00.

67. Aff. *Tarantino et autres*, préc., §§ 47 et s.

68. Aff. *Tarantino et autres*, préc., §§ 58 et 59.

CHAPITRE 2

Les droits optionnels économiques et sociaux

290. Protocole n° 1, Article 1er. Protection de la propriété.

> *Toute personne physique ou morale a droit au respect de ses biens. Nul ne peut être privé de sa propriété que pour cause d'utilité publique et dans les conditions prévues par la loi et les principes généraux du droit international.*
> *Les dispositions précédentes ne portent pas atteinte au droit que possèdent les États de mettre en vigueur les lois qu'ils jugent nécessaires pour réglementer l'usage des biens conformément à l'intérêt général ou pour assurer le paiement des impôts ou d'autres contributions ou des amendes.*

291. Le droit au respect des biens. - Les droits économiques sont consacrés de façon assez marginale par la Convention européenne des droits de l'homme et ses protocoles additionnels. La question est cependant d'actualité, tant en raison de l'évolution même des notions que de certains changements politiques majeurs intervenus en Europe[1]. D'une façon plus générale, parce que souvent ils prolongent les droits civils et politiques, ils ne pouvaient être ignorés. C'est la raison pour laquelle le droit au respect des biens a été affirmé avec force malgré certaines limitations.

1. V° le cas des restitutions de biens : CEDH, 12 nov. 2002, *Zvolsky et Zvolska c/ Rép. Tchèque*, n° 46129/99 ; 5 nov. 2002, *Pincova et Pinc c/ Rép. Tchèque*, n° 36548/97. V° aussi pour des décisons d'irrecevabilité : CEDH (déc.), 23 oct. 2006, *Weber c/ Allemagne*, n° 55878/00 (impossibilité de revendiquer une propriété saisie par le *Reich* allemand et située sur le territoire de l'ex-RDA) ; 2 oct. 2006, *Melchior c/ Allemagne*, n° 66783/01, déc. (refus de restituer une propriété située sur le territoire de l'ex-RDA). *Adde* CEDH, 2 nov. 2006, *Radovici et Stanescu c/ Roumanie*, n° 68479/01.

Section 1
L'affirmation du droit au respect des biens

292. L'article 1er, alinéa 1er, du Protocole n° 1. – Cet article consacre le droit au respect des biens : toute personne physique ou morale a droit au respect de ses biens ; nul ne peut être privé de sa propriété que pour cause d'utilité publique et dans les conditions prévues par la loi et les principes généraux du droit international[2]. Toutefois, la Cour européenne a rappelé que la Convention ne garantit pas le droit d'acquérir un bien, en insistant également sur le fait que la privation de propriété ayant un caractère instantané, les États n'ont pas l'obligation générale de restituer des biens qui leur ont été transférés avant qu'ils ne ratifient la Convention : cette ultime précision est particulièrement importante compte tenu de la situation de certains pays européens, suite aux bouleversements historiques liés à l'après-guerre[3]. Il reste que, même si la Cour a bien précisé que seuls les « biens actuels » bénéficient de la protection du Protocole[4], la notion de biens est largement entendue et cela a considérablement renforcé la garantie contenue dans l'article 1er du Protocole n° 1, d'autant plus que si la portée de ce droit au respect des biens est traditionnellement forte, elle a aussi été renforcée plus récemment.

§1. Une portée forte

293. La garantie du droit de propriété. – Traditionnellement, l'article 1er du Protocole n° 1 garantit « en substance » le droit de propriété[5] : l'article 1er contient en réalité trois normes distinctes : la première énonce le principe du respect de la propriété, la deuxième vise la privation de propriété et la soumet à certaines conditions, tandis que la troisième reconnaît aux États le pouvoir, entre autres, de réglementer l'usage des biens conformément à l'intérêt général[6]. La protection de la propriété par le biais du droit au respect des biens s'est imposée naturellement. Le juge européen est même allé plus loin en retenant très tôt une acception

2. Art. 1er al. 2, Prot. n° 1.

3. CEDH, Gr. Ch., 28 sept. 2004, *Kopecky c/ Slovaquie*, n° 44912/98, *D.* 2005. 870, obs. C. Bîrsan et J.-F. Renucci.

4. CEDH, 21 oct. 2008, *Alboize-Barthes et Alboize-Montezume c/ France*, (déc.), n° 44421/04, *RDP* 2009. 897, obs. H. Surrel, à propos d'une différence de traitement entre enfants naturels reconnus volontairement et enfants naturels dont la filiation a été établie par la possession d'état, ces derniers ne pouvant contester la succession déjà liquidée (impossibilité d'appliquer l'art. 1 Prot. n° 1 puisqu'il ne s'agit pas de *« biens actuels »*, la succession litigieuse ayant été réglée bien avant l'établissement de la filiation).

5. CEDH, 13 juin 1979, *Marckx c/ Belgique*, n° 6833/74, § 63, *RUDH* 1990. 124, obs. J. Callewaert, *CDE* 1890. 473, obs. G. Cohen-Jonathan, *AFDI* 1980. 317, obs. R. Pelloux, *JDI* 1982. 183, obs. P. Rolland ; 24 oct. 1986, *Agosi c/ Royaume-Uni*, préc., § 48 ; 28 oct. 1987, *Inze c/ Autriche*, n° 8695/79, § 38 ; 25 mars 1999, *Iatridis c/ Grèce*, n° 31107/96, *JCP* 2000-I-203 n° 30, obs. F. Sudre ; 7 août 1996, *Zubani c/ Italie*, n° 14025/88.

6. CEDH, 23 sept. 1982, *Sporrong et Lönnroth c/ Suède*, n° 7151/75, § 61.

large de cette garantie, le droit de propriété pouvant être invoqué en l'absence d'un quelconque titre juridique[7].

294. La portée autonome de la notion de biens. – La notion de « biens », qui a une portée autonome, désigne tous biens de valeur patrimoniale[8] : tout intérêt économique qui a une valeur patrimoniale doit être considéré comme un bien au sens de l'article 1er du Protocole additionnel[9], y compris un simple « intérêt patrimonial à jouir d'un immeuble »[10]. Cette approche extensive de la notion de biens est une constante malgré certaines limites[11]. En définitive, la notion de biens

7. CEDH, 18 juin 2002, *Öneryildiz c/ Turquie*, n° 48939/99, § 142, *JCP* 2002-I-157 n° 23, obs. F. Sudre, *D.* 2002 Somm. 2568, obs. C. Bîrsan, *RTDH* 2003. 261, obs. C. Laurent. L'affaire a été rejugée par la Grande chambre, le 30 nov. 2004, *AJDA* 2005. 1133, obs. S. Ramiller, et 541, obs. J.-F. Flauss, *RTD Civ.* 2005. 422, obs. Th. Revet, *RDI* 2005. 98, obs. F.G. Trebulle.

8. Comm. EDH, 8 févr. 1978, *Wiggins c/ Royaume-Uni*, DR 13/40 (biens meubles ou immeubles, corporels ou incorporels) ; CEDH, 9 déc. 1994, *Raffineries grecques Stran et Stratis Andreadis c/ Grèce*, n° 13427/87, § 59 (créance) ; 24 sept. 2013, *De Luca c/ Italie*, n° 43870/04, et *Pennino c/ Italie*, n° 43892/04 (créances) ; 20 nov. 1995, *Pressos Compania Naviera SA et autres c/ Belgique*, n° 17849/91 ; Gr. Ch., 6 oct. 2005, *Maurice c/ France*, n° 11810/30, §§ 63 et s. ; 6 oct. 2005, *Draon c/ France*, n° 1513/03, § 65, *JCP* 2005-II-10061, note A. Zollinger, *JCP* 2006-I-109 n° 16, obs. F. Sudre, *RDP* 2006. 814, obs. H. Surrel ; Comm. EDH, 11 déc. 1986, *S et T c/ Suède*, DR 30/158 (parts sociales) ; 4 oct. 1990, *Smith Kline et French Laboratories Lts c/ Pays-Bas*, DR 66/70 (brevet) ; CEDH, 26 juin 1986, *Van Marle c/ Pays-Bas*, n° 8543/79..., § 41, (clientèle) *CDE* 1988. 446, obs. G. Cohen-Jonathan, *AFDI* 1987. 329, obs. V. Coussirat-Coustère, *JDI* 1987. 785, obs. P. Rolland et P. Tavernier. *Adde* Comm. EDH, 12 oct. 1982, *Bramelied et Malmström c/ Suède*, DR 29/64 (actions SA analysées en « valeur économique ») ; CEDH, 8 juill. 1987, *Baraona c/ Portugal*, n° 10092/82 (contenu personnel et patrimonial du droit de propriété) ; 11 oct. 2005, *Anheuser-Busch Inc c/ Portugal*, n° 73049/01, § 43 (marques commerciales), *RDP* 2006. 812, obs. H. Surrel. V° aussi CEDH, 9 mars 2006, *Eko-Elda Avee c/ Grèce*, n° 10162/02 (refus de l'administration fiscale de payer à la société requérante des intérêts de retard pour le remboursement tardif d'une somme que celle-ci avait indûment versée à titre d'impôt). CEDH, 23 oct. 1997, *National & Provincial Building Society c/ Royaume-Uni*, n° 21319/93, (actions engagées à l'encontre de l'administration fiscale aux fins de restitution de sommes versées sur le fondement de dispositions fiscales invalidées) *JCP* 1998-I-107 n° 30, obs. F. Sudre ; 29 janv. 2013, *Zolotas c/ Grèce* (n° 2), n° 66610/09, *JCP* 2013, 181, 312, obs. G. Gonzalez, *RTD Civ.* 2013. 336, obs. J.-P. Marguénaud (compte bancaire resté inactif pendant vingt ans) ; 13 mai 2014, *Paulet c/ Royaume-Uni*, n° 6219/08 (saisie sur salaire) ; 10 juill. 2014, *Milhau c/ France*, n° 4944/11, *Dalloz Actu.* 11 sept. 2014, obs. R. Mesa, *JCP* 2015, chron. 70, n° 15, obs. F. Sudre, *AJDA* 2014. 1763, obs. L. Burgorgue-Larsen, *AJ Famille* 2014. 497, obs. N. Regis, *RTD Civ.* 2014. 831, obs. J.-P. Marguénaud, et 869, obs. J. Hauser (prestation compensatoire et absence de choix quant au moyen de régler ladite prestation : violation de l'art. 1er, Prot. n° 1) ; 14 juin 2016, *Philippou c/Chypre*, n° 71148/10 (prestations de retraite de la fonction publique, dont la perte automatique en raison d'une révocation a été jugée contraire à l'art. 1er du Prot. n° 1) ; 21 juill. 2016, *Mamatas et a. c/Grèce*, n° 63066/14... (décote des obligations des personnes physiques afin de restructurer la dette publique grecque pendant la crise : non-violation de l'art. 1er, Prot. n° 1).

9. CEDH, 7 juill. 1989, *Tre Traktörer Aktiebolag c/ Suède*, n° 10873/84, § 53 (intérêts économiques liés à l'exploitation d'un débit de boissons) ; 14 févr. 2006, *Lecarpentier et autres c/ France*, n° 67847/01, §§ 26 et s., (déchéance du droit du prêteur aux intérêts de leur prêt que les requérants pouvaient légitimement espérer au vu de la jurisprudence de la Cour de cassation), *JCP* 2006-I-164 n° 13, obs. F. Sudre, *JCP* 2006-II-10171, note M. Thioye ; 3 oct. 2006, *Achache c/ France*, n° 16043/03.

10. CEDH, Gr. Ch., 29 mars 2010, *Depalle c/ France*, n° 34044/02 ; 29 mars 2010, *Brosset-Triboulet c/ France*, n° 34078/02, *D.* 2010. 965, note A. Vincent, *AJDA* 2010. 1311, note M. Canedo-Paris, et 1515 étude F. Alhama, *RDI* 2010. 389, obs. N. Foulquier, *RFDA* 2010. 543, obs. R. Hostiou, *RFDA* 2011. 987, obs. H. Labayle et F. Sudre.

11. CEDH, 9 avr. 2015, *Tchokontio Happi c/ France*, n° 65829/12, *D.* 2015. 720, obs. M.-C. de Montecler, *RTDH* 2016. 713, note N. Bernard et N. Derdek, *JCP* 2015. 480, note G. Gonzalez, *Procédures* 2015, com. 191 par N. Fricero, *RDSS* 2015. 651, obs. D. Tharaud, *JDI* 2016, n° 4, chron. 8, n° 6, obs. D. Sinou : la créance est un droit à bail social qui n'est pas un « bien ». Par ailleurs, un cautionnement, même très élevé, est compatible avec le droit au respect des biens : CEDH, déc., 12 janv. 2017, *UBS AG c/France*, n° 29778/15 (cautionnement d'un montant de 1,1 milliard d'euros), *Dalloz Actu.* 23 janv. 2017, obs. T. Soudain, *AJ Pénal* 2017. 134, obs. J. Lassere Capdeville.

englobe tous les intérêts qui découlent des rapports économiques d'un individu : autant dire que l'on va même au-delà du droit de propriété en visant la notion de patrimoine[12]. En définitive, dans chaque affaire, il importe d'examiner si les circonstances, considérées dans leur ensemble, ont rendu le requérant titulaire d'un intérêt substantiel protégé par l'article 1 du premier Protocole[13].

CEDH, Gr. Ch., 29 mars 2010,* Depalle c/ France, *n° 34044/02 et* Brosset-Triboulet c/ France, *n° 34078/02 :
En fait : *Les requérants ont acquis des maisons d'habitation situées sur le domaine public maritime, ces derniers bénéficiant alors d'une autorisation d'occupation dudit domaine public maritime. Finalement, cette autorisation ne fût pas renouvelée.*
En droit : (*non-violation de l'art. 1er du Prot. n° 1). En ordonnant la démolition de maisons édifiées sur le domaine public maritime, les autorités françaises n'ont pas violé la Convention.*

L'une des extensions les plus remarquables de la notion de biens concerne les prestations sociales : la Cour a jugé que celles-ci entrent dans le champ d'application de l'article 1er du Protocole n° 1 en raison de leur caractère patrimonial[14]. On peut aussi se demander si, finalement, la Cour n'est pas en train de consacrer un nouveau droit, celui de gagner sa vie par le travail. Il est vrai que, depuis longtemps, la Convention protège l'outil de travail[15], de sorte qu'une évolution dans ce sens d'une consécration d'un tel droit semble

12. La Cour a considéré que le droit au respect des biens garantit aux propriétaires le droit de tirer de ceux-ci un profit : CEDH, Gr. Ch., 19 juin 2006, *Hutten-Czapska c/ Pologne*, n° 35014/97, § 234, *AJDA* 2006. 1717, obs. J.-F. Flauss.

13. CEDH, Gr. Ch, 25 mars 1999, *Iatridis c/ Grèce*, n° 31107/96, § 54 ; Gr. Ch, 5 janv. 2000, *Beyeler c/Italie*, n° 33202/96, § 100, *RTDH* 2003. 223 et s., obs. H. Tigroudja, *AJDA* 2000. 526, obs. J.-F. Flauss ; Gr. Ch., 22 juin 2004, *Broniowski c/ Pologne*, n° 31443/96, § 129, *D.* 2004 Somm. 2542, obs. C. Bîrsan. Cf. aussi, pour le droit de préemption : CEDH, 28 juin 2011, *Ruspoli Morenes c/ Espagne*, n° 28979/07, *JDI* 2012, chron. 6, obs. A. Decaux, P. Tavernier, M. Boumghar et autres, et pour les droits de construire : CEDH, 18 nov. 2010, *Richet et Le Ber*, n° 18990/07... ; pour les pensions de retraite dont le montant a baissé sans pour autant caractériser une disproportion compte tenu de la crise financière : CEDH, 31 oct. 2013, *Da Conceicao Mateus c/ Portugal*, n° 62235/12 ; 31 oct. 2013, *Santos Januario c/ Portugal*, n° 57725/12, *JDI* 2013, chron. 6, n° 34, obs. S. Aktypis. *Adde* non-violation de l'art. 1er du Prot. n° 1 à propos de la baisse des salaires et des retraites, ainsi que la suppression des 13e et 14e mois : CEDH (déc.), 7 mai 2013, *Koufaki et Adedy c/ Grèce*, n° 57665/12 et n° 57657/12, *JDI* 2013, chron. 6, n° 33, obs. S. Aktypis. À noter que le non-remboursement des cotisations de retraites versées par un fonctionnaire n'ayant pas suffisamment cotisé pour avoir droit à une pension n'est pas contraire à la Convention : CEDH, 6 oct. 2016, *Mauriello c/Italie*, n° 14862/07.

14. CEDH, 16 sept. 1996, *Gaygusuz c/ Autriche*, n° 17371/90, § 41 (allocation d'urgence à un chômeur en fin de droit) ; 11 juin 2002, *Willis c/ Royaume-Uni*, n° 36042/97, § 36 (allocation de veuve) ; 26 nov. 2002, *Buchen c/ République tchèque*, n° 36541/97, § 46 (allocation de retraite). *Idem* pour l'obligation de verser une cotisation sociale : aff. *Van Raalte*, préc. ; CEDH, 30 sept. 2003, *Koua Poirrez c/ France*, n° 40892/98 (prestations sociales au bénéfice d'un adulte handicapé), Dr. fam. 2004, p. 33, obs. S. Le Meur, *JCP* 2004-I-181 n° 5 com. F. Sudre ; 6 juill. 2005, *Stec et autres c/ Royaume-Uni*, n° 65731/01..., § 56, *JCP* 2006-I-109 n° 14, obs. F. Sudre, *RDP* 2006. 813, obs. H. Surrel, *JCP* (social) 2006. 28, note J. Cavallini. *Adde* l'arrêt de la grande Chambre rendu dans cette affaire *Stec et autres* le 12 avr. 2006, *JCP* 2006-I-164 n° 12, obs. F. Sudre. *Adde* CEDH, 23 mars 2017, *Gouri c/France*, n° 41069/11, *Dalloz Actu.*, 21 avr. 2017, obs. J. Gate.

15. CEDH, 16 déc. 1992, *Niemietz c/ Allemagne*, n° 13710/88, *D.* 1993 Somm. 386, obs. J.-F. Renucci. V° plus récemment : CEDH, 11 avr. 2002, *Lallement c/ France*, n° 46044/99, *AJDA* 2002. 500, obs. J.-F. Flauss, et p. 686, obs. R. Hostiou, *RDP* 2003. 689, obs. H. Surrel.

se dessiner. Cependant, le pas ne semble guère avoir été franchi malgré quelques interrogations[16].

§2. Une portée renforcée

295. Les modalités du renforcement. – Ces dernières années, la portée du droit au respect des biens a été renforcée, d'une part en raison du développement de l'effet horizontal de ce droit par le biais des obligations positives de l'État, et d'autre part par la prise en considération de la notion d'espérance légitime.

296. L'effet horizontal du droit au respect des biens. – Si traditionnellement le droit au respect des biens est principalement envisagé dans ses rapports avec l'État, il peut aussi être envisagé à un autre point de vue : l'effet horizontal de ce droit, c'est-à-dire dans ses rapports entre particuliers, est une réalité, même s'il n'occupe actuellement qu'une place limitée dans la jurisprudence européenne. C'est ainsi que le droit au logement, même s'il n'est pas expressément consacré en tant que droit fondamental, fait désormais partie des préoccupations des instances strasbourgeoises. Dans une affaire entre locataire et propriétaire à propos du montant des loyers, la Cour européenne a certes conclu à la non-violation de l'article 1er du Protocole n° 1, mais elle a tout de même admis l'applicabilité de cette disposition[17]. Auparavant, cette même juridiction avait observé que les sociétés modernes considèrent le logement comme un besoin primordial dont on ne saurait entièrement abandonner la satisfaction aux forces du marché[18]. Par la suite, les juges européens vont développer une jurisprudence destinée à assurer la protection du droit au logement[19] qui devient un « quasi droit fondamental », d'autant plus que les dispositions de l'article 8 de la Convention protégeant le domicile sont éventuellement applicables[20]. Des limites existent cependant, la

16. Cf. *supra*, n° 246.

17. CEDH, 19 déc. 1989, *Mellacher et autres c/ Autriche*, n° 10522/83, § 44, *AFDI* 1991. 610, obs. V. Coussirat-Coustère, *JDI* 1990. 742, obs. P. Rolland et P. Tavernier. À noter que la Cour a censuré la législation polonaise relative au contrôle étatique des loyers : CEDH, Gr. Ch., 19 juin 2006, *Hutten-Czapska c/ Pologne*, n° 35014/97, *JDI* 2007. 730, obs. D. Lemetyer. Pour une législation d'encadrement des loyers jugée contraire au Protocole add. Conv. EDH : CEDH, 5 juill. 2016, *Bukovcanova et a. c/Slovaquie*, n° 23785/07 ; *Krahulec c/Slovaquie*, n° 19294/07 ; *Rudolfer c/Slovaquie*, n° 38082/07, *AJDI* 2017. 43, obs. P. Le More.

18. Aff. *James et autres*, préc., § 47. Inversement, un contrôle étatique trop strict des loyers est une atteinte au droit de propriété : CEDH, Gr. Ch., 19 juin 2006, *Hutten-Czapska c/ Pologne*, préc., § 239. Cf. aussi : CEDH, 28 janv. 2014, *Bitto c/ Slovaquie*, n° 30255/09, *AJDA* 2014. 1763, obs. L. Burgorgue-Larsen.

19. CEDH, 21 nov. 1995, *Velosa Barreto c/ Portugal*, n° 18072/91 (une législation réglementant le droit au bail et restreignant le droit du propriétaire de le résilier n'est pas contraire à l'art. 1er Prot. n° 1). Cf. aussi : CEDH, 28 sept. 1995, *Spadea et Scalabrino c/ Italie*, n° 12868/87 ; 28 sept. 1995, *Scollo c/ Italie*, n° 19133/91. Cf. aussi : CEDH, 20 oct. 2015, *Fazia Ali c/Royaume-Uni*, n° 40378/10, *JDI* 2016, n° 4, chron. 8, n° 7, obs. D. Sinou (le droit au logement apparaissant comme un « droit civil » pouvant être invoqué devant un « tribunal indépendant et impartial »).

20. CEDH, 18 févr. 1999, *Larkos c/ Chypre*, n° 29515/95, *JCP* 2000-I-203 n° 20, obs. F. Sudre. *Adde* CEDH, 13 mai 2008, *McCann c/ Royaume-Uni*, n° 19009/04, *RTDH* 2009. 527, obs. N. Bernard où la Cour, explicitement, pose le principe de la nécessité d'un contrôle juridictionnel préalable à une expulsion de logement.

Cour ayant constaté une violation du droit au respect des biens dans le fait, pour un État, de permettre aux locataires d'obtenir la prolongation de leurs baux d'habitation au même prix et sans limitation de durée[21].

Il apparaît que par le biais des obligations positives faisant peser sur les États la nécessité d'adopter des mesures pour protéger le droit de propriété, le développement d'un effet horizontal de la garantie européenne ne peut que s'accentuer mécaniquement. La jurisprudence européenne vise désormais également les litiges entre des personnes physiques ou morales[22] : l'État partie doit offrir une procédure judiciaire dotée des garanties procédurales nécessaires et permettant aux tribunaux de trancher efficacement et équitablement tout éventuel litige entre des personnes privées[23]. Avec les obligations positives, l'extension du domaine de l'article 1er du premier Protocole est réelle. D'une part, dans l'arrêt *Öneryildiz*, la Cour estime que l'effectivité de la protection du droit de l'article 1er s'impose notamment là où il existe un lien direct entre les mesures qu'un requérant pouvait légitimement attendre des autorités et la jouissance par ce dernier de ses biens[24]. D'autre part, l'arrêt *Broniowski* rappelle qu'en ce qui concerne le droit au respect des biens, des obligations positives peuvent entraîner pour l'État certaines mesures nécessaires pour protéger le droit de propriété[25]. Même dans le cas particulier des déplacements forcés, la Cour a jugé que l'État doit assurer les conditions et fournir les moyens aux personnes déplacées de regagner leur domicile de leur plein gré, en sécurité et avec dignité, ou de s'installer volontairement ailleurs[26].

297. La prise en compte de l'espérance légitime. – Cette prise en considération est significative de la volonté d'assurer une protection large et effective des biens en allant au-delà de la dimension traditionnelle de la garantie. Pour avoir une espérance légitime, il faut que les requérants possèdent de manière suffisamment établie une créance immédiatement légitime[27]. L'utilisation de cette notion n'est pas réellement nouvelle,[28] mais la jurisprudence européenne l'a affinée de façon remarquable[29].

---

21. CEDH, 12 juin 2012, *Lindheim c/ Norvège*, n° 13221/08, *D.* 2012. 2007, note F. MARCHADIER.

22. CEDH, 25 juill. 2002, *Sovtransavto Holding c/ Ukraine*, n° 48553/99, § 96.

23. Aff. *Sovtransavto Holding*, préc., § 96.

24. Aff. *Öneryildiz*, préc., § 145.

25. Aff. *Broniowski*, préc., § 143. Cf. aussi : CEDH, 25 juill. 2002, *Sovtransavto Holding c/ Ukraine*, préc., § 96. *Adde mutatis mutandis* CEDH, 26 mai 1994, *Keegan c/ Irlande*, n° 16969/90, § 49 ; 27 oct. 1994, *Kroon et autres c/ Pays-Bas*, n° 18535/91, § 31.

26. CEDH, 29 juin 2004, *Dogan et autres c/ Turquie*, n° 8803/02, § 154, *JCP* 2004-I-161 n° 16-17, obs. F. SUDRE.

27. CEDH (déc.), 10 juill. 2002, *Gratzinger et Gratzingerova c/ République tchèque*, préc., § 73. Cf. aussi : CEDH, 4 mars 2003, *Jantner c/ Slovaquie*, préc., §§ 29-33. V° aussi aff. *Lecarpentier*, préc., § 40.

28. CEDH, 29 nov. 2001, *Pine Valley Developments Ltd et autres c/ Irlande*, préc., § 51 ; 24 juin 2003, *Stretch c/ Royaume-Uni*, n° 44277/98 ; CEDH, 20 nov. 1995, *Pressos Compania Naviera S. A. et autres c/ Belgique*, n° 17849/91, § 31.

29. Cf. pour une application de cette notion d'espérance légitime au versement d'une pension de retraite : CEDH, 4 févr. 2014, *Mottola et autres c/ Italie*, n° 29932/07, *JCP* 2014 actu. 247, obs. K. BLAY-GRABARCZYK, *JCP* 2014, chron. 832, n° 19, obs. F. SUDRE ; 4 févr. 2014, *Staibano et autres c/ Italie*, n° 29907/07, *JCP* 2014, 247, 385, obs. K. BLAY-GRABARCYK. Cf. aussi « espérance légitime et pension d'invalidité » : CEDH, Gr. Ch., 13 déc. 2016, *Belane Nagy c/Hongrie*, n° 53080/13, *AJDA* 2017. 157, obs. L. BURGORGUE-LARSEN.

L'affinement de la notion d'espérance légitime, comme valeur patrimoniale protégée par les dispositions de l'article 1er du Protocole additionnel, est un apport capital de l'arrêt *Kopecky* rendu par la grande Chambre[30]. Le critère décisif d'une espérance légitime protégée par le premier Protocole est l'existence d'une base suffisante en droit interne tel qu'interprété par les juridictions nationales pour que l'on puisse qualifier la créance du requérant de « valeur patrimoniale »[31].

CEDH, Gr. Ch., 28 sept. 2004,* Kopecky c/ Slovaquie, *n° 44912/98 :
En fait : *Le père de l'intéressé a été condamné a un an d'emprisonnement pour avoir conservé des pièces d'or et d'argent, lesquelles lui ont été confisquées. Pour le requérant, le rejet de son action en restitution a emporté violation de la Convention.*
En droit : *(non-violation de l'art. 1, Prot. n° 1). Dans le contexte de la demande en restitution, le requérant n'avait pas un « bien » au sens de la première phrase de l'art. 1er du Prot. n° 1. Par conséquent, les garanties de cette disposition ne trouvent pas à s'appliquer en l'espèce.*

Section 2
Les limitations du droit au respect des biens

298. La double limitation du droit de propriété. – Le fait que le droit au respect des biens soit affirmé avec force n'empêche pas que des limites existent : le droit de propriété peut parfois faire l'objet, tantôt d'une privation, tantôt de simples restrictions.

§1. La privation de propriété

299. La nécessité de la mesure. – Dans certains cas et sous certaines conditions, les États peuvent priver un individu de sa propriété. Une telle mesure peut s'avérer tout à fait indispensable et, dans un souci de réalisme et d'efficacité, il était légitime de prévoir cette éventualité dans le Protocole n° 1. En principe, il s'agit d'une dépossession définitive et complète, découlant notamment d'une nationalisation, d'une expropriation ou encore d'une confiscation. Dans l'arrêt *Mellacher*, la Cour a apporté d'utiles précisions : l'expropriation formelle est la mesure étatique opérant transfert de propriété, tandis que l'expropriation de fait se caractérise

30. CEDH, Gr. Ch., 28 sept. 2004, *Kopecky c/ Slovaquie,* n° 44912/98, *D.* 2005. 870, obs. C. Bîrsan et J.-F. Renucci, *JCP* 2005-I-107 n° 18, obs. F. Sudre.

31. Aff. Gr. Ch. *Kopecky*, préc., § 54. La Cour avait d'ailleurs jugé qu'un simple espoir entretenu, à tort ou à raison, par l'attitude des autorités internes vis-à-vis d'un projet immobilier n'est pas une espérance légitime, donc un bien au sens de l'art. 1er du Prot. n° 1, notion qui est plus concrète et doit se baser sur une disposition légale ou un acte juridique, telle une décision judiciaire définitive : CEDH (déc.), 23 sept. 2003, *Mirailles c/ France,* n° 63156/00.

par le fait qu'une personne a été dépouillée du droit d'user de son bien, de le louer ou de le vendre[32]. Toutefois, certaines dépossessions pourtant définitives ne sont pas pour autant soumises à l'article 1er, en particulier les partages successoraux, les liquidations de régimes matrimoniaux, ainsi que les saisies et ventes à la suite d'une procédure d'exécution[33]. À l'évidence des nuances s'imposent. Si certains transferts de biens découlant de limitations au droit de propriété prévues par la loi échappent à l'article 1er, il n'en demeure pas moins vrai que le principe d'équilibre doit être respecté : dès lors, il faut veiller à ce qu'une personne ne soit pas dépouillée arbitrairement et injustement même si la législation le permet ; c'est dire qu'en certaines circonstances, il peut y avoir malgré tout privation de propriété, l'article 1er étant alors applicable[34].

300. Les conditions prévues par le texte. – L'article 1er du Protocole n° 1 précise les conditions qui doivent être réunies pour légitimer une privation de propriété. Il s'agit du respect des conditions prévues par la loi nationale, de celui des principes du droit international et de l'exigence d'une cause d'utilité publique.

Le respect des conditions prévues par la loi nationale est exigé avec force. Il implique l'existence d'une « loi » au sens européen du terme, laquelle doit être accessible, prévisible, mais aussi précise quant aux conditions et modalités de la mesure privative de propriété[35]. En définitive, la loi est identifiée au droit positif interne. L'effectivité du contrôle européen a pu être mise en doute,[36] mais certains arrêts sont plutôt rassurants à cet égard[37]. Le principe de la légalité doit assurément être respecté[38], d'autant plus qu'il doit être mis en parallèle avec celui de la prééminence du droit qui est un principe fondamental inhérent à l'ensemble des articles de la Convention[39]. Les pouvoirs publics doivent donc respecter scrupuleusement le droit, tout en agissant en temps utile, de façon correcte et avec la plus grande cohérence[40].

---

32. CEDH, 19 déc. 1989, *Mellacher et autres c/ Autriche*, préc., § 44.

33. Aff. *Bramelied et Malmström*, préc., p. 64.

34. Comm. EDH, 11 mai 1984, *James et autres c/ Royaume-Uni*, préc. § 102.

35. Ces principes ont été rappelés récemment : aff. *Broniowski*, préc., § 147 ; aff. *Beyeler*, préc., §§ 109 et 110.

36. Cf. not. : CEDH, 22 juin 1989, *Eriksson c/ Suède*, n° 11373/85, § 59 ; 25 oct. 1989, *Allan Jacobsson c/ Suède (n° 1)*, n° 10842/84, § 57 ; 21 févr. 1990, *Hakansson et Sturesson c/ Suède*, n° 11855/85, § 47.

37. V° par ex. le droit de préemption de l'administration fiscale : CEDH, 22 sept. 1994, *Hentrich c/ France*, n° 13616/88, *AFDI* 1994. 658, obs. V. Coussirat-Coustère, *JDI* 1995. 776 et 1996, p. 235, obs. E. Decaux et P. Tavernier, *JCP* 1995-II-22374, note J.-P. Le Gall et L. Gérard, *D.* 1995. 465, note D. Fiorina, *RSC* 1995. 397, obs. Fl. Massias, *Gaz. Pal.* 27-28 sept. 1995, p. 39, note L.-E. Pettiti, *JCP* 1996-I-3910 n° 8, obs. F. Sudre.

38. CEDH, 30 mai 2000, *Belvedere Alberghiera Srl c/ Italie*, n° 31524/96, § 59. V° aussi, à propos de l'expropriation indirecte : CEDH, 5 oct. 2006, *Gianazza c/ Italie*, n° 69878/01, §§ 46 et s. ; 5 oct. 2006, *De Nigris c/ Italie*, n° 41248/04 ; 16 nov. 2006, *Immobiliare Podere Trieste S. R.L. c/ Italie*, n° 19041/04 ; 25 janv. 2007, *Morea c/ Italie*, n° 69269/01.

39. CEDH, Gr. Ch., 23 nov. 2000, *Ex-Roi de Grèce et autres c/ Grèce*, n° 25701/94, § 79, *JCP* 2001-I-291 n° 45, obs. F. Sudre.

40. Aff. *Beyeler*, préc. avec les, obs. du prof. Flauss. V° aussi dans le même sens : CEDH, 15 sept. 2009, *Moskal c/ Pologne*, n° 10373/05, *AJDA* 2010, p. 997, obs. J.-F. Flauss.

Le respect des conditions prévues par les principes généraux du droit international a suscité davantage d'interrogations : son utilité même ayant été mise en cause, encore que l'on puisse légitimement penser que cette référence implique l'obligation d'indemniser[41]. Désormais les interrogations sont moins vives dans la mesure où la jurisprudence consacre de façon générale un droit à indemnisation. Il n'en reste pas moins vrai que la référence aux principes généraux du droit peut sembler inutile, d'autant plus que les autres droits fondamentaux concernés par ce débat, à savoir la non-discrimination ou la cause d'utilité publique sont consacrés par les dispositions européennes[42].

L'exigence d'une cause d'utilité publique est une condition de la privation de propriété particulièrement importante[43] : c'est le « but légitime » qui s'impose pour toute « ingérence de l'État » ; ainsi, l'appréciation étatique des atteintes aux intérêts économiques des particuliers est soumise au contrôle international. Mais ce contrôle est décevant dans la mesure où les juges européens ne semblent pas exercer pleinement leurs pouvoirs : en effet, ceux-ci devraient d'abord se demander si la cause d'utilité publique est bien réelle pour ensuite, dans l'hypothèse d'une réponse affirmative à cette interrogation, vérifier si l'équilibre entre l'intérêt (général) sauvegardé et celui (particulier) qui est sacrifié n'est pas rompu. Or il faut bien reconnaître que les instances européennes s'inclinent la plupart du temps face à l'appréciation de l'État. Cette « démission » européenne s'explique par l'absence de standard unique en la matière, de sorte qu'une réelle vérification est quasiment impossible. De plus, la notion même d'utilité publique est variable et, par conséquent, les autorités nationales apparaissent comme étant les mieux placées pour apprécier la situation[44] : les juges européens admettent, pour caractériser l'utilité publique, toute politique légitime d'ordre social, économique ou autre[45] : la notion d'utilité publique étant ample par nature, il est normal de laisser au législateur national une grande latitude pour mener sa politique[46]. La Cour recherche cependant s'il existe un rapport raisonnable de proportionnalité entre les moyens utilisés et le but visé, mais le contrôle ne semble pas à la hauteur de ce qu'il devrait être, d'autant plus que l'expropriation pour cause d'utilité publique est la mesure la plus forte contre le droit de propriété[47]. Compte tenu de la timidité européenne quand au contrôle de

41. Cette obligation a finalement été consacrée par la jurisprudence : cf. *infra*, n° suivant.

42. Le premier est consacré par l'art. 14, Conv. EDH, et le second par l'art. 1er du Prot. n° 1.

43. À noter que la protection du patrimoine culturel d'un pays constitue un but légitime propre à justifier l'expropriation par l'État d'un immeuble classé « bien culturel », la conservation d'un tel patrimoine constituant une valeur essentielle dont la défense et la promotion incombent aux pouvoirs publics : CEDH, Gr. Ch., 19 févr. 2009, *Kozacioglu c/ Turquie*, n° 2334/03, §§ 53 et 54.

44. CEDH, 7 déc. 1976, *Handyside c/ Royaume-Uni*, n° 5493/72, § 39, *AFDI* 1977. 494, obs. R. Pelloux, *JDI* 1978. 706, obs. P. Rolland ; cf. aussi aff. *James et autres*, préc. § 46.

45. Aff. *James et autres*, préc., §§ 42 et 45 ; CEDH, 8 juill. 1986, *Lithgow et autres c/ Royaume-Uni*, n° 9006/80, § 143 ; 21 févr. 1990, *Haranksson et Sturesson c/ Suède*, préc. ; 22 sept. 1994, *Hentrich c/ France*, préc.

46. Aff. *Broniowski*, préc., § 149.

47. Cf. cependant CEDH, 25 mars 1999, *Papachelas c/ Grèce*, n° 31423/96, *JCP* 2000-I-203 n° 31, obs. F. Sudre. *Adde* CEDH, 5 janv. 2000, *Beyeler c/ Italie*, n° 33202/96, et 28 oct. 1999, *Brumarescu c/ Roumanie*, n° 28342/95, *D.* 2000 Somm., p. 187, obs. N. Fricéro. *Adde* pour un terrain occupé illégalement par

l'utilité publique, il y a peu de chances que certaines « expropriations pour cause d'utilité privée »[48] soient censurées par la Cour européenne : on peut toutefois s'interroger, car il y a atteinte aux biens pour une utilité qu'il est difficile de qualifier de publique....

301. Les précisions apportées par la jurisprudence. – Dans le cadre d'une privation de propriété, la jurisprudence a consacré l'obligation d'indemniser le propriétaire. Mettant fin à une controverse liée à l'interprétation des principes généraux du droit international tout en se référant au principe du juste équilibre, les juges européens ont généralisé le droit à indemnisation : désormais, le versement d'une compensation en cas de privation de propriété est une règle générale, la seule réserve étant celle des circonstances exceptionnelles[49]. La Cour a en effet observé qu'en l'absence d'un droit à indemnisation, l'article 1er n'assurait qu'une protection largement illusoire et inefficace du droit de propriété[50]. En outre, cette indemnisation doit intervenir rapidement[51], être en rapport avec la valeur du bien[52] même si ce dernier critère est, par nature, assez flou[53]. Plus généralement, l'indemnisation doit être effective[54] et la réparation n'est adéquate que si elle prend également en compte le dommage tenant à la durée de la privation[55]. De

---

l'administration sans recourir à la procédure d'expropriation : CEDH, 9 févr. 2017, *Messana c/Italie*, n° 26128/04. *Adde* : CEDH, 13 déc. 2016, *Kutlu et a. c/Turquie*, n° 51861/11 ; 6 déc. 2016, *Dokmeci c/Turquie*, n° 74155/14, *RDI* 2017. 72, obs. R. Hostiou (cf. déjà : CEDH, 24 avr. 2003, *Yvon c/France*, n° 44962/98 ; 25 avr. 2006, *Roux c/France*, n° 16022/02).

48. Expression utilisée par J. Massip à propos des nouvelles dispositions du divorce : *LPA* 16 janv. 2001, n° 18, p. 8.

49. Il en est ainsi depuis l'arrêt *Sporrong et Lönnroth*, préc. Les juges européens se montrent cependant rigoureux : CEDH, 22 janv. 2004, *Jahn et autres c/ Allemagne*, n° 46720/99..., § 93. Désormais, la Cour est plus ouverte, la Grande Chambre ayant fait preuve de souplesse dans cette même affaire : CEDH, Gr. Ch., 30 juin 2005, *Jahn et autres c/ Allemagne*, n° 46720/99.

50. Cf. aff. *James et autres*, préc. V° aussi : CEDH, 5 oct. 2006, *Penescu c/ Roumanie*, n° 13075/03. V° aussi : CEDH, 8 juill. 2008, *Turgut et autres c/ Turquie*, n° 1411/03, § 92

51. CEDH, 9 juill. 1997, *Akkus c/ Turquie*, préc. Pour l'indemnisation d'une expropriation non intervenue dans un délai raisonnable, avec violation de l'art. 1er, Prot. n° 1, mais aussi de l'art. 6 § 1 : CEDH, 6 nov. 2014, *Azzopardi c/ Malte*, n° 28177/12.

52. Comm. EDH, 17 déc. 1987, *Scotts of Greenock Ltd et Lithgow*, § 90. V° not. : CEDH, 9 déc. 1994, *Les Saints Monastères c/ Grèce*, n° 13092/87..., *D.* 1996. 329, note D. Fiorina. *Adde* aff. *Scordino*, préc. ; *Scotts of Greenock Ltd et Lithgow*, préc. V° aussi : CEDH, 21 févr. 1997, *Guillemin c/ France*, préc. ; 11 avr. 2002, *Lallement c/ France*, n° 46044/99, § 24. *Adde* aff. *Ex-Roi de Grèce* préc. *Adde* CEDH, 17 nov. 2015, *Preite c/Italie*, n° 28976/05, *RDI* 2016. 22, obs. R. Hostiou. Cf. le cas particulier pour des propriétaires mineurs : CEDH, 7 mai 2015, *S. L. et J. L. c/Croatie*, n° 13712/11, *JDI* 2016, n° 4, chron. 8, n° 39, obs. V. Durand. Cf. concernant la non-indemnisation pour la dépréciation du bien suite à des travaux autoroutiers : CEDH, 25 juin 2015, *Couturon c/France*, n° 24756/10, *Dalloz Actu.* 23 juill. 2015, obs. E. Autier, *RDI* 2015. 479, obs. R. Hostiou, *JDI* 2016, n° 4, chron. 8, n° 40, obs. P. Tavernier.

53. V° l'aff. *Maupas*, la Cour concluant à la non-violation de l'art. 1 du Prot. n° 1 parce que rien ne permettait d'affirmer que le montant de l'indemnité d'expropriation n'était pas en rapport avec la valeur du bien : CEDH, 19 sept. 2006, *Maupas et autres c/ France*, n° 13844/02.

54. CEDH, 7 août 1996, *Zubani c/ Italie*, *D.* 1997 Somm. 211, obs. N. Fricéro ; 11 déc. 2003, *Frascino c/ Italie*, n° 35227/97, *D.* 2004 Somm. 993, obs. F. Haumont ; 29 juill. 2004, *Scordino c/ Italie*, n° 36813/97, *D.* 2004 Somm. 2540, obs. N. Fricéro. *Adde* CEDH, Gr. Ch., 29 mars 2006, *Scordino c/ Italie*, n° 36813/97. Mais le fait que l'indemnisation intervienne après coup n'est pas en soi condamnable, sauf retard anormalement long : CEDH, 9 juill. 1997, *Akkus c/ Turquie*, *JCP* 1998-I-107 n° 42, note F. Sudre.

55. CEDH, 14 nov. 2000, *Piron c/ France*, *JCP* 2001-I-291 n° 46, obs. F. Sudre.

plus, la multiplication des procédures judiciaires pour avoir la possibilité de toucher une juste indemnisation constitue une rupture d'équilibre entre les exigences de l'intérêt général et la sauvegarde des droits individuels reconnus par l'article 1er du Protocole n° 1[56]. Bien évidemment, l'octroi d'une indemnisation ne peut en aucun cas justifier une privation illégale de propriété[57]. Il reste que, malgré toutes ces précisions, l'application concrète de ces dispositions est délicate.

L'obligation de ne pas porter atteinte à la substance du droit de propriété a été rappelée par l'arrêt *Sporrong et Lönnroth*[58]. C'est ainsi que, même en l'absence d'une privation de propriété, des mesures comme le maintien d'une autorisation d'expropriation d'un immeuble et de l'interdiction de construire en résultant sont une atteinte à la possibilité pratique d'exercer le droit de disposer et d'user d'un bien : de telles mesures portent atteinte à la substance même du droit de propriété[59]. Même si le droit de propriété est juridiquement intact, dès lors que les limitations apportées par l'État lui donnent un caractère précaire parce que la situation juridique du bien en cause est incertaine[60] de façon permanente, l'article 1er du Protocole additionnel est violé : cette violation découle logiquement du fait qu'il est porté atteinte à la substance même du droit de propriété[61]. En revanche, il n'y aura pas violation si l'essentiel des prérogatives du propriétaire est préservé (possibilité de louer ou de poursuivre l'exploitation commerciale) ou si une solution de remplacement est proposée (possibilité d'obtenir l'acquisition du bien litigieux par la collectivité ou l'établissement public concerné)[62].

D'une façon générale, toute mesure privative de propriété est prohibée dès lors que l'atteinte ne respecte pas le principe de proportionnalité. La Cour doit donc rechercher si un juste équilibre a été maintenu entre les exigences de l'intérêt général de la communauté et les impératifs de la sauvegarde des droits fondamentaux de l'individu[63]. Il ne suffit donc pas qu'une mesure privative de liberté poursuive un objectif légitime d'utilité publique dans le

56. CEDH, 9 oct. 2003, *Biozokat c/ Grèce*, n° 61582/00, *D.* 2004 Somm. 992, obs. F. Haumont.

57. Comm. EDH, 7 mai 1987, *Chater c/ Royaume-Uni*, DR 52/265. Cf. cependant : CEDH, 21 févr. 1997, *Guillemin c/ France*, *JCP* 1998-I-107 n° 40, obs. F. Sudre.

58. CEDH, 23 sept. 1982, *Sporrong et Lönnroth c/ Suède*, n° 7151/75..., *AFDI* 1985. 415, obs. V. Coussirat-Coustère, *JDI* 1985. 205, obs. P. Rolland et P. Tavernier.

59. Aff. *Sporrong et Lönnroth*, préc., § 63.

60. CEDH, 18 déc. 1996, *Loizidou c/ Turquie*, n° 15318/89, § 64 ; aff. *Georgiadis*, ou *Iatridis*, préc. *Adde* CEDH, 20 juill. 2000, *Antonetto c/ Italie*, n° 15918/89, §§ 38 et 39 ; 18 mai 2004, *Prodan c/ Moldova*, n° 49806/99, §§ 61 et 62.

61. Aff. *Sporrong et Lönnroth*, préc., § 63. Cf. aussi : CEDH, 23 avr. 1987, *Erkner et Hofauer c/ Autriche*, n° 9616/81, §§ 75 à 80 (procédure de remembrement et transfert provisoire des terres qui dure trop longtemps) et 24 avr. 2006, *Machard c/ France*, n° 42928/02, § 16 (qui évoque « une charge spéciale et exorbitante » à propos de la durée particulièrement longue d'une procédure de remembrement) ; 24 juin 1993, *Papamichalopoulos et autres c/ Grèce*, n° 14556/89, §§ 41 et s. (expropriation de fait en raison d'une occupation, par l'armée, de terrains privés) ; 16 janv. 2003, *Karagiannis c/ Grèce*, n° 51354/99, §§ 43 et s. (occupation de terrains privés par l'armée pendant plus de trente ans) ; 22 mai 1998, *Vasilescu c/ Roumanie*, n° 27053/95, §§ 53 et 54.

62. CEDH, 23 avr. 1996, *Phocas c/ France*, n° 17869/91, § 60.

63. Aff. *Sporrong et Lönnroth*, préc., § 69. Cf. aussi CEDH, 9 déc. 1994, *Les Saints Monastères c/ Grèce*, n° 13092/87..., §§ 70 et 71.

respect des conditions légales : il doit exister un rapport raisonnable de proportionnalité entre le but légitime et les moyens employés[64].

CEDH, 13 juill. 2004,* Beneficio Cappella Paolini c/ Saint-Marin, *n° 40786/98 :

En fait : *La requérante, une institution ecclésiastique saint-marinaise, a été expropriée de certains terrains, destinés à des travaux d'urbanisation. Comme les terrains ne furent utilisés qu'en partie, la requérante s'est adressée au Gouvernement afin de pouvoir recouvrer la possession des terrains non utilisés, mais sa demande a été rejetée.*

En droit : *(violation de l'art. 1, Prot. n° 1). Si les exigences de l'intérêt public justifièrent l'expropriation puis le refus du Gouvernement, la Cour ne considère pas justifié le maintien de la décision de non-restitution des biens, eu égard aux résultats contradictoires des deux séries de procédures engagées par la requérante et au fait que les terrains litigieux n'ont toujours pas été affectés à la réalisation d'ouvrages d'intérêt public.*

§2. Les restrictions de propriété

302. Le deuxième alinéa de l'article 1er du Protocole n° 1. – Cet alinéa précise que le droit au respect des biens consacré dans le premier alinéa de l'article 1er n'interdit pas aux États de mettre en vigueur les lois qu'ils jugent nécessaires pour réglementer l'usage des biens conformément à l'intérêt général ou pour assurer le paiement des impôts ou d'autres contributions ou des amendes. L'ingérence de l'État est tout à fait possible, mais encore faut-il qu'elle s'appuie sur une base légale suffisante[65].

303. La réglementation de l'usage des biens. – La distinction entre une simple réglementation de l'usage des biens et une véritable dépossession n'est pas toujours aisée, la différence entre ces différentes mesures est une question de degré et non pas de nature[66]. Il est vrai que l'intérêt de la question est assez relatif puisque, dans un cas comme dans l'autre, la protection des enjeux s'opère sensiblement de la même manière : en définitive, le régime de cette mesure est le même, en substance, que celui de celle à laquelle s'applique le premier alinéa de l'article 1er du Protocole[67].

64. CEDH, 15 nov. 1996, *Katikaridis et autres c/ Grèce*, n° 19385/92, § 49 ; 25 mars 1999, *Papachelas c/ Grèce*, préc., §§ 54 et 55 ; 2 juill. 2002, *Motais de Narbonne c/ France*, n° 48161/99, § 21, *Dalloz Actu.* 19 juill. 2002, note S. Nicinski, *AJDA* 2002. 1226, note R. Hostiou, *JCP* 2003-I-109 n° 25, obs. F. Sudre, *AJDA* 2002. 1277, obs. J.-F. Flauss, *RDP* 2003. 689, obs. H. Surrel ; 13 juill. 2004, *Beneficio Cappella Paolini c/ Saint-Marin*, n° 40786/98, §§ 33 et 34 ; aff. *Vasilescu*, préc., § 51 ; aff. *Beyeler*, préc., § 110 ; aff. *Broniowski*, préc., § 151. Cf. aussi : CEDH, 1er juill. 2014, *Buceas et Bucias c/Roumanie*, n° 32185/04, *RDC* 2015. 136, obs. F. Marchadier, *RTD Civ.* 2015. 423, obs. W. Dross (acquéreur de bonne foi versus propriétaire : comment ménager la bonne foi du sous-acquéreur sans attenter de façon disproportionnée au droit du propriétaire ?).

65. CEDH, 27 juin 2006, *Mazelié c/ France*, n° 5356/04, § 29, *AJDA* 2006. 1716, obs. J.-F. Flauss (erreur de droit entièrement imputable aux autorités).

66. Pour un exemple significatif : CEDH, 24 nov. 1986, *Gillow c/ Royaume-Uni*, n° 9063/80.

67. CEDH, 29 nov. 1991, *Pine Valley Developments et autres c/ Irlande*, n° 12742/87, § 57 s, *AFDI* 1991. 581, obs. V. Coussirat-Coustère. V° les hésitations strasbourgeoises pour le mécanisme de l'usucapion, d'abord

En effet, les similitudes sont grandes en ce qui concerne les causes de justification des mesures et il est désormais acquis que le contrôle de proportionnalité s'applique également pour les restrictions de propriété.

Les causes de justification de la mesure restrictive de propriété sont de deux ordres. En premier lieu, la mesure étatique, qui ne peut être qu'une loi, doit être justifiée par l'intérêt général. Le cas est assez fréquent, y compris dans le domaine pénal par le biais des sanctions de confiscation[68] : il reste que la confiscation d'un bien à titre de sanction qui tend à se généraliser est contestée, surtout si la personne en cause n'est pas en mesure d'invoquer son innocence, car le juste équilibre entre la protection du droit au respect des biens et les exigences de l'intérêt général paraît rompu ; sans doute serait-il judicieux de déplacer ce débat sur le terrain de l'article 6, car ainsi les droits fondamentaux seraient peut-être mieux protégés. En second lieu, les engagements internationaux de l'État sont également une cause de justification[69] : il est logique que les dispositions conventionnelles n'empêchent pas les États de respecter leurs engagements, en particulier dans le cadre de la coopération internationale[70] et la Cour en convient[71]. Par ailleurs, il n'est pas contraire à la Convention pour un État d'adhérer à une organisation internationale et de contracter d'autres obligations dès lors que dans cette organisation les droits de l'homme reçoivent une protection équivalente à celle de la Convention[72]. C'est ainsi que lorsque les États contractants appliquent le droit de l'Union européenne, ils demeurent soumis aux obligations qu'ils ont contractées en adhérant à la Convention européenne des droits de l'homme[73]. Mais le contrôle du juge sur le respect des droits fondamentaux est doublement limité par l'effet conjugué de la présomption sur laquelle repose la reconnaissance mutuelle et de la présomption de protection équivalente de l'arrêt *Bosphorus*[74].

---

analysé comme une privation de propriété (CEDH, 15 nov. 2005, J. A. *Pye [Oxford] LTD c/ Royaume-Uni*, n° 44302/02, §§ 43 et s.) puis finalement considéré comme une simple restriction : CEDH, Gr. Ch., 30 août 2007, *J. A. Pey [Oxford] LTD et J. A. Pye [Oxford] Land LTD c/ Royaume-Uni*, n° 44302/02, *RTD Civ.* 2007. 727, obs. J.-P. Marguénaud, *AJDA* 2007. 1928, obs. J.-F. Flauss, *JCP* 2008-I-110 n° 15, obs. F. Sudre et 127, obs. H. Perinet-Marquet, *AJDA* 2007. 1928, obs. J.-F. Flauss. *RTDH* 2008. 1139, note N. Pierre.

68. CEDH, 5 mai 1995, *Air Canada c/ Royaume-Uni*, n° 18465/91, *D.* 1996 Somm. 202, obs. N. Fricéro, *RSC* 1996. 479, obs. R. Koering-Joulin. *Adde* CEDH, 24 oct. 1986, *Agosi c/ Royaume-Uni*, préc. La confiscation d'une maison financée par un trafic de stupéfiants peut être totalement justifiée : CEDH (déc.), 4 nov. 2014, *Aboufadda c/ France*, n° 28457/10. À noter que si la confiscation implique une privation de propriété, elle relève la plupart du temps du 2e § de l'art. 1, Prot. 1 : aff. *Agosi*, préc., § 51 ; aff. *Aboufadda*, préc., § 21.

69. CEDH, Gr. Ch., 18 févr. 1999, *Waite et Kennedy c/ Allemagne*, n° 26083/94, § 72 ; Gr. Ch., 18 févr. 1999, *Beer et Regan c/ Allemagne*, n° 28934/95, § 62.

70. Ce régime de sanctions est une réglementation de l'usage des biens. CEDH, Gr. Ch., 30 juin 2005, *Bosphorus Hava Yollari Turizm Ve Ticaret Anonim Sirketi c/ Irlande*, n° 45036/98, § 142.

71. Aff. *Bosphorus Hava Yollari Turizm Ve Ticaret Anonim Sirketi*, préc., § 167.

72. Comm. EDH, 9 févr. 1990, *M & C° c/ RFA*, DR 64/138 ; 10 janv. 1994, *Karl Eckart Heinz c/ États contractants également parties à la convention sur le brevet européen*, DR 76-B/125. V° aussi : aff. *Bosphorus Hava Yollari Turizm Ve Ticaret Anonim Sirketi*, préc., § 155.

73. CEDH, Gr. Ch., 23 mai 2016, *Avotins c/Lettonie*, n° 17502/07, *JCP* 2016. 834, n° 12, obs. F. Sudre, et 898, obs. L. Milano, *JDI* 2016, chron. 6, obs. J.-S. Bergé, *RTDH* 2017. 391 note Fl. Benoît-Rohmer (en l'espèce, la question de fond ne portait cependant pas sur le droit au respect des biens, mais sur le principe d'égalité des armes : cf. *infra*, n° 348).

74. Aff. *Avotins*, préc., § 115.

CEDH, Gr. ch., 30 juin 2005, Bosphorus Hava Yolları Turizm ve Ticaret Anonim Şirketi c/Irlande n° 27013/10 :

En fait : *Les autorités irlandaises ont saisi un avion pris en location, en application du régime de sanctions de l'ONU et d'un règlement du Conseil de la CE.*

En droit : *(non-violation de l'art. 1 du Prot. n° 1). La protection des droits fondamentaux offerte par le droit communautaire est équivalente à celle assurée par le mécanisme de la Convention, sauf si cette présomption est renversée. La Cour estime que l'on ne saurait considérer que la protection des droits de la société requérante garantis par la Convention était entachée d'une insuffisance manifeste. Il s'ensuit que ladite présomption de respect de la Convention par l'État défendeur n'a pas été renversée et que la saisie de l'aéronef.*

Le contrôle de proportionnalité de la mesure restrictive de propriété a été généralisé[75]. Pendant longtemps, en matière de réglementation de l'usage des biens, ce contrôle était inexistant : l'importante marge d'appréciation qui était laissée aux États le réduisait à néant[76]. Une importante évolution jurisprudentielle est intervenue par la suite : à l'occasion de l'affaire *Chassagnou*, la Cour a étendu le contrôle de proportionnalité, tel qu'il est consacré pour la privation de propriété, aux hypothèses des simples restrictions de propriété[77]. Désormais, une réglementation de l'usage des biens poursuivant un intérêt général peut constituer une violation de l'article 1er du Protocole n° 1 parce qu'elle est disproportionnée : le principe, consacré par l'arrêt *Chassagnou* a été confirmé par la suite[78]. D'une façon plus générale, l'importance de l'arrêt *Chassagnou* est considérable, même si l'arrêt *Chabauty* en limite la portée au détriment des petits propriétaires qui ne sont pas éthiquement opposés à la chasse[79]. Il n'en reste pas moins vrai que la marge d'appréciation des États est toujours une réalité et que, quelquefois, l'intérêt

75. L'indemnisation est un facteur permettant d'apprécier la proportionnalitré de l'ingérence. Pour le cas particulier des confiscations, cf. : CEDH 12 oct. 2010, *Maria Ataniasu et autres c/ Roumanie*, n° 30767/05, *D.* 2011. 193, obs. J.-F. Renucci (inefficacité du mécanisme d'indemnisation ou de restitution des biens confisqués sous le régime communiste) ; 29 avr. 2014, *Preda et autres c/ Roumanie*, n° 9584/02..., *AJDA* 2014. 1763, obs. L. Burgorgue-Larsen. Pour un ordre (de démolition) donné sans appréciation de la proportionnalité : CEDH, 21 avr. 2016, *Ivanova et Cherkezov c/Bulgarie*, n° 46577/17, *RTD Civ.* 2016. 301, obs. J.-P. Marguénaud (non-violation de l'art. 1 du Prot. 1).

76. CEDH, 24 oct. 1986, *Agosi c/ Royaume-Uni*, n° 9118/80, §§ 52 et 54 ; 19 déc 1989, *Mellacher et autres c/ Autriche*, n° 9118/80, § 45.

77. CEDH, Gr. Ch., 29 avr. 1999, *Chassagnou et autres c/ France*, n° 25088/94, § 85, *JCP* 1999-II-10172, note de Malafosse, *AJDA* 1999. 922, note Priet, *RFDA* 1999. 451 et p. 811, note J. Andriantsimbazovina, *RTD Civ.* 1999. 913, obs. J.-P. Marguénaud, et 2000. 360, note Th. Revet, *JCP* 2000-I-203 n° 32, obs. F. Sudre, *RTDH* 2000. 901, obs. M. Flores et Ph. Flores. Cf. égal. : CEDH, 22 sept. 2011, *ASPAS et Lasgrezas c/ France*, n° 29953/08, *JDI* 2012, chron. 6, obs. A. Decaux, P. Tavernier, M. Boumghar et autres. Même si l'arrêt *Chabauty* a pu restreindre la portée de l'arrêt *Chassagnou*, le principe demeure : CEDH, Gr. Ch., 4 oct. 2012, *Chabauty c/ France*, n° 57412/08, *JCP* 2012 Act. 1146 et Doctr. 1351, obs. H. Surrel, *JCP* 2013, 64, n° 25, obs. F. Sudre, *RTD Civ.* 2012. 703, obs. J.-P. Marguénaud, *RFDA* 2013. 576, obs. H. Labayle, F. Sudre.

78. CEDH, 28 juill. 1999, *Immobiliare Saffi c/ Italie*, n° 22774/93, § 59, *JCP* 2000-I-203 n° 33, obs. F. Sudre ; 17 juill. 2003, *Luordo c/ Italie*, n° 32190/96, § 78, *JCP* 2004-I-107 n° 22, obs. F. Sudre.

79. CEDH, Gr. Ch., 4 oct. 2012, *Chabauty c/ France*, préc.

général peut se confondre avec un intérêt privé[80]. Mais, notamment dans le cadre de la protection de l'environnement, la marge d'appréciation des États est particulièrement importante[81].

> ***CEDH, Gr. Ch., 26 juin 2012,* Herrmann c/ Allemagne, *n° 9300/07 :***
> En fait : *Le requérant, un propriétaire foncier, se plaint d'être forcé de tolérer la pratique de la chasse sur ses terres alors qu'il est opposé à cette activité pour des raisons morales.*
> En droit : *(violation de l'art. 1er, Prot. n° 1). La Cour conclut que la situation en Allemagne n'est pas sensiblement différente de celles qu'elle a examinées dans les affaires Chassagnou et Schneider. Dès lors, elle ne voit aucune raison de s'écarter de la conclusion à laquelle elle est parvenue dans ces deux affaires, à savoir que l'obligation de tolérer la chasse sur leurs terres impose aux propriétaires qui sont opposés à cette pratique pour des raisons éthiques une charge disproportionnée.*

304. Le paiement des impôts, autres contributions ou amendes. – Cette hypothèse est expressément visée par l'article 1er *in fine* du premier Protocole : le principe du droit au respect des biens ne peut interdire aux États l'exercice de leur pouvoir d'imposition[82]. La marge d'appréciation des États est particulièrement grande lorsqu'ils élaborent et mettent en œuvre une politique fiscale[83] : la jurisprudence *Chassagnou* qui consacre la possibilité de faire un réel contrôle de proportionnalité paraît ainsi être mise entre parenthèses, la solution antérieure s'appliquant au contentieux fiscal[84]. Il reste qu'une évolution conduisant les juges européens à vérifier la proportionnalité entre le montant de l'impôt et la surface financière de la personne en cause pourrait progressivement s'imposer : même si nous n'en sommes pas encore là, un arrêt de la Cour pourrait bien être le signe annonciateur d'un prochain revirement[85] ; une telle évolution serait d'autant moins surprenante que, jadis, l'ancienne Commission s'était prononcée dans le sens d'un tel contrôle[86]. On notera aussi avec intérêt que, dans une affaire où le requérant s'est plaint du caractère disproportionné d'une confiscation et d'une amende, la Cour a estimé qu'il y avait violation de l'article 1er du Protocole n° 1 : pour la Cour, la sanction imposée au requérant, cumulant la

80. CEDH, 19 juin 2008, *Gauchin c/ France*, n° 7801/03, § 68, *JCP* 2008-I-167 n° 22, obs. F. Sudre (à propos du statut français du fermage prévoyant que le preneur évincé en raison de son âge peut céder son bail à l'un de ses descendants : art. L. 411-64 al. 3, C. rural).

81. CEDH, 6 oct. 2016, *Malfatto et Mieille c/France*, n° 40886/06..., *Dalloz Actu.* 14 oct. 2016, obs. J.-M. Pastor, *AJDA* 2016. 1899, obs. J.-M. Pastor, *JCP* 2016, act. 1170 par H. Surrel.

82. À noter que la redevance TV est un impôt destiné au financement du service public de la radiotélédiffusion : CEDH, 31 mars 2009, *Faccio c/ Italie*, (déc.), n° 33/04.

83. CEDH, 23 févr. 1995, *Gasus Dosier- und Fördertechnik GmbH c/ Pays-Bas*, n° 15375/89. Cf. cependant : CEDH, 22 juill. 2003, *SA Cabinet Diot et SA Gras Savoye c/ France*, n° 49217/99 et n° 49218/99, § 28.

84. Cf. not. : CEDH, 23 oct. 1990, *Darby c/ Suède*, n° 11581/85 ; 23 oct. 1997, *National et Provincial Building Society et autres c/ Royaume-Uni*, n° 21319/93...

85. CEDH, 3 juill. 2003, *Buffalo SRL en liquidation c/ Italie*, n° 38746/97, *JCP* 2004-I-107 n° 21, obs. F. Sudre.

86. Comm. EDH, 11 déc. 1986, *S et T c/ Suède*, DR, 50/156 et s.

confiscation et l'amende, était disproportionnée au regard du manquement commis et que le juste équilibre n'a pas été respecté[87].

L'arrêt *Yukos* est particulièrement intéressant, l'affaire portant sur les procédures fiscales de redressement et de recouvrement dirigées contre la société pétrolière russe et s'étant soldées par sa liquidation. La Cour conclut, notamment, à la violation de l'article 1er du Protocole nº 1 d'une part, en raison de la modification rétroactive des règles régissant le délai de prescription légal et le doublement en conséquence des pénalités, et d'autre part, parce que les mesures adoptées dans le cadre de la procédure de recouvrement étaient disproportionnées[88].

Par ailleurs, l'arrêt *Arnaud et autres* a précisé que le fait de soumettre les Français de Monaco à l'ISF n'est pas contraire à la Convention. La nouvelle législation française a rendu les Français installés à Monaco redevables de l'impôt sur la fortune dans les mêmes conditions que s'ils avaient leur domicile ou leur résidence en France : les requérants alléguaient une violation de l'article 1er du Protocole nº 1 en raison du caractère rétroactif de la législation qui leur a été appliquée. Mais la Cour européenne a estimé que l'ingérence dans le droit garanti, prévue par un texte et poursuivant un but légitime, n'était pas disproportionnée : le juste équilibre devant régner entre les exigences de l'intérêt général de la communauté et les aides latines de sauvegarde des droits fondamentaux de l'individu n'a pas été rompu[89].

Enfin, la Cour s'est prononcée sur la conformité, à l'article 1er du Protocole nº 1, des mesures d'austérité mise en place dans certains États européens pour faire face à une importante crise économique. C'est ainsi que les juges européens ont déclaré irrecevable une requête concernant la réduction des pensions de retraite adoptée dans le cadre d'une « contribution extraordinaire de solidarité »[90].

305. Bibliographie. ***Ouvrages :*** Blay-Grabarczyk (K.), *Le droit de propriété, un droit fondamental comme les autres, Europe* 2014, ét. 4 ; Carss-Frisk (M.), *Le droit de propriété : un guide sur la mise en œuvre de l'art. 1 du Protocole nº 1 de la Convention EDH,* Précis sur les droits de l'homme nº 4, Éditions du Conseil de l'Europe 2003 ; IDHAE, *La protection du droit de propriété par la Convention EDH,* Bruylant, 2005 – ***Articles :*** Alfandari (E.), *L'adhésion forcée à une association de chasse est condamnée par la Cour EDH, D.* 2000 Chron. p. 141 et s. ; Bénabent (A.), *Nouvelle prestation compensatoire en nature, Compatibilité avec la Convention EDH ?, D.* 2001 Point de vue p. 1036 ; Charollois (G.), *La protection de la nature, le droit et la chasse, D.* 1999 Chron. p. 389 et s. ; Cheynet de Beaupre (A.), *L'expropriation pour cause d'utilité privée, JCP* 2005-I-145 ; Ergec (R), *Fiscalité et droit de propriété sous l'angle de la CEDH, RTDH* 2011, p. 457 et s. ; Flauss (J.-F.), *Nationalisation et indemnisation préférentielle de la propriété étrangère dans le cadre de la Convention EDH, Gaz. Pal.* 26-27 novembre 1986,

87. CEDH, 9 juill. 2009, *Moon c/ France,* nº 39973/03, § 51, *RDP* 2010. 883, obs. F. Sudre. Vº aussi CEDH, 6 nov. 2008, *Ismayilov c/ Russie,* nº 30352/03, § 38.

88. CEDH, 20 sept. 2011, *Oao Neftyanaya Kompaniya Yukos c/ Russie,* nº 14902/04, *RTDH* 2013. 377, note D. Yernault ; 25 juill. 2013, *Khodorkovskiy et Lebedev c/ Russie,* nº 11082/06..., *JDI* 2013, chron. 6, nº 6, obs. Ph. Guillot.

89. CEDH, 15 janv. 2015, *Arnaud et autres c/ France,* nº 36918/11..., *Dalloz Actu.* 26 janv. 2015, obs. N. Nalepa, *JDI* 2016, nº 4, chron. 8, nº 38, obs. Ph. Ch.-A. Guillot. Sur l'absence de discrimination, cf. *supra,* nº 147.

90. CEDH, déc., 1er sept. 2015, *Da Silva Carvalho Rico c/Portugal,* nº 13341/14, *JCP (A)* 2016. 2000, chron. V. Correa (dir.), nº 31, obs. L.-M. Le Rouzic.

Doctr. p. 2 et s. ; *Liberté contractuelle et contrôle des loyers à l'aune de la Convention EDH, RTDH* 1990, p. 387 et s. ; *Convention européenne et contrôle des loyers*, Petites Affiches 1990 n° 83, p. 46 et s. ; *Une nouvelle avancée de la Cour EDH dans le domaine de la fiscalité : l'arrêt Hentrich du 22 septembre 1994, LPA* 1995 n° 69, p. 8 et s. ; Fouchet (J.), *L'espérance légitime dans le contentieux de l'urbanisme, Construction-Urbanisme* 2015, n° 4, ét. 5 ; Foyer (J), *La condamnation de la loi Verdeille par la Cour EDH,* Mél. Soyer, LGDJ, 2000, p. 195 et s. ; Haumont (F.), *La Cour EDH et le droit de préemption, AJDA* 2008, p. 747 et s. ; Hervieu (N.), *La Cour EDH, alchimiste de la liberté syndicale, Rev. Dr. Trav.* 2009, p. 288 et s. ; Hostiou (R.), *La Cour EDH condamne la théorie de l'expropriation indirecte, AJDA* 2006, p. 225 et s. ; *La Cour EDH et la théorie de l'expropriation indirecte, RTDH* 2007, p. 385 et s. ; *La Cour EDH et le contentieux de l'expropriation, AJDA* 2007, p. 180 et s. ; Huyche (M), *Expropriation pour cause d'utilité publique, JCP* 2005-I-152 ; Marguénaud (J.-P.), *La CEDH et le droit de construire ou de démolir, RDI* 2014, p. 188 et s. ; Marguénaud (J.-P.) et Mouly (J.), *Le droit de gagner sa vie par le travail devant la Cour EDH, D.* 2006 Chron. p. 477 et s. ; *L'avènement d'une Cour européenne des droits sociaux, D.* 2009 Chron. p. 739 et s. ; *Que faut-il attendre de la Cour EDH en matière de droits sociaux ? Rev. dr. trav.* 2015, p. 12 s. ; Marionneau (A.), *L'introduction de la notion d'espérance légitime en droti fiscal, Rev. Dr. Fiscal* 2014. 631 ; Mestre (J.), *L'influence de la Convention EDH sur le droit français des obligations, RED privé* 1994, p. 31 et s. ; Naudet (J.-Y.) et Sermet (L.), *Le droit de propriété garanti par la Convention EDH face à l'analyse économique, RRJ* 1990-1, p. 17 et s. ; Pettiti (Ch.), *Sur la restitution des biens confisqués pendant la période communiste en marge des arrêts « Pincova et Pinc » et « Zvolsky et Zvolska c/ Rép. Tchèque » des 5 et 12 novembre 2002, RTDH* 2004, p. 387 et s. ; *La rétroactivité des lois civiles, une nouvelle fois sanctionnée sur le fondement de l'article 1*er *du Protocole n° 1, RTDH* 2007, p. 493 et s. ; Quezel-Ambrunaz (Ch.), *L'acception européenne du « bien » en mal de définition,* D. 2010, p. 2024 et s. ; Raimondi (G), *Quelques aspects de la jurisprudence de la Cour EDH en matière de droits économiques et sociaux, Dr. Social* 2017, p. 355 s. ; Raymond (J.), *L'art. 1*er *du Protocole additionnel et les rapports entre particuliers*, Mél. Wiarda, Carl Heymanns Verlag KG 1990, p. 531 et s. ; Russo (C.), *L'applicabilité aux nationaux des principes généraux du droit international visés à l'art. 1*er *du Protocole n° 1,* Mél. Wiarda, Carl Heymanns Verlag KG 1990, p. 547 et s. ; Sermet (L.), *La Cour EDH et le droit de propriété : l'arrêt Mellacher du 19 décembre 1989, Gaz. Pal.* 24-25 avril 1991, Doctr. p. 8 et s. ; Simon (A.), *Les prestations sociales non contributives dans la jurisprudence de la Cour EDH, RTDH* 2006, p. 647 et s. ; Sudre (F.), *La protection du droit de propriété par la Cour EDH, D.* 1988 Chron. p. 71 et s. ; Tharaud (D.), *La protection du logement dans la jurisprudence de la Cour EDH, RDSS* 2015, p. 221 s.

L'ESSENTIEL

FICHE MÉMO :

- Droit au respect des biens/Protection de la propriété
  - Un droit économique garanti par l'art. 1er du Prot. n° 1
    - *Toute personne physique ou morale a droit au respect de ses biens.*
    - *Nul ne peut être privé de sa propriété que pour cause d'utilité publique et dans les conditions prévues par la loi et les principes généraux de droit international.*
  - Une interprétation extensive de la notion de « biens »
    - *Tout intérêt économique ayant une valeur patrimoniale est un « bien ».*
- Les limitations du droit au respect des biens
  - Les conditions d'une privation de propriété
    - *Respect des conditions prévues par la loi nationale (loi accessible et prévisible)*
    - *Respect des conditions prévues par les principes généraux du droit international, not. droit à une indemnisation (principe du juste équilibre).*
    - *L'exigence d'une cause d'utilité publique (but légitime).*

○ Les conditions d'une simple restriction de propriété

▪ *La réglementation de l'usage des biens conformément à l'intérêt général.*

▪ *Les lois pour assurer le paiement des impôts ou d'autres contributions ou amendes.*

FICHE GRANDS ARRÊTS :

- *Kopecky* (1975)

○ *L'art. 1 du Prot. n° 1 ne fait pas peser sur les États contractants une obligation générale de restituer les biens leur ayant été transférés avant qu'ils ne ratifient la Convention.*

- *Öneryildiz* (2004)

○ *La notion de « bien » a une portée autonome, indépendante par rapport aux qualifications formelles du droit interne et qui ne se limite pas à la propriété des biens corporels.*

- *Depalle* (2010)

○ *La démolition de maisons édifiées sur le domaine public maritime par les autorités françaises n'est pas une violation de la Convention.*

- *Pine Valley Developments Ltd* (1991)

○ *Pas d'expropriation formelle ni d'expropriation de fait. La mesure tendait essentiellement à garantir une utilisation du terrain conforme aux lois régissant l'aménagement du territoire.*

- *Chassagnou* (1999)

○ *Le gouvernement défendeur n'a pas expliqué de manière convaincante comment l'intérêt général pouvait être servi par l'obligation faite aux seuls petits propriétaires de faire apport de leur droit de chasse sur leurs terrains.*

- *Yukos* (2011)

○ *Les autorités russes n'ont pas ménagé un juste équilibre entre les buts légitimes poursuivis et les mesures employées (imposition excessive).*

- *Koufaki et Adedy* (2013)

○ *La baisse du montant des pensions de retraite du secteur public décidée par le Portugal à la suite de la crise financière n'est pas disproportionnée.*

FICHE ACTU/DÉBATS :

*** Thème(s) de réflexion :**

- Le processus de « dilatation » de l'art. 1 du Prot. n° 1 (v° *Traité DEDH*, p. 620)

○ *Jurisp. : Wiggins* (1978) ; *Raffineries grecques* (1995) ; *Pressos Compania* (1995) ; *Maurice* (2005) ; *Draon* (2005) ; *Anheuser-Busch Inc* (2005) ; *Depalle* (2010) ; *Gaygusuz* (1996) ; *Stec* (2006) ; *De Luca* (2013) ; *Pennino* (2013) ; *Zolotas* (2013) ; *Milhau* (2014).

○ *Doctr.* : Ayrault, *Dr. Fiscal* 2011. 240 ; Quezel-Ambrunaz, *D.* 2010. 2024 ; Simon, *RTDH* 2006. 647.

- L'espérance légitime (v° *Traité DEDH*, p. 626)

○ *Jurisp. : Pine Valley Development Ltd* (1991) ; *Gratzinger et Gratzingerova* (2002) ; *Kopecky* (2004) ; *Mottola* (2014) ; *Staibano* (2014).

○ *Doctr.* : Renucci et Birsan, *D.* 2005. 870 ; Marionneau, *Rev. Dr. Fiscal* 2014. 631.

– Le contrôle de proportionnalité de la mesure restrictive de propriété (v° *Traité DEDH*, p. 643)

○ *Jurisp. : Chassagnou* (1999) ; *Maria Ataniasu* (2010) ; *ASPAS et Lasgrezas* (2011) ; *Herrmann* (2012) ; *Chabauty* (2012) ; *Preda* (2014).

○ *Doctr. :* ALFANDARI, *D.* 2000. 141 ; CHAROLLOIS, *D.* 1999. 389 ; CRESP, *AJDA* 2012. 53 ; FOYER, Mél. Soyer, p. 281 ; JARROSSON, *Rev. Arb.* 1989. 573 ; LAMBERT et CHAMBI FAVRE-BULLE, Mél. Lambert, p. 195.

*** Commentaire d'arrêt(s) :**

○ Aff. *Ex-Roi de Grèce* (2000) : « *La Cour estime que les biens litigieux appartenaient aux requérants à titre privé et non en leur qualité de membres de la famille royale ; partant, ils constituaient un « bien » aux fins de l'article 1 du Protocole n° 1, qui trouve à s'appliquer en l'espèce. La Cour estime que l'absence de toute indemnisation pour la mainmise sur les biens des requérants rompt, en défaveur de ceux-ci, le juste équilibre à ménager entre la protection de la propriété et les exigences de l'intérêt général. Il y a donc eu violation de l'article 1 du Protocole n° 1* ».

○ Aff. *Malfatto et Mieille* (2016) : *La Cour rappelle sa jurisprudence selon laquelle l'art. 1 du Prot. n° 1, qui garantit en substance le droit de propriété, contient trois normes distinctes : la première, qui s'exprime dans la première phrase du premier alinéa et revêt un caractère général, énonce le principe du respect de la propriété ; la deuxième, figurant dans la seconde phrase du même alinéa, vise la privation de propriété et la soumet à certaines conditions ; quant à la troisième, consignée dans le second alinéa, elle reconnaît aux États contractants le pouvoir, entre autres, de réglementer l'usage des biens conformément à l'intérêt général. Les deuxième et troisième normes, qui ont trait à des exemples particuliers d'atteintes au droit de propriété, doivent s'interpréter à la lumière du principe consacré par la première.*

DEUXIÈME PARTIE

LES DROITS SPÉCIAUX DU JUSTICIABLE

306. Une attention particulière. - La situation des justiciables fait l'objet d'une attention toute particulière, ce qui est bien légitime compte tenu des enjeux en présence. Si nous avons souhaité mettre en exergue cette protection spécifique dans le cadre de la présente étude, c'est parce que cela s'est imposé compte tenu de l'importance qu'elle a pu prendre au fil des années. Les dispositions de la Convention européenne des droits de l'homme et de ses protocoles, ainsi que l'interprétation dynamique qui en est faite par les juges européens, ont façonné et façonnent encore la manière dont la justice est rendue dans les États européens.

Certes, la distinction ainsi opérée entre les droits spéciaux du justiciable et les droits généraux de la personne est, comme toute distinction, à certains égards artificielle et dans tous les cas peu satisfaisante. Cela est d'autant plus vrai que certains droits et libertés étudiés dans le cadre des droits généraux de la personne intéressent aussi le justiciable : sur ce plan, le meilleur exemple est assurément l'interdiction des mauvais traitements, l'article 3 étant très souvent invoqué à l'occasion de gardes à vue et de détentions provisoires ou définitives. Malgré tout, il nous a semblé judicieux d'isoler, ainsi que nous l'avons fait, les droits spéciaux du justiciable, étant naturellement entendu que les droits généraux s'y ajoutent éventuellement. Le particularisme de la protection européenne du justiciable méritait un tel traitement, qu'il s'agisse des droits substantiels ou des droits procéduraux.

Titre 1

Les droits substantiels

307. L'importance des droits substantiels. – Dans le cadre des droits spéciaux du justiciable, l'importance des droits substantiels doit être envisagée à un double point de vue.

En premier lieu, on remarquera que si leur importance qualitative est forte, ce n'est pas le cas pour leur importance quantitative. En effet, seuls deux droits substantiels sont consacrés par la Convention européenne des droits de l'homme : l'un par l'article 7 concernant le principe de la légalité, l'autre par l'article 5 au sujet des privations de liberté. À cet égard, et même si notre étude sera centrée sur ces deux articles, il nous faut indiquer une évolution qui a été mise en évidence par des auteurs conduisant à ce que le droit à un procès équitable, traditionnellement considéré comme un droit procédural, se métamorphose en un droit substantiel, du moins pour partie[1] : ainsi que cela a été remarqué, « le droit du requérant va bien au-delà du droit à être entendu et à voir son argumentation examinée par le juge »[2].

En second lieu, l'importance des droits substantiels du justiciable qui sont garantis par la Convention européenne est théoriquement variable. En effet, si l'interdiction de peine sans loi de l'article 7 est un droit intangible, le droit à la liberté et à la sûreté de l'article 5 est un droit conditionnel. Il n'en reste pas moins vrai que, dans la pratique, la force de ces garanties est tout à fait similaire, ce qui est bien compréhensible.

1. S. Guinchard, *Le procès équitable, garantie formelle ou droit substantiel*, Mél. Farjat, Éditions Frison-Roche, 1999, p. 139 s. ; S. Guinchard et autres, *Droit processuel, Droits fondamentaux du procès*, Précis Dalloz, 8e éd. 2015, n° 482 s. Cf. déjà : J. Velu et R. Ergec, *La Convention européenne des droits de l'homme*, Bruylant, 1990, p. 349 s. Cf. aussi : P. Tavernier, *Le procès équitable, Jurisprudence du Comité des droits de l'homme de l'ONU*, *RTDH* 1996, p. 4 s.

2. J.-F. Flauss, obs. *AJDA* 1995, p. 729 ; Communication au colloque « *Les nouveaux développements du procès équitable au regard de la CEDH* », Bruylant, 1996, p. 81.

CHAPITRE 1

Pas de peine sans loi

308. Article 7. Pas de peine sans loi.

> *1. Nul ne peut être condamné par une action ou une omission qui, au moment où elle a été commise, ne constituait pas une infraction d'après le droit national ou international. De même il n'est infligé aucune peine plus forte que celle qui était applicable au moment où l'infraction a été commise.*
>
> *2. Le présent article ne portera pas atteinte au jugement et à la punition d'une personne coupable d'une action ou d'une omission qui, au moment où elle a été commise, était criminelle d'après les principes généraux du droit reconnus par les nations civilisées.*

309. Le principe de la légalité. – Principe fondateur de tout État de droit, la légalité des délits et des peines s'impose d'évidence dans la mesure où le droit pénal se doit d'avertir avant de frapper. L'article 7 de la Convention rappelle la règle, laquelle concerne exclusivement la matière pénale[1] : toutefois, si cette disposition est uniquement applicable

1. Exemples de non-application de l'art. 7 : CEDH, 7 juill. 1989, *Tre Traktörer Aktiebolag c/ Suède*, n° 10873/84, § 46 (retrait d'une licence de vente de boissons alcoolisées) ; Comm. EDH, 10 mars 1981, *X c/ Belgique*, DR 24, p. 200 (faillite commerciale distincte d'une banqueroute frauduleuse) ; CEDH, 29 juin 2004, *Drogan et autres c/ Turquie*, n° 8803/02..., § 124 à 127 (expulsion des requérants de leurs maisons et impossibilité de revenir dans le village). À noter que toute la matière pénale n'est pas concernée, not. les conditions d'exécution de la peine (Comm. EDH, 6 mai 1986, *B c/ Royaume-Uni*, n° 11 616/85 ; CEDH, Gr. Ch., 12 févr. 2008, *Kafkaris c/ Chypre*, n° 21906/04, *RDP* 2009. 901, obs. F. Sudre, *JCP* 2008-I-167 n° 12, obs. F. Sudre, *RSC* 2009. 700, obs. D. Roets, *RSC* 2009. 437, obs. P. Poncella), les mesures ne constituant pas *stricto sensu* une peine (Comm. EDH, 10 mars 1989, *Tomasi c/ France*, n° 13853/88 ; 6 juill. 1976, *X c/ Pays-Bas*, DR 6, p. 184) ou encore les mesures préventives (CEDH, 1er juill. 1961, *Lawless c/ Irlande*, n° 332/57, § 19, *AFDI* 1961. 251, obs. R. Pelloux) ; 18 juin 1971, *De Wilde, Ooms et Versyp c/ Belgique*, n° 2832/66..., § 87 (vagabondage). L'inscription au fichier judiciaire national automatisé des auteurs d'infractions sexuelles ou violentes est une mesure préventive et l'art. 7 ne s'applique pas : CEDH, 17 déc. 2009, *Bouchacourt c/ France*, n° 5335/06, *D.* 2010. 93, obs. K. Gachi, *D.* 2010. 2732, obs. G. Roujou de Boubée, T. Garé et S. Mirabal, *RSC* 2010. 230, obs. D. Roets. V° aussi : CEDH, 17 déc. 2009, *Gardel c/ France*, n° 16428/05. Mais une mesure d'expulsion peut être qualifiée de peine : CEDH, 15 déc. 2009, *Gurguchiani c/ Espagne*, n° 16012/06, *AJDA* 2010. 997, obs. J.-F. Flauss, *Dr. pénal* 2010, n° 4, chron. n° 3, obs. E. Dreyer. En revanche, la déchéance du régime de faveur des marchands de biens n'est pas une « peine » : CEDH, déc., 17 mai 2016, *Société Oxygène plus c/France*, n° 76959/11, *Dalloz Actu.* 24 juin 2016, obs. E. Autier, *Dr. Fiscal* 2017. 191, obs. L. Ayrault, *D.* 2017, Pan. *DEDH « Fiscalité et Convention EDH », p.* 128 s., spéc., p. 132, n° 5, obs. J.-F. Renucci et A. Renucci.

aux législations à caractère « punitif », il n'en reste pas moins vrai que dans un souci d'effectivité de la protection des droits fondamentaux, la notion de peine est une notion autonome. Par conséquent, cette notion est soumise à l'appréciation souveraine des juges européens qui peuvent lui donner un sens plus large que le droit national[2] en prenant en compte différents critères : la gravité de la mesure même si cela n'est pas décisif, le fait que la mesure soit imposée à la suite d'une condamnation pour infraction, la qualification de la mesure en droit interne, ou encore sa nature et son but, de même que les procédures associées à son adoption et à son exécution[3]. D'une façon plus générale, c'est parce que précisément ce principe est un rempart contre l'arbitraire que sa consécration est forte et que si une application nuancée s'impose dans des circonstances exceptionnelles, il ne s'agit pas *expressis verbis* d'une dérogation.

Section 1
La consécration forte du principe de la légalité

310. La portée du principe de la légalité. – Le premier paragraphe de cet article précise que nul ne peut être condamné pour une action ou une omission qui, au moment où elle a été commise, ne constituait pas une infraction d'après le droit national ou international ; de même, il n'est infligé aucune peine plus forte que celle qui était applicable au moment où l'infraction a été commise. La Cour doit donc s'assurer qu'au moment où un accusé a commis l'acte donnant lieu aux poursuites et à la condamnation, il existait bien une disposition légale rendant l'acte punissable et que la peine infligée n'a pas excédé les limites fixées par cette disposition[4]. Malgré certaines faiblesses, l'article 7 de la Convention

2. CEDH, 27 sept. 1995, *X c/ France, D.* 1996 Somm. 197, obs. J.-F. Renucci ; 8 juin 1995, *Jamil c/ France*, n° 15917/89, § 30 (contrainte par corps considérée comme une peine), *JCP* 1996-II-22677, note G. Bourdeaux, *RSC* 1996. 471, obs. R. Koering-Joulin, *AJDA* 1995. 727, obs. J.-F. Flauss. *Adde* la confiscation du produit de l'activité délictueuse considérée comme une peine (rétroactivité) : Cour 9 févr. 1995, *Welch c/ Royaume-Uni*, n° 17440/90, *RSC* 1996. 470, obs. R. Koering-Joulin. V° aussi : CEDH, 9 févr. 1995, *Welch c/ Royaume-Uni*, préc., §§ 37 et 38. V° égal. CEDH, 17 déc. 2009, *M. c/ Allemagne*, n° 19359/04, *RFDA* 2010. 587, obs. H. Labayle, F. Sudre, J. Andriantsimbazovina et L. Sermet. *Adde* CEDH, 28 nov. 2013, *Glien c/ Allemagne*, n° 7345/12, *JCP* 2013 Actu. 1352, obs. K. Blay-Grabarczyh, *RFDA* 2014. 538, obs. H. Labayle et F. Sudre, *JCP* 2014, 78, n° 7, obs. F. Sudre : la détention préventive dont le requérant a fait l'objet au-delà de la période maximale prévue avant la modification rétroactive de la loi doit être qualifiée de « peine » au sens de l'art. 7 § 1 de la Convention.

3. Aff. *M. c/ Allemagne*, préc., § 135.

4. CEDH, 22 juin 2000, *Coeme et autres c/ Belgique*, n° 32492/96..., § 145. Sur le plan de la légalité criminelle internationale, la jurisprudence européenne a apporté d'intéressantes précisions : CEDH, 24 juill. 2008, *Kononov c/ Lettonie*, n° 36376/04, § 114 *a)* et 19 sep. 2008, *Koberly c/ Hongrie*, *RDP* 2009. 907, obs. F. Sudre, *Dr. pénal* 2009. 23, obs. E. Dreyer, *RSC* 2009. 185 et p. 193, obs. D. Roets. À noter que dans l'affaire *Kononov*, si la Chambre avait conclu à la violation de l'art. 7 (4 voix contre 3), la Grande chambre a jugé qu'il n'y avait pas violation de cet article car à l'époque où ils ont été commis, les actes du requérant étaient constitutifs

consacre avec force le principe de la légalité criminelle[5], cet article ne se bornant évidemment pas à prohiber la rétroactivité de la loi pénale[6]. C'est incontestablement un élément essentiel de la prééminence du droit et c'est pourquoi les juges européens sont très attentifs quant aux conséquences mêmes du principe en interne, tant sur le plan législatif que judiciaire.

> ***CEDH, 25 mai 1993,* Kokkinakis c/ Grèce, *n° 14307/88 :***
> En fait : *Un témoin de Jéhovah est condamné pour prosélytisme.*
> En droit : *(non-violation de l'art. 7) La Cour souligne que l'art. 7 § 1 de la Convention ne se borne pas à prohiber l'application rétroactive du droit pénal au détriment de l'accusé. Il consacre aussi, de manière plus générale, le principe de la légalité des délits et des peines et celui qui commande de ne pas appliquer la loi pénale de manière extensive au détriment de l'accusé, notamment par analogie ; il en résulte qu'une infraction doit être clairement définie par la loi. Cette condition se trouve remplie lorsque l'individu peut savoir, à partir du libellé de la clause pertinente et, au besoin, à l'aide de son interprétation par les tribunaux, quels actes et omissions engagent sa responsabilité (§ 52).*

§1. Le principe de la légalité et le législateur national

311. Une double obligation. – Le principe de la légalité tel qu'il est consacré par l'article 7 de la Convention oblige le législateur, non seulement à élaborer des textes de droit pénal précis, mais aussi à ne pas leur donner une portée rétroactive.

A. La loi doit être précise et accessible

312. Une précision des textes indispensable. – La précision de la loi est une nécessité compte tenu de l'importance des enjeux au regard des libertés individuelles : c'est la raison pour laquelle les juges européens

d'infractions définies avec suffisamment d'accessibilité et de prévisibilité par les lois et coutumes de la guerre (14 voix contre 3) : CEDH, Gr. Ch., 17 mai 2010, *Kononov c/ Lettonie,* n° 36373/04, § 244, *RSC* 2010. 696, obs. D. Roets, *D.* 2010. 2732, obs. G. Roujou de Boubée, Th. Garé et S. Mirabail, *RTDH* 2011. 343, note E. Decaux, *RIDP* 2010. 634, obs. F. Fourment et autres, *JCP* 2010, n° 23. 1187, note B. Belda, *JDI* 2011, n° 4, chron. 12, com. 12, obs. P. Tavernier, *Dr. Pénal* 2011, n° 4, chron. 3, com. 28, obs. E. Dreyer, *JDI* 2011, chron. 12, obs. A. Decaux, P. Tavernier, M. Boumghar et autres.

5. V° not. : CEDH, 24 juill. 2008, *Kononov c/ Lettonie,* préc., § 114 *a)* qui rappelle, au titre des principes généraux, que l'art. 7 § 1 consacre notamment « le principe de la légalité des délits et des peines ».

6. CEDH, Gr. Ch., 25 mai 1993, *Kokkinakis c/ Grèce,* n° 14307/88, § 52 ; 17 févr. 2005, *K. A. et A. D. c/ Belgique,* n° 42758/98, § 51 ; 10 nov. 2004, *Achour c/ France,* n° 67335/01, § 37, *D.* 2006 IR, 1249, *JCP* 2005-I-103 n° 9, obs. F. Sudre, *D.* 2005. 1203, note D. Roets, *D.* 2006. 53, note D. Zerouki-Cottin, *RSC* 2005. 659, obs. Fl. Massias. Solution contraire de la Grande Chambre : CEDH, Gr. Ch., 29 mars 2006, *Achour c/ France,* n° 67335/01, *JDI* 2007. 712, obs. O. Bachelet, *D.* 2006. 2513, note D. Zerouki-Cottin, *D.* 2006 Pan. 1649, obs. G. Roujou de Boubée et autres, *AJ pénal* 2006. 360, obs. C. Saas *JCP* 2006-I-164 n° 6, obs. F. Sudre. V° aussi : CEDH, 10 févr. 2004, *Puhk c/ Estonie,* n° 55103/00, *RSC* 2005. 657, obs. Fl. Massias.

se montrent particulièrement attentifs[7]. L'infraction doit être nettement précisée : il doit être possible de définir, à partir de la disposition légale pertinente, les actes ou omissions engageant la responsabilité pénale, même si cette définition est donnée par les tribunaux qui interprètent la disposition en cause[8]. La loi doit être claire et précise : cette clarté s'apprécie à la lumière de « l'expérience juridique ordinaire »,[9] mais une certaine souplesse s'impose : c'est pourquoi une disposition, *a priori* plutôt imprécise, peut être considérée comme suffisamment claire dès lors qu'une confrontation avec d'autres dispositions légales ou interprétations jurisprudentielles lui donne les qualités de prévisibilité et d'accessibilité requises[10]. Enfin, il est évident que cette précision de la loi s'impose avec la même force pour la peine[11].

La « loi », qui seule peut incriminer et sanctionner, s'entend aussi bien du droit écrit que du droit non écrit, mais à une double condition : la norme doit être prévisible et accessible[12]. Fort logiquement, la loi est interprétée de façon large dans un souci d'effectivité de la protection des droits et libertés. Il est évident que l'exigence de clarté est remplie, malgré l'imprécision du texte, dès lors qu'une interprétation jurisprudentielle a apporté les précisions qui s'imposaient[13] : l'affaire *Cantoni* l'a rappelé avec force malgré certaines critiques[14].

CEDH, 15 nov. 1996,* Cantoni c/ France, *n° 17862/91 :
En fait : *Le gérant d'une grande surface a été condamné pour exercice illégal de la pharmacie pour avoir vendu des produits qui, à ses yeux, n'étaient pas des médicaments au sens de l'article L. 511 du Code de la santé publique (eau oxygénée, vitamine C, inhalateurs, sprays antibactériens, oligo-éléments).*
En droit : *(non-violation de l'art. 7)* « *La prévisibilité de la loi ne s'oppose pas à ce que la personne concernée soit amenée à recourir à des conseils éclairés pour évaluer, à un degré raisonnable dans les circonstances de la cause, les conséquences pouvant résulter d'un acte déterminé. Il en va spécialement ainsi des professionnels, habitués à devoir faire preuve d'une grande prudence dans l'exercice de leur métier. Aussi peut-on attendre d'eux qu'ils mettent un soin particulier à évaluer les risques qu'il comporte. À l'aide de conseils appropriés, le requérant, de surcroît*

7. CEDH, 9 mai 2006, *Custersn, Deveaux et Turk c/ Danemark,* n° 11843/03 ; 14 avr. 2015, *Contrada c/Italie (n° 3),* n° 66655/13.

8. Aff. *Kokkinakis*, préc., § 46.

9. Comm. EDH, 18 déc. 1980, *Crociani et autres*, DR 22, p. 189. Un texte de loi peut également se référer à des notions *a priori* imprécises, mais connues de la population : CEDH, 15 juill. 2014, *Ashlarba c/ Géorgie,* n° 45554/08 (notion de « pègre »).

10. Pour une hypothèse où ce n'est pas le cas : CEDH, 16 sept. 2014, *Plechkov c/ Roumanie,* n° 1660/03 : la législation roumaine relative à la « zone économique exclusive » n'était pas suffisamment prévisible. *Contra* : CEDH, 11 févr. 2016, *Dallas c/Royaume-Uni,* n° 38395/1 (non-violation).

11. CEDH, 11 avr. 2006, *Kafkaris c/ Chypre,* n° 21906/04, déc.

12. CEDH, 26 avr. 1979, *Sunday Times (n° 1),* n° 6538/74, § 49 ; 13 juill. 1995, *Tolstoy Miloslavsky c/ Royaume-Uni,* n° 18139/91, § 37.

13. Aff. *Kokkinakis,* préc. § 29 ; aff. *Achour,* préc., § 41 ; CEDH, 22 nov. 1995, *SW c/ Royaume-Uni,* n° 20166/92, §§ 11 et 23 et s.

14. CEDH, 15 nov. 1996, *Cantoni c/ France,* n° 17862/91, *JCP* 1997-I-4000 n° 31, obs. D. Sudre, *RSC* 1997. 462, obs. R. Koering-Joulin, Dr. pén. 1997 n° 11, obs. J.-H. Robert, *D.* 1997 Somm. 202, obs. C. Henry.

> *gérant d'un supermarché, devait savoir, à l'époque des faits, qu'eu égard à la tendance se dégageant de la jurisprudence de la Cour de cassation et d'une partie des juridictions du fond, il courait un danger réel de se voir poursuivre pour exercice illégal de la pharmacie* » (§ 35).

313. Une précision des textes nuancée. – La loi étant, par définition, un texte général et abstrait, il est certain que l'on ne peut prétendre à une précision absolue. En particulier, la notion de prévisibilité dépend beaucoup du contenu du texte en cause, de son domaine, voire du nombre et de la qualité de ses destinataires[15]. Par conséquent, l'exigence de prévisibilité n'est nullement en contradiction avec le fait qu'un justiciable se trouve dans l'obligation de recourir à des conseils éclairés pour évaluer à un degré raisonnable dans les circonstances de la cause, les éventuelles conséquences d'un acte déterminé[16]. Il reste que malgré ces nuances qui sont tout à fait légitimes, les juges de Strasbourg sont très attentifs à ce que les droits fondamentaux soient respectés et que tout arbitraire soit banni[17].

La Cour a rappelé ses principes généraux. C'est ainsi que dans l'affaire *Soros* elle a insisté sur le fait que, s'agissant de professionnels habitués à devoir faire preuve de prudence dans l'exercice de leur métier, on peut attendre d'eux qu'ils mettent un soin particulier à évaluer les risques pouvant résulter d'un acte déterminé[18].

> ***CEDH, 6 oct. 2011,* Soros c/ France, *n° 50425/06 :***
> En fait : *Le requérant, « inculpé » de délit d'initié par les tribunaux français dans les années 1990, puis condamné à 2,2 millions d'euros, invoque une double violation de l'art. 7 découlant, d'une part de l'imprécision, au moment des faits, des éléments constitutifs du délit d'initié, et d'autre part, de la non-application des textes « communautaires » qui lui étaient plus favorables, car plus précis que le droit interne.*
> En droit : *(non-violation de l'art. 7). Les tribunaux français qui ont condamné le requérant n'ont pas violé l'art. 7, le droit interne applicable au moment des faits étant suffisamment prévisible pour pouvoir l'amener à se douter que son comportement pouvait être répréhensible, d'autant plus que c'était un professionnel*

15. CEDH, 28 mars 1990, *Groppera Radio AG et autres c/ Suisse*, n° 10890/84, § 68.

16. Aff. *Tolstoy Miloslavski*, préc., § 37.

17. L'exigence de prévisibilité ne sera pas remplie si, malgré ces précautions, il est difficile, voire impossible, pour le requérant de prévoir le revirement de jurisprudence de la Cour de cassation et donc de savoir qu'au moment où il les a commis ses actes pouvaient entraîner une sanction pénale : CEDH, 10 oct. 2006, *Pessino c/ France*, n° 40403/02, § 36, *D.* 2007. 124, note D. Roets, *JCP* 2007-II-10092, note D. Zenouki-Cottin, *JDI* 2007. 712, obs. O. Bachelet. Cf. aff. *Roy c/ France*, préc. À noter également que le pouvoir de qualification ne doit pas rendre imprévisibles les peines applicables, sous peine de violer l'art. 7 : CEDH, 22 janv. 2013, *Camilleri c/ Malte*, n° 42931/10, *Dalloz Actu.* 13 févr. 2013, obs. O. Bachelet. En pratique, des difficultés peuvent dès lors surgir, ne serait-ce qu'en raison du foisonnement des textes qui rend difficile la prévisibilité de la peine applicable.

18. CEDH, 6 oct. 2011, *Soros c/ France*, n° 50425/06, § 53, *D.* 2012. 199, obs. O. Bachelet et note D. Zerouki-Cottin, et 2823, obs. G. Roujou de Boubée et autres, *Dr. Pénal* 2012, n° 4, chron. 3, com. 20, obs. E. Dreyer, *RSC* 2012. 252, obs. D. Roets, *AJ Pénal* 2012. 156, obs. J. Lasserre Capdeville, *Rev. Sociétés* 2012. 180, obs. H. Matsopoulou, *JDI* 2012, chron. 6, obs. A. Decaux, P. Tavernier, M. Boumghar et autres.

familier du monde des affaires et participant à des projets financiers de grande envergure.

B. La loi pénale ne doit pas être rétroactive

314. L'affirmation du principe. – La non-rétroactivité de la loi pénale, corollaire du principe de la légalité, s'impose d'évidence au nom de la protection des libertés individuelles : il est impossible de punir une personne en vertu d'un texte que, par hypothèse, elle ne pouvait pas connaître au moment des faits. Ce principe de non-rétroactivité est envisagé largement puisque la Cour européenne des droits de l'homme assimile la jurisprudence à la « loi » au sens de l'article 7[19] : c'est dire que non seulement les lois rétroactives sont interdites, mais il en va de même pour leur application qui ne peut être rétroactive en principe[20].

CEDH, Gr. Ch., 27 janv. 2015,* Rohlena c/ République tchèque, *n° 59552/08 :

En fait : *Le requérant a été condamné pour maltraitance sur personne vivant sous le même toit, telle que définie par l'article 215 a du Code pénal dans sa rédaction du 1er juin 2004, le tribunal estimant que la définition s'étendait aux faits commis avant cette date pourvu qu'ils fussent alors constitutifs d'une autre infraction, ce qui était le cas en l'espèce.*

En droit : *(non-violation de l'art. 7)* « *La Cour doit jouir d'un pouvoir de contrôle plus large lorsque le droit protégé par une disposition de la Convention, en l'occurrence l'article 7, requiert l'existence d'une base légale pour l'infliction d'une condamnation et d'une peine. L'article 7 § 1 exige de la Cour qu'elle recherche si la condamnation du requérant reposait à l'époque sur une base légale. En particulier, elle doit s'assurer que le résultat auquel ont abouti les juridictions internes compétentes était en conformité avec l'article 7 de la Convention. L'article 7 deviendrait sans objet si l'on accordait un pouvoir de contrôle moins large à la Cour. En somme, la Cour doit rechercher si la condamnation du requérant reposait sur une base suffisamment claire* » (§ 53).

Le principe est donc celui de la non-rétroactivité de la loi pénale. C'est dire qu'un acte ne peut se voir attribuer par les tribunaux un caractère pénal s'il n'était pas jusque-là punissable[21]. La règle de la non-rétroactivité a même été étendue aux revirements jurisprudentiels, lorsqu'ils sont imprévisibles et qu'ils s'opèrent au détriment des accusés[22]. C'est ainsi que la Cour a conclu

19. CEDH, 26 avr. 1979, *Sunday Times*, préc.

20. CEDH, 24 mai 2007, *Dragotoniu et Militaru-Pidhorni c/ Roumanie*, n° 77193/01, § 40, *Dr. pénal* 2008. 36, obs. E. Dreyer, *RTD Civ.* 2008. 156, obs. D. Roets. Cf. aussi : CEDH, Gr. Ch., 27 janv. 2015, *Rohlena c/ Rép. Tchèque*, n° 59552/08, *RSC* 2015. 161, obs. D. Roets, *Dr. Pénal* 2016, n° 4, chron. 4, n° 15, obs. E. Dreyer, *JDI* 2016, n° 4, chron. 8, n° 10, obs. V. Manuello et D. Lachal (pas d'application rétroactive de la loi pour une infraction pénale continuée).

21. Cf. not. : Comm. EDH, 4 mars 1985, *Enkelmann c/ Suisse*, DR 41, p. 181.

22. Il est certain qu'un revirement jurisprudentiel ne peut *a priori* être considéré comme une violation de l'art. 7, mais encore faut-il qu'il ait pu être raisonnablement prévisible.

à la violation de l'article 7 dans l'affaire *Pessino*, le requérant soutenant que les faits qui lui étaient reprochés ne constituaient pas une infraction au moment des faits et que seul un revirement jurisprudentiel était venu rétroactivement donner à ces faits une qualification délictuelle[23]. Mais les juges européens n'hésitent pas à faire preuve d'audace et à prendre certaines libertés avec leurs propres règles, de manière à ce que les droits fondamentaux soient respectés au mieux : l'exemple le plus typique à cet égard est celui du viol entre époux, jadis non incriminé puis finalement sanctionné ; la Cour a estimé qu'il n'y avait pas violation de l'article 7 dans la mesure où les juges nationaux n'avaient fait qu'adapter la législation nationale aux nouvelles réalités[24]. Comme l'ont rappelé les juges européens, on ne saurait interpréter l'article 7 de la Convention comme proscrivant la clarification graduelle des règles de la responsabilité pénale par l'interprétation judiciaire d'une affaire à l'autre : cela est possible dès lors que le résultat est cohérent avec la substance de l'infraction et raisonnablement prévisible[25]. Si un tel raisonnement s'applique surtout à l'évolution progressive de la jurisprudence, il garde toute sa valeur en cas d'adoption d'un texte international de protection des droits fondamentaux : affirmer le contraire irait à l'encontre des principes mêmes sur lesquels est bâti tout le système de protection de la Convention européenne des droits de l'homme[26].

315. Les cas particuliers. – Le principe de la légalité donne lieu à des interrogations dans certaines situations particulières, ce qui a conduit à prendre en compte ces particularismes, voire même parfois à admettre des tempéraments au principe.

Le problème de la non-rétroactivité des lois pénales s'est posé dans un contexte très sensible découlant de la chute du mur de Berlin[27]. La question posée à la Cour était celle de l'éventuelle violation de l'article 7 par les juridictions allemandes actuelles condamnant les requérants qui, soit avaient participé à la réglementation autorisant de tirer sur les personnes tentant de franchir illégalement le mur, soit avaient appliqué cette réglementation en tirant sur ces personnes. La Cour a répondu par la négative, tout en apportant des précisions quant aux conséquences de l'article 7 au regard des successions d'États : il est légitime pour un État de droit, d'engager des poursuites pénales à l'encontre des personnes coupables de crimes sous un régime antérieur,

23. Aff. *Pessino*, préc., § 37. Cf. CEDH, 10 juill. 2012, *Del Rio Prada c/ Espagne*, n° 42750/09, *AJ Pénal* 2012. 494, obs. M. Herzog-Evans, *RSC* 2012. 698, obs. D. Roets, *D.* 2012 Pan. 2921, obs. G. Roujou de Boubée, *JCP* 2012 Act. 916, obs. F. Sudre, *Dr. Pénal* 2013, n° 4, chron. 4, obs. E. Dreyer. L'affaire a été rejugée par la Grande chambre qui a conclu à la violation de l'art. 7 parce que la requérante ne pouvait pas prévoir un tel revirement jurisprudentiel : CEDH, Gr. Ch., 21 oct. 2013, *Del Rio Prada c/ Espagne*, n° 42750/09, *RTDH* 2014. 689, note D. Scalia, *D.* 2013. 2775, obs. J. Falxal, *RSC* 2014. 174, obs. D. Roets.

24. Aff. *S. W. c/ Royaume-Uni*, préc., § 45.

25. Aff. *S. W. c/ Royaume-Uni*, préc., § 36 ; CEDH, 22 nov. 1995, *C. R. c/ Royaume-Uni*, n° 20190/92, § 34.

26. CEDH (déc.), 17 mars 2009, *Ould Dah c/ France*, n° 13113/03, *D.* 2009. 1573, note J.-F. Renucci, *JCP* 2009-II-114, note C. Madelaine, *D.* 2009 Pan. 2826, obs. G. Roujou de Boubée, Th. Garé et S. Mirabail, *RSC* 2009. 659, obs. D. Roets.

27. CEDH, Gr. Ch., 22 mars 2001, *Streletz, Kessler et Krenz c/ Allemagne*, n° 34044/96, et CEDH, 22 mars 2001, *K.-H. W. c/ Allemagne*, n° 37201/97, *RTDH* 2001. 1109, obs. P. Tavernier, *RSC* 2001. 639, obs. Fl. Massias, *JDI* 2002. 278, obs. Ph. Guillot.

mais on ne peut reprocher à ces juridictions, qui ont succédé à celles existant antérieurement, d'appliquer et d'interpréter les dispositions légales existantes à l'époque des faits à la lumière des principes régissant un État de droit[28]. Un raisonnement contraire irait à l'encontre des principes mêmes sur lesquels est bâti le système de protection mis en place par la Convention européenne des droits de l'homme[29].

La question de la compatibilité du régime de la récidive avec le principe de non-rétroactivité de la loi pénale s'est également posée. Avec l'affaire *Achour*, la Cour a apporté d'intéressantes précisions. Dans un premier temps, la Chambre a conclu à la violation de l'article 7, estimant que lorsqu'une personne est condamnée en état de récidive par application d'une loi nouvelle, le principe de sécurité juridique commande que le délai de récidive ne soit pas déjà échu en vertu de la précédente loi[30]. Mais, saisie de cette même affaire, la Grande chambre a en revanche conclu à une non-violation parce que la peine infligée au requérant était applicable au moment où la seconde infraction a été commise, par application d'une loi accessible et prévisible : c'est dire que ce dernier pouvait donc précisément connaître, à l'époque des faits, les conséquences légales de ses actes délictueux[31]. La Grande chambre considère que les faits de l'espèce ne soulèvent aucun problème de rétroactivité s'agissant d'une simple succession de lois qui n'ont vocation à s'appliquer qu'à compter de leur entrée en vigueur[32] : à une rétroactivité apparente se substitue l'application immédiate d'une loi nouvelle conforme aux exigences conventionnelles.

La loi française n° 2008-174 du 25 février 2008 relative à la rétention de sûreté rend possible l'enfermement à vie des criminels dangereux déjà condamnés. Cette loi suscite un certain nombre de controverses et, en particulier, la question qui s'est posée a été celle de savoir si son application immédiate ne violerait pas le principe de non-rétroactivité. Dans le cadre de ce débat, il est important de préciser si la mesure en cause est une peine ou une mesure de sûreté, l'application du principe de non-rétroactivité ne s'imposant que dans le premier cas. *A priori,* il ne s'agit pas d'une peine puisque celle-ci a déjà été prononcée et même exécutée ; en revanche, la qualification de mesure de sûreté s'impose, car la rétention de sûreté, qui peut être renouvelée indéfiniment, est justifiée par l'état dangereux du condamné et a pour but la prévention de la récidive. Dès lors on pourrait en conclure que l'application immédiate de la loi de 2008 est possible puisqu'il s'agit d'une mesure de sûreté et non pas d'une peine. Mais cette conclusion pourrait cependant être trop hâtive, car la rétention de sûreté est, certes, une mesure de sûreté, mais son particularisme est grand : en général les mesures de sûreté sont privatives de droits ou restrictives de liberté, alors que dans le cas qui nous

28. Aff. *K.-H. W. c/ Allemagne,* préc., § 84.

29. *Ibid.*, § 86.

30. Au moment de la première condamnation, le délai légal de la récidive était de 5 ans alors qu'il était de dix ans par la suite. CEDH, 10 nov. 2004, *Achour c/ France,* préc., § 50.

31. CEDH, Gr. Ch., 29 mars 2006, *Achour c/ France, RTDH* 2007. 733, obs. E. Drayer, § 60.

32. CEDH, Gr. Ch., 29 mars 2006, *Achour c/ France,* préc., § 58.

préoccupe la mesure est privative de liberté. D'ailleurs, les juges européens ont estimé que les mesures de sûreté privatives de liberté, comme la « détention de sûreté » allemande, doivent être qualifiées de peine au sens de l'article 7 § 1 de la Convention[33] ; or, ces mesures sont des « sœurs presque jumelles »...[34]. La Cour a cependant jugé que les mesures de sûreté instituées par la loi de 2008 et imposées à une personne reconnue pénalement irresponsable ne sont pas des « peines » au sens de l'article 7 de la Convention[35].

Le principe de la rétroactivité *in mitius,* admis depuis longtemps dans bon nombre d'États européens, a été finalement retenu par le droit européen des droits de l'homme[36] : il s'agit là d'un revirement important, la Cour étant jusque-là hostile à cette interprétation, estimant que l'article 7 ne prévoyait pas le droit de se voir appliquer une loi pénale plus favorable[37]. Ce revirement était à la fois logique, inévitable et en définitive respectueux de l'article 7, du moins dans son esprit. De plus, la Cour observe qu'un consensus s'est formé à tous les niveaux, international, européen et national, en faveur de la rétroactivité de la loi pénale plus douce, « devenue un principe fondamental du droit pénal »[38].

CEDH, Gr. Ch., 17 sept. 2009,* Scoppola c/ Italie *(nº 2), nº 10249/03 :
En fait : *Après avoir tué sa femme et blessé l'un de ses enfants, le requérant est jugé selon la « procédure abrégée », une démarche simplifiée autorisant, en cas de condamnation, une réduction de peine. Or les autorités appliquent à l'instance en cours un décret-loi qui prive le requérant d'un bénéfice ayant motivé son choix dans la procédure abrégée.*
En droit : *(violation de l'art. 7). Abandonnant sa jurisprudence traditionnelle, la Cour considère que l'art. 7 § 1 de la Convention ne garantit pas seulement le*

33. CEDH, 17 déc. 2009, *M. c/ Allemagne,* nº 19359/04, *AJ pénal* 2010. 129, note J. Leblois-Happe, *D.* 2010. 737, note J. Pradel, *RSC* 2010. 236, obs. D. Roets, *Dr. pénal* 2010, nº 9, obs. L. Grégoire. Sur les interrogations quant à leur conventionnalité, cf. : CEDH, 21 oct. 2010, *Grosskopf c/ Allemagne,* nº 24478/03 ; 13 janv. 2011, *Kallweit c/ Allemagne,* nº 17792/07 ; 13 janv. 2011, *Haidn c/ Allemagne,* nº 6587/04 ; 14 avr. 2011, *Jendrowiak c/ Allemagne,* nº 30060/04, *JDI* 2012, chron. 6, obs. A. Decaux, P. Tavernier, M. Boumghar et autres. *Adde* CEDH, 7 janv. 2016, *Bergmann c/Allemagne,* nº 23279/14, *AJ Pénal* 2016. 339, obs. L. Gregoire, *JCP* 2016. 94, obs. K. Blay-Grabarczyk.

34. J. Leblois-Happe, *Rétention de sûreté vs unterbringung in die Sicherungsverwahrung : les enseignements d'une comparaison franco-allemande, AJ pénal* 208, p. 209 et s.

35. CEDH, 3 sept. 2015, *Berland c/France,* nº 42875/10, *Dalloz Actu.* 18 sept. 2015, obs. E. Autier, *AJ Pénal* 2015. 599, obs. C. Margaine, *JCP* 2015. 974, obs. G. Gonzalez, *JCP* 2016. 65, nº 14, obs. F. Sudre, *D.* 2015. 2465, obs. G. Roujou de Boubée, Th. Gare, C. Ginestet, M.-H. Gozzi et S. Mirabail, *RSC* 2016. 129, obs. D. Roets, *Dr. Pénal* 2015, com. 134 par V. Peltier, *Dr. Pénal* 2016, nº 4, chron. 4, nº 16, obs. E. Dreyer.

36. CEDH, Gr. Ch., 17 sept. 2009, *Scoppola c/ Italie (nº 2),* nº 10249/03, §§ 92 et s., *RPDP* 2009. 888, note J.-F. Renucci, *RSC* 2010. 234, obs. J.-P. Marguénaud, *RDP* 2010. 871, obs. G. Gonzalez, *Dr. pénal* 2010, nº 4, chron. nº 3, obs. E. Dreyer.

37. CEDH, 5 déc. 2000, *Le Petit c/ Royaume-Uni,* (déc.), nº 35574/97 ; 6 mars 2003, *Zaprianov c/ Bulgarie,* (déc.), nº 41171/98. Vº en ce sens aff. *Scoppola,* préc., § 103. Vº cependant CEDH, 27 sept. 1995, *G. c/ France,* nº 15312/89, § 26 ; 12 janv. 2016, *Gouarré Patte c/Andorre,* nº 33427/10.

38. Aff. *Scoppola,* préc., § 106. Cf. une affaire où la requérante invoque le principe de l'application de la loi pénale plus douce, mais la Cour de cassation rejette son pourvoi jugeant que la loi nouvelle ne pouvait remettre en cause des obligations régulièrement nées à la date du fait générateur de l'impôt : CEDH, déc., 17 mai 2016, *Oxygène Plus c/France,* nº 76959/11, *Dalloz Actu.* 24 juin 2016, obs. E. Autier, *D.* 2017, Pan. *DEDH « Fiscalité et Convention EDH », p.* 128 s., spéc., p. 132, nº 5, obs. J.-F. Renucci et A. Renucci.

principe de non-rétroactivité des lois pénales plus sévères, mais aussi, et implicitement, le principe de rétroactivité de la loi pénale plus douce.

§2. Le principe de la légalité et le juge national

316. L'interprétation stricte de la loi pénale. - Le principe de l'interprétation stricte de la loi pénale n'est pas expressément mentionné dans l'article 7, mais il est incontestablement consacré par la jurisprudence européenne[39]. C'est le corollaire du principe de la légalité dans la mesure où l'interprétation analogique permettrait un arbitraire judiciaire et viderait de son sens le principe de la légalité.

CEDH, 24 mai 2007,* Dragotoniu et Militaru-Pidhorni c/ Roumanie, *n° 77193/01 :
En fait : *Des employés d'une entreprise privée ont été condamnés pour corruption passive alors qu'au moment des faits, le Code pénal supposait que l'auteur ait la qualité de fonctionnaire public ou de fonctionnaire ou salarié d'une entreprise d'État.*
En droit : « *La Cour rappelle que l'article 7 § 1 de la Convention consacre, de manière générale, le principe de la légalité des délits et des peines et prohibe, en particulier, l'application rétroactive du droit pénal lorsqu'elle s'opère au détriment de l'accusé. S'il interdit en particulier d'étendre le champ d'application des infractions existantes à des faits qui, antérieurement, ne constituaient pas des infractions, il commande en outre de ne pas appliquer la loi pénale de manière extensive au détriment de l'accusé, par exemple par analogie. Il s'ensuit que la loi doit définir clairement les infractions et les peines qui les répriment* » (§ 33).

C'est naturellement l'interprétation analogique défavorable au prévenu qui est rejetée[40], mais toute interprétation extensive doit être maniée avec beaucoup de précautions. Certes, l'interprétation judiciaire est légitime puisque le passage d'un texte général et abstrait à un cas concret nécessite à l'évidence une certaine adaptation de la part du juge. Mais justement, l'interprétation stricte permet cette adaptation en se référant notamment à l'intention législative : les éléments constitutifs d'une infraction peuvent – et doivent – être adaptés aux nouvelles réalités[41]. La jurisprudence contribue à l'évolution progressive du droit, mais encore faut-il que le résultat de l'interprétation judiciaire soit cohérent avec la substance de l'infraction et raisonnablement prévisible[42].

39. CEDH, 24 mai 2007, *Dragotoniu et Militaru-Pidhorni c/ Roumanie*, n° 77193/01, § 40, *Dr. pénal* 2008. 36, obs. E. Dreyer, *RTD Civ.* 2008. 156, obs. D. Roets.

40. Comm. EDH, 22 avr. 1965, *X c/ Autriche*, Ann. 8, p. 199 ; 24 sept. 1963, *X c/ RFA*, Ann. 6, p. 587 ; CEDH, 8 juill. 1999, *Baskaya et Okçuoglu c/ Turquie*, n° 23536/94..., § 36 et 42.

41. Comm. EDH, 7 mai 1982, *X ltd c/ Royaume-Uni*, DR 28, p. 87.

42. Aff. *S. W. c/ Royaume-Uni*, préc., § 36 ; aff. *Streletz*, préc., § 82. V° aussi CEDH, 2 mai 2007, *Saiz Oceja c/ Espagne*, n° 74182/01, § 2, *Dr. pénal* 2008. 36, obs. E. Dreyer ; CEDH, 12 juill. 2007, *Jorgic c/ Allemagne*, n° 74613/01, *JCP* 2008-I-110, n° 7, obs. F. Sudre.

317. L'encadrement de la fixation de la peine. – Par application du principe de la légalité, l'accusé ne peut pas se voir infliger par le juge une peine plus lourde que celle encourue pour l'infraction dont il a été reconnu coupable : la règle est logique, mais peut susciter certaines difficultés par le jeu éventuel de circonstances atténuantes. Il est certain que le fait de ne pas prendre en compte ces circonstances atténuantes alors qu'elles ont été constatées constitue une violation de l'article 7[43]. Dans une telle hypothèse, l'exigence de sécurité juridique inhérente au principe de la légalité commande, pour le moins, une rectification du *quantum* de la peine[44]. Certes, il incombe aux juges nationaux d'interpréter et d'appliquer le droit interne, mais la Cour se doit de vérifier la compatibilité, avec la Convention, des effets de pareille interprétation.

Pour qu'une peine soit justifiée et donc légale, il faut un lien de nature intellectuelle, permettant de déceler un élément de responsabilité dans la conduite de l'auteur matériel de l'infraction. La Cour s'est clairement prononcée en ce sens[45]. L'infraction est le point d'ancrage qui justifie l'application d'une peine. Il est certain qu'une personne innocentée, ou sans aucun degré de responsabilité pénale consignée dans un verdict de culpabilité, ne peut subir une peine[46] : l'interdiction d'infliger une peine sans constat de responsabilité découle de l'article 7 de la Convention[47].

Section 2
L'application nuancée du principe de la légalité

318. L'interdiction absolue de dérogations générales. – Le principe de la légalité et, corrélativement, les principes de non-rétroactivité et d'interprétation stricte des lois pénales sont des droits intangibles : ils ne peuvent, *a priori*, faire l'objet de limitations. Une ingérence de l'État n'est donc pas envisageable et d'ailleurs, l'article 15 de la Convention relatif aux dérogations en cas d'état d'urgence l'exclut expressément. C'est assurément un élément essentiel de la prééminence du droit.

319. L'admission limitée de dérogations spéciales. – Le deuxième paragraphe de l'article 7 précise cependant que le principe de légalité ne portera pas atteinte au jugement et à la punition d'une personne coupable

43. CEDH, 22 juill. 2003, *Gabarri Moreno c/ Espagne*, n° 68066/01, inédit, § 23, *RSC* 2004. 166, obs. Fl. Massias.

44. Aff. *Gabarri Moreno*, préc., § 33.

45. CEDH, 20 janv. 2009, *Sud Fondi Srl et autres c/ Italie*, n° 75909/01.

46. Aff. *Sud Findi Srl et autres*, préc., §§ 112 et 114 ; CEDH, 29 oct. 2013, *Varvara c/ Italie*, n° 17475/09, *JCP* 2014, chron. 78, n° 12, obs. F. Sudre (confiscation en dépit d'un non-lieu).

47. Aff. *Varvara*, préc., § 67. À noter que ce principe a également été affirmé par la Cour au regard de l'art. 6 § 2 : cf. *infra*, n° 428.

d'une action ou d'une omission qui, au moment où elle a été commise, était criminelle d'après les principes généraux de droit reconnus par les nations civilisées. L'explication de cette clause dérogatoire est historique. Elle fait principalement référence aux principes de Nuremberg en matière de crimes de guerre et de crimes contre l'humanité. La Cour a bien rappelé que le second paragraphe de l'article 7 constitue une clause de dérogation exceptionnelle au principe général contenu dans le premier : il a pour but de préciser que le premier paragraphe de ce même article n'affecte pas les lois qui, dans les circonstances tout à fait exceptionnelles qui se sont produites à l'issue de la Seconde Guerre mondiale, ont été passées pour réprimer les crimes de guerre et les faits de trahison et de collaboration avec l'ennemi[48]. Mais il ne s'agit pas, à proprement parler, d'une « dérogation » ou une exception au principe, le droit garanti étant intangible : c'est une application nuancée du principe de la légalité compte tenu de circonstances tout à fait exceptionnelles. La Cour a toujours refusé de donner une portée générale à l'article 7 § 2 de la Convention[49].

CEDH, Gr. Ch., 17 mai 2010,* Kononov c/ Lettonie, *nº 36376/04 :
En fait : *Le requérant, mobilisé comme soldat dans l'armée soviétique a fait partie d'un commando composé de partisans rouges. Reconnu coupable de crimes de guerre durant la Deuxième Guerre mondiale par un tribunal letton, il invoque une violation du principe de non-rétroactivité de la loi pénale.*
En droit : *(non-violation de l'art. 7) Pour la Cour, cette condamnation n'a pas violé l'art. 7, car, à l'époque où ils ont été commis, les actes du requérant étaient constitutifs d'infractions définies avec suffisamment d'accessibilité et de prévisibilité par les lois et coutumes de guerre.*

Il est important de préciser par ailleurs que l'article 7 ne prohibe pas l'application immédiate des lois de procédure[50]. Le principe de l'application immédiate de ces lois est traditionnellement admis puisqu'il ne s'agit pas *stricto sensu* de rétroactivité étant donné que le texte nouveau n'abolit pas pour le passé les conséquences déjà produites par le texte ancien et ne régit pas *ab initio* les procédures en cours. De plus, les pénalistes ont toujours estimé qu'il est de l'intérêt social, et aussi de l'intérêt de l'individu, que soient

48. Cf. aff. *Kononov*, préc., § 244. Dans le même sens, vº CEDH, 12 déc. 2002, *Tess c/ Lettonie*, nº 34854/02. Pour des exemples où la Cour admet la rétroactivité de la répression des crimes contre l'humanité, vº deux décisions : CEDH, 15 nov. 2001, *Papon c/ France (nº 2)*, nº 54210/00, et 17 janv. 2006, *Kolk et Kislyty c/ Estonie*, nº 23052/04..., *AFDI* 2006. 666, obs. G. Cohen-Jonathan. Pour une violation de l'art. 7, la Cour n'étant pas convaincue que la condamnation du requérant pour génocide puisse passer pour être compatible avec la substance de cette infraction telle qu'elle était définie par le droit international en 1953 ou qu'elle ait été raisonnablement prévisible par l'intéressé au moment des faits : CEDH, Gr. Ch., 20 oct. 2015, *Vasiliauskas c/Lituanie*, nº 35343/05, *AJDA* 2016. 143, obs. L. Burgorgue-Larsen, *Dr. Pénal* 2016, nº 4, chron. 4, nº 14, obs. E. Dreyer, *JDI* 2016, nº 4, chron. 8, nº 11, obs. V. Manuello.

49. CEDH, Gr. Ch., 18 juill. 2013, *Maktouf et Damjanovic c/ Bosnie-Herzégovine*, nº 2312/08 et nº 34179/08, *Dalloz Actu.* 23 sept. 2013, obs. O. Bachelet, *RTDH* 2014. 689, note D. Scalia, *RSC* 2013, p. 662 obs D. Roets évoquant ainsi la perte d'une chance d'être moins sévèrement puni sanctionnée par la Cour EDH.

50. Cf. aff. *Coeme*, préc.

appliquées sans délai les règles procédurales nouvelles parce qu'elles sont présumées supérieures aux précédentes[51]. L'article 7 n'interdit pas non plus l'application rétroactive d'une loi pénale dès lors qu'elle est favorable au prévenu. Une telle possibilité, admise classiquement est logique[52] : le principe de la légalité étant d'inspiration libérale et établi dans l'intérêt de l'individu, il ne saurait être retourné contre lui[53].

320. Bibliographie : Bergerès (M.-Ch.), *La contingence et le contentieux fiscal, Dr. fiscal* 1999 n° 10, p. 429 et s. ; *Loi fiscale, rétroactivité et sécurité juridique : quelle conciliation ?* Compte rendu colloque CEFPE, Sénat 2 mars 1999, *Dr. fiscal* 1999 n° 17, p. 622 et s. ; Bachelet (O.), *L'interprétation extensive de la loi pénale et la récidive au regard de l'article 7, in* « La France et la Cour européenne des droits de l'homme, La jurisprudence en 2004 », Coll. CREDHO, Bruylant, 2005, p. 152 et s. ; *Face à l'alternative « rétroactivité ou immédiateté » la Cour européenne ne récidive pas, RTDH* 2007, p. 233 et s. ; Bonis-Garcon (E) et Peltier (V), *À la recherche de la peine perdue dans la jurisprudence de la Cour européenne des droits de l'homme, Dr. Pénal* 2015, n° 9, dos. 5 ; Bourin (X.), *Échec aux conséquences funestes des revirements en droit pénal, Gaz. Pal.* 1995, 1, Doctr. p. 599 ; Cere (J.-P.), *La rétention de sûreté à l'épreuve de la Convention européenne des droits de l'homme, AJ pénal* 2008, p. 220 et s. ; Claverie-Rousset (Ch.), *La légalité criminelle, Dr. Pénal* 2011, n° 9, ét. 16 ; Delmas-Marty (M.), *Légalité pénale et prééminence du droit selon la Cour européenne des droits de l'homme,* Mél. Vitu, Cujas, 1989, p. 151 et s. ; Eissen (M.-A.), *Le premier arrêt de la Cour européenne des droits de l'homme, « affaire Lawless », exceptions préliminaires et questions de procédure, AFDI* 1960, p. 444 et s. ; Fernandez (V), *Les qualités de la loi,* Th. Toulouse 2003 ; Foussier (E.), *L'influence de la jurisprudence européenne sur la définition française du médicament, RDSS* 1997, p. 301 et s. ; Koering-Joulin (R.), *Pour un retour à une interprétation plus stricte du principe de la légalité (à propos de l'article 7 de la Convention européenne des droits de l'homme),* Mél. Eissen, Bruylant/LGDJ, 1995, p. 247 et s. ; Leblois-Happe (J.), *Rétention de sûreté vs unterbringung in die Sicherungsverwahrung : les enseignements d'une comparaison franco-allemande, AJ Pénal* 2008, p. 209 et s. ; Massias (Fl.), *Le champ pénal européen selon la Cour européenne des droits de l'homme : interprétation autonome et applicabilité des articles 6 et 7 de la Convention européenne des droits de l'homme,* Mél. Ottenhof, Dalloz, 2006, p. 89 et s. ; Mandon (Cl.), *La compatibilité de la rétention de sûreté à la CEDH, RPDP* 2013, p. 863 et s. ; Mathieu (B.), *Les lois de validation devant le juge de Strasbourg, RFDA* 2000, p. 289 ; Matringe (J.), *Le contrôle de la licéité internationale de la loi nationale par la Cour européenne des droits de l'homme,* Mél. Cohen-Jonathan, Bruylant, 2004, p. 1225 et s. ; Nuss (P.), *La « condamnation » par la Cour européenne des droits de l'homme du viol entre époux, Gaz. Pal.* 11-12 juillet 1997, p. 6 et s. ; Petit (Y.), *Médicament, droit français et Convention européenne des droits de l'homme,* Europe 1997 Chron. p. 5 ; Prétot (X.), *Les validations législatives et le droit au procès équitable, RDP* 2001, p. 23 et s. ; Quéneudec (J.-P.), *Liberté d'accès au droit et qualité des règles juridiques,* Mél. Cohen-Jonathan, Bruylant, 2004, p. 1317 et s. ; Renucci (J.-F.) et Dalmasso (J.), Le principe de non-rétroactivité de la loi pénale dans le système européen de protection des droits de l'homme, RPDP 2011, p. 737 et s. ; Roets (D.), *L'application de la loi pénale dans le temps et la Convention européenne des droits de l'homme, D.* 2004 Chron. p. 1991 et s. ; *La non-rétroactivité de la jurisprudence « in malem partem » consacrée par la CEDH, D.* 2007 Chron. p. 124 et s. ; Sandras (C.), *Les lois de validation, le procès en cours et l'article 6, 1° de la Convention européenne des droits de l'homme, RTDH* 2002, p. 629 et s. ; Sermet (L.), *Rétroactivité et Convention européenne des droits de l'homme, RFDA* 1998, p. 990 ; Sicurella (R.), *Nulla poena sine culpa : un véritable principe européen ? RSC* 2002, p. 15 et s. ; Soyer (J.-Cl.), *L'article 7 de la Convention existe-t-il ?,* Mél. Ryssdal, Carl Heymans 2000, p. 1337 et s. ; Spielmann (D.), *Principe de légalité et mise en œuvre communautaire, RTDH* 1997, p. 689 ; Sudre (F.), *Le principe de la légalité et la jurisprudence de la Cour européenne des droits de l'homme, RPDP* 2001, p. 335 et s. ; Touiller (M), *L'interprétation stricte de la loi pénale et l'article 7 de la Convention de sauvegarde des droits de l'homme et des libertés fondamentales,* RDLF 2014,

51. J. Pradel, *Droit pénal général,* Cujas, n° 216.

52. Cf. *supra,* n° 315 *in fine.*

53. B. Bouloc, *Droit pénal général,* Précis Dalloz, n° 127.

chron. n° 08 ; Wachsmann (P.), *De la qualité de la loi à la qualité du système juridique*, Mél. Cohen-Jonathan, Bruylant, 2004, p. 1687 et s.

L'ESSENTIEL

FICHE MÉMO :

- Pas de peine sans loi
  - L'art. 7 garantit le principe de la légalité
    - *Le principe de la légalité est un rempart contre l'arbitraire et un élément essentiel de la prééminence du droit.*
    - *Le droit pénal se doit d'avertir avant de frapper.*
- L'affirmation forte du principe
  - Le législateur doit être particulièrement attentif à la « qualité » de la loi (*lato sensu*)
    - *La loi doit être prévisible et accessible.*
    - *La loi ne doit pas être rétroactive, sauf si elle est plus douce.*
    - *La loi doit faire l'objet d'une interprétation stricte.*
- L'application nuancée du principe
  - Interdiction absolue de dérogations générales
    - *La règle est logique dans la mesure où le droit garanti par l'art. 7 est un droit intangible.*
  - Admission limitée de dérogations spéciales
    - *S'agissant d'un droit intangible, le terme de dérogation est inapproprié, mais traduit cependant une réalité, même si la traduction est maladroite.*

FICHE GRANDS ARRÊTS :

- *Kononov* (2010)
  - *Une condamnation en 2004 pour crimes de guerre commis pendant la Deuxième Guerre mondiale n'a pas violé l'art. 7.*
- *Cantoni* (1995)
  - *À l'aide de conseils appropriés, le requérant, de surcroît gérant d'un supermarché, devait savoir, à l'époque des faits, qu'eu égard à la tendance se dégageant de la jurisprudence, il courait un danger réel de se voir poursuivre pour exercice illégal de la pharmacie.*
- *S.W. c/ Royaume-Uni* (2007)
  - *Interprétation de l'art. 7 dans le sens de son effectivité : condamnation pour viol de sa femme non contraire à l'art. 7 même si le fait n'était pas punissable au moment des faits.*
- *Soros* (2011)
  - *Prévisibilité du droit français sur le délit d'initié, compte tenu notamment du statut et de l'expérience du requérant.*
- *Kakkaris* (2008)
  - *Manque de précision du droit interne pour permettre au requérant de discerner, à un degré raisonnable dans les circonstances, fût-ce en s'entourant au besoin de conseils éclairés, la portée de la peine de réclusion à perpétuité et les modalités de son exécution.*
- *Varvara* (2013)
  - *L'interdiction d'infliger une peine sans constat de responsabilité découle de l'art. 7 de la Convention.*

- *Ashlarba* (2014)

○ *Un texte de loi peut se référer à des notions* a priori *imprécises, mais connues de la population (« appartenance à la pègre »).*

FICHE ACTU/DÉBATS :

*** Thème(s) de réflexion :**

– Les « qualités » de la loi : précision, prévisibilité, accessibilité (v° *Traité DEDH*, p. 350)

○ *Jurisp.* : *Groppera Radio AG* (1990) ; *Kafkaris* (2008) ; *Cantoni* (1996) ; *S. W.* (2007) ; *Achour* (2004) ; *Soros* (2011) ; *Ashlarba* (2014) ; *Plechkov* (2015).

○ *Doctr.* : Petit, Europe 1997. 5 ; Foussier, RDSS 1997. 301 ; Spielmann, *RTDH* 1997. 689 ; Mayer, *D.* 2001. 1643 ; Lasserre Capdeville, *AJ Pénal* 2012. 156 ; Claverie-Rousset, *Dr. Pénal* 2011. 16.

– La non-rétroactivité de la loi pénale (v° *Traité DEDH*, p. 352)

○ *Jurisp.* : *Dragotoniu et a.* (2007) ; *Achour* (2004) *Bouchacourt* (2009) ; *Gardel* (2009) ; *S. W.* (2007) ; *Scoppola* (2009) ; *Draon* (2005) ; *Del Rio Prada* (2013) ; *Rohlena* (2015).

○ *Doctr.* : Bourin, *Gaz. Pal.* 1995. 1. 599 ; Nuss, *Gaz. Pal.* 11/12 juill. 1997. 6 ; Huet, *D.* 2010. 2565 ; Renucci et Dalmasso, *RPDP* 2011. 737, Lucas, *RTDH* 2012. 749.

– Les rétentions de sûreté (v° *Traité DEDH*, p. 357)

○ *Jurisp.* : *Grosskopf* (2010) ; *Borer* (2010) ; *Steel et a.* (1998) ; *M. c/ Allemagne* (2009) ; Kallweitt (2011) ; *Mautes* (2011) ; *Schummer* (2011) ; *Haidn* (2011) ; *Jendrowiak* (2011) ; *Schmotz* (2011) ; *Mork* (2011).

○ *Doctr.* : Cere, *AJ Pénal* 2008. 220 ; Leblois-Happe, *AJ Pénal* 2008. 209 et 2010. 129 ; Pradel, *D.* 2010. 737 ; Roets, *D.* 2008. 1840 ; Mesa, *RTDH* 2011. 839 ; Mandon, *RPDP* 2013. 863 ; Gregoire, *AJ Pénal* 2016. 337.

*** Commentaire d'arrêt(s) :**

○ Aff. *Kokkinakis* (1993) : « *L'art. 7 § 1 de la Convention ne se borne pas à prohiber l'application rétroactive du droit pénal au détriment de l'accusé. Il consacre aussi, de manière plus générale, le principe de la légalité des délits et des peines (nullum crimen, nulla poena sine lege) et celui qui commande de ne pas appliquer la loi pénale de manière extensive au détriment de l'accusé, notamment par analogie ; il en résulte qu'une infraction doit être clairement définie par la loi. Cette condition se trouve remplie lorsque l'individu peut savoir, à partir du libellé de la clause pertinente et, au besoin, à l'aide de son interprétation par les tribunaux, quels actes et omissions engagent sa responsabilité* » *(§ 52).*

○ Aff. *Varvara* (2013) : « *La tâche qui incombe à la Cour est donc de s'assurer que, au moment où un accusé a commis l'acte qui a donné lieu aux poursuites et à la condamnation, il existait une disposition légale rendant l'acte punissable et que la peine imposée n'a pas excédé les limites fixées par cette disposition* » *(§ 57).*

CHAPITRE 2

Le droit à la liberté et à la sûreté

321. Article 5. Droit à la liberté et à la sûreté.

1. Toute personne a droit à la liberté et à la sûreté. Nul ne peut être privé de sa liberté, sauf dans les cas suivants et selon les voies légales :

a) s'il est détenu régulièrement après condamnation par un tribunal compétent ;

b) s'il a fait l'objet d'une arrestation ou d'une détention régulières pour insoumission à une ordonnance rendue, conformément à la loi, par un tribunal ou en vue de garantir l'exécution d'une obligation prescrite par la loi ;

c) s'il a été arrêté et détenu en vue d'être conduit devant l'autorité judiciaire compétente, lorsqu'il y a des raisons plausibles de soupçonner qu'il a commis une infraction ou qu'il y a des motifs raisonnables de croire à la nécessité de l'empêcher de commettre une infraction ou de s'enfuir après l'accomplissement de celle-ci ;

d) s'il s'agit de la détention régulière d'un mineur, décidée pour son éducation surveillée ou de sa détention régulière, afin de le traduire devant l'autorité compétente ;

e) s'il s'agit de la détention régulière d'une personne susceptible de propager une maladie contagieuse, d'un aliéné, d'un alcoolique, d'un toxicomane ou d'un vagabond ;

f) s'il s'agit de l'arrestation ou de la détention régulières d'une personne pour l'empêcher de pénétrer irrégulièrement dans le territoire, ou contre laquelle une procédure d'expulsion ou d'extradition est en cours.

2. Toute personne arrêtée doit être informée, dans le plus court délai et dans une langue qu'elle comprend, des raisons de son arrestation et de toute accusation portée contre elle.

3. Toute personne arrêtée ou détenue, dans les conditions prévues au paragraphe 1. c du présent article, doit être aussitôt traduite devant un juge ou un autre magistrat habilité par la loi à exercer des fonctions judiciaires et a le droit d'être jugée dans un délai raisonnable, ou libérée pendant la procédure. La mise en liberté peut être subordonnée à une garantie assurant la comparution de l'intéressé à l'audience.

4. Toute personne privée de sa liberté par arrestation ou détention a le droit d'introduire un recours devant un tribunal, afin qu'il statue à bref délai sur la légalité de sa détention et ordonne sa libération si la détention est illégale.
5. Toute personne victime d'une arrestation ou d'une détention dans des conditions contraires aux dispositions de cet article a droit à réparation.

322. La garantie de l'article 5. – L'article 5 de la Convention garantit le droit à la liberté et à la sûreté. Nul ne pouvant être arbitrairement dépouillé de sa liberté[1], cet article entend protéger la liberté physique des personnes[2] contre toute arrestation ou détention arbitraire ou abusive. Compte tenu des enjeux, l'importance de ces dispositions est considérable[3] et impose un contrôle scrupuleux. Il est important d'observer que si dans le droit garanti par l'article 5, la notion de « liberté » retient pratiquement toute l'attention, celle de « sûreté » ne doit pas pour autant être négligée même si elle ne donne pas lieu à un contentieux important : c'est ainsi que la Cour a jugé que les autorités peuvent, certes, recourir à certains stratagèmes pour lutter efficacement contre les activités criminelles, mais n'importe quelle ruse n'est pas admissible ; cela constitue un intéressant développement jurisprudentiel de la notion de « sûreté »[4].

Le droit à la liberté et à la sûreté de l'article 5 de la Convention encadre strictement la privation de liberté. Il doit naturellement s'agir d'une réelle « privation » de liberté, et non d'une simple « restriction ». La distinction n'est pas toujours aisée et les juges prendront en compte la situation concrète de la personne en cause, en particulier le genre, la durée et les modalités de la mesure considérée[5]. Toute privation de liberté n'est pas nécessairement du domaine de l'article 5 et il en est ainsi notamment en ce qui concerne la discipline militaire, mais là aussi, tout dépendra des circonstances[6]. Il en va de même dans d'autres domaines comme les privations de liberté

1. CEDH, 1er juill. 1961, *Lawless c/ Irlande (n° 3)*, n° 332/57, § 14, *AFDI* 1961. 251, obs. R. Pelloux ; 24 oct. 1979, *Winterwerp c/ Pays-Bas*, n° 6301/73, § 37, *RUDH* 1990. 127, obs. J. Callewaert et autres, *AFDI* 1980. 324, obs. R. Pelloux, *JDI* 1982. 191, obs. P. Rolland ; 4 déc. 1979, *Schiesser c/ Suisse*, n° 7710/76, § 30, *CDE* 1980. 467, obs. G. Cohen-Jonathan, *AFDI* 1980. 325, obs. R. Pelloux, *JDI* 1982. 195, obs. P. Rolland ; 6 nov. 1980, *Guzzardi c/ Italie*, n° 7367/76, § 92, *CDE* 1982, p. 188, obs. G. Cohen-Jonathan, *AFDI* 1981. 291, obs. R. Pelloux, *JDI* 1982. 204, obs. P. Rolland ; *Adde* aff. *Engel et autres*, préc.

2. CEDH, 8 juin 1976, *Engel et autres c/ Pays-Bas*, n° 5100/71..., *RUDH* 1990. 119, obs. J. Callewaert et autres, *CDE* 1978. 364, obs. G. Cohen-Jonathan, *AFDI* 1977. 481, obs. R. Pelloux, *JDI* 1978. 695, obs. P. Rolland.

3. CEDH, 18 juin 1971, *De Wilde, Ooms et Versyp c/ Belgique*, n° 2832/66..., § 65, *RUDH* 1990. 71, obs. J. Callewaert et autres, *AFDI* 1972. 443, obs. R. Pelloux, *RID comp.* 1972. 244, obs. S. Marcus-Helmons et C. Daubie.

4. CEDH, 13 janv. 2009, *Guiorgui Nikolaïchvili c/ Géorgie*, n° 37048/04 (arrestation d'un témoin pour faire pression sur son frère).

5. CEDH, 14 oct. 1999, *Riera Blume et autres c/ Espagne*, n° 37680/97..., *JCP* 2000-I-203 n° 4, obs. F. Sudre ; 28 nov. 2002, *Lavents c/ Lettonie*, n° 58442/00, inédit, *JCP* 2003-I-109 n° 4, obs. F. Sudre. V° aussi : CEDH, 6 nov. 1980, *Guzzardi c/ Italie*, n° 7367/76, § 93, *CDE* 1982. 188, obs. G. Cohen-Jonathan, *AFDI* 1981. 291, obs. R. Pelloux, *JDI* 1982. 204, obs. P. Rolland.

6. *Engel et autres*, préc. §§ 18 et s., 59 et s., 63 et s.

extrajudiciaires[7]. Ainsi, le placement d'un mineur dans un service hospitalier à la demande du parent investi de ladite autorité n'est pas une « privation » de liberté au sens de l'article 5[8], pas plus que le placement dans un foyer d'une personne âgée dans un état grave d'abandon, même contre sa volonté[9]. De même, l'article 5 n'est pas applicable aux privations de liberté dans le cadre d'un contrôle de sécurité aéroportuaire[10].

Il serait cependant réducteur de penser que l'article 5 ne vise que les cas de privation formelle de liberté : la question a pu se poser pour les disparitions forcées et il a été jugé que la détention non reconnue d'un individu constitue une négation de ses garanties et une violation de l'article 5[11] : une détention, même temporaire, s'analyse comme une « disparition forcée » dès lors qu'elle est marquée par une incertitude et un manque d'explications et d'informations quant au sort de l'intéressé[12]. Il est évident que la privation de liberté ne saurait être limitée à la situation classique d'une arrestation ou d'une détention[13]. Pour ce qui est de la technique du « kettling » qui consiste pour la police à retenir un groupe de personnes pour des motifs d'ordre public, la Cour a jugé que ce confinement ne viole pas l'article 5 de la Convention[14].

La protection de l'individu contre l'arbitraire est d'une importance capitale et c'est la raison pour laquelle une mesure privative de liberté doit être légale et régulière[15]. En imposant le respect des voies légales, l'article 5 § 1er renvoie formellement à la législation nationale que le juge interne doit respecter

7. *Lawless*, préc. § 13 et s. ; *Irlande c/ Royaume-Uni*, préc. § 194 et s.

8. CEDH, 28 nov. 1988, *Nielsen c/ Danemark*, n° 10929/84, § 64, *AFDI* 1992. 629, obs. V. Coussirat-Coustère, *JDI* 1993. 737, obs. E. Decaux et P. Tavernier, *RUDH* 1993. 1, obs. F. Sudre et autres.

9. CEDH, 26 févr. 2002, *H. M. c/ Suisse*, n° 39187/98.

10. CEDH (déc.), 7 nov. 2013, *Gahramanov c/ Azerbaïdjan*, n° 26291/06 (irrecevabilité), *RTDH* 2014. 959, note F. Bernard, qui fait remarquer qu'ainsi, un élément de proportionnalité permet d'éviter l'application de l'art. 5 dans les cas « légers » de détention, ce qui, ajoute-t-il, n'est pas sans présenter certains risques.

11. CEDH, 25 mai 1998, *Kurt c/ Turquie*, n° 24276/94, § 124. *Adde* CEDH, Gr. Ch., 10 mai 2001, *Chypre c/ Turquie*, n° 25781/94, § 147. Sur les disparitions forcées, cf. aff. *El Masri*, préc., § 240 ; aff. *Pitsayeva et autres*, préc., § 480, les personnes ayant été placées en détention par des agents de l'État sans aucune base légale et dans des lieux secrets. À propos de détentions sur un « site noir » de la CIA en violation de l'art. 5, cf. CEDH, 24 juill. 2014, *Al Nashiri c/ Pologne*, n° 28761/11, et *Husayn c/ Pologne*, n° 7511/13, *RPDP* 2014. 912, obs. R. Mignot-Mahdavi. Par la suite, l'enlèvement et le transfèrement extrajudiciaire par la CIA de l'Imam Abou Omar vers l'Égypte a été considéré comme une violation de la Convention : CEDH, 23 févr. 2016, *Nasr et Ghali c/Italie*, n° 44883/09.

12. CEDH, Gr. Ch., 13 déc. 2012, *El-Masri c/ ex-Rép. yougoslave de Macédoine*, n° 39630/09, § 240, *JCP* 2013, p. 85, obs. G. Gonzalez, *Dr. Pénal* 2013, n° 4, chron. 4, obs. E. Dreyer, *JCP* 2013, 64, n° 6, obs. F. Sudre, *AJDA* 2013. 165, obs. L. Burgorgue-Larsen, *RPDA* 2013. 164, obs. P. Beauvais.

13. Cf., par exemple, CEDH, 6 nov. 1980, *Guzzardi c/ Italie*, n° 7367/71 (assignation dans une île au large de la Sardaigne).

14. CEDH, Gr. Ch., 15 mars 2012, *Austin et autres c/ Royaume-Uni*, n° 39692/09, § 69, *Dr. Pénal* 2013, n° 4, chron. 4, obs. E. Dreyer, *AJDA* 2012. 1726, obs. L. Burgorgue-Larsen. Comp. CEDH, 21 juin 2011, *Shimovolos c/ Russie*, n° 30194/09, *JDI* 2012, chron. 6, obs. A. Decaux, P. Tavernier, M. Boumghar et autres.

15. Cf. un exemple récent concernant la détention illimitée d'individus dangereux n'intégrant pas le programme de réinsertion approprié, détention considérée dès lors comme arbitraire et irrégulière ; CEDH, 18 sept. 2012, *Wells et Lee c/ Royaume-Uni*, n° 25119/09, *Dalloz Actu.* 8 oct. 2012, obs. O. Bachelet, *Dr. Pénal* 2013, n° 4, chron. 4, obs. E. Dreyer. *Adde* l'affaire de l'ex-Premier ministre de l'Ukraine : CEDH, 30 avr. 2013, *Timochenko (Tymoshenko) c/ Ukraine*, n° 49872/11, *RPDP* 2013. 401, obs. C.-L. Popescu. Cf. aussi pour un interrogatoire prolongé dans un aéroport de l'opposant russe G. Kasparov : CEDH, 11 oct. 2016, *Kasparov c/Russie*, n° 53659/07. En revanche, la Cour a jugé le grief portant sur l'art. 5, § 1 manifestement mal

scrupuleusement, aussi bien sur le fond que sur la forme[16]. L'inobservation du droit interne emporte violation de la Convention et la Cour doit rechercher si le droit interne a été bien respecté[17]. C'est dire qu'un texte de loi prévoyant la privation de liberté doit exister, sans quoi celle-ci serait arbitraire pour manque de base légale en droit interne[18]. À noter que dans le cadre de la coopération pénale internationale, compte tenu de la spécificité des enjeux et aussi de la primauté du principe de liberté des États, l'exigence des « voies légales » est envisagée avec davantage de souplesse même s'il convient de rester vigilant[19]. Il faut toujours faire preuve de prudence dès lors qu'un individu peut être privé de sa liberté, même si la mesure intervient dans le cadre d'une opération militaire sous l'égide de l'ONU[20]. Il est important de préciser que, pour qu'une privation de liberté soit légitime, non seulement elle doit être régulière, mais en outre, elle doit être conforme au but de l'article 5, à savoir la protection de l'individu contre l'arbitraire[21]. D'ailleurs, toute détention appliquée sans motivation suffisante et sans considération de mesures moins intrusives est une violation de l'article 5 § 1[22]. De même, lorsque la libération est ordonnée, celle-ci doit intervenir immédiatement : pour ne pas avoir respecté cette règle, la France a été condamnée par la Cour européenne dans l'affaire *Quinn*[23]. Enfin, le placement en garde à vue d'un avocat venu au commissariat dans le cadre de ses fonctions n'était ni justifié ni proportionné eu égard aux circonstances : le fait de prendre une telle mesure, tout en le soumettant à une fouille intégrale et à un test d'alcoolémie,

---

fondé à propos de l'interpellation et de la retenue d'un avocat au commissariat pour infraction au Code de la route : CEDH, déc., 31 mars 2016, *Ursulet c/France*, n° 56825/13.

16. CEDH, 27 sept. 1990, *Wassink c/ Pays-Bas*, n° 12535/86, § 27 : CEDH, Gr. Ch., 23 févr. 2012, *Greanga c/ Roumanie*, n° 29226/03 ; 3 juill. 2012, *X. c/ Finlande*, n° 34806/04.

17. CEDH, 28 mars 2000, *Baranowski c/ Pologne*, n° 28358/95, § 50 ; Gr. Ch. 4 août 1999, *Douiyeb c/ Pays-Bas*, n° 31464/96 ; § 44 et 45. V° aussi aff. *Bozano*, préc. ; CEDH, 19 mai 2004, *Goussinski c/ Russie*, n° 70276/01, § 62 et s. V° plus récemment : CEDH, 10 juill. 2008, *Medvedyev c/ France*, n° 3394/03, confirmé sur ce point par la Grande chambre, le 29 mars 2010 ; 9 nov. 2010, *Salayev c/ Azerbaïdjan*, n° 40900/05, § 47 ; 29 sept. 2010, *Iskandarov c/ Russie*, n° 171/85/05 ; 13 déc. 2012, *Kanagaratnam et autres c/ Belgique*, n° 15297/09 ; 12 juin 2012, *Koertesis c/ Grèce*, n° 60593/10.

18. CEDH, 16 déc. 1997, *Raninen c/ Finlande*, n° 20972/92, § 46. V° aussi concernant l'inconventionnalité pour illégalité du *« petit dépôt »* consécutif à une garde à vue et précédant le déferement devant un magistrat : CEDH, 27 juill. 2006, *Zervudacki c/ France*, n° 73947/01, § 47, *JDI* 2007, p. 698, obs. O. Bachelet, *RTDH* 2007. 559, note M. Puechavy.

19. v° not. : CEDH, Gr. Ch., 12 mai 2005, *Öcalan c/ Turquie*, n° 46221/99, § 85 (violation de l'art. 5 dans le cadre d'une arrestation effectuée par les autorités d'un État sur un autre État sans son consentement).

20. CEDH, Gr. Ch., 7 juill. 2011, *Al-Jedda c/ Royaume-Uni*, n° 27021/08, *RTDH* 2012. 647, obs. I. K. Panoussis.

21. CEDH, 7 févr. 2008, *Konolos c/ Roumanie*, n° 26600/02, § 53, *Dr. pénal* 2009. 19, obs. E. Dreyer ; 21 juin 2011, *Adamov c/ Suisse*, n° 3052/06, *RTDH* 2012. 215, obs. E. David, *Dr. Pénal* 2012, n° 4, chron. 3, com. 13, obs. E. Dreyer. Pour une irrégularité en raison de mauvais traitements lors d'une opération de « remise extraordinaire » à des agents de la CIA : aff. *El-Masri*, préc., § 241. Cf. aussi : CEDH, Gr. Ch., 16 sept. 2014, *Hassan c/ Royaume-Uni*, n° 29750/09, *JCP* 2014 act. 1022, obs. B. Pastre-Belda, *AJDA* 2015. 150, obs. L. Burgorgue-Larsen, *RTDH* 2015. 481, note Ph. Frumer, *JDI* 2015, n° 4, chron. 7, n° 3, obs. F. Issa, *JCP* 2015, chron. 70, n° 5, obs. F. Sudre *RSC* 2015. 155, obs. J.-P. Marguenaud (non-violation de l'art. 5 pour la capture et la détention d'un Irakien par l'armée britannique au cours des hostilités en Irak en 2003). Cet arrêt pose le problème de la coexistence de la Conv. EDH et des règles du droit international humanitaire, consacrant une exception à l'art. 5 § 1 qui devrait pourtant être d'interprétation stricte.

22. CEDH, 4 mai 2006, *Ambruszkiewicz c/ Pologne*, n° 38797/03.

23. CEDH, 22 mars 1995, *Quinn c/ France*, n° 18580/91, *RSC* 1995. 643, obs. L.-E. Pettiti, *RSC* 1996. 466, obs. R. Koering-Joulin, *D.* 1996 Somm. 198, obs. J.-F. Renucci.

excédait les impératifs de sécurité et établissait une intention étrangère à la finalité de la garde à vue[24].

Section 1
Les cas autorisés de privation de liberté

323. L'énumération de l'article 5. - Le premier alinéa de l'article 5 de la Convention européenne des droits de l'homme précise les cas dans lesquels un individu peut être privé de liberté. Le souci d'assurer une protection efficace a conduit les rédacteurs de la Convention à ne pas se borner à reconnaître le droit à la liberté et à la sûreté en des termes généraux : ils ont énuméré avec précision les différents cas où la privation de liberté est admise, tandis que les juges de la Cour ont consacré avec force le caractère limitatif de cette énumération[25]. Cette jurisprudence est logique, car toute interprétation extensive de l'énumération de l'article 5 entraînerait des résultats incompatibles avec l'idée de prééminence du droit[26].

324. La détention après jugement. - L'article 5 § 1 *a*) vise le cas de la personne détenue régulièrement après condamnation par un tribunal compétent. La condamnation s'entend non seulement d'une déclaration de culpabilité découlant de l'établissement légal d'une infraction, mais aussi de l'infliction d'une peine ou d'une autre mesure privative de liberté[27]. En revanche, une mesure préventive ou de sûreté n'entre pas dans ce cadre, celles-ci se présentant comme une simple protection sociale contre l'état dangereux de certains individus[28]. La condamnation

24. CEDH, 23 avr. 2015, *François c/ France*, n° 26690/11, *Dalloz Actu.* 24 avr. 2015, obs. A. Portmann, *AJ Pénal* 2015. 374, obs. G. Roussel, *Procédures* 2015, com. 238, note A.-S. Chavent-Leclere, *JCP* 2015. 736, note A. Botton, *RSC* 2015. 731, obs. D. Roets, *D.* 2016, Pan. 227, obs. J.-F. Renucci, *Dr. Pénal* 2016, n° 4, chron. 4, n° 7, obs. E. Dreyer.

25. Aff. *Engel et autres*, préc. § 57 et 69 ; aff. *Winterwerp*, préc. § 77 ; aff. *Guzzardi*, préc. § 96, 98 et 100. Cf. aussi : CEDH, 18 janv. 1978, *Irlande c/ Royaume-Uni*, préc., § 194 ; 29 févr. 1988, *Bouamar c/ Belgique*, n° 9106/80, § 43, *RSC* 1988. 577, obs. L.-E. Pettiti, *JDI* 1989. 795, obs. P. Rolland et P. Tavernier ; 22 févr. 1989, *Ciulla c/ Italie*, n° 11152/84, § 41. En effet, seule une interprétation étroite cadre avec le but de l'art. 5 : CEDH, 27 nov. 1997, *K-F. c/ Allemagne*, n° 25629/94, § 70, *D.* 1998 Somm. 206, obs. J.-F. Renucci ; 5 févr. 2002, *Conka c/ Belgique*, n° 51564/99, § 42 ; 16 mai 2002, *D. G. c/ Irlande*, n° 39474/98, § 74 ; 12 oct. 2006, *Mubilanzila Mayeka et Kanili Mitunga c/ Belgique*, n° 13178/03, § 96, *D.* 2007. 771, note P. Muzny, *RTDH* 2007. 823, obs. B. Masson (détention d'une mineure étrangère de 5 ans, sans sa famille, dans un centre pour adultes en séjour illégal : violation de l'art. 5). V° aussi CEDH, 17 déc. 2009, *M. c/ Allemagne*, n° 19359/04, *Dr. pénal* 2010, n° 4, chron. n° 3, obs. E. Dreyer.

26. CEDH, 8 juin 1976, *Engel et autres c/ Pays-Bas*, n° 5100/71..., § 69, *RUDH* 1990. 119, obs. J. Callewaert et autres, *CDE* 1978. 364, obs. G. Cohen-Jonathan, *AFDI* 1977. 481, obs. R. Pelloux, *JDI* 1978. 695, obs. P. Rolland. V° aussi : CEDH, 27 nov. 1997, *K. F. c/ France*, préc., § 72. *Adde* pour une vérification d'identité trop longue (plus de treize heures) : CEDH, 25 nov. 2003, *Vasileva c/ Danemark*, n° 52792/99 ; CEDH, 2 août 2001, *Mancini c/ Italie*, n° 44955/98, § 25 ; CEDH, 1er juill. 1997, *Giulia Manzoni c/ Italie*, n° 19218/91, § 25.

27. CEDH, 24 juin 1982, *Van Droogenbroeck c/ Belgique*, n° 7906/77, § 5, *JDI* 1985. 199, obs. P. Rolland et P. Tavernier. *Adde* CEDH, 5 nov. 1981, *Irlande c/ Royaume-Uni*, préc., § 39 ; *Guzzardi*, préc. § 100.

28. *Guzzardi*, préc. § 100.

doit naturellement être le fait d'un tribunal avec toutes les garanties qui doivent y être attachées[29].

Si les modalités de son exécution importent peu[30], il est cependant essentiel que la détention ait lieu en vertu de la décision du juge, « par suite » et non pas simplement « à la suite » de celle-ci[31]. Toutefois, une détention, régulière à l'origine, peut devenir une privation arbitraire de liberté dès lors, qu'à la longue, le lien de causalité paraîtrait rompu : ici encore, tout est fonction des circonstances[32]. Mais encore faut-il que l'objectif proclamé de l'arrestation ne soit pas différent de l'objectif réel[33].

325. L'arrestation ou la détention découlant d'une ordonnance judiciaire ou d'une obligation légale. - Ce cas de privation de liberté est autorisé par l'article 5 § 1 *b* et ne suscite pas d'importantes difficultés. La Cour européenne a simplement rappelé que cela concerne uniquement les cas dans lesquels la loi autorise la détention pour forcer une personne à exécuter une obligation spécifique et concrète qu'elle doit remplir[34].

Il ne s'agit point là d'une hypothèse d'école. C'est ainsi que la Cour a jugé que le placement en garde à vue d'un supporter d'une équipe de football pour l'empêcher de prendre part à des actes de hooliganisme était justifiée au regard de l'article 5 § 1 b) de la Convention. Cet article n'a pas été violé dans la mesure où la garde à vue litigieuse avait pour but de garantir l'exécution d'une obligation prescrite par la loi[35]. Ainsi, la privation de liberté a permis de contraindre le requérant à s'acquitter de l'obligation spécifique et concrète de s'abstenir d'organiser une bagarre entre hooligans. Cette obligation était suffisamment spécifique et concrète pour répondre aux exigences de l'article 5 § 1 b) de la Convention[36].

---

29. Sur ces garanties, cf. *infra*, n° 388 et s.

30. CEDH, 15 nov. 1996, *Bizzotto c/ Grèce, RSC* 1997. 455, obs. R. Koering-Joulin (peine d'emprisonnement dans un établissement thérapeutique finalement exécutée dans un établissement pénitentiaire traditionnel).

31. J. De Meyer, *Article 5 § 1, in* L.-E. Pettiti, E. Decaux et P.-H. Imbert (dir.), *La Convention européenne des droits de l'homme, op. cit.*, p. 192 ; CEDH, 18 déc. 1986, *Bozano c/ France*, n° 9990/82, § 54, *CDE* 1988. 441, obs. G. Cohen-Jonathan, *AFDI* 1987. 239, obs. V. Coussirat-Coustère, *RSC* 1987. 487, obs. L.-E. Pettiti et F. Teitgen, *JDI* 1987. 807, obs. P. Rolland et P. Tavernier ; 2 mars 1987, *Monnell et Morris c/ Royaume-Uni*, n° 9562/81, § 40 ; 27 mai 1997, *Eriksen c/ Norvège*, n° 17391/90, *RSC* 1998. 383, obs. R. Koering-Joulin.

32. Les décisions de réintégration tout comme celles de non-élargissement ne doivent pas se fonder sur des motifs inconciliables avec les objectifs du législateur et du juge ou sur une appréciation déraisonnable au regard de ces objectifs : J. De Meyer, *Article 5 § 1, in* L.-E. Pettiti, E. Decaux et P.-H. Imbert (dir.), *La Convention européenne des droits de l'homme, op. cit.*, p. 192. Cf. CEDH, 20 mars 1997, *Loukanov c/ Bulgarie*, n° 21915/93, *RSC* 1997. 888, obs. L.-E. Pettiti, *RSC* 1998. 382, obs. R. Koering-Joulin, *JCP* 1998-I-107 n° 11, obs. F. Sudre, *JDI* 1998. 186, obs. E. Decaux et P. Tavernier.

33. CEDH, 31 mai 2011, *Khodorkovskiy c/ Russie*, n° 5829/04, *JDI* 2012, chron. 6, obs. A. Decaux, P. Tavernier, M. Boumghar et autres.

34. Aff. *Engel et autres*, préc., § 69 ; aff. *Guzzardi*, préc., § 101 ; CEDH, 22 févr. 1989, *Ciulla c/ Italie*, préc., § 36. Cf. cependant la situation des personnes ne pouvant payer la somme à laquelle elles se sont exposées en violant une obligation accessoire du contrôle judiciaire : toute disproportion serait contraire à l'art. 5. V° CEDH, 27 juill. 2010, *Gatt c/ Malte*, n° 28221/08, *Dr. Pénal* 2011, n° 4, chron. 3, com. 9, obs. E. Dreyer.

35. CEDH, 7 mars 2013, *Ostendorf c/ Allemagne*, n° 15598/08, *D.* 2013. 710, *RSC* 2013. 653, obs. J.-P. Marguénaud, *JDI* 2013, chron. 6, n° 2, obs. A. Schill.

36. Aff. *Ostendorf*, préc.

326. L'arrestation ou la détention en vue de conduire la personne en cause devant l'autorité judiciaire compétente. – Ce cas est également envisagé par l'article 5, § 1 *c*). Cela vise des hypothèses comme la garde à vue ou la détention provisoire. Il faut cependant qu'il y ait des raisons plausibles de soupçonner que l'intéressé a commis une infraction ou des motifs raisonnables de croire à la nécessité de l'empêcher de commettre une infraction, voire de s'enfuir après l'accomplissement de celle-ci. Dès lors que l'une de ces conditions est remplie, la privation de liberté est permise,[37] mais encore faut-il que la mesure intervienne dans le cadre pénal[38]. Le fait que la procédure se poursuive ou non par une mise en examen ou un renvoi en jugement importe peu : cela n'est pas, en soi, caractéristique d'une violation de l'article 5, car il se peut que les preuves rassemblées s'avèrent finalement insuffisantes alors que l'arrestation ou la détention a pu légitimement s'imposer compte tenu des circonstances de l'espèce[39].

CEDH, 29 nov. 1988,* Brogan et autres c/ Royaume-Uni, *n° 11209/84 :
En fait : *Dans le cadre de la lutte antiterroriste, des requérants, soupçonnés d'appartenir à l'IRA et de préparer des attentats, ont été arrêtés et interrogés.*
En droit : *(non-violation de l'art. 5 § 1) L'absence d'inculpation et de renvoi en jugement n'implique pas nécessairement que la privation de liberté des requérants ne poursuivît pas un objectif conforme à l'article 5 par. 1 c). L'existence d'un tel but doit s'envisager indépendamment de sa réalisation et l'alinéa c) de l'article 5 par. 1 ne présuppose pas que la police ait rassemblé des preuves suffisantes pour porter des accusations, soit au moment de l'arrestation, soit pendant la garde à vue. Peut-être ne pouvait-on en réunir ou, eu égard à la nature des infractions présumées, les produire en justice sans danger pour la vie de tiers. Rien ne donne à penser que la bonne foi n'ait pas présidé aux investigations de la police, ni que la détention incriminée n'ait pas eu pour finalité de les compléter en confirmant ou dissipant les soupçons concrets qui, la Cour l'a constaté, justifiaient l'arrestation des intéressés. On est en droit d'admettre que la police, si elle l'avait pu, aurait dénoncé ceux-ci et qu'ils auraient alors comparu devant l'autorité judiciaire compétente. Il faut donc considérer que les privations de liberté litigieuses tendaient au but indiqué au paragraphe1 c) (§ 53).*

L'interprétation des conditions prévues par le texte peut susciter certaines difficultés en raison de l'imprécision des notions, en particulier le caractère « plausible des soupçons » pour la première condition, et les « motifs raisonnables » pour les deux autres. On peut penser qu'il s'agit de notions équivalentes, surtout si l'on se réfère à la version anglaise du texte[40]. Les faits ou les

37. Aff. *Lawless*, préc., § 13 et s. ; aff. *Irlande c/ Royaume-Uni*, préc., § 196.

38. La privation de liberté ne saurait donc intervenir sur le fondement d'une décision administrative.

39. CEDH, 29 nov. 1988, *Brogan et autres c/ Royaume-Uni*, n° 11209/84, § 53, *AFDI* 1991. 163, obs. V. Coussirat-Coustère, *RSC* 1989. 373, obs. L.-E. Pettiti et F. Teitgen, *JDI* 1989. 843, obs. P. Rolland et P. Tavernier.

40. Dans la version anglaise, les notions semblent effectivement équivalentes puisqu'il est question de « soupçon raisonnable » *(reasonable suspicion)* et de ce que l'on « estime raisonnablement nécessaire » *(reasonably considered necessary)*.

renseignements doivent être de nature à persuader un observateur objectif que la personne en cause a pu accomplir une infraction[41]. Sans doute l'État n'a-t-il pas à révéler certaines informations confidentielles, mais il doit néanmoins fournir des renseignements de nature à convaincre les juges européens du caractère plausible des soupçons[42]. En général, la Cour européenne contrôle avec rigueur la légalité et la régularité de la détention, n'hésitant pas à retenir la violation de la Convention quand il n'y a pas de raisons plausibles de penser que l'intéressé a commis une infraction[43]. Toutefois, les juges européens ont cependant rappelé que les faits donnant naissance à de tels soupçons ne doivent pas être du même niveau que ceux qui sont nécessaires pour justifier une condamnation ou même porter une accusation[44].

327. La détention des mineurs. - Une telle détention est permise par l'article 5 § 1 *d*), mais elle doit être régulière et décidée, soit pour son éducation surveillée[45], soit pour le traduire devant l'autorité compétente. L'arrêt *Bouamar*[46] a bien précisé que l'emprisonnement d'un mineur doit déboucher rapidement sur l'application effective d'un tel régime dans un milieu spécialisé et adapté. Mais en soi, la détention d'un mineur n'est pas contraire à la Convention européenne des droits de l'homme puisque l'article 5 le prévoit expressément même si cet article l'enferme dans des conditions très restrictives[47].

328. La détention de certains malades et marginaux. - Cette détention est prévue par l'article 5 § 1 *e)* de la Convention. Cela concerne plus particulièrement les personnes susceptibles de propager une maladie contagieuse, les aliénés, les alcooliques, les toxicomanes et les vagabonds.

41. CEDH, 30 août 1990, *Fox, Campbell et Hartley c/ Royaume-Uni*, n° 12244/86, § 32 (sur la plausibilité des soupçons) ; 19 oct. 2000, *Wloch c/ Pologne*, n° 27785/95 ; 15 nov. 2012, *Grinenko c/ Ukraine*, n° 33627/06, *Dalloz Actu.* 7 déc. 2012, obs. O. Bachelet. Donc, pas de formules stéréotypées et des indications précises quant aux raisons justifiant la privation de liberté.

42. *Ibid.*, § 34.

43. Aff. *Loukanov*, préc. *Adde* CEDH, 9 nov. 1999, *Debboub alias Husseini Ali c/ France*, n° 37786/97, *JCP* 2000-I-203 n° 5, obs. F. Sudre, *D.* 2000 Somm. 180, obs. J.-F. Renucci, *RSC* 2000. 239, obs. Fl. Massias.

44. CEDH, 27 nov. 1997, *X c/ Allemagne*, *D.* 1998 Somm. 206, obs. J.-F. Renucci ; 28 oct. 1994, *Murray c/ Royaume-Uni*, n° 14310/88, § 55.

45. À condition naturellement que l'endroit de détention puisse être considéré comme un lieu « d'éducation surveillée » : CEDH, 21 déc. 2010, *Ichin et autres c/ Ukraine*, n° 28189/04. Ainsi, ne peut passer pour une détention « décidée pour son éducation surveillée » la détention d'un mineur en vue de la prévention d'actes de délinquance et non au titre d'une mesure préalable à son placement dans un établissement éducatif fermé, dans un centre de détention temporaire qui, comme l'observe la Cour, n'est pas clairement censé fournir une éducation surveillée au sens de l'art. 5 § 1 d) : CEDH, 14 nov. 2013, *Blokhin c/ Russie*, n° 47152/06, *JCP* 2014, chron. 78, n° 6, obs. F. Sudre. Cf. dans cette même affaire l'arrêt de Grande chambre : CEDH, Gr. Ch., 23 mars 2016, *Blokhin c/Russie*, n° 47152/06, *JCP* 2016. 834, n° 9, obs. F. Sudre, *RPDP* 2016. 429, obs. C.-L. Popescu.

46. CEDH, 29 févr. 1988, *Bouamar c/ Belgique*, préc., § 50.

47. Crim. 22 mai 1990, *D.* 1990. 456, note J.-F. Renucci. Dès lors que la mesure de placement décidée pour l'éducation surveillée du mineur relève d'un objectif pédagogique et est proportionnée, il n'y a pas violation de l'art. 5 § 1 : CEDH, 19 mai 2016, *D.L. c/Bulgarie*, n° 7472/14, *Dalloz Actu.* 9 juin 2016, obs. N. Devoueze.

Le contentieux concerne surtout les aliénés[48]. La Cour européenne a rappelé dans l'arrêt *Winterwerp* qu'il est interdit de détenir une personne parce que ses idées ou son comportement s'écartent des normes prédominantes dans une société donnée[49]. Une grande prudence s'impose, d'autant plus que le terme d'aliéné ne se prête guère à une interprétation définitive, son sens évoluant en permanence avec les progrès de la médecine et l'évolution des mentalités. Par conséquent, l'aliénation doit, sauf cas d'urgence, être établie de façon probante devant l'autorité nationale compétente, la preuve devant être rapportée par une expertise médicale objective[50]. De plus, le trouble doit avoir un caractère ou une ampleur légitimant l'internement, lequel ne peut se prolonger valablement que si ce trouble persiste avec la même intensité. À noter que si la Cour européenne exerce son contrôle, il appartient aux autorités nationales d'apprécier les conditions de régularité de la détention[51], conditions qui semblent donner lieu à une importante évolution jurisprudentielle avec l'arrêt *Glien*[52]. En effet, si cet arrêt reprend globalement la solution de principe de l'arrêt *Winterwerp*, il s'en éloigne en paraissant abandonner la distinction qui était établie entre l'applicabilité de l'article 5 et les conditions de régularité de la détention, faisant de ces conditions un élément de définition de l'aliéné[53]. L'arrêt *Glien* se polarise sur le seul champ d'application de l'article 5 sans se soucier de la régularité de la détention, tout en donnant au terme « aliéné » un sens autonome : le trouble doit ainsi avoir une certaine gravité et la détention ne relève de l'article 5 que si elle est effectuée dans un hôpital, une clinique ou une autre institution appropriée. C'est une nouvelle approche de la notion d'aliéné, assurément plus restrictive.

En matière de vagabondage, les juges européens ont admis la définition donnée par une législation nationale selon laquelle les vagabonds sont ceux qui n'ont ni domicile certain ni moyens de subsistance et qui n'exercent pas

48. Cf. not. CEDH, 16 juin 2005, *Storck c/ Allemagne*, n° 61603/00, § 68 et s., *JCP* 2005-I-159 n° 7, obs. F. Sudre ; 3 févr. 2011, *Kharin c/ Russie*, n° 37345/03 ; 24 nov. 2011, *O.H. c/ Allemagne*, n° 34806/04 ; 2 oct. 2012, *X. c/ Finlande*, n° 34806/04 ; 2 oct. 2012, *L.B. c/ Belgique*, n° 22831/08, *Dr. Pénal* 2013, n° 4, chron. 4, obs. E. Dreyer. V° aussi : CEDH, 2 oct. 2012, *Pleso c/ Hongrie*, n° 41242/08 (internement psychiatrique forcé d'un homme pour éviter la dégradation de sa santé : violation de l'art. 5 § 1) ; 17 mars 2015, *Stankov c/ Bulgarie*, n° 25820/07 (irrégularité d'un placement dans un établissement psychiatrique), *JCP* 2015. 845, n° 7, obs. F. Sudre ; CEDH, déc., 3 mars 2015, *Constancia c/Pays-Bas*, n° 73560/12 ; 22 janv. 2013, *Mihailovs c/ Lettonie*, n° 35939/10 (handicapé placé contre son gré dans un institut). Cf. à propos de l'illégalité de la détention de sûreté à l'issue de l'expiration du délai légal de contrôle juridictionnel : CEDH, 19 sept. 2013, *H.W. c/ Allemagne*, n° 17167/11. *Adde* CEDH, 7 janv. 2016, *Bergmann c/Allemagne*, n° 23279/14 (prolongation rétroactive de la détention de sûreté justifiée : non-violation de l'art. 5). Pour une détention de sûreté rétroactive, cf. CEDH, 2 févr. 2017, *Ilnseher c/Allemagne*, n° 10211/12... (non-violation).

49. Aff. *Winterwerp*, préc. § 37.

50. CEDH, 5 oct. 2000, *Varbanov c/ Bulgarie*, n° 31365/96, *JCP* 2001-I-291 n° 12 *in fine*, obs. F. Sudre : un internement dans un hôpital psychiatrique ordonné par un procureur sans l'avis d'un médecin viole l'art. 5 § 1.

51. Aff. *Winterwerp*, préc. *Adde* CEDH, 5 nov. 1981, *X c/ Royaume-Uni*, n° 7215/75, § 41 ; 23 févr. 1984, *Luberti c/ Italie*, n° 9019/80, § 28 ; 27 sept. 1990, *Wassink c/ Pays-Bas*, n° 12535/86, § 25. Cf. CEDH, 30 juill. 1998 *Aerts c/ Belgique* préc.

52. CEDH, 28 nov. 2013, *Glien c/ Allemagne*, n° 7345/12, *JCP* 2013 Actu. 1352, obs. K. Blay-Grabarczyh, *JCP* 2014, chron. 78, n° 7, obs. F. Sudre.

53. En ce sens, F. Sudre, obs. préc.

habituellement d'activité professionnelle[54]. La situation des personnes atteintes d'une maladie contagieuse n'est guère conflictuelle, sans doute parce que la notion de maladie contagieuse est précise et l'opinion publique comprend – et donc accepte – que des mesures de protection soient prises. Mais la maladie doit être réellement contagieuse et dangereuse pour la santé et la sécurité publique, étant précisé que, par application du principe de proportionnalité, la détention ne se justifie que si d'autres mesures, moins rigoureuses, ont été envisagées et se sont révélées finalement insuffisantes. Enfin, les alcooliques et les toxicomanes n'ont pas donné lieu à un lourd contentieux sur le plan européen : les juges de la Cour ont cependant précisé que la détention pendant plusieurs jours dans un centre de désintoxication d'une personne en état d'ébriété n'est pas couverte par l'article 5 § 1 puisque seules sont concernées par cette disposition les personnes qui, sous l'empire de l'alcool, ont un comportement dangereux pour elles-mêmes ou pour autrui[55].

329. La détention des étrangers. – L'article 5 § 1 *f)* de la Convention autorise la privation de liberté aux fins de refoulement, d'expulsion ou d'extradition. Nul ne peut être privé de sa liberté, mais il en va tout autrement de l'arrestation ou de la détention régulières d'une personne pour l'empêcher de pénétrer irrégulièrement dans le territoire, ou contre laquelle une procédure d'expulsion ou d'extradition est en cours[56]. Des précautions doivent être prises, notamment s'il y a des mineurs en cause[57] et d'une façon plus générale pour éviter tout risque d'arbitraire[58].

La Cour contrôle la régularité de la privation de liberté dans le respect des voies légales. Sans doute ce contrôle européen a-t-il pu, jadis, sembler quelque peu timide, mais ce n'est plus le cas depuis l'affaire *Bozano* : les juges n'ont pas hésité à juger que les autorités françaises se sont rendues coupables d'une ingérence arbitraire dans la liberté individuelle du requérant, tout en commettant un détournement de procédure[59]. L'arrêt *Amuur* est très important dans la mesure où la compétence discrétionnaire précédemment reconnue à l'État est strictement encadrée[60] : le maintien d'un étranger en zone internationale n'est acceptable que pour permettre aux États de lutter contre l'immigration clandestine. D'une façon plus générale, la restriction de liberté doit être inévitable, soit pour organiser le rapatriement de l'étranger, soit pour examiner sa demande d'asile : si ce n'est pas le cas, la restriction de liberté se transforme en privation de liberté. Le droit des États doit

54. Aff. *De Wilde, Ooms et Versyp*, préc., § 68.

55. Aff. *Witold Litwa*, préc.

56. CEDH, 26 juin 2011, *Adamov c/ Suisse*, préc.

57. CEDH, 5 avr. 2011, *Rahimi c/ Grèce*, n° 8687/08, *RFDA* 2012. 455, obs. H. Labayle et F. Sudre.

58. CEDH, 26 juin 2012, *Toniolo c/ Saint-Marin et Italie*, n° 44853/10.

59. CEDH, 18 déc. 1986, *Bozano c/ France*, n° 9990/82, *RTD Eur.* 1987. 255, obs. G. Cohen-Jonathan, *RSC* 1987. 487, obs. L.-E. Pettiti et F. Teitgen, *RGDIP* 1986. 533, obs. F. Sudre.

60. CEDH, 25 juin 1996, *Amuur c/ France*, *D.* 1997 Somm. 203, obs. S. Perez, *JCP* 1997-I-4000 n° 11, obs. F. Sudre, *RSC* 1997. 457, obs. R. Koering-Joulin, *AJDA* 1996. 1016, obs. J.-F. Flauss.

s'exercer conformément aux dispositions de l'article 5 de la Convention[61] et la mesure de détention ne doit pas être arbitraire : elle doit être mise en œuvre de bonne foi, être étroitement liée au but poursuivi, le lieu et les conditions de détention doivent être appropriés, et enfin, la durée de la détention ne doit pas excéder le délai raisonnable nécessaire pour atteindre le but poursuivi[62]. Cependant, la marge d'appréciation des États reste importante : c'est ainsi qu'il a été jugé que la mise en détention d'un demandeur d'asile n'a pas porté atteinte au droit à la liberté et à la sûreté protégé par la Convention[63].

Section 2
Les garanties des personnes privées de liberté

330. Les garanties de l'article 5 de la Convention. – La mesure privative de liberté visée par l'article 5 de la Convention est d'autant plus grave qu'elle concerne une personne qui est présumée innocente. Compte tenu de sa gravité, il était indispensable d'encadrer strictement cette possibilité. C'est la raison pour laquelle les rédacteurs de la Convention ont prévu un certain nombre de garanties particulièrement importantes que sont le droit d'être informé, le droit au juge, le droit à un recours et le droit d'être indemnisé. À ces garanties européennes prévues par les paragraphes 2, 3, 4 et 5 s'ajoute naturellement celle du paragraphe 1er qui renvoie au droit national : la détention doit être légale et régulière, sa conformité au but des restrictions autorisées par cette même disposition faisant l'objet d'une attention toute particulière[64].

§1. Le droit d'être informé

331. L'article 5 § 2 de la Convention. – Aux termes de cet article, toute personne arrêtée ou détenue doit être informée, dans le plus court délai possible et dans une langue qu'elle comprend, des raisons de son

61. CEDH, 11 juill. 2007, *Saadi c/Royaume-Uni*, n° 13229/03, *JDI* 2007. 699, obs. G. Juchs. À noter que le droit d'être assisté par un avocat dès le début de sa garde à vue ou de sa détention provisoire ne relève pas de l'art. 5 mais de l'art. 6 § 3 c) de la Convention : CEDH (déc.), 28 août 2012, *Simons c/ Belgique*, n° 71407/10, D. 2012. 2644, note F. Fourment, *JCP* 2012, 1221, note K. Blay-Grabarczyk, *Dr. Pénal* 2013, n° 4, chron. 4, obs. E. Dreyer. Cf. la situation des migrants où la Cour a relevé de multiples violations de la Convention : CEDH, 1er sept. 2015, *Khlaifia et autres c/Italie*, n° 16483/12, *JCP* 2016. 65, n° 6, obs. F. Sudre. *Adde* l'arrêt de Grande chambre : CEDH, Gr. Ch., 15 déc. 2016, *Khlaifia et a. c/Italie*, n° 16483, *JCP* 2017, n° 1-2, Doctr. 32, n° 3, obs. F. Sudre.

62. CEDH, Gr. Ch., 29 janv. 2008, *Saadi c/ Royaume-Uni*, n° 13229/03, § 74, *JCP* 2008-I-167 n° 8, obs. F. Sudre, *RTDH* 2009, p. 795 et s., obs. J.-Y. Carlier.

63. CEDH, 1er août 2013, *Horshill c/ Grèce*, n° 70427/11 ; 28 févr. 2017, *Muzamba Oyaw c/Belgique*, n° 23707/15 ; 14 mars 2017, *Ilias Ahmed c/Hongrie*, n° 47287/15 ; 4 avr. 2017, *Thimothawes c/Belgique*, n° 39061/11, *Dalloz Actu.*, 25 avr. 2017, obs. C. Fleuriot.

64. Cf. *supra*, n° 322 *in fine*.

arrestation et de toute accusation portée contre elle. Il s'agit là d'une garantie essentielle qui est le refus même de l'arbitraire et la condition *sine qua non* d'une défense digne de ce nom[65]. C'est la raison pour laquelle le champ d'application du droit à l'information est large, les termes d'arrestation et d'accusation devant être interprétés de manière autonome, conformément à l'objet et au but de l'article 5 qui est d'assurer une réelle protection des individus contre les privations de liberté arbitraires[66].

332. Le contenu de l'article 5 § 2 de la Convention. – Il est assurément indispensable qu'une personne privée de sa liberté en connaisse les raisons au plus vite et de façon précise[67]. La précision de l'information est triple : en premier lieu, la langue utilisée doit être comprise par l'intéressé et, si besoin, il sera fait appel à un interprète dont l'assistance est gratuite[68] ; en deuxième lieu, le langage doit être simple et accessible[69] pour toute personne, étrangère ou non, car il est impératif que le droit d'être informé soit effectif ; en troisième lieu, l'information doit être suffisamment détaillée même si elle peut être plus générale que dans le cadre de l'article 6 § 3[70], de sorte que doivent être indiquées les raisons juridiques et factuelles de la privation de liberté[71] afin que l'intéressé puisse éventuellement en discuter la légalité devant le juge.

La rapidité de l'information est une exigence fondamentale, celle-ci devant intervenir « dans le plus court délai ». Les juges apprécieront *in concreto*[72], mais il semble que, dans la mesure du possible, l'information doit être communiquée de façon quasi instantanée. Ces précautions s'expliquent aisément dans la mesure où cette information est lourde de conséquences pour la personne en cause puisque les suites mêmes de la procédure en dépendent.

§2. Le droit au juge

333. L'article 5 § 3 de la Convention. – Le troisième paragraphe de l'article 5 précise que toute personne arrêtée ou détenue doit être aussitôt traduite devant un juge ou un autre magistrat habilité par la loi à exercer des fonctions judiciaires et a le droit d'être jugée dans un délai raisonnable, ou libérée pendant la procédure. Après avoir énoncé ces deux

65. Un délai de 76 heures pour informer un demandeur d'asile ayant obtenu une « entrée temporaire » des motifs de sa détention ultérieure dans un centre d'accueil est une violation de l'art. 5 : aff. *Saadi*, préc. Cf. aussi aff. *Kortesis*, préc.

66. Cf. par exemple, pour une personne faisant l'objet d'une détention forcée dans un hôpital psychiatrique : CEDH, 21 févr. 1990, *Van der Leer c/ Pays-Bas*, n° 11509/85, § 27.

67. CEDH, 20 nov. 2008, *Maire d'Eglise c/ France*, n° 20335/04, *Dr. pénal* 2009, n° 9, com. n° 20, obs. V. Lesclous ; 8 nov. 2012, *Z. H. c/ Hongrie*, n° 28973/11 (manquement des autorités à accorder une assistance adéquate à une personne souffrant d'handicaps multiples et incapable de communiquer).

68. Comm. EDH, 3 juill. 1991, *Kuij c/ Grèce*, req. n° 14 986/89.

69. Aff. *Fox, Campbell et Hartley*, préc. § 40.

70. Comm. EDH, 3 févr. 1971, req. n° 4 220/69, Ann. 14. 270 et s. ; 12 oct. 1983, req. n° 9 614/81, DR 34, p. 124.

71. Aff. *Fox, Campbell et Hartley*, préc.

72. CEDH, 25 oct. 1990, *Keus c/ Pays-Bas*, n° 12228/86 ; aff. *Fox, Campbell et Hartley*, préc.

importantes garanties qui vont retenir toute notre attention, le texte précise *in fine* que la mise en liberté peut être subordonnée à une garantie assurant la comparution de l'intéressé à l'audience[73]. Il est également important de préciser que l'article 5 § 3, en tant qu'il s'inscrit dans ce cadre de garanties, vise structurellement deux aspects distincts : d'une part, les premières heures après une arrestation, moment où une personne se retrouve aux mains des autorités et, d'autre part, la période avant le procès éventuel devant une juridiction pénale, pendant laquelle le suspect peut être détenu ou libéré, avec ou sans condition. Ces deux volets confèrent des droits distincts et n'ont apparemment aucun lien logique ou temporel[74].

A. Le droit d'être aussitôt traduit devant un juge ou un autre magistrat

334. Une garantie essentielle. - Le droit d'être aussitôt traduit devant un juge ou un autre magistrat est une garantie essentielle qui concerne la garde à vue ou tout autre régime comparable[75]. La personne en cause doit donc être « aussitôt » traduite devant un juge ou un autre « magistrat » habilité par la loi à exercer des fonctions judiciaires. À cet égard, une double difficulté doit être surmontée tenant à l'ambiguïté de certains termes, en particulier l'adverbe « aussitôt » et la notion même d'« autre magistrat ».

335. L'adverbe « aussitôt ». - Les États ont une obligation positive : ils doivent amener automatiquement la personne privée de liberté devant un magistrat, le contrôle ne pouvant être rendu tributaire d'une demande formée par cette dernière[76]. Mais il a toujours été admis que l'article 5 § 3 n'impose pas une présentation immédiate au juge : celle-ci doit certes être rapide, mais elle n'a pas à suivre instantanément la privation de liberté.

---

73. Un système de caution ou de garantie est donc envisageable ; s'agissant de son montant, et puisqu'il s'agit d'assurer la présence de l'accusé à l'audience et non pas la réparation du préjudice, c'est en fonction de l'intéressé, notamment de ses ressources, que l'on doit raisonner : CEDH, 27 juin 1968, *Neumeister c/ Autriche*, n° 1936/63, § 14 ; 8 janv. 2009, *Mangouras c/ Espagne*, n° 12050/04, *JCP* 2009-I-143 n° 6, obs. F. Sudre, *Dr. pénal* 2009. 20, obs. E. Dreyer. CEDH, Gr. Ch., 28 sept. 2010, *Mangouras c/ Espagne*, n° 12050/04, *JDI* 2011, n° 4, chron. 12, com. 3, obs. P. Tavernier, *RIDP* 2010. 644, obs. F. Fourment et autres, *Dr. Pénal* 2011, n° 4, chron. 3, com. 15, obs. E. Dreyer, *AJDA* 2011. 889, obs. L. Burgorgue-Larsen : dans cette affaire, la Grande chambre confirme l'arrêt de chambre qui avait constaté l'absence de violation de l'art. 5 § 1 ; le montant très élevé de la caution (3 millions d'euros) était justifié compte tenu du contexte particulier de l'affaire et des conséquences environnementales et écologiques. À noter par ailleurs que tout rejet automatique de demandes de mise en liberté sous caution est contraire à l'art. 5 § 3 : CEDH, 26 juin 2012, *Piruzyan c/ Arménie*, n° 33376/07, *Dr. Pénal* 2013, n° 4, chron. 4, obs. E. Dreyer.

74. CEDH, Gr. Ch., 29 avr. 1999, *T. W. c/ Malte*, n° 25644/94, § 49.

75. Il peut s'agir d'une rétention, voire d'une « capture » douanière : Comm. EDH, 5 sept. 1988, *Egue c/ France*, DR 57/47.

76. Cette garantie est distincte de celle prévue par l'art. 5 § 4 (cf. *infra*, n° 340) qui donne à la personne détenue le droit de demander sa libération. Le caractère automatique du contrôle est nécessaire pour atteindre le but de ce paragraphe, étant donné qu'une personne soumise à des mauvais traitements pourrait se trouver dans l'impossibilité de saisir le juge d'une demande de contrôle de la légalité de sa détention : CEDH, 3 oct. 2006, *McKay c/ Royaume-Uni*, n° 543/03, § 34.

Dans cette appréciation, les circonstances de la cause revêtent une très grande importance[77]. En tout état de cause, l'État doit assurer un élargissement rapide ou une prompte comparution devant une autorité judiciaire[78]. Il est évident que l'adverbe « aussitôt » évoque avec force l'idée d'imminence[79]. Si le contrôle juridictionnel lors de la première comparution de la personne arrêtée doit avant tout être rapide, c'est parce qu'il doit permettre de détecter tout mauvais traitement et de réduire au minimum toute atteinte injustifiée à la liberté individuelle : la stricte limite de temps imposée par cette exigence ne laisse guère de souplesse dans l'interprétation, sous peine de porter atteinte à la garantie procédurale de l'article 5 et à la substance même du droit protégé[80]. Il est certain que l'obligation exprimée par l'adverbe « aussitôt » ne peut se confondre avec des notions utilisées par ailleurs dans la Convention, comme le « délai raisonnable / *reasonable time* », « à bref délai / *speedily* » ou encore « dans le plus court délai / *promptly* » : dans ces hypothèses, l'exigence est assurément moins stricte[81]. Placée ainsi devant des textes d'un même traité normatif faisant également foi, mais ne concordant pas entièrement, la Cour doit les interpréter d'une manière qui les concilie dans la mesure du possible et soit la plus propre à atteindre le but et réaliser l'objet de ce traité[82].

Les juges européens ont apporté d'importantes précisions, notamment dans l'affaire *Brogan*[83], de sorte que l'on s'est ainsi orienté vers un délai d'environ quatre jours pour les affaires délicates présentant un caractère exceptionnel[84]. En revanche, aucune précision n'avait été apportée pour les affaires ne présentant pas un tel caractère exceptionnel, mais l'on pouvait penser qu'alors une privation de liberté n'excédant pas trois jours pourrait être une solution réaliste : par la suite, l'arrêt *Varga* devait se prononcer en ce sens.

---

77. Cela est vrai d'une façon générale dans le contentieux européen des droits de l'homme, mais revêt une importance particulière s'agissant de celui du droit à la liberté et à la sûreté.

78. CEDH, 29 nov. 1988, *Brogan et autres c/ Royaume-Uni*, n° 11209/84, § 59, *AFDI* 1991. 163, obs. V. Coussirat-Coustère, *RSC* 1989. 373, obs. L.-E. Pettiti et F. Teitgen, *JDI* 1989. 843, obs. P. Rolland et P. Tavernier.

79. Aff. *Brogan*, préc., § 59.

80. Aff. *McKay*, préc., § 33.

81. Aff. *Brogan*, préc., § 59. V° CEDH, 1er avr. 2008, *Varga c/ Roumanie*, n° 73957/01.

82. Cf., entre autres, CEDH, 26 avr. 1979, *Sunday Times c/ Royaume-Uni*, n° 6538/74, § 48, et l'art. 33 § 4 de la Convention de Vienne du 23 mai 1969 sur le droit des traités. V° aussi CEDH, 11 juill. 2006, *Harkmann c/ Estonie*, n° 2192/03 (violation de l'art. 5 car libération après quinze jours de détention, avant l'examen du recours formé contre l'ordonnance de mise en détention) ; 3 oct. 2006, *Treboux c/ France*, n° 7217/05 ; 15 mars 2007, *Kaiser c/ Suisse*, n° 17073/04, §§ 38 à 41 (période de cinq jours excessive). Aff. *Varga*, préc. (trois jours : non-violation).

83. Aff. *Brogan*, préc., §§ 57 à 62 ; *Adde* CEDH, 26 nov. 1997, *Sakik et autres c/ Turquie*, n° 23878/94..., *RSC* 1998. 384, obs. R. Koering-Joulin.

84. Un tel délai semble, en effet, pouvoir être considéré comme raisonnable, encore qu'un temps plus long puisse parfaitement être envisagé selon les circonstances de l'espèce. C'est ainsi que dans l'aff. *Medvedyev*, l'arrestation ayant été effectuée en haute mer loin des côtes françaises, la Cour a conclu à la non-violation de l'art. 5 alors pourtant que l'acheminement vers la France avait duré 13 jours, les requérants ayant été présentés très vite à un juge après avoir accosté au port de Brest : CEDH, Gr. Ch., 29 mars 2010, *Medvedyev et autres c/ France*, n° 3394/03.

CEDH, 1er avr. 2008,* Varga c/ Roumanie, *n° 73957/01 :
En fait : *Placés en détention provisoire pour outrage envers le procureur et des officiers de police à l'occasion d'une perquisition effectuée à leur domicile, les requérants se plaignaient (entre autres) d'une violation de l'article 5 § 3 de la Convention.*
En droit : *(grief mal fondé). Certes, à l'époque des faits, la législation roumaine ne prévoyait pas de contrôle automatique par un « magistrat », au sens de l'article précité, du placement en détention provisoire d'un accusé. Cela étant, la Cour observe que, trois jours après leur arrestation, les requérants ont été traduits devant un magistrat habilité par la loi à exercer des fonctions judiciaires, qui a examiné la régularité et le bien-fondé de leur placement en détention provisoire (§ 55).*

Toutefois, dans trois arrêts rendus contre la France, les affaires *Vassis*, *Ali Samatar* et *Hassan*, la Cour a semblé vouloir raidir sa position[85]. Les requérants ayant été arrêtés en haute mer, ce n'est pas le temps nécessaire pour l'acheminement qui a posé problème, la difficulté ayant déjà été tranchée[86], mais le temps de présentation au juge après avoir accosté. Certes, ces arrêts ne remettent pas formellement en cause cette règle selon laquelle l'absence de comparution pendant un délai de deux ou trois jours n'est pas contraire à l'exigence de promptitude de l'article 5, laps de temps pendant lequel le procureur de la République, même s'il n'est pas considéré comme cet « autre magistrat » au sens de la Convention, ni même comme une « autorité judiciaire », peut néanmoins intervenir. Mais la marge d'appréciation des États est assurément moins grande. En effet, si le contrôle juridictionnel de l'article 5 § 3 doit en toute hypothèse intervenir dans un délai maximum de quatre jours après l'arrestation, un délai plus court peut cependant se révéler incompatible avec l'exigence de promptitude que pose ce même article lorsque des circonstances spécifiques justifient une présentation plus rapide devant un magistrat[87]. Si ce délai, aussi court soit-il, est encore d'actualité, les autorités n'en disposent pas pour autant de manière automatique et discrétionnaire : la Cour a clairement indiqué que ce court délai n'a pas pour finalité de mettre à leur disposition un délai dont elles auraient la libre jouissance pour compléter le dossier d'accusation[88].

85. CEDH, 27 juin 2013, *Vassis et autres c/ France*, n° 62736/09, *D.* 2013. 1687, note O. Bachelet, *RPDP* 2013. 705, obs. J.-F. Renucci, *Gaz. Pal.* 13-15 oct. 2013, p. 41, note F. Fourment, *AJ Pénal* 2013. 549, obs. G. Roussel, *RSC* 2013. 656, obs. D. Roets ; 4 déc. 2014, *Ali Samatar et autres c/ France*, n° 17110/10 et n° 17301/10 ; 4 déc. 2014, *Hassan c/ France*, n° 46695/10 et n° 54588/10, *D.* 2015. 303, note J.-F. Renucci, *JCP* 2015, n° 5, 134, note J. Pradel, *AJ Pénal* 2015. 102, obs. G. Poissonnier, *Dr. Pénal* 2015, n° 5, p. 13, obs. O. Decima, *Dr. Pénal* 2015, chron. 4, n° 8 et n° 9, obs. E. Dreyer, *JDI* 2015, n° 4, chron. 7, n° 5, obs. P. von Muhlendahl.

86. Dans l'affaire *Medvedyev*, la Cour, confrontée à une situation similaire, a jugé que l'arrestation ayant été effectuée en haute mer loin des côtes françaises, l'acheminement vers le port de Brest qui avait duré treize jours ne pouvait être comptabilisé dans le calcul du délai de l'art. 5 § 3 pour la présentation au juge : CEDH, Gr. Ch., 29 mars 2010, *Medvedyev et autres c/ France*, n° 3394/03. Cf. déjà : CEDH (déc.), 12 janv. 1999, *Rigopoulos c/ Espagne*, n° 37388/97 (seize jours).

87. Aff. *Ali Samatar*, préc., § 45.

88. Aff. *Ali Samatar*, préc., § 58.

C'est la raison pour laquelle la France a été condamnée dans ces trois affaires, les juges européens estimant que le délai d'acheminement aurait dû permettre aux autorités nationales de présenter les suspects à un « juge » dès leur arrivée en France, sans attendre quarante-huit heures, d'autant plus que les opérations d'interception étaient planifiées depuis plusieurs mois. Les requérants auraient donc dû être traduits devant « un juge ou un autre magistrat habilité par la loi à exercer des fonctions judiciaires » dès leur arrivée en France et « sans délai »[89].

CEDH, 4 déc. 2014,* Ali Samatar et autres c/ France, *nº 17110/10 et nº 17301/10 :

En fait : *Après s'être emparés d'un navire de croisière battant pavillon français* (Le Ponant)*, les requérants ont été interpelés en Somalie par l'armée française puis conduits en France quelques jours plus tard par avion militaire.*

En droit *: (violation de l'art. 5 § 3, Conv. EDH). Des circonstances tout à fait exceptionnelles (notamment l'attente de l'accord des autorités somaliennes) expliquent la durée de la privation de liberté subie par les requérants entre leur arrestation et leur arrivée sur le territoire français. Mais il y a violation de l'article 5 § 3, car les requérants ont été placés en garde à vue pendant quarante-huit heures à leur arrivée en France au lieu d'être présentés « sans délai » à une autorité judiciaire, alors qu'ils avaient déjà été privés de liberté depuis plus de quatre jours.*

Sommes-nous dès lors en présence d'une disparition programmée de ce délai de deux à quatre jours sous le seul contrôle du parquet ? La promptitude de la présentation à un « juge » devra-t-elle à court terme se confondre avec son immédiateté, ladite présentation devant se faire « sans délai », sauf peut-être circonstances exceptionnelles ? Il semble bien qu'il en soit désormais ainsi. Certes, dans les affaires *Vassis*, *Ali Samatar* et *Hassan*, les circonstances étaient très particulières puisque les suspects avaient été arrêtés en haute mer, loin des côtes françaises, et nul doute que le temps nécessaire à l'acheminement était de nature à permettre de préparer l'arrivée des requérants sur le territoire national. Sans doute, mais la Cour rappelle avec force qu'il faut respecter la lettre, mais aussi l'esprit de l'article 5 : le but de cet article est de permettre de réduire au minimum toute atteinte injustifiée à la liberté individuelle afin de protéger l'individu, par un contrôle automatique initial, et ce dans une stricte limite de temps qui ne laisse guère de souplesse dans l'interprétation[90]. De plus, la Cour a confirmé cette jurisprudence dans une affaire où la question de l'acheminement du requérant ne se posait pas, retenant d'autres circonstances exceptionnelles. C'est ainsi qu'elle a estimé dans son arrêt *Gustanovi* qu'une garde à vue d'une durée de trois jours et cinq heures violait l'article 5 § 3 : compte tenu du fait que le prévenu n'était pas impliqué dans une activité criminelle violente, qu'il était psychologiquement fragilisé et qu'il avait déjà participé à plusieurs mesures d'instruction, sa

89. Aff. *Ali Samatar*, préc., § 52. Selon la Cour, rien ne justifiait un tel délai supplémentaire dans les circonstances de l'espèce (§ 56). Dans le même sens : aff. *Vassis*, préc., § 59.

90. Aff. *Ali Samatar*, préc., § 58.

présentation à un juge s'imposait dès le lendemain de son arrestation, d'autant plus que le Gouvernement n'a pas justifié cette lenteur[91]. Comme cela a pu être remarqué, la Cour enfonce encore un peu plus le clou de l'inconventionnalité des pratiques nationales consistant à retarder, sans justifications concrètes, la présentation du suspect arrêté à un juge au sens de l'article 5[92].

CEDH, 15 oct. 2013,* Gutsanovi c/ Bulgarie, *n° 34529/10 :
En fait : *Soupçonné de corruption, le requérant, un homme politique connu au niveau local, est arrêté et son domicile perquisitionné. Inculpé de plusieurs infractions pénales, il est ensuite placé en détention provisoire puis assigné à résidence.*
En droit : *(violation de l'article 5 § 3). Le requérant a comparu devant un juge au bout de trois jours, cinq heures et trente minutes. Il était suspect dans le cadre d'une affaire de détournement de fonds publics et d'abus de pouvoir ; il ne s'agissait pas de soupçons de participation à une activité criminelle violente. Il a été soumis à un traitement dégradant lors de l'opération policière ayant abouti à son arrestation. À la suite de ces événements, bien qu'assisté par un avocat dès le début de sa détention, le requérant était psychologiquement fragilisé au cours des premiers jours suivant son arrestation. De surcroît, sa notoriété en tant qu'homme politique et l'intérêt porté à son arrestation par les médias ont contribué à amplifier la pression psychologique qu'il subissait pendant la période initiale de sa détention. Pendant la première journée de sa détention, le requérant a participé à plusieurs mesures d'instruction. Or, le parquet a demandé le placement du requérant en détention provisoire seulement le dernier des quatre jours de détention autorisés par la législation interne sans l'approbation d'un juge, alors que l'intéressé n'avait participé à aucune mesure d'instruction depuis deux jours. Il était détenu dans la ville où se situait le tribunal compétent à se prononcer sur son placement en détention provisoire et il n'y avait aucune mesure sécuritaire exceptionnelle à prendre à son égard. En conclusion, compte tenu de la fragilité psychologique du requérant pendant les premiers jours suivant son arrestation et de l'absence de toute circonstance pouvant justifier la décision de ne pas le traduire devant un juge au cours des deuxième et troisième jours de sa détention, l'État a failli à son obligation de présenter « aussitôt » le requérant à un magistrat habilité à contrôler la légalité de sa détention.*

Dans le cadre de l'article 5 § 3 et de cette obligation de traduire « aussitôt » toute personne privée de sa liberté devant un juge ou un autre magistrat habilité par la loi à exercer des fonctions judiciaires, la donne est désormais sensiblement différente : le principe est celui d'une présentation « sans délai », la présentation « à court délai » devenant l'exception, justifiée par des circonstances très exceptionnelles tenant à l'éloignement géographique, voire à la nature de l'infraction ou encore à la personnalité des intéressés...[93].

91. CEDH, 15 oct. 2013, *Gutsanovi c/ Bulgarie*, n° 34529/10, *Dalloz Actu.* 30 oct. 2013, obs. O. Bachelet, *RPDP* 2014. 97, obs. P. Beauvais, *RSC* 2014. 169, obs. D. Roets.

92. O. Bachelet, note préc.

93. CEDH, 10 nov. 2016, *Kiril Zlatkov Nikolov c/France*, n° 70474/11 et n° 68038/12, *D.* 2017. 861 obs. J.-F. Renucci.

***CEDH, 10 nov. 2016*, Kiril Zlatkov Nikolov c/France, *n° 70474/11 et n° 68038/12* :**

En fait : *Poursuivi pour crime relevant de la criminalité organisée, le requérant se plaint, entre autres, d'avoir été présenté trois jours, vingt-trois heures et onze minutes au juge d'instruction, un tel délai étant à ses yeux excessif.*

En droit : *(non-violation de l'article 5 § 3). La Cour constate tout d'abord que ce délai est régulier au regard du droit interne et est inférieur au maximum de principe de quatre jours qui ressort de sa jurisprudence. Elle estime ensuite que les circonstances de l'espèce justifient suffisamment que le requérant n'ait pas été présenté plus rapidement au juge d'instruction. Elle relève à cet égard que la chambre de l'instruction de la cour d'appel de Lyon a jugé que ce délai de trois jours, vingt-trois heures et onze minutes n'était pas excessif au regard du temps nécessaire pour procéder à la levée de l'écrou de l'intéressé et organiser matériellement un transfert entre deux villes distantes de près de 500 km, impliquant la mise à disposition d'un véhicule administratif et d'une escorte policière et ce, en pleine période hivernale. Elle ne doute pas que l'explication de ce délai se trouve pour l'essentiel dans le fait que le requérant n'avait pas été arrêté en France mais en Allemagne, et dans la circonstance que cela avait rendu nécessaire un transit par Strasbourg. En outre, comme le montrent les documents produits par le Gouvernement, le trafic routier avait été perturbé en décembre 2010 dans l'Est de la France par des conditions météorologiques particulièrement mauvaises, ce que confirme le site public d'information « La Chaîne Météo », qui rapporte que ce mois de décembre avait été le plus froid depuis l'année 1969, que des hauteurs de neige exceptionnelles en plaine avaient été constatées et que la température de moins vingt degrés Celsius avait été enregistrée en Alsace. La Cour ne voit donc pas de raison de mettre en cause l'appréciation de la chambre de l'instruction. Partant, il n'y a pas eu violation de l'article 5 § 3 de la Convention (§§ 51 à 53).*

336. La notion d'« autre magistrat ». – Si la notion de juge ne suscite guère de difficultés d'interprétation, car il s'agit dans tous les États parties à la Convention de magistrats du siège exerçant des fonctions juridictionnelles, celle de magistrat est incertaine. Concrètement, la question se pose de savoir si cet « autre magistrat » visé dans l'article 5 § 3 de la Convention peut être le parquetier, car celui-ci n'est certes pas un juge, mais est considéré comme un magistrat dans les législations nationales. Au bout d'une importante évolution, la notion de magistrat contenue dans l'article 5 § 3 s'est rapprochée de la conception du « tribunal indépendant et impartial » de l'article 6[94]. Dès lors, une double interrogation apparaît : la première, classique et récurrente, concerne le magistrat du parquet ; la seconde, nouvelle et (du moins pour l'instant) marginale, porte sur le juge d'instruction.

a) Le magistrat du parquet peut-il être cet « autre magistrat » au sens de l'article 5 de la Convention ? La question se pose depuis longtemps même si des affaires plus récentes et fortement médiatisées ont pu donner l'impression contraire. D'abord, la Cour européenne a jugé que l'article 5 § 3 peut englober les magistrats du parquet comme ceux du siège, mais sous certaines

94. Cf. *infra*, n° 387 et s. (indépendance), et n° 392 et s. (impartialité).

conditions. Tout en reconnaissant que dans cet article le « magistrat » ne se confond pas avec le « juge », elle a précisé qu'il doit posséder certaines qualités afin de se prémunir contre tout arbitraire : en premier lieu, l'indépendance à l'égard de l'exécutif et des parties ; en deuxième lieu, l'obligation d'entendre personnellement l'individu traduit devant lui ; en troisième lieu, la possibilité de se prononcer selon des critères juridiques sur l'existence de raisons justifiant la privation de liberté et, en leur absence, ordonner l'élargissement[95].

Ensuite, la Cour a précisé que du seul fait d'avoir la possibilité d'exercer des poursuites, l'impartialité d'un procureur peut paraître sujette à caution[96] et il importe peu que cela soit effectif, car cette simple éventualité suffit à jeter un doute : par la suite, cette jurisprudence a été confirmée[97] et la nouvelle orientation n'a jamais été remise en cause. L'arrêt *Niedbalah* a de plus précisé opportunément que le simple fait que les procureurs, en plus d'exercer un rôle de poursuivant, agissent aussi comme gardiens de l'intérêt public, ne peut être considéré comme leur accordant un statut judiciaire[98]. Enfin, l'arrêt *Pantea* a rappelé l'importance des apparences objectives : s'il apparaît que le magistrat peut intervenir dans la procédure pénale ultérieure en qualité de partie poursuivante, son indépendance et son impartialité peuvent paraître sujettes à caution[99].

Enfin, allant jusqu'au bout de cette logique et, tirant finalement toutes les conclusions de leur jurisprudence, les juges européens affirment initialement dans l'affaire *Medvedyev* que le procureur de la République n'est pas une *« autorité judiciaire »* au sens que la jurisprudence de la Cour donne à cette notion, car il lui manque, en particulier, l'indépendance à l'égard du

95. CEDH, 4 déc. 1979, *Schiesser c/ Suisse*, préc., § 27 et s. Le magistrat doit offrir les garanties appropriées à l'exercice des fonctions judiciaires. Cf. égal. : CEDH, 3 oct. 2006, *McKay c/ Royaume-Uni*, n° 543/03, *JCP* 2007-I-106 n° 3, obs. F. Sudre, *JDI* 2007. 701, obs. O. Bachelet, la Cour admettant que le contrôle du placement initial en détention provisoire et la décision délibération provisoire peuvent être confiés à des juridictions distinctes. Sur l'obligation d'entendre en personne l'intéressé, v° aussi : CEDH, 26 oct. 1984, *Mc Goff c/ Suède*, n° 9017/80, § 27.

96. CEDH, 23 oct. 1990, *Huber c/ Suisse*, n° 12794/87, § 42 et s., *AFDI* 1991. 587, obs. V. Coussirat-Coustère. V° déjà : CEDH, 22 mai 1984, *De Jong, Baljet et Van den Brink*, préc. ; 22 mai 1984, *Van der Sluijds, Zuiderveld et Klappe c/ Pays-Bas*, n° 9362/81..., *CDE* 1986. 206, obs. G. Cohen-Jonathan, *RSC* 1985. 141, obs. L.-E. Pettiti, *AFDI* 1985. 393, obs. V. Coussirat-Coustère, *JDI* 1986. 1056, obs. P. Rolland et P. Tavernier ; 22 mai 1984, *Duinhof et Duijf c/ Pays-Bas*, n° 9626/81...

97. CEDH, 26 nov. 1992, *Brincat c/ Italie*, n° 60908/11, § 21 : s'il s'avère, à ce moment-là, que le « magistrat habilité par la loi à exercer des fonctions judiciaires » peut intervenir à un stade subséquent à titre de représentant de l'autorité de poursuite, son impartialité peut inspirer des doutes à considérer comme objectivement justifiés. Cf. aussi : CEDH, Gr. Ch., 18 févr. 1999, *Hood c/ Royaume-Uni*, n° 27267/95, § 57 (chef de corps de l'armée susceptible de jouer un rôle déterminant dans la suite de la procédure contre le requérant) ; 28 oct. 1998, *Assenov et autres c/ Bulgarie*, n° 24760/94, § 149 : dès lors que les procureurs auraient pu par la suite agir contre le requérant dans la procédure pénale, ils n'étaient pas suffisamment indépendants ni impartiaux aux fins de l'article 5 § 3 ; dans le même sens : Gr. Ch., 25 mars 1999, *Nikolova c/ Bulgarie*, n° 31195/96, § 51.

98. CEDH, 4 juill. 2000, *Niedbala c/ Pologne*, n° 27915/95, § 53, *JCP* 2001-I-191 n° 13, obs. F. Sudre.

99. CEDH, 3 juin 2003, *Pantea c/ Roumanie*, n° 33343/96, *D.* 2003 Somm. 2268, obs. J.-F. Renucci (argumentation développée aussi sur le terrain de l'art. 6 § 1er) : CEDH, 22 mai 1998, *Vasilescu c/ Roumanie*, n° 27053/95, § 40 et 41. V° aussi, à propos d'une violation de l'art. 5 § 3 (indépendance du procureur ayant ordonné la détention provisoire du requérant) : CEDH, 20 déc. 2005, *Jasinski c/ Pologne*, n° 30865/96.

pouvoir exécutif[100]. Saisie de la difficulté la Grande chambre n'est pas allée aussi loin[101] : il est vrai que la question ne se posait plus en raison de l'apparition aussi soudaine qu'inattendue d'un juge d'instruction dans la procédure, de sorte que les requérants n'ont pas été présentés à cet « autre magistrat » qui pose problème quand c'est un parquetier, mais à un « juge » qui lui n'en pose pas. Malgré tout la Cour a rappelé sa jurisprudence traditionnelle, précisant que le magistrat de l'article 5 doit présenter les garanties requises d'indépendance à l'égard de l'exécutif et des parties, ce qui exclut notamment qu'il puisse agir par la suite contre le requérant dans la procédure pénale, à l'instar (précise-t-elle) du ministère public... C'est dire que même si la Grande chambre n'a pas repris l'affirmation de la Chambre déniant au parquet la qualité d'autorité judiciaire, la situation française reste préoccupante dans la mesure où si le magistrat du parquet peut être cet « autre magistrat » de l'article 5, c'est sous certaines conditions... conditions qui justement ne sont pas parfaitement remplies par le parquet français[102]. La Cour l'a d'ailleurs rappelé tout récemment, les arrêts *Ali Samatar et autres* d'une part, et *Hassan et autres* d'autre part, ayant indiqué clairement que « le procureur de la République ne peut passer pour *un juge ou un autre magistrat habilité par la loi à exercer des fonctions judiciaires* au sens de l'article 5 § 3 de la Convention »[103]. En effet, la double question de son indépendance et de son impartialité se pose[104] : d'une part, l'indépendance est en cause dans la mesure où il est hiérarchisé et qu'au sommet de cette hiérarchie il y a le garde des Sceaux qui est un représentant éminent du pouvoir exécutif ; d'autre part, il en va de même pour son impartialité puisque la possibilité

100. CEDH, 10 juill. 2008, *Medvedyev c/ France*, n° 3394/03, § 61, *D.* 2009. 600, note J.-F. Renucci, *D.* 2008. 3055, note P. Hennion-Jacquet, *Procédures* 2008, n° 12 comm. 343, obs. J. Buisson, *JCP* 2009-I-104 n° 5, obs. F. Sudre, *RSC* 2009. 176, obs. J.-P. Marguénaud, *AJ pénal* 2008. 469, obs. Cl. Saas, *Dr. pénal* 2009. 20, obs. E. Dreyer, *Dr. pénal* 2009, n° 9, com. n° 28, obs. V. Lesclous.

101. CEDH, Gr. Ch., 29 mars 2010, *Medvedyev c/ France*, n° 3394/03, *D.* 2010. 1386, note J.-F. Renucci, 898, obs. S. Lavric, 952 Entretien P. Spinosi, 970 *Point de vue* D. Rebut, et 1390, note P. Hennion-Jacquet ; *Gaz. Pal.* 25-27 avr. 2010, p. 15, note H. Matsopoulou, *Dr. Pénal* 2010, n° 12, obs. J.-B. Thierry, *RSC* 2010. 685, obs. J.-P. Marguénaud, *JDI* 2012, n° 4, chron. 12, com. 1, obs. O. Bachelet et P. Tavernier, *Dr. Pénal* 2011, n° 4, chron. 3, com. 10, obs. E. Dreyer, et n° 9, chron. 6, com. 4, obs. V. Lesclous, *RFDA* 2011. 987, obs. H. Labayle et F. Sudre, *JDI* 2011, chron. 12, obs. A. Decaux, P. Tavernier, M. Boumghar et autres.

102. D'ailleurs, quelques mois plus tard la France a été à nouveau condamnée : CEDH, 23 nov. 2010, *Moulin c/ France*, n° 31104/06, *D.* 2010 édito F. Rome, et Actu. 2776, obs. S. Lavric, *D.* 2011. 26 Point de vue F. Fourment, 277, note J.-F. Renucci, et 338, note J. Pradel, *JCP* 2011, 94, 183 n° 5, obs. F. Sudre, *Procédures* 2011 com. 30, note A.-S. Chavent-Leclere, *RSC* 2011. 208, obs. D. Roets, *Dr. Pénal* 2011, com. 26, obs. A. Maron et M. Haas, *Gaz. Pal.* 8-9 déc. 2010, p. 6, note O. Bachelet, *Dr. Pénal* 2011, n° 4, chron. 3, com. 14, obs. E. Dreyer et n° 9, chron. 6, com. 12, obs. V. Lesclous, *AJDA* 2011. 889, obs. L. Burgorgue-Larsen, *RFDA* 2011. 987, obs. H. Labayle et F. Sudre, *Dr. Pénal* 2012, n° 1, chron. 1, com. 19, obs. V. Georget, *RTDH* 2013. 910, obs. A. Gilles.

103. Aff. *Ali Samatar et autres*, préc., § 44 ; aff. *Hassan et autres*, préc., § 88.

104. C'est pourquoi le projet de loi constitutionnelle destiné à renforcer l'indépendance des magistrats du parquet (lesquels seront tous nommés par le CSM, qui sera leur organe disciplinaire), ne suffira pas à ce que le parquetier devienne cet « autre magistrat » au sens de l'art. 5 § 3 puisque, à considérer que la condition d'indépendance soit remplie (ce qui n'est pas totalement certain en raison des liens hiérarchiques avec le garde des Sceaux), subsistera le problème de son impartialité.

de déclencher les poursuites fait partie de ses prérogatives essentielles[105]. Cette préoccupation n'est cependant pas nouvelle[106].

> ***CEDH, Gr. Ch., 29 mars 2010,* Medvedyev et autres c/ France, *n° 3394/03 :***
>
> En fait : *Les requérants faisaient partie de l'équipage d'un cargo dénommé le Winner, battant pavillon cambodgien. Dans le cadre de la lutte internationale contre le trafic de stupéfiants, les autorités françaises apprirent que ce navire était susceptible de transporter des quantités importantes de drogue. Par une note verbale du 7 juin 2002, le Cambodge donna son accord à l'intervention des autorités françaises. Les autorités maritimes procédèrent, en conséquence, à l'interception en haute mer du cargo, au large des îles du Cap-Vert, puis à son détournement vers le port de Brest (France).*
>
> *En droit : La Cour rappelle que l'article 5 figure parmi les principales dispositions garantissant les droits fondamentaux qui protègent la sécurité physique des personnes et que trois grands principes ressortent de sa jurisprudence : une interprétation étroite des exceptions, la régularité de la détention, la rapidité des contrôles juridictionnels, qui doivent être automatiques et effectués par un magistrat présentant des garanties d'indépendance à l'égard de l'exécutif et des parties et ayant la possibilité d'ordonner la mise en liberté après avoir examiné le bien-fondé de la détention. Le § 1 c) forme un tout avec le § 3 et l'expression « autorité judiciaire compétente » du § 1 c) constitue un synonyme abrégé de « juge ou (...) autre magistrat habilité par la loi à exercer des fonctions judiciaires » du § 3. Le magistrat doit présenter les garanties requises d'indépendance à l'égard de l'exécutif et des parties, ce qui exclut notamment qu'il puisse agir par la suite contre le requérant dans la procédure pénale, à l'instar du ministère public, et il doit avoir le pouvoir d'ordonner l'élargissement, après avoir entendu la personne et contrôlé la légalité et la justification de l'arrestation et de la détention. A cela s'ajoutent, d'après l'art. 5 § 3, une exigence de procédure et une de fond. À la charge du « magistrat », la première comporte l'obligation d'entendre personnellement l'individu traduit devant lui ; la seconde, celle d'examiner les circonstances qui militent pour ou contre la détention, de se prononcer selon des critères juridiques sur l'existence de raisons la justifiant et, en leur absence, d'ordonner l'élargissement, soit, en un mot, que « le magistrat se penche sur le bien-fondé de la détention ».*

Mais la Cour européenne ne condamne pas pour autant le parquet et suggère encore moins une réforme de son statut. En réalité, si le parquetier n'est pas cet « autre magistrat » au sens de l'article 5 de la Convention, son intervention reste possible pendant une garde à vue, y compris pour la contrôler : toutefois, cette intervention n'est possible que dans un

105. S. Guinchard et J. Buisson, *Procédure pénale, op. cit.*, n° 379. V° aussi : F.-L. Coste, *L'éthique du ministère public, AJ pénal* 2007, p. 425 s ; J.-F. Renucci, *Le procureur de la République est-il un « magistrat » au sens européen du terme ?* Mél. Cohen-Jonathan, Bruylant, 2004, p. 1345 et s. ; *Un séisme judiciaire : pour la CEDH les magistrats du parquet ne sont pas une autorité judiciaire, D.* 2009. 600 ; J. Buisson, *Le procureur de la République n'est pas un magistrat au sens conventionnel, Procédures* 2008, n° 12, comm. n° 343. V° également la « Une » du quotidien « Le Monde » du 8 mai 2009 : « *Les procureurs français sont-ils vraiment des magistrats ?* » (et la suite, p. 9). *Adde* Y. Mayaud et D. Guérin, Rev. droit d'Assas 2010/2, 55 et 62.

106. J.-F. Renucci, *Le procureur de la République est-il un « magistrat » au sens européen du terme ?* Mél. Cohen-Jonathan, Bruylant, 2004, p. 1345 et s.

laps de temps (il est vrai de plus en plus court...), car au-delà l'intervention d'un juge du siège s'impose pour être conforme aux exigences européennes[107].

b) Le juge d'instruction peut-il être cet « autre magistrat » au sens de l'article 5 de la Convention ? Si la question de cet « autre magistrat » se pose principalement pour le parquetier, elle se pose aussi – même si c'est très marginal – pour le juge d'instruction. Ce n'est pas nouveau, mais c'était dans des circonstances assez particulières[108] : or, la difficulté a été soulevée dans un cadre plus classique, pour le juge d'instruction français[109], ce qui mérite une attention particulière. Certes, les juges européens n'ont pas suivi le requérant, estimant (et à l'unanimité) que le juge d'instruction « *est un juge ou un autre magistrat habilité par la loi à exercer des fonctions judiciaires* », mais des interrogations apparaissent.

Le premier argument était certes fragile, le requérant soutenant que le pouvoir de contrôle du juge d'instruction est insuffisant au regard des exigences de l'article 5 § 3 de la Convention puisqu'il ne peut contrôler la régularité ni du mandat d'arrêt ni de l'arrestation. Or, lorsqu'il vérifie l'existence d'indices graves ou concordants rendant vraisemblable la participation de l'intéressé à la commission de l'infraction, le juge d'instruction contrôle aussi le fondement même de la privation de liberté suite au mandat d'arrêt.

Mais le second argument était plus pertinent. Pour le requérant, le juge d'instruction n'était pas « objectivement impartial », puisqu'il s'agissait du même juge que celui qui avait décerné le mandat d'arrêt sur le fondement duquel il avait été privé de liberté, c'est-à-dire d'un juge qui avait déjà émis une opinion sur les charges pesant contre lui et qui est « objectivement partisan » de sa mise en examen et de son placement en détention provisoire. D'ailleurs, la Cour européenne elle-même reconnaît que, lorsque le même juge décide à l'issue de la première comparution de l'intéressé s'il y a lieu de le mettre en examen – à défaut de quoi il est mis en liberté –, « *il ne statue donc pas sur ce point l'esprit exempt de toute opinion* »[110]. Assurément, si l'indépendance du juge d'instruction ne peut être mise en doute, des interrogations apparaissent sur son impartialité au regard des critères européens. Il a d'ailleurs été remarqué que si ce juge n'est pas à proprement parler, à titre principal, un organe de poursuite, il enquête et jusqu'à la loi n° 2000-516 du

107. Si la France a été à nouveau condamnée dans l'affaire *Moulin* (préc.), c'est justement parce que l'intervention du juge du siège n'est intervenue que le cinquième jour suivant l'arrestation.

108. Cf. le juge d'instruction suisse qui peut renvoyer une affaire en jugement alors qu'il se trouve sous les instructions du parquet : Cour EDH, 5 avr. 2001, *H.B. c/Suisse*, n° 26899/95, § 64 ; 23 oct. 1990, *Huber c/Suisse*, préc., § 43, rappelant que le magistrat instructeur qui décide de la détention ne peut être cet « autre magistrat » de l'art. 5 parce qu'il peut intervenir ultérieurement dans la procédure en qualité de partie poursuivante. Cf. aussi le cas particulier du magistrat instructeur bulgare dont les décisions peuvent être infirmées par le procureur et qui n'est donc pas suffisamment indépendant : aff. *Assenov et autres*, préc., §§ 149 s. ; aff. *Nikolova*, préc., §§§ 49 s. ; Cf. aussi : CEDH, 8 juill. 2004, *Vachev c/Bulgarie*, n° 42987/98, §§ 65 et 65 mettant l'accent sur le rôle que peut jouer le juge d'instruction en pratique lors des poursuites.

109. CEDH, 10 nov. 2016, *Kiril Zlatkov Nikolov c/France*, n° 70474/11 et n° 68038/12, *D.* 2017. 861, obs. J.-F. Renucci.

110. Aff. *Kiril Zlatkov Nikolov c/France*, préc., § 48.

15 juin 2000 il jugeait de la détention provisoire en opportunité : un tel cumul était, en lui-même, un signe de partialité[111] : même si l'argument a perdu de sa pertinence depuis l'entrée en vigueur de cette loi qui a créé un « juge des libertés et de la détention », une difficulté subsiste. En effet, à certains égards le juge d'instruction est aussi autorité de poursuite car, au moment du règlement de l'instruction, il conserve le pouvoir de maintenir en détention celui qu'il renvoie devant une juridiction de jugement. De plus, étant saisi *in rem*, il peut étendre la poursuite à d'autres personnes et le fait de pouvoir renvoyer les intéressés devant une juridiction de jugement relève des actes de poursuite[112]. Enfin, un doute sur son impartialité apparaît dès lors, qu'après avoir décidé d'une privation de liberté, il peut intervenir ultérieurement dans la procédure : une telle possibilité suscite l'embarras car il se trouve alors dans « une situation comparable à celle du parquet puisqu'il peut, d'une certaine façon, agir par la suite contre la personne en la renvoyant devant une juridiction de jugement »[113]. Or, la jurisprudence européenne exige que le magistrat qui contrôle la privation de liberté ne puisse pas intervenir par la suite et agir contre le requérant[114] et il importe peu que cela soit effectif : la simple éventualité de cette intervention ultérieure fait naître « *par elle-même* » un doute quant à l'impartialité de ce magistrat[115]. Les pouvoirs dont il dispose en font « une véritable partie poursuivante »[116], ce qui conduit à douter sur sa capacité à être cet « autre magistrat » de l'article 5 de la Convention[117]. Ainsi, le juge d'instruction français « mélange institutionnellement les fonctions de juge et d'autorité de poursuite »[118] et si contrairement au procureur son indépendance est totale, comme ce dernier son impartialité ne l'est pas nécessairement : c'est dire que la question de savoir s'il peut être ce magistrat au sens de l'article 5 de la Convention ne peut pas ne pas se poser.

B. Le droit d'être jugé dans un délai raisonnable

337. Une garantie forte. – Aux termes de l'article 5 § 3 de la Convention, toute personne arrêtée ou détenue a le droit d'être jugée dans un délai raisonnable ou être libérée pendant la procédure[119]. La question

111. En ce sens : S. Guinchard et J. Buisson, *Procédure pénale*, LexisNexis, 10e éd., 2014, p. 317. Cf. les « arrêts bulgares », not. *Assenov*, préc. ; *Nikolova*, préc. ; *Vachev*, préc.

112. S. Guinchard et J. Buisson, *Procédure pénale, op. cit.*

113. En ce sens : E. Bonis-Garçon et O. Decima, « Le parquet et les sirènes de l'indépendance », *JCP* 2013, 460. *Adde* S. Guinchard et J. Buisson, *Procédure pénale, op. cit.* ; S. Guinchard, « Requiem joyeux pour l'enterrement annoncé du juge d'instruction », *in Code pénal et du Code de procédure pénale, Livre du bicentenaire*, Dalloz/Panthéon-Assas, éd. 2010, p. 256.

114. Cf. *supra*, même numéro.

115. E. Bonis-Garçon et O. Decima, *op. cit.* Cf. not. aff. *Brincat*, préc., § 21.

116. D. Rebut, « L'arrêt Medvedyev et la réforme de la procédure pénale », *D.* 2010, p. 970.

117. Cf. également dans le même sens : S. Guinchard et J. Buisson, *Procédure pénale, op. cit.*, p. 317.

118. D. Rebut, « L'arrêt Medvedyev et la réforme de la procédure pénale », *op. cit.*

119. Comme cela a été remarqué, la formulation grammaticale ne donne pas la possibilité d'échanger son droit à un jugement rapide contre une libération pendant le déroulement de la procédure, car une telle interprétation serait contraire au but poursuivi par la Convention : S. Guinchard et J. Buisson, *Procédure pénale, op. cit.*, n° 430. V° CEDH, 27 juin 1968, *Wemhoff c/ Allemagne*, n° 2122/64, § 4 et 5. Cf. aussi l'arrêt *Idalov*, dont notre collègue Marguénaud s'est demandé s'il ne pouvait pas être considéré comme « un arrêt

qui se pose ici est celle de la durée d'une détention avant jugement. Cette détention avant jugement peut s'imposer pour des raisons d'ordre public, mais des précautions doivent être prises, car, non seulement la liberté est le principe tandis que l'incarcération est l'exception, mais de plus, la personne est présumée innocente. C'est la raison pour laquelle, une détention provisoire ne doit pas être trop longue[120], et la mise en liberté s'impose dès lors que le maintien en détention cesse d'être raisonnable[121]. La Cour a également jugé que constitue une violation de l'article 5 § 3 de la Convention une détention provisoire sans raisons pertinentes et suffisantes autres qu'un soupçon raisonnable de commission d'un délit : les autorités de l'État ont bien une obligation d'avancer des arguments « pertinents et suffisants » à l'appui d'une privation de liberté[122].

338. Les caractéristiques du délai raisonnable de l'article 5. – Le point de départ de la période à prendre en considération est le jour de l'arrestation ou du placement par le juge sous mandat de dépôt. Le terme final de la période de détention est, non pas le jour où le jugement de condamnation est devenu définitif, mais celui où il est statué sur le bien-fondé de l'accusation[123]. La solution est logique pour deux raisons : d'une part, cela s'impose dans la mesure où toute personne condamnée en première instance se trouve dans l'un des cas autorisés de privation de liberté prévus par l'article 5 § 1 *a*) ; d'autre part, il serait anormal qu'un État qui, dans un souci d'une meilleure protection du justiciable, accorde de nombreuses voies de recours, s'expose à être plus facilement et plus fréquemment sanctionné pour atteinte aux droits de l'homme... C'est dire que la période à prendre en considération au regard du délai

---

Salduz de la détention provisoire » : CEDH, Gr. Ch., 22 mai 2012, *Idalov c/ Russie*, n° 5826/03, *RSC* 2012. 687, obs. J.-P. MARGUÉNAUD.

120. CEDH, 8 nov. 2007, *Lelièvre c/ Belgique*, n° 11287/03, § 89 : « la détention provisoire est une mesure de caractère exceptionnel pouvant être utilisée seulement dans les cas où elle s'avérerait strictement nécessaire ». V° aussi : CEDH, 23 janv. 2007, *Cretello c/ France*, n° 2078/04, *Dr. pénal* 2008. 34, obs. E. DREYER ; 17 avr. 2012, *Catal c/ Turquie*, n° 26808/08 ; 26 janv. 2013, *Sagarzazu c/ France*, n° 29109/09, *AJDA* 2012. 1726, obs. L. BURGORGUE-LARSEN.

121. CEDH, 1er juill. 2008, *Calmanovici c/ Roumanie*, n° 42250/02, § 91, *Dr. pénal* 2009. 20, obs. E. DREYER. Ces détentions avant jugement s'imposent pour des raisons liées à l'ordre public et à d'éventuels troubles (CEDH, 27 août 1992, *Tomasi c/ France*, n° 12850/87, §§ 90 et 91), plus particulièrement pour éviter la fuite du suspect (CEDH, 12 déc. 1991, *Toth c/ Autriche*, n° 11894/85, § 72) à moins qu'il ne soit possible d'obtenir des garanties (CEDH, 27 juin 1968, *Wemhoff c/ Allemagne*, préc., § 15), la déperdition des preuves (CEDH, Gr. Ch., 6 avr. 2000, *Labita c/ Italie*, n° 26772/95, § 163, *RFDA* 2001. 1250, obs. H. LABAYLE et F. SUDRE, *RSC* 2000. 667, obs. Fl. MASSIAS, *RTDH* 2001. 117, obs. A. BEERNAERT), le risque de pressions sur les témoins et de collusion entre les coaccusés (CEDH, 26 juin 1991, *Letellier c/ France*, n° 12369/86, § 38), ou encore la crainte d'actes de vengeance ou des représailles. À noter que dans le cadre de la grande criminalité, les juges européens admettent une application plus souple de l'article 5 § 3 de la Convention (CEDH, 6 nov. 2003, *Pantano c/ Italie*, n° 60851/00, § 69). La Cour a également précisé que les tribunaux internes doivent motiver de manière concrète, sur la base des faits pertinents, les raisons pour lesquelles l'ordre public serait effectivement menacé dans le cas où l'accusé comparait libre : CEDH, 1er juill. 2008, *Calmanovici c/ Roumanie*, préc., § 99. Cf. aussi : CEDH, 14 avr. 2011, *Jendrowiak c/ Allemagne*, n° 30060/04 ; 26 janv. 2012, *Berasategi c/ France*, n° 290951/09 (entre autres).

122. CEDH, Gr. Ch., 5 juill. 2016, *Buzadji c/Moldavie*, n° 23755/07, *JCP* 2017, n° 1-2, Doctr. 32, n° 8, obs. F. SUDRE.

123. CEDH, 27 juin 1968, *Wemhoff c/ Allemagne*, préc., § 9. À ce moment-là, le relais est pris par le délai raisonnable de l'art. 6 § 1er de la Convention.

raisonnable de l'article 5 § 3 ne saurait englober les instances d'appel et de cassation : la Cour européenne l'a d'ailleurs à nouveau confirmé[124] et cette solution doit être approuvée.

La notion de « délai raisonnable » est imprécise et par conséquent controversée. Il ne serait cependant pas judicieux de fixer des délais précis et chiffrés, certaines affaires étant plus complexes que d'autres : un critère aussi rigide serait un carcan finalement peu protecteur des droits de l'homme. En réalité, la détention ne peut s'éterniser et doit, éventuellement, cesser avant la fin des investigations. La durée du délai raisonnable s'apprécie *in concreto*, les juges devant prendre en considération les circonstances de la cause et s'assurer que la détention est indispensable au regard d'une véritable exigence d'intérêt public[125]. C'est en fonction de l'état de détention de la personne poursuivie qu'il convient d'apprécier si le délai écoulé a dépassé à un moment donné les limites acceptables, c'est-à-dire celles du sacrifice qui, dans les circonstances de la cause, pouvait raisonnablement être infligé à une personne présumée innocente[126]. L'arrêt *Letellier* a précisé que le maintien en détention provisoire doit être justifié à partir d'éléments précis et concrets : ainsi les juges européens ont indiqué qu'en l'espèce la Chambre d'accusation aurait dû indiquer de façon plus précise et individualisée les raisons qui ont conduit à penser que la détention était nécessaire[127]. C'est dire que toute motivation type ou stéréotypée doit être rejetée : d'une façon plus générale, une détention sans motivation suffisante constitue une violation de l'article 5 de la Convention[128]. À la suite de nombreuses condamnations[129], les juges internes se montrent de plus en plus attentifs aux exigences de la Convention. À noter que le trouble à l'ordre public, si souvent invoqué par les juges internes pour justifier une détention provisoire, doit être réel et prouvé : ce trouble n'est légitime que dans la mesure où la menace persiste

124. CEDH, 28 mars 1990, *B. c/ Autriche*, n° 11968/86, § 38 et s.

125. Aff. *Neumeister*, préc. § 5. Seule une exigence de cette nature peut justifier une dérogation au respect de la liberté individuelle. Cf. égal. CEDH, 9 nov. 1999, *Debboud alias Husseini Ali c/ France*, n° 37786/97, § 39. N'est pas déraisonnable une détention provisoire ayant duré plus de 4 ans dès lors qu'elle se trouve objectivement justifiée par des motifs pertinents et suffisants : CEDH, 18 oct. 2012, *Rossi c/ France*, n° 60468/08, *Dalloz Actu.* 7 nov. 2012, obs. M. Blombled, *RPDP* 2013, p. 243, obs. J. Pradel et F. Ludwiczak (dir.). Cf. déjà : CEDH, 16 juill. 2009, *Prencipe c/ Monaco*, n° 43376/06 : « la longueur de la privation de liberté subie par la requérante ne repose pas sur des motifs sinon pertinents du moins suffisants dans les circonstances de l'espèce » (§ 87). Cf. aussi : CEDH, 30 juill. 2015, *Loisel c/France*, n° 50104/11, *Dalloz Actu.* 28 sept. 2015, obs. E. Autier.

126. Aff. *Wemhoff*, préc., § 5. V° aussi CEDH, 5 oct. 2004, *Blondet c/ France*, n° 49451/99, § 41, *AJ pénal* 2004. 450, obs. J. Coste ; 31 mars 2005, *Dumont-Maliverg c/ France*, n° 57547/00.

127. J.-F. Renucci, obs. sous CEDH, 26 juin 1991, *Letellier c/ France*, n° 12369/86, *AFDI* 1991. 592, obs. V. Coussirat-Coustère, *JDI* 1992. 788, obs. E. Decaux et P. Tavernier, *RSC* 1991. 805, obs. L.-E. Pettiti, *D.* 1992 Somm. 328, obs. J.-F. Renucci.

128. CEDH, 4 mai 2006, *Ambruszkiewicz c/ Pologne*, n° 38797/03, § 33.

129. Pour la France : CEDH, 26 juin 1991, *Letellier*, préc. ; 27 août 1992, *Tomasi c/ France*, n° 12850/87, *AFDI* 1992. 629, obs. V. Coussirat-Coustère, *JDI* 1993. 740, obs. E. Decaux et P. Tavernier, *RSC* 1993. 142, obs. L.-E. Pettiti, et 33, obs. F. Sudre, *RUDH* 1993. 1, obs. F. Sudre et autres, *D.* 1993 Somm. 142, obs. J.-F. Renucci, *AJDA* 1993. 105, obs. J.-F. Flauss. Cf. égal. : CEDH, 18 déc. 1996, *Scott c/ Espagne*, n° 21335/93, *RSC* 1997. 456, obs. R. Koering-Joulin, *JCP* 1997-I-4000 n° 12, obs. F. Sudre.

avec le temps[130], ce qui limite le recours à cette notion... De plus, s'il n'y a pas de risque, notamment de fuite, la détention est dépourvue de fondement légal[131]. En toute hypothèse, les autorités judiciaires doivent agir avec toute la promptitude nécessaire, car, au bout d'un certain temps, la détention cesse d'être fondée sur des motifs pertinents et suffisants[132]. Il est évident que la pertinence initiale des motifs retenus par une juridiction d'instruction à l'appui de sa décision de maintien en détention peut parfaitement ne pas résister à l'épreuve du temps : dès lors, l'article 5 § 3 de la Convention est violé[133]. En outre, la Cour a clairement indiqué que l'absence de « diligence particulière » apportée par les autorités de l'État à la poursuite de la procédure peut donner lieu à un constat de violation de l'article 5, même en présence de motifs pertinents et suffisants continuant à légitimer la privation de liberté[134]. La poursuite de l'incarcération ne se justifie que si des indices concrets révèlent une véritable exigence d'intérêt public prévalant, nonobstant la présomption d'innocence, sur la règle du respect de la liberté individuelle[135]. Les juridictions nationales ne peuvent se borner à faire abstraitement référence à la gravité des faits reprochés et au trouble à l'ordre public, sans viser les circonstances précises de la cause, sans étayer le caractère certain et actuel de l'atteinte à l'ordre public et sans préciser en quoi l'élargissement de la personne en cause aurait eu pour effet de le troubler[136].

CEDH, Gr. Ch., 6 avr. 2000,* Labita c/ Italie, *n° 26772/95 :

En fait : *Soupçonné d'appartenir à une organisation mafieuse, le requérant est arrêté et placé en détention, puis finalement acquitté. Il se plaint (en autres) que sa détention provisoire, qui a duré 2 ans et 7 mois, a été trop longue au sens de l'article 5 de la Convention.*

En droit : *(violation de l'art. 5 § 3). La persistance de raisons plausibles de soupçonner la personne arrêtée d'avoir commis une infraction est une condition sine qua non de la régularité du maintien en détention. Par ailleurs, au bout d'un certain temps, elle ne suffit plus. La Cour doit dans ces cas établir si les autres motifs adoptés par les autorités judiciaires continuent à légitimer la privation de liberté.*

---

130. CEDH, 27 juin 1968, *Neumeister c/ Autriche*, n° 1936/63. Cf. R. Pelloux, *Les arrêts de la Cour européenne des droits de l'homme dans les arrêts Wemhoff et Neumeister*, *AFDI* 1969. 276 et s. V° aussi CEDH, 9 mars 2006, *Svipsta c/ Lettonie*, n° 66820/01 : c'est la raison pour laquelle la prolongation automatique d'une détention provisoire viole l'art. 5. Aff. *Prencipe*, préc., § 87.

131. Aff. *Raninen*, préc.

132. CEDH, 17 mars 1997, *Muller c/ France*, n° 21802/93, *JCP* 1998-I-107 n° 13, obs. F. Sudre, *RSC* 1998. 384, obs. R. Koering-Joulin ; 31 oct. 2006, *Zborowski c/ Pologne*, n° 13535/036.

133. CEDH, 26 sept. 2006, *Gérard Bernard c/ France*, n° 27678/02, § 47. V° aussi : CEDH, 26 sept. 2002, *Grisez c/ Belgique*, n° 35776/97, § 49. La Cour doit alors établir si les autres motifs adoptés par les autorités judiciaires continuent à légitimer la privation de liberté et, quand ils se révèlent « pertinents » et « suffisants », elle recherche de surcroît si les autorités nationales compétentes ont apporté une « diligence particulière » à la poursuite de la procédure : CEDH, Gr. Ch., 26 oct. 2000, *Kudla c/ Pologne*, n° 30210/96, §§ 110 et 111 ; 5 oct. 2004, *Blondet c/ France*, n° 49451/99, § 41, *AJ pénal* 2004, p. 450, obs. J. Coste. Pour une hypothèse où la Cour a estimé que la procédure a été conduite avec la diligence requise : CEDH, Gr. Ch., 3 oct. 2006, *McKay c/ Royaume-Uni*, n° 543/03, *JCP* 2007-I-106, n° 3, obs. F. Sudre. Invers. v° : CEDH, 23 janv. 2007, *Cretello c/ France*, n° 2078/04, *Dr. pénal* 2008. 34, obs. E. Dreyer.

134. CEDH, 10 juill. 2008, *Garriguenc c/ France*, n° 21148/02, § 49, *Dr. pénal* 2009. 20, obs. E. Dreyer.

135. V° not. : CEDH, Gr. Ch., 6 avr. 2000, *Labita c/ Italie*, préc., § 152.

136. CEDH, 3 oct. 2013, *Vosgien c/ France*, n° 12430/11, *Dalloz Actu.* 15 oct. 2013, obs. M. Bombled.

Quand ceux-ci se révèlent « pertinents » et « suffisants », elle cherche de surcroît si les autorités nationales compétentes ont apporté une « diligence particulière » à la poursuite de la procédure. En l'espèce les motifs n'étaient pas suffisants et les justifications guère convaincantes.

339. Le particularisme du délai raisonnable de l'article 5. – Malgré des similitudes évidentes, le délai raisonnable de l'article 5 § 3 ne peut être confondu avec celui de l'article 6 § 1. L'arrêt *Stögmüller*[137] l'a bien précisé : l'article 6 § 1 concerne tous les justiciables et son but est d'éviter une lenteur excessive de la justice tout en permettant d'éviter à la personne en cause une trop grande incertitude sur son sort ; l'article 5 § 3 intéresse les seuls prévenus détenus et est destiné à éviter qu'un individu ne soit privé arbitrairement de sa liberté et implique par conséquent qu'une diligence particulière soit apportée à la poursuite de la procédure[138]. En définitive, la longueur de l'instruction importe peu, mais une détention excessive équivaudrait à une « sanction anticipée » infligée à une personne dont la culpabilité n'est pas, par hypothèse, encore prouvée[139]. L'article 5 § 3 est donc une disposition indépendante produisant ses effets propres indépendamment des faits qui ont motivé la privation de liberté ou les circonstances qui ont causé la longueur de l'instruction. L'autonomie de cet article par rapport à l'article 6 ne fait aucun doute et à l'évidence son interprétation doit être plus rigoureuse. L'analogie ne peut être niée, mais des divergences subsistent, notamment les critères spécifiques à la détention provisoire comme le risque de fuite, de pression sur les témoins, etc.

Il est important de rappeler que le droit de ne pas être détenu, à titre provisoire, au-delà du raisonnable se distingue du droit à être indemnisé pour privation de liberté[140]. Par conséquent, une saisine de la Cour en raison du caractère non raisonnable d'une détention provisoire est possible même si le requérant n'a pas épuisé toutes les voies de recours internes pour être indemnisé[141].

§3. Le droit à un recours

340. L'article 5 § 4 de la Convention. – Aux termes de l'article 5 § 4, toute personne privée de sa liberté par arrestation ou détention a le droit

137. CEDH, 10 nov. 1969, *Stögmüller c/ Autriche*, n° 1602/62.

138. Aff. *Stögmüller*, préc. § 5. Pour une consolidation de cette solution, cf. : CEDH, 20 mars 1970, *B. c/ Autriche*, préc. ; 23 sept. 1998, *I. A. c/ France*, n° 28213/95, *RDP* 1999. 864, obs. D. Thomas. CEDH, 13 sept. 2005, *Gosselin c/ France*, n° 66224/01.

139. J.-F. Renucci, obs. *préc.*

140. Aff. *Tomasi*, préc., § 78 : le droit d'obtenir la cessation d'une privation de liberté se distingue de celui de recevoir un dédommagement pour une telle privation.

141. S. Guinchard et J. Buisson, *Procédure pénale, op. cit.*, n° 430.

d'introduire un recours devant un tribunal[142], afin qu'il statue à bref délai sur la légalité de sa détention et ordonne sa libération si la détention est illégale. La brièveté du délai s'apprécie en fonction des circonstances de l'espèce[143]. Cette exigence de « bref délai » a conduit les juges de Strasbourg à faire preuve d'une attention toute particulière sur le temps écoulé entre la décision initiale et les contrôles ultérieurs, les décisions devant se suivre à un « rythme raisonnable »[144].

L'article 5 § 4 est de portée très générale puisqu'il concerne toute personne privée de liberté, quels que soient les motifs et l'organe à l'origine de la décision[145]. Toutefois, ce droit au recours n'a pas un caractère absolu et il faut distinguer selon que la privation de liberté est d'origine administrative ou judiciaire. Si dans le premier cas les États doivent prévoir un recours auprès d'un tribunal, il n'est pas certain qu'il en soit de même dans le second[146] : la théorie dite du « contrôle intégré » s'applique[147], mais cela concerne uniquement la décision initiale ordonnant la privation de liberté ; les décisions subséquentes (réincarcération, détention ultérieure en exécution de la peine...) échappent à ce contrôle et cela est légitime dans la mesure où de telles décisions peuvent donner lieu à des difficultés nouvelles sur le

142. CEDH, 10 mai 2007, *Modarca c/ Moldova*, n° 14437/05., *RTD Civ.* 2008. 152, obs. J.-P. Marguénaud. Cf. aussi Aff. *Timochenko*, préc. (violation de l'art. 5, § 4). Pour le cas particulier de la lutte anti-terroriste, et une non-violation de l'art. 5 § 4 : CEDH, 20 oct. 2015, *Sher et autres c/Royaume-Uni*, n° 5201/11, *JCP* 2016. 65, n° 9, obs. F. Sudre, *JCP (A)* 2016. 2101, chron. V. Correia (dir.), n° 30, obs. C. Benelbaz.

143. CEDH, 21 oct. 1986, *Sanchez-Reisse c/ Suisse*, n° 9862/82, § 55 ; 25 oct. 1989, *Bezicheri c/ Italie*, n° 11400/85 ; 18 juin 2002, *Delbec c/ France*, n° 43125/98, *RDP* 2003. 689, obs. D. Thomas ; 22 janv. 2013, *Mihailovs c/ Lettonie*, n° 35939/10 (impossibilité pour un handicapé placé en institut contre son gré pendant 8 ans d'obtenir un réexamen de la régularité dudit placement).

144. CEDH, 24 sept. 1992, *Herczegfalvy c/ Autriche*, n° 10533/83, § 75 ; 26 févr. 2002, *Magalhaes Pereira c/ Portugal*, n° 44872/98, § 41. CEDH, 27 oct. 2005, *Mathieu c/ France*, n° 68671/01 ; *Adde* CEDH, 18 juin 2002, *Delbec c/ France*, n° 43125/98 ; 3 oct. 2006, *Tréboux c/ France*, n° 7217/05, (demande de sortie examinée plus de quatre mois après la saisine de la cour d'appel). *A fortiori*, des demandes de sortie immédiate d'un internement jamais examinées constituent une violation de la Convention : CEDH, 7 mars 2006, *Van Glabeke c/ France*, n° 38287/02. V° aussi 28 mars 2006, *Gaultier* c/ France, n° 41522/98, §§ 41 et 42. *Adde* CEDH, Gr. Ch., 25 mars 1999, *Musial c/ Pologne*, n° 24557/94, § 47. Sur la condition de « bref délai », v° aussi : CEDH, 14 déc. 2006, *Filip c/ Roumanie*, n° 41124/02 ; 16 janv. 2007, *Menvielle c/ France (n° 2)*, n° 97/03, § 30 ; aff. *Toma*, préc., § 76 (délai de 22 jours pour deux degrés de juridiction jugé excessif) ; CEDH, 7 juin 2011, *S.T.S. c/ Pays-Bas*, n° 277/05. Cf. aussi pour une durée excessive du délai d'examen par la commission de libération conditionnelle : CEDH, 29 janv. 2013, *Betteridge c/ Royaume-Uni*, n° 1497/10. *Adde* CEDH, 18 févr. 2014, *Ruiz Rivera c/ Suisse*, n° 8300/06 : violation du droit de faire statuer à bref délai sur la légalité de la détention en cas d'insuffisance d'éléments pour évaluer la dangerosité d'un meurtrier en vue de son maintien en internement psychiatrique.

145. CEDH, 21 févr. 1996, *Hussain et Singh c/ Royaume-Uni*, *RSC* 1996, p. 930, obs. L.-E. Pettiti, *RSC* 1998. 460, obs. R. Koering-Joulin.

146. Aff. *De Wilde, Ooms et Versyp*, préc. § 76.

147. Le contrôle est ainsi incorporé à la décision privative de liberté. V° cependant les nuances de la Cour : CEDH, 18 juill. 1994, *Wynne c/ Royaume-Uni*, n° 15484/89, § 35 et 36 ; CEDH, Gr. Ch., 28 mai 2002, *Stafford c/ Royaume-Uni*, n° 46295/99, § 87. En revanche, pour les peines perpétuelles discrétionnaires, la Cour a toujours admis que les détenus avaient un droit de recours devant un tribunal qui statuera sur la légalité, tant de leur maintien en détention, à des intervalles raisonnables, que d'une réincarcération éventuelle (CEDH, 25 oct. 1990, *Thynne, Wilson et Gunnell c/ Royaume-Uni*, n° 11787/85..., § 70 et s. ; *Adde* aff. *Wynne*, préc., § 33). *Idem* pour la peine de « détention pour la durée qu'il plaira à Sa Majesté » : CEDH, 21 févr. 1996, *Singh c/ Royaume-Uni*, n° 23389/94, § 54 ; cf. aussi : CEDH, Gr. Ch., 16 déc. 1999, *T. c/ Royaume-Uni*, n° 24724/94, § 121. L'idée d'un contrôle périodique pour les longues peines s'est imposée.

plan de la légalité[148]. La Cour a cependant pris soin de préciser que le contrôle intégré (ou incorporé) ne se comprend que pour un organe offrant les garanties fondamentales de procédure appliquées en matière de privation de liberté[149]. Il est important de préciser que l'article 5 § 4 n'astreint pas les États contractants à instaurer un double degré de juridiction pour l'examen de demandes d'élargissement. Néanmoins, un État qui se dote d'un tel système doit en principe accorder aux détenus les mêmes garanties en appel qu'en première instance[150].

Le recours doit pouvoir être introduit devant un « tribunal », c'est-à-dire un organe décisionnel indépendant et impartial[151] : il doit pouvoir statuer sur la légalité de la mesure et éventuellement ordonner la libération si celle-ci est illégale[152]. Le tribunal doit offrir les garanties procédurales fondamentales en matière de privation de liberté[153] : ces garanties comme le respect du contradictoire et des droits de la défense sont importantes même s'il n'est pas nécessaire qu'elles soient identiques à celles de l'article 6 § 1[154].

341. La qualité du recours. – Le recours de l'article 5 § 4 doit non seulement exister, mais être effectif : si tel n'est pas le cas l'article 5 est violé[155]. Le droit au recours doit donc être efficace : il doit, par conséquent, exister avec un degré suffisant de certitude[156] et être adéquat[157]. De plus, le tribunal statuant sur ledit recours doit exercer un contrôle du respect des exigences de procédure et de fond nécessaires à la « légalité » au sens de la Convention de la privation de liberté[158]. Il doit vérifier l'observation des règles de procédure de la législation interne ainsi que le

148. Aff. *Van Droogenbroeck*, préc., § 45 ; aff. *Weeks*, préc., § 56.

149. Aff. *De Wilde, Ooms et Versyp*, préc. § 78 ; aff. *Van der Leer*, préc., § 33. De même, il a été jugé que dans le cadre d'une détention à titre extraditionnel, le respect du contradictoire est imposé par l'art. 5 § 4 : aff. *Sanchez-Reisse*, préc., § 51. Pour l'assistance effective d'un avocat : CEDH, 29 févr. 1988, *Bouamar c/ Belgique*, n° 9106/80, § 60.

150. CEDH, 12 déc. 1991, *Toth c/ Autriche*, préc., § 84. V° aussi, *mutatis mutandis*, CEDH, 17 janv. 1970, *Delcourt c/ Belgique*, n° 2689/65, § 25 *in fine* ; 26 mai 1988, *Ekbatani c/ Suède*, n° 10563/83, § 24. Cf. égal. CEDH, 24 juin 2001, *Rutten c/ Pays-Bas*, n° 32605/96, § 53.

151. CEDH, 4 juill. 2000, *Niedbala c/ Pologne*, n° 27915/95, *JCP* 2001-I-291 n° 13, obs. F. Sudre ; 29 mars 2001, *D. N. c/ Suisse*, n° 27154/95, § 42, *JCP* 2001-I-342 n° 8, obs. F. Sudre.

152. C'est pour cela que dans l'aff. *Weeks* préc. la Commission de libération conditionnelle bien qu'indépendante et impartiale n'a pas été considérée comme un « tribunal » au sens de l'art. 5 § 4 : cette Commission n'a pas en effet de pouvoir décisionnel mais simplement consultatif.

153. Aff. *De Wilde, Ooms et Versyp*, préc., § 76. ; aff. *Niedbala*, préc.

154. Aff. *Winterwerp*, préc., § 57 ; CEDH, 12 mai 1992, *Megyeri c/ Allemagne*, n° 13770/88, § 22.

155. CEDH, 26 sept. 1997, *RMD c/ Suisse*, *RSC* 1998, p. 385, obs. R. Koering-Joulin, *JCP* 1998-I-107 n° 14, obs. F. Sudre ; CEDH, 24 août 1998 *Soumare c/ France JCP* 199-I-105 n° 108. Il en est de même si le délai pour que statue le tribunal compétent est trop long : aff. *Sakik c/ Turquie*, préc. V° aussi : CEDH, Gr. Ch., 17 janv. 2012, *Stanev c/ Bulgarie*, n° 36760/06 (absence de recours pour contester la légalité d'un placement dans un foyer social pour personnes atteintes de troubles mentaux) ; 19 janv. 2012, *Popov et autres c/ France*, n° 39472/07 et n° 39474/07 (impossibilité pour des enfants mineurs, placés avec leurs parents en rétention administrative dans l'attente de leur expulsion, de contester la légalité de cette mesure).

156. Aff. *Soumare*, préc. Cf. égal. : CEDH, 29 avr. 1999, *Aquilina c/ Malte*, *JDI* 2000. 107, obs. M. Benillouche.

157. Aff. *Svipsta*, préc.

158. CEDH, 25 mars 1999, *Nikolova c/ Bulgarie*, § 58, *JCP* 2000-I-203 n° 6, obs. F. Sudre.

caractère raisonnable des soupçons motivant l'arrestation, tout comme la légitimité du but poursuivi[159].

Ce tribunal exerce un contrôle, non pas d'opportunité, mais de légalité. Toutefois, cette dernière notion fait l'objet d'une interprétation large puisque les juges apprécient en tenant compte, non seulement du droit interne, mais aussi du texte de la Convention ainsi que des grands principes qui s'y rattachent[160]. La Cour a précisé que l'article 5 § 4 ne garantit pas le droit à un examen judiciaire d'une portée telle qu'il habiliterait le « tribunal » à substituer sur l'ensemble des aspects de la cause, y compris des considérations d'opportunité, sa propre appréciation à celle de l'autorité dont émane la décision : cependant, le contrôle doit être assez ample pour s'étendre à chacune des conditions indispensables, selon la Convention, à la régularité de la détention d'un individu assujetti au type particulier de privation de liberté[161]. Le contrôle judiciaire sur la légalité doit être périodique et automatique, surtout si le comportement de la personne en cause est susceptible d'évoluer[162].

§4. Le droit d'être indemnisé

342. L'article 5 § 5 de la Convention. – Un droit à réparation est garanti : aux termes de l'article 5 § 5, toute personne victime d'une arrestation ou d'une détention dans des conditions contraires aux dispositions de l'article 5 § 1 à 4 a droit à réparation[163]. En la matière, la Convention renvoie pour l'essentiel à la législation nationale et consacre l'obligation d'en respecter les normes de fond comme de procédure, mais elle exige de surcroît la conformité de toute privation de liberté au but de l'article 5 qui est la protection de l'individu contre l'arbitraire[164]. C'est pourquoi ils sont très attentifs à ce que le droit à réparation ne soit pas trop limité même si certaines conditions sont légitimes : d'une part, la violation doit avoir été constatée par les autorités nationales et le requérant doit avoir épuisé les voies de recours internes[165] ; d'autre part, il faut un préjudice matériel ou moral découlant directement de la violation constatée[166].

159. Aff. *Nikolova*, préc., § 58 ; cf. aussi CEDH, 29 nov. 1988, *Brogan et autres c/ Royaume-Uni*, n° 11209/84..., § 65.

160. Aff. *Weeks*, préc., § 57 ; aff. *Van Droogenbroeck*, préc., § 48.

161. Aff. *Weeks*, préc., § 59 ; *Adde* CEDH, 26 sept. 2002, *Benjamin et Wilson c/ Royaume-Uni*, n° 28212/95. Sur le cas particulier de la détention des aliénés, v° : CEDH, 15 nov. 1996, *Silva Rocha c/ Portugal*, *RSC* 1997, p. 461, obs. R. Koering-Joulin : les juges ont en effet estimé que le contrôle exigé par cet article se trouvait incorporé à la décision judiciaire. *Adde* CEDH, 7 mars 2006, *Van Glabeke c/ France*, n° 38287/02, § 33 ; Gr. Ch., 19 févr. 2009, *A. et autres c/Royaume-Uni*, préc., § 202, *RFDA* 2010. 587, obs. H. Labayle, F. Sudre, J. Andriantsimbazovina et L. Sermet.

162. C'est le cas, plus particulièrement, pour un placement dans un centre « éducatif-internat » : CEDH, 19 mai 2016, *D.L. c/Bulgarie*, n° 7472/14.

163. CEDH, 8 déc. 2011, *Shulgin c/ Ukraine*, n° 29912/05 (absence d'indemnisation) ; 17 mai 2011, *Ganea c/ Moldova*, n° 2474/06 (réparation inadéquate et insuffisante). Cf. Aff. *Timochenko*, préc.

164. CEDH, 29 févr. 1988, *Bouamar c/ Belgique*, préc., § 47.

165. Sur cette condition, cf. *supra*, n° 57.

166. CEDH, 7 mai 1974, *Neumeister c/ Autriche*, préc., § 40 ; 29 mai 1997, *Tsirlis et Kouloumpas c/ Grèce*, n° 19233/91..., *RSC* 1998. 385, obs. R. Koering-Joulin ; 2 sept. 2010, *Danev c/ Bulgarie*, n° 9411/05. Cf. aussi l'hypothèse où le doute a profité à l'accusé : CEDH, 13 juill. 2010, *Tendam c/ Espagne*, n° 25720/05, § 36.

343. Le droit à réparation et la satisfaction équitable. – Le droit à réparation de l'article 5 § 5 ne saurait être confondu avec la satisfaction équitable de l'article 41 : toute violation de la Convention, y compris pour les dispositions contenues dans l'article 5, autorise une demande de satisfaction équitable[167]. Certes, la Cour européenne des droits de l'homme peut prendre en considération l'indemnisation versée par les autorités nationales pour évaluer l'importance de la satisfaction équitable, mais cela ne remet nullement en cause le principe.

344. Bibliographie. Bernard (F.), *La définition du champ d'application de l'article 5 de la CEDH, RTDH* 2014, p. 95 ; Berro-Lefevre (I), *Les mineurs délinquants dans la jurisprudence de la Cour européenne des droits de l'homme,* Mél. Jeager 2011, p. 609 et s. ; Blay-Grabarczyk (K), *La notion de « privation de liberté » au sens de l'article 5 de la CEDH, RFDA* 2016, p. 777 s. ; Bouloc (B.), *Les délais de la garde à vue et de la détention provisoire au regard de la Convention européenne des droits de l'homme, RSC* 1989, p. 69 et s. ; Bruschi (Ch.), *La rétention, in* Fulchiron H. (dir.), *Les étrangers et la Convention européenne de sauvegarde des droits de l'homme et des libertés fondamentales,* LGDJ, 1999, p. 333 et s. ; Buisson (J), *Le procureur de la République n'est pas un magistrat au sens conventionnel, Procédures* 2008, n° 12, comm. n° 343 ; Cohen-Jonathan (G.) et Flauss (J.-F.), *La France et la Convention européenne des droits de l'homme, L'arrêt « Bozano c/ France », RTD eur.* 1987, p. 255 ; de Gouttes (R.), *Art. 5 § 2, in* Pettiti (L.-E.), Decaux (E.) et Imbert (P.-H.) (dir.), *La Convention européenne des droits de l'homme,* Economica, 2e éd., 1999, p. 203 et s. ; Douraki (T.), *La Convention européenne des droits de l'homme et la privation de liberté des malades mentaux et de certains marginaux,* Droit et Économie 1999, n° 59, p. 23 et s. ; Duffar (J.), *L'arrêt de la Cour européenne des droits de l'homme du 25 juin 1996, Amuur c/ France,* Mél. Robert, Montchrestien 1998, p. 345 et s. ; Dumontet (B.), *L'avocat et la garde à vue : aspects pratiques et critiques, AJ pénal* 2004, p. 275 et s. ; Eissen (M.-A), *Le premier arrêt de la Cour européenne des droits de l'homme, Affaire « Lawless », AFDI* 1960, p. 444 et s. ; Flauss (J.-F.), *Le délai raisonnable au sens de l'article 5 § 3 et 6 § 1 de la Convention européenne des droits de l'homme dans la jurisprudence française, RTDH* 1991, p. 49 et s. ; Karsenty (D.), *La réparation des détentions, JCP* 2003-I-108, p. 225 et s. ; Kazatchkine (N.), *Le maintien dans la zone internationale d'un aéroport, Observations, Cour européenne des droits de l'homme, Amuur c/ France, RTDH* 1996, p. 655 et s. ; Koering-Joulin (R.), *Art. 5 § 4, in* Pettiti (L.-E.), Decaux (E.) et Imbert (P.-H.) (dir.), *La Convention européenne des droits de l'homme,* Economica, 2e éd., 1999, p. 229 et s. ; *Les affaires Birou et Tomasi et la détention avant jugement, in* Sudre (F.) (dir.), *Le droit français et la Convention européenne des droits de l'homme,* Engel 1994, p. 185 et s. ; Lacaze (M), *La rétention de sûreté prononcée suite à la méconnaissance des obligations de la surveillance de sûreté et l'article 5 de la CEDH, RPDP* 2012, p. 79 et s. ; Lennon (J.-L.), *L'indépendance du ministère public ou le supplice de Tantale, Dr. Pénal* 2016, n° 11, ét. 25 ; Lucazeau (G.), *Le délai raisonnable est-il bien raisonnable ? JCP* (G) 2009-I-103 ; Macana (A.), Heitzmann-Hieaux (M.) et Thanou (S.), *Le parquet dans la jurisprudence constitutionnelle et conventionnelle, in* Mathieu et Verpeaux (dir.), *Le statut constitutionnel du parquet,* Dalloz, 2012, « Thèmes et Commentaires », p. 85 et s. ; Maron (A.), *Droit d'être informé, dans le plus court délai, des raisons de son arrestation, Dr. pén.* 2000, Chron. p. 20 et s. ; Marzano (L.), *La protection offerte par la Convention européenne des droits de l'homme aux demandeurs d'asile et aux réfugiés, RTDH* 2002, p. 176 et s. ; Mayaud (Y.), *Le parquet entre le juge et l'avocat, D.* 2010 Chron. p. 773 et s. ; Meza (R.), *Les mesures de sûreté post sententiam privatives et restrictives de liberté dans le droit de la Convention européenne, RTDH* 2011, p. 839 et s. ; Mien (D.) et Barre (J.-F.), *Reste-t-il des droits de la défense en phase d'enquête ? AJ pénal* 2004, p. 235 et s. ; Nicaud (B), *Délai raisonnable et droit européen, AJ Pénal* 2017, p. 163 s. ; Pouget (P.), *Les délais en matière de rétention, de garde à vue et de détention provisoire au regard de la Convention européenne des droits de l'homme, RSC* 1989, p. 78 et s. ; Puechavy (M.), *La détention après garde à vue pour présentation au procureur de la République ou au juge d'instruction, RTDH* 2007, p. 559 et s. ; Rebut (D.), *L'arrêt « Medvedyev » et la réforme de la procédure pénale, D.* 2010 Chron. p. 970 et s. ; Renucci (J.-F.), *Le procureur de*

167. Aff. *Neumeister,* préc., § 50. Sur la satisfaction équitable, cf. *supra,* n° 64.

la République est-il un magistrat au sens européen du terme ? Mél. Cohen-Jonathan, Bruylant, 2004, p. 1345 et s. ; ROBERT (M), *Le parquet français et la « rumeur de Strasbourg », AJ Pénal* 2016, p. 565 s. ; ROUJOU DE BOUBÉE (G), *Garde à vue et exigences européennes, D.* 2010, Entretien p. 72 ; SOUMI (I.), *L'effet horizontal de l'article 5 § 1, Première phase comme limite à la tyrannie familiale : l'affaire « Storck c/ Allemagne » du 16 juin 2005, RTDH* 2006, p. 237 et s. ; SOYER (J.-Cl.), *La condition du détenu par rapport à la Convention européenne des droits de l'homme, in* PRADEL (J.) (dir.), *La condition juridique du détenu*, Cujas 1993, p. 71 et s. ; SUDRE (F.), *La première affaire française devant la Cour européenne des droits de l'homme : l'arrêt Bozano contre France, RGD int. publ.* 1986, p. 533 et s. ; *L'arrêt de la Cour européenne des droits de l'homme du 27 août 1992, Tomasi contre France : mauvais traitements et délai raisonnable, RSC* 1993, p. 1 et s. ; TEITGEN (F.), *L'évolution de la jurisprudence de la Cour européenne des droits de l'homme concernant le traitement des détenus, RPDP* 1985, p. 211 et s. ; TULKENS (F.), *Droits de l'homme et prison, Jurisprudence de la nouvelle Cour européenne des droits de l'homme, in* DE SCHUTTER et KAMINSKI (dir.), *L'institution du droit pénitentiaire,* Bruylant/LGDJ, 2002, p. 249 et s. ; VERGÈS (E.), *Garde à vue : le rôle de l'avocat au cœur d'un conflit de normes nationales et européennes, D.* 2011 chron. p. 3005 s. WAGNER (B.), *L'indemnisation d'une détention provisoire suivie d'un acquittement, RTDH* 1994, p. 563 et s.

L'ESSENTIEL

FICHE MÉMO :

– L'article 5 de la Convention

○ L'art. 5 garantit le droit à la liberté et à la sûreté

▪ *L'importance des libertés physiques est telle que les éventuelles restrictions, si elles sont indispensables, doivent cependant être strictement encadrées. La mesure privative de liberté doit être légale et régulière.*

– Les cas autorisés de privation de liberté

○ Six cas (énumération limitative).

▪ *La détention après jugement ; l'arrestation ou la détention découlant d'une ordonnance judiciaire ou d'une obligation légale ; l'arrestation ou la détention en vue de conduire la personne devant l'autorité judiciaire compétente (garde à vue, détention provisoire) ; la détention des mineurs ; la détention de certains malades et marginaux ; la détention des étrangers aux fins d'éloignement du territoire.*

– Les garanties des personnes privées de liberté

○ Garanties d'autant plus importantes que la personne en cause est présumée innocente.

▪ *Le droit d'être informé.*

▪ *Le droit d'être aussitôt traduit devant un juge ou un « autre magistrat » habilité par la loi à exercer des fonctions judiciaires.*

▪ *Le droit d'être jugé dans un délai raisonnable.*

▪ *Le droit à un recours et le droit à une indemnisation.*

FICHE GRANDS ARRÊTS :

– *Mangouras* (2010)

○ *Non-violation de l'art. 5 § 3 : la caution de 3 millions d'euros fixée pour la libération du Capitaine du navire « Le Prestige » ayant causé une catastrophe écologique (70 000 tonnes de fuel déversées dans l'Atlantique) n'était pas excessive.*

– *Medvedyev* (2010)

○ *Violation de l'art. 5 § 1 : l'équipage du navire (le « Winner ») a été détenu irrégulièrement en haute mer, faute de base légale ayant les qualités requises pour satisfaire au principe général de sécurité juridique.*

○ *Non-violation de l'art. 5 § 3 : l'équipage arrêté loin des côtes françaises (au large du Cap-Vert) a été présenté rapidement (« aussitôt ») aux autorités judiciaires françaises (13 jours de navigation et présentation au juge 8 à 9 heures après avoir accosté à Brest).*

○ *Les contrôles juridictionnels doivent être automatiques et effectués par un magistrat présentant des garanties d'indépendance à l'égard de l'exécutif et des parties et ayant la possibilité d'ordonner la mise en liberté après avoir examiné le bien-fondé de la détention.*

– *Ali Samatar* (2014) ; *Hassan* (2014)

○ *Le procureur de la République (France) ne peut passer pour « un autre magistrat » au sens de l'art. 5 de la Convention.*

Kiril Zlatkov Nikolov (2016)

○ *Le juge d'instruction est « assurément susceptible » d'être qualifié de « juge ou autre magistrat habilité par la loi à exercer des fonctions judiciaires », au sens de l'art. 5 § 3 de la Convention. Il est donc compétent pour examiner le « bien-fondé » d'une détention.*

– *Ali Samatar* (2014)

○ *Le « court délai » de l'art. 5 § 3 n'a pas pour finalité de mettre à la disposition des autorités internes un délai dont elles auraient la libre jouissance pour compléter le dossier de l'accusation, le but de cet article étant de permettre de détecter tout mauvais traitement et de réduire au minimum toute atteinte injustifiée à la liberté individuelle afin de protéger l'individu, par un contrôle automatique initial, et ce dans une stricte limite de temps qui ne laisse guère de souplesse dans l'interprétation.*

○ *Violation de l'art. 5 § 3 du fait qu'à leur arrivée en France, les requérants, déjà privés de liberté depuis quatre jours et une vingtaine d'heures, ont été placés en garde à vue plutôt que traduits « sans délai » devant un « juge ou un autre magistrat habilité par la loi à exercer des fonctions judiciaires ».*

FICHE ACTU/DÉBATS :

*** Thème(s) de réflexion :**

– Le droit au juge de l'article 5 et l'adverbe « aussitôt »

○ *Jurisp.* : *Borgan* (1988) ; *Varga* (2008) ; *Vassis* (2013) ; *Gutsanovi* (2013) ; *Ali Samatar* (2014) ; *Hassan* (2014).

○ *Doctr.* : Renucci, *D.* 2015. 303 ; Pradel, *JCP* 2015. 135 ; Poissonnier, *AJ Pénal* 2015. 102 ; Decima, *Dr. Pénal* 2015. 13.

– Le droit au juge de l'article 5 et la notion « d'autre magistrat » (v° *Traité DEDH*, p. 392)

○ *Jurisp.* : *Schiesser* (1979) ; *Huber* (1990) ; *Brincat* (1992) ; *Assenov* (1998) ; *Niedbala* (2000) ; *Pantea* (2003) ; *Jasinski* (2005) ; *Lelièvre* (2007) ; *Medvedyev* (2008 et 2010) ; *Moulin* (2010) ; *Ali Samatar* (2014) ; *Hassan* (2014) ; *Kiril Zlatkov Nikolov* (2016).

○ *Doctr.* : Coste, *AJ Pénal* 2007. 425 et *D.* 2009. 600 ; Renucci, *Mél. Cohen-Jonathan*, p. 1345 ; Buisson, *Procédures* 2008, n° 343 ; Mauro, *AJ Pénal* 2011. 119 ; Charpenel, Rousseau et Soulez-Lariviere, *Constitutions* 2011. 295 ; Raysséquier, *Constitutions* 2011. 281 ; Macaya, Heitzmann-Hieaux et Thanou, Dalloz, 2012, « Thèmes et Commentaires », p. 85 ; Robert, *AJ Pénal* 2016. 565 ; Lennon, *Dr. Pénal* 2016, n° 11, ét. 25 ; Renucci, *D.* 2017. 861.

– Le droit d'être jugé dans un délai raisonnable (v° *Traité DEDH*, p. 393)

○ *Jurisp.* : *Wemhoff* (1968) ; *Tomasi* (1992) ; *Toth* (1991) ; *Letellier* (1991) ; *Labita* (2000) ; *Pantanot* (2003) ; *Blondet* (2004) ; *Ambruszkiewicz* (2006) ; *Calmanovici* (2008) ; *Berasategi* (2012) ; *Vosgien* (2013) ; *Buzadji* (2016).

○ *Doctr.* : Pouget, *RSC* 1989. 78 ; Bouloc, *RSC* 1989. 69 ; Lassalle, *RTDH* 1993. 263 ; Ergec et Velu, *RTDH* 1991. 137 ; Nicaud, *AJ Pénal* 2017. 163.

*** Commentaire d'arrêt(s) :**

○ Aff. *Moulin* (2010) : *Il n'appartient pas à la Cour de prendre position sur le débat concernant le lien de dépendance effective entre le ministre de la Justice et le ministère public en France, ce débat relevant des autorités du pays. La Cour ne se prononce en effet que sous l'angle de l'art. 5 § 3 et la notion autonome d'« autorité judiciaire » (...). Du fait de leur statut, les membres du ministère public ne remplissent pas l'exigence d'indépendance à l'égard de l'exécutif. (...). La Cour rappelle que les caractéristiques que doit avoir un juge ou un magistrat pour remplir les conditions posées par l'art. 5 excluent notamment qu'il puisse agir par la suite contre le requérant dans la procédure pénale, ce qui est le cas du ministère public. (...).*

○ Aff. *François* (2015) : *Les avocats occupent une position centrale dans l'administration de la justice en leur qualité d'intermédiaires entre les justiciables et les tribunaux. Dans les circonstances particulières de l'espèce, le fait de placer le requérant en garde à vue et de le soumettre à une fouille intégrale et à un test d'alcoolémie excédait les impératifs de sécurité et établissait au contraire une intention étrangère à la finalité d'une garde à vue (§ 56). Par conséquent, le placement en garde à vue du requérant n'était ni justifié ni proportionné et la privation de liberté subie par le requérant n'était pas conforme aux buts de l'art. 5 (§ 58). Il y a eu violation de l'art. 5 § 1 de la Convention.*

Titre 2

Les droits procéduraux

345. Le droit à un procès équitable. – Tous les justiciables ont droit à une bonne justice et, même si la justice des hommes est par essence relative, tout doit être fait pour que celle-ci soit rendue de la manière la plus satisfaisante possible. Il s'agit là d'un droit fondamental qui passe par le respect du droit au juge et, plus largement, par celui du droit à un procès équitable.

Cette exigence d'une bonne justice est surtout contenue dans l'article 6 de la Convention européenne, article essentiel complété par quelques protocoles additionnels. Elle est très certainement l'un des critères essentiels de l'État de droit. Désormais, le droit à un procès équitable se présente comme un « modèle universel »[1], apparaissant même comme une pièce essentielle de la Convention en tant « qu'instrument constitutionnel de l'ordre public européen »[2], voire « l'ascension d'un pouvoir judiciaire qui entend s'affirmer face aux pouvoirs législatif et exécutif des États nationaux »[3]. La notion de « démocratie procédurale »[4] a ainsi fait irruption dans notre droit positif.

Certes, la promotion du droit à un procès équitable, malgré son intérêt et ses mérites, a ses limites et ne peut exprimer totalement les problématiques contemporaines quant à une théorie générale du procès[5]. Cette insuffisance tient sans doute au fait que les exigences du procès équitable qui façonnent le droit du procès « manifestent elles-mêmes une certaine philosophie de la justice », de sorte que « cette articulation du droit du procès et de la philosophie de la justice impose l'élaboration d'une authentique théorie générale, non strictement juridique, dédiée à l'ensemble des modes de règlement des conflits »[6]. Il reste que l'approche strictement européaniste, même imparfaite, est riche d'enseignements. En outre, même si le droit à un procès

1. S. Guinchard, *Droit processuel, Droits fondamentaux du procès, op. cit.*, n° 223.
2. CEDH, 23 mars 1995, *Loizidou c/Turquie (exceptions préliminaires)*, n° 15318/89, § 75.
3. B. Oppetit, *Philosophie du droit, op. cit.*, n° 109.
4. S. Guinchard, *Vers une démocratie procédurale*, Justice 1999/1, p. 91.
5. L. Cadiet, J. Normand et S. Amrani Mekki, *Théorie générale du procès, op. cit.*, p. 1 s.
6. L. Cadiet, J. Normand et S. Amrani Mekki, *Théorie générale du procès, op. cit., ibid.* Les auteurs évoquent d'ailleurs, à juste titre, « un système global de justice plurielle ».

équitable ne peut plus désormais se cantonner à un simple droit procédural puisqu'il tend à devenir, au moins en partie, un droit substantiel[7], c'est tout de même ainsi que nous l'entendrons en envisageant successivement l'exigence d'un procès équitable puis les exigences d'un tel procès.

7. Cf. *supra*, n° 307.

CHAPITRE 1

L'exigence d'un procès équitable

346. Une exigence forte. – Le droit à un procès équitable, critère majeur de tout État de droit, est une aspiration dont l'importance est par conséquent considérable et qui apparaît désormais comme un modèle. S'il repose sur un certain nombre de garanties qui forment les exigences (au pluriel) de l'équité recherchée[1], ce droit est avant tout une exigence (au singulier) qui est le préalable auxdites garanties. Ce préalable est double puisqu'il concerne, non seulement les phases de la procédure et en premier lieu le droit d'accès au tribunal, mais aussi les différents contentieux qui sont le champ d'application de l'article 6. C'est la raison pour laquelle nous examinerons successivement le droit au juge qui apparaît comme le préalable du droit à un procès équitable, puis son domaine qui constitue ses frontières.

Section 1
Le préalable du procès équitable

347. Le droit au juge. – Dans son sens européen, l'expression « droit au juge » couvre l'ensemble des situations visant l'accès à la justice. Compte tenu de l'importance de cette garantie, sa consécration s'est imposée d'évidence et l'on assiste même, depuis quelques années, à son renforcement. Le droit au juge est une garantie capitale, car, sans lui, il serait illusoire de parler de bonne justice et de procès équitable dont il est le préalable. Mais pour autant, le droit au juge apparaît davantage comme une garantie de l'article 6 plus que comme l'une des conditions de son applicabilité, ce qui peut sembler paradoxal, mais qui est un trait caractéristique. Ce qui est en jeu, c'est en réalité la protection effective des droits et libertés consacrés par la Convention européenne des droits de l'homme. C'est la raison pour laquelle il est non seulement consacré

1. Cf. *infra*, le chapitre 2.

avec force, mais il est aussi renforcé, car il y va assurément de la crédibilité même du système européen de protection des droits fondamentaux.

§1. La consécration du droit au juge

348. Une garantie indispensable. – Malgré son importance qui est considérable, le droit au juge n'est pas pour autant un droit absolu : des limitations sont possibles, mais à condition, naturellement, qu'elles ne remettent pas en cause la substance même du droit d'accès et qu'elles poursuivent un but légitime tout en restant proportionnées à celui-ci[2]. Nous sommes dans le cadre classique de « l'ingérence de l'État ». Malgré d'inévitables critiques, une certaine marge d'appréciation ne pouvait pas ne pas être reconnue aux États[3] : c'est ainsi que, dans un souci légitime d'une bonne administration de la justice, une procédure interne peut prévoir des délais et des formalités permettant le recours au juge[4], mais encore faut-il que le droit au juge ne soit pas atteint dans sa substance[5]. L'immunité de juridiction des États est un principe de droit international que les juges européens respectent[6], mais ces restrictions suscitent des critiques, car peu conformes aux exigences de la prééminence du droit :

2. CEDH, 28 mai 1985, *Ashingdane c/ Royaume-Uni*, n° 8225/78, § 57. Cf. aussi : CEDH, 10 oct. 2013, *Pompey c/ France*, n° 37640/11, estimant que la radiation de l'appel du rôle n'est pas contraire au droit au juge en l'absence de disproportion entre la situation matérielle des requérants et les sommes dues au titre de la décision frappée d'appel. *Adde* pour une décision de retrait du rôle de la Cour de cassation (et refus d'une réinscription) : CEDH (déc.), 26 sept. 2013, *Gray c/ France*, n° 27338/11.

3. CEDH, 23 oct. 1997, *National et Provincial Building Society et autres c/ Royaume-Uni*, n° 21319/93..., § 101 et surtout § 105.

4. Tel est le cas pour les délais de prescription qui, justifiés par les nécessités de préserver la sécurité juridique, limitent le droit d'accès à un tribunal : CEDH, 22 oct. 1996, *Stubbings et autres c/ Royaume-Uni*, n° 22083/93..., *RTDH* 1998. 781 et s., obs. J. Sace, *RSC* 1997. 464, obs. R. Koering-Joulin. De même, le fait de subordonner la recevabilité d'un recours à des circonstances objectives ne viole pas le droit d'accès à un tribunal : CEDH, 20 janv. 2015, *Arribas Anton c/ Espagne*, n° 16563/11. À noter cependant que, dans des circonstances exceptionnelles, le mécanisme de la prescription extinctive ou de la péromption constitue une atteinte au droit d'accès à un tribunal : CEDH, 11 mars 2014, *Howald Moor et autres c/ Suisse*, n° 52067/10..., *D.* 2014. 1019, note J.-S. Borghetti, *JDI* 2015, n° 4, chron. 7, n° 7, obs. P. Tavernier, *JCP* 2014, chron. 832, n° 5, obs. F. Sudre, *RTDH* 2015. 421, note L. Milano (à propos des victimes de l'amiante n'ayant pu faire valoir leurs droits).

5. CEDH, 16 nov. 2000, *SA « Sotiris et Nikos Koutras Attee » c/ Grèce*, n° 39442/98 ; 6 déc. 2001, *Yagtzilar et autres c/ Grèce*, n° 41727/98 ; 12 nov. 2002, *Zvolsky et Zvolska c/ Rép. Tchèque*, n° 46129/99 ; 3 avr. 2003, *Anagnostopoulos c/ Grèce*, n° 54589/00. V° aussi : CEDH, 28 mars 2006, *Melnyk c/ Ukraine*, n° 23436/03. V° égal. CEDH, 15 janv. 2009, *Guillard c/ France*, n° 24488/04, *AJDA* 2009, p. 547, note B. Pacteau. Cf. aussi : CEDH, Gr. Ch., 29 nov. 2016, *Paroisse Gréco-Catholique Lupeni et a. c/Roumanie*, n° 76943/11, *AJDA* 2017. 157, obs. L. Burgorgue-Larsen.

6. CEDH, Gr. Ch., 12 juill. 2001, *Prince Hans-Adam II de Liechtenstein c/ Allemagne*, n° 42527/98, §§ 48 et 50, *Europe* 2001 n° 340, obs. V. Lechevallier, *AFDI* 2001. 448 et s., obs. G. Cohen-Jonathan et J.-F. Flauss ; Gr. Ch., 21 nov. 2001, *Fogarty c/ Royaume-Uni*, n° 37112/97, § 26 ; Gr. Ch., 21 nov. 2001, *Al-Adsani c/ Royaume-Uni*, n° 35763/97, §§ 20 et s. et 56, *JCP* 2002-I-105 n° 8, obs. F. Sudre, *RSC* 2002. 147, obs. Fl. Massias ; Gr. Ch., 21 nov. 2001, *McElhinney c/ Irlande*, n° 31253/96 ; CEDH, 14 janv. 2014, *Jones et autres c/ Royaume-Uni*, n° 34356/06..., *JCP* 2014, 107, 153, obs. K. Blay-Grabarczyk, *JDI* 2015, n° 4, chron. 7, n° 6, obs. A. Schill, *JCP* 2014, chron. 832, n° 4, obs. cr. F. Sudre qui estime que la Cour s'incline devant une doctrine de l'immunité des États anachronique et incompatible avec le respect des droits de l'homme. Cf. égal. CEDH, 27 juin 2013, *Stichting Mothers of Srebrenica et autres c/ Pays-Bas*, n° 65542/12, *RSC* 2013. 659, obs. J.-P. Marguénaud, *RFDA* 2014. 538, obs. H. Labayle et F. Sudre, *JDI* 2013, chron. 6, n° 5, obs. P. Jacob, à propos de l'immunité de juridiction de l'ONU. Sur le refus de la compétence universelle en matière civile pour des actes contraires à l'art. 3 : CEDH, 21 juin 2016, *Naït-Liman c/Suisse*, n° 51357/07, *Dalloz Actu.* 26 juill. 2016, obs.

d'une façon plus générale en droit international, on peut observer une approche de plus en plus restrictive de l'immunité juridictionnelle des États, surtout dans les litiges de nature civile[7]. La règle de l'immunité de juridiction des organisations internationales constitue une « limitation implicite » du droit d'accès à un tribunal[8] compatible avec l'article 6 dès lors que les requérants disposent en droit interne d'autres voies de droit pour protéger leurs droits garantis par la Convention[9]. La même règle s'applique pour les autres immunités[10] qu'accepte la Cour, à savoir les immunités des chefs d'État[11] et les immunités parlementaires[12] : non seulement cela relève de la marge d'appréciation des États, mais ces immunités visent des buts légitimes et ne constituent pas une restriction disproportionnée au droit d'accès à un tribunal[13]. Enfin, n'est pas contraire au droit au juge l'irrecevabilité d'un moyen de cassation tenant, soit à sa nouveauté[14], soit à l'absence d'avocat[15], et il en va de même pour le rejet d'un pourvoi pour défaut de formulation adéquate[16] ou parce qu'il était

B. HERISSET, *JCP* 2016. 834, n° 11, obs. F. SUDRE et 829, obs. G. GONZALEZ, *RSC* 2016. 587, obs. J.-P. MARGUENAUD, *JDI* 2017, n° 2, 10, obs. F. MARCHADIER. L'affaire a été renvoyée devant la Grande chambre.

7. Pour une nouvelle condamnation de la Lituanie pour avoir accordé l'immunité de juridiction à un État dans un litige relatif au contrat de travail du personnel non diplomatique d'une ambassade située sur son territoire : CEDH, 8 nov. 2016, *Naku c/Lituanie,* n° 26126/07, § 78 (irrecevabilité), *Dalloz Actu.* 22 nov. 2016, obs. B. HERISSET. Cf. déjà : CEDH, 23 mars 2010, *Cudak c/Lituanie,* n° 15869/02, § 55. *Adde* : CEDH, Gr. Ch., 29 juin 2011, *Sabeh El Leil c/France,* n° 34869/05.

8. CEDH, Gr. Ch., 18 févr. 1999, *Beer et Regan c/ Allemagne,* n° 28934/95, § 1 ; 18 févr. 1999, *Waite et Kennedy c/ Allemagne,* n° 26083/94, § 7.

9. CEDH, Gr. Ch., 19 oct. 2005, *Roche c/ Royaume-Uni,* n° 32555/96, § 137, *JCP* 2005-I-109 n° 4, obs. F. SUDRE.

10. CEDH, 17 déc. 2002, *A. c/ Royaume-Uni,* n° 35373/97, §§ 29 et 83 ; 30 janv. 2003, *Cordova c/ Italie (n° 1),* n° 40877/98, § 30 et s., *JCP* 2003-I-160 n° 5, obs. F. SUDRE, *RDP* 2004. 1063, obs. L. BURGORGUE-LARSEN, *RSC* 2003. 618, obs. Fl. MASSIAS. V° aussi CEDH, 6 déc. 2005, *Ielo c/ Italie,* n° 23053/02, § 55.

11. V° la décision d'irrecevabilité dans une affaire où les requérants mettaient en cause le Colonnel KADHAFI : CEDH, Gr. Ch., 4 oct. 2006, *Association « SOS Attentats » et Béatrix de Boëry c/ France,* n° 76642/01, *JDI* 2007. 690, obs. E. DELAPLACE, *AFDI* 2006. 675, obs. G. COHEN-JONATHAN.

12. CEDH, 8 juill. 2008, *Kart c/ Turquie,* n° 8917/05, *AJDA* 2008. 1929, obs. J.-F. FLAUSS. Mais dans cette même affaire, la Grande Chambre a jugé que l'impossibilité pour un parlementaire poursuivi au pénal de renoncer à son immunité ne constitue pas une violation du droit au juge : Gr. Ch. 3 déc. 2009, *Kart c/ Turquie,* n° 8917/05, *AJDA* 2010, p. 997, obs. J.-F. FLAUSS, *Dr. pénal* 2010, n° 4, chron. n° 3, obs. E. DREYER. Pour une immunité parlementaire privant les requérants du droit d'accès à un tribunal, v° CEDH, 6 avr. 2010, *CGIL et Cofferati (n° 2) c/ Italie,* n° 2/08.

13. *Idem* pour le privilège de juridiction des magistrats : CEDH, 15 juill. 2003, *Ernst et autres c/ Belgique,* n° 33400/96, § 37, *JCP* 2004-I-107 n° 5, obs. F. SUDRE. V° aussi pour une extension du contrôle européen à l'immunité de juridiction pénale : CEDH, 16 nov. 2006, *Tsalkitis c/ Grèce,* n° 11801/04, *AJDA* 2007. 902, obs. J.-F. FLAUSS, *RDP* 2010. 868, obs. G. GONZALEZ.

14. CEDH, 16 févr. 2012, *Tourisme d'affaires c/ France,* n° 17814/10, *Dalloz Actu.* 19 mars 2012, obs. C. DEMUNCK, Procédures 2012, n° 4 com. 114, obs. N. FRICERO. Cf. toutefois CEDH, 21 mars 2000, *Dulaurans c/ France,* n° 34553/97, *JCP* 2000-II-10344, note A. PERDRIAU, *RTD Civ.* 2000. 439, obs. J.-P. MARGUÉNAUD, *JCP* 2001-I-291 n° 20, obs. F. SUDRE, *D.* 2001. 883, note Th. CLAY, où la Cour EDH se reconnaît le droit de contrôler si le rejet d'un moyen nouveau par la Cour de cassation est ou non contraire au droit à un procès équitable.

15. CEDH (déc.), 18 déc. 2014, *Zelenka c/ Rép. Tchèque,* n° 27501/10. *Idem* pour le principe de la concentration des moyens posé par la C. cass. (Ass. plén., 7 juill 2006, n° 04-10672) : CEDH, 17 mars 2015, *Barras c/ France,* n° 12686/10, *JCP* 2015. 670, obs. C. BLERY, *Procédures* 2015, com. 192 par N. FRICERO, *RTD Civ.* 2015. 698, obs. Ph. THERY.

16. CEDH, 15 sept. 2016, *Trevisanato c/Italie,* n° 32610/07.

trop vague[17]. La même solution s'impose en cas de refus, par le juge, de non-transmission au Conseil constitutionnel d'une question prioritaire de constitutionnalité posée par le requérant : si l'applicabilité de l'article 6 § 1 de la Convention aux QPC est désormais certaine, une éventuelle non-transmission n'enfreint pas nécessairement l'article 6[18], encore qu'il faille se montrer prudent dans la mesure où une non-transmission « entachée d'arbitraire » pourrait remettre en cause l'équité du procès[19]. Le rejet d'un recours en cassation au motif que le mémoire en réplique ne comporte pas une réponse aux arguments de la partie adverse constitue une violation de l'article 6 § 1 de la Convention, la restriction du droit du requérant étant disproportionnée[20]. Pour l'irrecevabilité du recours pour tardiveté, les solutions sont plus nuancées[21].

Malgré ses limitations, le principe du droit au juge est affirmé avec force[22], y compris d'ailleurs lorsque ce droit est en conflit avec des Résolutions des Nations unies[23]. C'est ainsi que le justiciable ne doit pas être dissuadé d'exercer ce droit pour des raisons matérielles, les États devant mettre en place un système d'aide juridictionnelle[24], étant précisé que sa réglementation ne doit pas être trop restrictive[25]. Les juges européens ont le souci constant de

17. CEDH, 19 janv. 2017, *Tziovanis et a. c/Grèce*, n° 27462/09 (un moyen de cassation doit être précis).

18. Cf., CEDH, déc., 25 août 2015, *Renard et autres c/France*, n° 3569/12..., *AJDA* 2015. 1719, obs. D. Poupeau, *D.* 2015. 2305, note A.-C. Méric et Th. Larrouturou, *JCP (A)* 2016. 2000, chron. V. Correia (dir.), n° 27, obs. C. Cerda-Guzman, *JCP* 2015. 1257, note F. Sudre.

19. CEDH, 5 nov. 2002, *Wynen c/ Belgique*, n° 32576/96 ; 15 juill. 2003, *Ernst c/ Belgique*, n° 33400/96. Sur la question des (faibles) chances d'un recours à Strasbourg suite au rejet d'une QPC : J. Fouchet, Dr. *Administratif* 2015, n° 12, prat. 11.

20. CEDH, 18 oct. 2016, *Miessen c/Belgique*, n° 31517/12.

21. CEDH, 26 janv. 2017, *Ivanova et Ivashova c/Russie*, n° 67775/14 : non-violation du droit au juge pour l'une des requérantes et violation pour l'autre.

22. Cf. cependant : CEDH, 19 déc. 1997, *Brualla Gomez de la Torre c/ Espagne*, n° 26737/95, § 39, *D.* 1998 Somm. 210, obs. N. Fricéro. Cf. aussi CEDH, 1er mars 2016, *Arlewin c/Suède*, n° 22302/10 : demander à un citoyen suédois d'intenter une action en diffamation devant les juridictions britanniques à la suite de la diffusion transfrontalière d'une émission TV n'était pas raisonnable et porte atteinte au droit d'accès à un tribunal.

23. CEDH, Gr. Ch., 21 juin 2016, *Al-Dulimi et Montana Management Inc c/Suisse*, n° 5809/08, *Dalloz Actu.* 12 juill. 2016, obs. T. Soudain, D. 2016. 1985, note M. Grange, *JCP* 2016. 834, n° 10, obs. F. Sudre, *JDI* 2016, chron. 6, obs. S. Touze, *JCP* 2016. 968, note F. Sudre (gel des avoirs des requérants en Suisse, en application d'une résolution du Conseil de sécurité de l'ONU relative aux sanctions contre l'ancien régime irakien, et impossibilité de contester cette confisaction ce qui constitue une atteinte au droit au juge). *Adde* CEDH, Gr. Ch., 23 mai 2016, *Avotins c/Lettonie*, n° 17502/07, *JCP* 2016. 834, n° 12, obs. F. Sudre, et 898, obs. L. Milano, *JDI* 2016, chron. 6, obs. J.-S. Bergé. Cf. égal. *supra*, n° 14.

24. CEDH, 9 oct. 1979, *Airey c/ Irlande*, n° 6289/73, § 26, *CDE* 1980. 470, obs. G. Cohen-Jonathan, *AFDI* 1980. 323, obs. R. Pelloux (et 1982. 511), *JDI* 1982. 187, obs. P. Rolland. À noter que le défaut d'aide juridictionnelle peut aussi entraîner une rupture d'égalité des armes : CEDH, 13 févr. 2003, *Bertuzzi c/ France*, n° 36378/97. Il a été jugé que le refus des juridictions nationales d'exonérer du paiement des frais exigés pour le dépôt de son pourvoi en cassation un requérant faisant état de son impossibilité d'acquitter le montant exigé est une violation de son droit d'accès à un tribunal : CEDH, 15 sept. 2015, *Mogielnicki c/Pologne*, n° 42689/09, *Procédures* 2015, n° 11, com. 327 par N. Fricero.

25. CEDH, 30 juill. 1998, *Aerts c/ Belgique*, n° 25357/94, § 60 ; 26 févr. 2002, *Del Sol c/ France*, n° 46800/99, §§ 26 et 27 ; 26 févr. 2002, *Essaadi c/ France*, n° 49384/99, *RDP* 2003. 689, obs. A. Gouttenoire, *AJDA* 2002. 500, obs. J.-F. Flauss, *JDI* 2003. 506, obs. E. Decaux et P. Tavernier. *Adde* ; 21 sept. 2004, *Santambrogio c/ Italie*, n° 61945/00. V° cependant : CEDH, 19 sept. 2000, *Gnahoré c/ France*, n° 40031/98, §§ 35 et s., *D.* 2001. 725, note F. Rolin, *JCP* 2001-I-291 n° 19, obs. F. Sudre, *D.* 2001 Somm. 1063, obs. N. Fricéro, *RTDH* 2001. 1035, obs. M. Puachavy.

conférer au droit au juge une portée concrète, les obligations positives des États tendant à s'accroître au gré des espèces[26]. Nul doute que la situation matérielle des intéressés doit être prise en compte, la précarité de ces situations ne pouvant être un obstacle au droit au juge[27]. Par ailleurs, la complexité des modalités d'exercice des recours offerts en droit interne peut être considérée comme un obstacle au droit au juge[28], mais pas l'obligation de tenter un règlement amiable avant toute saisine d'un juge[29]. Enfin, la Cour a jugé que le temps nécessaire à l'examen d'un recours peut mettre en cause son efficacité[30] et que l'excès de formalisme procédural est une atteinte au droit au juge[31] : mais sur ce dernier point, il est important d'insister sur le fait que c'est « l'excès » de formalisme qui porte atteinte au droit au juge, et pas le formalisme[32].

349. Les textes pertinents. – Le droit au juge est consacré par différents articles de la Convention tout comme par la jurisprudence européenne qui en a précisé le sens et la portée. Toutefois, si différents

26. Aff. *Aerts*, préc., § 60 ; 28 oct. 1998, *Perez de Rada Cavanilles c/ Espagne*, n° 28090/95, § 49, *D.* 1999 Somm., p. 270, obs. N. Fricéro, *JCP* 1999-I-105 n° 21, obs. F. Sudre, *RTD Civ.* 1998. 993, obs. J.-P. Marguénaud (rigueur du formalisme procédural). L'absence d'aide judiciaire peut caractériser une privation de possibilité de défense effective et une rupture d'égalité des armes : CEDH, 15 févr. 2005, *Steel et Morris c/ Royaume-Uni*, n° 68416/01, § 72. Pour des obstacles matériels empêchant l'effectivité du droit au juge, v° CEDH, 10 janv. 2006, *Gruais et Bousquet c/ France*, n° 67881/01 ; 17 janv. 2006, *Barbier c/ France*, n° 76093/01 ; 26 sept. 2006, *Labergère c/ France*, n° 16846/02, *JDI* 2007. 702, obs. O. Bachelet ; 9 janv. 2014, *Viard c/ France*, n° 71658/10, *Dr. Pénal* 2015, chron. 4, n° 14, obs. E. Dreyer : cf. *infra*, n° 350 *in fine*.

27. Frais de procédure excessifs : CEDH, 19 juin 2001, *Kreuz c/ Pologne*, n° 28249/95, § 67, *JCP* 2001-342 n° 11, obs. F. Sudre. Consignation disproportionnée : CEDH, 15 févr. 2000, *Garcia Manibarado c/ Espagne*, n° 38695/97, § 45, *JCP* 2001-I-291 n° 18, note F. Sudre ; 28 oct. 1998, *Aït-Mouhoub c/ France*, n° 22924/93, § 61, *D.* 1999 Somm. 268, obs. J.-F. Renucci. V° égal. CEDH, 24 mai 2006, *Weissman c/ Roumanie*, n° 63945/00. *Adde* CEDH, 29 avr. 2008, *Thomas c/ France*, n° 1427/05, p. 8 (décision d'irrecevabilité), *RSC* 2009. 697, obs. D. Roets.

28. CEDH, 16 déc. 1992, *Geouffre de la Pradelle c/ France*, n° 12964/87, *D.* 1993. 562 et s., note F. Benoît-Rohmer. La Cour a qualifié d'entrave « technique » à l'accès à un tribunal le refus de plusieurs tribunaux d'enregistrer des actions civiles parce qu'elles étaient présentées sous forme de DVD (ce qui était justifié par le volume des affaires) alors qu'ils ne disposaient pas de l'équipement nécessaire : CEDH, 16 juin 2009, *Lawyer Partners A.S. c/ Slovaquie*, n° 54252/07...

29. CEDH, 26 mars 2015, *Momcilovic c/Croatie*, n° 11239/11, *Procédures* 2015, n° 5, com. 159, obs. N. Fricero.

30. CEDH, 28 sept. 2000, *Messina c/ Italie*, n° 25498/94, § 94, *RSC* 2001. 881, obs. F. Tulkens. V° aussi CEDH, 30 oct. 2003, *Ganci c/ Italie*, n° 41576/98, *D.* 2004, p. 1102, obs. J.-P. Céré.

31. CEDH, 26 juill. 2007, *Walchli c/ France*, n° 35787/03, §§ 27 et 29, *Dr. pénal* 2008, p. 35, obs. E. Dreyer. V° déjà CEDH, 28 oct. 1998, *Perez de Rada Cavanilles c/ Espagne*, préc. Même solution pour le rejet de documents présentés par des demandeurs d'asile, jugés non probants, sans vérification de leur authenticité : CEDH, 6 août 2012, *Singh et autres c/ Belgique*, n° 33210/11. Cf. aussi : CEDH, n° 30 juin 2016, *Duceau c/France*, n° 29151/11, §§ 41 à 43, *AJ Pénal* 2016. 484, obs. S. Lavric (rejet d'un appel en raison du non-respect des formalités de désignation d'un avocat) ; 5 nov. 2015, *Henrioud c/France*, n° 21444/11, *Dalloz Actu.* 18 nov. 2015, obs. F. Melin, *JCP* 2015. 1333, note A. Gouttenoire, *D.* 2016. 1245, note G. Bolard, *Procédures* 2016 com. 15 par N. Fricero, *JCP* 2016 Doctr. 414, n° 5, obs. S. Amrani-Mekki ; 12 juill. 2016, *Reichman c/France*, n° 50147/11, *Procédures* 2016, com. 288 par N. Fricero (irrecevabilité du pourvoi en cassation, le requérant ayant remis à son avocat un mandat spécial avant que l'arrêt d'appel ne soit rendu).

32. En annulant l'assignation en diffamation parce qu'elle n'était pas assez précise au regard des exigences de l'art. 53, L. 29 juill. 1881 en ce qu'elle qualifiait certains faits à la fois d'injure et de diffamation, les juridictions internes n'ont pas limité le droit au juge de façon disproportionnée : CEDH, 2 mars 2017, *Debray c/France*, n° 52733/13, *Dalloz Actu.* 15 mars 2017, obs. S. Lavric.

articles de la Convention concernent le droit au juge, seuls les articles 6 et 13 retiendront notre attention en raison de leur importance particulière[33].

Aux termes de l'article 6, toute personne a droit à ce que sa cause soit entendue par un tribunal. Cela sous-tend l'existence d'un droit au juge puisque le caractère équitable d'un procès n'a de sens que s'il y a un procès[34]. Malgré la montée en puissance de l'article 13, les plaideurs ont tendance à se référer principalement à l'article 6 lorsqu'ils ont le sentiment que leur droit au juge n'a pas été respecté[35]. Cet article ne fait pourtant pas expressément référence au droit au juge, mais, notamment depuis les arrêts *Golder*[36] puis *Airey* on peut affirmer que ce droit a été consacré[37] : les juges européens ont alors précisé que l'obligation d'assurer un droit d'accès à la justice est une obligation positive de l'État, indispensable à la bonne exécution par l'État de ses engagements conventionnels ; le manque de clarté et de garantie concernant les modalités d'exercice des recours est contraire au droit à un procès équitable[38]. La Cour a d'ailleurs affirmé avec force le droit au juge, estimant que le droit d'accès à un tribunal ne se limite pas au droit d'engager une procédure, mais inclut le droit d'obtenir une décision du tribunal[39]. Elle a même précisé que le souci de protection de la sécurité publique dans le cadre d'un recrutement n'autorise pas un État à annihiler toutes voies de recours pour en contester l'issue lorsque des pratiques discriminatoires sont avancées[40]. C'est la raison pour laquelle non seulement le justiciable doit être en mesure

---

33. V° par ex. l'art. 5 § 4, *supra*, n° 340.

34. Cf. *supra*, n° 347.

35. CEDH, 30 mai 2006, *SARL Aborcas c/ France*, n° 59423/00, § 36. *Adde* CEDH, 12 janv. 2006, *Mizzi c/ Malte*, n° 26111/02, (impossibilité d'introduire une action en désaveu de paternité) ; 14 déc. 2006, *N. T. Giannousis & Kliafas Brothers SA c/ Grèce*, n° 2898/03. Cf. plus récemment : CEDH, 17 juill. 2012, *M. D. c/ Malte*, n° 64791/10, *Dr. Famille* 2012, n° 10 com. 145, obs. M. Bruggeman (impossibilité pour une mère de contester une mesure de placement de ses enfants et la déchéance de ses droits parentaux).

36. CEDH, 21 févr. 1975, *Golder c/ Royaume-Uni*, n° 4451/70, § 36 : « L'art. 6 garantit à chacun le droit à ce qu'un tribunal connaisse de toute contestation relative à ses droits ». Cet arrêt consacre ainsi pour la première fois le « droit à un tribunal » et fixe la jurisprudence. À propos du droit d'accès à la cour d'appel, cf. : CEDH, 31 mars 2011, *Chatellier c/ France*, n° 34658/07, *D.* 2012, p. 244, obs. N. Fricéro, *RTD Civ.* 2011. 313, obs. J.-P. Marguénaud.

37. Aff. *Airey*, préc. § 26. *Adde* CEDH, 4 déc. 1995, *Bellet c/ France*, n° 23805/94, § 38, *D.* 1996. 357, note M. Collin-Demumieux, *AJDA* 1996. 376, obs. J.-F. Flauss, *D.* 1997 Somm. 205, obs. S. Perez, *RFDA* 1996. 561, obs. M. Dreifuss, *JCP* 1996-II-22648, note M. Harichaud, *AJDA* 1996. 376, obs. J.-F. Flauss, *RTD Civ.* 1996. 509, obs. J.-P. Marguénaud.

38. CEDH, 30 oct. 1998, *F. E. c/ France*, n° 38212/97, § 46 et s., *JCP* 1999-I-105 n° 31, obs. F. Sudre, *D.* 1999 Somm. 453, obs. N. Fricéro et S. Perez.

39. CEDH, 1er mars 2002, *Kutic c/ Croatie*, n° 48778/99.

40. CEDH, 30 oct. 2001, *Devlin c/ Royaume-Uni*, n° 29454/95 ; 19 mars 2002, *Devenney c/ Royaume-Uni*, n° 24265/94.

d'exercer effectivement son droit de former un recours[41], mais de plus il a droit au débat contradictoire sur sa recevabilité[42].

CEDH, 21 févr. 1975,* Golder c/ Royaume-Uni, *n° 4451/70 :
En fait : *Condamné à 15 ans de réclusion pour vol a main armée, le requérant purge sa peine dans une prison de l'île de Wight. Des troubles éclatent dans un local affecté aux loisirs et, soupçonné d'y avoir participé, il est séparé du gros des détenus puis interrogé par un inspecteur de police. Le requérant souhaite intenter une action civile pour diffamation, mais, sans lui dénier formellement le droit de saisir un tribunal, l'attitude des autorités a conduit de fait à l'empêcher de le faire, en lui interdisant notamment d'établir un contact avec un avocat.*
En droit : *(violation de l'art. 6 § 1) L'art. 6 § 1 ne proclame pas en termes exprès un droit d'accès aux tribunaux. Il énonce des droits distincts, mais dérivant de la même idée fondamentale et qui, réunis, constituent un droit unique dont il ne donne pas la définition précise, au sens étroit de ces mots. Il incombe à la Cour de rechercher, par voie d'interprétation, si l'accès aux tribunaux constitue un élément ou aspect de ce droit (§ 28). Aux yeux de la Cour, on ne comprendrait pas que l'art. 6 § 1 décrive en détail les garanties de procédure accordées aux parties à une action civile en cours et qu'il ne protège pas d'abord ce qui seul permet d'en bénéficier en réalité : l'accès au juge. Équité, publicité et célérité du procès n'offrent point d'intérêt en l'absence de procès (§ 35 in fine).*

L'article 13 précise que toute personne, dont les droits et libertés reconnus dans la Convention ont été violés, a droit à un recours effectif devant une instance nationale, alors même que la violation aurait été commise par des personnes agissant dans l'exercice de leurs fonctions officielles. L'importance de cette disposition est considérable même si elle n'a apparemment joué qu'un rôle secondaire dans le cadre du système européen de protection : d'une part, l'interprétation de la Cour a souvent été restrictive et, d'autre part, l'application jurisprudentielle de l'article 6 a fortement restreint le champ d'application de l'article 13 à son profit. L'utilisation de ce texte est longtemps restée marginale mais, désormais, on assiste à un renforcement

41. CEDH, 26 sept. 2006, *Labergère c/ France*, n° 16846/02, § 23 (impossibilité matérielle de régulariser sa déclaration d'appel). CEDH, 8 mars 2007, *Arma c/ France*, n° 23241/04, *JCP* 2007-I-182 n° 5, obs. F. Sudre (dissolution des sociétés en liquidation judiciaire) : Comp. Cass. com., 30 juin 2004, *D.* 2004. 2429, note F. Derrida, P. Julien et J.-F. Renucci ; 12 avr. 2005, *D.* 2005. 1150, 19 déc. 2006, *JCP* 2007-II-10076, note D. Cholet. Pour le cas particulier des associations étrangères et de leur capacité à agir en justice : v° CEDH, 15 janv. 2009, *Ligue du monde islamique et Organisation mondiale du secours islamique c/ France,* n° 36497/05, *D.* 2009. 374, obs. M. Léna, et 2776 (Panorama), obs. J.-F. Renucci, *RSC* 2009. 134, obs. A. Giudicelli, *JCP* 2009-I-143 n° 8, obs. F. Sudre, *Dr. pénal* 2009, p. 21, obs. E. Dreyer (pour une application en droit national, v° Crim. 8 déc. 2009, *D.* 2010. 202, note M. Léna, *RSC* 2010. 182, obs. A. Giudicelli). V° aussi des droits de timbre excessif constituant un obstacle à l'accès au tribunal, étant précisé que dans cette affaire la Cour se réfère également à l'intérêt supérieur de l'enfant (à propos d'un droit de visite pour une personne incarcérée et sans ressources) : CEDH, 14 oct. 2008, *Iordache c/ Roumanie,* n° 6817/02, § 43.

42. CEDH, 17 janv. 2006, *Barbier c/ France,* n° 76093/01, *D.* 2006. 1209 et s., note F. Defferard et V. Durtette.

du droit au juge[43], d'autant plus qu'il peut arriver que la Cour constate une violation de l'article 13 combiné avec l'article 6 § 1 de la Convention[44].

350. Les cas particuliers. – La procédure d'amende forfaitaire a valu à la France d'être condamnée pour atteinte au droit au juge : dans l'affaire *Peltier*, la Cour a jugé que l'irrecevabilité d'office opposée par l'officier du ministère public aux réclamations du requérant contre l'avis de recouvrement de l'amende forfaitaire a, au vu des circonstances de l'espèce, porté atteinte à son droit d'accès à un tribunal[45]. La Cour a repris la même solution dans l'affaire *Besseau*, ce qui est significatif de la volonté européenne de protéger efficacement le droit au juge, d'autant plus que la situation était sensiblement différente puisque la requérante n'avait pas sollicité la convocation devant le tribunal[46]. Il reste que la procédure d'amende forfaitaire donne lieu à des pratiques qui continuent de poser problème au regard de l'exigence d'équité[47].

L'obligation de se constituer prisonnier pour pouvoir exercer une voie de recours a pu être considérée comme une atteinte disproportionnée au droit d'accès à un tribunal : il en a été jugé ainsi dans des affaires françaises[48]. Compte tenu de l'inconventionnalité des dispositions françaises, des dispositions ont été prises pour une meilleure conformité avec les exigences européennes[49].

Les règles de computation des délais donnent souvent lieu à des difficultés. La non-admission d'un pourvoi en cassation fondée sur le non-respect du délai légal[50] a valu à la France une condamnation pour atteinte au droit au

43. Cf. *infra*, n° 352 et s.

44. CEDH, 28 oct. 2014, *Panju c/ Belgique*, n° 18393/09, *RTDH* 2015. 741, note O. Michiels et G. Falque.

45. CEDH, 21 mai 2002, *Peltier c/ France*, n° 32872/96, §§ 34 et 41, *RSC* 2003, p. 407, obs. Fl. Massias.

46. CEDH, 7 mars 2006, *Besseau c/ France*, n° 73893/01, *AJ pénal* 2006, p. 213, obs. J.-P. Céré.

47. Cf. encore récemment : CEDH, 8 mars 2012, *Célice c/ France*, n° 14166/09, *D.* 2012, p. 984, note J.-P. Céré, *RSC* 2012. 690, obs. D. Roets, *Dr. Pénal* 2013, n° 4, chron. 4, obs. E. Dreyer, *Procédures* 2012 com. 129, obs. J. Buisson. Cf. aussi : CEDH, 8 mars 2012, *Cadène c/ France*, n° 12039/08, *Dr. Pénal* 2012, n° 5 com. 71, obs. J.-H. Robert, *Dalloz Actu.* 22 mars 2012, obs. O. Bachelet.

48. Pourvoi en cassation : CEDH, 23 nov. 1993, *Poitrimol c/ France*, n° 14032/88, § 38, *RSC* 1994. 362, obs. R. Koering-Joulin, *RUDH* 1993. 377, obs. F. Sudre, *JDI* 1994. 821, obs. E. Decaux et P. Tavernier, *AFDI* 1994. 658, obs. V. Coussirat-Coustère, Dr. pén. 1994. 836, note A. Maron ; CEDH, 29 juill. 1998, *Omar c/ France*, n° 24767/94, § 42 à 44, *D.* 1998 Somm. 364, obs. J.-F. Renucci, *RGDP* 1998. 246, obs. J.-F. Flauss, *RSC* 1998. 832, obs. L.-E. Pettiti (cf. égal. CEDH, 29 juill. 1998, *Guérin c/ France*, n° 25201/94, § 43). V° pour l'art. 583, C. pr. pén. finalement abrogé par la L. n° 2000-516 du 15 juin 2000 : CEDH, 14 déc. 1999, *Khalfaoui c/ France*, n° 34791/97, § 49, *JCP* 2000-I-203 n° 14, obs. F. Sudre, *D.* 2000 Somm. 180, obs. J.-F. Renucci, *RSC* 2000. 455, obs. Fl. Massias, *Procédures* 2000 com. n° 41, obs. J. Buisson ; CEDH, 1er juill. 2004, *Walser c/ France*, n° 56653/00 ; 16 mai 2002, *Goth c/ France*, n° 53613/99, *JDI* 2003. 506, obs. E. Decaux et P. Tavernier ; 25 juill. 2002, *Papon c/ France (n° 2)*, n° 54210/00, *D.* 2002 Somm. 2572, obs. J.-F. Renucci ; 17 déc. 2002, *Coste c/ France*, n° 50528/99, *RSC* 2003. 409, obs. Fl. Massis ; 14 févr. 2004, *Morel c/ France (n° 2)*, n° 43284/98, § 50. Opposition : CEDH, 27 avr. 2004, *Maat c/ France*, n° 39001/97, § 46, *AJ pénal* 2004. 246, obs. J. Leblois-Happe.

49. V° cependant CEDH, 24 oct. 2000, *Laurent et SARL Eros c/ France*, n° 47489/99, (déc.) ; 3 déc. 2002, *Berger c/ France*, n° 48221/99, §§ 38 et 39, *JCP* 2003-I-109 n° 8, obs. F. Sudre, *RDP* 2003. 689, obs. Ch. Hugon, *RSC* 2003. 411, obs. Fl. Massias. V° aussi pour l'art. 1009-1, C. pr. civ. : CEDH, 14 nov. 2000, *Annoni di Gussola c/ France*, n° 31819/96, § 59, *D.* 2001 Somm. 1072, obs. N. Fricero, *RTD Civ.* 2001. 445, obs. J.-P. Marguénaud, *Dr. et Proc.* 2001. 167, note Hugon, *Procédures* 2001 com. 41, obs. H. Croze ; 18 janv. 2005, *Carabasse c/ France*, n° 59765/00, § 45, *RTD Civ.* 2005. 337, obs. J.-P. Marguénaud.

50. Art. 568, C. pr. pén. (cinq jours francs).

juge[51]. Dans cette affaire *Viard*, le fait de retenir la date de notification inscrite sur l'arrêt et non celle de l'envoi effectif de cette notification telle qu'attestée par le cachet de la poste a été comme une atteinte au droit d'accès à un tribunal[52].

En revanche, le refus des juridictions suprêmes de saisir la Cour de Luxembourg n'est pas contraire à l'article 6 § 1 de la Convention : l'argumentation des requérants, qui estimaient être ainsi privés de la protection du droit de l'Union européenne et de l'accès à leur « juge légal » (« celui auquel ils avaient droit ») n'a pas convaincu la Cour de Strasbourg[53]. Pour les juges de cette Cour, la Convention ne garantit pas en tant que tel un droit à ce qu'une affaire soit renvoyée à titre préjudiciel devant une autre juridiction, qu'elle soit nationale ou supranationale.

§2. Le renforcement du droit au juge

351. Article 13. Droit à un recours effectif.

Toute personne dont les droits et libertés reconnus dans la présente Convention ont été violés, a droit à l'octroi d'un recours effectif devant une instance nationale, alors même que la violation aurait été commise par des personnes agissant dans l'exercice de leurs fonctions officielles.

352. La montée en puissance de l'article 13. – Traditionnellement peu utilisé, l'article 13 de la Convention est progressivement monté en puissance, en particulier ces dernières années. Son caractère accessoire et complémentaire, découlant de son défaut d'autonomie, a certainement freiné cette évolution sans toutefois pouvoir l'empêcher, ce qui rend finalement plus efficace encore le système européen de protection des droits de l'homme.

Il est évident que l'on ne peut subordonner le jeu de l'article 13 à la condition que la Convention soit vraiment violée : en réalité, tout individu s'estimant lésé par une mesure prétendument contraire à la Convention doit disposer d'un recours devant une « instance nationale » afin de voir statuer sur son grief et, s'il y a lieu, d'obtenir réparation. C'est dire que l'article 13 garantit un « recours effectif devant une instance nationale » à quiconque allègue une violation de ses droits et libertés protégés par la Convention[54]. Par conséquent, l'autonomie de l'article 13 est désormais beaucoup plus grande, tout

51. CEDH, 9 janv. 2014, *Viard c/ France*, n° 71658/10, §§ 38 et 39, *Dalloz Actu.* 15 janv. 2014, obs. A. Portmann.

52. Cf. déjà : CEDH, 10 juill. 2001, *Tricard c/ France*, n° 40472/98, §§ 33 et 34 ; 10 janv. 2006, *Gruais et Bousquet c/ France*, n° 67881/01, §§ 29 et 30.

53. CEDH, 20 sept. 2011, *Ullens de Schooten et Rezabek c/ Belgique*, n° 3989/07 et n° 38353/07, § 67, *RTDH* 2013. 887, note L. Donnay.

54. CEDH, 6 sept. 1978, *Klass et autres c/ Allemagne*, n° 5029/71, § 64. *Adde* CEDH, 8 juin 2006, *Sürmelli c/ Allemagne*, n° 75529/01 ; 8 août 2006, *Hüseyin Esen c/ Turquie*, n° 59450/99 ; 18 janv. 2007, *Chitayev c/ Russie*, n° 59334/00, § 204. *Adde* pour l'absence d'un recours effectif en cas de sanction disciplinaire : CEDH, 27 mars 2007, *Karaçay c/ Turquie*, n° 6615/03, §§ 44 et 45.

comme son effectivité : en effet, la Cour a rappelé que le recours doit être suspensif, sans quoi la protection voulue serait purement théorique et illusoire[55], et les juges ont particulièrement insisté sur ce point dans l'affaire *Gebremedhin*[56] et dans l'affaire *Sürmeli*[57]. Mais plus récemment, en précisant que sauf exception l'effectivité du recours prévu à l'article 13 n'exige pas en principe que ledit recours soit suspensif, la Cour est revenue à une position plus nuancée prenant en compte les circonstances de la cause et la gravité de la situation[58].

353. La force actuelle de l'article 13. – L'arrêt *Kudla* a apporté un second souffle à l'article 13 et se présente comme le point d'orgue de la montée en puissance de cette disposition. Son importance tient au fait que la Cour distingue nettement les articles 6 et 13, la question du délai raisonnable étant juridiquement distincte de celle du droit de disposer dans l'ordre interne d'un droit de recours effectif[59] : la Cour juge que l'article 13 garantit un recours effectif devant une instance nationale permettant de se plaindre d'une méconnaissance de l'obligation, imposée par l'article 6 § 1, d'entendre une cause dans un délai raisonnable[60]. C'est un revirement jurisprudentiel puisqu'auparavant le constat de violation de l'article 6 § 1 conduisait les juges de Strasbourg à ne pas examiner le grief tiré de la violation de l'article 13[61]. C'est dire que le renforcement du droit au juge est une réalité qui ne peut être contestée.

CEDH, Gr. Ch., 26 oct. 2000,* Kudla c/ Pologne, *n° 30210/96 :

En fait : *Condamné pour escroquerie et faux, l'inculpé est déclaré apte à séjourner en prison bien qu'ayant déclaré souffrir de divers maux, notamment de dépression. Il se plaint (entre autres) de n'avoir aucun recours effectif au travers duquel il aurait pu soulever devant une instance nationale une durée excessive de la procédure, invoquant une violation de l'art. 13.*

En droit : *Dans de nombreuses affaires précédentes où elle a constaté une violation de l'article 6 § 1, la Cour n'a pas jugé nécessaire, lorsqu'était en outre invoqué*

55. Comm. EDH, 13 déc. 1984, *M. c/ France*, DR 41/104 ; CEDH, 18 déc. 1986, *Bozano C/ France*, n° 9990/82, §§ 48 et s., *RGDIP* 1987, p. 548, obs. F. Sudre.

56. CEDH, 26 avr. 2007, *Gebremedhin c/ France*, n° 25389/05, § 67, *D.* 2007. 2780, note J.-P. Marguénaud, *JCP* 2007-I-182 n° 12, obs. F. Sudre, *RFDA* 2008. 737, obs. H. Labayle et F. Sudre, *AJDA* 2007. 1925, obs. J.-F. Flauss, *AJ pénal* 2007. 476, obs. H. Gacon ; CEDH, 27 févr. 2014, *S. J. c/ Belgique*, n° 70055/10, *JCP* 2014, 312, 488, obs. L. Milano ; CEDH, Gr. Ch., 19 mars 2015, *S. J. c/Belgique*, n° 70055/10, *AJDA* 2015. 1732, obs. L. Burgorgue-Larsen.

57. CEDH, Gr. Ch., 8 juin 2006, *Sürmeli c/ Allemagne*, n° 75529/01, *JDI* 2007. 696, obs. O. Matter (absence de recours effectif pour sanctionner la durée excessive d'une procédure civile).

58. CEDH, Gr. Ch., 13 déc. 2012, *De Souza Ribeiro c/France*, n° 22689/07, § 83, *JCP* 2012 act. 1420, obs. H. Surrel, *JCP* 2013, 64, n° 23, obs. F. Sudre, *AJDA* 2013. 165, obs. L. Burgorgue-Larsen, *RFDA* 2013. 576, obs. H. Labayle et F. Sudre.

59. CEDH, Gr. Ch., 26 oct. 2000, *Kudla c/ Pologne*, n° 30210/96, § 145, *JCP* 2001-I-291 n° 40, obs. F. Sudre, *RTD Civ.* 2001. 442, obs. J.-P. Marguénaud, *RTDH* 2002. 169 et s., obs. J.-F. Flauss, qui parle d'un revirement jurisprudentiel historique.

60. Aff. *Kudla*, préc., § 147. Pour une confirmation de cette jurisprudence, v° CEDH, 26 mars 2002, *Lutz c/ France*, préc.

61. Cf. not. : CEDH, 13 août 1981, *Young, James et Webster c/ Royaume-Uni*, n° 7601/76, § 67, *JDI* 1982. 220, obs. P. Rolland ; 8 juill. 1986, *Lithgow c/ Royaume-Uni*, n° 9006/80, § 205, *CDE* 1998. 481, obs. G. Cohen-Jonathan ; 27 oct. 1987, *Pudas c/ Suisse*, n° 10426/83, § 43.

l'article 13, de se prononcer aussi sur ce grief. La plupart du temps, elle a estimé qu'eu égard aux circonstances l'article 6 § 1 devait passer pour une lex specialis par rapport à l'article 13 (§ 146). La Cour perçoit à présent la nécessité d'examiner le grief fondé par le requérant sur l'article 13 considéré isolément, nonobstant le fait qu'elle a déjà conclu à la violation de l'article 6 § 1 pour manquement à l'obligation d'assurer à l'intéressé un procès dans un délai raisonnable (§ 149).

La portée de l'arrêt *Kudla* est grande même si elle ne doit pas être exagérée puisque le caractère accessoire de l'article 13 n'est pas abandonné et que l'utilisation de l'article 6 pour garantir le droit au juge est toujours d'actualité[62] : certes, l'article 6 peut toujours passer pour une *lex specialis* par rapport à l'article 13[63]. Il reste que l'objectif de l'arrêt est d'inciter les États à créer, en interne, un droit de recours efficace[64], ce qui permet de désencombrer le rôle de la Cour tout en rappelant le caractère subsidiaire du système européen de protection. Cette disposition répond au souci d'une protection effective des garanties fondamentales, protection qui ne peut se concevoir sans que la personne en cause puisse se plaindre de la violation de ses droits et obtenir réparation. La Cour a ainsi souhaité renforcer l'autonomie de l'article 13 tout en l'encadrant : elle impose aux États une obligation positive de se doter de recours internes susceptibles de répondre efficacement à d'éventuelles violations de la Convention. La jurisprudence française a d'ailleurs intégré l'arrêt *Kudla*, en particulier en facilitant la réparation du préjudice découlant de procédures d'une lenteur excessive[65] : la jurisprudence européenne a pris acte de cette évolution interne et le recours sur le fondement de l'article L. 141-1 du Code de l'organisation judiciaire (anc. art. L. 781-1) est désormais considéré comme un recours effectif et efficace[66].

62. CEDH, 6 déc. 2001, *Tsironis c/ Grèce,* n° 44584/98, § 21 ; 22 mai 2001, *Baumann c/ France,* n° 33592/96, § 39 ; 2 juill. 2002, *Budescu et Petrescu c/ Roumanie,* n° 33912/96, § 42 ; 9 juill. 2002, *Falcoianu et autres c/ Roumanie,* n° 32943/96, § 41.

63. CEDH, 21 févr. 2008, *Ravon c/ France,* n° 18497/03, § 27, *D.* 2008. 1054, obs. C. Guélaud, *JCP* 2008-I-167 n° 10, obs. F. Sudre, *RDP* 2009. 905, obs. G. Gonzalez, *LPA* 15 avr. 2008, p. 3, obs. F. Perrotin, *RSC* 2009. 598, obs. H. Matsopoulou : les exigences de l'art. 6, qui impliquent toute la panoplie des garanties propres aux procédures judiciaires, sont plus strictes que celles de l'art. 13, qui se trouvent absorbées par elles. V° aussi CEDH, Gr. Ch., 26 oct. 2000, *Kudla c/ Pologne,* préc., § 146.

64. L'Italie s'est engagée dans cette voie avec la loi « Pinto » du 24 avr. 2001. Sur le retard mis par les autorités nationales de se conformer à la décision de la cour d'appel de Rome, en application des dispositions de la loi « Pinto », v° CEDH, 31 mars 2009, *Simaldone c/ Italie,* n° 22644/03, §§ 39 et s., et concluant à une violation de l'art. 6 § 1 de la Convention. Un auteur a observé que la *« politique de rapatriement du contentieux du délai raisonnable »,* engagée par la Cour après l'entrée en vigueur de la loi « Pinto », prive en réalité les victimes d'une part substantielle de l'indemnité à laquelle elles auraient pu prétendre si leur requête avait été traitée par la Cour elle-même : il y a bien un dédoublement du standard de réparation : J.-F. Flauss, note sous aff. *Sordino,* préc., *AJDA* 2007. 902.

65. C'était une nécessité dans la mesure où la Cour estime que l'absence, dans l'ordre juridique interne, de recours permettant de se plaindre de la durée d'une procédure pénale est une atteinte au droit à un recours effectif : CEDH, 28 oct. 2014, *Panju c/ Belgique,* préc. À noter qu'en France, la responsabilité de l'État pour fonctionnement défectueux du service public de la justice (art. L. 141-1, C. org. jud., anc. art. L. 781-1) est désormais plus simple à mettre en œuvre.

66. CEDH, 12 juin 2001, *Giummarra et autres c/ France,* n° 61166/00 ; 9 juill. 2002, *Nouhaud et autres c/ France,* n° 33424/96, § 44, *D.* 2003 Somm. 593, obs. N. Fricéro, *RDP* 2003. 689, obs. F. Sudre ; 21 oct. 2003, *Broca et Texier-Micault* c/ France, n° 27928/02, § 19, *JCP* 2004-I-107 n° 7, obs. F. Sudre, *RUDH*

L'effectivité du recours est un élément essentiel[67]. Cette effectivité s'apprécie *in concreto*[68] : il doit être accessible à l'intéressé lui-même et adéquat, ce qui signifie qu'il doit être organisé de façon à permettre de dénoncer la violation alléguée[69]. Toutefois, l'arrêt *Chahal* précise que la formule restrictive antérieurement consacrée du « recours aussi effectif qu'il peut l'être »[70] ne saurait valoir dans certains cas, en particulier quand l'article 3 est en jeu[71]. Ainsi donc, l'effectivité du recours varie selon la nature de la violation alléguée[72], l'exigence d'effectivité étant maximale quand il est question d'un droit intangible alors qu'elle peut être limitée s'il s'agit d'un droit conditionnel[73]. Il est bien certain que l'effectivité d'un recours ne dépend pas de l'issue favorable pour le requérant, mais le recours doit être effectif en pratique comme en droit[74] : l'effectivité n'implique donc pas qu'un requérant doit avoir obtenu satisfaction, mais qu'il ait eu la possibilité de faire examiner son grief par une instance nationale et que celle-ci ait été en mesure d'en examiner le bien-fondé[75]. En toute hypothèse, un recours est effectif dès lors qu'il permet, soit de faire intervenir plus tôt la décision des juridictions saisies, soit de fournir au justiciable une réparation adéquate pour les retards déjà accusés[76] : la Cour a d'ailleurs précisé que la circonstance qu'un recours purement indemnitaire ne permet pas d'accélérer la procédure en cours ne le prive pas de son caractère effectif[77]. Dans le cas particulier des détenus, le

2004. 417, obs. O. Guillaumont et F. Bien, *RTD Civ.* 2004. 365, obs. J.-P. Marguénaud, *LPA* 2005 n° 184, p. 15, obs. E. Mauléon ; Gr. Ch., 11 sept. 2002, *Mifsud c/ France*, n° 57220/00, §§ 16 et 17, *JCP* 2003-I-109 n° 12, obs. F. Sudre, *RDP* 2003. 690, note F. Sudre. *Adde* CEDH, 16 avr. 2002, *Seguin c/ France*, n° 42400/98, *D.* 2002 Somm. 2573, obs. N. Fricéro ; 21 mars 2017, *Poulain c/France*, n° 16470/15.

67. L'absence de toute enquête suffit à la Cour pour conclure que le requérant n'a pas bénéficié d'un recours effectif au sens de l'article 13, lequel a donc été violé dans une telle hypothèse : CEDH, 17 oct. 2006, *Göcmen c/ Turquie*, n° 72000/01, § 61.

68. Comm. EDH, 9 juill. 1982, *Colozza c/ Italie*, DR 28/138. Selon le droit garanti, les solutions ne seront pas nécessairement identiques : CEDH, Gr. Ch., 13 déc. 2012, *De Souza Ribeiro c/ France*, préc., § 83.

69. CEDH, 16 déc. 1992, *Geouffre de la Pradelle c/ France*, préc., § 27 et s. V° aussi : CEDH, 4 déc. 1995, *Bellet c/ France*, n° 23805/94, *D.* 1996. 357, note Collin-Demunieux, *D.* 1997 Somm. 205, obs. S. Perez, *JCP* 1996-II-22648, note M. Harichaud (en l'espèce, la perte d'une chance). Tel n'est pas le cas si le requérant n'est pas bien informé des possibilités qui sont les siennes : CEDH, 30 oct. 1998, *F. E. c/ France*, préc.

70. Aff. *Klass*, préc., § 69.

71. CEDH, 15 nov. 1996, *Chahal c/ Royaume-Uni*, n° 22414/93, § 147 et s., *JCP* 1997-I-4000 n° 44, obs. F. Sudre.

72. Aff. *Kudla*, préc., § 157.

73. Sur l'absence d'un recours effectif pour dénoncer un manquement à l'art. 3, cf. CEDH, 10 oct. 2002, *D. P. et J. C. c/ Royaume-Uni*, n° 38719/97.

74. CEDH, 15 juill. 2002, *Stratégies et communication et Dumoulin c/ Belgique*, n° 37370/97, § 50.

75. CEDH, 19 déc. 2006, *Mattei c/ France*, n° 34043/02, § 46 ; 28 janv. 2008, *Milan c/ France*, n° 7549/03, § 69.

76. CEDH, Gr. Ch., 11 sept. 2002, *Mifsud c/ France*, préc., § 17. V° aussi CEDH, Gr. Ch., 26 oct. 2000, *Kudla c/ Pologne*, préc., § 159. *Adde* CEDH, 9 juill. 2002, *Nouhaud c/ France*, préc., § 44. *Adde*, déjà : CEDH, 12 juin 2001, *Giummarra c/ France*, préc. V° cependant CEDH, 26 mars 2002, *Lutz c/ France*, n° 48215/99, *AJDA* 2002. 569, obs. F. Donnat, *RDP* 2003. 689, obs. F. Sudre.

77. Aff. *Mifsud*, préc., § 17. À noter que le caractère adéquat dudit recours interne peut dépendre du montant de l'indemnisation accordée (CEDH, 27 mars 2003, *Scordino c/ Italie*, déc. n° 36813/97), l'indemnisation devant être globalement de nature à réparer la violation subie (CEDH, 3 juin 2004, *Cataldo c/ Italie*, déc. n° 45656/99). De plus, le caractère adéquat du recours peut aussi être affecté par la durée même de son examen (CEDH, 22 mai 2003, *Paulino Tomas c/ Portugal*, n° 58698/00).

recours doit permettre de mettre rapidement un terme à une incarcération contraire à l'article 3 et indemniser la personne en cause[78].

> ***CEDH, 21 mai 2015,* Yengo c/France, *n° 50494/12 :***
> En fait : *Le requérant, détenu au centre pénitentiaire de Nouméa, se plaint à la fois de ses conditions de détention et de l'absence d'un recours effectif pour s'en plaindre ou le faire cesser.*
> En droit : *(violation de l'art. 13). La Cour juge qu'à l'époque des faits, le droit français n'offrait au requérant aucun recours préventif, à même de faire cesser rapidement les conditions de détention inhumaines et dégradantes qui étaient les siennes.*

Il reste que le droit de recours prévu par l'article 13 ne peut concerner qu'un droit protégé par la Convention[79] : il n'a donc pas d'existence indépendante. En définitive, il garantit, non pas un droit de l'homme *stricto sensu*, mais plutôt le mode de sauvegarde des droits fondamentaux.

354. Bibliographie. ***Ouvrages :*** Cohen-Jonathan (G.), Flauss (J.-F.) et Lambert-Abdelgawad (E.), *De l'effectivité des recours internes dans l'application de la Convention européenne des droits de l'homme,* Bruylant-Nemesis, 2006 ; Milano (L.), *Le droit à un tribunal au sens de la Convention européenne des droits de l'homme,* Dalloz, Coll. « Nouvelle bibliothèque des thèses », 2006 ; Pingel (I.) (dir.), *Droit des immunités et exigences du procès équitable,* Pédone 2004 ; Rideau (J.) (dir.), *Le droit au juge dans l'Union européenne,* LGDJ, 1998 ; Varaut (J.-M.), *Le droit au juge,* Quai Voltaire 1991. ***Articles :*** Banifatmi (Y.), *Le « droit au juge » et l'arbitrage commercial international,* Mél. Cohen-Jonathan, Bruylant, 2004, p. 167 et s. ; Beernaert (M. A.), *Le pourvoi en cassation d'un condamné fugitif et l'article 6 de la Convention européenne des droits de l'homme, RD pén. crim.* 1997, p. 72 et s. ; Cadiet (L), *L'accès à la justice, D.* 2017, Chron. p. 522 s. ; Cere (J.-P.), *Les nouveaux modes de poursuite des contraventions au code de la route et le droit à un procès équitable, AJ pénal* 2003, p. 91 et s. ; Colonna d'Istria (H.), *Le pourvoi en cassation et la Convention européenne des droits de l'homme, RPDP* 1999-4, p. 489 et s. ; de Bruyer (D.), *Le droit à un recours effectif,* Mél. Lambert, Bruylant, 2000, p. 183 et s. ; de la Rosa (S.), *L'article 6 § 1 de la CEDH, le Conseil constitutionnel et la question préjudicielle de constitutionnalité, RFDC* 2009, p. 817 et s. ; Dremczewski (A.) et Giakoumopoulos (Ch.), *Article 13, in* Pettiti (L.-E.), Decaux (E.) et Imbert (P.-H.) (dir.), *La Convention européenne des droits de l'homme,* Economica, 2e éd., 1999, p. 453 et s. ; Dutheil de la Rochère (J.), *Droit au juge, accès à la justice européenne,* Pouvoirs 2001, n° 36, p. 123 et s. ; Flauss (J.-F.), *Le droit à un recours effectif, L'article 13 de la Convention européenne des droits de l'homme, RUDH* 1991, p. 324 et s. ; Mekki (M), *L'accès au droit et l'accès à la justice, in* Cabrillac (R.) (dir.), *Libertés et droits fondamentaux,* Dalloz, 22e éd., 2016, p. 597 et s. ; Guedon (J.-Ph.), *Les efforts du législateur français contre la violence routière, JCP* 2003-I-179 ; Guillaume (G.), *Conclusions générales, in* Rideau (J.) (dir.), *Le droit au juge dans l'Union européenne,* LGDJ, 1998, p. 217 et s. ; Krenc (F.), *La règle de l'immunité parlementaire à l'épreuve de la Convention européenne des droits de l'homme, RTDH* 2003, p. 813 et s. ; Lacroix (C.), *L'accès à la Chambre criminelle de la Cour de cassation par les parties civiles : de la nécessité de modifier l'article 575 CPP, Dr. pénal* 2007, Étude n° 2 ; Lambert (P.), *Le droit d'accès à un tribunal dans la Convention européenne des droits de l'homme, in* « Le procès équitable et la protection

78. CEDH, 21 mai 2015, *Yengo c/France,* n° 50494/12, *JCP* 2015. 845, n° 20, obs. F. Sudre et 663, obs. M. Afroukh, *Dr. Administratif* 2016, chron. n° 31 par S. Platon, *Procédures* 2015, com. 243 par J. Buisson, *AJ Pénal* 2015. 450, obs. E. Senna, *D.* 2016. 1220, obs. J.-P. Cere, *JDI* 2016, n° 4, chron. 8, n° 18, obs. H. Apchain.

79. CEDH, 4 avr. 2006, *Bompard c/ France,* (déc.) n° 44081/02, p. 12. V° aussi CEDH, 21 oct. 1997, *Pierre-Bloch c/ France,* n° 24194/94, § 64. Cf. aussi le rejet de la requête du NPD allemand invoquant une absence de recours effectif: CEDH, 4 oct. 2016, *Nationaldemokratische Partei Deutschlands (NPD) c/Allemagne,* n° 55977/13, *Dalloz Actu.* 21 nov. 2016, obs. T. Soudain.

juridictionnelle des citoyens », Bruylant, 2001, p. 57 et s. ; MAIGNAN (V.), *Le retrait du rôle du pourvoi en cassation et la Convention européenne des droits de l'homme, Procédures* 2000, Chron. 12 ; MILANO (L.), *Les immunités issues du droit international dans la jurisprudence européenne, RTDH* 2008, p. 1059 et s. ; MONTERAN (Th), *Impartialité, droits de l'homme et QPC, Rev. proc. coll.* 2015, n° 4, ét. 13 ; PUECHAVY (M.), *L'aide juridictionnelle et la Convention européenne des droits de l'homme,* Mél. L.-E. PETTITI, Bruylant, 1998, p. 621 et s. ; RAUX (C.), *Actes de gouvernement et Convention européenne des droits de l'homme, RTDH* 2005, p. 864 et s. ; RAYMOND (J.), *A contribution to the Interpretation of Article 13 of the European Convention on Human Rights, Human rights review,* vol. V 1980, p. 161 et s. ; RENUCCI (J.-F.) *Le droit au juge dans la Convention européenne des droits de l'homme, in* RIDEAU (J.) (dir.), *Le droit au juge dans l'Union européenne,* LGDJ, 1998, p. 131 et s. ; *Les droits fondamentaux des demandeurs d'asile maintenus dans une zone d'attente (Aff. Gebremedhin c/ France du 26 avril 2007), RPDP* 2008, p. 415 et s. ; RIBS (J.), *L'accès au droit,* Mél. J. Robert, Montchrestien, 1998, p. 415 et s. ; ROLLIN (F.), *Les restrictions au bénéfice de l'aide juridictionnelle remises en cause par la Cour européenne des droits de l'homme, D.* 1998 « Dernière actualité », pages roses. ; SERMET (L.), *Convention européenne des droits de l'homme et contentieux administratif français,* Economica 1996, p. 25 ; SINKONDO (M.), *Le fabuleux destin de l'article 13 de la Convention européenne des droits de l'homme et ses suites heureuses pour les garanties individuelles, RID comp.* 2004/4, p. 367 et s. ; STRICKLER (Y.), *Le droit a un procès équitable, in* CABRILLAC (R.) (dir.), *Libertés et droits fondamentaux,* Dalloz, 22ᵉ éd., 2016, p. 625 et s. ; SUDRE (F.), *Question préjudicielle de constitutionnalité et CEDH, RDP* 2009, p. 672 et s. ; SZYMCZAK (D.), *CEDH et questions préjudicielles, AJDA* 2015, p. 268 et s. ; Szymczak (D), *CEDH et questions préjudicielles,* AJDA 2015. 268 ; TURPIN (D.), *La loi relative à la maîtrise de l'immigration, à l'intégration et à l'asile : précisions techniques et symboles républicains, D.* 2008 Chron. p. 930 et s. ; VONSY (M.), *Actes de gouvernement et droit au juge, RFDA* 2008, p. 728 et s. ; ZARBIEV (F.), *Quelques observations sur le traitement de l'exception d'immunité juridictionnelle de l'État étranger par la Cour européenne des droits de l'homme, RTDH* 2004, p. 621 et s.

Section 2
Le domaine du procès équitable

355. Article 6. Droit à un procès équitable.

1. Toute personne a droit à ce que sa cause soit entendue équitablement, publiquement et dans un délai raisonnable, par un tribunal indépendant et impartial, établi par la loi, qui décidera, soit des contestations sur ses droits et obligations de caractère civil, soit du bien-fondé de toute accusation en matière pénale dirigée contre elle. Le jugement doit être rendu publiquement, mais l'accès de la salle d'audience peut être interdit à la presse et au public pendant la totalité ou une partie du procès dans l'intérêt de la moralité, de l'ordre public ou de la sécurité nationale dans une société démocratique, lorsque les intérêts des mineurs ou la protection de la vie privée des parties au procès l'exigent, ou dans la mesure jugée strictement nécessaire par le tribunal, lorsque dans des circonstances spéciales la publicité serait de nature à porter atteinte aux intérêts de la justice.

356. L'applicabilité de l'article 6 de la Convention. – Le droit à un « procès équitable » est garanti par l'article 6 et son importance est considérable puisque, comme l'ont rappelé les juges de Strasbourg, ce droit occupe une place éminente dans une société démocratique[80]. Cette disposition donne lieu à un contentieux très abondant, d'autant plus que tout justiciable peut invoquer cet article. Ce contentieux, par son importance tant quantitative que qualitative, a permis de dégager les principes directeurs qui doivent caractériser tout procès. Toutefois, l'article 6 n'est pas applicable en toutes circonstances : des limitations existent même si la tendance est à une applicabilité étendue ainsi qu'en témoignent les règles traditionnelles ou plus récentes.

§1. L'applicabilité traditionnelle de l'article 6

357. L'extension constante du contentieux de l'article 6. – Traditionnellement, il est admis que le droit à un procès équitable ne concerne pas tous les litiges, mais uniquement les « *contestations sur les droits et obligations de caractère civil* » et le « *bien-fondé d'une accusation en matière pénale* ». Les juges européens ont donné à ces notions un sens autonome, de sorte que des difficultés d'interprétation peuvent apparaître.

Toutefois, même si les notions de « contestations sur les droits et obligations de caractère civil » et de « bien-fondé d'une accusation en matière pénale » sont interprétées largement, elles subsistent, ce qui constitue une limite à l'applicabilité de l'article 6. Certains contentieux, en raison principalement de leur nature, échappent à l'article 6 de la Convention, en particulier lorsqu'ils présentent un caractère de droit public. Les contentieux mixte et privé ne sont pas totalement couverts par cet article. Plus particulièrement, la police des étrangers, s'agissant des procédures d'octroi de l'asile politique ou d'éloignement du territoire, est exclue du champ d'application de l'article 6[81]. De même, l'article 6 est inapplicable à une procédure concernant la nationalité d'un individu puisque pareille procédure ne porte ni sur des droits et obligations de caractère civil, ni sur le bien-fondé d'une accusation en matière pénale[82].

Enfin, il est important de préciser qu'une renonciation aux garanties de l'article 6 de la Convention est toujours possible, mais à une double condition : d'une part, cette renonciation doit être libre et donc non motivée par la contrainte ; d'autre part, elle doit être non équivoque, ce qui signifie que

80. CEDH, 9 oct. 1979, *Airey c/ Irlande*, préc., § 24. *Adde* 13 mai 1980, *Artico c/ Italie*, n° 6694/74, § 33, *CDE* 1982. 213, obs. G. Cohen-Jonathan, *AFDI* 1981. 288, obs. R. Pelloux, *JDI* 1982. 202, obs. P. Rolland. Toutefois, des impératifs de souplesse et d'efficacité peuvent justifier l'intervention préalable d'organismes administratifs ne répondant pas aux exigences de l'art. 6, mais à condition que ces institutions subissent le contrôle ultérieur d'un organe judiciaire de pleine juridiction présentant lesdites garanties : CEDH, 23 juin 1981, *Le Compte, Van Leuven et De Meyere c/ Belgique*, n° 6878/75..., § 51 ; 19 déc. 1997, *Helle c/ Finlande*, n° 20772/92, § 46, *JCP* 1998-I-107 n° 26, obs. F. Sudre ; 10 févr. 1983, *Albert et Le Compte c/ Belgique*, n° 7299/75..., § 29 ; 20 mai 1998, *Gautrin c/ France*, n° 21257/93... ; 20 avr. 2006, *Defalque c/ Belgique*, n° 37330/02, § 29.

81. Comm. EDH, 16 oct. 1986, *Lukka c/ Royaume-Uni*, DR 50/268 ; 2 mai 1979, *Singh Uppal c/ Royaume-Uni*, DR 17/165 ; CEDH, 16 avr. 2002 (déc.), *Penafiel Salgado c/ Espagne*, n° 65964/01 ; CEDH, Gr. Ch., 5 oct. 2000, *Maaouia c/ France*, n° 39652/98, § 40.

82. Comm. EDH, 15 déc. 1988, *S. c/Suisse*, n° 13325/87, DR 59/256. V° aussi pour les procédures de confiscation : CEDH, 5 juill. 2001, *Phillips c/ Royaume-Uni*, n° 41087/98, § 36 ; 1er mars 2007, *Geerings c/ Pays-Bas*, n° 30810/03, § 47.

les circonstances doivent établir nettement que le justiciable entendait bien se priver des garanties de l'article 6[83]. De plus, la renonciation doit s'entourer d'un minimum de garanties correspondant à sa gravité[84] et ne doit pas se heurter à un intérêt public important[85]. La renonciation peut être expresse ou tacite[86] : toutefois, avant qu'un accusé puisse être considéré comme ayant implicitement renoncé, par son comportement, à un droit aussi important, il doit être établi qu'il aurait pu raisonnablement prévoir les conséquences dudit comportement[87].

358. Bibliographie. ***Ouvrages :*** Cour de cassation/Université de Strasbourg, *Les nouveaux développements du procès équitable au sens de la Convention européenne des droits de l'homme*, Bruylant, 1996 ; Delmas-Marty (M.) (dir.), *Procès pénal et droits de l'homme, Vers une conscience européenne*, PUF « Les voies du droit » 1992, p. 15 ; Ergec (R.) *Les divergences de jurisprudence et le procès équitable*, Mél. Weitzel, Pedone, 2013, p. 281 et s. ; Grotrian (A.), *L'article 6 de la Convention européenne des droits de l'homme, Droit à un procès équitable*, Conseil de l'Europe 1994, Dossiers sur les droits de l'homme n° 13 ; Kuty (F), *Justice pénale et procès équitable*, Larcier (Bruxelles) 2006 ; Mole (N.) et Harby (C.), *Le droit à un procès équitable, Un guide sur la mise en œuvre de l'article 6 de la Convention européenne des droits de l'homme*, Précis sur les droits de l'homme n° 3, Éditions du Conseil de l'Europe 2003 ; Sudre (F.) et Picheral (C.) (dir.), *La diffusion du modèle européen du procès équitable*, La Documentation française 2003, Coll. Mission de recherche, Droit et Justice ; Zoller (E.), *Procès équitable et Due Process of Law, D.* 2007 Chron. p. 517 et s. – ***Articles :*** Bonichot (J.-C.), *Quelques remarques sur le champ d'application de l'article 6 § 1, in* « Les nouveaux développements du procès équitable au sens de la Convention européenne des droits de l'homme », Bruylant, 1996, p. 49 et s. ; Canivet (G.), *Le principe d'équité dans le pourvoi en cassation*, Mél. Cohen-Jonathan, Bruylant, 2004, p. 367 et s. ; Cohen-Jonathan (G.), *Droit à un procès équitable, J.-Cl.* Europe ; Fabre (M.), *Le droit à un procès équitable, JCP* 1998-I-157 ; Fabbri (A.) et Guery (Ch.), *La vérité dans le procès pénal ou l'air du catalogue, RSC* 2009, p. 343 et s. ; Favreau (B.), *Aux sources du procès équitable, Une certaine idée de la qualité de la justice, in* « Le procès équitable et la protection juridictionnelle », Bruylant, 2001, p. 9 et s. ; Flauss (J.-F.), *Les nouvelles frontières du procès équitable, in* « Les nouveaux développements du procès équitable au sens de la Convention européenne des droits de l'homme », Bruylant, 1996, p. 81 et s. ; Fricéro (N.), *Procès civil équitable et juge judiciaire*, Mél. Julien, Edilaix 2003, p. 182 et s. ; *Modes alternatifs de règlement des conflits et procès équitable*, Mél. Cohen-Jonathan, Bruylant, 2004, p. 839 et s. ; *Le droit européen à l'exécution des jugements, Dr. et Proc.* 2001, p. 6 et s. ; Gilliaux (P.), *Droit(s) européen(s) à un procès équitable*, Bruylant, 2012 ; Guinchard (S.), *Le procès équitable : droit fondamental ?*, numéro spécial *AJDA* « Les droits fondamentaux », 7/8-1998, p. 191 et s. ; *Le procès équitable, garantie formelle ou droit substantiel*, Mél. Farjat, « Philosophie du droit et droit économique : quel dialogue ? », éd. Frison-Roche 1999, p. 39 et s. ; *Vers une démocratie*

83. CEDH, 27 févr. 1980, *Deweer c/ Belgique*, préc., § 25 ; 18 mai 2004, *Somogyi c/ Italie*, n° 67972/01. Le « plaider-coupable » s'analyse d'ailleurs en une renonciation à certains droits de l'art. 6, et c'est la raison pour laquelle sa conventionnalité ne fait aucun doute, à condition qu'il soit libre et éclairé (parfaite connaissance des faits et des conséquences juridiques) et que le contrôle judiciaire soit suffisant : CEDH, 29 avr. 2014, *Natsvlishvili et Togonidze c/ Géorgie*, n° 9043/05, *JCP* 2014 Actu. 627, obs. L. Milano, *JCP* 2014, chron. 832, n° 8, obs. F. Sudre, *RPDP* 2014. 697, obs. J.-F. Renucci, *RTDH* 2015. 207, note M.-A. Beernaert, *JDI* 2015, n° 4, chron. 7, n° 10, obs. A. Brejon.

84. CEDH, 23 nov. 1993, *Poitrimol c/ France*, n° 14032/88, § 31 ; CEDH, Gr. Ch., 27 nov. 2008, *Salduz c/ Turquie*, n° 36391/02, § 59. Cf. P.-F. Veil et D. Pere, *La renonciation à l'assistance d'un avocat en garde à vue est-elle conforme aux exigences du procès équitable ? D.* 2012 *Point de vue*, p. 2400. Pour un exemple de renonciation libre et non équivoque : CEDH, 23 févr. 2010, *Yoldas c/ Turquie*, n° 27503/04.

85. CEDH, 21 févr. 1990, *Hakansson et Sturesson c/ Suède*, n° 11855/85, § 66.

86. Pour un exemple de renonciation tacite (mais bien sûr non équivoque) : CEDH, 18 oct. 2006, *Hermi c/Italie*, n° 18114/02, § 102. V° aussi : CEDH, 12 déc. 2006, *Battisti c/ France*, n° 28796/05 (déc.), p. 6 et s. ; CEDH, 26 janv. 2017, *Lena Atanasova c/Bulgarie*, n° 52009/07.

87. CEDH, 9 sept. 2003, *Jones c/ Royaume-Uni*, n° 30900/02.

procédurale, Justices 1999, p. 91 et s. ; *Les métamorphoses de la procédure à l'aube du troisième millénaire, in* « Clés pour le siècle », Paris II, Dalloz, 2000, p. 1135 et s. ; *Menaces sur la justice des droits de l'homme et les droits fondamentaux de la procédure,* Mél. Normand, Litec, 2003, p. 209 et s. ; Lambert (Ch.), *Le concept européen de procès équitable, RF fin. publ.* sept. 2003, p. 41 et s. ; Massias (Fl.), *Le champ pénal de la Cour européenne des droits de l'homme : interprétation autonome et applicabilité des articles 6 et 7 de la Convention européenne des droits de l'homme,* Mél. Ottenhof, Dalloz, 2006, p. 89 et s. ; Matscher (F.), *Article 6 (suite), L'arbitrage et la Convention, in* Pettiti (L.-E.), Decaux (E.) et Imbert (P.-H.) (dir.), *La Convention européenne des droits de l'homme,* Economica, 2e éd., 1999, p. 281 et s. ; Mock (P.), *Le droit à un procès équitable en matière civile, RTDH* 1995, p. 385 et s. ; Pradel (J.), *La notion de procès équitable en droit pénal européen, Rev. Gén. Droit* (Ottawa) 1996, p. 506 ; Soyer (J.-C.) et de Salvia (M.) *Article 6, in* Pettiti (L.-E.), Decaux (E.) et Imbert (P.-H.) (dir.), *La Convention européenne des droits de l'homme,* Economica, 2e éd., 1999, p. 239 et s. ; Sudre (F.), *L'équité, norme conventionnelle, À propos de l'article 6-1° de la Convention européenne des droits de l'homme, Rev. (hellénique) Dr. Homme* 21/2004, p. 11 et s. ; Zoller (E.), *Procès équitable et Due Process of Law, D.* 2007, Chron. p. 517 et s. ; Tavernier (P.) ; *Faut-il revisiter l'article 6 de la Convention européenne des droits de l'homme ?* Mél. Pettiti, Bruylant, 1998, p. 707 et s.

A. Les contestations sur les droits et obligations de caractère civil

359. Les précisions jurisprudentielles. - Le concept même de « contestations sur les droits et obligations de caractère civil » est assez imprécis et les juges de Strasbourg ont été amenés à apporter des précisions qui ont finalement donné lieu à une interprétation extensive. Cela était d'autant plus facile que c'est un « concept autonome », doté par conséquent d'un sens européen : la Cour peut ainsi se référer aux définitions nationales sans être tenue par elles si elle les juge trop restrictives ; dès lors, il suffit au requérant de prouver « l'apparence d'un droit », la Cour se réservant le pouvoir de le qualifier comme tel en toute liberté[88].

La notion de contestation ne doit pas être prise dans une acception trop technique : une définition matérielle plutôt que formelle est préférable[89]. La contestation doit être réelle et sérieuse, ce qui signifie que le recours ne doit pas être dépourvu de la moindre chance de succès[90], étant précisé que ladite contestation peut porter tant sur l'existence du droit que sur son exercice ou ses modalités d'exercice[91]. La contestation, qui peut concerner les points de fait comme les questions de droit, peut porter sur l'existence même du droit, mais aussi sur son étendue ou ses modalités d'exercice. En réalité, la question capitale est de savoir s'il s'agit d'une procédure dont l'issue est déterminante pour les droits et obligations en cause[92].

88. CEDH, 8 juill. 1987, *Baraona c/ Portugal,* n° 10092/82, § 41 ; 26 mars 1992, *Éditions Périscope c/ France,* n° 11760/85, § 35, *D.* 1993 Somm. 385, obs. J.-F. Renucci, *JCP* 1993-I-3654, obs. F. Sudre. À noter que la notion même de droit fait également l'objet d'une interprétation large : CEDH, 24 sept. 2002, *Posti et Rahko c/ Finlande,* n° 27824/95, § 51.

89. CEDH, 23 juin 1981, *Le Compte, Van Leuven et De Meyere c/ Belgique,* n° 6878/75..., § 45, *CDE* 1982. 201, obs. G. Cohen-Jonathan, *AFDI* 1982. 492, obs. R. Pelloux, *JDI* 1982. 216, obs. P. Rolland.

90. CEDH, 23 sept. 1982, *Sporrong et Lönnroth c/ Suède,* n° 7151/75..., § 81.

91. CEDH, 23 oct. 1985, *Benthem c/ Pays-Bas,* n° 8848/80, § 32.

92. CEDH, 16 juill. 1971, *Ringeisen c/ Autriche,* n° 2614/65, § 94 ; 28 juin 1978, *König c/ Allemagne,* n° 6232/73, § 90, *CDE* 1979. 474, obs. G. Cohen-Jonathan, *AFDI* 1979. 348, obs. R. Pelloux, *JDI* 1980. 460, obs. P. Rolland. Mais si la contestation n'a qu'un lien ténu ou indirect avec ces droits, elle ne peut être

Fidèles à leur interprétation extensive de la Convention, les juges européens ont admis très vite que les « contestations sur les droits et obligations de caractère civil » englobent, en principe, tout le droit privé, mais pas seulement[93] : ce qui est essentiel c'est le caractère du droit en cause, c'est-à-dire concrètement son contenu et ses effets. Cela signifie deux choses : d'une part, la nature de la loi est indifférente et il importe peu qu'il s'agisse d'une loi civile, commerciale ou administrative ; d'autre part, il en est de même pour les juridictions compétentes puisqu'il importe peu qu'elles soient judiciaires, administratives, et même constitutionnelles[94]. Il nous faut donc envisager successivement le contentieux privé, mais aussi le contentieux mixte ainsi que le contentieux public même si ce dernier constitue, *a priori*, une limite à l'applicabilité de l'article 6.

1. Le contentieux privé

360. Une applicabilité traditionnelle et légitime. – L'applicabilité de l'article 6 de la Convention au contentieux privé est aussi traditionnelle que légitime, compte tenu du contenu et du but de cet article d'une part, et de l'issue des procédures en cause d'autre part. Par conséquent, le domaine est très large[95]. Relèvent ainsi de l'article 6 les litiges concernant l'état des personnes[96] ou du droit de propriété dont le caractère civil prime l'aspect administratif ou les considérations d'intérêt public[97], mais aussi le droit à réparation[98]. Le droit à indemnisation d'une détention provisoire pour une

---

prise en compte sous l'angle de l'art. 6 (CEDH, 10 févr. 1983, *Albert et Le Compte c/ Belgique*, préc., § 6 ; 26 juin 1986, *Van Marle et autres*, n° 8543/79..., § 36 ; 6 avr. 2000, *Athanassoglou et autres c/ Suisse*, n° 27644/95, § 39, *RTDH* 2000. 533, obs. P. Lambert). V° aussi : CEDH, 28 juin 2001, *Maillard Bous c/ Portugal*, n° 41288/98, *D.* 2002 Somm. 686, obs. N. Fricéro ; 11 déc. 2003, *Schreiber et Boetsch c/ France*, n° 58751/00.

93. Avec cependant des limites, notamment le droit fiscal non répressif : CEDH (déc.), 20 avr. 1999, *Vidacar SA c/ Espagne* et *Opergrup SL c/ Espagne*, n° 41601/98..., RDF 11/1999, n° 1487 ; Gr. Ch., 12 juill. 2001, *Ferrazzini c/ Italie*, n° 44759/98, § 29, *Europe* 2001 n° 339, obs. V. Lechevallier, *JCP* 2002-I-105 n° 6, obs. F. Sudre.

94. CEDH, 23 avr. 1987, *Ettl et autres c/ Autriche*, n° 9273/81 ; 29 mars 1989, *Bock c/ Allemagne*, n° 11118/84 ; 23 juin 1993, *Ruiz-Mateos c/ Espagne*, n° 12952/87, *RFD Const.* 1994. 175, obs. G. Cohen-Jonathan, *AFDI* 1994. 658, obs. V. Coussirat-Coustère, *JDI* 1994. 799, obs. E. Decaux et P. Tavernier, *RSC* 1994. 362, obs. R. Koering-Joulin, *RUDH* 1993. 377, obs. F. Sudre et al.

95. CEDH, 12 juin 2003, *Gutfreund c/ France*, n° 45681/99, *D.* 2003 Somm. 2268, obs. N. Fricero ; 28 juin 2001, *Mallard Bous c/ Portugal*, n° 41288/98, *D.* 2002 Somm. 686, obs. N. Fricero.

96. CEDH, 8 juill. 1987, *H. c/ Royaume-Uni*, n° 9580/81 ; 28 nov. 1984, *Rasmussen c/ Danemark*, n° 8777/79 ; 9 oct. 1979 (désaveu de paternité), *Airey*, préc. (séparation de corps).

97. CEDH, 24 oct. 1979, *Winterwerp c/ Pays-Bas*, n° 6301/73 ; 8 déc. 1983, *Pretto c/ Italie*, n° 7984/77 ; 23 sept. 1982, *Sporrong et Lönnroth c/ Suède*, n° 7151/75... ; 8 juill. 1986, *Lithgow et autres c/ Royaume-Uni*, n° 9006/80 ; 21 févr. 1990, *Hakansson et Sturesson c/ Suède*, n° 11855/85 ; 27 nov. 1991, *Oerlemans c/ Pays-Bas*, n° 12565/86. V° aussi : CEDH, 4 févr. 2003, *Goletto c/ France*, n° 54596/00, § 12. V° aussi : CEDH, 25 oct. 1989, *Allan Jacobsson c/ Suède (n° 1)*, n° 10842/84 (refus d'un permis de construire) ; 28 juin 1990, *Skarby c/ Suède*, n° 12258/86 (refus de dérogation pour une interdiction de construire) ; 27 nov. 1991, *Oerlemans c/ Pays-Bas*, préc. (arrêté de classement en site naturel) ; 22 sept. 1994, *Hentrich c/ France*, n° 13616/88 (procédure de préemption fiscale) ; 21 févr. 1997, *Guillemin c/ France*, n° 19632/92 (procédure d'expropriation) ; 7 févr. 2002, *H. L. c/ France*, n° 42189/98.

98. CEDH, 6 mai 1981, *Buchholz c/ Allemagne*, n° 7759/77 (indemnité de licenciement) ; 10 juill. 1984, *Guincho c/ Portugal*, n° 8990/80 (indemnisation d'un accident de la route) ; 22 oct. 1984, *Sramek c/ Autriche*, n° 8790/79 ; 23 oct. 1990, *Moreira de Azevedo c/ Portugal*, n° 11296/84 (dommages et intérêts pour une

personne mise hors de cause par la suite entre dans ce cadre[99] : il importe peu que cela soit la conséquence d'un acquittement ou d'une ordonnance de non-lieu, dès lors que la personne intéressée remplit les conditions légales de mise en œuvre de ce droit[100] et que celui-ci fait l'objet d'une contestation réelle et sérieuse, c'est-à-dire visant l'existence de ce droit, son étendue ou ses modalités d'exercice. C'est dire que le critère de l'applicabilité de l'article 6 a été affiné : il s'agit de toute contestation ayant un caractère patrimonial[101]. Par conséquent, l'incidence d'une situation sur les droits patrimoniaux du justiciable est le critère majeur de l'applicabilité de l'article 6[102]. Dès lors, le champ d'application de ce texte s'est considérablement étendu.

361. L'arbitrage. – L'applicabilité de l'article 6 à l'arbitrage est une préoccupation forte. Il est certain que la soumission volontaire à une procédure arbitrale peut s'analyser comme une renonciation aux garanties de l'article 6 § 1, renonciation qui est en principe possible[103], mais rien ne permet d'affirmer que telle est la volonté des parties. Quoi qu'il en soit, il semble cependant légitime que la Convention européenne s'applique à l'arbitrage privé, même si ce doit être de façon nuancée, d'autant plus que les dispositions conventionnelles ont en règle générale valeur d'ordre public et l'arbitre, comme n'importe quel juge, ne peut l'ignorer ; c'est dire que les éventuelles limitations doivent être envisagées de façon exceptionnelle et obéir à une stricte nécessité. Il est d'ailleurs heureux que la Cour européenne ait jugé que le droit des requérants à toucher les sommes accordées par le tribunal arbitral revêt, en raison de sa nature patrimoniale, un caractère civil au sens européen du terme[104]. D'ailleurs, cette même Cour a indiqué que l'article 6 § 1 de la Convention est applicable aux sentences arbitrales, mais la solution est assez ambiguë[105]. Ne faudrait-il pas finalement distinguer l'arbitrage volontaire et l'arbitrage forcé, seul ce dernier devant être soumis aux exigences de l'article 6 ? La

---

diffamation) ; 27 août 1992, *Tomasi c/ France*, préc. (constitution de partie civile) ; 7 juill. 1989, *Tre Traktörer c/ Suède*, préc. (retrait d'une licence pour boissons alcoolisées).

99. CEDH, 29 mai 1997, *Georgiadis c/ Grèce*, n° 21522/93, *RSC* 1998. 91, obs. R. Koering-Joulin ; 24 nov. 1997, *Werner c/ Autriche*, n° 21835/93, *RSC* 1998. 391, obs. R. Koering-Joulin ; 1er juill. 1997, *Rolf Gustafson c/ Suède*, n° 23196/94, *RSC* 1998. 392, obs. R. Koering-Joulin.

100. *Contra* : CEDH, 28 sept. 1995, *Masson et Van Zon c/ Suède*, n° 15346/89..., *RSC* 1996. 480, obs. R. Koering-Joulin : cet arrêt refuse de voir un « droit » dans une faculté qui relève de l'appréciation discrétionnaire du juge.

101. Cf. aff. *éditions Périscope*, préc., § 40. V° aussi l'applicabilité de l'art. 6 pour un litige relatif au droit de poursuivre sa spécialisation en médecine entamée dans un autre pays : CEDH, 19 oct. 2006, *Kök c/ Turquie*, n° 1855/02.

102. CEDH, 26 mars 1992, *Éditions Périscope*, préc. § 40 ; 25 nov. 1994, *Ortenberg c/ Autriche*, n° 12884/87, § 28 ; 28 sept. 1995, *Procola c/ Luxembourg*, n° 14570/89, § 39, *D.* 1996. 301, note F. Benoit-Rohmer, *RTDH* 1996. 275, obs. D. Spielmann, *Justices* 1997. 212, obs. G. Cohen-Jonathan, *AFDI* 1995. 485, obs. V. Coussirat-Coustère, *JDI* 1996. 253, obs. E. Decaux et P. Tavernier, *JCP* 1996-I-3910 n° 8, obs. F. Sudre.

103. Cf. *supra*, n° 357 *in fine*.

104. CEDH, 9 déc. 1994, *Raffineries grecques Stran et Stratis Andreadis c/ Grèce*, n° 13427/87.

105. CEDH, 3 avr. 2009, *Regent Company c/Ukraine*, n° 773/03 (dans ce même arrêt, la Cour précise également que l'art. 1er du protocole n° 1 est applicable), *Rev. arbitrage* 2009. 798, note J.-B. Racine.

Cour européenne est finalement allée dans ce sens, ce qui doit être approuvé[106].

CEDH, *déc., 24 mars 2016,* Tabbane c/Suisse, *nº 41069/12 :*
En fait : *Homme d'affaires tunisien, le requérant avait conclu avec une société française un contrat placé sous l'empire du droit de l'État de New York. Le contrat comprenait une convention d'arbitrage, assortie d'une clause d'exclusion de tout recours. À la suite d'un litige, les arbitres ont choisi de fixer le siège du tribunal arbitral à Genève. La sentence rendue lui ayant été défavorable, le requérant tenta vainement de la faire annuler en justice, soutenant que les parties avaient entendu le terme anglais « appeal » dans un sens étroit, correspondant au français « appel ».*
En droit : (irrecevabilité de la requête). *Il convient de distinguer entre arbitrage volontaire et arbitrage forcé. S'agissant d'un arbitrage forcé, en ce sens que l'arbitrage est imposé par la loi, les parties n'ont aucune possibilité de soustraire leur litige à la décision d'un tribunal arbitral. Celui-ci doit offrir les garanties prévues par l'art. 6 § 1 de la Convention. En revanche, lorsqu'il s'agit d'un arbitrage volontaire consenti librement, il ne se pose guère de problème sur le terrain de l'art. 6. En effet, les parties à un litige sont libres de soustraire aux juridictions ordinaires certains différends pouvant naître de l'exécution d'un contrat. En souscrivant à une clause d'arbitrage, les parties renoncent volontairement à certains droits garantis par la Convention. Telle renonciation ne se heurte pas à la Convention pour autant qu'elle soit libre, licite et sans équivoque.*

362. Les plaintes avec constitution de partie civile. – La question a donné lieu à certaines hésitations, notamment dans des affaires françaises[107]. L'arrêt *Perez* a mis en évidence les limites de cette jurisprudence tout en consacrant une nouvelle approche[108]. Il est vrai que la jurisprudence antérieure créait une certaine insécurité juridique pour les parties, en ce qu'elle a estimé devoir rechercher, après l'arrêt *Tomasi*, d'une part, s'il y avait une « contestation » sur un « droit de caractère civil » que l'on peut prétendre, au moins de manière défendable, reconnu en droit interne et, d'autre part, si l'issue de la procédure était directement déterminante pour un tel droit. Les juges européens reconnaissent ainsi que les critères traditionnellement retenus après l'affaire *Tomasi* rendent parfois trop complexe l'examen de la question de l'applicabilité de l'article 6 aux constitutions de partie civile en droit français[109].

---

106. CEDH, déc., 24 mars 2016, *Tabbane c/Suisse,* nº 41069/12. Cf. déjà : Com. EDH, 12 oct. 1989, *Malmström c/Suède,* nº 8588/79 et nº 8589/79.

107. CEDH, 27 août 1992, *Tomasi c/ France,* nº 12850/87, § 121, *AFDI* 1992. 629, obs. V. Coussirat-Coustère, *JDI* 1993. 740, obs. E. Decaux et P. Tavernier, *RSC* 1993. 142, obs. L.-E. Pettiti, et 33, obs. F. Sudre, *D.* 1993 Somm. 383, obs. J.-F. Renucci, *AJDA* 1993. 105, obs. J.-F. Flauss, *RUDH* 1992. 1, obs. F. Sudre et autres ; CEDH, 21 nov. 1995, *Acquaviva c/ France,* nº 19248/91, § 45, *D.* 1997 Somm. 206, obs. J.-F. Renucci. *Adde* CEDH, 28 oct. 1998, *Aït-Mouhoub c/ France,* nº 22924/93, *D.* 1999 Somm. 268, obs. J.-F. Renucci, *RSC* 1999. 399, obs. R. Koering-Joulin ; CEDH, 26 oct. 1999, *Maini c/ France,* nº 31801/96, § 30.

108. CEDH, Gr. Ch., 12 févr. 2004, *Perez c/ France,* nº 47287/99, § 54 et s., *JCP* 2004-I-161 nº 3, obs. F. Sudre, *D.* 2004 IR, 734, *RSC* 2004. 698, obs. Fl. Massias, *D.* 2004. 2948, note P.-F. Divier. La jurisprudence *Perez* sera confirmée par la suite : CEDH, 1er févr. 2005, *Frangy c/ France,* nº 42270/98.

109. Aff. *Perez,* préc., § 55.

La Cour a voulu mettre un terme aux incertitudes concernant l'applicabilité de l'article 6 § 1 de la Convention aux plaintes avec constitution de partie civile. Elle rappelle que si les « *droits et obligations de caractère civil* » sont une notion autonome, la législation de l'État concerné n'est pas pour autant dénuée d'intérêt[110], qu'il s'agisse de la qualification juridique retenue, de son contenu matériel ou encore de ses effets en interne. En droit français, une plainte avec constitution de partie civile représente une action civile tendant à la réparation d'un préjudice résultant d'une infraction : or, la Cour ne voit aucune raison de l'appréhender différemment au vu des dispositions de l'article 6 § 1 de la Convention. La distinction pouvant être faite entre la constitution de partie civile (l'intervention au procès) et l'action civile (la demande de réparation) ne contredit pas l'applicabilité de l'article 6 : cela est logique dans la mesure où toute partie civile constituée est de plein droit, d'une part, partie à la procédure pour la défense de ses intérêts civils et, d'autre part, fondée à demander réparation à tout moment de cette procédure. D'ailleurs, la « constitution de partie civile » n'est en réalité qu'une modalité de « l'action civile », laquelle peut être exercée par voie d'action ou d'intervention[111]. De plus, le fait de se constituer partie civile équivalant à introduire au civil une demande d'indemnité, il importe peu que la victime n'ait pas présenté une demande formelle de réparation : en acquérant la qualité de partie civile, la victime manifeste l'intérêt qu'elle attache non seulement à la condamnation pénale de l'auteur de l'infraction, mais aussi à la réparation pécuniaire du dommage subi[112].

La procédure dans laquelle une personne se prétend victime d'une infraction est déterminante pour ses « droits de caractère civil » dès l'acte de constitution de partie civile : l'article 6 est donc applicable aux procédures relatives aux plaintes avec constitution de partie civile[113]. Par ailleurs, même lorsqu'une procédure devant les juridictions répressives ne porte que sur le bien-fondé de l'accusation pénale, il est décisif pour l'applicabilité de l'article 6 § 1 de savoir si le volet civil est resté étroitement lié au déroulement de la procédure pénale[114] : la Cour doit toujours s'interroger sur le lien étroit unissant la constitution de partie civile et l'action publique. L'action civile exercée par « voie d'action » provoque d'office la mise en mouvement de l'action publique : cet effet, pour important qu'il soit, ne constitue qu'un aspect de l'action civile par voie d'action, laquelle ne perd pas sa nature « civile »[115]. Cependant, le cas des actions civiles à but uniquement répressif est différent, car la Convention ne garantit pas de droit à la vengeance privée, pas plus que *l'actio popularis* : mais exception faite de ces cas, une plainte avec constitution de partie civile entre dans le champ d'application de l'article 6 de la

110. CEDH, 28 juin 1978, *König c/ Allemagne*, n° 6232/73, § 89.

111. Aff. *Perez*, préc., § 61.

112. *Ibid.*, § 64.

113. *Ibid.*, § 75. V° récemment : CEDH, 11 juin 2009, *Laudette c/ France*, n° 19/05.

114. CEDH, Gr. Ch., 17 janv. 2002, *Calvelli et Ciglio c/ Italie*, n° 32967/96, § 62, *RSC* 2003. 412, obs. Fl. Massias.

115. CEDH, 3 déc. 2002, *Berger c/ France*, n° 48221/99, § 38.

Convention[116] : il reste que la Cour a nettement précisé que l'article 6 est inapplicable dans le cas où la victime ne s'est constituée partie civile que dans un but répressif[117]. Enfin, tout en rappelant que l'article 6 ne garantit pas le droit de faire poursuivre ou condamner pénalement des tiers, la Cour a précisé que lorsque l'ordre juridique interne offre un recours aux justiciables, tel le dépôt d'une plainte avec constitution de partie civile, l'État a l'obligation de veiller à ce que ceux-ci jouissent des garanties fondamentales du droit à un procès équitable[118].

CEDH, Gr. Ch., 12 févr. 2004,* Perez c/ France, *n° 47287/99 :
En fait : *La requérante, une ressortissante française, se rend à la gendarmerie de son lieu de résidence afin de porter plainte contre son fils et sa fille pour violences volontaires. Elle allègue en particulier qu'à la fin de l'instruction dans le cadre de laquelle elle s'était constituée partie civile, la procédure devant la Cour de cassation ne s'était pas déroulée équitablement, tandis que le Gouvernement estime que l'art. 6 § 1 n'est pas applicable en l'espèce, faute pour la requérante d'avoir formé, au cours de la procédure, une demande en réparation du préjudice directement causé par l'infraction. La requérante considère que l'article 6 doit impérativement s'appliquer dès la constitution de partie civile, que l'affaire soit pendante ou terminée.*
En droit : *(rejet de l'exception préliminaire du Gouvernement relative à l'inapplicabilité de l'article 6 § 1 à la procédure litigieuse et non-violation de l'article 6 § 1 de la Convention) Adoptant une nouvelle approche, qui retient une interprétation restrictive des exceptions aux garanties offertes par l'article 6 § 1, et après s'être penchée sur la législation nationale en la matière, la Cour décide qu'une plainte avec constitution de partie civile rentre dans le champ d'application de l'article 6 § 1 de la Convention, sauf dans certaines hypothèses (« vengeance privée » et actio popularis ; le droit de faire poursuivre ou condamner pénalement des tiers ne saurait être admis en soi, puisqu'il doit impérativement aller de pair avec l'exercice par la victime de son droit d'intenter l'action, par nature civile, offerte par le droit interne, ne serait-ce qu'en vue de l'obtention d'une réparation symbolique ou de la protection d'un droit à caractère civil). Cette approche coïncide avec la nécessité de préserver les droits des victimes et la place qui leur revient dans le cadre des procédures pénales.*

2. Le contentieux mixte

363. La prédominance des aspects de droit privé. – Le contentieux mixte se caractérise par le fait qu'il comporte, à la fois, des aspects de droit public et de droit privé : or, si l'article 6 est applicable au droit privé, il ne l'est pas en principe au droit public. La solution consiste dès lors à ce que cet article soit applicable lorsque les aspects de droit privé prédominent.

116. Aff. *Perez*, préc., § 13 et 14.

117. Tel était le cas en l'espèce puisqu'elle avait porté son action en réparation du préjudice né de l'infraction devant la juridiction civile : CEDH (déc.), 10 juin 2004, *Garimpo c/ Portugal*, n° 66752/01.

118. CEDH, 2 oct. 2008, *Atanasova c/ Bulgarie*, n° 72001/01, §§ 35 et 46, *Dr. pénal* 2009. 21, obs. E. Dreyer.

364. Le contentieux disciplinaire. – L'applicabilité de la Convention européenne des droits de l'homme à la procédure disciplinaire, en particulier ordinale, s'est logiquement imposée[119], d'autant plus que le droit d'exercer la profession est en cause[120] : les sanctions doivent être prononcées conformément aux exigences du droit à un procès équitable.

Toutefois, des incertitudes subsistent. C'est ainsi que la question de l'applicabilité de l'article 6 au contentieux disciplinaire des magistrats n'a pas encore été véritablement tranchée par la Cour européenne, mais l'on peut penser qu'une réponse affirmative va tout naturellement s'imposer, car il n'y a aucune raison que ce contentieux échappe au procès équitable. Sans doute pouvait-on penser le contraire sous l'empire de la jurisprudence *Pellegrin,* mais, depuis l'arrêt *Vilho Eskelinen* la solution ne fait plus guère de doute, le volet civil de l'article 6 ayant vocation à s'étendre pour ce qui est des agents de l'État[121]. Il reste que, d'une manière générale, le contentieux disciplinaire suscite des difficultés, car il transcende les distinctions classiques : si la plupart du temps il est assimilé à une « contestation sur les droits et obligations de caractère civil », il l'est aussi quelquefois à une « accusation pénale ».

365. Le contentieux social. – La Cour européenne s'est prononcée en faveur de l'applicabilité de l'article 6 aux procédures relatives à un licenciement[122]. La même solution est retenue pour les procédures relatives à l'obtention de prestations et d'aides sociales dans les affaires *Feldbrugge* et *Deumeland*[123], ainsi que pour les cotisations sociales[124]. Il en va ainsi en raison de la prédominance des aspects de droit privé tels que le caractère personnel et patrimonial du droit en cause sur les aspects de droit public, en particulier l'intervention de la puissance publique. Les arrêts *Felbrugge* et *Deumeland* consacrent une interprétation extensive de la notion de contestation sur les droits et obligations de caractère civil, en y intégrant tout le contentieux de la Sécurité sociale : cette extension peut paraître excessive, car si les aspects de droit public et de droit privé s'entremêlent dans le contentieux social, il n'en reste pas moins vrai que les

119. CEDH, 28 juin 1978, *König c/ Allemagne*, préc. ; 30 nov. 1987, *H c/ Belgique*, préc. ; CEDH, 23 juin 1981, *Le Compte, Van Leuven et De Meyere c/ Belgique*, préc. ; 10 févr. 1983, *Albert et Le Compte c/ Belgique*, préc. ; *Adde* CEDH, 29 sept. 1999, *Serre c/ France*, n° 29718/96, *D.* 2000 Somm. 182, obs. N. Fricéro, *JDI* 2000. 120, obs. M. Benillouche ; CEDH, Gr. Ch., 9 oct. 2003, *Ezeh et Connors c/ Royaume-Uni*, n° 39665/98, § 130, *RSC* 2004. 173, obs. Fl. Massias, *AJDA* 2004. 534, obs. J.-F. Flauss, *AJ Pénal* 2004. 36, obs. J.-P. Céré.

120. CEDH, 23 juin 1981, *Le Compte, Van Leuven et De Meyere,* préc. ; 10 févr. 1983, *Albert et Le Compte,* préc. ; 30 nov. 1987, *H. c/ Belgique,* préc.

121. V° *infra*, n° 368.

122. CEDH, 6 mai 1981, *Buchholz c/ Allemagne,* n° 7759/77 (employé d'une entreprise privée) ; 26 oct. 1993, *Darnell c/ Royaume-Uni,* n° 15058/89 (agent contractuel).

123. CEDH, 29 mai 1986, *Feldbrugge c/ Pays-Bas,* n° 8562/79 ; 29 mai 1986, *Deumeland c/ Allemagne,* n° 9384/81 ; 26 févr. 1993, *Salesi c/ Italie,* n° 13023/87, § 19 ; 24 juin 1993, *Schuler-Zgraggen c/ Suisse,* n° 14518/89 (à propos d'une rente d'invalidité et nonobstant la qualification donnée en droit interne).

124. CEDH, 9 déc. 1994, *Schouten et Meldrum c/ Pays-Bas,* n° 19005/91, § 49 (les cotisations sociales n'entrent pas dans le champ du droit public malgré l'intervention de l'État : § 52).

caractéristiques collectives et publiques sont fortes et pourraient même prévaloir[125].

CEDH, 29 mai 1986, Feldbrugge c/ Pays-Bas, _n° 8562/79 :_
En fait : *La requérante, bien qu'au chômage, a cessé de s'inscrire comme demandeur d'emploi auprès de l'agence du travail, car, tombée malade, elle ne s'estimait pas encore en mesure d'exercer une activité. Les autorités ont alors décidé qu'elle n'aurait plus droit aux allocations d'assurance-maladie. Elle exerce alors un recours devant la « commission des recours », où elle estime ne pas avoir bénéficié d'un procès équitable.*
En droit : *(applicabilité de l'art. 6 § 1 et violation) Le système néerlandais d'assurance sociale contre la maladie révèle en même temps des aspects de droit public (caractère de la législation ; caractère obligatoire de l'assurance ; prise en charge de la protection sociale par la puissance publique) et de droit privé (nature personnelle et patrimoniale du droit contesté ; rattachement au contrat de travail ; affinités avec une assurance de droit commun). Ayant évalué le poids respectif des aspects de droit public et de ceux de droit privé que présente l'affaire, la Cour relève la prédominance des seconds. Aucun d'eux n'apparaît décisif à lui seul, mais additionnés et combinés ils confèrent au droit revendiqué un caractère civil au sens de l'art. 6 § 1 de la Convention, lequel trouvait donc à s'appliquer.*

Par ailleurs, les juges de Strasbourg ont jugé que la décision administrative de refus ou de retrait d'autorisation d'exercer une activité professionnelle relève de l'article 6, car elle met en jeu un droit de caractère civil[126].

366. Le contentieux financier. – Les juges européens ont depuis longtemps précisé que, de manière générale, les procédures devant les cours des comptes entrent dans le champ d'application de l'article 6 § 1 de la Convention[127]. L'applicabilité de l'article 6 a cependant été contestée, principalement parce que le juge financier fonde sa décision sur les éléments matériels des comptes soumis à son contrôle, à l'exclusion de toute appréciation du comportement personnel du comptable. Toutefois, l'argumentation n'a pas été retenue par la Cour dans l'affaire *Richard-Dubarry*. Pour elle, ces juridictions exercent un contrôle de régularité des opérations faites par les comptables publics : en cas de gestion irrégulière, elles mettent le comptable en débet en le déclarant débiteur d'une somme donnée à l'égard de la collectivité dont il a manié les fonds ; un tel contrôle est donc de nature à entraîner la mise en responsabilité des agents et élus des collectivités qui sont reconnus comptables de fait et sont personnellement et pécuniairement responsables de la tenue de la comptabilité occulte. Par conséquent, dès lors que les comptes examinés ont fait apparaître un

125. Cf. en ce sens les opinions dissidentes dans l'affaire *Feldbrugge*.

126. CEDH, 26 juin 1978, *König c/ Allemagne*, préc. ; 7 juill. 1989, *Tre Traktörer Aktielobag c/ Suède*, préc. V° cependant CEDH, 27 mars 2001, *Kervoëlen c/ France*, n° 35585/97.

127. CEDH, 26 nov. 1992, *Francesco Lombardo c/ Italie*, n° 11519/85 ; Gr. Ch., 28 juill. 1999, *Bottazzi c/ Italie*, n° 34884/97, *D.* 2000 Somm. 185, obs. N. Fricéro ; 12 avr. 2001, *Logothetis c/ Grèce*, n° 46352/99. Pour l'applicabilité de l'art. 6 § 1 à une cour de discipline budgétaire et financière : CEDH, 26 sept. 2000, *Guisset c/ France*, n° 33933/96.

manquement dans la gestion des deniers publics au préjudice du Trésor public, il y a bien une « contestation » et celle-ci est réelle et sérieuse puisqu'elle porte sur le point de savoir si la requérante peut obtenir une décharge des obligations qui pèsent sur elle au titre des exercices examinés par les juridictions financières. L'issue de la procédure est donc déterminante pour l'obligation de la requérante de restituer les sommes pour lesquelles elle a été mise en débet à l'égard de l'État créancier[128].

3. Le contentieux public

367. L'applicabilité partielle de l'article 6. – Le contentieux public est *a priori* une limite à l'application de l'article 6, mais des aménagements sont intervenus : une exclusion totale de l'article 6 au contentieux public n'est pas envisageable. Il est vrai que l'intervention de la puissance publique est de moins en moins exclusive du caractère civil des contestations, l'article 6 ne devant être écarté que lorsque l'on touche au cœur de l'*imperium* où donc le pouvoir discrétionnaire de l'administration est irréductible.

En définitive, la matière civile englobe toutes les contestations afférentes au patrimoine ou à l'activité économique du justiciable, toutes les procédures qui se déploient en liaison avec ses intérêts pécuniaires. Finalement, ce sont les effets d'un droit et non pas sa classification dans l'ordre interne qui priment et qui justifient donc l'extension du domaine de l'article 6 de la Convention[129].

368. Le contentieux de la fonction publique. – La règle traditionnelle est que le contentieux de la fonction publique échappe au champ d'application de l'article 6, ce qui s'explique par le fait que l'exercice des prérogatives de puissance publique est en jeu. La Cour a rapidement jugé cet article inapplicable quand il s'agit des nominations, des promotions ou

128. CEDH (déc.), 7 oct. 2003, *Richard-Dubarry c/ France,* n° 53929/00, *D.* 2004 Somm. 990, obs. C. Bîrsan, *JCP* 2004-I-161 n° 4, obs. F. Sudre. Cf. *mutatis mutandis*, CEDH, 23 oct. 1991, *Muyldermans c/ Belgique,* n° 12217/86, p. 13 et s. V° CEDH, 1er juin 2004, *Richard-Dubarry c/ France,* n° 53929/00, § 80. *Adde* CEDH (déc.), 13 janv. 2004, *Martinie c/ France,* n° 58675/00, *JCP* 2004-I-161 n° 4, obs. F. Sudre, (art. 6 applicable à la procédure de jugement des comptes des comptables publics) ; CEDH, Gr. Ch., 12 avr. 2006, *Martinie c/ France,* n° 58675/00, *JCP* 2006, 1324, note J. Andriantsimbazovina, *JCP* 2006-I-164 n° 5, obs. F. Sudre, *AJDA* 2006. 986, obs. F. Rolin et p. 1710, obs. J.-F. Flauss, *RFDA* 2006. 577, obs. L. Sermet. Dans la ligne de cet arrêt, v° CEDH, 27 juill. 2007, *Baumet c/ France,* n° 56802/00, § 62, *JCP* 2008-I-110 n° 4, obs. F. Sudre.

129. CEDH, 7 janv. 2003, *Laidin c/ France,* n° 43191/98, § 73. V° aussi : CEDH, 28 juin 1978, *König c/ Allemagne,* n° 6232/73, *CDE* 1979, p. 474, obs. G. Cohen-Jonathan, *AFDI* 1979, p. 348, obs. R. Pelloux, *JDI* 1980, p. 460, obs. P. Rolland ; 24 oct. 1989, *H. c/ France,* n° 10073/82. V° aussi : CEDH, 25 oct. 1989, *Allan Jacobsson c/ Suède (n° 1),* n° 10842/84 (refus d'un permis de construire) ; CEDH, 27 nov. 1991, *Oerlemans c/ Pays-Bas,* n° 12565/86 (arrêté de classement d'un site naturel) ; CEDH, 22 sept. 1994, *Hentrich c/ France,* n° 13616/88 (une procédure de préemption fiscale) ; CEDH, 28 juin 1978, *König c/ Allemagne,* n° 6232/73 ; 7 juill. 1989, *Tre Traktörer c/ Suède,* n° 10873/84 (refus ou de retrait d'autorisation d'exercer une activité professionnelle) ; CEDH, 16 déc. 1992, *Geouffre de la Pradelle c/ France,* n° 12964/87 (pour un décret de classement d'un site naturel, s'agissant d'une action en annulation d'une décision administrative préjudiciant aux droits subjectifs du requérant) ; CEDH, 23 sept. 2008, *Emine Arac c/ Turquie,* n° 9907/02 (le droit d'accès à un établissement d'enseignement supérieur est un droit de caractère civil).

de toutes autres mesures relatives à la carrière[130] : toutefois une exception est apparue lorsque les revendications litigieuses ont trait à un droit patrimonial, comme le paiement des pensions ou des salaires[131]. Dès lors, les garanties du droit à un procès équitable ont été étendues aux fonctionnaires[132], à moins que l'accès à la fonction publique ne soit au centre des débats ou, d'une façon plus générale, que ne soient en cause les prérogatives discrétionnaires de l'administration. Il a ainsi été jugé que l'article 6 est applicable lorsque la revendication litigieuse a trait à un droit « purement » ou « essentiellement » patrimonial. Des incertitudes sont aussitôt apparues, la ligne de partage entre ce qui est ou non « essentiellement » patrimonial étant floue[133].

L'arrêt *Pellegrin* a voulu clarifier l'applicabilité de l'article 6 de la Convention, précisant que le contentieux n'acquiert pas une nature civile du seul fait qu'il soulève aussi des questions d'ordre économique[134] : la Cour adopte un nouveau critère fondé sur les fonctions et les responsabilités de l'agent, le critère fonctionnel[135]. Certains postes dans la fonction publique comportent une mission d'intérêt général ou une participation à l'exercice de la puissance publique : leurs titulaires détiennent ainsi une parcelle de la souveraineté de l'État et l'article 6 n'est pas applicable[136], mais il en va tout autrement pour les autres postes. Il reste que la jurisprudence *Pellegrin* n'a pas levé toutes les incertitudes. Malgré ses limites, le critère patrimonial a continué à être utilisé,[137] mais la Cour européenne a rapidement retenu une interprétation restrictive de ce critère, ce qui semble conduire à l'applicabilité de principe de l'article 6 dans les litiges de la fonction publique[138] : l'idée

---

130. Cf. Comm. EDH, 1er mars 1983, *X. c/ Portugal*, DR 32/258 ; 8 oct. 1980, *X. c/ Royaume-Uni*, DR 21/174. *Adde* CEDH, 17 mars 1997, *Neigel c/ France*, n° 18725/91, § 43, *JCP* 1998-I-107 n° 16, obs. F. Sudre, *RGDP* 1998. 251, obs. J.-F. Flauss, *RTDH* 1998. 303, obs. D. Yernault ; 24 août 1993, *Massa c/ Italie*, n° 14399/88, § 26.

131. CEDH, 2 sept. 1997, *Nicodemo c/ Italie*, n° 25839/94, § 18 ; 30 oct. 2001, *Devlin c/ Royaume-Uni*, n° 29545/95, *Europe* 2002 com. n° 72, obs. V. Lechevallier ; 26 nov. 1992, *Lombardo c/ Italie*, n° 11519/85, § 17 ; 24 août 1993, *Massa c/ Italie*, n° 14399/88, § 26 ; 24 août 1993, *Scuderi c/ Italie*, n° 12986/87 ; 2 sept. 1997, *De Santa c/ Italie*, n° 25574/94, § 18. Cf. cependant CEDH, 19 févr. 1998, *Huber c/ France*, n° 26637/95, *D.* 1998 Somm. 365, obs. J.-F. Renucci ; 24 août 1993, *Scuderi c/ Italie*, n° 12986/87 ; 2 sept. 1997, *De Santa c/ Italie*, préc., § 18.

132. CEDH, 28 août 1986, *Glasenapp c/ Allemagne*, n° 9228/80, § 49.

133. CEDH, 29 juill. 1998, *Le Calvez c/ France*, n° 25554/94 ; 24 août 1998, *Couez c/ France*, n° 24271/94 ; 24 août 1998, *Benkessiouer c/ France*, n° 26106/95, *JCP* 1999-I-105 n° 23, obs. F. Sudre, *D.* 1999 Somm. 267, obs. J.-F. Renucci.

134. CEDH, Gr. Ch., 8 déc. 1999, *Pellegrin c/ France*, n° 28541/95, *JCP* 2000-I-203 n° 7, obs. F. Sudre, *D.* 2000 Somm. 181, obs. J.-F. Renucci, *JDI* 2000. 139, obs. P. Tavernier, *AJDA* 2000. 530, obs. J.-F. Flauss.

135. Aff. *Pellegrin*, préc., § 64.

136. Aff. *Pellegrin*, préc., § 65 et 66. C'est notamment le cas des militaires (CEDH, 5 déc. 2000, *Mosticchio c/ Italie*, n° 41808/98 ; 27 févr. 2001, *R. c/ Belgique*, n° 33919/96), de la police, des magistrats (CEDH (déc.), 8 févr. 2001, *Pitkevitch c/ Russie*, n° 47936/99), ainsi que des diplomates et des hauts fonctionnaires des affaires étrangères (CEDH (déc.), 7 mars 2000, *Martinez-Caro de la Concha Castaneda et autres c/ Espagne*, n° 42646/98).

137. Cf. l'intéressante affaire *Loiseau* où la Cour a jugé que l'art. 6 s'applique à une procédure de reconstitution de documents administratifs, le litige ayant « une certaine coloration patrimoniale » : CEDH, 18 nov. 2003, *Loiseau c/ France*, n° 46809/99, *D.* 2004 Somm. 990, obs. C. Bîrsan.

138. CEDH, Gr. Ch., 27 juin 2000, *Frydlender c/ France*, n° 30979/96, *JCP* 2001-I-291 n° 16, obs. F. Sudre. Cf. cependant : CEDH, 27 févr. 2001, *R. c/ Belgique*, n° 33919/96, *JCP* 2001-I-342 n° 9, obs. F. Sudre.

est que, dès lors que les « prérogatives discrétionnaires » de l'administration ne sont pas en cause, l'État se trouve dans la situation d'un employeur partie à un contrat de travail régi par le droit privé[139]. Cela est encore plus évident pour les litiges en matière de pensions, l'agent retraité ayant rompu le lien particulier qui l'unit à l'administration : il se trouve dès lors dans la même situation que le salarié de droit privé puisque, d'une part le lien spécial de confiance et de loyauté avec l'État a cessé d'exister et, d'autre part l'agent ne peut plus détenir de parcelle de la souveraineté de l'État[140].

Il reste que des incertitudes subsistent, et l'arrêt *Vilho Eskelinen* les a prises en considération : les juges européens admettent que le critère fonctionnel peut, en soi, déboucher sur des anomalies[141]. Ils estiment que, prise à la lettre, « l'approche fonctionnelle » commande d'exclure l'application de l'article 6 dans les litiges où la situation d'un requérant fonctionnaire est semblable à celle de n'importe quel autre plaideur, c'est-à-dire où le conflit opposant le salarié et l'employeur n'a pas spécialement trait au « lien spécial de confiance et de loyauté »[142]. C'est la raison pour laquelle le critère fonctionnel adopté dans l'affaire *Pellegrin* doit être « développé plus avant » selon la Cour[143], ce qui signifie qu'il ne doit pas être abandonné, mais affiné. En définitive, l'arrêt *Pellegrin* doit être replacé dans le contexte de la jurisprudence antérieure de la Cour et être compris comme une première distanciation d'avec l'ancien principe d'inapplicabilité de l'article 6 à la fonction publique, et un premier pas vers l'applicabilité partielle[144]. Le principe est donc celui de l'applicabilité de l'article 6 aux fonctionnaires[145] et il n'en va autrement qu'en cas de motifs objectifs liés à l'intérêt de l'État. Toutefois, le simple fait que l'intéressé relève d'un service participant à l'exercice de la puissance publique n'est pas en soi déterminant : pour que l'exclusion de l'article 6 soit justifiée, l'État doit en outre démontrer qu'il existe un « lien spécial de confiance et de loyauté » entre l'intéressé et l'État employeur, et que l'objet du litige est lié à l'exercice de l'autorité étatique ou remet en cause ce lien spécial[146]. Par conséquent, les conflits ordinaires du travail, portant par exemple sur un salaire, une indemnité ou tout droit de ce type, relèvent de l'article 6. Il y a donc une présomption selon laquelle cet article trouve à s'appliquer, à charge pour l'État

139. CEDH, 2 sept. 1997, *Spurio et a. c/ Italie*, n° 3217/94 (18 arrêts), *JCP* 1998-I-107 n° 16, obs. F. Sudre. Cf. aussi aff. *Neigel*, préc., § 43 ; aff. *Massa*, préc., § 26.

140. CEDH, 18 juill. 2000, *S. M. c/ France*, n° 41453/98, § 19.

141. CEDH, Gr. Ch., 19 avr. 2007, *Vilho Eskelinen et autres c/ Finlande*, n° 63235/00, § 50, *RFDA* 2007. 1031, note G. Gonzalez, *AJDA* 2007. 1921, obs. J.-F. Flauss, *AJDA* 2007. 887, obs. S. Brondel, *RTDH* 2008. 1125, note J. Van Campernolle, *JCP* 2007-I-182 n° 3, obs. F. Sudre, lequel observe que, désormais, toute personne – et donc tout fonctionnaire – a un droit d'accès à un tribunal offrant les garanties de l'article 6, sauf dérogation expressément prévue par le droit interne et validée par la CEDH. Le prof. Flauss fait observer qu'en bonne logique, la jurisprudence *Vilho Eskelinen* devrait conduire à un renforcement de la protection juridictionnelle des fonctionnaires (obs. préc.).

142. Aff. *Vilho Eskelinen et autres* préc., § 53

143. Aff. *Vilho Eskelinen et autres* préc., § 56

144. Aff. *Vilho Eskelinen et autres* préc., § 57.

145. Pour un exemple, entre autres, où l'applicabilité de l'art. 6 est incontestable : CEDH, 17 déc. 2013, *Nikolova et Vandova c/ Bulgarie*, n° 20688/04, *Dalloz Actu*. 20 déc. 2013, obs. A. Portmann, *JCP* 2014, 38, 44, obs. L. Milano.

146. Aff. *Vilho Eskelinen et autres* préc., § 62.

d'apporter la preuve contraire. Désormais, les choses paraissent plus claires, encore que l'on puisse se demander si le droit d'accès à un tribunal est une simple garantie du procès équitable ou également une condition de son application[147].

CEDH, Gr. Ch., 19 avr. 2007,* Vilho Eskelinen et autres c/ Finlande, *nº 63325/00 :
En fait : *La requête a été introduite par des policiers finlandais qui bénéficiaient d'un avantage en raison de l'éloignement géographique de leur lieu de travail. Cet avantage leur a été supprimé, mais un complément de salaire leur a été versé en compensation. Toutefois, après avoir été affectés dans un autre service encore plus éloigné, ils perdirent le bénéfice du complément de salaire, malgré les promesses qui leur avaient été faites par les autorités. Ils se plaignent, entre autres, d'une violation de l'art. 6 § 1 en raison de la durée de la procédure.*
En droit : *(applicabilité de l'art. 6 § 1 et violation). La Cour a donc décidé d'adopter une nouvelle approche en la matière : pour que l'État défendeur puisse devant elle invoquer le statut de fonctionnaire d'un requérant afin de le soustraire à la protection offerte par l'art. 6, deux conditions doivent être remplies. D'une part, le droit national doit avoir expressément exclu l'accès à un tribunal s'agissant du poste ou de la catégorie de salariés en question. D'autre part, cette dérogation doit reposer sur des motifs objectifs liés à l'intérêt de l'État. Le simple fait que l'intéressé relève d'un secteur ou d'un service qui participe à l'exercice de la puissance publique n'est pas en soi déterminant. Pour que l'exclusion des garanties de l'art. 6 se justifie, il ne suffit pas que l'État démontre que le fonctionnaire en question participait à l'exercice de la puissance publique ou qu'il existait, pour reprendre les termes de la Cour dans l'arrêt Pellegrin, un « lien spécial de confiance et de loyauté » entre le fonctionnaire et l'État, son employeur. L'État doit aussi démontrer que l'objet du litige se rapporte à l'exercice de la puissance publique ou qu'il remet en cause ce lien spécial. Il ne pourra donc en principe être dérogé aux garanties de l'art. 6 pour les litiges ordinaires dans le domaine du travail, tels que ceux concernant les salaires, les indemnités ou autres avantages, en raison du caractère particulier du lien unissant le fonctionnaire dont il s'agit et l'État concerné. En effet, il y aura présomption que l'art. 6 trouve à s'appliquer, et il appartiendra à l'État défendeur de démontrer, premièrement, que d'après le droit national un requérant fonctionnaire n'a pas le droit d'accéder à un tribunal, et, deuxièmement, que l'exclusion des droits garantis à l'article 6 est fondée s'agissant de ce fonctionnaire.*

369. Le contentieux constitutionnel. – La jurisprudence européenne a étendu le champ d'application de l'article 6 au contentieux constitutionnel[148], en particulier avec l'arrêt *Ruiz-Mateos*[149] qui confirme la jurisprudence antérieure en rappelant et précisant l'applicabilité partielle du volet civil de l'article 6 § 1 aux cours constitutionnelles[150]. Dès lors que

147. Sur ce « brouillage » du droit d'accès à un tribunal : F. Sudre, note sous aff. *Vihlo Eskelinen*, préc.

148. CEDH, 27 août 1991, *Demicoli c/ Malte*, nº 13057/87 ; 16 sept. 1996, *Süssmann c/ Allemagne*, nº 20024/92.

149. CEDH, 23 juin 1993, *Ruiz-Mateos c/ Espagne*, nº 12952/87, *RFD Const.* 1994. 175, obs. G. Cohen-Jonathan, *JDI* 1994. 799, obs. P. Tavernier.

150. J. Andriantsimbazovina, obs. sous l'arrêt *Ruiz-Mateos*, in F. Sudre et autres, *Les grands arrêts de la Cour européenne des droits de l'homme, op. cit., p.* 189 et s.

le résultat d'un arrêt d'une cour constitutionnelle peut être déterminant sur l'issue du litige portant sur un droit civil, l'applicabilité de l'article 6 est certaine[151].

L'applicabilité de l'article 6 n'est reconnue que pour les seuls recours constitutionnels directs introduits devant une cour constitutionnelle[152] : les recours introduits par les pouvoirs publics dans le cadre de procédures abstraites n'entrent pas dans le champ d'application de l'article 6, en raison du caractère constitutionnel de la procédure, laquelle n'a de plus aucun lien avec une instance devant une juridiction ordinaire[153].

370. Le contentieux fiscal. - En raison de sa nature, ce contentieux échappe, en principe, à l'article 6,[154] mais des exceptions sont possibles[155]. Il a notamment été jugé que la contestation du refus par l'administration d'accorder des avantages fiscaux et postaux à une société est une contestation de caractère civil parce qu'elle concerne des droits patrimoniaux[156]. De même, l'article 6 de la Convention est applicable aux actions en restitution de sommes versées au fisc au titre de l'impôt sur le revenu[157].

Il est vrai que l'arrêt *Vidacar* a précisé que l'article 6 n'est pas applicable aux procédures fiscales en tant que telles, car elles n'ont pas trait à des contestations de caractère civil[158]. Toutefois, la portée de cette jurisprudence est limitée puisqu'il est simplement précisé qu'une conséquence économique ne donne pas automatiquement à la contestation un caractère de droit privé au sens de l'article 6 : cela n'est pas pour autant systématique et tout est question de proportion. Certes, l'arrêt *Ferrazzini* a confirmé l'inapplicabilité de l'article 6, rappelant que la matière fiscale ressortit encore au noyau dur des prérogatives de la puissance publique, le caractère public du rapport entre le contribuable et la collectivité restant prédominant[159]. Toutefois, il y a un aspect où l'État transgresse ces prérogatives et entre dans un domaine où l'individu devrait avoir la possibilité, dans une société démocratique, de remettre en cause un tel devoir de contribuable, c'est-à-dire de faire valoir l'abus de droit dans les procédures d'exécution immédiate[160]. C'est dire que la non-

151. Aff. *Ruiz-Mateos*, préc., § 35 ; cf. aussi : CEDH, 18 oct. 2001, *Mianowicz c/ Allemagne*, n° 42505/98, § 45 ; 12 juin 2001, *Trickovic c/ Slovénie*, n° 39914/98, § 39 et s.

152. CEDH, 27 juill. 2000, *Klein c/ Allemagne*, n° 33379/96, § 29 et s. ; 26 oct. 2000, *Castanheira Barros c/ Portugal*, n° 36945/97, § 36 ; 4 avr. 2002, *Volkwein c/ Allemagne*, n° 45181/99, § 32, mais aussi le volet pénal (CEDH, 25 févr. 2000, *Gast et Popp c/ Allemagne*, n° 29357/95, § 62 et s.).

153. J. Andriantsimbazovina, obs. préc., p. 193.

154. Comm. EDH, 8 juill. 1980, *X. c/ Autriche*, DR 21/246 ; 4 mai 1983, *X. c/ France*, DR 32/266.

155. CEDH, 9 déc. 1994, *Schouten et Meldrum c/ Pays-Bas*, n° 19005/91. Cf. récemment : CEDH, 23 juill. 2012, *Västberga Taxi Aktiebolag et Vulic c/ Suède*, n° 36985/97.

156. Aff. *Périscope*, préc. § 39 et s.

157. CEDH, 23 oct. 1997, *National & Provincial building society et autres c/ Royaume-Uni*, n° 21319/93..., *JCP* 1998-I-107 n° 17, obs. F. Sudre.

158. CEDH (déc.), 20 avr. 1999, *Vidacar SA c/ Espagne* et *Opergrup SL c/ Espagne*, n° 41601/98, *Rev. Dr. fisc.* 11/1999, n° 1487.

159. CEDH, Gr. Ch., 12 juill. 2001, *Ferrazzini c/ Italie*, n° 44759/98, § 29, *Europe* 2001 n° 339, obs. V. Lechevallier, *JCP* 2002-I-105 n° 6, obs. F. Sudre, *JDI* 2002. 261, obs. P. Tavernier, *Procédures* 2002 com. n° 40, obs. J.-L. Pierre.

160. En ce sens, l'opinion du juge Ress (aff. *Ferrazzini*).

applicabilité de l'article 6 au contentieux fiscal peut paraître à certains égards critiquable. Il reste que dans une autre affaire française, et malgré l'argumentation du Gouvernement soutenant que le contentieux fiscal échappait au champ des droits et obligations de caractère civil en s'appuyant précisément sur l'arrêt *Ferrazzini*, la Cour a jugé que l'article 6 était applicable[161] : dans cette affaire *Ravon*, les juges européens ont censuré le dispositif applicable aux perquisitions fiscales, lesquelles sont autorisées par la loi nationale[162] au vu d'un dossier faisant présumer l'existence d'agissements frauduleux dont la preuve est recherchée. On peut d'ailleurs se demander si le contentieux de la régularité de ces perquisitions est bien de nature civile, certains auteurs estimant qu'il serait de nature pénale[163].

371. Bibliographie. Costa (J.-P.), *Les droits et obligations de caractère civil selon la jurisprudence de la Cour européenne des droits de l'homme,* Mél. Julien, Edilaix 2003, p. 103 et s. ; Dourneau-Josette (P), *CEDH, Jurisprudence de la Cour EDH en matière pénale, Rép. Dr. pén. pr. pén.* 2013 (mise à jour 2017) ; Matscher (F.), *La notion de décision d'une contestation sur un droit ou une obligation de caractère civil au sens de l'article 6 § 1 de la Convention européenne des droits de l'homme,* Mél. Wiarda, Carl Heymanns Verlag KG 1988, p. 395 et s. ; Pelissier (G.), *Le contentieux de l'arbitrage commercial international impliquant des personnes publiques, RFDA* 2016, p. 1154 et s. ; Pettiti (Ch.), *La notion autonome de droit de caractère civil : vers une conception restrictive, in* « Le procès équitable et la protection juridictionnelle du citoyen », Bruylant, 2001, p. 23 et s. ; Szymczak (D), *CEDH : application interne, Rép. Dr. Europe* 2014. ***Contentieux privé :*** Chambi Favre-Bulle (A.) et al., *L'arbitrage et la Convention européenne des droits de l'homme,* Bruylant, « Droit et justice 31 », 2001 ; Guinchard (S), *CEDH et procédure civile, Rép. pr. civ.* 2012*;* Lambert (P.) et Cambi Favre-Bulle (A.), *Un arbitre indépendant et impartial aux termes de l'article 6 § 1er de la Convention européenne des droits de l'homme,* Mél. Lambert, Bruylant, 2000, p. 655 et s. ; Lambert (P.), *L'arbitrage et l'article 6 § 1° de la Convention européenne des droits de l'homme, in* « L'arbitrage et la Convention européenne des droits de l'homme », Bruylant, « Droit et justice 31 », 2001, p. 9 et s. ; Mourre (A.), *Le droit français de l'arbitrage international face à la Convention européenne des droits de l'homme, Gaz. Pal.* 1er/2 décembre 2000, p. 16 et s. ; Roets (D.), *Le contentieux de l'action civile et l'article 6 § 1 de la Convention européenne des droits de l'homme, une tentative de clarification, D.* 2004 Chron. p. 2943 et s. ***Contentieux mixte :*** Ader (H.), *L'intervention de la Cour européenne en matière disciplinaire,* Mél. Pettiti, Bruylant, 1998, p. 95 et s. ; Céré (J.-P.), *L'article 6 de la Convention européenne des droits de l'homme et le procès disciplinaire en prison, JCP* 2001-I-316, p. 869 et s. ; Dubois (P.), *L'article 6 de la Convention européenne des droits de l'homme et les procédures administratives et disciplinaires, CDE* 1979, p. 411 et s. ; Daugareilh (I.), *La Convention européenne de sauvegarde des droits de l'homme et des libertés fondamentales et la protection sociale, RTDH* 2001, p. 123 et s. ; Douat (E), dir., *La réforme des procédures des juridictions financières et la Convention européenne des droits de*

161. CEDH, 21 févr. 2008, *Ravon c/ France,* n° 18497/03, § 27, *D.* 2008. 1054, obs. C. Guélaud, *JCP* 2008-I-167 n° 10, obs. F. Sudre, *RDP* 2009. 905, obs. G. Gonzalez, *RSC* 2009. 598, obs. H. Matsopoulou. Confirmation de cette jurisprudence quelques mois plus tard : CEDH, 24 juill. 2008, *André et autres c/ France,* n° 18603/03, *JCP* 2008-II-10182, note Ch. Louit, *JCP* 2009-I-104 n° 11, obs. F. Sudre, *Dr. pénal* 2009. 25, obs. E. Dreyer.

162. Art. L. 16B, Livre proc. fisc. À noter qu'à la suite de l'arrêt Ravon, le législateur français a immédiatement pris des initiatives pour modifier le dispositif applicable : v° N. Forissier, Rapp. enregistré à la Présidence de l'Assemblée nationale, 20 mai 2008, n° 905, p. 230 et s. Cf. Ord. n° 2008-1161 du 13 nov. 2008. Comp. CEDH 21 déc. 2010, *Canal plus et autres c/ France,* n° 29408/08 ; 21 déc. 2010, *Compagnie des gaz de pétrole Primagaz c/ France,* n° 29613/08, *JDI* 2011, chron. 12, obs. A. Decaux, P. Tavernier, M. Boumghar et autres.

163. H. Matsopoulou, préc. qui observe que ces actes ne peuvent être autorisés que s'il existe des « présomptions », ce qui laisse penser que le contribuable en cause se livre à des agissements frauduleux ; de plus, le but recherché est bien de rechercher des preuves destinées à faire apparaître ces agissements qui pourront donner lieu à des sanctions fiscales... et pour la Cour, d'une façon plus générale, certaines pénalités fiscales relèvent de la « matière pénale ».

l'homme, *RF fin. publ.* 2009, p. 11 et s. ; Flauss (J.-F.), *Vers une évolution du contentieux disciplinaire devant la juridiction ordinale*, *Gaz. Pal.* 19 juin 1982 Doctr. p. 338 et s. ; Flécheux (G.), *Les procédures disciplinaires et la Convention européenne des droits de l'homme*, Mél. Soyer, LGDJ, 2000, p. 183 et s. ; Lambert (P.), *La Convention européenne des droits de l'homme et les procédures disciplinaires au sein des professions libérales*, *RTDH* 1990, p. 35 et s. ; *Les droits relatifs à l'administration de la justice disciplinaire dans la jurisprudence des organes de la Convention européenne des droits de l'homme*, *RTDH* 1995, p. 160 et s. ; McKee (J.-Y.), *Le Conseil supérieur de la magistrature siégeant comme conseil de discipline des magistrats du siège et l'article 6 de la Convention européenne des droits de l'homme*, Mél. Drai, Dalloz, 2000, p. 89 et s. ; Michalauskas (M.), *Brèves réflexions sur l'applicabilité de l'article 6 § 1 de la Convention européenne des droits de l'homme au contentieux relatif au statut du magistrat*, *RTDH* 2004, p. 645 et s. ; Pralus-Dupuy (J.), *L'applicabilité de l'article 6 de la Convention européenne de sauvegarde des droits de l'homme aux contentieux disciplinaires : état des lieux*, *RFDA* 2008, p. 317 et s. ; Renaudie (V.), *Les juridictions financières françaises face à l'article 6 de la Convention européenne des droits de l'homme*, *RTDH* 2008, p. 163 et s. ; ***Contentieux public :*** Costa (J.-P.), *CEDH et contentieux administratif*, *Rép. Contentieux adm.* 2002 (mise à jour 2014) ; Dubois (P.), *L'article 6 de la Convention européenne des droits de l'homme et les procédures administratives et disciplinaires*, *CDE* 1979, p. 411 et s. ; Fitte-Duval (A.), *La fonction publique et le juge européen des droits de l'homme*, *AJDA* 1997, p. 731 et s. ; Flauss (J.-F.), *Convention européenne des droits de l'homme et répression disciplinaire dans la fonction publique*, *RTD eur.* 1995, p. 201 et s. ; Maublanc (P.), *Dynamique européenne et résistances internes, Propos sur l'application de l'article 6 § 1 de la Convention européenne des droits de l'homme en matière fiscale*, *RFDA* 1995, p. 1185 et s. ; Milano (L.), *Fonction publique et Convention européenne des droits de l'homme*, *J.-Cl.* Fonctions publiques, 03, 2007 ; Pretot (X.), *Le contentieux de la fonction publique et la Convention européenne des droits de l'homme*, *RDP* 2000, n° 3 ; Scoffoni (G.), *Jurisprudence et Convention européenne des droits de l'homme : vers une protection européenne du contribuable national*, *Cah. IDEDH* 2/1993, p. 110 et s.

B. Le bien-fondé d'une accusation en matière pénale

372. Une notion autonome. - Le bien-fondé d'une accusation en matière pénale est une notion autonome, tout comme celle de contestation sur les droits et obligations de caractère civil. C'est dire que l'apport jurisprudentiel à la précision de la notion a été particulièrement important, étant entendu que c'est une interprétation extensive qui a été privilégiée.

373. La notion d'accusation pénale. - La notion d'accusation est largement entendue et une conception matérielle est retenue[164] : en général, il s'agit de la notification officielle, émanant de l'autorité compétente, du reproche d'avoir commis une infraction pénale ; mais elle peut aussi revêtir la forme d'autres mesures impliquant un tel reproche et entraînant des répercussions importantes sur la situation de la personne en cause[165]. Seront donc considérées comme une accusation au sens européen du terme des mesures comme l'arrestation, la mise en examen, l'ouverture

164. CEDH, 27 févr. 1980, *Deweer c/ Belgique*, n° 6903/75, § 42, *CDE* 1982. 196, obs. G. Cohen-Jonathan, *AFDI* 1981. 286, obs. R. Pelloux, *JDI* 1982. 197, obs. P. Rolland ; 26 mars 1982, *Adolf c/ Autriche*, n° 8269/78. Cf. récem. : CEDH, 20 oct. 1997, *Serves c/ France*, n° 20225/92, *JCP* 1998-I-107 n° 20, obs. F. Sudre (assignation à comparaître comme témoin).

165. CEDH, 10 déc. 1982, *Foti et autres c/ Italie*, n° 7604/76..., § 52. *Adde* CEDH, 20 oct. 1997, *Serves c/ France*, préc. ; aff. *Deweer*, préc., § 42.

d'une enquête préliminaire...[166]. En toute logique, cette solution s'est imposée également pour la fixation de la peine[167].

374. Les critères de l'accusation pénale. – Ces critères ont été précisés par la jurisprudence européenne : fixés par l'arrêt *Engel*[168], ils ont été affinés par l'arrêt *Oztürk*[169]. D'abord, les juges européens prennent en considération les indications du droit national, car il est important de savoir si à cet égard l'infraction en cause est qualifiée de pénale ; certes, cette importance est relative dans l'hypothèse où une autre qualification pourrait être retenue, mais cette approche ne peut pour autant être négligée. Ensuite, la nature du fait ou du comportement est un élément essentiel : une certaine gravité s'impose pour que l'on puisse évoquer le droit pénal[170]. Enfin, les juges européens tiennent compte du but et de la sévérité de la sanction : bien que tous les critères soient importants, celui-ci est capital. La marge d'appréciation des juges est grande, mais nul doute qu'une privation de liberté sera le signe du caractère pénal de l'infraction[171], tout comme le montant très élevé des amendes.

CEDH, 8 juin 1976,* Engel et autres c/ Pays-Bas, *n° 5100/71... :
En fait : *Les requérants accomplissaient leur service militaire dans les forces armées néerlandaises. Leurs chefs de corps les avaient frappés, dans des circonstances distinctes, de diverses sanctions pour des infractions à la discipline militaire. Les requérants s'en étaient plaints à l'officier de recours, puis à la Haute Cour militaire qui avait confirmé pour l'essentiel les décisions attaquées, mais réduit dans deux cas la peine infligée.*
En droit : *La Cour précise comment elle vérifiera si une « accusation » donnée, à laquelle l'État en cause attribue – comme en l'espèce – un caractère disciplinaire, relève néanmoins de la « matière pénale » telle que l'entend l'art. 6. À ce sujet, il importe d'abord de savoir si le ou les textes définissant l'infraction incriminée appartiennent, d'après la technique juridique de l'État défendeur, au droit pénal, au droit disciplinaire ou aux deux à la fois. Il s'agit cependant là d'un simple point de départ, l'indication qu'il fournit n'ayant qu'une valeur formelle et relative. La nature même de l'infraction représente un élément d'appréciation d'un plus grand poids. Là ne s'arrête pourtant pas le contrôle de la Cour. Il se révélerait en général illusoire s'il ne prenait pas également en considération le degré de sévérité de la sanction que risque de subir l'intéressé. Dans une société attachée à la prééminence du droit, ressortissent à la « matière pénale » les privations de liberté susceptibles d'être infligées à titre répressif, hormis celles qui par leur nature, leur durée*

166. CEDH, 27 juin 1968, *Wemhoff c/ Allemagne*, n° 2122/64.

167. CEDH, 15 juill. 1982, *Eckle c/ Allemagne*, n° 8130/78, *JDI* 1985. 202, obs. P. Rolland et P. Tavernier.

168. CEDH, 8 juin 1976, *Engel et autres c/ Pays-Bas*, n° 5100/71..., § 81, *CDE* 1978. 364, obs. G. Cohen-Jonathan, *AFDI* 1977. 481, obs. R. Pelloux, *JDI* 1978. 695, obs. P. Rolland.

169. CEDH, 21 févr. 1984, *Oztürk c/ Allemagne*, n° 8544/79, § 52 et s., *CDE* 1986. 212, obs. G. Cohen-Jonathan, *AFDI* 1985. 403, obs. V. Coussirat-Coustère, *D.* 1986. 27, note M. Delmas-Marty, *JDI* 1986. 1051, obs. P. Tavernier.

170. Ainsi, contrairement au volet civil du contentieux électoral, le volet pénal est au contraire concerné par l'art. 6 de la Convention : CEDH, 21 oct. 1997, *Pierre-Bloch c/ France*, préc. Sur l'inapplicabilité de l'art. 6, § 1 aux litiges postélectoraux : CEDH, 13 oct. 2015, *Riza et a. c/Bulgarie*, n° 48555/10..., *JDI* 2016, n° 4, chron. 8, n° 41, obs. Cl. Sainte-Beuve.

171. Aff. *Engel*, préc. § 82 ; CEDH, 28 juin 1984, *Campbell et Fell*, n° 7819/77...

ou leurs modalités d'exécution ne sauraient causer un préjudice important. Ainsi le veulent la gravité de l'enjeu, les traditions des États contractants et la valeur que la Convention attribue au respect de la liberté physique de la personne (§ 82).

Les critères de la notion d'accusation pénale sont alternatifs,[172] mais la Cour peut dans certains cas adopter une démarche « cumulative »[173]. C'est ainsi qu'après avoir évalué le poids respectif des divers aspects d'une affaire, et observant qu'aucun d'eux n'apparaît décisif à lui seul, les juges européens ont noté la prédominance des aspects présentant une coloration pénale : c'est l'addition et la combinaison de ces différents aspects qui leur ont permis de penser que l'accusation litigieuse revêtait un caractère pénal[174]. La démarche répond à une certaine logique, mais en appréciant globalement la situation pour se prononcer sur son éventuelle coloration pénale, la Cour peut donner l'impression que ses critères sont relativement flous. Il reste qu'en toute hypothèse, l'on assiste à une extension du champ d'application de l'article 6 de la Convention[175].

375. Les sanctions parapénales. – La notion d'accusation pénale faisant l'objet d'une interprétation extensive, les sanctions parapénales y ont tout naturellement été englobées, qu'il s'agisse des sanctions administratives, fiscales ou disciplinaires.

Initié depuis longtemps par les arrêts *Engel*[176] et surtout *Oztürk*[177], le mouvement de pénalisation des sanctions administratives prend de l'ampleur : les sanctions pécuniaires prononcées par ces autorités sont des sanctions pénales au sens du droit européen. L'applicabilité de l'article 6 aux sanctions administratives découle de l'interprétation extensive de la « matière pénale » : cela a, inévitablement, donné lieu à des divergences d'interprétation entre les juges européens et les juges nationaux : tel est le cas pour la mesure du permis à points, considéré par la Cour européenne dans l'affaire *Malige* comme une peine – fut-elle accessoire –, à raison de son caractère punitif et dissuasif[178]. Mais les points de convergence sont de plus en plus nombreux, en particulier dans le domaine des autorités administratives indépendantes où l'extension de l'applicabilité du volet pénal de

172. CEDH, 25 août 1987, *Lutz c/ Allemagne*, n° 9912/82, § 55, *JDI* 1988. 874, obs. P. Rolland et P. Tavernier.

173. R. Koering-Joulin et P. Truche, *Retour sur le champ « pénal » européen...*, Mél. Pettiti, p. 513 et s., p. 521.

174. CEDH, 24 févr. 1994, *Bendenoun c/ France*, n° 12547/86, § 47 : des sous-critères apparaissent ainsi, en particulier le fait que la sanction vise à punir pour empêcher la réitération et la récidive, ou encore que la sanction soit fondée sur une norme générale dont le but est à la fois préventif et répressif. V° aussi : CEDH, 14 sept. 1999, *J. B. c/ France*, n° 33634/96 ; 15 oct. 2002 ; *Vieziez c/ France*, n° 52116/99 (substitution aux pénalités pour mauvaise foi des intérêts de retard).

175. CEDH, 26 sept. 2000, *Guisset c/ France*, n° 33933/96, *JCP* 2001-I-291 n° 17, obs. F. Sudre, *RDP* 2001. 667, obs. H. Surrel (Commission de discipline budgétaire et financière).

176. Aff. *Engel*, préc.

177. Aff. *Oztürk*, préc.

178. CEDH, 23 sept. 1998, *Malige c/ France*, n° 27812/95, § 34, *JCP* 1999-II-10086, note F. Sudre, *D.* 1999 Somm. 267, obs. J.-F. Renucci, *RSC* 1999. 398, obs. R. Koering-Joulin, *RSC* 2000. 145, obs. Fl. Massias. *Adde* également CEDH, 20 avr. 2010, *Duteil c/ France*, n° 3221/10

l'article 6 a été très forte[179]. Naturellement, toutes les sanctions administratives n'entrent pas dans le champ d'application de l'article 6, et plus particulièrement dans son volet pénal[180]. Néanmoins, la pénalisation des sanctions administratives est une réalité, les juges européens étant particulièrement sensibles à leur gravité. À cet égard, il est significatif d'observer que ce qui est pris en considération, ce n'est pas la gravité de la sanction finalement infligée, mais le degré de gravité dont est *a priori* passible la personne en cause[181].

Les sanctions fiscales n'échappent guère à l'emprise de l'article 6, du moins dans son volet pénal. Les juges européens admettent depuis longtemps l'applicabilité des exigences du procès équitable à la Commission des infractions fiscales qui est pourtant un organe strictement administratif statuant dans le cadre d'une procédure purement administrative[182]. L'arrêt *Bendenoun* a précisé que les sanctions fiscales relèvent de la matière pénale, car quatre facteurs lui confèrent cette qualité : les dispositions du Code général des impôts concernent tous les citoyens et non pas un groupe doté d'un statut particulier en prescrivant un comportement sous peine de sanctions ; les majorations d'impôts ne tendent pas à la réparation pécuniaire d'un préjudice, mais visent principalement à empêcher la réitération d'agissements semblables ; elles se fondent sur une norme de caractère général dont le but est à la fois préventif et répressif ; enfin, elles revêtent une ampleur considérable, d'autant plus que le défaut de paiement expose le contribuable à l'exercice, par les juridictions répressives, de la contrainte par corps[183]. Les juges européens ont ainsi adapté les critères de l'arrêt *Engel* à la matière fiscale tout en y ajoutant un quatrième critère. Le droit fiscal répressif entre bien dans le champ d'application de l'article 6, certaines amendes fiscales ayant, en raison de leur montant élevé, un caractère essentiellement punitif et dissuasif : elles relèvent donc de la matière pénale[184]. Par la suite, la Cour est revenue partiellement sur la jurisprudence *Bendenoun* et ses quatre critères, précisant que le caractère général des dispositions légales relatives aux

179. CEDH, déc., 27 août 2002, *Didier c/ France*, n° 58188/00.

180. C'est le cas du retrait immédiat du permis de conduire parce qu'il n'est qu'une mesure préventive destinée à écarter de la circulation, pour un temps déterminé, les conducteurs dangereux : CEDH, Gr. Ch., 28 oct. 1999, *Escoubet c/ Belgique*, n° 26780/95, §§ 32-39. *Idem* pour la décision ministérielle imposant aux personnes coupables d'avoir conduit sous l'emprise de l'alcool une formation obligatoire et à leurs frais : CEDH, 7 nov. 2000, *Blokker c/ Pays-Bas*, n° 45282/99 (déc.).

181. CEDH, 4 mars 2014, *Grande Stevens et autres c/ Italie*, n° 18640/10..., *JCP* 2014, 832, n° 7, obs. F. Sudre, *Rev. Sociétés* 2014. 675, obs. H. Matsopoulou, *RSC* 2014. 110, obs. F. Stasiak, *RSC* 2015. 169, obs. J.-P. Marguenaud, *Dr. Administratif* 2015. 5, chron. S. Platon, obs. n° 7.

182. Comm. EDH, 6 avr. 1994, *Miailhe c/ France*, *Justices* 1996, p. 236, obs. J.-F. Flauss ; CEDH, 26 sept. 1996, *Miailhe c/ France (n° 2)*, n° 18978/91, § 46, *JCP* 1997-I-4000 n° 17, obs. F. Sudre.

183. CEDH, 24 févr. 1994, *Bendenoun c/ France*, n° 12547/86, *AFDI* 1994. 658, obs. V. Coussirat-Coustère, *JDI* 1995. 752, obs. E. Decaux et P. Tavernier, *RSC* 1995. 388, obs. Fl. Massias, *Gaz. Pal.* 27-28 sept. 1995, p. 19, note C. Pettiti, *RSC* 1994. 612, obs. L.-E. Pettiti, *JCP* 1995-I-3823 n° 6, obs. F. Sudre, *JCP* 1995-II-22372, note S. N. Frommel.

184. CEDH, 29 août 1997, *A. P., M. P. et T. P. c/ Suisse*, n° 19958/92, *RSC* 1998. 391, obs. R. Koering-Joulin ; 29 août 1997, *E. L., R. L. et J. O.-L. c/ Suisse*, n° 20919/92, *JCP* 1998-I-107 n° 21, obs. F. Sudre, *RGDP* 1998. 257, obs. J.-F. Flauss. *Idem* pour les amendes douanières : CEDH, 24 sept. 1997, *Garyfallou AEBE c/ Grèce*, n° 18996/91, *RGDP* 1998. 250, obs. J.-F. Flauss, *D.* 1998 Somm. 207, obs. S. Pérez.

majorations d'impôt et le but des pénalités – dissuasif et répressif – suffisaient à conférer un caractère pénal justifiant l'applicabilité de l'article 6 de la Convention[185]. Face à cette divergence, la Grande chambre, dans l'arrêt *Jussila*[186], a opté pour la jurisprudence *Janosevic*, privilégiant une interprétation très libérale des critères *Engel* : cet arrêt est donc important dans la mesure où, écartant ainsi la prise en compte de l'ampleur de la pénalité imposée au requérant, la Cour confirme l'interprétation exponentielle quant à la détermination du domaine de l'article 6[187]. Dès lors on peut légitimement se poser la question de savoir si ce n'est pas le début de la fin de l'exception fiscale consacrée par l'arrêt *Ferrazzini* : la tentation est sans doute forte, mais nous n'en sommes pas là, car si l'applicabilité de l'article 6 tend à se généraliser, ses garanties sont sujettes à des variations d'interprétation au gré de la nature des contentieux[188]. Affaire à suivre cependant.

Si le contentieux disciplinaire relève en principe du volet civil de l'article 6[189], il peut aussi exceptionnellement concerner le volet pénal, traduisant par là même le souci de prendre en compte la gravité des sanctions. La jurisprudence « expansionniste » du droit au procès équitable s'applique tout naturellement au droit disciplinaire dans sa dimension répressive, tant dans le domaine militaire que douanier[190] et surtout pénitentiaire[191] puisque l'applicabilité de l'article 6 ne pouvait s'arrêter à la porte des prisons[192]. Par ailleurs, si dans la fonction publique, les procédures disciplinaires portent sur des droits de caractère civil[193], le rattachement de ce contentieux à la matière pénale, du moins sur certains points, s'imposait, ne serait-ce que « par apparentement »[194]. C'est dire que la répression disciplinaire est désormais fortement encadrée par le droit européen, en particulier par les exigences du droit à un procès équitable.

376. Bibliographie. ***Ouvrages :*** Tagaras (H.), *La notion d'accusation en matière pénale et les droits de l'accusé, in « Le procès équitable et la protection juridictionnelle du citoyen »,* Bruylant, 2001, p. 43 et s. – ***Articles :*** Brisson (J.-F.), *Les pouvoirs de sanction des autorités de régulation et l'article 6 § 1 de la Convention européenne des droits de l'homme, AJDA* 1999, p. 487 et s. ; Couvrat (P.), *L'originalité du droit disciplinaire dans les prisons, Arch. pol. crim.* 2000, n° 22, p. 85 et s. ; Cere (J.-P.), *L'article 6 de la Convention européenne des droits de l'homme et le procès disciplinaire en prison, JCP* 2001-I-316 ; *Le procès équitable et le droit de la prison, in* « Le droit de l'exécution des peines, Une jurisprudence en mouvement », *RPDP* 2007 (n° spécial), p. 95 et s. ; Ciaudo (P.-J.) ; *Les droits de l'homme, l'Europe et la fiscalité, LPA* (AM), 2-8 octobre 1992,

185. CEDH, 23 juill. 2002, *Janosevic c/ Suède,* n° 34619/97, § 68.

186. CEDH, 23 nov. 2006, *Jussila c/ Finlande,* n° 73053/01, *JDI* 2007. 709, obs. S. Touze, *JCP* 2007-I-106 n° 4, obs. F. Sudre, *RTDH* 2008. 239, obs. I. Costea qui s'interroge sur la pénalisation au rabais du régime des sanctions fiscales.

187. S. Touze, obs. préc.

188. En ce sens, S. Touze, obs. préc.

189. CEDH, 20 janv. 2011, *Payet c/ France,* n° 19606/08, § 96, *RSC* 2012. 211, obs. P. Poncela.

190. CEDH, 7 oct. 1988, *Salabiaku c/ France,* n° 10519/83 ; 25 févr. 1993, *Funke c/ France,* n° 10828/84.

191. CEDH, 23 nov. 1976, *Engel c/ Pays-Bas,* préc. ; 28 juin 1984, *Campbell et Fell,* préc.

192. CEDH, 28 juin 1984, *Campbell et Fell,* préc., § 69 ; Gr. Ch., 9 oct. 2003, *Ezeh et Connors,* n° 39665/98, § 85 et s., *RDP* 2004. 808, obs. C. Picheral.

193. Cf. *supra,* n° 368.

194. J.-F. Flauss, *Convention européenne des droits de l'homme et répression disciplinaire dans la fonction publique française,* art. préc., p. 217.

n° 2589 ; *Les sanctions fiscales exclues des droits de la défense, LPA* (AM) 23-29 octobre 1992, n° 259 ; DE MELLO (X.), *Droit de la concurrence et droits de l'homme, RTD eur.* 1993, p. 601 et s. ; DEROUIN (P.), *L'apport du droit pénal au régime juridique des sanctions fiscales, LPA* 6 octobre 1993, p. 70 et s. ; DUCOULOUX-FAVARD (C.), *Les autorités administratives indépendantes et l'article 6 de la Convention européenne des droits de l'homme, LPA* 15 octobre 1999, n° 206, p. 4 et s. ; FLAUSS (J.-F.), *Pénalités fiscales et Convention européenne des droits de l'homme, À propos de l'arrêt Bendenoun du 24 février 1994, LPA* 11 mai 1994, p. 21 et s. ; *Sanctions fiscales et Convention européenne des droits de l'homme, RF fin. publ.* 1999, p. 77 et s. ; FRYDMAN (P.), *Le contrôle des sanctions pécuniaires infligées par le Conseil supérieur de l'audiovisuel, RFDA* 1994, p. 432 et s. ; GUTMANN (D), *La portée de l'article 6 de la Convention européenne des droits de l'homme en matière fiscale, Dr. Fiscal* 2016, n° 38, 501 ; HELALI (M. S.E.), *La Convention européenne des droits de l'homme et les droits français et communautaire de la concurrence, RTD eur.* 1991, p. 335 et s. ; HERZOG-EVANS (M), *Les droits de la défense et les prisons, Actualité du droit pénitentiaire français, RTDH* 2001, p. 15 et s. ; KOERING-JOULIN (R.) et TRUCHE (P.), *Retour sur le champ « pénal » européen...*, Mél. Pettiti, Bruylant, 1998, p. 513 et s. ; LAFORTUNE (M. A.), *L'application de la Convention européenne des droits de l'homme aux procédures de sanctions administratives, Rev. Dr. Bancaire et Bourse* 1999, p. 217 et s. ; LE GALL (J.-P.) et GÉRARD (L.), *Le recours des contribuables sur le fondement de la Convention européenne des droits de l'homme et des libertés fondamentales, À propos de l'arrêt Bendenoun, Dr. fiscal.* 1994, p. 878 et s. ; MARGUÉNAUD (J.-P.) *Le pouvoir de sanction de la COB à l'épreuve de l'article 6 de la Convention européenne des droits de l'homme,* Mél. Stoufflet, LGDJ, 2001, p. 213 et s. ; MASSA (M), *Des rapports du droit disciplinaire et du droit pénal dans l'administration, RSC* 2003, p. 743 et s. ; MASSIAS (Fl.), *Le champ pénal européen selon la Cour européenne des droits de l'homme : interprétation autonome et applicabilité des articles 6 et 7 de la Convention européenne des droits de l'homme,* Mél. Ottenhof, Dalloz, 2006, p. 89 et s. ; MAUBLANC-FERNANDEZ (L.) et MAUBLANC (J.-P.), *Dynamique européenne et résistances internes : à propos de l'application de l'article 6 de la Convention européenne des droits de l'homme en matière fiscale, RFDA* 1995, p. 1181 et s. ; PONCELA (P.), *La procédure disciplinaire carcérale dans la tourmente, RSC* 2001, p. 872 et s. ; VERGES (E.), *La Cour européenne des droits de l'homme et la discipline pénitentiaire (à propos de l'arrêt Ezeh et Connors c/ Royaume-Uni), Dr. pénal* 2004, Étude n° 7 ; WOEHRLING (J. M.), *Les sanctions administratives forfaitaires et l'article 6 de la Convention européenne des droits de l'homme, in* FLAUSS (J.-F.) et DE SALVIA (M.) (dir.), *Actualité de la Convention européenne des droits de l'homme,* Némésis 1997, p. 179 et s. ; YERNAULT (D.), *Le fisc, ses amendes et la matière pénale, RTDH* 1995, p. 427 et s.

§2. L'applicabilité récente de l'article 6

377. L'extension du domaine. – L'interprétation extensive de l'article 6 a conduit à un élargissement constant de son champ d'application. C'est ainsi que les juges européens ont été amenés à appliquer l'article 6 avant même le procès pénal *stricto sensu*, en particulier pour la présomption d'innocence[195] et même au-delà des procédures judiciaires[196]. De même, en cas de réouverture du procès après violation de la Convention, un nouveau contrôle européen est possible[197]. Mais surtout, et c'est ce qui retiendra plus particulièrement notre attention, l'applicabilité de l'article 6 a été étendue à la phase d'exécution de la décision, ainsi qu'aux mesures provisoires.

195. Cf. *infra*, n° 428.

196. CEDH, 21 avr. 1998, *Estima Jorge c/ Portugal*, n° 24550/94 ; 28 oct. 1998, *Perez de Rada Cavanilles c/ Royaume-Uni*, n° 28090/95.

197. CEDH, Gr. Ch., 5 févr. 2015, *Bochan c/ Ukraine (n° 2)*, n° 22251/08, *JCP* 2015. 845, n° 1, obs. F. SUDRE, *AJDA* 2015.1732, obs. L. BURGORGUE-LARSEN.

378. La phase d'exécution des décisions de justice. - C'est ainsi que l'arrêt *Hornsby* a précisé que l'exécution d'une décision de justice entre dans le champ d'application du droit à un procès équitable[198], étant précisé que le droit à l'exécution ne concerne que les seules décisions définitives et obligatoires[199] : la solution est légitime, tant il est vrai que le droit de l'article 6 serait illusoire si un ordre juridique interne permettait qu'une décision de justice définitive et obligatoire reste inopérante au détriment d'une partie[200] ; elle a d'ailleurs été souvent reprise par la suite[201]. En particulier, l'influence du droit européen sur le droit des voies d'exécution est désormais très forte[202] même si des limites subsistent[203].

Il est intéressant d'observer que, postérieurement à l'arrêt *Hornsby*, la Cour a constaté une violation de la Convention pour refus d'exécution d'une décision de justice, non pas sur le fondement de l'article 6 de la Convention et donc sur le droit à un procès équitable, ce qui est classique, mais sur celui de l'article 13 ce qui est tout à fait remarquable[204]. Il arrive aussi que la Cour constate simultanément la violation des deux articles : c'est ainsi que la Russie a été condamnée en raison du manquement des autorités à exécuter les décisions de justice, donnant même lieu à un arrêt pilote[205].

---

198. CEDH, 19 mars 1997, *Hornsby c/ Grèce*, n° 18357/91, *D.* 1998. 74, note N. Fricéro, *JCP* 1997-II-22949, note O. Dugrip et F. Sudre, *RTD Civ.* 1997. 1009, obs. J.-P. Marguénaud, *RGDIP* 1998. 230, obs. J.-F. Flauss, *JDI* 1998. 185, obs. H. Ascensio ; V° aussi : CEDH, 28 nov. 2006, *Apostol c/ Géorgie*, n° 40765/02 (violation de l'art. 6 en raison de l'obligation de payer des frais avant l'engagement des mesures d'exécution d'un jugement, empêchant son bénéficiaire indigent d'en obtenir l'exécution). *Adde* CEDH, 3 déc. 2015, *Kantarellis c/Grèce*, n° 6314/12, *Procédures* 2016, n° 2, com. 55, obs. N. Fricero.

199. CEDH, 18 avr. 2002, *Ouzounis et autres c/ Grèce*, n° 49144/99 § 21, *D.* 2002 Somm. 2572, obs. N. Fricéro.

200. Il serait inutile que l'article 6 § 1 de la Convention assure le droit d'accès à un tribunal s'il ne garantissait pas également l'exécution des décisions judiciaires : CEDH, 31 oct. 2006, *Jelicic c/ Bosnie-Herzégovine*, n° 41183/02.

201. CEDH, 11 janv. 2001, *P. M. c/ Italie*, n° 24650/94, § 49 et 50, *RTD Civ.* 2001. 447, obs. J.-P. Marguénaud (procédure d'expulsion du locataire) ; 17 avr. 2003, *P. M. c/ Italie*, n° 34928/97. Cf. aussi : CEDH, 28 sept. 1995, *Scollo c/ Italie*, n° 19133/91 ; Gr. Ch., 28 juill. 1999, *Immobiliare Saffi c/ Italie*, n° 22774/93, *JCP* 2000-I-203 n° 12, obs. F. Sudre (non-exécution d'une ordonnance judiciaire d'expulsion d'un immeuble) ; 14 déc. 1999, *Antonakopoulos et autres c/ Grèce*, n° 37098/97 (refus d'exécution d'un arrêt de la Cour des comptes condamnant l'État à verser une pension alimentaire) ; 28 mars 2000, *Georgiedis c/ Grèce*, n° 41209/98, *JCP* 2001-I-291 n° 26, obs. F. Sudre ; 20 juill. 2000, *Antonetto c/ Italie*, n° 15918/89 ; 11 janv. 2001, *Lunari c/ Italie*, n° 21463/03, *RTD Civ.* 2001, p. 447, obs. J.-P. Marguénaud. Aff. *Apostol*, préc. Le droit à l'exécution a été étendu au-delà des procédures judiciaires : CEDH, 21 avr. 1998, *Estima Jorge c/ Portugal*, n° 24550/94, *JCP* 1999-I-105 n° 21, obs. F. Sudre ; *D.* 1998 Somm. 369, obs. N. Fricéro (procédure judiciaire d'exécution en remboursement d'un prêt hypothécaire). *Adde* CEDH, 28 oct. 1998, *Perez de Rada Cavanilles c/ Espagne*, n° 28090/95, § 39, *D.* 1999 Somm. 270, obs. N. Fricéro, *JCP* 1999-I-105 n° 21, obs. F. Sudre, *RTDH* 1998. 993, obs. J.-P. Marguénaud. V° aussi pour la soumission d'une procédure d'*exequatur* aux exigences de l'art. 6 : CEDH, 21 janv. 2010, *de Hohenzollern c/ Roumanie*, n° 18811/02, *Procédures* 2010 com. n° 271, obs. N. Fricéro. *Adde* l'inaction des autorités publiques dans l'exécution d'une expulsion concernant des terrains occupés illégalement : CEDH, 21 janv. 2010, *Barret et Sirjean c/ France*, n° 13829/03, *RTD Civ.* 2010. 293, obs. J.-P. Marguénaud.

202. CEDH, 5 nov. 2009, *Thaleia Karydi Axte (Sté) c/ Grèce*, n° 44769/07, *D.* 2010. 860, note Ch. Hugon.

203. C'est ainsi que les modalités d'exécution d'une peine privative de liberté ne tombe pas sous le coup de l'art. 6 § 1, et que plus particulièrement le « congé pénal » n'est pas un droit de caractère civil pouvant bénéficier de ce même article : CEDH, Gr. Ch., 3 avr. 2012, *Boulois c/ Luxembourg*, n° 37575/04, *Dr. Pénal* 2013, n° 4, chron. 4, obs. E. Dreyer.

204. CEDH, Gr. Ch., 25 mars 1999, *Iatridis c/ Grèce*, n° 31107/96.

205. CEDH, 1er juill. 2014, *Gerasimov et autres c/ Russie*, n° 29920/05...

D'une façon plus générale, l'importance de l'arrêt *Hornby* est considérable : désormais l'exécution d'une décision de justice, quelle qu'elle soit, fait partie intégrante du droit à un procès équitable. On notera avec intérêt que, quelquefois, le droit à l'exécution des décisions de justice vient au soutien de certains droits comme le droit de propriété[206], mais aussi, ce qui est plus rare, à celui de la liberté d'expression[207], voire au droit au respect de la vie privée et familiale[208]. De plus, la Cour européenne a renforcé cette garantie, n'hésitant pas à admettre que les autorités étatiques doivent assurer la reconnaissance et l'exécution rapide d'un jugement rendu dans un autre État[209].

Toutefois, si le droit à l'exécution d'une décision de justice est bien désormais l'un des aspects du droit à un tribunal, il n'est pas pour autant absolu et les États contractants jouissent d'une certaine marge d'appréciation. C'est ainsi qu'il a été jugé que le refus des autorités publiques de prêter le concours de la force publique pour exécuter une ordonnance d'expulsion ne porte pas atteinte au droit à un tribunal dès lors que le refus est fondé sur les risques de trouble à l'ordre public[210].

CEDH, 19 mars 1997,* Hornsby c/ Grèce, *n° 18357/91 :

En fait : *Les requérants sont deux ressortissants britanniques habitant l'île de Rhodes. L'un d'eux demande le permis d'établir à Rhodes une école privée pour l'apprentissage de la langue anglaise, mais le directeur de l'enseignement secondaire refuse au motif qu'un tel permis est accordé uniquement aux ressortissants grecs. Au nom des règles (à l'époque) « communautaires » (art. 51, Traité CEE), le Conseil d'État annule l'acte du directeur. Mais comme les autorités refusent de se conformer aux arrêts du Conseil d'État, les requérants invoquent une violation de leur droit à un procès équitable.*

En droit : *(violation de l'art. 6 § 1). L'art. 6 § 1 garantit à chacun le droit à ce qu'un tribunal connaisse de toute contestation relative à ses droits et obligations de caractère civil ; il consacre de la sorte le « droit à un tribunal », dont le droit d'accès, à savoir le droit de saisir un tribunal en matière civile, constitue un aspect. Toutefois, ce droit serait illusoire si l'ordre juridique interne d'un État contractant permettait qu'une décision judiciaire définitive et obligatoire reste inopérante au détriment d'une partie. En effet, on ne comprendrait pas que l'art. 6 § 1 décrive en détail les garanties de procédure – équité, publicité et célérité – accordées aux parties et qu'il ne protège pas la mise en œuvre des décisions judiciaires ; si cet article (art. 6 § 1) devait passer pour concerner exclusivement l'accès au juge et le déroulement de l'instance, cela risquerait de créer des situations incompatibles avec le principe de la prééminence du droit que les États contractants se sont engagés à respecter en ratifiant la Convention. L'exécution d'un jugement ou arrêt, de*

206. CEDH, 20 juill. 2000, *Antonetto c/ Italie*, n° 15918/89.

207. CEDH, 10 mai 2012, *Frasila et Ciocirlan c/ Roumanie*, n° 25329/03, *JCP* 2012, 644, 105, obs. L. Milano.

208. CEDH, 22 mai 2012, *Santos Nunes c/ Portugal*, n° 61173/08.

209. CEDH, 25 févr. 2014, *Avotins c/ Lettonie*, n° 17502/07, *JCP* 2014, 313, 488, obs. C. Picheral.

210. CEDH, 11 juill. 2013, *Sofiran et Bda c/ France*, n° 63684/09, *JCP* 2014, chron. 78, n° 9, obs. F. Sudre. Cf. déjà : CEDH 12 oct. 2010, *Sté Cofinco c/ France*, n° 23516/08. *Adde* CEDH, 9 avr. 2015, *Tchokontio Happi c/ France*, n° 65829/12, *Dr. Administratif* 2015, n° 5, al. 43 par R. Noguellou qui a jugé que le versement d'une astreinte ne saurait tenir lieu d'exécution du jugement du tribunal administratif enjoignant au préfet de reloger un bénéficiaire du droit au logement opposable.

quelque juridiction que ce soit, doit donc être considérée comme faisant partie intégrante du « procès » au sens de l'art. 6 ; la Cour l'a du reste déjà reconnu dans les affaires concernant la durée de la procédure (voir, en dernier lieu, CEDH, 26 sept. 1996, Di Pede c/Italie, n° 15797/89, §§ 20 s ; 26 sept. 1996, Zappia c/Italie, n° 24295/94, 66, §§ 16 s.).

379. Les mesures provisoires. – la Cour a opéré un important revirement en concluant à l'applicabilité de l'article 6 aux mesures provisoires dans l'arrêt *Micallef*[211]. Jusqu'à cet arrêt, la procédure de référé était exclue du champ de l'article 6, la raison en était que les décisions provisoires ne prononcent pas de décision juridictionnelle définitive. Il en va désormais tout autrement, l'arrêt retenant une « nouvelle approche »[212]. Ainsi, puisque l'article 6 ne s'applique qu'aux procédures portant sur des droits ou obligations de caractère civil et que toutes les mesures provisoires ne tranchent pas de tels droits et obligations, l'applicabilité de l'article 6 dépend donc du respect de certaines conditions. La Cour rappelle d'une part, que le droit en jeu dans la procédure au principal comme dans la procédure d'injonction doit être « de caractère civil » au sens européen du terme et, d'autre part, que la nature, l'objet et le but de la mesure provisoire, ainsi que ses effets sur le droit en question, doivent être examinés de près. Dès lors, chaque fois que l'on peut considérer qu'une mesure est déterminante pour le droit ou l'obligation de caractère civil en jeu, quelle que soit la durée pendant laquelle elle a été en vigueur, l'article 6 trouvera à s'appliquer. Toutefois, dans des cas exceptionnels et en particulier lorsque l'effectivité de la mesure sollicitée dépend de la rapidité du processus décisionnel, il peut se révéler impossible de respecter dans l'immédiat toutes les exigences prévues à l'article 6. C'est dire que dans certaines hypothèses précises, tandis que l'indépendance et l'impartialité du tribunal ou du juge concerné constituent des garanties inaliénables qu'il est indispensable de respecter dans pareille procédure, d'autres garanties procédurales peuvent ne s'appliquer que dans la mesure où le permettent la nature et le but de la procédure provisoire considérée. En cas de procédure ultérieure devant la Cour, c'est au Gouvernement qu'il incombera d'établir, eu égard au but de la procédure en cause dans une affaire donnée, qu'une ou plusieurs garanties procédurales particulières ne pouvaient être appliquées sans compromettre indûment la réalisation des objectifs visés par la mesure provisoire en question[213]. On observera que l'extension du domaine de l'article 6 au référé était probablement inévitable, d'autant plus que c'est une procédure contentieuse se caractérisant par le fait que pour faire modifier la mesure dite provisoire il faut faire état de circonstances nouvelles.

211. CEDH, Gr. Ch., 15 oct. 2009, *Micallef c/ Malte*, n° 17056/06, *AJDA* 2010. 997, obs. J.-F. Flauss, *RDP* 2010. 867, obs. G. Gonzalez, *RTD Civ.* 2010. 285, obs. J.-P. Marguénaud, *JCP* 2010. 70, p. 62 n° 6, obs. F. Sudre, *RFDA* 2010. 589, obs. H. Labayle et F. Sudre, *JDI* 2010. 974, obs. D. Lachal.

212. Aff. *Micallef*, préc., §§ 83 à 86.

213. Aff. *Micallef*, *ibid.*

La portée de l'arrêt *Micallef* doit être précisée car certaines interrogations peuvent apparaître. À cet égard, il est capital d'observer que la solution retenue tient au fait que la décision prise par un juge dans une procédure d'injonction tient lieu bien souvent de décision sur le fond pendant très longtemps, voire parfois même définitivement, de sorte que la procédure provisoire et la procédure au principal portent sur les mêmes « droits et obligations de caractère civil » et produisent les mêmes effets à long terme. Dès lors, il est sans doute hasardeux d'en tirer des conséquences plus générales concernant, par exemple, les mesures conservatoires, car la situation, hormis le caractère temporaire, n'est pas la même : le risque de confusion entre la procédure provisoire et la procédure principale n'existe pas, pas plus que la crainte que le préjudice subi ne devienne irréversible puisqu'une mesure de blocage des avoirs pourra être levée par la suite si la situation l'impose sans réellement de dommages. En outre, même si, dans l'affaire *Micallef*, l'extension de l'article 6 de la Convention européenne devient le principe elle n'est pas pour autant automatique puisqu'encore faut-il que la procédure provisoire « tranche » une contestation, ce qui n'est pas le cas (par nature) pour les mesures conservatoires. Enfin, soulignons que la solution de l'arrêt *Micallef*, qui d'ailleurs réserve le cas d'urgence justifiant la non-application de l'article 6, est loin de faire l'unanimité, à en juger par la force des opinions dissidentes[214]. On peut donc croire que la jurisprudence n'est pas encore réellement fixée et qu'en toute hypothèse la question des « mesures conservatoires » est différente de celle des « mesures provisoires »[215]. À cet égard, on pourrait donc penser que la jurisprudence traditionnelle est toujours d'actualité : l'article 6 de la Convention n'est pas applicable à une procédure de caractère conservatoire parce que, comme l'a dit clairement la Cour européenne des droits de l'homme, « *ces procédures visent à régir une situation temporaire (...) et ne tendent donc pas à une décision sur les "droits et obligations de caractère civil"* »[216]. La question peut, en tout cas, être posée.

L'ESSENTIEL

FICHE MÉMO :

- Le droit au juge
  - Un droit affirmé
    - *Le droit au juge est une garantie majeure, d'autant plus que sans lui, il serait illusoire de parler de procès équitable.*
    - *Le droit au juge, malgré son importance, n'est pas pour autant un droit absolu : des limitations sont possibles, à condition toutefois que ce droit ne soit pas atteint dans sa substance même.*
  - Un droit renforcé
    - *Le droit au juge est, notamment, consacré par les art. 6 et 13 de la Convention, mais c'est surtout la montée en puissance de l'art. 13 qui le renforce.*

214. Cf. en particulier l'opinion dissidente commune aux juges Costa, Jungwiert, Kovler et Fura concluant à la non-applicabilité de l'art. 6 § 1, lequel ne peut donc avoir été violé.

215. Cf. en ce sens : S. Guinchard et autres, *Droit processuel, op. cit.*, n° 89.

216. CEDH, déc., 28 juin 2001, *Maillard-Bous c/ Portugal*, n° 41288/98, *D.* 2002 Somm. 686, obs. N. Fricero.

– Les contestations sur les droits et obligations de caractère civil

○ Concept autonome interprété extensivement, ces contestations englobent tout le droit privé, mais pas seulement. Pratiquement tous les contentieux sont concernés

▪ *Contentieux privé (application traditionnelle et légitime).*

▪ *Contentieux mixte (dès lors que les aspects de droit privé prédominent).*

▪ *Contentieux public (une applicabilité de l'art. 6 de plus en plus forte).*

– Le bien-fondé d'une accusation en matière pénale

○ Concept autonome interprété lui aussi extensivement, l'accusation est, en général, la notification officielle émanant de l'autorité compétente du reproche d'avoir commis une infraction pénale

▪ *Les critères de l'accusation pénale sont les indications du droit national (le fait est-il ou non considéré comme une infraction), sa gravité et la sévérité de la sanction.*

▪ *À noter une extension du champ d'application de l'art. 6.*

FICHE GRANDS ARRÊTS :

- *Golder* (1975)

○ *Consécration forte du droit au juge : la prééminence du droit ne se conçoit guère sans la possibilité d'accéder aux tribunaux.*

- *Bellet* (1995)

○ *L'effectivité du droit d'accès demande qu'un individu jouisse d'une possibilité claire et concrète de contester un acte constituant une ingérence dans ses droits.*

- *Vilho Eskelinen* (2007)

○ *Principe de l'applicabilité de l'art. 6 à tout litige de la fonction publique, sauf exception.*

- *Viard* (2014)

○ *La Cour a déjà jugé que la procédure préalable des pourvois en cassation est, en soi, conforme aux dispositions de l'art. 6 et qu'elle ne contrevient pas, notamment, à l'obligation de motivation qui en découle.*

- *Pompey* (2013)

○ *La radiation de l'appel du rôle n'est pas contraire au droit au juge en l'absence de disproportion entre la situation matérielle des requérants et les sommes dues au titre de la décision frappée d'appel.*

- *Natsvlishvili et Togonidze* (2014)

○ *La pratique des accords de « plaider coupable » entre le ministère public et la défense est chose courante dans les systèmes de justice pénale des États européens et n'est pas critiquable en soi.*

Tziovanis (2017)

○ *La Cour considère qu'en rejetant le deuxième moyen de cassation en cause comme vague, la Cour de cassation n'a pas entravé le droit d'accès à un tribunal des requérants tel que garanti par l'art. 6 § 1 de la Convention.*

FICHE ACTU/DÉBATS :

*** Thème(s) de réflexion :**

– Le droit au juge des détenus est-il suffisamment protégé ? (v° *Traité DEDH*, p. 417)

○ *Jurisp.* : *Payet* (2011) ; *El Shennawy* (2011) ; *Cocaign* (2011) ; *Plathey* (2011) ; *Isayev* (2011) ; *Boulois* (2012).

○ *Doctr.* : Poncela, *RSC* 2012. 213 ; Herzog-Evans, *AJ Pénal* 2011. 88 ; Cere, *D.* 2011. 643 et *AJ Pénal* 2011. 605 ; Marguénaud, *RSC* 2011. 718 et *RSC* 2012. 263 ; Bonfils, *D.* 2010. 1324 ; Marsat, *Dr. Pénal* 2001. 15.

– Le droit au juge et les étrangers (v° *Traité DEDH*, p. 418)

○ *Jurisp. : Bozano* (1986) ; *Gebremedhin* (2007) ; *Souza Ribeiro* (2011) ; *M.S.S. c/ Belgique et Grèce* (2011) ; *I.M. c/ France* (2012).

○ *Doctr.* : Gaçon, *AJ Pénal* 2007. 476 ; Renucci, *RPDP* 2008. 415 ; Errera, *RTDH* 2008. 347 ; Marguénaud, *D.* 2007. 2780.

– Arbitrage et CEDH (v° *Traité DEDH*, p. 436)

○ *Jurisp. : Raffineries grecques* (1994) ; *Regent Company* (2009) ; *Tabbane* (2016).

○ *Doctr. :* Chambi Favre-Bulle, Bruylant, 2001 ; Flauss, *Gaz. Pal.* 1986. 407 ; Fricero, *in* Strickler et Racine, L'Harmattan 2012. 47 ; Jacot-Guillarmod, Mél. Wiarda, p. 281 ; Jarrosson, *Rev. Arb.* 1989. 573 ; Lambert et Chambi Favre-Bulle, Mél. Lambert, p. 655.

– Excès de formalisme et droit au juge

○ *Jurisp. : Walchi* (2007) ; *Singh* (2012) ; *Henrioud* (2015) ; *Duceau* (2016) ; *Reichman* (2016) ; *Debray* (2017).

○ *Doctr. :* Lavric, *AJ Pénal* 2016. 484 ; Gouttenoire, *JCP* 2015. 1333 ; Bolard, *D.* 2016. 1245 ; Fricero, *Procédures* 1016. 288.

*** Commentaire d'arrêt(s) :**

○ Aff. *Klass* (1978) : *L'art. 13 prévoit que tout individu dont les droits et libertés reconnus par la Convention « ont été violés » doit avoir un « recours effectif devant une instance nationale », alors même que « la violation aurait été commise » par des personnes agissant dans l'exercice de leurs fonctions officielles. Pris à la lettre, il semble indiquer que l'on n'a droit à un recours interne que s'il y a eu « violation ». Cependant, nul ne peut en établir une devant une « instance nationale » s'il n'est pas d'abord à même de saisir une telle « instance ». (...) On ne peut donc subordonner le jeu de l'art. 13 à la condition que la Convention soit vraiment violée. (...) L'art. 13 exige qu'un individu s'estimant lésé par une mesure prétendument contraire à la Convention dispose d'un recours devant une « instance nationale » afin de voir statuer sur son grief et, s'il y a lieu, d'obtenir réparation. Il faut ainsi l'interpréter comme garantissant un « recours effectif devant une instance nationale » à quiconque allègue une violation de ses droits et libertés protégés par la Convention (§ 64).*

○ Aff. *Viard* (2014) : « *Dans l'affaire Gruais et Bousquet c/ France (la Cour) a jugé que la prise en compte de la date de notification inscrite sur l'arrêt d'appel, qui ne correspondait pas à la date effective d'envoi telle qu'attestée par le cachet de la poste, avait eu pour effet de réduire le délai particulièrement bref (cinq jours francs, soit six jours au maximum) dont disposaient les requérants pour former leur pourvoi, et méconnu le droit d'accès à un tribunal au sens de l'art. 6 § 1 de la Convention* » (§ 37). *Or, en l'espèce, comme cela a précédemment été indiqué, la Cour de cassation a également retenu la date de notification inscrite sur l'arrêt et non celle de l'envoi effectif de cette notification telle qu'attestée par le cachet de la poste. À l'instar de son constat dans l'affaire Gruais et Bousquet, la Cour relève que cela a eu pour effet de réduire à un ou deux jours le délai dont disposait le requérant pour former son pourvoi, selon les modalités de computation* » (§ 38). « *La Cour considère que le requérant s'est vu refuser son droit d'accès à un tribunal dans les circonstances de l'espèce et que, partant, il y a eu violation de l'art. 6 § 1 de la Convention* » (§ 39).

CHAPITRE 2

Les exigences du procès équitable

380. La multiplicité des garanties. – Le droit à une bonne justice est une exigence fondamentale qui implique le respect d'un certain nombre de garanties. Ces garanties sont détaillées dans l'article 6 de la Convention qui précise ce que doit être tout procès équitable, l'ensemble étant complété par des dispositions particulières contenues dans des protocoles additionnels, spécialement dans le cadre des garanties spéciales qui s'ajoutent aux garanties générales.

Section 1
Les garanties offertes à tous les justiciables

381. Article 6 § 1 de la Conv. EDH

> *1. Toute personne a droit à ce que sa cause soit entendue équitablement, publiquement et dans un délai raisonnable, par un tribunal indépendant et impartial, établi par la loi, qui décidera, soit des contestations sur ses droits et obligations de caractère civil, soit du bien-fondé de toute accusation en matière pénale dirigée contre elle. Le jugement doit être rendu publiquement, mais l'accès de la salle d'audience peut être interdit à la presse et au public pendant la totalité ou une partie du procès dans l'intérêt de la moralité, de l'ordre public ou de la sécurité nationale dans une société démocratique, lorsque les intérêts des mineurs ou la protection de la vie privée des parties au procès l'exigent, ou dans la mesure jugée strictement nécessaire par le tribunal, lorsque dans des circonstances spéciales la publicité serait de nature à porter atteinte aux intérêts de la justice.*

382. Des garanties pour tous les justiciables. – Les garanties contenues dans le premier paragraphe de l'article 6 de la Convention sont générales, car elles concernent l'ensemble des justiciables. Ces derniers doivent bénéficier d'une justice de qualité dans laquelle ils puissent avoir confiance. De plus, afin de donner toute son effectivité aux garanties de la Convention, les juges européens ont utilisé les apparences, en particulier dans le cadre du droit à un procès équitable[1] : même si une « tyrannie des apparences » a pu être dénoncée[2], cette évolution permet incontestablement une meilleure protection des droits fondamentaux. Il est à noter que lorsqu'elle examine un grief tiré de l'article 6 § 1 de la Convention, la Cour européenne doit essentiellement déterminer si la procédure a globalement revêtu un caractère équitable[3].

Sous-section 1
Le droit à un tribunal

383. Une triple garantie. – L'article 6 § 1er de la Convention consacre le droit à un tribunal établi par la loi, lequel doit être indépendant et impartial. Cette triple exigence est particulièrement importante même si le contentieux semble se concentrer principalement sur l'une des garanties, à savoir l'impartialité. Mais les deux autres garanties que sont un tribunal établi par la loi et son indépendance sont tout aussi importantes, du moins qualitativement sinon quantitativement.

§1. Le droit à un tribunal établi par la loi

384. Une garantie précise. – Malgré les apparences, ce qui est en jeu sur le plan de cette garantie, ce n'est pas le « droit au juge » *stricto sensu*, mais davantage les qualités de ce tribunal. Il s'agit plus particulièrement des garanties qui concernent l'organisation et la composition du tribunal : c'est dire leur importance.

385. Un « tribunal ». – Le tribunal, qui est un concept autonome, n'est pas nécessairement une juridiction de type classique : il se caractérise au plan matériel par sa fonction juridictionnelle, à savoir trancher toute question relevant de sa compétence[4], sur les bases de normes de droit et à l'issue d'une procédure organisée[5]. Au sens européen du terme, le

1. CEDH, 17 janv. 1970, *Delcourt c/ Belgique*, n° 2689/65, § 31 ; 30 oct. 1991, *Borgers c/ Belgique*, n° 12005/86, § 29.

2. P. Martens, obs. sous CEDH, 22 févr. 1996, *Bulut c/ Autriche*, n° 17358/90.

3. Cf. pour un exemple de non-violation dans l'hypothèse d'une condamnation sur le fondement de témoignages de « repentis » (refus d'accès à des documents) : CEDH, 17 janv. 2017, *Habran et Dalem c/Belgique*, n° 43000/11..., *Dalloz Actu.* 9 févr. 2017, obs. N. Devoueze.

4. CEDH, 29 avr. 1998, *Belilos c/ Suisse*, n° 10328/83.

5. CEDH, 22 oct. 1984, *Sramek c/ Autriche*, n° 8790/79, § 36 (à propos d'une autorité régionale des transactions immobilières) ; 27 août 1991, *Demicoli c/ Malte*, n° 13057/87, § 39, *AFDI* 1991. 585, obs. V. Coussirat-Coustère, *JDI* 1992. 792, obs. E. Decaux et P. Tavernier, *RUDH* 1991. 518, obs. F. Sudre ; 29 avr. 1988, *Belilos c/ Suisse*, n° 10328/83, § 64 (réserves). Cf. aussi CEDH (déc.), 27 août 2002, *Didier c/ France*, n° 58188/00, *JCP* 2003-I-109 n° 6, obs. F. Sudre, *RDP* 2003. 687, obs. G. Gonzalez.

tribunal est un organe judiciaire de pleine juridiction[6] : c'est dire qu'un véritable contrôle de légalité doit être exercé par l'organe en cause, tant sur les questions de droit que de fait[7]. Le tribunal doit être non seulement accessible et adéquat, mais également apte à décider : l'exercice de la plénitude de juridiction suppose qu'il ne renonce à aucune des composantes de la fonction de juger[8]. C'est ainsi que, plus particulièrement en matière pénale, la Cour ne se contente pas du pouvoir du juge de contrôle d'analyser les faits et le droit, et d'annuler éventuellement la décision : elle exige la possibilité pour ce juge de réformer, de moduler la décision[9], plus précisément « *le pouvoir de réformer en tous points* », en fait comme en droit, la décision[10]. Il n'en reste pas moins vrai que le fait qu'un organe ait d'autres fonctions que juridictionnelles n'implique pas forcément qu'il ne s'agit pas d'un tribunal[11] : c'est ainsi que divers organes spécialisés sont considérés comme des tribunaux au sens européen du terme, en particulier les tribunaux militaires, les organes disciplinaires pénitentiaires[12], ou encore les organes disciplinaires corporatifs[13].

386. Un tribunal « établi par la loi ». – Le fait que le tribunal doit être établi par la loi ne suscite pas d'importantes difficultés, le terme de « loi » étant envisagé de façon extensive. L'origine formelle du texte importe peu dès lors qu'il répond aux critères de précision et d'accessibilité. L'exigence d'un tribunal établi par la loi doit s'entendre comme celle d'un tribunal conforme à la loi, étant entendu que si un tribunal doit être légalement constitué, il faut aussi que les règles de procédure applicables soient prévues par la loi[14].

6. CEDH, 10 févr. 1983, *Albert et Le Compte c/ Belgique*, n° 7299/75..., § 29, *AFDI* 1984. 447, obs. R. Pelloux. CEDH, 24 nov. 1994, *Beaumartin c/ France*, n° 15287/89, § 38 et s.

7. CEDH, 28 juin 1990, *Obermeier c/ Autriche*, n° 11761/85, § 70 ; 21 sept. 1993, *Zumtobel c/ Autriche*, n° 12235/86.

8. CEDH, 13 mai 2003, *Chevrol c/ France*, n° 49636/99, § 63 (cf. égal. pour la recevabilité CEDH, déc., 4 juin 2002, *Chevrol c/ France*, n° 49639/99, *D.* 2002. 2567, obs. J.-F. Renucci).

9. CEDH, 23 oct. 1995, *Schmautzer c/ Autriche*, n° 15523/89, § 36.

10. CEDH, 23 oct. 1995, *Gradinger c/ Autriche*, n° 15963/90, § 44, *Justices* 1996. 249, obs. G. Cohen-Jonathan et J.-F. Flauss. On se pose cependant la question de savoir si la notion de pleine juridiction inclut un pouvoir de modulation : sans clarifier totalement le débat, la Cour a apporté des éléments de réponse : CEDH, 7 juin 2012, *Segame SA c/ France*, n° 4837/06, *JCP* 2012, 922, 1519, note L. Milano, *RFDA* 2013. 576, obs. H. Labayle et F. Sudre, *Dr. Fiscal* 2012, n° 29, com. 387, obs. L. Ayrault, *Dr. Fiscal* 2013, n° 9, com. 177, obs. L. Ayrault, indiquant que l'on peut estimer que la Cour valide la conformité aux exigences de l'art. 6 § 1 des sanctions non modulables en matière fiscale.

11. CEDH, 28 juin 1984, *Campbell et Fell c/ Royaume-Uni*, n° 7819/77..., § 81 et s., *CDE* 1986. 213, obs. G. Cohen-Jonathan, *AFDI* 1985. 394 et s., obs. V. Coussirat-Coustère, *JDI* 1986. 1058, obs. P. Rolland et P. Tavernier ; 30 nov. 1987, *H c/ Belgique*, n° 8950/80, § 50, *CDE* 1988. 448, obs. G. Cohen-Jonathan, *RSC* 1988. 362, obs. L.-E. Pettiti, *JDI* 1988. 877, obs. P. Rolland et P. Tavernier (exercice par le Conseil de l'Ordre d'attributions de nature administrative, réglementaire... ainsi que d'un rôle disciplinaire).

12. CEDH, 8 juin 1976, *Engel et autres c/ Pays-Bas*, n° 5100/71..., § 89, *CDE* 1978. 364, obs. G. Cohen-Jonathan, *AFDI* 1977. 481, obs. R. Pelloux, *JDI* 1978. 695, obs. P. Rolland.

13. CEDH, 23 juin 1981, *Le Compte, Van Leuven et De Meyere c/ Belgique*, n° 6878/75..., § 51, *CDE* 1982. 201, obs. G. Cohen-Jonathan, *AFDI* 1982. 495, obs. R. Pelloux, *JDI* 1982. 216, obs. P. Rolland.

14. CEDH, 22 juin 2000, *Coëme c/ Belgique*, n° 32492/96, § 110. V° aussi CEDH, 13 avr. 2006, *Fedotova c/ Russie*, n° 73225/01.

L'introduction du terme « établi par la loi » dans l'article 6 de la Convention a pour objet d'éviter que l'organisation du système judiciaire ne soit laissée à la discrétion de l'exécutif et de faire en sorte que cette matière soit régie par une loi du Parlement[15]. Cette organisation ne saurait pas davantage être laissée à la discrétion des autorités judiciaires, même si celles-ci peuvent avoir un pouvoir d'interprétation[16]. Les juges européens ont également précisé qu'un texte de loi prévoyant la compétence exceptionnelle d'un tribunal ne peut être interprété de façon extensive, notamment pour y inclure des faits connexes[17].

§2. Le droit à un tribunal indépendant

387. L'exigence d'indépendance. – La nécessité d'une réelle indépendance des tribunaux est une exigence forte. Cette indépendance doit exister à l'égard de tous les pouvoirs et de tous les groupes de pression, y compris les parties elles-mêmes. Selon les hypothèses, le risque sera plus ou moins élevé.

388. L'indépendance par rapport aux parties. – L'exigence d'indépendance doit exister par rapport aux parties elles-mêmes[18]. Il est vrai que la question se pose rarement devant la Cour européenne, d'autant plus que la plupart du temps le contentieux risque fort de glisser vers un souci d'impartialité. Les juges européens ont eu cependant l'occasion d'apporter des précisions : c'est ainsi qu'il a été jugé à propos des sections disciplinaires des professions de santé que l'étroitesse des liens entre certains juges et des associations concurrentes pouvait faire naître un doute chez les requérants quant à l'indépendance, mais surtout à l'impartialité du tribunal[19].

CEDH, 20 mai 1998,* Gautrin et autres c/ France, *n° 21257/93... :
En fait : *Plusieurs syndicats de médecins et conseils départementaux de l'ordre des médecins ont saisi les institutions ordinales de plaintes contre les membres de l'association « SOS médecins », estimant notamment qu'en utilisant des gyrophares sans autorisation administrative et faisant figurer « SOS médecins » sur leurs véhicules et sur l'annuaire téléphonique, ces derniers méconnaissaient l'art. 23 du code de déontologie médicale qui prohibe la publicité. Condamnés par ces instances (suspensions, avertissements), ils invoquent une atteinte à leur droit à un procès équitable.*
En droit : *(violation de l'art. 6). Les instances ordinales, composées de médecins faisant partie d'associations « concurrentes » visant elles aussi à assurer un service*

15. Comm. EDH, 12 oct. 1978, *Zand c/ Autriche*, DR 15/70, 97.

16. CEDH, 22 juin 2000, *Coëme c/ Belgique*, préc., § 98.

17. CEDH, 2 juin 2005, *Claes et autres c/ Belgique*, n° 46825/99, § 41 à 44.

18. CEDH, 22 juin 1989, *Langborger c/ Suède*, n° 11179/84, § 35 et 36 ; 23 nov. 1993, *Holm c/ Suède*, n° 14191/88, § 27 et s. ; 23 juin 1981, *Le Compte, Van Leuven et De Meyere*, préc., § 55 ; 28 juin 1984, *Campbell et Fell*, préc., § 78.

19. CEDH, 20 mai 1998, *Gautrin et autres c/ France*, n° 21257/93, § 60, *JDI* 1998. 239, obs. H. Muscat, 1998. 991, obs. J.-F. Flauss.

de gardes médicales d'urgence sur appel des patients, ne peuvent être considérées comme impartiales.

389. L'indépendance par rapport au pouvoir législatif. - Cette indépendance s'impose également,[20] mais celle-ci ne suscite pas d'importantes difficultés. Il est évident que le pouvoir législatif ne doit pas empiéter sur les prérogatives du juge : il ne peut donc remettre en cause les décisions judiciaires revêtues de l'autorité de la chose jugée, pas plus que les données d'un procès. Le principe est acquis, ce qui n'empêche pas des immixtions admissibles comme les lois d'amnistie par lesquelles le juge pénal se trouve dessaisi puisque les poursuites sont éteintes faute de base légale.

La question est plus délicate en ce qui concerne les lois rétroactives et de validation. Si la rétroactivité de la loi est expressément interdite en droit pénal[21], cela ne signifie pas pour autant qu'il existe une liberté totale dans les autres matières[22]. Sans doute le pouvoir législatif peut-il réglementer en matière civile par des dispositions nouvelles rétroactives, mais il ne peut s'ingérer dans l'administration de la justice, notamment, dans le but d'influer sur le déroulement d'un litige auquel l'État est partie[23]. Il est à noter que les lois rétroactives sont souvent des lois de validation, mais le principe de prééminence du droit et la notion de procès équitable commandent de traiter avec la plus grande circonspection les raisons avancées pour justifier de telles mesures[24] : une loi de validation n'est conforme à l'article 6 qu'à la triple condition du caractère non définitif de la procédure juridictionnelle, de la proportionnalité de l'atteinte au droit au juge et de l'existence d'un motif d'intérêt général impérieux[25].

C'est dire que même hors du domaine pénal, les lois rétroactives ne peuvent être admises que dans des situations exceptionnelles, d'autant plus que

20. CEDH (déc.), 26 août 2003, *Filippini c/ Saint Marin,* n° 10526/02.

21. Cf. l'art. 7 de la Convention : *supra,* n° 314 et s.

22. Cf. la condamnation de la France pour une loi de validation législative, tendant précisément à régulariser la pratique de manière rétroactive (agréments des contrôleurs URSSAF) : CEDH, 25 nov. 2010, *Lilly c/ France,* n° 20429/07.

23. CEDH, Gr. Ch., 28 oct. 1999, *Zielinski et autres c/ France,* n° 24846/94, § 57, *D.* 2000 Somm. 184, obs. N. Fricéro, *JCP* 2000-I-203 n° 11, obs. F. Sudre, *RTD Civ.* 2000. 436, obs. J.-P. Marguénaud, *RFDA* 2000. 389, obs. B. Mathieu, *RUDH* 2000. 787, note E. Mella. Cf. aussi : CEDH, 9 déc. 1994, Aff. *Raffineries grecques Stran et Stratis Andreadis c/ Grèce,* n° 13427/87, § 49, *JCP* 1995-I-3827 n° 1, obs. F. Sudre, *Gaz. Pal.* 1995, p. 540, note Worms, *JDI* 1995. 796, obs. P. Tavernier, *RGDIP* 1998. 241, obs. J.-F. Flauss ; 22 oct. 1997, *Papageorgiu c/ Grèce,* n° 24628/94, § 37 ; 23 oct. 1997, *National et Provincial Building Society et autres c/ Royaume-Uni,* préc., § 112. *Adde* : CEDH, 14 déc. 1999, *Antonakopoulos et autres c/ Grèce,* n° 37098/97, § 25 ; 7 nov. 2000, *Anagnostopoulos et autres c/ Grèce,* n° 39374/98, § 20. *Adde* CEDH, 3 sept. 2013, *M.C. c/ Italie,* n° 5376/11, *JCP* 2013, 1025, p. 1799, obs. L. Milano, *RTDH* 2014. 717, note J. Tavernier, *JDI* 2013, chron. 6, n° 1, obs. P. Tavernier.

24. CEDH, 9 oct. 2003, *Acimovic c/ Croatie,* n° 61237/00, § 30.

25. Aff. *Zielinski et autres,* préc.

cela pourrait également porter atteinte au droit au juge[26]. De plus, une loi déclarée conforme à la Constitution n'est pas pour autant nécessairement compatible avec la Convention[27]. La Cour se montre donc très vigilante, mais admet cependant le cumul de fonctions de juge et de parlementaire[28].

390. L'indépendance par rapport au pouvoir exécutif. – L'indépendance du juge vis-à-vis du pouvoir exécutif est une exigence forte qui peut susciter d'importantes difficultés. Il est certain que sans cette indépendance un organe ne peut être considéré comme un tribunal au sens de l'article 6 § 1[29].

Les critères de l'indépendance ont été précisés par la Cour. Le premier concerne le mode de désignation et la durée des mandats des membres[30] : l'indépendance est sauvegardée dès lors qu'ils sont désignés pour siéger à titre individuel et qu'ils ne peuvent pas recevoir d'instructions des pouvoirs publics[31] ; ce qui est important, ce sont les garanties offertes au juge pendant la durée de son mandat[32], en particulier l'inamovibilité[33]. Le deuxième critère est l'existence de garanties contre toutes pressions extérieures[34] : il est évident qu'un tribunal n'est plus indépendant dès lors qu'il sollicite l'avis de l'exécutif sur l'interprétation d'un texte tout en étant tenu par la suite de s'y conformer[35] ou qu'il ne peut exercer sa plénitude de juridiction[36]. Le dernier critère de l'indépendance tient aux apparences[37], les juges européens se demandant s'il y a ou non apparence d'indépendance, appliquant ainsi l'adage anglais *« justice must not only be done, it must also be seen to done »* : la Cour vérifie si, indépendamment de l'attitude du juge éventuellement irréprochable, le justiciable peut

26. CEDH, 20 nov. 1995, *Pressos Compania Naviera c/ Belgique*, n° 17849/91, *Gaz. Pal.* 1996. 2. 536, note Ch. Pettiti.

27. Aff. *Zielinski et autres*, préc. *Adde* CEDH, 11 avr. 2006, *Cabourdin c/ France*, n° 60796/00, *JCP* 2006-I-164 n° 4, obs. F. Sudre ; 14 févr. 2006, *Lecarpentier c/ France*, n° 67847/01, *JCP* 2006-I-164 n° 4, obs. F. Sudre, *JCP* (E) 2006, 2062, note J. Rayanaud, *D.* 2006. 717, note C. Rondey, *JCP* 2006-II-10171, note M. Thioye. V° aussi CEDH, 18 avr. 2006, *Vezon c/ France*, n° 66018/01, § 36 ; 11 avr. 2006, *Cabourdin c/ France*, n° 60796/00, § 38 ; 2 mai 2006, *Saint-Adam et Millot c/ France*, n° 72038/01, § 28.

28. CEDH, 22 juin 2004, *Pabla Ky c/ Finlande*, n° 47221/99, § 35.

29. CEDH, 18 juin 1971, *De Wilde, Ooms et Versyp c/ Belgique*, n° 2832/66, § 78 ; 16 juill. 1971, *Ringeisen c/ Autriche*, n° 2614/65, § 95.

30. CEDH, 23 juin 1981, *Le Compte, Van Leuven et De Meyere c/ Belgique*, préc., § 55 et 57.

31. CEDH, 22 oc. 1984, *Sramek c/ Autriche*, préc., § 38.

32. Aff. *De Wilde, Ooms et Versyp*, préc., § 78.

33. Aff. *Campbell et Fell*, préc., § 80.

34. CEDH, 1er oct. 1982, *Piersack c/ Belgique*, n° 8692/79, § 27, *AFDI* 1985. 415, obs. V. Coussirat-Coustère, *JDI* 1985. 210, obs. P. Rolland et P. Tavernier. *Adde* CEDH, 13 avr. 2006, *Soukhobokov c/ Russie*, n° 75470/01.

35. CEDH, 24 nov. 1994, *Beaumartin c/ France*, n° 15287/89, § 38, *AJDA* 1995. 137, obs. J.-F. Flauss, *JCP* 1995-I-3823 n° 25, obs. F. Sudre, *JDI* 1995. 786, obs. E. Decaux, *D.* 1995. 273, note X. Pretot, *Gaz. Pal.* 1995, p. 534, note L.-E. Pettiti, *RUDH* 1994. 405, obs. F. Sudre.

36. CEDH (déc.), 4 juin 2002, *Chevrol c/ France*, n° 49639/99, p. 6, *D.* 2002 Somm. 2567, obs. J.-F. Renucci ; CEDH, 13 févr. 2003, *Chevrol c/ France*, n° 49639/99, § 83, *AJDA* 2003. 308, obs. M. de Montecler, 606, chron. J.-F. Flauss, et 1984, obs. Th. Rambaud, *D.* 2003. 931, note H. Moutouh, *Europe* mai 2003 n° 189, obs. N. Deffains, *JCP* 2003-I-160 n° 4, obs. F. Sudre, *JDI* 2004. 668, obs. P. Tavernier, *RTDH* 2003. 1379, obs. V. Michel, *RTD Civ.* 2003. 572, obs. R. Libchaber.

37. CEDH, 17 janv. 1970, *Delcourt c/ Belgique*, préc. ; 22 juin 1989, *Langborger c/ Suède*, préc., § 32. Aff. *Campbell et Fell*, préc., § 78.

éprouver des doutes quant à l'indépendance organique du tribunal ; elle sera attentive au fait qu'une situation puisse risquer d'ébranler la confiance que les juridictions se doivent d'inspirer dans une société démocratique[38]. Toutefois, l'autorité que revêtent pour les juridictions inférieures les décisions d'une juridiction suprême ne remet pas en cause leur indépendance[39].

391. Bibliographie. Auvret (P.), *Le journaliste, le juge et l'innocent, RSC* 1996, p. 625 et s. ; Beignier (B.), *La protection de la personne mise en examen : de l'affrontement à la collusion entre presse et justice, in* « Liberté de la presse et droits de la personne », Dalloz « Thèmes et commentaires », 1997, p. 97 et s. ; Bergeres (M.-Ch.), *Rétroactivité de la loi fiscale et instances pendantes devant les juridictions, Procédures,* janvier. 2004, Chron. 1 ; Bolle (P.-H.), *La notion helvétique de tribunal indépendant et impartial, RSC* 1990, p. 753 et s. ; *L'équité du procès pénal et la liberté des médias sont-elles incompatibles ? Rev. crim. et pol. techn.* 1993, p. 183 et s. ; Casaroli (G.), *La notion européenne de tribunal indépendant et impartial et le système italien, RSC* 1990, p. 707 et s. ; Costa (J.-P.), *Le droit au juge indépendant et impartial en matière administrative, Le principe vu par la Cour européenne des droits de l'homme, AJDA* 2001, p. 514 et s. ; de Figueireda (J.) et Antunes (M. J.), *La notion européenne de tribunal indépendant et impartial, Une approche à partir du droit portugais de procédure pénale, RSC* 1990, p. 733 et s. ; Debbasch (Ch.), *L'indépendance de la justice,* Mél. Dubouis, Dalloz, 2002, p. 27 et s. ; Delmas-Marty (M.), *Justice télévisée ou médias justiciers ?* Mél. Braunschweig, AFHJ/Litec, 1997, p. 151 et s. ; Derieux (E.), *Justice pénale et droit des médias, Justices* 1998-10, p. 133 et s. ; *La responsabilité des médias, coupables, condamnables, punissables ? JCP* 1999-I-153 ; Douvreleur (J. O.), *Le principe d'indépendance : de l'autorité judiciaire aux autorités administratives indépendantes,* Mél. Robert, Montchrestien, 1998, p. 32 et s. ; Garapon (A.), *La justice est-elle délocalisable dans les médias ? in* Droit et Société 1994-26, p. 73 ; Godard (J.), *Contempt of Court en Angleterre et en Écosse ou le contrôle des médias pour garantir le bon fonctionnement de la justice, RSC* 2000, p. 367 et s. ; Guinchard (S.), *Le procès hors les murs,* Mél. Cornu, PUF 1994, p. 201 et s. ; Koering-Joulin (R.), *La notion européenne de tribunal indépendant et impartial au sens de l'article 6 § 1, RSC* 1990, p. 765 et s. ; Libchaber (R), *Une remise en cause de la condition de réciprocité dans l'application en France des traités internationaux ?, RTD civ.* 2003, p. 572 et s. ; Malinverni (G.), *L'indépendance de la Cour européenne des droits de l'homme* ; Marguénaud (J.-P.), *De l'impartialité et de l'indépendance de la Cour européenne des droits de l'homme,* Dr. et Proc. novembre/décembre 2003, p. 337 et s. ; Pradel (J.), *La notion européenne de tribunal indépendant et impartial selon le droit français, RSC* 1990, p. 692 et s. ; *Secret des procédures et presse, in* « La liberté de la presse et le droit pénal », XXes journées de l'AFDP en hommage au Doyen F. Boulan, PU Aix-Marseille 1994, p. 291 et s. ; Pretot (X.), *Les validations législatives, De la Constitution à la Convention européenne des droits de l'homme, RDP* 1998, p. 13 et s. ; Rambaud (Th), *Le renvoi préjudiciel au ministre des Affaires étrangères à l'épreuve de la Cour européenne des droits de l'homme, AJDA* 2003, p. 1984 et s. ; Sermet (L.), *Rétroactivité et Convention européenne des droits de l'homme, RFDA* 1998, p. 990 et s. ; Sudre (F), *Le mystère des « apparences » dans la jurisprudence de la Cour européenne des droits de l'homme, RTDH* 2009, p. 633 et s. ; Terré (F.), *De l'indépendance des juges, Rev. de métaphysique et de morale* 1997, p. 511 et s. ; Tulkens (F.), *La notion européenne de tribunal indépendant et impartial, La situation de la Belgique, RSC* 1990, p. 677 et s. ; Weigand (Th.), *La notion européenne de tribunal indépendant et impartial en République Fédérale d'Allemagne, RSC* 1990, p. 742 et s.

§3. Le droit à un tribunal impartial

392. L'exigence d'impartialité. – La justice doit être rendue par un tribunal impartial : cet impératif de bon sens est un droit fondamental dont le respect suscite néanmoins des difficultés. C'est la raison pour

38. CEDH, 29 avr. 1988, *Belilos c/ Suisse*, préc., § 67.

39. CEDH, 26 nov. 2002, *Mosteanu et autres c/ Roumanie*, n° 33176/96, § 42.

laquelle la Cour européenne insiste sur la nécessité, pour le juge dont on peut légitimement craindre un manque d'impartialité, de se récuser, car il y va de la confiance que les tribunaux se doivent d'inspirer aux justiciables[40]. Le contentieux est d'autant plus important que toute contestation par le défendeur de l'impartialité du tribunal doit être vérifiée, sauf si elle apparaît « manifestement dépourvue de sérieux »[41].

CEDH, 23 avr. 1996,* Remli c/ France, *n° 16839/90 :
En fait : *Lors d'une tentative d'évasion, le requérant et un codétenu ont assommé un gardien, lequel est décédé quelques jours plus tard des suites des coups qui lui ont été portés. Concernant la cour d'assises qui les a jugé (tous deux d'origine maghrébine), une tierce personne a déclaré avoir entendu l'un des jurés déclarer « En plus je suis raciste ».*
En droit : *(violation de l'art. 6 § 1) L'art. 6 implique pour toute juridiction nationale l'obligation de vérifier si, par sa composition, elle constitue « un tribunal impartial » quand, comme en l'espèce, surgit sur ce point une contestation qui n'apparaît pas d'emblée dépourvue de sérieux (§ 48).*

C'est dire l'importance particulière que la Cour attache au principe d'impartialité du tribunal, soit dans le cadre d'une démarche subjective, en essayant de déterminer la conviction personnelle et profonde du juge, soit dans celui d'une démarche objective en recherchant l'existence de garanties suffisantes pour exclure à cet égard tout doute légitime[42]. Compte tenu de l'ambiguïté des termes habituellement retenus « d'impartialité subjective » et « d'impartialité objective », il est certainement préférable de les remplacer par les notions « d'impartialité personnelle » et « d'impartialité fonctionnelle », ainsi que cela a été suggéré par la doctrine[43].

L'impartialité personnelle, qui se présume jusqu'à preuve contraire[44], signifie l'absence de parti pris ou de préjugé[45] et implique la neutralité du

40. CEDH, 1er oct. 1982, *Piersack c/ Belgique*, n° 8692/79, § 30, *AFDI* 1985. 415, obs. V. Coussirat-Coustère, *JDI* 1985. 210 et 1986. 1072, obs. P. Rolland et P. Tavernier.

41. CEDH, 23 avr. 1996, *Remli c/ France*, n° 16839/90, § 48, *RSC* 1997. 473, obs. R. Koering-Joulin.

42. Aff. *Piersack*, préc., § 30. *Adde* CEDH, 6 juin 2000, *Morel c/ France*, n° 34130/96, § 40, *D.* 2001 Somm. 1062, obs. N. Fricéro, *JCP* 2001-I-291 n° 24, obs. F. Sudre, *JCP* (E) 2001, p. 797, obs. E. Garraud, *D.* 2001 Somm. 1610, obs. M.-L. Niboyet, *RTD Civ.* 2000. 93, obs. J.-P. Marguénaud, RJC 2001. 20, note J.-P. Sortais ; 20 mai 1998, *Gautrin c/ France*, préc., § 58. Il peut d'ailleurs arriver que, dans une même affaire, il y ait à la fois violation de l'impartialité objective et de l'impartialité subjective : CEDH, Gr. Ch., 15 déc. 2005, *Kyprianou c/ Chypre*, n° 73797/01, § 128 et 133.

43. R. Koering-Joulin, *Le juge impartial*, *Justices* 1998, n° 10, p. 1 et s. ; S. Guinchard et J. Buisson, *Procédure pénale*, *op. cit.*, n° 342.

44. CEDH, 26 févr. 1993, *Padovani c/ Italie*, n° 13396/87, § 26 ; 23 avr. 1996, *Remli c/ France*, préc. Cf. aussi aff. *Le Compte et autres*, préc., § 58 ; aff. *Morel*, préc., 41.

45. CEDH, 23 avr. 1996, *Remli c/ France*, préc., § 48 ; 25 févr. 1997, *Gregory c/ Royaume-Uni*, *RSC* 1998. 392, obs. R. Koering-Joulin ; 16 sept. 1999, *Buscemi c/ Italie*, n° 29569/95, *JCP* 2000-I-203 n° 15, obs. F. Sudre, *D.* 2000 Somm. 184, obs. N. Fricéro, *RTDH* 2000. 543, obs. G. Fiaudaca ; 16 janv. 2007, *Farhi c/ France*, n° 17070/05, § 21. Pour des plaisanteries à caractère raciste : CEDH, 9 mai 2000, *Sander c/ Royaume-Uni*, n° 34129/96, § 26. ; cf. cependant : CEDH, 25 févr. 1997, *Gregory c/ Royaume-Uni*, n° 22299/93, *RSC* 1998. 392, obs. R. Koering-Joulin, *JDI* 1998. 176, obs. E. Decaux ; 28 nov. 2002, *Lavents c/ Lettonie*, n° 58442/00, § 119.

juge[46]. Bien évidemment, l'appréciation de l'impartialité du juge n'est pas totalement subjective, car, pour éviter tout excès, des éléments objectifs doivent être pris en considération : il faut que le préjugé s'extériorise pour que la partialité éventuelle du juge puisse être caractérisée et donc sanctionnée[47]. Certes, la théorie des apparences pourra s'appliquer, mais l'article 6 de la Convention n'est violé que lorsqu'objectivement la justice apparaît comme ayant été rendue de manière partiale. Il reste que si cette impartialité personnelle ne suscite pas d'importantes difficultés, il en va tout autrement pour l'impartialité fonctionnelle qui retiendra davantage notre attention.

L'impartialité fonctionnelle suscite davantage de difficultés. Il s'agit ici de se demander si, nonobstant la conduite personnelle du juge, certains faits vérifiables amènent à suspecter son impartialité[48]. Il est important de souligner l'évolution de la jurisprudence européenne, passant d'une conception abstraite et extensive de l'impartialité[49] à une conception plus concrète et restrictive[50]. Désormais, le rôle effectif du juge est pris en considération, le simple doute sur l'impartialité ne pouvant suffire à caractériser une violation de l'article 6[51] : il ne saurait donc y avoir de manquement à l'impartialité en raison du simple fait qu'un juge a accompli certains actes avant de juger au fond[52] et tout dépendra du caractère plus ou moins approfondi des investigations qu'il aura menées avant le jugement. L'évolution est considérable : si jadis il suffisait d'invoquer un motif objectif d'impartialité, il faut désormais en démontrer la pertinence. Toutefois, le tribunal doit toujours offrir des garanties suffisantes pour exclure tout doute légitime[53]. En définitive, la Cour recherche si les appréhensions de la personne en cause sont objectivement justifiées[54].

46. Aff. *Buscemi*, préc., § 67 à 69.

47. V° CEDH, déc., 4 avr. 2006, *Moullet c/ France*, n° 27521/04, § 3 (le requérant n'ayant apporté aucun élément permettant d'étayer ses soupçons, la violation de l'art. 6 n'est pas établie).

48. CEDH, 24 mai 1989, *Hauschildt c/ Danemark*, n° 10486/83, § 48, *JDI* 1990. 727, obs. P. Rolland et P. Tavernier, *AFDI* 1991. 585, obs. V. Coussirat-Coustère.

49. CEDH, 1er oct. 1982, *Piersack c/ Belgique*, préc., § 30 ; 23 mai 1991, *Oberschlick c/ Autriche*, n° 11662/85, § 50 ; 25 févr. 1992, *Pfeifer et Plankl c/ Autriche*, n° 10802/84, § 36, *D.* 1992 Somm. 331, obs. J.-F. Renucci ; 28 sept. 1995, *Procola c/ Luxembourg*, n° 14570/89, *RFDA* 1996. 777, obs. J.-L. Autin et F. Sudre, *D.* 1996. 39, note F. Benoit-Rohmer ; 26 août 1997, *De Haan c/ Pays-Bas*, n° 22839/93.

50. CEDH, 24 mai 1989, *Hauschildt c/ Danemark*, préc. *Adde* les arrêts *Sainte-Marie, Fey, Padovani, Nortier* et *Saraivo de Carvalho*, cités *infra* n° 399. V° aussi : CEDH, 27 juill. 2006, *Gubler c/ France*, n° 69742/01, § 28.

51. Aff. *Hauschildt*, préc.

52. CEDH, déc., 27 août 2002, *Didier c/ France*, préc., p. 7 et s. La règle est ancienne, la Cour ayant depuis longtemps jugé que le simple fait qu'un juge ait déjà pris des décisions avant le procès ne peut... en soi justifier des appréhensions quant à son impartialité : CEDH, 28 oct. 1998, *Castillo Algar c/ Espagne*, n° 28194/95, *RSC* 1999. 403, obs. R. Koering-Joulin.

53. Cf., dans le cadre de pourvois successifs : CEDH, 4 mars 2014, *Fazli Aslaner c/ Turquie*, n° 36073/04, *JCP* 2014, chron. 832, n° 6, obs. F. Sudre, *RFDA* 2015. 512, obs. H. Labayle et F. Sudre, *JDI* 2015, n° 4, chron. 7, n° 11, obs. S. Marmin.

54. Aff. *Morel*, préc., § 42. Cf. aussi : CEDH, 24 mai 1989, *Hauschildt c/ Danemark*, préc., § 48. En revanche, un changement de dernière minute de la composition du tribunal n'est pas en soi une preuve d'impartialité : CEDH, 6 déc. 1988, *Barberà, Messegué et Jobardo c/ Espagne*, n° 10590/83 ; 26 sept. 1995, *Diennet c/ France*, n° 18160/91, § 38 (appréhensions non objectivement justifiées) ; 7 juin 2005, *Chmelir c/ Rép. Tchèque*, n° 64935/01, § 69 (appréhensions objectivement justifiées). Cf. aussi CEDH, 28 févr. 2006, *Ferragut Pallach c/ Espagne*, n° 1182/03 (déc.), p. 10 et s. Pour un autre exemple où les craintes du requérant ne sont pas objectivement justifiées : v° CEDH, Gr. Ch., 22 oct. 2007, *Lindon, Otchakovsjy-*

CEDH, Gr. Ch., 22 oct. 2007,* Lindon, Otchakowski-Laurens et July c/ France, *n° 21279/02 :

En fait : *Les requérants sont un écrivain, M. Lindon, le président du conseil d'administration de la société d'édition POL, M. Otchakowski-Laurens, et le directeur de la publication du quotidien « Libération », M. July. L'affaire concerne le roman de M. Lindon intitulé « Le procès de Jean-Marie Le Pen » relatant le procès d'un militant du FN qui, alors qu'il collait les affiches, a tué de sang-froid un jeune maghrébin et a ensuite revendiqué le caractère raciste de ce crime. MM Hotchokowski-Laurens et Lindon sont condamnés respectivement pour diffamation et complicité de diffamation en raison de quatre passages du roman, passages reproduits dans « Libération » quelques jours plus tard, dans un article sous forme de pétition contestant la condamnation. M. July est à son tour condamné pour diffamation et la cour d'appel confirme le jugement. Ce dernier fait part de ses doutes quant à l'impartialité parce que deux des trois membres de cette cour avaient auparavant statué sur le caractère diffamatoire des passages litigieux du roman.*

En droit : *(non-violation de l'art. 6) La Cour comprend que pareille situation puisse susciter des doutes chez M. July quant à l'impartialité du « tribunal » qui l'a jugé, mais estime que ces doutes ne sont pas objectivement justifiés. Les faits sont certes connexes, mais pas identiques et « l'accusé » n'est pas le même. De plus, les décisions ainsi rendues ne contiennent aucune anticipation quant à la culpabilité de M. July.*

Ces principes s'appliquent en toute hypothèse, qu'il s'agisse de liens hiérarchiques ou autres, voire de relations professionnelles, entre le juge et l'une des parties[55], et surtout de situations de cumul externe ou interne des fonctions.

A. Le cumul externe des fonctions

393. Le risque de partialité. – Les juges d'un même tribunal peuvent être amenés à exercer des fonctions différentes, parfois même au-delà de leur fonction juridictionnelle traditionnelle, ce qui ne constitue pas en soi une atteinte à leur impartialité. Des difficultés peuvent cependant apparaître dans certaines hypothèses liées à des doubles fonctions, juridictionnelles et de conseil d'une part, juridictionnelles et de contrôle d'autre part. Un tel cumul est possible, mais des précautions doivent être prises de façon à éviter tout risque de partialité[56].

394. La double fonction juridictionnelle et de conseil. – Certaines institutions comme le Conseil d'État peuvent être investies, à la fois, d'une

Laurens et July c/ France, n° 21279/02, *JCP* 2007-II-10193, note E. Derieux, *Dr. pénal* 2008. 35, obs. E. Dreyer estimant que naguère la Cour se montrait plus exigeante.

55. CEDH, 26 oct. 2004, *Miller et autres c/ Royaume-Uni*, n° 45825/99 ; 17 juin 2003, *Pescador Valero c/ Espagne*, n° 62435/00 ; 29 mai 2012, *Ute Saur Vallnet c/ Andorre*, n° 16047/10 (double fonction du juge).

56. À noter que certaines questions importantes et délicates n'ont pas (encore) fait l'objet d'une jurisprudence européenne, par exemple la saisine pour avis de la Cour de cassation et la participation ultérieure à la formation de jugement. Assurément, une grande prudence s'impose, en particulier lorsque l'affaire arrivant en cassation est celle qui a motivé la saisine pour avis.

fonction juridictionnelle et d'une fonction de conseil : ce cumul est-il compatible avec les exigences du droit à un procès équitable, en particulier l'impartialité du tribunal ? Dans un premier temps, la Cour européenne semble y avoir répondu par la négative : dans l'arrêt *Procola*, elle a jugé que le seul fait que certaines personnes exercent successivement à propos des mêmes décisions les deux types de fonctions est de nature à mettre en cause l'impartialité structurelle de ladite institution[57]. Mais la rigueur de cet arrêt est en réalité tempérée par le fait que les juges européens ont précisé que leur solution ne s'impose qu'en cas « de mêmes décisions » et de « mêmes affaires » : c'est dire qu'en soi, un cumul des fonctions juridictionnelles et de conseil ne constitue pas une atteinte à l'impartialité. D'ailleurs par la suite, dans l'affaire *Kleyn,* ces mêmes juges ont rappelé de façon encore plus explicite que la violation de l'article 6 ne pouvait s'envisager que s'il s'agit effectivement d'une « même décision » et d'une « même affaire », le critère de l'identité de l'affaire étant interprété restrictivement[58]. Cette orientation est confirmée par l'arrêt *Sacilor-Lormines,* la Cour rappelant que le principe de séparation des pouvoirs n'est pas déterminant dans l'abstrait[59]. La solution retenue se justifie par le fait que, pour examiner l'impartialité d'une juridiction, l'on doit distinguer entre une appréciation abstraite d'une disposition, telle que celle pouvant figurer dans un avis consultatif, et l'évaluation de l'application faite d'une disposition dans un cas concret : le juge reste impartial puisqu'il n'apprécie pas des faits précis à deux reprises. En outre, un tel cumul paraît conforme à l'idée d'une meilleure justice et d'une plus grande sécurité juridique.

Toutefois, le cumul des fonctions juridictionnelles et de conseil n'est pas sans limites au sein d'une même institution. Les éventuelles appréhensions d'un justiciable peuvent être retenues si elles sont « objectivement justifiées », ce qui sera le cas si l'avis rendu par la section consultative a constitué une sorte de préjugement des arrêts de la section du contentieux.

395. La double fonction juridictionnelle et de contrôle. - La coexistence au sein de juridictions financières d'attributions juridictionnelles et de contrôle pourrait susciter des difficultés au regard de l'exigence d'impartialité contenue dans l'article 6 de la Convention. La question s'est rarement posée devant la Cour européenne, mais elle n'est pas pour autant négligeable.

---

57. Il s'agissait du Conseil d'État luxembourgeois : CEDH, 28 sept. 1995, *Procola c/ Luxembourg,* n° 14570/89, § 45, *JDI* 1996. 253, *D.* 1986. 301, obs. F. Benoît-Rohmer, *AJDA* 1996. 383, chron. J.-F. Flauss, *JCP* 1996-I-3910 n° 8, obs. F. Sudre, *JCP* 1997-I-4017, chron. J. Petit, *RFDA* 1996. 777, obs. J.-L. Autin et F. Sudre, *RTDH* 1996. 275, obs. D. Spielmann. Cf. aussi CEDH, 8 févr. 2002, *Mc Gonnell c/ Royaume-Uni,* n° 28488/95, § 55 et s.

58. Il s'agissait en l'espèce du Conseil d'État néerlandais : CEDH, Gr. Ch., 6 mai 2003, *Kleyn et autres c/ Pays-Bas,* n° 39343/98..., *AJDA* 2003. 918, obs. F. Aubert, *ibid.*, 1490, note F. Rollin, *ibid.*, 1926, chron. J.-F. Flauss, *JCP* 2003-I-160 n° 7, obs. F. Sudre, *JDI* 2004. 675, obs. E. Decaux.

59. CEDH, 9 nov. 2006, *Sacilor-Lormines c/ France,* n° 65411/01, § 71, *JCP* 2007-I-106, n° 6, obs. F. Sudre, *JDI* 2007. 704, obs. S. Touze, *AJDA* 2007. 902, obs. J.-F. Flauss. V° aussi : CEDH, 22 juin 2004, *Pabla Ky c/ Finlande,* n° 47221/99, § 34.

La Cour a été saisie d'une difficulté concernant l'ancienne Commission bancaire[60], le requérant se plaignant du manque d'impartialité, mais aussi d'indépendance de cette Commission dans le cadre d'une procédure disciplinaire ouverte à son encontre : la Cour estime que si la faculté d'autosaisine de la Commission n'est pas condamnable en soi, celle-ci doit être mieux encadrée, de sorte que les fonctions de poursuite, d'instruction et de jugement soient mieux différenciées[61]. En l'espèce, et compte tenu des confusions possibles, les doutes de la requérante quant à l'indépendance et à l'impartialité de la Commission étaient objectivement justifiés. Les juges européens rappellent cependant que le cumul de fonctions d'instruction et de jugement n'est pas, en soi, incompatible avec le respect de l'impartialité, mais qu'il est subordonné à l'absence de « préjugement » de la part de l'organisme en cause, ce qui faisait défaut en l'espèce.

La France a été condamnée pour défaut d'impartialité de la Cour des comptes[62]. Dans cette affaire *Beausoleil*, le requérant invoquait la partialité de cette juridiction pour avoir jugé son affaire après avoir dénoncé les irrégularités reprochées dans son rapport annuel. « La Cour est consciente de la spécificité de la procédure litigieuse et de la différence d'objet des phases de détermination de l'existence d'une gestion de fait et de la fixation de la ligne de compte, le juge disposant lors de cette deuxième phase d'éléments dont il n'avait pas connaissance au moment de la publication du rapport public. Elle estime néanmoins que cette différence ne s'oppose pas à ce que, dans les circonstances particulières d'une espèce, les mentions figurant dans le rapport public puissent être d'une nature telle qu'elles constituent un préjugement de la fixation de la ligne de compte »[63]. Les juges européens ont été sensibles au fait que le rapport citait explicitement les différents protagonistes de cette affaire, évoquant « des conséquences très dommageables », ce qui constitue pour eux « une appréciation sur la gravité des faits ». Dès lors, la Cour relève que « les mentions faites au rapport ont pu faire naître dans le chef du requérant des craintes objectivement justifiées d'un défaut d'impartialité de la Cour des comptes lors de la fixation de la ligne de compte »[64]. Le constat de violation s'imposait.

---

60. L'actuelle Autorité des marchés financiers n'est pas non plus à l'abri de la critique, toujours sur le terrain de l'art. 6 de la Convention, mais à un autre point de vue, en particulier concernant les droits de la défense. La Cour a d'ailleurs jugé qu'il n'y a pas lieu de douter de l'indépendance et de l'impartialité de la commission des sanctions et de son rapporteur relativement aux autres organes de l'AMF : CEDH, 1er sept. 2016, *X. et Y. c/France,* n° 48158/11, *Dalloz Actu.* 12 sept. 2016, obs. T. Soudain, *AJ Pénal* 2016. 590, obs. M.-E. Boursier, *Rev. Sociétés* 2017. 51, obs. P.-H. Conac.

61. CEDH, 11 juin 2009, *Dubus S. A. c/ France,* n° 5242/04, § 61, *JCP* 2009-I-143 n° 11, obs. F. Sudre, *AJ pénal* 2009. 354, obs. J. Lassere Capdeville, *RTDH* 2010. 399, obs. P. de Fontbressin, *D.* 2009. 2247, note A. Couret, *RDP* 2010. 869, obs. G. Gonzalez., *AJDA* 2009. 1938, obs. J.-F. Flauss.

62. CEDH, 6 oct. 2016, *Beausoleil c/France,* n° 63979/11, *Dalloz Actu.* 13 oct. 2016, obs. D. Poupeau, *AJDA* 2016. 1900, obs. D. Poupeau, *AJDA* 2017. 157, obs. L. Burgorgue-Larsen, *AJDA* 2017. 180, obs. J.-G. Sorbara, *Procédures* 2016, n° 11, com. 329, obs. N. Fricero.

63. Aff. *Beausoleil,* préc., § 40.

64. Aff. *Beausoleil,* préc., § 41.

B. Le cumul interne des fonctions

396. Le pragmatisme des juges européens. – L'application des règles européennes relatives à l'impartialité prend en compte la diversité des situations, ce qui est la preuve du pragmatisme strasbourgeois. Il convient ici de distinguer la séparation des fonctions de justice et celle des temps de justice.

1. La séparation des fonctions de justice

397. Une application pragmatique du principe séparatiste. – L'article 6 de la Convention consacre le principe de séparation des fonctions de justice et exclu, *a priori*, tout cumul éventuel : la règle est importante puisqu'il y va de la confiance que les justiciables doivent avoir dans les tribunaux. Il convient de préciser que si le principe séparatiste a été étendu aux autorités de régulations[65], aux procédures disciplinaires[66] ainsi qu'à la matière civile et commerciale avec notamment les multiples interventions du juge-commissaire[67], même s'il concerne surtout la matière pénale. Toutefois, ce principe ne sera pas appliqué de la même manière selon les fonctions de justice en cause.

a. les fonctions d'instruction et de jugement

398. Les règles générales. – S'agissant de la séparation des fonctions d'instruction et de jugement, la jurisprudence européenne a évolué. Dans un premier temps, les juges européens ont appliqué l'article 6 avec rigueur, jugeant que toute violation objective du principe de séparation des fonctions de justice violait l'exigence d'impartialité[68]. Par conséquent, tout juge ayant connu l'affaire à un titre ou à un autre ne peut plus faire partie de la juridiction de jugement[69]. Cette conception objective manquait de souplesse et les juges ont été amenés à tempérer la rigueur de la solution retenue. L'apport de l'arrêt *Hauschildt* est considérable puisque, désormais, il faut rechercher si les craintes éventuelles de l'intéressé sont objectivement justifiées[70]. Cette recherche est l'élément

65. Cf. pour l'ex-Conseil des marchés financiers : aff. *Gautrin*, préc. ; aff. *Didier*, préc. : « dès lors qu'un juge ne dresse pas d'acte d'accusation, sa connaissance approfondie du dossier ne permet pas de mettre en cause son impartialité pour trancher le fond ». Cf. aussi pour l'ex-Commission bancaire : aff. *Dubus SA*, préc., qui a estimé, sans sanctionner l'auto-saisine, que cette commission ne respectait pas « l'impartialité objective », la séparation des fonctions de poursuite, d'instruction et de jugement n'étant pas suffisamment claires.

66. Aff. *Diennet*, préc. ; aff. *Gubler*, préc.

67. Certes, dans l'aff. *Morel*, préc., la Cour n'avait pas retenu la partialité du juge commissaire, mais elle a par la suite infirmé sa jurisprudence : CEDH, 4 oct. 2007, *Le Stum c/ France*, n° 17997/02. À noter que depuis la loi n° 2005-845 du 26 juill. 2005, le juge commissaire ne peut plus siéger dans la formation de jugement (ni même participer au délibéré).

68. CEDH, 26 oct. 1984, *De Cubber c/ Belgique*, n° 9186/80, § 29 (président d'une cour d'assises ayant participé à l'instruction de l'affaire).

69. Aff. *De Cubber*, préc., § 30 *in fine*. Aff. *Piersack*, préc., § 28 et 32.

70. CEDH, 24 mai 1989, *Hauschildt c/ Danemark*, n° 10486/83, § 50, *AFDI* 1991. 585, obs. V. Coussirat-Coustère, *JDI* 1990. 727, obs. P. Rolland et P. Tavernier.

déterminant de l'appréciation de l'impartialité et tout dépendra du caractère plus ou moins approfondi des investigations menées au préalable par le juge en cause[71].

Cette approche plus subjective doit être approuvée, car elle est réaliste et nuancée : ainsi, la violation objective du principe séparatiste doit s'accompagner d'une attitude subjectivement partiale du juge ; ce qui compte, ce ne sont pas les inquiétudes subjectives du requérant, mais leur confirmation par des éléments objectifs, le cumul de fonctions ne pouvant à lui seul constituer cette confirmation. Depuis, le principe séparatiste est traditionnellement interprété avec une certaine souplesse[72] : le cumul de fonctions ne suffit donc plus à fonder le grief de partialité, et il ne peut en être autrement que dans des circonstances particulières[73]. Même si les juges européens semblent se montrer désormais plus attentifs aux exigences d'impartialité ils ne remettent pas pour autant en cause les tempéraments apportés au principe du non-cumul[74].

CEDH, 22 avr. 2010,* Chesne c/ France, *nº 29808/06 :

En fait : *Condamné par le tribunal correctionnel à 13 années d'emprisonnement, le requérant fait appel. La chambre des appels correctionnels confirme le jugement tout en ramenant la peine à 10 années d'emprisonnement. Mais cette chambre était composée de l'un des juges ayant statué sur le maintien en détention du requérant, et d'un autre ayant statué sur celui de sa compagne, présentée comme « la concubine d'un des principaux trafiquants » (la demande de récusation avait été rejetée).*

En droit : *(violation de l'art. 6 § 1) La Cour se borne à examiner si, indépendamment de l'attitude personnelle des juges en cause, certains faits vérifiables autorisent à douter de leur impartialité « objective ». Elle rappelle que le simple fait qu'un juge ait déjà pris des décisions avant le procès, notamment au sujet de la détention provisoire, ne peut justifier en soi des appréhensions quant à son impartialité. La question portant sur le maintien d'un placement en détention provisoire ne se confond pas avec la question portant sur la culpabilité de l'intéressé ; on ne saurait ainsi assimiler des soupçons à un constat formel de culpabilité. Toutefois, des circonstances particulières peuvent, dans une affaire donnée, mener à une conclusion différente. S'agissant du cas présent, la Cour estime que la motivation retenue par la chambre de l'instruction, dans les deux arrêts (« il agissait en véritable professionnel du trafic », était « l'un des principaux trafiquants » etc.) constitue*

71. Pour une application de cette règle hors du champ pénal, vº (à propos du juge-commissaire) : CEDH, 6 juin 2000, *Morel c/ France*, nº 34130/96, §§ 40 et s., *RTD Civ.* 2000. 934, obs. J.-P. Marguénaud, *D.* 2001. 1062, obs. N. Fricéro, et 1610, obs. Niboyet, *JCP* 2001-I-291 nº 24, obs. F. Sudre, *JDI* 2001. 183, obs. I. Sibout, *RDP* 2001. 669, obs. S. Soler.

72. CEDH, 16 déc. 1992, *Sainte-Marie c/ France*, nº 12981/87, *D.* 1993 Somm. 384, obs. J.-F. Renucci, *JCP* 1993-I-3654, obs. F. Sudre ; 24 févr. 1993, *Fey c/ Autriche*, nº 14396/88, *JCP* 1994-I-2742 nº 18, obs. F. Sudre, *RSC* 1994. 369, obs. R. Koering-Joulin ; 26 févr. 1993, *Padovani c/ Italie*, nº 13396/87 ; 22 févr. 1996, *Bulut c/ Autriche*, nº 17358/90, *Justices* 1997. 206, obs. G. Cohen-Jonathan et J.-F. Flauss, *RSC* 1997. 472, obs. R. Koering-Joulin, *RTDH* 1996. 640, obs. P. Martens, *JCP* 1997-I-4000 nº 25, obs. F. Sudre ; 10 sept. 2002, *Mujea c/ Roumanie*, nº 44686/98 (déc.), § 5 ; 20 déc. 2005, *Jasinski c/ Pologne*, nº 30865/96, §§ 56 et s.

73. Aff. *Hauschildt*, préc., § 51 ; CEDH, 16 nov. 2000, *Rajas Morales c/ Italie*, nº 39676/98, §§ 33 et 34 ; 7 août 1996, *Ferrantelli et Santangelo c/ Italie*, nº 19874/92, § 59, *RSC* 1997. 482, obs. R. Koering-Joulin. *Adde* CEDH, 25 juill. 2002, *Perote Pellon c/ Espagne*, nº 45238/99, § 50.

74. Vº CEDH, 22 avr. 2010, *Chesne c/ France*, nº 29808/07, *AJ pénal* 2010. 346, obs. L. Ascensi.

davantage une idée préconçue de la culpabilité de M. Chesne que la simple description d'un « état de suspicion », au sens de la jurisprudence de la Cour. Par conséquent, l'impartialité objective des deux magistrats qui ont fait partie de la chambre de l'instruction ayant rendu les arrêts litigieux pouvait ainsi paraître sujette à caution. Il s'ensuit que les appréhensions du requérant peuvent passer pour objectivement justifiées.

399. Le cas particulier du mineur. – L'atteinte au principe séparatiste a même pu s'expliquer par une meilleure protection objective du justiciable : c'était le cas pour le mineur délinquant, le juge des enfants instruisant et jugeant la même affaire ; on pouvait penser que ce juge est *a priori* le mieux placé pour juger le mineur en pleine connaissance de cause, l'instruction étant centrée sur l'examen de personnalité. La Cour européenne dans l'affaire *Nortier*[75] admet la non-séparation des fonctions de justice pour le juge des enfants même si certaines ambiguïtés apparaissent, car il est vrai qu'en l'espèce, le juge n'avait presque pas entrepris d'activité d'instruction.

Il reste que les juges européens, allant jusqu'au bout d'une certaine logique, ont raidi leur position, semblant même opérer un revirement bien qu'ils s'en défendent : dans l'arrêt *Adamkiewicz*, la Cour a conclu à un défaut d'impartialité parce qu'un même magistrat[76] a instruit et jugé une affaire de mineurs délinquants, mettant en doute qu'un éventuel cumul des fonctions de justice puisse assurer une meilleure protection de l'intérêt supérieur de l'enfant[77]. C'est un alignement du droit des mineurs sur les règles procédurales classiques : si un même juge peut intervenir pendant l'instruction puis pendant le jugement d'une même affaire, encore faut-il que sa première intervention n'ait pas été trop importante, à tous le moins de nature à ce qu'il puisse se faire une idée sur la culpabilité, sous peine de jeter un doute sur son impartialité[78].

CEDH, 2 mars 2010,* Adamkiewicz c/ Pologne, *n° 54729/00 :
En fait : *Le juge chargé des enfants (en l'occurrence un juge aux affaires familiales) s'est saisi lui-même, a instruit l'affaire en faisant d'ailleurs un usage ample de ses attributions, puis a renvoyé le mineur devant le tribunal pour enfants qu'il préside.*

75. L'affaire concerne les Pays-Bas mais le problème se posait de façon similaire en France, ce qui a pu susciter (et suscite encore) de très vives controverses. CEDH, 24 août 1993, *Nortier c/ Pays-Bas*, *JDI* 1994. 812, obs. E. Decaux et P. Tavernier, *RSC* 1994. 362, obs. R. Koering-Joulin, *D.* 1995 Somm. 105, obs. J.-F. Renucci, *RTDH* 1994. 437, obs. J. van Compernolle.

76. Il s'agissait en l'espèce du juge aux affaires familiales dont le rôle est similaire à celui de notre juge des enfants.

77. CEDH, 2 mars 2010, *Adamkiewicz c/ Pologne*, n° 54729/00, *D.* 2010. 1324, note Ph. Bonfils, *RSC* 2010. 687, obs. D. Roets, *JDI* 2011, chron. 12, obs. A. Decaux, P. Tavernier, M. Boumghar et autres, *RPDP* 2013. 701, obs. J.-F. Renucci.

78. Les autorités françaises ont d'ailleurs rapidement réagi puisque la loi n° 2011-1940 du 26 déc. 2011 prévoit que le juge des enfants qui a renvoyé l'affaire ne peut pas présider le tribunal (art. L. 251-3, C. org. jud.).

En droit : *(violation de l'art. 6 § 1) La Cour admet que, du fait de la nature spécifique des questions que la justice des mineurs est amenée à traiter, elle doit nécessairement présenter des particularités par rapport au système de la justice pénale applicable aux adultes. Toutefois, il n'incombe pas à la Cour d'examiner in abstracto la législation et la pratique internes pertinentes, mais de rechercher si la manière dont elles ont été appliquées à un requérant dans une affaire donnée ou l'ont touché a enfreint l'art. 6 § 1 (§ 106). La Cour se réfère ici à son constat de violation de l'article 6 de la Convention à raison de l'atteinte aux garanties d'équité lors de l'instruction conduite par le juge aux affaires familiales. Compte tenu de ce constat, la Cour ne décèle pas dans quelle mesure le fait que ce même magistrat ait subséquemment présidé la formation de jugement du tribunal ayant déclaré le requérant auteur des faits pouvait en l'espèce contribuer à assurer la meilleure protection de l'intérêt supérieur de l'enfant que le requérant était alors (§ 107).*

b. Les fonctions de poursuite et de jugement

400. La poursuite *stricto sensu*. – Si les fonctions d'instruction et de jugement doivent être appréhendées avec souplesse, le principe séparatiste doit être absolu s'agissant des autorités chargées de la poursuite, en particulier du parquet. Sans doute pourra-t-on établir quelques nuances pour ce qui est de la poursuite et de l'instruction, mais alors il faudra être particulièrement attentif à la conception d'ensemble de la procédure afin de ne pas créer des situations contraires à l'équité. En revanche, tout cumul entre la poursuite et le jugement est radicalement impossible : le parquetier qui est intervenu dans une affaire ne peut ensuite statuer au fond[79].

CEDH, 1er oct. 1982,* Piersack c/ Belgique, *n° 8692/79 :
En fait : *Le requérant a été condamné pour meurtre. Le conseiller qui a présidé la cour d'assises avait rempli auparavant les fonctions de premier substitut du procureur et dirigeait la section du parquet chargée des poursuites pour crimes et délits contre les personnes (et donc saisie, précisément, du cas du requérant).*
En droit : *(violation de l'art. 6 § 1). Le simple fait qu'un juge ait figuré jadis parmi les membres du parquet ne constitue pas une raison de redouter un manque d'impartialité. Mais en l'espèce, le magistrat avait dirigé la section du parquet chargée des poursuites contre l'intéressé. Il n'y a pas lieu d'essayer de mesurer l'ampleur de ce rôle. Il suffit de constater que l'impartialité du « tribunal » auquel il incombait de décider sur « le bien-fondé » de l'accusation pouvait paraître sujette à caution (§ 31).*

La question de l'impartialité, mais aussi de l'indépendance, du parquet s'est également posée dans le cadre du contrôle des privations de liberté[80]. De plus, sa participation au délibéré a pu également donner lieu à

79. Aff. *Piersack*, préc., § 30. *Adde* CEDH, 25 févr. 1997, *Findlay c/ Royaume-Uni*, préc. ; 24 sept. 1997, *Coyne c/ Royaume-Uni*, préc.

80. Cf. *supra*, n° 336.

controverses, mais la difficulté apparaît alors davantage sur le terrain de l'égalité des armes[81] que sur celui de l'impartialité.

D'une façon plus générale, le Comité des ministres du Conseil de l'Europe a adopté une recommandation quant au rôle du ministère public[82]. Ces recommandations n'ont pas un caractère juridique contraignant, mais elles sont importantes. Il est précisément recommandé aux États de prendre toutes mesures afin que le statut légal, la compétence et le rôle procédural des membres du ministère public soient définis par la loi de sorte qu'il ne soit pas possible de nourrir un doute légitime quant à l'indépendance et à l'impartialité des juges. Plus particulièrement, les États doivent garantir que nul ne puisse à la fois exercer les fonctions de membre du ministère public et de juge[83].

401. La poursuite *lato sensu*. - En matière civile, le terme de « poursuite » est impropre, mais il est vrai que la tentation est forte d'englober dans ce terme, alors largement entendu, les cas de saisine d'office du juge : en effet, ce dernier prend l'initiative d'une instance, que par conséquent il déclenche, avant de la juger. Outre le fait que le mécanisme peut sembler curieux et anachronique dans une procédure accusatoire, une difficulté apparaît mécaniquement au regard du principe d'impartialité. Plusieurs pays, il est vrai, consacrent cette possibilité, mais des contestations apparaissent, le Conseil constitutionnel français ayant par exemple estimé qu'en application du principe d'impartialité, une juridiction ne saurait, en principe, disposer de la faculté d'introduire spontanément une instance au terme de laquelle elle prononce une décision revêtue de l'autorité de chose jugée[84]. Certes, la décision du Conseil constitutionnel est nuancée : d'abord, le principe de prohibition de l'autosaisine vise les « vraies » saisines d'office, c'est-à-dire celles où le juge a la faculté de se saisir ou non et non pas les cas où le juge est saisi de plein droit dans des cas définis par la loi ; ensuite, il vise la faculté pour le juge d'introduire l'instance et ne s'applique pas aux pouvoirs que ce dernier peut exercer d'office dans le cadre de l'instance ouverte devant lui ; enfin, ce n'est pas une prohibition de caractère général qui est consacrée, des dérogations restant possibles pour des motifs d'intérêt général et sous réserve d'un encadrement législatif approprié. Au-delà de la décision du Conseil constitutionnel, on peut imaginer d'autres nuances tenant, en particulier, à ce que la lecture de l'acte d'autosaisine donne à penser, ou non, que les faits visés sont établis et que leur caractère répréhensible est reconnu.

81. Cf. *infra*, n° 419 et s.

82. Recommandation Rec (2000)19 sur le rôle du ministère public dans le système de justice pénale, adoptée le 6 oct. 2000. *Adde* Assemblée parlementaire du Conseil de l'Europe, Doc. 9796 du 24 avr. 2003, sur le rôle du ministère public dans une société démocratique régie par le principe de la primauté du droit, Rapport de la Commission des questions juridiques et des droits de l'homme.

83. Point 17 de la Recommandation préc.

84. Le Conseil constitutionnel a déclaré inconstitutionnelle la saisine d'office du tribunal aux fins d'ouverture de la procédure de redressement judiciaire (déc. Cons. const., 7 déc. 2012, n° 2012-286 QPC). La question va maintenant se poser plus fortement pour d'autres organismes, notamment l'Autorité de contrôle prudentiel ou encore l'Autorité des marchés financiers.

La Cour européenne sera-t-elle sensible à ces nuances ou estimera-t-elle que le juge qui s'autosaisit préjuge de l'issue de la cause et n'est plus réellement neutre ? La question est d'autant plus difficile que cette juridiction ne s'est jamais prononcée directement et clairement sur la question de l'autosaisine. Il est vrai cependant que dans l'affaire *Werner* les juges européens semblent réprouver la saisine d'office du tribunal parce que le juge qui se saisit d'une cause peut avoir une idée préconçue, voire une conviction personnelle quant à l'issue qu'il y a lieu d'y réserver[85] : bien qu'il soit toujours difficile de tirer des règles générales d'arrêts de la Cour non considérés comme « majeurs » (puisqu'il n'existe pas d'arrêts de principe) et que la Cour apprécie toujours *in concreto*, nul doute qu'il convient de faire preuve de prudence quant à la saisine d'office. Cette prudence s'impose d'autant plus que dans l'affaire *Didier*, la Cour a conclu à l'impartialité du juge, notamment en ce qu'il n'est pas à l'origine de la saisine[86]. Il faut certainement se garder de tirer des conséquences trop hâtives par un raisonnement *a contrario*, mais il reste que la question est sensible.

2. La séparation des temps de justice

402. Les règles générales. – La justice a ses rythmes et le non-respect de ces « temps de justice » peut constituer une violation de l'exigence d'impartialité. La question peut se poser pour les voies de recours : un juge ne peut siéger en première instance puis en appel pour un même procès[87] et la même solution s'impose en cas de renvoi, sauf certaines nuances en matière disciplinaire[88]. En matière d'opposition, il a été jugé que l'impartialité n'est pas respectée dès lors que le tribunal est présidé par un juge qui a rendu la décision et n'est pas soumis au contrôle d'une juridiction pouvant décider de l'issue du litige[89]. Toutefois, la règle est que le fait de statuer sur opposition formée par le prévenu jugé, par les mêmes juges, précédemment par défaut, ne viole pas l'article 6 de la Convention dans la mesure où les juges ne sont pas liés par leur première décision puisqu'ils reprennent l'ensemble de l'affaire à son point de départ[90]. C'est dire que, pour les voies de recours, il faut distinguer entre les voies de rétractation et les voies de réformation : la question de l'impartialité ne se pose pas pour les premières puisque les magistrats ne se prononcent pas sur des

85. CEDH, 15 nov. 2001, *Werner c/ Pologne*, n° 26760/95, § 41.

86. CEDH, déc., 27 août 2002, *Didier c/ France*, n° 58188/00.

87. C'est le cas en matière civile : CEDH, 23 mai 1991, *Oberschlick c/ Autriche*, préc., § 51. C'est aussi le cas en matière pénale (CEDH, 22 avr. 2004, *Cianetti c/ Italie*, n° 55634/00, § 39 et 40) mais avec un tempérament pour la fonction d'instruction (cf. l'irrecevabilité de la requête invoquant le fait que le juge d'instruction était le même en première instance et en appel : CEDH, 8 févr. 2000, *Stefanelli c/ Saint-Marin*, n° 35430/97, p. 5).

88. CEDH, 26 sept. 1995, *Diennet c/ France*, préc., § 38.

89. CEDH, 26 août 1997, *De Haan c/ Pays-Bas*, n° 22839/93, § 51 et 52, *AJDA* 1997. 987, obs. J.-F. Flauss, *JCP* 1998-I-107 n° 26, obs. F. Sudre.

90. CEDH, 10 juin 1996, *Thomann c/ Suisse*, n° 17602/91, § 35, *RSC* 1997. 471, obs. R. Koering-Joulin, *D.* 1997 Somm. 207, obs. J.-F. Renucci, *JCP* 1997-I-4000, obs. F. Sudre.

éléments déjà débattus devant eux, les arguments qu'ils examinent n'ayant pas encore été discutés[91].

S'agissant des mêmes faits, au même degré de juridiction, mais avec des accusés différents, l'atteinte à l'impartialité objective est caractérisée dès lors qu'un magistrat juge un accusé alors qu'il a déjà jugé, soit un coaccusé dont le cas a été disjoint[92], soit un tiers en faisant référence à son rôle dans l'activité criminelle en cause[93]. Pour ce qui est des mêmes accusés pour les mêmes faits au même degré de juridiction, la Cour statue au cas par cas : conformément aux principes établis pour la séparation des fonctions de justice, le simple fait qu'un juge ait déjà pris des décisions avant le procès ne peut en soi justifier des appréhensions quant à son impartialité[94], ce qui compte étant la nature et l'étendue des mesures prises à ce moment-là[95]. Enfin, s'il s'agit des mêmes accusés et des mêmes faits, mais à des degrés différents de juridiction, la Cour ne retient pas strictement l'exigence d'impartialité, n'hésitant pas à déclarer irrecevable une requête faisant état du fait que le juge d'instruction était le même en première instance et en appel[96]. Il en va cependant tout autrement si deux des juges ayant siégé en première instance statuent aussi pour réexaminer les mesures de précaution qui ont été prises[97].

403. Le cas particulier du renvoi après cassation ou annulation. – Dans l'affaire *Ringeisen*, la Cour a jugé qu'il n'est pas possible de poser en principe général découlant du principe d'impartialité qu'une juridiction de recours annulant une décision administrative ou judiciaire a l'obligation de renvoyer l'affaire à une autre autorité juridictionnelle ou à un organe autrement composé de cette autorité[98]. La solution peut sembler surprenante, mais il est vrai que la Cour a très vite précisé qu'une distinction doit être faite entre, d'une part le renvoi en cas de vice de fond affectant de manière irrémédiable la décision attaquée, et d'autre part celui qui, comme dans l'affaire *Vaillant*, se limite à un problème de procédure : nul doute que si les appréhensions du justiciable quant à l'impartialité sont justifiées dans le premier cas, elles ne le sont pas dans le second[99].

91. En ce sens : A. Gouttenoire, obs. sous aff. *Hauschildt*, préc., p. 304.

92. CEDH, 7 août 1996, *Ferrantelli et Santangelo*, n° 19874/92, § 59 et 60, *RSC* 1997. 482, obs. R. Koering-Joulin. *Contra* : Crim. 13 nov. 1996, *Bull.* n° 402 ; 29 févr. 2000, *D.* 2000 IR 151.

93. CEDH, 16 nov. 2000, *Rojas Morales c/ Italie*, n° 39676/98, § 33.

94. CEDH, 28 oct. 1998, *Castillo Algar c/ Espagne*, n° 28194/95, § 46, *RSC* 1999. 403, obs. R. Koering-Joulin. V° égal. CEDH, 20 déc. 2006, *Jasinski c/ Pologne*, n° 30865/96.

95. CEDH, 10 févr. 2004, *Depiets c/ France*, n° 53971/00, § 29 et s. ; 24 juin 2010, *Mancel et Branquart c/ France*, n° 22349/06, Procédures août/sept. 2010, n° 314, obs. N. Fricero, *JCP* 2010, 210, 1589 n° 859, obs. F. Sudre, *RSC* 2010. 695, obs. D. Roets,

96. CEDH, 8 févr. 2000, *Stefanelli c/ Saint Marin*, n° 35396/97.

97. Mesures qui suspendaient les fonctions du requérant, étant précisé que dans cette affaire les juges avaient aussi prononcé une ordonnance rejetant une demande d'application de mesures de précaution dans le cadre d'une procédure pénale distincte : CEDH, 22 avr. 2004, n° 55634/00.

98. CEDH, 16 juill. 1971, *Ringeisen c/ Autriche*, n° 2614/65, § 97. Cf. aussi : CEDH, 18 déc. 2008, *Vaillant c/ France*, n° 30609/04, *Procédures* févr. 2009, n° 49, obs. N. Fricero.

99. Aff. *Vaillant*, préc., § 33, renvoyant à CEDH, déc., 4 oct. 2005, *Stow et Gai c/ Portugal*, n° 18306/04, et à l'aff. *Diennet*, préc., qui apporte la preuve qu'en matière disciplinaire la solution est encore plus nuancée.

404. Bibliographie. ***Ouvrages :*** JOSSERAND (S.), *L'impartialité du magistrat en procédure pénale*, LGDJ, « Bibliothèque de sciences criminelles », 1998 ; ROETS (D.), *Impartialité et justice pénale*, Cujas 1997 ; VAN COMPERNOLLE (J.) et TARZIA (G.), *L'impartialité du juge et de l'arbitre*, Bruylant, 2006. ***Articles :*** AMSELEK (P.), *Les juridictions des comptes et l'article 6-1 de la Convention européenne des droits de l'homme, Une figure bien contestable de l'exception française*, Mél. Cohen-Jonathan, Bruylant, 2004, p. 31 et s. ; BENILLOUCHE (M.), *Les sources internationales de la justice pénale des mineurs, RPDP* 2013, p. 535 et s. ; BUSSY (Fl.), *Nul ne peut être juge et partie, D.* 2004 Chron. p. 1745 et s. ; BUTERI (K.), *La participation du juge des référés à la formation de jugement au fond, D.* 2004 Chron. p. 2586 et s. ; CABANNES (A.) et ROBES (A.), *L'impartialité objective du juge en Europe : les apparences parfois trompeuses, AJDA* 2004, p. 2375 et s. ; CACQUERAY (S. de), *La juridiction des comptes et les exigences du droit à un procès équitable, RFDA* 2003, p. 725 et s. ; CAPASHEN (G.), *Un magistrat peut-il être franc-maçon ?, D.* 2001, Point de vue, p. 3203 ; CASIA (P.), *Le juge administratif des référés et le principe d'impartialité, D.* 2005 Chron. p. 1182 et s. ; CLAVERIE-ROUSSET (C.) *L'impartialité de la justice pénale des mineurs, Dr. Pénal* mars 2012 Et. 8 ; COSTA (J.-P.), *Le droit au juge indépendant et impartial en matière administrative, Le principe vu par la Cour européenne des droits de l'homme, AJDA* 2001, p. 514 et s. ; COMMARET (N.), *Une juste distance ou réflexion sur l'impartialité du magistrat, D.* 1998 Chron. p. 262 et s. ; DE FONTBRESSIN (P.), *La neutralité du juge, in* « Le procès équitable et la protection juridictionnelle du citoyen », Bruylant, 2001, p. 79 et s. ; *Le militantisme politique du juge, Un danger pour les libertés, RTDH* 2004, p. 423 et s. ; DE GOUTTES (R.), *L'impartialité du juge. Connaître, traiter et juger ; quelle compatibilité, RSC* 2003, p. 63 et s. ; HERON (J.), *CEDH et théorie des voies de recours*, Mél. Drai, Dalloz, 2000, p. 369 et s. ; EUDIER (F.), *Le juge civil impartial*, Mél. Mercadal, éd. Francis-Lefebvre 2002, p. 31 et s. ; FELDMAN (J.-Ph.), *L'AMF respecte-t-elle les droits de la défense ? D.* 2009 Chron. p. 2756 et s. ; FRICÉRO (N.), *Les procédures collectives à l'épreuve du procès équitable*, Mél. Honorat, Éditions Frison-Roche 2000, p. 17 et s. ; *Procès civil équitable et juge judiciaire : nouveaux pouvoirs, nouveaux devoirs*, Mél. Julien, Edilaix 2003, p. 182 et s. ; FRISON-ROCHE (M.-A.), *L'impartialité du juge, D.* 1999 Chron. p. 53 et s. ; *Principe d'impartialité et droit d'autosaisine de celui qui juge, D.* 2012 Chron. p. 28 et s. ; GERARDIN-SELLIER (N.), *La composition des juridictions à l'épreuve de l'article 6, 1° de la Convention européenne des droits de l'homme, RTDH* 2001, p. 961 et s. ; GONZALEZ (G.), *Chaud et froid sur la compatibilité des fonctions consultatives et contentieuses avec l'exigence d'impartialité, RTDH* 2004, p. 365 et s. ; GOYET (Ch.), *Remarques sur l'impartialité du tribunal, D.* 2001 Chron. p. 328 et s. ; GUINCHARD (S.), *Peut-on être bouddhiste ou chrétien ou juif ou libre-penseur ou franc-maçon et juge ?* Mél. Julien, Edilaix 2003, p. 203 et s. ; HÉRON (J.), *Convention européenne des droits de l'homme et théorie des voies de recours*, Mél. Drai, Dalloz, 2000, p. 369 et s. ; HUYETTE (M.), *Commentaire de l'arrêt de la Chambre criminelle du 7 avril 1993, RSC* 1994, p. 67 et s. ; KOERING-JOULIN (R.), *La notion européenne de tribunal indépendant et impartial, RSC* 1990, p. 765 et s. ; LAMBERT (J.) et PAPANDREOU-DETERVILLE (M.-F.), *Le juge impartial en droit anglais, in* D'AMBRA (D.), BENOÎT-ROHMER (F.) et GREW (C.) (dir.), *Procédure et effectivité des droits*, Bruylant, 2003, p. 93 et s. ; LAZERGES (Ch.), *La séparation des fonctions de justice, à propos de l'arrêt de la Chambre criminelle du 7 avril 1993, RSC* 1994, p. 75 et s. ; MAGNIER (V.), *La notion de justice impartiale, JCP* 2000-I-252 ; MARON (A.), *Incidences de la Convention européenne des droits de l'homme sur la procédure de suspicion légitime*, Dr. pén. 1995 Chron. n° 34 ; MARSAT (Cl.), *La composition du tribunal pour enfants et le droit à un tribunal impartial*, Dr. pén. 2001 Chron. n° 15 ; MARTIN (R.), *Le juge de la mise en état à l'épreuve de la CEDH, RGDP* 1999, p. 321 et s. ; *L'article 6 § 1 de la CEDH contre l'article 12 NCPC, D.* 1996 Chron. p. 20 et s. ; NORMAND (J.), *Le cumul du provisoire et du fond est-il compatible avec l'impartialité requise par l'article 6 de la Convention européenne des droits de l'homme ? in* « Les mesures provisoires en droit belge, français et italien », Bruylant, 1999, p. 263 et s. ; *Le droit à un tribunal impartial devant les juridictions de l'ordre judiciaire (art. 6-1 CEDH) et la composition des juridictions, RTD Civ.* 1993, p. 874 et s. ; PASQUIER (Th.), *Neutralité et impartialité du conseil de prud'hommes, Rev. trav.* 2015. 275 ; PRADEL (J.), *La notion européenne de tribunal indépendant et impartial selon le droit français, RSC* 1990, p. 692 et s. ; REBUT (D.), *Le droit à un tribunal impartial devant la Chambre criminelle, RSC* 1998, p. 449 et s. ; SERMET (L.), *Juge des comptes et article 6 de la Convention européenne des droits de l'homme : vers une juridictionnalisation accrue ?, RFDA* 2003, p. 109 et s. ; STRUILLOU (J.-F.), *Le commissaire du gouvernement auprès la juridiction de l'expropriation et le droit au procès équitable*, RD immob. 2003, p. 425 et s. ; SUDRE (F.), *Le mystère des « apparences » dans la jurisprudence de la Cour européenne des droits de l'homme,*

RTDH 2009, p. 633 et s. ; Van Campernolle (J.), *Impartialité du juge et cumul de fonctions au fond et au provisoire*, Mél. Lambert, Bruylant, 2000, p. 935 et s. ; *Évolution et assouplissement de la notion d'impartialité objective, RTDH* 1994, p. 429 et s. ; Viennot (C.), *Actualités et perspectives ouvertes par la jurisprudence récente de la Cour européenne des droits de l'homme en matière d'impartialité, RTDH* 2008, p. 179 et s.

Sous-section 2
Le droit d'être jugé dans un délai raisonnable

405. L'exigence de célérité. - Aux termes de l'article 6 § 1er, toute personne a droit à ce que sa cause soit entendue dans un délai raisonnable. Cette exigence de célérité est particulièrement importante puisqu'il y va de la crédibilité de la justice et de son efficacité. Les lenteurs de la justice valent aux États des condamnations sur le plan européen, mais il faut se garder de réactions trop hâtives : le recours actuel à des procédures parfois (trop) rapides pourrait bien conduire les juges de Strasbourg à un même constat de violation, car la justice ne doit être ni trop lente ni trop rapide : elle doit être rendue dans un délai « raisonnable ». Il reste que pour l'instant ce sont surtout les lenteurs procédurales que l'on peut déplorer, de sorte que l'article 6 semble encore apparaître comme une exigence de célérité.

Les États ne tirent pas toujours complètement les conséquences des condamnations européennes même si, en général, les juridictions nationales prennent des initiatives pour sanctionner ou pour éviter des lenteurs procédurales excessives. La Cour rappelle souvent, cependant, que les États doivent s'organiser afin que leurs juridictions puissent garantir à chacun le droit d'être jugé dans un délai raisonnable[100].

§1. La détermination du délai raisonnable

406. Le *dies a quo*. - Le point de départ de la période à considérer au regard du caractère raisonnable de la durée de la procédure donne lieu à une appréciation différente selon la nature des litiges. En matière civile, le point de départ du délai est en principe la date de la saisine de la juridiction compétente, mais il peut en être autrement si la saisine d'une autorité administrative est un préalable nécessaire à celle du tribunal[101] ou si le particularisme des situations nationales impose que le point de départ du délai

100. Y compris lorsque la procédure est régie par le principe dispositif consistant à donner aux parties des pouvoirs d'initiative et d'impulsion : même dans cette situation, les États doivent organiser leur système judiciaire afin que l'exigence de délai raisonnable soit respectée : CEDH, 3 févr. 2009, *Poelmans c/ Belgique*, n° 44807/06, § 35, *JCP* 2009-I-143 n° 13, obs. F. Sudre. À noter également l'extension de la garantie du délai raisonnable au-delà du procès : CEDH, 28 nov. 2000, *Siegel c/ France*, n° 36350/97, *Procédures*, avr. 2001, n° 83, obs. N. Fricéro, Defrénois 2001. 1238, obs. J.-P. Marguénaud (procédure en partage de succession).

101. Cf. not. : CEDH, 6 mai 1981, *Bucchholz c/ Allemagne*, n° 7759/77 ; 20 févr. 1991, *Vernillo c/ France*, n° 11889/85, *D.* 1992 Somm. 333, obs. J.-F. Renucci ; 31 mars 1992, *X. c/ France*, n° 18020/91 (demande préalable d'indemnisation au ministre chargé de la santé) ; 26 sept. 2000, *J. B. c/ France*, n° 33634/96, (recours gracieux à l'administration fiscale).

soit antérieur à l'acte introductif d'instance[102]. En revanche, en matière pénale, la période à considérer commence à partir du moment où le requérant fait l'objet d'une « accusation pénale », lorsque les soupçons dont il fait l'objet ont des répercussions importantes sur sa situation[103]. En général, la date retenue est celle de la notification officielle, émanant de l'autorité compétente, du reproche d'avoir accompli une infraction pénale[104].

407. Le *dies ad quem*. – En toute matière, le délai à apprécier couvre l'ensemble de la procédure, expertises et voies de recours comprises[105]. Toutefois, en matière pénale, la période à considérer prend fin quand la situation du requérant cesse d'être affectée par le fait qu'il se trouve sous le coup d'une accusation[106] : la date importante est celle où une décision sur le bien-fondé de l'accusation pénale est rendue, qu'il s'agisse d'une décision favorable (acquittement ou relaxe) ou non[107]. Si aucun jugement au fond n'est rendu, la date sera différente[108].

§2. L'appréciation du délai raisonnable

408. Les principes d'appréciation. – Pour apprécier si un délai de procédure est raisonnable ou non, les juges doivent procéder à un examen global de la situation. L'appréciation doit donc porter sur l'ensemble de la procédure litigieuse et envisager la globalité du procès dans toutes ses instances[109]. Sans doute existe-t-il quelques cas particuliers[110], mais telles sont les règles qui s'appliquent en général.

---

102. CEDH, 28 juin 1978, *König c/ Allemagne*, n° 6232/73 ; 23 sept. 2003, *Dumas c/ France*, n° 53425/99, § 41. V° déjà : CEDH, 28 nov. 2000, *Siegel c/ France*, préc., § 38. V° aussi : CEDH, 3 déc. 2002, *C. R. c/ France*, n° 42407/98 (déc.), p. 10 et s., *D.* 2003 Somm. 592, obs. N. Fricéro.

103. CEDH, 27 févr. 1980, *Deweer c/ Belgique*, n° 6903/75, § 46 ; 27 juin 1968, *Neumeister c/ Autriche*, n° 1936/63, § 18 ; 10 déc. 1982, *Corigliano c/ Italie*, n° 8304/78, § 34.

104. Aff. *Dewers*, préc., § 46 (inculpation à l'issue d'une garde à vue) ; aff. *Ringeisen*, préc., § 110 (ouverture d'enquêtes préliminaires) ; CEDH, 15 juill. 1982, *Eckle c/ Allemagne*, n° 8130/78, § 73 (notification d'un mandat de saisie ou de perquisition) ; 28 mars 1990, *B c/ Autriche*, n° 11968/86 ; 2 août 2000, *Bertin-Mourot c/ France*, n° 36343/97, § 53 (réquisitoire introductif d'instance).

105. CEDH, 23 nov. 1999, *Marques Gomes Galo c/ Portugal*, n° 35592/97 ; 23 nov. 1999, *Galinho Carvalho Matos c/ Portugal*, n° 35593/97, *D.* 2000 Somm. 182, obs. N. Fricéro ; 29 mars 1989, *Bock c/ Allemagne*, n° 11118/84, § 37 ; 23 juin 1993, *Ruiz Mateos c/ Espagne*, n° 12952/87, § 35.

106. Comm. EDH, 8 févr. 1973, *Huber c/ Autriche*, R. 2/11 ; 9 mars 1978, *Ventura c/ Italie*, *D.* 12/38.

107. CEDH, 27 juin 1968, *Wemhoff c/ Allemagne*, n° 2122/64, § 18 ; 8 juin 1976, *Engel et autres c/ Pays-Bas*, préc., § 89.

108. Par exemple, la date du jugement constatant le jour de la prescription (CEDH, 25 mars 1983, *Minelli c/ Italie*, n° 8660/79).

109. Cf. not. : CEDH, 28 juin 1990, *Obermeier c/ Autriche*, n° 11761/85, § 72 ; 21 mars 2000, *Boudier c/ France*, n° 41857/98, § 32 ; 21 mars 2000, *Castell c/ France*, n° 38783/97, § 24 ; 16 avr. 2002, *Seguin c/ France*, n° 42400/98, § 22, *D.* 2002 Somm. 2573, obs. N. Fricéro ; 29 juill. 2003, *Santoni c/ France*, n° 49580/99, §§ 37 et 38, *D.* 2003 Somm. 2269, obs. N. Fricéro. *Adde* CEDH, 17 déc. 1996, *Duclos c/ France*, n° 20940/92 (trib. aff. sécurité sociale) ; 17 janv. 2002, *Laine c/ France*, n° 41476/98, (trib. commerce), Dr. et Proc. 2002. 253, obs. J.-P. Marguénaud ; 8 juin 2004, *Clinique Mozart SARL c/ France*, n° 46098/99, § 36.

110. Ainsi, il n'est pas tenu compte, dans le calcul du délai, de la procédure d'examen d'une demande tendant à la révision d'un procès (CEDH, 20 avr. 1999, *J. F. c/ France*, n° 39616/98 (déc.), p. 4 et s. ; 8 avr. 2003, *Jussy c/ France*, n° 42277/98, § 18, *Procédures* 2003 n° 139, obs. N. Fricéro). *Idem* pour les procédures préjudicielles devant la Cour de Luxembourg (CEDH, 26 févr. 1998, *Pafitis et autres c/ Grèce*, n° 20323/92, § 112, *RGDP* 1998. 232, obs. J.-F. Flauss, *JCP* 1999-I-105 n° 36, obs. F. Sudre).

Lors de l'appréciation du caractère raisonnable d'un délai, les juges tiennent compte des faits de l'espèce, rejetant toute appréciation *in abstracto*[111]. Ils prennent en considération les « circonstances particulières de la cause »[112]. Toutefois et même si cela peut sembler paradoxal, cette approche *in concreto* n'a pas empêché la Cour de fixer des critères d'appréciation qui sont un aiguillon particulièrement opportun.

409. ***Les critères d'appréciation.*** **–** Divers critères sont pris en considération, étant précisé qu'aucun n'est décisif puisque les juges se livrent toujours à une appréciation globale. Ces critères sont la complexité de l'affaire, l'attitude du requérant et celle des autorités compétentes, ainsi que (quelquefois) l'enjeu du litige.

> ***CEDH, 8 déc. 1983,* Pretto c/ Italie, *nº 7984/77 :***
> En fait : *À l'occasion de la vente d'un terrain qu'il a cultivé pendant plus de 40 ans, le requérant entend user de son droit de préemption. Malgré tout, le propriétaire le vend à quelqu'un d'autre, d'où une action en rachat du requérant contre le nouveau propriétaire. La procédure a duré 3 ans et demi.*
> En droit : *(non-violation de l'art. 6 § 1) Le caractère raisonnable de la procédure doit s'apprécier suivant les circonstances de la cause et eu égard aux critères consacrés par la jurisprudence de la Cour, à savoir la complexité de l'affaire (problème d'interprétation juridique sérieux en l'espèce), le comportement du requérant (qui a contribué à prolonger la procédure) et celui des autorités étatiques (à cet égard, la limite du tolérable n'a pas été franchie selon la Cour).*

Le critère de la complexité de l'affaire est particulièrement important : toutes les données, de fait comme de droit, sont alors analysées. Les juges de Strasbourg prennent en considération le nombre des personnes impliquées dans l'affaire, les difficultés de preuve, la dimension internationale du litige rendant les investigations plus difficiles, et donc forcément plus longues. L'incertitude de la règle de droit peut également être un élément important expliquant certaines lenteurs procédurales[113]. C'est dire l'importance des éléments significatifs d'une complexité de l'affaire, de sorte qu'il est impossible de proposer une liste exhaustive. En définitive, cette complexité découle des faits et des questions juridiques qui sont posées[114]. Naturellement, la Cour vérifie la réalité de la complexité de l'affaire invoquée par les autorités nationales, celles-ci pouvant avoir la tentation de cacher l'inertie du juge sous couvert d'une complexité qui, en réalité, ne serait qu'illusoire[115]. De plus, le fait

111. CEDH, 24 oct. 1989, *H c/ France*, nº 10073/82.

112. Cf. entre autres, aff. *König*, préc., § 99 ; CEDH, 14 oct. 2010, *Veriter c/ France*, nº 31508/07 ; 29 mai 2012, *Flores Cardoso c/ Portugal*, nº 2489/09.

113. Comm. EDH, 6 juill. 1976, *Neumeister c/ Autriche*, préc. *Adde* aff. *König*, préc., § 99 et s.

114. CEDH, 27 oct. 1994, *Katte Klitsche de la Grange c/ Italie*, nº 12539/86 (domaine technique difficile : urbanisme et environnement) ; 15 nov. 1996, *Katikaridis c/ Grèce*, nº 19385/92 (multiplicité des procédures) ; 3 août 2000, *Kanoun c/ France*, nº 35589/97, (difficultés réelles d'une liquidation de régime matrimonial).

115. Pour de « longues périodes de stagnation » considérées comme étant totalement injustifiées : CEDH, 19 févr. 1991, *Adiletta et autres c/ Italie*, nº 13978/88..., § 17 ; 19 févr. 1991, *Brigandi c/ Italie*, nº 11460/85,

qu'un domaine juridique présente par lui-même un degré de technicité important n'est cependant pas constitutif d'une complexité au sens du critère ainsi consacré[116]. Enfin, la complexité réelle d'une affaire ne saurait pour autant justifier un délai trop long[117].

Le comportement du requérant peut, dans certains cas, être la cause de la lenteur procédurale[118]. Dans ce cas, ce dernier serait malvenu de se plaindre d'une lenteur dont il est la cause. S'il est certain que l'article 6 n'exige pas une coopération active de l'intéressé[119], une « diligence normale » est tout de même attendue de lui[120]. Il est légitime de prendre en compte la responsabilité des parties dans la conduite du procès : dès lors que les retards incriminés s'expliquent, pour l'essentiel, par l'attitude de ces dernières, contribuant ainsi de manière décisive à ralentir la marche de la procédure, il serait injuste de condamner l'État. La règle consacrée par la Cour est que seules les lenteurs imputables à l'État peuvent amener à conclure à l'inobservation du délai raisonnable.

Le comportement des autorités compétentes est pris en considération pour apprécier le caractère raisonnable de la durée d'une procédure[121]. Pour les juges européens, l'État est débiteur de la célérité voulue par l'article 6[122]. Cette rigueur est d'autant plus grande que les États ont une obligation de résultat : ils doivent impérativement organiser leur système judiciaire afin que les cours et les tribunaux puissent remplir pleinement les exigences de l'article 6[123], en particulier en garantissant à chacun le droit d'obtenir une décision définitive dans un délai raisonnable[124]. En toute hypothèse, la procédure judiciaire est contrôlée par le juge qui doit

---

§ 30 ; 3 juill. 2001, *Romo c/ France*, n° 40402, § 19, *D.* 2002 Somm. 689, obs. S. Perez. De plus, la complexité peut être réelle mais le délai peut tout de même être jugé déraisonnable compte tenu de l'inertie des autorités étatiques : CEDH, 25 sept. 2007, *Clerck c/ Belgique*, n° 343416/02, § 55, *Dr. pénal* 2008. 34, obs. E. Dreyer.

116. Pour les entreprises en difficulté : aff. *Laine*, préc., § 28 et s., *Dr. et Proc.* 2002, 253, obs. J.-P. Marguénaud.

117. CEDH, 8 juin 2004, *Mutimura c/ France*, n° 46621/99, *D.* 2004 Somm. 2532, obs. L. Burgorgue-Larsen.

118. Cf. not. CEDH, 20 févr. 1991, *Vernillo c/ France*, n° 11889/85, § 34, *D.* 1992 Somm. 333, obs. J.-F. Renucci (manque d'empressement à déposer ses conclusions) ; 26 mars 1992, *Éditions Périscope c/ France*, n° 11760/85, § 44 (tactique délibérée pour retarder l'instruction) ; 23 sept. 1998, *I. A. c/ France*, n° 28213/95.

119. Aff. *Corigliano*, préc., § 42 ; CEDH, 25 févr. 1993, *Dobbertin c/ France*, n° 13089/87, § 44.

120. F. Sudre, *Convention européenne des droits de l'homme, Droit à un procès équitable, J.-Cl.* Europe préc., n° 137.

121. CEDH, 19 mars 2002, *Beaume Marty c/ France*, n° 56672/00, § 15 ; 14 nov. 2006, *Assad c/ France*, n° 66500/01.

122. CEDH, 10 juill. 1984, *Guincho c/ Portugal*, n° 8990/80, § 32.

123. Cf. not. CEDH, 26 nov. 1992, *Lombardo c/ Italie*, préc., § 23. *Adde* CEDH, 14 juin 2001, *Adelino Santos c/ Portugal*, n° 41598/98, *D.* 2002 Somm. 689, obs. N. Fricéro ; 7 mai 2002, *Burdov c/ Russie*, n° 59498/00, § 35, *D.* 2002 Somm. 2574, obs. N. Fricéro.

124. Aff. *Buchholz*, préc., § 51 ; CEDH, 24 mai 1991, *Vocaturo c/ Italie*, n° 11891/85, § 17 ; 27 juin 1997, *Philis c/ Grèce (n° 2)*, n° 19773/92, § 40 ; 4 juin 1999, *Caillot c/ France*, n° 36932/07, § 27 ; 14 nov. 2000, *Delgado c/ France*, n° 38437/97, § 50 ; Gr. Ch., 27 juin 2000, *Frydlender c/ France*, n° 30979/96, § 45. *Adde* CEDH, 24 avr. 1998, *Fisanotti c/ Italie*, n° 32305/96, § 22 et 25.

assurer la conduite rapide du procès[125]. Il est certain que la Cour ne peut imposer tel moyen plutôt qu'un autre à un État, mais elle sera particulièrement attentive à l'efficacité des moyens mis en œuvre par les autorités nationales[126]. Par ailleurs et dans un souci d'effectivité, la notion d'autorités compétentes est entendue *lato sensu* : certes, les autorités judiciaires sont principalement visées, mais il en est de même pour les différents services publics et même au-delà[127]. D'une façon générale, c'est l'inertie de l'État qui est condamnée[128]. Sans doute est-il possible d'exonérer l'État de sa responsabilité internationale en cas de circonstances exceptionnelles[129], mais les juges européens font preuve d'une très grande sévérité[130].

Le critère de l'enjeu du litige est parfois pris en considération. Les juges tiennent compte des conséquences de l'affaire sur la vie personnelle et professionnelle du requérant[131]. C'est pourquoi certains délais habituellement considérés comme raisonnables peuvent cesser de l'être dès lors qu'une diligence exceptionnelle s'impose[132]. Ainsi, dans certains cas, l'enjeu du litige pour l'intéressé (qu'il s'agisse d'un enjeu financier ou humain, ou des deux à la fois) doit conduire les autorités judiciaires à un comportement particulièrement diligent[133].

410. Bibliographie. ***Ouvrages :*** Conseil de l'Europe, *La durée des procédures civiles et pénales dans la jurisprudence de la Cour européenne des droits de l'homme,* Éd. Conseil de l'Europe, 2007 ; CEPC (Comité européen pour les problèmes criminels), *Lenteurs dans le système de justice pénale,* Éditions du Conseil de l'Europe 1991 ; CEPEJ (Commission européenne pour l'efficacité de la justice), *Analyse des délais judiciaires dans les États membres du Conseil de l'Europe à partir de la jurisprudence de la Cour européenne des droits de l'homme,* Éditions du Conseil de l'Europe 2007. ***Articles :*** Andriantsimbazovina (J.), *Délai raisonnable du procès, recours effectif ou déni de justice, RFDA* 2003, p. 85 et s. ; Coulon (J.-M.), *L'effectivité de l'accès à la justice et le contrôle de la durée des procédures,* Mél. Soyer, LGDJ, 2001, p. 71 et s. ; Declercq (L.), *Le délai raisonnable ou le retard excessif dans les affaires pénales,*

125. CEDH, 26 oct. 1988, *Martins Moreira c/ Portugal,* n° 11371/85, § 60 ; 10 févr. 1995, *Allenet de Ribemont c/ France,* n° 15175/89 ; 20 mars 1989, *Bock c/ Allemagne,* préc.

126. CEDH, 13 juill. 1982, *Eckle c/ Allemagne,* préc., §. 92.

127. Cf. pour les auxiliaires de justice, en l'espèce un syndic de faillite : aff. *Laine,* préc., § 34.

128. CEDH, 25 janv. 2000, *Paderni c/ Italie,* n° 35994/97, § 11, *D.* 2000 Somm. 185, obs. N. Fricéro ; 7 janv. 2003, *C. D. c/ France,* n° 42405/98, § 34 ; 4 juin 1999, *Caillot c/ France,* n° 36932/97. V° aussi : aff. *Allenet de Ribemont,* préc. ; aff. *Beaume Marty,* préc.

129. La notion de force majeure peut intervenir. De même, l'État n'engagera pas sa responsabilité en cas d'engorgement passager du rôle, dès lors qu'il a pris rapidement des mesures propres à résoudre la difficulté : CEDH, 6 mai 1981, *Buchholz c/ Allemagne,* préc., § 51.

130. CEDH, 10 juill. 1984, *Guincho c/ Portugal,* préc., § 40.

131. Cf. not. CEDH, 8 juill. 1987, *H c/ Royaume-Uni,* n° 9580/81, *CDE* 1988. 465, obs. G. Cohen-Jonathan, *JDI* 1988. 868, obs. P. Rolland et P. Tavernier. Dans l'affaire *Bock,* c'est l'enjeu du litige qui a été déterminant pour apprécier le caractère raisonnable de la procédure : CEDH, 29 mars 1989, *Bock c/ Allemagne,* préc. *Adde* CEDH, 30 oct. 1998, *Podbielski c/ Pologne,* n° 27916/95, *D.* 1999 Somm. 271, obs. N. Fricéro, *JCP* 2000-I-203 n° 17, obs. F. Sudre. V° aussi : CEDH, 27 juin 1997, *Philis c/ Grèce (n° 2),* n° 19773/92, *RSC* 1998. 393, obs. R. Koering-Joulin ; 21 févr. 1997, *Guillemin c/ France,* n° 19632/92, *JCP* 1998-I-107 n° 28, obs. F. Sudre.

132. V° pour les personnes infectées par le virus du SIDA à la suite d'une transfusion, en autres : CEDH, 31 mars 1992, *X c/ France,* n° 18020/91, *D.* 1992 Somm. 334, obs. J.-F. Renucci, *RUDH* 1993. 9, obs. F. Sudre ; 9 nov. 1999, *Gozalvo c/ France,* n° 38894/97, § 27, *D.* 2000 Somm. 183, obs. N. Fricéro, *RDP* 2000. 719, obs. S. Soler (indemnisation des victimes du SIDA) ; 26 avr. 1994, *Vallée c/ France,* n° 22121/93.

133. Cf. égal. les litiges du travail : CEDH, 28 juin 1990, *Obermeier c/ Allemagne,* préc. ; 24 mai 1991, *Vocaturo c/ Italie,* préc. ; 21 mars 2000, *Gergouil c/ France,* n° 40111/98 ; 8 avr. 2003, *Jussy c/ France,* n° 42277/98. *Adde* : CEDH, 23 avr. 1998, *Doustaly c/ France,* n° 26256/95 ; 26 sept. 2000, *Garcia c/ France,* n° 41001/98.

RD pén. crim. 1988, p. 581 et s. ; EISSEN (M.), *La durée des procédures civiles et pénales dans la jurisprudence de la Cour européenne des droits de l'homme*, Bull. info. C. cass. 1995, p. 3 et s. ; FLAUSS (J.-F.), *Le délai raisonnable au sens des articles 5 § 3 et 6 § 1 de la Convention européenne des droits de l'homme, RTDH* 1991, p. 49 et s. ; *Les cours constitutionnelles et la règle du délai raisonnable : le contrôle de la Cour européenne des droits de l'homme, in* Mél. FAVOREU, *Renouveau du droit constitutionnel*, Dalloz, 2007, p. 1263 et s., spéc. p. 1267 et s. ; LAMBERT (P.), *La notion de délai raisonnable dans la jurisprudence de la Cour européenne des droits de l'homme, RTD eur.* 1991, p. 3 et s. ; LASSALLE (J.-Y.), *Les délais de la Convention européenne des droits de l'homme et le droit français, RTDH* 1993, p. 263 et s. ; LUCAZEAU (G.), *Le délai raisonnable est-il bien raisonnable ? JCP* (G) 2009-I-103 ; NICAUD (B), *Délai raisonnable et droit européen, AJ Pénal* 2017, p. 163 s. ; NICOLAS-VULLIERME (L.), *Le délai raisonnable ou la mesure du temps, LPA* 3 janvier. 2005, p. 3 et s. ; PEUKERT (W.), *La célérité dans le procès pénal et la jurisprudence de la Cour européenne des droits de l'homme, RID pén.* 1995, p. 673 et s. ; PRADEL (J.), *La célérité et les temps du procès pénal, Comparaison entre quelques législations européennes*, Mél. Ottenhof, Dalloz, 2003, p. 251 et s. ; VALÉRY (A.), *Qu'est-ce qu'un délai raisonnable au regard de la jurisprudence de la Cour européenne des droits de l'homme ? in* « Le procès équitable et la protection juridictionnelle du citoyen », Bruylant, 2001, p. 91 et s. ; VAN COMPERNOLLE (J.), *Le droit d'être jugé dans un délai raisonnable : les effectivités d'un droit processuel autonome,* Mél. Normand 2003, p. 471 et s.

Sous-section 3
Le droit à ce que sa cause soit entendue publiquement et équitablement

411. Une double garantie. – Aux termes de l'article 6 § 1er de la Convention, toute personne a droit à ce que sa cause soit entendue publiquement et équitablement. L'importance de cette double garantie est considérable, la publicité comme l'équité d'un procès étant l'une des conditions essentielles d'une bonne justice.

§1. La publicité de la procédure

412. L'affirmation du principe. – La publicité de la procédure est une garantie forte, car il est essentiel de protéger le justiciable contre une justice secrète échappant au contrôle du public[134]. Elle permet de préserver la confiance des justiciables dans l'institution judiciaire et cette transparence participe pleinement du droit à un procès équitable et de sa finalité[135]. C'est la raison pour laquelle le principe est affirmé avec force par l'article 6 § 1 de la Convention. Cet article contient en réalité une double exigence, celle de la publicité des audiences et celle de la

134. CEDH, 24 nov. 1997, *Werner c/ Autriche*, n° 21835/93, § 45, *JCP* 1998-I-107 n° 27, obs. F. SUDRE, *RSC* 1998. 393, obs. R. KOERING-JOULIN.

135. Cf. not. CEDH, 8 déc. 1983, *Pretto c/ Italie*, n° 7984/77, § 21, *RSC* 1984. 140, obs. L.-E. PETTITI, *AFDI* 1984. 453, obs. R. PELLOUX ; aff. *Werner*, préc., § 45 ; 8 déc. 1983, *Axen c/ Allemagne*, n° 8273/78, § 25, *RSC* 1984. 139, obs. L.-E. PETTITI, *AFDI* 1984. 451, obs. R. PELLOUX, *JDI* 1985. 228, obs. P. ROLLAND et P. TAVERNIER ; 22 févr. 1984, *Sutter c/ Suisse*, n° 8209/78, § 26 ; 29 oct. 1991, *Helmers c/ Suède*, n° 11826/85, § 33 et 36 ; 19 déc. 2006, *Adam Arslan c/ Turquie*, n° 75836/01, § 25.

publicité du prononcé du jugement : cette publicité est bien un principe fondamental du procès équitable[136].

En principe, tout justiciable doit être entendu publiquement dès lors que la procédure se déroule devant un tribunal statuant en premier et dernier ressort, ce qui signifie qu'il a le droit à une audience[137]. En revanche, la publicité du prononcé du jugement est un principe de moindre importance même s'il ne saurait être négligé : il est vrai, cependant, que les juges européens l'interprètent avec une plus grande souplesse[138].

413. Les tempéraments au principe. - Le principe de la publicité peut être tempéré dans des circonstances exceptionnelles[139]. Ces tempéraments sont prévus par l'article 6 § 1 lui-même : l'accès de la salle d'audience peut être interdit à la presse ou au public pendant tout ou partie du procès dans l'intérêt de la moralité, de l'ordre public ou de la sécurité nationale dans une société démocratique, lorsque les intérêts des mineurs ou la protection de la vie privée des parties l'exigent, ou dans la mesure jugée strictement nécessaire par le tribunal, lorsque dans des circonstances spéciales la publicité serait de nature à porter atteinte aux intérêts de la justice[140]. On observera que ces exceptions ne concernent que les débats : aucune limitation n'est prévue par le texte pour le prononcé du jugement et la Cour refuse toute limitation implicite[141].

Certaines pratiques, bien que non prévues expressément, sont couramment admises : une audience peut ne pas être indispensable en raison de la nature des questions à trancher. C'est notamment le cas pour le recours au huis clos devant les juridictions d'appel qui n'est pas considéré comme une atteinte à l'article 6 § 1[142] : la Cour estime que la procédure dans son ensemble respecte le droit au procès équitable, compte tenu du rôle de la juridiction d'appel, de la publicité de l'audience en première instance, de la nature du contentieux ou encore de l'absence de recours à des informations supplémentaires sur les faits. C'est également le cas pour la procédure de cassation, les juges européens ayant précisé que l'absence de débats publics en deuxième

136. CEDH, 21 févr. 1990, *Hakansson et Sturesson c/ Suède*, n° 11855/85, *RTD Eur.* 1991. 491, obs. J.-F. Flauss ; 24 juin 1993, *Schuler-Zgraggen c/ Suisse*, n° 14518/89 ; 24 nov. 1997, *Werner c/ Autriche*, préc. ; 20 mai 1998, *Gautrin et autres c/ France*, n° 21257/93, *JCP* 1999-I-105 n° 34, obs. F. Sudre. V° plus récemment : CEDH, 2 déc. 2008, *Gemici c/ Turquie*, n° 25471/02, § 22, *Dr. pénal* 2009. 22, obs. E. Dreyer.

137. CEDH, 26 avr. 1995, *Fischer c/ Autriche*, n° 16922/90 ; 26 sept. 1995, *Diennet c/ France*, préc. ; 29 sept. 1999, *Serre c/ France*, n° 29718/96 ; 14 nov. 2000, *Riepan c/ Autriche*, n° 35115/97, § 29.

138. CEDH, 15 juill. 2003, *Ernst et autres c/ Belgique*, n° 33400/97, § 69.

139. V° not. : CEDH, 19 févr. 1988, *Allan Jacobsson c/ Suède (n° 2)*, n° 16970/90 ; Gr. Ch., 11 juill. 2002, *Göc c/ Turquie*, n° 36590/97 ; Gr. Ch., 23 nov. 2006, *Jussila c/ Finlande*, n° 73053/01, *JCP* 2007-I-106, n° 9, obs. F. Sudre.

140. Pour des mineurs : CEDH, Gr. Ch., 16 déc. 1999, *T. c/ Royaume-Uni*, n° 24724/94, et *V. c/ Royaume-Uni*, n° 24888/94, Dr. fam. 2000 com. 46, obs. A. Gouttenoire-Cornut (mineur délinquant) ; CEDH, 24 avr. 2001, *B. et P. c/ Royaume-Uni*, n° 36337/97, § 49 (droit de garde). V° pour la protection d'un témoin ou pour promouvoir le libre échange d'informations dans l'intérêt de la justice : CEDH, 24 avr. 2001, *B. et P. c/ Royaume-Uni*, préc., § 37.

141. Aff. *Campbell* et *Fell*, préc.

142. CEDH, 26 mai 1988, *Ekbatani c/ Suède*, n° 10563/83, *JDI* 1989. 815, obs. P. Rolland et P. Tavernier ; 29 oct. 1991, *Helmers et autres c/ Suède*, n° 11826/85.

ou troisième instance peut se justifier par les caractéristiques de la procédure, pourvu qu'il y ait eu une audience publique en première instance[143]. Cela n'est guère surprenant dans la mesure où la Cour a toujours tenu compte des particularités de la procédure en cause et de la nature des questions à trancher, considérant que des procédures consacrées exclusivement à des points de droit ou hautement techniques peuvent remplir les conditions de l'article 6 même en l'absence de débats publics[144].

CEDH, déc., 15 juin 2010,* Fogwell c/ Monaco, *n° 14157/08 :
En fait : *À l'occasion d'une importante affaire financière, la requérante se plaint de la procédure devant la Cour de révision (qui est la plus haute juridiction judiciaire monégasque, comparable à la Cour de cassation), invoquant notamment l'absence d'audience publique (ce qui est le cas pendant une hors session).*
En droit : *(grief manifestement mal fondé). L'absence d'audience publique et de débats devant la Cour de révision de Monaco n'est pas contraire à la Convention européenne des droits de l'homme. Compte tenu de la spécificité de la procédure devant cette Cour et de la nature du débat susceptible d'intervenir devant elle, particulièrement technique et portant sur des moyens de droit, une participation orale s'inscrirait dans une approche trop formaliste de la procédure.*

Il est vrai cependant que la Cour impose la publicité des débats lorsqu'une juridiction d'appel doit connaître de questions de fait comme de points de droit et se prononcer sur la culpabilité des prévenus[145]. Il est vrai aussi que, d'une façon plus générale, les juges européens font preuve d'une grande vigilance quant au respect de l'exigence de publicité.

Le plaideur peut cependant renoncer à la garantie de la publicité, mais cela ne lui enlève pas sa force. Dès lors que cette renonciation est faite de son plein gré et de manière non équivoque, sa validité est certaine[146]. En revanche, il en va autrement si tel n'est pas le cas.

§2. L'équité de la procédure

414. Une garantie forte. – L'équité de la procédure est consacrée par l'article 6 § 1 et son importance est considérable puisqu'elle a tendance à englober l'ensemble des garanties de cet article sous la notion plus générale de « procès équitable ». L'équité impose une appréciation *in concreto* de l'affaire et les juges européens se livrent toujours à une appréciation globale pour vérifier si la procédure est conforme à cette exigence[147]. La

143. CEDH, Gr. Ch., 26 juill. 2002, *Meftah et autres c/ France*, n° 32911/96..., § 41. *Adde* : CEDH, 29 oct. 1991, *Andersson c/ Suède*, n° 11274/84, § 36. ; 1er juin 2010, *Fogwell c/ Monaco*, n° 14157/08.

144. CEDH, 25 avr. 2002, *Varela Assalino c/ Portugal*, n° 64336/01, (déc.). CEDH, 18 mai 2004, *Prodan c/ Moldova*, n° 49806/99, § 52.

145. Aff. *Ekbatani*, préc. ; aff. *Helmers*, préc.

146. CEDH, 30 nov. 1987, *H c/ Belgique*, n° 8950/80. Cf. aff. *Albert et Le Compte*, préc., § 35 ; aff. *Le Compte, Van Leuven et De Meyere*, préc. – Sur la renonciation, v° *supra*, n° 357 *in fine*.

147. CEDH, 28 mars 1990, *Granger c/ Royaume-Uni*, n° 11932/86. CEDH, 16 déc. 1992, *Edwards c/ Royaume-Uni*, n° 13071/87 ; 16 févr. 2000, *Rowe et Davis c/ Royaume-Uni*, n° 28901/95 ; 24 juin 2003,

notion d'équité a permis aux juges d'aller plus loin que le texte afin de mieux protéger les droits fondamentaux. La clause générale sur le procès équitable a permis à la jurisprudence de dégager d'importantes garanties qui, pour être implicites, n'en sont pas moins très importantes. C'est précisément en partant du fait que l'interprétation doit être fondée sur l'objet et le but de la Convention, que les juges européens ont consacré le principe des garanties implicites. S'agissant de certaines sources policières, la Cour a jugé que leur non-divulgation ne violait pas l'article 6 § 1 de la Convention. D'abord, le but était légitime puisqu'il convenait de protéger la vie humaine et la sécurité de l'État. Ensuite, la décision de condamnation était fondée sur d'autres éléments de preuve corroborant la conviction de l'inspecteur. Enfin, le procès était entouré d'un certain nombre de garanties propres à assurer que la non-divulgation des sources ne porterait pas atteinte à l'équité de la procédure[148]. Par ailleurs, la Cour a jugé que le fait pour le requérant en fuite et se sachant recherché de ne pas être recevable à soulever les nullités de l'instruction ne constitue pas une violation de l'art. 6 § 1 de la Convention[149]. De même, la restriction de certains droits procéduraux est compatible avec l'article 6 § 1 de la Convention[150].

Une divergence de jurisprudence, en particulier au sein d'une même juridiction, peut poser problème au regard de l'exigence d'équité. Il est vrai que la Cour a pris soin de rappeler que, d'une part, une telle divergence n'est pas en soi contraire à la Convention et, d'autre part, elle n'a pas à comparer les diverses décisions rendues même dans des litiges voisins ou connexes[151]. Mais il n'en reste pas moins vrai que, dans certaines circonstances, un constat de violation de l'article 6 § 1 peut s'imposer : dans un tel cas de figure, la Cour appréciera la situation en prenant en compte divers paramètres ; la réalité de divergences « profondes et persistantes », l'existence et l'effectivité de mécanismes de nature à supprimer ces incohérences tout comme le principe de sécurité juridique qui est implicite dans l'ensemble des articles de la Convention[152].

Les garanties liées à l'équité sont donc fort diverses[153], mais trois d'entre elles retiendront plus particulièrement notre attention : la loyauté des preuves, la motivation des décisions de justice et l'égalité des armes.

Dowsett c/ Royaume-Uni, n° 39482/98 ; 22 juill. 2003, *Edwards et Lewis c/ Royaume-Uni*, n° 39647/98, *RSC* 2004. 457, obs. Fl. Massias.

148. CEDH, 12 déc. 2013, *Donohoe c/ Irlande*, n° 19165/08, *Dalloz Actu.* 15 janv. 2014, obs. N. Devouèze.

149. CEDH, 2 févr. 2017, *Ait Abbou c/France*, n° 44921/13.

150. CEDH, 17 mars 2015, *Adorisio et a. c/Pays-Bas*, n° 47315/13, *JDI* 2016, n° 4, chron. 8, n° 5, obs. S. Aktypis (il s'agissait en l'espèce de l'application des mesures économiques d'urgence prise dans le secteur bancaire suite à la crise de 2008).

151. CEDH, 9 févr. 2016, *Celebi et a. c/Turquie*, n° 582/05, §§ 52 s., *Procédures* 2016, n° 4, com. 131, obs. N. Fricéro.

152. Aff. *Celebi et a., préc.* Dans cette affaire, la Cour a conclu à une violation de l'art. 6 § 1, Conv. EDH.

153. Cf. par exemple : CEDH, 11 oct. 2012 , *Abdelali/ France*, n° 43353/07, *JCP* 2012, 1425, note L. Milano, *RSC* 2013. 117, obs. J. Danet, et p. 155, obs. D. Roets (impossibilité pour un accusé de contester les preuves retenues contre lui jugée contraire à la notion de procès équitable) ; 17 mars 2016, *Ligue Portugaise de Football Professionnel c/Portugal*, n° 4687/11 (absence de notification de certains éléments du dossier, absence

A. La loyauté des preuves

415. Une consécration progressive de l'obligation de loyauté. – L'article 6 § 1 de la Convention n'emporte en lui-même aucune conséquence quant à l'admissibilité de la preuve qui demeure régie par le droit national, mais il n'en reste pas moins vrai qu'il exige que la procédure garantisse un procès équitable. Nul doute que, désormais, l'équité du procès est étroitement liée à sa loyauté.

Il est vrai que dans le passé, la Cour européenne s'est montrée libérale, admettant une preuve illégale dès lors qu'elle pouvait être par la suite discutée dans le respect du procès équitable[154]. Mais l'évolution ultérieure de la jurisprudence européenne semble condamner une telle approche, peu conforme aux exigences conventionnelles. La jurisprudence européenne a, en effet, consacré l'obligation de loyauté dans la réunion policière et judiciaire des preuves[155], ce qui est bien compréhensible dans le cadre d'un procès équitable. Il a été jugé que constitue une violation de la Convention l'enregistrement d'une conversation téléphonique opérée clandestinement par un particulier avec le concours d'un haut fonctionnaire de police[156].

416. Une confirmation nette de l'obligation de loyauté. – La jurisprudence imposant l'obligation de loyauté des preuves a fait l'objet d'une confirmation très nette. L'arrêt *Teixeira de Castro* a clairement précisé qu'en toute hypothèse les droits de la défense doivent être garantis : c'est la raison pour laquelle l'utilisation d'éléments de preuve recueillis à la suite de provocations policières est contraire à la Convention[157].

CEDH, 9 juin 1998,* Teixeira de Castro c/ Portugal, *n° 25829/94 :
En fait : *Le requérant a été condamné pour trafic de drogue, mais sa condamnation a été fondée essentiellement sur la déclaration de deux policiers dont l'intervention avait provoqué l'infraction.*
En droit : *(violation de l'art. 6 § 1) Les policiers ne se sont pas limités à examiner de manière passive l'activité délictueuse de l'intéressé, mais ont exercé une influence décisive de nature à l'inciter à commettre l'infraction. L'activité des deux policiers a donc outrepassé celle d'un agent infiltré (leur intervention ne se situait pas dans le cadre d'une opération de répression de trafic de stupéfiants ordonnée et contrôlée par un juge ; de plus il n'apparaissait pas que les autorités avaient de bonnes raisons de soupçonner que le requérant était un trafiquant, d'autant plus que son casier judiciaire était vierge et que les policiers ne le connaissaient pas). Leur intervention et son utilisation dans la procédure pénale litigieuse ont privé ab initio et définitivement le requérant d'un procès équitable.*

---

de communication aux parties des moyens soulevés d'office et défaut allégué d'impartialité de la formation du tribunal) ; 11 oct. 2016, *Iglesias Casarrubios et Cantalapiedra Iglesias c/Espagne*, n° 23298/12, *Procédures* 2016, n° 12, com. 364 par N. Fricero, *AJ Famille* 2016. 536, obs. E. Viganotti (refus d'auditionner l'enfant en justice lors d'un divorce).

154. CEDH, 12 juill. 1988, *Schenk c/ Suisse*, n° 10862/84, § 49, *RSC* 1988. 840, obs. Pettiti et Teitgen.

155. CEDH, 6 déc. 1988, *Barbera, Massegue et Jabardo c/ Espagne*, n° 10588/83, §§ 74 s.

156. CEDH, 23 nov. 1993, *A. c/ France*, n° 14838/89, § 39 (art. 8).

157. CEDH, 9 juin 1998, *Teixeira de Castro c/ Portugal*, n° 25829/94, § 39, *JCP* 1999-I-105 n° 38, obs. F. Sudre, *RSC* 1999. 401, obs. R. Koering-Joulin.

Par la suite, la Cour a jugé que l'article 6 § 1 a été violé, car la procédure suivie pour trancher les questions de divulgation des preuves et de guet-apens n'a pas satisfait aux exigences nécessaires pour garantir le caractère contradictoire de la procédure et l'égalité des armes et qu'elle n'offrait pas les garanties permettant de protéger adéquatement les intérêts des accusés[158]. La solution a été confirmée par la Grande Chambre[159]. La Cour a également censuré, et à l'unanimité, un stratagème policier consistant en une provocation à commettre une infraction à la législation sur les stupéfiants[160]. Une distinction doit ainsi être faite entre la provocation à la commission d'une infraction qui est prohibée, car contraire au principe de loyauté, et la provocation à la preuve d'une activité délictueuse qui est admissible dans la lutte contre la criminalité organisée[161]. La Grande chambre a d'ailleurs rappelé, dans la lignée de son arrêt *Teixeira de Castro*, que si les infiltrations policières sont admissibles dès lors qu'elles sont nettement circonscrites, les provocations policières ne le sont pas parce qu'elles privent *ab initio* et définitivement la personne mystifiée d'un procès équitable[162]. Ainsi que cela a été précisé, la différence entre les infiltrations permises et les provocations policières contraires à l'article 6 s'établit de la manière suivante : en cas de provocation policière, les agents infiltrés ne se limitent pas à examiner passivement l'activité délictueuse, mais exercent sur l'intéressé une influence de nature à l'inciter à commettre une infraction qu'autrement il n'aurait pas commise[163].

L'affaire *Matanovic* s'inscrit dans cette orientation désormais traditionnelle[164]. Si ses droits ont été restreints au cours de son procès pénal (violation des art. 6 § 1 à raison de la non-communication de certains éléments de preuve à son procès, et 8 parce que la procédure relative à l'autorisation et au contrôle des écoutes téléphoniques n'avait pas été prévue par la loi), il n'y a pas violation de l'article 6 § 1, le requérant n'ayant pas été piégé : l'enquête ayant été passive et ne dépassant donc pas ce qui était nécessaire à

158. CEDH, 22 juill. 2003, *Edward et Lewis c/ Royaume-Uni*, n° 33647/98 et 40461/98, § 49.

159. CEDH, Gr. Ch., 27 oct. 2004, *Edward et Lewis c/ Royaume-Uni*, 33647/98 et 40461/98, § 48.

160. CEDH, 15 déc. 2005, *Vanian c/ Russie*, n° 53203/99, *RSC* 2006, p. 449, obs. Fl. Massias. Cf. aussi : CEDH, 2 oct. 2012, *Veselov et autres c/ Russie*, n° 23200/10..., pour des « achats tests » de stupéfiants par des policiers : l'absence de réglementation adéquate en Russie a porté atteinte à l'équité du procès. *Adde* : CEDH, 16 févr. 2000, *Rowe et Davis c/ Royaume-Uni*, n° 28901/95, § 66 (dissimulation de preuves à la défense au nom de l'intérêt public) ; Gr. Ch., 10 mars 2009, *Bykov c/ Russie*, n° 4378/02, § 104 *a contrario* ; 23 oct. 2014, *Furcht c/ Allemagne*, n° 54648/09, § 72 : selon la Cour, l'infiltration est allée au-delà d'une enquête passive sur une activité délictueuse (le requérant a été incité à commettre l'infraction) ; CEDH, 24 avr. 2014, *Lagutin et a. c/Russie*, n° 6228/09, *JDI* 2015, n° 4, chron. 7, n° 13, obs. A.-C. Fortas.

161. CEDH (déc.), 21 mars 2002, *Calabro c/ Italie et Allemagne*, n° 59895/00.

162. CEDH, Gr. Ch., 5 févr. 2008, *Ramanauskas c/ Lituanie*, n° 74420/01, § 73, *RTDH* 2009. 211, obs. Ch. de Valkeneer, *Dr. pénal* 2009. 22, obs. E. Dreyer, *RSC* 2009. 694, obs. A. Giudicelli.

163. A. Giudicelli, obs. préc. V° aussi CEDH, 10 mars 2009, *Bykov c/ Russie*, n° 4378/02, *RTDH* 2010. 383, obs. L. Kennes, concluant à la non-violation de l'art. 6 puisque les preuves, certes recueillies en violation de l'art. 8 (interception illégale de conversations) n'ont pas joué un rôle déterminant dans la condamnation (§ 94s.). La solution aurait été différente si lesdites preuves avaient été recueillies en violation de l'art. 3. Cf. aussi : CEDH, 4 nov. 2010, *Bannikova c/ Russie*, n° 18757/06, *RTDH* 2011. 977, note A. Philippart de Foy ; 26 mars 2015, *Volkov et Adamskiy c/ Russie*, n° 7614/09 et n° 30863/10, *Dalloz Actu.* 23 avr. 2015, obs. A. Portmann.

164. CEDH, 4 avr. 2016, *Matanovic c/Croatie*, n° 2742/12.

la conduite d'une opération secrète, la manière dont elle s'est déroulée n'a pas incité le requérant à commettre des infractions (de corruption) qu'il n'aurait pas commises autrement. À noter que dans l'affaire *Bykov*[165], l'un des juges déplorait le manque de clarification quant à la question de savoir si l'utilisation dans une procédure pénale des preuves obtenues au mépris de l'article 8 porte atteinte à l'équité du procès protégée par l'article 6 : l'arrêt *Matanovic*, qui constate en l'espèce la violation de l'article 8 mais pas celui de l'article 6 § 1 (sauf sur le terrain de la provocation policière), y répond par la négative.

B. La motivation des décisions de justice

417. L'obligation de motiver les décisions de justice. - Cette nécessité s'est imposée, car il est difficile dans le cas contraire de parler d'un procès équitable : les raisons d'une décision doivent en effet apparaître clairement, sans quoi l'on pourrait craindre un certain arbitraire. La Cour a clairement indiqué que, même si cela n'est pas dit expressément, l'article 6 § 1 oblige les tribunaux à motiver leurs décisions[166]. Il est légitime que toute décision de justice fasse l'objet d'une motivation qui la fonde en droit. L'obligation de motivation s'impose, car elle permet, d'une part d'exposer le raisonnement qui a conduit au dispositif de la décision, et d'autre part d'en permettre éventuellement le contrôle. La motivation des décisions de justice est directement liée aux préoccupations du procès équitable, même si l'article 6 ne la vise pas expressément.

La jurisprudence européenne imposant cette motivation ne peut donc qu'être approuvée. On regrettera cependant que la Cour européenne ne s'impose pas à elle-même la même rigueur qu'elle impose aux Etats : en effet, si les arrêts sont bien motivés, il n'en est pas de même pour les décisions sur la recevabilité. Des questions se posent et le justiciable peut légitimement nourrir quelques inquiétudes. Sans doute serait-il souhaitable de prévoir des solutions davantage en harmonie avec le système européen de protection.

418. L'obligation de motivation et les juridictions nationales. - Pour la Cour, l'obligation de motivation des décisions de justice est inhérente au procès équitable[167] même si cette exigence est relative, car, pouvant varier notamment en fonction de la nature de la décision, elle doit l'apprécier à la lumière des circonstances de l'espèce[168]. Il est certain que

165. Arrêt préc., (juge Cabral Barreto). Comp. CEDH, Gr. Ch., 11 juill. 2006, *Jalloh c/ Allemagne*, n° 54810/00, pour des preuves obtenues en violation de l'art. 3.

166. CEDH, 19 avr. 1994, *Van de Hurk c/ Pays-Bas*, n° 16034/90, § 61, *Justices* 1996. 235, obs. J.-F. Flauss ; 27 sept. 2001, *Hirvisaari c/ Finlande*, n° 49684/99, *Europe* 2002 com. n° 73, obs. V. Lechevallier. ; cf. aussi CEDH, 28 avr. 2005, *Albina c/ Roumanie*, n° 57808/00, § 36.

167. CEDH, 9 déc. 1994, *Hiro Balani c/ Espagne*, n° 18064/91, et *Ruiz Torija c/ Espagne*, n° 18390/91, *D.* 1996 Somm. 202, obs. N. Fricéro, *Justices* 1996. 236, obs. G. Cohen-Jonathan et J.-F. Flauss ; 19 févr. 1998, *Higgins et autres c/ France*, n° 20124/92, *D.* 1998 Somm. 369, obs. N. Fricéro, *JCP* 1999-I-105 n° 27, obs. F. Sudre. Cf. aussi une affaire intéressante où la Cour relie la motivation des jugements au principe de subsidiarité : CEDH, 10 mai 2012, *Magnin c/ France*, n° 26219/08, *Procédures* 2012 com. 218, obs. N. Fricero.

168. Cf. not. : CEDH, 29 mai 1997, *Gorgiadis c/ Grèce*, *RSC* 1998. 394, obs. R. Koering-Joulin ; 1er juill. 1997, *Rolf Gustafson c/ Suède*, *RSC* 1998. 394, obs. R. Koering-Joulin ; 19 févr. 1998, *Higgins c/ France*, préc. ; 9 déc.

le tribunal n'est pas dans l'obligation de répondre à l'ensemble des arguments évoqués par le plaideur, même si celui-ci estime qu'ils sont fondamentaux pour son argumentation : le tribunal peut ne répondre qu'à ceux qui sont pertinents, c'est-à-dire susceptibles d'influencer la solution du litige[169]. En revanche, l'obligation de motivation perd tout son sens si la motivation elle-même démontre que les juges n'ont pas lu les pièces essentielles du dossier[170]. Il reste que la garantie découlant du principe du procès équitable dans le domaine de la motivation du jugement est une garantie minimale, qui se limite à l'exigence d'une clarté suffisante des motifs sur lesquels se fondent les juges[171] : toutefois, la motivation ne peut pas pour autant revêtir un caractère lapidaire[172], les juridictions nationales devant préciser le contenu des notions légales en cause dès lors qu'elles ne sont pas suffisamment précises[173]. Enfin, si la motivation par incorporation des motifs des premiers juges est possible, encore faut-il que les points importants aient vraiment été examinés et que les conclusions de ces premiers juges n'aient pas été simplement entérinées par la juridiction supérieure[174].

L'exigence de motivation peut donner lieu à d'importantes difficultés. Certaines n'ont pas encore été réellement tranchées par les juges de Strasbourg, mais suscitent une légitime inquiétude : on peut effet se demander si le pouvoir discrétionnaire qui est reconnu dans certaines circonstances au juge, et plus particulièrement au juge civil, est bien compatible avec cette exigence. D'autres difficultés, sans doute plus graves, ont provoqué la saisine de la Cour européenne.

Une difficulté particulière a pu ainsi apparaître s'agissant des arrêts rendus par les cours d'assises puisque la solution traditionnelle a pu sembler être mise en cause. En effet, tout en rappelant le principe de la motivation des décisions de justice, les juges européens ont toujours pris soin de préciser que « *l'exigence de motivation doit aussi s'accommoder de particularités de la procédure, notamment devant les cours d'assises où les jurés ne doivent pas motiver*

1994, *Hiro Balani*, préc. La Cour fait cependant preuve de sévérité : v° le défaut de motivation d'une décision d'irrecevabilité d'un appel : CEDH, 2 oct. 2014, *Hansen c/ Norvège*, n° 15319/09, *AJDA* 2015. 150, obs. L. Burgorgue-Larsen, *Procédures* 2015, n° 2, com. 43 par N. Fricero, *JDI* 2015, n° 4, chron. 7, n° 9, obs. V. Durand (le motif que la cause n'avait manifestement aucune chance d'aboutir ayant été jugé insuffisant).

169. CEDH, 19 avr. 1994, *Van de Hurk c/ Pays-Bas*, préc., § 61. Cf. aussi *Hiro Balani*, préc., § 27. *Adde* CEDH, 31 janv. 2006, *Merigaud c/ France*, n° 32976/04 (déc.), p. 7. Toutefois, s'il est vrai que l'art. 6 § 1 ne peut se comprendre comme exigeant une réponse détaillée à chaque argument, l'étendue de la motivation peut varier selon la nature des décisions et une juridiction d'appel ne peut en principe se contenter « *d'entériner purement et simplement les conclusions d'une juridiction inférieure* » : CEDH, 15 févr. 2007, *Boldea c/ Roumanie*, n° 19997/02, § 28, *Dr. pénal* 2008. 35, obs. E. Dreyer.

170. Comm. EDH, 15 avr. 1992, *Fouquet c/ France*, n° 20398/92 (déc.).

171. CEDH, 16 déc. 1992, *Hadjianastassiou c/ Grèce*, n° 12945/87, § 33.

172. CEDH, 29 mai 1997, *Georgiadis c/ Grèce*, préc.

173. CEDH, 30 nov. 1987, *H. c/ Belgique*, préc.

174. CEDH, 19 déc. 1997, *Helle c/ Finlande*, n° 20772/92, *RTD Civ.* 1998. 516, obs. J.-P. Marguénaud ; 21 janv. 1999, *Garcia Ruiz c/ Espagne*, n° 30544/96, *Procédures* 1999, n° 230, obs. N. Fricéro. CEDH, 27 sept. 2001, *Hirvisaari c/ Finlande*, préc. V° aussi : CEDH, 27 juill. 2006, *Nedzela c/ France*, n° 73695/01.

leur intime conviction »[175]. Pourtant, dans un premier temps, l'affaire *Taxquet* a entendu imposer la motivation des arrêts d'assises sans nuances, ce qui a suscité de vives controverses[176]. Mais dans cette même affaire, la Grande chambre est revenue à une solution plus nuancée et équilibrée, précisant que la non-motivation du verdict n'emporte pas, en soi, violation du droit de l'accusé à un procès équitable : ce qui compte, c'est que ce dernier dispose de garanties suffisantes pour comprendre sa condamnation[177]. C'est précisément parce que l'accusé n'a pas été en mesure de comprendre sa condamnation que la France a été récemment condamnée dans l'affaire *Agnelet*[178], tout comme la Belgique dans trois affaires jugées le même jour[179]. Mais inversement un constat de non-violation s'impose dès lors que l'accusé a été en mesure de comprendre sa condamnation, soit parce que la motivation était suffisante[180], soit parce que la procédure suivie a permis cette compréhension[181] : il convient, en effet, de considérer le procès dans son ensemble.

175. V° not. CEDH 15 nov. 2001, *Papon c/ France,* n° 54210/00, *D.* 2002 Somm. 2572, obs. J.-F. Renucci ; Comm. EDH 29 sept. 1994, *Zarouali c/ Belgique,* DR 78/97.

176. CEDH, 13 janv. 2009, *Taxquet c/ Belgique,* n° 926/05, §§ 36 s., *D.* 2009. 1058, note J.-F. Renucci, *JCP* 2009-I-143 n° 9, obs. F. Sudre, *Dr. pénal* 2009. 21, obs. E. Dreyer, *RSC* 2009. 657, obs. J.-P. Marguénaud ; *Gaz. Pal.* 2009, 3, p. 1603, obs. J. Simon-Delcros, et p. 2119, obs. F. Desprez, *RIDP* 2009. 335, obs. F. Fourment et autres, *RD Pén. Crim.* 2011. 385, obs. J. Van Meerbeeck.

177. CEDH, Gr. Ch., 16 nov. 2010, *Taxquet c/ Belgique,* n° 926/05, § 90, *D.* 2010. 2841 et *JDI* 2011, n° 4, chron. 12, com. 9, obs. O. Bachelet, *D.* 2011. 47, note J.-F. Renucci, et 48, note J. Pradel, *AJ Pénal* 2011. 35, obs. C. Renaud-Duparc, *JCP* 2010 act. 1250, obs. F. Sudre, *RPDP* 2011. 192, obs. P. Beauvais, *Gaz. Pal.* 8-9 déc. 2010, p. 18, note M. Bougain, *Procédures* 2011 com. 33, obs. J. Buisson, *RTDH* 2011. 695, note V. Malabat, *Dr. Pénal* 2011, n° 4, chron. 3, com. 19, obs. E. Dreyer, *JDI* 2011, chron. 12, obs. A. Decaux, P. Tavernier, M. Boumghar et autres, *RSC* 2011. 214, obs. J.-P. Marguénaud qui observe que la Grande chambre revient aux « bonnes vieilles habitudes » s'accommodant de la spécificité de la procédure d'assises caractérisée par la participation d'un jury populaire.

178. CEDH, 10 janv. 2013, *Agnelet c/ France,* n° 61198/08, § 62, *D.* 2013, p. 615, note J.-F. Renucci, *Procédures* 2013 com. 72, obs. N. Fricero, et com. 77, obs. A.-S. Chavent-Leclere, *JCP* 2013, 247, p. 427, note F. Lafaille, *RSC* 2013, p. 112, obs. J. Danet, et p. 158, obs. J.-P. Marguénaud, *AJDA* 2013, p. 1794, obs. L. Burgorgue-Larsen. V° aussi dans le même sens : CEDH, 10 janv. 2013, *Fraumens c/ France,* n° 30010/10 ; 10 janv. 2013, *Oulahcene c/ France,* n° 44446/10 ; 21 mai 2015, *Peduzzi c/France,* n° 23487/12 ; 21 mai 2015, *Haddad c/France,* n° 10485/13, *Dalloz Actu.* 11 juin 2015, obs. S. Fucini, *Procédures* 2015, com. 242 par J. Buisson. À noter que la France a modifié sa législation avec une « feuille de motivation » désormais annexée à la feuille des questions : art. 365-1, C. pr. pén. (L. n° 2011-939 du 10 août 2011).

179. CEDH, 17 févr. 2015, *Devriendt c/ Belgique,* n° 32001/07, § 26 ; 17 févr. 2015, *Kurt c/ Belgique,* n° 17663/10, § 30 ; 17 févr. 2015, *Maillard c/ Belgique,* n° 23530/08, § 30 (« La Cour estime qu'en l'espèce le requérant n'a pas disposé de garanties suffisantes lui permettant de comprendre le verdict de condamnation qui a été prononcé à son encontre »). Cf. déjà CEDH, 18 nov. 2014, *Gybels c/Belgique,* n° 43305/09, *AJ Pénal* 2015. 150, obs. S. Lavric.

180. CEDH, 10 janv. 2013, *Legillon c/ France,* n° 53406/10, §§ 52 et 53, *D.* 2013. 615, note J.-F. Renucci, *JCP* 2013, 116, 194, obs. F. Lafaille ; 10 janv. 2013, *Voica c/ France,* n° 60995/09, *Dr. Pénal* 2013, n° 3 et 6, obs. M. Pariguet, *AJ Pénal* 2013. 336, obs. C. Renaud-Duparc. Cf. aussi : CEDH, déc., 6 oct. 2015, *Matis c/France,* n° 43699/13 (irrecevabilité), *Dalloz Actu.* 10 nov. 2015, obs. E. Autier, *JCP* 2015. 1254, obs. F. Sudre.

181. CEDH, 26 mai 2015, *Lhermitte c/Belgique,* n° 34238/09 où la Cour a estimé que la lecture combinée des arrêts de la cour d'assises et de la Cour de cassation permettait à la requérante de comprendre les raisons de sa condamnation (les questions soumises au jury ne permettant peut-être pas cette compréhension). Saisie de cette même affaire, la Grande chambre est allée dans le même sens, rappelant que la procédure suivie a permis à l'accusée de comprendre sa condamnation : CEDH, Gr. Ch., 29 nov. 2016, *Lhermitte c/Belgique,* n° 34238/09, *Dalloz Actu.* 5 janv. 2017, obs. N. Devoueze.

CEDH, 10 janv. 2013,* Agnelet c/ France, *n° 61198/08 et CEDH, 10 janv. 2013,* Legillon c/ France, *n° 53406/10 :

En fait : *L'un des requérants a été condamné à 20 ans de réclusion, après avoir préalablement bénéficié d'une ordonnance de non-lieu et d'un acquittement, pour le meurtre d'une femme qui était héritière et administratrice d'un casino. L'autre a été condamné pour viols sur mineurs de moins de 15 ans. Leurs pourvois ont été rejetés par la Cour de cassation qui estima, quant au moyen tiré de l'absence de motivation de l'arrêt de la cour d'assises, que les exigences de l'art. 6, Conv. EDH, avaient été satisfaites.*

En droit : *1) Aff. Agnelet : (violation de l'art. 6 § 1) La Cour observe que les constatations factuelles reprises dans l'acte d'accusation laissent subsister de nombreuses incertitudes quant à la disparition de la victime. Malgré l'enjeu, seulement deux questions, non circonstanciées et laconiques au regard de la complexité de l'affaire, ont été posées au jury (l'accusé a-t-il ou non volontairement donné la mort et, dans l'affirmative, y avait-il préméditation). Ces questions ne comportaient de référence à aucune circonstance concrète et particulière qui aurait pu permettre au requérant de comprendre le verdict de condamnation.*

2) Aff. Legillon : (non-violation de l'art. 6 § 1) L'affaire n'était pas complexe, l'arrêt de mise en accusation était particulièrement circonstancié et les charges ont été débattues pendant trois jours. Douze questions ont été posées au jury : détaillées et individualisées, ces questions composaient un ensemble précis et sans ambiguïté. Le requérant a donc disposé de garanties suffisantes pour comprendre sa condamnation.

C. L'égalité des armes

419. Le principe de l'égalité des armes. – Le principe de l'égalité des armes est un aspect de la notion plus large de procès équitable devant un tribunal indépendant et impartial[182] : c'est même un élément essentiel de ce droit garanti par l'article 6[183]. Il signifie que toute partie doit avoir une possibilité raisonnable d'exposer sa cause au tribunal dans des conditions qui ne la désavantagent pas d'une manière appréciable par rapport à la partie adverse[184]. Cette égalité n'est autre qu'un juste équilibre entre les parties. Le principe d'égalité des armes s'applique aussi bien à la matière civile qu'à la matière pénale au sens de l'article 6 de la Convention européenne[185]. En réalité, toutes les procédures sont concernées. Toutefois, ce principe n'a pas pour autant une portée absolue, car l'égalité ne

182. CEDH, 17 janv. 1970, *Delcourt c/ Belgique*, préc., § 28.

183. CEDH, 24 févr. 1997, *De Haes et Gijsels*, n° 19983/92, § 53, *RSC* 1998. 394, obs. R. Koering-Joulin ; 24 nov. 1997, *Werner c/ Autriche*, préc., § 67 ; CEDH, 22 févr. 1996, *Bulut c/ Autriche*, préc., § 47.

184. Comm. EDH, 30 juin 1959, *Szwabowicz c/ Suède*, Ann. II, p. 535 ; Rapp. n° 434/58, 30 juin 1959, *ibid.* V° aussi : CEDH, 27 oct. 1993, *Dombo Beheer BV c/ Pays-Bas*, n° 14448/88, § 33 ; 23 oct. 1996, *Ankerl c/ Suisse*, n° 17748/91, § 38 ; 22 févr. 1996, *Bulut c/ Autriche*, préc., § 97 ; 13 mars 1997, *Foucher c/ France*, préc., § 34.

185. CEDH, 27 oct. 1993, *Dombo Beheer BV c/ Pays-Bas*, préc., § 33 ; 28 mai 1986, *Feldbrugge c/ Pays-Bas*, n° 8562/79, § 44 ; 14 juin 2005, *Menet c/ France*, n° 39553/02, § 47, *JCP* 2005-I-159 n° 9, obs. F. Sudre. Cf. par ex., concernant le contentieux des maladies professionnelles : CEDH, 18 avr. 2012, *Eternit c/ France*, n° 20041/10, *JCP* 2012, 776, 1271, note J. Colonna et V. Renaux-Personnic.

peut être que relative et doit s'apprécier « raisonnablement ». Ce principe d'égalité des armes est particulièrement important, car il sous-entend aussi le respect des droits de la défense ou encore la nécessité d'un débat contradictoire[186], garanties fortes dans lesquelles il s'intègre de plus en plus et dont il convient de protéger l'effectivité.

La Cour procède à une appréciation concrète du respect du principe d'égalité des armes, tant en ce qui concerne les juridictions judiciaires que les juridictions administratives[187]. Avant d'envisager plus précisément ces deux points, il convient de préciser que les expertises peuvent poser problème au regard du principe de l'égalité des armes. En effet, le recours à un expert peut rompre cette égalité qui exige effectivement un équilibre entre l'audition de ce dernier et celles qui ont été demandées par la défense[188]. La Cour reconnaît aux juges du fond un pouvoir discrétionnaire d'audition des experts,[189] mais les exigences du contradictoire doivent être respectées lors de l'expertise technique, dès lors que son influence sur la décision du juge est prépondérante[190]. Il reste que l'expertise, notamment au pénal, a pu poser problème sur le plan de sa compatibilité avec la Convention et la Cour se montre vigilante[191].

420. L'égalité des armes et les juridictions judiciaires. – Le principe d'égalité des armes doit être scrupuleusement respecté devant les juridictions judiciaires[192]. Cependant, certaines difficultés ont pu surgir, cette égalité étant parfois rompue, surtout en matière pénale, mais aussi en matière civile et commerciale. Les juges européens ont estimé que la subordination de la recevabilité du pourvoi en cassation de la partie civile à l'existence d'un pourvoi formé par le ministère public n'est pas contraire au principe d'égalité des armes, compte tenu de la place dévolue à la partie civile dans le procès pénal et aux intérêts complémentaires de la partie civile et du ministère public : la partie civile ne peut être considérée comme l'adversaire du ministère public, ni d'ailleurs nécessairement comme son alliée, leur rôle et leurs objectifs étant clairement distincts[193]. Par ailleurs, toute inégalité dans la communication de pièces

186. Aff. *Feldbrugge*, préc. Le principe d'égalité des armes englobe aussi le droit fondamental au caractère contradictoire de l'instance : CEDH, 23 juin 1993, *Ruis-Mateos c/ Espagne*, préc., § 63. Cf. *mutatis mutandis* CEDH, 28 août 1991, *Brandstetter c/ Autriche*, n° 11170/84, § 66.

187. La question pourrait également se poser pour l'avocat général près la Cour de Luxembourg.

188. CEDH, 6 mai 1985, *Bönisch c/ Autriche*, préc.

189. CEDH, 24 oct. 1989, *H c/ France*, préc.

190. CEDH, 18 mars 1997, *Mantovanelli c/ France*, n° 21497/93, *JCP* 1998-I-107 n° 24, obs. F. Sudre, *RGDP* 1998. 238, obs. J.-F. Flauss, *RTD Civ.* 1997. 1006, obs. J.-P. Marguénaud. Cf. égal. : CEDH, 11 janv. 2007, *Augusto c/ France*, n° 71665/01, § 52 ; 20 oct. 2001, *G. B. c/ France*, n° 44069/98, § 70, *JDI* 2002. 270, obs. O. Bachelot ; 28 mai 2014, *Martins Silva c/ Portugal*, n° 12959/10, *Procédures* 2014 com. 205, obs. N. Fricéro.

191. CEDH, 2 juin 2005, *Cottin c/ Belgique*, n° 48386/99, §§ 31 et s. *RSC* 2006, p. 449, obs. Fl. Massias, *RTDH* 2007. 215, obs. A. Jacobs.

192. C'est pourquoi toute communication de pièce nouvelle doit entraîner la réouverture des débats : CEDH, 27 avr. 2000, *Kuopila c/ Finlande*, n° 27752/95, § 26 et s.

193. CEDH, 3 déc. 2002, *Berger c/ France*, préc., § 38 ; *JCP* 2003-I-109 n° 9, obs. F. Sudre, *RDP* 2003. 3, obs. C. Hugon. *Contra* : Cons. constit., n° 2010-15-23, QPC du 23 juill. 2010, Région *Languedoc-Roussillon et autres*.

peut être sanctionnée au nom de l'égalité des armes[194]. Les parties doivent pouvoir présenter d'une manière égale leurs moyens de preuve[195] et, d'une façon plus générale, leurs arguments[196]. Elles doivent avoir la possibilité de prendre connaissance des observations ou des pièces produites, ainsi que de les discuter[197]. Enfin, le principe d'égalité des armes doit également être respecté lors de l'exercice des voies de recours[198]. D'une façon plus générale, il apparaît que le parquet ne saurait disposer d'une situation privilégiée par rapport aux autres parties : l'importance de sa fonction qui est la défense de l'ordre public est incontestable, mais cela ne peut justifier des privilèges procéduraux, plaçant ainsi les autres parties dans une position par trop défavorable par rapport à lui[199]. Cependant, il a été jugé que le principe d'égalité des armes n'est pas rompu en raison de la présence de l'avocat général devant requérir devant une cour d'assises lors d'une séance d'information dispensée aux jurés tirés au sort pour la session[200]. De même, la position surélevée du ministère public à l'audience n'est pas non plus contraire au droit à un procès équitable : même si le parquet a une position « physique » privilégiée, l'accusé n'est pas pour autant placé dans une situation de désavantage concret pour la défense de ses intérêts[201].

La non-communication préalable au requérant ou à son avocat, soit des conclusions du procureur général ou de l'avocat général, soit du rapport du conseiller rapporteur, et l'impossibilité d'y répondre, ont conduit à un constat

194. CEDH, 27 avr. 2000, *Kuopila c/ Finlande*, n° 27752/95 (transmission du rapport de police au procureur de la République mais non à la défense).

195. Aff. *Dombo Beheer*, préc. (impossibilité pour l'une des parties dans une procédure commerciale de présenter l'un de ses témoins).

196. Aff. *Bulut*, préc., § 50 (communication à la Cour suprême, par le procureur général, d'observations dont le requérant n'a pas eu connaissance) ; v° aussi : CEDH, 17 janv. 2002, *Kischer c/ Autriche*, n° 33382/96 ; 22 sept. 1994, *Hentrich c/ France*, n° 13616/88, § 56 (motivation sommaire et générale d'une décision de préemption par l'administration fiscale) ; 11 janv. 2001, *Platakou c/ Grèce*, n° 38460/97, § 48 (requérant ne bénéficiant pas, comme l'État, d'une suspension des délais de procédure pendant les vacances judiciaires).

197. CEDH, 24 févr. 1995, *McMichaël c/ Royaume-Uni*, n° 16424/90, § 80 ; 24 nov. 1997, *Werner c/ Autriche*, préc., § 63.

198. Enfin, a été jugé contraire à l'art. 6 le mécanisme de l'art. 505 C. pr. pén. qui permet au procureur général près la cour d'appel de former appel dans le délai de 2 mois à compter du jour du prononcé du jugement, alors que les parties en cause ont 10 jours, en vertu de l'art. 498 du même code, pour exercer cette même voie de recours : CEDH, 3 oct. 2006, *Ben Naceur c/ France*, n° 63879/00, § 40, *D.* 2007, Pan. 979, obs. J. Pradel ; *JCP* 2007-I-106, n° 5, obs. F. Sudre, *JDI* 2007. 708, obs. O. Bachelet ; 22 mai 2008, *Gacon c/ France*, n° 1092/04, § 34, *RSC* 2008. 696, obs. J.-P. Marguénaud, *RSC* 2009. 635, obs. A. Giudicelli, *RTD Civ.* 2008. 153, obs. D. Roets, *Dr. pénal* 2009. 21, obs. E. Dreyer. V° aussi Crim. 10 févr. 2010, *Bull.* n° 30, *RSC* 2009. 921, obs. J.-F. Renucci.

199. CEDH, 6 avr. 2006, *Stankiewicz c/ Pologne*, n° 46917/99, *RTDH* 2007. 229, obs. M. Anczyk.

200. CEDH, 4 oct. 2007, *Corcuff c/ France*, n° 16290/04, § 32, *Dr. pénal* 2008. 34, obs. E. Dreyer. Il en va tout autrement en cas de suspicion d'une communication illicite entre le représentant du parquet et certains membres du jury : CEDH, 16 janv. 2007, *Farhi c/ France*, n° 17070/05, § 27, *Dr. pénal* 2008. 34, obs. E. Dreyer.

201. CEDH, déc., 31 mai 2012, *Dirioz c/ Turquie*, n° 38560/04. Cf. déjà : CEDH, déc., 9 déc. 2003, *Chalmont c/ France*, n° 72531/01 ; 21 juin 2011, *Carballo et Pinero c/ Portugal*, n° 31327/09.

de violation de l'article 6 § 1er de la Convention[202]. Dans l'affaire *Reinhardt et Slimane-Kaïd*, les juges européens ont jugé que la situation de l'avocat général qui ne communique pas ses conclusions au requérant ou à ses conseils et qui, contrairement à ces derniers, reçoit communication du rapport du conseiller rapporteur, constitue une rupture d'égalité[203] : cela tient au fait que ce rapport contient, non seulement un exposé des faits, de la procédure et des moyens de cassation, mais aussi une analyse juridique de l'affaire et un avis sur le mérite du pourvoi ; il aurait donc dû faire l'objet d'une communication identique à l'accusation et à la défense. Un tel déséquilibre est, pour la Cour incompatible avec les exigences du procès équitable[204] : le droit à une procédure contradictoire doit être respecté. Désormais, en France, le rapport du conseiller rapporteur comprend deux parties : la première, qui est une étude de l'affaire (faits, procédure, analyse des moyens, examen objectif de la question juridique, textes et jurisprudence utiles à la solution du pourvoi, doctrine de référence) est communiquée, à la fois, aux parties et au ministère public ; la deuxième partie du rapport, composée de l'avis personnel du rapporteur ainsi que du projet d'arrêt, n'est communiquée ni aux parties ni à l'avocat général. Cette pratique, respectueuse du principe d'égalité des armes, est conforme aux exigences de l'article 6 et à la jurisprudence européenne[205] : elle est d'autant plus satisfaisante qu'elle préserve la souhaitable confidentialité de la position personnelle du rapporteur et le secret du délibéré[206] ; mais encore faut-il que cette nouvelle pratique soit effectivement respectée. Par ailleurs, l'absence de communication des conclusions de l'avocat général au requérant ou à ses conseils est pareillement sujette à

---

202. CEDH, 31 mars 1998, *Reinhardt et Slimane-Kaïd*, n° 23043/93..., *D.* 1998 Somm. 366, obs. G. Baudoux, *Procédures*, juill. 1998 n° 177, note J. Buisson, *JCP* 1999-I-105 n° 26, obs. F. Sudre, *RSC* 1999. 401, obs. R. Koering-Joulin, *JCP* 1999-II-10074, note S. Soler, *RTD Civ.* 1998. 511, obs. J.-P. Marguénaud, § 105 ; 17 janv. 2002, *Josef Fischer c/ Autriche*, n° 33382/96, § 16 et s. ; 11 juill. 2002, *Göc c/ Turquie*, n° 36590/97, § 53 et s. ; Gr. Ch., 26 juill. 2002, *Meftah et autres c/ France*, n° 32911/96..., § 49 à 52, Europe, nov. 2002 n° 3999, obs. N. Deffains, *AJDA* 2002. 1279, obs. J.-F. Flauss, *D.* 2003 Somm. 593, obs. N. Fricéro, *RDP* 2003. 689, obs. S. Soler ; 23 janv. 2003, *Richen et Gaucher c/ France*, n° 31520/96..., § 37 à 40 ; 3 déc. 2002, *Berger et autres c/ France*, préc., § 42 à 44 ; 27 mars 2003, *Slimane-Kaïd c/ France (n° 2)*, n° 48943/99, § 21, *JCP* 2004-I-107 n° 6, obs. F. Sudre ; 14 avr. 2004, *Quesne c/ France*, n° 65110/01, § 17, *JCP* 2004-II-10126, note J.-H. Stark et Ph. Bernardet ; 12 oct. 2004, *Chesnay c/ France*, n° 56588/00, § 21 à 23 ; 2 nov. 2004, *Fabre c/ France*, n° 69225/01, § 31 et 32 ; 25 oct. 2005, *Fernandez-Rodriguez c/ France*, n° 69507/01, § 16 ; 28 juin 2005, *Fourchon c/ France*, n° 60145/00, § 20 ; 24 janv. 2006, *Gouget et autres c/ France*, n° 61059/00 ; 28 févr. 2006, *Deshayes c/ France*, n° 66701/01, § 28 à 31 ; 28 févr. 2006, *André c/ France*, n° 63313/00, § 26 à 30 ; 7 mars 2006, *Vesque c/ France*, n° 3774/02, § 33. V° aussi : CEDH, 16 janv. 2007, *Domah et autres c/ France*, n° 3447/02, § 26, *Dr. pénal* 2008. 34, obs. E. Dreyer.

203. Aff. *Reinhardt et Slimane Kaïd*, préc., § 105 et s. À noter que, désormais, les avocats sont informés avant l'audience du sens de l'avis du conseiller rapporteur et de celui de l'avocat général. La Cour reste cependant vigilante : elle a jugé que l'absence de communication au requérant ou à son conseil, avant l'audience, du premier volet du rapport du conseiller rapporteur, alors que ce document avait été transmis à l'avocat général, ne s'accorde pas avec les exigences du procès équitable : CEDH, 24 juill. 2008, *Arouette c/ France*, n° 42122/04, § 19, *Dr. pénal* 2009. 21, obs. E. Dreyer.

204. V° aussi : CEDH, 18 juill. 2006, *Hostein c/ France*, n° 76450/01 ; 19 sept. 2006, *Vuillemin c/ France*, n° 3211/05.

205. CEDH, 29 mars 2007, *Cholet c/ France*, n° 10033/02 ; 26 juill. 2007, *Schmidt c/ France*, n° 35109/02 ; 16 oct. 2008, *Fonfrede c/ France*, n° 44562/04.

206. CEDH, 2 nov. 2004, *Fabre c/ France*, n° 69225/01, § 31, *JCP* 2005-I-103 n° 6, obs. F. Sudre ; 30 nov. 2004, *Fenech c/ France*, n° 71445/01, § 27 et 28 ; 14 déc. 2004, *Nesme c/ France*, n° 72783/01, § 38 et s.

caution[207] bien que, comme cela a été observé, cet « autre avocat » présente la particularité d'être l'avocat de la loi, ce qui n'aurait pas dû poser de problèmes particuliers puisqu'il n'est censé défendre que l'intérêt de la loi et non des intérêts particuliers[208]. Enfin, pour ce qui est de l'hypothèse particulière du requérant assurant seul sa défense et s'il est admis que la spécificité de la procédure devant la Cour de cassation peut justifier de réserver aux seuls avocats spécialisés le monopole de la parole[209], il reste que cette spécificité ne peut conduire à ce que le requérant se défendant seul ne dispose pas des moyens de procédure lui assurant le droit à un procès équitable[210].

La présence de l'avocat général au délibéré de la Cour de cassation a été jugée contraire aux exigences de l'article 6[211] : même si la préoccupation peut apparaître aussi au regard de l'exigence d'impartialité[212], c'est surtout sur le plan du respect du principe d'égalité que surgit la difficulté. Dans certains pays, il était d'usage que le ministère public assiste au délibéré sans prendre la parole ni voter. La Cour a considéré que, indépendamment de l'objectivité reconnue de l'avocat général ou du procureur général, celui-ci, en recommandant l'admission ou le rejet d'un pourvoi, devenait l'allié ou l'adversaire objectif de l'une des parties et que sa présence au délibéré lui offrait, fût-ce en apparence, une occasion supplémentaire d'appuyer ses conclusions en Chambre du conseil, à l'abri de la contradiction[213]. La France a également été condamnée, la Cour jugeant que la seule présence de l'avocat général au délibéré était une violation de l'article 6 § 1[214], mais aussi le Portugal en raison de la présence du procureur général adjoint au délibéré de la Cour suprême, quand bien même il n'y disposait d'aucune voix consultative ou autre[215].

CEDH, 30 oct. 1991,* Borgers c/ Belgique, *n° 12005/86 :
En fait : *Le requérant, condamné pour faux et usage de faux, critiquait la présence de l'avocat général au délibéré, estimant que cela portait atteinte à son droit à un procès équitable.*

207. Aff. *Reinhardt et Slimane Kaïd,* préc., § 106. Pour une violation de l'art. 6 § 1 dans une hypothèse où les requérants n'étaient pas représentés par un avocat aux Conseils : CEDH, 13 sept. 2005, *M. B. c/ France,* n° 65935/01 ; 2 mai 2006, *De Luca c/ France,* n° 8112/02 ; 24 mai 2006, *Bertin c/ France,* n° 55917/00.

208. B. Beigner, *L'autre avocat, D.* 2005 Point de vue, p. 3028.

209. CEDH, 8 févr. 2000, *Voisine c/ France,* n° 27362/95, § 33, *D.* 2000 Somm. 186, obs. N. Fricéro, *D.* 2000. 651, note J. Thierry, *JCP* 2001-I-291 n° 22, obs. F. Sudre, *RTDH* 2001. 825, obs. J.-P. Marguénaud. V° aussi : CEDH, Gr. Ch., 26 juill. 2002, *Meftah et autres c/ France,* n° 32911/96, § 47.

210. CEDH, Gr. Ch., 26 juill. 2002, *Meftah et autres c/ France,* préc., § 50 ; 3 déc. 2002, *Berger c/ France,* préc. Cf. aussi : 5 nov. 2002, *Wynen et Centre hospitalier interrégional Edith-Cavell c/ Belgique,* n° 32576/96 ; 1er avr. 2004, *Coorbanally c/ France,* n° 67114/01, § 12

211. CEDH, 30 oct. 1991, *Borgers c/ Belgique,* n° 12005/86, § 28, *RTDH* 1992. 204, obs. J. Callewaert, *AFDI* 1991, p. 587, obs. V. Coussirat-Coustère, *JDI* 1992. 797, obs. E. Decaux et P. Tavernier ; 20 févr. 1996, *Vermeulen c/ Belgique,* n° 19075/91 ; aff. *Slimane-Kaïd (n° 2),* préc., § 20 ; aff. *Quesne,* préc., § 17 ; aff. *Deshayes,* préc., § 28 à 31.

212. Cf. *supra,* n° 392 et s.

213. Aff. *Borgers,* préc., § 26 ; aff. *Vermeulen,* préc., § 34.

214. Affaires préc., *supra.* Pour se conformer aux exigences de l'art. 6, il faut que le ministère public ne participe pas au délibéré ; la France s'est d'ailleurs engagée dans cette voie.

215. CEDH, 20 févr. 1996, *Lobo Machado c/ Portugal,* n° 15764/89, § 32.

En droit : *(violation de l'art. 6 § 1) Nul ne doute de l'objectivité du parquet. Néanmoins, son opinion ne saurait passer pour neutre du point de vue des parties à l'instance en cassation : en recommandant l'admission ou le rejet du pourvoi d'un accusé, le magistrat du ministère public en devient l'allié ou l'adversaire objectif. Dans la seconde hypothèse, l'art. 6 § 1 impose le respect des droits de la défense et du principe de l'égalité des armes. (...) Ensuite et surtout, le déséquilibre s'accentua encore du fait de la participation, avec voix consultative, de l'avocat général au délibéré de la Cour. Pareille assistance, prêtée en toute objectivité, peut offrir une certaine utilité pour la rédaction des arrêts, quoique celle-ci relève au premier chef de la Haute juridiction elle-même. On conçoit mal cependant qu'elle puisse rester cantonnée aux questions de forme, au demeurant souvent indissociables du fond, si elle a également pour but, comme l'affirme aussi le Gouvernement, de contribuer au maintien de l'unité de la jurisprudence. Quand bien même elle s'y serait limitée en l'espèce, l'avocat général pouvait légitimement sembler disposer en chambre du conseil d'une occasion supplémentaire d'appuyer, à l'abri de la contradiction du requérant, ses conclusions de rejet du pourvoi. En conclusion, eu égard aux exigences des droits de la défense et de l'égalité des armes ainsi qu'au rôle des apparences dans l'appréciation de leur respect, la Cour constate une violation de l'art. 6 § 1 (§§ 26 s.).*

421. L'égalité des armes et les juridictions administratives. - La question de l'avocat général s'étant posée, celle du commissaire du gouvernement ne pouvait pas ne pas l'être : tout en reconnaissant la spécificité de son rôle ainsi que son indépendance et son impartialité, la Cour européenne a jugé dans la célèbre affaire *Kress* que sa participation au délibéré de la formation de jugement viole l'article 6 § 1er de la Convention[216]. En revanche, la non-communication préalable de ses conclusions au requérant et l'impossibilité d'y répondre à l'audience ne constituent pas une violation du principe d'égalité des armes[217] : cela s'explique par le fait que la situation est différente de celle de l'avocat général près la Cour de cassation, car, dans la procédure devant le Conseil d'État, les avocats peuvent demander au commissaire du gouvernement, avant l'audience, le sens général de ses conclusions ; de plus, les parties peuvent répliquer par une note en délibéré à ces conclusions. Dès lors, la procédure suivie devant le Conseil d'État offre suffisamment de garanties au justiciable et aucune difficulté n'apparaît au regard du respect du contradictoire. De même, s'agissant de la non-communication du rapport du Conseiller rapporteur aux parties alors qu'il est porté à la connaissance du Commissaire du Gouvernement (devenu Rapporteur public), la Cour estime qu'il n'y a pas rupture d'égalité des armes : cela ne crée aucune

216. CEDH, Gr. Ch., 7 juin 2001, *Kress c/ France*, n° 39594/98, § 87, *D.* 2001. 2619, note R. Drago, *RTDH* 2002. 223, obs. L. Sermet, *LPA* 3 oct. 2001, p. 13, note J.-F. Flauss, *AJDA* 2001. 675, note F. Rollin, Dr. et Proc. 2001. 374, obs. J.-P. Marguénaud, *Procédures* 2001 n° 223, obs. S. Deygas, *RDP* 2001. 983, obs. X. Prétot, *JCP* 2001-I-368 n° 1, obs. Boiteau, *RTD Eur.* 2001. 727, obs. Fl. Benoît-Rohmer, *RDP* 2002. 684, obs. G. Gonzales, *JCP* 2001-II-10578, note F. Sudre, *JDI* 2002. 255, obs. M. Eudes.

217. Aff. *Kress*, préc., §§ 72 à 76. V° aussi : CEDH, 21 mars 2002, *APBP c/ France*, n° 38436/97, 21 mars 2002, *Immeubles du groupe Kosser c/ France*, n° 38748/97, *RDP* 2003. 689, obs. G. Gonzalez, *AJDA* 2002. 500, obs. J.-F. Flauss

situation de net désavantage dans la mesure où ledit rapport ne contient qu'un simple résumé des pièces que les parties ont déjà en leur possession[218].

CEDH, *7 juin 2001*, Kress c/ France, *n° 39594/98* :
En fait : *La requérante, victime (entre autres) d'un accident vasculaire suite à une intervention chirurgicale, est atteinte d'une invalidité au taux de 90 %, se plaint d'une violation de ses droits procéduraux (not. égalité des armes), en raison notamment de la présence du commissaire du Gouvernement aux délibérations à huis clos de la formation de jugement alors que ce dernier avait conclu au rejet de son pourvoi.*
En droit : *(violation de l'art. 6 § 1) La théorie des apparences doit aussi entrer en jeu : en s'exprimant publiquement sur le rejet ou l'acceptation des moyens présentés par l'une des parties, le commissaire du gouvernement pourrait être légitimement considéré par les parties comme prenant fait et cause pour l'une d'entre elles. Pour la Cour, un justiciable non rompu aux arcanes de la justice administrative peut assez naturellement avoir tendance à considérer comme un adversaire un commissaire du gouvernement qui se prononce pour le rejet de son pourvoi. À l'inverse, il est vrai, un justiciable qui verrait sa thèse appuyée par le commissaire le percevrait comme son allié. La Cour conçoit en outre qu'un plaideur puisse éprouver un sentiment d'inégalité si, après avoir entendu les conclusions du commissaire dans un sens défavorable à sa thèse à l'issue de l'audience publique, il le voit se retirer avec les juges de la formation de jugement afin d'assister au délibéré dans le secret de la chambre du conseil (§ 81).*

Certes, le commissaire du Gouvernement est, tout comme l'avocat général, un « avocat de la loi »,[219] mais lui aussi a été victime des « apparences » que la Cour prend en considération[220] : pour la Cour, un justiciable connaissant mal la justice administrative pourrait considérer comme un adversaire un commissaire du gouvernement se prononçant pour le rejet de son pourvoi et, inversement, le justiciable qui verrait sa thèse appuyée par le commissaire le percevrait comme son allié. De plus, la Cour conçoit qu'un plaideur puisse éprouver un sentiment d'inégalité si, après avoir entendu les conclusions du commissaire dans un sens défavorable à sa thèse à l'issue de l'audience publique, il le voit se retirer avec les juges de la formation de jugement afin d'assister au délibéré dans le secret de la Chambre du conseil[221], d'autant plus qu'il a ainsi une occasion supplémentaire d'appuyer ses conclusions. En outre, le fait qu'il assiste au délibéré, mais sans avoir le droit de voter a été

218. CEDH, 21 mars 2006, *Flament c/ France*, n° 28584/03, ; 14 févr. 2008, *Association Avenir d'Alet c/ France*, n° 13324/04, § 35, *JCP* 2008-I-167 n° 11, obs. F. Sudre. Même solution retenue avec le Rapporteur public : CEDH (déc.), 4 juin 2013, *Marc-Antoine c/ France*, n° 54984/09, *AJDA* 2013. 1580, obs. S. Platon, *AJDA* 2013. 1794, obs. L. Burgorgue-Larsen, *RFDA* 2014. 47, obs. B. Pacteau, *RTDH* 2015. 393, note J. Andriantsimbazovina, *RFDA* 2014. 538, obs. H. Labayle et F. Sudre : cette décision d'irrecevabilité signe définitivement la compatibilité de la fonction de rapporteur public avec les exigences de l'art. 6 (le projet de décision est un document de travail interne à la formation de jugement, couvert par le secret ; le rapporteur public ne peut être qualifié d'adversaire ou de partie dans la procédure).

219. Cf. *supra*, n° 420 *in fine*.

220. Cf. *supra*, n° 390 et s.

221. Aff. *Kress*, § 81. Cf. *mutatis mutandis*, aff. *Delcourt*, préc., § 30.

retenu contre lui, les juges européens relevant que cette pratique affaiblit sensiblement la thèse selon laquelle il est un véritable juge, car un juge ne saurait, sauf à se déporter, s'abstenir de voter. La jurisprudence *Kress* a suscité bien des controverses, mais la Cour n'en a guère tenu compte puisqu'elle a confirmé sa jurisprudence[222]. Pour elle, la présence du commissaire du gouvernement est condamnable en elle-même, qu'elle soit active ou passive[223] ; c'est dire que l'action de persuasion menée par les autorités françaises auprès de la Cour a échoué, de sorte que celles-ci ont été amenées à tirer toutes les conséquences de cette jurisprudence par le biais de réformes législatives d'importance[224] : le commissaire du Gouvernement, désormais « rapporteur public », ne saurait avoir une position privilégiée sous peine de rupture d'égalité[225].

422. Bibliographie. ***Publicité de la procédure :*** Piot (Ph.), *Publicité et procès pénal*, Dossier « Liberté de la presse et procès pénal », *AJ pénal* 2007, p. 9 et s. ; Flauss (J.-F.), *De la renonciation à la publicité des débats judiciaires, RTDH* 1991, p. 529 et s. – ***Motivation des décisions de justice :*** Bachelet (O.), *Motivation des décisions d'assises, Gaz. Pal.* 5 avr. 2011, p. 19 ; Berthier (L.), *La motivation des décisions de justice et la Convention EDH, RFDA* 2009, p. 677 s. ; Boré (L.), *La motivation des décisions de justice et la Convention EDH, JCP* 2002-I-104, p. 121 et s. ; Brunet (A.), *Droit au procès équitable et contrôle de la motivation des décisions de la Cour de cassation*, Mél. Normand, Litec, 2003, p. 51 et s. ; Deumier (P), *Repenser la motivation des arrêts de la Cour de cassation ? D.* 2015, p. 2022 ; Gjidara (S.), *La motivation des décisions de justice : impératifs anciens et exigences nouvelles, LPA* 26 mai 2004, p. 3 s ; Guery (Ch), *Peut-on motiver l'intime conviction ? JCP* 2011 ét. p. 53 ; Huyette (M.), *Comment motiver les décisions des cours d'assises ? D.* 2011, p. 1158 ; Lambert (P.), *Motivation des décisions de la Cour européenne et frustration des justiciables, RTDH* 2007, p. 211 et s. ; Matsopoulou (H.), *Faut-il motiver les arrêts de la cour d'assises ? JCP* 2009. 456 ; Roumier (W.), *La motivation des arrêts de cours d'assises est contraire aux dispositions de l'article 6 de la Convention EDH, Dr. pénal* 2009, Focus n° 12 ; Schahmaneche (A.), *La motivation des décisions de la Cour EDH*, Pedone 2014 ; Schaffhauser (D.), *Comprendre sans se méprendre, La motivation des arrêts d'assises, AJ Pénal* 2011, p. 32 s. ; Vuitton (X.), *L'article 6 § 1 de la Convention EDH à l'assaut du pouvoir discrétionnaire du juge civil, JCP* 2014, 218, p. 338 et s. – ***Principe d'égalité des armes :*** Andriantsimbazovina (J.), *Le commissaire du gouvernement près le Conseil d'État et l'article 6 § 1er de la Convention EDH, D.* 2001 Chron. p. 1188 et s. ; *« Savoir n'est rien, imaginer c'est tout », libre conversation autour de l'arrêt Kress de la Cour EDH, D.* 2001 Chron. p. 2611 et s. ; *Bien lus, bien compris, mais est-ce bien raisonnable ? D.* 2004 Chron. p. 886 et s. ; *Comment dissiper le malentendu à propos de la présence du commissaire du gouvernement au délibéré ?*

222. CEDH, 21 mars 2002, *Immeubles Groupe Kosser c/ France*, n° 38748/97, § 28 ; 10 oct. 2002, *Theraube c/ France*, n° 44565/98, § 32, *Procédures* 2003 n° 50, obs. S. Deygas ; 5 juill. 2005, *Loyen et autres c/ France*, n° 55929/00, § 63, *JCP* 2006. 2002, obs. L. Poulet.

223. CEDH, Gr. Ch., 12 avr. 2006, *Martinie c/ France*, n° 58675/00, § 53, *JDI* 2007. 707, obs. M. Eudes, *JCP* 2005-I-109 n° 5, obs. F. Sudre, *RFDA* 2006. 305, obs. F. Sudre, *Procédures* 2006 com. n° 144, obs. S. Deygas, *AJDA* 2006. 986, obs. F. Rolin, et 1711, obs. J.-F. Flauss. V° égal. CEDH, 16 janv. 2007, *Eisenchteter c/ France*, n° 17306/02, § 26 ; 9 janv. 2007, *SCI Les Rullauds et autres c/ France*, n° 43972/02, § 33 ; 16 janv. 2007, *Seidel c/ France (n° 3)*, n° 21767/03, § 18.

224. Aux termes du nouvel art. R. 733-3 C. just. adm., les parties peuvent demander à ce que le commissaire du Gouvernement n'assiste pas au délibéré (cette faculté est indiquée sur l'avis d'audience transmis aux parties) et, dans la foulée, les commissaires du gouvernement sont devenus des « rapporteurs publics » (Décr. n° 2009-14 du 7 janv. 2009). La France est désormais aux normes européennes sur ce plan : CEDH, déc., 15 sept. 2009, *Etienne c/ France*, n° 11396/08.

225. CEDH, déc., 4 juin 2013, *Marc-Antoine c/France*, n° 54984/09, § 37, *RTDH* 2015. 393, note J. Andriantsimbazovina. À noter que cette décision a été prise à l'unanimité, le grief étant manifestement mal fondé (irrecevabilité de la requête). Il a été remarqué que dans dans cette décision, la Cour EDH a levé une sérieuse menace conventionnelle qui pesait sur l'avenir de cette institution clé du procès administratif français : N. Hervieu, *CPDH* 13 févr. 2013 (en ligne).

D. 2005 Trib. p. 2617 et s. ; *L'européanisation forcée de l'organisation et du fonctionnement des juridictions administratives : la méthode en question, JCP* (A.) 2006, p. 802 et s. ; *Du commissaire du gouvernement au juge orateur au sein des juridictions administratives, D.* 2008 Chron. p. 1154 et s. ; Beigner (B.), *L'autre avocat, D.* 2005 Point de vue p. 3028 ; Bonichot (J.-C.), *Le commissaire du gouvernement dans la juridiction administrative et la Convention EDH, JCP* 1998-I-176 ; Bouloc (B), *L'expertise pénale et l'équité, D.* 2016, chron. p. 1519 s. ; Burgelin (J.-F.), *La paille et la poutre, D.* 2004 Chron. p. 1249 et s. ; Casile-Hugues (G), *Expertise et instruction, Nouvelles orientations après la loi du 5 mars 2007 tendant à renforcer l'équilibre de la procédure pénale, RPDP* 2004, p. 803 et s ; Fricero (N), *Le droit à une procédure civile contradictoire dans la jurisprudence de la Cour EDH, RTDH* 2016, p. 381 et s. ; Guillemin (Th.), *Le commissaire du Gouvernement et le délibéré, Suite et fin ? D.* 2006 Trib. p. 1121 ; Guinchard (S.), *Dialogue imaginaire entre un justiciable moyen et un juriste désespéré par l'arrêt Kress, D.* 2003 Chron. p. 152 ; *Ô Kress, où est ta victoire, ou la difficile réception en France d'une (demie) leçon de démocratie procédurale,* Mél. Cohen-Jonathan, Bruylant, 2004, p. 937 s ; Haïm (V.), *Le commissaire du gouvernement et le respect du contradictoire, D.* 1999 Chron. p. 20 et s ; Hoyami Ch), *Dix-sept ans après l'arrêt « Borgers », Chronique d'une jurisprudence et de ses suites procédurales, RTDH* 2009, p. 137 et s. ; Lyon-Caen (P.), *Le parquet général de la Cour de cassation, D.* 2003 Chron. p. 211 et s. ; Marcus-Helmons (S.), *Quelques aspects de la notion d'égalité des armes, in* « Le procès équitable et la protection juridictionnelle du citoyen », Bruylant, 2001, p. 67 et s. ; Marguénaud (J.-P.), *Le droit à l'expertise équitable, D.* 2000 Chron. p. 111 et s. ; Mélin-Scroumanien (F. et J.-P.), *Le principe d'égalité des armes, RRJ* 1993, p. 489 et s. ; Milano (L.), *Douze ans après l'arrêt Kress, La reconnaissance de la spécificité du rapporteur public, RDP* 2013, p. 1123 et s. ; Nadal (J.-L.), *La jurisprudence de la Cour de Strasbourg : une chance pour le parquet général de la Cour de cassation, D.* 2005 Chron. p. 800 et s. ; Perrin de Brichambart (M.) et Dubrocart (M.), *Quelques aspects de la procédure devant la Cour de cassation française face au contrôle de la Cour EDH,* Mél. L.-E. Pettiti, Bruylant, 1998, p. 605 et s. ; Pettiti (L.-E.), *Les principes généraux du droit pénal dans la Cour EDH, RSC* 1987, p. 167 et s. ; Popineau-Dehaullon, *Les communications de pièces aux parties devant la Cour de cassation, Bilan de l'application du principe européen du contradictoire : dix ans après l'arrêt Reinhardt et Slimane Kaïd, JCP* 2008-I-139, p. 15 et s. ; Renucci (J.-F.), *L'expertise pénale et la Convention EDH, JCP* 2000-I-227 ; Ruiz-Fabri (H.), *Égalité des armes et procès équitable dans la jurisprudence de la Cour EDH, in* Lambert (T.), *Égalité et équité, Antagonisme ou complémentarité,* Economica 1999, p. 47 et s. ; Sibi (B.), *Le principe d'égalité des armes et la victime au procès pénal, RPDP* 2005, p. 547 et s. ; Soulez-Larivière (D.), *Pour une expertise contradictoire et équitable, AJ pénal* 2006, p. 75 ; Spielmann (D), *L'indépendance de l'avocat général à la CJCE face à l'égalité des armes et au principe du contradictoire, RTDH* 2000, p. 585 et s. ; Sudre (F.), *Vers une normalisation des relations entre le Conseil d'État et la Cour EDH, RFDA* 2006, p. 286 et s. ; Tigroudja (H.), *Les difficultés d'exécution de l'arrêt de la Cour EDH du 7 juin 2001 rendu dans l'affaire Kress c/ France, RTDH* 2004, p. 353 et s.

L'ESSENTIEL

FICHE MÉMO :

- L'article 6 § 1 de la Convention
  - L'art. 6 § 1 précise les garanties qui sont offertes à tous les justiciables
    - *Les justiciables ont droit à un tribunal indépendant et impartial. Ils ont également le droit d'être jugé dans un délai raisonnable, ainsi que celui à ce que leur cause soit entendue publiquement et équitablement.*
- Le droit à un tribunal impartial
  - Exigence forte de l'art. 6, il faut distinguer l'impartialité personnelle et l'impartialité fonctionnelle du juge
    - *L'impartialité personnelle, qui se présume jusqu'à preuve contraire, signifie l'absence de parti pris ou de préjugé et implique la neutralité du juge.*
    - *L'impartialité fonctionnelle conduit à se demander si, nonobstant la conduite du juge, certains faits vérifiables amènent à suspecter son impartialité.*

- L'équité de la procédure

○ L'équité impose une appréciation *in concreto* de l'affaire et les juges européens se livrent toujours à une appréciation globale pour vérifier si la procédure est conforme à cette exigence.

▪ *La loyauté des preuves est un principe majeur même si un certain pragmatisme est toujours possible.*

▪ *Les décisions de justice doivent être motivées même si des tempéraments sont consacrés, notamment pour les arrêts d'assises qui peuvent ne pas être véritablement motivés, mais doivent permettre de comprendre la condamnation.*

▪ *Toute partie doit avoir une possibilité raisonnable d'exposer sa cause dans des conditions qui ne la désavantagent pas d'une manière appréciable par rapport à la partie adverse.*

FICHE GRANDS ARRÊTS :

- *Lindon, Otchakowski et July* (2007)

○ *Il faut toujours rechercher si les appréhensions de la personne en cause sont objectivement justifiées.*

- *Chesne* (2010)

○ *Le fait qu'un juge ait déjà pris des décisions avant le procès ne peut justifier en soi des appréhensions quant à son impartialité, sauf circonstances particulières.*

- *Pretto* (1983)

○ *Le caractère raisonnable de la procédure s'apprécie selon les critères consacrés par la Cour : la complexité de l'affaire, le comportement du requérant et celui des autorités étatiques (éventuellement l'enjeu du litige).*

- *Dirioz* (2012)

○ *La position surélevée du ministère public à l'audience n'est pas contraire au droit à un procès équitable.*

- *Beausoleil* (2016)

○ *Défaut d'impartialité de la Cour des comptes pour fixer la ligne de compte d'une gestion de fait de deniers publics, au vu des mentions insérées dans un rapport public antérieur.*

FICHE ACTU/DÉBATS :

*** Thème(s) de réflexion :**

- Le juge des enfants et l'exigence d'impartialité (v° *Traité DEDH*, p. 503)

○ *Jurisp.* : *Nortier* (1993) ; *Adamkiewiecz* (2010).

○ *Doctr.* : Decaux et Tavernier, *JDI* 1994. 812 ; Koering-Joulin, *RSC* 1994. 362 ; Renucci, *D.* 1995. 105 et *RPDP* 2010. 701 ; Roets, *RSC* 2009. 687 ; Bonfils, *D.* 2010. 1324 ; Marsat, *Dr. Pénal* 2001. 15, Gebler, *AJ Famille* 2011.391 ; Hauser, *RTD Civ.* 2011.756 ; Benillouche, *RPDP* 2013. 540.

- La loyauté des preuves (v° *Traité DEDH*, p. 524)

○ *Jurisp.* : *Schenk* (1988) ; *Barbera, Massegue et Jabordo* (1988) *Teixeira de Castro* (1998) ; *Calabro* (2002) ; *Edwards et Lewis* (2004) ; *Vanian* (2005) ; *Ramanauskas* (2008) ; *Bykov* (2009) ; *Bannikova* (2010) ; *Donohoe* (2013) ; *Furcht* (2014), *Lagutin* (2014) ; *Volkov et Adamsiy* (2015) ; *Matanovic* (2016).

○ *Doctr.* : Boursier, *D.* 2003 ; Hennion-Jacquet, *D.* 2005. 2575 ; Molina, *RSC* 2002. 263 ; Thellier de Poncheville, *RPDP* 2010. 537 ; Renucci, *RSC* 2015. 971.

– La (non) motivation des arrêts d'assises (v° *Traité DEDH*, p. 528)

○ *Jurisp.* : *Papon* (2001) ; *Taxquet* (2009 et 2010) ; *Agnelet* (2013) ; *Legillon* (2013) ; Voica (2013) ; *Gybels* (2014) ; *Devriendt* (2015) ; *Kurt* (2015) ; *Maillard* (2015) ; *Lhermitte* (2016).

○ *Doctr.* : Lambert, *RTDH* 2007. 211 ; Matsopoulou, *JCP* 2009. 47 ; Roumier, *Dr. Pénal* 2009. 12 ; Sudre, *JCP* 2010. 1250 ; Cappello, *Constitutions* 2011. 261 ; Guery, *JCP* 2011. 53 ; Huyette, *D.* 2011. 1158 ; Mastor et de Lamy, *D.* 2011. 1154 ; Perrier, *D.* 2011. 1156 ; Schaffhauser, *AJ Pénal* 2011. 32 ; Pradel, *D.* 2011. 48 ; Renucci, *D.* 2011. 47, et 2013. 615 ; Deumier, *D.* 2015. 2022 ; Dantras-Bioy, *Dr. Pénal* 2017, n° 4, ét. 10.

* **Commentaire d'arrêt(s) :**

○ Aff. *Adamkiewicz* (2010) : « *La Cour ne décèle pas dans quelle mesure le fait que ce même magistrat ait présidé la formation de jugement du tribunal ayant déclaré le requérant auteur des faits, après avoir instruit l'affaire, pouvait contribuer à assurer la meilleure protection de l'intérêt supérieur de l'enfant* ».

○ Aff. *Didier* (2002) : « *Aux fins de l'art. 6 § 1, l'impartialité doit s'apprécier selon une démarche subjective, essayant de déterminer la conviction personnelle de tel juge en telle occasion, et aussi selon une démarche objective amenant à s'assurer qu'il offrait des garanties suffisantes pour exclure à cet égard tout doute légitime* ».

Section 2
Les garanties offertes aux seuls accusés

423. Les droits garantis à « tout » accusé. – Ces garanties concernent plus particulièrement la matière pénale puisqu'il s'agit de protéger « l'accusé ». La plupart de ces garanties sont consacrées par l'article 6 de la Convention, mais ces garanties conventionnelles sont complétées par d'autres que l'on peut qualifier d'additionnelles puisqu'elles découlent de l'application de protocoles additionnels.

Au préalable, il est important de préciser qu'en aucun cas la fin ne saurait justifier les moyens : l'équité du procès impose des exigences. Outre la loyauté qui concerne tous les justiciables[226], bon nombre de protections doivent être prises et, en particulier, toute preuve obtenue au moyen d'un traitement contraire à l'article 3 est inadmissible. D'ailleurs, cela porte directement atteinte au caractère équitable du procès[227].

226. Cf. *supra*, n° 415 et s.

227. CEDH, 25 sept. 2012, *El Haksi c/ Belgique*, n° 649/08.

Sous-section 1
Les garanties conventionnelles

424. Article 6 §§ 2 et 3 de la Conv. EDH.

2. Toute personne accusée d'une infraction est présumée innocente jusqu'à ce que sa culpabilité ait été légalement établie.

3. Tout accusé a droit notamment à :

a) être informé, dans le plus court délai, dans une langue qu'il comprend et d'une manière détaillée, de la nature et de la cause de l'accusation portée contre lui ;

b) disposer du temps et des facilités nécessaires à la préparation de sa défense ;

c) se défendre lui-même ou avoir l'assistance d'un défenseur de son choix et, s'il n'a pas les moyens de rémunérer un défenseur, pouvoir être assisté gratuitement par un avocat d'office, lorsque les intérêts de la justice l'exigent ;

d) interroger ou faire interroger les témoins à charge et obtenir la convocation et l'interrogation des témoins à décharge dans les mêmes conditions que les témoins à charge ;

e) se faire assister gratuitement d'un interprète, s'il ne comprend pas ou ne parle pas la langue employée à l'audience.

425. Les paragraphes 2 et 3 de l'article 6. – Si le deuxième paragraphe de l'article 6 vise expressément et exclusivement la présomption d'innocence, c'est assurément pour lui donner encore plus de force. Le troisième paragraphe quant à lui énumère certaines garanties, sans prétendre à l'exhaustivité : celles-ci consacrent en réalité les droits de la défense dont l'importance est tout aussi considérable.

§1. La présomption d'innocence

426. Une garantie majeure. – L'article 6 § 2 de la Convention précise que toute personne accusée d'une infraction est présumée innocente jusqu'à ce que sa culpabilité ait été légalement établie. C'est une règle essentielle dont l'importance est considérable : les instances européennes lui ont très tôt reconnu la valeur d'un droit fondamental[228] et le principe est affirmé avec force même s'il peut connaître quelques exceptions.

A. L'affirmation du principe

427. Une garantie essentielle. – Si la présomption d'innocence est aussi une règle de fond puisqu'elle est l'expression d'un véritable droit subjectif pour toute personne[229], elle est surtout une règle de preuve : la

228. Comm. EDH (avis), 30 mars 1963, *Autriche c/ Italie*, Ann. Vol. 6, p. 783 ; CEDH, 23 mars 1983, *Minelli c/ Suisse*, n° 8660/79, § 37 : il y a atteinte à la présomption d'innocence si, sans établissement légal de la culpabilité d'un prévenu, une décision judiciaire le concernant reflète le sentiment qu'il est coupable.

229. S. Guinchard et autres, *Droit processuel*, *op. cit.*, n° 268.

charge de la preuve incombe à l'accusation[230] et le doute profite à l'accusé, lequel doit, en toute hypothèse, avoir la possibilité de s'expliquer et de fournir éventuellement des contre-preuves[231]. Les juges ne doivent pas, *a priori*, avoir la conviction que la personne en cause est coupable et l'accusation doit offrir des preuves suffisantes pour fonder une déclaration de culpabilité.

428. Le domaine de la présomption d'innocence. – La présomption d'innocence s'impose avant tout aux juges dans le cadre d'un procès pénal. Toutefois, son champ d'application s'est considérablement étendu : partant du principe selon lequel la Convention européenne des droits de l'homme a pour but de protéger, non pas des droits théoriques ou illusoires, mais effectifs et concrets[232], les juges européens ont toujours privilégié une interprétation extensive de la notion.

D'une part, il a été admis que la présomption d'innocence profite à toute personne non condamnée par un jugement définitif contre toute constatation formelle de sa culpabilité sous quelque forme que ce soit[233]. La règle est logique dans la mesure où, comme l'a rappelé la Cour, « seule la décision ayant acquis force de chose jugée est représentative de la vérité judiciaire et donc démonstrative de culpabilité »[234]. Le domaine de cette présomption a été étendu, y compris aux sanctions parapénales[235], mais pas seulement. C'est ainsi que la Cour a élargi le principe de la présomption d'innocence au respect de la règle fondamentale du droit pénal selon laquelle la responsabilité pénale ne survit pas à l'auteur de l'acte délictueux : les juges européens ont estimé que l'imposition d'une amende fiscale aux héritiers du contribuable pour fraude fiscale commise par le *de cujus* est contraire à l'article 6[236] ; ils ont également précisé, dans l'affaire *Lagardère*, qu'une

230. Sur l'atteinte à la présomption d'innocence en cas de renversement de la charge de la preuve : CEDH, 13 janv. 2005, *Capeau c/ Belgique*, n° 42914/98, § 25, *RSC* 2006. 451, obs. Fl. Massias.

231. Comm. EDH, 30 mars 1963, *Autriche c/ Italie*, req. n° 788-60, Ann. VI, p. 783 § 179.

232. Cf. not. CEDH, 13 mai 1980, *Artico c/ Italie*, préc., § 33.

233. CEDH, 26 mars 1982, *Adolf c/ Autriche*, n° 8269/78, §§ 35 s. ; 25 mars 1983, *Minelli c/ Suisse*, n° 8660/79, § 37 (il suffit d'une motivation donnant à penser que le juge considère l'intéressé comme coupable pour caractériser une violation de l'art. 6) ; 25 août 1993, *Sekanina c/ Autriche*, n° 13126/87, §§ 23 s., *RSC* 1994. 362, obs. R. Koering-Joulin ; 19 sept. 2006, *Matijasevic c/ Serbie*, n° 23037/04 (constat de violation pour la prolongation par un tribunal de la détention provisoire du requérant au motif que celui-ci était coupable). V° aussi Fl. Massias, à propos de la jurisprudence 2001 sur la présomption d'innocence, *in RSC* 2002. 508 et s. *Adde*, à propos de déclarations imprudentes du parquet : CEDH, 29 mai 2012, *Shuvalov c/ Estonie*, n° 39820/08. Cf. aussi : CEDH, 3 oct. 2012, *Virabyan c/ Arménie*, 40094/05, *Dr. Pénal* 2013, n° 4, chron. 4, obs. E. Dreyer. Toutefois, il n'est pas porté atteinte à la présomption d'innocence par des déclarations prononcées au sujet d'un suspect dans le cadre d'une autre procédure : CEDH, 27 févr. 2014, *Karaman c/ Allemagne*, n° 17103/10. À noter aussi que le fait d'infliger une « peine » sans constat de responsabilité est une violation de l'art. 6 § 2 de la Convention : CEDH, 1er mars 2007, *Geerings c/ Pays-Bas*, n° 30810/03, § 47 (c'est aussi une violation de l'art. 7 : *supra*, n° 317) : l'art. 6 § 2 consacre une règle générale qui n'autorise pas même la formulation d'un doute sur l'innocence d'un accusé lorsqu'une décision de relaxe ou d'acquittement est définitive.

234. CEDH, 24 mai 2011, *Konstas c/ Grèce*, n° 53466/07, *RSC* 2011. 711, obs. D. Roets.

235. CEDH, 25 août 1987, *Lutz c/ Allemagne*, n° 9912/82 ; 24 févr. 1994, *Bendenoun c/ France*, n° 12547/86. Pour une procédure relative à une fraude fiscale, v° aussi : CEDH, 22 sept. 1994, *Hentrich c/ France*, préc.

236. F. Sudre, obs. sous aff. *E. L. et a.* : CEDH, 29 août 1997, *A. P., M. P. et T. P. c/ Suisse*, préc. § 48 ; 29 août 1997, E. L., R. L. et J. O.L. *c/ Suisse*, préc.

juridiction ne peut en aucun cas prononcer *post mortem* la culpabilité pénale d'un prévenu mettant en cause les héritiers[237]. C'est dire que l'on peut donc « hériter » de l'atteinte à la présomption d'innocence de l'accusé[238].

D'autre part, il a été précisé que la présomption d'innocence, bien que prévue dans un article relatif au procès équitable, s'applique à tout membre de l'autorité publique, même non judiciaire[239] et au-delà du procès *stricto sensu*. L'affaire *Allenet de Ribemont* en est une parfaite illustration puisqu'il a été jugé que cette garantie s'applique avant même le début du procès pénal : il s'agissait en l'espèce d'une conférence de presse donnée par le ministre de l'Intérieur et des responsables de la police, présentant le requérant comme le commanditaire du crime[240]. Cette extension n'a pas été surprenante dans la mesure où la Commission avait déjà estimé que le principe fondamental de la présomption d'innocence garantit à tout individu que les représentants de l'État ne pourront le traiter comme coupable d'une infraction avant qu'un tribunal compétent n'en ait apporté la preuve selon la loi[241]. Puisque la garantie de la présomption d'innocence joue au-delà du procès pénal, la jurisprudence a tout naturellement admis qu'elle s'applique à une procédure en réparation engagée contre l'État par une personne acquittée en raison du préjudice découlant de la procédure intentée contre elle : l'article 6 § 2 est une règle générale, impliquant que même la plus simple expression de soupçons sur

237. CEDH, 12 avr. 2012, *Lagardère c/ France*, n° 18851/07, *D.* 2012. 1708, note J.-F. Renucci, *AJ Pénal* 2012. 421, obs. S. Lavric, *Rev. Sociétés* 2012. 517, obs. H. Matsopoulou, *RSC* 2012. 695, obs. D. Roets, *Dr. Pénal* 2013, n° 4, chron. 4, obs. E. Dreyer, *JCP* 2012 Doctr. 724, obs. A. Dethomas, *AJDA* 2012. 1726, obs. L. Burgorgue-Larsen.

238. L. Burgorgue-Larsen, *La Convention européenne des droits de l'homme*, LGDJ, « Systèmes » 2012, p. 82.

239. La présomption d'innocence s'applique aussi aux journalistes : CEDH, 29 août 1997, *Worm c/ Autriche*, n° 22714/93, § 50. Sur les rapports entre la présomption d'innocence et la liberté d'expression, cf. *supra*, n° 189. V° aussi : CEDH, 2 juin 2005, *Claes et autres c/ Belgique*, n° 46825/99, § 45 à 49. Cependant, il est nécessaire de prouver que des propos laissant à penser qu'une personne est coupable ont bien été tenus par une autorité publique : CEDH (déc.), 27 août 2013, *ASBL Église de scientologie c/ Belgique*, n° 43075/08, *Dalloz Actu.* 8 oct. 2013, obs. J. Gaté. La requête d'Y. Colonna, qui se plaignait d'avoir été présenté avant d'avoir été jugé comme l'assassin du préfet Erignac, tant par des responsables politiques que par le procureur, a été déclarée irrecevable pour non-épuisement des voies de recours internes et pour non-respect du délai de six mois pour saisir la Cour européenne : CEDH, déc., 15 nov. 2016, *Colonna c/France*, n° 4213/13, *Dalloz Actu.* 9 déc. 2016, obs. B. Herisset, *AJ Pénal* 2017. 92, obs. S. Lavric, *RSC* 2017. 125, note D. Roets. À noter enfin que la médiatisation d'une affaire pénale ne constitue pas une violation de la présomption d'innocence : CEDH, 24 janv. 2017, *Paulikas c/Lituanie*, n° 57435/09. *Idem* pour les déclarations d'un membre du jury de la cour d'assises à la presse après la condamnation du requérant : CEDH, déc., 26 janv. 2017, *Bodet c/Belgique*, n° 78480/13. Cf. aussi CEDH, déc., 31 janv. 2017, *Société Edelweiss gestion et Christian Pire c/France*, n° 6193/12, *Dalloz Actu.* 15 mars 2017, obs. E. Autier (la publication immédiate de la Commission des sanctions de l'AMF ne viole pas le droit à la présomption d'innocence).

240. CEDH, 10 févr. 1995, *Allenet de Ribemont c/ France*, n° 15175/89, §§ 32., *JDI* 1996. 211, obs. E. Decaux et P. Tavernier, *RSC* 1995. 639, obs. L.-E. Pettiti, *JCP* 1996-I-3910 n° 8, obs. F. Sudre, *D.* 1996 Somm. 196, obs. J.-F. Renucci, *RSC* 1996. 485, obs. R. Koering-Joulin, *AJDA* 1995. 719, obs. J.-F. Flauss. Cf. aussi : CEDH, 15 oct. 2013, *Gutsanovi c/ Bulgarie*, n° 34529/10, *RPDP* 2014. 97, obs. P. Beauvais, le requérant étant présenté par le ministre de l'Intérieur comme l'un des « cerveaux » d'un groupe criminel ayant détourné des fonds publics importants, propos en outre publiés dans la presse.

241. Comm. EDH (avis), 3 oct. 1978, n° 7986/77 ; (avis) 17 déc. 1991, *X. c/ Pays-Bas*, n° 8361/78. Solution confirmée par la suite : CEDH, 26 mars 2002, *Butkevicius c/ Lituanie*, n° 48297/99 ; 11 févr. 2003, *O. c/ Norvège*, n° 29327/95, *JCP* 2003-I-160, obs. F. Sudre, *RSC* 2004. 460, obs. Fl. Massias ; 28 oct. 2004, *Y. B. et autres c/Turquie*, n° 48173/99 et 48319/99, § 48 ; 19 mai 2005, *Diamantides c/ Grèce*, n° 71563/01, *RSC* 2006. 452, obs. Fl. Massias. Cf. égal. : CEDH, 10 mars 2010, *Kouzmin c/ Russie*, n° 58939/00 ; 28 juin 2011, *Lizaso Azconobieta c/ Espagne*, n° 28834/08, § 42.

l'innocence d'un accusé ne soit plus admissible après un acquittement définitif[242]. De même, la médiatisation des opérations policières peut donner lieu à des constats de violation de la Convention, même si ce n'est évidemment pas systématique[243].

En définitive, le droit à la présomption d'innocence n'est pas une simple garantie procédurale propre au procès pénal *stricto sensu* : sa portée est plus large. Il a ainsi été jugé qu'il s'étend aux procédures judiciaires consécutives à l'acquittement définitif de l'accusé[244], étant précisé qu'une décision d'acquittement efface tous les soupçons plausibles qui avaient pu fonder les poursuites[245] même s'il est vrai que l'éventuel refus de remboursement des frais de défense ne constitue pas, en lui-même, une violation de la présomption d'innocence[246]. Ainsi, le droit au respect de la présomption d'innocence s'impose non seulement avant et après le procès pénal, mais aussi lors de décisions de justice prises après l'arrêt des poursuites ou après un acquittement ou une relaxe[247]. Naturellement, la présomption d'innocence doit être respectée même en cas de suspension de la procédure[248] et, d'une façon plus générale, la Cour impose une très grande prudence et tend à renforcer cette garantie majeure[249].

CEDH, 10 févr. 1995,* Allenet de Ribemont c/ France, *n° 15175/89 :
En fait : *Le Prince de Broglie, député et ancien ministre, est assassiné devant le domicile du requérant alors qu'il venait de rendre visite à son conseiller financier qui habitait dans le même immeuble. Le requérant projetait de devenir copropriétaire avec lui d'un célèbre restaurant parisien, le financement de l'opération étant assuré grâce à un emprunt contracté par la victime, laquelle avait remis le montant au requérant, ce dernier ayant la charge du remboursement. Dans les jours*

242. CEDH, 11 févr. 2003, *O. c/ Norvège*, préc., § 39.

243. CEDH, 31 mars 2016, *Stoyanov et a. c/Bulgarie*, n° 55388/10, §§ 101 s. ; 31 mars 2016, *Alexey Petrov c/Bulgarie*, n° 30336/10 ; 31 mars 2016, *Petrov et Ivanova c/Bulgarie*, n° 45773/10, *RPDP* 2016. 670, obs. J.-F. Renucci.

244. Aff. *Diamantides*, préc., § 35. V° : CEDH, 11 févr. 2003, *O. c/ Norvège*, préc. *Adde* CEDH, 25 août 1993, *Sekanina c/ Autriche*, préc. ; 21 mars 2000, *Rushiti c/ Autriche*, n° 28389/95 ; 10 juill. 2001, *Lamanna c/ Autriche*, n° 28923/95. V° aussi : CEDH, 11 févr. 2003, *Ringvold c/ Norvège*, n° 34964/97, *RSC* 2004. 461, obs. Fl. Massias.

245. Aff. *Hammern et O*, préc., et les, obs. Fl. Massias, préc. ; CEDH, 7 mars 2003, *Yassar Hussain c/ Royaume-Uni*, n° 8866/04 ; 25 avr. 2006, *Puig Panella c/ Espagne*, n° 1483/02.

246. CEDH, 15 déc. 2011, *Ashendon et Jones c/ Royaume-Uni*, n° 35730/07, §§ 50 et s. *Idem* pour le refus d'indemnisation après un acquittement : CEDH, Gr. Ch., 12 juill. 2013, *Allen c/ Royaume-Uni*, n° 25424/09, *Dalloz Actu.* 6 sept. 2013, obs. O. Bachelet, *JCP* 2014, chron. 78, n° 10, obs. F. Sudre, *RPDP* 2013. 710, obs. J.-F. Renucci.

247. CEDH, 31 oct. 2013, *Mosinian c/ Grèce*, n° 8045/10, §§ 28 et 29 : les termes employés pour justifier le refus d'une demande en réparation du fait d'une détention provisoire n'étaient pas formulés avec suffisamment de précautions, certaines phrases faisant naître un doute quant à l'innocence du requérant (violation de l'art. 6 § 2).

248. CEDH, 28 août 2012, *Falzi Riri c/ Turquie*, n° 4062/07.

249. La prudence s'impose pour l'administration fiscale et les juridictions administratives (CEDH, 23 oct. 2014, *Melo Tadeu c/ Portugal*, n° 27785/10), mais aussi pour le procureur qui, en classant une affaire, ne saurait laisser paraître des doutes sur la culpabilité de l'intéressé (CEDH, 28 oct. 2014, *Peltereau-Villeneuve c/ Suisse*, n° 60101/09). Toutefois, il a été jugé qu'un cautionnement, même très élevé, est compatible avec la présomption d'innocence : CEDH, déc., 12 janv. 2017, *UBS AG c/France*, n° 29778/15 (cautionnement d'un montant de 1,1 milliard d'euros).

qui ont suivi, lors d'une conférence de presse, le requérant est présenté comme l'un des instigateurs de l'assassinat : inculpé, il bénéficiera finalement d'un non-lieu. Il se plaint, à Strasbourg, d'une violation de son droit à la présomption d'innocence. En droit : *(violation de l'art. 6 § 2) La Cour estime qu'une atteinte à la présomption d'innocence peut émaner non seulement d'un juge ou d'un tribunal, mais aussi d'autres autorités publiques (§ 36). Elle constate qu'en l'espèce, certains des plus hauts responsables de la police ont désigné le requérant comme l'un des instigateurs, et donc le complice, de l'assassinat. Il s'agit là, à l'évidence, d'une déclaration de culpabilité qui, d'une part incitait le public à croire en celle-ci et de l'autre, préjugeait de l'appréciation des faits par les juges compétents. Partant, il y a eu violation de l'art. 6 § 2 de la Convention (§ 41).*

S'agissant des circonstances aggravantes, on distingue traditionnellement celles qui sont personnelles ou subjectives et celles qui sont réelles ou objectives, les premières ne se communiquant pas aux autres participants à l'infraction parce qu'intimement liées à la personne, contrairement aux secondes. Or, l'imputation des circonstances aggravantes réelles aux coauteurs et complices au regard de la présomption d'innocence a fait l'objet d'un important arrêt de la Cour européenne, laquelle a écarté l'automaticité de connaissance et d'acceptation, ce qui conduit à « subjectiviser » l'appréciation de la circonstance aggravante objective[250]. Ce n'est pas nouveau[251], mais la confirmation de cette approche lui donne davantage de force et nul doute que cela pourra susciter des controverses : d'une part, l'on pourra objecter que la transmission automatique des circonstances aggravantes réelles peut sembler logique puisque le coauteur (comme le complice) qui accepte de participer à une infraction doit en assurer toutes les conséquences, même celles ignorées par lui-même ; d'autre part, l'accusation n'aura pas la tâche facile, puisqu'elle devra prouver désormais que le coauteur (ou le complice) connaissait lesdites circonstances. En sens inverse, il sera possible de soutenir l'idée que le fait de condamner quelqu'un pour quelque chose qu'il ignorait peut sembler peu conforme au principe de responsabilité personnelle tout en apparaissant contraire à la nécessaire proportionnalité de la peine... Les débats seront certainement très vifs.

B. Les exceptions au principe

429. L'admission exceptionnelle des présomptions de culpabilité. – Le principe de la présomption d'innocence est affirmé avec force, mais cela n'empêche pas d'admettre quelques exceptions. Celles-ci sont naturellement très limitées, mais elles se sont imposées par souci de pragmatisme et d'efficacité.

250. CEDH, 26 janv. 2016, *Iasir c/Belgique*, n° 21614/12, *D.* 2016. 1188, note V. Tellier-Cayrol. À noter que, traditionnellement, on distingue les circonstances aggravantes personnelles ou subjectives et les circonstances aggravantes réelles ou objectives

251. CEDH, 20 janv. 2011, *Haxhishabani c/Luxembourg*, n° 51131/07.

430. L'arrêt *Salabiaku* et ses suites. – Les juges européens ont estimé dans l'affaire *Salabiaku* que l'existence de présomptions de culpabilité n'est pas nécessairement contraire à la Convention européenne des droits de l'homme[252] : il faut cependant qu'elles soient enserrées dans des limites raisonnables afin que la présomption d'innocence ne soit pas vidée de sa substance[253] ; la présomption de culpabilité ne doit évidemment pas être irréfragable et la preuve contraire doit pouvoir être apportée[254]. Il est donc essentiel que la présomption de culpabilité, tout en prenant en considération la gravité de l'enjeu, ne porte pas atteinte aux droits de la défense[255].

La Cour a rappelé ces nuances dans l'affaire *Radio-France*[256], la législation française[257] précisant que le directeur de la publication est pénalement responsable en tant qu'auteur principal de tout propos diffamatoire tenu à l'antenne, lorsque ledit propos a « *fait l'objet d'une fixation préalable à sa communication au public* ». Dans ce cas, dès lors que le caractère diffamatoire est retenu, le délit est constitué à l'égard du directeur de la publication et l'auteur des propos incriminés est poursuivi comme complice sans qu'il soit nécessaire d'établir une intention coupable de sa part. Cette législation, dont le but est de sanctionner le directeur de la publication qui a manqué à son devoir de contrôler le contenu de propos tenus à l'antenne, dans les cas où il avait la possibilité d'exercer ce contrôle avant leur diffusion, n'est pas contraire à la Convention. Pour les juges européens, la présomption de culpabilité ainsi retenue reste dans les « limites raisonnables » requises, compte tenu de l'importance de l'enjeu puisqu'il s'agit de prévenir efficacement la diffusion dans les médias d'allégations ou imputations diffamatoires ou injurieuses en obligeant le directeur de la publication à exercer un contrôle préalable : dès lors, il n'y a pas violation de l'article 6 § 2 de la Convention[258]. Le même raisonnement conduisant à l'admission de l'inversion de la charge de la preuve vaut dans d'autres domaines, notamment en matière fiscale, du moins lorsque sont en cause des sanctions pouvant être qualifiées de pénales au sens de l'article 6 de la Convention[259].

252. CEDH, 7 oct. 1988, *Salabiaku c/ France*, n° 10519/83, § 28, *RSC* 1989. 167, obs. L.-E. Pettiti et F. Teitgen, *JDI* 1989. 829, obs. P. Rolland et P. Tavernier. *Adde* CEDH, 25 sept. 1992, *Pham Hoang c/ France*, n° 13191/87, § 33, *D.* 1993 Somm. 386, obs. J.-F. Renucci.

253. Pour un exemple du caractère raisonnable d'une telle limite, cf. CEDH, 3 avr. 2012, *Gheorghe c/ Roumanie*, n° 23470/05, *Dr. Pénal* 2013, n° 4, chron. 4, obs. E. Dreyer (simple peine d'amende avec possibilité de rapporter la preuve contraire).

254. Aff. *Salabiaku*, préc., § 28.

255. Pour une violation de l'art. 6 § 2, cf. : CEDH, 30 juin 2011, *Klouvi c/ France*, n° 30754/03, *JDI* 2012, chron. 6, obs. A. Decaux, P. Tavernier, M. Boumghar et autres.

256. CEDH, 30 mars 2004, *Radio-France c/ France*, n° 53984/00.

257. Art. 93-3, Loi 29 juill. 1982 sur la communication audiovisuelle.

258. Aff. *Radio-France*, préc., § 24.

259. CEDH, 23 juill. 2002, *Janosevic c/ Suède*, n° 34619/97, § 110, *JCP* 2003-I-109 n° 13, obs. F. Sudre. V° aussi, pour le cas particulier du sursis à exécution : CEDH, (déc.), 27 août 2002, *Didier c/ France*, n° 58188/00, *JCP* 2003-I-109 n° 6, obs. F. Sudre, *RDP* 2003. 697, obs. G. Gonzalez. Cf. déjà dans le même sens : CEDH (déc.), 14 mai 2002, *Ardex SA c/ France*, n° 53951/00.

431. Bibliographie. Auvret (P.), *Le droit à la présomption d'innocence, JCP* 1994-I-3802 ; Badinter (R.), *La présomption d'innocence, Histoire et modernité,* Mél. Catala, Litec, 2001, p. 133 et s. ; Bulak (B), *Grandeur ou décadence de la présomption d'innocence, RTDH* 2015, p. 623 s. ; Coste (F.-L.), *Statut de la parole et présomption d'innocence, AJ pénal* 2004, p. 402 et s. ; Detraz (S.), *La prétendue présomption d'innocence,* Dr. pén. 2004, Chron. n° 3 ; Farthouat (J.-R.), *La présomption d'innocence, Justices* 1998, n° 10, p. 53 et s. ; Hennion (P.), *La présomption d'innocence et les institutions de procédure pénale,* UNSA/CRAJEFE 1995 ; Jeandidier (W.), *La présomption d'innocence ou le poids des mots, RSC* 1991, p. 49 ; Henrion-Stoffel (H), *La présomption d'innocence, in* Cabrillac (R) (dir.), *Libertés et droits fondamentaux,* Dalloz, 22e éd., 2016, p. 641 et s. ; Lombois (Cl.), *La présomption d'innocence,* Pouvoirs 1990 n° 55, p. 81 et s. ; Repik (B.), *Réflexions sur la jurisprudence de la Cour européenne des droits de l'homme concernant la présomption d'innocence,* Mél. Eissein, Bruylant-LGDJ, 1995, p. 331 et s. ; Robert (J.-H.), *La protection de la présomption d'innocence selon la loi du 4 janvier 1993,* XIIIe congrès AFDP, PU Aix-Marseille 1994, p. 105 et s. ; Spielmann (D.), *Procès équitable et présomption d'innocence, RTDH* 1995, p. 657 et s. ; Vigouroux (Ch.), *Présomption d'innocence,* Mél. Costa, Dalloz, 2001, p. 657 et s. ; Zdrdjewski (G.), *La présomption d'innocence contre la présomption de culpabilité, Gaz. Pal.* 25-27 juin 1989, p. 4 et s.

§2. Les droits de la défense

432. L'article 6 § 3 de la Convention. – Les droits de la défense, précisés par l'article 6 § 3, occupent une « *place primordiale* » dans toute société démocratique[260]. Compte tenu de cette importance particulière, il est légitime que ces droits fassent l'objet d'une protection renforcée, d'autant plus que comme le rappelle systématiquement la jurisprudence européenne, les droits reconnus à l'article 6 de la Convention visent à assurer une défense concrète et effective, et non pas théorique et illusoire[261]. Sans doute est-il possible de restreindre les droits de la défense puisque le droit à un procès équitable est un droit conditionnel, mais encore faut-il que ladite restriction soit absolument nécessaire[262]. À cet égard, il est important de préciser que la simple nomination d'un conseil n'assure pas, à elle seule, l'effectivité de l'assistance qu'est en droit d'attendre tout accusé[263] et que le respect des droits de la défense s'impose même pour des actes procéduraux effectués à l'étranger[264].

Le contenu de l'article 6 § 3 de la Convention est significatif de l'importance qui est attachée aux droits de la défense d'autant plus qu'aux garanties explicitement consacrées par le texte, s'ajoutent des garanties implicites découlant d'une interprétation large de ce même texte par les juges européens.

260. CEDH, 23 nov. 1993, *Poitrimol c/ France,* préc., § 38.

261. CEDH, 13 mai 1980, *Artico c/ Italie,* préc., § 33 ; 25 avr. 1983, *Pakelli c/ Allemagne,* n° 8398/78, § 31.

262. CEDH, 5 oct. 2006, *Viola c/ Italie,* n° 45106/04, § 62 ; 23 avr. 1997, *Van Mechelen et autres c/ Pays-Bas,* n° 21363/93, § 58.

263. Cf. *infra,* n° 435.

264. CEDH, 27 oct. 2011, *Stojkovic c/ France et Belgique,* n° 25303/08, § 55, *AJ Pénal* 2012. 93, note J.-R. Demarchi, *Dr. Pénal* 2012, n° 4, chron. 3, com. 18, obs. E. Dreyer, *RSC* 2012. 241, obs. J.-P. Marguénaud, *RTDH* 2013. 143, obs. A. Weyembergh, *JDI* 2012, chron. 6, obs. A. Decaux, P. Tavernier, M. Boumghar et autres, *RTD* Eur. 2012. 369, obs. E. Palvadeau.

A. Les garanties explicites

433. Le droit d'être informé de la nature et de la cause de l'accusation (art. 6 § 3 a). – L'information de la personne en cause doit être, non seulement détaillée[265], mais également faite dans le plus court délai et dans une langue qu'elle comprend[266]. La nature de l'accusation n'est autre que sa qualification juridique, tandis que la cause de ladite accusation s'entend des faits matériels reprochés à la personne intéressée[267]. La forme de l'information est indifférente, l'essentiel étant qu'elle soit faite correctement et que la personne poursuivie sache à quoi s'en tenir[268]. Le droit à l'information doit donc être effectif même s'il peut connaître certaines limites[269].

Le pouvoir de requalification, reconnu dans certains États membres, n'est cependant pas remis en cause. Sans doute le pouvoir de modifier la qualification juridique d'une infraction tout au long de la procédure est-il de nature à susciter quelques inquiétudes, en particulier en ce qui concerne le droit d'être informé de la « nature » de l'accusation[270], mais la réalité est plus nuancée. La requalification des faits est possible, mais à condition que les droits de la défense soient respectés et que l'accusé puisse s'expliquer pleinement. La requalification est même légitime et indispensable, car les juges doivent pouvoir restituer aux faits leur exacte qualification juridique : le point important est que la personne en cause doit être correctement informée de la nouvelle qualification de façon à pouvoir se défendre efficacement[271] ; si tel n'est pas le cas, il y aura violation de l'article 6 de la Convention[272].

---

265. CEDH, 12 avr. 2011, *Adrian Constantin c/ Roumanie,* n° 21175/03, § 18 ; 19 avr. 2011, *Gasins c/ Lettonie,* n° 69458/01, § 55, *Dr. Pénal* 2011, n° 9, chron. 6, com. 51, CEDH, obs. V. Lesclous.

266. CEDH, 12 oct. 1992, *T. c/ Italie,* n° 14104/88, § 28.

267. Comm. EDH, 9 mai 1976, *X. c/ Belgique,* DR 9, p. 169 ; CEDH, 19 déc. 1989, *Kamasinski c/ Autriche,* préc., § 79 ; 19 déc. 1989, *Brozicek c/ Italie,* n° 10964/84.

268. Comm. EDH, 17 déc. 1981, *X c/ Pays Bas,* DR 27, p. 44.

269. Le droit à l'information ne va pas jusqu'à exiger que l'acte d'accusation mentionne une circonstance aggravante intrinsèque à l'accusation initiale : CEDH, 24 oct. 1996, *De Salvador Torres c/ Espagne,* n° 21525/93, § 33 ; en revanche, les autorités judiciaires doivent informer, et de façon précise, la personne poursuivie sur les délais de procédure : CEDH, 17 déc. 1996, *Vacher c/ France,* n° 20368/92, § 30.

270. CEDH, Gr. Ch., 25 mars 1999, *Pélissier et Sassi c/ France,* n° 25444/94, *D.* 2000. 357, note D. Roets, *RTDH* 2000. 281, obs. G. Flécheux et Th. Massis, *Procédures* 1999, n° 186, obs. J. Buisson. Mais naturellement, encore faut-il que le pouvoir de qualification ne rende pas imprévisibles les peines applicables, sous peine d'une violation du principe de la légalité : cf. *supra,* n° 309.

271. La jurisprudence française va d'ailleurs désormais dans ce sens : Crim. 16 mai 2001, *Bull.* n° 128, *JCP* 2001-I-346, obs. A. Maron, *D.* 2001 IR 2088, *RSC* 2001. 821s, obs. J.-F. Renucci, *D.* 2002. 31 et s., note B. Laperou-Schneider ; 12 sept. 2001, *Bull.* n° 1177, *D.* 2002 Somm. 1460, obs. Pradel, 5 mars 2003, *Bull.* n° 60 ; 3 mars 2004, *RSC* 2004. 966, obs. J.-F. Renucci ; 30 janv. 2008 et 13 févr. 2008, *D.* 2008. 1805 et s., note J.-L. Lennon ; 13 févr. 2008, *RSC* 2008. 984, obs. J.-F. Renucci ; 20 janv. 2009, *Bull.* n° 19, *RSC* 2009. 925, obs. J.-F. Renucci.

272. CEDH, 26 sept. 2006, *Miraux c/ France,* n° 73529/01, § 36, *JDI* 2007. 2. 703, obs. O. Bachelet : il y a d'ailleurs, dans ce cas précis, violation du § 3 *a* et *b* de l'art. 6, combiné avec le § 1 prescrivant une procédure équitable. V° aussi CEDH, 19 déc. 2006, *Mattei c/ France,* n° 34043/02, § 34 et s., *AJ pénal* 2007. 89, obs. Cl. Saas, *JDI* 2007. 2. 710, obs. O. Bachelet. Pour une violation en raison de la méconnaissance du droit de l'intéressé à être informé en détail de la nature de l'accusation portée contre lui suite à une requalification : CEDH, 25 sept. 2008, *Selivertov c/ Russie,* n° 19692/02. Cf. aussi : CEDH, 5 mars 2013, *Varela Geis c/ Espagne,* n° 61005/09, *RPDP* 2013. 707, obs. J.-F. Renucci.

434. Le droit de disposer du temps et des facilités nécessaires à sa défense (art. 6 § 3 b). – Les juges apprécient si, dans les circonstances de l'espèce, la situation faite à la défense est satisfaisante dans le cadre du procès équitable. Il est capital que le justiciable, seul ou avec l'assistance d'un avocat, puisse se défendre de manière adéquate. Son comportement, et éventuellement celui de son défenseur, pourra être pris en compte[273], tout comme l'attitude des autorités étatiques, notamment judiciaires. Il est certain qu'une restriction du droit de disposer du temps et des facilités nécessaires à la préparation de la défense est possible, mais elle doit être momentanée et justifiée par la nécessité de sauvegarder un intérêt public important ; toutefois, les juges européens font preuve d'une grande sévérité, admettant difficilement cette exception au principe[274]. Enfin, certaines pratiques tenant aux disponibilités des greffes, consistant par exemple à établir la minute d'un jugement après l'expiration du délai d'appel sont contraires à la Convention[275].

Pour bien organiser sa défense, il convient de pouvoir accéder au dossier[276]. Or, dans certains États et notamment en France, la mise à disposition au prévenu de son dossier a pu susciter des difficultés. L'arrêt *Foucher* a rappelé l'importance, pour l'accusé, de pouvoir accéder à son dossier et obtenir la communication des pièces, du moins celles qui peuvent avoir une incidence sur l'issue du procès : cela est indispensable à une bonne défense[277]. Pourtant, ce droit d'accès ne semble pas être général : en effet, la Cour européenne a précisé que le raisonnement par lequel il n'est pas incompatible avec les droits de la défense de réserver à l'avocat de l'accusé l'accès au dossier[278], ne peut jouer lorsque l'intéressé a légalement choisi de se défendre seul[279]. Par un raisonnement *a contrario*, on pourrait ainsi mettre en doute le caractère général du droit d'accès au dossier, ce qui serait regrettable. De plus, l'arrêt *Seris* tempère sans doute les inconvénients du système, mais ne consacre guère le caractère général de ce droit d'accès : tout en rappelant que l'effectivité des droits de la défense suppose l'accès au dossier, la Cour précise que le prévenu privé de l'aide d'un avocat pour une raison indépendante de sa volonté ne doit pas voir ses droits diminués[280]. Mais peut-être est-il préférable de pousser les justiciables à recourir aux services d'un avocat, dans leur

---

273. CEDH, 22 juin 1993, *Melin c/ France*, n° 12914/87, § 24.

274. Aff. *Melin*, préc., § 25.

275. Violation de l'art. 6 § 3 b, mais aussi de l'art. 6 § 1 : CEDH, 24 juill. 2007, *Baucher c/France*, n° 53640/00, *AJ pénal* 2007, p. 529, obs. C. Porteron, *Dr. pénal* 2008. 35, obs. E. Dreyer, *JCP* 2008-I-110 n° 5, obs. F. Sudre.

276. Pour le cas particulier de l'accès au dossier pendant la garde à vue, la question se pose davantage au regard de l'effectivité de la défense : cf. *infra*, n° 435. Pour le droit d'accès au dossier en matière d'application des peines et de droit disciplinaire des détenus, cf. : CEDH, 11 oct. 2016, *Cano Moya c/Espagne*, n° 3142/11, *Dalloz Actu.* 26 oct. 2016, obs. J. Falxa, *AJ Pénal* 2016. 547, obs. M.-H. Evans.

277. CEDH, 18 mars 1997, *Foucher c/ France*, n° 22209/93, § 36, *D.* 1997 Somm. 360, obs. J.-F. Renucci, *JCP* 1998-I-107 n° 30, obs. F. Sudre, *RSC* 1998. 396, obs. R. Koering-Joulin, *RGDP* 1998. 247, obs. J.-F. Flauss.

278. CEDH, 19 déc. 1989, *Kamasinski c/ Autriche*, n° 9783/82, § 88 ; 21 sept. 1993, *Kremzow c/ Autriche*, n° 12350/86, § 52.

279. Aff. *Foucher*, préc., § 35.

280. CEDH, 10 mai 2007, *Seris c/ France*, n° 38208/03 et 2810/05, §§ 61 et s.

propre intérêt. Il reste que l'accès au dossier est une condition nécessaire, mais non suffisante pour bien préparer la défense. En effet, le justiciable, ou son avocat, doit avoir le temps nécessaire pour en prendre connaissance et affiner ainsi son système de défense[281].

435. Le droit d'assurer librement et effectivement sa défense (art. 6 § 3 c). - Tout accusé a le droit de se défendre lui-même ou d'avoir l'assistance d'un défenseur de son choix et, s'il n'a pas les moyens de rémunérer un défenseur, pouvoir être assisté gratuitement par un avocat d'office, lorsque les intérêts de la justice l'exigent[282]. Le texte consacre le principe, mais sans préciser les conditions d'exercice de ce droit : c'est dire que les États sont libres de choisir les moyens permettant de le garantir, étant entendu que les juges de Strasbourg rechercheront si les moyens finalement choisis cadrent avec les exigences du procès équitable[283]. Toutefois, les États ont l'obligation positive d'assurer le respect concret et effectif des droits de la défense[284] : si la négligence ou la défaillance d'un avocat ne peut *a priori* leur être reprochée[285], ils ne peuvent pour autant rester passifs, car ils doivent assurer à l'intéressé la jouissance effective du droit garanti[286]. Il est certain que la nomination d'un conseil n'assure pas à elle seule l'effectivité de l'assistance qu'il peut procurer à l'accusé[287].

L'accusé peut, s'il le souhaite, se défendre lui-même[288]. Compte tenu du droit qui lui est ainsi accordé, il devrait pouvoir jouir de toutes les prérogatives qui sont celles d'un avocat... puisqu'il est son propre avocat : mais il n'en va pas toujours ainsi, en particulier s'agissant de l'accès au dossier[289]. Il reste que cette défense « personnelle » est assez dangereuse pour l'accusé en raison de son inexpérience judiciaire et de son manque de connaissances juridiques : c'est pourquoi les juges sont souvent amenés à exiger l'intervention d'un avocat[290], d'autant plus que si besoin est, cette assistance peut être gratuite. De plus, l'obligation de constituer avocat n'est d'ailleurs pas, en soi,

---

281. CEDH, 20 sept. 2011, *Yukos Naftyanaya Kompaniaya c/ Russie*, n° 14902/04 ; *Khodorkovskiy et Lebedev c/ Russie*, n° 11082/06..., *JDI* 2013, chron. 6, n° 6, obs. Ph. Guillot ; 26 juill. 2011, *Huseyn et autres c/ Azerbaïdjan*, n° 35485/05 ; 12 janv. 2012, *Dovzhenko c/ Ukraine*, n° 36650/03.

282. CEDH, 25 sept. 1992, *Pham Hoang c/ France*, n° 13191/87, § 41. Mais il n'y a pas d'atteinte aux droits de la défense pour un accusé dans l'obligation d'assurer sa propre défense après avoir écarté deux avocats commis d'office : CEDH, 6 oct. 2016, *Jameljanovs c/Lettonie*, n° 37364/05.

283. CEDH, 24 mai 1991, *Quaranta c/ Suisse*, n° 12744/87, § 30.

284. CEDH, 21 avr. 1998, *Daud c/ Portugal*, n° 22600/93, § 42 ; 10 oct. 2002, *Czekalla c/ Portugal*, n° 38830/97, § 71, *JCP* 2003-I-109 n° 15, obs. F. Sudre.

285. CEDH, 22 févr. 1994, *Tripodi c/ Italie*, n° 13743/88, § 30. V° déjà : CEDH, 19 déc. 1989, *Kamasinski c/ Autriche*, n° 9783/82, § 65 ; 13 mai 1980, *Artico c/ Italie*, n° 6694/74, § 36

286. CEDH, 9 avr. 1984, *Goddi c/ Italie*, n° 8966/80, § 27 et s. ; 27 avr. 2006, *Sannino c/ Italie*, n° 30961/03, § 51.

287. CEDH, 7 oct. 2008, *Bogumil c/ Portugal*, n° 35228/03, § 46. Cf. aff. *Viola*, préc., § 60.

288. Y compris s'il est avocat, un avocat pouvant se représenter lui-même devant une juridiction : CEDH, 11 févr. 2014, *Masirevic c/ Serbie*, n° 30671/08, *Dalloz Actu.* 18 févr. 2014, obs. A. Portmann.

289. V° *supra*, n° précédent.

290. CEDH, 25 avr. 1983, *Pakelli c/ RFA*, n° 8398/78, § 38, *AFDI* 1984, p. 449, obs. R. Pelloux, *RSC* 1984. 138, obs. L.-E. Pettiti. *Adde* CEDH, 25 sept. 1992, *Croissant c/ Allemagne*, n° 13611/88.

contraire à l'article 6 et au droit d'accès à un tribunal. Les États peuvent réserver, devant certaines juridictions, un monopole de représentation aux seuls avocats spécialisés.

Le droit d'avoir un défenseur est l'une des exigences du procès équitable et ce droit est applicable à l'ensemble de la procédure[291]. Le principe du libre choix du défenseur par l'accusé est affirmé avec force[292], même si ce principe n'est pas absolu[293]. Quoi qu'il en soit, à partir du moment où un avocat est choisi, les autorités étatiques doivent assurer la libre communication avec le client[294]. De plus, la présence de l'avocat doit être non seulement immédiate, mais également effective[295]. Dans l'affaire *Salduz*, la Grande chambre a précisé que pour que le droit à un procès équitable demeure suffisamment concret et effectif, il faut en règle générale, que l'accès à un avocat soit consenti dès le premier interrogatoire d'un suspect par la police, sauf à démontrer, à la lumière des circonstances particulières de l'espèce, qu'il existe des raisons impérieuses de restreindre ce droit[296]. Dès lors, le maintien au dossier d'aveux obtenus sans que le suspect ait pu bénéficier de

291. CEDH, Gr. Ch., 8 févr. 1996, *John Murray c/ Royaume-Uni*, n° 18731/91, § 66 (assistance de l'avocat dès la phase préparatoire, plus particulièrement dès les premiers stades de l'interrogatoire de police). Cf. aussi : CEDH, 6 juin 2000, *Magee c/ Royaume-Uni,* n° 28135/95, § 42 ; Gr. Ch., 9 oct. 2003, *Ezeh et Connors c/ Royaume-Uni*, n° 39665/98, § 134, *AJ pénal* 2004. 36, obs. J.-P. Céré, à propos d'une procédure pouvant aboutir à une sanction disciplinaire, et statuant dans le même sens que la Chambre (arrêt du 15 juill. 2002, n° 39665/98..., § 106). *Adde* CEDH, 24 oct. 2013, *Navone et autres c/ Monaco*, n° 62880/11..., *Dalloz Actu.* 31 oct. 2013, obs. A. Portmann, *JCP* 2014, chron. 78, n° 11, obs. F. Sudre ; 13 mars 2014, *Pakshaiev c/ Russie,* n° 1377/04 ; *Smimov c/ Ukraine,* n° 69250/11. Pour les juges européens, le droit au silence et le droit à l'assistance d'un avocat sont deux droits distincts ; aff. *Navone*, préc.

292. L'impossibilité de choisir un avocat en connaissance de cause porte atteinte aux droits de la défense, mais aussi à l'équité de la procédure : CEDH, Gr. Ch., 20 oct. 2015, *Dvorski c/Croatie,* n° 25703/11, *D.* 2016, Pan. 225, obs. J.-F. Renucci, *JCP* 2016. 65, n° 10, obs. F. Sudre, *RTDH* 2016. 749, note Y. Jeanneret, *RPDP* 2016. 129, obs. D. Sidhoum-Rahal, *Dr. Pénal* 2016, n° 4, chron. 4, n° 12, obs. E. Dreyer, *JDI* 2016, n° 4, chron. 8, n° 8, obs. A.-C. Fortas.

293. C'est ainsi que le juge national peut imposer un choix lors de la désignation d'un avocat d'office en fonction des intérêts de la justice (CEDH, 29 sept. 1992, *Croissant c/ Allemagne*, préc., § 30 et s.). Par ailleurs, lorsqu'un avocat est commis d'office et que son assistance est effective, le principe de libre choix n'implique pas le droit de changer de défenseur (CEDH, 14 janv. 2003, *Lagerblom c/ Suède*, n° 26891/95).

294. CEDH, 28 nov. 1991, *S c/ Suisse*, préc., § 48 et s. Cf. aussi : CEDH, 16 oct. 2001, *Brennan c/ Royaume-Uni*, n° 39846/98, § 58, *JDI* 2002. 272, obs. O. Bachelet. V° aussi : CEDH, 12 mai 2005, *Ocalan c/ Turquie,* n° 46221/99, § 132 et s., spéc. § 148 et 149.

295. Le non-respect de cette exigence entraine de graves conséquences, y compris sur le plan procédural, à moins que les déclarations litigieuses n'aient pas été prises en compte dans la suite de la procédure. Certains arrêts laissent à penser cependant que, quelles que soient les suites, cela constitue une atteinte irréparable à l'équité de la procédure.

296. CEDH, Gr. Ch., 27 nov. 2008, *Salduz c/ Turquie*, n° 36391/02, § 55, *AJDA* 2009. 872, obs. J.-F. Flauss, *JCP* 2009-I-104 n° 5, obs. F. Sudre, *Dr. pénal* 2009. 23, obs. E. Dreyer, *RTDH* 2010. 663, note D. Holzapfel. Pour un exemple concret de ces « raisons impérieuses » susceptibles de restreindre le droit d'accès immédiat : CEDH, 16 déc. 2014, *Ibrahim et autres c/ Royaume-Uni,* n° 50541/08..., *Dalloz Actu.* 19 déc. 2014, obs. A. Portmann : suite à l'attentat du 21 juill. 2005 à Londres, la Cour a jugé que l'accès tardif à un avocat durant l'interrogatoire des poseurs de bombes et d'un complice n'a pas violé l'art. 6 § 3 c de la Conv. EDH (il existait cependant des garanties compensatoires prévues par la loi nationale, notamment pour contester les déclarations litigieuses). Dans cette même affaire, la Grande chambre a également conclu à la non-violation de l'art. 6, sauf pour le quatrième requérant : CEDH, Gr. Ch., 13 sept. 2016, *Ibrahim et a. c/Royaume-Uni,* n° 50541/08..., *Dalloz Actu.* 15 sept. 2016, obs. A. Portmann, *JCP* 2016. 1010, obs. L. Milano, *Gaz. Pal.*, 4 oct. 2016, n° 34, p. 38, obs. C. Berlaud, *JCP* 2017, n° 1-2, Doctr. 32, n° 11, obs. F. Sudre, *RTDH* 2017. 421 note Ch. Macq. *Adde* CEDH, 12 janv. 2016, *Borg c/Malte*, n° 37537/13, *Dalloz Actu.* 13 janv. 2016, obs. A. Portmann.

l'intervention d'un avocat méconnaît le droit à un procès équitable et les droits de la défense[297].

Les principes de l'arrêt *Salduz* ont été repris, voire « amplifiés », par l'arrêt *Dayanan*, renforçant ainsi l'exigence d'effectivité de la défense : ainsi, l'équité de la procédure requiert que l'accusé puisse obtenir toute la vaste gamme d'interventions qui sont propres au Conseil, en particulier la discussion de l'affaire, l'organisation de la défense, la recherche des preuves favorables à l'accusé, la préparation des interrogatoires ou encore le soutien de l'accusé et le contrôle des conditions de détention[298]. Faut-il pour autant permettre un accès total au dossier dès le stade de la garde à vue ? La question est difficile, d'autant que la Cour a également reconnu qu'afin de permettre des investigations efficaces, le secret sur une partie des informations recueillies pouvait s'imposer[299]. Les avis sont partagés et la controverse est vive, mais il est vrai que nous ne sommes pas encore véritablement dans le fond du débat judiciaire, de sorte qu'il faut se montrer prudent[300]. Il reste que la jurisprudence de la Cour peut sembler, à cet égard contradictoire ou à tout le moins ambiguë, et nul doute qu'une mise au point de la Grande chambre serait opportune. Quoi qu'il en soit, s'il apparaît que le fait de ne pas permettre un accès total au dossier à ce stade de la procédure n'est pas contraire à la Convention, il est cependant indispensable d'avoir accès aux éléments permettant de contester le bien-fondé de la mesure privative de liberté[301].

CEDH, 13 oct. 2009,* Dayanan c/ Turquie, *n° 7377/03 :
En fait : *Arrêté et placé en garde à vue dans le cadre d'une opération menée contre une organisation illégale armée, le Hizbullah (« le parti de Dieu »), le requérant est informé de son droit de bénéficier d'un avocat au terme de sa garde à vue et de son droit de garder le silence, ce qu'il choisit de faire. Placé en détention provisoire et*

297. Aff. *Salduz, ibid.* Cf. aussi par la suite : CEDH, 15 janv. 2015, *Chopenko c/ Ukraine*, n° 17735/06, *Dalloz Actu.* 30 janv. 2015, obs. O. Bachelet. Il est vrai cependant que l'admission au procès de dépositions faites pendant un interrogatoire de police hors la présence de l'avocat n'a pas été considérée comme portant atteinte de manière injustifiée au droit à un procès équitable si des garanties compensatoires existent (possibilité de contester les aveux ou encore force probante des autres éléments à charge) : mais nous sommes, il est vrai, dans l'exception au principe avec les « raisons impérieuses » : cf. *supra*, avec not. l'aff. *Ibrahim*, préc. Pour une non-admission comme moyen de preuve des aveux faits devant des policiers hors la présence d'un avocat : CEDH, 6 oct. 2015, *Turbylev c/Russie*, n° 4722/09.

298. CEDH, 13 oct. 2009, *Dayanan c/ Turquie*, n° 7377/03, § 32, *D.* 2009. 2897, note J.-F. Renucci, *AJ Pénal* 2010. 27, obs. Cl. Saas, *RSC* 2010. 231, obs. D. Roets, *Dr. pénal* 2010, n° 4, chron. n° 3, obs. E. Dreyer. *Adde* CEDH, déc., 28 août 2012, *Simons c/ Belgique*, n° 71407/10, *Gaz. Pal.* 26-27 oct. 2012, p. 39, note F. Fourment.

299. CEDH, 13 févr. 2001, *Garcia Alva c/ Allemagne*, n° 23541/94, § 42 ; 9 mars 2006, *Svipsta c/ Lettonie*, n° 66820/01, § 137. Outre un intérêt public important, l'accès à certaines pièces peut être refusé en raison d'une menace grave pour la vie ou les droits fondamentaux d'un tiers. Cf. aussi : CEDH, 9 avr. 2015, *A. T. c/Luxembourg*, n° 30460/13, *AJ Pénal* 2015. 380, obs. S. Lavric, *RSC* 2015. 736, obs. D. Roets, *JCP* 2015. 815, n° 9, obs. F. Sudre, *RTDH* 2015. 1089, note M.-A. Beernaert, *D.* 2016, Pan. 226, obs. J.-F. Renucci, *RPDP* 2016. 132, obs. V. Giannoulis, *Dr. Pénal* 2016, n° 4, chron. 4, n° 13, obs. E. Dreyer.

300. Cf. J. Pradel, *Du droit de l'avocat d'accéder au dossier établi au cours d'une garde à vue*, *JCP* 2012, n° 46, p. 2057, estimant qu'il est peu probable que la Cour EDH en vienne un jour à consacrer le droit à une communication totale du dossier de police.

301. CEDH, 26 nov. 2013, *Igna c/ Roumanie*, n° 21249/05. La même règle est consacrée dans le droit de l'Union européenne : Direct. 2012/13/UE, Parlement européen et Conseil, 22 mai 2012, relative au droit à l'information dans le cadre des procédures pénales, art. 7.

inculpé, il est condamné à 12 ans et 6 mois d'emprisonnement. Il se plaint de n'avoir pas bénéficié de l'assistance d'un avocat lors de sa garde à vue.

En droit : *(violation de l'art. 6 §§ 1 et 3 c). La Cour rappelle qu'un accusé doit, dès qu'il est privé de liberté, pouvoir bénéficier de l'assistance d'un avocat, et cela indépendamment des interrogatoires qu'il subit. L'équité de la procédure requiert que l'accusé puisse obtenir toute la vaste gamme d'interventions qui sont propres au conseil : la discussion de l'affaire, l'organisation de la défense, la recherche des preuves favorables à l'accusé, la préparation des interrogatoires, le soutien de l'accusé en détresse et le contrôle des conditions de détention sont des éléments fondamentaux de la défense que l'avocat doit librement exercer. En l'espèce, le requérant n'a pas bénéficié de l'assistance d'un conseil lors de sa garde à vue parce que la loi en vigueur à l'époque pertinente y faisait obstacle. En soi, une telle restriction systématique sur la base des dispositions légales pertinentes suffit à conclure à un manquement aux exigences de l'art. 6 de la Convention, nonobstant le fait que le requérant a gardé le silence au cours de sa garde à vue.*

L'assistance effective d'un défenseur s'impose même si le prévenu refuse de comparaître : la solution contraire serait disproportionnée et inacceptable compte tenu de la place primordiale dévolue aux droits de la défense dans une société démocratique. Depuis l'arrêt *Poitrimol*, la Cour refuse toute interprétation étroite du mot « assistance » : quoique non absolu, le droit de tout accusé à être effectivement défendu par un avocat, au besoin commis d'office, figure parmi les éléments fondamentaux du procès équitable ; un accusé n'en perd pas le bénéfice du seul fait de son absence aux débats[302]. Il est certes possible de juger quelqu'un en son absence, mais il ne doit pas être privé d'avocat : dans l'arrêt *Van Pelt*[303], les juges ont précisé que, même si le législateur doit pouvoir décourager les abstentions injustifiées, il ne peut les sanctionner en dérogeant au droit à l'assistance d'un défenseur. Cette solution s'inscrit dans la logique de la jurisprudence européenne qui facilite grandement le droit d'accès à un tribunal[304] et insiste sur la présence effective de l'avocat même si l'accusé ne comparaît pas[305]. Logiquement, après avoir condamné cette atteinte aux droits de la défense dans une procédure correctionnelle, la Cour a étendu sa solution à la procédure criminelle,

302. CEDH, 23 nov. 1993, *Poitrimol c/ France*, préc., § 34. Cf. aussi : CEDH, 28 juin 1984, *Campbell et Fell c/ Royaume-Uni*, préc., § 99 ; 16 mai 2002, *Karatas et Sari c/ France*, n° 38396/97, § 61.

303. CEDH, 23 mai 2000, *Van Pelt c/ France*, n° 31070/96, *JCP* 2000-I-291 n° 29, obs. F. Sudre, *RSC* 2001. 429, obs. Fl. Massias, *D.* 2001 Somm. 1061, obs. J.-F. Renucci.

304. Cf. *supra*, n° 347 et s.

305. Aff. *Van Pelt*, préc.

constatant que la procédure de contumace était contraire aux exigences de l'article 6, tant en France[306] qu'en Italie[307].

Enfin, la Cour se montre particulièrement vigilante à l'égard d'éventuels détournements de procédure : c'est ainsi qu'elle rappelle qu'un suspect ne peut être arrêté et entendu comme un simple témoin. En effet, dans l'arrêt *Grinenko*, elle fonde son constat de violation de l'article 6 sur le fait que le requérant a été initialement entendu comme témoin alors que des poursuites pénales avaient déjà été engagées contre lui[308]. À noter, par ailleurs, que le refus d'une demande de renvoi d'audience n'est pas, en soi, une violation de l'article 6 § 3 c) de la Convention : tout dépendra des circonstances. Toutefois, si les demandes de renvoi ne reposant que sur de simples affirmations non étayées de l'accusé sont préjudiciables à une bonne administration de la justice, celles qui sont accompagnées de justificatifs objectifs doivent non seulement être examinées par les juridictions internes, mais également donner lieu à une réponse motivée[309].

436. Le droit aux témoins (art. 6 § 3 d). – La notion de témoin étant « autonome », une interprétation large est privilégiée[310] : le témoin est toute personne dont les dires sont rapportés au juge et sur lesquels ce dernier se fonde pour entrer en voie de condamnation[311]. Aux termes de l'article 6 § 3 d), tout accusé a droit à interroger ou faire interroger les témoins à charge et obtenir la convocation et l'interrogation des témoins à décharge dans les mêmes conditions que les témoins à charge.

L'accusé doit ainsi se voir accorder une occasion adéquate et suffisante, non seulement de contester un témoignage à charge, mais aussi d'être confronté à ses accusateurs à un moment ou à un autre de la procédure[312].

306. CEDH, 13 févr. 2001, *Krombach c/ France*, n° 29731/96, § 89, *D.* 2001. 3304, note J.-P. Marguénaud, *JCP* 2001-I-342 n° 15, obs. F. Sudre, *RSC* 2001. 429, obs. Fl. Massias. Comp. CJCE, 28 mars 2000, *Krombach et Bamberski*, aff. C-7/98, *RTD Civ.* 2000. 944, obs. J. Raynard, *RTDH* 2001. 801, obs. C. Picheral et F. Sudre. Cf. aussi CEDH, 31 mars 2005, *Mariani c/ France*, n° 43640/98, § 42. Cette procédure a été supprimée et remplacée par le défaut criminel.

307. CEDH, Gr. Ch., 1er mars 2006, *Sejdovic c/ Italie*, n° 56581/00, §§ 105 et 106, *RTDH* 2007. 521, note L. François.

308. CEDH, 15 nov. 2012, *Grinenko c/ Ukraine*, n° 33627/06, *Dalloz Actu.* 7 déc. 2012, obs. O. Bachelet.

309. CEDH, 25 juill. 2013, *Rivière et autres c/ France*, n° 46460/10..., *JCP* 2013, 1032, 1808, obs. A. Maron, J.-H. Robert et M. Véron, *RSC* 2014. 172, obs. D. Roets (violation car non-motivation du refus) ; aff. *Van Pelt*, préc. (motivation circonstanciée du refus et non-violation). Cf. aussi : CEDH, 25 juill. 2013, *Sfez c/ France*, n° 53737/09, *Dr. Pénal* 2013 com. 148, obs. A. Maron et M. Haas.

310. C'est ainsi qu'un agent infiltré, dont les révélations ont permis d'exercer les poursuites et qui n'est pas venu déposer à la barre, est considéré comme un témoin : CEDH, 15 juin 1992, *Lüdi c/ Suisse*, n° 12433/86, § 44, *AFDI* 1992. 629, obs. V. Coussirat-Coustère, *JDI* 1993. 733, obs. E. Decaux et P. Tavernier, *RTDH* 1993. 313, note C. de Valkeneer, *RUDH* 1993. 1 et s., obs. F. Sudre et autres, *RTDH* 1993. 313, obs. Ch. De Velkeneer.

311. CEDH, 6 mai 1985, *Bönisch c/ Autriche*, n° 8658/79, § 32, *CDE* 1988, p. 455, obs. G. Cohen-Jonathan, *AFDI* 1987, p. 239, obs. V. Coussirat-Coustère, *RSC* 1985, p. 164, obs. L.-E. Pettiti, *JDI* 1986, p. 1083, obs. P. Rolland et P. Tavernier. À noter le cas particulier de personnes vivant ensemble mais non mariées, mais alors la question se pose sur le terrain de l'art. 8 : pour la Cour, les États sont libres de dispenser – ou non – les partenaires de longue durée de l'obligation de témoigner en matière pénale. CEDH, Gr. Ch., 3 avr. 2012, *Van der Heijden c/ Pays-Bas*, n° 42857/05, *Dr. Pénal* 2013, n° 4, chron. 4, obs. E. Dreyer.

312. Cf. not. CEDH, 13 avr. 2006, *Vaturi c/ France*, n° 75699/01, § 49 et s. : violation de l'art. 6 § 3 *d*, le requérant n'ayant pu interroger ni faire interroger aucun témoin durant son procès. V° aussi CEDH, 22 juin

Les droits de la défense sont restreints de manière incompatible avec les garanties de l'article 6 lorsqu'une condamnation se fonde uniquement, ou dans une mesure déterminante, sur les dépositions d'un témoin que l'accusé n'a pas eu la possibilité d'interroger ou de faire interroger[313]. La convocation et l'interrogation des témoins ne sont toutefois pas une obligation : le tribunal dispose d'un pouvoir souverain d'appréciation, pourvu que, dans son ensemble, la procédure litigieuse paraisse équitable[314]. C'est au juge national qu'il incombe de décider de la nécessité ou de l'opportunité de citer un témoin[315] : cette attitude doit être approuvée, mais l'abstention de ce juge sera contraire à l'article 6 dès lors que les droits fondamentaux ont manifestement été violés[316]. Il apparaît ainsi que, malgré son importance, la protection des témoins ne doit pas se faire au détriment des droits de la défense[317]. Il reste que lorsque l'audition des témoins s'impose, les éléments de preuve doivent en principe être produits devant l'accusé, en audience publique, en vue d'un débat contradictoire,[318] mais la Cour admet que, parfois, cela n'est pas possible : la question peut parfois être délicate, en particulier lorsque le témoin souhaite garder l'anonymat.

La question des témoins anonymes est particulièrement délicate, l'anonymat étant *a priori* peu conforme aux principes européens, mais néanmoins nécessaire, qu'il s'agisse des témoins ordinaires ou des témoins spéciaux comme les agents infiltrés : il convient de protéger les uns contre des risques de représailles, et les autres pour qu'ils puissent continuer à être utilisés dans d'autres opérations. Les juges européens font preuve de réalisme et admettent les témoignages anonymes,[319] mais sous certaines conditions[320] : un tel témoignage ne peut pas constituer la preuve principale et déterminante

2006, *Guilloury c/ France*, n° 62236/00, § 59 et s. ; 3 oct. 2013, *Kasparov et autres c/ Russie*, n° 21613/07 : refus de la demande des requérants visant à obtenir l'interrogatoire de témoins oculaires et violation de l'art. 6 § 1. Mais des limitations sont possibles, par exemple le stress post-traumatique dont souffrait la victime d'un viol a justifié les restrictions des droits à la défense : CEDH, 19 févr. 2013, *Gani c/ Espagne*, n° 61800/08, *Dalloz Actu.* 28 févr. 2013, obs. N. Devoueze, *RPDP* 2013. 713, obs. J.-F. Renucci.

313. CEDH, 13 nov. 2003, *Rachdad c/ France*, n° 71846/01, § 23, *D.* 2004 Somm. 988, obs. J.-F. Renucci, *AJ pénal* 2004. 76, obs. J. Leblois-Happe. *Adde* CEDH, 5 déc. 2003, *Craxi c/ Italie*, n° 34896/97, *D.* 2003 Somm. 594, obs. M. Chavario. Il est évident que dans certains cas, le procès ne sera pas considéré comme équitable si certains témoins n'ont pas été entendus : CEDH, 15 juill. 2003, *Sigurthor Arnarsson c/ Islande*, n° 44671/98. V° aussi CEDH, 13 avr. 2006, *Zentar c/ France*, n° 7902/02, § 31.

314. CEDH, 22 avr. 1992, *Vidal c/ Belgique*, n° 12351/86, § 33 (refus de citation d'un témoin à décharge).

315. CEDH, 19 déc. 1989, *Kamasinski c/ Autriche*, préc., § 89 et s.

316. Ce sera le cas si, après avoir refusé d'auditionner un témoin, la juridiction nationale condamne sur le fondement de déclarations antérieures que ce témoin a pu faire : CEDH, 24 nov. 1986, *Unterpertinger c/ Autriche*, n° 9120/80, § 33.

317. CEDH, 10 nov. 2005, *Bocos-Cuesta c/ Pays-Bas*, n° 54789/00, § 72, *RSC* 2006. 452, obs. Fl. Massias.

318. C'est une application du principe d'égalité des armes : *supra*, n° 419 et s.

319. CEDH, 20 nov. 1989, *Kostovski c/ Pays-Bas*, n° 11454/85, §§ 37 s., *AFDI* 1991. 602, obs. V. Coussirat-Coustère, *JDI* 1990. 738, obs. P. Rolland et P. Tavernier.

320. Ces conditions ont été précisées dans les arrêts *Kostovski*, préc., pour les témoins ordinaires, et *Lüdi* pour les témoins spéciaux : CEDH, 15 juin 1992, *Lüdi c/ France*, n° 12433/86, §§ 42 s. *Adde* CEDH, 20 sept. 1993, *Saïdi c/ France*, n° 14647/89, §§ 41 et s., *RSC* 1994. 142, obs. L.-E. Pettiti. Cf. aussi le constat de violation pour le recours à un témoignage anonyme sans corriger les inconvénients que représente pour la défense l'absence de confrontation directe avec le témoin : CEDH, 23 juin 2015, *Balta et Demir c/Turquie*, n° 48628/12.

fondant la culpabilité et la défense doit avoir une occasion adéquate et suffisante de contester ledit témoignage[321] ; la procédure, dans son ensemble, doit revêtir un caractère équitable entre l'accusation et la défense[322] ; il faut enfin que l'interrogatoire du témoin soit effectué par un juge qui connaisse l'identité du témoin, qui contrôle les raisons justifiant l'anonymat et qui puisse exprimer son avis quant à la crédibilité du témoin[323]. Malgré toutes ces précautions, cette question des témoins anonymes donne lieu à des incertitudes. En dépit des précisions jurisprudentielles, le débat contradictoire reste un problème sensible et « *l'occasion adéquate et suffisante de contester un témoin à charge* », selon la formule consacrée par la jurisprudence, est tout de même relativement imprécise et peut donner lieu à des contrariétés de jugements[324], donc à une certaine insécurité juridique. L'utilisation des nouvelles technologies pourrait-elle apporter une réponse satisfaisante sur ce plan, avec en particulier l'audition des témoins à distance ? Cela est possible, car, tout en protégeant l'anonymat du témoin, un débat contradictoire pourrait s'instaurer grâce à un système de liaisons en circuit fermé. Sans doute des difficultés subsisteraient-elles et il faudra se montrer vigilant quant à la fiabilité et à la sécurité de l'opération, mais une conciliation des légitimes intérêts du témoin et des exigences tout aussi indispensables du procès équitable semble pouvoir être envisagée.

La question du témoin absent, également particulière, présente des similitudes avec celle du témoin anonyme puisque, dans les deux cas, le principe du contradictoire ne peut pas être parfaitement respecté. La Cour s'est prononcée sur ce point dans l'affaire *Al-Khawaja et Tahery*, apportant ainsi davantage de souplesse puisqu'elle a jugé qu'une condamnation reposant uniquement ou dans une mesure déterminante sur la déposition du témoin absent n'emporte pas automatiquement violation de l'article 6 de la Convention, mais encore faut-il que l'absence du témoin soit justifiée par un motif sérieux[325]. Le principe du contradictoire est ainsi fortement assoupli,

321. CEDH, 19 déc. 1990, *Delta c/ France*, n° 11444/85, § 37, *AFDI* 1991. 583, obs. V. Coussirat-Coustère, *RTDH* 1992. 51, note J. Sace. Cf. égal. aff. *Saïdi*, préc., § 43.

322. CEDH, 8 juin 1976, *Engel et autres c/ Pays-Bas*, préc. C'est parce que toutes les conditions n'étaient pas remplies que, dans l'affaire *Lüdi*, la Cour a estimé que l'art. 6 n'avait pas été violé. V° plus récemment : CEDH, 27 mai 2008, *Ünel c/ Turquie*, n° 35686/02, § 31, *Dr. pénal* 2009. 22, obs. E. Dreyer.

323. Aff. *Taxquet*, préc., § 64. V° déjà : CEDH, 28 févr. 2006, *Krasniki c/ République tchèque*, n° 51277/99.

324. CEDH, 26 mars 1993, *Doorson c/ Pays-Bas*, n° 20524/92, *D.* 1997 Somm. 207, obs. J.-F. Renucci ; CEDH, 23 avr. 1997, *Van Mechelen et autres c/ Pays-Bas*, n° 21363/93..., *D.* 1998 Somm. 360, obs. J.-F. Renucci, *JCP* 1998-I-107 n° 31, obs. F. Sudre, *RGDP* 1998. 248, obs. J.-F. Flauss.

325. CEDH, Gr. Ch., 15 déc. 2011, *Al-Khawaja et Tahery c/Royaume-Uni*, n° 26766/05, §§ 126 s., *Dalloz Actu.* 6 janv. 2012, obs. O. Bachelet, *D.* 2012. 586, note J.-F. Renucci, *JCP* 2012, 87, 165 n° 9, obs. F. Sudre, *Dr. Pénal* 2012, n° 4, chron. 3, com. 19, obs. E. Dreyer, *RSC* 2012. 245, obs. D. Roets, *JDI* 2012, chron. 6, obs. A. Decaux, P. Tavernier, M. Boumghar et autres. Jurisprudence confirmée trois ans plus tard, les juges européens s'alignant ainsi sur la solution britannique : CEDH, 16 déc. 2014, *Horncastle c/ Royaume-Uni*, n° 4184/10, §§ 130 s., *D.* 2015. 666, note J.-F. Renucci, *JDI* 2015, n° 4, chron. 7, n° 12, obs. D. Lachal et V. Manuelo. Cf. aussi : CEDH, 31 mars 2016, *Seton c/Royaume-Uni*, n° 55287/10 (non-violation), et CEDH, 29 mars 2016, *Gökbulut c/Turquie*, n° 7459/04 (violation). *Adde* un arrêt de Grande chambrequi conforme le caractère de plus en plus relatif de la règle dite de la preuve unique et déterminante : CEDH, Gr. Ch., 15 déc. 2015, *Schatschaschwili c/Allemagne*, n° 9154/10, *RSC* 2016. 122, obs. D. Roets, *JCP* 2016. 28, obs. G. Gonzalez, *JCP* 2016. 65, n° 13, obs. F. Sudre, *JCP (A)* 2016. 2101, chron. V. Correia (dir.), n° 26, obs. C. Le Gauthier, *JDI* 2016, n° 4, chron. 8, n° 9, obs. A.-C. Fortas. À noter que ces mêmes principes s'appliquent dans l'hypothèse de

l'assouplissement étant encore plus important que dans le cadre des témoins anonymes dont on peut d'ailleurs se demander si un alignement ne serait pas souhaitable au nom de la cohérence du droit applicable. Il reste que le « droit à la confrontation » est un droit désormais bien relatif. Il est vrai toutefois que des précautions sont prises, les exigences conventionnelles n'étant sauvegardées que si les inconvénients découlant du mode de preuve sont contrebalancés par des éléments solides, en particulier des garanties procédurales effectives[326]. Il faut également que ce soit l'*ultima ratio*, la pratique devant revêtir un caractère tout à fait exceptionnel et l'absence de témoins devant être justifiée par des motifs sérieux comme le décès ou la peur dès lors que cette crainte est imputable à l'accusé ou à des personnes agissant pour son compte.

CEDH, Gr. Ch., 15 déc. 2011,* Al-Khawaja et Tahery c/ Royaume-Uni, *nº 26766/05 et nº 22228/06 :

En fait : *Dans cette affaire, les condamnations étaient fondées sur les dépositions de témoins absents. Le premier requérant, un médecin, était accusé d'avoir agressé sexuellement deux de ses patientes dont l'une décèdera avant l'ouverture du procès, mais après que la police eut recueilli sa déposition. Pour le juge, la teneur de cette déposition était capitale pour les poursuites relatives au premier chef d'accusation, car il n'y avait aucune autre preuve directe de ce qui s'était passé et il en fut donc donné lecture aux jurés. Le deuxième requérant, accusé notamment de coups et blessures volontaires portés à l'arme blanche pendant une bataille entre bandes est mis en cause par l'un des témoins. Au procès, le ministère public obtient l'autorisation de donner lecture au jury de sa déposition, soutenant que celui-ci avait trop peur pour comparaître en personne. Devant la Cour européenne, les requérants estiment avoir été privés d'un procès équitable, leurs condamnations respectives ayant reposé dans une mesure déterminante sur des dépositions de témoins qu'ils n'avaient pas pu contre-interroger à l'audience.*

En droit : *(non-violation de l'art. 6 § 1 combiné avec l'art. 6 § 3 d pour le premier requérant) Lorsqu'une condamnation se fonde uniquement ou dans une mesure déterminante sur la déposition d'un témoin absent que l'accusé n'a pas eu la possibilité d'interroger ou de faire interroger, les droits de la défense peuvent se trouver restreints d'une manière incompatible avec les garanties de l'art. 6 (règle de la preuve « unique ou déterminante »). Cette règle n'est cependant pas absolue et ne doit pas être appliquée de manière rigide même si dans ce cas la Cour doit soumettre la procédure à l'examen le plus rigoureux. Le caractère unique ou déterminant d'une preuve de ce type admise dans une affaire doit être contrebalancé par des éléments suffisamment compensateurs, notamment par des garanties procédurales solides (règles précises quant à cette possibilité, tant sur le plan de sa nécessité que de ses modalités, obligation d'envisager d'autres mesures permettant la comparution de témoins apeurés... etc.), y compris des mesures permettant une appréciation correcte et équitable de la fiabilité du témoignage.*

(violation de l'art. 6 § 1 combiné avec l'art. 6 § 3 d pour le deuxième requérant). Le caractère déterminant du témoignage de T... en l'absence dans le dossier de

l'utilisation en justice du rapport d'un expert absent : CEDH, 6 oct. 2016, *Constantinides c/Grèce*, nº 76438/12.

326. Cf. le peu de garanties procédurales pour compenser l'impossibilité de contre interroger directement les témoins et conduisant la Cour à un constat de violation : CEDH, 15 déc. 2015, *Schatschaschwili c/Allemagne*, préc. *Adde* CEDH, 29 mars 2016, *Gökbulut c/Turquie*, préc.

preuves solides aptes à le corroborer emporte la conclusion que les jurés n'ont pas pu en apprécier correctement et équitablement la fiabilité. Considérant l'équité de la procédure dans son ensemble, la Cour juge que les éléments censés compenser les difficultés auxquelles la défense s'est trouvée confrontée du fait de l'admission de la déposition litigieuse n'étaient pas suffisants.

437. Le droit à un interprète (art. 6 § 3 e). - Tout accusé a droit à se faire assister gratuitement d'un interprète s'il ne comprend pas ou ne parle pas la langue employée à l'audience[327]. L'interprétation de cette disposition ne saurait être restrictive et la gratuité s'impose quelle que soit l'issue de procès, favorable ou défavorable à l'accusé[328]. La Cour a également précisé que l'assistance d'un interprète doit être garantie dès le stade de l'enquête[329]. La préoccupation est légitime compte tenu de l'importance des enjeux à ce moment-là : d'une part, les preuves qui sont alors obtenues peuvent être déterminantes pour la suite ; d'autre part, les garanties dont bénéficie l'intéressé, notamment le droit au silence et le droit à l'assistance d'un avocat, sont essentielles, y compris dans l'utilisation qui peut en être faite puisque l'accusé pourra faire usage de ces droits ou y renoncer. Compte tenu des lourdes conséquences de ces choix, il est essentiel que la personne en cause comprenne de manière claire ce qui lui est reproché.

L'intervention de l'interprète doit être effective et concrète. Cela ne signifie pas pour autant que tous les documents doivent systématiquement être traduits : il suffit que l'assistance de l'accusé lui permette de se défendre de façon satisfaisante[330]. Ici encore, les juges de la Cour européenne privilégient une approche globale pour se déterminer quant au respect des exigences du droit à un procès équitable.

CEDH, 19 déc. 1989,* Kamasinski c/Autriche, *n° 9783/82 :

En fait : *Le requérant déclare avoir été frustré (entre autres) de son droit à être informé, dans une langue qu'il comprenait, des causes et du détail des accusations portées contre lui.*

En droit : *(violation de l'art. 6 § 3 e). Le droit à l'assistance gratuite d'un interprète ne vaut pas pour les seules déclarations orales à l'audience, mais aussi pour les pièces écrites et pour l'instruction préparatoire. L'accusé ne comprenant ou ne parlant pas la langue employée dans le prétoire a droit aux services gratuits d'un interprète afin que lui soit traduit ou interprété tout acte de la procédure engagée contre lui dont il lui faut, pour bénéficier d'un procès équitable, saisir le sens ou le*

327. Cf. not. CEDH, 19 déc. 1989, *Kamasinski c/ Autriche,* n° 9783/82, § 74, *RTDH* 1991. 231, note J. Callewaert ; 14 janv. 2003, *Lagerblom c/ Suède,* n° 26891/95. V° aussi : CEDH, 28 nov. 1978, *Luedicke, Belkacem et Koc c/ Allemagne,* n° 6210/73..., § 40 et s., *CDE* 1979. 477, obs. G. Cohen-Jonathan, *AFDI* 1979. 354, obs. R. Pelloux, *JDI* 1980. 469, obs. P. Rolland. Pour une application française, v° Crim. 29 juin 2005, n° 04-86.110, inédit, *AJ pénal* 2005, p. 419, obs. P. R.

328. CEDH, 28 nov. 1978, *Luedicke, Belkacem et Koç c/ Allemagne,* préc.

329. CEDH, 14 oct. 2014, *Baytar c/ Turquie,* n° 45440/04, *JCP* 2014 act. 1158, obs. L. Milano, *JCP* 2015, chron. 70, n° 7, obs. F. Sudre, *Dr. Pénal* 2015, chron. 4, n° 12, obs. E. Dreyer.

330. CEDH, 19 déc. 1989, *Kamasinski c/ Autriche,* préc., § 74.

faire rendre dans la langue du tribunal. Une traduction écrite de toute preuve documentaire ou pièce officielle du dossier n'est cependant pas exigée. L'assistance prêtée en matière d'interprétation doit permettre à l'accusé de savoir ce qu'on lui reproche et de se défendre, notamment en livrant au tribunal sa version des événements. Le droit ainsi garanti doit être concret et effectif. L'obligation des autorités compétentes ne se limite donc pas à désigner un interprète : il leur incombe en outre, une fois alertées dans un cas donné, d'exercer un certain contrôle ultérieur de la valeur de l'interprétation assurée.

B. Les garanties implicites

438. Un souci d'effectivité. – En interprétant l'article 6 § 3 de la Convention, les juges de Strasbourg sont très attentifs à l'effectivité du droit garanti. C'est la raison pour laquelle, dans leur esprit, la nomination d'un conseil n'assure pas, à elle seule, l'effectivité de l'assistance qu'il peut procurer à l'accusé[331]. Ils ont également jugé que, pour un avocat, le fait de plaider à une heure très tardive et après de très longs débats constitue une violation du droit à un procès équitable, et plus particulièrement des droits de la défense ; cela participe aussi des impératifs d'effectivité[332]. Mais surtout, ce souci d'effectivité a conduit les juges de la Cour à interpréter largement l'article 6, consacrant par là même des garanties implicites, telles que le droit au silence ou celui de participer au procès.

439. Le droit de se taire et de ne pas contribuer à sa propre incrimination. – La Convention européenne des droits de l'homme ne consacre pas expressément le droit au silence, mais, grâce à une interprétation extensive de l'article 6 de la Convention, ce droit est garanti dans une certaine mesure. Les juges européens ont, en effet, tiré du droit à un procès équitable la règle selon laquelle tout accusé a le droit de se taire et de ne pas contribuer à sa propre incrimination[333]. Un tel principe, qui découle du caractère équitable de la procédure, implique l'interdiction de recourir à des pouvoirs coercitifs pour obtenir des éléments de preuve au mépris de la volonté de l'accusé[334], ce qui participe du souci d'une bonne justice[335]. C'est un droit à caractère général même si la question se pose surtout dans le domaine pénal où il s'applique de façon large, quel que soit le

331. CEDH, 5 oct. 2006, *Viola c/ Italie*, préc., § 60, et les réf.

332. CEDH, 19 oct. 2004, *Makhfi c/ France*, n° 59335/00, §§ 40 et s., *D.* 2005. 473, note D. Roets, *JCP* 2005-I-103 n° 7, obs. F. Sudre.

333. CEDH, 25 févr. 1993, *Funke c/ France*, n° 10828/84, § 44, *D.* 1993. 457, note J. Pannier. *Adde* CEDH, 2 juin 1993, *K c/ Autriche*, n° 16002/90, § 15 ; Comm. EDH, 13 oct. 1992, *K. c/ Autriche*, § 49, *RTDH* 1994. 243 obs. O. Klees ; CEDH, Gr. Ch., 17 déc. 1996, *Saunders c/ Royaume-Uni*, n° 19187/91, § 76 ; 4 oct. 2005, *Shannon c/ Royaume-Uni*, n° 6563/03, § 41, *RSC* 2006. 448, obs. Fl. Massias. Comp. avec CEDH, 34 mars 2005, *Rieg c/ Autriche*, n° 63207/00. V° aussi : CEDH, 21 déc. 2000, *Quinn c/ Irlande*, n° 36887/97, § 40.

334. CEDH, 3 mai 2001, *J. B. c/ Suisse*, *JCP* 2001-I-342 n° 13, obs. F. Sudre ; 4 oct. 2005, *Shannon c/ Royaume-Uni*, n° 6563/03, § 32 ; 17 oct. 2006, *Göcmen c/ Turquie*, n° 72000/01, § 71.

335. CEDH, Gr. Ch., 8 févr. 1996, *John Murray c/ Royaume-Uni*, n° 18731/91, § 45.

type de procédure[336] et quelle que soit la phase de la procédure[337]. Le droit de se taire interdit de fonder une condamnation – tout comme la reconnaissance des faits reprochés – uniquement ou essentiellement sur le silence de la personne poursuivie[338]. L'accusation doit, par conséquent, fonder son argumentation sans recours à des éléments de preuve obtenus par la contrainte ou les pressions au mépris de la volonté de la personne en cause[339]. L'arrêt *Brusco* a rappelé l'importance de cette garantie : le droit au silence est une exigence forte dont « l'accusé » doit être informé dès le début de son interrogatoire[340].

CEDH, 14 oct. 2010,* Brusco c/ France, *n° 1466/07 :
En fait : *Agressé par deux individus cagoulés, un homme porte plainte contre le requérant qui, dans le cadre d'une commission rogatoire, fut interpellé et placé en garde à vue. Avant d'être interrogé par les policiers, il dut prêter le serment prévu pour les témoins. Il avoua avoir recruté les deux individus pour qu'ils fassent peur à la victime, mais nia avoir commandité une agression physique. Mis en examen et placé en détention provisoire, il fut condamné à une peine d'emprisonnement.*
En droit : *(violation de l'art. 6 §§ 1 et 3) Le requérant ne semble pas avoir été informé au début de son interrogatoire de son droit de se taire, de ne pas répondre aux questions ou de ne répondre qu'à certaines questions. N'ayant pu intervenir que vingt heures après le début de la garde à vue, son avocat n'a pu l'informer de ses droits ou l'assister lors de sa déposition, comme l'exige l'article 6. Il s'ensuit qu'il y a eu atteinte au droit de l'intéressé de ne pas contribuer à sa propre incrimination et de garder le silence.*

336. CEDH, 17 déc. 1976, *Saunders c/ Royaume-Uni,* préc.

337. Le droit au silence, comme l'ensemble des exigences de l'art. 6 (CEDH, 24 nov. 1993, *Imbrioscia c/ Suisse,* n° 13972/88) est applicable avant le jugement, y compris donc pendant l'interrogatoire de police : aff. *John Murray,* préc., § 45.

338. Aff. *John Murray,* préc., §§ 45 et 47. Cf. aussi : CEDH, 2 mai 2000, *Condron c/ Royaume Uni,* n° 35718/97, § 56 : « La Cour rappelle que dans son arrêt *John Murray,* elle a pris pour base qu'il faut répondre par la négative à la question de savoir si le droit de garder le silence est absolu. Elle a relevé dans cette affaire que pour rechercher si le fait de tirer de son silence des conclusions défavorables à l'accusé enfreint l'art. 6, il faut tenir compte de l'ensemble des circonstances, eu égard en particulier aux cas où l'on peut procéder à des déductions, au poids que les juridictions nationales leur ont accordé en appréciant les éléments de preuve et le degré de coercition inhérent à la situation » ; 8 oct. 2002, *Beckles c/ Royaume-Uni,* n° 44652/98.

339. CEDH, 5 nov. 2002, *Allan c/ Royaume-Uni,* préc., § 44 et s.

340. CEDH, 14 oct. 2010, *Brusco c/ France,* n° 1466/07, §§ 44 s., *D.* 2010, édito. F. Rome, 2425, Entretien Y. Mayaud, 2693. 2783, note J. Pradel, et 2950, note J.-F. Renucci, *JCP* 2010 act. 1064, obs. F. Sudre, *RSC* 2011. 211, obs. D. Roets, *JCP* 2011 191, obs. A. Maron, *Gaz. Pal.* 2010 5, p. 2858, note M. Bougain, *JDI* 2011, n° 4, chron. 12, com. 8, obs. O. Bachelet, *Dr. Pénal* 2011, n° 4, chron. 3, com. 26, obs. E. Dreyer, et n° 9, chron. 6, com. 9, obs. V. Lesclous, *JDI* 2011, chron. 12, obs. A. Decaux, P. Tavernier, M. Boumghar et autres. *Adde* D. Guerin, *Flexibilité du droit européen : arrêts Brusco c/ France et Gäfgen c/ Allemagne, D.* 2010 *Point de vue,* p. 2850 s. En l'espèce, la Cour a jugé que le fait d'avoir dû prêter serment avant de déposer a constitué pour le requérant placé en garde à vue une forme de pression (§ 52). Sur l'importance du droit au silence, cf. aussi : CEDH, 5 avr. 2012, *Chambaz c/ Suisse,* n° 11663/04, *Dr. Fiscal* 2013, n° 9, 177, obs. L. Ayrault, *RFDA* 2013. 576, obs. H. Labayle et F. Sudre ; CEDH, 24 oct. 2013, *Navone et autres c/ Monaco,* n° 62880/11... Cf. aussi pour le manquement à informer du droit de garder le silence lors d'un interrogatoire en tant que témoin d'une personne condamnée par la suite (non-violation de l'art. 6 § 1) : CEDH, 16 juin 2015, *Schmid-Laffer c/Suisse,* n° 41269/08, *Dalloz Actu.* 18 juin 2015, obs. A. Portmann, *AJ Pénal* 2016. 36, obs. S. Lavric.

À cet égard, les auditions devant une Commission d'enquête parlementaire posent problème puisque le refus de comparaître, de prêter serment ou de répondre aux questions est passible d'un emprisonnement et d'une amende. Dès lors, les personnes auditionnées ne peuvent pas invoquer leurs droits fondamentaux pour éviter de répondre à des questions qui pourraient les conduire à s'auto-incriminer, ce qui est en soi problématique au regard de l'article 6 § 1 de la Convention. La difficulté est apparue dans l'affaire *Corbet et autres*, mais cette partie de la requête a été rejetée par la Cour, celle-ci estimant que les requérants n'ont pas établi que l'utilisation de leurs déclarations devant la Commission a eu un impact sur le verdict de culpabilité ou des peines prononcées[341]. Si tel avait été le cas, la solution aurait été différente.

Toutefois, et malgré sa réelle importance, le droit de ne pas contribuer à sa propre incrimination n'est pas absolu. En définitive, pour rechercher si une procédure a anéanti la substance même du droit de ne pas contribuer à sa propre incrimination, la Cour doit plus particulièrement examiner la nature et le degré de la coercition, l'existence de garanties appropriées dans la procédure et enfin l'utilisation qui est faite des éléments ainsi obtenus[342]. De plus et comme l'a précisé la Cour, la décision d'un prévenu de se taire tout au long de la procédure ne peut pas ne pas avoir d'incidences lorsque le juge du fond tentera d'apprécier les éléments à charge[343] : même si cela atténue l'intérêt et la portée de cette garantie, le silence de l'intéressé est pris en compte dans des situations qui appellent une explication de sa part, pour apprécier la force des éléments à charge[344] ; si le silence de l'accusé ne peut à lui seul permettre de conclure à sa culpabilité, il peut venir corroborer d'autres éléments à charge[345]. La relativité du droit au silence est donc une réalité[346]. Il a aussi été remarqué que si ce droit est au cœur de la notion de procès équitable, les diverses dérogations admises rendent les contours de cette garantie assez flous[347].

---

341. CEDH, 19 mars 2015, *Corbet et autres c/ France*, n° 7494/11..., *Dalloz Actu.* 7 avr. 2015, obs. L. Priou-Alibert, *JCP* 2015. 417, note L. Milano, *Constitutions* 2015. 208, obs. Ph. Bachschmidt, mettant en exergue cette nouvelle incursion de la CEDH dans le domaine parlementaire.

342. CEDH, Gr. Ch., 11 juill. 2006, *Jalloh c/ Allemagne*, n° 54810/00, § 101*JCP* 2007-I-106 n° 8, obs. F. Sudre. Le fait de permettre l'utilisation au procès des éléments obtenus à la suite de l'administration de force de l'émétique porterait atteinte au droit de l'intéressé de ne pas contribuer à sa propre incrimination et entacherait d'iniquité la procédure dans son ensemble (§ 122).

343. Aff. *John Murray*, préc., § 47.

344. Aff. *John Murray*, préc., § 47.

345. CEDH, 6 juin 2000, *Averill c/ Royaume-Uni*, n° 36408/97, § 51.

346. V° not. : CEDH, 20 oct. 1997, *Serves c/ France*, n° 20225/92, § 47, *JCP* 1998-I-107 n° 23, obs. F. Sudre, *RSC* 1998. 395, obs. R. Koering-Joulin. V° aussi pour l'amende et le retrait de points éventuellement infligés au gardien d'un véhicule pour un excès de vitesse lorsque celui-ci refuse d'identifier le conducteur : CEDH, Gr. Ch., 29 juin 2007, *O'Halloran et Francis c/ Royaume-Uni*, n° 15809/02, § 62, *Dr. pénal* 2008, p. 35, obs. E. Dreyer, *JCP* 208-I-110 n° 6, obs. F. Sudre, *RTDH* 2009. 763 et s., obs. Cl. Savonet. C'est un revirement de jurisprudence : v° CEDH, 8 avr. 2004, *Weh c/ Autriche*, n° 38544/97 ; 24 mars 2005, *Rieg c/ Autriche*, n° 63207/00.

347. D. Roets, *Le droit de ne pas contribuer à sa propre incrimination dans la jurisprudence de la Cour européenne des droits de l'homme*, *AJ pénal* 2008, p. 119 et s. L'auteur fait également remarquer que, contrairement au droit au silence, le droit d'être informé de ce droit n'est pas véritablement une garantie du procès équitable (p. 121).

440. Le droit de participer réellement à son procès. – La présence de l'accusé à son procès n'est pas expressément consacrée par la Convention, mais c'est une garantie implicite qui se déduit du droit à un procès équitable, en particulier du droit à se défendre, à interroger et faire interroger les témoins ou encore à se faire assister éventuellement d'un interprète. La jurisprudence européenne a clairement précisé que l'article 6 de la Convention, lu comme un tout, reconnaît à l'accusé le droit de participer réellement à son procès : cela inclut en principe, entre autres, le droit non seulement d'y assister, mais aussi d'entendre et de suivre les débats[348]. La comparution du prévenu dans le prétoire revêt « une importance capitale dans l'intérêt du procès pénal équitable et juste » : bien que non mentionné expressément dans l'article 6, le droit de l'accusé de prendre part à l'audience découle de l'objet et du but de cet article[349]. Le droit de l'accusé de comparaître personnellement n'est garanti qu'implicitement par l'article 6, mais il l'est avec force : les États ont des obligations positives, afin d'assurer la comparution personnelle de l'accusé à son procès, surtout si l'audience a pour lui une importance cruciale[350].

Mais le droit de participer en personne à son procès n'est pas absolu. D'abord, une procédure se déroulant hors de la présence de l'accusé n'est pas nécessairement contraire au droit à un procès équitable, en particulier si ce dernier peut obtenir ultérieurement qu'une juridiction statue à nouveau, après l'avoir entendu, sur le bien-fondé de l'accusation en fait comme en droit[351]. Ensuite, la présence de l'accusé peut ne pas s'imposer, en particulier devant une juridiction supérieure[352]. Enfin, l'accusé peut toujours renoncer à comparaître et la renonciation est valable dès lors qu'elle est non équivoque et qu'elle est entourée de garanties[353]. Sur un plan plus pratique, il est certain que par la nature des choses, un accusé incarcéré n'a pas la même latitude qu'un appelant en liberté ou une partie civile : pour l'amener devant la juridiction, il faut prendre des mesures spéciales, notamment de sécurité[354]. C'est ainsi qu'en fonction des circonstances, les modalités de la participation d'un

348. CEDH, 12 févr. 1985, *Colozza c/ Italie*, n° 9024/80, § 27 ; 23 févr. 1994, *Stanford c/ Royaume-Uni*, n° 16757/90, § 26 ; 5 oct. 2006, *Viola c/ Italie*, préc., § 53 ; *RPDP* 2006. 900 et s., obs. J.-F. Renucci et C. Bîrsan, *JCP* 2007-I-106 n° 10, obs. F. Sudre, *RTDH* 2008. 223, obs. M. Chiavario.

349. Aff. *Viola*, préc., § 50.

350. CEDH, 21 sept. 1993, *Kremzow c/ Autriche*, n° 12350/86, §§ 67 à 69. À noter toutefois que la comparution à l'audience d'un malade mental peut paraître inopportune, même si la Cour a pu penser le contraire, estimant que cette présence pouvait permettre au tribunal (en l'espèce une cour s'assises) d'apprécier plus concrètement son état de santé : CEDH, 23 févr. 2012, *G. c/ France*, n° 27244/09, *D.* 2012. 742, obs. O. Bachelet, et 1294, obs. J.-P. Céré, M. Herzog-Evans et E. Pechillon, *AJ Pénal* 2012. 357, obs. J.-P. Céré, *RDSS* 2012. 678, obs. P. Hennion-Jacquet, *RSC* 2012. 693, obs. D. Roets, *Dr. Pénal* 2013, n° 4, chron. 4, obs. E. Dreyer.

351. Aff. *Colozza*, préc., § 31.

352. CEDH, 19 déc. 1989, *Kamasinski c/ Autriche*, n° 9783/82, § 106. *Adde* aff. *Viola*, préc., § 54. V° aussi : CEDH, 2 mars 1987, *Monnell et Morris c/ Royaume-Uni*, n° 9562/81..., § 56 ; 26 mai 1988, *Ekbatani c/ Suède*, n° 10563/83, § 27.

353. CEDH, 18 mai 2004, *Somogyi c/ Italie*, préc., § 66 et s. Cf. aussi : CEDH (déc.), 16 oct. 2001, *Einhorn c/ France*, n° 71555/01, § 33 ; aff. *Colozza*, préc., § 29 ; CEDH, 20 sept. 2016, *Hernandez Royo c/Espagne*, n° 16033/12.

354. Aff. *Kamasinski*, préc., § 107 ; aff. *Viola*, préc., § 57.

accusé à un procès peuvent être aménagées sans pour autant porter atteinte à son droit à un procès équitable. Il en sera ainsi en cas de participation audit procès par vidéoconférence à condition naturellement que son application dans chaque cas d'espèce poursuive un but légitime et que ses modalités de déroulement soient compatibles avec les exigences du respect des droits de la défense, tels qu'établis par l'article 6 de la Convention[355].

441. Bibliographie. Allix (D.), *La preuve en matière pénale à l'épreuve du procès équitable, Justices* 1998 n° 10, p. 46 et s. ; *Requalification des faits en matière pénale : l'affaire Pélissier, in* Tavernier (P.) (dir.), *La France et la Cour européenne des droits de l'homme, La jurisprudence de 1999, Cah. CREDHO* n° 6-2000 ; Allix (J.), *Les droits de la défense au cours de l'enquête de police après la réforme dela garde à vue : état des lieux et perspectives, D.* 2011, p. 1699 et s. ; Bathélémy (J.), *La Cour européenne des droits de l'homme et la représentation des parties à la barre des cours suprêmes*, Mél. Costa, Dalloz, 2011, p. 1 et s. ; Beernaert (M.-A.), *Repentis et collaborateurs de justice dans le système pénal : analyse comparée et critique*, Bruylant, 2002 ; *La recevabilité des preuves en matière pénale dans la jurisprudence de la Cour européenne des droits de l'homme, RTDH* 2007, p. 81 et s. ; Birsan (C.), *Défense pénale et Cour européenne des droits de l'homme, RPDP* 2010, p. 191 et s. ; Bolard (G.), *Les juges et les droits de la défense*, Mél. Bellet, Litec, 1991, p. 49 et s. ; Bouloc (B), *pour une extension des roits de la défense, AJ Pénal* 2015, p. 6. ; Bourdanne (M.), *L'audition des témoins lors du procès pénal dans la jurisprudence de la Cour européenne des droits de l'homme, RTDH* 1995, p. 41 et s. ; Callewaert (J.), *Témoignages anonymes et droits de la défense, RTDH* 1990, p. 170 et s. ; Charriere-Bournazel (MA) et Jeanneret (Y), *Les suites de l'arrêt « Salduz » en droit belge, français et suisse, RTDH* 2012, p. 241 et s. ; Capdepon (Y.), *Essai d'une théorie générale des droits de la défense*, Dalloz (thèses) 2013, vol. 122 ; de Smet (B.), *La défense face aux témoins anonymes et les exigences du procès équitable dans la jurisprudence de la Cour européenne des droits de l'homme, RID pén.* 1998, p. 7 et s. ; Fourment (F.), *Droit effectif et concret à un procès équitable et « assistance effective » du gardé à vue, JCP* 2012, 1242, p. 2092 ; François (L.), *Nouvelle censure européenne de la procédure italienne par contumace, RTDH* 2005, p. 787 et s. ; *La procédure italienne par contumace confrontée aux exigences européennes, RTDH* 2007, p. 521 et s. ; Ginestet (C), *Les droits de la défense en procédure pénale, in* Cabrillac (R) (dir.), *Libertés et droits fondamentaux*, Dalloz, 22e éd., 2016, p. 659 et s. ; Frommel (N.), *La CEDH : le droit de l'accusé au silence peut-il être invoqué par les contribuables, RD aff. int.* 1994, n° 6, p. 671 et s. ; G'Sell (Fl.), *Vers un renforcement du rôle de l'avocat dans les procédures pénales, JCP* 2014, 2, p. 6 ; Guerrin (M.), *Le témoignage anonyme au regard de la jurisprudence de la Cour européenne des droits de l'homme, RTDH* 2002, p. 45 et s. ; *Les leçons de l'évolution de l'interprétation de la Convention européenne des droits de l'homme en matière de garde à vue, RPDP* 2011, p. 841 et s. ; Holzapfel (D.), *Le droit à l'assistance d'un avocat dès le premier interrogatoire de police consacré par la Cour européenne des droits de l'homme, RTDH* 2010, p. 663 et s. ; Kinsch (P.), *Le droit de ne pas contribuer à sa propre incrimination, Bull. dr. Homme* n° 1, 1993, p. 47 et s. ; Leclerc (H.), *Les limites de la liberté de la preuve, RSC* 1992, p. 15 et s. ; Le Calvez (J.), *Les dangers du « X » en procédure pénale : opinion contre le témoin anonyme, D.* 2002 Chron. p. 3024 et s. ; Lemonde (M.), *La protection des témoins devant les tribunaux français, RSC* 1996, p. 815 et s. ; Lesclous (V.), *La présence obligatoire de l'avocat à la garde à vue, Point de vue de la CEDH, Dr. Pénal* 2010, n° 3, Dossier 2 ; Merle (R.), *La défense pénale, in* « La justice pénale », *Justices* 1998, n° 10, p. 91 et s. ; Pettiti (L.-E.), *Les droits de l'inculpé et de la défense selon la jurisprudence de la Cour européenne des droits de l'homme*, Mél. Levasseur, Gaz. Pal/ Litec, 1992, p. 249 et s. ; *L'évolution de la défense et du droit de la défense à partir de la Déclaration universelle des droits de l'homme, RTDH* 2000, p. 5 et s. ; Pradel (J.), *Du droit de l'avocat d'accéder au dossier établi au cours d'une garde à vue, JCP* 2012, Doctr. 1223 ; Renucci (J.-F.), *L'expertise pénale et la Convention européenne des droits de l'homme, JCP* 2000-I-227 ; *Les témoins anonymes et la Convention européenne des droits de l'homme, Rev. Pén. dr. pén.* 1998, p. 3 et s. ; Ribeyre (C.), *La communication du dossier d'instruction*

355. Aff. *Viola*, préc., § 67. Cf. aussi : CEDH, 2 nov. 2010, *Sakhnovski c/ Russie*, n° 21272, *Dalloz Actu.* 12 nov. 2010, obs. M. Léna.

aux parties privées, JCP 2006-I-152, p. 1275 et s. ; Roets (D), *Le droit de ne pas contribuer à sa propre incrimination dans la jurisprudence de la Cour européenne des droits de l'homme, AJ Pénal* 2008, p. 119 s. ; Sourzat (Cl.), *Les droits de la défense, Dr. Pénal* 2011, n° 9, Ét. 18 ; Trechsel (S.), *L'administration de la preuve*, Mél. Lambert, Bruylant, 2000, p. 907 et s. ; Van de Kerchove (M.), *La preuve en matière pénale dans la jurisprudence de la Cour et de la Commission européenne des droits de l'homme, RSC* 1992, p. 1 et s.

L'ESSENTIEL

FICHE MÉMO :

– L'article 6 §§ 2 et 3 de la Convention

○ L'art. 6 §§ 2 et 3 précise les garanties qui sont offertes aux seuls « accusés ».

▪ *Ces garanties sont la présomption d'innocence (§ 2) et les droits de la défense (§ 3). Bien que réservées, en principe, à la matière pénale, ces garanties font l'objet d'une interprétation large et d'une application extensive.*

– Le droit à la présomption d'innocence

○ Toute personne accusée d'une infraction est présumée innocente jusqu'à ce que sa culpabilité ait été légalement établie.

▪ *Le principe est affirmé avec force et s'applique largement.*

▪ *Ce principe connaît cependant des tempéraments, mais de façon exceptionnelle. Ces présomptions de culpabilité doivent être simples et non pas irréfragables ; elles doivent être enfermées dans des « limites raisonnables ».*

– Les droits de la défense

○ Les garanties explicites :

▪ *Le droit d'être informé de la nature et de la cause de l'accusation ;*

▪ *Le droit de disposer du temps et des facilités nécessaires à la défense ;*

▪ *Le droit d'assurer librement et effectivement sa défense ;*

▪ *Le droit aux témoins et le droit à un interprète.*

○ Les garanties implicites :

▪ *Le droit au silence ;*

▪ *Le droit de participer réellement à son procès.*

FICHE GRANDS ARRÊTS :

– *Allenet de Ribemont* (1995)

○ *La présomption d'innocence est garantie au-delà du procès* stricto sensu *et s'applique à tout membre de l'autorité publique, même non judiciaire, ainsi qu'aux journalistes.*

– *Lagardère* (2012)

○ *Il est possible « d'hériter » de l'atteinte à la présomption d'innocence de l'accusé.*

– *Yukos* (2011)

○ *L'accès au dossier ne suffit pas pour une bonne défense. Le justiciable doit disposer du temps nécessaire pour en prendre connaissance et affiner ainsi sa stratégie de défense.*

– *Dayanan* (2009)

○ *La privation de l'assistance effective d'un défenseur pour une personne gardée à vue qui avait fait usage de son droit de garder le silence est une violation de l'art. 6.*

– *Rivière* (2013)

○ *Les demandes de renvoi qui reposent sur des justificatifs objectifs, et non sur de simples affirmations non étayées de l'« accusé », doivent non seulement être effectivement examinées par les juridictions internes, mais également donner lieu à une réponse motivée.*

FICHE ACTU/DÉBATS :

*** Thème(s) de réflexion :**

– L'effectivité de l'assistance de l'avocat (v° *Traité DEDH*, p. 563)

○ *Jurisp. : Salduz* (2008) ; *Dayanan* (2009) ; *Hovanesian* (2010) ; *Garcia Alva* (2001) ; *Svipsta* (2006) ; *Begu* (2011) ; *Mooren* (2009) ; *Sapan* (2011) ; *Sakhnovski* (2010) ; *Fidanci* (2012) ; *Chopenko* (2015) ; *A.T.* (2015) ; *Ibrahim* (2016).

○ *Doctr.* : Lesclous, *Dr. Pénal* 2010, n° 3, 2 : Allix, *D.* 2011. 1699 ; Birsan, *RPDP* 2010. 191 ; Charriere-Bournazel et Jeanneret, *RTDH* 2012. 241 ; Guerrin, *RPDP* 2011. 841 ; Holzapfel, *RTDH* 2010. 663 ; Forment, *JCP* 2012, 1242 ; Pradel, *JCP* 2012, 1223 ; Roets, *RSC* 2015. 736 ; Milano, *JCP* 2016. 1010 ; Renucci, *RPDP* 2016. 132.

– La question des témoins anonymes et des témoins absents (v° *Traité DEDH*, p. 569)

○ *Jurisp. : Kostovski* (1989) ; *P.S. c/ Allemagne* (2001) ; *Lüdi* (1992) ; *Doorson* (1993) ; *Van Mechelen* (1997) ; *Ünel* (2008) ; *Al-Khawaja* et *Tahery* (2011) ; *Horncastle* (2014) ; *Balta et Demir* (2015) ; *Schatschaschwili* (2015) ; *Seton* (2016)

○ *Doctr. :* Renucci, *RPDP* 1998. 3 ; de Smet, *RIDP* 1998. 7 ; Guerrin, *RTDH* 2002. 45 ; Callewaert, *RTDH* 1990. 267 ; Lemonde, *RSC* 1996. 815 ; Renucci, *D.* 2015. 666 ; Roets, *RSC* 2016. 122.

– Le droit au silence et ses limites (v° *Traité DEDH*, p. 574)

○ *Jurisp. : Funke* (1993) ; *John Murray* (1996) ; *Shannon* (2005) ; *Brusco* (2010) ; *Corbet* (2015) ; *Schmid-Laffer* (2015).

○ *Doctr. :* Frommel, *RD aff. int.* 1994. 671 ; Goffin, *Mél. Waelbroeck*, 1009 ; Kinsch, *Bull. DH* 1993. 47 ; Roets, *AJ Pénal* 2008. 119 ; Milano, *JCP* 2015. 417 ; Bachschmidt, *Constitutions* 2015. 417.

*** Commentaire d'arrêt(s) :**

○ Aff. *Brusco* (2010) : « *La Cour rappelle que le droit de ne pas contribuer à sa propre incrimination et le droit de garder le silence sont des normes internationales généralement reconnues qui sont au cœur de la notion de procès équitable. Ils ont notamment pour finalité de protéger l'accusé contre une coercition abusive de la part des autorités et, ainsi, d'éviter les erreurs judiciaires et d'atteindre les buts de l'article 6 de la Convention* » (§ 44).

○ Aff. *Corbet* (2015) : « *La Cour estime que l'impossibilité, pour les personnes appelées à comparaître devant une commission d'enquête parlementaire, d'invoquer le respect de ces droits pour éviter de répondre à des questions qui pourraient les conduire à s'auto-incriminer est en soi problématique au regard de l'art. 6 § 1 de la Convention. Il n'est pas déterminant que le témoignage des intéressés ne soit pas auto-incriminant ; ce qui compte, c'est l'utilisation faite au cours du procès pénal des dépositions recueillies sous la contrainte : si elles ont été utilisées d'une manière tendant à incriminer les intéressés, il y a violation de l'art. 6 § 1. La Cour rappelle toutefois que l'utilisation de preuves obtenues par des moyens contraires à l'art. 3, mais non constitutifs de torture, n'affecte l'équité de la procédure que s'ils ont eu un impact sur le verdict de culpabilité ou la peine. Cela vaut* a fortiori *s'agissant d'éléments probants autres que l'aveu obtenu par des moyens de coercition non constitutifs de traitements contraires à l'art. 3* ».

Sous-section 2
Les garanties additionnelles

442. La complémentarité des garanties. – Si des exigences essentielles du droit à un procès équitable ont été prévues dans le texte même de la Convention, et plus particulièrement dans son article 6, d'autres ont été ajoutées par la suite dans des protocoles additionnels : le fait qu'elles soient intervenues plus tardivement – pour des raisons politiques ou techniques – n'enlève rien à leur intérêt, bien au contraire, d'autant plus que leur complémentarité est un gage d'efficacité et ne peut que renforcer le système européen de protection des droits fondamentaux. Si certaines règles plus générales concernent l'ensemble des justiciables, d'autres, plus particulières, ne visent que certains d'entre eux.

§1. Les règles générales

443. La force des garanties. – Parmi les règles générales applicables à tous les accusés, la plus importante est sans aucun doute l'abolition de la peine de mort. Toutefois, les autres règles qui ont été consacrées, sur le plan procédural, même si elles n'apparaissent que comme de simples aménagements techniques dont les enjeux sont forcément différents, n'en sont pas moins des garanties fortes, car il y va de l'honneur et de la liberté des personnes.

A. L'abolition de la peine de mort

444. Protocoles n°s 6 et 13.

Protocole n° 6
Article 1 : Abolition de la peine de mort
La peine de mort est abolie. Nul ne peut être condamné à une telle peine ni être exécuté.
Article 2 : Peine de mort en temps de guerre
Un État peut prévoir dans sa législation la peine de mort pour des actes commis en temps de guerre ou de danger imminent de guerre ; une telle peine ne sera appliquée que dans les cas prévus par cette législation et conformément à ses dispositions. Cet État communiquera au Secrétaire général du Conseil de l'Europe les dispositions afférentes à la législation en cause.
Protocole n° 13
Article 1 : Abolition de la peine de mort
La peine de mort est abolie. Nul ne peut être condamné à une telle peine ni être exécuté.

445. De l'abolition partielle à l'abolition totale de la peine de mort. – Si l'interdiction de la peine capitale n'a pas été consacrée dans le texte originel de la Convention européenne des droits de l'homme[356], c'est assurément pour des raisons politiques et historiques : politiques, car, dans les années 1950, la plupart des États européens tenaient à conserver la peine capitale dans leur arsenal répressif ; historiques, car au moment de la rédaction de la Convention, les exécutions des criminels de guerre nazis étaient encore présentes dans la mémoire collective. Les choses ont progressivement changé et les autorités européennes, prenant acte des évolutions sociales et politiques, ont d'abord proposé une abolition partielle de la peine de mort en l'interdisant en temps de paix avec le Protocole n° 6[357], pour ensuite inviter les États à abolir la peine capitale en toutes circonstances avec le Protocole n° 13[358]. Cela tient à l'évolution, constatée ou souhaitée, des sociétés démocratiques et à une certaine conception du droit à la vie.

446. L'abolition de la peine de mort en temps de paix. - L'article 1er du Protocole n° 6 abolit la peine de mort : nul ne peut être condamné par un tribunal à une telle peine ni être exécuté. La volonté abolitionniste est forte, d'autant plus que sont interdites toutes dérogations ou réserves[359]. Toutefois, l'abolition de la peine capitale n'est que partielle.

En effet, l'article 2 du Protocole n° 6 prévoit un tempérament au principe abolitionniste. Un État peut en effet prévoir dans sa législation la peine de mort pour des actes commis en temps de guerre ou de danger imminent de guerre. Une telle peine ne sera appliquée que dans les cas prévus par cette législation et conformément à ses dispositions[360]. Les rédacteurs de l'article 2 visent la « guerre » et non les « conflits armés », de sorte que des interrogations peuvent apparaître : c'est ainsi que l'on peut se demander si une guerre civile entre dans le cadre de cette réglementation.

447. L'abolition de la peine de mort en toutes circonstances. - Le Protocole n° 13 abolit la peine de mort en toutes circonstances[361]. Les États signataires sont résolus à faire ainsi le pas ultime, convaincus que le droit de toute personne à la vie est une valeur fondamentale dans une société démocratique et que l'abolition de la peine de mort est essentielle à la protection de ce droit et à la pleine reconnaissance de la dignité inhérente à tous les êtres humains. Il est par ailleurs précisé dans le Protocole n° 13 qu'aucune dérogation n'est autorisée au titre de l'article 15 de la

356. L'art. 2 § 1er *in fine* de la Convention sur le droit à la vie réserve même expressément le cas où la mort serait donnée en exécution d'une sentence capitale prononcée par un tribunal au cas où le délit est puni de cette peine par la loi : cf. *supra*, n° 96.

357. Protocole n° 6, ouvert à la signature le 28 avr. 1983 et entré en vigueur le 1er mars 1985.

358. Protocole n° 13, ouvert à la signature le 3 mai 2002 et entré en vigueur le 1er juill. 2003.

359. Art. 3 et 4, Prot. n° 6.

360. L'État doit alors communiquer au Secrétaire général du Conseil de l'Europe les dispositions afférentes à la législation en cause : art. 2, *in fine*.

361. Art. 1er, Prot. n° 13. Cet article précise également, comme l'art. 1er du Protocole n° 6, que nul ne peut être condamné à une telle peine ni exécuté.

Convention[362]. De même, aucune réserve n'est admise au titre de l'article 57 de la Convention[363].

La volonté d'éradiquer la peine de mort à l'échelle du continent européen est très nette, mais la portée du Protocole n° 13 peut paraître limitée puisque la clause territoriale qu'il contient permet aux États de désigner le ou les territoires auxquels l'interdiction de la peine de mort s'appliquera[364] : l'interdiction n'est donc pas absolue, d'autant plus qu'il est possible de modifier la déclaration relative à la clause territoriale[365] : certes, le rapport explicatif se montre rassurant, cette clause n'ayant été introduite que pour faciliter une ratification, une acceptation ou une approbation rapide par les États concernés, et l'objet de ce paragraphe étant de prévoir une modification ou un retrait formel dans le cas où l'État partie cesse d'assurer les relations internationales de tout territoire désigné dans une telle déclaration. C'est dire que ces dispositions ne peuvent être analysées comme permettant, éventuellement, à un État partie de réintroduire la peine de mort dans ce territoire. Il n'en reste pas moins vrai que, malgré tout, la portée du protocole est affaiblie.

B. Le principe du double degré de juridiction

448. Protocole n° 7, Article 2. Double degré de juridiction en matière pénale.

1. Toute personne déclarée coupable d'une infraction pénale par un tribunal a le droit de faire examiner par une juridiction supérieure la déclaration de culpabilité ou la condamnation. L'exercice de ce droit, y compris les motifs pour lesquels il peut être exercé, sont régis par la loi.

2. Ce droit peut faire l'objet d'exceptions pour des infractions mineures telles qu'elles sont définies par la loi ou lorsque l'intéressé a été jugé en première instance par la plus haute juridiction ou a été déclaré coupable et condamné à la suite d'un recours contre son acquittement.

449. L'affirmation du principe. – Aux termes de l'article 2 § 1er du Protocole n° 7, toute personne déclarée coupable d'une infraction pénale par un tribunal a le droit de faire examiner par une juridiction supérieure la déclaration de culpabilité ou la condamnation ; l'exercice de ce droit, y compris les motifs pour lesquels il peut être exercé, est régi par la loi. On observera que le texte ne garantit pas expressément le droit à un double degré de juridiction : en revanche, lorsque cette faculté est prévue dans la législation nationale, elle doit bénéficier à tous les individus sans discrimination. Il est évident que cette garantie doit être effective.

362. Art. 2, Prot. n° 13.

363. Art. 3, Prot. n° 13.

364. Art. 4 § 1er, Prot. n° 13.

365. Art. 4 § 3, Prot. n° 13.

450. Les exceptions au principe. – Le deuxième paragraphe de l'article 2 indique que ce droit peut faire l'objet d'exceptions pour des infractions mineures[366] telles qu'elles sont définies par la loi ou lorsque l'intéressé a été jugé en première instance par la plus haute juridiction ou a été déclaré coupable et condamné à la suite d'un recours contre son acquittement. Le texte est clair et la volonté des rédacteurs de ne pas généraliser l'application de ce principe est évidente.

On observera cependant une attitude des juges européens qui semble plus rigoureuse actuellement quant à la garantie du double degré de juridiction. C'est ainsi que la France a également été condamnée sur ce terrain bien qu'ayant fait des réserves au moment de la signature du Protocole n° 7 : la Cour a estimé que le requérant n'avait pas de réelle possibilité d'être défendu en première instance et ne pouvait faire examiner sa condamnation par une juridiction supérieure puisqu'il était contumax[367] ; cette jurisprudence a été confirmée par la suite[368]. Néanmoins, la hardiesse des juges européens a été quelque peu tempérée, ces derniers rappelant tout de même que les États disposent d'un large pouvoir d'appréciation pour décider des modalités d'exercice du droit garanti par l'article 2 du Protocole n° 7, lequel renvoie d'ailleurs à la loi interne[369].

C. Le droit à ne pas être jugé ou puni deux fois

451. Protocole n° 7, Article 4. Droit de ne pas être jugé ou puni deux fois.

1. Nul ne peut être poursuivi pénalement par les juridictions du même État en raison d'une infraction pour laquelle il a déjà été acquitté ou condamné par un jugement définitif conformément à la loi et à la procédure pénale de cet État.
2. Les dispositions du paragraphe précédent n'empêchent pas la réouverture du procès, conformément à la loi et à la procédure pénale de l'État concerné, si des faits nouveaux ou nouvellement révélés ou un vice fondamental dans la procédure précédente sont de nature à affecter le jugement intervenu.
3. Aucune dérogation n'est autorisée au présent article au titre de l'article 15 de la Convention.

452. Le principe « *non bis in idem* ». – Aux termes de l'article 4 § 1er du Protocole n° 7, nul ne peut être poursuivi ou puni pénalement par les juridictions du même État en raison d'une infraction pour laquelle

366. À noter que, pour la Cour, une infraction ne saurait être qualifiée de mineure dès lors qu'une peine privative de liberté est encourue (en l'espèce, 5 jours de détention) : CEDH, 1er oct. 2009, *Stanchev c/ Bulgarie*, n° 8682/02, *RDP* 2010. 873, obs. H. Surrel.

367. CEDH, 13 févr. 2001, *Krombach c/ France*, n° 29731/96, § 100, *D.* 2001. 3304, note J.-P. Marguénaud, *JCP* 2001-I-342 n° 15, obs. F. Sudre, *RSC* 2001. 429, obs. Fl. Massias. Cf. Crim. 2 avr. 2014, *D.* 2014. 1128, note D. Brach-Thiel.

368. CEDH, 31 mars 2005, *Mariani c/ France*, n° 43640/98, § 42. Cf. égal. : CEDH, 6 sept. 2005, *Gurepka c/ Ukraine*, n° 61406/00, § 62.

369. Aff. *Krombach*, préc., § 96. V° aussi : CEDH (déc.), 22 juin 2000, *Deperrois c/ France*, n° 48203/99 ; 25 juill. 2002, *Papon c/ France (n° 2)*, n° 54210/00, § 106.

il a déjà été acquitté ou condamné par un jugement définitif conformément à la loi et à la procédure pénale de cet État[370]. Cet article circonscrit la portée du principe *non bis in idem* au cadre national[371].

Le principe est nettement affirmé et s'impose, tant pour des raisons d'intérêt général puisqu'il est souhaitable de revêtir les décisions pénales d'une autorité incontestable, que pour des raisons tenant à l'intérêt du justiciable puisqu'il est important pour lui que sa situation ne soit pas remise en cause[372]. Dès lors que la décision a été régulière, cette fermeté s'impose. Certes, la réouverture du procès est possible si des faits nouveaux (ou nouvellement révélés) ou un vice fondamental dans la procédure précédente peuvent affecter le jugement intervenu : cette possibilité est prévue par l'article 4 § 2 du Protocole n° 7[373]. Mais, compte tenu de l'importance de la règle *non bis in idem*, il ne s'agit là que d'une hypothèse exceptionnelle. D'ailleurs, cette importance est telle que le troisième paragraphe de l'article 4 n'autorise aucune dérogation au titre des circonstances exceptionnelles de l'article 15 de la Convention. C'est un droit absolu.

453. L'apport de la jurisprudence. - La jurisprudence européenne relative au principe *ne bis in idem* n'est pas très fournie[374], mais l'arrêt *Zolotoukhine* a apporté d'importantes précisions en résumant les approches antérieures puis en procédant à une harmonisation de l'approche à suivre[375].

Plusieurs approches avaient été précédemment consacrées : la première était axée sur le « même comportement » du requérant, indépendamment de la qualification juridique des faits[376] ; la deuxième partait aussi de l'hypothèse que le comportement de l'accusé était le même,

370. CEDH, 23 oct. 1995, *Gradinger c/ Autriche*, n° 15963/90, *JCP* 1996-I-3910 n° 43, obs. F. Sudre, *RSC* 1996. 487, obs. R. Koering-Joulin ; 29 mai 2001, *Franz Fischer c/ Autriche*, n° 37950/97, *JDI* 2002. 282, obs. O. Bachelet. *Adde* CEDH, 6 juin 2002, *Sailer c/ Autriche*, n° 38237/97.

371. Comm. EDH, 20 mai 1994, *E. G.M. c/ Luxembourg*, DR 77A/144.

372. R. Merle et A. Vitu, *Traité de droit criminel, Procédure pénale*, Cujas, n° 760.

373. Mais l'art. 4, Prot. n° 7 n'est pas applicable relativement aux accusations ayant fait l'objet de la procédure pénale dirigée contre le requérant à laquelle il avait été mis fin sur le fondement d'une la loi d'amnistie générale : CEDH, Gr. Ch., 27 mai 2014, *Margus c/ Croatie*, n° 4455/10, *RPDP* 2014. 397, obs. C.-L. Popescu, *RSC* 2014. 633, obs. D. Roets, *RTDH* 2015. 437, note A. Petropoulou, *JDI* 2015, n° 4, chron. 7, n° 15, obs. P. Tavernier, *JCP* 2014, chron. 832, n° 20, obs. F. Sudre qui estime que la Cour réécrit l'art. 4 du Prot. n° 7 en y ajoutant un nouvel alinéa selon lequel le principe *ne bis in idem* ne peut faite obstacle à des poursuites engagées pour violations graves des droits de l'homme en vertu des obligations des art. 2 et 3 de la Convention.

374. V° cependant CEDH, 29 juill. 2008, *Xheraj c/ Albanie*, n° 37959/02, *JCP* 2009-I-104 n° 21, obs. F. Sudre.

375. CEDH, Gr. Ch., 10 févr. 2009, *Sergueï Zolotoukhine c/ Russie*, n° 14939/03, *RTDH* 2009. 867, obs. H. Mock, *JCP* 2009-I-143 n° 33, obs. F. Sudre, *D.* 2009. 2014, note J. Pradel, *RSC* 2009. 675, obs. D. Roets, *RDP* 2010. 873, obs. H. Surrel, *Dr. pénal* 2010, n° 4, chron. n° 3, obs. E. Dreyer. V. spéc., §§ 70 à 77 pour le résumé des approches antérieures, et §§ 78 à 84 pour l'harmonisation de l'approche à suivre. Ensuite, appliquant cette approche au cas d'espèce, la Cour conclut qu'il y a eu violation de l'art. 4 du Prot. n° 7.

376. CEDH, 23 octobre 1995, *Gradinger c/ Autriche*, préc. Le requérant avait été condamné au pénal pour homicide par imprudence et à une amende dans le cadre d'une procédure administrative pour conduite sous l'empire de l'alcool : s'agissant d'un même comportement bien que l'appellation des infractions soit différente, tout comme leur nature et leur but, il y a violation de l'art. 4 du Prot. n° 7 (§ 55).

mais posait le principe qu'un même comportement peut être constitutif de plusieurs infractions pouvant être jugées dans le cadre de procédures distinctes[377]. Enfin, la troisième approche insistait sur les « éléments essentiels » de l'infraction : une pluralité de poursuite en cas de concours idéal d'infraction est tolérée par la Cour, mais encore faut-il examiner si ces infractions avaient ou non les mêmes « éléments essentiels »[378]. Nul doute que la diversité de ces approches est une source d'insécurité juridique incompatible avec le droit fondamental garanti par le protocole.

Dès lors, la Cour a souhaité harmoniser l'approche à suivre, plus spécialement harmoniser la notion même de « même infraction » – l'élément *idem* du principe *non bis in idem* – aux fins de l'article 4 du Protocole n° 7 face à l'extrême variété des formules utilisées dans les différents accords et traités internationaux. En définitive, cet article doit être compris comme interdisant de poursuivre ou de juger une personne pour une seconde infraction pour autant que celle-ci a pour origine des faits identiques ou des faits qui en sont en substance les mêmes[379]. Les juges européens précisent nettement que la garantie de l'article 4 du Protocole n° 7 entre en jeu lorsque de nouvelles poursuites sont engagées et que la décision antérieure d'acquittement ou de condamnation est déjà passée en force de chose jugée[380]. C'est dire que les juges européens doivent se demander si les faits qui constituent un ensemble de circonstances factuelles concrètes impliquant le même contrevenant et indissociablement liées entre elles dans le temps et l'espace : la démonstration de l'existence de ces circonstances s'impose pour pouvoir engager des poursuites pénales et, éventuellement, prononcer une condamnation[381].

CEDH, Gr. Ch., 10 févr. 2009,* Zolotoukhine c/ Russie, *n° 14939/03 :
En fait : *Le requérant a fait l'objet de procédures administrative et pénale pour des atteintes à l'ordre public. Arrêté pour avoir amené sa petite amie dans un quartier militaire sans autorisation, ce dernier qui se trouvait en état d'ébriété selon le rapport de police, était insolent et utilisait des termes obscènes, cherchant même à s'enfuir. Condamné à 3 jours d'emprisonnement pour « actes perturbateurs » à*

377. CEDH, 30 juill. 1998, *Oliveira c/ Suisse*, n° 25711/94, *JCP* 1999-I-105 n° 58, obs. F. Sudre. En l'espèce, la requérante avait été condamnée d'abord pour défaut de maitrise de son véhicule puis pour lésions corporelles par imprudence : la voiture de l'intéressée s'était déportée sur l'autre côté de la route, heurtant une première voiture, avant d'entrer en collision avec une seconde, blessant grièvement son conducteur. Les faits constituaient un cas typique de cumul idéal d'infractions alors que l'art. 4 du Prot. n° 7 prohibe uniquement de juger quelqu'un deux fois pour une *même* infraction. Pour la Cour, il aurait été souhaitable qu'une seule juridiction intervienne pour sanctionner les deux infractions dans une procédure unique. Mais la circonstance que des juridictions distinctes puissent connaître d'infractions différentes, fussent-elles les éléments du même fait pénal, n'emportait pas violation de l'art. 4 du Prot. n° 7 (§ 72). V° aussi : CEDH (déc.), 24 juin 2003, *Gauthier c/ France*, n° 61178/00 ; 10 oct. 2006, *Ongun c/ Turquie*, (déc.), n° 15737/02 ; CEDH, 2 juill. 2002, *Goktan c/ France*, n° 33402/96, § 51, *RDP* 2003. 689, obs. D. Thomas, *JCP* 2003-I- n° 6, obs. F. Sudre, *RSC* 2003. 413, obs. Fl. Massias.

378. CEDH, 29 mai 2001, *Fischer c/ Autriche*, n° 37950/97 ; 6 juin 2002, *Sailer c/ Autriche*, n° 38237/97, *RSC* 2003. 413, obs. Fl. Massias ; 30 mai 2002, *W. F. c/ Autriche*, n° 38275/97 ; 7 déc. 2006, *Hauser-Sporn c/ Autriche*, n° 37303/03, §§ 43 à 46. ; 4 mars 2008, *Garretta c/ France*, (déc.) n° 2529/04, *RSC* 2009. 708, obs. D. Roets.

379. Aff. *Sergueï Zolotoukhine*, préc., § 82.

380. Aff. *Sergueï Zolotoukhine*, préc., § 83.

381. Aff. *Sergueï Zolotoukhine*, préc., § 84.

l'issue de la procédure administrative, il se plaint d'avoir été ensuite jugé et détenu pour la même infraction dans le cadre d'une procédure pénale.

En droit : *(violation de l'art. 4 du Prot. n° 7) Cet article doit être compris comme interdisant de poursuivre ou de juger une personne pour une seconde infraction pour autant que celle-ci a pour origine des faits identiques ou des faits qui sont « en substance » les mêmes que ceux ayant donné lieu à la première infraction. Cette garantie entre en jeu lorsque de nouvelles poursuites sont engagées et que la décision antérieure d'acquittement ou de condamnation est déjà passée en force de chose jugée. En l'espèce, la Cour considère que les faits à l'origine des deux procédures, administrative et pénale, intentées contre le requérant, ne se distinguent que par un élément, la menace de violence à l'encontre d'un officier de police, et doivent par conséquent être considérés comme étant en substance les mêmes. Les poursuites engagées contre le requérant en application du Code pénal concernaient essentiellement la même infraction que celle pour laquelle il avait déjà été condamné en vertu du code des infractions administratives et que, par conséquent, il a été victime d'une violation de l'article 4 du Protocole n° 7.*

Concernant la question de la duplication des procédures, la Cour européenne a rappelé que le droit de ne pas être jugé ou puni deux fois ne vise pas seulement le cas d'une double condamnation, mais aussi celui des doubles poursuites pour une même infraction. C'est ainsi que dans le cadre de deux procédures parallèles et distinctes, une procédure fiscale et une procédure pénale, les juges de Strasbourg ont estimé que le fait de juger une femme d'affaires pour une infraction fiscale pour laquelle elle avait déjà été acquittée par un jugement définitif rendu dans le cadre d'une procédure pénale constitue une violation de l'article 4 du Protocole n° 7[382].

Mais la Cour européenne a jugé que le retrait du permis de conduire d'un automobiliste déjà condamné à une peine d'amende ne viole pas le principe *non bis in idem*[383]. Dans cette affaire *Rivard*, elle a conclu qu'il existait entre la procédure administrative (retrait de permis) et la procédure pénale (amende) un lien matériel et temporel suffisamment étroit pour qu'elles soient considérées comme deux aspects d'un système unique et qu'il n'y ait pas dualité de procédure : par conséquent, on ne peut déduire du retrait de permis litigieux que le requérant a été poursuivi ou puni en raison d'une infraction pour laquelle il avait déjà été condamné par un jugement définitif, ce qui serait contraire à l'article 4 § 1 du Protocole n° 7. Ce critère du « lien matériel et temporel suffisamment étroit » entre les procédures a été repris par la

382. CEDH, 27 nov. 2014, *Lucky Dev c/ Suède*, n° 7356/10, *JCP* 2015, chron. 70, n° 17, obs. F. Sudre. Cf. aussi : CEDH, 30 avr. 2015, *Kapetanios et autres c/ Grèce*, n° 3453/12..., *JCP* 2015. 845, n° 8, obs. F. Sudre ; 4 mars 2014, *Grande Stevens et a. c/Italie*, n° 18640/10..., *JCP* 2014, 832, n° 7, obs. F. Sudre, *Rev. Sociétés* 2014. 675, obs. H. Matsopoulou, *RSC* 2014. 110, obs. F. Stasiak, *RSC* 2015. 169, obs. J.-P. Marguenaud, *RFDA* 2015. 512, obs. H. Labayle et F. Sudre, *AJ Pénal* 2015. 367, obs. C. Mauro, *Dr. Fiscal*, 2016, 206, n° 14, obs. L. Ayrault.

383. CEDH, 4 oct. 2016, *Rivard c/Suisse*, n° 21563/12, *Dalloz Actu.* 17 oct. 2016, obs. E. Autier, *Dr. Pénal* 2016, com. 181 par V. Peltier, *JCP* 2016. 1147, obs. L. Milano.

suite[384] et il a été remarqué qu'il est désormais mis en avant aux lieu et place des critères précédents[385].

D. Le droit d'être indemnisé en cas d'erreur judiciaire

454. Protocole nº 7, Article 3. Droit d'indemnisation en cas d'erreur judiciaire.

Lorsqu'une condamnation pénale définitive est ultérieurement annulée, ou lorsque la grâce est accordée, parce qu'un fait nouveau ou nouvellement révélé prouve qu'il s'est produit une erreur judiciaire, la personne qui a subi une peine en raison de cette condamnation est indemnisée, conformément à la loi ou à l'usage en vigueur dans l'État concerné, à moins qu'il ne soit prouvé que la non-révélation en temps utile du fait inconnu lui est imputable en tout ou partie.

455. L'indemnisation en cas d'erreur judiciaire. – Selon l'article 3 du Protocole nº 7, lorsqu'une condamnation pénale définitive est ultérieurement annulée ou lorsque la grâce est accordée, parce qu'un fait nouveau ou nouvellement révélé prouve qu'il s'est produit une erreur judiciaire, la personne qui a subi une peine en raison de cette condamnation sera indemnisée, conformément à la loi ou à l'usage en vigueur dans l'État concerné, à moins qu'il ne soit prouvé que la non-révélation en temps utile du fait inconnu lui est imputable en tout ou partie[386]. Il est important de préciser qu'un changement de régime politique ne peut pas être considéré comme un « fait nouveau ou nouvellement révélé »[387].

La règle est logique et ne suscite pas de difficultés particulières[388]. La Cour a cependant précisé que l'article 3 n'est pas applicable dès lors que l'annulation de la condamnation résulte, non « d'un fait nouveau ou nouvellement révélé », mais d'un examen des éléments de preuve utilisés dans la procédure pénale[389].

456. Le refus de toute interprétation « *a contrario* ». – L'article 3 du protocole nº 7 ne peut évidemment être interprété *a contrario*. Ce n'est pas parce que le texte prévoit une réparation conformément au droit de

---

384. CEDH, Gr. Ch., 15 nov. 2016, *A. et B. c/Norvège*, nº 24130/11 et nº 29758/11, *Dalloz Actu.* 21 nov. 2016, obs. J.-M. Pastor, *AJ Pénal* 2017. 45, obs. M. Robert, *AJDA* 2016. 2190, obs. J.-M. Pastor, *Dr. Pénal* 2017, com. 14 par V. Peltier, *JCP* 2017, nº 1-2, Doctr. 32, nº 21, obs. F. Sudre, *Dr. Bancaire et Financier* 2016, com. 259 par P. Pailler, *JCP* 2016. 1290, obs. L. Milano, *Dr. Fiscal* 2016, nº 47, com. 603 par M. Pelletier, *JCP* 2017. 183, obs. O. Decima, *RSC* 2017. 134, obs. D. Roets, *D.* 2017, Pan. *DEDH « Fiscalité et Convention EDH », p.* 128 s., spéc., p. 131, nº 4, obs. J.-F. Renucci et A. Renucci.

385. M. Robert, préc. Cf. aussi : CEDH, 18 mai 2017, Johannesson et a. c/ Norvège, nº 22007/11.

386. CEDH, 6 oct. 2005, *Chiliaiev c/ Russie*, nº 9647/02.

387. CEDH, déc., 2 nov. 2010, *Chiliaiev c/ Russie*, nº 9647/02.

388. Cf. par ex. : CEDH, 12 juin 2012, *Poghosyan et Baghdasaryan* c/ Arménie, nº 22999/06, *Dr. Pénal* 2013, nº 4, chron. 4, obs. E. Dreyer.

389. CEDH, 3 juill. 2008, *Matveïev c/ Russie*, nº 26601/02.

chaque État membre, que l'on peut en déduire qu'aucune indemnité ne doit être versée dès lors que la loi en vigueur ne le prévoit pas[390].

§2. Les règles particulières

457. Les mesures d'éloignement du territoire. – Il s'agit là de règles qui ne concernent pas l'ensemble des « accusés », mais uniquement certains d'entre eux. Dans les différentes législations nationales, il existe diverses mesures destinées à protéger l'ordre public et à renforcer la coopération interétatique, ce qui se traduit par des mesures d'éloignement du territoire[391]. L'une des mesures les plus importantes est assurément l'extradition qui est la procédure par laquelle l'État requis remet un individu réfugié sur son territoire à l'État requérant aux fins de jugement ou d'exécution de la peine. Cependant, une telle mesure n'entre pas dans le champ d'application du droit à un procès équitable[392] même si « l'extradé » est un « accusé » au sens européen du terme, bénéficiant par conséquent des garanties générales de la Convention[393].

A. L'interdiction de l'expulsion des nationaux

458. Protocole n° 4, Article 3. Interdiction des expulsions des nationaux.

> *1. Nul ne peut être expulsé, par voie de mesure individuelle ou collective, du territoire de l'État dont il est ressortissant.*
> *2. Nul ne peut être privé du droit d'entrer sur le territoire de l'État dont il est ressortissant.*

---

390. En ce sens : Rapp. explicatif, p. 12.

391. Sur les principes directeurs concernant les retours forcés, CM (2005)40, mai 2005, 925ᵉ réunion. D'une façon générale, les garanties conventionnelles s'appliquent : 2ᵉ colloque sur la Conv. EDH et la protection des réfugiés, des demandeurs d'asile et des personnes déplacées, éd. Conseil de l'Europe 2001, spéc., p. 21 et s. sur la protection des réfugiés contre l'expulsion ou l'extradition. La protection conventionnelle peut être indirecte (v° *supra*, n° 138 pour l'application de l'art. 3 de la Convention, et *supra*, n° 266 pour celle de l'art. 8), mais elle peut aussi être directe : c'est l'objet de la présente étude. À noter aussi que l'appréciation de la conventionnalité d'une décision d'éloignement est opérée à la date d'exécution et non à la date d'adoption de celle-ci : CEDH, Gr. Ch. 28 févr. 2008, *Saadi c/ Italie*, n° 37201/06, *AJDA* 2008. 978, obs. J.-F. Flauss ; 8 avr. 2008, *Nnyanzi c/ Royaume-Uni*, n° 21878/06 ; 24 avr. 2008, *Ismoilov c/ Russie*, n° 2947/06, *AJDA* 2008. 1929, obs. J.-F. Flauss.

392. Comm. EDH, 17 déc. 1976, *Agee c/ Royaume-Uni*, n° 7729/76.

393. La Convention est applicable à toute mesure d'éloignement forcé : CEDH, 26 sept. et 21 oct. 1997, *X c/ France*, *D.* 1998 Somm. 210, obs. J.-F. Renucci. La jurisprudence européenne a vu une violation de l'art. 6 § 1 et 2 *c)* dans le fait qu'un étranger n'ait pu se rendre à l'audience, ni se faire entendre par l'intermédiaire de son avocat. L'intéressé, sous le coup d'un arrêté d'expulsion et d'une interdiction de territoire, n'a pu obtenir un laissez-passer temporaire : CEDH, 29 mars 2005, *Harizi c/ France*, n° 59480/00, § 49 et s., spéc. § 54. Cf. aussi : CEDH, 17 janv. 2012, *Othman (Abou Qatada) c/ Royaume-Uni*, n° 8139/09, *RFDA* 2013. 576, obs. H. Labayle et F. Sudre (interdiction d'expulsion tant qu'il subsiste un doute que des preuves obtenues sous la torture soient utilisées, malgré les assurances diplomatiques).

459. Le principe de l'interdiction de l'expulsion des nationaux. – Aux termes de l'article 3 § 1 du Protocole n° 4, nul ne peut être expulsé, par voie de mesure individuelle ou collective, du territoire dont il est ressortissant. Ces dispositions ne donnent pas lieu à un lourd contentieux[394]. On observera cependant que l'interdiction vise l'expulsion et non pas l'extradition : une approche restrictive de l'interdiction peut sembler inopportune. D'une façon plus générale, la règle de l'interdiction de l'expulsion des nationaux s'est imposée depuis toujours, considérée dans certains pays dont la France comme un principe fondamental. La règle est parfois écartée, notamment dans le cadre de l'UE avec le mandat d'arrêt européen, mais c'est un contexte très particulier.

Le second paragraphe de l'article 3 introduit une nuance importante. En effet, il est précisé que « nul ne peut être privé du droit d'entrer... » sur le territoire national, et non pas « toute personne est libre d'entrer ». La formule utilisée est lourde de conséquences puisqu'elle permet aux autorités étatiques de différer l'entrée d'une personne sur le territoire, soit pour que la preuve de la qualité de national soit apportée, soit parce que certaines mesures temporaires comme la quarantaine s'imposent : cela ne peut dès lors être considéré comme un refus d'entrer bien que constituant une entrave.

460. L'extension du principe d'interdiction des expulsions. – Les mineurs étrangers paraissent être assimilés à des nationaux en devenant inexpulsables, à moins qu'ils n'aient commis des infractions criminelles accompagnées de violences graves[395]. La Cour européenne a tendance à se référer aux principes directeurs des Nations unies pour la prévention de la délinquance juvénile[396], consacrant ainsi « une sorte d'excuse de minorité » au profit de mineurs ou de jeunes majeurs menacés d'expulsion[397]. La compétence d'éloignement des États est très étroitement encadrée[398]. Dans ce type d'affaires, les juges européens prennent en compte un nouveau paramètre d'appréciation qui est l'intérêt supérieur de l'enfant. Est-ce à dire que les mineurs, voire les jeunes majeurs, sont désormais assimilés à des quasi nationaux ? Sans doute pas, mais l'extension du principe d'interdiction des expulsions est assurément une réalité.

394. Cf. cependant : Comm. EDH, 13 oct. 1987, *Kilicarslan c/ France*, n° 11939/86 ; 15 oct. 1987, *Nakache c/ France*, n° 13287/87.

395. V° not. : CEDH, 22 janv. 2007, *Hizir Kilic c/ Danemark*, n° 20277/05.

396. Résol. 45/112 du 14 déc. 1990.

397. J.-F. Flauss, obs. *in AJDA* 2008, p. 1929.

398. CEDH, 22 mai 2008, *Emre c/ Suisse*, n° 42034/04 ; Gr. Ch. 23 juin 2008, *Maslov c/ Autriche*, n° 1638/03, *AJDA* 2008. 1929, obs. J.-F. Flauss.

B. L'expulsion des étrangers

461. Protocoles n°s 4 et 7.

Protocole n° 4
Article 4 : Interdiction des expulsions collectives d'étrangers
Les expulsions collectives d'étrangers sont interdites
Protocole n° 7
Article 1er : Garanties procédurales en cas d'expulsion d'étrangers
1. Un étranger résidant régulièrement sur le territoire d'un État ne peut en être expulsé qu'en exécution d'une décision prise conformément à la loi et doit pouvoir :
a) faire valoir les raisons qui militent contre son expulsion,
b) faire examiner son cas, et
c) se faire représenter à ces fins devant l'autorité compétente ou une ou plusieurs personnes désignées par cette autorité.
2. Un étranger peut être expulsé avant l'exercice des droits énumérés au paragraphe 1. a, b et c de cet article lorsque cette expulsion est nécessaire dans l'intérêt de l'ordre public où est basée sur des motifs de sécurité nationale.

462. L'article 4 du Protocole n° 4. – Cet article interdit les expulsions collectives. La notion d'expulsion collective a été précisée : il s'agit de toute mesure prise par les autorités compétentes obligeant les étrangers, en tant que groupe, à quitter un pays[399]. Toutefois, la Commission réserve tout de même le cas où une telle mesure serait prise après un examen raisonnable et objectif de chaque cas individuel[400]. Cette précision appelle une double remarque. D'une part, le simple fait de prendre des mesures d'expulsion en des termes identiques ne confère pas automatiquement un caractère collectif à l'expulsion, dès lors que chaque situation a fait l'objet d'un examen particulier. D'autre part, la notion d'expulsion est largement entendue puisqu'elle englobe toute mesure d'éloignement[401].

L'examen des situations particulières s'impose systématiquement, car la simple constatation d'une infraction pénale est insuffisante. En effet, une infraction pénale ne peut à elle seule justifier légalement une mesure d'expulsion et ne dispense en aucun cas l'autorité compétente d'examiner d'après l'ensemble des circonstances de l'affaire, si la présence de l'intéressé sur le territoire français peut constituer une menace pour l'ordre public[402]. Il est certain que, dès lors que la procédure suivie n'offre pas de garanties suffisantes

399. Cf. aussi le cas particulier d'éloignement d'étrangers vers un État tiers effectué en dehors du territoire national : CEDH, Gr. Ch., 23 dévr. 2012, *Hirsi Jamaa et autres c/ Italie*, n° 27765/09, *RFDA* 2013. 576, obs. H. Labayle et F. Sudre (refoulement sans examen de migrants en Libye arrêtés en mer).

400. Com. EDH, 3 oct. 1975, *Becker c/ Danemark*, DR 4/215.

401. Com. 3 oct. 1975, *Becker c/ Danemark*, préc. (reconduite à la frontière, rapatriement...).

402. CE 21 janv. 1977, *Dridi*, *Rec.*, p. 38. Cette position rejoint d'ailleurs celle du droit de « l'autre Europe » : cf. art. 3-2, Dir. 25 janv. 1964 indiquant que la seule existence de condamnations pénales ne peut automatiquement motiver une mesure d'éloignement. Cf. égal. CJCE 28 oct. 1975, *Rutili*, *Rec.*, p. 1231.

attestant d'une prise en compte réelle et différenciée de la situation individuelle de chacune des personnes concernées, l'article 4 du Protocole n° 4 est violé[403].

463. L'article 1er du Protocole n° 7. – Cet article précise la situation des étrangers résidant régulièrement sur le territoire d'un État signataire de la Convention. Une double observation s'impose préalablement : en premier lieu, seuls sont visés les étrangers en situation *régulière*, ladite régularité étant appréciée au regard du droit interne ; en second lieu, il s'agit d'étrangers *résidant* sur le territoire, de sorte que ceux qui sont en transit, qui ont déposé une demande de permis de séjour ou encore qui ne sont pas encore passés par le contrôle d'immigration ne peuvent pas, semble-t-il, invoquer l'article 1er du Protocole n° 7.

Le principe contenu dans l'article 1er § 1 est que l'étranger remplissant ces conditions ne peut être expulsé qu'en exécution d'une décision de justice prise conformément à la loi. De plus, il doit pouvoir faire valoir les raisons qui militent contre son expulsion, faire examiner son cas, et enfin se faire représenter à ces fins devant l'autorité compétente par une ou plusieurs personnes désignées par cette autorité. L'État est donc dans l'obligation d'aménager une procédure d'examen, préservant les droits de la défense de l'étranger, et lui permettant de faire valoir ses arguments pour éviter ladite expulsion[404].

L'article 1er § 2 prévoit une exception à ce principe. En effet, un étranger peut être expulsé avant l'exercice des droits énumérés *supra* dès lors que cette expulsion est nécessaire dans l'intérêt de l'ordre public ou s'impose pour des raisons de sécurité nationale. Dans ce dernier cas, la justification est suffisante à elle seule, mais dans le premier il sera fait application du principe de proportionnalité. La Cour européenne des droits de l'homme et ses protocoles n'ignorent pas la raison d'État, ce qui peut parfois susciter quelques difficultés. Sans doute convient-il de se montrer extrêmement prudent lorsque des libertés sont prises avec les grands principes au nom du réalisme et, plus particulièrement de l'ordre public, mais les dérogations aux droits de l'homme font partie intégrante de ceux-ci[405].

464. Bibliographie. ***Peine de mort :*** Ancel (M.), *La peine de mort dans les pays européens*, Conseil de l'Europe, Comité européen des problèmes criminels, 1962 ; Breillat (D.), *L'abolition mondiale de la peine de mort, RSC* 1991, p. 261 et s. ; Cohen-Jonathan (G.) et Schabas (W.),

---

403. CEDH, 5 févr. 2002, *Conka c/ Belgique*, n° 51564/99, § 63, *RTDH* 2003. 177, obs. J.-Y. Carlier, *JCP* 2002-I-157, n° 25, obs. F. Sudre ; 21 oct. 2014, *Sharifi et autres c/ Italie et Grèce*, n° 16643/09, *JCP* 2015, chron. 70, n° 16, obs. F. Sudre (expulsion collective indiscriminée de migrants afghans). En revanche, ne peut être considérée comme une « expulsion collective », une expulsion par « vol groupé » dès lors que les requérants ont bénéficié d'un examen individuel de leurs situations : CEDH, 20 sept. 2007, *Sultani c/ France*, n° 45223/05, § 81, *JCP* 2008-I-110 n° 17, obs. F. Sudre. *Adde* CEDH, Gr. Ch., 15 déc. 2016, *Khlaifia et a. c/ Italie*, n° 16483/12.

404. Le non-respect de ces exigences conduit à un constat de violation : CEDH, 8 juin 2006, *Lupsa c/ Roumanie*, n° 10337/04, § 61, *JCP* 2006-I-164 n° 14, obs. F. Sudre. À noter que la notion d'expulsion est un concept autonome, se définissant comme toute mesure obligeant un étranger à quitter le territoire sur lequel il séjournait régulièrement, à l'exception de l'extradition : CEDH, 5 oct. 2006, *Bolat c/ Russie*, n° 14139/03, § 79, *JCP* 2007-I-106 n° 16, obs. F. Sudre.

405. Pour un cas ou l'exception du § 2 ne trouvait pas à s'appliquer : CEDH, 12 févr. 2009, *Nolan et K. c/ Russie*, n° 2512/2, *RDP* 2010. 873, obs. F. Sudre.

La peine capitale et le droit international des droits de l'homme, éd. Panthéon-Assas (Paris II), 2003 ; Cornu (E.) et Parayre (S.), *Le protocole n° 13 à la Convention EDH : l'abolition totale et définitive de la peine de mort en Europe ?* Actualité et Droit international, www.ridi.org/adi, avril 2003 ; Favoreu (L.), *La décision du Conseil constitutionnel du 22 mai 1985 relative au protocole n° 6 additionnel à la Convention EDH, AFDI* 1985, p. 872 et s. ; Guillaume (G.), *Protocole n° 6, in* Pettiti (L.-E.), Decaux (E.) et Imbert (P.-H.), *La Convention EDH,* Economica, 2e éd. 1999, p. 1067 et s. ; van der Linden (R.), *Le conseil de l'Europe et l'abolition de la peine de mort, D.* 2007, Entretien, p. 1064. ***Double degré de juridiction :*** Koering-Joulin (R.), *Article 2 (Protocole n° 7), in* Pettiti (L.-E.), Decaux (E.) et Imbert (P.-H.) (dir.), *La Convention européenne des droits de l'homme,* Economica, 2e éd., 1999, p. 1087 et s. – ***Droit à ne pas être jugé ou puni deux fois :*** Ayrault (L.), Non bis in idem *: les enjeux en matière fiscale, AJ Pénal* 2015, p. 185 et s. ; Catelan (N), *Constitution vs CESDH vs UE : ne bis in idem et la répression des opérations d'initié,* RSC 2016, p. 467 et s. ; Ciaudo (P. J.), *Du principe « non bis in indem » appliqué aux sanctions pénales, RPDP* 2016, p. 329 et s. ; Detraz (S), *La mise à l'écart du principe non bis in idem en matière fiscale, Dr. Fiscal* 2016, n° 38, 502 ; Flauss (J.-F.), *Le principe «* ne bis in idem *» dans le cadre de la Convention EDH, Bilan et perspectives,* Mél. Gauthier, Berne 1996, p. 271 et s. ; Garin (A), *Non bis in idem et Convention EDH,* RTDH 2016, p. 395 et s. ; Karakosta (Ch.), Ne bis in idem *: une jurisprudence peu visible pour un droit intangible, RTDH* 2007, p. 25 et s. ; Koering-Joulin (R.), *À propos de l'affaire Al Fayed et de l'*idem *de la règle* ne bis in idem, Mél. Flauss, Pedone 2014, p. 467 et s. ; Maulet (L), *Le principe* ne bis in idem, *objet d'un dialogue contrasté entre la CJUE et la CEDH, RTDH* 2017, p. 107 s. ; Mauro (Ch.), Ne bis in idem *: un tremblement de terre ? AJ Pénal* 2015, p. 172 et s. ; Milano (L), *Cumul de sanctions et principe non bis in idem, RDP* 2016, p. 1037 et s. ; Parizot (R.), *Le principe* ne bis in idem *dans la jurisprudence de la Cour EDH, AJ Pénal* 2015, p. 173 et s. ; Puechavy (M.), *Le principe* ne bis in idem, Nemesis/Anthemis, Droit et Justice, 2012, n° 103 ; Pradel (J.), Ne bis in idem, *poursuites successives de nature différente et Cour EDH D.* 2009, p. 2014 ; Pralus (M.), *Étude, en droit pénal international et en droit communautaire, d'un aspect du principe* ne bis in idem *:* non bis, *RSC* 1996, p. 551 et s. ; Robert (M), *Le principe non bis in idem : vers un bouleversement du droit français de la sanction ? AJ Pénal* 2016, p. 473 et s. ; Sourzat (Cl), *Essai d'une analyse des rapports entre procédures fiscale et pénale, RSC* 2016, p. 199 et s ; Stasiak (F) et Belezza (A), *Les suites de l'arrêt « Grande Stevens » : le chaos dans la répression des abus de marché, RPDP* 2015, p. 521 et s. ; Wasmeer (M), *The principle of « Ne bis in indem », RID pén.* 2006, p. 121 et s. – ***Expulsions et extraditions :*** Carlier (J.-Y.), *L'expulsion collective d'étrangers, in* Lambert (Ch.) et Pettiti (Ch.) (éd.), *Les mesures relatives aux étrangers à l'épreuve de la Convention EDH,* Bruylant, 2003, p. 111 et s. ; Cartier (M.-E.), *L'application de la Convention européenne d'extradition,* Mél. Levasseur, Gaz. Pal/Litec, 1992, p. 299 et s. ; Herran (Th.), *L'emprise de la Cour EDH sur l'entraide répressive internationale, RSC* 2013, p. 735 et s. ; Julien-Laferrière (F.), *L'éloignement du territoire, in* Fulchiron (H.) (dir.), *Les étrangers et la Convention EDH,* LGDJ, 1999, p. 229 et s. ; Lochak (M.) *Article 4 (Prot. n° 4), in* Pettiti (L.-E.), Decaux (E.) et Imbert (P.-H.) (dir.), *La Convention européenne des droits de l'homme,* Economica, 2e éd., 1999, p. 1057 et s. ; Massé (M.), *L'extradition des nationaux, RSC* 1994, p. 798 et s. ; Pironon (V), *Droit des étrangers et droits de l'homme : l'apport de la Cour de cassation, D.* 2009 Chron. p. 388 et s. ; Streiff (Y.), *La police des étrangers et la Convention EDH, Arch. pol. crim.* 1990-12, p. 23 et s.

L'ESSENTIEL

FICHE MÉMO :

–Les protocoles additionnels
- ○ L'abolition de la peine de mort
  - *L'art. 1er du Prot. n° 6 abolit la peine de mort en temps de paix.*
  - *Le Protocole n° 13 abolit la peine de mort en toutes circonstances.*
- ○ Le principe du double degré de juridiction
  - *Le principe est affirmé avec force (art. 2 § 1, Prot. n° 7).*
  - *Le principe connaît des exceptions pour les infractions mineures et pour celles jugées en première instance par la plus haute juridiction (art. 2 § 2, Prot. n° 7).*

○ Le principe « *non bis in idem* »

▪ *Nul ne peut être poursuivi pénalement par les juridictions d'un même État en raison d'une infraction pour laquelle il a déjà été acquitté ou condamné définitivement, mais cela n'empêche pas la réouverture du procès en cas de faits nouveaux ou nouvellement révélés ou de vice fondamental dans la procédure précédente.*

○ Le droit d'être indemnisé en cas d'erreur judiciaire

○ Les mesures d'éloignement du territoire

▪ *Il est interdit d'expulser des nationaux.*

▪ *Il est possible d'expulser des étrangers, mais sous conditions : interdiction des expulsions collectives et exigence de garanties procédurales (art. 4, Prot. n° 4, et art. 1er, Prot. n° 7).*

FICHE GRANDS ARRÊTS :

- *Stanchev* (2009)

○ *Une infraction pour laquelle la loi prévoit une peine privative de liberté à titre de sanction principale ne peut pas être qualifiée de « mineure » au sens de l'art. 2 § 2, Prot. n° 7.*

- *Zolotoukhine* (2009)

○ *Lorsque les faits à l'origine des deux procédures, administrative et pénale, ne se distinguent que par un élément – la menace de violence à l'encontre d'un officier de police –, ces faits doivent être considérés comme étant en substance les mêmes.*

- *Lucky Dev* (2014)

○ *Il y a violation de l'art. 4 du Prot. n° 7 en cas de poursuite d'une procédure fiscale alors que le contribuable a été relaxé au sujet d'une infraction fiscale liée aux mêmes faits.*

- *Sharifi et autres* (2014)

○ *La Cour conclut à la violation de l'art. 4 du Prot. n° 4, estimant que les mesures dont ont fait l'objet les requérants dans le port d'Ancône s'analysent en des expulsions collectives et indiscriminées.*

FICHE ACTU/DÉBATS :

*** Thème(s) de réflexion :**

– Les implications concrètes du principe *non bis in idem* (v° *Traité DEDH*, p. 585)

○ *Jurisp.* : *Gradinger* (1995) ; *Oliveira* (1998) ; *Goktan* (2002) ; *Zolotoukhine* (2009) ; *Margus* (2014) ; *Lucky Dev* (2014) ; *Kapetanios et a.* (2015) ; *Rivard* (2016) ; *A. et B.* (2016), *Johannesson* (2017).

○ *Doctr.* : AYRAULT, *AJ Pénal* 2015. 275 ; FLAUSS, *Mél. Gauthier*, Berne, 1996. 271 ; KARAKOSTA, *RTDH* 2007. 25 ; KOERING-JOULIN, *Mél. Flauss*, 2014. 467 ; MAURO, *AJ Pénal* 2015. 172 ; PARIZOT, *AJ Pénal* 2015. 173 ; PUECHAV, *Droit et Justice* 2012. n° 103 ; PRADEL, *D.* 2009. 2014 ; PRALUS, *RSC* 1996. 551 ; WASMEER, *RID pén.* 2006. 121 ; SYASIAK et BELEZZA, *RPDP* 2015. 521 ; SOURZAT, *RSC* 2016. 199.

– L'interdiction des expulsions collectives des étrangers (v° *Traité DEDH*, p. 590)

○ *Jurisp.* : *Conka* (2002) ; *Lupsa* (2006) ; *Bolat* (2006) ; *Hirsi Jamaa* (2012) ; *Sharifi et a.* (2014).

○ *Doctr.* : CARLIER, *in* LAMBERT et PETTITI, Bruylant, 2003. 111 ; CARTIER, *Mél. Levasseur*, Gazette du Palais/Litec, 1992. 299 ; HERRAN, *RSC* 2013. 735 ; JULIEN-LAFERRIÈRE, *in* FULCHIRON, LGDJ, 1999. 229 ; LOCHAK, *in* PETTITI, DECAUX et IMBERT, Economica 1999. 1057 ; STREIFF, *Arch. pol. crim.* 1990-12. 23.

*** Commentaire d'arrêt(s) :**

○ Aff. *Zolotoukhine* (2009) : « *La Cour a constaté ci-dessus que le requérant avait été condamné pour "actes perturbateurs mineurs" dans le cadre d'une procédure administrative qui doit être assimilée à une "procédure pénale" au sens autonome que possède cette expression dans le cadre de la Convention. Après que la condamnation fut devenue "définitive", plusieurs accusations en matière pénale furent portées contre l'intéressé. La plupart d'entre elles avaient trait au comportement qu'il avait manifesté à des moments différents ou en des lieux différents. Toutefois, l'accusation "d'actes perturbateurs" renvoyait précisément au même comportement que celui visé par la condamnation antérieure pour "actes perturbateurs mineurs" et aussi elle englobait en substance les mêmes faits* » (§ 120). « *À la lumière de ce qui précède, la Cour estime que les poursuites engagées contre le requérant en application de l'art. 213 § 2 b) du Code pénal concernaient essentiellement la même infraction que celle pour laquelle l'intéressé avait déjà été condamné par une décision définitive en vertu de l'art. 158 du Code des infractions administratives* » (§ 121). Dès lors, il y a eu violation de l'art. 4 du Prot. n° 7 à la Convention.

○ Aff. *Sharifi et a.* (2014) : « *Sans remettre en cause ni le droit dont disposent les États d'établir souverainement leur politique en matière d'immigration, éventuellement dans le cadre de la coopération bilatérale, ni les obligations découlant de leur appartenance à l'Union européenne, la Cour entend souligner que les difficultés qu'ils peuvent rencontrer dans la gestion des flux migratoires ou dans l'accueil des demandeurs d'asile ne sauraient justifier le recours à des pratiques incompatibles avec la Convention ou ses Protocoles* » (§ 224). « *Dans ces circonstances, la Cour estime que les mesures dont ont fait l'objet les requérants dans le port d'Ancône s'analysent en des expulsions collectives et indiscriminées* » (§ 225). *Il s'ensuit qu'il y a eu violation de l'art. 4 du Prot. n° 4.*

Index

(Les chiffres renvoient aux numéros des paragraphes)

A

B

C

D

E

F

L

M

N

O

P

Q

R

S

T

Table des matières

PREMIÈRE PARTIE – LES DROITS GÉNÉRAUX DE LA PERSONNE

DEUXIÈME PARTIE – LES DROITS SPÉCIAUX DU JUSTICIABLE

Les Essentiels

(Les chiffres renvoient aux numéros de page)

MANUELS

Collection dirigée par Bernard AUDIT et Yves GAUDEMET

D. AMSON : *Histoire constitutionnelle française, De la prise de la Bastille à Waterloo*, t. 1, 2010.
D. AMSON : *Histoire constitutionnelle française, De la bataille de Waterloo à la mort de Louis XVIII*, t. 2, 2014.
D. AMSON : *Histoire constitutionnelle française, De la mort de Louis XVIII à l'installation du nouveau régime (1824-1830)*, t. 3, 2016.
Ph. ARDANT et B. MATHIEU : *Droit constitutionnel et institutions politiques*, 28e éd., 2016.
B. BASDEVANT-GAUDEMET et J. GAUDEMET : *Introduction historique au droit, XIIIe-XXe siècle*, 4e éd., 2016.
A. BATTEUR : *Droit des personnes, des familles et des majeurs protégés*, 8e éd., 2015.
N. BINCTIN : *Droit de la propriété intellectuelle*, 4e éd., 2016.
J.-B. BLAISE et R. DESGORCES : *Droit des affaires*, 8e éd., 2015.
R. BONHOMME : *Instruments de crédit et de paiement*, 11e éd., 2015.
C. BOUTAYEB, *Droit institutionnel de l'Union européenne. Les institutions, l'ordre juridique, les contentieux*, 2016.
C. BOUSSARD et C. LE BERRE, *Droit administratif des biens*, 2014.
M. BOUVIER, M.-Ch. ESCLASSAN et J.-P. LASSALE : *Finances publiques*, 15e éd., 2016.
B. BRACHET : *Le système fiscal français*, 7e éd., 1997.
Ph. BRAUD : *Sociologie politique*, 12e éd., 2016.
C. BROYELLE : *Contentieux administratif*, 5e éd., 2017.
F. BUY, J.-M. MARMAYOU, D. PORACCHIA et F. RIZZO : *Droit du sport*, 4e éd., 2015.
O. CACHARD : *Droit du commerce international*, 2e éd., 2011.
D. CARREAU et P. JUILLARD : *Droit international économique*, 4e éd., 1998.
M. CHAGNY et L. PERDRIX : *Droit des assurances*, 3e éd., 2014.
J.-P. CHAUCHARD, J.-Y. KERBOURC'H et C. WILLMANN : *Droit de la sécurité sociale*, 7e éd., 2015.
J.-Ph. COLSON et P. IDOUX : *Droit public économique*, 8e éd., 2016.
G. CUNIBERTI : *Grands systèmes de droit contemporains*, 3e éd., 2015.
I. DAURIAC : *Droit des régimes matrimoniaux et du PACS*, 4e éd., 2015.
A. DECOCQ et G. DECOCQ : *Droit de la concurrence, Droit interne et droit de l'Union européenne*, 7e éd., 2016.
A. DECOCQ et G. DECOCQ : *Droit européen des affaires*, 2e éd., 2010.
B. DELAUNAY : *Droit public de la concurrence*, 2015.
E. DERIEUX : *Droit de la communication*, 4e éd., 2003.
E. DERIEUX et A. GRANCHET : *Droit des médias (Droit français, européen et international)*, 7e éd., 2015.
P. DEUMIER : *Introduction générale au droit*, 4e éd., 2017.
J.-Y. FABERON et J. ZILLER : *Droit des collectivités d'Outre-Mer*, 3e éd., 2007.
B. FAGES : *Droit des obligations*, 6e éd., 2016.
F. FAVENNEC-HÉRY et P.-Y. VERKINDT : *Droit du travail*, 5e éd., 2016.

N. Fricero et P. Julien : *Procédure civile*, 5e éd., 2014.
M. Fromont et H. Maurer : *Droit administratif allemand*, 1995.
Y. Gaudemet : *Droit administratif*, 21e éd., 2015.
O. Gohin et J.-G. Sorbara : *Institutions administratives*, 7e éd., 2016.
G. Goubeaux et P. Voirin : *Droit civil*, 2 vol., t. 1, 36e éd., 2016, t. 2, 29e éd., 2016.
C. Grimaldi, *Droit des biens*, 2016.
F. Hamon et M. Troper : *Droit constitutionnel*, 37e éd., 2016.
J. Huet et E. Dreyer : *Droit de la communication numérique*, 2011.
J.-J. Israel : *Droit des libertés fondamentales*, 1998.
J.-C. Javillier, M. Moreau et J.-M. Olivier : *Droit du travail*, 7e éd., 1999.
P. Julien et G. Taormina : *Voies d'exécution et procédures de distribution*, 2e éd., 2010.
P. Kinder-Gest : *Droit Anglais*, vol. 1 : *Institutions politiques et judiciaires*, 3e éd., 1997.
J. Laroche : *Politique internationale*, 2e éd., 2000.
F. Leclerc : *Le droit des contrats spéciaux*, 2e éd., 2012.
D. Legeais : *Droit des sûretés et garanties du crédit*, 11e éd., 2016.
J. Leroy : *Droit pénal général*, 6e éd., 2016.
J. Leroy : *Procédure pénale*, 4e éd., 2015.
G. Lyon-Caen et J. Tillhet-Pretnar : *Droit social*, 5e éd., 1995.
B. Mathieu et M. Verpeaux : *Contentieux constitutionnel des droits fondamentaux*, 2002.
J. Mestre, M.-È. Pancrazi, I. Arnaud-Grossi, L. Merland et N. Tagliarino-Vignal : *Droit commercial*, 30e éd., 2016.
M.-L. Moquet-Anger : *Droit hospitalier*, 4e éd., 2016.
M.-L. Niboyet et G. de Geouffre de la Pradelle : *Droit international privé*, 5e éd., 2015.
H. Oberdorff : *Droits de l'homme et libertés fondamentales*, 5e éd., 2015.
F. Pérochon : *Entreprises en difficulté*, 10e éd., 2014.
J.-F. Renucci : *Droit européen des droits de l'homme*, 7e éd., 2017.
L. Richer et F. Lichère : *Droit des contrats administratifs*, 10e éd., 2016.
J. Rideau : *Droit institutionnel de l'Union européenne*, 6e éd., 2010.
J.-J. Roche : *Relations internationales*, 7e éd., 2014.
J.-C. Soyer : *Droit pénal et procédure pénale*, 21e éd., 2012.
F. Stasiak : *Droit pénal des affaires*, 2e éd., 2009.
L. Trotabas et P. Isoart : *Droit public (droit constitutionnel, droit administratif, finances publiques, droit administratif spécial)*, 24e éd., 1998.
D. Vidal : *Droit des sociétés*, 7e éd., 2010.

Imprimé en France - JOUVE, 1, rue du Docteur Sauvé, 53100 MAYENNE
N° 2569085S - Dépôt légal : juin 2017